合众文库

叶景葵／撰
柳和城／编

叶景葵文集（上）

上海科学技术文献出版社
Shanghai Scientific and Technological Literature Press

叶景葵先生像(1874—1949)

《矿政杂钞》题跋手迹（1942年1月）

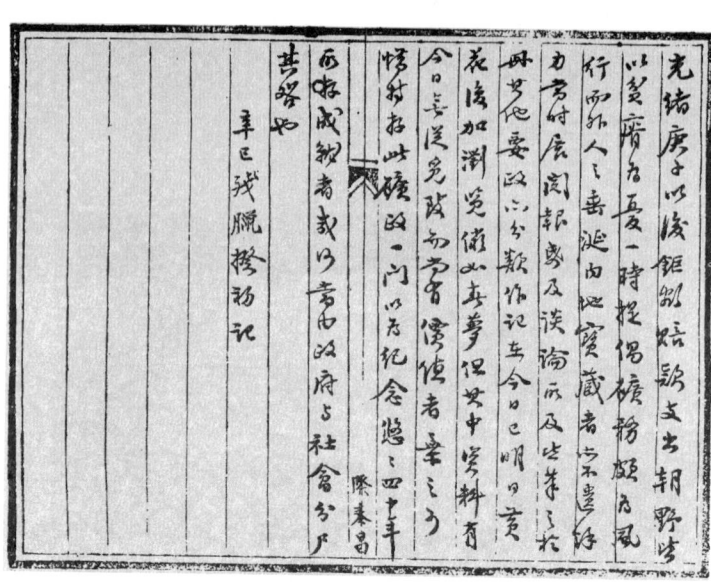

《罪言之鳞》稿本首页

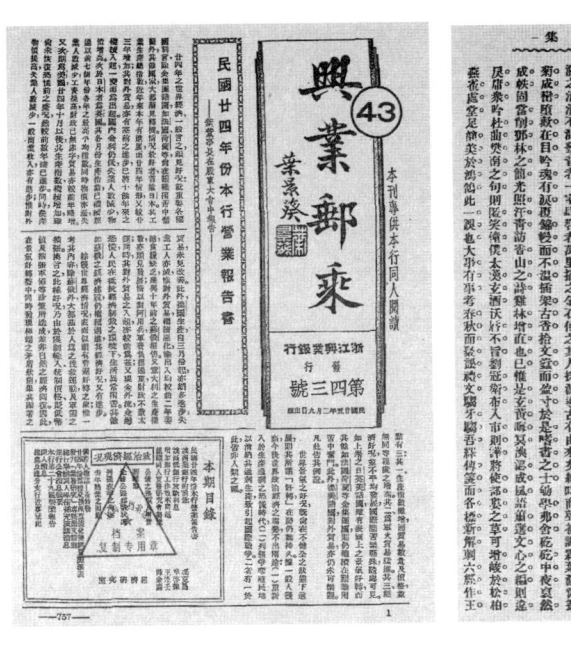

《兴业邮乘》第 43 号　　　　《蔽庐丛志序》(1914 年)
(1936 年 3 月 9 日)首页

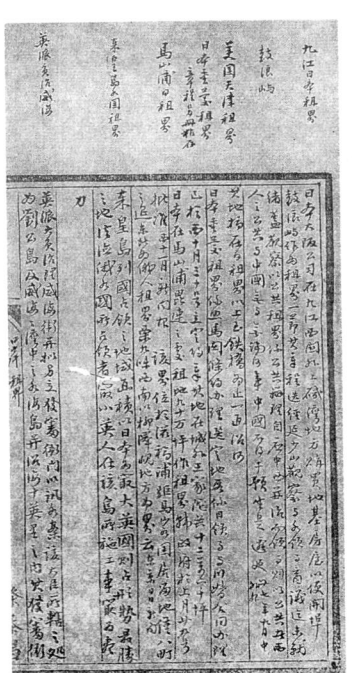 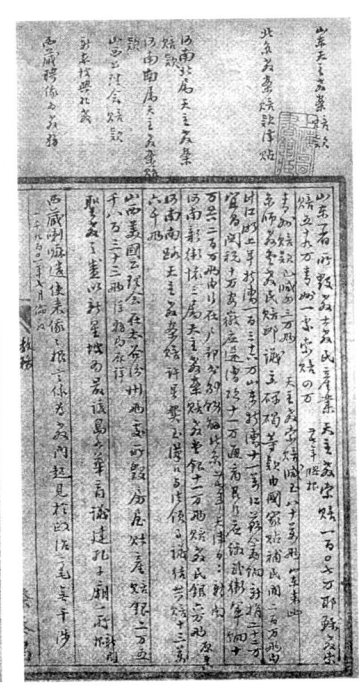

《卷盦政典类钞》稿本手迹　　《卷盦政典类钞》稿本首页

《读史方舆纪要》手稿本书影　　　《地学问答》稿本封面

跋王同愈《栩缘日记》稿本　　　致张元济函（1939年7月30日）

编者前言

叶景葵(1874—1949),字揆初,号卷盦,别署存晦居士,浙江杭州人,近代著名银行家、藏书家。光绪癸卯(1903年)科进士。曾任山西巡抚赵尔巽幕僚,因代草《条呈十策》而著称当时。后赵尔巽调任盛京将军,叶随赵赴奉天,代拟过一批重要奏折,并担任东北财政总局会办等要职。受维新思想影响,他致力于研求新知和探索实业救国之道。清末他即投身于金融、实业。1911年被任命为大清银行正监督。民国初任汉冶萍公司经理,致力于筹借公款,使化铁炉炼钢炉重新恢复生产。1913年,苏浙两省商办苏浙铁路因收归国有,发起要求政府归还股款运动。叶先生被推为浙路股款清算处主任,奔走南北,经历数届政府更迭,前后长达27年,终于解决。他于清末就加盟浙江兴业银行,民国初开始任该行董事长长达30余年。在他主持下,浙兴总行由杭州迁至上海,并进行一系列改革,成为近代中国著名民营银行之一。

叶先生50岁以后致力于珍本的收集,每得异本,必加整比,详加考证,撰成书跋,享誉书林。其卷盦藏书以稿、钞、校本著称于世,《读史方舆纪要》稿本即为其中最著名的文献之一。顾廷龙先生曾编订叶先生题跋成《卷盦书跋》(古典文学出版社1957年5月),后又编订

《叶景葵杂著》(上海古籍出版社1984年1月)行世。

抗战初期,上海沦为"孤岛"。鉴于公私藏书大量遭劫掠和流散的严酷现实,叶先生联络出版家张元济、南社诗人陈陶遗等,捐献各自藏书,于1939年5月创办上海合众图书馆。叶又捐资10万元,募资10万元,建设馆舍和用作常年经费。蒋抑卮、李拔可、陈叔通、叶恭绰、胡朴安、顾颉刚、潘景郑等也先后捐献了大批图籍。"合众"藏书除传统古籍外,还藏有大量近现代期刊、名人手札等珍贵史料。"孤岛"崛起"合众",堪称乱世聚书集藏的典范。解放后的上海历史文献图书馆即以"合众"的藏书为主组建而成,今由上海图书馆继藏。

几年前,我应上海交通大学出版社之约编著《叶景葵年谱长编》,《叶景葵杂著》当然是我案头必备的书籍之一。当时我又从上海图书馆、上海市档案馆等处新发现大量叶先生已刊或未刊文稿,忽发奇想——编一部《叶景葵文集》。于是《叶景葵年谱长编》交卷后,我便开始整理已经收集到的叶先生文稿,决定以顾廷龙先生编订的《叶景葵杂著》为基础增补扩编。增补各文采自当年报刊、浙江兴业银行档案,以及上海图书馆藏原卷盦藏书等第一手史料。其中几部先生早年手稿和关涉银行活动的文献档案尤其珍贵。譬如《兴业邮乘》系浙江兴业银行内刊,内容十分丰富,登载许多叶先生的文稿、诗联或书札,均收录于此,以飨读者。本《文集》共分7辑,编排与《叶景葵杂著》稍有不同,现分别说明如下。

"文存一":辑录叶先生早年科举考试文卷、官府任内公文,以及汉冶萍公司、商务印书馆、浙江铁路公司等社会公职任职期间署名公文与相关文章。叶先生早年的思想和活动,特别是实业救国远大志向的形成与实践,由此可见一斑。参与几处图书馆建设及战乱中发起创办合众图书馆的一批文献,实为珍贵的近代图书馆事业史料,也归本辑收录。

"文存二"：辑录叶先生任职大清银行与浙江兴业银行期间有关书面文献，包括合同、禀文、广告及大量文件批示。由此展现叶先生作为银行家的风采，对研究我国清末以来银行史变迁也是一份有用的史料。

"文存三"：辑录《刍牧要诀》等几种篇幅较长的杂记类作品，涉及种植畜牧、矿学与政治等诸多领域。《地学问答》是一部颇为特殊的著作，该书由孙江东原著，叶先生修订重刻，刊行于世。篇幅又较长，因此也列入"文存三"。这些都是叶先生早年读书做学问的真实记录。叶先生不仅有经世之才，而且博闻强记，重在实学，令人敬佩。

"日记札记"：辑录《罪言之一鳞》等三种日记札记类作品，反映叶先生中年与晚年读书之广博、研究之深邃。

以上四辑各辑分别以写作时间先后排列。

"书目题跋"：这是叶先生作为文献目录学家最重要的一批著述，除《卷盦藏书记》为其藏书书目列于首篇，单篇题跋则按经、史、子、集、丛顺序，各部分又按写作时间先后次序排列。

"诗联"：辑录叶先生现存诗作、联语，按写作时间顺序排列。

"书信电报"：按照收信人姓氏汉语拼音编排。

正当《文集》初校杀青之际，又有三批叶先生手迹现世，令人惊喜不已！其一，《合众先贤墨迹选》(上海科技文献出版社2014年10月第1版)出版后，编辑先生第一时间寄我样书，从中补辑得上海图书馆珍藏先生未刊书题一则、书信三通。内1908年致陈汉第一函，尤为重要，可补先生当年事迹阙漏。其二，《杭州抱经堂上款书札选萃》(西泠印社拍卖有限公司2014年12月)，我友丁小明先生及时寄我，由此补得叶先生致抱经堂主人朱遂翔书札九通，为研究叶景葵卷盦藏书提供了新的史料。其三，北京师范大学图书馆藏有原北平文禄堂主人王文进为上款的一批名人书札，内有叶先生函四十四通。肖亚男、杨健二位撰有《叶景葵致王文进书札辑注》一文，将发表于上海交大出版社《四库文丛》第三辑。得到肖、杨二位与上海交大出版编辑允许，也及时补入本文集。肖亚男女士还电邮发来这批叶函手札照片，加以校对。这批信可以从一个重要侧面，了解上世纪30年代中期叶先生购书、藏书情况及其喜好。

本《文集》中的内容，多有从原始档案中抄录者。相关原始档案文本存在个别文字缺失或模糊难辨的情况，凡此，则以"□"符号替代相关文字。

本《文集》在辑编过程中，得到上海图书馆陈先行、梁颖、张伟，上海市档案馆邢建榕、陆其国、石磊，上海科技文献出版社邹西礼、施东，上海交大出版社任雅君、冯嘉，北师大图书馆肖亚男，以及友人张人凤、陈福康、丁小明、朱国良、张天民、陆国强等先生的大力帮助；我夫人刘承女士长期陪同我上图书馆、档案馆查阅并抄写、复制有关文献资料，付出极大精力，在《文集》出版之际，特向他们表示深切的敬意与衷心的感谢！

编　者

2014年5月初稿

2014年12月修订

2016年5月第二次修订

目 录

上 册

编者前言 ·· 1

文 存 一

匡章曰陈仲子岂不诚廉士哉(1893年) ······················· 3
子曰不知命无以为君子也(1893年) ··························· 4
子贡欲去告朔之饩羊子曰赐也尔爱其羊我爱其礼(1893年) ······ 6
知之为知之不知为不知是知也(1894年7月) ·················· 7
君臣也父子也夫妇也昆弟也朋友之交也(1894年7月) ········· 9
周公思兼三王以施四事其有不合者仰而思之(1894年7月) ······ 10
诗言其志也歌咏其声也舞动其容也(1894年7月) ··············· 11

通筹本计(1902年12月) ·· 13
恭报接印日期折(1905年8月9日) ································ 23
恭报接管礼兵刑工四部印钥日期折(1905年8月15日) ········· 24

请裁奉天府尹折(1905年9月5日)………………………………… 24
请裁奉天府丞专设奉天学政折(1905年9月5日)……………… 25
归并五部事务以便裁撤折(1905年9月5日)…………………… 26
安插裁撤部员片(1905年9月5日)……………………………… 27
请奖锦芝荣绪捐垦办学折(1905年9月5日)…………………… 29
密保增韫千胜艰钜恳恩破格擢用折(1905年9月22日)……… 29
请张心田留奉补用片(1905年9月22日)……………………… 30
特参收税舞弊职官请旨革职勒限严追折(1905年9月22日)
　………………………………………………………………… 30
昭信股票请奖展期一年以昭诚信折(1906年2月24日)……… 31
奉天昭陵角陵工程开工折(1906年3月)……………………… 32
奉省收编旧部宜严加整饬折(1906年4月)…………………… 32
宜变通民职渐重乡官培养民生折(约1906年4月)…………… 33
扎萨克图王旗设立蒙荒行局折(1906年5月)………………… 35
奉省应添厅县各治派员试办折(1906年8月19日)…………… 36
奉省城仓裁撤仓官应考职候补片(1906年10月18日)……… 38
锦州江东屯拟添设锦西抚民通判片(1906年10月18日)…… 39
奉省学务外交拟增拨公费津贴折(1906年11月)……………… 41

汉冶萍国有策(1912年3月)……………………………………… 41
呈黎元洪副总统文(1912年6月30日)………………………… 46
在汉冶萍公司董事会常会上的报告(1912年7月20日)……… 50
汉冶萍公司呈大总统国务院文(1912年8月17日)…………… 51
述汉冶萍产生之历史(1912年9月1日)………………………… 53
与小田切万寿之助谈话记录(1912年9月14日)……………… 56
汉冶萍公司、正金银行上海规银二百五十万两借款契约书
　(1912年12月7日)…………………………………………… 57

在汉冶萍公司董事会常会上的报告(1913年3月8日)……58
在汉冶萍公司董事会上的报告(1913年3月15日)……59
呈汉冶萍公司股东大会报告(1913年3月20日)……60
呈汉冶萍公司董事会辞职书(1913年3月22日)……62
呈汉冶萍公司董事会意见书(1913年4月中旬)……63
浙路股份换券收款简草(1914年7月)……64
浙路股款清算始末(1947年1月)……65

驻沪筹办陕西急赈募捐公启(1914年6月)……103
上海各界赈济战地灾民、慰劳前方将士筹备会缘起
　(1930年7月17日)……104
和平运动发起宣言(1947年1月26日)……107

春柳社文艺研究会简章(1907年4月)……109
商务印书馆广告(1914年1月13日)……110
夏瑞芳先生追悼会公启(1914年5月8日)……110
高梦旦先生追悼会启事(1936年8月)……112
夏棣盦书例(1926年3月10日)……113
鲍咸昌先生追悼会公启(1929年12月14日)……114
筹备梁燕孙先生纪念事物启(1933年4月)……115
记郑州大昌树艺公司(1933年6月4日)……117

筹建上海图书馆公启(1932年6月25日)……120
在德国学术互助会捐赠东方图书馆书籍赠受典礼上的谢辞
　(1934年10月8日)……122
创办合众图书馆意见书(1939年8月)……123
增补《曾王父宣三公(叶庆暄)年谱》(1940年11月)……128

叶宅向合众图书馆租地建屋合同(1941年8月6日) ………… 129
合众图书馆财务报告书(1941年8月19日) …………… 130
在合众图书馆董事会第三次会议上的报告(1941年12月22日)
   ……………………………………………………………… 131
为合众图书馆立案呈上海市教育局文(1946年1月23日)
   ……………………………………………………………… 132

华烈妇谏(1914年9月10日) ……………………………… 134
吴县潘君博山传(1943年5月) …………………………… 136
凤凰熊君秉三家传(1945年1月) ………………………… 138
金君仍珠家传(1946年12月) ……………………………… 142

汤韦存之橡胶业(1948年1月26日) ……………………… 145
与丁文江论竹(1948年1~2月) …………………………… 147

文 存 二

保商谈(1911年5月) ……………………………………… 151
禀为遵饬查明吉省官帖情形并暂拟治标办法由
   (1911年6月29日) ……………………………………… 152
大清银行正监督叶揆初启事(1911年7月14日) ………… 158
大清银行规程(1911年9月) ……………………………… 159
大清银行国币兑换所章程(1911年9月) ………………… 164
外债问题(1912年6月1日) ……………………………… 165
浙江实业、浙江兴业银行与海丰面粉公司等合约
   (1915年5月16日) ……………………………………… 167
浙江实业、浙江兴业银行与海丰面粉公司等立合同

(1915年8月16日) …… 169
浙江兴业银行领用中国银行兑换券合同(1915年9月14日)
　　…… 170
呈北京政府财政部文(1915年9月17日) …… 172
呈北京政府农商部禀(1915年10月25日) …… 173
呈北京政府财政部禀(1915年10月25日) …… 174
呈上海县注册所禀(1915年10月27日) …… 174
复北京政府农商部禀(1915年11月30日) …… 175
杭州大有利电灯公司与浙江兴业银行续订借款合同
　　(1915年12月4日) …… 177
致北京政府交通部电(1916年1月4日) …… 178
复北京政府农商部禀(1916年1月29日) …… 179
关于修改《浙江兴业银行营业规程》的批条
　　(1916年4月18日) …… 180
关于修改《浙江兴业银行营业准备金续订章程》的批条
　　(1916年9月19日) …… 180
在浙兴申行经理盛竹书来信上的批示(1916年11月16日) …… 181
在浙兴申行经理盛竹书来信上的批示(1916年11月23日) …… 182
在浙兴申行经理盛竹书来信上的批示(1916年11月27日) …… 183
在浙兴申行致总办事处信上的批示(1916年11月27日) …… 183
在盛竹书来信上的批示(1916年12月8日) …… 184
在盛竹书来信上的批示(1916年12月22日) …… 185
在盛竹书来信上的批示(1916年12月28日) …… 186
在盛竹书来信上的批示(1916年12月29日) …… 188
在盛竹书来信上的批示(1916年12月30日) …… 188
在盛竹书、徐寄顾致浙兴总办信上的批示(1917年1月8日)
　　…… 189

在盛竹书、徐寄庼致浙兴总办信上的批示(1917年1月11日)
………………………………………………………………………… 190
在浙兴申行会计部曹钟祥致总办函上的批示(1917年1月13日)
………………………………………………………………………… 191
在盛竹书、徐寄庼致浙兴总办信上的批示(1917年1月14日)
………………………………………………………………………… 192
在徐寄庼致浙兴总办信上的批示(1917年1月17日)……… 193
在浙江兴业银行第十届股东年会上的报告(1917年3月22日)
………………………………………………………………………… 194
浙江兴业银行领用交通银行钞票合同(1917年8月17日)
………………………………………………………………………… 197
为浙江兴业银行使用密电事呈北京交通部文(1917年11月15日)
………………………………………………………………………… 199
在上海荷兰银行致浙兴证明书上的批示(1917年12月31日)
………………………………………………………………………… 200
浙江兴业银行广告(1918年2月15日)……………………… 201
浙江兴业银行与汉口扬子江机器厂借款草合同(1918年7月)
………………………………………………………………………… 201
草拟浙兴总办关于海丰饼油公司拨款事致申行函(1918年7月)
………………………………………………………………………… 202
在盛竹书致浙兴总办函上的批示(1918年8月16日)……… 203
在盛竹书致浙兴总办函上的批示(1918年8月22日)……… 204
在盛竹书致浙兴总办函上的批示(1918年9月5日)………… 204
在盛竹书致浙兴总办函上的批示(1918年9月18日)……… 205
在盛竹书致浙兴总办函上的批示(1918年10月2日)……… 206
在盛竹书、徐寄庼、杨静祺致浙兴总办函上的批示
(1918年10月4日)……………………………………………… 206

在盛竹书致浙兴总办函上的批示(1918年10月4日) ………… 207
在徐寄庼致浙兴总办函上的批示(1918年10月9日) ………… 207
在盛竹书致浙兴总办函上的批示(1918年10月13日) ……… 208
在浙兴京行汪卜桑致总办函上的批示(1918年11月4日) …… 209
在浙兴京行汪卜桑致总办函上的批示(1918年11月10日)
……………………………………………………………… 210
在浙兴京行汪卜桑致总办函上的批示(1918年11月11日)
……………………………………………………………… 210
在京行汪卜桑致总办函上的批示(1918年11月11日) ……… 211
在京行汪卜桑致浙兴总办函上的批示(1919年1月3日) …… 212
在浙兴京行复总办函上的批示(1919年1月6日) …………… 213
在汪卜桑致浙兴总办函上的批示(1919年1月8日) ………… 214
在汪卜桑致浙兴总办函上的批示(1919年1月30日) ……… 214
在盛竹书致浙兴总办函上的批示(1919年5月3日) ………… 215
在盛竹书致浙兴总办函上的批示(1919年5月9日) ………… 215
在盛竹书致浙兴总办函上的批示(1919年7月1日) ………… 216
在浙兴申行徐寄庼、杨静祺致总办函上的批示
(1919年7月10日) …………………………………………… 216
在盛竹书致浙兴总办函上的批示(1919年7月12日) ……… 217
在盛竹书致浙兴总办函上的批示(1919年7月13日) ……… 217
在盛竹书致浙兴总办函上的批示(1919年7月17日) ……… 218
在盛竹书致浙兴总办函上的批示(1919年7月21日) ……… 219
在盛竹书致浙兴总办函上的批示(1919年8月1日) ………… 219
在盛竹书致浙兴总办函上的批示(1919年8月2日) ………… 220
在盛竹书致浙兴总办函上的批示(1919年8月8日) ………… 220
在盛竹书致浙兴总办函上的批示(1919年9月1日) ………… 221
浙江兴业银行租用陈理卿货栈合同(1919年9月1日) ……… 222

在盛竹书致浙兴总办函上的批示(1919年9月3日) ……… 223
在盛竹书致浙兴总办函上的批示(1919年9月17日) …… 224
在盛竹书致浙兴总办函上的批示(1919年9月18日) …… 224
在盛竹书致浙兴总办函上的批示(1919年9月21日) …… 225
在盛竹书致浙兴总办函上的批示(1920年2月18日) …… 225
浙江兴业银行聘任马寅初为总办事处顾问合同
 (1920年3月23日) ……………………………………… 226
在盛竹书致浙兴总办函上的批示(1920年5月22日) …… 228
在浙兴申行徐寄庼致总办函上的批示(1920年9月4日) … 228
在徐寄庼等致浙兴总办函上的批示(1920年9月21日) … 229
在徐寄庼、胡孟嘉致浙兴总办函上的批示(1920年10月4日)
 …………………………………………………………… 230
在史致容致浙兴总处电报上的批示(1920年10月24日) … 230
聘任杨介眉为浙兴驻美代表委任状(1920年11月15日) … 231
申请浙兴重新自行发行兑换券事呈币制局文
 (1920年12月18日) ……………………………………… 232
在徐寄庼致浙兴总办函上的批示(1921年1月12日) …… 233
在徐寄庼、胡孟嘉致浙兴总办函上的批示(1921年1月17日)
 …………………………………………………………… 234
在徐寄庼、胡孟嘉致浙兴总办函上的批示(1921年1月27日)
 …………………………………………………………… 235
在浙江兴业银行重员会议上的讲话(1921年2月20日) …… 235
呈农商部、财政部、上海县知事公署文(1921年2月) …… 236
在浙兴第十四届股东常会上的营业报告书
 (1921年3月27日) ……………………………………… 237
在浙兴第十五次上届股东常会上的营业报告书
 (1921年8月28日) ……………………………………… 239

浙江兴业银行委托商务印书馆代印钞票合同
（1921年9月14日）………………………………… 239
在浙江兴业银行第十六次上届股东常会上的营业报告
（1922年8月27日）………………………………… 242
浙江兴业银行委托商务印书馆代印钞票修正合同
（1922年9月13日）………………………………… 244
为浙江兴业银行继续发行兑换券事呈交通部文
（1923年4月17日）………………………………… 245
在浙兴第三十八次行务会议上的讲话（1923年5月1日）…… 246
在浙兴第五十次行务会议上的讲话（1923年7月17日）…… 247
为向美国钞票公司订印钞票事呈币制局文（1923年7月21日）
……………………………………………………………… 249
在《对于票样意见》上的批注（1923年9月10日）………… 250
为商请更换护照事呈币制局文（1923年10月4日）………… 251
浙兴与美钞公司第四版兑换券印制合同（1923年10月11日）
……………………………………………………………… 252
为抄送领用兑换券合同事呈币制局文（1923年10月31日）
……………………………………………………………… 253
在浙兴第九十三次行务会议上的报告（1924年2月27日）…… 254
在浙兴第一〇一次行务会议上的报告（1924年4月8日）
……………………………………………………………… 256
在浙兴第一〇二次行务会议上的报告（1924年4月12日）…… 257
呈北京政府财政部文（1924年6月18日）………………… 259
为浙兴发行兑换券事呈交通部文（1925年4月3日）……… 259
为索讨四合公司欠款呈财政部文（1925年10月10日）…… 260
为索讨四合公司欠款复财政部文（1925年10月17日）…… 260
在浙兴第一五五次行务会议上的讲话（1926年1月13日）…… 261

在浙兴第一六○次行务会议上的讲话(1926年3月17日)
.... 262
在浙兴第一六五次行务会议上的讲话(1926年5月19日) …… 263
在浙兴第一六七次行务会议上的报告(1926年6月9日) …… 264
为在美印制钞票商请护照事呈财政部文(1926年7月1日) …… 265
在浙兴第一七二次行务会议上的讲话(1926年8月18日) …… 265
在浙兴重员会议上的讲话(1927年2月12日) ……………… 266
在浙江兴业银行第二十届股东常会上的报告(1927年2月13日)
.... 267
在浙兴第一九二次行务会议上的讲话(1927年6月15日) …… 270
在浙兴重员会议上的报告(1928年1月29日) …………… 271
呈蒋总司令、国民政府农矿部、工商部文(1928年7月22日)
.... 272
呈南京政府工商部文(1929年5月14日) ………………… 273
《兴业邮乘》发行之旨趣(1932年9月9日) ……………… 274
怀旧(1932年11月) ………………………………………… 276
浙兴取销新年团拜的通告(1933年1月1日) …………… 277
为续印浙江兴业银行兑换券事呈国民政府财政部文
（1933年1月12日）………………………………………… 277
浙江兴业银行呈财政部文(1933年4月24日) ……………… 278
浙江兴业银行呈南京政府财政部文(1933年4月29日) …… 279
浙江兴业银行呈南京政府财政部文(1933年5月8日) …… 280
为缴还浙兴运送纸币进口专用护照事呈财政部文
（1933年5月29日）………………………………………… 281
我与本行关系之发生(1933年8月12日) ………………… 281
寿诞答辞(1933年9月29日) ……………………………… 284
在浙江兴业银行第二十七届股东常会上的报告

（1934年2月25日）…… 288
中兴煤矿浦口下关间运煤费极钜(1934年4月14日)…… 292
阜丰面粉厂廿二年度报告一瞥(1934年4月14日)…… 293
王揖唐等企图恢复中华汇业银行(1934年4月21日)…… 293
津裕元纱厂作价不足抵押款(1934年4月28日)…… 293
济增设纱厂两家成绩甚好(1934年4月28日)…… 294
大中华火柴公司将续与北方丹华合并(1934年5月19日)…… 294
开滦矿股权问题解决(1934年5月19日)…… 295
大通煤矿借款扩展记(1934年6月2日)…… 295
钱江铁桥部省合作问题结束圆满(1934年6月15日)…… 296
沪恒丰纱厂力求改进(1934年6月15日)…… 296
上海银行浙省营业计划(1934年7月28日)…… 296
光华与大中华合并经过(1934年7月28日)…… 297
荣宗敬失败原因一说(1934年7月28日)…… 297
建设银公司与意庚款债票(1934年8月11日)…… 298
徐青甫奉召赴赣(1934年8月11日)…… 298
扬盐栈有废除趋势(1934年8月11日)…… 298
两周年《邮乘》总评论(1934年8月19日)…… 299
节录商务印书馆董事会报告(1934年10月6日)…… 301
浙兴总经理室通告(1934年12月30日)…… 302
答复移交银行钞票准备金事呈财政部文(1935年12月3日)
…… 302
民国廿四年份本行营业报告书(1936年2月9日)…… 304
为浙兴历年发行兑换券总账事呈财政部发行准备管理委员会文
（1936年3月2日）…… 312
为撤销浙兴南京城北分理处事呈南京市社会局文
（1936年7月7日）…… 313

为撤销浙兴济南、陕县、南京中山路三分理处事呈财政部文
（1936年7月10日）……314

为添设常熟分理处事签署浙兴呈江苏省建设厅并转呈实业部文
（1936年7月10日）……315

为撤销浙兴南京中山路分理处复南京市社会局文
（1936年7月31日）……315

为撤销浙兴济南分理处事呈山东省政府文
（1936年8月10日）……316

三十年前之严师益友（1936年8月21日）……317

浙江兴业银行总经理室通告（1936年12月30日）……320

民国二十五年份本行营业报告书（1937年2月21日）……320

浙兴总办致各分支行"通密元号"函（1937年8月3日）……327

叶景葵启事（1937年8月9日）……328

浙兴总办致津行"津业密五号"函（1937年8月11日）……328

浙江兴业银行战区行处收付款项办法（1937年9月上旬）……329

浙兴总办致杭州分行"杭稽密二号"函（1937年9月13日）……330

浙江兴业银行全行紧缩开支办法（1937年10月8日）……331

在一九三八年浙江兴业银行股东大会中报告（1938年3月6日）
……332

本行第三次补充安定金融办法（1938年5月19日）……338

征集徐新六先生纪念金启事（1938年8月）……339

本行同人公祭徐新六总经理祭文（1938年9月24日）……340

民国二十七年浙江兴业银行营业报告书（1939年2月26日）
……341

《邮乘》第一百号题辞（1940年5月30日）……345

蒋君抑卮家传（1940年12月中下旬）……346

在蒋抑卮先生追悼会上演辞（1940年12月29日）……349

浙江兴业银行董事会增资事宜决议(1944年12月18日) …… 354
办理浙江兴业银行财产估价及调查资本证明书(1946年5月5日)
　………………………………………………………………… 355
补办变更登记呈请启(1946年7月) …………………… 356
邮乘题寿(1946年9月15日) ………………………… 357
本行历史补遗(1946年11月30日) …………………… 359
汉口价领行基案(1947年3月15日) …………………… 360
追思沈新三先生(1947年3月31日) …………………… 362
浙江兴业银行发行史(1947年9～11月) ……………… 363
德清蔡渭生先生像赞(1948年1月15日) ……………… 379
中国之银行管制(1948年6～7月) …………………… 380

中　册

文　存　三

刍牧要诀(1900年) ……………………………………… 397
地学问答(1900年) ……………………………………… 401
太康物产表(1900年) …………………………………… 430
矿政杂钞(1901年～1902年) …………………………… 447
卷盦政典类钞(1901年～1903年) ……………………… 489
　分类目录 ………………………………………………… 490
　卷一　教务 ……………………………………………… 490
　　各项税 ………………………………………………… 494
　　厘税 …………………………………………………… 494
　　各国预算 ……………………………………………… 496
　　格致新理 ……………………………………………… 508

语言文字 ·· 509
客乡 ·· 511
条约 ·· 514
交涉公法 ·· 526
工艺局厂 ·· 534
礼仪 ·· 536
矿学 ·· 537
物产进出口货 ···································· 539
户政屯垦 ·· 542
产业税丁漕 ······································ 561
度量权衡 ·· 564
中外首脑纪事 ···································· 566

卷二 制造新器 ·································· 569
赛会 ·· 569
官制 ·· 573
农事渔务 ·· 574
粮饷 ·· 575
财政 ·· 578
银行 ·· 579
钱币 ·· 580
商务 ·· 583
学校报馆译书局藏书楼 ···························· 616
出洋工商流寓 ···································· 629
口岸租界 ·· 638

日 记 札 记

罪言之一鳞（1911年5～7月） ·················· 649

萱园随笔（1914年7月～1915年3月） …………………………… 660
卷盦札记（1941年～1946年） ……………………………………… 673

书 目 题 跋

卷盦藏书记（约1930年～1936年） ……………………………… 723
  经部 ……………………………………………………………… 723
  史部 ……………………………………………………………… 731
  子部 ……………………………………………………………… 739
  集部 ……………………………………………………………… 753

周易本义辨证校记（1930年1月7日、1940年2月） …………… 778
师二宗斋读易劄记跋（1941年3月） ……………………………… 780
古文尚书题识（1933年11月、1931年2月） ……………………… 781
尚书古文疏证校记（1932年7月） ………………………………… 781
古文尚书撰异题识（1938年8月6、7日） ………………………… 783
书蔡传题识（1937年6月） ………………………………………… 784
吕氏家塾读书记（1929年9月） …………………………………… 784
诗集传题识（1937年6月） ………………………………………… 785
韩诗外集题识（1939年5月） ……………………………………… 785
韩诗外集题识（1939年11月） …………………………………… 785
诗小序翼撰题识（1942年6月18日） ……………………………… 786
礼记训纂题识（1940年9月22日） ………………………………… 786
夏小正笺疏（1940年4月20、29日） ……………………………… 787
振绮堂本吹豳录跋（1948年9月17日） …………………………… 788
春秋左传杜注题识（1940年2月） ………………………………… 789
木讷先生春秋经筌题识（1940年5月） …………………………… 789

春秋纬史集传题识(约1938年) …… 789
吴窬斋篆文论语真迹跋(1945年12月22日) …… 790
孟子赵氏注题识(1934年11月) …… 790
尔雅正义题识(1938年4月) …… 791
尔雅郭注义疏题识(1932年12月) …… 791
恒言广证题识(1940年11月) …… 791
说文解字理董跋(1941年5月19日、1942年9月24日) …… 792
说文解字段注跋(1940年2月5日) …… 793
说文解字汇纂条例跋(1939年10月) …… 794
谐声谱跋(1939年6月22、23日,11月23日) …… 794
集韵跋(1935年12月28日、1937年3月) …… 796
国语补音题识(1926年6月) …… 797
群经音辨跋(1932年6月、1935年1月) …… 798
韵补校记二则(1933年3月10日) …… 799
传经表补正跋(1940年12月) …… 800
经籍跋文题识(1933年1月26日) …… 800
朱子经说题识(1940年2月) …… 801
古文徵目次跋(1939年4月18日) …… 801
汉书正讹题识(1940年8月初) …… 802
后汉书疏证校记(1948年8月) …… 803
三国志题记(1940年3月) …… 804
晋书斠注题记(1941年5月) …… 804
后梁春秋题识(1932年11月) …… 805
南史跋(1941年3月) …… 805
王俨斋明史稿真迹第十四册题跋(1944年4月) …… 806
明史义例汇编题识(1940年7月) …… 807
明通鉴跋(1941年3月) …… 807

鲍氏战国策注题识(1926年6月) ……………………… 808
南迁录跋(1938年11月24日) ……………………… 808
北梦琐言题识(1938年10月) ……………………… 809
劫灰录跋(1928年1月7日) ………………………… 809
南疆逸史题识(1932年11月) ……………………… 810
历代统系跋(1941年6月) …………………………… 810
南田志稿题识(1940年2月) ………………………… 811
阳羡风土记补辑题识(1940年6月) ………………… 811
宰涟纪要题识(1940年) ……………………………… 811
吴江陆幹夫先生墓表跋(1941年3月) ……………… 812
新化邹征君传跋(1939年11月) …………………… 812
稷山段氏二妙合谱题识(1935年12月23日) ……… 813
明唐荆川先生年谱题识(1941年2月) ……………… 813
闽中书画录跋(1943年5月) ………………………… 814
经济特科同征录题记(1940年11月) ……………… 814
鸰痛记题识(1921年3月) …………………………… 815
鸰痛记跋(1941年3月12日) ……………………… 815
块余生自纪题识二则(1940年10月12日) ………… 818
赵君闷㐖窀题识(1940年12月) …………………… 818
安阳叶公渠事实跋(1941年8月2日) ……………… 819
诸仲芳笔录端方之死稿题跋(1944年4月) ………… 820
严容孙传题记(1949年2月) ………………………… 821
懋斋日记题识(1949年3月) ………………………… 822
福州蚕桑公学稿题识(1949年3月) ………………… 822
及之录按语(1946年10月31日) …………………… 823
浙西村人日记题识(1941年3月) …………………… 823
复堂日记跋(1942年3月30日) …………………… 824

栩缘日记题识（1942年2月） …… 824
宝迂阁日记跋（1943年9月） …… 825
忘山庐日记序（1942年1月） …… 826
禁烟私议题记（1941年2月18日） …… 827
华阳国志跋二则（1939年7月6日） …… 828
江苏备志稿题识（1942年12月） …… 829
浙江续通志稿题识（1944年7月） …… 830
南唐书笺注跋（1940年4月10日） …… 831
水经广注跋（1939年11月） …… 831
水经注（重）校本题识（1939年11月） …… 832
邦畿水利集说跋（1932年2月1、4日） …… 832
中吴纪闻题识（1939年12月） …… 833
蒙古诸部述略题识（1940年4月5日） …… 834
徐霞客游记题记二则（1940年2月23、27日） …… 834
读史方舆纪要稿本跋（1941年5月3日） …… 836
方舆纪要州域形势说题识（1941年5月） …… 841
方舆考证跋（1934年4月） …… 842
新纂杭州府志残稿跋（1940年2月7日） …… 842
光绪杭州府志稿跋（1940年6月） …… 843
南朝会要跋（1939年12月24日） …… 844
历代官制考略题识（1940年2月初） …… 844
大明宝钞题记（1939年2月5日） …… 844
大元海运记题识（1939年3月） …… 845
变法平议题识（1944年3月） …… 845
述汉冶萍产生之历史题记（1940年10月） …… 846
赵尚书御史任内奏议跋（1940年） …… 847
滇缅界务新约诤议题识（1942年9月） …… 847

浙江图书馆善本书目甲编题识(1937年6月) …… 848
铁琴铜剑楼藏书目录跋(1937年4月15、16日) …… 848
瑞安黄氏蓉绥阁藏书目录跋(1931年9月) …… 849
卷盦捐书目录题识(1940年代初) …… 850
群碧楼善本书目寒瘦山房鬻存善本书目跋(1940年2月7日) …… 850
兰笑楼藏书目录题记(1942年9月24日) …… 851
海盐张氏涉园藏书目录跋(1946年10月22日) …… 852
两汉金石记跋(1941年3月) …… 853
岱顶秦篆残刻题跋跋(1939年4月中旬) …… 853
史通校记三则(1933年12月6、10日,1940年3月) …… 854
廿一史弹词注跋(约1936年) …… 856
红楼真梦题识(1941年3月) …… 856
盐铁论题识(1929年8月、1930年1月) …… 857
扬子法言校记(1930年1月24日) …… 857
颜氏家训跋(1935年7月) …… 863
里堂家训题识(1943年6月22日) …… 864
匡谬正俗题记(1935年12月29日) …… 864
梦溪笔谈题识二则(1933年5月28日、1939年3月) …… 864
南村辍耕录题识(1939年6月) …… 865
习学记言序目跋(1939年11月25、26日) …… 865
癸巳存稿遗篇题识(1940年9月初) …… 867
思益堂日札钞跋(1940年2月27日) …… 867
冲虚至德真经跋(1930年1月) …… 868
南华真经跋(1927年12月) …… 868
南华真经校记(1930年1月) …… 869
抱朴子跋(1939年7月) …… 870

19

管子校注跋(1947年5月)	871
墨子跋(1936年9月30日)	871
吕氏春秋跋三则(1930年6月、1932年12月)	872
淮南释音跋(1940年5月6日)	873
愧郯录题记(1939年6月20日)	873
何恭简公笔记跋(1939年7月18日)	874
弢园随笔跋(1939年12月26、27日)	875
闻尘偶记跋(1941年5月13日)	878
齐民要术题记三则(1933年2月、1938年8月8日、1940年2月21日)	879
农政全书题识(1938年5月)	880
艺圃图序(1915年12月15日)	881
画竹斋评竹跋(1941年8月)	882
墨兰谱题识(1941年11月)	882
法象考跋(1939年1月)	883
傲徕山房所藏五朝墨迹题识(1940年11月)	883
倪文贞书画题识(1927年3月)	884
明清藏书家尺牍题识(1943年2月5日)	885
吴渔山兰竹题识(1946年1月18日)	885
潘榕皋先生墨笔山水题识(1945年12月25日)	886
陆廉夫先生编年画题识(1946年3月)	887
涉园图咏题识(1942年11月8日)	888
秀野草堂第一图题识(1942年11月5日)	889
黄小松薛公祠图题识(1943年)	890
南池雅集图题识(1940年4月5日)	891
养知书屋图题识(1936年4月)	892
栩缘老人墨迹题识(1946年4月)	893

杨稣甫先生手迹四种题识(1941年4月) …… 894
脉经跋、校记(1928年1月27日、1929年9月2日、12月9日)
　…… 894
养生类纂题识(1939年4月20日) …… 896
舌鉴辨正跋(1939年7月) …… 896
养生月览题识(1939年11月24日) …… 897
伤寒论文字考题识(1939年12月) …… 897
伤寒百证歌跋(1940年11月) …… 897
一切经音义跋三则(1933年6月25日、10月19日、
　1935年10月) …… 898
姓氏辩误题识(1933年2月) …… 899
新书题识(1937年2月) …… 899
物类集说题识(1939年4月) …… 900
历测题识(1940年2月) …… 900
致曲术·致曲图解题识(1940年4月) …… 900
九章蠡测题识(1940年4月) …… 901
曹子建集题记(1932年12月) …… 901
晋文约钞题识(1941年3月) …… 902
孟浩然集题识(1932年7月) …… 902
孟浩然集跋(1936年1月) …… 902
岑嘉州诗集校记(1936年3月) …… 903
阙文题识(1938年11月) …… 904
金荃集题识(1939年5月1日) …… 904
刘宾客集校记三则(1927年2月23日、1928年6月29日、
　1929年7月) …… 904
贾长江集校记三则(1928年11月、1929年7月、
　1940年2月24日) …… 905

丁卯诗集跋(1932年2月) ……………………………………… 907

笠泽丛书校记三则(1928年2月中旬、1929年9月10日、
　10月3日) …………………………………………………… 908

罗昭谏江东集跋(1932年12月) ………………………………… 909

苏学士文集跋(1938年4月24日) ……………………………… 910

后山诗注题记(1931年12月) …………………………………… 910

陈后山集跋(1941年2月16日) ………………………………… 911

张文潜文集题识(1926年7月) ………………………………… 911

石林居士建康集跋三则(1933年2月14日、12月10日、
　1938年6月) ………………………………………………… 912

慈湖遗书跋(1941年1月14日) ………………………………… 913

石湖居士诗集校记(1927年1月) ……………………………… 913

范石湖诗集校记二则(1927年1月、约1941年8月) ………… 914

渭南文集跋(1941年1月) ……………………………………… 914

钓矶诗集跋(1937年1月30日) ………………………………… 915

明朝宫诗题识(1939年6月) …………………………………… 916

唐先生遗稿题识(1939年8月) ………………………………… 916

小学盦遗稿题识(1939年7月) ………………………………… 917

观所尚斋文存题识(1939年7月) ……………………………… 917

存雅堂遗稿跋(1941年3月) …………………………………… 917

遗山诗集校记(1929年12月23日) …………………………… 918

水云村氓稿残本题识(1939年2月) …………………………… 919

姑山遗稿校记(1937年2、3月) ………………………………… 919

琴张子萤芝集跋(1937年1月) ………………………………… 921

副使祖诗藁跋(1941年5月30日) ……………………………… 921

石川集题记(1936年10月中下旬) ……………………………… 922

震川先生集跋(1940年2月) …………………………………… 922

归震川先生文钞跋(1940年2月) …………………………………… 923
瞿忠宣公集题识(1938年) …………………………………… 923
金文通公集跋(1938年5月1日) …………………………………… 924
王烟客与王子彦尺牍跋(1943年10月24日) …………………………………… 924
松皋文集题识(1938年3月) …………………………………… 926
遂初堂文集跋(1941年3月8日) …………………………………… 926
睫巢集跋(1939年1月27日) …………………………………… 927
白沙子全集题识(1945年1月) …………………………………… 927
鲒埼亭集跋二则(1934年12月1日、1940年2月) …………………………………… 928
彭尺木文稿跋(1940年2月26日) …………………………………… 930
柳洲遗稿题识(1936年7月) …………………………………… 930
敬思堂文集跋(1936年11月14日) …………………………………… 931
复初斋文集题识二则(1929年11月、12月8日) …………………………………… 931
简松草堂文稿题识(1949年3月) …………………………………… 932
安乐乡人诗题识(1939年11月23日) …………………………………… 932
国朝杭郡诗续辑题识(1939年12月) …………………………………… 933
攀古小庐杂著题识二则(1940年1月28、29日) …………………………………… 933
缦雅堂诗钞题识(1940年4月) …………………………………… 934
东洲草堂诗钞题识(1940年5月) …………………………………… 934
刘瑞临先生文集题识(1941年4月) …………………………………… 934
白田风雅题识(1941年4月) …………………………………… 935
代言集题识(1940年11月) …………………………………… 935
雕菰集题识(1940年12月) …………………………………… 935
求是堂诗集跋(1941年1月) …………………………………… 936
两当轩全集跋(1930年1月) …………………………………… 936
独学庐初稿跋(1938年3月) …………………………………… 937
八琼室文稿题识(1940年7月) …………………………………… 938

铁桥漫稿跋(1939年7月) …… 938
小谟觞馆诗集注跋(1939年4月) …… 939
甘泉乡人稿跋(1938年11月25日) …… 939
恬养斋文集题识(1939年4月) …… 940
恬养斋文钞跋(1939年12月28日) …… 940
落帆楼文集题识二则(1936年4月、1938年6月) …… 941
笏庵诗稿跋(1941年8月13日) …… 942
叶徵君文稿跋(1942年8月) …… 942
赵尚书奏议题识二则(1939年12月) …… 943
赵尚书奏议第四次辑录题识(1943年7月) …… 944
赵尚书遗稿题跋(1946年12月) …… 944
涂子类藁题识(1938年4月) …… 944
节甫老人杂著题识(1938年4月) …… 945
秋蟪吟馆诗钞跋(1940年11月8日) …… 945
冬暄草堂遗文跋(1941年5月) …… 947
藤香馆诗钞跋(1940年11月) …… 948
人境庐诗草跋(1939年12月) …… 948
西泠侨寄客遗诗跋(1941年2月) …… 949
愚斋存稿初刊跋二则(1940年11月初、1944年4月) …… 950
盛尚书愚斋存稿初刊批注十八则(1944年4月) …… 950
忠雅堂诗集题识(1941年7月) …… 954
频罗诗集序(1915年1月20日) …… 954
狷叟诗录跋(1941年5月31日) …… 955
四当斋集跋(1938年4月) …… 956
松邻遗集跋(1938年5月20日) …… 957
吴伯宛先生遗墨跋(1939年11月27日) …… 958
非儒非侠斋集题识(1941年1月) …… 959

志盦诗稿跋(1941年11月19日) ……………………………… 959
曹君直舍人残稿跋(1939年11月) ……………………………… 961
叶仲裕残稿题识(1941年6月27日) ……………………………… 961
瓿屑录跋二则(1940年11月11日、1941年1月) ……………… 962
思玄堂诗题识(1942年3月) ……………………………… 965
半樱词跋(1940年2月15日) ……………………………… 965
万首唐人绝句跋(1941年5月上旬) ……………………………… 966
文选跋(1941年2月) ……………………………… 967
全上古三代秦汉三国六朝文跋二则(1941年5月9日、29日)
………………………………………………………………… 968
骈体文钞跋(1939年4月22日) ……………………………… 969
骈体文林题识(1940年5月) ……………………………… 970
花间集校记(1933年3月14日) ……………………………… 970
乐府雅词校记二则(1932年2月15日、18日) ……………… 975
类编草堂诗余题识(1924年3月) ……………………………… 975
停云集题识(1940年5月7日) ……………………………… 976
蜕庐剩稿题识三则(1942年9月24日) ……………………… 976
靖康稗史七种题识(1940年4月) ……………………………… 977
守山阁丛书跋(1941年3月21日) ……………………………… 977
檇李丛书跋(1940年2月17日) ……………………………… 978
蔽庐丛志序(1914年4月25日) ……………………………… 979
印行四部丛刊启(1919年12月) ……………………………… 981

下　册

诗　联

赋得雨过潮平江海碧得平字五言八韵(1894年7月) ……………… 985

挽高啸桐联(1909年4月18日) ………………………… 985

题高啸桐遗像(七律)(1909年5月) ………………………… 986

挽史绳之中丞(念祖)联(1910年) ………………………… 986

挽徐宝山联(1913年5月) ………………………… 987

神虎行(古诗)(1914年9月10日) ………………………… 987

弹铗吟(七律二首)(1915年1月20日) ………………………… 988

挽汤觉顿联(1916年10月) ………………………… 988

寿笙谱姑丈八十(古诗)(1918年) ………………………… 989

庆贺马相伯八十寿联(1919年4月29日) ………………………… 990

哭孙江东(五律二首)(约1919年) ………………………… 990

挽张金坡(锡銮)联(1922年) ………………………… 991

洪成珑挽联(1924年9月5日) ………………………… 991

挽徐沧水(七律)(1925年12月) ………………………… 992

挽张季直(謇)联(1926年) ………………………… 992

挽刘聚卿(世珩)联(1926年) ………………………… 993

挽赵尚书联(1927年9月3日) ………………………… 993

游汉阳赠卢鸿沧(七律二首)(约1928年) ………………………… 993

哭金仍珠(七律二首)(1930年) ………………………… 994

挽程都督雪楼联(1930年) ………………………… 995

题荀斋校书图(七律)(1931年1月) ………………………… 995

游华山登南峰经西而北至中峰小憩步过女士韵(七律)
(1935年5月10日) ………………………… 996

游雁山经丽水赠陈雪白(七绝)(1936年8月) ………………………… 996

山居即事(七律)(1937年10月) ………………………… 997

挽徐新六联(1938年8月29日) ………………………… 997

挽邓孝先(七律)(1939年8月2日) ………………………… 997

挽蒋抑卮鸿林联(1940年11月20日) ………………………… 998

赠项兰生先生(五律四首)(1940年11月) ………… 998
赠经六新居(五律二首)(1940年) ……………… 1000
和答俞彦文(七律)(约1940年) ………………… 1000
和韵嘲叔通丈(古诗)(约1940年) ……………… 1001
题周氏孙印谱(七律)(约1940年) ……………… 1001
惊闻皖南事变(七绝)(1941年1月) …………… 1002
赠王蟫庐(七绝二首)(约1941年1月) ………… 1002
和张菊生先生(七律)(1941年2月20日) ……… 1003
桂辛七十(七律四首)(1941年9月) …………… 1003
和叔通韵七律(1941年10月) …………………… 1004
沅叔七十以诗笺征诗漫成一律(七律)(1941年10月) …… 1005
挽王胜之同愈联(1941年) ……………………… 1005
读张今颇将军遗诗(七律二首)(1941年) ……… 1005
述陶自津来谈市况(七律)(约1941年) ………… 1006
既为述陶题生圹(七律)(约1941年) …………… 1006
题《遗芳图》(五律)(约1941年) ……………… 1007
忆丁丑山居悼陈仲勉(七律)(约1941年) ……… 1007
赠林子有(七绝四首)(约1941年) ……………… 1008
寄怀葆之兼简伏庐(七律二首)(约1941年) …… 1008
沈棉亭五十,妻久病而无姬侍,诗以调之(七律)(约1941年)
………………………………………………………… 1009
赠陈永青(七律)(约1941年) …………………… 1009
海棠(七言古诗)(约1941年) …………………… 1010
守庸以扇面属书赠以长句(七律)(约1941年) … 1010
傲仁示咏泪诗和之,广其意(七律)(约1941年) … 1011
赠海昌朱肖琴(五言古诗)(约1941年) ………… 1011
挽梁灏联(约1941年) …………………………… 1012

项兰生七十寿联(1942年4月27日) ……………… 1012
赠邵伯䌹七十生日(七律二首)(1942年5月17日) …… 1013
奉答墨巢(七律)(约1942年10月) ………………… 1014
赠陈汉第寿诗(五言古诗)(1942年11月18日) …… 1014
题同治元年敕祭南岳碑何道州墨迹(七律)(1942年) … 1015
赠钱士青(五言古诗)(1942年) …………………… 1015
赠王季烈(七律二首)(1942年) …………………… 1016
雪(五律)(1942年) ……………………………… 1017
墨巢雪后款客赋呈(五律)(1942年) ……………… 1017
挽汤拙存孝佶联(约1942年) ……………………… 1018
吊陈伯琴(七律)(约1942年) ……………………… 1018
和李拔可(七律二首)(约1942年) ………………… 1019
挽叔祖柏皋先生尔恺联(1943年1月23日) ………… 1019
挽潘博山承厚联(1943年5月6日) ………………… 1020
赠邵章(七律)(1943年5月17日) ………………… 1020
七月十一日暴风雨答顾君起潜潘君景郑(七律)
　(1943年8月11日) ……………………………… 1021
和张菊生(七律)(1943年8月13日) ……………… 1021
再和张菊生(七律)(1943年8月19日) …………… 1022
墨巢赠诗走笔和之(七律)(1943年8月) …………… 1023
赠夏地山七十寿联(1943年10月6日) …………… 1024
挽高望之同年煌联(1943年) ……………………… 1024
改杜俳体(七律)(1943年) ………………………… 1025
答三弟见怀之作(七律)(1943年) ………………… 1025
赠范循甥(五律二首)(1943年) …………………… 1026
答孙儆庐并呈王莲友丈(七律)(1943年) …………… 1026
钱均父丈(七律)(1943年) ………………………… 1027

答孙鏖才同年(七律)(1943年)	1027
再次墨巢诗韵答陈丈叔通同年(七律)(1943年)	1027
答刘放园(七律)(1943年)	1028
再次墨巢韵寄叔通二首(1943年)	1028
答潘俭庐(七律)(1943年)	1029
再次前韵题《硕果亭诗续》(七律)(1943年)	1029
墨巢有和再依韵答三首(七律)(1943年)	1030
赠谢直士(七律)(1943年)	1030
答沈昆山(七律)(1943年)	1031
答陈仲恕(七律)(1943年)	1031
赠高存道(七律)(1943年)	1032
挽盛筱珊联(1943年)	1032
集杜句赠顾起潜联(1944年3月12日)	1033
集杜句赠起潜子诵芬联(1944年3月12日)	1033
招墨巢小食(七律)(1944年)	1033
赠剑丞(七律)(1944年)	1034
题胡君文楷《历代名媛文苑》(七绝二首)(1944年)	1034
寿关承孙丈八十(七律二首)(1944年)	1035
赠熊叔厚遗墨(七绝二首)(1944年)	1035
挽顾桂生(七绝二首)(1945年2月)	1036
三十四年八月制联自寿(1945年8月)	1036
和墨巢九日不出(七律)(1945年10月)	1037
答闵霈(七绝)(1945年12月2日)	1037
赠陈叔通(七绝)(1945年)	1038
赠单镇(七言古诗)(1945年)	1038
题马木轩画(七绝三首)(1945年)	1039
答彬侯同年(七律二首)(1945年)	1040

赠李拔可(七律)(1945年) …… 1040
题阮汉三遗墨(七绝二首)(1945年) …… 1041
赠李拔可(七律)(1945年) …… 1041
瞿季刚属题诗礼咏怀图(七言古诗)(1945年) …… 1042
忆星白(七律)(约1945年) …… 1042
挽徐新六母何太夫人联(约1940年代前期) …… 1043
挽孙宗诚联(约1940年代前期) …… 1043
挽陈莱青联(约1940年代前期) …… 1043
挽潘履园联(约1940年代前期) …… 1044
挽如兄汪涌宜(赓銮)联(约1940年代前期) …… 1044
挽周竺君(孝怀弟)联(约1940年代前期) …… 1045
挽陈陶遗联(1946年4月28日) …… 1045
杨味云同年八十(七律)(1946年12月) …… 1045
题西溪张我持适皋亭桃花图卷(七律三首)(1946年) …… 1046
和邵伯褧重游泮水诗(七绝二首)(1946年) …… 1047
题刘湄朱氏传家乐善图(七言古诗)(约1946年) …… 1047
题鱼占绘络园图(七律)(约1946年) …… 1048
题项女史蒲桃(七绝)(约1946年) …… 1048
题陈病树之父铸盦同年甲午乡试朱卷(七律)(约1946年) …… 1049
题王欣夫抱蜀庐校书图(七绝二首)(1947年) …… 1049
赋得五岳归来不看山五言八韵(古诗)(1947年) …… 1050
寿王缉亭同年(七律)(1947年) …… 1050
题翁文恭临颜书李玄碑(七绝二首)(1947年) …… 1051
挽吴向之同年廷燮仙游寿八十三葬于南京联(1947年) …… 1051
和李拔可(七律三首)(1948年10月10日) …… 1051
山志(七绝二首)(1948年10月) …… 1052
游金陵归(七律)(1948年10月) …… 1053

和林子有(七律)(1948年) ·· 1053
九如铸生同和冕之韵寿爽夫,用原韵却寄四首(七律)(1948年)
　　 ·· 1054
高吹万季子君宾索题《浙盐板晒图》(七言古诗)(1948年) ····· 1055
题李直士(七律)(约1948年) ·· 1055
题商藻亭同年寒灯听雨图,并寄云亭同年(七绝二首)
　　(约1948年) ·· 1056
寄怀坚仲爽夫(七律)(约1948年) ································· 1056
题王劭农侍御在癸卯春闱为荣华卿师所绘梅石(七言古诗)
　　(约1948年) ·· 1057
挽赵介卿(世基)联(约1940年代后期) ························· 1057
挽三弟妇联(约1940年代后期) ································ 1058
挽徐守之联(约1940年代后期) ································ 1058
挽马隽卿联(约1940年代后期) ································ 1058
挽华实甫同年联(除夕逝世)(约1940年代后期) ············· 1059
挽沈叔邃联(约1940年代后期) ································ 1059
樊时勋之曾孙完姻贺联(约1940年代后期) ·················· 1059
挽章一山同门椊联(1949年1月) ······························· 1060
挽仲恕丈联(1949年1月) ·· 1060

书　信　电　报

致鲍咸昌(四通) ·· 1063
致贝淞荪(一通) ·· 1068
致蔡谷青、金润泉(一通) ··· 1068
致曹吉如(一通) ·· 1069
致陈鄂年(一通) ·· 1070

致陈汉第(四通)	1071
致陈锦涛(三通)	1073
致陈仪(二通)	1074
致陈昭常(一通)	1075
致程良楷(二通)	1075
致大清银行股东联合会(一通)	1076
致大清银行总行(九通)	1078
致大清银行长春分行(二通)	1079
致东方公司(八通)	1079
致杜月笙(一通)	1081
致度支部(六通)	1081
致段祺瑞(一通)	1083
致范磊(二通)	1083
致冯耿光、张嘉璈(十通)	1084
致冯晓青(一通)	1090
致高时丰(一通)	1091
致龚心湛(一通)	1091
致顾孟余(一通)	1092
致顾廷龙(二〇一通)	1092
致汉冶萍公司董事会(九通)	1151
致何键(一通)	1156
致胡济生、李铭(三通)	1157
致胡佑之(一通)	1159
致胡藻青(一通)	1159
致华汝洁(二通)	1160
致蒋隆珽(一通)	1163
致蒋抑卮(四通)	1163

致蒋抑卮、项兰生、沈新三、孙人镜(一通) …… 1165
致交通部(三通) …… 1167
致交通银行总管理处(四通) …… 1168
致金润泉(一通) …… 1169
致金仍珠(三通) …… 1170
致金仍珠、朱旭初(一通) …… 1171
致劳之常(一通) …… 1174
致李烈钧(一通) …… 1175
致李宣龚(四通) …… 1175
致李维格(二通) …… 1177
致李佑丞、李子卫(一通) …… 1179
致李直士(一通) …… 1179
致李宗仁(一通) …… 1180
致林行规(十一通) …… 1182
致刘承幹(十八通) …… 1189
致六合公司(一通) …… 1194
致卢学溥(四通) …… 1194
致卢永祥(一通) …… 1199
致罗正钧(一通) …… 1200
致马寅初(一通) …… 1201
致美国钞票公司(一通) …… 1202
致某某(一通) …… 1203
致聂云台、何范之(一通) …… 1204
致潘履园(二通) …… 1204
致齐耀瑗(一通) …… 1205
致钱昌照(一通) …… 1206
致钱永铭(二通) …… 1207

致任鸿隽（一通） …… 1208
致沙逊洋行大班（一通） …… 1208
致沈棉庭（一通） …… 1209
致沈新三（四通） …… 1210
致沈新三、项兰生（一通） …… 1212
致盛纪炳（四通） …… 1213
致盛纪炳、史致容（二通） …… 1216
致盛纪炳、徐寄庼、杨介眉（一通） …… 1218
致盛宣怀（二十八通） …… 1219
致史致容（九通） …… 1241
致宋汉章（六通） …… 1249
致宋子文（三通） …… 1252
致孙江东（一通） …… 1253
致孙科（一通） …… 1254
致孙人镜（一通） …… 1255
致孙仲英（一通） …… 1255
致汤叡（一通） …… 1258
致唐寿民（二通） …… 1260
致屠兆莲（一通） …… 1261
致汪康年（九通） …… 1261
致王克敏（一通） …… 1265
致王廉（二通） …… 1266
致王文进（四十四通） …… 1267
致王彦成（一通） …… 1280
致伍少垣（一通） …… 1281
致吴国桢、宣铁吾（一通） …… 1281
致吴乃琛（七通） …… 1282

致席颂平(一通) …… 1285
致项兰生(二十通) …… 1286
致谢霖(二通) …… 1302
致薛聚铭(一通) …… 1304
致熊希麟、荣叔章(一通) …… 1305
致徐寄庼(四通) …… 1305
致徐士浩(一通) …… 1307
致徐维荣(一通) …… 1307
致徐新六(十通) …… 1308
致许福昹、许体萃(十二通) …… 1314
致严江(一通) …… 1322
致杨静祺(三通) …… 1322
致杨石湖(一通) …… 1324
致叶恭绰(二通) …… 1325
致叶济(一通) …… 1326
致豫丰纱厂(一通) …… 1338
致袁世凯等(一通) …… 1339
致袁振生(一通) …… 1340
致张嘉璈(六通) …… 1341
致张顾(三通) …… 1344
致张元济(十八通) …… 1346
致赵凤昌(一通) …… 1354
致赵尔巽(四通) …… 1355
致浙江、江苏省议会、督军、省长等(一通) …… 1357
致浙江兴业银行北京分行(一通) …… 1359
致浙江兴业银行各分支行通函(四十三通) …… 1359
致浙江兴业银行股东会(一通) …… 1376

致浙江兴业银行汉口分行(代总办)(二十一通) ………… 1376
致浙江兴业银行杭州分行(一通) ……………………… 1381
致浙江兴业银行南京分行(一通) ……………………… 1382
致浙江兴业银行人事委员会(一通) …………………… 1383
致浙江兴业银行上海行(一通) ………………………… 1383
致浙江兴业银行苏州支行(一通) ……………………… 1384
致浙江兴业银行天津分行(一通) ……………………… 1384
致浙江兴业银行总行(总办)(十六通) ………………… 1385
致正金银行(二通) ……………………………………… 1392
致中村雄次(一通) ……………………………………… 1393
致中国银行(二十二通) ………………………………… 1394
致朱启钤(三通) ………………………………………… 1407
致朱益能(二通) ………………………………………… 1410
致朱遂翔(九通) ………………………………………… 1411

文 存 一

匡章曰陈仲子岂不诚廉士哉

(1893年)

大贤欲折廉士之隐，而即以廉穷之焉。夫以巨擘之仲子，又为齐世家，而矫廉如此，其关风俗者大也。是以匡章惑之，而孟子折之。今使天地间一我而已矣，则何有于人？何有于物？然而不能离物以为养，即不能绝人以为高。于是有必不可轻之人，于是有必不可轻之物，于是有必不可轻之人之物。① 否则见重于人，而见轻于物，君子耻焉。如母与兄，必不可轻之人也。食与室，必不可轻之物也。母之食，兄之室，必不可轻之人也物也。② 而陈仲子曰：否否。而仲子廉矣。使仲子为无闻无见之人，则仲子之廉可信。使仲子为不饮不食之人，则仲子之廉可信。使仲子为无母无兄之人，则仲子之廉可信。而何以复有闻，复有见，而何以亦咽李，亦食鹅，而何以有食盖之兄，有避居之母？于是称仲子者为之说曰：彼母之食，不义之食也，盗跖之所树也。然则过半之李，未哇之鹅，伯夷之所树欤！于是称仲子者又为之说曰：彼兄之室，不义之室也，盗跖之所筑也。然则织屦辟纑，居于于陵，伯夷之所筑欤！呜呼！充仲子之操，惟鶂鶂者谅之耳。方见笑于井上之螬，而何论槁壤黄泉之蚓。③ 夫仲子世家也，齐之巨擘也。而为蚓且不可，彼齐国之士，直与醯鸡等耳。宜匡章之有是问，

---

① 陆师眉批："思窗以深，笔然而达。"陆师指陆幹甫（夫），字廷桢，松江人。下同。——编者
② 陆师眉批："承接一气，化堆垛为云烟。"——编者
③ 陆师眉批："语有风趣。"——编者

而孟子有是答也,所不可解者,以夫妇无憾之乾坤,而抟捖阴阳,竟不能去斯人口体之官,以节两间之精气,又日产鸟兽草木,给朵颐之欲,以相救于生死之关。① 于是镏尘轩冕,独受怜于井上之蜉蝣,土木形骸难自外,于于陵之日月,若仲子者尚恨嗜欲之未平者也。是天地生人之缺陷也。所尤不可解者,以今古有情之形气,而□枯清浊,卒不能泯骨月嫌疑之隙。致伤一室之太和,犹幸有妻子田庐,奉清白之躬,以俯仰乎鸡虫之宇。第恐以蟥视万物,而百族有爪牙之利。以鹅视万物,而百年无醉饱之欢。若仲子者,未免食息之皆危也。是名士谋生之忧患也。

【陆师批语】

前路清矫拔俗,不染纤尘。入后沉郁顿挫,颇窥正希门径。

(《瓯屑集》稿本上,上海图书馆藏)

子曰不知命无以为君子也

(1893年)

举数大端以相责,而不知者可勉矣。夫欲为君子以进于立与知人,非知命、知礼、知言不可。而不知者比比矣。故举以相责欤!且上天下地中人,而以藐然之身统之。② 将欲与天合其法,而天之赜隐,不易探也。将欲因地制其宜,而地之骰列,不易究也。将欲与乎人同其功,而人之散殊,不易定也。要即吾身自具之聪明,以索其微,而即以共其诚而已矣。惟圣人默体乎消息盈虚,乾端坤倪,尽轩豁于玑衡之表,而复斟酌三王之宪典,殷核百氏之异同,乃能握阴阳道德之原,

---

① 陆师眉批:"议论风生,辩才无碍。"——编者
② 陆师眉批:"词达理举。"——编者

悉窥其精蕴。①而凡民日炫乎声色臭味,天帱地载,尚茫昧于橐籥之机。况复百家之诵说既纷,万变之世情莫析,所贵括精一危微之要,明示其指归。一曰命,所以受中于天,而超然异于群生者也。其寄之一身者,自起居饮食以及祸福死生,皆天理流行之实,悖之则凶,修之则吉。②血气不能与性道争权,其散在万事者,自礼乐鬼神,以及君臣父子,皆人伦契合之源。后天而乐,先天而忧,圣贤所以与幽明合撰。不知此,则所为者终非君子矣。一曰礼,所以效法于地,而杰然立乎宇宙者也。大之则天下国家,而日用饮食之繁,亦三代质文所由起。故修明律度,遂以奠万物之居。精之则蟠天际地,而视听言动之节,亦群伦仪表所瞻依。故肃正衣冠,皆以称百骸之职。不知此,虽欲立而无其具矣。一曰言,所以取鉴于人,而灼然知其纯驳者也。名法儒墨,无虑数十家。何所谓非?何所谓是?第审流别以分叙录,而渊源门户,烛照于衡鉴之中。对策上书,不啻数百辈,何所谓废?何所谓举?第察华实以秩群材,而优劣纯疵,毕献于旒扩之下。不知此,虽欲知人口而无其方矣。此三者,不过略举翕辟刚柔之妙,以示蒸民攸好之大原,使中材者悟气化之屈伸,而返窥其始,由是博习乎古今之变。三年入学俎豆觊其神明,万卷藏书,弦诵练其器识,亦皆备之躬所万难自恕者也。此圣教之精也,不必赅括圣神文武之称。③第从大贤以降之通号,使有志者乐造端之易简,而不敢自宽。即使深究乎造诣之全,参赞中和,定乾坤之位置,表彰先哲,发河岳之英灵,虽匹夫之贱亦与有责焉者也。此圣教之大也。

【陆师评语】

前路步伐整齐,中后七折灏气流行,真力弥满,浮烟涨墨,一扫而空。

(同上)

---

① 陆师眉批:"开合动荡。"——编者
② 陆师眉批:"用大城包小城法,朴实说理,淹有归方之长。"——编者
③ 陆师眉批:"简练名贵,力破余地。"——编者

子贡欲去告朔之饩羊子曰赐也尔爱其羊我爱其礼

(1893年)

圣贤皆不忘情于礼,而圣人深远矣。夫羊之既去,礼于何有?故犹幸其仅有存也。子之用爱,不较子贡为深哉!且国家之典,祖宗创之,子孙守之,有司奉行而已。数百年后奉行之意多,而恪守之意少。观礼者伤其无实,乃矫而存一切荡弃之思。不知大典所垂正。恃此一线之尚沿,即可冀过激一朝之立复。圣人所即由于此眷眷焉意也。即如八政之目三曰时。五礼之经尤重祭,告朔之有饩羊旧矣。王者命羲和而观象,履端举正,既通三统以奉元年。① 于是太史颁时,诏群侯而敬授,此以见普天无外。守王朝之正朔,不敢采私家测候之书。诸侯受时宪于季冬,皮弁朝衣,将入太庙而颁吉月。于是礼官循法,备牲鼎以告虔。此以知国政无怠,拜令典于春王,而愈彰先代留贻之泽。斯礼也。若斯其重也。礼废而饩羊为刍狗矣。而子贡之欲去之也。盖以牧政者,财用之所关,必权山林园泽之征,以供水藁楅衡之用。迨所出日多,所入日少,府藏渐觉不支,盍若就已废者并去其名,则与政体无伤,而可节国家之费。又以牺牲者,万物之一体。王者自私其祖父,天地岂不自惜其生灵?而刍人所掌,牧人所陈,典礼尤难从俭。盍若就无实者渐减其数,虽与民生无补,而可彰造物之仁。去之之意,二者或居一焉。然皆为爱羊计,而非为爱礼计也。宜为夫子之所裁欤!开国之初,事已定而威仪未定。迨数传以降,衣冠律度,

---

① 陆师眉批:"蓬蓬勃勃,如锅上气。"——编者

皆寓累朝缔造之心。君子坐际末流,如奉祖考之几筵,尊其名而不敢袭。庶为子孙者,咸晓然于祖法之严焉。夫问典章于故府,若者为某朝所创,若者为某朝所增,用之者已渺然不知其故,而尚有黄冠父老,读月吉而念先君;白首司曹,引旧典而争今律,此可见祖泽之未尽沦湮也。其亦足为子孙告矣。封建之世,官有权而胥吏无权。及数世以还,制度文章,易失先代奉行之旧,君子力祛流弊,使守历朝之成宪,至于久而不敢更。庶为有司者,咸懔然于国法之尊焉。夫考沿革于百年,至某君而修改者几事,至某君而不行者几事,有心者独厘然有会于中。而及至定正月朝会之仪,采古今而杂就,创炎帝明堂之典,献图籍而可徵,未始非官守之犹存什一也。其亦足为有司告矣。而后世掌故之学,由此起焉。①

【陆师评语】

经经纬史,响切充坚。结构缥缈,迥异凡蹊,此必工于古文。
第四篇题目为《子曰善人教民七年亦可以即戎矣》。②

(同上)

知之为知之不知为不知是知也

(1894年7月)

守其知而毋讳其不知,而知之之道得矣。夫知之云者,以其有所不知而别言之也。于是有为知者,于是有为不知者,而要皆知之道耳。今使以知为有尽乎,而已然者吾不得而窥也。使以知为无尽乎,

---

① 陆师眉批:"结笔不苟。"——编者
② 原文陆师改动很多,几乎重撰,此从略。——编者

而未然者吾不得而定也。惟一旦深自刻责,悉举当年之心得,愈剖而愈精,在当局方默课夫信者参半疑者参半。而有识者因其未然者之不敢自矜,信其已然者之必无或谬焉。斯知有尽而知之源愈无尽矣!不然,诲女以知可矣。而必曰知之者,是将就所已知而以知扩之也,是将就所未知而以知开之也。而果何者为知乎?何者为不知乎?取我之所知,以与众人较,而我胜矣。设更合天下之知以相较,而我不已隘乎?又况大道之渊微,方日新而未已,我索之彼遁之矣。是知与不知乃中立之途矣。取今之所知,以与昔日较,而今进矣。设更出异日之知以相较,而今不已浅乎?又况平时之见解,每递转而不穷,此入之彼出之矣。是知与不知有日变之机矣。知耶不知耶!其以知为知耶!其以不知为知耶!而其知之者如是,而其不知者又如是。道体之繁而知出焉。凡一心之所推而勘者,非皆万理之绪余乎?而何论也。前之所通非后之所袭。入乎知之奥而奥愈开,此之所歉非彼之所盈。择乎知之途而途更杂。使必故高崖岸矫,所知而侈语新奇,在吾党有所不受。而利其说者,或以张皇幽渺,背吾道而妄炫聪明。斯则加以不知之名,而必有怫然怒者。然而知之体已自此而歧也。君子所以辨之于早也。日用之赜而知匿焉。凡一时之所推而暨者,非皆万事之分端乎?而何尽也。已往之知随事而俱留,无以凝之则不永;未来之知当前而即在,无以导之则不灵。使必自牧卑谦,讳所知而强名清净。在中材且将自疑,而承其弊者,或更畏葸因循,负官骸以自安茫昧。斯即奉以不知之目,而将有怡然受者。然而知之用已由此而戕也。君子所以持之于后也,若是者勿以知不知之故,而交战于中。豪杰于是有光明磊落之言,相期于既往。而求知者尤必扩充闻见,以慎择乎两可之途,则体验精而心思益邃。且勿以知不知之名,而自封其域。圣贤于是有即浅求深之学,相励于无穷。而已知者益当涵养从容,以融化夫一成之见,则分际严而神智愈昌。此知之之道也,女其识之。

(《光绪甲午浙江乡试闱墨》,《瓻屑集》上)

君臣也父子也夫妇也昆弟也朋友之交也

(1894年7月)

历举人伦之重,由修身而推之也。夫君臣、父子、夫妇、昆弟、朋友,非君子所独有也,而要必自君子推之。故历举焉以为修身者法。今夫修身之君子,自一身而外,于天下莫与焉。然而有以致吾身者,有以成吾身者,又有以配吾身以联吾身者,而并有以辅吾身者。浑而举之,而范围不可越;分而属之,而伦类不容诬。统上下内外而交萃于身,盖可循名而类举之已。所以致吾身者何也?八政建维皇之极,位衍箕畴;六卿总庶职之成,班联雒邑。尊天而卑地,堂廉之辨,辨以此也。而于是有君,而于是有臣。所以成吾身者何也?憩慈荫于南山,桥仰取元公之法;采遗经于卫国,肯堂慕康叔之休。同材而异宫,形气之通,通以此也。而于是有父,而于是有子。所以配吾身者何也?读昏礼之终篇,其识帅人之义;颁内宫之阴教,咸知正位之尊。合卺而同牢。赞助之成,成以此也。而于是有夫,而于是有妇。所以联吾身者何也?负剑循铭,曲礼特严于事长;傧筵联谊,周雅无间于宜家。吹埙而和篪。天显之敦,敦以此也。而于是有昆,于是有弟。所以辅吾身者何也?勿疑协鸣豫之占,盍簪有庆;伐木志求贤之雅,干豆无愆。献带而赠衣,丽泽之孚,孚以此也。而于是有朋之交,而于是有友之交。则尝就文武之政而观之,自穆考以弓矢扬灵,瑞鸾征祥,已开万国共球之业。于是衍丹书而拜赤雀,无忧早著于三朝;歌荇菜而奏葛覃,起化遥通于百族。即或双踪远逝,难回采药之骖。而鹭熊、虢叔诸贤,又以北面谈经,重访布衣之故旧。文之无忝于君臣、父子、夫妇、昆弟、朋友者,何莫非修身肇其基也。今即文德云瑶,而诵伦纪之书，条目无难缕述。斯则肃雍之灵爽，所曰呵护于明堂之上，而诒厥孙谋者矣。自昭庙以钺旌秉武，神鱼告备，早受百方吁齤之朝。于是敷绎思而教青宫，燕翼肇源于先德，颁牧誓而杖黄钺，鸡晨垂诫于后王。纵或伯氏无年，久寂綦瑜之佩，而箕子商容诸老，又以南宫问政，上侪北海之高风。武之无憾于君臣、父子、夫妇、昆弟、朋友者，何莫非修身宜其准也。今即武功不复，而考明伦之典，训颁弥懔精详。斯则缵绪之声威，所曰昭示于清庙之中，而垂之来叶者矣。臣得而分指之曰：君臣也，父子也，夫妇也，昆弟也，朋友之交也。

（同上）

周公思兼三王以施四事
其有不合者仰而思之

(1894年7月)

以思始者以思终，为元圣曲绘其状焉。夫兼之云者，欲其合而施之也，而未必尽合也。始则思，终则仰而思，而其状不可曲绘乎。且士生古人后，仅得其一二载籍，以待仰而读，俯而思，则亦已耳。然以后儒刻厉之心，状先圣经营之业，则有生古人后而为其易者，亦有生古人后而转为其难者。于是始则以心求事，而其心肫然；既则以事应心，而其心又皇然。此其状圣人不自知，而后世知之。且不仅知之，而并可得而言之焉。不然，周公生禹、汤、文、武之后，凡所谓酌二代之中，而俟百世之圣者，宜其无所不备矣。而漫云思之思之哉！公施四方，似克勤之禹；公忧二叔，似惭德之汤；公摄七年，似受命之文武。合数圣人以定一朝之业，而天下不得议其夸。本斯意以仰企前人，遂以酌三统质文之准。维禹之甸，公实荒之；于汤有光，公实赞之；成文武之德，公实始之，亦公实终之。合数天子以启一相之勋，而天下不敢疑其僭。推斯旨以仰承先德，遂以迓四方和会之休。呜呼！其代则三，其事则四。既已施之，何有于兼；既已兼之，何有于合。其然耶？其不然耶？公于是愈迫而为思矣。雒邑之新规既启，而丰京旧制半即销沈。又况由周溯商，维有历年；由商溯夏，维有历年。时代之迁移，不知几经兵燹矣！公而欲缵成规，岂遂漫无区画。而考故家之籍，旧典何征；读法令之辞，民间互异。于是取三王之实政，而虚以拟之，庶几其有当乎？百年非远，而帝王如导于先；七庙有灵，而祖考如临于上。此则先型翘企之余，有不觉形写其神者矣。东都之版籍既繁，而岐邑遗规，渐多隔阂。又况周初之政，不必授于商；商初之政，不必承于夏。事势之变易，不知几阅星霜矣。公而欲承旧德，岂必泥其规模，而彻法未行，贡助不宜于近代。井田虽善，近畿难例于国中。于是就三王之常典，以变而通之。庶几其有济乎？咫尺通万里之灵，而精神迥出；方寸握百王之矩，而志气长凝。此其望古遥集之怀，有不觉情见乎象者矣。其仰也，其思也。其思也，其思之也。夫羹墙见帝，犹将无所凭藉，以追异世之神。而兹则缘仰造思，直已收千古于寸心；而静持其表，即桥梓观型，亦将有所瞻依，以著承家之法。而此则因思见仰，直欲殚毕生于晷刻，而如见其心。而于是卜其夜焉，而于是警其旦焉。

（同上）

诗言其志也歌咏其声也舞动其容也

（1894年7月）

合诗、歌、舞以观乐，志与声、容俱备矣。夫诗以合乐，歌以宣乐，舞以节乐,而志、声、容即由是寓焉。为言、为咏、为动,不可缅乐之盛哉!粤稽乾坤未开,浑浑噩噩,睢睢盱盱,万物咸缄口韬容,以自晦其采,则亦已耳。然而不寄之笙镛,则神不愔;不宣之管籥,则气不谐;不达之干羽,则仪不肃。所以伊耆氏之代,勃勃荡荡,惟德是行;芒芒芠芠,惟道是成。若夫官天地,怀万物,友造化,必于土鼓蒉桴□籥寓之。则以精神心思之寄于物者,不得以道德之世而返其真也。而况生三代以后者耶!是故欲言其志也,曷先于《诗》征之。故无论《关雎》之三,《葛覃》之三,登于廊庙,陈于乡国,皆言志之正也。即彼据美刺无邪之说,而刚郑诗者,亦岂言志之总汇乎?六卿饯宣子,所赋籜兮及有女同车,皆谓刺忽之诗。郑伯如晋,子展赋将仲子,亦刺庄公之作。是则断章之言志也。夫惟国史序诗,上奉先王之典训,以下治其子孙臣庶。于是有以陈诗之赏罚为志者,有以编诗之鉴戒为志者,有以引诗之取义为志者。《虞书》曰:"诗言志,歌永言,此典乐之始。"即以为言诗之心传也可,故详绎之,而知诗也者言其志也,然而有歌焉。昔者葛天氏之乐,以三人操牛尾投足而歌。其歌八阕:一曰载民,二曰凤鸟,三曰遂草木,四曰奋五谷,五曰敬天常,六曰达帝功,七曰依地德,八曰总万物之极。乃帝尧氏立,乃命质为乐。质乃效山林溪谷之音,又以麋革置缶而鼓之,乃拊石击石以象上帝玉磬之音,以制舞百兽。夫两帝之作歌,何为者也?凡祭祀之义,以人声为本,阳气发扬于上,则神灵得而享之。是故其声庄以曼,气乃越;其声雍以和,情乃畅;其声舒以敛,神乃凝。《虞书》又曰:"声依永,律和声,非此之谓乎?"故再绎之,而知歌也者永其声也,然而有舞焉。陶唐氏之始也,阴多滞伏而湛积,水道壅塞而不行,民气郁阏而滞著,筋骨瑟缩而不达,故作舞以宣导之。其先也帝喾亦令人抃矣。或鼓鼙击钟磬,或吹苓展管篪,因令凤鸟天翟舞之。帝喾大喜,因以康帝德。今夫舞者,曾挠摩地,扶施猗那,动容转曲,便娟拟神,身若秋药,发如结旌。故有胈舞,有羽舞,有皇舞,有旄舞,有干舞,有人舞。盖以神灵之降，飘渺万状，驰云车而上下，对几筵而盼饷，故为舞以动之。至于入学之舞，所以习八岁之威仪也；两阶之舞，所以肃万方之心气也；下管之舞，所以导百官之和平也。推之八变九变之节，象事象德之文，要皆有其所以然之理，以垂于后世。故三绎之，而知舞也者动其容也。

(同上)

通 筹 本 计①

(1902年12月)

护理山西巡抚布政使奴才赵尔巽跪奏：为通筹本计恭折仰祈圣鉴事。窃以今日列强环伺，内据腹心，外困手足，则自强为急图。自强不外制器、练兵、筹饷三者，非财不办，则理财为急然。奴才窃观中国之弱，弱于临敌之崩溃者，其形也；中国之贫，贫于临事之搜括者，其末也。何也？其神先敝也，其本先拨也。则以通国之中，愚民、莠民、游民、贫民居其大半也。然则图治于今日，亦惟于此四类之民加意而已。愚者必使之悟；莠者必使之良；游惰者必使之有所归；贫难者必使之有所养。而后可以言进化之方，策自强之效，彼列强之所以能争雄海外者，其先必加意内治，使人得所归、略无内顾，而后敢驰域外之观。向使国中愚民、莠民、游民、贫民充塞盈满，则必不敢出而争雄，即出而争雄，亦必有攻其瑕而蹈其隙者。此拿破仑之所以蹶于奥，土耳其之所以蹙于俄也。中外一理，古今一致。盖未有不安内而可言攘外者，特当此急，则治标之时，忽为敦本善俗之谋，鲜不讥其迂

---

① 又称《条陈十策》，先生为山西巡抚赵尔巽主稿。《条陈》提出"开民智"、"增设民官"、"重农商"、"安游民"、"收利权"等"加以内治"的重要观点以及一系列实施办法。
——编者

远而琐屑。然思今日朝廷孜孜求治，不遗余力，而出一令而阻挠者半，玩泄者半。变一法则疑惑者半，非议者半，其至背常理而信浮言，蔑国纪而逞私忿。其事可恨可骇。而其实则皆智识未开、食息无赀，遂至随波逐流，一唱百和。上者深闭固拒，下者铤而走险。充此不治，虽兵精械利，外观有耀，而物朽虫生，内患将大诚可惧也。今值大难甫平，百端待理，幸彻桑之稍暇，立篑土之初基，亟宜先端治内之原，以渐扩攘外之计。伏维汉唐宋明之季，莫不加意于兵，而兵愈弱；加意于财，而财愈匮。而六经所列与《孟子·王政》，所先皆以养民、教民为主。盖教养得其宜，则兵不求强而自强，财不期富而自富。使昔之有国者，皆知守经传之训，明本末之辨，举九州之大，无莠民，无游民，无贫民，无愚民，则外患虽炽，根本不摇。汉唐宋明末造之祸，无由而起。所谓似缓实急，似泛实切，似无益而极有效。此奴才所以不辞迂远琐屑之名，而迫切言之者也。敢竭愚诚，条列上告。惟圣明采择焉。所有通筹本计各条，理合恭折具陈，附缮清单，伏乞皇太后、皇上圣鉴。谨奏将通筹本计十条，缮具清单，恭呈御览。计开：

一、广宣教化，以开民智也。今奉旨饬建学堂，所以储备人才，力求进步。惟学堂之效，必在十年以后，即使小学、蒙学，次第举行，而乡里小儒，僻陋村竖，挟其是己非人之见，逞私泄忿之心，并为一谈，有触即发，梗化仇教，罔不由之。窃以为诗书渐染之功，成就虽宏，而为期较缓，不如白话演讲之力，敷陈甚浅，而收效弥多。夫西士传教，以异国之人阑入中土，或手持一卷，随地散送；或村立一堂，按日宣说。浸润渐渍，听者日众，无他先入为主也。今者海内人士，异说蜂起，入于无主之胸，其变态诚不知何所纪极。欲开民智，尤宜先定民志。我朝训俗之方，具有源流。秦末，惟旧例朔望宣讲，为日太疏，为地太隘，拟请饬各省通饬各州县，选派通晓时务之人，逐日轮流赴乡宣讲。以圣谕广训、劝善要言为主。而于五洲之大势、我国之情形，其公利何以当兴，习俗何以当改，新政之无弊，民教之无猜。皆以白话委曲指陈，务使人人易晓。至于朝廷诏令、官府示谕，亦随时浅释其义，俾众咸知庶奉行，可无隔阂。各处乡里幼童，嬉戏愚顽，见外人则指斥哗笑，往往滋事。蒙学不讲，失教日久，其患甚大。宣讲之事，于蒙养尤有关系。幼童无事于众人聚集之地，每喜逐队往听，其记悟之力，亦较少壮为优。故此法可以辅蒙学之不足。所有办法略举数端。一、宣讲人员由各州县访试延请，或本处教官，或分驻杂职，或公正绅民必须明白时务者。无则访请通才，不拘何项人，惟不得以迂执之人滥竽充数。一、开办之始，人数祇可从约，大县四人，中县三二人，小县二人，轮流周历。俟经费充足，递增其数。一、每员月给讲费，由督抚按各省情形酌量优给。一、宣讲之际，不论民之听从与否，非议与否，总须化之，以渐持之以恒。一、讲员下乡，不准带舆从，亦不责以仪节，须毫无官场习气，庶与田夫孺子融洽无间。一、讲员下乡，有需索地方供应者惩究。一、讲员在乡应令随地采访明达士绅、绩学布衣，劝令任一乡宣讲之事。就地取材，愈推愈广。一、讲员有能编辑白话劝俗文切实而明达者，由州县禀呈督抚刊刻传布，尤佳者酌予奖励。一、宣化确有实效者，准从优保奖虚衔实官。一、京师之京话报，南省之白话报，蒙学各报，最利通俗，宜饬各督抚订购颁发，以资讲明。以上数条，虽卑之无甚高论，然而化民成俗之方，莫切于此方。今百度维新，与民更始，若不祛草野愚顽之积习，恐条教号令之所及，扞格难通。即如奴才后陈各条，皆须妇孺咸知，官民合力。假使群焉疑怪，安望其实力奉行？尝谓民智、民力、民德三者相因。民智开，而后民力充；民力充，而后民德发。故必以开民智为入手之方也。

一、增设民官，以消隐患也。自封建改为郡县，历代官制屡经变易，而令长之制要不可废。诚以牧民之政，全赖州县。有之则治，无之则乱。故晋因侨民难理，增设寄治诸郡；明因流民滋变，增设郧阳诸府县。说者谓，明辽左河西终于荒弃者，无郡县为之也。我朝矫明旧弊，入关后即于九边增设郡县。近如奉天、吉林、新疆诸省，亦陆续增设。凡以为缉边安民之计，惟查吉林一省有郡县者，仅什之三四，黑龙江仅什之一二。其他内外蒙古之有汉民而无民官者，盖不下什之九。胡匪马贼之扰，会匪拳民之乱，各边尤甚。此皆有民无官阶之厉也。推溯其由，民多官远，争斗日多，必推豪民为长，弱肉强食，由兹遂起。又民官不置词讼，命盗待决武署听令。蒙员文例不谙，曲直不辨，颠倒纠纷，莫可穷诘。加以牌甲不密，巡缉不周，多一民村，即多一盗窟。甚至税归于匪，利擅于兵，邪巫诱之，妖徒构之，仇教抗官，巨案百出。朝阳、通化之变，皆其明证。此一害也。强邻逼处，每思启疆。金山以北，黑水以东，封域强割不下五千里。自满洲铁路开办以后，俄人尤注意蒙古，兵商游弋，莫能限制。蒙民强悍愚蠢，若不为之立长官、兴教育、讲防务，恐数年之后变乱将作，强敌乘之。拒之失欢，与之蹙国。此二害也。今议开办警务，振饬农工，以及兴学宣化诸务，皆赖有司得人方能修举。不设郡县，等于瓯脱承转，无地敷布，无人疆界，不辨部族，不分情隔膏屯，我弃人取。此三害也。现在晋北七厅，业已由奴才奏请添设厅治，听候饬议。拟请饬下各将军大臣，查明各城各旗，量户口之多寡，计道路之远近，酌设郡县或置旗、厅。但取因地因时，不必尽拘旧制。至内地蕃庶州县、苗瑶土司，或仿原任两江督臣查弼纳苏松分县之制，或按原任云贵督臣鄂尔泰改土归流之规，务以体贴民隐为主，毋使民间投诉讼牒、完纳粮赋，听奉期会有所不便。此理民之最急者也。

一、请各省州县通设劝农局，以重本业也。冢宰以九职任万民，而先农圃，司徒辨五地之物，生而详动植。重农之政，自古为昭。泰西致富之源，莫不以农为本。觇国计者，往往于垦事定强弱焉。我国幅员广博，土脉膏腴。惜自发捻以来，各省地亩尚有荒弃。晋陕山僻，弥望汙莱。户部上岁征之籍，各省正赋至九成者已不多见。此虽欺隐、灾歉二者交乘而由之，不治可概见矣。其他山川陵隰之所宜毛鳞夹丛之当辨,更无核其难易。论其栽植者,浸致田成沙砾,山尽童枯,养生之资日以匮竭。西人谓,中国抱至富之资,而自致于至贫之地。盖谓此也。刻下晋北、陕西已奉旨开办垦务,成效可期。各省多请设农务学堂,讲东西农术,或立试验场。然多注重省城,各郡县相去远近不等,殊难遍及。为今之计,莫如饬各厅州县及各乡镇,遍设劝农局。办理之始,于左近先购民地若干亩,以优价雇老农,令其按法施种。如犁田必深,选种必净,排种必稀,施肥必厚,以及蚕桑林木诸法,凡与旧俗相刺谬者,务须不顾非笑,不计毁誉,坚忍为之。但能丰获一年,四邻始而疑,继而骇,终而信。利之所在,人争趋焉。风气既开,虽禁之而不听矣。上海农学会所译《农学报》,用意甚善,而文字深奥,非乡里所能解。拟请饬各省编纂农学白话书,凡中国老农所传之法,以及东西新法,一一详说。成书后即发各州县,发给广宣教化各员,赴乡演说。至于官府奖励之法,如本籍农户有能开荒十顷、种树千株者,酌给优奖。有能试植异种、培获有效者,优给赏格。则人争自励,无一地无孳生之物,即无一物非养人之资。富庶之基庶其可立。其东三省、内外蒙古、西藏、青海荒闲各地,广漠无垠。拟请饬下各将军大臣,可垦者垦之,不可垦者分别林牧。务使无旷土,无游民。则远复三代之规,近匹欧美之盛矣。

一、请各省州县通设工艺局,以安游民也。恭查前奉谕旨,饬令振兴工艺,谆谆以养民为主。此诚利用厚生之本计。奴才窃以为安置游民,即宜从此入手。大抵地方之敝,多起于游民,而游民之众莫甚于今日。任其所之,分则为劫盗,合则为会匪。欲筹安置,则散漫难稽。且何从得此钜款?不知游民虽众,不出二类。一为乡里失教之游民,一为外来无业之游民。随处有之,即宜随处收之;随处收之,即宜随处教之。钜款难筹,惟有饬各省州县通设工艺厂。查有本境无业游民,以及贫苦乞丐,皆可收入,客籍取保收入。因地因材,概令习艺资生,而立法以约束之,选绅以督劝之。不使有一游手,流而为匪。转而之他州县,以此定绅董之劝奖,大吏即以此课州县之殿最。地分则稽查易周,事分则财力易举,人分则约束易从。夫工欲其大,艺欲其精,非合群力不办。若就各地素有之物产、素习之工业为之,不必好奇务广。但以为收养游民计,则无地不可办,无地不当办。若仅仅一二府州行之,游民放惰自甘,必且遁避他乡,仍归无济。惟处处以此为急务,游民去无复之,自然就我范围。办法有四:一曰相地。州县城镇若待购地建厂,始行举办必致稽滞,或且中辍。拟请各就宽大庙宇,或租赁民间场地开办,以省縻费。一曰筹本。拟准由地方官或借支廉费,分年摊还;或劝贷绅商,待业成收利。一曰分工。凡入厂之始各宜就地方所产,分别精粗,制办上中下三等。凡能改作洋货者为上等;制本土自出华货者为中等;制通行华货者为下等。所有工人及应得口食,亦视三等酌定。一曰择人。应令州县慎选绅富司事经理,不准吏胥经手。仍量予奖罚,期收实效。由此推广,凡地方有屡窃滋事、释办两难之犯,以及军流徒犯,皆设自新迁善等所,概令习艺。即以工艺厂学成之工为之教习。俟案犯习艺有成,又提入工艺厂以示奖劝。如此相辅而行,则无罪者不至误蹈刑辟,有罪者可望渐致驯良。就目下而论,惟此实为补救之方,似不可以其细而忽之。

一、重商以保富民也。海通以来,我国数千年勇于商战之民,遇西人而辄靡。其故何也?志涣不能合群,力薄不能持久,识浅不能见远。而推其故,则由国家保护之法尚欠精详。盖自崇本抑末之说兴,历代皆以贱商为事。于是商人不敢自附于清流。夫以不读书不更事之商人,争衡于尚战之世,焉得而不败?为今之计,必先重商,必使商知自重。商何以自重?开商智而已。近年湖北创办《商务报》,上海设立商会,山东亦议举行,皆属法良意美。山东所议章程,于奖励补助及严杜欺骗诸条,颇见周密,皆宜各省推行。奴才以为,朝廷董劝之道,尚有急宜讲求者。一宜劝各省富商,分遣子弟赴各处习专门商学。从前出洋学生及各省学堂毕业者,独缺商学一门。推其故,则就学者皆寒畯之士,而商业非富家不能,富家又以读书有害于谋生,故以子弟不学为幸事。嗣后,如有富商能遣子弟出外习商学者,除学成赏给出身外,该父兄亦当分别奖给头衔,以式乡里。地方官如劝导有效,一体酌奖。二宜饬各省遍设商会,入会各业,一律齐行。每行之总董声望较著者,奖以官职,并令每行公议规条,由商会总办,择其善者呈送商务大臣,鉴定后附入商律。将来以商律一书为律,即以各种规条为例律定,而各省各业无参差之弊矣。此二者皆切要之事。然尚有至切至要者,则莫如招回出洋华商一事。闽粤人之在南洋群岛及南北美者,不特富有赀财,且有学识明通之士。其眷怀宗国之念,历久弥诚。徒以故里迢遥,简书可畏,相率不前。闻前福建兴泉永道恽祖祁,在厦门设立保商局,雇觅轮船,专司迎送,且与税务局约,凡华商回籍,行李概免检验。局中又盛设宾馆以延之。一时传布远岛,欢声雷动。未几,恽祖祁以丁忧回籍,局亦无效。拟请饬下闽粤诸督臣,按照前法,多设局所,或特选大臣以监之。目前虽稍縻经费,然华商知朝廷不忘,海外赤子感激图报,于开矿、筑路及一切公利之事,必有踊跃争趋者。较之借助洋款,利害相反,似不宜惜小费而忘此远谋也。

一、因利以济贫民也。贫者不能谋其生,富者不能保其利。中国之通患也。若能周转富者之财,而以官力维持之,俾贫者可以借资,富者可以生息,中国不患贫矣。前安徽巡抚陈彝尝持此议,奏请创设因利局,未奉准行。诚恐琐屑烦扰,有累民业,朝廷具有深意。惟是财政日匮,民生愈艰。奴才以为,凡事百姓公议皆谓可行者,官为赞成之;而用人办事之当否,仍责之百姓,似无琐屑之弊。经理之人由百姓公举,其出入账目均须刊布,似无烦扰之弊。其法始于江苏扬州,推行各处,近年山东曲阜县绅孔祥霖,纠股试办因利局,合县便之,入股者甚众,是其明证。拟请饬下各省劝所属各处绅富,仿照办理。其章程之最善者,为保票一法。凡有钱之人可至因利局保出钱票,局中以所保之钱数为出票之数。即以此票借给贫民贸易,以余利分给保人。流通颇广，人人称便。现拟变通此法，改为亩票。凡有田者，准以田价之半作保出钱票。保票数多者，准派人入局办事。盖内地有钱之家，少有田之家，多以钱作保尚易，凭虚以田作保较为著。实方今赔款太巨，各省现银皆汇上海，出入利息为外国银行垄断，内地银根日紧，各业岌岌可危。欲行钞币，以救其穷，每以存银不丰，左支右绌。惟此亩票一法，可以行之。一隅推之全国，实为维持钞币之良法。但使各乡皆有轮转之资，则虽钱荒银绌，仍可乡里无虞，晏然安处。因利局以此票作为货本，可以办补助借贷及一切公益之事。将来工艺改良诸务，亦将赖之，尤其效之近焉者也。

一、设改良局，以收利权也。我国百产俱备，何求不获？外人取我前古之铜器，近今之瓷器，重价购取，珍若球琳。而我顾将民间日用之需，如烟酒、油烛、针线、绸布之类，一一取给于彼。人咸恶洋货之夺利，咸喜洋货之适用，而向之业此者束手无策。抑何人智而我愚也？不知彼所以胜我者，彼以精，我以粗；彼以巧，我以拙；彼以机器成而价廉，我以人工成而值贵。我诚取旧有之物而变通之，遇事求善，逐物改良，何不可以争胜？即使取彼之法而仿造之，亦尚不至利尽归人。且今之输入者，尚系贩自重洋，成本犹重。此后许其在中国制造土货，则运费愈轻，销路愈广，必至将四民所需之物利，尽归彼而后已。为患何可胜言！拟请饬各省先于省会及大埠设立改良局，凡工用之规矩，农用之耰锄，贾所以为囤积，商所以为懋迁，举我所自用者，一一审其良窳，讲求新法，务使人便于用。无资于外。如能得一良法，制一良器，则为之推行尽利，力求进步。民有不喻，当演讲之；力有不逮，当赞助之。其能出新意巧法者，许以专利，予以旌奖，渐推渐广，器惟求新，庶足以前民利用而挽回利权矣。

一、安散勇，以销乱萌也。旷观历代，莫不始于制兵而终于募勇。募之法聚之极易，散之极难。自削平粤捻以来，募勇之效大著，然奏凯后陆续裁遣，会匪之祸从此萌芽。近如甲午、庚子之役，各省皆有新募,以饷力不继,事定而汰之,什九不能复业。大则啸聚山谷,攻掠郡邑,如粤边之匪是也;小则亡命川野,剽劫商旅,如各省之盗是也。今粤边之匪尚劳宵旰,而各省之盗犯,悉由迫于贫难,绳以定律,皆坐枭斩。夫当未为勇之先,固良民也。及其由聚而复散,反致始良而终莠。虽犷悍不静,咎由自召而揆之一。夫不获之义,似宜速筹补救之方。况时势艰难,宜防未乱欲去无用之勇,必使还为有用之民方可无弊。拟请此后勿轻招勇,招勇即预为散勇之计;勿轻裁勇,裁勇必预安散勇之身。除就地可以安插者,应竭力筹办,毋令散而为匪。外其大者如各省营田,若原任提督周盛波之督盛军开北塘稻田,现任陕西巡抚升允督兵开马厂田之类。次如各省路工,升任山西巡抚张之洞,于修四天门韩侯岭路,皆资勇力。今芦汉等铁路公司,需夫极众,宜就近分拨助役,仍由公司照给工价。又如各省隄工,直、东、豫三省原有河兵,以人数不足,仍须雇夫。嗣后如有要工,皆可拨令修筑。东南各省之圩工塘工亦视此。他如开矿、浚河、修渠、凿井、种树诸役,均宜随时举办。工毕之后,积资稍裕,鼓舞还乡,既无须仰给大农,又可以别招劲旅,似亦消患恤民之一端。

一、请各省府州通设教务局,以重要案也。民教之案,责成州县。州县之通达治体、公正明决者,一省之中不过数员。全省州县若干区,安能尽得贤者而任之?然教案不择地而生。而办教案之州县,未必得人而理。一遇棘手之案,或逡巡敷衍,但求了结,而事后之患方长;或鲁莽灭裂,不顾是非,而小民之气愈郁。奴才以为,州县之中尽有抚字尽心,而于交涉约章尚欠阅历者,未必人人能理教案。然合一郡数州县而择之,必有才长心细之员。求效于众人,较之求效于一人者,其事倍易。且时势日亟,办理教案实为内政外交切不可缓之图。若选一郡之贤者而专任之,既可以擢材能其不及者,即取善为师;又可以宏造就。拟请饬各省通饬各府州设立教务局,即以各该府州为总办。如合属有教案州县能自了者,府州不为遥制。如州县不能自了而府州能代了者,即提取全案人证,到各府州讯结。若府州自揣未能了结,必须先在所属实缺各州县中,举一二贤员作为该员会办,以后遇同属棘手教案,或檄驰会办驰往讯结,或由该州县送请会办代结,或提案至该府州调员委令讯结。视案情之轻重,临时酌议。凡会办讯结一案,记大功一次。连结数起者,详请保荐。如此则各府州但有一二员可恃,即足应缓急之用。否则绳以法律,责以文告,强不能者而使之能,逮教案既成,然后择人而治,非治本之图也。

一、请内地州县通设递信局,以便公私也。东西各国凡官民信函,皆由邮局递达,而官酌收其费。一国邮费入款有多至千万者,诚利国便民之举。中国定例驿站不得递寄私信,近虽推广邮政局,腹省终难遍及,僻地更鲜往还。血脉不通,公私交困久矣。拟仿唐代用公驿递戍边军士家书之制。凡各驿站皆设递信局,由省另刊精致印花,由州县赴省请领。印花存于各驿站,有欲递信者,无论官、商、军、民,皆向驿站领取印花纸,粘贴函面。无论本省、邻省、远省,皆为转递。由驿站记册编号,核记程限,于纸上注明递到日期。每一纸收费五十文。逾限不到,或至失落,责取违误,驿官驿丁加百倍罚锾,补给原人。简僻无驿,州县皆量地增设驿马,添设邮夫,由少而多,即于印花费内提用。印花费未集之先,或由昔当冲要今为简僻之驿匀拨,或暂用巡警马步兵递送均可。所有各项报章,亦均由此附递。是有数善,华民经商外埠,服贾殊方,滨江滨海,音书易达隶腹地者,非托便寄,即无至期。往往家耗之通累月经年,甚或遗失。此局若设,万里如面,羁旅无愁。物价消长,货贩衰旺,易得其详。此便于私也。无驿之区公牍之达,百里程途动淹旬日,要政急牍每至迟误,设防缉匪往往后时。即如晋省庚子之剿拳,辛丑之议款,冲衢早经传达,僻壤或未周知。酿祸失机,不一而足。若皆置驿,则消息灵便,隔阂无虞,费不增而用广。此便于公也。驿费所需,按之岁出将数百万,若收印花费,虽此时无从预算,而统计各省各边,大小城邑约有一千六百余处。

果使蛛丝马迹无路不通,岁入必巨。除支销一切经费外,必有盈余,并可大益公费。下以体民,上以裨国,此无限之利也。

以上十条,有责之于官,有官民合力,有待朝廷之俯准而后可行者。奴才学识庸愚,何足仰补高深。惟凭虚而无实,言易而行难之事,不敢上渎宸听。伏念兹事体大,行之一省其效小,推之天下其效宏。故敢竭其愚诚,以备采择。倘蒙俯鉴,饬各省切实施行,天下幸甚。

(《赵尔巽奏议》,清末排印本)

恭报接印日期折[①]

(1905年8月9日)

叠蒙训示,指授机宜,备极周详,奴才得所遵守。起程出京,取道天津晤商北洋大臣袁世凯,筹议一切,旋复就道。于二十三日驰抵奉天省城,恭谒福陵、昭陵。于二十四日准署将军廷杰,饬派兵司掌官防协理崇文护理驿巡道知府孙葆瑨、内务府堂主事吉陞,恭赍将军印信、总督关防令箭,并内务部大臣印信暨营务、粮饷、旗民地方公事一切文卷,移交前来。当即恭设香案,望阙叩头,谢恩只领任事。伏念奴才智识材能,无殊庸众,内维致身之久,仰承恩遇之隆,夙夜兢兢,罔知所措。兹复特膺简命,俾守东都,时局愈艰,责任愈重。复承认真整顿,破除成例之弊,特旨则凡律例民生之要,外交内政之繁,苟为势所便而时所宜,岂敢辞其劳而避其怨。奴才惟有破除积习,殚竭血诚,不畏艰难,不顾疑谤,斟酌情势,逐渐更张。以冀内采众议,外协

[①] 本篇至《奉省学务外交拟增拨公费津贴折》系叶景葵在奉天期间为赵尔巽代拟之奏折,先生在《赵尚书奏议》稿本上注明。——编者

邦交,下拯闾阎,上纾宵旰,不敢或怠或荒。致昧深渊薄冰之戒。庶几得寸得尺,稍答高天厚地之恩。所有奴才经过地方,雨水充足,大田畅茂,民情安谧,堪以仰慰。宸谨合并附呈。

(《赵尚书奏议》稿本第一辑录,上海图书馆藏)

恭报接管礼兵刑工四部印钥日期折

(1905年8月15日)

窃于本年六月十六日奉上谕"景厚、儒林、钟灵均著来京当差,所有五部事务,著归盛京将军兼管等因。钦此"。当于二十四日接收户部印信,暨奉天牛马税务关防,附片陈明在案。兹于七月初二日准礼部侍郎景厚、刑部侍郎儒林、兼署兵部侍郎工部侍郎钟灵派员赍送四部印钥、文卷前来,当即恭设香案,望阙叩头,只领兼管。伏查五部事务,头绪纷繁,今昔异宜,势难沿袭。兹奉命著奴才兼管,仰见朝廷,因时制宜,通变化裁之至意。奴才惟有恪遵特旨,认真整顿,不拘成例,于各部应行裁改事宜,妥慎详筹,拟定办法,再行具奏,请旨施行。所有奴才接管礼兵刑工四部缘由理由,恭折奏报。

(同上)

请裁奉天府尹折

(1905年9月5日)

窃奴才叠经钦奉谕旨,令将奉天应办各事,认真整顿,破除成例,并令兼管五部事务等因。仰见朝廷顾念根本,力图振兴之至意。伏念奉省局势艰危,自非改弦更张,无以图补救于万一。历来谕奉治者,均以军府事权不一,为丛弊之源、致弱之本。恭查乾隆年间,谕旨即请将军、府尹过分畛域,于是有府尹归将军节制之命。旋以府尹不便简制,又改于五部侍郎内简一员,兼管府尹事务。光绪元年又改令将军兼管。是奉省军府事权动多,窒碍屡□,尤非昔比。与其袭旧而多碍,不如因时而制宜。且上年因督抚同城事权不一,已奉谕旨将湖北、云南巡抚裁撤。奉天府尹以右副都御史行巡抚事,湖北等省巡抚事同一律。署府尹驿巡道增韫,亦以裁撤府尹为请,已奏陈东省事宜折内披沥言之。此奉天府府尹亟宜裁缺之实在情形也。至裁缺以后应如何设官分职,凡庙室之筹度,臣工之论列,乡校之拟议,综其大要,莫不谓当务久道之制,而不当为补苴之谋。宜参列国富强之成规,而不宜拘内地行省之陈迹。盖中国政制,治民官少,治官官多,名臣大儒言之详矣。今欲因利乘便,扫除更张,务宜审慎从容,断不可张皇苟且。应请特旨即将奉天府府尹裁撤,所有原管之田赋、盐法以及旗民户口册籍,或暂行选员试办,或归并各局经理。仰恳朝廷宽假时日,责成奴才切实筹度。一俟东事大定,再行汇采中外政制,察酌地方情形,详拟改章,请旨办理,以仰副朝廷整重根本之图。

(同上)

请裁奉天府丞专设奉天学政折

(1905 年 9 月 5 日)

窃奴才钦奉谕旨,令将奉天应办各事,因时制宜,悉心体察等因,遵将拟裁府尹一节情形,专折奏陈在案。现在奉省新政百端待举,培厥根本，兴学为先。查新定学务章程内开，日本各处皆有视学官，正与学政名义相合。各省学政即令会同督抚考察整顿全省学课，是振兴学务，尤以学政为纲领。奉省在国初时，设立州县无多，府丞因沿顺天府丞办理童试之规，兼司学务。嘉庆六年，本拟改设学政，旋经奉旨以奉天仅有二府，不必设立学政，仍以府丞兼管。是奉省不设学政因郡县太少。自光绪初年奉旨增设民官，其后迭有增添，现有六府、二直隶厅、三十余县。合吉林现有十二府厅州县，黑龙江现有十府厅州县。计之三省共有六十余州县，视嘉庆以前增至五倍。此后须添设者甚多，自未便令府丞兼摄，以致事权过轻，责任不重。其应改设专管者其一。奉省中小学堂，前此建立未多，有亟待兴举者，有尚属虚名者，必须提携，有人随时督于敷衍者，整理之；玩忽者，惩创之；偏畸者，补救之。乃曰：日起有功，不致名存实隳。奴才身膺重命，兴学一端，尤所殷虑。深冀视学有人，与为筹划，易收振起之效。又吉、江两省，近年户口繁盛，人才众多，徒以视学无人，虽有美材，无由陶植。如奉天改设学政专缺，责令就近兼管，俊乂蔚起，自在意中。此应另设专管者又其一。奉天府丞旧皆不治府事，今府尹请裁，犹留府丞职掌，既苦未垓，名实亦属不符。拟请特旨将奉天府丞一缺即行裁撤，另设奉天学政一员，兼管吉、江两省学务，令将学堂一应事宜，会同三省将军切实兴办，以符名实而重责任，必于学务大有裨益。

（同上）

归并五部事务以便裁撤折

（1905年9月5日）

窃奴才奉命兼管五部事务，当将接管之期先后奏报在案。伏查五部体制所以隆重,陪都今昔异宜,道穷则变,主裁之议,众论若一,朝廷折衷,至当因时制宜。上年奴才入觐天颜,即奉裁撤五部之谕。到任以后,悉心考察,愈服圣断之明。盖自光绪初年,前将军崇实奏定将军一缺兼管兵刑两部,并管带金银库印钥稽核户部,其余各部事务,均令与将军商办,事权已属将军。徒以名目尚在,界限未分。历任将军部臣,虽亦力图维挽,无如积重难返,事权不专,百弊丛生,胥根于此。若仍循旧办理,则奴才今日之兼管,与往年崇实之兼管无殊。不予革除,难言整顿。此中私弊,久在圣明洞鉴之中,固无俟奴才多渎。惟其中有关于重要者,如礼工两部,所管典礼、工程等事,自应敬谨妥筹;有头绪纷繁者如户兵两部,所管租税、驿站等事,自应详细稽考。其余部务,紊乱居多,则欲裁撤,非先行归并不可。奴才现饬文案处人员,按照部务分股办事。选五部谙悉公事明白大义之司员数人,检齐则例档案来辕,以备顾问而资接洽。奴才躬亲督饬,逐项清厘,当裁者裁,当改者改,当并者并,拟定办法,分别具奏,请旨施行。一俟诸务清理就绪,即将五部衙门员缺,分别留裁改用,以副朝廷整饬官常实事求是之至意。

(同上)

安插裁撤部员片

(1905年9月5日)

现拟裁撤五部,则所有部缺人员自应妥为安插,以示体恤而资激励。查五部郎中十四缺员,外郎二十六缺,主事二十五缺,笔帖式九十三缺。各部有五、六、七品官司库、司狱、助教、读祝官、赞礼郎外郎、库使、驿丞等共一百余缺。缺有满蒙、汉军之分,又有食俸、食饷之分，又有京缺、本缺之分。今拟仰恳恩施为裁缺各员宽留出路，不分京缺、本缺，一律办理。其安插之法，约有数途。凡曾经京察一等记名者，准其咨部收缺，仍记名请旨闲放。愿截取者，准其作为俸满照例截取戳掣省份。愿内用者，以原官咨部即选。其不能截取而愿外用以及无缺可收之员，准其对品改外戳分到省。至于各部应继之事，如户部管理田庄，兵部管理驿站，礼部伺候陵寝差使，工部承办祭祀工程，其中皆有熟悉情形之员，拟由奴才选择数员，作为留奉差遣，供备陵寝差使。其原俸本极微薄，请一概停止，另由奉优给薪水。如能当差谨慎，毫无贻误，准其照裁缺人员例由，奴才陆续给咨送部升转，并可随时奏奖。如有阘冗不职者，亦即指名严参，以示惩劝。至应否作为额缺，应俟将来情形再行奏定。以上各节请旨饬下政务处迅速施行。并请饬下部臣，遇有盛京五部司员缺出，即行停选。如此则部务不致废弛，人才从此激荡。上足以副朝廷变法之盛心，下足以免诸员向隅之慨叹。抑奴才更有请者，各省驻防旗人生计维艰，人才消乏，而以奉省为最。推原其故，皆缘留恋部缺，碌碌家居。禄俸极微，不敷养赡，既无部务之可学习，又无出路之可鼓励，谨愿者困顿终身，狡黠者流为邪僻。论者至谓五部为败坏人才之地，实非激论。奴才责任教养，仰受圣明付托之重，俯念多难兴邦之言，再不改弦更张，于变法富强何望耶？惟有多设驻防蒙学小学，以及政法、武备、工商实业各种学堂，俾之普受教育，造诣所至大者，足备国家之用；小者亦能为衣食之谋。奴才现已督饬学务人员，规划兴办。其经费则取侍郎俸廉，公费同可以化私为公之款，归并支用，如有不足，另行筹备。容俟拟定办法，再行另案奏闻。

（同上）

请奖锦芝荣绪捐垫办学折

(1905年9月5日)

再奏奉省创办学务,凡建屋置器需用甚繁,经费颇形支绌。又因风气初开,能深晓大义、慨捐钜款者,尤不多觏。兹查候选笔帖式锦芝,率其侄候选同知荣绪,以城内官局胡同所租官地,旧有自盖房二十间报效学堂之用。经前署将军廷杰派员估计,值银五千两。已饬学务处略加修葺,拟为第二小学堂。际此时局艰难,该员等见义勇为,热心教育,非从优奖励不足以敦薄俗。合无仰恳天恩,俯准将笔帖式锦芝以知县归部铨选,候选同知荣绪赏加四品衔,以昭激劝,出自逾格鸿慈。再查现行捐例,由笔帖式报捐双单月知县,由候选同知报捐四品衔,以例银折实计,该员等报效之数,实属有盈无绌。合并陈明,除分咨外理合附片具陈。

(同上)

密保增韫千胜艰钜恳恩破格擢用折

(1905年9月22日)

事恭录本月初六日上谕"奉天府府尹兼巡抚事一缺著即裁撤等因。钦此"。现署府尹增韫,应遵旨饬回驿巡道本任。惟查该员器识冠时,心存君国,体用兼备,措置咸宜。当其任州县时,叠经奉天查办事件大臣李秉衡、前河南巡抚于荫霖专折特保,又经前任将军增祺胪陈政绩,先后蒙恩擢用。上年在新民府知府任内,因地居冲要,布置因应,洞烛几先,复经直隶督臣袁世凯,以胆识兼优、机才四应,为奉省人才之冠密片奏保,奉旨存记。旋蒙特简驿巡道并署府尹。是以才具政绩,久在圣明洞鉴之中。奴才到任以来,商榷时政。和衷共济,裨益良多。当此吁俊求贤之际,难得投艰遗大之才,如该员之抱负闳深,志气奋发,尤属罕觏。奴才维以人事君之义,不敢壅于上闻。可否仰恳天恩俯准送部引见,破格擢用之处?出自高厚鸿慈,谨恭折密陈。

(同上)

请张心田留奉补用片

(1905 年 9 月 22 日)

再花翎分省遇缺即补道张心田,经前任将军增祺先后丈放扎萨克图王旗,暨科尔沁扎萨克镇国公旗荒务,不辞劳怨,条理秩然。现在公旗荒务,该员实心任事,熟悉蒙情。是以前后委办蒙荒,叠著劳绩,蒙民悦服,所至有声,实为奉省办理荒务必不可少之员。合无仰恳天恩俯准,将该员以本班留于奉天补用,俾收臂指之助,出自逾格鸿慈。除将该员履历咨部查照外,谨附片陈明。

(同上)

特参收税舞弊职官请旨革职勒限严追折

(1905 年 9 月 22 日)

窃奴才到任,访闻奉省税务积弊甚深,叠经派员分途密查。兹有盖州斗秤局委员候补道判杨清,于三十年及三十一年春夏两季所收各税,匿报东钱十二万千,又银四千余两。取有各商店交税簿据比较核对,厥弊显然。似此任意侵渔,实属胆玩。然中饱之弊,所在多有,非择尤惩儆,不足以挽颓风。相应请旨将候补道判杨清先行革职,勒限严追,如逾期不交,即予按律惩办。此外,续查有舞弊员司,自应随时参撤。倘能改过自新,力图上进,亦即宽其既往,以策后效,而励中材。奴才为整顿税务起见,是否有当,谨恭折具奏。

(同上)

昭信股票请奖展期一年以昭诚信折

(1906年2月24日)

查奉天昭信股票,前因未细核奖者,尚有十七万六千五百余两,经前属将军廷杰奏准展限一年。奴才到任后,以时逾数月,呈报寥寥,复准将从前所领旧票一律作废,改领新照请奖在案。当时设法变通,原期迅达蒇事。无如展期以来,请奖者仍属无几,良由从前认领官商,多已转从离奉,乱后信息阻窒,易致稽延。且因案卷毁失,官商各股准于分晰,辗转驳查,尤费时日。转瞬一年届满,理应依限告停,惟是请奖之举,原所以昭示大信,现当百度维新,鼓舞民气之时,若迫期停止,使未经请奖者抱向隅,将来设有缓急,更何以取信于民?至从前官领商领,同一急公,本无区别,现既案牍不全,且为数已属无几,必欲强加分别,办其何者为官、何者为商,似亦不足以昭大公。且恐请给无期,徒滋烦扰。奴才再三筹维,惟有仰恳天恩,准将奉天昭信股票请奖,自上年奏准俟展期扣足一年后,再行展限一年,并无官商区别,均照商股一律请奖,以昭诚信而示公平。

(同上)

奉天昭陵角陵工程开工折

(1906 年 3 月)

窃查昭陵角陵工程,去冬已经择吉开工。后因天寒,泥水封冻,未便工作,当经援照陵工成案,奏请暂行停工在案。现在节届春和,泥水融洽,自应及时兴作,以期早日修理完竣,用昭慎重。

(同上)

奉省收编旧部宜严加整饬折

(1906 年 4 月)

窃查本省旧有各军,自庚子乱后经前任将军增祺留强汰弱,挑取马步六千人,改为巡捕游击队,调赴各路,择要驻扎,为缉捕盗贼之用。此外,续募添勇,以及随时收抚编配成营者,尚不下万余人。营制饷章,未能一律。迨日俄和议告成,战事停止,两军降队遣散,游匪蠢动,兵力单薄,防剿两难。各府厅州县,或禀请添募护勇,以资捍卫;或就近收抚降匪,以安反侧。其有大股麕集不能资遣者,并即随时收编成营。少或数十人,多则千数人不等。人数愈多,营制愈乱,甚或一营之内,器械各别,名额不齐,庞杂纠纷,漫无节制,军政之坏,几至无可措手。奉省为陪都重地,边疆要区,右卫京畿,左邻强国,形势所在,控制宜严,况留兵燹……(下文阙)

(同上)

宜变通民职渐重乡官培养民生折

(约1906年4月)

窃光绪三十一年七月二十四日"准政务处咨具奏议,覆侍郎沈家本条陈时事一折,奉旨依议。钦此。"钞录原奏咨行,照准前来,查讲求内治,必以修举民政为先。《周官》于讼、赋、稽查乡党诸职,均设专官。东西诸国于地方裁判、警察、征税、劝学诸务,下及村区亦莫不有官以理之。治民之官,多而且专,且司法、行政分为两政,不相牵混。是以职业易举,而界限易清。详绎政务处及沈家本原奏,亦皆注重地方,议分民职。仰蒙圣明采择,行令筹议,将来中国治理跻隆古之盛,而抗东西诸国之强者,以基于此。奉省纷争甫戢,民气凋残,教养抚绥,尤为急务。且兵燹之后百端待理,事同草创,亟应变通民职,渐重乡官,以期培养民生,聿修本治,上副朝廷励精图治、惠养元元之意。惟立法必先因地图成,要贵植基。谨就奉省情形,酌拟数端,敬敢详晰陈之。

一、令地方官专司行政,以专责成也。凡属于行政之事,如巡警、缉捕、卫生、工程、农桑、学务等类,皆归地方官专营。其他大事繁者,添设巡警官一员,学务官一员,帮同治理,仍归地方官节制。其不胜任者,地方官有禀撤之权。

一、省会、各府厅州县,分设裁判所,以别等级也。查东西各国,裁判均有专官,所以示司法、行政两事,截然不相牵混。今仿其意,拟于州县设初等裁判所,府、直隶厅设中等裁判所,省会设高等裁判所,皆隶司法局。每所各设正审官一员,讼牒繁剧者酌设陪审官一二员。凡初等裁判所不能审结之案,准其控诉中等裁判所;中等不能审结者,准其控诉高等裁判所。惟民事、刑事之分,中国素未讲求,应俟试办以后,详订专章,另案奏明办理。现在法律之学,尚少专家,诉讼之繁,日所恒有。正审、陪审各官,应仍归地方官督率。如有不胜任者,准其随时禀撤,以恤民艰。

一、特设税务、粮租两官,以分职任也。征收租税为理财专责,事至繁琐,各国各设专官。拟请将各项税捐总局,均改为税务行局,并附设分局。量地势之繁简,定分局之多寡。并于府、直隶厅地方设粮租行局,于州县地方设粮租分局,均派专员办理。所有旗民粮租,皆赴局完纳。各旗民地方官无庸干预。其地方简僻者,粮税亦可并为一局。此外,尚有盐发行局、盐法分局,皆任理财之职,与财政局之税务、粮租、盐法三科,内外相维,或可收纲举目张之效。

一、分别国税、地方税,以振庶政也。中国征敛之法名目繁多,可统名之曰税。而税之中实有国税、地方税之别。各税课钱粮等类,凡解部之款及由省局支销之款,皆为国;应由税务、粮租、盐法各局解省备用,其截留地方办事之款,如车捐、灯捐、巡警捐之类,皆为地方。税除绅董经收者不计外,凡各局代收之款,仍令照章解交各地方官,以备公用。

一、分设诸曹,以辅治也。汉唐郡县,均有分曹,沿袭至今,变为书吏。无俸无奖,善者不为。拟饬各府厅州县,按立所司行政事务,分设诸曹,选用稿生,以人品谨饬,姿性聪敏,字划端楷,略通文理算法,并无嗜好者为合格。无论本籍外籍,有无出身,皆可充当。将来各小学堂学生,不能入中学者,亦可酌量选用位置。每月分别正副司书名目,酌给津贴。如著有异常,寻常劳绩亦准一律请奖,以资鼓励。劣者随时革换。另于署内设立要籍曹,酌派委员或幕友充当,以代门丁。其拣选格式、奖惩办法,照诸曹办理。

一、设宣泽馆,并筹议乡官办法,以求民瘼也。各国议院之制,中国未能骤行,然必先通商民之情,乃可徐收兴革之效。拟饬各属公举士绅,设立宣讲圣谕,公所名曰宣泽馆。先考求日本市町村制度,并中国旧行之保甲章程。各就本地情形,筹划乡官办法。每逢一、五日,各地方官率同绅商,演讲地方利弊并乡官义务。此外,官署应办之件、民间不便之情,皆可会同讨论。统限于一年后将乡官实力举办,以立地方自治之根本。此馆重在培护商富,宣布抚意,开导士绅,通知新政,似缓实急,于奉尤切。至乡官办法,于抚理山西巡抚任内业已奏陈,其奉省就地情形有须斟酌变通者,当另订专章办理,以明审慎。

一、筹加地方官津贴,以肃官常也。奉省向有州县廉俸,本已不敷,重以各项摊捐及各差支应,廉洁之吏势难自存,贪渎之风因之益盛。奴才于奏办善后折内已声明,现已裁汰摊捐者,改支应以苏官累。惟既议将粮税另设专员征收,该印官向有得项一旦尽失,尤非优等津贴无以办公。现已饬财政局,于整顿契税项下,提款作为津贴地方官之用。俟拟定数目,奏明立案。其税务、粮租、巡警、学务各专员,拟请暂行优给薪水,俟试办有效,设立额缺,再行奏明办理。

以上七条,皆为酌改地方官治理起见,似此变通,损益权限,攸分庶官,无废事之虞,而民裕自治之本,实于安民察吏之大有裨益。盖是否有当,请旨饬下政务处核议施行。

(同上)

扎萨克图王旗设立蒙荒行局折

(1906年5月)

窃查奉省前次开办扎萨克图王旗荒务,于洮儿河南北岸设一府两县,成效已著。惟该王旗荒界以内,尚有毗连靖安县七十七道岭,毗连洮南府之黄牛图绰勒木山余各荒,以地太硗薄无人承领,废弃至今。荒界以外，则有搭拉莫力克图吴逊噶□各沟川，以分界封禁，山多于地，未议开辟。上年洮南府知府会商该王旗，呈请开放。经奴才饬令勘明界地地段，分别余荒展荒，切实妥议办理。兹据呈复，商允该王旗指名前项界内余荒三段，情愿续放，并愿展荒前指界外之新荒一段。复据该旗郡王乌泰呈请奏咨立案前来，奴才查殖民辟地而政，所崇固圉实边，当务尤急。现在扎萨克荒务告竣，图什业图垦政继兴。该旗界处两旗之界，犬牙相错，争界缠讼，经年不休。疆理未合，葛藤难断，诚恐积衅不解，别酿事端。且该荒段内或为泽薮，或系山密林茂菁深，道路险僻，平时兵力不及，本匪徒出没之区。尤虑逐虎负隅，为全省逋逃之薮计，非及时丈放，无以清讼累而策治安。而筹款之谋，当在所后。但此项余荒，地瘠太甚，非制以界外较腴之地，必无承领之人。故暂辟新荒，更为放垦招徕之要。该郡王于前届封禁各沟川，呈请开放，深明大义，殊堪嘉尚。惟该旗承积讼之后，该王及属下等情形窘乏，亦为可悯，此次荒务自应于核定之中，兼筹体恤之法，以期上裨国计，下拯蒙荒。现已饬委保升直隶州知州、留奉候补知县张翼廷驰赴该旗，设立蒙荒行局，总办其事，以专责成。所有清丈、招领、收价、升科一切办法，拟仿照该旗前届荒务，暨镇国公旗荒务成案，酌量变通，务求完备。应俟委员到段，勘丈明确，体察情形，拟定章程，再行分别奏咨立案。

（同上）

奉省应添厅县各治派员试办折

（1906 年 8 月 19 日）

窃照奉省荒地日辟，交涉日繁，相距较远之有司未能顾及，自非划疆分界，添设专官，无以严责成而资治理。奴才自上年抵任，即懔遵毋拘成例之谕旨，于地方应办各事留心体察，委员查勘，迩来互证参观，得其梗概。有亟应变通设治之所数处，谨为圣主陈之：

一、为法库门。系开原县属境，距县一百一十里，东北则通吉林，正北则邻蒙部，人烟辐辏，行旅络绎。转瞬商埠一开，华洋错处，交涉繁难，均须随机立应，原设知县有鞭长莫及之虞。应于该处添设抚民同知一员，名曰法库门抚民同知。则开原及附近康平、铁岭三界地方并归管辖，以资控驭而一事权。

一、为内江口。系昌图府属境，距府七十里，陞昌、开之要害，据辽河之上游，水陆交冲，五方杂处，为北路商务总汇之区，亦议开商埠。地方沿河向多马贼，狙伺劫掠，在在堪虞。保护巡缉，责重事繁，断非原设知府所能兼顾，应添设河防同知一员，名曰同江厅河防同知，专司交涉、缉捕，庶几有所责任，无虞疏懈。

一、为江东屯。系锦州属境，距县九十五里，毗连直隶朝阳府境，沿边要隘，向为盗匪出没之区。特与县城远隔，此拿彼窜，习为逋逃，附近商民多被其害。亟欲在该处设官，得以震慑弹压，消患无形。拟添设抚民通判一员，名曰江东屯抚民通判，划锦州迤西各村庄并归管辖，庶于绥边固圉之道，胥得其宜。

一、为阿司牛录镇。系辽阳州属境，距州一百三十里，地距辽河之中，与新民府接壤，犬牙相错。附近各处均距治所较远，为教化所不及，以致民情顽梗，盗匪潜踪，良善商民多被扰害。是宜添设知县一员，名曰辽中县，划新民、辽阳、海城三处地段并归管辖。平时则宣布政教，有事则严缉匪徒，庶地方获安义之效。

一、为小三家子。系镇安县属境，距县九十里，地居边徼，控制难周，拟设分防县丞一员，责令缉捕匪类，以助县令之不逮。

一、为水门子。系复州属境，距州一百二十里，中隔铁道，重山复岭，亦易藏奸，拟设分防巡检一员，专司缉捕事宜，以辅州牧之不逮。

以上数处，奴才均已先行委员，发给经费，刊刻木质钤记，前往试办。诚以新政各学堂、巡警、卫生诸事，固非有专员提倡，劝导乡民，未易信众。即不日开埠，设立乡官，亦非有专员就近区划督饬，无以归义远而责成功。相应奏明，请旨先行敕部立案，一俟该员等试办就绪，应为何项要缺暨将来有无变通，再当奏请敕部，分别铸给关防印信条记，转发领用，俾信守其未尽事宜。及此外，如有应行设治之处，容再体察情形，续行奏咨办理。

（同上）

奉省城仓裁撤仓官应考职候补片

（1906 年 10 月 18 日）

窃查奉省内外城十六旗仓，经征米草豆束等项。计内仓额设监督三员，向由将军衙门奏派协领一员充任，另由将军衙门堂主事并五部司员内拣选二员送部引见，请旨间放，一年差满。外仓则兴京额设外郎一员，专归部属外郎差缺，一年差满。辽阳、开原、牛庄、广宁、盖州、定远、义州、熊岳、锦州、金州各额，设仓官一员，向由将军衙门并五部三陵衙门、宗室觉罗义学笔帖式内选派，送部引见，请旨补授，均四年差满。又辽阳、开原、牛庄、复州、岫岩、凤凰、锦州、宁远、广宁、义州各额，设全外郎一员，向由八旗部属外郎各员选派，咨部补授，均五年差满。以上各仓员差满后，均归原衙门行走。其仓官外郎如愿就外官，除兴京、铁岭二仓官系差缺不准考职外，余均准其送部考职，按照第次，以小京官知同、知县、府经、县丞等职分别选用，历经遵办在案。现在五部早经裁撤，内仓无所隶属，所有前项仓员不特届期无从更换，抑且差满多无衙门可回。查各仓经征米豆草束定例，由协领城防守尉督催，并监收监放。各界官承催其仓员，无非经征出纳而已。催征既属无权浮收，亦不过问虚縻廪禄，本同赘疣，坐食仓余，尤为巨蠹。其金州一仓，迄未开征而尚设仓官，更属有名无实。际此百度经新，事期核实，自应改弦更张，变通尽利。奴才悉心筹度，拟请将前项内仓监督、外仓笔帖式、外郎仓官等员，悉数裁撤。内仓改为仓务局，与经征牛运米豆之海运仓归并一事，遴委总、会办各一员专司。出纳仍由协领各地界官分别督催，承催外仓即归该仓协领及城防守尉经征，统由财政局随时稽查，以专责成而昭简易。至裁撤各员，内仓监督有原衙门者，照章仍回原衙门行走；无原衙门者，即援例裁撤五部司员成案，送部引见，分别录用。其余笔帖式、外郎，悉照差满办法，概行送部考职。如有不愿送部者，准留将军衙门候补，归于裁缺班内先尽补用，俾免向隅。

（同上）

锦州江东屯拟添设锦西抚民通判片

(1906 年 10 月 18 日)

奴才前于《奉省应添厅县各治派员试办折》内奏明，拟于锦县江东屯添设通判一员，名曰江东屯抚民通判。钦奉朱批"着照所请，吏部知道。钦此。"当即钦转行去后。兹据试办委员同知蒋文熙禀称，案将界址会同锦州划定，其新治地段皆在锦县以西，界限分明，毫无掺杂等情前来。奴才复查，凡锦县迤西地段既已划归，拟添之通判新治，似应更名为锦西抚民通判较为赅括，且顾名思义亦足昭核实而定服从。除檄饬遵照外，谨附片陈明。10 月 18 日（九月初一日）为赵尔巽《奉省城仓裁撤仓官应考职候补片》主稿。文云："窃查奉省内外城十六旗仓，经征米草豆束等项。计内仓额设监督三员，向由将军衙门奏派协领一员充任，另由将军衙门堂主事并五部司员内拣选二员送部引见，请旨间放，一年差满。外仓则兴京额设外郎一员，专归部属外郎差缺，一年差满。辽阳、开原、牛庄、广宁、盖州、定远、义州、熊岳、锦州、金州各额，设仓官一员，向由将军衙门并五部三陵衙门、宗室觉罗义学笔帖式内选派，送部引见，请旨补授，均四年差满。又辽阳、开原、牛庄、复州、岫岩、凤凰、锦州、宁远、广宁、义州各额，设全外郎一员，向由八旗部属外郎各员选派，咨部补授，均五年差满。以上各仓员差满后，均归原衙门行走。其仓官外郎如愿就外官，除兴京、铁岭二仓官系差缺不准考职外，余均准其送部考职，按照第次，以小京官知同、知县、府经、县丞等职分别选用，历经遵办在案。现在五部早经裁撤，内仓无所隶属，所有前项仓员不特届期无从更换，抑且差满多无衙门可回。查各仓经征米豆草束定例，由协领城防守尉督催，并监收监放。各界官承催其仓员，无非经征出纳而已。催征既属无权浮收，亦不过问虚縻廪禄，本同赘疣，坐食仓余，尤为巨蠹。其金州一仓，迄未开征而尚设仓官，更属有名无实。际此百度经新，事期核实，自应改弦更张，变通尽利。奴才悉心筹度，拟请将前项内仓监督、外仓笔帖式、外郎仓官等员，悉数裁撤。内仓改为仓务局，与经征牛运米豆之海运仓归并一事，遴委总、会办各一员专司。出纳仍由协领各地界官分别督催，承催外仓即归该仓协领及城防守尉经征，统由财政局随时稽查，以专责成而昭简易。至裁撤各员，内仓监督有原衙门者，照章仍回原衙门行走；无原衙门者，即援例裁撤五部司员成案，送部引见，分别录用。其余笔帖式、外郎，悉照差满办法，概行送部考职。如有不愿送部者，准留将军衙门候补，归于裁缺班内先尽补用，俾免向隅。"

（同上）

奉省学务外交拟增拨公费津贴折

(1906年11月)

提学使管理通省学务,事体繁重,原定养廉不敷办公,各省无不另筹津贴,奉天事同一律。现拟定为每年津贴银一万二千两,按月支给,遇关照加,庶不至办公竭蹶。惟奉省并无外销之款,应请准其作正开销。又驿巡道、东边道、山海关道,均办理外交,责重事繁,奴才前于奏改管制折内附片陈明,应定养廉银每年一万二千两,公费银一万八千两,至今未准政务处议复行知到奉。而各埠已陆续开放,外交事繁。除山海关道,俟到营口接收地面后另案办理外,所有驿巡、东边二道,应每月先给津贴银二千两,俾资应因外交之用。

(同上)

汉冶萍国有策

(1912年3月)

南京临时政府初建,即定汉冶萍中日合办之约,忧时之士,窃窃私虑。一谔君著论,极言合办流弊,效以忠告。鄙人对于一谔君之意,甚表同情,而雅不欲持过高之论,不谅局中之苦,近于极端偏宕者所为。兹特竭其刍荛,略陈补救之策。知我罪我,均勿河汉。

合办之弊,见于一谔君所著者,不再赘谭。查该公司所有矿山,其始不过大冶一隅,迨后扩充经营,不特大冶左近圈购殆尽,凡赣、鄂两省精美铁矿,亦均入其网罗。今与日人合资,是不啻举全国钢铁前途咸为垄断。萍煤在汉,费十余年之心力抵制日煤,已无余地,乃一举而破坏之,此非国之利也。汉厂仅有初基,如照现在情形,以应川汉、粤汉、张绥及日美生铁之求,已虞不足。时势所迫,不能不扩充,扩充即须用钜资,又须偿债,非四五千万金大款不能苏甦。试问日本何从得此款?不过乞邻而与耳。曩在北京曾倡议,拟准汉冶萍发行公司债券,由大清银行担保出售,资本家极以为然。其时盛氏方以全力注于川粤汉条约,未见采用,甚为可惜。今乃以此美产为他人做标本,一似中国吸收外债资格不足,必假手于东邻,恐于民国借债前途不无妨碍,此更非国之利也。

  日人注意汉冶萍,已非旦夕。以前历史不可知,第闻李氏①任铁厂总办后,盛氏并未助以一文,皆李氏设法罗掘。且李氏赴英订购新机,一钱不名。盛方大病且死,不得已乃与大仓订三百万元矿石之约,李氏则得以显其能力者。三百万元实为功臣。其后与三井又时有通融。微闻去岁又与小田切②暂借款项之约,未知确否?其所以至此者,一则欧美借款因情形不熟,类多挑剔,日人种种便利,易着先鞭;二则欧美借款必索抵押,大冶已有大仓成约,不能再抵。汉厂若无冶矿等诸石田,萍矿之利甚微,不过值二三百万之担保。故李氏屡与欧美人借债,迄无成说,而日本乘机起矣。

  凡论一国之事,必知其国有不得已之内情。日本制铁所若无冶矿,万难成立。故日人对于冶矿售铁之约,必以全力护持。我为友谊,故当照约供给,令无匮乏。汉厂昌则日本之铁业亦稳。故中华民国对于中日铁业交际问题,必视白人更为优厚。今若定为中日合办,故无论他种弊害,更仆难数。即鄙人所提两说,已非国人所能承认。

---

① 指李维格(一琴)。——编者
② 日本正金银行驻北京董事小田切万寿之助。——编者

中日唇齿，而中国天产极富，日人何项工业不赖中国原料？铁固然矣。试问日本内地纺织业，倘无中国棉花尚能获利否耶？日本与英国钜厂合资建一铁厂于宝兰，厂成而铁不能用，颇闻我国实有与彼厂相宜之铁料。故即以铁业论，仅一冶矿亦不足以供其所求。此次革命军兴，日本之有识者无不竭力赞助。今若乘势要我订一国民极不满意之约，一举而伤感情，此亦非日本之利也。此次合办之举，以理想测之，恐为军政府所激成。盛氏因铁道政策得罪国民，生此奇变。失职以后，其故里家产，闻悉为军政府没收。人当惶急之际，有一姁妪和平者，为之保资产、全性命，且许以将来之希望，有不入其玄中者乎？去冬在沪曾与友人谈及，盛氏觅得冶、萍两矿，功不可没，其经手汉冶萍账目，未知有无簿籍？为新政府计，宜明告盛氏，劝其回沪，将各项款目凭证，明白交付股东，新政府许以保护安全，并承认其所入汉冶萍实股，作为有效，不再没收。如此则盛氏不失为富人，而公司亦著为恒业。乃新政府忽远图、鹜近利，盛氏虽保目前之险，而长得罪于国民，十洲三岛间将永为侨民以没世乎？是反不如铁道国有政策是非功过付诸后来，较为光明磊落也。吾敢断言曰：合办之约决非盛氏之利也。

汉厂倡自张氏①，而冶矿系盛氏所赠，萍矿则厂成而发见。盛氏之得冶矿，在有意无意间。其初不过一小部分耳，自归汉厂后，乃以官力圈购左右诸山，又旁及鄂赣沿岸。萍矿之辟及萍醴路工之敷设，亦非官力不办。故汉冶萍之历史，与纯由商办者不同。此可以国有之理由一。

汉厂第一次负债，皆系官款。至今农工商部之股分，每吨一两之铁税，名为报效，实为债权。此可以国有之理由二。

民国虽建，而省界难融。鄂人艳汉厂收支之钜，跃跃欲试。去年因兴国锰矿事，大起讼端，至今尚以强力占之。一萍矿也，湘都督保护，赣

---

① 指张之洞。——编者

都督电争,其腾诸报纸者,真伪不可知,恐非毫无影响。倘非以国家名义收归统一,必至四分五裂,顿归失败。此必须国有之理由三。

以后振起睡狮之法,舍铁道末由,而铁道实蕴利于大宗,幸有汉厂自制钢轨为外人所信用。若价值涨落不能操诸国家,将大为交通之梗。此必须国有之理由四。

他省铁矿如利国驿、铜官山,皆货弃于地,商民无力采掘。若由国家兴办,则汉厂商力难以竞争,不如一气呵成,以收子母相生之效。此必须国有之理由五。

各处兵工厂所用钢料,全仰给于外洋,交战时极为危险。若以冶矿隶于国家势力之下,以后整顿军实,不假外求。此必须国有之理由六。

然则国有之办法如何?

一、截清旧账

甲、国家垫款,如农工商部所执之股票,每年拨还之铁税,萍醴铁路之官款,皆另立一宗,作为国家已出之本,若干年内暂免拨还本利。

乙、商民股本,如招商、电报两局所入之股,公司成立之后新招之股,与夫盛氏实附之股及老股所得之红股,应由国家派员查明账目。凡公司实收者,皆准作为股分,仍照票面每年付息,即公司并无余利,亦由国家保息。

丙、各商号欠债概由国家承认,仍照原票原期付还本利。至盛氏自垫之款,如果账目明白,收付清楚,亦准发还。

丁、美日两国钻石及生铁价值,及历次洋商零款,仍照原订合同由国家担认、交货、还款,以保信用。

二、发行债票

甲、由国家发行公债票八千万元,名曰"中国国家振兴钢铁业五厘债票"。

乙、此债票分两期发行。第一期先发四千万元,承购者准以九五实付。

丙、此债票十年期内付利不还本,以后分年用抽签法偿还。

丁、此债票由国家保息还本,列入预算案,须经国会通过。

戊、此债票认票不认人,无论何国籍皆准认购。日本有同文之谊,且于汉厂交谊甚厚,应准认购一半,以示特别优待。

三、组织机关

甲、由国家特派总裁一员,专理此事,受监督于度支部、农工商部。

乙、由股东组织一查账机关,以后公司所有账目,均归查账员查核。

丙、将汉厂作为钢轨及附属钢轨零件专厂,另于大冶建新化铁炉,以后日美两国生铁需要,概由大冶新厂供给。

丁、同时开采利国驿之铁,兼用峄县焦炭,在长江下游北岸邻近津浦铁路之处,建一新厂,专造钢板零件,以供东亚船坞以及各制造厂之求。

四、预筹进步

甲、此八千万元公债票,专为开创之用,俟基础大定,获利可券,仍可作为一大公司发行新股票。此项新股票,无论何国籍皆准购买。现在开创之始,所有旧股票,概不准售与非中国人。

乙、现在执有旧股票者,如愿售与公家,每股五十元,准给一百元公债票。

丙、俟新股票发行后,国家可以收到股款作为偿还公债之用。

丁、俟新股票发行收足后,即作为完全公司,由股东公举总理,专理其事,国家派员监督之。

戊、俟新股票发行、公司成立后,国家即可酌收铁税。

难者谓:既归国有,又准附股,将来仍发行新股票,未免自相矛盾。不知国有主旨系因商力疲敝，工程艰钜，非一二年所能获利，必须国家任其开创。迨规模大定，然后公诸全国，且普及于世界市场，更足表新政府大公无我之心，与专制政府藉端罔利者不同。

难者又谓：国家经此钜创，财政告竭，焉能担商民损失之业？重借外债恐将来本利无着。不知民国初建，止须从远大着手，方能驯致富强，若再束缚拘牵，目光如豆，中国必为埃及。且专制既倒，国家岁入但能经理得宜，未必遽忧贫乏。即以每年所省宫廷经费而论，已足偿此债利息而有余。何况汉厂之优，驰名欧美，将来岂不能获利耶？

余创此议，无成见，无私心，但以国利民福为归而已。忧时达变之君子其教正之。

（1912年3月8～9日上海《民立报》）

呈黎元洪副总统文[①]

（1912年6月30日）

为呈请事。

顷阅汉口报载《鄂省临时议会咨军政府文》内开："据本会议员介绍鄂绅张大昕等陈称：'汉冶萍三厂经前清盛[宣怀]承办十数年。武昌起义，宣布盛氏之罪，将汉冶萍没收作为公产，鄂军政府派员充汉冶两厂监督，至元年正月，南京政府与日本人拟订合同，改作中日合办。参议院鄂议员张伯烈等据理力争，鄂军政府电争不下十数次。现闻盛[宣怀]贿通赵凤昌等组织汉冶萍公司股东会，不胜诧异之至。查前清时代，汉冶萍三厂全系盛氏承办，不闻有股东之说。武昌起义

---

① 本文以汉冶萍公司名义发出。——编者

即行宣布盛氏之罪,将该厂作为公有,不闻有股东呈明所有股份之文。南京政府拟与日人合办,只有孙文、黄兴、盛[宣怀]订立草约,不闻有股东从而干涉之。鄂省议员与鄂军政府据理愤争,又不闻有股东向参议院陈情,向鄂军政府道谢者。综观各项情形,股东会之发生纯系盛[宣怀]之诡计。乃闻赵凤昌等电请取销监督,都督发实业司查复。据实业司呈云:查汉冶厂确系该公司之业,纯粹商办。该司员等不察取销合办之电争系鄂省都督与议会全体及各部处职员之公议,擅自呈复认为商办,欺蒙都督,随请贵议会公决,咨请都督取销认汉冶萍为商办之电文及取销汉冶厂监督之谕饬,加派委员驰赴两厂切实办理'等情到会。据此,查该三厂完全为盛氏承办,乃盛氏诡计百出,竟串捏股东多人,伪造股票,倒填年月,朋分伙骗。汉冶既收作公产,为鄂人所有财权,鄂人应共享之。如果三厂诚系公司所有,该公司何德于鄂人?当南京抵借之日,愤争废约,何至挟鄂人之全力作公司之替人?实业司不察原委,瞹称为纯粹商办,不知何所据而云然?为此咨请收回成命,加派委员切实办理"等语。阅之不胜诧异之至。

查汉阳铁厂、大冶铁矿于前清光绪十六年经张之洞奏准开办,先后由户部拨款五百六十余万两。至光绪二十二年款项告罄,官力不继,又由张之洞奏准招商承办。其时盛[宣怀]集股一百万两,代表股东承办此厂,张之洞订明官督商办,奏定章程十六条,声明以前用款及各项欠款均归官局清理报销。自改官督商办后,每出生铁一吨提捐银一两,抵还官局本,还清以后,永远提捐一两以伸报效,地税均纳在内,并无另外捐款。是为汉冶厂矿由官办而改为官督商办之大概情形也。

盛[宣怀]承办以后,创办萍乡煤矿,改良汉厂,弃旧更新,添买机炉,用款更巨,股款之外负债累累,以致所招商股力又不支。光绪三十四年旧股东议决合并汉冶萍为一公司,仍举盛[宣怀]为总理,重订章程,加招华股,于是年二月二十四日赴前清农工商部缴费注册,定名曰汉冶萍煤铁厂矿股份有限公司。其时老股三百万元,又老商加认二百万元，共合五百万元，由农工商部查明给照。此后又招得新股八百余万元，结至宣统三年止，前后共招股份一千三百余万元。是为汉冶萍厂矿由官督商办改为完全商办股份有限公司之大概情形也。

民国元年三月，中日合办之议起，股东纷纷反对。查《中日合办草约》第十条订明"此合办须经全体股东决议，倘有过半数股东赞成，方能签定正合同照办"等语。当于三月二十二日在沪开股东大会，到会股东四百四十人，计二十万另八千八百三十余股。临时政府实业部因前清农工商部附有公司股份一百七十四万元，即派赵凤昌及熊希龄代表是日到会。股东全体反对合办，电致日本取销草合同，并电鄂、湘、赣三省都督报告取销合办在案。又议将总协理名称一律取销，重选董事，另委经理，重新组织。所有股东会议详情登载各报，并有湖南代表演说，一一可稽。是反对中日合办而取销之者系股东，盖必股东方有决议公司事务之权，非股东以外之人所能干预。此取销中日合办并取销总协理名称，重新整顿之大概情形也。

今阅原呈，一则曰盛[宣怀]贿通股东，伪造股票；再则曰汉冶收作公产，为鄂人所有财权鄂人应共享之云云。迹其居心，无非破坏商办，欲将一千三百余万元之股本，不问来历理由，一概抹煞，凭空攘夺。野蛮专制时代未闻有此奇事。公司注册有年月可查，股款有账目可稽。自完全商办以后开会四次，历届报告分送股东，刊登各报。股份之大者如工商部公款、湖南省公款、招商局公款，均以股东资格派有代表到会选举股东。至于零星股东各省皆有，想鄂省当亦有购得汉冶萍股份者，请鄂省议会调查，是否伪造。如谓盛[宣怀]得罪民国，应将股罚令充公，此系司法范围以内之事。如司法部判令盛股充公，持盛氏所有股票至公司过户，公司自应照章办理，否则非公司所能与闻。盖公司只认执有股票者为股东，向不问股东为何如人，此系公司通例，夫人所知。如谓汉冶厂矿系在鄂境，鄂人不应放弃权利。然则武汉三镇以及各府州县田房产业，外省人经营者在在皆有，是否鄂省议会可以不费分文一律没收。且张之洞官办无力，招商承办之时，未闻鄂人担任招股，出而承办，保此地利。敝公司窃所为喻。其他议论有类童骏，不必赘辩。

伏思汉冶萍三大事业自前清光绪三十一年改良整顿以后，各股东代表不辞艰巨，务期远大，股本不敷，加以债项类皆重息称贷而来，而历次招股，唇焦笔秃，仅得一千三百余万元，不抵所欠债项之半数。盖因满清政府于商业不知维持保护，故挟资者视为畏途，欲前且却。今幸民国缔造方新，希望正大，乃以堂堂省议会为一二无理取闹之人所愚，首先破坏商办，心实痛之。敝公司历年经营困难已达极点，每逢汉埠比期，百计张罗，前后坚忍者十余年，仅免破产，汉埠商界知之最悉。自民军起义以后，骤然停工，炮火四逼，材料荡尽，机炉朽坏，已定之货不能照交，逾期之债无可延宕，困难情形未遑缕述。徒以钢铁为国家命脉，实业根本，中国仅有此厂，又关系股东血本，若竟听其失败，以后不必再谈实业，用是日夜焦劳，勉强支拄，聊效移山之愚。

今鄂省议会既愿收回利权，如将全体股东所投资本一律给还股东，并将公司所欠内外各债二千三四百万继续承认，由鄂省议会筹还债主，敝公司董事等自当召集股东大会，竭力陈请各股东解散公司，收回股本。以后如有商办事业需招股份者，惟有相戒裹足，免蹈前车之悔。否则公司法律一日不销灭，董事责任一日不卸肩。内顾实业之凋残，外怵客货之充斥，日暮途远，力小任重，惟有呈请副总统秉公维持，咨请鄂省议会查照取销此案，以昭公理，而维法律。

抑敝公司更有进者，敝公司每年所出钢铁煤焦售价已达六七百万两，股东所得官利不及百万，其余除债项利息外，大半用于地方，养活穷民何可胜计。而抵制洋货使外来钢铁煤焦不能充斥于长江流域，尤为大局挽回间接之利权。敝公司对于鄂省，对于中国，自问尚有微劳。自去年顿挫以来，外货固无可抵制，而订售日本之生铁亦因停炉止运，以致日本市面向用汉厂生铁者已改向印度购用。若不急起直追,恐敝公司本有之销路悉为他人所占,倘再阋墙启衅,自相残斗,则如久病之躯于元气大伤之后复来外感,必将死而后已。鄂省议会诸君热心爱国,想必不忍出此。为此沥情披露于副总统之前,伏乞主持,敝公司幸甚,民国商业前途幸甚。须至呈者。

右呈副总统黎。①

(《汉冶萍公司(三)》,第 287~290 页)

在汉冶萍公司董事会常会上的报告②

(1912 年 7 月 20 日)

经理报告,公司营业性质,系合各种机关组织而成。自去年八月军兴后,机关破坏,营业即无从著手。同人为中国铁政、股东血本、内外债项起见,一息尚存,不容恝置。奔走呼号者十月于兹,今欲照常营业,必须将原有各机关一一规复,始能措手。否则,一轮不动,全机失用。所谓各机关者,兹特开列于后。

一、煤焦　汉厂全恃萍矿煤焦,而煤焦全恃运道,一经开炉,即须源源接济。自军兴以来,轮驳时为军界截用;公司运单又失效力,转运一层,实无把握。萍矿外销之煤,由民船运汉者,偷盗搀杂,好煤变为劣煤,主顾不肯收用,一律退还。萍矿失此销路,亦难再支持。近日又有集成公司段鑫等在该矿附近穿凿小窿,破坏矿禁,叠次备文争折,赣督来文尚以不碍安源,未便勒令停闭为复。是全矿处于危险之地,益难措手。

---

① 1912 年 7 月 5 日汉冶萍公司又呈北京政府工商部闻,相示汉冶萍历史。——编者
② 原记录如此。当时汉冶萍经理为李维格与先生两人。——编者

一、铁矿石　大冶有人骚扰,鄂省正议没收,安望保护。即使鄂都督有意维持,而号令法律不行,设若汉厂开炉后,矿石不来,仍须停炼,损失更巨矣。

一、锰矿石　汉厂所用锰矿石,向恃鄂之兴国,湘之常、耒两处。而湘锰运费太重,故大宗锰石均仰给于兴国。而兴锰非有法律保护,势难采运,照目前情形,断难办到。

一、金融　公司大宗款项向恃外债,目前更非外款不办,而外人以中国大局未定,欲公司照常出货尚遥遥无期,不肯再借。

以上四端如无法解决,经理等智尽能索,其势不能承办,请会主持。

公议:《黎副总统复鄂议会文》,俟觅到全文后,按照签注各节备文争折。惟冶矿已有纪、徐二人强权逼勒,难保汉厂不有人续往扰害工筑,事机万紧,非迅开股东会公筹对付不可。即决议于八月十二号,即旧历六月三十日,在青年会召集股东临时会议,先登各报周知。

经理提议:"董事对于公司负完全责任,常会、特会议事日多,公司例应致送夫马,以尽微意。拟每位每月致送夫马银五十两,务请认可"等语。

到会董事均赞成,作为通过。

(引自《汉冶萍公司董事会常会记录》
《汉冶萍公司(三)》,第303～304页)

汉冶萍公司呈大总统国务院文

(1912年8月17日)

为呈请事。窃查汉阳铁厂、大冶铁矿自前清光绪二十二年收归商办后,于三十四年呈请前清农工商部注册,并萍乡煤矿合而为一,曰汉冶萍煤铁厂矿有限公司,当于是年二月二十四日领到部照在案。历年以来,供应各省铁路轨料,运售煤铁出洋,为中国杜塞漏卮,向外洋扩销商货,似于挽回利权,不为无补。惟公司营业系合厂矿船埠各种机关组织而成,如机器然,一轮不动,即全机失用。自去年八月军兴后,各种机关破坏,营业即无从着手。凤昌等为中国铁政、股东血本、内外债项起见,一息尚存,不容恝置,奔走呼号者十月于兹。正在收拾残烬,作亡羊补牢之计,而鄂省议会忽有没收厂矿之议。虽呈蒙大总统批示,详明力予保护,黎督亦委曲求全,维持甚至,无如为时势所限,各方面不能顾全大局,仍有种种阻难,致碍进行。

近日赣省复有派员总理监督萍乡煤矿之举,置公司于不问。风声所播,众议哗然,股东、债主以及定货主顾相逼而来,公司有岌岌不可终日之势。凤昌等负股东之托付,念铁政之关系,又虑外债之交涉,定货之纠葛,断无束手之理,当会同董事讨论研究,拟有甲乙两种办法。甲说拟陈请政府将公司产业收归国有,以免鄂赣纷争;乙说拟仍由公司继续维持。于八月十二日开特别股东大会,请股东公决。是日到会股东五百七十二人,计十六万三千九百零七股,合九万二千一百六十四权,会场投票开验,计主张甲说收归国有者八万六千九百八十五权,主张乙说继续维持者五千一百七十九权,以收归国有为决议。当即公举董事袁思亮、查账员杨廷栋、经理叶景葵代表进京陈请办理。

凤昌等代表股东谨合词上陈,除将公司困难情形及甲乙两种办法,另缮清折付呈外,仰祈大总统、贵部垂念煤铁于路械制造均关紧要,前后费二十二年之经营,数千万之巨款,仅乃有此基础。现商人财力两竭,颠覆在即,俯赐鉴核,照准所请办理,以保中国之铁政,救公司之破产,免外债之干涉。而股东等值兹金融恐慌,计穷力竭,但望收回股本,亦不得已之苦衷也。所有详细情形,当由公举进京之代表晋谒面陈,为此备文呈请大总统、贵部核查施行。

(《汉冶萍公司(三)》,第318~319页)

述汉冶萍产生之历史

(1912 年 9 月 1 日)

前清光绪初,奕䜣柄国,创自修芦汉铁路之议。时张之洞为两广总督,谓修铁路必先造钢轨,造钢轨必先办炼钢厂;乃先后电驻英公使刘瑞芬、薛福成定购炼钢厂机炉。公使茫然;委之使馆洋员马参赞,亦茫然;委之英国机器厂名梯赛特者令其承办。梯厂答之曰:"欲办钢厂,必先将所有之铁石、煤焦寄厂化验,然后知煤铁之质地若何,可以炼何种之钢,即可以配何样之炉,差之毫厘,谬以千里,未可冒昧从事。"薛福成据以复张。张大言曰:"以中国之大,何所不有,岂必先觅煤铁而后购机炉?但照英国所用者购办一分可耳。"薛福成以告梯厂,厂主唯唯而已。盖其时张虽有创办钢厂之伟画,而煤在何处,铁在何处,固未遑计及也。张在两广总督任内创议设厂炼钢,意欲位置于粤东。迨机炉已定,而调任两湖总督。继两广之任者为李瀚章,不以办厂之议为然,而所购机炉瞬将运华,乃议移厂于湖北。会盛宣怀以事谒张,谈及现议炼钢尚无铁矿,盛乃贡献大冶铁矿于张,而移厂湖北之议遂定。大冶铁矿者,于光绪元年发明于盛雇之英矿师某,盛以廉价得之,并不知其可宝,故举而赠之不惜也。

张既得冶矿,乃择建厂之地。有议设炉于大冶者,张嫌其照料不便。久之,乃得地于龟山之麓,襟江带河,形势虽便,而地址狭小,一带水田,不得不以钜资经营之。又各处寻觅煤矿,四出钻掘,如大冶之王三石、道士洑、康中等处,最后乃得马鞍山煤矿,所费又不资。既得煤矣,不知炼焦。又悬赏征求炼焦之法,掘地为坎,终日营营,而不知马鞍山等处之煤,灰矿并重,万不合炼焦之用。不得已,购德国焦炭数千吨与马煤所炼土焦掺合。钜舶载来，宝若琳琅，自始至终，实未曾炼得合用生铁一吨，而钢轨更茫无畔岸矣！

当张请款设厂时，谓得银二百万即可周转不竭。户部允之，乃款尽而铁未出。部吏责言日至，拨款为难，左支右吾，百计罗掘。自光绪十六年至二十二年止，共耗母财五百六十余万两，其中马鞍山及各处煤矿耗数十万，厂基填土耗百余万，厂中共用洋员四十余人，华员数倍之，无煤可用，无铁可炼，终日酬嬉，所糜费者，又不知凡几！官力断断不支，于是有招商承办之议。

盛方以某案事交张查办，张为之洗刷，而以承办铁厂属之。盛诺，集股一百万两，冒昧从事。初以外国焦价太昂，改用开平焦，然每吨尚须银十四两，成本太巨，知非得廉焦不能办，又四出搜觅煤矿。据矿师报告，萍乡之煤，足合炼焦之用，验之而信。遂又集股一百万两，开掘萍矿。既得煤矣，居然炼成钢轨，而各处铁路洋员化验，谓汉厂钢轨万不能用，盖因含磷太多，易脆裂也。

费千回百折之力，而所制之钢不能合用。其时盛所招商股二百万，业已罄尽，负债倍于股本。焦急无策，乃礼聘李维格到厂筹画补救之法。李谓非出洋考求，不得实际。盛允之，遂携大冶矿石，萍乡焦炭，及铁厂所制钢轨零件，偕洋员彭脱同赴美欧。由英伦钢铁会介绍会员中钢铁化学名家将冶矿萍煤化验，谓二者均系无上佳品，可以炼成极好之钢，而汉厂所炼之轨，前含磷太多，实为劣品。惟所带零件，又系极佳之钢。再四考求，始知张之洞原定机炉系用酸法，不能去磷，而冶矿含磷太多，适与相反。惟所有零件，则系碱法所炼，可以去磷，故又成佳品。盖梯厂初定机炉时，以不得中国煤铁之质性，故照英国所用酸法配置大炉，另以碱法制一小炉滕之，其意不过为敷衍主顾而已，而我则糜去十余年之光阴，耗尽千余万之成本，方若夜行得烛。回首思之，真笑谈也。

李维格回华，建议非购置新机，改造新炉，不能挽救。盛诺之，而忧无款。乃与日本订预支矿石价金三百万元之约，即以此款为改良旧厂之用。着手甫竟,而全球驰名之马丁钢出现,西报腾布,诧为黄祸,预定之券,纷至沓来,其时预支矿石三百万元,早已用罄。后以重息借债,年年积累,又不能支,乃定改为完全商办公司,赴部注册,加招新股,于是"汉""冶""萍"三字合并为一名词。正如千里来龙,结为一穴,始愿固不及此。

综计官办时代用去五百六十余万两,除厂地机炉可作成本二百余万两外,其余皆系浮费之款,于公司毫无利益,而每吨一两之抽捐,则永远无已时。盛承办以迄于今,前后凡十余年,总计银行庄号利息及股东所得官息,已不下一千三百余万两,故公司前后股款债项三千三百余万两,其用于实际者,不过十一分之七。假使张之洞创办之时,先遣人出洋详细考察,或者成功可以较速,糜费可以较省。然当时风气锢蔽,昏庸在朝,苟无张之洞卤莽为之,恐冶铁、萍煤至今尚蕴诸岩壑,亦未可知。甚矣,功罪之难言也!

去年汉厂停工,颇有人倡议,谓李君维格办厂不善,可取而代之者。余与李君交久,历见其困心衡虑,知大功不可以鲁莽成,言之匪艰,行之维艰,故述为此稿,登诸上海《时事新报》,浮议始息。顷因代表来京,京师士大夫颇知注意此事,而十余年历史,语焉不详,闻者盖鲜,复检旧稿,贡诸社会,幸留意焉!公司股款债项总额三千三百余万两,内除历年债息官利一千三百余万两,其实在列作成本者,不过二千万两。第四号新化铁炉未成以前,每年已出生铁十三四万吨,而更有汉、冶两矿可供数百年采掘。日本制铁所前后共费日币六千余万元,皆系政府之款,毫无利息。其每年所炼生铁,亦不过十七八万吨,而并无铁矿可供原料。以彼例此,未可妄自菲薄。至钢质之良,**全球惊叹**;销路之广,供不敌求。厂中所送西洋学生,如吴健、卢成章诸君皆学成艺精,各勤职务,后望正无涯矣。过去若干年所以办无成效者,其所经历,不啻学堂授课之光阴,其所费用,譬诸学生习艺之本钱,此亦一定之阶级,东西各国无能免者。德国政府奖励钢料出口,每吨津贴十六马克,故全国人民争开利源,不畏艰险。我国今日已渐知注重事业,虽中央财政目前支绌,自无余力及此,但愿嗣后上有提倡之意,下无欺饰之情,桑榆之收,正未为晚。锲而不舍,匪仅李君一人之责也!元年十月二十日,景葵又记。

(《东方杂志》第 9 卷第 3 号)

与小田切万寿之助^①谈话记录

(1912 年 9 月 14 日)

[叶] 江西都督之所以欲没收萍乡煤矿,系因以前湖南省株萍铁路之煤炭欠款五十余万元与公司对湖南之大清、交通两银行借款三十余万元,合计八十余万元,作为湖南省之借款,经换成汉冶萍公司股票,因而引起江西都督妒嫉,以至出于最近之暴举。如上项股票为中央政府所有,或由江西、湖南两省分配,情况则难以预料。

[小田切] 收归国有并非我等所敢赞成,但因各地官宪对公司财产处置粗暴,以致股东们为保护本身利益宁愿收归国有。但如收归国有,则公司经营所必不可缺之人物如李维格等,就必须辞职。如此,则公司事业之成功殆成绝望。从此见地而言,我等亦不喜收归国有。但因此乃股东决议,姑且向政府提出国有请愿书。关于归还股款及负担公司债务等问题,已向政府交涉,但尚未得到任何正式训示。目前政府情况实不堪如此重负,政府方面并无收归国有之意,大致可以肯定。因此,不日将提出第二次请愿书:(一)请政府予以充

---

① 小田切万寿之助,日本横滨正金银行经理,时在北京,叶景葵先生前往访谈,商公债票押款事。——编者

分保障,将来不再发生如没收一类事件;(二)自去年革命动乱以来,公司营业上及借款利息之支付等,几每日均遭受七千两之损失,请政府予以赔偿;(三)请求减轻现行产铁课税之税额,并免除厘金及材料输入税。凡此目前均正在上海董事会议讨论中。当然,其中第二项,目前无论如何不能达到目的,但只要政府许可存案,便也满足。

[叶] 所谓比利时借款云云一事,曾经作为个人间私交之谈话过,熊希龄提议,为满足公司急需,是否可以承受政府公债以资通融。我等说,就现在情况而言,以无信用之政府公债通融实不可靠,无论如何务必取得现款。所谓比利时贷款之传说,或许即此事之讹传。

[小田切] 但政府迟早当必偿还政府对公司之负债,或者予以补助,惟该款来源则非公司所能预知。

[叶] 总之,我等希望:第一为公司事业之确立;第二为股东利益之保护;第三为与如正金、兴业等在与公司之不可分密切关系方面融洽无间。

(《汉冶萍公司档案史料选编》上册,第298页)

汉冶萍公司、正金银行上海规银二百五十万两借款契约书

(1912年12月7日)

汉冶萍煤铁厂矿有限公司(此后称公司)向横滨正金银行(此后称银行)借上海规元银二百五十万两订定条款于后。

一、公司向银行借上海规元银二百五十万两,自明年阳历七月起,分三年摊还,每年还三分之一,利息周年八厘(第一年八厘,第二年起照市面情形酌量,最低以六厘为率)。

二、本借款以公司归还外国借款赎还之担保品(附清单)作为本借款之担保品,又以中国政府拨发公司之南京公债五百万元之债票为担保品。

三、由公司呈请中国政府饬知公司声明,此次拨发公司五百元公债票,虽系南京发行之债票,实与中央政府发行者无异。

四、以公司与川粤汉铁路督办订定之该两路轨价抵还借款,由北京政府承认将轨价付与银行至还清为止。其轨价数目另附清单。

五、此借款言明系归公司收用,不得移作别项用款。

六、此合同一式二份,彼此各执一份存照。

汉冶萍煤铁厂矿有限公司经理：李维格、叶景葵
横滨正金银行上海支店支配人：儿玉谦次
中华民国元年十二月七日
大正元年十二月七日

(《汉冶萍公司(三)》,第379～380页)

在汉冶萍公司董事会常会上的报告

(1913年3月8日)

此次矿业联合会开成立大会赴津与议,此会系合六公司组成,公举理事八人,再由八人中选举正副理事各一。袁君克定举正理事长,葵被举为副理事长,因不能留津,已面辞,嗣因主席无人,暂时担任,俟袁君到后,再行辞职。袁伯揆先生已被选备补第一。此次议案,已嘱该会印出,邮寄公司,请会公核。

此次在津,晤工商部次长向淑予先生,谈及本公司国有问题,一时尚难解决。因条陈变通办法,即王槐清先生上期报告第二策也。其办法:工商部本有公股,湘省亦系股东,今拟将公司前欠交通部款

商作股份，湖北、江西亦设法令其作为股东，有选董事之权，财政部前辅助之公债票，如能由部商改作股份，尤为有益。如是内而三部，外而三省，均为公司之股东，各派一人为董事，合原有之董事，筹画进行。地方问题大致解决，方能借一大宗外债，从根本上实地整顿云云。向次长颇以为然。用特报告，请会公决。

【附】 公议：所陈变通国有办法，是于无可设法之中，而为千虑一得之计，工商部具调护之苦心，经理竭措画之能力，董会实所赞成。惟兹事体大，董会未能决议，必须先召集股东大会，将以上办法报告，是否可行，俟股东公决。盖自上年发生国有问题，久未解决，亦应报告股东也。即拟定三月二十九号借青年会会场开股东大会，由董会具启登报广告。一面请揆初先生将变相国有办法须股东会取决未决以前，可否由部提议，先密商鄂、赣等语，电复向次长。拟电核发。盛宣怀在此董事会记录上批语曰："既云俟股东公决，又令电部提议密商鄂、赣，矛盾极矣。此等议案可笑可恨！"[①]

(引自《汉冶萍公司董事会常会记录》，
《汉冶萍公司（三）》，第 421 页）

在汉冶萍公司董事会上的报告

(1913 年 3 月 15 日)

本公司沪栈码头营业颇有利益，惟地势狭隘，每于轮驳到多时不敷停泊，寄碇浦中，起卸不便，管栈西人屡以展拓为请。兹觅有郁屏

---

① 盛氏批语从以前出于表面应付、勉强赞成"国有说"，直截了当对叶景葵先生所提"变相国有说"嗤之以鼻，与先生的分歧跃然纸上，二人的分手已经不可避免。——编者

翰出浦地二亩二分有零,每亩净价一千五百两,合计需银三千三百七十余两,该地亩甚合建筑码头之用,价亦不昂。至建筑码头用款,约需银九千余两等语。

【附】　公议:照办。

辛亥年账略,早经收支所分项汇编,亟应审查付梓。报告股东前由经理名义,函请朱志尧、杨翼之及顾晴川三君到公司审查。因顾为辛亥之查账董事也。嗣朱、杨两君以辛亥之账应由是年之查账董事查核。顾君复函则谓"辛亥查账董事本系邵子榆、顾咏铨两君,因咏铨事繁,代承其乏,刻下足疾不能出行"等语。

【附】　公议:即用本会名义,函请邵、顾两君订期到公司审查。拟函核发。

(引自《汉冶萍公司董事会常会记录》,
《汉冶萍公司(三)》,第 426 页)

呈汉冶萍公司股东大会报告

(1913 年 3 月 20 日)

自辛亥年八月武汉军兴后,此一年半中汉冶萍厂矿之岌岌,股东诸君当能想见大概。然其欲罢不能,欲进无策之困苦,非身在局中、适当其冲者不能领会。要之不外经济窘迫、地方阻难两层,此中情节当于开会时为诸君扼要面述。窃谓汉冶萍地跨鄂赣运道,又出湘中,在平常秩序不乱之时尚觉操之不易。丁此世变,更如满盘散沙,搏结无术。维格等心力已竭,对此危笃实无回天之方,惟有据实报告,请股东公决办法。

夫收归国有,发还股本,自是第一上策。惟国有问题迄未解决,万一政府财政困难不能兼顾,则不得已只有仍归商办。而继续商办,则有要著三端：曰发行债票，曰国家保息，曰疏通地方情意。办法均俟开会时面详。其疏通地方之情意，意在合中央、地方、公司三者之力，众擎共举。特是疏通情意，必使地方与公司有利害相共之关系，空言无补。而利害相共之办法，必如何而后于地方有益，于公司无损，是开会所应研究决议者。议决后，应由董事会请求工商部召集地方与公司代表会同妥议。工商部居该管之地位，有大股东之资格，办理此事，最为适当。虽地方秩序尚未全复，一县一乡各自为治，欲一一而疏通之，固属甚难。然苟能地方贤长官、乡先达与公司推诚相与，各释猜疑，得其维持保护，劝谕开导，以视彼此参商，背道而驰，固已获进一筹。若地方再不能体念苦衷，是我心已尽，国运使然，外人谓我无办大事业团力，不幸谈言微中矣。所有痛惜者，坚苦十年，规模粗具，重洋之销路已通，铁道之发轫在即，正可再接再厉，以冀为中国钢铁世界之基础。若竟一蹶不振，则重洋之销路固拱手让人，而铁路材料均须仰给予外，漏卮何堪设想。维格追念已往，徒使精力尽耗，于此惟有付之长太息而已。

查税关册，一千九百十年进口货共值关平银四百六十四兆九十八万四千八百九十四两，出口货共值关平银三百八十兆八十三万三千三百二十八两，进口货溢于出口货银八十四兆十三万一千五百六十六两。一千九百十一年进口货共值关平银四百七十一兆五十万三千九百四十三两，出口货共值关平银三百七十七兆三十三万八千一百六十六两，进口货溢于出口货银九十四兆十六万五千七百七十七两。

如上表所开，每年漏卮如此之巨，其故何欤？即实业不兴也。长此漏卮年增一年，中国何以自存？然欲振兴实业，舍铁无由。

又，查一千九百十年出铁各要国所出铁矿石以及钢铁吨数列表如左[①]：

[①] 原表数字用中国数字，现为阅读方便改为阿拉伯数字。——编者

国　名	铁矿石吨数	生铁吨数	钢吨数
美	56 889 734 吨	27 333 567 吨	26 094 919 吨
德	28 709 700 吨	14 793 604 吨	13 698 638 吨
英	15 228 577 吨	10 012 098 吨	6 541 000 吨
法	14 605 542 吨	4 038 297 吨	3 481 572 吨
比	123 560 吨	1 852 090 吨	1 944 820 吨
奥	2 760 304 吨	1 558 719 吨	1 552 231 吨
俄	5 637 635 吨	3 040 102 吨	3 592 024 吨
瑞典	5 552 678 吨	603 939 吨	472 461 吨
西班牙	8 666 795 吨	373 323 吨	316 301 吨

以上各国如法兰西、瑞典、西班牙等国出矿多而炼铁少,均售矿石出口。

　　夫各国之所以能臻此盛轨者,要在政府之提倡、地方之保护、资本之充足。中国遍地煤铁,若能群策群力以图之,即此已足立国。今者汉冶萍硕果仅存,此而不保,尚何铁政实业之可言？我愿政府地方以及股东诸君深长思也。辛亥年账略查账员审查始毕,不及刊布,俟常会再行分送,并以附及。

李维格
叶景葵
中华民国二年三月二十日

(《汉冶萍公司(三)》,第 427～429 页)

呈汉冶萍公司董事会辞职书

(1913 年 3 月 22 日)

　　全公司精神命脉,实以总事务所为枢纽。为经理者,必须学具专门,且在各分机关办事有年,由下级递推而上者,方能称职。本公司原设经理二人,亦是互相辅助之意。惟景葵不谙工程,不通西文,假使一琴先生有事他往,便若冥行无烛,诸事停废。而公司对于外交、对于工程,一琴先生责任綦重,必须常川巡行,未可终日伏案。为公司计算,如准景葵辞职,而擢汉厂坐办吴任之君为经理,对于全部工程应与欧洲接洽者,吴君皆可直接办理。吴君坐办一席,当以卢君志学接充,以后一琴先生即可腾出工夫巡行厂矿,以求精选。

【附】 此前,先生还面告董事诸人云:"此举实为公司根本计画,匪为一人之私。至交替后,对于公司,凡心力所能尽者,仍可竭诚赞助,决不推诿。"公议:"俟此次股东大会将根本问题解决后,再提议此事。"

(引自《汉冶萍公司董事会常会记录》,
《汉冶萍公司(三)》,第437页)

呈汉冶萍公司董事会意见书

(1913年4月中旬)

佛宁门煤矿现据温务滋君面称,偿款已交支宝公司签收,矿产机件一并收回。论其事理,此矿既经争执,又复偿款,自应筹款继续进行。惟目下查核情形,开办殊不合算。缘探勘该矿之初,因萍煤煤气不足,不能炼钢,仍须取给日煤。久欲觅得佳矿,可以勿事外求,探得佛宁煤质化炼,煤气足于萍产,故派温务滋君携机小试,所以仅领勘照,原拟探试后再定行止也。计已用过一万五千余两,现时矿虽收回,而窿内已被水淹,抽吸不易,照温君开采预算表计算,欲是矿每日出煤一百吨,尚需银十余万元,时间亦在两年以后,且煤脉不厚,亦不足供久远之求。现查得怀远县属之舜耕山煤矿,据开来化炼单,煤质尤优于佛宁,矿脉之厚闻亦远过之。当此财源枯竭,与其以十数万元经营于煤质较弱之矿,毋宁购用怀远之煤,有此比较,不能不易其手续,鄙意佛宁煤矿似可置为缓图,谨陈意见,仍候公决。

李维格　叶景葵

(《汉冶萍公司档案史料选编》上册,第511页)

浙路股份换券收款简草①

(1914年7月)

（一）委托人如欲将浙路股票或收据委托本行代换证券,或将证券交本行保存,以后按期代为收款,本行均可代办,收到股票或收据后,即给收条为凭。

（一）委托人如仅须换取证券者,须纳手续费百分之一,证券换到后在本地者,即凭收条领取;在外埠者,并须付足寄券邮资,方能照寄。

（一）每期现款领到后,委托人如欲按期取回者,由本行函寄领款收据,交委托人签字盖章,交回本行,以凭支付。除邮资、汇水外,并须纳手续费百分之二。

（一）委托人每期领款收据应用印章及签字式样,须先交存本行,以便查对。委托人如愿将代领之款,即存本行者,除照存款章程给息外,并免收前项手续费。

（一）此项委托事件,上海、汉口两处分行一律代办。唯由杭至申、汉两处往还邮资及汇水,概由委托人认出。

---

① 与浙江兴业银行总经理沈新三商议后改定。——编者

（一）委托人在他埠，无论杭州本行或上海、汉口分行，均可用信委托，唯付还邮资及汇水由委托人认出。

（一）此项股票及收条证券等，概由邮局双保险递寄，以昭郑重。

（一）外埠汇款，悉照市价最优待例计算。

（一）交来股票或收据，如经挂失或有别故不能换取证券时，应由委托人自理。

（一）凡在外埠用信委托者，须将住址号数详细开明，遇有迁移，亦须函告，以免投件舛错。

（一）简章如有增改，随时通知委托人。

(1914年7月29日《申报》)

浙路股款清算始末

(1947年1月)

苏浙两省商办铁路收归国有，发起于民国二年，其时交通次长为叶誉虎恭绰主持最力。是年六月，苏路之约先成，而浙路则因理事与股东有赞成、反对两派，争持不决。民国三年，朱桂辛启钤为交通总长，叶仍为次长，经朝野人士多方疏通，理事会始允派代表虞洽卿和德等入都，于四月十一日订定草约，于六月五日股东临时会议正式通过。议长为朱嘉霖迈基。通过之重要议案如下：

交通部接收商办浙江铁路合约

商办浙江全省铁路公司（以下称公司）代表虞和德等，今依股东大会议决，受公司现任理事监事及历届董事查账员之委托，全权代表该路与交通部（以下称部）商订该路收归国有议定还股条件合约如下：

一、公司经全体股东议决,允将建筑已竣完全营业之杭州至枫泾线、江干至拱宸桥线、宁波至曹娥线,及建筑未竣之杭州至曹娥线及拟筑宁波至三北支线,并其附属一切财产及所有权利,悉数让归国有,由部直辖自由处理一切。其以前给与该公司之权利,概行取消。

二、公司所有股本,部允如数归还现款,以将来清算核定之数为准(其数目另表定之)。计分三年还清,每四个月为一期,先期凭股票由部换给定期证券为据,但部如有不得已时,得再延长一年,仍以四个月为一期。以上还款期限起算办法,自接收之日后第四个月底为第一期,如财政充裕时,部得提前归还,惟须先一个月通告公司。

三、自接收日起,未经付还之股本,由部仍照公司原定股息数目按阳历算给年息,于每年付还股本时,一并汇计算清。

四、公司账项截至民国三年四月底止,自民国三年五月一日起至接收之日止,所有公司建筑营业管理之经常开支及以前未经结束继续应支之款,暨其一切应收款项,应由公司另立簿据,由部核明,继承担任。

五、公司存欠各款,凡在民国三年四月底以前确属于公司者,由部继承担任,但以历届报告及清算后核定之数为准。

六、公司所订购地料雇工转运租地各有期契约,凡在民国三年二月以前者,除有特别原因外,得由部继续承认。

七、自接收起公司即行取消,另由该公司自设一浙路股款清算处,其详细办法另定之。

八、前清光绪三十四年三月十五日邮传部所订存款章程十四条,自接收日起悉行作废。

九、本约签定以后,部未接收以前,公司一切财产及各项出入由公司担任严重保管监督,负完全责任。

十、本约签定后由部派员前往公司详细清算,公司应将财产目录连同所有底簿及一切契据供其查对,签字为据。

十一、该路俟本约签字后即日由部派员接收及接管行车事宜，至多不得逾两个月，其结清账目期限另定之。

十二、凡未经本约规定之款，部不任归还之责。

十三、此约自签字之日起，即日实行，所有应续订各项详细手续，由部与代表人另定之

交通总长朱启钤　印

浙江铁路公司代表虞和德　印

蒋汝藻　印

黄恩绪　印

中华民国三年四月十一日

交通部致代表函　民国三年四月十二日

敬启者：按照本年四月十一日交通部与浙江铁路公司订定收归国有合约第二条："公司所有股本，部允如数归还现款，以将来清算核定之数为准（其数目另表定之）。计分三年还清，每四个月为一期，先期凭股票由部换给定期证券为据，但部如有不得已时，得再延长一年，仍以四个月为一期。以上还款期限起算办法，自接收之日后第四个月底为第一期，如财政充裕时，部得提前归还，惟须先一个月通告公司"等因。现因交通部实有不得已情形，彼此特再行订明，所有浙路股本即改为分四年还清，仍以四个月为一期，计自接收后第四个月底起分十二期还清，至每月归还若干，按照清算处核定之数办理，其余一切办法均照合约办理，并无更改，以上各节，应请见复承认定案为盼。此致

浙江铁路代表

代表复交通部函　民国三年四月十三日

迳复者：顷奉四月十二日函开："交通部与浙江铁路公司订定收归国有合约第二条：'公司所有股本，部允如数归还现款，以将来清算核定之数为准（其数目另表定之）。计分三年还清，每四个月为一期，

先期凭股票由部换给定期证券为据,但部如有不得已时,得再延长一年,仍以四个月为一期。以上还款期限起算办法,自接收之日后第四个月底为第一期,如财政充裕时,部得提前归还,惟须先一个月通告公司'等因。现因交通部实有不得已情形,彼此特再行订明,所有浙路股本即改为分四年还清,仍以四个月为一期,计自接收后第四个月底起分十二期还清,至每期归还若干,按照清算后核定之数办理,其余一切办法均仍照合约办理,并无更改,以上各节,应请见复承认定案"等因。兹本代表代表浙江铁路公司承认。特此奉复,为凭。即请察照备案。即请察照备案。此致

交通部长　　　　　　　　　　　　　浙江铁路公司代表蒋汝藻

　　　　　　　　　　　　　　　　　　　　　　　　　黄恩绪

甬嘉铁路查察员规约

　　第一条　甬嘉铁路设置查察员六人,经商办浙江铁路公司股东之公举,由交通部会令行甬嘉铁路局长延充。

　　第二条　查察员设置之期限,以该公司原股款还清之日为止,其公费由该路局另定之。

　　第三条　查察员商准该路局长,得随时察阅路局各项账目,该路局长应予以事实上之便利。

　　第四条　查察员得受该路局长之委托,办理临时发生事件。

　　第五条　查察员对于该路事务得建议于该路局长。

　　第六条　查察员非经该路局长之许可,不得于职员有所指挥。

　　第七条　查察员如有更换,由交通部与清算处商同行之。

　　　　　　　　　　　　　　　　　　　　交通部长　朱启钤

　　　　　　　　　　　　　　　　　浙江铁路公司代表虞和德

　　　　　　　　　　　　　　　　　　　　　　　　　蒋汝藻

　　　　　　　　　　　　　　　　　　　　　　　　　黄恩绪

　　　　　　　　　　　　　　　　　中华民国三年四月十一日

前商办浙江铁路公司设立股款清算处规约

一、依据《交通部接收商办浙江铁路合约》第七条，由前公司股东自行设立浙路股款清算处，成立后由公司将办事主任员名及设立处所正式呈明交通部，其原立商办公司，应同时取消。

二、清算处受全体股东之委托，按照签字合约附表于每次收还股本及利息日期，代表股东出具盖章签字总收据，向交通部指定交付之银行支取到期应收之款项。

三、每年按期如数偿还股本及分配利息，均由清算处经理对于股东负完全责任。

四、关于从前公司所发之股票息单及交通部发出之有期证券，执持人如有胶葛争执情事，均由清算处负责理处。

五、关于从前公司股务一部分各种册据均归清算处保存，俟股款还清，清算处裁撤时缴送交通部。但部因清算得随时派员查阅上样各种册据。

六、交通部所发有期证券由清算处向部领取，担任向股东照数换回从前公司所发股票。此项已废股票，清算处应于第一期付还股东之日起，三个月以内全数呈缴交通部注销，如有特别情形时，得照第九条办理。

七、每届付还本息，所有该期已废证券，应由清算处三个月以内陆续呈缴交通部注销。

八、清算处成立后，如股东有遗失股票及息单等事，仍得适用前公司关于股票之章程，照章登报取保，准其挂失，俟所定期满，一无胶葛，得由清算处一律换给证券。

九、股东应缴销之作废股票及每次作废之有期证券，清算处缴还交通部，如有欠缺，应由清算处向交通部声明理由，一面并登报广告。

十、交通部发还到期之本息，每期以收到清算处之总收据为凭，此外对于股东不负责任。

十一、此规约经交通部与公司代表双方议定签字,于民国三年四月十一日起施行。

交通总部　朱启钤

浙江铁路公司代表　虞和德

蒋汝藻

黄恩绪

中华民国三年四月十一日

浙路股款清算处组织法

第一条　遵照合约,定名浙路股款清算处。

第二条　本处设主任一人,监理四人。

第三条　主任、监理均有股东会开会公举,以多数为当选。各股东应各举主任一人,监理四人,用记名单记法分五次投票。

第四条　本处举定主任,监理即为成立之期,以后对内对外均以本处之名义行之。

第五条　主任对于交通部负催款之责任,对于股东负付款之责任,监理均负联带之责任。

第六条　每期向交通部领款由主任签名具领,领到后登报公布。

第七条　本处办事规则由主任规定,得监理之同意。

第八条　本处应用职员由主任选任,但须得监理二人之同意。

第九条　本处一切开支款项,由主任协商监理处置,仍由主任签字支付。

第十条　主任、监理薪水由股东公定之,其余职员薪水由主任协商监理定之。

第十一条　各股东应领股款,如届期有不来领取者,每期应俟十二期满,顺延四个月为止(如第一期应领之款候至第十二期后四个月为止,第二期应领之款候至第十二期后八个月为止,余可类推),逾限作废。

第十二条　凡作废之股款,应将该款移办本省公益事业,仍用本人名义捐充,刊名昭信。

第十三条　本处俟十二期股款发讫,即行撤销。如有不来领取之股款,由主任、监理择定殷实稳固之机关代为经理,其期限应照第十一条办理。

第十四条　如主任缺员或监理缺员至二人以上,应由历届董事理事查账员监事联合会公推之。

第十五条　清算处主任及监理员如不按清算处规约办理,由历届董事理事查账员监事集合半数以上,得随时另行组织之。

第十六条　所有未尽事宜,由主任、监理协商行之。

于是遵照决议案选举清算处主任一人,当选者：

第一票：叶揆初得一万五千一百十五权。

次选监理四人,当选者：

第二票：孙寀承得一万四千二百二十二权。

第三票：胡藻青得一万四千七百二十一权。

第四票：汤拙存得一万五千零十四权。

第五票：刘翰仪得一万四千二百九十三权。

再选举路局查察员六人,当选者：

第六票：杨振骧得一万四千八百二十三权。

第七票：张弁群得一万四千二百二十六权。

第八票：楼景晖得一万二千九百五十三权。

第九票：王亦梅得一万三千一百十六权。

第十票：王湘泉得一万三千四百二十三权。

第十一票：孔然斋得一万二千五百四十九权。

闭会后由议长领衔电告交通部,即派接受委员方灌青等到杭,于六月十六日接收公司财产,点交清楚。

清算处设于杭州城内柴木巷,同日开始办公,主任、监理就任后,会商决定:请监理汤拙存常川驻处监理一切。

在公司职员内选留帐总科长朱寿门及所属五人,聘任本处综司收支会计。又股务科长鲁雒生及所属六人,聘任本处清理股票及收发证券。又购地科长濮芷生,聘任开付股款时常川照料。如人手不敷,临时雇用,按日给酬,此外不添派一人。

与交通部代表订定照约分期应还本息总数及其日期列表如下:

照约分期	应还本息	照约应付日期
第一期	九〇八、三〇三元八六〇	三年十月十日
第二期	九二九、〇一四元三七〇	四年二月十日
第三期	一、五〇八、九〇八元七〇〇	四年六月十日
第四期	九〇一、〇八九元五一七	四年十月十日
第五期	九二一、六三五元四八〇	五年二月十日
第六期	一、三一二、〇〇九元六九〇	五年六月十日
第七期	九〇一、〇八九元五一七	五年十月十日
第八期	九二一、六三五元四八一	六年二月十日
第九期	一、一二七、〇九五元五九〇	六年六月十日
第十期	九〇一、〇八九元五二;〇	六年十月十日
第十一期	九二一、六三五元四八一	七年二月十日
第十二期	九四二、一八〇元三一五	七年六月十日

共计一千二百一十九万五千六百八十七元五角二分一厘 又以股份支配证券与部代表商定细数列表如下:

票面额数	证券张数	票面总值
壹千元	三、〇〇〇	三、〇〇〇、〇〇〇
五百元	八、〇〇〇	四、〇〇〇、〇〇〇
壹百元	一九、九六五	一、九九六、五〇〇
五拾元	二七、八二一	一、三九〇、六〇〇

二十五元　　　九、四八九　　　二三七、二二五

共发给证券票面壹千○六十二万四千三百二十五元。

前清光绪三十四年三月十五日,邮传部以规元六十万两存入商办浙鹿公司,订有章程,合约中声明作废,即以此款作为浙路加成之代价,股东会决议将该款分为三部,由前公司移交清算处:(一)以十万元为清算处经费;(二)除十万元外以二十分至十分作员役酬金;(三)以二十分至十分作股东酬金。主任与监理商定:俟收到该款后遵照决议案,即将员役酬金尽先分配;其股东酬金之一部先以该款偿还十元以下之零股,十二期一次收回,以后每期扣还。将历年存息并计,于开付第十二期时,按股平均分配。如事实可能时,拟将二十五元以下之零股一次收回,尤为妥善。

公司负债部分,经部代表核定,允由部归还者,部代表要求本处代为经付,主任与监理商定可以照允,惟以一次清还为限。其分期清还之公司债,则请部方委托杭州交通银行经理,以便与股款划分清楚。

是年十一月六日,领到股款第一期,照约公告开付。

四年二月二十七日领到股款第二期三分之一,三月十八日领到三分之一,四月九日完全领讫开付。

又六月十八日领到股款第三期开付。

又九月三十日领到股款第四期开付。

民国五年改元洪宪,中交停兑,二月十日应发第五期至六月底尚未领到。部以各路收入,均为京钞,若必须现洋,则只能高阁,不得以,权领京钞,于七月十五日十月七日十月二十四日分三批收清开付。

五年六月十日,应领第六期至五年底尚未领到。是时部库竭厥,即京钞亦不易得,百方催促,始于六年一月十七日起至十月四日止,分为八批收足开付。

五年十月十日应领第七期,因第六期延至六年十月始清,以至顺

延于七年一月九日起至三月十三日止,分为三批收足开付。

六年二月十日应领第八期,顺延至七年四月二十二日起至七月五日止,分为三批收足开付。

六年六月十日应领第九期,顺延至七年九月二十四日起至十二月二日止,分为二批收足开付。

六年十月十日应领第十期,顺延至八年四月一日起至九年八月二十三日止,分为八批收足开付。

七年二月十日应领第十一期,因京钞已不可得,而部库决无存现,多方罗掘,允以金融公债票面抵付,斯时财政紊乱,政局甚危,不收则了结无期,只得通融照收,于十年一月十三日领到开付。

七年六月十日应领之第十二期,则如石沉大海矣。在十年二三月间叶誉虎任交通部长,景葵以浙路十二期久悬未付,审察财政情形,政府除赖债外,别无办法,而浙路财产业已由政府接收转抵于中英银公司,部发证券毫无担保,第四期以后即系以他路之收入移付浙路之旧债,以后路政收入,断难挹注,计惟有催促中英银公司迅速完成杭绍线,银公司必要求续借款项,加发债票,斯时将苏浙两路未完股款,并计在内,则旧案可以了结,叶颇谓然。未几去任。而代以张远伯志潭。十一年初叶誉虎又任交通部长,奉直战争骤发,无心料理此事。六月叶去任,而代以高定庵恩洪,次长则为劳逊五之常,前浙路工程师也。乃先以函商,继以面肯,劳颇为力,而仍托空言,兹将来去函件择要录下:

致交通部次长劳

逊五次长道鉴:展诵赐书,承示部库支绌情形,并荷垂询变通办法,失望之余,弥殷感奋。伏查浙路交出财产估值一千七八百万元,大部一方收入银公司借款,一方分期偿还股款,如果杭绍一线早日完成,商货大通,收入增旺,则所获利益,除偿还股款外,必可有盈无绌。讵料让归国有以后,线路未增,开支加钜,股东等以血汗争得之权利,拱手还诸政府，原冀全线早成，土货输出，为桑梓谋乐利，乃荏苒八年，寸效未增，而原订分期清还之股款，百方延宕，受耗无算，今仅区区尾数，亦久延不发，道路腾议，不特对于大部多方怨咨，其饮恨于银公司者亦日多一日。长此不已，恐于将来统一政策，必多梗阻，殊非国家之福。景葵私忧，窃叹为大部计，应速督催银公司克期完成杭绍一线，第一次借款一百五十万镑，除去利息折扣，以抵收回枫泾至杭州及绍兴至宁波首尾两段之财产，尚嫌不足，今期完成杭绍路工，自非发行第二次借款不可。在发行第二次借款时，应将浙路未了之股款及债票两项共计欠数一百十七万余元，加入借款之内，先由银公司垫付。如此则大部对于浙路股东债务清了，有数利焉。杭绍早成，则津浦、沪宁、沪杭甬联成一气，欧亚通轨，纵贯东南，国货转输，日臻旺盛，三路收入，均可增加。一也。浙路股款先由银公司垫付清了，则感情易融，非议渐减，将来杭绍一段购地雇工，求助于当地人民，亦较易浃洽。二也。将来整理全国路债，非由大部另筹大宗铁路内债不易周转，浙民不乏财富，如此项股款早日清了，设遇筹集内债之时，浙省人民劝募较易。三也。景葵所任职务，为催还股款，原未便越俎代谋，但感于下问之殷拳，又谂知部库艰窘情形，迥非昔比，用敢胪举臆见，为刍荛之献。总之，以枫泾至宁波一线所得之盈利或所举之外债，为偿清浙路未了债务之保证，实属天经地义。倘贵总长、次长别有良策，能将浙路之款迅速清偿，则固所祷祀以求者也。临颖不胜翘企之至，敬候德音。顺颂

公安！

叶景葵顿首　十一年七月二十四日

上北京交通部公函（请切实设法，筹偿未了股债）

敬启者，月前趋诣铃辕，催还浙路未了股款及应偿债票，旋承赐示部库支绌情形，闻命之下，殊为失望。南旋后对于各股东宣布实况，佥以所欠各项业已延误至四年之久，股东损失太钜，切责景葵再

行催付,景葵无可答解,允以继续陈请。窃念各股东痛苦情形,忍无可忍,若再迁延不付,诚恐咨怨日深,殊非贵部长顾畏民喦之初意。谨再肃函奉渎,应请大部切实设法,将浙路未了股款及应偿债票两项,共计洋一百十七万余元,迅予筹定拨下,以慰众望。仵企德音,不胜悚切。谨上

交通部

浙路股款清算处主任叶景葵
十一年八月十七日

谨再启者,前承赐书,示以部库支绌情形,所有浙路未了债务,尚待从容筹措,并荷垂询变通办法,当经奉覆一函,有所贡献。大致请以枫泾至宁波一线所得之盈利,或所举之外债为偿还浙路未了债务之保证,想荷察阅。顷闻贵部长统筹全局,拟将杭绍一段工程克期举办,并与银公司有所接洽。大猷秩秩,钦佩难名。或者刍荛之言,尚不乏壤流之益,倘邀鉴纳,极盼从速进行,全浙士民,同深翘企。再上

交通部

浙路股款清算处主任叶景葵再启
十一年八月十七日

北京交通部复函(谓正由司科核议办法,与银公司切实磋商)

十一年函字第二七七五号

径复者:两准来函,备悉一是。前函督催银公司克期完成杭绍一线,发行第二次借款债券,即将浙路未了股债加入借款之内,先由银公司垫付各节,详陈利弊,极佩荩筹。业由司科核议办法,正拟与银公司切实磋商,一俟办理就绪,浙路股债当可提前清偿。相应函复,希即转知为荷。此致

浙路清算股款处叶主任　　交通部启　十一年八月二十五日

复北京交通部公函(请与银公司从速进行)

敬复者:顷奉函字二七七五号公函,敬聆种切。贵部长采纳刍

莞，洞悉民隐，感佩之余，弥殷翘企。如果银公司方面能早日磋商就绪，景葵遵当婉劝各股东静候好音，毋负贵部长力践宿诺之至意。尚求从速进行为感。景葵日内拟附车北来，到京后当晋谒铃辕，面求教益。此上
交通部

   浙路股款清算处主任叶景葵 十一年八月二十八日

至民国十二年，吴秋舫毓麟任总长，孙章甫多钰任次长，来往公函如下：

上北京交通部公函(详陈三策，请择一而行，或兼营并进)

  敬启者，浙路第十二期股款及未付债票两项计欠洋一百十七万余元，迁延日久，尚未清结。景葵来京面吁；仰蒙贵总长、次长赐以温霁，开诚相见，谂知浙路历史与他路迥乎不同，允为竭力设法，曷胜感佩。景葵始受股东委托，继受股东责备，异常为难。兹特陈甲、乙、丙三策，以备甄采。

  甲、请饬命京奉、京汉、津浦、汴洛、正太、胶济、沪宁、沪杭甬各局，各筹解十五万元，自本年七月起，分作三个月，按月解交敝处收账，款齐即登报开付。事以分而易举，谅各局不致为难。

  乙、上年八月二十五日第二七七五号部函允即督催中英银公司克期完成杭绍一线，发行第二次债券，即将浙路未了股债加入借款之内，先由银公司垫付，一俟办理就绪，浙路股债可提前清偿等因，法良意美，至为殷盼。现已瞬逾半载，应恳查照原案，切实督催银公司，克期办理，勿任延宕。

  丙、在银公司垫款尚未实行以前，请饬令沪杭甬路局于每月营业收入项下拨出五万元，解交敝处收账，以拨足一百十七万余元为止。如未拨足前银公司垫款即可履行，应将已拨之数在银公司垫款内扣缴。

  以上三策，均系刍荛之见，应请大部采纳，或审采其一，或兼营并

进,俾浙路十余万户股东仰赖贵总长、次长擘画之劳,收回血本。景葵亦藉以稍赎愆尤。无任屏营待命之至,敬候复音。此上
交通部

          浙路股款清算处主任叶景葵
          十二年五月二十六日

再上北京交通部公函（痛陈股债不了之利害,促使采择建议三策）

  再密启者:浙路交出财产估值一千七八百万元,原冀让归国有以后,全线早成,土货得自由输出,乃荏苒十年,线路未增,开支加钜,而原订四年还清之股款,百方延宕,受损无算。今并区区尾数,亦久延不发,道路腾议,多方怨咨。上年且有创议联呈当道,扣留沪杭甬浙境营业收入,以抵股款者。时值自治风潮而起,景葵不主激烈而主和平,乃与诸乡老竭力设法劝止之。惟股东人数以杭绍两处为最多,目睹列车开行,熙来攘往,追溯原始,皆各人血汗之资所积而成,今债务未清,而他人入室,郁怒不平之气,蕴之已非一日,长此不已,不特与国家统一政策有碍,与将来杭绍路工亦无利益。去岁来京曾密陈诸高总长、劳次长,并以私人资格访中英银公司代表梅尔思与之详说利害,颇为动容。故梅尔思对于大部第二七七五号公函各节,业已口头承认。今又荏苒半年矣,迁延不决,是为无策。总之,以枫泾至宁波一线所收之款项或所举之外债,为偿浙路未了债务之保证,实属天经地义。景葵所陈三策,均系平心静气之言。或者甲策稍有困难,骤难实现,应请大部俯采乙、丙二策,兼营并进,在银公司续约未订以前,以丙策调剂之,俟乙策实行,丙策即可取消,于部款并无出入,而浙路十年未了之积欠,从此可有办法,岂惟两浙黎庶歌颂大德而已!并候复音。再上
交通部

          浙路股款清算处主任叶景葵
          十二年五月二十六日

北京交通部复函（谓拟就乙策酌量入手,或再用丙策,并请勉予维持）

十二年函字第一三四〇号

径启者：准贵处来函,敬悉壹是。年来时局不靖,部帑支绌,应付浙路未期股款本息及公债本息,愆期已久。仰赖贵主任鼎力维持,兹复承代画甲、乙、丙办法三项,并及利害各端,精密周详,既佩荩筹,尤感高谊。查甲项就目前各路困难情形,实属万难办到。乙项原属本问题中之正当办法,上年虽向中英公司磋商,未有成议,似仍可斟酌进行,以期贯彻。丙项该路会计操之借款公司,所有收入,不敷还本。付息甚巨,在第二项未成立之前,事实上断难照办。本部对于此项债款,极愿早日清偿,以期结束。兹拟即从第二项办法酌量入手,果能议订就绪,或再用第三项办法为求速垫款之商洽,办无不可。罗掘已尽,竭蹶时虞,诸希察谅,并祈勉予维持,无任感荷。此致

浙路股款清算处叶主任

交通部启　六月七日

上北京交通部公函（再请饬令沪杭甬局每月拨交五万元）

敬启者,浙路末期股款本息及公债本息共壹百拾柒万余元,迭次请付,未荷实践。曾奉十一年八月第二七七五号公函,允即督催中英银公司发行第二次债券,将浙路未了股债加入借款之内,先由银公司垫付等因。敝处又于十二年五月函陈甲、乙、丙三策,其丙策请于银公司垫款尚未实行以前,饬命沪杭甬路局于每月营业收入项下拨出五万元,解交敝处收账。复奉是年六月第一三四〇号公函,允准酌量进行,惟以该路收入不敷为虑等因。各在案。现又时阅年余,敝主任迭次诣辕请求照办,虽蒙贵总长、次长恳切维持,但事实上尚未办到,而持券人纷向敝处诘责,外则怨咨交作,内则罗掘已空,衋后跋前,万难支拄。闻沪杭甬路局自去年以来,收入增加甚钜,敝处请拨每月五万元,为数无多,当可照办。且以沪杭甬之收入,拨还浙路未了股债,名正言顺,借款公司亦无可阻挠。应恳大部力践前诺,饬令沪杭甬路

局于每月营业收入项下，拨出五万元，解交敝处，陆续收账；一面并恳督催银公司克期完成杭绍线，并赶发第二次债券，仍照原案将浙路未了股债本息加入借款之内，以期早日结束。至纫公谊，即盼玉音。此上

交通部

浙路股款清算处主任叶景葵
十三年七月二十六日

至十三年十一月叶誉虎又任总长，郑韶觉洪年任次长，去函如下：

上北京交通部公函（痛论将浙路末期股款列入丙项整理之不当，并历陈经过事实，重申前请）

敬启者：浙路末期股款暨浙路公债共欠一百十七万余元，叠经愆期，迄未清结。闻贵总长、次长莅任伊始，力图整理，正拟趋辕请求拨付。展阅报章，奉诵大部最近发表之整理中交通财政案一件，已将浙路末期股款暨公债款列入丙项，敝主任窃所未喻。查浙路交出财产，估值一千数百万元，除苏路外，其他各路之商股公股未便与浙路相提并论。是以贵总长暨历任总长、次长，对于浙路股债屡有优先整理之表示。况此项欠款一百十七万余元，实有相当财源可以发付。在大部整理案内，应列入甲项，不应列入丙项，敬为贵总长、次长详析陈之：

浙路点交大部时，杭枫干线及江墅支线，均已完全通车，与他路之议而未筑或筑而未成者，迥乎不同。乃每年路款收入，继长增高，而订定四年还清之股款，则延长至十一年之久，尚未清了。浙民愤不能平。近数年间或议收回商办，或议截留收入，或议以江墅线作抵，舆论所在，即公理所在。况该路近来收入，除开支外，确有盈余，而未付股债仅一百十七万余元，何难于盈余内尽先拨抵？所谓有相当财源可以筹付者，此其一。十一年七月，旅京浙绅联名函请大部督催中

英银公司克期完成杭绍线，敝主任亦请责成银公司发行第二次债券，即将未付股债本息加入借款之内，先由银公司垫付。是年八月奉二七七五号公函，核准函致银公司商办，敝主任亦向代表梅尔思接洽，梅尔思表示完全赞成之意。虽因他项牵制，尚未商定，而成案具在，不能变更。所谓有相当财源可以筹付者，此其二。敝主任又于十二年五月请在银公司垫款尚未实行以前，饬令沪杭甬路局于每月营业收入项下拨出五万元，解交敝处收账，是年六月奉一三四〇号公函，允准酌量进行。敝主任又于十三年七月函申前请。正商办间，惜战争陡起，暂行中辍。而大部对于浙路仍恪守贵总长优先整理之诚意，已昭然若揭。今幸荣戟重临，更幸有洞明浙路历史之贵次长同心共济，岂有不赓续进行之理？所谓有相当财源可以筹付者，此其三。用特沥陈经过事实，即请大部据案更正。并请查照敝主任前请饬令沪杭甬路局于每月营业收入项下拨出五万元解交敝处，陆续收账，一面督催银公司克期完成杭绍线，并赶发第二次债券，仍照原案将浙路未了股债本息加入借款之内，以期早日结束。至银公司不能拒绝之理由，则旅京浙绅前次联名公函业已痛切言之。贵总长、次长智珠在握，当有以平浙民之气，弭股东之怨。敝主任不胜屏营待命之至。

此上

交通部

浙路股款清算处主任叶景葵
十四年三月三十日

至十五年叶、郑去任，龚仙洲心湛任总长，来往公函如下：

上北京交通部公函（函陈经过事实，请与中英银公司赓续前议，清偿苏浙两路未了债务）

仙洲仁兄姻世大人台鉴：秋间在京，快聆雅教。人事纷变，倏又新春。侧闻荣掌交通，治绪于棼乱之余，受任于倥偬之顷，以吾兄之坚卓缜密，处事不苟，理而董之，固恢恢乎有余裕矣。浙江铁路股款末期及未付公司债本息合计共欠一百十七万余元。弟受股东重托，职司清算，连年仆仆京华，皆为此事。历任部长虽有践诺之意，终以库帑空虚，口惠无实，而股东及持券人则怨詈交作，户限为穿。弟内受责备，外感困难，尝于穷无复之中，竭虑殚思，为大部代筹了债之策。当高总长在任时，浙江士绅函请责成中英银公司迅速完成杭绍线，弟亦条陈杭绍线工费须由中英银公司发行债票，而所欠浙路股款及公司债须加入债票之内由中英垫付。高总长赞成斯议，与中英代表函商，该代表有允许之意，未商妥而去任。继之者为吴总长，复采纳斯议，续商中英银公司。该公司代表正在讨论中，而吴又去任。继之者为叶总长，弟重申前议，适中英银公司董事长那森来华，叶总长委路政司长刘竹君兄与之提议，那森表示赞成，并允将债票分为金镑、银元两种，金镑债票在伦敦发行，银元债票则由华银行团承募，弟允于承募时竭力帮忙。乃饬沪杭甬局预算杭绍线工费，据复需洋四百七十六万元，弟又专诚入京，商量办法，其草拟条件如下：

一、由部或沪杭甬局发行杭绍线债票八百万元，以四百万元合金镑在伦敦发行，其余银元债票四百万元由华银行团承募。

二、债票九折发行，周息八厘，五年为期，期内利息及满期还本之款，由沪杭甬局支付，并由中英银公司担保。

三、华银行团承募之四百万元内，须提存洋一百六十一万元，以一百十七万元还浙路公司末期股款及未付公司债本息，以四十四万元还苏路公司末期股款。按苏路虽与杭绍线无关，但当商办时，两路实属连枝，在收归国有时，两路均有实在财产交付大部，而苏路所欠亦止一期，为数祇四十四万元，故与浙路欠款同等待遇，一并了结，两省人民当然赞成。

四、九折发行约得七百二十万元，除去杭绍线工费及苏浙路债款外，约尚余八十万元，另款存储，备付施工时期内之债票利息（原估一年半完工）。

以上四条，双方均表示可以合作，正欲函致那森，而战事陡作，叶总长又去任，弟亦空劳往返。幸继任者为公明干济之君子，可以开诚相见，赓续旧案，玉汝于成，苏浙数千万人民同声祷企。查浙路公司交出财产估值一千七八百万元，原冀让归国有以后，全线早成，土货得自由输出。乃荏苒十年，不特支线未增，即业已规画之杭绍干线亦复辍而不举，运费迭加，开支日钜。而原订四年还清之股款，百方延宕，受损无算，并区区尾数亦久延不发，道路腾谤，多方怨咨。前年且有创议联呈当道扣留沪杭营业收入，以抵股款者。股东人数以杭绍为最多，目睹列车开行，熙来攘往，追溯既往，皆各人血汗之资所积而成。今债务未清，而他人入室，郁怒不平之气，蕴之已非一朝。此中情形，亦曾有人间接言于中英银公司，该公司颇为动容。若蒙台端以诚意协商，该公司无不合作之理。一举手间，沪杭甬全线可以贯通，苏浙两路未了债务，可以清结，计未有便于此者。用特觏陈经过事实，上备采择，务祈饬司迅速进行，以慰隅望，不胜企踵待命之至。敬颂

公安！

浙路股款清算处主任叶景葵
十五年一月三十一日发

北京交通部总长复函（已饬司与中英公司赓续前议）

　　揆初仁兄姻世大人台鉴：接奉手书，敬悉种切。弟承乏交通，于凋敝之余，几乎无可措手，而债台高筑，尤苦挹注无从，信用攸关，良用引疚。部欠浙路及苏路之款，久而未结，兹荷荩筹，开示办法，迴环三复，缜密周详，并承慨许临时实行，竭力帮助，感佩之余，已饬司与中英银公司赓续前议，切实磋议。俟有眉目，当即奉闻。先此布复。敬请

台安！　　　　　　　　　　龚心湛启　十五年二月十八日

路政司司长刘竹君复函

　　揆初先生阁下：辱荷大札，诵悉壹是。浙路发行杭绍线债票一

案，迭承执事隁谞，亟愿勉竭棉力，乐与观成。乃事机未遂，时局益纷，又复搁置，殊深歉怅。承附示致仙公总长函，亦经读悉，自当再为详陈原委，以期核准，赓续前议，再将上次商定大概，与中英公司总董那森切实妥商。弟职司所在，亦惟尽心所事，但时事如斯，殊无把握，俟有佳音，当再布闻。专复。顺颂

台祺！　　　　　　　　　　刘景山启　十五年二月九日

自此以后，北京政局动摇，人无固志，所商毫无眉目。迨北伐告成，南京政府成立，设铁道部综司路政，孙哲生科任部长，于十八年六月托徐新六呈一节略，备陈路债历史，即蒙批签，允在该路余利下筹还，当时颇为兴奋。

呈铁道部节略

敬略者：浙江商办铁路公司，于民国三年四月十一日与旧交通部订立收归国有合约，订明所有股款分十二期归还，应于民国七年六月还清。乃结至现在为止，尚欠第十二期股款九十四万二千一百八十元零，又欠公司债票本息二十二万九千八百四十三元零，业经延期十一年之久。敝处受股东委托，叠向旧交通部请求偿付，以库帑支绌，迄未践约。国民政府成立，又向新交通部请求，亦未筹付。内则开支无着，外则责备纠来，实属异常为难。欣逢大部创设，总司路政，又当统一告成之际，闻部长整理各案，百废俱举。用敢据实呼吁，务恳垂念商股艰难，力保国家信用，迅速将上欠各款照约拨还，无任感祷待命之至。此呈

铁道部部长孙

附表两件　　浙路股款清算处主任叶景葵　十八年六月二十六日

铁道部批　　财字第一六三号

原具节略人浙路股款清算处主任叶景葵

节略一件，呈请照约拨还短欠浙路股款及公司债票本息由。《节略》及附表均悉。所请拨还浙路股债各款，现在部帑支绌，无从筹措。

该项短欠股债各款,应俟沪杭甬铁路将民国十年内国银行团垫付购车债款偿还清楚后,再尽先在该路余利项下陆续筹还。除令饬该路局遵照外,仰即知照。此批。

中华民国十八年八月十日　　部长孙科

呈铁道部(请迅饬沪杭甬路局尽先在余利项下拨还股债)

谨略者:敝处于十八年六月二十六日呈请大部拨还浙路商股公债洋一百十七万二千元一案,奉一六三号批示,内开"该项短欠股债各款,应俟沪杭甬铁路将民国十年内国银行团垫付购车债款偿还清楚后,再尽先在该路余利项下陆续筹还。除令饬该路局遵照外,仰即知照"等因。现查内国银行团垫付购车债款,前经另订整理办法,沪杭甬局已无须照案拨付。所有敝处应领浙路商股公债一百十七万二千元,务请大部俯念商力艰难,迅饬沪杭甬路局遵照前批,尽先在余利项下拨还,无任衔感待命之至。此呈

铁道部部长孙

浙路股款清算处主任叶景葵　十九年十一月二十九日

铁道部批　财字第七〇三号

具呈人浙路股款清算处主任叶景葵

呈一件,请饬沪杭甬路局在余利项下拨还浙路商股公债由。

呈悉。查沪杭甬路局积欠内国银团购车债款一案,现正筹议整理,尚未确定办法。所请饬令该路在余利项下陆续筹还浙路商股公债一节,仍仰查照前批,俟前项购车债款偿还清楚后,再行核办可也。此批。

中华民国二十年一月二十七日　部长孙科

部批所允路局余利拨还办法,不啻镜花水月。至二十一年顾孟余任铁道部长,仍援前案,呈递节略。

敬略者:浙江商办铁路公司,于民国三年四月十一日与旧交通部订立收归国有合约,订明所有股款分十二期归还,应于七年六月还

清。乃结至现在为止，尚欠第十二期股款九十四万二千一百八十元，又欠公司债票本息二十二万九千八百四十三元，两共一百十七万二千余元。敝处受持券人诘责，叠向旧交通部请求偿付，以库帑支绌，迄未践约。国民政府成立以后，又向新交通部请求，亦未筹付。内则开支无着，外则责备纷来，实属异常艰困。幸逢大部创设，总司路政，又当统一告成之际，曾于十八年六月二十六日呈请前部长孙俯鉴下情，速清积欠，于同年八月十日奉到一六三号批示，内开"节略及附表均悉，所请拨还浙路股债各款，现在部帑支绌，无从筹措。该项短欠股债各款，应俟沪杭甬铁路将民国十年内国银行团垫付购车债款偿还清楚后，再尽先在该路余利项下陆续筹还。除令饬该路局遵照外，仰即知照"等因。具见大部体念商艰之至意，感佩莫名。现计奉批业已三年之久，前项股债欠款，迄未准沪杭甬路局拨还，持券人痛苦万分，不得不继续呼吁。侧闻贵部长整理积案，力顾国信，凡各路所欠旧债，均有陆续清还之望。伏祈俯念浙路为完全商办之模范，交出财产实值一千八百余万元，乃以合约应付之尾数，失信至十四年之久，致令持券人多方怨咨，国家之所损实大。伏恳贵部长查照成案，迅赐清还，无任翘企待命之至。此呈

铁道部部长顾

浙路股款清算处主任叶景葵　二十二年一月十日

一函另拟一节略，仍主完成杭绍线发行债票，托唐有壬转达。

管 见 节 略

一、发行公债一千万元，完成杭绍段工程及一切设备。

二、此项债票年息八厘，九五实收，银行佣金一厘，自第九年起开始分期还本，至第十五年还清。

三、此项债票以沪杭甬全路财产（除中英银公司六十万镑本息第一债权外）为担保。

四、此项债票以每月全路净收除中英原借款应付本息外，尽先

作为债票付息基金,按月拨交银行收存,另设基金委员会管理之。

五、银行承受债票后,即以实收之数(除佣金)转入沪杭甬局活期存款户,订定年息①厘,除每月拨付付息基金外,其余凭支票随时支用;如收入不足拨付基金,由铁道部于他路余利项下按月拨足之。

六、此项债票发行以后,应拨还浙路股款清算处第十二期股款及未付公司债共一百十七万二千余元。

七、如照上项条件,应责成中英银公司承受债票五百万元,再由银行承受债票五百万元,第六条应拨还浙路之款应在银行承受项下,尽先扣还。

二十二年二月二十二日,按有壬函,顾部长约面谈,即于二十三日夜车赴南京。

新六先生道席:前奉手示及葵老署名之节略附件等,此三事均经办达孟余部长。渠极思当面一谭。可否即请葵老即日(最好二十三日即星期四)夜车命驾来京,次日晚车即可同车返沪,如何之处,统恳代达,是为至祷。俪颂

道绥。　　　　　小弟唐有壬　二十二年二月二十二日

葵老求恕不另。

此日颇难得。

二十四日晨与顾面谈一小时,虚衷下问,毫无隔阂,采纳鄙议,允与中英银公司切商。嗣后传闻部司科中人颇有少数反对此议者,幸顾不为动。但因循一年,尚未解决,其延宕之大原因,仍在中英银公司也。二十三年六月又与顾往返函洽如下:

上顾部长公函

孟余部长台鉴:暌违光霁,瞬已数旬,缅想丰裁,我心如结。景

---

① 原文空缺。——编者

葵受浙路股东委托,廿今二十年,前因末期股款愆期未付,持券人多方怨咨,曾在旧交通部暨大部条陈完成杭绍干线,可由中外合作借款,藉以清还旧欠。幸蒙部长采纳刍荛,不耻下问,并有浙路旧欠必予清还之面谕。遂听玉音,凡属浙人,同声佩慰。嗣闻大部已与中英银公司接洽,并令交通银行领衔与该公司商量合作借款,后又由交通银行移转于新办之建设银公司。昨据建设银公司传言,谓最近商量条款时,我部长左右有献议应将浙路股款划出另办者,闻之极为骇异。查浙路股东与旧交通部订立合约时,交出财产实值一千八百余万元,而愆期未付之股款尚有一百十七万余元,延阁十余年之久。今即以股东血汗所积之财产,抵借现款,以大部分完成杭绍干线,以极小部分清还浙路股东之血本,实为了结此案之最好办法,岂可划出浙路股东,不令加入,而反令合作借款之中英银公司坐享特别之权利?要知中英银公司名为承受一半债票,而收回之旧债在四百万元以上。浙路股东实在交出一千八百万元之财产,今又将其财产一再抵押,而合约订定不得蒂欠之股东血本,反靳而不还,天下事理之不平,孰有过于此者!景葵以为部长有顾畏民嵒之意,有千金一诺之诚,又有敬恭桑梓之愿,断不出此!用敢冒昧直陈,伏乞明白示谕,以释浙人之疑,以减景葵之罪。曷胜皇悚待命之至。敬颂

公安!
                  二十三年六月

顾部长复函

  揆初先生大鉴:奉示祗悉。此次借款完成杭绍段,原拟以一部份清理浙路旧债,但详细办法,尚在拟议。至来示所称将浙路股款划出另办一节,并无此议。知注,特复。顺颂

筹祺!
                  顾孟余 七月六日

复顾部长公函

  孟余部长台鉴:顷奉复谕,承示此次借款完成杭绍段原以一部份清理浙路旧债,所称"划出另办一节,并无此议"等因。遂听之余,

仰见我部长洞烛民情，力顾国信，谨率持券人五万四千余人九顿以谢。至详细办法，极盼早日拟议，将来如有询及刍荛之处，定当知无不言，以答部长察迩用中之至意。敬颂

公绥。　　　　　　　　　　　　　　二十三年七月七日

是年十月初，顾部长来沪过访，完成杭绍路借款与中英银公司略有成议，惟除扣还旧欠及工事费用之外，所余无几，而中央又责成赶完苏嘉支线，款无所出，事关军用，不得不移缓就急，故苏浙路旧欠只能划出八十万元，作为一次清了，特来征求同意。当复以此事须与持券人商洽后再复。筹思数日，以政府罗掘具穷，又须备战，拒之则并此区区之数亦付东流，不如允之，而要求即日垫款开付。商之苏路清算处，亦表赞成。即以公函成立协定。

铁道部公函　　财字第二二四一号

（通知勉筹国币八十万元，一次清还浙路苏路股债征询意见）

案查前交通部自民国二三年间，先后与苏路、浙路公司议订合约，将各该路线收回国有后，曾分别换给股款有期证券，订有分期偿还本息办法，并已渐次履行。嗣以时局不靖，部帑竭蹶，所有苏路股款第十五期，及浙路股款第十二期，各期本息，迄未照拨。又以前发行之浙路公债，自民四以后，亦均按期拨付本息。迨民八以还，亦以部款支绌，未能照付。以上三项，计欠苏路本息洋四十一万四千二百五十二元六角二分，浙路本息洋九十四万二千一百八十元零三角一分，又浙路公债本息洋二十二万九千八百四十三元二角，三项共欠本息洋一百五十八万六千二百七十六元一角三分。朔自本部成立以来，水旱灾祲，层见迭出，内忧外患，相逼而来。部路财政，困难犹昔。贵处及苏路股款清算处为清算两路股款机关，虽曾迭次呼吁，为持券人请求发还前项本息，终以挹注无方，筹款乏术，此案遂致悬搁。兹幸大局敉平，国内金融亦稍稍转苏。本部为扩充建设，爰有完成沪杭甬铁路之企图。惟念商办时代，虽以环境关系，未竟全功，顾经营

草创,端赖商股维持。对于以前积欠本息,自应早日整理。惟本部经济竭蹶,全数清还,势所不许,兹拟勉于筹借完成沪杭甬借款内与银团商妥划出国币八十万元,作为本部一次完全清还前项本息之用。将前项证券公债,悉数收回,以资结束。庶双方兼顾,一举两得。此项办法,倘获持券人之同意,委托贵处及苏路股款清算处完全代表接受,函复本部,再订详细办法,以资解决。除分函苏路股款清算处征询意见外,相应专函奉达,即希查照见复为荷。此致

浙路股款清算处　　　　　　　　　　铁道部启　十月十三日

复铁道部(声明如由银团垫付当代表持券人接受)

敬复者:顷奉财字二二四一号公函,承示大部欠苏浙路本息一百五十八万六千二百七十六元一角三分,拟于完成沪杭甬银团借款内划出国币八十万元,作为一次完全清还前项本息之用等因,敬已聆悉。浙路股款第十二期及浙路公债积欠本息两项,叠经敝处吁催拨款偿付,迄未履行,今蒙大部开诚布公,筹一清还办法,莫名感佩。在持券人言之,即使本息全数清还,其损失已不可胜计;在敝处责任言之,除照原约一一索还以外,绝无迁就通融之余地。惟是民十一以后,部路财政困难日增,当敝处条陈完成杭绍干线之时,已逆知浙路未了之债,断非他路所可挹注。虽蒙历任部长采纳,但以环境之阻力,荏苒十年,仍赖贵部长之苦心毅力,使得实现。敝处又谂知完成沪杭甬银团借款于一千六百万元以外,不能再增,而此一千六百万元除各项预算外,祇有八十万元可以划还旧债,今若拒而不纳,无异画饼充饥。此敝处鉴于财政之实况,不能不熟思审虑者一也。今岁全浙旱灾异常凄惨,现在灾区之持券人函札纷驰,要求敝处积极索欠者,目不暇给,且有亲赴杭沪持券面催者。若仍迁延不决,则旷日持久,何以救燃眉之急?此敝处怵于地方之灾象,不能不熟思审虑者又其一也。查完成沪杭甬银团借款内划出之八十万元,除苏路外,敝处应摊领五十九万一千零八十一元八角七分,兹特请求大部商明银团

于债票未曾全数售出以前，由银团尽先垫付，令敝处于最短期间得以具领登报开付，俾持券人略济目前之急。如蒙允准，敝处自当勉为其难，负责代表持券人完全接受。即希查照见复，不胜企盼之至。此呈
铁道部　　　　　　　　　　　　　　廿三年十月十九日

铁道部公函　计字第七〇〇九号
（允于债票全数售出时，委托银团尽先垫付不误）

查本部前拟由完成沪杭甬银团借款案内，划出国币八十万元，清理苏浙路股款有期证券及浙路公债之本息，债券悉数收回结束一节，曾于财字第二二四一号分函贵处及苏路股款清算处征询债权人意见。兹准贵处十月十九日函复，允代表持券人完全接受；惟请本部由完成沪杭甬银团借款内划出之捌拾万元，将贵处应摊领之五十九万一千零八十一元八角七分，于债票未曾全数售出以前，由银团尽先垫付，贵处具领登报开付等由。查上项银团借款债票各方均已接洽，立法院一经通过，短期间内即可发售完竣。浙路证券公债之本息，应摊领全数伍拾余万元，本部允于债票全数售出时，委托银团尽先垫付不误，准函前由，相应函复。即希察照同意见复，为荷。此致
浙路股款清算处叶主任
　　　　　　铁道部长顾孟余　二十三年十月二十四日

二十四年冬，张公权嘉璈任铁道部长。

上铁道部公函（力陈延宕之不当，并请责成中英公司请求银团先行垫款）

敬启者：前奉财字二二四一号公函，承示大部欠苏浙路本息一百五十八万六千二百七十六元一角三分，拟于完成沪杭甬银团借款内划出国币捌拾万元，作为一次完全清还前项本息之用，当经敝处函复请求商明银团于债票未曾全数售出以前，由银团尽先垫付，敝处自当负责代表完全接受。嗣又奉计字七〇〇八号公函，承示该项银团借款债票各方均已接洽，立法院一经通过，短期间内即可发售完竣，本部当于债票全数售出时，委托银团将浙路证券及未付公司债应摊

91

领之款伍拾玖万壹千零捌拾壹元捌角柒分尽先垫付,等因。仰见大部维持债信之至意。迄今年余,该款尚未拨到。持券人百方催索,敝处窘于应付。追溯当年委屈迁就之意,原欲于最短期间了结悬案,今又延宕未拨,使持券人损上加损,奚怪苏浙群众愤愤不平。闻中英公司旧债券已经银团垫款赎回,何以苏浙股东辛苦血汗之资,既议折半偿还,又复靳而不予,此不平者一。中英公司接收两路以后荏苒廿年,寸轨未曾增筑,今允其挪新偿旧,契约成立,瞬经年余,又复藉口延宕,且有要求展期之风闻,坐令持券人奔走呼号,望梅止渴,此不平者二。应请大部严饬中英公司迅速照约履行,一面完成路工,一面清还股款。倘事实上急切不能全售,亦应责成中英公司请求银团先行垫款,以稍弭群众怨咨之口。敝处责任所在,不得不披沥吁陈,即乞大部立予施行,不胜迫切待命之至。此呈

铁道部　　　　　　　　浙路股款清算处主任叶景葵

民国廿四年十二月廿四日

铁道部长公函　财字第一四七号

案准贵处廿四年十二月廿四日来函,以本部前拟由完成沪杭甬银团借款案内,划出国币八十万元,一次清还苏浙路股款有期证券及浙路公债之本息一节,迄未实行,致持券人愤愤不平,请严饬中英公司迅速照约履行,一面完成路工,一面清还股款。倘事实上急切不能全售,亦应责成中英公司请求银团先行垫款,以稍弭群众怨咨之口,等由。查苏浙路未清股款一事,本部极为关怀,故前与贵处及苏路股款清算处一再磋商,实愿早日了结债务,使政府与持券人两得其益。无如该银团因金融市场发生恐慌,迄未将完成沪杭甬借款之债票出售。上年十一月准该团来函,商请展期,经本部函允展绥半年。本部当催其如期发行,以清还贵处欠款也。相应函复,即请查照转知持券人为荷。此致

浙路股款清算处　　　　部长张嘉璈　二十五年一月九日

上铁道部公函（请按原案付款，并预示日期，以便登报开付）

敬启者：前奉财字一四七号公函，允催银团如期发行完成沪杭甬借款债票，以清还苏浙路股款等因，莫名感佩。顷闻上项借款，改定发行英镑债票，已由中英银公司及建设银公司各半承受，在大部业已完全售出，自应将鄙处应领末期股款及浙路公债欠款即日指领银团如数垫付，以符原约。查原约规定上项借款内划出八十万元，一次清还苏浙路股款有期证券及浙路公债之本之五十九万一千余元内，应划出十一万四千九百二十一元六角，请大部令交杭州交通银行具领，并令与鄙处同期登报开付浙路公债欠款，以符原案。其余四十七万六千一百六十元零二角七分悉由鄙处具领，应恳大部函知银团即日垫付，并预示付款日期，以便筹备登报开付，不胜感盼待命之至。

此上

铁道部

铁道部公函　财字第一四三九号
（准俟公债全数出售商准银团拨款，随时通知办理）

案准二十五年五月廿一日贵处来函，略以关于整理苏浙路股款公债，由完成沪杭甬借款内划拨法币八十万元，一次清偿一案，顷闻改订价款.发行英镑债票，已由中英银公司及中国建设银公司各半承受，在本部业已完全售出，应请转知银团如数垫款，以资清偿，照约浙路应摊领五十九万一千零八十一元八角七分，内应划出一十一万四千九百二十一元六角，请由部令交杭州交通银行，并饬与贵处同时登报开付浙路公债欠款，以符原约，恳即函知银团垫付，并预示付款日期，以便筹备登报开付等由，准此。查此案业于本年五月八日由部与银团改订借款合同，发行英镑债票，对于清还苏浙路股款及浙路公债余欠办法，并无变更，惟上项合同虽经签定，债票尚未发售，应按照二十三年十月二十四日本部计字第七〇〇九号公函及同月二十六日贵处复函同意所定办法，俟债票全数售出时，由部委托银团尽先核付，以符原案。所有贵处函开，浙路应于八十万元内摊领总数，核于前案相符。惟划付浙路公债余欠数目，贵处系按五成折算，倘照本部拨偿总数平均支配，计浙路股款应摊四十七万五千一百六十五元九角八分，浙路公债应摊一十一万五千九百一十五元八角九分，方为平允。但如贵处以数目畸零，为便于付给，而公债持券人不致发生异议，即照贵处计算办法亦无不可，此节应请妥酌示知。至应付浙路公债款额将来交由杭州交通银行具领，并饬与贵处同时登报开付一节，自可照办。准函前由，除俟英镑公债全数出售商准银团拨款，随时通知办理外，相应函达，即希詧洽，见复为荷。此致

浙路股款清算处　　　　　部长张嘉璈　二十五年五月三十日

铁道部公函　财字第一六一九号（指示开付股款应注意之点）

案查清偿苏浙路股款证券末期本息，浙路公债余欠本息办法，业经本部与贵处及苏路股款清算处于二十三年十月间商定，由完成沪杭甬铁路借款内划拨八十万元作为了结，俟债票发售后照拨等语，在案。兹查完成沪杭甬铁路金镑债票，已由银团承受，并已交付如下：苏路证券应摊领二十万零八千九百十八元一角三分，浙路证券应摊领四十七万五千一百六十五元九角八分，浙路公债应摊领十一万五千九百十五元八角九分。除浙路公债摊领之款，应援案拨交杭州交通银行经付外，所有贵处应摊领之款，计国币四十七万五千一百六十五元九角八分，顷已由部令饬沪杭甬路局提拨解部，日内即可拨交贵处核收。至关于开付证券及公债手续，应请循例登报广告，并将广告原稿送部备查。尚有应请注意之点如下：

（一）本部此次拨款八十万元，系为清结苏路证券第十五期本息，及浙路证券第十二期本息，暨浙路公债第三年至第五年各期本息之用。

（二）经付苏浙路证券及浙路公债机关，于收到部拨款项后，应即同时登报通知持券人。并定期同日开付，按成摊领，所有收回各

该期证券即公债本息票,应于每六个月或一年,列册汇缴本部一次,于五年内完全结束,即自开付之日起满五年后,倘持券人不来领取,该项证券及公债应即作废。其未领余款应即核计,退还本部。

(三)所有苏浙路证券及浙路公债,已往已付各期本息所收回之证券及公债息票,已经缴部若干,应即开列详细清册送备查核。其尚未经收回者,限自此次开付日起,三个月内领取,逾期作废。至已往各期未领余款,则俟满三个月后,按当日实发成数,由经付机关核计,退归本部,以清手续。

以上各节除分函外,相应函请詧洽,迅予照办,业见复为荷。
此致
浙路股款清算处　　　　部长张嘉璈　二十五年六月二十七日

复铁道部公函(催拨浙路应摊领之款,并声明按股东会决议,
凡作废股款应移办本省公益事业)

敬启者:顷奉财字一六一九号公函,敬悉。承示敝处应领之款国币四十七万五千一百六十五元九角八分,日内即可拨交等因。究竟何日拨交,何处拨交,尚祈电示,以便定期登报开付。至承示注意各点,均已读悉。查民国三年六月五日浙路股东末次大会通过《浙路股款清算处组织法》第十一条内开:各股东应领股款,如届期有不来领取者,每期应俟十二期满,顺延四个月为止(如第一期应领之款候至第十二期后四个月为止,第二期应领之款候至第十二期后八个月为止,余可类推),逾限作废;及第十二条内开:凡作废之股款,应将该款移办本省公益事业,仍用本人名义捐充,刊名昭信;又第十三条内开:本处俟十二期股款发讫,即行撤销,如有不来领取之股款,由主任、监理择定殷实稳固之机关代为经理,其期限应照第十一条办理等语。景葵受股东委托,理应遵照股东大会通过之组织法办理,所有函示作废期限,及余款退还各节,恕难遵办。至广告原稿送部备查一

节,自应遵照。其历届收回已废股票及证券小票,在民国十三年以前,均由旧交通部就近饬沪杭甬路局派员验收后缴部注册,自十四年以后,屡次函请旧交通部派员验收,置之不复。今大部仍照原案办理,敝处极为欢迎也。此复

铁道部　　浙路股款清算处主任叶景葵　廿五年六月廿九日

铁道部公函　财字第一六六六号
(同意未领余款移办公益事业,并附支票一纸)

案准二十五年六月二十九日贵处来函,以关于浙路股款证券逾期未领之款,根据股东大会通过之贵处组织法第十一、十二、十三各条规定,应将该项余款,移办本省公益事业,并催拨浙路应摊领之款等由,准此。查关于未领余款移办浙省公益事业一节,本部亦可同意。所有贵处应摊领四十七万五千一百六十五元九角八分,兹由部如数开具中国银行B字第七〇一五五二号支票一纸,随函付送。希即向该行收取,并出具领据送部,以清手续。至登报广告底稿,仍请送部备查。统祈洽办见复为荷。此致

浙路股款清算处

附　支票一纸,计洋四十七万五千一百六十五元九角八分。

部长张嘉璈　二十五年七月二日

复铁道部函(出具领据及附送登报广告底稿)

敬复者:顷奉财字一六六六号公函,内开关于未领余款移办浙省公益事业,已蒙大部同意;又随函附到中网银行B字第七〇一五五二号支票一纸,计国币四十七万五千一百六十五元九角八分,业已照收。兹补具印收一纸,又登报公告底稿一纸,随函附奉,敬请查核备案,至纫公谊。此致

铁道部

浙路股款清算处主任叶景葵　廿五年七月三日

附印收一纸,公告底稿一纸。

浙路股款清算处公告

　　浙路末期股款旧交通部积欠未付,敝处叠向国民政府铁道部请求履行原约,经数年之波折,甫于上年商准在完成沪杭甬借款内划出八十万元,作为一次完全清还苏浙路末期股款本息之用。又因金融变动,债票迄未发行,延至本年七月三日,始奉铁道部在完成沪杭甬借款内拨到浙路股款名下应得之数,计法币四十七万五千一百六十五元九角八分,每一百元股本证券末期本息应得四元五角,令即按股摊付,将原发证券连裁余之末期小票收回缴废。敝处定于七月六日开付,理合公告,请持券人查照为荷。

　　　　　　　浙路股款清算处启　住址杭州严衙弄十八号

　　再如持券人愿在上海取款者,请将证券交北京路浙江兴业银行信托部,由银行先给收条,即将号码函达敝处,俟复函核准后,凭条付款。又启。

铁道部公函　财字第二〇五七号(追询酬金来源,以明真相)

　　案查本部清偿苏浙路末期股款办法,系经贵处及苏路股款清算处同意订定,公布施行。惟报载贵处公告内有浙路收归国有时,曾收到部拨酬金,现与末期股款同时发给等语。查浙路收归国有时,本部并无发给公司酬金情事。贵处公告一节,究系何所根据,应请详加解释,以明真相。相应函达,即希查照见复为荷。此致

浙路股款清算处　　　　部长张嘉璈　二十五年九月二日

复铁道部公函(详述酬金来源及处分情形)

　　敬复者:奉财字第二〇五七号公函,承询报载敝处公告内有浙路收归国有时曾收到部拨酬金,现与末期股款同时发给等语,究系何所根据,请详加解释,以明真相等因。敝处分配该款系根据民国三年浙路股东临时会之决议案,其案详载前公司移交之会场议事录。兹查议事录关于该款之文件有二:一为代表虞和德等之报告书(附件甲);二为股东决议案及附载股东王秋蘅等支配六十万两意见书(附

件乙）。前公司遵照决议案将该款分为三部份移交敝处：一为提充清算处经费十万元；二为除十万元外该款二十分之十分作为员役酬金，敝处已遵照决议案于民国四年分配；三为该款二十分之十分作为股东酬金。敝处接受该款后遵照决议案，先以该款提前偿还十元以下零股，逐期收回，将历年存息并计，按股平均分配，于开付末期股款同日登报开付，此敝处分配该款之根据也。此复

铁道部

浙路股款清算处主任叶景葵　廿五年九月八日

附件甲

代表报告交涉始末情形

先是国务院交通部函致公司商请让归国有，其时长交通者为周自齐君，提出与苏路一律，代表不能承认。随提出加价三成、期限二年、红股照给三条。交通部坚以苏路比例。遂由熊总理、张总长调停，以消灭前存部款六十万两为加成之代价，期限则三年九期，红股一律承认。当特将此情报告理事会，得电许可。此三年九期之原议也。

未几，熊总理辞职，周总长调任财政。继任交通者为朱启钤君，以三年九期，财政实力有所未逮，深恐临期失信，转无以对浙人，坚持五年与苏路一律。局外怂恿者多不顾浙优于苏，至是停议者两星期，几至决裂。此中变之情形也。

三月廿六日接理事会复电，嘱勿决裂。张总长亦力主和平解决，而浙江同乡如王幼山、钱念劬、叶揆初、张绍濂诸君均力任调停，照理事会来电，不动名义，变更事实办法，主张改为四年，仍不废三年字样，以四个月为一期。返往磋商，双方允洽，爰照理事会三年分期不背议案之复电，定期签字。至公函部有不得已时，得以延长一年云云，此即调停办法。故次日即彼此调换公函为凭，以符事实。此最后交涉情形也。代表南归，已详告理事会，今当股东大会，合再报告。

代表虞和德、黄恩绪、蒋汝藻报告

附件乙

节录浙路股东临时会会场议事录

中华民国三年六月五日即阴历五月十二日,浙路股东假杭州城站第一舞台开临时大会,股东到者人数一千零零八人,股数二万七千零八十七股,权数一万六千八百零八权,委托户数三千六百七十八户;续到者二十六人,六百八十五股,二百四十五权,委托九户。两共得人数一千零三十有四,股数二万七千七百七十有二,权数一万七千零五十有三,委托户数三千六百八十有七。(中略)

下午一时三十分复入场,主席提议六十万两之支配。蒋抑卮登台将支配意见书宣读一过(载后附件),主席言此款由浙路成绩而来,故其支配除清算处约须开支洋十万元外,其余由股东与员役剖半均分,不复适用公司章程第六十四节之成例。因浙路开支撙节,员役薪微,办事勤劳,线长费少,厥为各路之冠,今始有成绩,虽赖汤先生之主持,亦赖各职员之赞助而得,请股东慨诺,宁缺股东之微毫,而满员役之支配。高子白起而问曰:六十万之外,股东有无红利?蒋答以无红利可分。高又问:清算处何以开支十万元?主席答以无标准,故约其数耳。高复问:倘无此六十万两者,清算处于何开支?蒋答以交通部不肯津贴,当然由股东负担之。高又言:股东既无红利,则此六十万两当然为股东所有。讨论良久,主席乃请股东对于意见书以可与否两字投票表决,开票后,计赞成者一万四千五百五十三权,否认者只一百十九权,六十万两之支配法,完全通过。

支配六十万两之意见书

浙路国有定议,凡诸问题,均待商榷,其最萦扰纠纷者,无过于此六十万两之支配。鄙人殚思及此,窃有所主张,愿竭千虑之愚,以待公决。

六十万两之来历

国有谈判之始,代表坚持加成。部执不许,格于例也。几经磋商，几经波折，复以前总理熊、农商总长张及浙乡老之在京者从旁主持公道，交通部始以比较诸路成绩浙为独优之说，允消灭前存部六十万两，以示优异，此其来历也。铁道国有不自浙始，若川，若鄂，若湘，若苏，若皖，若闽，上焉者本息无亏，其次得本而无息，又其次估价，若本利而外，特别优待如此六十万两者，唯我浙路而已。浙路国有之结果良好如此，代表蹉议之劳不可没矣。然试问代表之争执以何者为理由，旁观之调护以何者为说词，交通部之优待以何者为标准，此无他，以成绩独优故也。

六十万两之性质

此六十万两者，一部债务之消灭，于股份本息无所附着也。非营业之所得，不能以赢余论也。非公司所积累，不能以公积论也。凡普通商业赢利所得诸项目，无一相类者，无所比附。唯有援据事实，溯其原因，究其结果，而名之曰成绩之代价，庶几确当不易乎。

成绩之说明

浙路成绩之优点，一言以蔽之，不外里程较商办诸路为独长，用费较商办诸路为独省而已。请更分别言之：成路所以独长者，股款逐年增加，使工程得以进行，则股东之资本为之也；用费所以独省者，综核浮滥，搏节薪支，缔造艰难，则员役之劳力为之也。资本劳力，两者交济，适得其平，此经济学之通例，亦我浙路之事实也。此义既明，则六十万两之支配问题，不难迎刃而解矣。

章程之变通

章程六十四节规定赢余之分配。六十万两非赢余也，性质不同，当变通之理由一。六十万两既认为成绩之代价，成绩者，九年积累所致，非一年间所可取办者也。章程之规定，系为每一年间之分配，而设时间不同，当变通之理由二。愿股东诸君勿以忘改定章见讥，请毕吾说。

支配之理由

一、对于股东拟有特别请求也　定章分配赢利,股东所得者为二十分之十五,在事人所得者不过二十分之三耳。历届员役无虑数千人,即并入公积报效二成,犹虑不敷分配,其困难一。浙路员役十年劳苦。开支俸给,均从节省,今当公司变更报酬,宜加优厚,照章分配,所得甚微,其困难二。以此二难,鄙意所为请求,惟愿诸股东放弃一部分之权利,举此余利双方平剖,使员役得享平均分配之利益,在大股一方面此区区者本不足计较,小股所赢无几,尤为可有可无(例如有十万元股本者,假定每股多派一元,合计不过千元耳;有五元股本者照整股多派一元计算,所得不过大洋五分;吾知股东决不以此细数有所吝惜也)。而在公司则积少成多,俾员役人人得若干之补助,是股东之所费甚少,而员役之所裨实多,既可息无谓之纷争,又以资他年之纪念。十年相处,一旦酬庸,凡我股东对于积年勤慎之员役,似宜有此特别优厚之待遇。鄙人亦股东耳,此请非有他意,特欲使资本劳力两得其平,想我股东明达,必表同情也。

一、对于历届代表拟优待也　浙路创始迄今,父老扶助之力为多,不可忘也,特无资格为之标准,无从施以适当之报酬。代表为股东公举,有确定之资格,可指之事迹,虽历届代表性质不同,其被举任务,劳勋一辙,前因后果,殊途同归,无庸强生分别也。

一、对于新旧员役拟一概普及也　六十万两既因历年成绩而来,不有作始,谁与图成?不有权舆,安睹夏屋?在事员役既得适当之报酬,而昔年任事之人,前劳足念,尤未便听其向隅。新旧去留,一体待遇,揆之情理,方可为平。

支配之方法

一、拟六十万两除清算处开支外,净余若干,作二十成分配,股东得十成,按股分配。

一、拟历届代表得一成,按人数分配。

（说明：代表不支薪水，不得不以人数为标准。）

一、拟总理副理得一成，历届董事查账理事监事得一成，历届职员得五成，历届工役得二成，均按所得薪水工食分配。

（说明：按以薪水为标准，商界之通例也，舍此别无标准可言，稍习商业者，类能知之。）

一、拟员役因公身死会受公司抚恤者，照薪工两倍支配，员役因公残废会受抚恤者照薪工加倍支配。

（说明：所以示体恤也。）

股东郑岱生、冯畅亭、王秋蘅、蒋抑卮同启

二十五年七月六日开付末期股款，二十六年五月，凡逾期未领股款次第失效，因遵照股东会通过之《消算处组织法》第十一、第十二、第十六条，由主任以商办各期股款应得者之名义，拟具《浙路逾期股款移办本省公益事业捐助章程》十三条，陈请铁道部设立浙省公益会，于是年十一月奉批，对于失效股款移办本省公益及设立财团照准立案，惟饬浙省公益会另订组织章程，对于原拟捐助章程应予修正。嗣因交通阻隔，文书中断，而逾期股款已届消灭时效，未便久悬，因即以原呈章程为捐助暂行章程，另增补充办法十款。依此条款，将捐出财产法币一百三十万九千六百八十八元三角七分，于二十九年八月移交浙省公益会主持管理，由董事会长陈仲恕汉第出给收据，于是浙路股款清算处主任任务始告终了。自民国三年六月受任至此，共历二十七年之久，末期股款愆期十有八年，艰难曲折，所争得之沪杭甬续借款项，原定一百六十万元，因政治关系，仅得八十万元，又被苏路分去十分之三，于是末期股款及公司债均以折半了结，而逾期利息更无从追索，深以愧负股东为憾。卅六年一月廿八日叶景葵记。

（《叶景葵杂著》，第 291～346 页）

驻沪筹办陕西急赈募捐公启

(1914年6月)

天祸三秦,重遭兵革。西垂休战,甫逾两载,锋镝余生,犹未苏息。狼匪肆虐,入自丹淅,武关不守,商于继失。遂出南山,乱流度渭,西凤干邠,遍被蹂躏。贼踪所及,几二十县。焚掠奸杀,所过赤地,老弱妇女,咸罹此酷。村落荡为邱墟,田畴鞠为茂草。五十年来,无此浩劫,较之皖豫,惨痛倍蓰。虽复大兵云集,包剿追奔,凶渠丑类,望尘逃窜,而死者尸骸枕藉,遗骨谁收?生者异县流亡,回旋无日。荒村鬼哭,千里无人。其逆氛未到之区,则又有风雹之变。西起崤山,东讫冯翊,南北广袤余里,东西延四百里,麦苗尽枯,夏熟绝望。耕牛悉丧,秋禾畴蓺。人祸未已,重以天灾,疮痍满目。既疫疠之堪虞,饥馑荐臻,惧沙虫之同尽,复次兵戈扰乱。商旅不行,内货既阻于输出,外货更无由输入。东南商业困滞,原因半躁于此。事关全国,夫岂一隅!政府恫瘝在抱,业经申命赈赡,无如灾区过多,发棠难继。同人等侨寓海滨,轸怀桑梓,非无缨冠被发之诚。唯以乏米为炊,是若拊膺蒿目,寝馈难安,欲沉灾之早澹,赖众擎之易举。窃思利人济物,象教真如,救灾恤邻,麟经大谊。冀指囷之分惠,爰托钵以告哀。顷已转请沈仲礼先生,在红十字会代为募捐外,谨修寸启,详述灾情。凡我国民,孰非同体?所望甘露遍洒,廉泉分润。解清献之金带,拯彼嗷鸿;浚功德之灵源,苏兹涸鲋。竭诚茜茜,愿抒风人鼠思之悲,俣福贞贞,仁上明月蚌胎之颂。倪邀垂鉴,麐馨主臣。

发起人　武蓉亭　一林丰①　义源厚　天成德　兴隆金

---

① 原文如此。——编者

	陈伯澜	王耀三	宋子材	师西垣	李辑五
	曾受臣	刘默庵	永生瑞	金成永	宋联奎
	刘斐然	吴子敬	王锡五	陆穉雅	张凤翽
	陈季涛	张剑岑	吴怀先	仁寿康	李岳瑞
	刘子元	协和成	义兴东	德泰合	王典章
	刘子康	李光庭	雷松亭	杨植生	王季斌
赞成人	李提摩太	盛杏荪	伍秩庸	冯梦华	朱古微
	丁衡甫	余寿平	朱葆三	刘兰陔	印锡璋
	协成干	周金箴	庄得之	胡济生	雷吉生
	温钦甫	王聘三	朱衡斋	项松茂	张坚白
	叶揆初	周舜卿	夏辅宜	朱晓南	樊时勋
	吕文起	锺文耀	陈润甫	江趋丹	李馥生
	杨寿桐	贝润生	施子英	徐献廷	蔚丰厚

经收捐款处　六马路仁济善堂　斜桥路广仁堂
　　　　　　后马路兴仁里蔚丰厚票庄　新开河永生瑞烟店
总事务所　新开河永生瑞烟店

(1914年6月22日《申报》)

上海各界赈济战地灾民、慰劳前方将士筹备会缘起

(1930年7月17日)

敬启者，天灾流行，民生憔悴，哀我孑遗，惨罹浩劫。米珠薪桂，既水旱之频年；弹雨枪林，复疮痍之遍地。田庐荡析，啼饥号寒，家室流亡，生离死别。少壮散为盗匪，勿宁厥居；老弱填诸沟壑，更无人

问。可怜黄土化作青燐,同是苍生,谁甘白刃?矧乃荷戈壮士、执殳健儿,暴骨沙场,委身锋镝,为民请命,视死如归,报国捐躯,当仁不让。洞胸断脰,触目惊心。同人等栖息沪滨,怆怀战地痌瘝在抱,痛痒相关,披郑侠流民之图,悲悯何已。读杜甫从军之什,寝馈弗遑。爰是发起赈济战地灾民、慰劳前方将士大会,冀宏胞与之量,共推饥溺之忱;思捍卫之勤,藉表犒劳之雅。所望各界宏达,一致参加,慨解仁囊,广输义粟。福田所植,善果斯培,嘉惠无穷,报施不爽。庶几天心悔祸,早致升平。刦运长销,共登康乐。人之欲善,谁不如我?世多长者,盍兴乎来?

发起人	丁维藩	毛经畴	尤 桢	方积钰	方积蕃	方传沅
	王士俊	王拔如	王正聿	王钦圭	王 镐	王承组
	王 震	王兆昌	王体仁	王轶陶	王伯元	王凤年
	王晓籁	王延松	王彬彦	王志湘	王伯群	王征莲
	王孝英	甘庶先	甘金翠	史量才	史馨生	石奇熛
	田德浚	田鸿年	吕海清	吕立基	后大椿	贝祖诒
	朱钧弼	朱得传	朱定成	朱荣光	朱荣康	朱鸿钧
	朱大经	朱光纛	朱颐寿	朱少屏	朱 炎	朱应鹏
	朱美方	成燮春	沈 镛	沈九成	沈嘉贶	沈知方
	沈星德	沈叔瑜	沈泽春	沈世仪	沈 怡	沈卓吾
	沈秉谦	沈燕申	吴光熄	吴继宏	吴在章	吴文炳
	吴廷锡	陈瀚清	陈德馨	陈楚湘	陈兆纛	陈兆瑞
	陈沧来	陈良玉	陈圣佐	陈道铭	陈光甫	陈蔗青
	陈健庵	陈子勋	陈卓甫	陈德征	陈霆锐	陈君毅
	陈希曾	陈子明	陈秀英	陈宝娥	陈炳谦	陈世光
	陈季良	唐鸿业	唐寿民	唐宝书	唐乃康	唐 瑛
	倪 淦	倪思宏	夏 济	夏 鹏	陆纯熙	陆费逵
	陆熙顺	陆鉴微	陆文韶	陆祺生	陆维镛	徐 棠

徐 高	徐懋棠	徐寄顾	徐 勋	徐 懋	徐新六
徐 翔	徐 骥	徐维训	徐国安	徐海帆	徐 桴
徐补孙	徐维震	陶庭燿	陶玉如	陶百川	姚 稷
姚紫若	姚慕莲	秦润卿	容显麟	范锦春	范衍祚
范争波	马明善	马君武	马育英	马凤禧	项松龄
项世澄	项荣宝	孙元芳	孙 鹏	孙遵法	孙 科
张文焕	张 寅	张余芳	张效良	张澹如	张申之
张咏霓	张嘉璈	张梅石	张茂渊	张 群	盛毓琳
盛升颐	盛同孙	盛丕华	盛筱珊	屠开征	屠康侯
黄焕南	黄承恩	黄楚九	黄 群	黄金荣	黄鸿钧
黄晋绅	黄明道	黄汉梁	黄伯樵	黄锦帆	高晓东
曹显英	奚光华	奚定谟	许承基	许廷佐	许淑贞
许伯明	童行白	庄 篆	劳念祖	劳锡芬	邬志豪
邹秉文	汤德民	叶良秉	叶寿春	叶 重	叶增铭
叶 遂	叶揆初	叶琢堂	叶家兴	叶恭绰	傅宗法
傅瑞鑫	郭 标	郭 乐	郭外峰	郭承惠	郭于垄
郭安慈	郭承恩	冯炳南	冯诵青	冯耿光	冯味琴
粟显扬	杨 枝	杨泰颐	杨敦甫	杨晓波	杨瑞生
杨杏佛	杨永泰	杨清源	杨肇煟	闻兰亭	褚慧僧
董杏孙	虞和德	虞顺懋	虞澹涵	赵锡恩	赵文焕
赵铁桥	赵叔雍	裴云卿	荣宗敬	邓通伟	邓振铨
熊式辉	郑伯昭	郑洪年	郑毓秀	郑仲筦	郑慧琛
厉汝熊	黄延芳	刘承幹	刘鸿生	刘锡基	刘石荪
刘 鼎	刘鸿源	刘吉生	刘体智	刘纪文	刘维炽
潘其钧	潘公展	潘旭升	潘志铨	鲁正炳	诸文绮
欧元怀	骆清华	钱立缙	钱锦彪	钱永铭	钱龙章
蔡 雄	蔡贞鸿	蔡子民	卢金鉴	卢鉴泉	蒋抑卮

蒋福昌	蒋志刚	简玉阶	谢天锡	谢荣澳	谢志镛
谢蔺甫	乐俊宝	戴芳达	庞志德	聂其焜	聂榕卿
韩玉麟	韩兆蕃	谭兆惊	关 絅	严昭鉴	严智多
严成德	严均安	严独鹤	严慎予	魏藜照	魏廷荣
蓝之琚	罗坤祥	顾履桂	顾家铭	顾兆德	顾鼎亨
顾立仁	顾竹轩	顾竹筠	龚 模	龚 梁	等同启

(1930年7月18日《申报》)

和平运动发起宣言

(1947年1月26日)

八年抗战胜利之后，我们本可和平统一，建设民主富强之国家。不幸国内兵祸继续延长而且扩大。举世共庆升平，而我国的战争状态还未停止。一个贫弱的国家，流血十年，并且还在流血。我们不亡于日本的侵略，却将亡于自己的内争。这是全国人民不胜痛心，也万难长久忍受的。

全国人民都快要活不下去了。国家的地位也一天比一天低落了。由于战争，成千成万的同胞继续转乎沟壑，散之四方。由于战争，交通阻隔，通货不断膨胀。于是农工失业，工商破产，其他各种职业者无不朝不保夕。于今社会解体，人心不安，不仅政治改革经济建设无从谈起，一切不正常不道德的事件势将日益蔓延。战争如不停止，同归于尽的惨祸就在眼前。如果我们再想到不久国际上就要讨论对日和约，那时候，曾经为和平而战的中国，竟不能自保国内的和平，不仅合理的要求有被人拒绝之可能，也许还会受到意外的挫折。那就连抗战的成果，国家的前程，也都要断送干净。

全国人民都在饥饿线和死亡线上了。一切不幸的根源,都在战争。因此,我们不能不沉痛地发出良心的呼声:要求停止无意义的战争,要求恢复和平和秩序。然后才能以统一团结的力量,完成民主建国的大业。我们对任何政治派别,均无成见,我们只要求不以武力解决争执,而以谈判实现和平。

这种和平呼吁,过去不止一次。而都不免遭到各种困难。然而我们实在活不下去了,我们已顾不得许多了。我们不愿追溯既往,也希望大家不算旧账。谷以检讨别人者检讨自己,以宽恕自己者宽恕别人。我是只是垂涕而道,希望立刻化干戈为玉帛,立刻停止战争,立刻恢复和谈。我们都是有职业的人,决不愿卷入目前政治纠纷的漩涡;我们只蕲求天下太平,安居乐业。我们不能坐视工商百业民族命脉长此毁于内争,不得不起来向各方急切呼吁,还我和平;且将在此一呼吁发出之后,观各方对于和平的诚意,保留道义的批评之权。我们将不断的呼吁。一旦和平实现,我们的这一运动即宣告终止。

不停战即是灭亡,唯和平才能建国。我们希望全国同胞,尤其是各职业界人士,一致起来,以全国与论的力量,全民良心的感召以及大公无私的精神和态度,促成和平,统一,民主的实现。国家复兴,在此一举。民族前途,实利赖之。谨此宣言。

王晓籁	王世圻	王志稼	王善祥	王厚生	王庆余	王敬修
王国贤	王 琼	方庆咸	田和卿	田仁甫	史凤美	李登辉
李元吉	李晋侯	李华卿	朱子余	朱伯康	朱向荣	汪运生
沈庆坻	宋子强	何志新	秉 志	吴蕴初	吴恒俭	吴震球
吴邦藩	吴 干	周家声	周孝伯	周曹裔	周静寀	周佩宝
金润庠	邵振璋	胡鄂公	胡伯翔	胡秋原	施叔侯	俞元芳
查 骥	徐静仁	秦润卿	秦冰钧	夏仪同	时寿彤	马斯才

陈霆锐	陈滋堂	陈惠堂	陈志皋	陈振九	陶乐勤	曹志功
陆费铎	许印源	郭绍仪	张光禹	庄智焕	梅伯平	叶景葵
端木恺	杨一之	寿景伟	寿墨卿	刘志方	刘钊	蒋汉文
楼丹父	诸伯镕	郑政	钱纳水	钱梦渭	韩佐之	韩侍桁
苏楚真	胡曲园	严独鹤	王剑锷	周勤伯	葛杰臣	

民国三十六年一月二十六日
(1947年1月27日《申报》)

春柳社文艺研究会简章

(1907年4月)

一、本社以研究文艺为目的，凡词章、书画、音乐、剧曲等皆隶焉。

一、本社每岁春秋开大会二次，或展览书画，或演奏乐剧，又定期刊行杂志，随时刊小说脚本、绘叶书之类。

一、凡同志愿入社研究文艺者为社员，应任之事务及按目应缴之会费，另有定章。其有赞成本社宗旨者，公推为名誉赞成员。

一、无论社员与名誉赞成员，凡本社所出之印刷品，皆于发行时呈赠一份，不取价资。

发起李哀 曾延年

名誉赞成员：日本伯爵宗重望、留东学生副总监督王克敏、留东陆军学生监督李士锐、学部右侍郎达寿、学部左丞乔树枏、学部主事彭祖龄、陆军部军学司监督罗泽晖、法部右丞曾鉴、湖北候补道叶景葵、福建平和县知县谢刚国、山东候补道萧应椿、山东潍县知县袁桐、陕西凤翔府知府尹昌龄、奉天东三省公报馆总经理郝鹏、候选知府朱曜、山东候补道黄华、湖北候补知县王焱、山东乐群社社员崔麟台、山东乐群社社员朱是、山东乐群社社员顾曜、日京中国新女界杂志社社员燕斌、候补道李熙、广东候补游击庄严。

（1907 年 4 月 22 日《时报》）

商务印书馆广告

（1914 年 1 月 13 日）

　　本公司总经理夏粹芳君不幸于民国三年一月十日午后六时遇害。经董事会举定印锡璋君为总经理。其经理一职仍由高翰卿君担任。本公司一切事务、账目由印、高二君主持。特此声明。

董事　伍廷芳　郑孝胥　叶景葵
　　　张元济　鲍咸昌　同启
（1914 年 1 月 13 日《申报》）

夏瑞芳先生追悼会公启

（1914 年 5 月 8 日）

　　启者，商务印书馆总经理夏瑞芳先生不幸于民国三年一月十日遇害。思夏君生前所创事业于我国工商及教育前途影响绝巨，骤遭惨变，哀痛实深。兹择于本年五月九日（阴历四月十五日）午后二时在上海静安寺路味莼园开追悼会，凡我政学商界同人与夏君有雅故者,届期敬请莅临。再夏君夫人深明大义,拟将一切赙仪集合成数,建设学校,永留纪念。同人如赞成斯举致送赙仪者,并请送交上海棋盘街商务印书馆总发行所张廷桂君代收是荷。

发起人	伍廷芳	郑孝胥	周金箴	贝仁元	朱葆三
	叶鸿英	苏本炎	沈敦和	杨信之	朱银江
	张云书	叶炳章	钱允利	萨镇冰	顾履桂
	俞 复	张乐君	沈 镛	钟观光	于兰坪
	孟 森	于湘春	王培荪	苏本铫	贾丰臻
	闻兰亭	汪德渊	程承泽	戴光祖	秦毓钧
	吴前枢	汪彭年	汪龙标	金咏榴	王永甲
	龚 杰	张葆元	包公毅	项钟华	陈王鳞
	叶明德	叶景葵	陈鑫镛	张毓英	魏冕章
	郭惜翁	沈福祐	汤一鹗	乌顺甫	方新建
	鲍鸣凤	狄葆贤	唐 驼	何天桂	陆费逵
	沈成忠	叶心安	郁润生	许鉴清	袁履登
	印有模	张元济	高凤池	鲍咸昌	高凤谦
	陶保霖	邝富灼	张桂华	蒋维乔	江畲经
	庄 俞	陆尔奎	李宣龚	龚伯瑛	黄炎培
	刘鼎宸	项世澄	张国杰	包 诚	陈笃义
	鲍咸亨	钟 琪	顾宪成	包文德	谢燕堂
	赵 璧	沈琬山	俞炽炎	樊仲煦	陈烈清
	何钊生	丁景荣	吴炳铨	倪富春	朱燮钧
	许祖谦	周泽甫	吕子泉	陈枚叔	沈冶生
	高凤冈	倪兰芳	朱光华	李守仁	公启

(1914年5月8日《申报》)

高梦旦先生追悼会启事

(1936年8月)

长乐高梦旦先生，抱经世之学，躬行实践，其生平心力尤尽瘁于教育文化事业。方清季丙申、丁酉间，海内名流与先生通声气者，争相引重，间亦发挥政见，不苟同，不立异，所有言论屡载于当日之《时务报》。嗣应浙江高等学堂总教习之聘，旋率浙江学生赴日本学习师范，即留为监督。中间尝因张南皮、张丰润、岑西林诸公之聘，或主报务，或任幕职，又充上海复旦大学监督，均未久即辞去。独于商务印书馆编译所长一席，慨然乐就。至今教科书之风行，与出版物之从事编纂，潮起云涌，使全国青年学生获先河之导者，先生与有力焉。

兹以高年得病，捐弃馆舍，老成凋谢，怆然同伤。谨定于九月十三日下午二时，假上海西藏路宁波同乡会开追悼大会。凡与先生生前知好，伫盼贲临。如有哀挽文字，敬祈先期惠寄上海河南路商务印书馆庶务股代收，是所至荷。谨此布闻，至希公鉴。

发起人：丁　榕　　王世杰　　王造时　　王康生　　王云五
　　　　孔士谔　　方叔远　　史久芸　　伍光建　　任心白
　　　　江伯训　　朱少屏　　朱元善　　朱经农　　朱颂盘
　　　　宋以忠　　李伯嘉　　李直士　　李宣龚　　李登辉
　　　　李圣五　　李择一　　汪有龄　　汪诒年　　何炳松
　　　　吴东初　　杜就田　　沈叔玉　　沈钧儒　　沈颐敬
　　　　沈觐冕　　林子有　　林子忱　　林洞省　　林振彬
　　　　林语堂　　林鼎章　　周由廑　　周辛伯　　周越然

周颂久	周鲠生	韦悫	韦傅卿	郁厚培
徐新六	徐寄庼	徐善祥	唐钺	马寅初
黄仲明	黄炎培	黄秋岳	黄葆戊	高子毚
高凤池	夏鹏	夏敬观	陈介	陈光甫
陈采六	陈敬第	张元济	张世鎏	庄俞
郭燊	盛俊	陶孟和	梁和钧	梁鸿志
陆费逵	温宗尧	汤尔和	傅东华	傅运森
曾镕浦	叶景葵	杨端六	寿孝天	蔡元培
蔡公椿	蒋梦麟	蒋维乔	欧元怀	刘崇佑
刘湛恩	刘聪强	郑贞文	郑葆湜	郑礼明
潘光迥	钱智修	鲍庆林	颜任光	魏怀
罗家伦				

(以姓名笔画多寡为序)

(原载1936年8月27日《申报》)

夏棣盦书例

(1926年3月10日)

　　夏棣盦先生,书法幼宗颜平原,深得拨镫三昧。壮岁后又追踵隋法,上窥晋人,益臻变化。嗣持节美洲,归后主持实业,公余之暇,不废临池。比来杜门谢客,求书者踵相接。同人等劝其勿闷金玉,藉作后学津梁,爰代定书例如下:

　　屏　五尺以内每幅四元　五尺外每尺递加一元

　　联　五尺以内每对四元　五尺外六元

　　堂幅　照屏幅加倍　以上八尺外均另议

　　纨扇笺面　每件四元　名刺书眉同

榜书　尺内每字二元　尺外加倍寿屏碑志　另议

磨墨费加一成

收件处：极司非而路三十六号，南京路有美堂及各大笺扇庄。

朱古微　吴昌硕　盛省传　虞洽卿　方椒伯　盛竹书　王一亭
劳敬修　陈炳谦　傅筱庵　严直方　张菊生　谢蘅窗　叶揆初
同订

（1926年3月10日《申报》）

鲍咸昌先生追悼会公启

（1929年12月14日）

鲍咸昌先生于十八年十一月九日病殁。先生一生经营之事业，直接在于工商界，间接及于教育界，尤热心于社会公益慈善诸事。同人等追维劳勚，特定于十九年一月五日午后三时在上海西藏路宁波同乡会开追悼会，凡与先生有交谊者，均请惠临参加。如有铭诔文字，请交上海宝山路商务印书馆印刷所汇收，其他概不代领。谨此奉闻。

高翰卿　张菊生　高梦旦　孙伯恒　俞寿丞　吴麟书　叶揆初
项松茂　李拔可　丁斐章　秦印绅　李清泉　陈少舟　盛同荪
黄汉梁　郁厚培　汪颂阁　邝富灼　王云五　庄百俞　何柏丞
吴东初　陈培初　张叔良　张蟾芬　陈烈明　邱允衡　夏筱芳公启

（同日《申报》）

筹备梁燕孙先生纪念事物启

(1933年4月)

民国二十二年四月九日梁燕孙先生卒于沪。同人等追思先生服务于国家、社会凡数十年,平生抱负,蕴蓄甚宏。而事绩之表著于外者,亦复不可胜计,亟宜有所表彰记载,以资矜式而垂不朽。兹拟于上海设立先生纪念事物筹备会,至少先集款十万元,陆续举办下列各事:

一、编辑全集及言行录;

二、设置纪念学校及教育公益基金。

以上各节现拟先从集资入手。凡我同人愿致送此项用款者,不拘多寡,请惠交各地交通银行,汇寄本会,以资应用。至尊意对于用途办法有何卓见,尚盼不吝指示,以便提高。附具简章,请为察照是荷。又燕老平生言行事迹,并盼就所知详示,以便汇编。余颂

公安。

再此系第一次同人发起,倘荷赞同加入者,当再叙列台衔。

发起人	段祺瑞	唐绍仪	罗文幹	施肇基	黄郛	王克敏
	许世英	顾维钧	王正廷	王宠惠	杨永泰	黄炎培
	朱启钤	李宗仁	王揖唐	曹汝霖	唐生智	熊希龄
	章士钊	吴光新	朱庆澜	龚心湛	汤漪	温宗尧
	何东	陈锦涛	叶恭绰	李思浩	钱永铭	曾毓隽
	冯耿光	王荫泰	施肇曾	吴鼎昌	叶景葵	张寿镛
	屈映光	梁鸿志	陈炳谦	张嘉璈	虞和德	陈光甫
	黄广田	汪有龄	陈廉伯	卢学溥	杜镛	宋汉章
	张寅	徐寄庼	贝淞荪	郑润琦	任凤苞	黎照寰

胡筠铭	郑洪年	傅宗耀	胡祖同	张元济	谢天锡
何丰林	林康侯	史量才	唐寿民	叶扶霄	秦润卿
徐新六	章　祜	姚　煜	周作民	熊少豪	吴蕴斋
史久光	刘展超	陈　介	陈翊周	劳敬修	张恩键
韩礼宾	陈福颐	邹敏初	黄慕松	简东浦	邓彦华
李右泉	陈善明	郑铁如	周寿臣	甘翰臣	陶　瑗
王承祖	杨德森	李承翼	萨福楙	陆兴祺	陈　艺
张名振	赵叔雍	关赓麟	罗雪甫	黄赞熙	章佩乙
罗旭和	区慕颐	董显光	林梓浩	谢作楷	陈焕之
杨敦甫	钟文耀	王世澂	赵庆华	俞　校	陆仲安
吴　徵	赵灼臣	郭靖堂	邓瑞人	林振耀	陈佐璇
梁萼联		敬启			

梁燕孙先生纪念事物筹备简章

一、本会专为筹备梁燕孙先生纪念事物而设，暂设办事处于上海泗泾路二十七号大陆实业公司内。

二、本会设干事若干人，由发起人公推，办理会务；并由干事中互推常务干事七人，主持日行事务。

三、下列各项由干事大会议决，交常务干事执行：

　　甲、款项之收集、保管、支配；

　　乙、事业之举办；

　　丙、物品之购置；

　　丁、其他事项。

以上每项得临时另推专员办理。

四、本会办事细则另定之。

代收款处

上海黄浦滩交通银行　上海泗泾路念七号本舍　南京城内中正街交通银行　北平西河沿交通银行　天津法租界交通银行　汉口第二特别区交通行　青岛中山路交通银行　沈阳小南门内交通银行　广州十三行上海商业银行　大连大山通交通银行　香港大道中六号同德公司

（原排印件）

记郑州大昌树艺公司

（1933年6月4日）

　　石湖来信，索我投稿，并未命题。适接大昌公司经理白辅唐君来信，报告近况。即以此为题，记之如左。

　　郑州城外东北乡，向系沃土。因光绪初年黄河决口（官书谓之郑工），为沙所压，变成不毛之地，每亩值价七八角。宣统初年，有北省友人，集股购地一千八百亩，距城十里。其计划，以种树为主。所定预算表，十年之后，每年可获利数万元。乃派某君为经理，并携带伙友，招佃开垦，建屋栽树。又收买熟田数十亩，以供看守人之食粮。前后五年，所费地价约二千元，其他经费五千元。不料夏令暴风雨，将所建之屋，所栽之树，悉数连根拔起，荡然无存。某君不知所之，股东诿之不问。

　　方某君经始时，先君正任郑县知事。县署账房，又被公司欠往来款七百元，无人负责归还。民国五年，余至郑省亲，以为地价如此之廉，开深尺余，即见沃土，岂有不可经营之理？前此所以失败，乃经理不得其人。若得一好经理，必可有为。乃思到故友白辅唐君，以为若白君肯为经理，此事便有办法。

白君,名元恺,辽宁绥中县人,家住奉天前卫,年三十余。曾任某营书记,驻扎嘉峪关外。有同乡殁于营次,白君单身护柩,经蒙古草地回辽,闻者义之。余前在奉天,即识其人,父母健在,娶妻生子,有田数十亩。幼习种地,喜阅报,思想颇新。接余函,知将任以公司经理,欣然应命而来。余乃出资为经始之费。

白君到郑后,其计划,以雇人翻沙,栽种花生为主要培植,树苗次之。翻沙之后,肥土向上,即可下种。但一遇亢旱,则苗萎死;一遇霪雨,则苗烂死;且往往未届收成,有暴风雨,即前功尽弃。白君乃试挖沟,使雨水循沟而出。自十[民]六年至十年,三歉二丰。丰时,每年亦有千余元之收入。余即以收入之资,仍交白君逐渐建设。居然有熟地六七顷,且有房,有车,有牛,有骡;而所栽之榆树柳树,亦芃芃发育;又有桑树数十株。民国十一年以后,河南军阀,日益恣睢,横征暴敛,土匪蜂起,公司之树,被人偷盗。白君认真查罚,盗者含恨,借他事与之为难。土匪以公司有钱,思绑经理之票。最紧急时,白君露宿麦田,至三夜之久。公司之牛骡及大车,为军队征发;且须佃户为之赶车。及归,则车已毁损,牛骡不全。又征发草料,无则缴钱,无钱,则将佃户拘禁。余在上海,函嘱白君避居城内。白君骑一驴,朝去而暮归,如是者又五年。此五年中,收入更少,往往所收不足供捐输之用。统计余前后垫款,及以收入留作经费者已达一万元以上。逆料前途,必更恶化。万一白君为土匪绑去,则更无办法。乃婉劝白君将公司结束,为"堕甑不顾"之计。

白君愀然语人曰:"此中一沟一树,皆我手布置;一旦弃去,殊觉不忍。地利以久而始见,今日虽纠纷,安知日后无转机?且揆翁前后垫款,皆我一人支出。但见领取,而不见缴还,何以明责任?"余知其志不可夺,乃慰藉之。又因循年余,至十七年,公司为盗所劫,将白君衣被什物,囊括一空。余乃电嘱由郑至徐,托徐州友人给以川资,回前卫候信。白君行时,携一小包裹,内仅棉袄一袭,至徐州,上车拥挤,在人丛中又将棉袄失去,于是只身回家。

白君离郑时将公司交与老佃户三人分守。到家后,又时时函问公司情形。佃户不会写字,音信全无。余以久未探听消息,遇白君来函,则含糊慰之,盖以为绝对无办法矣。至十九年冬,白君又来函报告云:"所留三佃死其一,破车尚在,牛为军队牵去。有一佃因欠草不交,为军队殴伤。有一佃因军队索车,连人带车,躲入地窖,卒未将车失去。"意欲入关赴郑,一加慰问,问余允否。余感白君之恋恋有情,无词以却之。三佃户死守此土,弃而不顾,似非人道。闻郑县兵匪之患,已稍减轻,白君又在家无事,姑且允之。白君于廿年冬,重到郑。余嘱其住商埠,隔数日至公司一查察,君至今未离郑。廿一年冬,来一报告,收支相抵尚余三百五十元,至今年六月九日,又来一报告:(上略)"今岁麦收甚佳,较去年增一倍。因雨水匀足,狂风不起,堪以庆幸。刻下花生、高粱、豆子各苗,亦极茂美。如无大雨,可望丰收。今春招佃二家,又修草房六间,备新佃居住;买牛二头,修大墙七十丈;修路一百五十丈。数月以来,地面平靖。恺居乡门日多,居城日少,每日督工,尚觉心逸,惟一到城中,见报载倭奴攻我华北,各地居民涂炭,不禁发指。回首家园,音信杳然,好歹莫知,心忧难量!"(下略)

以后之成败不可知;今日公司之成绩,皆白君一人奋斗之所致也。即此一事而论,白君之优点,皆为余之弱点。余对于此事,不过逢场作戏;而白君行其所学,富有责任心。余不免侥幸图成;而白君脚踏实地。余欲白君弃公司而去,不免畏难思避,意志薄弱;而白君百折不挠,有定识,又有定力。壮哉白君,诚不愧为好经理。

由此可知,凡事只争最后一着。向使白君一去不再来,则今日之成绩无由见;而白君个人之优点,余虽深知之深信之,亦无由使社会共见之也。

廿二年六月四日上海

(《兴业邮乘》第11期,1933年7月9日;
《叶景葵杂著》第248～251页)

筹建上海图书馆公启

(1932年6月25日)

敬启者,上海为东方一大市场,物质之奢靡,建筑之巍峨,交通之便利,学校之林立,商旅之辐辏,市场之繁荣,以观世界各大都市,其相去盖亦极仅,独于文化则瞠乎人后,文盲载道,而关于文化之建设尤不为人所注意。举例而言,以如此繁盛,市民多至三百余万之通商大埠,竟无一大规模之图书馆,以供市民之阅览,而歌台舞榭,栉比林立,唯此深关民智之文化设备,则付阙如,此诚为上海市民之大耻,亦即我国家之大耻也。

曩者商务印书馆于清末建立涵芬楼于闸北,蜕化而成东方图书馆。二十余年来苦心经营,藏书逾五十万册,其在上海,尤为硕果晨星,弥足珍贵。惜自"一·二八"祸变突发,此一大文化机关及江湾、吴淞一带公私立大学及私家所藏图籍,竟全部牺牲,其可悲可痛,诚无以言宣。

同人等认恢复上海文化机关,实为目前急务,而创设一规模较大之图书馆,尤为首要。顾以力量绵薄,莫克促其实现,抑且兹事体大,非群策群力,决难望其成功。爰敢征求发起,尚恳社会各方共促其成。涓滴之水,可成江河,尘埃之粒,可成泰岳。果能共起进行,则他日黄浦江头,崇楼高耸,琅玕罗列,汗牛充栋,要自可期,是则不仅为上海市民之福利，实即我国家之荣光也。素仰台端热心文化事业，务恳加入发起，鼎力提倡，不胜盼祷之至。兹附上《筹备上海图书馆旨趣书》一纸，如荷赞同，即祈回示为祷！此致

先生

牛惠生、牛惠霖、王兆荣、王伯群、王康生、王崇植、王云五、王晓籁、史量才、史维焕、左舜生、白鹏飞、朱王沅青、朱羲农、江恒源、全增嘏、何炳松、何德奎、杜定友、吴东初、吴若安、吴泽霖、李　觉、李垕身、李宣龚、李国珍、李登辉、沈　怡、沈昆三、沈钧儒、沈锡庆、贝淞荪、宗子岱、周守良、周昌寿、金井羊、金通尹、胡庶华、胡敦复、胡朴安、俞大雄、俞寰澄、俞庆棠、徐佩璜、徐佩琨、徐寄顾、徐新六、徐学禹、唐文治、夏　鹏、马宗荣、马相伯、马寅初、高梦旦、倪文亚、孙　科、张公权、张咏霓、张慰如、张耀曾、桂中枢、殷汝熊、许克诚、郭虞裳、陈　行、陈立廷、陈朵如、陈叔通、陈柱尊、陈淮生、陈彬龢、陈稚鹤、黄仲苏、黄伯樵、黄炎培、黄溯初、黄膺白、陆费逵、陆鼎揆、曹惠群、盛　俊、盛同孙、傅式悦、舒新城、奚玉书、杨杏佛、杨卫玉、叶揆初、董大酉、董任坚、刘大钧、刘方园、刘厚生、刘崧生、刘湛恩、刘驷业、刘翰怡、潘文安、潘公弼、潘光旦、潘光迥、潘序伦、蒋百里、蒋抑卮、褚辅成、郑洪年、郑贞文、郑通和、黎照寰、欧元怀、穆藕初、蔡元培、钱永铭、鲍庆林、戴志骞、戴霭庐、薛次莘、颜惠庆、聂璐生、萧友梅、谢循初、谭毅公、顾寿白 同谨启

中华民国二十一年六月二十五日

（原排印件）

在德国学术互助会捐赠
东方图书馆书籍赠受典礼上的谢辞[①]

(1934年10月8日)

  Kriebel 先生和诸位来宾：今天敝馆所设的东方图书馆复兴委员会，接受德国各学术团体的赠书，并蒙德国驻沪总领事 Kriebel 先生亲临举行赠受典礼，鄙人得以敝馆董事会代表的资格，参加盛会，深感荣幸。东方图书馆的创设、被毁和筹备复兴的经过，已经张菊生先生说过，鄙人不必再赘了。敝馆忝居出版家之一，向以提倡教育和促进文化为我们根本的信念，我们除在四十年来的出版事业上尽力贯彻这个信念以外，东方图书馆的创设和复兴亦就是同一信念的一种表现。诸位都知道东方图书馆经张菊生和王云五两位先生前后三十余年的苦心经营，才有"一·二八"以前的规模。我们要在短期中恢复起来，非求助于国内外的热心同志不可。现在德国的各著名学术团体竟首先捐赠这许多名贵的书籍，而承德国驻沪总领事 Kriebel 先生代表举行赠受典礼。德国民族气度的伟大和现代国际上提倡的知识的合作，都在此地充分表现出来。鄙人谨代表敝馆董事会表示诚恳的钦佩和感谢。

(1934年10月9日《申报》)

[①] 是日，东方图书馆复兴委员会成员、德国驻沪总领事克乃白（Kriebel）等中外宾客到场，先行参观德国捐赠书籍展览，后举行受赠典礼。张元济以东方图书馆复兴委员会主席身份主持仪式，并作讲话。东方图书馆复兴委员会常务委员、前东方图书馆馆长王云五报告工作。最后由先生代表商务印书馆董事会致谢辞。——编者

创办合众图书馆意见书[①]

(1939年8月)

　　抗战以来全国图书馆能照常进行者,仅燕京大学图书馆一处,其他或呈停顿,或已分散,或罹劫灰。私家藏书亦多流亡,而日、美等国乘其时会,力事搜罗,致数千年固有之文化,坐视其流散,岂不大可惜哉!本馆创办于此时,即应负起保存固有文化之责任。

　　为保存固有文化而办之图书馆,当以专门为范围,集中力量,成效易著。且叶先生首捐之书及蒋先生拟捐之书,多属于人文科学,故可即从此基础,而建设一专门国粹之图书馆(宗旨:一专取国粹之书,二不办普通阅览。宗旨既定,一切办法便可依此决定。张[②]),凡新出羽翼国粹之图书附属之(东西文之研究我国文化者,当与我国著述并重。叶)。至近代科学书籍以及西文书籍则均别存,以清眉目。否则各种书籍兼收并蓄,成普通图书馆,卒至汗漫无归。观于目前国内情形,此种图书馆虽甚需要,但在上海区域之中,普通者有东方图书馆,专于近代史料者有鸿英图书馆,专于自然科学者有明复图书馆,专于经济问题者有海关图书馆,至于中学程度所需要参考者有市立图书馆。他地亦各有普通图书馆在焉,本馆自当别树一帜。

　　本馆从事专门事业之理想,书籍专收旧本,秘笈力谋流布(刊布之事,似可俟图书充足,经费宽裕之日,再为之。张),当别设编纂处。即就叶先生藏书而论,名人未刻之稿当为刊传,批本、校本当为移录,

---

[①] 《意见书》由顾廷龙草拟。后经先生与张元济批注定稿。——编者
[②] 括号中批语署"叶"、"张"者,即叶景葵、张元济先生。——编者

汇而刊之。罕见之本当与通行本互校，别撰校记，以便学者。编纂目的，专为整理，不为新作，专为前贤行役，不为个人张本。图书馆之使命一为典藏，一为传布。秘籍展览仅限当地，一经印行，公之全球，功实同也。

经常费之支配约计

图书费　　　　　　　　41.1/100

修理费　　　　　　　　12/100

印刷费　　　　　　　　16.7/100

薪水　　　　　　　　　23/100

杂费　　　　　　　　　2.5/100

临时费　　　　　　　　4.1/100

各图书馆往往于图书费中有装钉费占其四分之一，以本馆情形言，装钉一项似可省去。

关于装钉一事，各图书馆为模仿西式，又便于与西书并列起见，北方及欧、美各馆均做布套。套式约三种：曰筒子套，曰三角套，曰折套。每个现价约四角至六角。南方各馆多改洋装。而洋装种类亦甚多：曰平装，曰硬装，又分皮脊布面、布脊纸面、全皮、全布、全纸等。每本六角至一、二元不等。本馆书籍应否做套或改洋装，须加斟酌（旧本不可改装，亦不必一一做套，卷帙多者做套则不易散失。当仿宿迁王氏之布套，不用黏糊，而用钮扣，俟物价稍平再做。叶。再加一木板，板上钻眼，与布缝合，取携较便，亦不伤书，记得涵芬楼中有此款式。张）。其利弊如下：做套虽可使书本不致散失，足御风尘，陈列插架，可卧可立，极为便利。惟折套（即旧时通行式），立置架上，取放不慎，书根每易擦损；筒子、三角套，则套中偶失一册，匆匆不易察及。南方卑湿，浆易脱性，又易生蠹。而沪上既乏专工，勉强招来，值昂而工劣，甚不相宜也。改装则仅足与西书并列，他不见其善处，其弊则甚多：

一、中国书纸薄,加以硬面,常用则书脑易裂。

二、洋装书排列不紧密,则书面易成翘捩。

三、两本排列太紧,书面有薄胶,每易粘住。

四、年久天潮,易霉易襵。

五、取书时往往从书头一攀,遂致书头辄裂。

六、必须改变原装。

就管见所及,做套改装,其要点仅为适合西式之立置架上一事。鄙意本馆如确为专门国粹图书,则两种装钉,实皆无须。排列架上,不妨用旧式卧置之法（中国书宜平放,北平图书馆善本书亦平放。叶）,有布套或夹板者仍之,每一种夹一书签,借时调取亦甚方便。书衣有破碎者,或换或加,脱线者重钉之,既可保存固有之式样,而架上可以多容书本,又省装钉之费。捐书藏家原有精美书箱,即可利用,不致废弃。至偶有新出平装、硬装之书,亦不妨令其卧置。或谓改装以后便于管理,提取又速,实则不装钉者既有书签,提取亦并不致于过慢。而取书还书并得检点册数,及有无损污之处,时经翻动,不易生蠹。倘本馆果属专门性质,则阅览人未必多,而同时借书者更不甚多。即以北平图书馆言之,每日阅览人数虽不少,究以阅报纸、杂志者为多,阅书者未必能满座。至若大学图书馆以教员学生借阅较为繁忙,但书库中有两人管理亦能应付,不至若理想之急促也（本馆以不办普通阅览为主要,因一切设备办普通阅览者,易致繁费,房屋尤甚。叶）。

关于编目,为图书馆基本重大之工作,而编目当以分类为前提。分类一事,问题最多。现在全国各图书馆分类之法各自为政,约分新旧两种：新法皆以美国杜威十大类加以增损；旧法即四库分类。两者各有优劣,前者削华人之足以纳西人之履,后者仅感类属之不敷,未尝无增减之余地。至疑似之处,旧法固有,新法亦何尝无之。四库分类曾经实验,有《四库总目》为其明证。新法半出各专家之理想,窒碍并不在旧法之下。至王云五之中外图书统一分类法,似便于小型普通图书馆,而专门图书馆未必适用。倘本馆以旧书为专门,则似以四库旧法为善(四库子部分目最欠妥贴,史部亦有可议之处,既以专收国粹书籍为限,则不妨悉仍旧贯,但遇有新出研究国粹之书加入时,稍费斟酌可耳。张)。四库之分,发源甚早,清代亦仅增损,吾人亦不妨稍加修订。若以为四库之法不善,则不妨用四库以前之法修改重订(鄙意宜仿四库分类而修正之,最近人文科学研究所分类颇佳。此事请与菊公讨论规定。叶),总以不失中国固有分类法为原则,亦所以谋保存中国旧时藏书之遗风。

目录之编纂拟分两种:一为卡片式,一为书本式。卡片式以馆中所有书一统编纂,暂分三种:一为书名片,一为著者片,一为分类片。三种卡片合置或分置,尚须斟酌。如合置,则须另做书架片。此外拟加著者地域片一种,可备参考地方文献之需。本目录拟以捐赠各家分别编纂,题曰合众图书馆某氏书目,其体例就各家藏书情形规定之。编纂方法拟一律首书名、卷数、著者、板本、册数、函数,与卡片式同。次附著者略历,又次本书内容之大略(可据序文中摘录之)。又次镂板之原委(可从序跋中节出之)。行款、刻工、各家题识、藏印均应详记。惟捐赠书籍不及若干数量以上者,不另编目,当于年报公布之(本馆宜于廿八年底编一本馆藏书草目,目内加一栏,即捐赠人之姓名,如此则捐赠一二种者,亦可列入,以后每年增修。以后凡捐赠人要求编专目,如章氏四当斋者,本馆别分之,而仍列入总目,栏内书明"详〇〇〇专目",以期衔接。叶)。

捐赠及自购书,当略加区别,约分甲乙两类:甲为善本,乙为通行本。惟善本名目甚泛,难得标准,兹拟订范围如下:

善本

(一)珍本　一、古本(明以前刻本),二、精刻本,三、流传不广之本。

(二)秘本　一批校本,二钞本。

（三）孤本　一稿本。

（善本之界限极难分别，人文研究所不分善本与普通本，鄙意初步宜仿行之，俟本馆造成书库，则凡不易得之本，皆入特别库。凡入特别库者，皆得谓之善本。北平图书馆所谓善本书目，亦指善本书库所存而言。此意当否，乞与菊公斟酌定之。叶。）

（既不办普通阅览，自无须分别善本、普通本，但最难得之本于未建书库之前，鄙见似亦应特别储存，否则介绍入览之人，辄有请求，殊难应付。张。）

阅览书籍，在筹备时期概不公开，凡经特别介绍而有保证者，约定时期在馆检阅，不得借出，即他日新屋落成，正式开幕后，如确为专门性质之图书馆，则亦当以不借出为原则。借阅人必经妥人介绍及保证，经本馆核准后始可阅览，并予以研究著作上之便利。

新馆屋宇之需要，倘为专门性质之图书馆，似可多设研究室，不必有普通阅览室，或只小型之普通阅览室可也。倘基地有余隙，并可建研究人宿舍及膳堂，俾中外人士远道来此者，可安心读书，酌收费用，可仿学校情形规定之。又须多置纪念室，（或即以此为研究室，可以两用尤便。）凡捐赠书籍在若干数量者，其善本一部分或全部分，别储纪念室中。纪念室愈多，愈足以表现合众之精神。

馆员暂设总干事一人，助理一人，庶务一人，书记一人，一切事务，秉承发起人意旨处理之。

办公时间：每日上午九时至十二时，下午二时至五时，星期日休息，每星期工作三十六小时。或每日上午八时至十二时，下午一时半至四时半，星期六下午及星期天休息，每星期工作三十九小时。其他例假，可仿其他机关团体酌定之。

年度终了时，编印年报一册，内容：（一）将一年中所收图书及零星捐到书籍不及编印书本目录者公布之。（二）凡一年中工作之概况。（三）馆员整理书籍倘有心得，附载于后，俾就有道而正之。

总之,鄙意本馆以保存古书为职志,并当保存其式样,一以旧时庋藏为主旨,略采现代之方法,不求形似而取其实利。观于日本京都东方文化研究所所编《汉籍目录》一以四库为准,美国哈佛大学汉和图书馆对于汉籍以不改动旧样为原则,就此两处情形观之,本馆略守旧法,未为不宜,否则不将发礼失求野之叹欤! 普通书加写书根,一律宋体。卡片书写须毛笔楷书,不写简笔字(丛书及卷帙多者,先写书根。可以不写减笔字,书名、人名须与原书一律。叶)。

一九三九年八月
(《顾廷龙文集》,第 604 页)

增补《曾王父宣三公(叶庆暄)年谱》

(1940 年 11 月)

五十岁　己酉　七月二十四彝山书院监场。

五十一岁　庚戌　春分宛南。正月至桐柏。二月十四至卧龙岗。三月代权内乡。四月至邓州问案。六月代权□邱。

景葵按:诗稿作六月代权黄邱,未知是否兰邱?待考。又按,家谱载,曾署泌阳。应查泌阳县志之沿革名称再定。

五十二岁　辛亥　正月赴拓城任。

五十三岁　壬子　私约赴弋阳听差。七月代权光山。

五十四岁　癸丑　十月代权固始。

五十五岁　甲寅　五月赴遂平任。十月十八卸遂平事。十月赴鄢陵任。

景葵按:谱称补授鄢陵县知县,方升同知有部选用。

五十七岁　丙辰　报捐司马。

五十八岁　丁巳　五月调安徽颍州军营差委。闰五月二十四日酉时疾终。防次奉旨敕部议恤,追赠知府衔,赐祭葬银两。荫一子入监读书,期满以州判候铨。

景葵按:受荫者为叔祖讳尔宝,后亦病未出仕。

(手迹,原书稿,上海图书馆藏)

叶宅向合众图书馆租地建屋合同

(1941年8月6日)

立租地合同　○○○包括其继承人(下称出租人)
　　　　　　○○○包括其继承人及家属(下称承租人)

今因出租人愿将所有坐落上海法租界蒲石路道契(第四二○六号地册一○○○Ａ号)内基地一方,计玖分五厘,租与承租人建造住宅,承租人亦愿意承租,兹经双方同意,订定租地合同。其条款开载如左:

一、租赁地之面积四址如附图(内红线部分计地玖分伍厘)。租期二十年,自民国三十年七月一日起至民国五十年六月三十日为止。期满后得续租五年,仍照本合同办理。

二、租赁地租金订明全年法币五百元正。自三十年七月一日起租,每年分两期,即七月及一月,承租人每期各支付全年租金额之半数,即法币贰百伍拾元。在租期及续租期内双方各不主张增减。

三、租赁地上应纳之地捐及地上其他一切税捐均归出租人负担,其关于双方公共使用如修路、修沟、管弄清洁等,所生之费用各自负担。

四、租期届满后(指续租五年届满言),承租人除返还租赁地及注销租地合同外,所有在租赁地上房屋及一切建筑物概归出租人所有。

五、租期届满前(指续租五年届满言),出租人对于出租地亩如因急迫需要有收回租赁地之必要时,如在本合同租赁关系存续达十五年以上时,承租人可允其收回,但应由出租人就下余租期连续租租期在内,贴与承租人每年四千元之贴费(有零月日时照每年四千元比例计算)。同时承租人应将所有在租赁地上之房屋及一切建筑物,仍照第四条之订定,概归出租人所有。

六、合同连附地图一式两份,经双方核明,签订双方各执一份存照。

中华民国　　年　月　日立租地合同

出租人

右代表人

承租人

证明人

(《合众图书馆董事会议事录》,《历史文献》

第7辑,第4～5页)

合众图书馆财务报告书

(1941年8月19日)

发起人会所报告财务大概应修正者三点:

(一)蒋氏捐明庶股票五万元,复查抑卮先生遗嘱,规定所捐股票充合众图书馆经常费之基金,用息不用本。保管办法银行一人,蒋氏一人,合众图书馆一人。又蒋氏家族会议原案云:倘明庶改组,股票收归,则以所得之值另购其他产业(计值五万元),由三人商决改购。是此项基金本馆并无全权管理,应不列入本会基金之内,而将每年所收利息列入蒋氏捐款。

(二)景葵经募之款尚漏开浙江兴业银行股票五万九百元,成本照票面计算,应补列。

(三)前报开办以来共用经费约四万元,系属仓卒估计。兹查自二十八年开办起至本年八月底止,共支开办费五千元,特别追加费壹万三百六十元,经常费三万七千四百元,共五万二千七百六十元,应更正。兹将收付各款及应存之数详列于下。(略)

《合众图书馆董事会议事录》,《历史文献》,
第 7 辑,第 5~9 页)

在合众图书馆董事会第三次会议上的报告

(1941 年 12 月 22 日)

△叶董事作财务报告(略)。

当与董事长商定售去浙江兴业银行股票壹百股,计票面一万元,即于十一月十一日售出四二三一号江益公户五十股、四二五八号介记户五十股,合计得值二万七千元正。已将一万七千元收入透支户,一万元存乙种信托两年八厘(存单一六五五号,卅二年十一月十一日到期)。还去不敷垫款一万一千六百九十六元八角,计尚盈余五千三百三元贰角正。

△叶董事报告:蒋抑卮先生所捐明庶农业公司股份本息九万一千二百元,又叻币凭证三千四十元业已收到。

△叶董事提:拟从盈余之五千余元中提出三千元作备购米煤之

用。议决：通过。

△张董事提：近来百物腾贵，职员薪金应予酌加。议决：自卅一年一月起总干事加四十元，潘景郑君加三十元，朱子毅君加十元。

△叶董事提：现在物价时涨，开支渐大，每月预算应予增加。议决：自卅一年一月至三月暂定每月经常费为二千四百元。

△叶董事提：蒋抑卮先生所捐基金，按其遗嘱此项基金须由图书馆一人、浙江兴业银行一人、蒋氏一人共同保管，应请公推保管人选。议决：蒋氏捐款遵照捐助人指定列入基金，用息不用本。保管人选蒋氏一人请蒋俊吾先生担任，浙江兴业银行一人请竹森生先生担任，本馆一人请叶董事担任，由会备函敦请。

(引自《合众图书馆董事会议事录》，《历史文献》，第 7 辑，第 12～13 页)

为合众图书馆立案呈上海市教育局文

(1946 年 1 月 23 日)

窃(陶遗、景葵、元济)等当昔国军西移以后，每痛倭寇侵略之深，辄念典籍为文化所系，东南实荟萃之区，因谋国故之保存，用维民族之精神，爰于中华民国二十八年五月发起筹设合众图书馆于上海，拾遗补阙，为后来之征。命名合众者，取众擎易举之义，各出所藏为创。初设筹备处，赁屋辣斐德路六百十四号，从事布置。先后承蒋抑卮、叶恭绰、闽侯李氏、长乐高氏、杭州陈氏等加以赞助，捐书甚夥。至三十年春，筹款自建馆舍于长乐路七百四十六号，即于同年八月一日成立发起人会，遵照教育部图书馆规程第十一条规定，决议聘请李宣龚、陈叔通为董事，同年八月六日成立董事会。曾未几时，太平洋战争爆发，环境日恶，经费日绌，而敌伪注意亦綦严，勉力维持，罕事外接，始终未与敌伪合作。赖有清高绩学若秉志、章鸿钊、马叙伦、郑振铎、陈聘丞、徐调孚、江庸、钱钟书等数十人以及社会潜修之士同情匡助，现在积存藏书约十四万册，正事陆续整理，准备供众阅览。采四部分类法，以史部、集部为多。先儒手稿本、名家抄校本、宋元旧刻本、明清精刊本皆有所藏。其中嘉兴、海盐两邑著述及全国山水寺庙书院志录网罗甚广，皆成专门。他如清季维新之书、时人诗文之集，著名者都备。至近年学术机关所出者亦颇采购，尤注意于工具参考之作，用便考据。此外有清代乡、会试朱卷三千余本，陈蓝洲、汪穰卿两先生之师友手札约六百余家，皆为难得之品，金石拓片搜集约八千余种，汉唐碑拓一部分尚系马氏存古阁旧物，其他以造像为大宗，又河朔石刻为顾氏鼎梅访拓自藏之本，较为完备。间尝校印未刊之稿十又六种，以资流通。六年来经过大概如此。前以交通阻梗不克呈请立案，兹值抗战胜利，日月重光，应将董事会之成立及图书馆筹设一并呈请核明立案，相应检同附件开列应具各款，俯乞钧局鉴核准予立案，批示只遵，实为德便。谨呈上海市教育局。

计开

董事会应具各款

一、名称　私立合众图书馆董事会。

二、目的　详于附呈第一文件。

三、事务所之地址　上海长乐路七百四十六号。

四、关于董事会之组织及职权之规定　详于附呈第一文件。

五、关于资产或资金或其他收入之规定　现有资产基地壹亩玖分贰厘肆毫，上建三层钢骨水泥馆屋壹所。法发善后英金公债票面陆千柒百镑。

六、董事姓名籍贯职业及地址　详于附呈第一文件。

图书馆应具各款

一、名称　私立合众图书馆。

二、地址　上海长乐路七百四十六号。

三、经费　甲　经常费本年法币六十万元。

乙　临时费本年法币十万元。

以上两项来源因基金公债的未付息由董事筹募。

四、现有书籍册数　约计十四万册。

五、建筑图式及其说明　详于附呈第二文件。

六、章程及规则　详于附呈第一文件。

七、开馆日期　在筹备中。

八、馆长及馆员学历经历职务薪给等　详于附呈第一文件。

具呈人私立合众图书馆董事　陈陶遗　叶景葵　张元济　李宣龚　陈叔通

附呈

第一文件　私立合众图书馆组织大纲、董事会办事规程、董事姓名籍贯职业及地址表、职员学历经历职务薪给表共一件。

第二文件　私立合众图书馆建筑图式及说明一件。

中华民国三十五年一月二十四日

(《历史文献》,第3辑,第18～20页)

华烈妇诔

(1914年9月10日)

陶婴有言:天命早寡,死不可忘,虽有贤雄,终不同行。伤哉言乎!粤自四维不张,二南代远,礼教陵迟,伦纪荡然。人群竞侈,中馈失叙。为情嗃嗃，惶论从一，翳桑而嬉，示掌以夜。褧衣则俟堂，青衿则在阙。内作色荒，乃及中冓，朝咏燕草，暮讥墙茨。一倡累百，寖成风俗。断织之训不闻，截发之风云邈矣！女史蕙香，长自德门，幼而颖异，沈浸坟典，授于趋庭，对言惊座，实胜冠者。及絣结缡，乃归华氏。扫眉能文，嬿婉宜室，昊天不吊，鞠凶猝降。梦兆玉楼，遂悲别鹤。隅席而誓，言告童鸟。雏既不育，姥亦怛化，哀哀烈妇，乃以身殉。综其大端，节孝而慈，具兹三德，可得而言：鸟飞远罗，树交合木，鲛人玉箸，续命之丝莫及，精卫冤禽，填海之恨何补！是以黔娄布被，覆手足而不完；范姬操刃，削耳鼻以见志。无忝冰清之守，不忘霜整之操，是其节也。灭容守襮，保赤心诚。六月孩提，足慰所天。仲郢通籍，和熊丸而助读。士行蜚声，封遗鲊以养志。今虽事异前贤，而谊优曩哲。饘粥面墙，凤志未衰，是其慈也。汩汩尘网，姆教弗修，姑嫜不谅，妇也陌路。勃溪德色，箕帚恶声。饰问寝之外仪，失菽水之内忱。兹则南陔油油，长期爱日，割臂和药，发肤茹痛，附棺必慎。克代子职，甫雍穆而肆筵。猥从容而捐躯，泂阃内之概模，亦晚近之矜式。是其孝也。哀衍厥诣，祇敬在心。勤宜令德，而作诔焉。其辞曰：

　　有嫆肇美，共姜阐仪。载瞻谢咏，凤秉容姿。泮水姘合，鸣琴聚顺。

　　梁案礼成，冀褥义正。盟基易簀，节励毁颜。鹄飞不俪，燕栖寡欢。

　　遗孤弗育，未岁乃殇。有妇在室，有姥在床。玩娱春晖，调护景光。

　　展如之人，实家之纪。以温以清，予手予启。肃将刀圭，慎卫抑搔。

　　分莪辍咏，瓶罍忧劳。踊车昕引，翠峦宿延。赍志以殁，迨炜百年。

呜呼哀哉！若木摇落兮天雨霜，陨绿被庭兮咽寒浆。鹓鶵无声兮灵衣湿，夕憭恫兮屈戍张。嗟事蓄之交瘁兮，毋久稽迟。予心震转兮，愁在天之弗知。完白璧以从地下兮，幸无改乎此度。忆握手而信誓兮，羌百禩而如故。呜呼哀哉！婺宿闳采，寿宫怆神。丹祧寝晷，虞歌遏云，柳绰高寒兮青枫竖，白阳带阿兮松阴森，叹所生之不辰，全朗节而归真。缤彤管兮遗芬芳，嘉女德兮式无垠。

（《民权素》第三集"名著"栏第5～6页，署名"卷盦"）

吴县潘君博山传

(1943年5月)

君讳承厚，字温甫，号博山，别号蘧盦。其先于清初自歙迁苏，乾隆时始以科第贵显。高祖世恩，由翰林院修撰仕至武英殿大学士，赐谥文恭，生子四：曾沂、曾莹、曾绶、曾玮。曾莹生子四，伯曰祖同。曾玮生子四，叔曰祖畴。祖同无子，立胞姪成谷为嗣。又知祖畴之次子亨谷贤而才，立为次子，即君之父也。成谷早卒，立从侄承典为嗣。祖同之配仲夫人曰："亨谷多男，宜分后长房，以期蕃衍。"遂立君为成谷之次子。而亨谷又早卒，君甫十五龄，侍奉重闱，居丧尽礼如成人。先世本业醝，设酱园于横塘，即远近驰名之潘万成，创业几二百年。中经折阅，祖同整理之，晚年以属亨谷，成绩益著。亨谷既逝，经丁丑之难，斯业骤衰，君悉心擘画，营业复振，由是宗族戚党誉为亢宗之子。其才干为众所推重，先后在里组织电气公司，协理田业银行。戊寅避沪，创设通惠银号。智虑沈敏，洞悉时机，亿中之财，翕然无间。其家自高、曾以来，门户鼎盛，宗支既繁，仰给尤众。君以一身肩钜任，遇有缓急，罔不肆应。秉性公正，律己甚严，凡属孔怀，同仁均爱。遭逢离乱，里居受损，奔驰救护，不遑宁息。历世所藏，手泽口泽，与彝鼎、图籍、金石、书画之类，苦心保存，不遗余力。其宗旨为全族乐利，非以便一己之私，虽在艰危，未渝初志，心神况瘁，实基于此。又颖悟过人，博闻强记，酷嗜典籍，心知其意。少学诗词，兼长六法，未竟其业，而于古今艺术源流，及其真伪精粗之别，覃思眇虑，剖晰毫芒，为当代专家所倾服。喜搜集前贤尺牍，于晚明忠烈各家尤为珍重。戊寅前曾辑精本付印，因乱中辍。壬午秋辑《明清藏书家尺牍》，影印甫成，又辑《画苑尺牍》，校样未竟，而君病作，倚床料理，精审如常。君之生平，临事不苟，大率类此。生于光绪三十年甲辰十月十一日，幼弱多病，三十后渐强固。壬午除夕，偶咳微血，君略知医，不以介意。入春以后，体温增，脉象数，医者疑为贫血，或云病在心房，投药无效，热愈炽，脉愈促，竟至不起，殁于癸未四月初三日，即中华民国三十二年五月六日。病祇九旬，年仅四十。薄海知交，同声悼叹。推测病原，迄无定论。以理衡之，气质素羸，赖修养克治之力，已臻壮盛。天降丧乱，拂逆之境，与疑难之事，当之而不让。其智足以济变，其量可以容众。钩心镂肾，不敢告劳，沴厉乘之，伤其内藏，譬若豫章连理，已具干霄蔽日之姿，其本忽为虫啮，遂令栋梁之质，永閟重泉，岂仅艺苑之不幸也欤！配丁氏，生子三：家崧为承典嗣，家多幼读，家骁殇；女二：家华、季淑。君好深湛之思，年壮未暇著述，辑有沈石田、文征仲、毛子晋年谱，《蘧盦书画录》若干卷，均未写定。同怀昆弟五人，君居长，承弼亚之。平居督教诸弟各精一业，承弼专治国学，尤契洽，临终以未了事托之，命诸孤事之如父。承弼感君最深，诠次《行略》，其辞哀婉动人。以景葵有文字之交，属为作传。景葵不文，然颇识君之志行，因述梗概如右，盖无溢美焉。

(《叶景葵杂著》，第 286～288 页)

凤凰熊君秉三家传

(1945年1月)

君讳希龄,字秉三,行一,湖南凤凰直隶厅人。原籍江西南昌府丰城县。曾祖朝简,靖州直隶州训导。祖士贵,镇筸镇标左营把总。本生祖廷燮,历任沅州协千总,晃州汛守备。父兆祥,历任镇筸镇标中右前后营守备,调绥宁营守备,升衡州协副将,抚标新左营管带,澄湘水师营统带。自廷燮任沅州千总,寄居府城芷江县治宝山。朱其懿任沅州府知府,延名师课子弟,兆祥以同寅之谊得遣子附读,颖悟异常儿,为其懿所奖誉。年十四入学,入沅水校经堂肄业。主讲习者,善化沈克刚、黔阳黄忠浩,以兵事、历史、地理课诸生,君每列优等。又以师礼事其懿,旋补优廪生,湖南学政张亨嘉激赏之。光绪辛卯中式本省乡试举人,壬辰会试连捷,亨嘉批其卷尾云:"年甫及冠,拔起边陬,谈兵如何去非,说地如顾景范,他日当为有用之才,不仅以文学显也。"甲午补殿试,成庶吉士。先娶贵州镇远廖氏女,生女宝贞,殇。乙未廖氏卒,其懿以妹其慧妻之。兆祥时军醴陵,君奉母家居,贫甚。既为将门之子,外王父吴支文亦蓝翎守备,自幼习闻兵家言,膂力过人,慷慨有大志。忠浩奉湖北巡抚谭继洵之召,领武靖营,管湖广营务处,君往依焉,为湖北布政使陈宝箴所赏。宝箴升任湖南巡抚,遂回籍,与陈三立、黄遵宪、梁启超、谭嗣同等筹办南学会及时务学堂。戊戌,与江标同召入都,尚未启程,王先谦已密函京僚奏劾。八月奉上谕,候补四品京堂江标、庶吉士熊希龄护庇奸党,暗通消息,均著革职,永不叙用,并交地方官严加管束,乃蛰居沅州。庚子,唐才常革命事败,辰沅道疑君与谋,密捕之,赖其懿营救,得免。辛丑,丁父忧。壬寅,其懿任常德府知府,设西路师范讲习所,聘君主其事。癸卯,赵尔巽升任湖南巡抚,奏称熊希龄自获谴以后,闭门思过,德性与问学并进,废弃可惜,恳恩免予严加管束,拟令助理学务,以观后效。奉旨照准,委充西路师范学堂监督。又创办常德中学,捐沅州所居宅,设务实学堂。湘省官绅锐行新政,君多赞助,如废除书院制度,设立各级学堂;派遣学生赴日本,分习师范、陆军及各种工业;设立全省矿务总公司,官督绅办;裁撤绿营,举黄忠浩创练新军。尔巽遇事咨询,而旧党之失志者,遂以为集矢之的。甲辰,湘抚易人,新旧党争益力,君苦心调停,不为众谅。是时各省士大夫要求立宪,集会筹议,举国响风,以江苏张謇为之魁,君遥为声援,往来沪汉之交,时论愈器重之。东渡日本,考察教育与实业。乙巳,赵尔巽授盛京将军,奏称庶吉士熊希龄请加恩免其"永不叙用",发往奉天差遣委用。旋奉出使各国考察政治大臣载泽等奏调随员,派充二等参赞官。回国后,戴鸿慈、端方奏保以道员分省补用,遵调到奉,委充农工商局局长,设立农务试验场、商品陈列所、劝工场、高等实业学堂;又请开浚辽河,整理林政,著《满洲实业案》三卷。丁未,委赴日本调查浚河工程及商务。回国后,江苏巡抚陈启泰奏调,委充农工商局总办,兼苏属咨议局筹办处总办;两江总督端方亦委文案,兼宁属咨议局筹办处总办。是时湘省旧党势衰,新材辈出,前派学生,有习专门磁业者,遂于醴陵创设磁业学校,附设工场,出品优美。宣统元年己酉,度支部尚书载泽奏请赏给四品卿衔,派充东三省清理财政正监理官。二年庚戌,湖广总督瑞澂奏保简任湖北交涉使,未赴任。督办盐政大臣载泽奏请简授奉天盐运使,仍任正监理官。三年辛亥,东三省总督赵尔巽派充东三省屯垦总局会办,著《东三省移民开垦意见书》一卷。是年冬,乞假回里省亲,行经上海,遇故人黄兴、宋教仁等,商南北和议,多所斡旋。君主张中国必须统一,与程德全等组织统一党,被选为理事。民国元年,任吴淞中国公学校长。共和告成,唐绍仪组阁,任财政总长,与汤化龙等组织共和党,合并统一党。未几辞职,出任热河都统,著《热河改建行省议》一卷。二年,共和党改组为进步党,实行责任内阁制。九月,奉命组阁,任国务总理,自兼财政总长。三年,大总统袁世凯以各省都督巡按使联电请改总统制,命于国务会议时悉心研究。君呈复云:"希龄既承命实行责任内阁制,改制后,应请另选贤能,赞襄国务。"在任仅八阅月,议定大政方针,由司法总长梁启超起草呈府核定。正拟赴国会宣读,忽奉解散议会之令,交院副署,即先后辞财政总长、国务总理职务。旋特派督办全国煤油矿事宜,以筹画开采延长石油为入手,延美国技师探钻测量,以经费告匮,至四年秋结束。筹安会成立,乞假南归迎母,至天津暂憩。蔡锷起义,世凯忧悸发病死。京兆、直隶水灾甚重,特派督办水灾河工善后事宜。七年,水患平,乃呈请大总统徐世昌,清太保世续,开放京西香山静宜园,建立慈幼院,以收容水灾后无家可归之儿童。八年,在津丁母忧。九年,慈幼院校舍落成。十年,授课。十一年,中华教育改进社成立,推为董事长。十三年冬,任善后会议议员。十四年,特派永定河河工督办,著《京畿河工善后纪实》十六卷。十五年,国民军退南口,乃与赵尔巽、王士珍等组织京师治安维持会。十七年,奉军出关,与王士珍等仍以治安会名义维持地方秩序。十余年以来,天灾人祸,救死不暇,君先后创办湖南义赈会,临时妇孺救济会,与西人合办华洋义赈会。西伯利亚大饥,国际赈灾,赞助甚力,推为世界红卍字会中华总会会长。二十年秋,其慧卒于北京。其慧生子一:泉,女二:芷、鼎。泉幼得瘫痪症。二十一年,析产与子女,以自留一分,捐充熊朱义助儿童幸福社基金。是时日寇攻陷沈阳,侵及热河。二十二年春,亲率世界红卍字会救济队赴长城各口,救护伤兵;又赴南京参加国难会议,以宗旨不合,退席北旋,陡发肝疾,几濒于危。二十三年春,赴上海,出席中华慈幼协会全国领袖会议,旧恙复作,服中药而愈。深感身世飘零,有儿病废,长女远嫁,次女暌离,内顾无助,所办香山慈幼院事务丛杂,无人付托,乃于二十四年春娶浙江江山毛氏彦文为继室。二十六年春,偕彦文赴爪哇,出席国际联盟会召集之国际禁贩妇孺会议,著《香山慈幼院历史汇编》二十二篇。夏,偕赴青岛,主办青岛市与香山慈幼院合办之婴儿园;筹备甫竟,而卢沟桥之变起,匆匆返沪。战事陡作,亲率红卍字会实施救护,设伤兵医院四,施治六千余人;难民所八,收容二万余人;先后由战区救入安全地带之难民达二十余万人。三阅月间,疲劳沈痛,不幸京沪相继沦陷,长江道阻,乃挈眷航海绕道广州回湘。行抵香港,激刺过深,遽于是年十二月二十五日黎明,患脑溢血逝世,距生于同治庚午六月二十五日,享年六十有八。一生尽瘁国事,不沾沾于利禄。成庶吉士后,即以桑梓维新为务,故未与试。授职获谴后,努力湘西教育。开复后,值各省主张宪政,君与倡和,渐为朝野所敬仰。服官后忠于职务,尤注重预算决算,厘剔积弊,凡所施见,不同流俗。袁世凯以雄猜阴狠之才,综揽国柄,忌宋教仁而杀之,不能不罗致君,授以国务,冀取海内之望,然其心实深嫉之。任热河都统时,清理行宫古物。淮军宿将姜桂题,有功边事,拟呈请特给勋章,以旌其劳。桂题示意,欲得清帝纪念品,即检康熙、乾隆御笔联扇各一赠之,并报国务院转呈立案。卸国务总理后,某巡按密讦,谓有侵盗嫌疑,世凯欲穷究,迨得原呈,其事乃寝。响使君以大意出之,未始不可陷于罗织也。君天怀坦白,自奉俭约,驭下宽而律己严,尤于辞受取与之间,兢兢致慎。公私文牍,亲自属稿,分类归档,皆留副本。因南北俶扰,散失甚多,其廑存者,如蔡锷之举义旗;段祺瑞之讨复辟;直奉、直皖、江浙、湘鄂之内战呼吁和平;沈阳事变后御侮救亡诸计划,无不澈始澈终,洞中窾要。至今读之,爱国之热诚,跃然纸上。晚年痛社会之窳败,政治之阽危,欲以幼幼及幼之心,为国家栽培元气。不幸锋镝南指,仓皇播迁,茹痛既深,遽以剧病陨于旅次。平生似遇而实未遇,欲有为而终不可为,吁!可惜也!余之识君,其懿为之介,共事之日甚浅。君高掌远跖,余则拘墟不化,性情取舍，颇不相同，而投契之深，则三十五年如一日。今承彦文之属，追述所见所闻，序次家传，并拟选君有用之文，编为遗集，以备后来学子有所宗尚，聊尽后死之责而已。中华民国三十四年一月①。

(《叶景葵杂著》，第 274～279 页)

金君仍珠家传

(1946 年 12 月)

君江苏上元县人。父和，咸同间文学家，著有《秋蟪吟馆诗钞》，世所称亚匏先生也。侧室汪，生子，名曰遗，字曰是珠。适室张，生君，名曰还，字曰仍珠。君生于咸丰七年二月十六日，聪颖异常儿，甫十二岁；习为举业；执贽于金坛冯煦，授以词赋之学。弱冠入泮，授徒养家，藉月试书院膏火以补不足。光绪十一年乙酉，君中江南乡试举人。亚匏于是年冬病没，于是兄弟二人，均藉父执之介，襆被度辽。是珠就营口英领事署文案，君就东边道奭良司账。奭良调山西河东道，君随往管理盐务出纳。恩铭继任，留君自助。恩铭升山西按察使，君以会试挑取誊录，议叙知县，随至太原，巡抚胡聘之委充文案。继任者何枢、毓贤、岑春煊、赵尔巽均加委任，曾署理夏县知县，委办归化关税务，保升知府。二十九年，赵尔巽擢湖南巡抚，奏调随行，委充文案，出署澧州直隶州知州，以治行卓著汇保，传旨嘉奖，调回文案，兼任铜元局总办。是时广西陆亚发攻陷南丹、土州、东兰、怀远，声势汹涌，靖州一带戒严，廷寄湘抚，切实防堵，君献议曰："目前南路

---

① 该文最初发表于 1948 年 1 月 3 日天津《大公报》。刊出时署"中华民国三十四年一月"。《叶景葵杂著》收录时未署日期。——编者

吃紧，必由黔桂边隘袭取湘西，以群山自蔽；湘军窳朽，不宜任重，宜速练得力新军，以备未然。"乃奏派在籍道员黄忠浩募勇四旗，认真训练，防堵西南各隘。奉旨允行。陆果与官军营勇通，图扑桂林，湘西又戒严。尔巽奉召来京陛见，以陆元鼎署湖南巡抚，道经武昌，谒张之洞，商防剿方略。之洞言忠浩叵测，宜撤换，鄂省当出师会剿。其意盖欲起用张彪也。元鼎到任，檄委君留原差。乃进言曰："湘军均有惰气，惟黄忠浩新军可以一战。西路之防，重于南路，以守为防，不如以剿为防，不特临阵不宜易将，且宜饬忠浩率兵出境，会同粤桂之师，直捣其巢。"元鼎从之，果奏奇捷。之洞侦知君阻其议，恚且恨，并与元鼎龃龉矣。三十一年，赵尔巽简盛京将军，奏调赴奉差遣，旋于秦晋赈捐案内奖升道员，委充文案总办，兼办内文案交涉机要，又兼任财政总局会办。日俄和约甫定，日军撤退，接收事件繁杂，南满路附属地各案，尤为棘手，君应付裕如。会有奉省开埠章程，由北洋大臣袁世凯主稿，函奉会奏。尔巽失其函，而以原稿交君审核，君未知为北洋之稿也，择其不合者，或删或改，尔巽命钞胥缮正寄津。世凯得复，初未校其同异，嗣为幕府所评发，世凯盛怒，派员赴东查询何人主稿。君悚然曰："东省交涉全恃直奉会商，咨行外部，与日使折冲，若有隔阂，必增荆棘。"力请开差南归，不许。三十三年，盛京将军裁缺，徐世昌授东三省总督，徇世凯意，君于财政局员参案内，牵连革职。三十四年，两江总督端方委办南洋印刷官厂，奏称有用之才，废弃可惜，保送引见。之洞欲尼之，而名已上闻，奉旨以知府用。宣统元年，锡良继任东三省总督，奏请开复原官原衔，调东委办奉天官银号，密令策画锦瑷铁路事宜。锦瑷铁路者，发起于美国银团代表司戴德，联合英商保龄公司，借款承修葫芦岛，经锦州、洮南、齐齐哈尔至瑷珲铁路。美任借款，英任包工，于是年八月订立草约，密折奏闻，交部议。度支部尚书载泽惑于左右之论，谓此路费钜利少，虑其亏耗，会同外务部、邮传部复奏议驳，锡良怒而请假。君与熊希龄、邓邦述奔走斡旋，再由锡良、程德全会奏，力陈东省危亡在即，非采均势主义不能挽救。摄政王甫有转圜之意，而事已泄于俄、日。俄使以穿越中东路为背约，乃改议先筑锦洮；日使又以并行南满路为背约，先后诘责，支吾逾年，而大势已变，正约迄未成立也。三年，赵尔巽调任东三省总督，委文案总办兼东三省官银号。武昌变起，金融动荡，调度得宜，关外安堵，奏署奉天度支使，未到任而共和诏下，尔巽乞休，君亦退隐。民国二年，汤化龙、梁启超组进步党，君加入焉，举为基金监。以内蒙部落涣散，游说各旗王公，在京组织蒙古实业公司，举科尔沁左翼后旗札萨克亲王阿穆尔灵圭为总理，君为协理，联络情感，拯济困乏，内蒙响化无异志。世凯于是知君之才，然未能用也。八年，梁启超为财政总长，以君为次长。启超遇有推举财政盐务专才者，辄予委派，更调频繁，每遭各省拒绝，君乃建议，嗣后任免宜先经会商，再提出阁议，启超诺之，乃疏通各省长官，令已经任命各员，仍赴新任，以保持中央威信。任事三月，力劝启超引退，在野主持清议，从此启超不复参加政局，益重君矣。十二年，中国银行股东会举君为总裁，张嘉璈为副总裁，撤换某省分行经理。督军电阻，保留原任经理。君电某督，谓"此次改派经理，因前任有应予撤职处分，事关全行风纪，未便姑容，兹徇尊意，拟暂准留职，三月后仍以现派之员接充，倘不蒙鉴谅，惟有命令分行停业，以期两全。特贵省为全国模范，银行被迫停业，似与全国景仰之令誉有关，应候明示。"某督复电如约。会有直奉之战，巡阅使吴佩孚召张嘉璈至四照堂议事，薄暮不得出。君入谒，问其故。佩孚谓本日军需急待支用四十万元，请副总裁提交，商妥后，即可回行。君云："库款动用丝毫，皆有定章，且有股东监督，非副总裁所能擅取；行中文件，每日皆须副总裁签发，未便久留。若巡阅使即须提款，则请派队开库径提，俾有交代；或知照财政部派员提供押品，与行签定契约，亦可立办。否则请扣留总裁，听候处分。"佩孚改容谢之，事乃解。其勇于负责，当机立断如此。十五年股东会，因辛劳过度，于办公室患脑溢血。急治得苏，而右半不仁，神思颠倒。逾年清醒如常，自言如沈睡初觉，瘫卧不起，转侧需人。至十九年夏，虚弱难支，溘然长逝，时在庚午六月十二日，享年七十四岁。君配束氏，先二年卒、妇翁为丹阳束允泰，与亚匏莫逆，即撰《金文学小传》者也。生子二：绶游学莢国，习矿工；柱曾任北京财政部佥事。君倜傥权奇，饶有智略；持躬清正，处事和平；自幼食贫，甘为委吏；于世俗之变幻情伪，洞烛无遗；剖决疑难，亿无不中；历参戎幕，熟览朝章国故；奏咨批答，下笔如流。尝慨然曰："任大事者贵有君子之襟怀，而不可不知小人之心理。有小人之机智而不为小人，斯能了事矣？"又尝自谓"获上临民，独当一面，吾愧未能；若为入幕之宾，参与密勿，果能言听计从，虽未必致治，先求其不致乱，吾所优为。"呜呼！用君者能如骆、胡两文忠，其所成就，岂仅此而已哉！余少于君十七龄，自晋而湘而辽，同室办事，受其匡益。罢官后同寓沪滨，过从尤密。自君北徙，每年入都相访，必晤聚数十日。闻君病废，时往省问，病榻前絮语如家人，以身后事相付托，故知君之志行甚悫。傥及今而不为之传，恐后世遂无知君者矣。爰书其荦荦大者，以备搜采，欲知鼎革前后之政治关系者，或有取焉。

(《叶景葵杂著》，第279～283页)

汤韦存之橡胶业

（1948年1月26日）

汤蛰先先生有二子：长曰孝佶，字拙存，创办闸口光华火柴厂，现归并于大中华火柴公司。次曰孝傪，字韦存，留学日本，专习农科，民国元年，毕业回国。蛰老正卸去浙江都督，为避嚣计，率韦存游历南洋。行至新加坡，发生经营橡树园之兴趣，遂在对岸柔佛地方，购买荒地二千余意格，留韦存专办其事，命名曰明庶农业公司（《淮南子》云"西南有明庶风"，兼取"明于庶物"之义）。顾蛰老不名一钱，其资本议定归拙存及蒋抑卮、蒋孟苹三人均匀筹垫。韦存斩棘披榛，在内地募工头十余人，参用土著，不惮炎暑，躬亲劳役。向来植橡者均以黄梨（即波罗蜜）相间下种，至四年后，收割黄梨，取回一部分成本，再经四年，即可收割橡汁，熬胶出售。不料黄梨成熟之时，正遇第一次欧战，黄梨割下，缺少马口铁皮制罐，无法销售，只能将成熟之黄梨，改作肥料，由是成本陡增，每年须筹款接济。迨橡胶可割，又因金价太低，内地工头须付国币，增加负担。欧战停止，金价复涨，英荷政府始则限制胶价，继又限制产量。截至民国十三年，三人共垫规元四十万两，财力不继，添招新股，其旧者作为七十万两，另招三十万两以充实之，余受拙存、抑卮之怂恿，入股一万两，忝然为股东矣。次年组织董事会，举余为董事长，韦存以董事兼任经理。至十五年，韦存以感受炎邪，身体不支，请假回国，要求另派董事，前往经理，以均劳逸。董事会允其留沪休养，而难得瓜代之选，仍嘱遥领经理。荏苒数年，工作退化，蔓草滋生。向来柔佛地方，以明庶园为华侨最优秀之农艺，至是声誉减低，不得已，仍请韦存回园整理，未及两年，触发旧疾，状类偏中，又乞假返沪。于是股东发起出卖产业之计划，遍觅沪上经营橡皮股票之公司，与之商洽，其条件之苛，计算之精，令人气塞。韦存以十余年辛苦经营之事业，为犹太商剥削抑勒，心有不甘，病状加甚。董事会亦力主慎重。延至民国二十九年，海上风云更紧，余乃建议请韦存长公子彦颐，赴园考察。彦颐执交大、暨大教鞭，本无余暇，重以乃父之命，冒险前往，至则周谘博访，决定本园毫无进行希望，非出售不可，归来力劝韦存，幡然改计。适遇暨大学生周君，有意经营此业，即与定议让渡。彦颐又至新加坡，办理手续，汇回售价三分之二，分给股东，汇款甫到，突发太平洋战争，尚有售价三分之一，冻结于华侨银行。三十五年冬,彦颐亲赴新加坡,取回余款,于是全业始告结束。股东除成本外,尚分得相当利润。韦存自偏中后,僵卧床褥,言语不仁,晤面时每作痛哭状,余不欲增其感触,故不常往见。至三十六年春,闻彦颐报告余款取回,全案清了,领首者再,不数日,又发旧疾,医治无效,溘然长逝。韦存体极壮硕,任经理时,每日须巡视全园,不畏毒蛇,不避烈日,其致病之由,实因服劳过久,感受热邪。症属有余,并非不足。又以经营不慎,无利可分,太负责,太爱好,郁而成病。未及全愈,又赴园两年,遂成不治之症。平心论之,明庶结局,实无负于股东,以盈利论,尚属优厚。且二十余年,内地工人,寄回家用,皆系侨汇,实有利于国家。韦存专习农学,毕身致力于本园,除明庶股分外,无一毫私蓄,心地光明,始终如一,固晚近可敬可佩之人才也。韦存尝告余,南洋橡园,受英荷政府宰割,无大希望,云南气候,最适宜于橡皮,如有资本家肯作十年计划,余愿效劳云云。言犹在耳,惜乎国人无注意此业者。年前晤植物学权威胡先骕博士告我,上年云南培植美种菸叶,收获之值达六百亿,本年拟大规模推广,由静生生物调查所任指导之责,以后云南菸叶定可蜚声于世界。足征滇省土脉之厚,以此例彼,韦存必不余欺也。

三十七年一月廿六日

(《及之录(十三)》《兴业邮乘》复第 34 号,原刊;

《叶景葵杂著》,第 272~274 页)

与丁文江论竹

(1948 年 1~2 月)

廿二年夏,余避暑莫干山,老友丁在君(文江)亦上山养病,余留

住山居,纵谈极乐。一夕在月下,余赞竹之佳处,在君则极口诋之。次日示余五律一首如下:

> 竹是伪君子,外坚中实空。成群能蔽日,独立不禁风。根细善钻穴,腰柔惯鞠躬。文人都爱此,臭味想相同。

适陈叔通见访,渠亦爱竹者,助余张目。在君曰:"公等皆所谓文人也。"相与一笑而罢。在君所以坚持己见,却非无因。当时资源委员会因我国木浆缺乏,而长江以南,遍地修竹,曾将竹材寄至各国化验。后称竹材不及木浆,以竹造浆,不易腐烂,耗时太久,用腐剂太多太费,纤维太短。故各国造纸家皆谓以竹造纸,最不经济,不合现代之需要。在君所以力持此论也。前日遇一化学家,新从美国归来,谓近来研究竹浆,极有进步,竹浆胜于木浆,极易腐烂,用腐剂极省,纤维极长,所造纸极坚韧,且其法简单,祇须将竹节割去,便易腐烂。从前皆以竹节并入缸内,故耗时久而费用多。自四川至浙江,沿山沿江,竹之种类极夥,几乎到处皆有,以之为造纸原料,真吾国大富源也。因思学问研究,毫无止境,距在君之殁不过十余年,即竹浆一端,已完全变易原来之成见。使在君不死,其愉快何如!凡人又乌可故步自封,不肯追求日新月异之事业耶?胜利以来,吾浙整理钱塘江,颇著成绩,据两年之经验,知钱江必可通航,上游必可蓄水发电,以徽江口最合理想,可以发电八万启罗瓦特,苏浙皖赣之大部分,均可利用。现在新安江两岸,都是荒山,倘遍植竹林,培成造纸区域,歙宣名产,以新法扩大之,定可雄视东亚。今之持筹握算,日夜思保存财富者,其亦有此远见否耶?

(《及之录(十一)、(十二)》,《兴业邮乘》复第32、33号,原刊;

《叶景葵杂著》,第268~269页)

文存二

保 商 谈[①]

(1911年5月)

我国幅员广博,非急从统一交通入手,行政断难敏捷。现在粤汉铁路,三省分为三橛,断非办法。各处市面紧急,招来股款亦非虚悚之气所能成事。故前日收回干路之谕旨,内阁政策未尝不善,所嫌者,商办之局原本商律,今则一概抹煞,使天下致疑于朝廷有破坏商律之意。关系亦非浅鲜。故内阁尚须另筹保商政策,同时发表,方足以安士庶之心。查比年以来,各处倒闭,纷纷叠见,如营口之东盛和汉口之三怡,上海之源丰、润义、善源初,皆初由各处官吏贪图重息,擅放公款,迨至倒闭,则以雷霆万钧之力,封闭号产,一概入官,其余存款、商欠,置之不问。于是各存户相率提现,争存外国银行。外国银行以轻息收入,经营别种事业,而现款则遏而不放,以致市面紧急,工厂停滞,著名大埠皆有江河日下之势。长此不已,必致亡国。其实官吏所封存者,不过产业而已,商务萧条,产业仍难变现。官吏虽免处分,亏损仍在国家。况各项厘税之折耗,于无形者更不可以数计,失策甚矣!现在内阁成立,亟宜筹定政策,由度、农两部特派专员清理各案,将各处各号产业分别查明总数,实值若干,公举妥实商人,估价拍卖。一面代追人欠之款,限期将收回现款,按照各号欠人总目

[①] 原题《叶景葵保商谈》。《申报》编者在文章开头加按语云:"此亦持平之论。叶景葵在京时,有友人与谈铁道国有事。"——编者

数,官商一律匀摊。其营私舞弊之同伙如陈逸卿等,皆应照律加等严办。如此,则商民悦服。各处存户皆晓然于国家保商之意,以后存款必舍外国而争就中国银行,金融机关可以灵活。倘内阁定此政策,与铁道国有政策同时发表,各省知朝廷非无保商之意,为国为民,两宜兼顾,或不致纷纷反对。

(1911年5月28日《申报》)

禀为遵饬查明吉省官帖情形并暂拟治标办法由

(1911年6月29日)

吉省向以钱为本位,制钱五百名为一吊,是为中钱。其后制钱短缺,商家争用抹兑凭贴。抹兑者,甲铺买物,以一帖兑至乙铺开发。而乙铺仍无现钱,又转开一帖于丙铺,互相转致,凭空纸以买实物,银价、物价因而加增,间阎苦之。光绪九年,前将军铭奏请革除抹兑名目,通使凭帖。现钱凭帖十吊准取现钱二吊,俟钱法疏通,再行加什,取有各商切结,市面得以稍苏。未几而其弊复炽,各商争出,凭帖到处充斥。虽无抹兑名目,而二成现付之令成为具文,钱法大坏。光绪廿四年,前将军延创设官帖局,发行官帖,仍照凭帖之例,帖到换帖,二成付给本省银元。其时银元定价二吊二百文,商民以其准完租税,争乐用之,信用日著。于是官帖局营运兑换之利,年盛一年,分红定章极为优异,官场视为利薮,而巧黠之商又复藉词借贷。官商勾结,坐得扣利,有司执事均以增发官帖为理财不二法门。至三十二年,发行之额渐多,银价因之而涨,乃定每圆为二吊五百文。至三十三年,发行之额更多,前度支司陈玉麟实笔其事,于官帖局内附设官钱局,弛银元定价之例，准其自由合银。于是每圆涨至三吊六七百文，势将岌岌不可终日。其时发行官帖之额，增至五千七百余万吊，而官钱局之准备金不过六十余万两。始则改付银元为铜元，后乃改一吊为铜元四十枚，照二成兑现计算，每帖一吊，付以铜元八枚而已足，官帖之信用日堕。陈抚①莅任，怒然忧之，乃并官帖、官钱两局为官钱银号，调饶道昌龄总办其事。自前年八月以至于今，吸收准备现金三百余万两。现在官帖发行总额为六千七百余万吊，库存现金及可靠抵当品、津沪分号之资本金，合而计之，除火灾损失外，约有五百余万两，办理尚称得力。惟市面银价日涨，商民援二成兑现之例，纷纷提取现银，付不胜付。饶道创议一概不付，于是官帖遂成不换纸币。此吉省官帖沿革始末情形也。

吉省之铸银元，始于光绪二十二年。以后历年加铸，成色低劣，外埠滞销，然至今吉市银元所存甚少，必系奸商牟利私销之故。至于银两尤属短少，即有至者，悉为商民载运出境。故官银钱号续筹准备，甚为棘手，必须以官帖买卢布，然后运至他埠，兑以银两。若仍照二成兑现，则现存区区准备必又搬运一空，故不得已而有概不付现之令。现银如此缺乏，官帖如此充斥，银价日涨，帖价日落，百物腾贵，民不聊生，改弦更张，刻不容缓。职道与此邦官绅商民讨论此事，约分两派：主张收回者为一派，希望增发者为一派。主张收回者鉴于银价之暴腾，物值之昂贵，恶币之充斥，外资之灌输，稍有心知孰不有改良之望？然叩以改革为圆，化虚为实之法，则金以筹款无术、旧亏无著为虑，空论虽多，实际终难解决。希望增发者一派之中，又分两派。现在行政经费入不敷出，各商营业产不抵债，惟此官帖一纸风行，倒悬立解。而复狃于借贷之通融，红利之优厚，人人艳美官银钱号，即人人护持官帖，所谓明知故犯者也。商家存欠皆以吊计，银价

---

① 指吉林巡抚陈昭常。——编者

涨落，于旧账大有出入。万一官帖尽废，易吊为圆，必有少数商家受其亏损，顾虑之念多，则阻挠之说进，所谓畏难苟安者也。增发之说，万无理由，可以不论；收回之说，亦非空言所能办到，必须筹如何收回之法，方能著著进行。审度再三，而困难出矣。

一、弥补亏损之困难。

甲、现在官帖流通总额为六千七百余万吊，照现定官价每两五吊二百文，约合银一千三百万（两）。而官银钱号所存准备现金不过三百万两，其余各项财产之可以变现、分号资本之可以提回者，不过一百万两。两相比较，约短九百万两。

乙、吉省地面极广，各属所以官帖为易中，故现在流通总额六千七百余万吊，实不足以周转全市。若限期收回，则全省信用之易中，立见短缺，其价必涨。如每两涨至四吊文，则向亏九百万两者，骤进而为一千二百五十万两。如此钜款，断非吉省所能担任。

丙、若由国库垫付此款，而责成官银钱号收回欠款陆续归还，系必不可得之数。盖历年红利均已分散，行政借垫难望归结。其余官办营业、商民借贷、失败倒欠，不一而足。若有国家担任弥补，是不啻以全国财源代偿历年官吏任意销耗之款，其危险不可言喻！

丁、或谓将来改良税则，俟银价低落，易吊为元，则国库有增收之望。然以增收抵支出，其数相等，势非加税，不能实在增收，而其事又非旦夕所能办到。

二、改革习惯之困难。

甲、吉民日用出入习惯用吊，不知银元计算之法。其心理以为，如用官帖，则以吊易吊，不致折耗；如用银元，则今日三吊三者，明日改为三吊二，不免吃亏，皆疑忌而不敢用。故官帖之势力弥满全省，东西洋商之收买粮豆者，必以日币、卢布兑买官帖，方能与民间交易，足见人民知识之低。故欲销除吊之名称，宜渐进不宜急进。

乙、国家税项有收银者，有收小银元者，有收钱者。其收银及元者,皆照市价折合官帖行之数十年,今欲改吊为元,必先更定税则,非行政官吏切实筹办,而又合商会之力以助其成,不易收效,非目前所能猝致。

三、准备银元之困难。

甲、吉民重视官帖,其视银两、银元、银票如货物。然除长春外,几不见银元踪迹,即有至者,不久亦捆载出境。大清分行所出小银元票不过数万,而准备时有不足之弊。若以大清之票收回官帖,为数至钜,准备为难,银行易生危险。

乙、道路不便,胡匪纵横,运送银元极为艰难。而元票初行,信用极薄,上午所付,下午即来兑现。万一接办不及,尤为危险。

丙、俄国银辅币十枚重五钱八分,市价四吊四百文。我国小银元十角重七钱二分,市价三吊三百文。现在俄国以一卢布纸币可买官帖四吊四百文,再以所得官帖之数收小银元,可得一元三角三分,再以所得小银元改以银辅币。则出十卢布之纸币,可换成十五卢布至十六卢布之现金。而民间习惯又只知俄国有银辅币,而不知其有金主币。故俄辅币充斥于东清一带。如此辗转盘剥,不数年而小银元悉销为辅币,将来国币成色又优于小银元,其流币[弊]尤难臆测。

丁、若抬高小银元之价值过于四吊四百文,则银价必涨为六七吊,物价因之而涨,市面非常激动。其时卢布之价亦必因之而涨,小银元仍有自在流出之趋势。

四、销除阻力之困难。

甲、吉省官场向以官帖为利薮,每年分红之数,监理官迄未得其真相。而从来币制之整理,虽有大部督率限制,仍视行政官执行之诚伪,以卜推行之良楛。若急于销灭官帖,全省之官阳奉行而阴反对,大清银行将有孤立之势。

乙、吉省绅商之狡黠者,向以官银钱号为利薮。其法可以保人名义借钱,即以此钱盖房,再以此房押钱,再盖再押,辗转无穷。其他各项营业,无不恃官帖为资本,经手人坐得扣利,所收之息作为红利。营业失败,则累累皆官产,永无收回之日。今若骤废官帖,则因此失业之绅商,必致横生阻力。

五、截清数目之困难。

甲、当监理官未曾封禁帖料以前,官帖局腐败情形不可殚述。至陈玉麟秉权时代,物议尤多。故现行之额六千七百余万吊。仅据该号报告而定,是否实数,难以逆料。

乙、火灾之后,谣言蜂起。有谓原存帖料并未烧毁者;有谓去年奉准发行新帖,换回旧帖,其数五百万吊,不免影射者;有谓监理官监毁旧帖并未实行者。虽系道路臆揣,毫无实据,但当群言淆乱之际,难保奸民不从此生心。急于收回,恐多蒙混。

纵观以上各节,官帖之弊已入膏肓,势将不治。今于艰危丛脞之中,勉筹治标、治本两策。治标之策其目十二:

一、乘火灾之后另设吉林官银号于省城。

二、裁撤现在之官银钱号,改为清理官帖局。

三、新设官银号设总办一员,由东督遴委妥员办理;设总稽查一员,由东三省正监理官选派。此外所用夥友,另定详章办理。

四、清理官帖局设总办一员,即责成现办官银钱号之总办,专司其事,其余冗员一概裁撤。

五、新设官银号,准发行新式官帖七千万吊。

甲、此项新帖以铜版精印,严防赝造。

乙、此项新帖暂照旧章二成付现,俟准备充足,再行酌增。

丙、此项新帖不准移垫行政经费。

丁、此项新帖除照截清旧帖数目、陆续发交清理官帖局收回旧帖外,下余之数准其严定章程,借贷营业,以资周转。

戊、官银号不收现行旧官帖。

己、官银号不准发行小银元票,如需用时可向大清银行照章借贷。

庚、新帖以七千万吊为限，不准增发。

六、官银钱号裁改后，即将库存、外存现金，产业及各项抵当品，悉数移交官银号。

甲、津、沪两处分号即行裁撤，所有资本、产业及各项抵当品，由官银号接收管理。

乙、以后津、沪汇兑归东三省官银分号代办。

丙、现在流行官帖总额，于裁改之日截清数目，报部存案。

丁、官银钱号所有商欠、官欠，责成清理官帖局勒限催缴。其收回产业分期变卖，以所得现款缴回官银号。

七、清理官帖局成立后，准向官银号陆续领取新帖，收回旧帖。

甲、不准再作借贷兑换各项营业，并不准再有分红名目。

乙、旧帖收回后不准再出。

丙、旧帖收回满一百万吊，即报明监理官截角封存，以备抽查，不准焚毁。

丁、旧帖之赝者，认真剔除；如有以赝乱真者，清理官帖局担其责任。

戊、倘收回旧帖逾于报部截数之外，历任官银局、官帖局、官银钱号总办以下，均担其责任。

八、由监理官会同度支司，将岁入租税、厘捐等项向以钱为本位者，分年改为银元本位，其岁出之款亦比照分年改定。

九、由东三省审计处会同清理财政局，将吉省行政经费切实核减，即照宣统四年预算定额，以节省赢余之款留于吉省，充弥补帖亏专款。

十、由监理官会同度支司筹画本省别项可靠财源，以备分年弥补帖亏之用。

十一、俟帖数截清，即查照准备现金及另筹弥补专款实数，酌定分年收回办法，并由大清银行临时酌定补助章程。

十二、俟新帖全数收回，即将官银号改为地方银行，或归并东三省地方银行办理。

以上各节如蒙采纳，即请密咨东督，酌定施行。但治标之策不过因势利导，虽于各种困难大致可以解决。而日久不免弊生，势非别筹治本不可。治本之策惟有速定虚金本位制而已。现在《国币则例》业经公布，亟待推行，而论者或谓各国皆用金，而中国独用银，将来全球生银萃于我国，金价日涨，银价日落，其害甚烈。而就此次考查所得，则日、俄皆用金，而东三省独用银，劳工低廉之价，则以银辅币付给；货物贸易之额，则以金本位核算。将来东三省市场不特为日俄金纸币之尾闾，而且为日俄银辅币之尾闾，其危险何堪设想！惟有仰恳大部于推行新定国币之日，即预筹进行金本位。如谓金本位暂难躐致，或照虚金本位制定一适宜办法。兹事体大，必须博采众论，详考实情，再由大部折衷定断。职道如有一得之见，谨当另具说帖，呈候采择施行。除将江省官帖情形及筹拟奉天官银号、收回纸币办法，另禀陈明外，所有查明吉省官帖情形及暂拟治标办法各缘由理合，禀呈堂宪鉴核，批示祗遵。

（王尔敏、陈善伟编《近代名人手札真迹
——盛宣怀珍藏书牍初编》）

大清银行正监督叶揆初启事

（1911年7月14日）

启者，银行系商业性质，所有执事人等，必须熟悉商情，操守廉洁，方能胜任一切。贪缘推荐之人，决非景葵所敢信用。嗣后各行执事如有更换,必当虚心延访素有声望,或其才品学识为景葵所推重者,方能汲引,断不滥用私人。四方亲故万勿来京,请托屏斥勿怪。如有持荐函来者,一概谢绝。务希鉴谅。

(1911年7月14~16日《时事新报》头版,原报)

大清银行规程

(1911年9月)

第一章 总 则

第一条 本行行员(总行自科长起、分行自总办起皆称行员)应遵照《大清银行则例》《总行办事总章、细章》《分行分课办事总章、细章》已颁行各种行章及本规程之规定,各行其职务。

第二条 总行各科各股,分行经协理以下之事务,如无专条明定,或虽有专条,尚待斟酌及事关重大者,应陈明监督或科长、总办,指示办法。

第三条 本行行员不得兼差及兼营他业。但得监督特别许可者,不在此限。

第四条 本行营业时间:上午自九时起至十二时止,下午自一时起至四时止。但分行得酌量情形增加之。

第五条 行员除例定休业日外,每日办事时间,自上午九时起,下午至五时止(但本日应办之事尚未完毕时得延长之)。于此时间内非有正当之理由,得监督或科长、总办、经协理之许可,不得外出。

第六条 总分行各置考勤簿,自科长、总办、经协理以下至行,皆记名画到。若有疾病或别有事故,科长、总办、经协理须将事由记入簿内,以次行员须附具理由,预先请假,由科长、总办考察情形,酌量允可。

第七条　本行之休业日如左：一、星期日，二、万寿日，三、节假——五月初五日、八月十五日、冬至，四、年假自正月初一日起，初五日止。

第八条　本行行员不得向本行及本行往来商家挪借款项。

第九条　本行行员关于本银行之业务，应守秘密，不得泄漏，尤不得以文件、账簿、表册示人。

第十条　本行行员不得为人作保，向本行借放款项。

第十一条　本行行员不得以他人名义及别号、记名、堂名等向本行私作交易；尤不得作其他一切欺诈之行为，及伪造或私作账簿、票据等事。

第十二条　本行行员无论对内对外，凡文书之往来，证券之签押，皆用一定之名号，不得应记名、堂名等署名。

第十三条　本行行员对于上级机关之命令，不得阳奉阴违；对于上级机关之陈述，不得隐匿事实。

第十四条　本行行员应尊重品行，不得作一切不道德之行为。

第十五条　本行行员应严戒浮华，慎重卫生，衣服饮食起居，皆宜朴实洁净。

第十六条　本行行员应明公私之界限，不得用银行名义办私事，尤不得以银行物品充私用。

第二章　行员进退及劝惩

第十七条　本行行员进退，总行各行员、分行经协理及由监督派充之行员，均由监督定之。分行除经协理及由监督派充之行员外，其他行员及临时雇用人员之进退，由总办或总办经协理定之。但须按照分行《暂行分课总章》第三条、第十三条办理。

第十八条　凡进用行员，除无下列各条之事实外，必经监督及总办经协理详加考察，以定去取：一、受刑律上之处分者；二、曾经破产或经商有重大之失败者;三、身体虚弱或有传染病源者;四、性情戾张或有不正之嗜好者;五、履历不明者。

第十九条　凡进用行员,必须有妥保二人,保人应负连带之责任。

第二十条　本行行员因事退职,应具辞职书。总行行员及分行总办经协理,或由监督派充之行员,必须经监督之许可。分行除经理及监督派充之行员外,其他行员必须经总办之许可,即时呈报监督。

第廿一条　凡撤退或辞退行员,应将经手事件交代清楚,得接任者出具结切后,总行行员、分行总办、经协理,及由监督派充之行员,必须得监督之认可。分行经协理以下,除由监督派充之行员外,其他行员必须得总办之认可后始得出行。

第廿二条　本行行员自科长、总办、经协理以上,奖励分为二种:一、进级,二、分红。

第廿三条　除前条外其他行员奖励分为三种:一、奖励金,二、进级,三、分红。

第廿四条　本行行员惩罚分为五种:一、记过,二、罚薪,三、退级,四、撤退及赔偿,五、撤退后呈请参革,或送官厅惩办。

第廿五条　科长、总办之赏罚,由监督酌定。

第廿六条　自经协理以次之赏罚,由各科长或总办呈报监督酌定。

第廿七条　行员奖励以左列各项为标准:一、年中迟到、缺勤、请假等事极少或绝无者,二、办事勤慎毫无过失者,三、在行年限较久者,四、才具卓绝成绩可为表率者。

第廿八条　行员如有左列各项之行为,可处以第二十四条所列一、二、三、四各项惩罚:一、违反第二十七条所列第一、二、四项者,二、违反第三、四、五、十二、十三、十四、十五、十六各项者。

第廿九条　行员如违反第八、九、十、十一各条者,可处以第二十条内所列第四项或第五项惩罚。

第三十条　奖励金及分红由监督另定专章。

第三十一条　除上劝惩各条规定之外,遇有特别情形,监督可随时升调或撤退行员。

第三十二条　以上各条所列之各种赏罚,监督可以临时变更之、增加之。

第三章　薪津及旅费

第三十三条　本行行员薪金等级如左表:

月俸等级定数表:

　　第一等　一级五百两,二级四百五十两,三级四百两,四级三百六十两,五级三百二十两。

　　第二等　一级二百八十两,二级二百四十两,三级二百两,四级一百六十两,五级一百二十两。

　　第三等　一级壹百两,二级八十两,三级六十两,四级四十两,五级二十两。

　　第四等　一级十六两,二级十二两,三级八两,四级六两,五级四两。

但总行可由监督、分行可由总办呈请监督,按右表等级银数增减之。

第三十四条　本行行员若命兼办行内他项之事务,概记勤劳,不另给薪金。

第三十五条　本行行员薪金于每月十五日发给,无论何人不得预支。

第三十六条　凡采用及撤退各行员之薪金,均按日计算。

第三十七条　本行行员因病或其他正当事由,经监督或总办许可请假者,照左记之限制发给薪金,由请假之当日起算:一、进行三年以上者,三个月内发给全薪;二、进行二年以上者,二个月内发给全薪;三、进行一年以上者一个月内发给全薪;四、虽进行不满一年,有特别勤劳或特别事项,经监督或总办特许者,一个月内发给全薪。逾以上规定日期之后,尚不能销假者,得由监督或总办特允续假,发给半薪。再逾限不能销假者,即行开除。

第三十八条　本行行员因公出差之时,旅费一切应照实费填表,总行由监督核定,分行由总办核定后发给。

第三十九条　进用行员到差,旅费亦照第三十八条发给。

第四十条　出差行员于起程时,经监督或总办之许可,可开具预算单,预支旅费若干,销差后限五日内开具决算单清算。

第四十一条　本行行员如因公必须酬应者,其费用若先得监督或总办之许可,可照实数发给。

第四章　保证及储蓄

第四十二条　凡经手营业出纳及证券各行员,必须缴纳规定之保证金。但得监督之许可免缴者,不在此限。

第四十三条　保证经应由监督另定专章,定期实行。

第四十四条　本行行员应按月薪提存百分之五作为行员储蓄金。

第四十五条　行员储蓄金总行由监督,分行由总办代为积存,按年六厘付息。非至出行时或有特别事故、经监督或总办认可时,本息概不得提取。储蓄金应另定专章,定期实行。

第五章　附　　则

第四十六条　本规程之规定,总分行行员应一律遵守。但从前各种行规,习惯与本规程无抵触者,仍旧照行。

第四十七条　各分行所设之分号,本规程亦适用之。

第四十八条　本规程之实行如有窒碍或未尽之处,随时可由科长或总办呈请监督酌量增减。

第四十九条　本规程定于宣统三年八月十六日实行。

(1911年9月20~24日《时事新报》)

大清银行国币兑换所章程

(1911年9月)

大清银行正监督叶景葵等呈谨拟国币兑换所章程十一条，缮具清折，呈请饬议施行。谨拟国币兑换所章程开呈钧鉴：

一、凡国币发行地方，有愿代大清银行兑换国币及纸币者，应先通知就近大清分行，由该行切实调查，果系妥实可靠，准其刊给国币换所戳记，认为国币兑换所。

二、大清银行认定国币兑换所，如在同一市内有两家以上之时，应按认准次序，为第一、第二等名目，以示区别。

三、非经大清银行认定，不得挂立国币兑换所牌号。

四、国币兑换所之责任如下：

（一）有需用国币纸币者，国币兑换所须设法供给。

（二）有持国币纸币者不得拒绝。

（三）如遇所存国币纸币不敷兑换之时，可计算由就近大清银行运到之日期，暂缓兑换。

（四）大清银行指定之事均应遵办。

五、国币兑换所可以妥实抵押在就近大清银行分行分号。押借现银以二千两或二千元为度，免收利息。

六、国币兑换所由就近大清银行分行分号领取国币。往其所在之地或以纸币送由就近行号兑现者，可由该行号核实给与川资，不得过于实在所费之数及应费之数。

七、大清银行借给国币兑换所现银，另有国家补给大清银行息七厘，其所付川资，亦核实由国家发还。

八、国币兑换所由就近大清银行分行随时督察管理,所有该所一切事务,应由原认之分行担负完全责任。

九、国币兑换所凡大清银行分行所设立之分号,均有就近稽查之责,随时报告分行总办。

十、国币兑换所应按币制则例、纸币则例及大清银行各项章程行用国币。如大清银行察出行为有不合之处,可随时缴销认定,收还借款。如其行为有违背国币纸币则例及各项章程之处,除缴销收还外,并控由该管官处以二百元以下罚金。

十一、国币兑换认定期限,从认定之日起,暂足三年为满期。大清银行可于满期时续行认定,期限另定。

(抄件,盛档第 111955 号)

外债问题

(1912 年 6 月 1 日)

民国建设,必借外债。现在各国投资竞争,其已成团体者,一为美法英德银行团,一为俄英比银行团。美法英德银行团,亦称四国银行团,其已得利益,有前四国借款,发端不同,由两线而聚于一点。

后四国借款,发端于粤汉铁路。粤汉初借美款,张之洞借英款赎美款。于是粤汉与英有关系。嗣又议借英款筑粤汉,兼筑川汉。而川汉先于法有关系。英款要索太奢,改借德款,英不允,法乘之,改为三国借款。议将定而美总统要求加入,乃改为四国借款。是约也,磋议最先而签字在币制借款之后,故名后四国借款。

前四国借款,发端于新法铁路。唐绍仪为奉抚,准英国宝林公司承修新民府至法库门铁路,因日本反对而辍。锡良为东督,不准美国资本家借款修筑锦瑷铁路,仍准宝林包工。俄日协同反对,未订正约。美资本家乃引法德美成一团体,暂值锦瑷不同,而与前清度支部订币制借款一千万镑,以二百五十万镑,充东三省实业经营。是约也,发起在后而订约在川粤汉正约之前,故曰前四国借款。

俄英比银行团,由俄比两国资本家及伦敦某银行组织而成,亦称三国银行团。成立年余,迄无所获。陈锦涛与道胜所订草约,是为第一次贸易。因要求优先权,未得通过。然改九五扣为九七扣,四国银行大忌之。嗣唐绍仪与四国银行商借善后钜款,议已定而又要索权利,不得已另与华比银行订借一百万镑。华比银行者,即三国银行团之代表也。四国银行团又大忌之,百计阻挠,运动公使,出面抗议,其意无他,垄断而已。

自道胜借约作废,四国银行引俄国加入团体,日本继之,而六国银行团之名出现。现在比款业已交付,其竞争之结果,安知不再引比国加入团体,而成七国银行团?斯时也,全国债权为一团体所把持,事事受其牵制。将来中国如欲吸低利以偿重利,自募公债于世界市场,必为债权者所破坏。长此不已,中国即埃及也!故新政府对此问题,有不可不知者四义。

第一,当知四国银行团,系代表四国银行,而非代表四国。报纸之蜚语,公使之抗议,皆与政治无涉。我当认定宗旨,不可自生葛藤。

第二,当知四国银行并不能代表团体以外之四国银行。票价之涨落,扣佣之赢余,皆有汇丰、汇理、德华及美资本家代表一手包揽,易招嫉妒。此次与俄比联合之英国银行,即反对派之显著者也。安知不再有他银行起而代之?

第三,当知六国银行团系为将来借款地位,其已定之川粤汉及币制借款,不在范围之内。盖增一国即增一冲突,增一冲突即增一要求。彼四国团因币制债票,会议多次,旷时费日,若已成之约,再行更改,必致胶葛迁延,生新政进行之阻力。

第四,当知七国银行团如果成立,则中国必须派员赴欧,自募公债。各国银行愿承售中国债票者,实繁有徒。一因政治不良,二因经手人障碍,故终成虚愿。今内阁业已统一,大款尚未借成,川粤汉债票早已售罄。币制债票,其数不过一千万镑,伦敦、巴黎之渴需中国债票,自在意中。悬鹄以招,必有应者,毋过虑也。

总之,借款要自由,倘不自由,其害甚于无债可借。愿当局者三复斯言。

(《东方杂志》,第 8 卷第 12 号)

浙江实业、浙江兴业银行与海丰面粉公司等合约

(1915 年 5 月 16 日)

立合约:浙江地方实业银行、浙江兴业银行今因海丰面粉公司、赣丰饼油公司(下称两公司)积欠浙江地方实业银行、浙江兴业银行(下称两银行)本息银三十四万余两,该公司延不归还。经两银行向公司施行债权,双方订立合同,将全厂机器、地皮、房产及一切物件并交由两银行完全管理。兹特公同聘请孙江东先生总理两公司事务,一切权利、义务订明于后:

一、自接收公司之日起,所有全公司一切事务,总理有完全管理及处分之权。

二、总理薪水每月订送银圆二百圆,凡因公旅费及交际各费,均在正账开支,其余各员薪水悉由总理酌量规定。

三、公司营运资本由两银行随时酌量市面情形,与总理商妥后协同筹垫。

四、每月终将收支各款连同预算决算,报告两银行。其营业情形与销货、存货各件,每星期列表报告一次。

五、全公司所有各种用具、机器,应编造财产目录交两银行存查。

六、两银行管理该公司权限,除各项开支及应解两行之各种息款外,以清了甲寅年底止所结欠之本息银三十四万余两为限。

七、每年营业所入除去各项开支,其纯益金作十四成分摊。以三成为总理及全公司人员花红,其余十一成全数归还两银行欠款(此三成作十分,总理得十分之三,余由总理核定分给全公司人员)。

八、前项所欠本息银三十四万余两,如于二年内银行全数收回,即于所收之债款内,致送总理酬报金三十分之一,倘收回在二年以上,则以二十分之一为酬报金。

九、两银行对于总理,总理对于两银行,倘非意外变更,彼此均不得于中途解约。如因不得已事故必须解约,彼此必于三个月以前预先知照。

十、右订合约一式三纸,两银行暨总理各分执一纸。

民国四年五月十六日

海丰面粉公司、赣丰饼油公司总理孙江东(印)

浙江地方实业银行董事会代表朱晓岚、楼映斋、胡济生(印)

浙江地方实业银行经理李馥荪(印)

浙江兴业银行董事会代表胡藻青、叶揆初(印)

(原件,上档 Q268—1—82—12)

浙江实业、浙江兴业银行与海丰面粉公司等立合同

(1915年8月16日)

立合同　浙江地方实业银行(下称浙江银行)、浙江兴业银行(下称兴业银行)今因海丰面粉公司、赣丰饼油公司,于前清时欠用浙江银行本息规元银十七万四千六百余两正,兴业银行本息规元银十七万一千八百余两正。现在交涉结果,将两公司产业、机器全数收回管理,公请孙江东君总理两厂事务。其所欠款项由两银行先就海丰厂垫款营业,以每年盈余之款陆续归还。兹将关于垫款及对于公司各种应办事务,双方议定各条如左:

一、两银行对于海丰营业,当据孙总理报告,察看市面情形,随时协议垫款数目,平均筹拨。

二、海丰每年结账后,除垫款本息及各项开支、办事人红利照议定之数支销外,即按其盈余平均摊还两银行借款。

三、海丰营业情形及进货、存货各种报告,应由两银行会函孙总理,除协商事件只用公信外,其余表单均须缮交两份,由两银行分执存查。

四、海丰驻沪账房应行报告事件,同第三条办理,其账目当由两银行各举一人,每月初一、十六均会同查察一次。

五、烟台销售面粉应行报告事件,亦同第三条办理,其应派驻烟稽查一人,由两银行公同选用。

六、凡公共之重要单据、函件,议定由浙江银行保管,惟浙江银行收到后当函告兴业银行为证。

七、两银行与孙总理函牍,无论何处缮发,必经双方加盖图章,

以便接洽。

八、两银行垫付海丰款项，设有多少不能按平均之数即日筹还时，此多垫之数即自解出之日起，出立本票，以半个月为期，按七两半计息。若在半月以上，则自逾期之日起，照银行与孙总理议定海丰往来办法，仍立本票，以八两半结息，但所转日期总计仍不逾一个月。

九、此项合同业经双方议定，一式两纸，各执一纸为据。

民国四年八月十八日

浙江地方实业银行经理李馥荪　董事会代表胡济生（印）
浙江兴业银行申行总理樊时勋　董事会代表叶揆初（印）

（原件，上档 Q268—1—80—12）

浙江兴业银行领用中国银行兑换券合同

（1915 年 9 月 14 日）

立合同　中国银行（下称中行）、浙江兴业银行（下称兴行）今将双方议定各条开列于左：

一、兴行领用中行十元、五元、一元兑换券，共三百万元，应由中行会同兴行在两行所在各地方，分批点明封存中行保管，归兴行随时陆续领用。

二、兴行于陆续领用前项兑换券时应备现金五成、中央公债券二成半，交付中行，以充保证。中行对于前项现金保证，应给年息二厘半，但前项保证金兴行不得随时动用。

三、兴行除缴前项保证七成半外，其余二成半空额应由兴行自备保证，中行得随时派员点验。对于前项自备保证，无论现金或中央公债券或他项有价债权，遇必要时中行得有优先权处理之。

四、两行应于前项兑换券上各加暗记,以便区别。

五、兴行所发暗记兑换券及中行自发兑换券到各行兑现时,各行应互相兑收,每日彼此交换抵冲,如有尾数,各行应备现金补足。如兴行有尾欠时,不得请于保证金内扣除,但遇市面银根紧急时得协商特别办法。

六、兴行既领用中行兑换券,嗣后不得自发钞票,其原发钞票应自第一批中行兑换券领到发行之日起,限六个月内收回。其处置旧票之手续如下:(一)兴行于实行领用中行兑换券前应将原发兴行钞票流通额、库存额开具清单,送交中行查核点验。(二)前项库存票额查核点验相符后,即由中行派员会同兴行定期销毁。(三)前项流通票收回后,应即盖作废印,随时由兴行报告中行会同销毁。(四)兴行应登报公告收回原发钞票,收毕销毁后应会同中行详报财政部备案。

七、兴行应将所发暗记兑换券之流通额,随时报告中行。

八、兴行领用三百万元足额后,得再照本合同条款加领兑换券,以二百万元为额。

九、本合同有效时期以四十二年为限。

十、本合同共缮两份,双方签字盖印各执一纸,互相遵守,不得变更,并各详报财政部备案。

十一、本合同期满时,兴行应将所有暗记券交还中行,否则中行得于兴行缴存保证七成半内照数抵销,如仍不齐,得于期满次日于兴行如数收现及中央公债券。

中华民国四年九月十四日

中国银行总裁　李士伟(印)

立合同浙江兴业银行董事长　叶景葵(印)

(《中国银行行史资料汇编》,第1033页)

呈北京政府财政部文

(1915 年 9 月 17 日)

禀为领用中国银行兑换券，收回自发钞票，订立合同，抄送备案事。本银行于前清光绪三十四年在农工商部注册，并奉前清度支部核准给与发行钞票特权，以五十年为限，历年总分各行发行总额准备成数均经遵章填报在案。兹与中国银行议定，就本银行总分行所在各地方，领用中国银行兑换券，限期收回自发钞票，所有详细办法均经彼此议定，订立合同十一条，于本月十四日双方签字盖印，各执一纸为凭。理合查照合同第十条，照抄合同条文，禀请大部备案，伏乞鉴核批示只遵。谨禀
财政部
计抄合同一件

浙江兴业银行董事长　　叶景葵（章）
浙江杭县人，年四十二岁，住上海英租界大马路
中华民国四年九月十七日

【附】1915 年 9 月 21 日财政部批复："禀悉。查该银行自前清度支部核准开办，并给与发行钞票特权，数年以来，信用卓著，乃该董事长为统一币制起见，按照浙江地方实业银行成案，向中国银行领用兑换券，额订三百万元，另订合同，经双方签字盖印为凭，并据中国银行呈报到部，具徵该董事等力顾大局，殊堪嘉许，应准备案，合同存。此批。"

(《中国银行行史资料汇编》，第 1032、1034 页)

呈北京政府农商部禀

(1915 年 10 月 25 日)

  禀为缮呈修正章程请予注册事。窃银行于前清光绪三十三年在杭州设立总行，又于三十四年在汉口、上海先后设立分行，呈准前清度支部、农工商部注册给照在案。兹于民国三年十二月在北京设立汇兑处，已禀北京警察总厅注册，并蒙大部暨财政部核准。本年八月股东会通过修正章程，改上海分行为总行，以杭州、汉口各行为支行，并于天津添设支行。除在支行所在地禀请官厅注册外，理合缮录修正章程呈请大部察核，准予注册备案，实为公便。除禀财政部并在上海县注册所缴纳注册费、禀请转详核咨外，谨禀
农商部
计呈修正章程一册

浙江兴业银行董事长 叶景葵
办事董事 樊棻
办事董事 蒋鸿林
民国四年十月二十五日
(文稿，上档 Q268—1—625)

呈北京政府财政部禀

(1915年10月25日)

禀为缮呈修正章程请予备案事。窃银行于前清光绪三十三年在杭州设立总行，又于三十四年在汉口、上海先后设立分行，呈准前清度支部、农工商部注册给照在案。兹于民国三年十二月在北京设立汇兑处，已禀北京警察总厅注册，并蒙大部暨农商部核准。本年八月股东会通过修正章程，改上海分行为总行，以杭州、汉口各行为支行，并于天津添设支行。除在支行所在地禀请官厅注册外，理合缮录修正章程禀请农商部注册，并呈大部察核备案，实为公便。除禀农商部外，谨禀财政部

计呈修正章程一册

浙江兴业银行董事长　叶景葵

办事董事　樊 棻

办事董事　蒋鸿林

民国四年十月二十五日

（文稿，上档 Q268—1—625）

呈上海县注册所禀

(1915年10月27日)

禀为缮呈修正章程请予注册转详事。窃银行于前清光绪三十三

年在杭州设立总行,又于三十四年在汉口、上海先后设立分行,呈准前清度支部、农工商部注册给照在案。兹于民国三年十二月在北京设立汇兑处,已禀北京警察总厅注册,并蒙财政部、农商部批准。本年八月股东会通过修正章程,改上海分行为总行,以杭州、汉口各行为支行,并于天津添设支行。除在支行所在地禀请官厅注册外,理合缮录修正章程,并遵缴注册费银三元,呈请察核。录详道尹,转详巡按使,咨明农商部注册备案,实为公便。除禀财政部、农商部外,谨禀上海县注册所

计呈修正章程一册注册费银三元

浙江兴业银行董事长　叶景葵
办事董事　樊棻
办事董事　蒋鸿林
民国四年十月二十七日
(文稿,上档 Q268—1—625)

复北京政府农商部禀

(1915 年 11 月 30 日)

禀为遵批详报并缴销前领执照事。窃奉本年十一月四日大部第二三四九号批开(照录全文)等因到行。查本行股份银分四届收取,每届收银二十五[万]元。前清丁未、戊申年间收足两届,本年遵禀由董事会议决,定于阴历十月初五日开收第三届股银。截至现在缴者业已过半。至董事七人、监察人二人均以选举足额。本行章程第三十六节,董事于七人内选举办事董事三人,复于三人内选举一人为董事长。故前禀由董事长、办事董事列名,并非所报脱漏。兹将各董

事、监察人姓名、住址。遵批另折开呈照，并遵缴前清农工商部第二百二十六号执照一纸，恳请鉴詧，填换新照给领，实为公便。再银行本行现设江苏省上海县英租界南京路地方。合并陈明。谨禀
农商部

  计呈清折一件前清农工商部执照一纸。

     浙江兴业银行董事长 叶景葵

    浙江杭县人，年四十二岁，住上海英界斜桥路

       办事董事 樊棻

    浙江镇海人，七十二岁，住上海北福建路

       办事董事 蒋鸿林

    浙江杭县人，年四十一岁，住杭州积善坊巷

      民国四年十一月 日

    浙江兴业银行董事、监察人姓名年籍清单

计开董事七人

  叶景葵 董事长 籍贯、年岁、住址具载于禀。

  樊 棻 办事董事 籍贯、年岁、住址具载于禀。

  蒋鸿林 办事董事 籍贯、年岁、住址具载于禀。

  胡 焕 浙江杭县人，年四十五岁，住杭州葵巷。

  周庆云 浙江吴兴县人，年五十二岁，住上海爱文义路道达里。

  张 鉴 浙江吴兴县人，年三十四岁，住南浔镇。

  王锡荣 浙江杭县人，年四十四岁，住杭州西太平巷。

监察人二人

  蒋汝藻 浙江吴兴县人，年三十九岁，住上海南京路。

  郑在常 浙江余杭县人，年四十四岁，住杭州状元衖。

        （文稿，上档 Q268—1—625）

杭州大有利电灯公司与浙江兴业银行续订借款合同

(1915年12月4日)

立合同　浙江大有利电灯公司、浙江兴业银行今因大有利电灯公司新添机器厂屋，扩充江墅营业，特请金润泉君向浙江兴业银行（以下省称公司、银行）于本年四月八日所订合同外，续订往来合同，双方议定订立条件于左：

一、公司自四年阳历十二月四日起，议定向银行续借往来洋肆万元正。

二、议定往来数目，除照本年四月八日所订合同第四条，提前偿还元一万二千两、洋一万二千元外，余数自签字之日起得……①

三、利息按月八厘，按阳历六月、十二月结算。

四、此项往来数目四万元，银行为维持公司扩充营业起见，准定特别办法。由公司自订立合同之月起，按月于营业收入项下，提还银行一千一百元，其归还期日计自签字之日起，至多不逾三年。若公司欲提前偿还，亦可与银行随时商量办理。

五、前项用款即以公司新添之机器厂屋及订此合同后新添设之样线保险单、财产目录，交由银行作为抵押品，担保上项负欠数目。

六、公司营业上之收入，全数存于银行往来。除新旧两合同订定提还之款外，即为公司营运之需。倘遇提还不足或有延误时，即以此项收入之款担保之。

---

① 原件如此，似有缺字。——编者

七、公司将新旧产业悉数抵与银行,若此外遇有借款、还款事项,确系不妨碍银行债权者,银行得随时酌夺情形,商量办理。

八、此项合同除上列各条外,若遇公司届期不能履行债务时,得由银行查照四月八日所订合同第四条办法,派人完全管理。

九、此项合同效力,以所欠本息还清为止。

十、此项合同签字人,当俟债务清了为卸责之日。

十一、此项合同缮写二份,一存公司,一存银行,仍双方钞呈财政厅、杭县注册备案。

中华民国四年十二月四日

立合同浙江大有利电灯公司(盖章)

浙江兴业银行(盖章)

大有利电灯公司董事长俞丹屏(印)　总理沈新三(印)

浙江兴业银行董事长叶揆初(印)　监察人蒋孟苹(印)

保证人金润泉

(抄件,上档 Q268—1—499)

致北京政府交通部电

(1916年1月4日)

前项两期股款共计洋一百八十九万余元,请一并饬交通银行总管理处,迅于阳历一月内划拨本处,以便分偿各股东。事关国信,幸勿稍延。

(1916年1月5日《申报》)

复北京政府农商部禀

(1916年1月29日)

　　禀为遵批声明实收股银数目、恳请填照发给事。窃银行修正章程开具董事、监察人清折，禀请注册并换给新照一案，于上年十二月奉二千七百号钧部批开，查清折所开董事、监察人数，核与定章相符，自应准予注册。惟于注册执照内须添股份总额及每股已缴银数。该银行所收第三届股银，仅据声称缴者业已过半，究竟现在确已实收若干，应再详细声明，以便核填等因。奉此，查银行股银总额一百万元，分四期收取。前清收足两期，计共五十万元，本届收取第三期二十五万元。以上年十一月十二日，即阴历乙卯年十月初六日为开始收取之期。至本年一月二十日，即阴历乙卯年十二月十六日如数收足。连前两期共实收股银七十五万元。再银行股银总额一百万元，计分一万股，故每股已缴银数，应照票额一百元实收七十五元计算。奉批前因合就禀复。敬祈鉴詧，准予填照发给，实为公便。谨禀
农商部

浙江兴业银行董事长　叶景葵（印）

办事董事　樊　棻（印）

办事董事　蒋鸿林（印）

洪宪元年一月二十九日

（副本，上档 Q268—1—625）

关于修改《浙江兴业银行营业规程》的批条

(1916年4月18日)

放款　通一四七号函应查照加入总括内增加至章程46第四项押款续转,一年以上放款及逾于章程46节四项,须经董会通过。

押款　拟另定一种点验证,交付押户,将押款物品开列后放押款。规条刊列后幅,使押户注意。凡抵押品如经押户包好,并于封口处载有记号者,须在备考栏内注明。通五十号。丙三月十六日。

(手稿,上档 Q268—1—30)

关于修改《浙江兴业银行营业准备金续订章程》的批条

(1916年9月19日)

营业准备金续订章程　向最有信用之同业往来款。其总数不得超过准总数十分之一。

(手稿,上档 Q268—1—30)

在浙兴申行经理盛竹书来信上的批示

(1916年11月16日)

照尊处前次来单细数,并无汉钞寄存赵宅。请先行派人一查见示为幸。

尊语极是。惟箱锁缺坏,行迹显著是保管者,实属难辞其咎。现议以极和平之惩处,由尊处认赔三分之二,汉行认损三分之一,款恐由行担任,则韩君不能不加以警诫,请令其以后遇事务宜格外谨慎,不可以代为保管即能不负责任也。

此事另致汉行一函,告以此项办法作为和平了结,即与申行接洽转账。葵。

【附】 浙兴申行盛竹书致总办函,答复询问汉行寄存钞票事宜。函云:"示汉行函称,'寄存申行元号皮箱一只,计法印十元钞十万元、五元钞二十万元均未签字'云云。查本行库内确有汉行寄存元号皮箱一只,惟当时系封固交来,并未经汉行将箱内钞数详细监交。现欲查核此项数目,仍须由汉行派员来库会同点验。又所称有一元票十三万元,于辛亥进口时被沪关扣留,经申行设法取回,寄存赵宅云云。查法印钞票确由申行寄存赵宅,而汉行之十三万元,是否于沪关取出后一并寄存在内,目下记忆不清,须经赵宅详细检点方能瞭然。承查询法钞总数何以不符一节,已关照会计等科详加根查。一俟查明,再行奉告。""汉行寄存申库之钞少去六千元一款,查此项钞票于辛亥八月运申始,则寄存樊宅,后复寄存申库。当时汉行并未面点细数,申行不过代为保管而已,后经王稻翁来申检取，始知少去六千之数，如果箱皮不坏，封固依然，在申行本可无关。今申行之不能脱然无累者，徒以箱锁缺坏适在申行库内也。收支科韩子梅兄，多年旧友，诚实可靠，可保其无他。此事延宕至今，终须结束。在汉行寄存时未经详细点交，手续究欠完备。申行代为保管而行迹所在，虽问心无愧，究难避瓜李之嫌。炳纪前总理汉行，今复承乏申行，两无偏倚，拟为持平之解决，所少六千元之数，即归申汉两行分认损失。是否可行，仍候尊处酌夺见示为幸。"

（原件，上档 Q268—1—98）

在浙兴申行经理盛竹书来信上的批示

（1916 年 11 月 23 日）

壬子、癸丑年该公司与尊处往来确系如此办理。惟现在该公司在汉用钞如何情形却所未悉，故前函附告昔日交往情节。目前究应如何办理，自应由尊处酌量现况定夺。至于予以□□[①]一节，不过希望其凡用洋元可以全用兴券。此外别无用意。即公司一方面，事实上能否办到，亦不敢必。仍请尊处自行裁酌可也。葵。

【附】浙兴申行盛竹书致总办函，报告汉冶萍借款事。函云："示汉冶萍往来透支，董会议决年内以二万两为度，谨洽。至所论钞票洋厘照市不加并迟十天付账一节，此乃汉口情形。因汉厂用钞甚多，可藉此推广钞票也。若上海与该公司往来，纯系汇票银款进出，与汉口不同。即上海各银行推行钞票，亦均无此办法。今若以此向该公司说项，不识于钞票信用上有无关系。尊处提议及此，是否别有

---

① 字不清，难以辨认。——编者

用意？仍候示遵。"又告"缺少汉钞事,已有盛总理另函答复。所认之数亦已于昨日转账矣。"

（原件,同上引档）

在浙兴申行经理盛竹书来信上的批示

(1916年11月27日)

定期检查尊处已开始履行,极善！惟一三两星期为规定日期,与第四条规程稍有未洽,可请届期随意更易。至临时检查何时开始,须有董事或监察人临时执行,其时间却难规定。若虑妨碍营业时间,届时当可商酌办理也。葵。

【附】 申行盛竹书致总办函,报告定期检查事。函云："本行定期检查前定于每月初一、十六两次。嗣因于营业时间诸多不便,现改为每月第一星期、第三星期实行。昨日为本月第一星期,已按照规程第六条甲、丙、丁、戊、辛各项,逐一检查完毕,均相符合,即照第七条办理,其临时检查并请尊处择星期施行。即可利用时间,且可免去营业之阻碍,想尊处亦以为然也。"

（原件,同上引档）

在浙兴申行致总办事处信上的批示

(1916年11月27日)

顷检收尊交钞票两大箱,查即系汉行寄存尊处之一元法印券拾叁万元,并非杭行寄存之件。大数已有杭行吴君点明。除一面函告汉行先行接洽外,特此奉闻。葵。

【附】 申行就杭行寄存钞票事再致总办函。云:"查杭行寄存敝处钞票四箱,除已取去两箱,尚存两箱,已遵嘱检交吴君。原箱锁钥均属完全。至内储数目,因寄存时敝处未经检点,故无从知悉。再原箱并无甲乙丙丁字样。合并声明。"

(原件,同上引档)

在盛竹书来信上的批示

(1916年12月8日)

此函与兰兄商量后再复。

各行此次调款,系在营业准备金内移拨。所有与尊处原订通记及往来欠款,均应悉照前约办理,不与此项调款相干。至此次拨存之数有不足者,查只京行一处。尊处垫存之数准即暂时通融,在正金存项内划还,并请将数目函告敝处,以便知照京行接洽。其余存款仍请查照申一二二号函办理可也。葵。

【附】 申行盛竹书致总办函,报告各分行调沪紧急备款事。函云:"前为沪市奇紧,承尊处通函各分行筹款协助,俾敝处得与商业、实业两行组合团体,以济市急。旋蒙各分行来函担任之数,得以十三万之钜,并自本月初二日为始先后汇到共计元十一万两,足见各分行力顾大局,实深感佩。业经由敝处具函伸谢,藉表感忱。惟查各分行调款来申之时,尊处尚未议定办法,且各分行随即陆续动用。是以将此款收入往来户,未曾专立户名存储。兹奉尊示声明,此款备将来设遇市面非常恐慌时,商经尊处专做活期至短之抵押借款,此外不可动用。并嘱将各分行所担任之十三万,全数提存正金或台湾银行。其银行存息及押款时所得之息,亦须全数分归各行平均摊算,未可稍事增减,敝处自当遵办。前昨二天已将元十三万两全数存入正金银行,其存息以西利三两五钱计算。除各分行汇存协助之款,及各分行通记户应用之款照数拨存外,其有不足之数由敝处代垫。业已分函各分行知照。惟存入正金之款,设遇各分行有汇解款项可否动用?如有敝处垫存之款,各分行尚未汇还补足,敝处如遇急需,能否先行提用?应请酌定办法,俾便遵循。至敝处内部准备,自当格外注意,切实履行。"

(原件,同上引档)

在盛竹书来信上的批示[①]

(1916年12月22日)

1. "六、光华公司、礼和花厂、郑祥泰、王旭记户,履历早已送上。礼和、王旭记住址单另附。吴登记即安利洋行。洋行向由买办出名,又系个人与章程抵触。此等往来本可不做,惟吴登记殷实可靠,且常年存时多而欠时少,沾利较厚,是以稍予通融。"先生批注云:"礼和花厂、郑祥泰契约未曾交下,仍请补送,以完手续。吴登记既属殷实可靠,存多欠少,自不得不酌予通融。惟应有契约,可否仍令照办,祈卓才妥为办理。"

2. "九、同易怡户即王雪臣,先去函催,复又派友往催,概置不

---

① 申行盛竹书致总办函,答复有关借款各户情况。共20条,其中6条先生加以批注。函前先生又批示云:"此信须逐户复查。"——编者

理。可否由律师去信？请酌行。"先生批注云："可由尊处嘱律师去信，限日归清。"

3."十、透支报告逾额之户，自当随时注意。"先生批注云："前函询逾额手续是否完全，仍希查明见复。"

4."十二、贻成公司透支经董会议有办法，当经通知该公司。该公司因全厂作押，须开股东会议决。且查历年十一、二月存粉当可陆续售脱归款，拟俟明正股东大会后，再与敝处商定办法。惟现因粉销疲滞，欠数尚钜，昨已嘱该公司经理来沪面询。据云年内当有半数可归，余欠之数或计或抵，届期再当请示办理。"先生批注云："董会所议办法，该公司既须明年开会商定，是抵押手续今年已不能履行。尊处可予用款额数照营业章程，只能限于二万元或一万四千两，此外万无透支之理。现在逾额如此之钜，须请转告该公司，无论如何应即归还，以符本行定章。至年内有半数可归之说，应无庸议。"

5."十七、查敝处并无振华公司户押款。想系'振业'之误。此户早已赎清。"先生批注云："须查是否字有误。"

6."十九、往来存款报告由尊处印发，欠额一栏与表单说明所规定之式样大异，请尊处修正，敝处自当遵办。"先生批注云："式样早已订定，无所用其修正。此系尊处所印，来函有误。葵。"

（原件，同上引档）

在盛竹书来信上的批示

(1916年12月28日)

一

此项办法极妥，已由敝处分函各行接洽。葵。

【附】　申行盛竹书致总办函，云："一二二号尊函称，各分行协助敝处之款，嘱专立户名，全数提存正金或台湾两银行，设遇市面恐慌时，此项存款须商经尊处专做活期至短之抵押借款。此外不可动用。其正金存息及押款时所得之息，亦须全数分归各行平均摊算，不可稍事增减云云。遵即将该款全数已于前月十一、十三日两天划入正金银行，另立贷存正金银行户。其利息以西利三厘半计算。今有泰庆金号以日本金洋二十万元，向本行押元十一万两，息按月八两算，十天为期。此款系将正金所存之十三万内划付，其利息俟押款到期收归后，遵均分各行润沾可也。特此奉闻。"

（原件，同上引档）

二

请先与商量妥善之手续，一面俟董事会议决后再奉闻。葵。

【附】　申行盛竹书致总办函，报告与江南造船所借款情况。函云："江南造船所（正所长刘冠南、副所长邝冠庭）与敝处往来已有七年。其欠数原定三万两，每年底结欠万数。上年阳历正月间，该所因限支额数三万两难以周转，托张余三兄代商加用额二万两。本年九月间因沪上银根奇紧，经敝处函去相催，并限以三万两为额。旋得该所复函，仍要求额定五万。敝处因年内为日无几，经暂予通融。兹特抄呈该所九月间来函并逐日往来便查账各一份，希詧阅。惟该所与敝处往来甚为闹热，欠数亦不甚呆滞，兹因阳历年关将届，该所营业以阳历为表[标]准。该户之欠数明年是否仍以五万为额，请酌定示复，以便于阳历年内关照该户也。是为至要。"

（原件，同上引档）

在盛竹书来信上的批示[①]

(1916年12月29日)

八(条)各事均接洽。昭成款如年内在二万元以下无可归还,即令其以面粉按照定章作抵押借款,俾以通融可也。葵。

(原件,同上引档)

在盛竹书来信上的批示

(1916年12月30日)

五十、一百元票已照收,寄存赵处之票,容于销毁时点数接洽可也。葵。

【附】 申行盛竹书致总办函,报告废钞处理事。云:"承示敝处废钞于十一月底前已交尊处者,连寄存赵竹君处之法钞一并在内,其总数是否一百六十六万八千五百念五元,嘱即查复等语。查敝处废钞于十一月底送上者,总数是六十六万八千五百念五元;又法印钞票壹百万元,系寄存赵公馆尚有留存未发行之法印百元及五十元两种钞票,各计十万元。今已点交尊处。即请示复为叩。"

(原件,同上引档)

---

① 申行盛竹书致总办函,报告礼和花厂、昭成公司等各户借款情况。——编者

在盛竹书、徐寄庼致浙兴总办信上的批示

(1917年1月8日)

恒丰信用素好,契约稍予通融,极臻妥协。至佩！葵。

【附】 申行盛竹书、徐寄庼致总办函,报呈与恒丰纱厂订立借款契约。函云:"兹抄奉恒丰纺织新局与本行所订往来存款透支契约,并附抄来票(即栈单)式样,即希詧核。""按恒丰纺织新局为上海有名之织布厂,规模颇大,信用昭著,向与本埠某外国银行往来。申行得某公之介绍开始往来。于往来存款外,允其透支元五万两,提出喂马牌布一千件为担保品。惟该局终嫌本行所定契约太严,利率太高。经磋商再四,将契约内不能履行之条文删去二则,利率暂定八厘。将来如遇金融缓急时,双方仍可会同改订,始行定局。除履历报告另行送奉外,其特许变通办理之处是否有当,仍候核示。"附《浙江兴业银行往来透支契约》如下:

一、今与贵行约定,往来存款之外得透支元五万两。

二、对于透支之款,提出本厂喂马牌粗布壹千件为担保品。按该项粗布现市每件值元捌拾六两五钱。

三、支票发用之款,以担保透支制限之额为限。

四、透支款之利率按月捌厘,每年以年终归还。但利率之高低,得依金融之缓急,由双方会同改定之。

五、透支款项以六年十二月三十一日为限,必须将本利一并还清。

六、如到期不还或不能还清,无论透支手续如何,当由保证人负完全责任,即时归还清楚。

七、未到期之票,须俟到期收到后作数,不能先抵用额。

八、以上契约彼此均须遵守。

民国六年阳历元月八日

   订约人 恒丰纺织新局 住址江西路三和里一百十四号

     保证人 蒋孟苹 住址来远公司

（原件,上档 Q268—1—98）

在盛竹书、徐寄庼致浙兴总办信上的批示

(1917年1月11日)

十元券四百六十元、一元券十元,照数收到。前请再在流通数内提交一元券一百十元,请即日检交,并再收留库及未曾收回之数,列表见示。葵。

【附】 申行盛竹书、徐寄庼致总办函,报告废钞处理事。函云："废钞除流通数外,共计少交五百八十元。应补交十元券四百六十元,一元券十元。其缺少之一百十元,已责令经手人照数赔偿。余悉遵示办理。"

（原件,上档 Q268—1—98）

在浙兴申行会计部
曹钟祥致总办函上的批示[①]

(1917年1月13日)

一、函云"备抵呆账户下，嗣后遇有支付款项时，当先请总副经理商准尊处后，再行付账、惟昨日有高子白等户，付入备抵呆账户，业已由本行函陈，并以附闻。"先生批示云："高子白、陈仲恕两户，于十月廿九日曾函嘱于备抵呆账项下付账，即希照办可也。"

二、函云"本行各种账簿，至本届方改用新式。事属草创，手续生疏，关于记账上未甚完备之处在所难免。鄙意拟自明年起，按照会计规程切实遵行。承嘱将各员关于记账上之成绩分别优劣，详晰列表报告一节，亦拟至下届年终再行遵办。是否可行？即希钧裁为荷。"先生批示云："报告记账成绩，本年既难实行，故准通融，展至明年。但请陈明经理转饬各员，明年务须认真办理为要。"

三、函云"中华书局向敝行息借英洋贰万元。其情形手续与明华借款相同。兹抄附借据，亦希核示"。附抄借据式：

  凭票借到兴业银行英洋二万元整。言明按月八厘起息。期订两个月归还。此据。

    民国六年一月十四日，即丙辰十二月二十一日立
              中华书局局长陆费逵

先生批示云："中华情形虽与明华同，惟无保人，于手续上似仍不足。

---

① 会计部曹钟祥报告多项借款情况，并报呈与中华书局所定契约。先生有批示四条。——编者

可否令其加觅相当保人，请才酌行之。"

四、函末先生又加批示云："各户均洽。履历报告仍请正式填报。纪要栏内注明借据或已在某号信内声明可也。其票据事请与大同事一律酌办。葵。""此信并其均需接洽纪录。"

（原件，同上引档）

在盛竹书、徐寄庼致浙兴总办信上的批示

(1917年1月14日)

此样格式为大同本票而非借票。既为信用借款，于票据、保人二者似应格外慎重，方较妥善。以后遇有此种户头，应各次订定办法，使臻完善之处，请贵总副经理就现况酌拟办法，以便敝处再就各地情形酌定，或请就前发之借款证书式样酌改，以归一律可也。葵。

【附】大同总号息借敝行九八规元壹万两，按月九厘计息，订期四个月。计息元三百五十四两。该借款元壹万两业经划付。查大同为盐务营业，信用尚佳，已商准尊处照办，兹抄附借据式，请台核。附借据式：

凭票付兴业银行九八规元壹万零三百五十四两正。此照

中华民国六年五月二十日，旧历丁巳三月三十日期　驻沪大同总号票

（原件，同上引档）

在徐寄庼致浙兴总办信上的批示

(1917年1月17日)

示及中行报单规则均收悉。收解手续向来毫不经意,却甚不便。来书所陈各节,极关重要,所有报单手续即日当订定,奉商后再示各行接洽可也。葵。

【附】 徐寄庼函云:"查我行收解款项,向循各钱庄习惯,均用号信。敝副经理自到行视事以来,察阅收解款项手续甚为不便。每日文牍科接到各分行号信,凡关于收解款项者先行逐笔登簿,送交营业科,营业科再行逐笔收解。凡托解及托收之款由营业科将汇位票根、期票等逐项送交文牍科,文牍科再行分别各行,逐笔列入。文牍科与营业科本各有专职,今乃以无论钜细之款由文牍逐笔登记,其中有无错误,文牍不知也。文牍即不能任咎。而营业科以素所经手之收解款项,经过文牍科之手,苟有错误,营业科即可卸责。彼此责任不专,颇觉不便。且号信归文牍科存档,查核账目尤为困难。""我行各巨埠既有分行,将来尤须推广收解款项,势必日渐加多。拟请仿照中国银行办法,除各庄往来外,凡各行各种收解款项,均用报单,则收款、解款、记账、查账各种手续,较为便利。庶几营业科责任攸专,俾便稽核。兹检得报单规则一本,呈请尊处采择施行。倘其中有手续过于繁重及关于三级制者,均可暂行删去,以便易于实行。……如荷俯允采择,乞先将拟订草案寄交各分行征求同意,定于明年阴历正月开市日实行。"

(原件,上档 Q268—1—98—146)

在浙江兴业银行第十届股东年会上的报告

(1917年3月22日)

上年三月二十三日开第九届股东会后,未逾两星期,即奉院令,中交钞票停止兑现,各地方金融风潮因此大起。兹将四月十一日各行领用中行钞卷数目与各项准备金数目,分别比较述告如左:

申行领用中行券七十万元;杭行领用中行券七十万元;汉行领用行券中五十万元;津行领用中行券三十万元,合计一百八十万元。①缴存中行现金准备九十万元;缴存中行保证准备四十五万元;自备现金准备四十五万元。此项现金准备在营业准备之外,合计一百八十万元。

更将四月十一日各行定期、活期等存款,与存放他银行、钱庄之款及自备现金分别比较说明如下:

定期存款一百三十九万三千元;各种活期存款二百六十万零二千元;各种暂存款六十二万五千元;各种票据三十三万九千元,合计四百九十五万九千元。存放外国银行及钱庄之款三十八万八千元;存放中国银行之款六十八万二千元;自备现款七十六万八千元,合计一百八十三万八千元。以上营业准备数目,合计为百分之三十七分。除定期存款未经到期无用准备外,实计为百分之五十一分五。上海为东南金融枢纽,停兑令下,全市恐慌,交行首受其累,董事会会同申行,联合各商办银行,急筹协助中行之策。中行自力亦甚坚定,故影响较浅。杭行猝受震惊,幸准备素充力,能兼顾。曾应典业之请,会

---

① 原报如此,似误。据上文四次项合计应为220万元。——编者

同各银行放款,维持市面。汉行亦与中行商股联合会互为声援,武汉军民长官暨中、交两行布置亦极妥协,故不旋踵而大定。津行因中、交均遵令停兑,叠与金融维持会力筹救济,时隔数月,中行始得陆续开兑,市面影响匪细。而本行因准备充足,幸未波及。北京停兑最先,迄无办法,全市一蹶不振。京行有备无患,故信用日增,存款汇兑亦日见发达。是以本届下半年与上半年比较,实有显著之进步。兹将十二月底各行领用中券数目与各项准备金数目分别比较如下:

申行领用中券八十万元;杭行领用中券三十万元;汉行领用中券五十万元;津行领用中券三十万元,合计一百九十万元。

缴存中行现金准备九十五万元;缴存中国银行保证准备四十七万五千元;自备现金准备四十七万五千元。此项现金准备在营业准备之外,合计一百九十万元。

更将十二月底各行定期、活期等存款,与存放他银行、钱庄之款及自备现款分别比较如下:

定期存款一百五十万零二千元;各种活期存款三百五十二万二千元;各种暂存款八十五万元;各种票据十万元,合计洋五百九十七万四千元。存放中外各银行及钱庄之款一百八十六万元;自备现款一百四十四万四千元,合计三百三十万零四千元。

以上营业准备数目,合计为百分之五十五分三。除定期存款未经到期无庸准备外,实计为百分之七十三分八。由是观之,平日之准备足,全行之基础稳,而营业方针乃可得而言焉。申行营业之最进步者,为押款及同行拆票。汉行拆票亦较上届为多。申汉合计□年拆票之数,约三百五十万两,杭、汉两行存款最为进步。杭行办理贴现,并于东街筹设货栈,专做丝绸押款;汉行向无押汇,本届甫行试办,颇有希望。津、京两行汇兑最为进步,津行创设奉行分庄,于九月十二日开市,十旬以来,舆论颇为称许,汇兑之额亦月有增加。京行汇兑居各行之第二位,进步极为迅速,存款亦甚发达。此外,尚有货币买卖一项，为本行营业范围所许可。然所获余利或拨入特别公积，或削除财产并未全数计入净赢之内。查本届结账，与上届比较足为进步之证者分别如下：

比较计，特别公积上年底止十万零八千七百二十五元，本年底止十七万六千二百三十四元，应增六万七千五百零九元。公积，上年底止无，本年底止二万四千四百五十八元零五分，增上数。准备抵呆账，上年底止无，本年底止数目九万零九百三十九元六角七分，增上数。现款，上年底止七十一万一千二百三十九元八角四分，本年底止一百四十四万四千零七十五元四角一分，增七十三万二千八百三十五元五角七分。存放他银行及钱庄：上年底止一百七十一万五千六百九十七元七角四分，本年底止一百八十六万零二百零七元九角，增十四万四千五百十元一角六分。定期存款及各种活期存款：上年底止四百三十八万四千六百九十四元六角八分，本年底止五百零二万五千二百零八元九角四分，增六十四万零五百十四元二角六分。押款：上年底止六十六万六千八百三十四元零六分，本年底止一百零一万三千八百十九元零九分，增三十四万六千九百八十五元零三分。信用放款：上年底止一百十九万七千三百八十元零二角二分，本年底止一百十六万六千八百五十八元三角一分，减三万零五百二十一元九角一分。往来透支：上年底止六十六万九千五百十元零六角三分，本年底止五十五万三千五百三十五元八角，减十一万五千九百七十四元八角三分。过期放款：上年底止十四万一千三百八十六元六角八分，本年底止九万八千八百零二元一角六分，减四万二千五百八十四元五角二分。

本届结账除将历年银户余水拨入备抵呆账外，尚有本年银户余水。兹又比较如下：

申行：约存余水银三万三千两；汉行：一万一千八百两；津行：一千五百两；京行：三百两。所有银户余水二万六千六百两，仍照各行定价折合洋数,约计洋三万六千九百元,为本届未经提出之余利。

再本届尚有一大事应报告:股东者遵照领券合同,逐日收回旧钞票,共计九十四万九千五百元,内八十万元业经会同中国银行陆续销毁,其未经收回之旧钞票尚有五万零五百元,拟于丁巳年(即本年)闰二月内,登报声明,定期截止。惟本届尚有不幸之事,亦须声明,即一为监察人郑岱生病故,二为办事董事兼申行总经理樊时勋病故,三为申行副经理吴余森因病辞职。樊病故后,第九届股东会已举沈新三为董事,并经董事会照章复选为办事董事,所遗申行总经理一席已请汉行总经理盛竹书接任。递遗汉行总经理一席,已请史晋生接任。沈接任办事董事后,所遗杭行总经理一席,已请蔡谷清接任。吴辞职后,已请徐寄顾接任。诸君皆一时之彦,对于行务极抱热忱,故本支各行均能协力进行,和衷共济,尤为无形之进步。斯足为股东庆慰。

(1917年3月23、24日《申报》)

浙江兴业银行领用交通银行钞票合同

(1917年8月17日)

立合同:浙江兴业银行(下称兴行)、交通银行(下称交行),今因兴行领用交行兑换券,特将双方议定条件开列于左:

第一条 兴行领用交行百元、五十元、十元、五元、一元兑换券,共五百万元,应由交行会同兴行在两行现设本分支行及将来添设分支行所各地方,分批点明,封存交行保管,归兴行随时陆续领用。其地点、数目有兴行总办事处与交行总管理处随时协商,分别饬遵办理。

前项兑换券五百万元用毕时,兴行得增领五百万元,其条件与本合同同。

第二条　兴行于陆续领用兑换券时，应备现金五成、中央公债券二成半，交付交行，以充保证。但此项保证金兴行不得随时动用。

第三条　前项保证现金五成，交行应给年息三厘五毫（如保证现金万元，每年给息三百五十元）。每三个月结算一次。其中央公债券二成半之息，亦由交行按期付给兴行。

第四条　兴行除缴前项保证七成半外，其余二成半空额，应由兴行自备，交行得随时派人点验。对于此项自备保证金，无论现金或中央公债券或他项有价债权，遇兴行有不得已之事故时，交行将有优先权处理之。

第五条　两行应于前项兑换券上各加暗记，以示区别。

第六条　各处兴行所发暗记兑换券及交行自发兑换券，到该地两行兑现时，两行应互相兑收，每日彼此交换抵充，如有余数，各行应备现金补足。如兴行库存及寄存暗记兑换券，已积至自备空额二成半之数，嗣后交行所收兴行暗记兑换券，应在保证金内扣除，交行应付保证金之利息，亦按扣除之日期照减。

如两行所存兴行暗记兑换券已积至领用数七成半之数，嗣后交行所收暗记兑换券，应由兴行按日期数目补贴交行利息，其息率以兴行所得中央公债券二成半之息为标准，得由交行于每半年付给时扣除之。

第七条　兴行所发暗记兑换券之流通额，每日报告交行。

第八条　本合同有效时期以二十七年为限，限满后两行如愿继续办理，而交行营业年限增加时，得照本合同各条于三个月前互相知照，再展期三十年。

第九条　本合同有效期内，如交行全体组织或有变更，无论至若何名义及若何性质，本合同仍为有效。至兴行组织变更时亦同。但交行发行兑换券之权被政府以权力停止时，为交行所不能抗者，不在此限。

第十条　本合同期满时,兴行应将所有暗记兑换券缴还交行,否则交行得于兴行缴存保证金七成半内照数抵销。如仍不齐,得于期满次日,于兴行如数收现及中央债券,但中央公债券数目不得超过十分之五。

第十一条　交行如有不得已之事故,或停止发行兑换券时,兴行自备保证二成半之空额,得照第十条办理,照兴行库存交行兑换券超过于自备保证二成半之空额,有超过之数,得有优先权向交行收取之。

第十二条　本合同共缮两份,双方签字盖印,各执一纸,互相遵守,不得变更,并分呈财政、交通部备案。

中华民国六年八月十七日
浙江兴业银行董事长　叶景葵(印)
交通银行协理　任凤苞(印)
(叶景葵、潘用和编《本行发行史(二)》,
《兴业邮乘》,复第24、25期)

为浙江兴业银行使用密电事呈北京交通部文

(1917年11月15日)

呈为恳予援照成案特准发用密电事案。查钧部本年八月四日检查电报通告,本国商民发寄密电有特准之文。天津中孚银行援照请予准发密电,奉钧部指令,据呈称"纯为交易事件,并不涉及商业范围以外,应准照发"等因在案。敝银行开办以来,先后呈经度支部、财政部核准，系属正当营业，平时电报往来均为交易之事，从无涉及商业范围以外。合无仰恳钧部准援中孚银行之案，特准发用密电。所发电报均当盖用本行图章及经理名印，以明责任。兹谨将申、杭、汉、京、津各本支行暨奉天、哈尔滨各分庄发电图章式样七纸呈请备案，伏乞鉴核，俯赐批准，分别令行各该电局，一体查照。再由各行将图章式样径送各局存查，以凭发报，实为德便。谨呈
交通部
  计呈图章式样七纸。

     浙江兴业银行董事长 叶景葵（印）
     浙江杭县人，年四十四岁，住上海英租界斜桥路

 【附】1917年12月27日交通部批令，云："呈悉。业经分别电令申、杭、汉、京、津、奉、哈七局，嗣后该行发寄密电，免于检查。此令。"

（副本，上档 Q268—1—67）

在上海荷兰银行致浙兴证明书上的批示

（1917年12月31日）

  此项证书原文即由办事处保存。葵。

 【附】上海荷兰银行致浙江兴业银行证明书译文云："吴文珪君自一九一七年五月三号起，至一九一七年十二月三十一号止，为本行账务处之助员。所办各事均甚愿意，且使本行极为满意。吴君现已自行辞职。此证。"

（原件，上档 Q268—1—326—13）

浙江兴业银行广告

(1918年2月15日)

敝行本日迁居新屋,承辱各界惠赐吉语,奖勉有加,曷胜感谢。董事长叶景葵,董事蒋鸿林、沈铭清、周庆云、胡焕、张鉴、王锡荣,总经理盛炳纪,副经理徐陈冕、杨静祺同启。地址:北京路十四号(江西路转角)。

(同日《申报》)

浙江兴业银行与汉口扬子江机器厂借款草合同

(1918年7月)

(一)此项草合同因丁榕律师①避暑出门,未能正式订立英文合同,为便于两方先行交易起见,故先订此中文草合同。

(二)此项草合同原拟在申,由黄阁臣先生签字,故月日均以缮好。现因阁臣尚未收到任为矿厂长之凭据,故未便先签。当俟到汉(明日动身赴汉)由该公司给以矿厂长凭据后,即在尊处签字。

(三)倘该公司月日以不符为病,只得将缮就之月日点去,旁注

---

① 丁榕(1880~1957),字斐章,浙江山阴人。早年进上海中西书院学习英文,毕业于广学会,后留学英国,获法学士与文学硕士学位。回国后在上海行律师职。常年担任商务印书馆与浙江兴业银行法律顾问。——编者

改正，并加印章，以昭郑重。

（四）此项草合同扬子一方，见证人系李一琴先生，俟阁臣先生签字后，仍将两份统寄敝处，以便转交一琴先生补签。至汉行一方以何人为见证，请尊处酌定可也。

（五）印花税谈定各人各认，扬子一方须出一元五角，已有申行代垫。请向收归，收申行之账。

（手稿，上档 Q268—1—614）

草拟浙兴总办关于海丰饼油公司拨款事致申行函

（1918年7月）

闻浙江行因沪用之钜，业请总行酌拨款项，以供海丰收麦之用。昨向李馥荪君问讯，据云尚未得复。请尊处再向该行探问确信，以便筹备。查海厂用款向由清江美孚或板浦交通拨用，现在用额届满，万一日内又有汇票到沪，其势不能不解。如果不解，不特损失海丰信用，亦于两行信用大有妨碍。因淮海一带，人人皆知海丰是两行产业故也。又海厂收麦分外庄、门庄两宗。外庄因徐属匪乱尚在观望，用款与否现难遽定。而门庄则七月十五以前，最为旺收之际，过此即日少一日。为两行收回债款计，必须趁此丰年竭力招徕门庄之麦，以免停机待料。故加增用款问题，厂中急待好音，不便延阁也。申360号。

（手稿，同上引档）

在盛竹书致浙兴总办函上的批示

(1918年8月16日)

徐子羹挪移钞票,私自赌博,尊处已经开除,所欠之四十元并向其父兄追偿,故作从宽,免于深究。一面通告各支行、分庄,声明犯规情形。收支主任事前失于觉察。惟据来函,短少数目当时即经点明,故即从宽,免予处分。惟嗣后对于各员手续,务必注意认真办理,勿稍宽纵,是为至要。葵。

【附】 盛竹书致总办函云:"兹启者,收支股员陈慕周因病假,旋派该股助员徐子羹代理。初九日营业告毕之际即请病假,出外就医。嗣经收支主任检点钞票,缺少四拾元,正拟俟其回行追补,不意本日上午风闻该助员因赌博被拘,捕房调查果确。即向其父兄索回,本人将经手款项交代清楚再行核办。讵徐子羹知事已败露,避不见面,即由伊父及介绍人代表冯君到行,遂将其经手点过固封之中交钞票壹万九千元逐一复点,幸无缺少。此事发觉尚早,尚无损失。惟徐子羹身为收支助员,藏匿钞票,私自赌博,非仅有犯行规,并且有干刑律,似应从严惩办,以肃行章。姑念徐子羹父兄均系上海商界体面之人,从宽将徐子羹斥革,并令伊父兄认赔四拾元外,免于深究。至收支张主任事前失于觉察,似应量于处分,以示薄惩。嗣后责令该主任从严率同办理,以赎前愆。是否有当?敬候核示遵行。再徐子羹既在本行犯规,应请据情通函各支行、分庄,不得录用。合并陈明。"

(原件,上档 Q268—1—99)

在盛竹书致浙兴总办函上的批示

(1918年8月22日)

香港通汇事,已洽;三井拆票请照做,即报董会追认;京行贴现请照做。葵。

【附】 盛竹书致总办函云:"兹启者,(一)兹拟拆与三井银行元柒万两,明日起,期以二周为限。息按月八两计算。查营业规程第四条戊项第二节,查请核示。(二)各埠通汇行号,业于五月十三日一百十八号函抄奉一览表呈阅矣。兹再补抄敝处与香港广东银行订立通汇办法来去函稿四纸,以备誊阅。(三)接京行来电,做就中国银行汇票元拾万零壹千壹百两,嘱为贴现,八月十五期按月七厘计息数,适《营业规程》第四条丙项第九节。乞核示。"

(原件,上档 Q268—1—99)

在盛竹书致浙兴总办函上的批示

(1918年9月5日)

闻七月底朝鲜银行愿以九厘向中行拆票,中行未允照做。此项请暂做,到期仍即收回。银根现难活动,此后对于外难拆票,应请逐渐收缩,多存现金,以厚准备。葵。

【附】 盛竹书致浙兴总办函云:"兹拟拆与朝鲜银行元五万两,

期为一星期,息按八厘半计算。查营业规程第四条戊项第二节,应候核示遵行。"

(原件,上档 Q268—1—99)

在盛竹书致浙兴总办函上的批示

(1918年9月18日)

顷抑卮先生言,当时在京曾有此说,但系说明暂存之款,每项本款到期清了日,须核结分配。京函"完全清了结算"一语,似有误会,已另函京行接洽,一面仍请尊处函京接洽。至京津分存之法,因存在一处甚不好看,故不得不分两处存储云。附致京行函稿,即请台洽。葵。

【附】 盛竹书就中国银行钞票押款利息核算问题提出异议。函云:"敝处前请京行将申行名下应得之中钞押款星期利息,每星期收入敝册。去后本日接京行复函称'中行押款五拾万元之抵押品京中钞壹百万元,当时存入中行,作为星期存款。除敝处存入柒拾五万元外,余式拾五万元归津行存入。其时抑卮先生在京嘱,将此项存钞所得之利息,按每星期收入后合现,另收暂存,俟该押款完全清了时再行核给分配,敝处历来即照此办理'云云。查此项办法未经尊处及抑卮先生关照,敝处全不接洽。且此项中钞押款,京行应将敝处名下应派之中钞另行存储,不得由京津两行分存,敝处每星期所得之利息亦可利上生利。请尊处查复后,以便向京行商办。"

(原件,同上引档)

在盛竹书致浙兴总办函上的批示

(1918年10月2日)

浙江银行款,请照拆,开董会时即请求追认。《辅币兑账簿》,即照印样接洽付印。"纪要"栏如何更改,由益能酌定。葵。

【附】 盛竹书就海丰厂要求增加垫款事请求核示。函云:"顷接浙江地方实业银行来函云,'海丰厂本年垫款原定柒拾万两,两行分派各垫叁拾五万两。嗣以限满后仍不敷用,续商垫元拾万两,两行应各派五万两。刻因银根奇紧,尚未备妥,须向本行暂借元五万两,以一星期为限,息照海丰欠款例,按八两五钱计算'。敝处拟允照办。适津行有款嘱为代拆,是以即代津行拆出。查照营业规程第四条戊项第二节,仍候示遵。""庶务用《辅币兑账簿》已将用罄,请尊处续行印发。其簿内'纪要'一栏,地位过狭,能否酌量放宽?仍候尊裁。"

(原件,上档 Q268—1—100)

在盛竹书、徐寄庼、杨静祺致浙兴总办函上的批示

(1918年10月4日)

奉函悉。尊处事务日繁,如遇重要事宜发生,尽可随时与曹会计商洽。葵。

【附】 盛等就调任曹吉如代朱益能为庶务部长事请求通融致总

办函,云:"朱益能君因公派往出门,部务嘱调曹吉如君代理,此间会计事务即由汪任三君代理,自当遵命。惟现在敝处事务日益繁重,汪君虽系熟手,遇有重要事宜仍有曹会计指示汪代会计办理,俾免疏虞,而资接洽,并准嘱曹会计于九月初五、六到尊处代理部务可也。"

(原件,上档Q268—1—100)

在盛竹书致浙兴总办函上的批示

(1918年10月4日)

承示活期押款随时可以收回抵用,已悉。此款请于报告纪要内加注,俾当瞭然。葵。

【附】 盛竹书就活期存款随时可以收回抵用事致总办函,云:"承示敝处营业准备表本月二十起廿六止,现存与准备相差三四十万元。查有活期押款二十余万两随时可以收回抵用。当此银市紧急,更无不格外注意也。"

(原件,同上引档)

在徐寄庼致浙兴总办函上的批示

(1918年10月9日)

可照订,但须函告汉行,声明此项存银该公司并不支用。葵。

【附】 徐寄庼就汉阳却月电灯公司汇款转账事致总办,请求核示。函云:"汉阳却月电灯公司向上海中日实业公司借款,实业公司以却月公司未成立之先不得付款。特商由我行借给实业公司洋拾万元,由敝汉行收却月公司往来存款户,另立送银簿一本,以备湖北官厅验资之用。此事仅一转账手续,与现金毫无出入,拟即允其照办,令其正式填具借款证书,另行抄报。此项送银簿由汉行保管,俟实业公司陈培生君到汉,仍凭敝处介绍函方能取出,送湖北官厅验明后仍交汉行保管。大约一月后此账即可冲转,欠息照八厘计算,存息照五厘计算,相抵外所余三厘,除一厘归浙江银行作手续费外,余二厘归敝处收入。并订明将来实业公司汇款,均由浙江银行转托敝处代汇,却月公司存款则指定汉行办理。是否可行?仍候詧核示遵。"

(原件,上档 Q268—1—100)

在盛竹书致浙兴总办函上的批示

(1918年10月13日)

三井信用既佳,押品亦好,请即订定,一面即报告董会可也。葵。

【附】 盛竹书请准三井洋行押款事致总办函云:"三井洋行以头号丝壹百五拾包,每包市价七百四拾两,共值规元拾壹万壹千两。又岩琦煤四千吨,每吨市价拾两,共值规元四万两。两共规元拾五万壹千两。向敝处订做押款元拾万两,六个月期,每月九厘半计息。栈单、保险单一切手续均称完备。按三井洋行信用颇佳,与敝处亦曾做过交易,拟即允其照做。查照营业规程第四条甲项第九、十节,应候核示遵行。"

(原件,同上引档)

在浙兴京行汪卜桑致总办函上的批示

(1918年11月4日)

银行公会无非为交换智识、联络声气机关,铺张扬厉,未免无谓。上海银行公会当时我行均在发起之列,入会费只认壹千元,经常费月只三十元。今该会章程如是,我行似无入会之必要。请告以我行在上海入会,负担之费仅仅如是,北京立于支行地位,开支俱有额定,此项钜数支出,通过甚属不易。贵会既有定章,要亦不能因我更变,入会之说从缓议,故俟将来营业发展后再行酌办,云云。措辞稍从婉转,即此作为两便。尊见如何?请再酌之。葵。

【附】汪卜桑报告参加北京银行公会事致浙兴总办函云:"顷由银行公会送来章程草案一份,细阅之下,对于第六章第三十九条'会费'一层颇觉发生困难。就实际论,银行公会之加入与否固无关轻重得失,但因彼此联络声气起见,似乎此举又不可少。前次因建筑新屋,每行各认八千元,敝处因为数太钜,当时亦未承认。因循至今,迄未解决。此次规定入会费弍千之数,常年特别各费尚不在内,仍觉难于担任。惟前之八千元既不承认,此次如不入会则已,苟欲加入,入会各费恐难与众独异。转辗思维,实无办法。因将该会章程草案附奉钧詧,如何之处,尚祈酌复,以便遵行。"

(原件,上档 Q268—1—749)

在浙兴京行汪卜桑致总办函上的批示

(1918 年 11 月 10 日)

寄存他行者仅一部分，其余照规程第六条甲、丙、丁、戊、辛项应办之事，仍希照章办理勿误。又关于寄存他行之件，以何种物品为多？寄存何行？亦请函示。葵。

【附】汪卜桑致总办函云："尊论答复银行公会一节，极是。容即本此意复之可也。""敝处近数月来，因改修房屋，每日营业毕即将库存各件寄存他行。因之定期检查久付缺如，承询谨此奉闻。"

(原件，同上引档)

在浙兴京行汪卜桑致总办函上的批示

(1918 年 11 月 11 日)

入会费如此之钜，将来经常费如何负担？现在因未认建筑费而以入会敷衍之，但既出会费，即为会员，则经常费不能不认。如我行以经常费过钜而发生异议，届时反伤感情。此真异常为难也。且北京公会内容，纯系阔人组织，所布章程虽觉完备，然逆料结果必文不对题，实与上海情形不同。与其竭力支持，供人挥霍，无宁暂从缓议。目前姑且饰词延宕，似与营业前途尚无妨碍。故敝处之意仍以婉却为事。查尊处尚未入商会，或以俟入商会后再入公会为言，亦无不可。请酌。葵。

【附】 汪卜桑就加入京地银行公会事致总办函云:"昨函银行公会加入一节,拟即本尊意婉言谢绝。继思如果谢绝,甚为不妥。查该会铺张扬厉,承如尊论,未免无谓。且敝处立于支行地位,二千之数尤觉难以负担。但因彼此互通声气、联络情感起见,似觉加入之举亦不可少。上次建筑费因为数过钜,敝处未予承认,此次因会费关系竟不加入,知之者不过笑我寒酸,固无妨碍;不知者或竟别有误会。似觉关系至钜,厉害相权,显然易见。因拟忍痛入会,藉收集益之效。不知尊意以为如何?"

(原件,同上引档)

在京行汪卜桑致总办函上的批示

(1918年11月11日)

此项办法须录告津、汉两行接洽。葵。

【附】 汪卜桑报告熊希龄来函募捐事函云:"顷由熊希龄先生来函,募集欧战协济团捐款。查此事发起之初,曾由金仍翁致揆公,具述一切。现在熊君意欲敝处捐助洋壹千元。事关公益,未便径拒,用将原函录呈钧詧。应否捐助之处,即乞酌复,以便只遵。"总办批复云:"此事关系国际友谊,自应竭棉。但近来各处,因欧战而募捐之团体不止一国,亦不止一团,日前上海团体来行募捐,董会开议决定,如总处在上海地方,以全行名义捐助一次,业已交付清讫,各处分行一概不再捐助,以免繁复而轻担负。秉三先生处,已有揆公函致仍翁婉达一切。请尊处即照上开情形婉谢可也。"熊希龄函云:"敬启者,美国基督教青年会等七大团体,奉美国大总统之委托,于本月十一日起一星期内,合力募集美金一百七十四兆元,为协济协商[约]国兵士及我国华工，以及敌国俘虏之用。并电请吾国协募美金十万元之数。兹由驻京美人会同中外各要人，组一欧战协济团，即日进行募捐。敝处现认募美金一万元。除希龄现捐美金一千元、中国银行允捐美金二千元外，事关国际友谊，又属有益华工，敬乞贵行解囊相助，俾臻亲善，无任感祷，并希赐复。附上印件三种，乞詧览。专此肃恳。敬请台安。　熊希龄　十一月十一日"

（原件，同上引档）

在京行汪卜桑致浙兴总办函上的批示

（1919年1月3日）

承示情形已悉。惟信用有确实与否之分，是尊处对于信用，各主顾早已将各别情形洞悉，请对各户信用等第，分列甲乙丙三等，迅即开单寄处。应如何酌量变通之处，再由敝处商定奉达。葵。

【附】　汪卜桑对总处紧缩信用放款提出异议，函云："查京津银行银号中卖空北钞之事，以前确有所闻，近数月来尚无所闻。将来钞价即使逐渐增涨，想来尚不至因亏累而遭意外风潮。尊论未雨绸缪一节，具征兑事审慎之意，至为钦佩，自当随时相机办理，请纾悬系。""透支各户按照营业规程，每届年终自当结清，藉符定章。惟各户透支有交入相当抵押品者，亦有全恃信用者。而信用之中又有确实与否之分。敝处为发展营业，而又不至得罪顾客起见，自不宜以一定不易之规程绳之于信用各别之主顾。此酌量通融之所由来也。总之，各户进出何者应按章办理，何者应予以通融，敝处早在审察之中，请勿悬念。至明年对于信用透支各户，须俟重员会议后再行决定一层，在尊处通盘筹画，意固美善，无如各地习惯不同，情形互异，在势竟有急迫不可待者。查京地商业习惯,新年开市后,对于透支各户即须送折,否则迟至一二星期补送者,虽送亦不来透支。习惯所致,无可改易。敝处现在正在积极进行,假使逆势而行,营业前途未有不受影响。不则有违尊命亦所不敢。处此地位,殊觉进退两难,应如何通融办理之处,还祈酌示,以便遵行。"

(原件,同上引档)

在浙兴京行复总办函上的批示

(1919年1月6日)

请即告张公权君:此项押款订定前交付,业已与各行接洽,杭款并改为申交申还,债票须于十五日全数交上海本行接办。此为手续上必办之事,请公权即电沪中行,务于是日交下,以便报告。尊处与公权君接洽后,并望电示可也。由敝处向沪中行交接。葵。

【附】 浙兴京行复函云:"信放聚顺德洋壹千元,系十一月初一日到期。该号于到期日先还洋五百元,后于二十二日再归入洋五百元。请商将先还五百元之利息免于计算,故逾期之中只算五百元之利息,因之少收三元三角三分,请核销。""中行押款担保品全数在沪交付一节,昨与张公权君谈及,据云项正在凑集之中。一俟完备,或即全数在沪交付亦无不可,云云。特此奉闻。"

(原件,上档 Q268—1—749)

在汪卜桑致浙兴总办函上的批示

(1919年1月8日)

所陈办法极妥。俟收到押品后,即由申行用押脚字码电告,再行付款。津、汉、杭亦均分别函告矣。此信照录,转告津、汉、杭,并附告押件信,全数收到后即由申行电告,并用押电码,以昭慎重。葵。

【附】 汪卜桑报告与中行接洽情况,函云:"顷晤张公权君,谈及此次押款担保品事,得悉拟于阳历本月十一号左右派人运沪,将来全数在沪交付。惟闻此项担保品,其间有一部分系新近购之于公债局者,已无第三号息票,故不得不与前途预先说明,请其商划一办法。此节已承张君允为查复。俟有确实办法,再当奉闻。前定腊望交款一节,现拟请尊处俟前项担保品在沪如数交齐后,电告敝处,并请分电杭、汉、津三行接洽,以便同时就地交款。"

(原件,上档 Q268—1—749)

在汪卜桑致浙兴总办函上的批示

(1919年1月30日)

合同内抵当品,该行已按照第七条来函止售矣。代购事须另商。葵。

【附】 汪卜桑致总办函云:"顷有数处顾客均以代收七年短期公债事见委。因查此次与中国银行所订押款合同内有'该行抵当品于借款期内,我行应代设法销售'之规定。如现拟销售若干,不知可否?并价格几何?均请示复为荷。"

(原件,上档 Q268—1—749)

在盛竹书致浙兴总办函上的批示

(1919年5月3日)

活期押款前属便利,请先订定,一面即报告董会可也。
款至十万元以上应报告董会。葵。

【附】 盛竹书致总办函云:"源顺号顷又以家乡棉花来此订做押款。一计二百件,押元一万捌千两;一计二百十二件,押元壹万玖千两;一计二百件,押元壹万捌千两。共元五万五千两。月息皆九厘。到期则二百件者皆一个月活期,二百十二件者,为一个半月活期。栈单、保险单皆完备……"

(原件,同上引档)

在盛竹书致浙兴总办函上的批示

(1919年5月9日)

请即订定,当由敝处报请董会追认可也。葵。

【附】 盛竹书致总办函云:"今拆与台湾银行活期元五万两,月息按西利七两计算。"

(原件,上档 Q268—1—102)

在盛竹书致浙兴总办函上的批示

(1919年7月1日)

敝处人员本已不敷分派。所需熟悉簿记人才助理核对,即由敝处设法商调,俟得之后再行奉告。葵。

【附】 盛竹书致总办函商请添员,函云:"敝处账目日益繁多,核对员一人暨帮手一人,实觉不敷办事。加以五月底过后,往来等户皆须结算利息,核对更有不及,势非添派人员不可。敝处一时苦无相当之人,谅尊处精于核对、熟悉簿记者宜不乏人,即乞迅予酌定,添派一人为敝处会计股助员,以便相助。"

(原件,上档 Q268—1—102)

在浙兴申行徐寄庼、杨静祺致总办函上的批示

(1919年7月10日)

聂云台发起公司,委托收股,应属可靠。请查照招股细则与之接洽。如能按照我行办法订定,即允代为经理。惟事前并未来行先行商量,简章内即刊我行名义,并谓已承允许,不惟事实不合,且与招股细则第十条亦有窒碍。应如何声明之处,请酌夺办理可也。葵。

【附】 徐寄庼等就聂云台招股事之总办函云:"恒丰纱厂聂云台君近又发起大中华纺织公司。顷送来招股章程等件,商请敝处代收

股款。查中国、中孚、商业等家均在代收之列,业经说妥,敝处似可允为照办。兹附呈此项招股章程及认股证书各一件,请詧阅,查照通一六二号函,仍候核示遵行。"

(原件,同上引档)

在盛竹书致浙兴总办函上的批示

(1919 年 7 月 12 日)

大中华纺织公司委托收股事,请即许其照办。南洋兄弟烟草公司查最近内务部公文,尚未许其复籍。此时抵制日货风潮正紧,经理收股似应慎重从事,不可轻率承诺。好在其手续与我行细则不合,请即告以照我行经收股款,无先收证据书办法,且我行经收股份,一面即须向公司填发股票,照原来办法诸多不合。以此婉辞答复之。原件系奉还。葵。

【附】 盛竹书就代收南洋兄弟烟草公司股银事致函浙兴总办,函云:"顷由广东银行董事劳敬修君代交到南洋兄弟烟草公司商请代收股银函,并附章程。兹一并附阅。该公司现为扩充营业、重行组织起见,所有在会各银行均由劳君代为接洽收股。是否可允为办理之处,仍候詧核示遵。"

(原件,同上引档)

在盛竹书致浙兴总办函上的批示

(1919 年 7 月 13 日)

如果在会各银行均允代收,希允与再商。葵。

【附】盛竹书致浙兴总办函云:"南洋兄弟烟草公司收股事,如在会各银行咸允代为收股,我行似未便独拒。且与营业上亦有窒碍。此事系劳君来行代为说项,其手续之不合处尽可与之磋商,就我范围。容詧阅情形,与劳君面商再定。"又报告其他几项押款事宜(略)。

(原件,同上引档)

在盛竹书致浙兴总办函上的批示

(1919年7月17日)

用该公司收条由我行盖章办法,颇觉不妥。换给股票,该公司恐无确期,不如以换到该公司正式收条。我行对于经收股款手续,即另给之应用收条。请查照细则第二条,但将"股票字据"改印"公司正式收条图章"可也。葵。

【附】盛竹书为南洋兄弟烟草公司收股事再致总办函,云:"南洋兄弟烟草公司收股事,日前将本行代收股款办法详细函告后,顷据行复称:'贵行代收股款章程,精细完密,佩仰莫名。惟敝公司三联式收条业已编印完竣,似未便临时更章改用贵行名义发给,拟请格外通融,将该项收条加盖贵行图章,藉彰信用。至换给股票,须俟注册完备方能填发,似未便预定日期。至为慎重提款起见,应由发起人议定办法,与收股各银行妥为接洽办理。如蒙俯允,请即日赐复,以便刊入册内',云云。劳君敬修一再代为商恳,敝处拟复函允其照办,盖用该公司收条,而仍由我行盖章。原定章程为慎重提款起见,是以必须早日换到股票,方得支款。今该公司既允另行提议办法与各银行接洽,宜必得一致同意方能实行。我行似亦不妨从同。仍候赐夺,见示为幸。"

(原件,上档Q268—1—102)

在盛竹书致浙兴总办函上的批示

(1919年7月21日)

不动产通融抵押,须以地段适宜、连有房屋等为标准,曾由董会通过议案。藻青先生所有地段极称,且有房屋,似无何等窒碍。惟仍须于董会会议后再行奉闻。葵。

【附】 盛竹书就胡藻青地契押款事致总办函,云:"日昨胡藻青先生来行相商,谓阴历七月半有规元四万两之需用,拟以七年长短期公债票四万元左右。及坐落爱文义路之地契二十余亩连屋计值元九万两,订做押款。查照营业规程第四条甲项第九十节,应候核示。又查地契属于不动产,与营业规程第四条不无窒碍。能否特别通融之处,并乞核复遵行。"

(原件,同上引档)

在盛竹书致浙兴总办函上的批示

(1919年8月1日)

顷与寄顾先生面洽,胡藻青君押品已罄,折让所有监察人保管之股票,可以除去。兹将收条及尊处致监察人函,又原股票五十股一并送还,请詧收。余即遵照注册可也。葵。

【附】 盛竹书致总办函云:"胡藻青君以本行股票四百四拾股订做押款,前已报奉核准,兹开具户名股数,请查照注册为荷。"清单略。

(原件,上档 Q268—1—103)

在盛竹书致浙兴总办函上的批示

(1919年8月2日)

京行所拟合同,对于过户办法已商中国银行共同负责。目前注册手续请即免去可也。葵。

【附】盛竹书就股票担保过户事致总办函云:"蒋广昌户往来透支担保品,现由京行寄来敝处台头一一〇号中国银行官股股票叁拾万元之寄存收条一纸,并据京行函称,此项股票系由蒋广昌委托敝处代表出面以京中钞借与财政部。订明到期不还,任凭债权者过户。曾由财政部、中国银行及敝处各执合同为据。是以此项股票无庸再向中行注册云云。查敝行受押各公司股票,除有特殊情形外,均系分别过户注册,以完手续。此项股票系有特殊情形,目前不必过户,应否免去中行注册之处,仍候核复遵行。"

(原件,同上引档)

在盛竹书致浙兴总办函上的批示

(1919年8月8日)

招股细则第二、六条既均照办,且有刘君澄如主持一切,尤表欢迎。请即订定可也。葵。

【附】盛竹书为泰和盐垦公司代收股款事致总办函,云:"日前面陈之泰和盐垦公司收股事宜,已承台允。兹附奉该公司章程一份,即希詧阅。章程内所列发起人中之职业、身家,如前广东省长之朱君子桥,前四川劝业道之周君孝怀,前农商总长之张君啬庵,前长芦运使之陶君心余,前边藏大臣之温君钦甫,前湖南财政厅长之严君孟繁,以及大生纱厂之张君退庵、吴君寄尘,本行大股东之刘君澂如,均属信誉昭然人所共知者。所有招股细则内,第二、六条办法,亦经与该公司接洽照办。查照通一六二号函,仍候核后遵行。"

(原件,上档 Q268—1—103)

在盛竹书致浙兴总办函上的批示

(1919年9月1日)

一二日内想可补足,即请迅速筹补。市上银根日紧,为免去困难计外须至少之现款,无论如何总以不动用为宜,还祈采纳行之。分行垫款,尊四五四号函原定存款支讫,即筹准备,请如约办理并将酌定成数见示,以便核转时接洽。至董事长所调京津杭各款,系专备银市紧迫时专做活期妥善押款等之用。是为一种临时特筹之运用金,应请于商之准备外,另行计算报告而入原定范围以内。请洽办为荷。葵。

【附】盛竹书报告有关准备金事函云:"本月初五六准备表及现库存内数目略有短少,因目下银根奇紧,津汉两行屡有大数解款,以致不能如额,一二日内即可徐徐补足,合行陈明。"

(原件,上档 Q268—1—103)

浙江兴业银行租用陈理卿货栈合同

(1919年9月1日)

本合同订于中华民国八年九月一日（己未年闰七月初八日）一造为货栈业主陈理卿及其继续人（后简称业主），一造为上海浙江兴业银行及其继续人（后简称承租人）。兹因业主将自置货栈一所及其附属之苏州河码头，坐落成都路一百七十二号，英册一千三百五十号及三千一百六十四号（后简称货栈），完全租与承租人，承租人亦愿完全领租。彼此订定条件如下：

一、业主将货栈完全租与承租人受用，以十年为期，至民国十七年八月三十一日（戊辰年七月十七日）止。

一、每月租费元叁百两，每月初一日预先交付。

一、自本合同签字之日起，二年之内不得加减租费。二年之后每二年得由彼此按照市面情形商议增减。惟增减数目不得在每月五十两以上。如因增减租费彼此有争议时，可请公正人仲裁。倘一方面坚不照允，得取销其合同，但须三个月前通知。

一、自本合同自签字之日起所有巡捕捐、自来水等费，均由承租人承认付给。惟地税、工部局地捐，以及本合同签字之日以前之巡捕捐、自来水等费，均归业主自理。

一、承租期内货栈房屋，须由业主向可靠之保险行家保火险，保险费由业主付给。

一、承租期内栈房内零星修理，由承租人自理。如有改造或添筑之处，须先商准业主。惟原有房屋墙壁、沟渠、码头大损坏时，概由业主修理，或得业主同意委托承租人代修，其费得向业主收回。

一、承租人承认不堆存危险货品及在栈内起火食宿。倘违犯本条因而失慎,致保险行不认赔款或不允全赔时,此项所损失之保险费,应由承租人照偿。

一、承租期内如因承租人堆存易燃货物致加保险费者,由业主保足火险后,再由承租人将所加之保险费算还业主。

一、承租期内如遇火灾,毁及全部分或一部分之房屋,业主取到保险行家赔款时,应即重建或修补。如完全被毁,应由业主与承租人公同订定修复期限。自被毁之日起至修复完了时止,不计租费。如一部分被毁,不致使栈房不适用时,不能停付租费;如一部分被毁,不能完全营业时,得酌量情形减免租费。

一、业主将房屋及附属品门窗板壁等,完全点交承租人接收,承租人须加意保存及注意栈内之清洁。至解约时由承租人规复原状,完全交还业主并附清单备查。

一、本合同期满,如承租人愿意继续租用,业主亦可照办。惟承租人须于三个月以前通知业主,另订合同。

一、以上各条业主与承租人均应严行遵守。

一、本合同共缮两份,业主、承租人各执一份为凭。

业　主　陈理卿(签章)

见证人　项兰生(签章)

承租人　(行印)　盛竹书(签章)

见证人　叶揆初(签章)

(副本,同上引档)

在盛竹书致浙兴总办函上的批示

(1919年9月3日)

此款放出,并无呆款,甚属佩慰。但以至原意对于此项调来之款,应另行计算报告,不可并入商定无渠图以内备范。务希照行,庶免提还时之困难,且与准备金额较实在也。葵。

【附】 盛竹书致总办函云:"董事长、办事董事向京、津、杭调用之款,专备银市紧迫之需,放做活期押款之用。查此款并未用之于他途,请查阅日记账便知。敝处向来不敢贪重利放呆款,区区苦衷尚祈鉴原。"

(原件,上档 Q268—1—103)

在盛竹书致浙兴总办函上的批示

(1919年9月17日)

逾额数钜,昨检查时对此项办法颇不满意。请速催交,即日交足。以后对于逾额办法,务希查照通函,切实办理。担保品不敷之数,不知何时可以交还?希示及。葵。

【附】 盛竹书报告某户透支逾额事致总办函,云:"达记户担保品不敷七千余两,因前周银紧,商令还款若干。该户即取出美金五万五千元,转向中国银行押借规元叁万两归还透支。将来中行赎押此项担保品,仍行交还。此七千余两大约不致发生问题。惟逾额壹万五千七百余两,当时即允日内有英美金来款作抵,顷已严催,俟补足再闻。"

(原件,上档 Q268—1—103)

在盛竹书致浙兴总办函上的批示

(1919年9月18日)

敝处因病告假者甚多,原有人员尚属不敷分配,请稍缓时日,酌定后再行奉洽。葵。

【附】 盛竹书致总办函云："敝处练习生三人,每月分派各股帮同记账,及缮写报告、递送传票,刻无暇晷,而事务日繁,不敷分派,不免稍有搁置。兹拟于尊处轮派学习之练习生二人中,请酌定一人,于阴历八月一日起归让敝处,以资助理,并乞核准为荷。"

（原件,同上引档）

在盛竹书致浙兴总办函上的批示

(1919年9月21日)

樊幹庭津贴定十二元,自八月起支。惟对于营业各分科及会计方面,务令加意练习。总以期满时对于各股应办事务,均能完全明瞭。即便按照第五条办法,实行调处服务。葵。

【附】 盛竹书报告录用试用员事致总办函,云："试用员樊幹庭在行造算,嘱托存款利率表约二个月,帮同外国汇兑科缮写信札及逐日填写国内外汇兑行情表约二个月,合之会计科二个月共半年。该员办事勤谨,心气和平,成绩品性均属优长,用特详陈,乞核示为荷。"

（原件,上档Q268—1—103）

在盛竹书致浙兴总办函上的批示

(1920年2月18日)

本年总处及津、汉、京各行支发旅费限度,俱系以总处二一九号函为标准,并一律以行员表内注明住行者为限。尊处亦请照此办理。否则即不公允矣。葵。

【附】 盛竹书就孙星伯舞弊案处理等事致总办函,云:"孙星伯舞弊案,承抄示董会议案,谨已诵悉。敝经理等荷格外宽宥,免予处分,于心尤觉不安也。""为孙星伯空款事,改良手续办法,以本埠同业移归收支股办理。俟明年开市再行商酌规定可也。""行员旅费迄未奉尊处规定,现在年终拟仍照去年办理。查处二一九号函曾声明,以家不在本地者为限。其有中途移家来沪者,亦通融照发。本年行员中有家眷并不在沪,而因宿舍不敷自行寄居戚友处者,虽不住行,似与住行无别。又查丙等行员中仅带妻室在沪者并此旅费而亦无着。实不足以示体恤。敝处之意莫妙于旅费规程尚未订定以前,除行员中之得有宿费者外,一律给以旅费。请速核示为幸。"

(原件,上档 Q268—1—104)

浙江兴业银行聘任马寅初为总办事处顾问合同

(1920年3月23日)

今因浙江兴业银行聘请马寅初先生为浙江兴业银行总办事处顾问(以后银行一方称为甲,马寅初先生一方称为乙)订立合同如左:

第一条 乙方允照本合同条件,受甲方之聘请为该行总办事处顾问。

第二条 本合同期限为五年,自启程来行之日起算。

第三条 本合同第一年乙到行任事扣足一年,以后每年到行任事,自四个月以至六个月为限,其余时日仍回北京大学讲席。

第四条　乙到行任事时由甲送月薪四百元。

第五条　乙回北京大学讲席时由甲送月薪一百元。

第六条　乙回北京大学讲席时如有特别顾问之件,须专程来行者,照薪水每月四百元按日算给。

第七条　第一年期满后,另送酬劳金一千元。以后按到行任事月数,照前酬劳金数目算给。

第八条　乙到行任事时,每日上午照行章所定钟点到行办事,下午自行研究。惟讲演之日上午办公时间,可酌量迟到。

第九条　乙到行任事时所担任之职务为:(一)演讲学理;(二)审定规程;(三)研究改良事务;(四)考查各行事务;(五)审定西文重要文件;(六)赞助派遣学生出洋事务。

第十条　乙回北京大学讲席时,对于甲所担任之职务为第九条之(二)项、(三)项及(六)项,均以通函担任之。如通函繁多,另由甲酌送津贴。

第十一条　乙每年除病假外,得照行章请假。

第十二条　乙研究所需之书籍,均有甲预备。

第十三条　乙每年赴行任事,由甲备送往返川费资各一次。如乙回北京大学讲席时须专程来行办事者,其往返川资亦由甲备送。

第十四条　乙到行任事时,食费、宿费均由甲照行章最高级备送。

第十五条　如乙辞去北京大学讲席专就甲任事时,其合同另订之。

第十六条　本合同缮写二份,甲乙两方各执一份,以资遵守。

订立合同人浙江兴业银行董事长叶景葵(印)

马寅初(印)

民国九年三月廿三日订立　　　　见证人　　叶叔衡(印)

(原件,上档 Q268—1—82)

在盛竹书致浙兴总办函上的批示

(1920年5月22日)

前以我行向无以纸店经理作保,且该号兼售纸烟,故有一〇〇号之函询。今据来函,既属信用甚好,是与尊一〇〇号复函情节不同,请即许其作保可也。葵。

【附】 盛竹书致总办函报告人事各事,云:"兹复查得车炜丰前拟更换之保人金明章,同益泰纸号经理,在该号已有十余年,信用甚好。其带卖烟卷不过为纸号中一小部分之营业,与寻常烟纸店不同。该员除金君外别无相识之人可以作保。拟即许其照办。希核复为荷。"

(原件,上档 Q268—1—106)

在浙兴申行徐寄庼致总办函上的批示

(1920年9月4日)

每两个月抵押放款报告原为双方利便起见,来函既因尊处事务繁重,有特别为难情形,可改为每两个月将抵押放款每户结数抄报一次,所有抵押品记载概从减省,以期格外简便。希谅察实行为荷。葵。

【附】 徐寄庼致总办函,对新订简化手续办法提出修改意见,云:"尊处为减少抄送报告起见,规定应行缮送各种报告及其日期,至为妥洽，与敝处向来主张手续简便、时间缩少、办事敏捷者亦复相同。惟查第二条之第三项，抵押放款报告每两个月报告一次者，似可删去。查此项报告，新做有报履历，有报押品之增减，又莫不随时有报。遇有进出日记账，又复逐笔登记，于尊处稽核及统计两方面均有依据。且查敝处押款现在统计约在二百万左右，已得各分行庄之半数。户名既多，每户之中押品不下数种，琐碎繁重，自不待言。若必于两个月再行汇报一次，将来营业扩充押款增加，实有抄不胜抄之苦。而按之此项办法其性质属于统计，应在尊处统计范围之内，径有尊处办理，名实较为相副。如为核对起见，尊处尽可随时吊簿办理，其余所有开列各种报告，遵于八月初一日起，一律实行。"

(原件，上档 Q268—1—107)

在徐寄庼等致浙兴总办函上的批示

(1920年9月21日)

陈君为刘策庐君预备之保人。如果信用声誉均佳，尊处可以认许者，即请知照刘君可也。葵。

【附】 徐寄庼等致总办函，报告人事各事，云："（一）示陈道震君前在尊处月薪式拾元，嘱照旧支给谨洽。（二）己未年图书器具目录俟庶务张丹如病愈来行，遵即饬令赶速补造送奉。（三）兹调查得陈玉亭君个人信用声誉均佳，请台洽。"

(原件，上档 Q268—1—107)

在徐寄庼、胡孟嘉致浙兴总办函上的批示

(1920年10月4日)

已悉。盛总经理前次何日赴汉？乞查示。此后贵总副经理因事离职，无论为私为公，仍希照向来办法随时函示，庶与各行一律。至丙辰七月所编之告假规程，已于戊午正月一并取消，故副经理离职办法亦与总经理同。祈台洽为荷。葵。

【附】 徐寄庼等致总办函云："总办事处大鉴：敝总经理盛竹书先生由汉来电，为'寄、孟二公鉴：元丰大纲已定，细目正在厘订。请向总处再假一月，偏劳容谢。揆公何日行？复纪。'云云。用特奉陈。乞再假一月，即希台洽为荷。此颂日祺。 申行启事 徐寄庼（印） 胡孟嘉（印）"

(原件，上档 Q268—1—107)

在史致容致浙兴总处电报上的批示[①]

(1920年10月24日)

保元组织本行董事会既议决不承认，此项债券条文处处与保元公司负连带关系，本行亦未便承认。补签之举应无庸议。信放三万两仍由阮文衷及元丰负其责任。停息一层目前未能邀准，俟阮文衷

---

① 时先生在北京。——编者

及元丰归还本款,或另提切实办法时再行酌量减免。科学股款已扣抵申行元丰透支欠款。元顺保款应暗抵汉行元顺透支欠款。因元丰欠元顺信放至十二万余两之钜,以情势论汉行不宜再与元顺往来。但未到年终不便提出,故以保款暗抵之。葵。

又草拟致总办电稿:"总:元丰债券我行未便承认。函详。葵。"

【附】 史致容10月22日(九月十一日)上午汉行来电:"总密。元丰信放调换债票,昨各债权人均已签字承认。我行当场声明,照章须报告总处再行补签。此事各家既均承认,我行未能独异,用特先行报告,请电复。再欠数仍归叁万,科学股及元顺保款,拟设法暗扣。容。"

(原件,上档 Q268—1—79)

聘任杨介眉为浙兴驻美代表委任状

(1920年11月15日)

具委任状:上海北京路十四号按照中华民国组成浙江兴业银行,今委杨静祺赴美在美国境内为本行之合法代表,并代本行名义或该员名义办理后开各事。凡对于本行现今或日后所应得或他人或行号所该欠之一切银钱、货物、债额,该员得以要索、诉讼、追款、收款并出给收据。又以本行名义或该员名义,将所收之银钱存在银团并捐客或他人。又得向银团提出,现以本行或该员名义代本行所存在者之款。又对于上述各事,或与本行利益相关之事,该员得以诉讼、辩诉、答复、反对一切法律案件,并要索并对于各案得便宜讲和或付公断或服从堂谕或摘释。又对于现今或日后本行或该员与他人发生各事,得将账目债额、要索争执清算、结束讲和并付公断。又对于以上各事合同、契约应行签订者,均得签字订约。又无论何时何事,该员随时可派代表或撤销酌给薪水。又得本状在美国境内正式机关注册,办理一切应办手续,使本状有效。总之,该员代表本行在美国办理各事,与本行亲裁及正状式盖印无异。并该员所办各种事务本行悉行承认。此状。

中华民国九年　月　日①
浙江兴业银行董事长叶景葵
当本交涉员面前签字盖印
(副本,上档 Q268—1—108)

申请浙兴重新自行发行兑换券事呈币制局文

(1920 年 12 月 18 日)

呈为继续发行兑换券呈明备案事。窃敝行前奉度支部准给予发行兑换券特权,历经总分各行遵章发行,数年以来信用卓著,曾蒙财政部批奖有案。嗣复于民国四年、六年两次呈准领用中国银行暨交通银行兑换券。讵中国银行合同领额已满,续订需时;交通银行则虽有合同,尚难给领。敝行营业日广,需用日多,实有供不应求之势。而各埠值金融恐慌之际,敝行屡次维持,尤非有兑换券不足以调剂市面。现拟除中交两行兑换券照旧商领外,仍由敝行继续自发,以补领用之不足。一切办法均遵守历届部领条例,并筹足准备金,严密办

---

① 原副本日期未署名月日,但首页有"庚申拾月初六日"橡皮印章,即公历 11 月 15 日。——编者

理,以保全旧有信用。理合呈明备案。此呈

币制局

浙江兴业银行董事长　叶景葵

(副本,上档 Q268—1—597)

在徐寄庼致浙兴总办函上的批示

(1921年1月12日)

　　稽核:随时废去,改用乙种往来汇款折,须将格式及事例改定即付印。(第一条)

　　明照来样改订后付印。应需若干份?即盼示复。(第五条)葵。

　　【附】　徐寄庼致总办函,云:"兹启者,(一)附来尊往来户一万一千九百六十四元九角九分支票一纸,遵按十一月底期入津行册。请洽。(二)敝处银行公会房地产承嘱如数合洋,向尊处划收,遵即照办。(三)前承嘱调查江西路二〇五号震泰丰记丝栈信用、营业、股东等项,兹查得为:震泰丰记丝栈系上年新组,股东为邱公铎、梅仲生、徐眉泉、时成祥。信用尚好,营业平平。请台洽。(四)元丰欠款上海一埠共计三万余两。日前元丰方面邀集债权人开会,敝处派冯主任到会。据称元丰邀朱葆三、傅筱庵二君到场,向各债权人商请以零数年内付清,整数叨特待明年筹还。各债权人均未允诺,要求年内先还半数,明年再还半数。未经解决,须俟下次开会方有切实办法。现乞台洽为荷。(五)随时存款明年实行归并,往来存款已奉申八六六号核准,所有应备之往来存折一种,请查照处九四四号函,即行付印,以备应用为盼。附上样张一扣,请詧收。"

(原件,上档 Q268—1—109)

在徐寄庼、胡孟嘉致浙兴总办函上的批示

(1921年1月17日)

收支股助员彭效麇病故,并据尊处函报家属困难情形,均悉。查酬恤办法现在业经发表,惟须于明年正月实行。彭君在行六年将满,平时尚无错事,并母老无依各情,即经议决,姑援上年周丕承成案,给予恤金七十七元,由总办事处于第四公积金支付;并另送奠敬照薪水一月,由申行并支送保险金。即照规程分别支付可也。葵。

【附】徐寄庼就浙兴申行职员彭效麇病故酬恤事致总办函,云:"核示该员保险金本年十二月止,提存数为六十七元八角七分。除应在保险金账付出外,具倍给赔偿之六十七元八角七分。查照细则第十五条,应于第四公积金项支付。拟请尊处于核准后即缮支票交下,并恳将该员保证书亦赐以检还。又查该员本年年底止,为满六年,年资薪水到期,丁巳无事假,戊午事假十五日,己未事假四日半,庚申无事假,核来均不逾限。惟既病故,则于六年仍未届满。核与规程不符。应如何办理,以示体恤之处,还希尊裁。又查《劝惩规程》第二条,该员在行任事在五年以上,虽无异常劳绩,办事尚无错误,应否念其家贫母老,酌量赠送奠金或津贴之处,亦候尊处裁定。"

(原件,上档 Q268—1—109)

在徐寄庼、胡孟嘉致浙兴总办函上的批示

(1921年1月27日)

此事现经决议明年陆续归还。如何分期？请与凭证一并录示。至前交备抵之科学仪器馆股票请即日归还敝处，因汉款所短甚钜，急待抵算也。葵。

【附】 徐寄庼等致总办函报告元丰欠款事，云："元丰上海往来欠款，昨晚又经债权人公议议决，年内先还一成，利息按月照算。其余俟明年陆续归偿。另有凭证，请台洽。"

(原件，上档 Q268—1—109)

在浙江兴业银行董员会议上的讲话

(1921年2月20日)

去年本行营业成绩更为佳胜，诸同人合力猛进，方克臻此。董会不胜感幸。惟是同业竞争，日趋剧烈，必须随事改良，方可与年俱进。去年曾拟修改规程，增加股本，业已次第举办。股本加多，负任益重，更非积极进行不可。今拟有进行方法，应请诸君共同讨论。

(会议逐条讨论并议决如下：
(甲)议各行统一银元汇兑办法。3月15日起开办。
(乙)议上海江苏银行及周口中国银行与我行订约往来事。)
上海江苏银行及周口中国银行均愿与我行订约往来。在苏行方

面纯图汇兑上之利便,而周中行则含有利用我行之意义。苏行在南通、蚌埠、徐州等处均有分行,我行即可转托各该行代理收解,与我行亦不为无益。故与该两行往来情形各有不同。鄙人之意,周中行可由汉行与彼订约,限定若干数目,京津两行交换之款,统归汉行转账。苏行由申行与彼订约,各行均可与之往来,统归申行转账。

(众均赞成。即由上海江苏银行及周口中国银行所拟合同草案,分文申、汉两行,先行核议报处,酌定办法。会议修订通过《各行统一银元汇兑办法》《各行银元汇兑报单手续》等规程。)

(《(浙兴)民十年重员会议记录》,上档 Q268—1—59)

呈农商部、财政部、上海县知事公署文

(1921 年 2 月)

　　具呈人浙江兴业银行董事长叶景葵等,呈为增加股本并修改章程禀请转呈注册改给执照事。窃本银行开设于前清光绪三十四年,股本一百万元,业经先后收足。迨于前清光绪三十四年正月二十七日及民国五年二月十四日禀准农商部注册给照,并将章程禀蒙核准各在案。兹经民国九年五月二十三日及十年一月三十日两次股东临时会议决,增加股本一百五十万元,合计二百五十万元。截止民国十年一月三十日为止,如数收足,章程亦经逐条修改,由股东会议决。谨遵照公司注册规程细则第十四条,缮成股东会决议录,董事、监察人姓名住址清折,并修改章程各五份,除径行呈部核办外,恳祈转呈道尹、实业厅,详请省长咨呈农商部核准注册,改给执照,实为公便。再此次增加股本,均系由旧股东一次认缴现银。注册规则施行细则第十四条所列第一、第二、第三,各文件无从加具。其应缴注册费,查照公司注册规则第三条,百万元以上为二百元,第二项增加股本得将设立时原缴银数扣除。本银行设立时已缴银二百四十九元,执有光绪三十四年正月二十七日农工商部公司注册局收费回条。按照现章已有溢缴银数,似属毋庸补缴。合并声明。谨呈
农商总次长、财政总次长、上海县知事
具呈人浙江兴业银行董事长叶景葵(原籍浙江杭县,住上海斜桥路)
　　　　董事蒋鸿林(原籍浙江杭县,住上海徐家汇路范园)
　　　　　　沈铭清(原籍浙江平湖县,住上海青岛路勤勤里)
　　　　　　胡　焕(原籍浙江杭县,住上海爱文义路)
　　　　　　张　鉴(原籍浙江吴兴县,住上海白克路久兴里)
　　　　　　周庆云(原籍浙江吴兴县,住上海蔓盘路)
　　　　　　顾遹光(原籍浙江绍兴县,住上海棋盘街)

(副本,上档 Q268—1—625)

在浙兴第十四届股东常会上的营业报告书

(1921 年 3 月 27 日)

本届股份总额增为二百五十万元,今日各股东萃于一堂,可谓本行之新纪元。溯自总行移设上海以来,今已六阅寒暑。自今以后,改为阳历结账,故本届营业情形,又可谓六年来之小结束。本届营业方针无甚更变,最注重者抵押放款,仍以经营货栈为根本。故申行已将上届租赁之货栈向业主购得。又于苏州河滨租办第二货栈。哈庄亦于铁路附属地内,购得货栈一所,为存储押品之用。惟津行与津中行合办之中兴公栈,以地点不宜,业已退租,尚待另筹。杭、津、奉三处行屋,均系租赁,已嫌逼仄。杭、奉行基,前已选定,本届绘图投标,同

时兴筑。津行拟迁入法租界,亦购得行基一区,以待来年为逐渐经营之计。

哈庄为扩充汇兑起见,于九月间在道里分设事务所。董事会已依照本届修正章程定于十年一月改哈庄为支行,直辖于总行。奉庄亦同时改为支行,仍归津行管辖。

本届营业收入,仍以利息为最,汇水次之。各行放款总额均较上届为增。各行汇款总额所增尤钜。以汉、哈为最,津、申次之。国外汇兑,以渐进行,又与巴黎劳合银行订约代理。

本届各种定期存款,较上届约增五分之一。各种活期存款,较上届约增十分之一。其各行增加之率,以申为最,汉次之,津次之,京、哈次之,杭、奉又次之。

本届各地金融大势,异常杌陧。一因先令骤缩。申、津两埠之进口业,皆以定货未结,亏折甚钜。论者谓为通商以来罕见之厄。奉、哈两埠亦因金票陡涨,恐慌迭至,著名之发字号竟至一蹶不振。二因货物停滞。出口各业受东西国战后经济之影响,存货不销,内地农产无人过问。购买力愈形薄弱,进口货亦因而滞销,各处货栈囤积无隙地。三因兵灾迭见。近畿旱荒,饿莩载道;直皖拘衅,全国骚然。江汉为绾縠之区,鼙鼓之声屡作。六月间吴军之变,竟在商场附近激战。风鹤之警,无月无之。一张一弛,心力瘁矣。四因通货缺乏。整理京钞,政府颇有毅力。然京津一带,行号骤失,大宗筹码相继停闭者十四五家。其中不乏他种缘因,要皆信用过滥之所致。此外,各地同业亦复苦乐不均,时闻愁叹。有此四因,无论直接间接影响于我行者,事后思之,犹觉惊心动魄。故赢利稍优于畴昔,而辛劳亦倍于平时。景葵等才识凡庸,深以不克负荷为惧。观于本届增股踊跃,及本行股票市价始终坚定各情形,足征股东对于本行实有休戚与共之意,所堪告慰者此耳。

(印刷件,上档 Q268—1—507)

在浙兴第十五次上届股东常会上的营业报告书

(1921年8月28日)

　　本届为改用阳历结账后第一届,半年总结,实际营业尚不足五个月。此五个月内,各埠商业之疲滞,一如昨岁;银根极松,拆息低落;出口货物,推销无几。而各种新企业忽风发云涌,有异军突起之势,不可谓非经济界之一大变迁也。至于兵争相寻,遍地荆棘,宜昌剧变之后,继以武昌仓卒并发,不可收拾。虽祸在一隅,而影响全局。政治风潮则如彼,商业状况则如此。以往事衡之金融,恐慌似无幸免之理。是以本行睹兹时变,惟有循途守辙。各种放款诚未遑力图恢扩;而存款增加之率,既速且钜,收付相抵,所赢止此。惟冀下届半年时局稍定,商业稍振,推广营运实为本行刻不容缓之图。此则不敢不加勉耳!

(印刷件,上档 Q268—1—507)

浙江兴业银行委托商务印书馆代印钞票合同

(1921年9月14日)

　　立合同:浙江兴业银行、商务印书馆,今由浙江兴业银行交商务印书馆代印钞票三种,所有印数、纸张、大小、印价,以及付银、交货期限等,双方议定各款开列于后。计开:

一、钞票印数

乙元票五十万张,五元票乙百式十万张,十元票叁拾五万张。共三种印式百零伍万张。另附钞票印数清单一纸。

一、钞票大小

乙元票英尺纵二寸又八分之五,横四寸又四分之三;五元票英尺纵三寸,横五寸又二分之一;十元票英尺纵三寸,横六寸又二分之一。

一、钞票用纸

所用纸张由浙江兴业银行自备,交商务印书馆印刷。

一、钞票颜色

三种钞票用凹凸版印。正面印凹版乙色,凸版二色;背面印凸版二色。正面两边加印红色号码并图章,背面加印签字一色,共七色。

一、印票价值

三种钞票乙元票每张洋三分二厘四毫,印五十万张,计洋乙万六千二百元;五元票每张洋二分八厘八毫,印乙百二十万张,计洋三万四千五百六十元;十元票每张三分四厘二毫,印三十五万张,计洋乙万乙千九百七十元。共计洋六万二千七百叁十元,不折不扣。上海交货,上海交洋。

一、制版期限

三种票版订明十年十二月底以前一律制竣。

一、交票期限

自两种纸交到之日起,每两星期送正式印样一种。俟印样签字后,乙元票三个月交货;交齐后,再四个月交五元票;又二个月交十元票。共九个月如数交足(五元票版工竣后欲于印一元票时,先印若干亦可。总之一元与五元两种,不逾七个月之限)。

一、交款期限

订定合同之日先付定洋式万一千元;三种印样正式签字后再付洋式万乙千元。其余银货两清。每次付款均由商务印书馆另出正式收据为凭。

一、废票票版

所有印刷此项钞票,印坏废票及废纸,均交由浙江兴业银行自行销毁。其所刻凹版之钢版,每版至多印至乙万二千张后即须另换,原版按次由浙江兴业银行收回。惟每版上得由商务印书馆凿明作废字样,以昭慎重。

一、双方罚则

甲、制版交票各期限,如凹版印墨敷用无故迟误者,其损失应由商务印书馆按迟交票面洋数照市贴息。但遇有水火兵灾以及罢工等事,非人力所能抵抗者,则不在此限。

乙、商务印书馆承印此项钞票,以浙江兴业银行所交纸张照数印足为度,不得有多印(如交还废票及废纸合计已印成之张数,与原交纸张张数不符时,亦以多印论)、匿留、走失及代他人冒印等事。如查有前项情弊确系商务印书馆中人所为,除照发见伪票票面额数如数赔偿外,应将作弊之人交出,按律罚办。

丙、商务印书馆承印此项钞票,至多每千张小张以五十张为试印之用(此项试印之票,仍照废票交由兴业银行收回)。如逾此数,倘调色先后不符或印刷模糊,除照废票由浙江兴业银行收回外,应即重印,并由商务印书馆酌照纸价摊偿。

丁、浙江兴业银行与商务印书馆订立合同之后,即遵照合同办理,不得翻议。如有减少印数、中途停止等情,商务印书馆所备物料以及损失,一切均由浙江兴业银行如数赔偿,以昭公允。

一、此项合同一式两纸,彼此盖章,各执一纸为凭。

民国拾年玖月十四日

立合同　浙江兴业银行代表人　叶景葵

　　　　商务印书馆代表人　　鲍咸昌

(原件,上档Q268—1—606)

在浙江兴业银行第十六次
上届股东常会上的营业报告

(1922年8月27日)

(一)本届市面情形

本届国外汇兑市面,因欧美食物昂贵,生活程度日高,时有路矿工厂罢工风潮,加以市面沉静,供过于求,各厂号中不得不缩小范围,裁减人工,藉以维持现状。国内又值政局未定,各埠商业裹足不前,均怀观望之态,以致进出口货不如往年之踊跃。先令挂牌最长三先令七辨士半,最低三先令半辨士。先令暗盘最长三先令八辨士半,最低三先令半辨士。标金最高三百四十四两,最低二百七拾八两余,其中上落并非实在。市面大半为投机家买空卖空所操纵者外,如德国货币马克,市面骤涨骤跌,相差甚钜。自一百二十余马克竟长至二百七十五马克,大概由于马克纸币发行过多所致。查伦敦、柏林间汇价,自本届开市时始由七百十个马克涨至一千六百十二马克(六月三十日价),统计相差有一倍又四分之一。其德国国立银行发行钞票,流通于市面者,计较去岁增四百六十三万万之多。据六月二十号报告,已有一千五百五十三万四千五百万(十二月三十一号止为一千〇八十九万九千六百万),平均每月增加率为七十七万万(另详逐月增加率比较表)。英法等国对于整理德国金融之计画,曾经多次提议,迄无完善结果。总观本届外币汇兑市面,与进出口货物有关系者,多多少少受投机家买空卖空影响者为多数耳。

(二)本届营业状况

本届外币定期、活期存款与上届比较,似觉稍逊。盖由本埠各业不振,新创工厂不多,加以向欧美订购机械者日行减少,且多数厂家因内部经济关系,将外币移向他行抵作押款透支,藉资活动,存款不免稍形减色。至于电汇英金、马克、法郎,比较去岁增加;其美金、日金、港纸则稍减。票汇美金、法郎、马克较去岁加增,英金、日金、港纸亦觉稍逊。其原因多由本埠新设银行日增,而香港分设来沪及日商各银行吸收现款、减收汇价之结果(升降比较率另详细表)。外币进口押汇,比去岁多出四倍,交易各户尚称殷实;出口押汇比较略减,盖因今年欧美市面清淡,各货销路异常疲滞所致(另详比较细表)。至我行存放国外同业款项,自欧战以后各国金融稍舒,存款利息不如往年之优厚,平均利率约在二厘半之数(另详国外利率表)。此后欧美存款利率如无意外变迁,难望起色。

(三)本决算期内损益之实况

本届年首数月,洋商银行库存不丰,多将先令售出,掉[调]取现款,贴补汇水,常在二分左右。我行于是时曾买进近期,卖出远期,获利尚优。迨至三四月间,各行装运大条进口,银根稍松,先令市面见软。嗣因出口丝茶渐动,加以多数投机家抛出远期,先令市面又趋长势。我行审詧市情,先售后补,稍得余利。至售出汇票,均按市随时升减,获利最厚。其电汇及进口押汇,较次之。利息项下之支出者,以马克为数最钜。我行酌量马克各存户情形,曾将马克一部分移作国外定期存款,利息差可冲抵。其余英美日金、法郎各存款,多藉为电汇、票汇、押汇之运用,得利较厚。统观以上情形,本届盈余以汇票汇水一项为最。此外,电汇、票汇、押汇、外币买卖较次之。

(四)下期进行方针

下期进行方针,以吸收存款、广招汇款为宗旨。至进出口押汇期长利微,似无电汇、票汇之优厚。兹为汇款便利起见,与德国同业开立金镑户,以后德国先令汇款可以直接汇解。瑞士国通惠亦在进行中,由美国纽芬银行介绍,与瑞士巴比银行开立瑞士法郎户,以应各

243

厂家汇寄款项之需。下期先令市面因投机家远期买空卖空为数过钜,将来市面情形如何,颇难揣测。兹拟采取稳健主义,以应付市面潮流之趋势。

(副本,上档 Q268—1—507)

浙江兴业银行委托商务印书馆代印钞票修正合同

(1922 年 9 月 13 日)

今为浙江兴业银行将壹圆、五圆、拾圆叁种钞票,原定背面印凸版二色者改印凹版一色,所有原合同内订定之印价及交票期限各项,均须修改。业经双方议定,开列于后:

(一)三种钞票用凸凹版印,正面印凹版壹色,凸版式色;背面印凹版壹色。正面两边分次加印号码并红色图章,背面加印签字、地名壹色。共陆色柒次。

(二)三种钞票:壹圆票每张洋叁分柒厘叁毫,印伍拾万张,计洋壹万捌千陆百五拾元;伍圆票每张洋叁分式厘八毫,印壹百式拾万张,计洋叁万玖千叁百陆拾元;拾圆票每张洋叁分玖厘式毫,印叁拾五万张,计洋壹万叁千柒百式拾元。共计洋柒万壹千柒百叁拾元。因钞票背面改印凹版,另贴偿制版费洋陆百元。共计洋柒万式千叁百叁拾元正。不折不扣,上海交货,上海交洋。

(三)拾圆票版,极迟本年阳历九月底以前必须制竣,不得延误。票版制竣壹星期内送正式印样。俟印样阅准签字后,壹个半月交叁万张,以后每月至少交足肆万张。

(四)壹圆、伍圆票两种,自本年阳历九月起,每月至少交足念壹万张。

（五）壹圆、伍圆、拾圆票三种，限定民国拾式年阳历肆月底一律如数交齐，不得延误（所有各票交货，应先应后均凭浙江兴业银行临时指定付印）。

（六）加印暗记及装票箱子等费不再另加。

（七）钢版每版至多印至壹万式千张后即须另换。其原版俟印票全数完竣，由浙江兴业银行收回。

（八）商务印书馆承印此项钞票，至多每千张小张以柒拾伍张为试印之用。

（九）除以上各条双方遵守不得翻议外，余仍依据民国十年九月十四日所定原合同办理。

中华民国拾壹年玖月拾叁日
商务印书馆代表人　鲍咸昌
浙江兴业银行代表人　叶景葵
（原稿，上档 Q268—1—606）

为浙江兴业银行继续发行兑换券事呈交通部文

(1923 年 4 月 17 日)

为呈请事。窃敝行于前清光绪三十四年奉度支部特准发行兑换券，遵于杭州、上海、汉口三处发行。其时各铁路、邮政、电报局一律通用。银行亦力顾信用，未敢失坠。辛亥以后因领用中国银行兑换券，即将自发兑换券收回。嗣又因领用之数，未足以供需要，且续领为难。于民国十年呈奉币制局批准继续发行。并蒙财政部核准在案。现拟先于上海、杭州、汉口、天津等处继续发行，以补领用券之不足。仰恳大部通饬各处铁路、邮政、电报局一律通用,以维金融,而济市面。再,银行自发兑换券,在沪、津、汉各大埠之各外国银行业已通用无阻。凡各处铁路等局有因借款关系,与各外国银行发生收款手续者,各用银行自发兑换券,并无何等阻碍。合并陈明。此呈
交通部

浙江兴业银行董事长○○○
民国十二年四月十七日发
(信稿,上档 Q268—1—597)

【附】 1923年4月25日交通部批复浙兴呈文,云:"原具呈人浙江兴业银行董事长叶景葵呈一件,为发行兑换券请饬路、电、邮各局通用由,呈悉。该行继续发行兑换券,已分饬路、电、邮各总局分别转行通用,仰即知照。此批。"

(原件,同上引档)

在浙兴第三十八次行务会议上的讲话

(1923年5月1日)

一、议杭行三月底长期信放转期事,沈棉庭报告事由(略)。

二、议元元丝厂借款事,徐寄庼报告事由(略)。

三、议刘鸿生户个人信用透支事,徐寄庼报告事由(略)。

四、议大同盐行借款事。先生报告事由云:"大同借款事,昨与刘开甫君面谈。我方主张四月底止原订借款合同不能不解除。刘君则陈述种种困难及运照所以迟延之原因,并出示各项文电为证。察其情形,似然虚构,故预料彼方运盐事必可告成。若利湘遽与解约,则彼方困难情形亦自属实。最后与商利湘方面,不能不声明解约,即

托刘君转达大同。如大同果有为难，仍可来函商恳。刘君所代认之四月七日起至四月底止之利息，则先交付于彼。此函商时间内运照如果须发，自可继续进行。此事彼方固感困难，而在利湘亦实不愿舍弃。所虑彼方事前费用既钜，将来利益必致减少，且恐六十万元之借额不能敷用，则其时或致别生问题。"项兰生云：借款数额过大，"颇觉复杂，万一将来官厅复别生枝节，合做之家事后责备，以为我行错过可以解约机会，其时我反无词解免。"沈棉庭亦云："大同借款合同所得利益，充其量不过四五万元而止，事前既多留难，将来变故之来不可预料。"先生又云："项君所言数额一层，我行经董会议决，以四十万元为度。合做之家虽以我行为标准，仍各自负责，或将现在情形先与接洽，亦属不妨。至虑运照发生之后别生枝节，大不了至于停运而止。然停运之日，便可结账。至沈君所言利益一层，查原订合同之精神，在于汇款。此项汇款利益数不在少。利湘所以不愿遽舍弃者，亦即在此。惟危险之来或有在意计之外者，自不可不预为虑及。最好将我行原定四十万之数额内，再分出若干。庶几数额较少，危险分量亦较轻。鄙人此次赴京，容相机办理。惟合做家数中银行同业加多，或须要求分沾汇水利益。"

（《行务会议记录》第 2 册，上档 Q268—1—164）

在浙兴第五十次行务会议上的讲话

（1923 年 7 月 17 日）

一、议京行北京电车公司借款事。先生报告云："此事前由行务会议议决，如做相当押款，可以商量。先是该公司股款及营业收入，多在金城、盐业两行存放。董事中有主张分存我行者，又以权义关系,并要求我行为垫款行之一。彼时垫款意义双方均不暇深求。迨我行复以改为押款始可商量,彼方颇滋误会,而押款名目又非所愿,乃改为有担保透支,并加入中、交两行,连我行共为五家。总额五十万元,股款及营业收入亦由五行分存。此鄙人在京时直接、间接所得之事实。现据京行函告情形,并附来另纸所开条项,鄙意该公司系属正当营业,似不妨加入。惟欠息一层与存息有密切关连,如果存息可以放低,则欠息亦不妨稍示放松。"沈棉庭朗读条项。徐新六云:"条项中所称担保品一条,虽未据开单见示,大致总是车辆机器等件。而此项机件向例在订购合同内订明,在货价未曾扫数清还以前,仍系承办人所有。故以此项机件为担保品,法律上尚不少问题,似宜加入一语谓:'银行对于担保品有第一优先处分权'云云。"陈叔通云:"如果该项机件价尚未清,无论加入何等词句总是无效。盖由于货价上所发生之债权,债权人(即出货行家)在法律上对于货物有绝对优先权,不受任何方面之凌驾。鄙意不如一概不加入何种词句,但将于是项担保品之推行结果,说明利害,嘱京行会同中、交两行商酌,与该公司商办。"先生云:"利息一层,视存息如何而酌定,亦须嘱京行会同中、交两行商酌,与该公司蹉议。"经讨论补充,最后议决:北京电车公司透支五十万元,我行可以加入,所开条项,如担保品、利息及存款三条,分别说明理由,嘱京行会同中、交两行,与该公司蹉议办理。

二、议京、津两行放款事。沈棉庭报告事由(略)。

三、议台湾银行拆款事。徐寄顾报告事由(略)。

四、报告常州纱厂昨日会议情形事。徐寄顾报告事由(略)。

五、报告吴蔚如君预商华丰纱厂垫款事。徐寄顾云:"东莱银行吴君来商,谓该行大股东刘子山君有款陷入华丰纱厂,计近二十万两。彼意拟劝刘君索性将该厂租来自办,并拟届时请我行及大陆数家共同垫款壹百万,每家约十万余两。查该厂日债壹百叁拾万、庄款四十万之谱。当答以如由刘君租办,对于日债如何办理?吴君谓,日债原约无定期。又答以原约虽无定期,要必有一定之约束,如几个月前通知还款等类,不能不预为顾及。吴君又言,拟于六月十五日(想是阴历)动身赴青岛,与刘君商洽。故我行允为援助与否,亦须于六月十五日以前确答。"先生云:"日债契约非先察阅其内容不可。如果对于日债处理确有办法,刘君租办后各行共做花纱活期押款,当无问题。"议决:照先生所说答复吴蔚如君。

(《行务会议记录》第 2 册,上档 Q268—1—164)

为向美国钞票公司订印钞票事呈币制局文[①]

(1923 年 7 月 21 日)

　　呈为订印空白美钞,请饬关免验放行,并恳发给护照事。窃敝行继续发行钞票,曾于民国十年一月六日奉钧局一○○三号批示,准予备案。当即向纽约美国钞票公司订印壹圆票壹百万张、五圆票式百万张、拾圆票肆拾万张。现据该公司来函,业已开印,将来印竣后即须陆续起运,敬请钧局咨行税务处,行知总税务司转饬沪关,嗣后遇有美国钞票公司印运敝行空白钞票到沪,即予免验放行,并恳发给护照,以凭持赴沪关验放,实为公便。再美国钞票公司英文名为 American Bank Note Company;敝行英文名为 National Commercial Bank。谨以附陈。此呈
币制局

浙江兴业银行董事长　叶景葵
(副本,上档 Q268—1—608)

[①] 实际送交币制局日期为 1923 年 7 月 29 日。——编者

在《对于票样意见》上的批注

(1923年9月10日)

对于票样意见

一、三种均用一像，似嫌板滞，且与券类区别上有碍。如决计用人头像，似仍分用王（阳明）、管（仲）、姜（子牙）三种为较妥，否则竟用西湖及钱江风景，如保俶塔、雷峰塔、六和塔。可分三种之类，俾较合世俗心理。[先生批注云："十元用姜，五元用王，一元用管。姜、王皆居中，管则居右。因居中则两边易布置，好看。津行所存西湖风景，均极不合用，故仍用像。"]

二、照像之框均系腰圆直立，嫌太板滞，宜有变化。似可用银行所绘草样中照像之框，并拟使此框位置按三种券额，分中、左、右三式排列。

三、壹圆、伍圆正面式样颜色互相类似，易于涂改，其弊甚大。壹圆之色宜变更，使与伍圆显殊。[先生批注云："伍元已选定玫瑰色，余照来样。"]

四、原有钞票一般舆论嫌壹圆、伍圆太小，拾圆太长，似均宜改良。另附大小式样，以备采择。[先生批注云："照办。"]

五、伍圆、拾圆正面未留中文地名余地，请改良。[先生批注云："票既改宽，余地尽有，不必另留边框。可照交通式印于下方。"]

六、背面预备加印洋文地名之方框，内地印局不善加印，有上下偏侧之弊。似宜不用此项范围。[先生批注云："方框仍留，另加地纹。因无方框则两边签字处不显明。"]

七、背面地纹票样中 United States of America 等字样,想系暂时借用,宜改银行英文名 National Commercial Bank。〔先生批注云:"照办。"〕

八、背面之鸡及花纹可否亦印复色,俾较完美,并使作伪者有比较难易之念。以现在市上钞票背面大半一色,实未臻上乘也。〔先生批注云:"万办不到。因价值太昂。"〕

九、每种钞票中宜为银行各刊暗记一种,届时知照银行接洽。〔先生批注云:"照办。"〕

十、票样全粘在纸板上,纸张如何,无从考究。〔先生批注云:"以中南(银行)之纸为标准。"〕

十一、正面花纹颜色与他银行(如中南等)钞票比较,尚嫌单简。〔先生批注云:"五元、一元者,比十元者为细,不知何故?已嘱加细。至颜色并不单简。"〕

十二、伍圆、拾圆正面浙江兴业银行兑换券字样嫌小。〔先生批注云:"已嘱放大。"〕

再本行现发钞票,以印刷欠工,致多缺憾。此次既经特由美钞公司重印,一切式样自应精益求精,俾作永久之计。如因票样稍延时日,似无大碍。是否有当?均乞核夺。　　　　十二年九月七日

(原件,上档 Q268—1—608)

为商请更换护照事呈币制局文

(1923 年 10 月 4 日)

敬启者:敝行呈请订印空白美钞发给护照一案,顷奉指令核准,并发癸字第二百四十五号护照一纸,谨以收悉。惟是此项美钞印刷

需时,陆续交货,须费十二个月,辗转运送,又易耽误时日,诚恐或逾护照程限,于钧局功令不符。应恳自发照之日起,以壹年为限,以昭利便。特将原发护照一张送呈,即请换填一张,发交敝行收执。无任感叩。此呈
币制局

浙江兴业银行董事长叶景葵　十二年十月四日

外护照一张

(同上引档)

浙兴与美钞公司第四版兑换券印制合同

(1923年10月11日)

立合同,美国纽约美国钞票公司(甲方)中国上海浙江兴业银行(乙方)

今因美国钞票公司代上海浙江兴业银行印刷钞票,双方订立条件如左:

一、甲方按照乙方核定之票样(包括花纹暨大小、颜色等而言),在纽约雕刻顶上钢版(正背面均用凹版)印刷。

二、订印钞票之种类、数目暨价格如下:

壹圆票　壹百万张　每千张美金念壹元
五圆票　贰百万张　每千张美金念式元伍角
拾圆票　肆拾万张　每千张美金念玖元

共叁百肆拾万张,计美金柒万柒千陆百元

以上钞票在上海交货。所有价目包括纸张、制版、印刷、编号、装箱、样本等费,并其他一切工料及自纽约运至上海之运费、保险费。

惟上海进口关税由乙方自付。

三、乙方核定草样后,先付印价五分之一;印成票样核定后,再付印价五分之一·五;其余银货两清。款在上海交付。

四、草样核定后九个月,全货一律交齐。

五、甲方代乙方制造之各种花样材料,不得再作他用,并须代负严密保管之责。乙方并得派员会同加封。如发生意外情弊,乙方所受损失,应由甲方完全赔偿。

六、甲方所印钞票,如有印刷模糊及与票样不符等情,应如数剔除,双方会同销毁,另有甲方重印。所有此项一切损失,均由甲方负责。

七、合同订行后,甲方无论如何不得有藉词加价情事。

八、本合同共缮中英文各两份,双方各执一份存查。

中华民国十二年即西历一千九百二十三年十月十一日

美国钞票公司代表人　Harry F. Rayny

上海浙江兴业银行代表人　叶揆初(印)

(副本,上档 Q268—1—608)

为抄送领用兑换券合同事呈币制局文

(1923年10月31日)

敬启者:顷奉十月二十六日第二百五十九号钧局令开,敝行与中交两行所定领券合同应有三份,"前次未将合同抄送,以此为订定之额实属无案可稽,应即据实声复,并将原订合同抄录补送"等因。查敝行于民国四年与中国银行订定领券合同,计领用三百万元,又加领二百万元;于民国六年与交通银行订定领券合同,计领用壹千万元。共计订定壹千五百万元,均奉财政部核准在案。兹遵将原订合同各抄壹份附奉,敬请察收备案。

再,加领中券两百万元之额,系订入原合同第八条,并未另订合同,合并声明。此呈
币制局

浙江兴业银行董事长叶○○

附抄送合同两件(略)

(副本,上档 Q268—1—597)

在浙兴第九十三次行务会议上的报告

(1924 年 2 月 27 日)

汉口招商局空地租建棉花打包厂事,据汉行历次函电,极为热心。此事如果成立,诚与我行在汉棉花押汇生意关系匪细。顷约同李馥荪君往访施省之君,作为受蒋海老之托转询此事。据云,就招商局空地划出千余方,租给与人组织公司建设栈房二所、棉花打包厂一所,兼设银公司做押汇生意。预计十二年成本可以收回。此后全是利益。询以公司办法,则云股额未定。渠因有招商局关系,托由朱苣臣出面,汉口方面朱如山、朱寿丞、姜春邨,托其力为拉拢,但股额亦无成议。平和洋行朱子芳君则愿加额租去办理,亦未予拒绝。及询以招商局自身是否附股,则云拟加入,而亦未定有数额。并云,如银行界加入组织公栈,正所欢迎。继又与言,此事如果有省老主持,自易集事。渠云,现在自系由其一人主持,且云租金年二万两,期三十年大约已定。惟傅君筱庵此时尚未与分开,云云。就上列称询结果,对于附股似已表示容纳,主权确在施君一人,尚未与他行发生关系。

至其称招商局入股之说,恐悉托词,实际或系个人入股。盖就其欢迎银行界入股已隐然含有利用之意,可以推测而知也。至于我行对此问题,颇费讨论。若主消极不插入进去,则将来于棉花生意自必发生影响;若主积极,则不但须加入股份,且必须有左右事权之程度,方有裨益。然既不能以行之名义附股,而个人出资亦有为难。抑卮先生之意,拟从募集股份着手。李馥荪君则主张,允其以该厂股票做押款,而以其股权归银行行使为条件,恐难办到。鄙意有两种理想,一为允许该厂以其房地产做押款;二为允许该厂以其股票做押款,却与李君办法不同。但前一种之主张现已抛弃,因徒受呆滞银根之痛苦,而于该厂事权无充量之关系。后者则略将意见开列如左,以供讨论。

（一）招股以洋例五十万两为额。

（二）拟请省之、竹书、苣臣、晋生、馥荪五人为发起董事,五人中推省之为领袖。

（三）发起董事担任招股廿五万两。

（四）交通、永亨、浙江实业及浙江兴业允以八折收受股票押款,以做足洋例二十万两为额(如彼此有缓急时可多寡通融之)。

（五）不另设银公司,所有押汇生意由上开四行合做,亦可视供求缓急彼此多寡通融之。

（四、五两条四行可分订合同彼此遵守。）

（六）其余二十五万两拟分配如下:棉花号允其入股,以十万两计;平和等三栈允其入股,亦以十万两计;其余五万尽汉市招足。

（七）经理人由发起董事择贤任之。

（八）租期须三十年。

先生又云:"照上开理想办法,枢纽在发起董事五人,且尚不着痕迹。事实上此五人亦容易通过。以省之为领袖,必乐从,但是否避嫌,未可知也。"徐新六云:"两者之中自以后者为宜,惟发起董事担任之廿五万两,仅足股额之半数,若其余之廿五万两亦集为一体,则势力均等，发起董事方面仍不能占多数，且五人中，施与芑臣不啻一体，竹老空洞无成见，只余二人，重心仍在施一人。"徐寄顾云："可否增至七人？"先生云："其余之廿五万集为一体，在事实上不易发生。且发起董事方面以担任之额为基础，对于他一方面仍须以相当策略从事吸收，构成势力。至增加发起董事为七人，难于提出，恐太著痕迹为彼方所忌。"徐寄顾云："第五条押汇生意可否不提明？即使提明，不可呆定合做，恐汉行方面以为事尚未成，而押汇生意已先被人分润。"先生云；"不提押汇生意，各行之目的物失去，且施君亦已言明，打包厂附设银公司，兼做押汇生意，则将来与商条件，亦何必不明言？至四行合做云云，俟正式商订时自可相机应付。"徐寄顾又云："照后者办法，设该厂又以房地产另行押款，则股票已不啻无用。"先生云："此则视乎其经理人如何。"沈棉庭云："经理人极为重要，能否先提出？"大家认为，经理由发起董事择贤而任，时机到时自应预为准备，此时未便提出。讨论结果佥云，须将与施君接洽情形电告汉行，俟明日抑卮、叔通回行再行讨论。议定以先生名义致汉行电稿："施已密洽，似尚欢迎。此时主权在施，尚无他行关系。招商入股数亦未定，已订期再洽。葵。"

(《行务会议记录》第 5 册，上档 Q268—1—166)

在浙兴第一〇一次行务会议上的报告

(1924 年 4 月 8 日)

一、议津行拟在石家庄设分理处并派员在榆次收做押汇事。先生报告云："接津行来函，谓前派跑街王裕廷赴山西榆次、直隶石家庄调查两处商业情形，先后寄到调查报告。大致以榆次虽为棉花转运之区，尚非商业要冲。因天津宝兴长在该处收花，极思我行派员在彼监督，订做押款，薪水膳食由该号担任。我行既不挂牌，而又无开支，仅须驻榆管理收货、转运、保险、发电等事。按之实际与寻常押汇无殊，绝无危险，且可并做他家押汇。至石家庄则地处交通、百货云集，晋省出口货即棉花一项已达二千余万元。将来沧石铁路开通，在商业上实占重要位置，足与郑州相颉颃，且可为郑州之策应。并榆次方面亦可遥为声援。商业银行中现惟懋业一家在石庄设有分行。当地收款年约千万，交通银行张佩绅君曾计以运输款项及揽做汇款之援助。于此筹设分理处，实为目前切要之图。拟先遴派一二人，专从汇兑入手。即榆次之人亦可由石庄派出，以便就近呼应。选材务极其慎，范围无事铺张，俾可舒卷自如。该地商务重在秋收，现在从事筹备，以俟秋初开办尚有半年营业可做。"接着，传阅两处调查报告。议决照办。

二、议各行放款事。沈棉庭报告事由（略）。

三、议哈行函请前债收回安达油坊运输轨道事。沈棉庭报告事由（略）。

（《行务会议记录》第 5 册，上档 Q268—1—166）

在浙兴第一〇二次行务会议上的报告

（1924 年 4 月 12 日）

一、议蒋孟苹户押款更换押品另订合同事。先生报告云："蒋孟苹户押款欠元十万零二千三百十三两五钱四分，来远公司户欠元二万七千九百四十五两三钱八分，一并结至十二年十二月底止，共欠元十三万零二百五十八两九钱二分。本年四月十日又加用元四万两，合共欠元十七万零二百五十八两九钱二分。原押品除业经处分者外,下余押品均无价值之可言,因商换所藏书籍。兹经议定,除将原押品内中法银行法郎存单计念一万五千三百十二个又五二留存外,其余淮海银行股票票面洋一万一千三百五十元、永利制盐公司股票票面洋五千元、扬子公司股票票面洋例纹一万两、大生纱厂股票票面五万零零廿两、浙江银行马克存单二百五十万个、各盐垦公司股票票面洋七万二千元,均退还蒋君。另由蒋君交来所藏传书堂各种书籍(附有详细书目)作为抵押品,另行订有合同。"报告毕,将合同及书目传阅。先生又报告云:"蒋孟苹君尚有哈尔滨所设之新盛恒粮栈,结欠哈行十一年十一月廿八日到期洋七千元,及十一年九月三十日满期透支洋五千五百六十七元五角八分。合共一万二千五百六十七元五角八分。原约俟天盛东股本拆出尽先归还。嗣因该股本拆出后,尽数归还东三省银行,以致哈行仍无着落。复约定以该地油坊变卖作抵,或以租金陆续扣抵。现尚未有一定办法。是以订明将上项应退还之旧押品内,留出大生股票票面五万零廿两,暂为第二担保。又蒋君欠有南通豫生庄元一万零七百九十八两六钱。业由该庄来函谓,已商明蒋君,划付我行。故此款亦应加入大生股票担保之内。再此次与蒋君所订合同内应交之传书堂各书籍,现在尚未交齐,大生股票尤应留作保证之一助。此事业经办妥并双方以书面声明矣。"众意对于两项办法,均无异议。①

二、议汉行刘秉义户押款事。沈棉庭报告事由(略)。

(《行务会议记录》第5册,上档 Q268—1—166)

---

① 南浔蒋氏传书堂藏书流出,此乃近代藏书史上一大事件,由此开始。传书堂藏书后归商务印书馆涵芬楼。——编者

呈北京政府财政部文

(1924 年 6 月 18 日)

　　敬启者,顷奉一二五二号公函,具悉一是。查四合公司承借大部金融公债押款处分押品一案,细校双方原订合同,实与盐余借款案毫无关系。该公司迭次声明在案,务请迅予更正,按照内国银行借款结算通则,将前送结算表即日核结,不胜企盼。此复
财政部

叶景葵谨上
十三年六月十八日
(副本,上档 Q268—1—349)

为浙兴发行兑换券事呈交通部文

(1925 年 4 月 3 日)

　　呈为发行新印兑换券请通饬各处铁路、电报、邮政局一律通用事。窃银行发行兑换券曾于民国十二年呈奉大部通饬各处铁路、电报、邮政局一律通用在案。现在银行为求兑换券式样格外精密起见,复向美国钞票公司印就壹圆、伍圆、拾圆三种兑换券继续发行,与旧券一律行使。谨将前项兑换券样本,计上海地名三十册、湖北地名二十册、天津地名二十册,共计七十册附呈,敬乞大部查照原案,仍予通饬各处铁路、电报、邮政局一律通用。无任感荷。此呈
交通部

附样本七十册

浙江兴业银行董事长○○○ [①]
十四年四月三日
(文稿,上档 Q268—1—597)

---

① 原稿如此。——编者

为索讨四合公司欠款呈财政部文

(1925年10月10日)

敬启者：十年七月十一日大部以金融公债式百万元向敝公司押借现洋壹百叁拾万元一款，除按原合同条件办理外，不足之数叠经函催清偿，未蒙拨付。本年六月廿七日续函呈送六月底结单并请求清偿，后又于八月廿九日函请财政整理会转催，又未奉复示。不得已特派景葵代表趋诣大部，恳陈苦衷，请求迅速清结。查敝公司六月底结平，已欠本息六十万零零四百余元之钜，七、八、九月欠息尚不在内。此款延宕日久，敝公司周转为难，务求体恤商艰，顾全国信，迅将所欠本息如数拨还。无任感悚待命之至。此上
财政部

四合公司代表人叶景葵
十四年十月十日
（副本，同上引档）

为索讨四合公司欠款复财政部文

(1925年10月17日)

顷奉二三一八号公函，内开应发敝公司八厘债券三十五万三千七百八十元，又现洋三元九角七分，"除函中国银行如数发给八厘债券外，请径向该行领券"等因。谨以聆悉。兹已备具收据，径赴中国

银行领取,并请将现洋三元九角七分如数拨交敝公司查收,以了全案。此上
财政部

四合公司代表人叶景葵
十四年十月十七日
(函稿,同上引档)

在浙兴第一五五次行务会议上的讲话

(1926年1月13日)

一、议发行钞票记账办法。先生提议云:"现在我行发行钞票数额尚属无多,惟将来逐渐增加,记账办法拟自本年一月起,分为直接发行与间接发行两部分各别记账。凡总分行自己发行者,属于直接发行部分对外用之;由其他银行领用者,属于间接发行部分对内用之,库存则仍照旧。庶于分晰之中,仍不失核实之意。是否请公决?"各有讨论。议决暂行试办。

二、蒋抑卮报告蒋孟苹君押款办理结束事。云:"蒋君押款按照合同,已届处分押品之期。现在是项押品传书堂书籍适有受主可出银十六万两①。昨与蒋赋荪君详谈,并与说明我行困难及吃亏之处。

---

① 受主即为商务印书馆。1月19日张元济在商务印书馆总务处第696次会议上,就收购密韵楼藏书事发言云:"兴业银行抵押蒋孟苹旧书一宗现在可以设法收购,查此项旧书,鄙人曾一一看过,并为之审定板本。蒋君收藏,费十余年之心力,诚属不易。在银行用作抵押,虽为呆滞,在本馆则因影印旧书为营业之一种。如《四部丛刊》《续藏》《道藏》《学津讨原》《学海类编》《百衲本资治通鉴》《廿四史》《续古逸丛书》等,有数种均已售完,虽有数种销数无多,然从未有不销因而亏本者。此项旧书颇多善本,可以影印者甚属不少。共计宋本563本,元本2 097本,明本6 753本,抄本3 808本,《永乐大典》10本,鄙意久思再出《四部丛刊》续编,留心访求,已有数年,无如好书极不易(转下页)

渠云,与孟苹君商洽再告。兹拟以鄙人与蒋君私人关系,请求宽缓至本星期六为止,一面函知承受之人接洽。"众无异议。

三、议杭行本年上届计划书内拟定放款各户事。沈棉庭报告事由(略)。

(《行务会议记录簿》第 6 册,上档 Q268—1—168)

在浙兴第一六〇次行务会议上的讲话

(1926 年 3 月 17 日)

一、议茧子放款事。曹吉如报告事由(略)。

二、沈棉庭报告总行储蓄部及津行放款事(略)。

三、议总行透支各户事。孙人镜报告事由(略)。

四、议嘱托存款酌量营运事。马久甫报告事由(略)。

五、议特别准备事。徐新六报告事由。先生云:"鄙意此项特别准备金,拟改定为一百万元。纯为现金,不能以公债抵充。内以八十万元存总行,仍照原案属于固定性质,只可以银易洋,不作他用。以二十万元拨存津行,亦照原案属于固定性质。盖因津行历年受往来户损失,本年重员会议曾允另为设法。惟该项损失为事实上不可避免,苦无他法可以补救。如果拨给上项特别准备金二十万元,则该行

(接上页)得,如能将蒋书收入,则《四部丛刊》续编基础已立,再向外补凑若干,便可印行,影印之后,原书尚在,其本来价值并不低减,将来如有机会仍可售去也。此项贵书,转售诚属不易,然鄙见以为美日两国退还赔款,均决定先设图书馆。此种大规模之图书馆不能不收藏好书,则售亦未必无机会也。该行估计押本为十九万两或尚可商量。曾与之商议买价,先拟以十五万两,嗣经再三磋商,前途减为十七万两,后折中为十六万两。是否可行,谨候公决。"经讨论后议决,蒋氏书即以拾陆万两照购。(会议记录打字稿)密韵楼藏书由此转入商务印书馆涵芬楼。——编者

原有存库之营业准备金,即可活用于不失准备性质之范围以内(例如存放同业),酌量生息,藉以贴补前项往来户之损失。惟往来户与拨入特别准备仍属截然两事,不得视为往来户之补助办法。而特别准备拨入之后,亦不得视为原有普通准备之代替。此层应嘱津行注意。"各有讨论。议决:"特别准备既为一百万元,则现在所缺之数即以相当之金融债票处分补足。其余债票归还营业部。至特别准备金原案二百万元,除减去一百万元作固定性质外,下余之数仍以含有准备性质之方法运用之。"

(《行务会议记录》第 6 册,上档 Q268—1—168)

在浙兴第一六五次行务会议上的讲话

(1926 年 5 月 19 日)

一、议总行放款事。曹吉如报告事由(略)。

二、议各分支行放款事。沈棉庭报告事由(略)。

三、议中兴煤矿公司公司债事。先生云:"此事昨据师凤昇君面告,盐业、金城、大陆均表示愿为赞助该公司,意欲我行加入。在津行之意拟不认购。论该公司所定办法原未能完善,一则不定明用途,二则不以公司财产作担保,此为较著之缺点。惟我行与该公司之关系,亦未可遽予拒绝。且就公司内容而论,我行如酌认若干,尚无何等危险。故鄙意主张酌量认购,一面可就我行对于发行上意见,向该公司表示。"徐新六云:"该公司此次发行公司债,原因系由积存煤斤因车路阻断不能运销之故。据闻现有五十余万吨之存积,仅恃附近销路,以资活动。又查该公司附近售价为每吨六元。以五十万吨计,适各拟募债额之数是其发行原因,于公司内容尚未根本发生问题,而实由于外来之障碍。鄙意亦主张可以酌认。至其办法不能完善之处,关于担保品一层,可以不提,其用途一项似不妨由津行顾君以个人意思对该公司当局询其究竟,必可略得端倪。查我行现在放给该公司之款,计共二十四万之谱,如果认购该债,似可即以三十万元为度。"议决"先函津行,嘱顾经理以其个人意思向该公司探明用途再议。"

四、议上届决算有价证券折扣事。沈棉庭报告事由(略)。

(《行务会议记录》第 6 册,上档 Q268—1—168)

在浙兴第一六七次行务会议上的报告

(1926 年 6 月 9 日)

一、议购英美烟公司股票事。先生报告云:"英美烟公司为缓和中国人感情起见,拟发行股票洋数二百万元。每股票面洋一百元,八五实收。其中提出一部分联络华商银行,我行亦在其列。查该公司股票原有定额,股东人数亦有一定限制。此次经该公司议定办法,由原股东让出二百万,另组一股票公司办理此事。照该公司向章,每季发息一次,历年大约每次每股可发二元半之息。照八五折计算,按年可得一分二厘之谱。此次发行之后经过六个月,即拟在上海外国证券市面开做行市。当初来商谈时,我行曾允其帮忙,核计利息亦尚合算。鄙意我行拟购四十万元,俟将来市场上卖买时如有盈余,可售出若干,并酌留一部,似届时酌量办理。"议决以票面四十万购入上述股票。

二、议总行放款及补报透支各户事。曹吉如报告事由(略)。

(同上引档)

为在美印制钞票商请护照事呈财政部文

(1926年7月1日)

敬呈者,窃敝行发行美印壹圆、伍圆、拾圆兑换券壹千五百万圆,前经呈奉大部核准有案。现以一圆券一种市上需要较广,敝行前次所印壹百万张业将用罄,拟即向美国钞票公司续印空白壹圆券二百万张,以备应用。此项壹圆券据美钞公司称,订印以后当陆续分批交货,敬乞大部核准给予护照壹纸,并恳赐予咨照税务处转饬沪海关,届时免验方行。至此项壹圆券将来发行时,敝行当请监理官将原有伍圆、拾圆券酌量封存,俾符大部限制发行之原旨。再该券以须陆续印运,极易耽误时日,如一逾护照程限,恐多窒碍。所有护照上期限,务恳自发照之日起以九个月为限,俾资利便。统乞示遵,以便向美钞公司订印。无任感叩。此上
财政部

浙江兴业银行董事长叶○○
(副本,上档 Q268—1—600)

在浙兴第一七二次行务会议上的讲话

(1926年8月18日)

一、沈棉庭报告京津各行放款事(略)。
二、议津行租借地皮押款事。沈棉庭报告事由(略)。

三、议随时存款利率事。沈棉庭报告事由。先生云:"此事各行情形不同。鄙意认为,不能一律办理。即一行之中存户情形亦个个不同,应逐户相机应付。如有认为应行放松者,亦可随时办理,不必待重员会议。"众议决:"先可函询各行意见。"

四、曹吉如报告总行放款事(略)。

五、议轮舶押款事。徐新六报告事由(略)。

(《行务会议记录》第 7 册,上档 Q268—1—169)

在浙兴重员会议上的讲话

(1927 年 2 月 12 日)

一、存款利率案(略)。

二、缩短存款年限及明定限库案(略)。

三、停收奉、哈定期存款案(略)。

四、收缩信用放款案。先生云:"时局多故,百业不振,所有定期放款、往来透支、同业拆票各户,不得不酌量收缩。兹拟具下列办法请讨论。"(略)

五、停放股票押款案。先生云:"我行对于股票押款向主慎重,近岁战争扩大,几及全国,捐税繁苛,交通梗阻,工潮叠起,金融呆滞,各大公司处境甚艰。以前认为稳妥者已不可靠,来轸方遒,殊觉可虑。为预□风险计,对于股票押款似应暂时停做。请讨论。"潘履园主张股票押款以不做为原则,如有必要通融者,须由经理将股票种类、放款数额及其他关系情形详告总行,非经总行行务会议议准不得受押,但期限至长六个月。众无异议。

六、押品种类及折扣案。议决:

（甲）公债类　五年、金融、十一年、十四年，上列公债均照市价七折；七长、整六、整七、英金善后公债、中法实业银行美金债券，上列公债均照市价六折至七折；九六公债停押。

（乙）单据　以本行之存放单据为限，折扣随时酌定。

（丙）货物类　生金银、金银饰，以上照市价八折至九折；米麦豆谷、面粉、棉花、棉纱、蚕茧、煤，以上照市价七折至八折；豆饼、菜籽菜饼、芝麻、桐油、花生米、人造靛青、大麦子、紫铜、生铁，以上照市价七折；盐、白布、素绸缎，以上照市价六折至七折；茶叶、烟叶、纸、蛋白蛋黄，以上照市价五折至六折；皮毛照市五折。

七、英金善后公债处理案。先生云："各行购入善后公债总数已达三十五万余镑，为本行重要资产。如何处理宜有具体计划，免致分歧。兹将各项问题列左，请分别讨论。1. 总额；2. 分认；3. 北价；4. 盈亏；5. 管理。"（讨论略）

八、银根支配案（略）。

九、各行营业时间及行员食宿费案（略）。

十、修正行员给假规程、薪水规程、旅费规程案（略）。

（《浙兴重员会议记录簿》，上档 Q268—1—60）

在浙江兴业银行第二十届股东常会上的报告

(1927年2月13日)

市　面　情　形

上海　本年上半季东南数省偏安一隅，各业尚称平顺。迨至秋冬，卷入战争漩涡，运输艰阻，商货停顿。又以内地恐慌，存款纷集沪埠，金融业苦于无法运用，不免抱耗利息。银拆仅于乙丑年关及茧用发动时，高至五钱，余在二分至三钱之间。洋厘则因宁杭币厂忽铸忽停，广汕各路又时来运现，出口涨落不一。最高为七钱四分六厘，最低为七钱一分二厘。年终禁现出口，厘价始立定于七钱三分左右。至金价本年涨风最盛，蒙其害者首推洋货庄头商，因金价步涨，成本加重，亏折甚巨。受其利者为丝茶商，因套进外汇关系，颇有盈余。茶叶更由俄国需要日增，今年出口最旺，获利特优。米、面、糖、煤，求过于供，市价腾贵，亦称发达。惟花纱趋跌，无利可图。

杭州 本年春茧产额只有六七成，丝货因上等者用厂丝，新式者用人造丝，以致土丝销场极滞。茶叶歉收殊甚，由于春雨太少之故。木材初亦因雨少，不能下水，来源缺乏。迨至梅雨大作，又被江激冲去，损失不小。入秋以后，军事接踵而起，市面恐慌，各业停顿，惟绸货可以远销，营业尚佳。金融界稳健支持，亦得无事。

汉口 本年时局变迁太甚，金融市场大受恐慌。春间因官钱局钱票过多，不能兑现，官厅无法维持，竟成废纸，以钱码为交易者损失最大。入秋后，党军抵鄂，银根奇紧，中行挤兑，银拆开至六钱，尚无处可拆。洋厘亦涨至七钱三分余。加以工潮汹涌，各业均有公会，增加薪水，减少工作，时有所闻。而生活程度复随之增高。业主因开支加钜，出货减少，无不感受痛苦。阴（历）十月半比期，倒闭大商店及钱庄数家，其余银钱业亦仅能支持，纱厂因工资增加，成本过重颇难获利。茶叶货少价高，洋商采办不多。桐油则因交通阻断，来源稀少，洋行难出大价，无货可买，庄头销路不广，仍无起色。惟粮食生意在此各业清淡中，较为活动。

天津 本年上半季因战事关系，交通梗阻，百业停顿。直鲁联军入津，发行流通券，商民不敢收受，闭市二十余日。直隶省银行钞票及本市官钱局铜元票，均不通行。中国、交通、中南等银行钞票，亦兑现不少。入秋以后，交通渐次恢复，惟车辆不多，运费太钜。张家口积存皮货数达弍千万元,来津出口者不过十分之二三。纱厂因纱花日跌,合之成本尚须亏耗。进出口货均不畅旺,惟核桃一项出口甚多,因美国歉收,全赖中国供给之故。面粉业因涨价关系,无不获利。绸缎业生意平平。金融界尚称稳妥。

　　北京　京师本无商业可言,所赖以点缀市面者只有普通商店。本年春间,联军入城,发行军用券,商店不敢收受,多藉口修理门面,停止营业。入秋后,张家口、石家庄两处,货物登场,本可活动,讵当局禁止运现,来源中断,金融界及收货商均大起恐慌,京津汇水每万元竟达壹百五十元之钜。虽禁期未久,而各业受创已深矣。

　　奉天　奉省市面最有关系者,为奉票问题。本年二三月间,票价日跌,官银号及中、交两行合设汇兑所,以平汇价,未有效果。五月间,当局发行东三省整理金融公债现洋五千万元,每元折合奉票弍元四角。又令官银号及中、交两行收回贷款,并与稽核所商定,盐税现洋每元照收奉票叁元。无如时局不定,人心虚浮,仍难见效,票价竟跌至六元余。复经当局规定官价,并枪毙买空卖空者数人,八月间曾提高至叁元以内,旋仍跌落,年末又到五元。金融既如此紊乱,卯利又复甚大,各业均感困苦。幸上年丰收,粮食当不缺乏。今年新货登场,经有力者大举收买,价格提高,各粮商资本不充,均难下手。

　　哈尔滨　本年北满农产收成尚佳,钱粮业大批购进,日商亦收买至五六千车。粮价抬高,大都获利。油坊、火磨因豆麦价涨,成本过重,均未能放手大做,获利较微。杂货商门市生意极为热闹,外路销场亦旺,惟定东洋货未结价者,因金票步涨,不免受损。近日呼海铁路通车,哈埠来往货物较繁,人口加多,房产价值亦较去年增高,市面已渐有起色。

营 业 状 况

　　存款　本年底定期、储蓄两种存款,比较上年底增加更钜。定期计增四百三十二万元,储蓄计增一百四十万元。其中仍以上海、天津两行增加数目较多。往来存款计减六十六万元。但除同业存款提去不计外,实际仍增十七万元。其原因由于年来时局多故,稍有余资者不敢经营事业,大都存入银行,坐收利息。又因上海、天津两处为通商大埠,比较内地似觉安全,故存款增加以上海、天津两行为独多。

放款 本年战事扩大,东南数省已卷入漩涡。本行对于信用放款更加收缩。本年底比较上年底,定期放款减少九十万元,往来透支仅增十万元。而押款方面亦因合格者少,难以推广。定期抵押放款减少七十一万元。往来抵押透支仅增二十六万元。押品仍以花、纱、布为大宗。本年夏间,鉴于放款困难,不能不另谋消纳之方,乃在天津行开办国外汇兑,做出贴现及押汇不少。故本年底贴现增加三十二万元,押汇增加一百零八万元。但因选择户头之故,利息不免较薄。

证券 本年存款增加甚钜,放款不能发展,所余资金颇多,仍不得不购置有价证券,以资生息。除原存各项证券外,本年新购者为英金善后公债及整理案内公债。故较去年底数目增加四百五十五万元。

发行 本年时局日非,本行为慎重计,对于钞票不敢多发。但需要仍广,无以应付,亦觉为难。故一面增加领用他银行钞票,以补不足。计本年底较上年底发行兑换券减六万元,领用兑换券增十一万元。合并报告。

(抄件,上档 Q268—1—652)

在浙兴第一九二次行务会议上的讲话

(1927 年 6 月 15 日)

一、曹吉如报告总行放款事(略)。

二、议发行准备金项下酌提一成运用以顾成本事。先生报告云:"中央银行正在计划中间,有发行统一之议,商业银行发行权将来不无动摇,自应预备布置,而尤以收回成本为首当注意。我行发行准备比较充分,现拟从现金准备项下酌提一成,购买美金债票,以期将收入利息为收回成本之补助。即以购得之债票仍归入准备项下,作为保证准备。此项债票比较稳固,且在市上变卖亦易,惟利息较薄耳。合报告备案。"

(《行务会议记录》第7册,上档Q268—1—169)

在浙兴重员会议上的报告

(1928年1月29日)

一、各种存款利率案(略)。

二、押品种类及折扣案(略)。

三、银根支配案(略)。

四、各行加薪员额案。先生报告云:"上年所定优待行员役案内,年终考绩加薪员额计算方法,每行员五人加薪一人,不满五人者不计。当时原以另有生活费之普遍规定,故对于考绩加薪示限制,且以照此办法年轮加,各行员薪数额亦得渐趋均衡。金以照上年通案办法,日久恐生困难,惟照目前情形能维持此项办法,又不能渐趋均衡,故金以照案办理为然。惟各行所提出之加薪名单,于人数问题尚有困难。"又云:"消除困难之变通办法,只有就原额'不满五人者不计'句上量加修正,拟改为'不满五人者如在三人以上,得作五人;不满三人者不计'。众意如何?"众以为然。议决:1927年5月11日所发通函优待行员役案内年终考绩加薪,改为"每行员五人得加一人,每十人得加二人,余类推。不满五人者,如在三人以上时得以五人论,不满三人者不计。"当于开董事会时提出修改。

(《浙兴董员会议记录簿》,上档 Q268—1—61)

呈蒋总司令、国民政府农矿部、工商部文

(1928 年 7 月 22 日)

具呈人浙江兴业银行、交通银行、中孚银行、中华汇业银行、中南银行、金城银行、四行储蓄会、道生银行、西门子电机厂,为中兴煤矿公司财产业经一律充公,商行等所放抵押及透支款项,应如何承受偿还,恳请明令宣示,以维金融事。窃查中兴煤矿公司成立已逾三十余年,纯为华商营业,在实业界颇能独树一帜。年来虽迭受战事影响,军阀蹂躏,损失不赀,时虞匮乏;然商行等以其组织完备,信用素著,俟时局平靖后必能发展,不惜时予借款援助,俾便保全矿产,以副国家保育工商、维护实业之至意。讵料革命成功,该矿以未尽报效军饷之责,竟被没收充公!化商业财产为国家公有,自属军事行动之处置,非国民所敢置喙。惟债权人与债务人往来,其有特定担保物,因国家法律容许有物权之存在,不论物品其主与否,仍有追及之效力。其虽无特定物供担保者,依照法定债务人之一切财产,实为一般债权之总担保,且无偿之利得,似难与有偿之信贷同日而语。商行等借给中兴煤矿之款,结至本年六月三十日止,抵押借款计欠银捌拾叁万陆千元,透支借款计欠银捌拾柒万零捌佰捌拾壹元叁角壹分。两共欠银壹百柒拾万零捌佰捌拾壹元叁角壹分。其细账分别两单呈请鉴核。现该矿全部产业业经宣布充公,则其所负债务亦一并归公家继承,当无疑义。对于商行等有担保物权之财产,如何划归商行等依法自行处分?其供债权总担保之该矿财产,应如何尽先偿还支出现金

之有偿债权人？该矿整理委员会任事已阅数月，已有详密真确之报告，足资根据。谨乞迅赐明白，宣示祗遵，以维金融，而定人心，当惟商行等之私幸而已。

(《中兴煤矿公司之呼吁声》，第27～28页)

呈南京政府工商部①文

(1929年5月14日)

具呈人浙江兴业银行　总行上海北京路七十八号

呈为维持实业，合放钜款，关系商工要政，谨陈原委，请求主持保护事。窃汉口第一纺织公司于民国十四年间，以债务紧急、营业竭蹶，向敝行暨上海新沙逊洋行、安利洋行、浙江实业银行各家，将全厂财产机器押借银二百卅三万两，还本付息计有期限行之。未久便经爽约。至十六年九月全厂停工，收入毫无，不惟债务本息分毫未付，全厂工人因而失业。直至十七年间，公司多数股东迭与债权人筹画复工办法，累日经旬，粗有头绪，忽有自称维持委员会者，自订投资条件，递呈省政府。省府议决办法数条，限令半月内办妥开工。而所谓维持委员会者，对于省府所示办法皆未办妥，而逾所限期日至三月之久。于是该公司二千六百余权之多数股东，以利害切身忍无可忍，遂议定与债权人另筹办法。经该公司董事长呈经省政府议决准其另筹

---

① 1929年5月上旬，浙兴总经理徐新六致函时任工商部次长的穆藕初，向工商部提交有关与汉口第一纱厂债权纠纷事件的节略一份。5月11日，穆藕初复函徐新六云："惠示及节略均已诵悉，遵即转呈孔部长，奉嘱补具正式公文，即希照办，封发时并求示知，以便转知。"(上档Q268—1—399)浙兴按照穆函以正式公文形式呈文工商部。同月20日，穆藕初又复函徐新六，云："奉示及件均已拜悉。尊牍遵即代递，请释廑系。所谓须保者，循例如是，所以昭慎重也。"(同上引档)——编者

办法。至是，所谓维持委员会始行取消，公司多数股东始得以自由意志与债权人协商复工办法。双方各垫洋卅万元，复工以后流动资本需银壹百伍拾万两，亦有债权人承借，利息只作八厘。双方协商同意之后，当经该公司董事长呈明武汉特别市政府刘市长，奉批准予备案，克日复工。窃以此事迁延至久，波折至多，不特工人失业，痛苦万分，即债权方面、股东方面，亦均损失不赀。此次艰苦经营得有办法，所冀开工以后，无局外破坏之人，得各方维护之力，庶几徐图补救，渐获来苏。伏维钧部嘉画工商，枢机在握，民生国计均在提携保育之中，谨陈原委，并抄附武汉特别市政府核准批示，用备省览。并求俯予主持饬下武汉地方当局，随时予以保护，不胜感激屏营之至。谨呈
工商部　　　　　　　　　具呈人浙江兴业银行

【附】随呈文徐新六致穆藕初函，云："藕初先生次长台鉴：昨奉惠复，敬承一一。再呈节略，业荷转呈部长，至为感幸。承嘱补具正式公文，兹已缮具，径寄钧部，谨特奉闻。尚乞鼎力关拂，实为至祷。顺颂勋祺。"

（副本，上档 Q268—1—399）

《兴业邮乘》发行之旨趣

（1932年9月9日）

上年创办《兴业行报》，由南京分行发行，至国难期间，即告停刊，仅出六期。取材分类，已具雏形。今更扩充内容，改名《兴业邮乘》，归总行发行，暂定一月一期，以本行成立纪念日开始。编辑各员，不待外求，即就同人中选充之。总分行同人，或将平日心得，著为文字；或于每日所读书报及本行所登他人著作，有异同之意见，加以讨论或发明，均可随时寄至编辑委员会，选择登载。每至年终，由指导委员

会评定，所有优良之意见及文字，由总行酌赠奖品，以鼓励同人兴趣。

凡百事业，既须各尽所能，尤须日知所无，而金融业之于中外智识需要，更为急切，此同人所知也。惟是专门之书，日益浩博，加以各国文字之不同，各家学说之歧异，每有穷年莫殚之苦。同人职务余暇，求书既难，读书亦不易。今以本刊为先导，凡增进同人智识所必须者，探其要旨，随时刊布。读本刊者，如人生之于饮食，虽不过一箪一瓢，而所需营养要素皆在其中，不可以浅近而忽之。

全行同人几达四百，除所司职务可以考核外，其平日之抱负，与随时之感想，不尽知也。非特他人不知，凡所抱负与感想者，为是欤？为非欤？同人亦不自知也。今以本刊为喉舌，则人人可以自见矣。凡物必有两端，学问之道亦然。有异同，必有是非，此之所非，即彼之所是。苟能平心讨论，必可折衷两端，以归于一是。然后择其是者以为鹄，而同人所志所行，皆指共同之鹄以赴之。久之成为兴业之行风，亦可称为兴业之学风，此赖同人之一致努力，而为鄙人所梦想者也。

凡纪载日常琐屑之事，初觉平平无奇，但积至数年，数十年，则竹头木屑，皆为他日建筑材料。阅《申报》一份，未必即觉其有若何大用，今积至六十余年，共二万余份，即成为至宝贵之史料。往年欲编兴业行史，搜罗各种材料，或本无纪载，或有而未全，难于衔接，是以搁笔。今以本刊为仓库，苟积至相当时期，同人编次兴业行史时，即可取诸宫中而用之矣。此虽事务之一端，亦不可忽也。

以上所书，皆老生常谈，但鄙人所以重视本刊者，亦正持之有故，故质直言之，为《兴业邮乘》预祝，并为全行同人预祝。

二十一年九月

（《叶景葵杂著》，第244～245页）

怀 旧

(1932 年 11 月)

总行筹设郑州支行，于十月十七日开始营业。忆民十二年之冬，汉行设郑州分理处，以洪雁膀君为主任。洪君在汉行服务八年，才德兼备，擢升斯职，锐意进行；以脚踏实地，节省开销为宗旨，除会计外，凡收支、文牍、跑街等职务，几以一身兼之。其时豫省军阀恣肆，苛敛勒派，市面恐慌，交通梗阻，洪君昕夕焦劳，肆应曲当。体本羸弱，外感夏令暑热，触发肠胃病，时有寒热。同人劝其请假调理。洪君慨然曰："郑行新创，值此满地荆棘，委而去之，是不忠也；吾母久病，吾以羸瘠之躯，归见吾母，将重其忧，是不孝也。"仍力作不辍，体渐不支。汉行经理闻之，叠电劝归，且派员暂代。洪君曰："代者甫来，诸事生疏，如无人为之助理，必生困难。"于是身在寄宿舍，而心在行。每日必强起到行一次，与代者接洽各事，仍坚不肯归。病益加重，医药罔效，竟于民十三年九月五日，殁于郑行寄宿舍。临终犹絮语指点行务，绝不谈及家事。凶电传来，同人震悼。余挽以联云：

同辈中朴诚勤勉，如吾子者有几人；图始未观成，为公悲岂惟私痛！

病革时反复丁宁，除行务外无他语；往过恃来续，愿后贤勿忘前师。

自洪君逝后，郑行环境益恶，乃决意收歇，距今已八年矣！今春，因事赴郑，顺便考察，知近来疮痍渐复，物产增加，归来决议由总行组织支行，藉以发展营业。昨日派员启行，意有所感，因检阅洪君旧牍，词翰并美，规划井然，凡所敷陈，皆可适用于今日。洪君虽已死，其创造之精神,忠诚之志气,永不磨灭！是在后贤继续而光大之耳。

二十一年十一月

（《兴业邮乘》第 3 期,1932 年 11 月 9 日；
《叶景葵杂著》,第 246—247 页）

浙兴取销新年团拜的通告

(1933 年 1 月 1 日)

现在时事艰虞,正应减少仪文,祈求实践。新年同人团拜,拟不举行,个人间亦概不往来访谒。特此通告。

叶景葵　徐寄庼　徐新六

（副本,上档 Q268—1—534）

为续印浙江兴业银行兑换券事呈国民政府财政部文

(1933 年 1 月 12 日)

为呈请事。窃敝行兑换券自民国十二年十月暨十五年七月间,先后奉准向美国钞票公司订印券面壹千七百万元,陆续发行。除破烂废券已付销毁外,库存之券均已印有地名,发行既久,大都陈旧,将近破烂,实属不敷周转,不得不添印新券,以资应用。拟即续向美国钞票公司仍用原版订印五元券壹百万张,计券额五百万元。理合遵照令发兑换券印制及运送规则第二条,陈明理由及条款,并附呈券样五元券一纸,请求大部核准,批示备案。并恳先行发给上海口进口护照。其护照期限,因须陆续分运,不能过促,拟请自发照之日起以六个月为限,以利通行。至箱数、船名,现尚未能指定,应俟该公司起运时再行呈请大部批准,合并附陈统祈鉴核照准,无任感祷。谨呈
财政部

浙江兴业银行董事长　叶景葵

附呈五元券样本券一纸,领照用印花税票一元五角。

(底稿,上档 Q268—1—605)

浙江兴业银行呈财政部文[①]

(1933 年 4 月 24 日)

为呈报事,查敝行以原发兑换券大都破旧,于本年一月间,呈请向美国钞票公司添印原版五元券壹百万张,计券额五百万元,请求核准,并请随给进口护照。一月二十五日奉大部批示:"呈悉。据请向美钞公司订印五元券壹百万张,计券额伍佰万元。核与兑换券印制及运送规则,尚无不合,应准如数印制,并填发吉字第二十二号上海进口护照一纸,随批颁给备用。惟新券运回时其装载船名及券额箱数,应先期呈报,以凭令饬江海关验放"等因,奉批在卷。现接美国钞票公司来电,所印兑换券分批装运,其第一批五元券二十五万张,计券额一百二十五万元,分装五箱,已于四月廿一日在美国交胡佛总统号(PRESIDFNT HOOVER)轮船运华,由上海进口。理合遵批报明

---

① 时先生似尚在北平,呈文底稿上有徐新六、蒋抑卮等签字,由此推测此文系浙兴总办以董事长名义起草并发出。——编者

船名及券额箱数,请求预饬江海关,届时照案验放。实为公便。谨呈
财政部

浙江兴业银行董事长　叶〇〇

廿二年四月廿四日

(底稿,上档 Q268—1—605)

浙江兴业银行呈南京政府财政部文

(1933 年 4 月 29 日)

　　为呈报事。查敝行前呈明钧部向美钞公司订印原版五元兑换券一百万张,计券额伍百万元。奉钧批照准并发给吉字第二十二号上海进口护照在案。此项兑换券由美钞公司印就后,分批起运,其第一批五元券二拾五万张,计券额一百二十五万元,分装五箱,已于四月二十一日在美国交胡佛总统号轮船运送来华。业于四月二十五日呈报钧部,请饬江海关验放。现又接美钞公司来电,其第二批五元券二拾五万张,计券额一百二十五万元,分装五箱,于四月二十八日在美国装包而克总统号(PRESIDFNT　POLK)轮船运华,由上海进口。理合遵照批示,续行报明船名及券额、箱数,请求钧部再饬江海关,届时照案验放,实为公便。谨呈
财政部

浙江兴业银行董事长　叶〇〇

廿二年四月廿九日

(底稿,上档 Q268—1—605)

浙江兴业银行呈南京政府财政部文

(1933年5月8日)

为呈报事。查敝行前呈明钧部向美钞公司订印原版五元兑换券一百万张，计券额伍百万元。奉钧批照准并奉发给吉字第二十二号上海进口护照在案。此项美钞公司印制之兑换券，分批装运来华，其第一批五元券二十五万张，计券额一百二十五万元，分装五箱，业于四月廿一日在美交胡佛总统号轮船起运。第二批五元券二十五万张，计券额一百二十五万元，亦于四月二十八日在美交包而克总统号轮船起运，均在上海进口。经先后呈报钧部，请求令知江海关照案验放。现又接美国钞票公司来电，其第三批即最后一批五元券五十万张，计券额二百五十万元，分装十箱，已于五月五日在美交威尔逊总统号（PRESIDFNT WLSON）轮船运华，由上海进口，合再报明船名、券额，请求钧部令知江海关查照验放，实为公便。谨呈
财政部

浙江兴业银行董事长　叶〇〇

廿二年五月八日

（底稿，上档 Q268—1—605）

为缴还浙兴运送纸币进口
专用护照事呈财政部文

(1933年5月29日)

　　为呈缴事,案查敝行前呈请向美国钞票公司订印原版五元券壹百万张,计券额五百万元奉钧部批准照印,并发给吉字第二十二号上海进口护照。此项定制钞票分三批运华,经将每批张数、箱数、船名先后呈报钧部,令知江海关验放各在案。现在定制钞券业已如数次第运到,理合将奉发吉字第二十二号运送定制纸币进口专用护照一纸,备文缴回,即请詧收注销是荷。谨呈
财政部　　　　　　　　　　　浙江兴业银行董事长叶景葵
计附缴运送纸币进口专照一纸

　　　　　　　　　　　　　(底稿,上档Q268—1—605)

我与本行关系之发生[①]

(1933年8月12日)

　　光绪三十一年,我正三十二岁,在奉天将军署内,任总文案,兼会办财政局事。适江浙士民,聚款集股,自筑苏浙铁路。我有同僚金仍珠君,接苏路总理张季直君函,请其在奉、吉、黑三省,招募苏路股款,

---

[①] 《叶景葵杂著》收入此文时改题为《我与浙江兴业银行关系之发生》。——编者

并约我襄助,我想三省浙人甚多,何以浙路公司,竟无此举。但浙路总协理,以及董事,除老友樊时勋君外,我皆不识。因函致樊君,告以此意。即由樊君转达汤蛰仙君,乃得汤、刘(澄如)两君正式委任,嘱我招募浙路股款。金仍珠君虑两人同时招股,发生冲突。我乃与金君约,彼此合作。凡浙人愿入股者,分为苏浙各半,不愿者听便。金君对于苏人亦如之。结果,招得浙股十一万余元;苏股稍弱于浙股,因三省流寓各户,浙人多,而苏人少也。非苏浙人,亦颇有入股者。后来权势炙手之张作霖,当时仅为一营统领,带有五百人,曾认苏浙股各一百元,系我托同乡张金坡、朱子桥两君介绍之力。

三十二年,路股事将结束,又接汤刘两君公函,嘱我招募浙江兴业银行股份。记得招股公启,文辞甚美,惜我未保存,今已无从觅得。我在书报上看见银行之名,不知内容究系何物。彼时三省人士,谈及银行者,绝无其人。我想此股,决无从招募。但桑梓之事,不可不尽义务,乃自认股五千元,而将招股事据实辞谢,于是我在模糊影响中,腼然为本行股东矣。

三十三年,我因财政局事被参革职,回郑州省亲。奉两湖总督奏调赴湖北差遣。道经汉口,适逢江浙资本团,商议集股,收买汉冶萍公司。团员共四十人,以郑苏戡君为领袖。我因老友李一琴君、史晋生君之介绍,得识团员中之蒋抑卮、胡藻青、沈新三、蒋孟苹、周湘舲、郑岱生、张澹如、苏葆笙诸君。其时本行正开办汉口分行,任内经理者项兰生君,为我十余龄在外家附读时之同馆学生,更觉一见如故。是为本行中坚人物,与我订交之始。

三十三年冬。又奉四川总督奏调赴四川差遣,以道远辞不往,派为驻沪川川转运局总办。其时本行上海总理为樊时勋君,朝夕相见,因与诸君往来更密。行址在大马路,极逼仄。又向隔壁春申楼楼下,租得两间,辟为一室。总理办公在斯,会客在斯,董事会亦在斯。每饭后即群聚纵谈,久则行务不回避,甚至开董事会时,亦不回避。往往不拘形迹，无所不谈。或于开会时，我以局外人参加讨论。遂于极不规则中，与闻本行秘密。

三十四年，胡藻青君以杭行总理兼任汉行总理，苦于不能兼顾，屡向董事会请求另派。董事会嘱其自觅替人，胡君商之于我。我颇愿一试，但以川运局事不获辞，乃商得遥领办法，行事一委之项君，遇有要事，每年数次往返而已。于是我又于极不规则中，腼然为汉行总理，前后几及三年。

宣统二年冬，我奉度支部派充币制局提调，辞不就。三年春，奉旨署理造币厂监督，又辞，不准，赴天津就职。甫三月，又奉旨署理大清银行监督，赴北京就职。乃向本行辞汉口总理，举盛竹书君自代。就职两月，奉度支部令查办吉林管钱局火灾，兼考察东三省币制。甫由吉林行至奉天，忽闻武昌革命，星夜回京，京师震动，大清银行宣告停兑，维持无力，咎无可辞。其时本行亦因杭沪挤兑，濒于危险。迨我回沪时，已由诸君竭力支拄，得渡难关，我并无纤芥之劳参加此役。

民国元年，本行股东会选举我为董事。疮痍之后，一筹莫展。

民国四年。乃与蒋抑卮、沈新三、项兰生诸君，商改革之策。订定新章，以上海为总行，成立总办事处，选举我为董事长，三年一任，连举连任，以迄于今。

我自三十八岁以前，所办各事，为时甚暂，至短者三月，至长者三年。以素无经验之人，办天外飞来之事，其始也兴高采烈，自命不凡；其终也意懒心灰，毫无结果。虽说政界环境如此，但亦少年躁妄，有以致之。迨投身本行以后，年事渐长，意气渐平。深知自己德性之缺陷，而工商业之环境，究与政界不同，故任事以后，从未见异思迁，畏难思避。生平办事期限，以此为最长，是本行大有德于我也。清夜自思，我之贡献于本行者，至为微末。以本行二十六年之历史，倘另举有学识有经验之人主持领导，其成绩决不止此。乃令我尸位至今，是本行之乏才已无可讳言。我认定此点，故时时刻刻思求贤以自辅，举

283

贤以自代。十余年来，不敢或懈。浮屠三宿，未免有情；树人百年，宁为早计，无非图报本行之德我而已。

二十二年八月十二日于莫干山九十六号

(《兴业邮乘》第 11 期，1933 年 7 月 9 日)

寿诞答辞

(1933 年 9 月 29 日)

今天因为我六十岁，承诸君设此盛大欢宴。又蒙新六先生，代表诸君而致祝辞。我领此盛情，又感谢，又惭愧，又欣幸！

古人分上寿、中寿、下寿。第一说：八十岁为下寿，一百岁为中寿，一百廿岁为上寿。第二说：六十岁为下寿，八十岁为中寿，一百岁为上寿。仔细想来，以第一说为古。因古人秉赋深厚，又少斫丧，一百岁的人不算稀奇，故以八十岁为下；一百廿岁为上。后来寿元渐短，八十岁的人，已算稀奇了。大约世俗要抢先做生日，故附会"六十岁为下寿"之说。由此观之，六十岁不得称为寿。

我的死友李一琴君常说，凡人八岁入小学，廿几岁大学毕业，再至各专门机关实习，再入研究院，研究毕后，再到外国肄业。实习研究，总须到五十岁，知识方能完备，方能致用。五十一岁，可以问世了。天下事，无论大小新旧，总有困难，总有波折，不做不晓得，总须经过多少次困难波折，方能成功。无论甚么事，如果一手办理，一气办五十年，必有大效。故定五十一岁至一百岁，为办事时期。

如此，人生未免太劳碌了。应定一百零一岁起，为休养时期，至少休养五十年，以慰一生求学办事之劳苦，并为后人未雨绸缪，方为美满。到一百五十岁，寿终正寝。

如此说来，应改正古人之说：百岁为下寿，一百廿五岁为中寿，一百五十岁为上寿。

我以为在座诸君，都有此希望。惟我一人，不敢存此奢望。因我少年时，不懂卫生，自己贻误，生病的日子最多。朋友糟蹋我，说我是"五劳七伤"。但亦因生病较多，对于养病的经验，亦晓得些。今天吃了许多好菜，无以为报，把我生平养病的经验，毫无欺饰地说给诸君听听，以博诸君一笑。

我幼时秉赋薄弱，中医说"先天不足"，凡小儿常有的病，如惊风、瘰儿、痢疾，我都生过。赖我的母亲，辛苦调护，幸未夭折。至九岁，忽患眼疾，黑睛生白点，白睛生白翳，眼眶红肿，白翳由白睛延至黑睛，又由右眼延至左眼。当时祇有眼药，并无洗眼药水。我的父亲，请了世伯黄先生医治，说是"阴亏火旺"，所开方剂，是生地、元参、黄柏、知母之类。吃到十岁秋季，渐渐见愈。又因误服了一帖附子肉桂（是我祖母所吃的调理药），从新翻了。又吃原方，吃到十一岁冬季，方告全愈。但身体极弱，大家说我是"骨瘦如柴，面白如纸"。

我在十一岁时，父亲已给我定亲了。我的未婚妻早年丧母，有吐血症。母亲主张早娶过门，便于调护。故十七岁春季，我就成婚。结婚第三天，我妻便吐血。遵医生之嘱，虽在蜜月，亦异床而居。但不到两个月，我亦患咳嗽了。十八岁正月断弦，不免伤感，我又咳嗽，渐渐痰中带血，盗汗、遗精、怔忡。父亲不叫我在馆读书，在书馆之外，安一书房，叫我自由看书。我在父亲书架上随便翻翻，看见一本《大生要旨》。内中说"打坐调息，可以益寿延年"。我就依照所说，试做几次，觉得怔忡稍好。做了一个月，遗精盗汗亦止了。一直做到十九岁夏季，人已复元。是年冬，随宦至开封。至廿一岁，又至济南续弦。一直至廿四岁，但有小病，无大病。

廿五岁，即戊戌年，到北京会试，不第。其时康梁提倡新学，废八股，我亦受了激刺。下第之后，投通艺学堂，习英文、算学。其时寓在城外长元吴会馆,距酒馆茶寮甚近。凡苏浙两省下第留京之人,每日聚会。其初不过酒食征逐,渐渐叫局,摆酒,打茶围。去过几次,就有素不相识的人,前来拉请,不去又不好意思。人请我,我便须请人,我居然亦以大杯豁拳。酒醉之后,往往不自检束。时值夏令,暑湿熏蒸,夜深回寓,风露侵入;次早又须至学堂听讲,不免劳顿。一到秋令,种种"罪案",一齐发作,生了一场极危险的秋温。那时没有量热度的寒暑表,我还记得,热甚时,谵语发狂,大约至少一百零四度了。在京请中医诊治,缠绵几个月,方能回河南。又"骨瘦如柴,面白如纸"了。病后,羸弱之极,见了人两腿发软,不能起立。我想,我的生命,已极端危险了。回忆到二十岁前所做打坐调息,从新温习。温习三个月,大有效验。又在庭院内种了菊花二十盆,凡分根、打头、摘蕊、浇水各事,皆亲手为之。早起一一移至有日光处,中午移至无日光处,将雨移至廊下,皆不假手于人。到秋季,菊花开后,又练习八段锦。居然到二十六岁夏季,完全复元。

三十岁,至山西就馆。三十一岁,调至长沙充抚署文案。早八时,即入署阅公牍,动笔起稿,拟批,手不停挥至午饭。饭后,又就坐动笔至晚饭。晚饭后,整理回家,一见睡榻,倒身而卧,次日复如之,因此发生胃病。三十二岁,调奉天,生活一如在长沙时;而事更繁,终日无散步之暇,因此胃病更剧。先停米饭肉食,吃面包。嗣后面包减至一片,须烘焦而后食。同事戏呼我为"叶面包"。

三十五岁,已卜居上海了。在我养胃病时代,渐渐与本行中坚人物,发生感情。各位皆道义之交,饮食应酬,皆有规则。我亦渐知卫生之要,节饮食,慎嗜欲,少思虑。胃病既愈,身躯亦健。我与本行关系,日深一日,我的身躯,亦日好一日。此亦我引为欣幸之一端。如此生活,经过了十余年,但有小病,无大病。中间发过头晕两次,稍严重,均经西医治愈。至四十八岁,请日本某医全体总检查,断为贫血。贫血原因,是运动太少。我问何种运动最良,日医云:"不论何种,皆有益,总以不间断为要。与其行较繁之运动,而或作或辍。不如择一较简之运动,日日行之,永不间断,效验甚大。"我然其说,次年游北平,友人授我米勒氏五分钟体操。我自四十八岁秋季,至五十七岁冬季,前后几十年,每晨练习,遵医生言,永无间断。惟被匪绑去之九日,势不能练习体操。在匪窟之第四五日,五中烦躁,睡眠不安,头痛身疼,便秘作呕。我想如果生病,无医无药,危险之至。乃挣扎起来,习打坐调息。匪徒疑我静听外间声息,强按使卧。我不得已,只好待其鸦片吃饱,鼾声如雷,起来打坐调息。果然头脑清醒,精神回复,至第六、第七、第八日,皆靠此维持。故回家以后,虽小病数日,极易复元,皆打坐调息之效。

当五十六七岁时,我以为米勒氏体操,过于单简,意欲再进一步。友人授我太极拳,我练习月余,不甚记得,不久便间断了。后因舍弟叔衡,购一英文书,名曰《懒人体操》。口授我数种,随意习之,似觉有益。后在商务印书馆,得一雷氏译本,名曰《奔纳氏返老还童运动法》。自五十八岁春天起,即照译本,每日轮流练习,将米勒氏体操中止,至今天尚未间断。

我的身体,自五十一岁起,一年好似一年。此九年半中,习米勒氏体操者七年,习奔纳氏体操者二年半。所得好处,究竟何种为多,尚待研究。惟习奔纳氏体操后,二年余未曾伤风,向来夜间不能看铅印石印书,现在灯下以朱笔校书,作蝇头小楷,亦不觉累,跑山十余里,不至腿酸腰痛。此皆奔纳氏体操之效。我是"五痨七伤"之人,练习十年,尚且有效。在座诸君,皆血气充盈,身体组织健全,毫无斫丧之人。如果采用此法,其效益必增加千倍百倍。诸君何妨试试。每日清晨将醒未醒,将起未起,贪恋衾枕之二三十分钟,皆为终身受用不尽之机会。如果尚嫌费事,或者每晨提早起床二三十分钟,多走一两站,再上电车;或者步行回家;或者回家以后,洗脸吃饭诸小事,皆肯自己动手;或帮助太太,稍分一臂之劳,亦有益处。万不可"茶来伸手,饭来开口",一到家中,便上床看小说,一动也不动。

今天领此盛意,本应答席。照杭州乡风,至少请吃卤子面。但敝寓逼窄,容不下二百四十余个来宾;且同时责成厨子做二百四十余碗卤子面,一定不堪下箸。只好变通办理,节省面资,筹出三百元,以浙江兴业银行同人名义,捐助黄河水灾筹赈会,奉祝在座诸君,福寿縣长,人人在本行办事五十年,再回家休养五十年。并祝诸君荣誉,与浙江兴业银行之荣誉,共同不朽,各饮一杯。谢谢!

廿二年九月廿九日

(《兴业邮乘》第 15 期;《叶景葵杂著》,第 255~260 页)

在浙江兴业银行第二十七届股东常会上的报告

(1934 年 2 月 25 日)

(民国)二十二年份全国状况,从表面言之,仍不外内战未告终,政治未上轨道,社会不安定,农村崩溃,土产滞销,捐税繁苛,工厂经营困难,各处商业萧条。见于各种报告及报章杂志者,不一而足。想各位股东,已熟知而厌闻之矣。

惟就本行实际观察之下,不能不说从各种悲观论调中,已有一线之光明。

姑先就政治言之。自"一·二八"以后,政府颇有卧薪尝胆气象。内争虽然不能没有,但比较的总算能够互相让步,互相容忍。所以去年西南的争端,幸而未动干戈。惟有福建之变,有共产党从中利用,竟与中央政府对垒。如果扩大,至少长江以南的秩序,就不能维持了。所以此次中央出兵,虽仍在内战范围以内,但是可以原谅的。而且了结得很快，各处未被波及；尤其是浙江，居然只有虚惊，未遭实祸。江西剿共之役，自去秋总攻击以后，已不是往年的一进一退，如拉锯子一样。中央军居然得寸进寸，用长围困住他。最近共产党巢穴，据说物质缺乏，实力已大不如前。此次福建之役，共产党不能利用机会，冲破江西长围，便是明证。

至如建设方面，如用美麦款所筑的长江堤岸，去年夏天水汛告急的时候，已居然有防灾的效力。他如导淮的工程，堤防黄河的工程，实实在在，在那里计划进行。又如各省公路，最著名的如广西，如湖南，如浙江，均极有进步。此次福建之役，运输调拨上，得力于浙江公路者不少。又如杭江铁路，居然有中央政府浙江省政府，与浙江金融界合作，已经造到江西境内，正式通车。现在还想由玉山通至南昌；再由南昌通至萍乡：所谓玉萍铁路是也。此路如成，我们浙江的经济地位，就大有变更了。又如铁道部对于各铁路，实力整顿。向来最腐败的平汉、津浦，于运输上改良不少。东西干路之陇海，两头着着进行。今年有东通海州连云港之望；明年有西通西安之望。又如粤汉铁路，近已利用英国庚款，切实进行。此外还有一件交通上极重要的事，就是与七省公路，浙东西公路，沪杭甬铁路，杭江铁路极有联络关系之钱江大铁桥，亦已在计划进行。这是交通建设上的进步。

至说到捐税繁重的一层，因为国用不足，又因政治未统一，中央的力量不能到省政府；省政府省用又不足，往往自由行动，所以税则不能澈底澄清。但是近年来，进口税如米、纸、布、鱼类、水泥、人造丝、火柴及一切奢侈品，政府居然酌量的加税。对于各种出口大宗的货物，亦有一部分政府已酌量减税。这就是保护工商业的动机。又如改良蚕种，改良丝的质地，增加出产量，去年江浙两省政府，实实在在在那里努力工作。今年又有蚕丝改良委员会之组织。对于棉织业，政府亦知不能与日厂竞争。所以设棉业统制会，并不单挂一块招牌的。其余大宗生产，亦有设统制会的趋向。这都是近年政府的进步，我们不可一笔抹煞。古人云："饥者易为食，渴者易为饮。"政府有一二分的好处，我们就不能没有七八分之希望。

更就社会言之，"一·二八"以后，人人受了刺激，一时甚嚣尘上。自去年下半年起，大家都有舍却空言，注意实行的气象。如各种化学工业，以及基本工业必需之原料，近来旧有之厂家，拼命奋斗，新的亦有创设。如有硫酸铔制造厂，大有成立之望，本行亦为竭力帮忙的一份子。又如各处农田水利工程，如绥远萨托的民生渠，陕西渭南之泾惠渠之类，赖各处慈善团体及地方人士之助力，亦有数处成功。这真是救济农村之切实工作。至于以科学方法，从质的方面及量的方面，增进土产，各团体也不算不努力。就几宗大的说来，譬如丝，人人都说中国的蚕丝业将要灭绝。但从科学方面研究，知道茧的不好，由于蚕种之不良。近年以改良蚕种养出的蚕，缫成的茧，比土种确有把握。蚕病既少，茧质亦可改良。又以新设备的机器缫出的丝，其标准可以合于美国的销路。只愁货少，不患不销，价格亦比旧法缫出的丝好得多。所以江南各埠丝厂，一蹶不振，纷纷关闭之时，尚有二三处新式缫丝厂，可以营业。又如米，近来洋米进口，日多一日。人人都知道中国米不够吃。这句话究竟的确不的确呢？有人用科学方法计算，中国人口与产米比较，至多不过差十分之一。而内地转运不通，重重关卡阻滞，农人有米卖不出。如果以政府及社会的力量，通力合作，极力疏通，使内地之米到处流通，也许所少十分之一，结果因支配平均，可以不少。况江淮一带，以及各省废地极多。等到水利工程有了成效之后，每年增加十分之一的米，是极容易的。又如棉花，河南、陕西几年来试种美棉，成绩都好。去年陕西一带棉花收成尤佳，销路十分畅旺。所以近来美棉、印度棉进口较少。去年山东推广美棉成绩尤佳。所以将来沿陇海，沿平汉，沿胶济，沿平浦，以及淮河、黄河、运河、渭河各流域，都是中国出上等棉花的区域，极可乐观。以上所说，都是近来社会的进步。

本行处于此环境之下,这几年来,亦有新觉悟。银行负调剂金融的责任。要把囤积在通商口岸的资金,由银行手里引他到内地去,又要把囤积在内地的土产,由银行手里送他到通商口岸来。这几句话,说说容易,做做千难万难。既要深入内地,与农村发生密切关系,就要预备熟悉内地情形之专门人才,又要周知内地之风俗习惯,于对物信用外,尤须注重对人信用。本行抱此宗旨,所以去年在河南之陕州、信阳、驻马店、安徽之蚌埠、江苏海州之新浦、浙江之湖州,江苏之无锡、添设办事专员或支行。此外,已成立筹备处而尚未营业者,尚有山东的青岛。此种计划,无非为接近内地农民起见。至于把内地土产引到通商口岸,一部分是销外国,挽回漏卮;一部分是送到工厂,制成熟货。既可以养失业工人,又可以自给自足,少买外国货。这也是银行的责任。所以银行不能不注重工厂放款。但是工厂放款,极为难做。不但会计方面要切实的监督,连他的内部组织,对外营业,以及一切改良计划,都要时时研究。知无不言,言无不尽。等到他环境困难的时候,除掉几个不可救的,要用勇决手段割舍外,其可救的,要一方面保全银行血本,一方面尽量救济。这真是吃力不讨好,事倍功半。然则银行何以要舍易求难呢?因为农工是银行之母,由此入手,务使多数人有饭吃,多数人有饭吃,则真正生意,可以源源而来。所以宁可走迂曲的路,耐心细心,脚踏实地去做。本行觉得这条路是不错的。现在与本行发生关系的工厂,如新式缫丝,如棉纱棉布以及各种棉织品,如面粉,如火柴,如搪瓷,如纸,如盐,如各种化学工业,户头已不算少。本行就抱此宗旨,开诚布公,与关系各工厂合作。本年度比较成绩,譬如学生年终考试一样,不敢说件件有优美的成绩,但是平均总分数,总算及格。昨天本届重员会议,已嘱各行经理,放远眼光,照既定方针积极进行,以期不负股东的委托。

至本届表面上的进步,先说存款,总分支行,共计增加定期及活期存款四百十九万元。又总分支行定期放款、抵押放款,较廿一年度增加六百六十八万元。又总分支行往来透支及抵押透支，较廿一年度增加四百八十九万元。储蓄部增加存款，定期活期合计共三百三十一万元。又储蓄部抵押放款，较廿一年度减少五十八万元，余款均由总行代为营运。兑换券发行额，年终计八百十八万元，较廿一年度增加一百十万元。其余附设的仓库业、保险业，均较廿一年有切实的进步。

总行房屋建筑变更第一次计划，从节省简单方面着想，新旧统一，先造新的，再改旧的。新的投标廿万元，将来改旧工程，以及卫生设备、电气设备，一切添置，预算至多总不出十万元，合计三十万元。新的外面三层，实系四层。上两层还可出租，每年租金预算可收一万七八千至二万元。旧屋改良后，将房地产信托部移入，可以节省所出租金。明年股东常会，必可在新屋举行了。

(《兴业邮乘》第 19 号)

中兴煤矿浦口下关间运煤费极钜

(1934 年 4 月 14 日)

中兴公司在浦口、下关间上下运煤人□脚力：计由津浦货车运入堆栈，由堆栈下拨船，又由驳船上京沪货车，廿二年份统计，约需洋三百万元。均由该公司下关办事处支付。——总处揆

(《每周通讯》[①]密字第 2 号原刊，上档 Q268—1—222)

[①] 《每周通讯》为浙兴总行 1934 年创刊的一份内部通讯期刊，每期冠以"密字×号"字样。铜板蜡纸刻写油印，装帧简易。每期数页至十几页不等。1934 年至 1937 年 7 月连续出版 166 号。抗战胜利后，于 1947 年 3 月复刊，至 1948 年 7 月共出版 72 号。——编者

阜丰面粉厂廿二年度报告一瞥

(1934年4月14日)

在津浦单中,瞥间阜丰面粉公司廿二年度报告。见负债类列有定期借入款三百万元零,活期借入款二百万元零,总计在五百二十万元左右、又见廿二年份阜丰净利廿四万元,沪丰堆栈净利?万元。——总处揆

(《每周通讯》密字第2号原刊,同上引档)

王揖唐等企图恢复中华汇业银行

(1934年4月21日)

中日合办之中华汇业银行,于民国十七年十二月,因反日风潮骤起而停业,近颇有人企图恢复。一为王揖唐氏,纠合段系人物,南下营谋;一为黄膺白氏之心腹,亦有日人在内,与王氏并不相谋。说者谓,恐黄胜,王不能敌。又闻王揖唐氏南下,并有恢复裕元纱厂之企图。——总处揆

(《每周通讯》密字第3号原刊,同上引档)

津裕元纱厂作价不足抵押款

(1934年4月28日)

天津裕元纱厂押款四百余万元,计大仓及某银行各半。另由卢

某经手,欠金城银行短期透支六十余万元。据人密告,谓金城当局因裕元如作价抵欠,只值二百余万元,尚不足押款之数;信用欠款,毫无希望。因此曾请某律师研究,应如何设法可将短期透支,归纳在押款之内。但结果据某律师云,无妥善办法。——总处撰

(《每周通讯》密字第 4 号原刊,上档 Q268—1—222)

济增设纱厂两家成绩甚好

(1934 年 4 月 28 日)

据聂璐生君言,上年济南新增纱厂两家,一为成丰,计有纱锭一万枚;一为□□①,计纱锭三千枚。两厂均购用英国机器,并派子弟赴英实习后,再行派厂工作。开办以来,成绩均佳,在今纱销极滞之环境下,而两厂货并无存极。因其机器较新,技术亦进,成本低廉之故。——总处撰

(《每周通讯》密字第 4 号原刊,同上引档)

大中华火柴公司将续与北方丹华合并

(1934 年 5 月 19 日)

沪大中华火柴公司与杭光华合并问题,业已解决。闻现该公司将继续与北方之丹华公司,商量合并云。——总处撰

(《每周通讯》密字第 7 号原刊,上档 Q268—1—222)

---

① 字迹不清难辨。——编者

开滦矿股权问题解决

(1934年5月19日)

开滦煤矿双方股东权利平均问题,业已解决;滦矿所设收回开平矿筹备委员会,亦已撤销。闻照旧价格计算,滦股应涨价三分之一,方与开平平均。惟滦东区域自"九一八"后,发生种种困难问题,销数大减,故前途亦非可乐观云。——总处揆

(《每周通讯》密字第7号原刊,同上引档)

大通煤矿借款扩展记

(1934年6月2日)

前闻交通银行愿投资大通煤矿一百二十万元,作为建筑由矿直达蚌埠之经轨铁道之用;顷悉此事尚未定议。闻大通现又与交通、国华、四明等银行接洽,要求借款二百万元。以一百六十万元筑经轨铁路,直达蚌埠,与津浦路衔接;其余四十万元,作为开新大井之用,惟余件尚未商妥。据闻大通现在每日出煤六百吨,开新井后,预算可出二千吨云。——总处揆

(《每周通讯》密字第9号原刊,上档Q268—1—222)

钱江铁桥部省合作问题结束圆满

(1934年6月15日)

铁道部与浙江省政府为建筹钱塘江铁桥,商量合作办法,进行颇为圆满。现经双方商妥,准由部方担任建筑经费之半数,至工程计划,则由省方主持,积极进行仍由铁道部核定。——总处揆

(《每周通讯》密字第11号原刊,上档Q268—1—222)

沪恒丰纱厂力求改进

(1934年6月15日)

本行押款户恒丰纱厂,近于技术管理方面,精进不懈,出品成本已逐渐减轻。最近该厂又提出计划书,拟改良一部分纱机,更求省费而效宏,要求本行赞助,已允为考虑。——总处揆

(《每周通讯》密字第11号原刊,同上引刊)

上海银行浙省营业计划

(1934年7月28日)

顷悉上海银行正急图恢复杭州分行。原拟购商务基地,因价昂中

止；现拟租用某绸缎局故址，已托周市长居间设法。闻该行每年由各埠汇杭之款，有五百万元，向托同业代解，恢复分行后，即可自理。该行对于浙省营业，并已定有整个计划。大概首重发展杭江路沿线营业，以被兼并之龙游地方银行为中心，而谋取得杭州、南昌、九江、芜湖间之联络。因芜乍铁路现已改变路线，将由芜湖经某某等地，直达江山；杭州形势已非昔比，故该行有急亟进行之必要。我行对于杭江路沿线营业，亦宜急起直追，未可因循坐误。据上行内部人言，该行对于杭徽及嘉湖二路，亦已定有系统之发展计划，惟着手进行尚在杭江路之次。而此二路之中，又以杭徽路为首，嘉湖路居次云。——总处揆

（《每周通讯》密字第17号原刊，上档Q268—1—222）

光华与大中华合并经过

(1934年7月28日)

此次杭州光华火柴厂，所以决意与大中华合并，闻实因大中华成本账，较光华低廉约有十分之四五，故惧而降心相从。又据光华重要人谈："两厂合并时，刘鸿生态度极豪爽，但不免粗枝大叶；其副经理徐致一与会计林某，则心细如发，知识极高。可见鸿生左右颇有人才，故其营业能年年迈进。"——总处揆

（同上引档）

荣宗敬失败原因一说

(1934年7月28日)

传荣宗敬之两子，历年做花纱、面粉投机，亏蚀四百万元。闻此

亦为荣氏事业失败原因之一。——总处揆

(同上引档)

建设银公司与意庚款债票

(1934年8月11日)

建设银公司,原拟以意庚款发行债票第一宗生意,沪杭甬路借款次之。嗣因贝淞荪谓,银行团本拟发行意庚款债票,因财部反对而止,今归建设银公司包揽,未免与银行团以难堪,故作罢。——总处揆

(《每周通讯》密字第19号原刊,同上引档)

徐青甫奉召赴赣

(1934年8月11日)

徐青甫奉蒋电召赴赣。闻四省农民银行总经理郭外峰遗缺,有委徐接任说。——总处揆

(同上引档)

扬盐栈有废除趋势

(1934年8月11日)

扬州稽核所总办调浙,遗缺仅派人代理。闻此因总所方面,久欲

废除淮南盐栈,以期发展淮北盐政(此举实开国利民福)。但以十二圩食利者众,动生阻力,故迟回至今,未敢发难,成为盐务署历年讨论未决之问题云。——总处揆

(同上引档)

两周年《邮乘》总评论

(1934年8月19日)

《邮乘》发刊,转瞬两年,已满二十四期。山居无事,覆阅一过,精心结撰之作,十居七八。语其优点,大抵直摅心得,而毫无剿袭;畅说事理,而不尚虚浮。虽材料不及《中行生活》之丰富,思想不及《海光》之新颖;而以兴业之同人,说兴业之行话,朴实委婉,自有不可磨灭之真精神,固始愿所不及也。

先圣有言:"我欲托诸空言,不如见诸行事之深切著明。"又曰:"言顾行,行顾言。"若第以空言相尚,虽汗牛充栋,何益于本行?而《邮乘》则异是。如朱益能君《行员简慢主顾之一问题》,寥寥数百字,皆其服务美国芝加哥大陆商业信托银行(Continental and Commercial Trust and Savings Bank)及英国伦敦米兰银行(Midland Bank Ltd)时,细心体会之所得。所言职务之分配,人员之选择,人事部之重要,本行皆已切实进行。又如杨荫溥君《保险和储蓄》;徐奠成君《银行员的生活》,皆注意于行员养老,及预防不测之事。现在本行修改人事规程,已举办团体保寿,与奖励同人储蓄,异途并进。又如冯克昌君《我的银行生活观》,蔡受百君《如何度君之银行生活》,王叔畬君《从救济农村说到行员的生活和思想》,吴荫远君《一得之言》,皆注意于职业以外之修养与训练。现在总行整顿夜课,及计画公余消遣,业已次第进

行。又如"以顾客利益为前提",列为行训。王莘井、水启秀、程云桥、任铸东、徐寿民诸君之作,皆于顾客心理,阐发无遗。现在总分支行,已将服务效率,切实增进,务求顾客满意;而总行尤有显著之进步。又如王逢壬君《信用安全问题之商榷》、邓佑治君《银行业务与信用放款》,对于信用放款,注重调查;冯克昌君《中国金融业投资问题之检讨》,对于工业放款,注重技术合作,其持论皆确切精湛,与本行之政策,尤如桴鼓之相应。以上所言,未遑更仆;而《邮乘》之价值,已略可表见。全行同人,截止六月底,共为四百八十七人(六月以后,增加三十余人未计入),而投稿者仅五十二人(甲等职不计在内),不过全行百分之九强。希望以后充分发展,投稿同人,日见其多,则价值更足以增重。同人投稿人数之少,揣其心理,不外三端:一曰不屑;二曰不暇;三曰不敢。

不屑之心理,以为吾但尽吾职务而已,何必多此一举;又或以为《邮乘》所登,皆纸上空谈,无裨实用。殊不知吾人每日所做之事,虽极机械,必随时有心得。取各人心得,以为公共研究之资,实诸君应尽之责任。试观王逢壬君《本行同人录解剖》,是游戏之作;但取枯燥无味之册子,参伍错综,列为诸表,见全行同人之减,而知时局之不宁;见全行同人之增,而知营业之进步,此即所谓心得也。何况诸君日日接应之顾客,刻刻盘算之数字,有错综万变之妙。细心一想,必有无穷心得,可供同人研究者。试再举其例,如章启来君《两个不喜欢定期存单的顾客》、贺育申君《我拟了一个礼券计息表》,真所谓"俯拾即是",不可以为平凡琐碎,而有不屑之存见焉。

所谓不暇者,非真不暇也,悠忽过去之谓也,无预备之谓也。在行服务,固属繁劳;但总有休息日,有请假日,有回籍或旅行日。如程杏初君回龙游省亲,而有《金兰二日记》;陈伯琴君大病初愈,而有《十年前的回忆》,是真不肯悠忽过去者。虽然,有数种文字,仓猝为之,每思材料枯窘;最好天天写日记,事事有笔记,竹头木屑,皆有用之材。李子竞君《本行二十六年之回顾》,在"说老话"中,实为佳构。无非以议事录及号信为蓝本,记得清楚,叙得简洁。非在文牍埋头十余年,乌能得此?繁赜之材料,"成如容易却艰辛",是可谓有预备者。

不敢之心理,最为普通。我逆料诸君必有属稿未竟,即弃而不用者。学子初以文字示人,必现羞涩之态,恐人笑其不佳也。要知文字不佳之人,未有不写家信者;写家信未有十分作难者。本行同人,如家人父子。诸君勿以为投稿,而以为写家信,何羞涩之有?李卓吾云:"作文最难是第一句。"但能将第一句写定,第二句以下便源源而来。我盼望诸君,先写定第一句。诗云:"毋金玉尔音。"此之谓矣。是所望于全行同人,努力于第二十五期以后。

《邮乘》付印时,校对尚细,然仍有颠倒错误之字,应再详校一过,制一勘误表,附印于后,以免贻误读者。或虑一二人目力难周,亦可仿征文之法,集众人之目力以成之,是编辑委员之责也。

二十三年八月十九日写于莫干山

(《兴业邮乘》,第 25 期;《叶景葵杂著》,第 260~263 页)

节录商务印书馆董事会报告

(1934 年 10 月 6 日)

十月四日,商务印书馆董事会报告有可供参考者数端,节录于此:一、兰溪分馆因杭江路通后,营业情形变迁,移至金华,门市较前发达。二、结至九月底止,各银行透支,均以归清,仅欠高易公馆地产押款二十万元,惟年底恐仍须透支。三、九月底总结,营业总额共八百五十余万元,较上年九月底总结,增加百分之十五。四、进货较上年减省八十余万元,以纸张为最大。从前用纸三百余种,现只用八十种。从前进货,文具类共一百八十种,现只进五十种,而销数增加。五、《万有文库》预约五千部已销完,现拟再版。六、《四部丛刊续编》预约销一千四百部。七、《四库全书珍本》预约销一千一百部。八、《小学生文库》预约销一万一千部。九、各分馆不准存现款,积至一百元,即须划存银行。——总处撰

(《每周通讯》密字第 27 号原刊,上档 Q268—1—222)

浙兴总经理室通告

(1934 年 12 月 30 日)

新年团拜,概不举行。个人间亦概不往来访谒。

叶揆初　徐新六　徐寄庼

(抄件,上档 Q268—1—144)

答复移交银行钞票准备金事呈财政部文

(1935 年 12 月 3 日)

为遵令移交银行钞票准备金等件,开折具报请鉴核备案事。案奉钧部十一月咸日电令内开:"自施行法币以后,所有该行总分支行发行钞票之现金准备、保证准备及已印未发、已发收回新旧各钞券,均应移交发行准备管理委员会接收。兹由该会指定交通银行负责接受。合行电仰遵照,克日移交具报,是为至要"等因。复奉钧部转发

发行准备管理委员会订行之接收中南等九银行发行钞票及准备金办法一份，各奉遵在案。查敝行自奉十一月四日钧部改定币制统一发行布告后，敝总行即分电各分支行，一律将三日止流通券额查明截数，并将法定之现金、保证两项准备金，连同库存未发各钞券，悉数封存，以备移交。一面经钧部派员会同发行准备管理委员会委员通知敝行，交由交通银行接收。复由敝总行分电各分支行，一律遵照就近移交各当地交通银行接收。自十一月九日起，所有敝总分支各行现金准备金、保证准备金暨三日止截数流通券，共计玖百四十四万八千七百七十三元，以外之已印未发、已发收回各钞券，先后移交当地各交通银行接收。计共交现金准备、现银元及厂条，共计伍百玖拾肆万玖仟柒百伍拾元；保证准备金债券及地契充作银元，共计叁百肆拾玖万玖仟零贰拾叁元。两共合计玖百肆拾肆万捌仟柒百柒拾叁元，核与法定准备现金在六成以上、保证在四成以下，并无短少。又交库存已印未发、已发收回各券，票面共计玖百伍拾玖万捌仟壹百贰拾玖元伍角，附交已销毁券截存券角及样本券等，现已一律移交竣事，取具交通银行第壹号收据存执。理合将移交现金、债券、地契、库存券等项，开具数目、品名及移交行名，列折呈报，谨祈詧核备案，并赐批示，实为公便。谨呈

财政部

　　　　　　　中华民国二十四年十一月　　日①
　　　　　　　　浙江兴业银行董事长○○○②
　　　　　　　　（文稿，上档 Q268—1—611）

---

① 此为起草日期，文前注有"十二月三日发"字样。——编者
② 原文稿如此。——编者

民国廿四年份本行营业报告书

(1936年2月9日)

廿四年之世界经济，一般言之，颇见好况。就重要各国国别言，除金集团诸国，如法国、荷兰等，尚在艰难困苦中奋斗外，其余国家大都渐见转机。情况最好者，首推日本。其工业生产总指数，近年来本年有进展，而廿四年情形，又较廿三年增加；其对外贸易，亦有空前之进步，已将十余年来之继续入超，一变而为出超。国内金利仍低，失业人数减少，物价增高。次于日本者为英国，其各月份生产指数，以继续超过以前七个年份之最高平均指数。同时物价亦涨，失业人数减少，工资提高，财政已无赤字，贸易亦较前年略增。又次则为美国，廿四年十月以后，其生产指数，继续增加，虽尚未恢复恐慌前之盛况，然较前数年确已进步。同时，农产物价提高，失业人数减少，一般商业收入亦有进步；惟对外贸易，未见改善。此外，德国生产自三月份起，亦颇多进步，失业工人亦减，惟对外贸易继续恶化，输出入均较前二年萎缩，食粮缺乏，几与十年前之苏俄相仿。又意大利之生产指数，亦颇见发展；惜以对阿用兵，军费负担过重，财政不敷太钜；同时，其对外贸易之入超，亦较前为甚；又现金外流，金融恐慌，人民在抵抗经济制裁之环境下，生活异常困苦。其余如苏俄之经济建设，仍继续迈进，其经济好况，又有进步。

综观世界经济情况，表面似颇有普遍好转之象；惟一考其内容，除苏俄外，大都基于人为之挽救运动，及军需之扩张。换言之，此种好况乃由于限制输入，统制价格，贬低币值及扩张军备等政策所造成，并非自然之经济回复。因此，在景气好转声中，同时发现极端之矛盾状态，举其显著之点有三：其一，生产指数虽增，而贸易数量及价格，并无同等程度之增高。其二，为军火贸易猛进。其三，经济好况并不平均发展，国际间苦乐悬殊，随处可见。如上举之日、英、美诸国，虽有表面上之景气好转，而其余如法国、荷兰等金集团国，则仍继续在艰难困苦中奋斗。此外，德、美诸国对外贸易，亦仍未可乐观。凡此皆其例证。

世界景气之好况，既尚在不健全之状态下进展，则其所谓"好转"，在势仍难持久。据一般人观察，今后世界政治经济之趋势，不出两途：（一）重新入于生产过剩之恐慌时代；（二）列强争夺殖民地以消纳其过剩生产，致引起国际战争。二者有一于此，皆非人类之福。

廿四年之国内经济，质言之，实为天灾人祸最严重之一年。所谓天灾，最重者为黄河。因山东南面郓城地方，堤工失修，以致溃决，河水灌入微山湖，侵入运河，又侵入沂河、泗河、沭阳河之下流，几恢复前明嘉靖年间之故道，危及苏北，又危及导淮工程。经中央及苏鲁两省之努力抢险，直至冬令，方算脱险，黄河居然未曾改道，但至今董庄决口地方尚未合龙。其次为长江水灾，因上流雨量过多，山洪暴发，汉江各水以及洞庭上游之资、沅、湘、澧各水，一齐暴注，几将全国经济委员会用二千余万元筑成之堤，全功尽弃。幸而抢险得力，得免于难。至于上季麦收时也有受旱灾的地方，秋季获稻时也有受虫灾的地方。据中央农业试验所调查，十三省农作物，因受水、旱、虫、雹、风等灾，仅粮食一项，损失价值达五万二千九百余万元。幸而中国根柢深厚，除去受灾农田，本年所收粮食，以近三年比较，尚为丰收之年。不过农民元气受伤，仍不免借债还债，故农村凋敝情形依然如故。所谓人祸，东四省外难未解决，又延及哈尔滨，又延及内蒙全部，又延及冀东，又压迫平津。日人意中之"经济提携"，无非欲将华北全部之重要工业资源，入其掌握。此实中华民国全部生死问题。此问题一日不解决，国民经济所蒙损失，不可以数计。

以言工业，小组织小资本的工厂虽然困难，获利的尚不少。惟大组织大资本的工厂，则一律困难。例如纱厂，廿四年六月底统计，全国华商纱厂九十二家中，完全停工者廿四家，减工者十四家，停工减工率几占全体百分之四十。如水泥业，因建筑减少，销路日厌。国货运至广东，即须重税；外货进口，反可以偷税，以致货多价疲，下期比上期价格跌去一元至二元以上。面粉厂上期受廿三年粮食歉收之惠，产销尚佳；下期则受外货倾销影响，又感原料缺乏，亦有停工减工者。火柴业努力于产销合作，政府又豁免出口税，尚称顺利；但漏税冒牌之外国私货源源而来，亦难获利。

以言商业，据中国征信所统计，廿四年上期半年之中，上海普通商号之倒闭者达二百二十余家，改组者达八百九十余家，而新创者仅三十余家。又据上海日日新闻社调查，自中秋节前后至十二月二十六日止，上海二三等商店正式委托律师或会计师代表，宣告清理及停业者，合计达一百六十六家。另据上海市商会调查，廿四年十二月一（个）月中，全市商号倒闭者，计达四十三家，创设者仅五家。其余无可稽考者尚不在内。至其他各埠，凡本行分行所在地，虽衰退情形并不一律，但亦无佳状可以报告。

廿四年份可引为乐观者，惟出口之工业原料。一曰生丝。本年有五万担以上之出口，系改良蚕种之成绩。据国际贸易协会报告，照江浙两省情形，在民国十八年以前，大致一担生丝需鲜茧二千斤。假定当时茧价每担为五十元，茧本一项即须一千元，再加缫工开支二三百元，每担生丝成本至少须一千三百元。自实行改良蚕种后，现在每担生丝平均只须鲜茧一千一百斤，缫工减至一百元。本年鲜茧假定每担二十元计算，再加缫工百元，以及茧行开支五十元，每担生丝成本不满三百七十元。如果全国产地尽能改良，则每年产量增加十万担亦不难。即江浙两省亦可增加五万担。以世界每年生丝消费量之巨，大约华丝年产十五万担，尚可与日本不生冲突。此实出口物品中最有希望之事。二曰桐油。美国需要大量桐油,本年出口激增,占出口货第一位。因美国试植桐树进步颇慢,自产桐油不足供需要十分之一,所以华货出口数量既增,价格亦涨。惟澳洲已试植桐树,日本亦开始试种,竞争日烈。我国各省现亦努力奖励,其中以广西省政府提倡最为积极,本年收入已达四百万元。浙江省政府亦注意产销合作。此为桐油事业之好消息。三曰猪鬃。此系我国特产,黑色者集中天津,白色者集中重庆,已居出口货第三位。四曰冰冻蛋及干湿蛋白蛋黄。前数年因蛋价低落,汇兑不利,故蛋业颇难立足,其实出口数量并未减少。现在政府减轻出口蛋税,汇市亦比较稳定,故蛋业颇有希望。美国征收冰冻蛋进口税,合值百征百以上;德法意征税百分之四五十及八九十不等;英国最轻,亦收百分之十。但在国际市场之蛋品销路,我国冰蛋尚占全欧销路百分之九十二,干湿蛋品占百分之五十;惟鲜蛋业已打倒,不过百分之二三。五曰棉花。本年我国棉花收成不足,但美棉、印棉进口已减,华棉出口转增,大都销至日本。日本注意华北棉产为经济提携之第一件事。如果日本将来以每年购买美棉印棉之资金,改购华棉,则我国之国际收支,必发生大变动。惟必需平等提携,我国方受其利,否则他日华北之棉花,即今日满洲之大豆,不可不惧。六曰杂粮。本年出口活动,以花生、芝麻为最。七曰矿产。本年下届起,炼焦炭之烟煤开始运销日本。余如江西广西之钨砂、湖南之锑砂,销售欧洲及日本者,数量、价格一齐增加。我国工业不振,全国资本消沉,一时殊难进步,能竭力发展出口工业原料,亦差强人意之事。

　　至于廿四年之金融状况,更为重要。本年承上年现银大量流出之后,银底枯竭,信用收缩,以是一年来所遭艰难,甚于往年。惟为力图自存,金融建设亦较往年为努力。故民国廿四年,实为我国金融史上最可纪念之一页。廿四年之金融动态,始终在慢性恐慌中演进。当新年之始,以各业结账期近,一致收缩,银根较松,拆息低下,但一月份票据收解总数,较上年同月减少达一万万元,实已显见金融萎缩之病态,种下全年金融恐慌之病根。迨春季大结束后,银钱业以资金冻结,一致收缩,结果工商业固陷于困境,金融亦益感困难。同时以地产交易呆滞,市面筹码短绌,信用停滞,金融业中一部分基础较差者,遂呈阢陧不安之状,危机潜伏。此为第一期慢性恐慌之酝酿。至四月以后,金融季节渐入旺期,同时以内感四底难关之压迫,外受银价续高之影响,银根紧急,上海金融首见捉襟见肘之象,因而提存挤兑之风潮,迭有所闻。此为第二期慢性恐慌之发作。自后为金融季节最旺时期,但以物价惨落,商市疲滞,金融市场极为沉闷,内在之恐慌有加无已。风潮愈演愈烈,一时人心惶惑,波及全国,宁波、汕头等埠钱庄,先后停业者甚多。通货紧缩之象,于斯为极。一时筹码问题及通货膨胀之谣,甚嚣尘上,渐致资本逃避,市况逐渐混乱。此为第三期金融恐慌之暴发。至十月中,恐慌已达极点,而转瞬十底大比期将届,通货问题之谣㴠益甚,一时物价渐涨,标金旺腾,外汇猛缩,债市上升,银根尤紧,金融市场动摇。政府当局鉴于时机急切,乃断然处置。一方通令展缓十底比期,一方颁布紧急法令,于十一月四日起实行新货币政策,集中现银,统一外汇,抑低货币对外价值,改定以中、中、交三行纸币为法币。自是以后,物价渐涨,一般产业略有起色,市场筹码渐感松动,人心稍稍安定。

现在最紧要之问题,为新货币政策将来结果究竟如何?此为人人所欲知之事。我们为金融界一份子,尤应有充分之认识。十一月三日之紧急法令人人皆知,其同为重要者,有十一月三日财政部长之宣言。以法令与宣言合而观之,除统一发行、管理通货、稳定外汇三者之外,政府之急须继续施行者:(一)改组中央银行为中央准备银行,成为超然机关;(二)中央准备银行供给各银行以再贴现之便利;(三)中央准备银行二年后享发行专权,换言之,即收回中国、交通两行之发行权;(四)政府设法增加商业银行之活动能力;(五)政府专设机关办理地产抵押业务；(六)政府决意避免通货膨胀；(七)政府为整理财政，决定十八个月后国家预算，使之收支适合；(八)政府严厉取缔不正当之投机，及逾分之物价上涨。此八件事譬如八音，金、石、丝、竹、匏、土、革、木，缺一不可。我们现在假想，如果八件事完全做到，那时中央准备银行必定举一全国信任，学识经验可与世界各国中央银行总裁携手共同协商之人物充当总裁，必非财政部长兼任。那时的中国银行是完全的国际汇兑银行，现在无限制买卖外汇的责任，由中国银行一家担负。那时交通银行是全国的实业银行，专做各种振兴实业的放款。那时上海及各埠地产，有专门机关抵押流通，变成活动的筹码。那时商业银行各就其本身之能力，专做正当放款，并以各种票据赴中央银行再贴现，再贴现所得法币，又可流转于商业。据专家估计，我国民间储蓄现银约有二十万万元，以半数计，亦十万万元，皆由各种银行代中央银行以法币吸收，汇总交与发行准备管理委员会。那时各种银行之能力，又可以中央法币吸收内地之农产、矿产，运至各口岸，卖与外国，变成各国之货币。那时中央银行通货可以随金融季节，应市面之需要自由伸缩。那时物价亦可稳定，标金投机停止，证券市场、物品市场皆在轨道以内，投机的人逐渐减少，人民必以所余资金投入工商业，并且可以将现在逃避资本存在各国之货币，仍旧汇回本国，换成法币，作正当之投资。那时国际收支一定渐渐平衡，新货币政策当然稳固。以上所说，并非理想空谈，这是财政部长十一月三日宣言，同对于国民宣誓一样，我们不能说他一定做不到。但是新货币政策发表的前后，政府的环境实在不好。自金融恐慌逐渐深刻，人民逃避海外之资本，本年亦逐渐加多。在新政策发表之前一月，外汇继续高腾，标金尤狂涨，市面谣言甚多。我们不敢以小人度君子，但政府不能镇定人民之恐慌，又不能遏止市场之投机，致令内地资金又纷纷逃避海外，是无异加倍削减政府之实力，实为失策之尤。及新政策发表以后，民间固应有一度恐慌，而日本朝野尤其是军人，冷嘲热骂，认为排日之一大事件，而日鲜浪人私运现银者接踵而至。于是人民深恐现银为强邻全数攫去，又增加一度恐慌。及至美政府停止在伦敦购银，银价大跌，日鲜人之私运者，固可绝迹；但人民又恐美政府之购银政策溃决以后，中国通货政策因而失败。于是人民又增加一度恐慌。新政策施行以后，财政部忽令法币三行，维持公债。于是债市骤涨，三行收入公债，发出法币，人民收到法币，即不免有一部分逃避海外。最近又发行统一、复兴两公债。政府为救济财政起见，原有紧急处分之权力，但以后对于财政金融上之建设，以及各种整治措施，必须增加人民之信任心，减少人民之恐慌心，否则无异驱逐资本逃避。譬如，人既受内伤，又受外感，既患慢性症，又患急性症，虽铁汉亦难以支持。但是如此不良之环境，而新货币政策施行后已满三个月，中央银行英汇一先令二辨士半之价格并未变动。本年十二月份海关贸易统计，入超变为出超，美国商务报告赞为新通货政策成功之表见。有人说，此说不的确，因十二月份漏税的进口货，亦比以前增加。但据出口商人谈，十二月份出口业的确比以前活动。其所以活动之原因，外汇比较稳定，亦其一端。可知中国真是百足之虫，处处有自力更生之机会。试观法国、荷兰等金集团国家，何等艰难辛苦，内阁因而动摇者几次，但至今仍是积极奋斗，真可佩服。我们希望政府有同样之精神。至于新政策之得失，在经济学理方面辩论甚多。如虚金本位与银本位之争，放任政策与统制政策之争，关金标准与先令标准之争，其至一先令二辨士与一先令二辨士半之争，我们以为无关宏旨。我们的结论，新货币政策根本是贤明的；如果政府当局能照十一月三日之宣言件件做到，管理通货的目的断无不能达到之理。如果不能件件做到，或做到几件，而又有几件恰恰与宣言相反，则新政策之前途，当然难于乐观。此为我们对于新货币政策最平情的评论，亦是本行最热烈的希望。

本行在金融恐慌期间应付环境，本年营业方针以收敛紧缩为主。

津行所属之济南分理处，郑行所属之渭南、西安分理处，均经先后裁撤。本年总分行活期存款，增加二百十二万二千余元；总分行定期存款减少三百八十二万四千余元；增减相抵，较廿三年份减少一百七十万元。本年总分行定期放款总额，较廿三年份减少八十二万九千余元。抵押放款减少七百六十二万四千余元；抵押透支减少一百十九万二千余元。所以减少之故，因为厚集准备，应付非常，又须经营短期活期利益，以顾开支，殊觉事倍功半。储蓄部活期定期存款，比廿三年份增加一百十二万四千余元，放款成分按照部章办理。信托部于本年初成立，活期定期存款较廿三年份地产部存款总额减少一百九十二万余元。至本年信托部放款总额，亦比廿三年份地产部放款减少二百九十三万五千余元。

  本行发行钞票，肇始于前清光绪三十三年，呈奉前清度支部核准行使，是为初次发行。其时市上习用硬币，所发不过一百余万元。迨民国初年，向中国银行订立领券合同，放弃发行权。其时并无中央银行，由中国银行代行国家银行职权。本行之尊重中国银行，与现在尊重中央银行无异。无如中国银行的性质，对政府是国家银行，对社会又是商业银行。合同订定以后，本行已将自发之券收回，而中国银行未能照约合作，异常纠葛，不得已复于民国十年呈请前币制局并财政部，核准筹备重发，是为二次发行。本行发行向以谨慎为主，不愿多发，然于相当过程中，颇蒙社会信任，流通额最多时逾一千万元。廿四年三月以后，退于八九百万元之间。本年十一月四日，财政部颁布改革币制、统一发行之政令，除中、中、交三行得发行法币外，凡商业银行核准发行有案者，照十一月三日截止之流通额为限，仍准行使，但不得增发，并逐渐换用中央银行法币。其余库存之已印未发券及已发收回券，暨流通券之现金准备、保证准备，均须移交发行准备管理委员会接收。嗣奉财政部令及发行准备管理委员会函，本行发行事项交由交通银行接收，由发行库分知总分支行一律遵照办理。本行十一月三日截止之流通券额,为九百四十四万八千七百七十三元,故交出现金准备现银元及厂条合银元五百九十四万九千七百五十元,保证准备有价证券及地产道契,合作银元三百四十九万九千零二十三元。核计成数,现金准备在六成以上,保证准备在四成以下。又交出库存已印未发、已发收回各券,共票面九百五十九万八千一百二十九元五角;并交出销毁券截存券角及样本券等。于十一月底一律交清,此后即办理结束手续。于年终止,将总库及各分库一律裁撤。合并报告。

(《兴业邮乘》,第 43 号)

为浙兴历年发行兑换券总账事呈财政部发行准备管理委员会文

(1936 年 3 月 2 日)

兹查本行截至民国二十四年十一月三日止,历年定制券、废券、流通券、样本券、销毁券、库存券总数如次(根据本行发行兑换券总账历次报部有案):计开

  兑换券总账 付项
   (一)定制券   三八,五九九,九八五.〇〇元
   (二)废券(即伪券) 三一,〇七九.五〇元
    付项共计   三八,六三一,〇六四.五〇元
  兑换券总账 收项
   (一)流通券   九,四四八,七七三.〇〇元
   (二)样本券   四七,八九三.〇〇元
   (三)销毁券   一九,五三六,二六九.〇〇元

(四) 库存券　　　　　　九,五九八,一二九.五〇元

　　收项共计　　　　　　三八,六三一,〇六四.五〇元

上列各券数目均系根据事实,并无隐漏或溢报情事。将来流通券全部收回后如有溢额,或库存销毁各券如有短少、不实等情,均由本行担负完全责任。兹具切结如右。此呈

财政部　发行准备管理委员会

中华民国二十五年三月二日

浙江兴业银行董事长〇〇〇
(文稿,上档 Q268—1—611)

【附】1936年3月14日国民政府财政部批复云:"具呈人浙江兴业银行股份有限公司董事长叶景葵二十五年三月二日呈一件,呈送前报发行兑换券各数目切结祈鉴核由。呈暨切结均悉。查所报该行历年定制券、销毁券暨废券数目,核与部派员前往查账各情形,尚无不合。其流通、库存各券额,亦与发行准备管理委员会前送接收该行全体发行准备汇列清单,所载相符,应即准予备案。除由部函知发行准备管理委员会外,仰即知照,切结存。"

(原件,同上引档)

为撤销浙兴南京城北分理处
事呈南京市社会局文

(1936年7月7日)

案查商公司前在南京市城北地方设立支店,定名为浙江兴业银行股份有限公司南京城北分理处,于中华民国廿一年九月呈由钧局转请实业部登记,颁发股份有限公司支店设字第七一号执照在案,现

体察该支店业务,在就近分行尚堪直接兼顾,已将该支店撤销。谨遵照公司法施行法第卅条具名呈报,并遵照公司登记规则第十九条,备具登记费五元,连同原执照一张,一并随文呈缴,请詧核。为支店撤销之登记,实为公便。谨呈
南京市社会局

浙江兴业银行董事长　叶○○
民国廿五年七月七日
（副本,上档 Q268—1—626）

为撤销浙兴济南、陕县、南京中山路三分理处事呈财政部文

(1936 年 7 月 10 日)

　　呈为呈报支店事案。查属行前于济南、陕县及南京中山北路各地方设立分理处,办理银行业务。曾于廿三年八月、廿四年二月、七月先后呈奉钧部各该年钱字第二三五七号、第四四四九号、第六三三〇号批准备案各在案。现因体察各该地方业务在就近分行尚堪直接顾到,已先后将各该地方分理处分别撤销。谨此呈报,希鉴詧各案,实为公便。谨呈
财政部

浙江兴业银行董事长　叶○○
廿五年七月十日
（副本,同上引档）

为添设常熟分理处事签署浙兴
呈江苏省建设厅并转呈实业部文

(1936年7月10日)

呈为添设支店呈请登记事。窃商公司集合资银四百万元,于江苏上海地方设立浙江兴业银行股份有限公司,曾经呈准登记在案。现于江苏常熟县县西街十号添设支店,兹依法呈请登记。遵照公司法施行法第廿八条规定,将声(申)请登记事项详晰载明于后,随缴执照费银十元、印花税银壹元,备文鉴核。谨呈
江苏省建设厅

浙江兴业银行董事长　叶○○

廿五年七月十日

(副本,同上引档)

为撤销浙兴南京中山路分理处
复南京市社会局文

(1936年7月31日)

呈为遵批补缴撤销支店登记费及原领营业执照事案。奉中华民国廿五年七月廿九日钧局政字第四九四○号批,商行为撤销城北分理处支店呈请解散支店登记。由批开呈。查仰遵照公司登记规则第

十九条云云，至此批①等因奉此，查商行此项呈请撤销支店，系南京中山路分理处支店，非城北分理处支店。兹遵将原领中山路分理处股份有限公司支店设字第六一三号执照费及登记费五元，一并奉缴，请詧核示遵，实为公便。谨呈
南京市社会局

浙江兴业银行董事长　叶〇〇
廿五年×月卅一日
（副本，同上引档）

为撤销浙兴济南分理处事呈山东省政府文

（1936 年 8 月 10 日）

呈为遵批补缴撤销支店登记费及原领营业执照事案。奉中华民国廿五年八月五日钧府建副商字第六一九号批，商行为撤销济南支店请鉴核，转咨备案，由批开"呈悉。查公司撤销支店，呈请登记，应将所领执照缴销"云云，至此批②等因。奉此。兹遵将原领济南分理处股份有限公司支店设字第四三九号执照一张，随文奉缴。登记费五元另行汇奉，到请詧核示遵，实为公便。谨呈
山东省政府

浙江兴业银行董事长　叶〇〇
廿五年八月十日
（副本，同上引档）

---

① 原稿省略南京市社会局批文中文字。——编者
② 原稿省略批文原文。——编者

三十年前之严师益友

(1936年8月21日)

本行之发轫，盖萌芽于丙午，成立于丁未。丙丁之际，予正供职奉天财政局，凡本行发起人，及重要各股东，除樊时勋、项兰生两先生外，皆无缘识面也。

至丁未夏初，予已交卸奉天财政局，颇厌倦政治，思投身于工商业。入关至北京，访父执汪穰卿先生（康年），先生时办《刍言报》，告以予之出处抱负，先生怫然不悦，曰："汝之聪明才力，最宜办理财政。汝既厕身政界，应奋斗到底，不宜畏难思避，见异思迁。汝未游历外洋，究竟识见不广，最好趁此闲暇，游学东洋，取心研究财政经济，将来归国，可成有用之才。"因赠我《历国岁计政要》译本一巨册。次日，又反复言之。而同时接到李一琴先生（维格）来信，闻予入关。极为欢迎。信中力言政界之不可涉，督抚大吏之不足与有为。与其芸人，不如求己。又言方今养民之要，莫急于振兴工商业。又言钢铁业之足以富国强兵，武汉三镇之形势，为中原绾毂，未来之希望甚大，劝予投身工商界，且言择地则以武汉为良，邀予出京即至彼处假馆焉。时方任汉阳铁厂总经理也。

予以送妇归宁，先绕道济南，得晤乡先辈张毓藁先生（莲芬），时方任山东盐运使，并已创办中兴煤矿。一见颇承垂青，问余之志愿。余以愿就工商业告；并以汪、李两先生之言，请折衷焉。张先生乃诏予曰："政界也好，工商业也好；专营则精，兼骛则废。汝年富力强，前途正宜自决。若我则决计辞去山东盐运使，专心办我中兴煤矿，我还要开一大井，每日要出煤二千吨。地方痞棍某某以土窑破坏我矿区，我决计与之拼命。我的大井如不成功,我即葬于大井之下。"言时气咻咻然,须眉欲动,至今犹在心目间。临别又执予手曰:"我的煤矿,经费不足,尚须招股。汝南归,见张、汤两先生,为我致意,请彼帮忙。"其时苏浙两商办路,集股一千余万,为实业界所艳羡。其实予与季直先生戊戌年已得晤教;蛰仙先生,则闻名而未谋面也。

予由济南折至郑州省亲,遂由郑州南下至汉阳。一琴先生郊迎,邀予寓汉阳铁厂。盛暑烈日之下,导观新式炼钢炉,历言长江一带,某处有铁,某处有炼焦之煤。西南各省,某处有锰,某处有钨。全国铁路太少,粤汉宜速筑,川汉宜速测。语娓娓不倦。予假馆二十余日,先生每日必三四次访予,夜间尤喜深谈,谓予曰:"汝生于中产之家,民间疾苦不尽知,凡寒士所尝之苦况,汝皆隔膜。以后宜习劳苦,宜留心下等社会之情状。汝体太弱,气色太不好,宜吃独睡丸。凡体弱之人,宜少服药;要知药未必治病,或反足致病。"一夕,又谆谆言曰:"凡有志办大事之人,第一须不怕死。不怕死,先从不怕病做起,要知死与病是两件事,凡人不会轻易死的;就是死也是适然,不算一件稀奇事。就是我死,也是命定,不必回避的。不回避,要死;回避,也要死。"其言凛然,令予十分感动。

时本行重要发起人郑岱生、沈新三、蒋抑卮诸先生,正为调查汉冶厂矿,预备投资,至汉阳查账,予得一一识面。盘桓旬日,相约赴沪,予遂就居于马霍路德福里。时勋先生创办沪行,业已开幕。予每饭后乘包车至行聚谈,遂得尽识诸股东,渐渐为入幕之宾矣。

穰卿先生始终办报,终日驼背执笔,与各报挑战,议论正大,宗旨坦白。辛亥革命,都城骚动,乘京奉车避天津,在车中拥挤不支而死。毓蘐先生亦于辛亥革命时,支持矿务,奔走疲劳,到处乞怜,穷窘万状。记得极危急时,与北方某实业家协商,请其入股合办;某实业家所提条件,异常苛刻,先生气愤填膺而死。一琴先生亦于辛亥革命后,奔走复工,成立汉冶萍厂矿股份有限公司,一身任其全责。未及一年，为大股东及无股份之董事所龃龉，不得已而辞职。其时病体失眠，已甚不支，仍努力于钢铁事业，并到处留意后起之人才。家居数年，憔悴困顿而死。

穰卿先生之遗著，经其弟颂阁先生裒辑，业已印行，盖十中之一二耳。毓藁先生死后，幸经欧战，煤矿乃得发达。民十六以后，几乎夭折，幸而复兴，皆食先生留贻之赐。盖民十七之亏损，几六百万元；向非先生培植根柢，努力折旧，多提公积，即经济一门亦有不堪设想者矣。一琴先生最为不幸，论其地质知识及管理能力，当然逊于后人；然以一书生创办钜大事业，几经艰危，毫无后盾，百折不回；最难堪者，改良钢炉，制成钢轨，品质与舶来品无异。但朝政不纲，有钢轨而不造路；彼时所造之路，皆有外资关系，但买外洋之轨，不买汉厂之轨，不死何待？

今三先生往矣，是非功罪，自有历史品评。而予所耿耿不忘者，三先生之居心立品，及其所施于予之训言，每一念及，真如谏果回甘，咀嚼不尽。

以上所记，皆丁未年之事，迄今已三十年，而本行成立，亦恰恰三十年。荫溥先生来书，为专号纪念征文，遂拉杂书之，以供同人一览。古语云"三十年为一世"，三十年以前之人，可云隔世。吾人欲闻隔世之格言，最不易得。人当少年，血气未定，知识未充，沈酣漏舟，徘徊歧路，倘无严师益友之箴规，往往迷误而不知返。所以隔世之格言，即是终身之圭臬。杜子美云："欲觉闻晨钟，令人发深省。"其斯之谓欤！

廿五年八月廿一日莫干山

（《兴业邮乘》，第 49 期；《叶景葵杂著》，第 263～266 页）

浙江兴业银行总经理室通告

(1936 年 12 月 30 日)

新年同人团拜拟不举行,个人间亦概不往来访谒。特此通告。

叶景葵　徐新六

(副本,上档 Q268—1—146)

民国二十五年份本行营业报告书

(1937 年 2 月 21 日)

民国二十五年,即世界呼为"凶年"之一九三六年。此一年来之国际经济,承袭二十四年之趋势继续好转,颇有恢复繁荣之朕兆。据国际联盟会经济委员会于去年十月间发表之报告书,载有"原料堆栈中之存货,逐渐减少;国际贸易数量,逐渐增加;失业工人,较一年前已减少数百万,此皆为世界经济复兴之良好现象。"盖世界之一般生产指数,自去年一月以降,即在继续增加之中,据国际联盟会之调查,重要各国之生产指数,均有趋涨之倾向,大致俱较上年度增加百分之八至百分之十。批发物价指数,亦具有同样之趋势,所增虽不若生产指数之巨,惟其趋势稳健,则为确切不移之事实。同时重要各国之失业人数,均见减低。上述三大要素之改善,均足以证明国际经济,已显呈繁荣之端倪,而入于小康之状态。其他若各国之股票市场,亦均欣欣向荣,价格高涨,在重要各国中,以美国为最,较之一九三四年,殆涨至百分之三十至四十。而各国金利之减低,亦为普遍之事实。惟有法国因法郎贬值,日本因发行赤字公债,偶然发生不同之现象,则为例外。

此外,民国二十五年份之国际经济,值得大书特书者,厥为金集团之崩溃,及英法美三国货币协定之成立。按金集团之成立,系在世界经济会议决裂之后。维时法国主稳定币值,通货休战,而美国持反对之议,且贬低美元,以示决心,会议遂无结果。法国即于会后,拉拢意、比、瑞、荷等国,组织金集团。顾自兹以降,世界经济之萧条,日见尖锐,而国际货币战争之进展,亦愈见猛烈。法郎在镑、元重重压迫之下,屡濒于危,卒以法政府之努力奋斗,均能勉渡难关。然国际汇兑之狂涨暴落,已属司空见惯。金集团国家之经济情形,困难万分。比国复退出集团,宣告贬值。于是以法国为盟主之金集团,乃无日不在风雨飘摇中。而法郎之贬值,亦遂为不可避免之结果。五月初法国选举,社会党获胜利后,人心动摇,资金逃避,法兰西银行之黄金流出数,在五月之第一周中,达三十万万法郎之钜。法国为金本位国家,其黄金存额之丰啬,与法郎地位之安危,有极深之关系。黄金源源流出之结果,颇予法郎以威胁。其唯一防御之方法,厥惟提高法兰西银行之贴现率,然效果颇微。国家银行之存金,日见减低,形势日蹙,法财部遂不得不于九月二十五日公布关于法郎贬值之决议案。于是艰难维持之法国金本位,遂告崩溃,而金本位集团,亦即成为历史上之陈迹。同时法国与英美两大货币集团,缔结货币协定,准许三国间之黄金得自由运出,共同维持国际汇兑。故自法国贬低币值后,国际汇兑市场,未发生严重之紊乱,要不得不归功于货币协定。因此国际通货战争,暂时得以休息。

至于二十五年份之国内经济,较之二十四年份确见好转,尤以农业为最。全年气候适宜,风雨调顺,各地农产品,均告丰收。如湖北省连年灾患,农收极歉,惟本届米、麦、棉花,均收至九成,每亩耕地平均约有十元左右出产,除偿付田赋外,尚有三四元之余利,实为近数年罕有之现象。皖南皖北所产之菜籽、小麦及各种杂粮，均告丰收，其增加数量，比较上年平均约占百分之三十，收入约占百分之七十。陕省农产品，亦告丰收，长安等三十余县皮棉产量，较上年增加三十余万担；江浙春茧之成绩，亦极见优良，两省所产之改良茧总额，约达一百万担。大宗农产品之产量，均远胜往年。据中央农业实验所之估计，民国二十五年份夏季作物之增加，以棉花为最多，较去年计增加百分之四十七·四。其次为大豆，计增加百分之二十五·九。又次为花生，计增加百分之二十二·一。又次为芝麻，计增加百分之十七·三。又次为高粱，计增加百分之十·七。其他若籼米糯米，亦均有增加。至冬季作物，据同处之估计，小麦计增三五五〇三千担，大麦增加四六七二千担。就上述之统计观之，农作物之大宗，若米、麦、杂粮、棉花等之产量，均告丰稔。按诸经济原则，价格不致高涨。然揆诸实际，米、麦、杂粮与棉花等之价格，自入秋以来，日见坚俏。棉花由于国外产量之歉收，杂粮则因有外商之吸收，以致发生畸形之发展。小麦则不敷国内厂家所需，仍须购用洋麦，以供制粉之用。向来采用洋米最多之广东，虽因政府及社会之提倡，励行推销湖南米，但米价反昂，仍须输入洋米，可见我国所产食粮之量质两方面，仍须大加改进。惟本年比较往年，其丰收程度确为近数年来所罕见，农村金融颇见昭苏；物价上涨，一反谷贱伤农之现象；农民之购买力，颇有增加，证诸各地必需品物价指数之上涨而益信。

以言一二年来之工业，则因农村经济之复苏，农民购买力之恢复，国内各种新兴工业，俱能转危为安，重趋光明，尤以纺织工业为最。犹忆在新货币政策施行以前，我国纺织工业之悲惨现象，为历年所仅见。自上年入秋以来，各地棉产丰收，农民对纺织品之需要，颇感迫切，棉货市价暴涨，各厂昼夜加工赶纺，犹虞不敷。纱厂之由闭歇而复业者，除华北有特殊情形之外，上海有恒丰、申新二五两厂、振华等数家；汉口有震寰、第一纱厂；其他各埠尚有准备复业者。已复工之工厂，共有纱锭三十一万九千余枚，且棉纱畅销。去年九月份客帮现纱之去路，竟达四万八千余包，为近年来之新纪录。而价格亦狂涨，以四十二支之三人钟牌而言，每包竟自二百余元涨至四百余元。其次为织布工业，其活跃情形亦不亚于纺织业。大小布厂均有盈余，疋头价因求过于供，激涨不已，至九、十月间而登峰造极。其次为火柴工业。我国之火柴工业，近数年来因外货倾销，同业轧铄，已陷于全部破产之状态。迨至去年上半期后，因一般经济之好转，销路渐畅，各厂亦得稍稍恢复。据去年五月份之调查，大中华之荧昌火柴厂，全月产量为二千四百余箱，而消费量亦达二千一百余箱。产销两方面之接近，亦即火柴业活跃之明证。其他若化学、造纸、制糖、树胶等工业，亦莫不渐次恢复原状。

至于民国二十五年之对外贸易，输出输入均有显著之变更。自前年十一月四日实行新货币政策后，二十四年之十二月，出超五百万元；二十五年之一月，继续出超九百万元，论者归功于新货币政策之成功。顾二月份起，即转为入超。就去年一月至十月间之对外贸易观之，如根据海关金单位计算，则二十五年份之出口总值，为二万五千一百四十四万海关金单位；进口总值，为三万四千零十二万海关金单位。计入超八千八百余万金单位，较上年之入超总额，约减少百分之五十三·〇一，情形确见好转。惟就近两年来之进口数量观之，颇有值得注意者。即进口数量较二十四年份减少，计达一万万余金单位之巨，而出口则仅增加一千余万金单位。出口增加而入口减少，固为对外贸易之好现象。惟据各方面之统计，过去十个月中，走私货物至少亦有一万万金单位之多。是则对外贸易之好转，徒为书面上之虚数。至就去年之输出入商品而言，则输出以军需工业原料为最多，如皮革、油蜡、棉屑、溶铁煤、麻类、钨矿、桐油等。其他如大豆、豆糟、麦粉、小麦等，亦因美国之歉收及日本之收买，出口盛极一时。至输入商品，则亦有一大转变。如消费品、毛织品及糖类，均见减退，而交通用品如汽车、电料、轨道等，重工业品如钢铁及化学用品等之输入，均见增加。此种商品类别之改善，较诸空虚数字上之改善，实不可同日而语，而可引为乐观者也。

　　再论一年来之金融，则民国二十五年份之经过，至为平静。即当西安事变时，各地金融市场，亦未发生骚扰。拆息常盘旋于八九分之间。公债市场则因本年年初发行统一公债十四万六千万元，换偿以前发行之公债库券，及复兴公债三万四千万元后，市场债券名称归于统一。复经政府之统制调剂，公债市价颇见平稳，投机之风大减。标金市场原为投机之中心，自新货币政策实行以来，经严密管理，标金市价亦不再如昔日之兔起鹘落。金业交易所之营业，近来日见萧条，标金成交条数，以十一月份一月而言，仅达二万八千余条，以与二十三年十月份之四百余万条相较，直有霄壤之别。惟杂粮花纱市场，则以销路转畅及特种关系之故，在下半年中波动甚巨。

　　至对外汇兑，则过去一年中，因三行之无限制买卖外汇，尚见稳定。最初法币钉住英镑，以最近五年来之中英平均汇率为标准，对英为一先令二便士半，对美为二十九元七角半。其后美变更购银政策，伦敦银价急遽降低，至每盎斯仅值十九便士左右。当时我国如在伦敦市场抛售大量现银，则银价势必再降，而我国汇兑基金必更加软弱。财部乃于五月间派陈光甫先生赴美，与美财长磋商订立《中美白银协定》，由美国按每月之平均银价，向我国购银，而我国则仍维持白银之用途。故财部于五月十七日宣言中，曾谓法币现金准备，仍以金银及外汇充之，而白银准备至少应占发行总额百分之二十五。同时准备开铸一元及半元硬币，以增加白银之用途。惟至九月，法币之对外汇兑又发生技术上之变迁。因英美套汇发生变化，呈镑坚元疲之势，我国法币汇兑价势（必）非将美汇压低，英汇抬高不可。顾以格于《中美白银协定》，未便更动美汇，而对英则因一向钉住镑价之关系，亦未便更张。故对英对美之汇兑平价仍予维持，惟买卖限价加以扩大。英汇买价与卖价,向来相差四分之一,今改为相差二分之一。美汇买价与卖价向来相差半元,今改为相差一元。于是投机者无利可图,趋势逐渐稳定。自法郎贬值以后,英美法三国订立货币协定,英美汇兑毫无激烈之变动,而我国买卖限价遂无需变更,趋势更见稳定矣。

自去年新货币政策实行以后,法币之发行额逐渐增加。一月份为七八二三六六千元,至十二月十二日已递增为一一三八二九二千元,计百分中膨胀四十六分。惟此种尚为有限制之膨胀,对于国民经济无急遽之变动。去年十一月财政部宣言中所标定之政策,最要者为成立中央准备银行及财政部平衡预算务使收支相抵两项政策,至今尚未实行。中间经过华北之骚扰,绥省之战事,两广政治之纠纷,最后为西安事变,震惊全国。而对外汇兑始终保持平定,国内金融亦毫无变动,此固由于国富根基之雄厚,及近年来人民程度之增高,其中亦有天幸存焉。最近闻财政部对于中央准备银行计画,确已屡次讨论,起有草案,其中尚有细则数点未能议定,想不久即可解决。对于全国经济建设之方案,及维持财政收支平衡之政策,亦在精密研究中。吾人终盼其早日实现,则全国金融之走入坦途,可操左券。

至于本行一年来之进行方针,一本财政部规定之范围,专就商业银行本身应做之业务努力前进,一面整顿人事,增加效力,务使各部工作皆合理化。又视察各地金融之需要,前途发展之程度,将各属机关分别增设或裁并。本年度内新设者计常熟分理处一处,于七月间开幕;恢复营业者,计信阳及驻马店二寄庄;至西安、渭南、陕州,则均已先后裁撤,此次事变,幸无关系。又隶属南京分行之中山路分理处,因无事实上之需要,亦已于四月间并归城北分理处,以节开支。

再就一年来之业务而首,存款方面大致定存减少,活存增多。营业部之定存,较上年减二三三四五七四元,活存增一六一〇五五四元;储蓄部定存减一三八三四一元,活存增一七二六九四四元;信托部定存减九四六四二二元,活存增一〇三九二〇八元。增减相抵,全行共增存款九十五万元。

就一年来之放款业务而言,则各项科目较民国廿四年份互有增减。营业、储蓄、信托三部抵押放款总额,计增加三九八八七〇二元,押透增六一〇二〇六元,押汇减一八五七九三元,贴现增一〇六八二八元,往透增一一九一三九元,定放减四九一三一元。就大体而言,一年来本行之放款业务,显见扩展,而以定期抵押放款数额之增加为最钜。且所放各户,大都进出活动,到期履行契约,绝少不顾信用或发生纠纷之户。此亦市面各业活动之表征。

以前所放旧账,经竭力整理之结果,呆滞者渐渐活动,解决之事不少。最大者如上海恒丰纱厂与汉口第一纱厂之复工是。查本行自成立以来,颇愿振兴实业,故对于新兴工业酌量投资,恒丰与汉口第一两厂,同为本行押户,顾以国内经济情形之日趋恶化,农民购买力之每况愈下,出品销路日蹙,营业衰落,遂致在民国廿四年先后停工。惟自本年以来,各地农产丰收,全国经济情形略呈好转,而各方对纱布需要亦渐感迫切。本行鉴于停工之非计,故在可能范围之内,分别谋复工之方法。上海恒丰纱厂,经与中国棉业贸易公司商妥,全部厂屋机器均租与该公司营业,以三年为期,如有盈余,由本行与该公司各半分派,亏损则与本行无涉,已于九月间开工。汉口第一纱厂,自民国廿四年份停工以来未能复工,至本年十一月间,亦经本行与复兴公司商妥,由复兴公司出资一百万元承辩,订期六年,营业有盈余,则债权人得六成,复兴公司得四成;如属亏损,则悉由复兴公司担任。故两厂均在无损于本行债权之原则下,恢复营业,而数千工人亦得以维持生活。此外,如本行独家往来之三友实业社及灵宝打包厂,本届营业均极佳,放款方面已渐渐消灭危险性质。其余如停闭以后无法恢复之天津宝成纱厂,与中国、上海两行合作,将抵押品售出,债权大部分收回。郑州豫丰纱厂之债权,亦由中国银行承认,商有解决办法。上海天章纸厂亦经董事会议决,限期催赎,不久亦可解决。此皆过去一年之成绩。

至本行开支素主撙节,决不浪费物力。上年因机关减少,物价低廉,全行总开支,较之民国廿四年份,计减少六万元左右。此皆总经理与总分支行各同事努力合作之效果。合并报告。

(《兴业邮乘》,第 57 期)

浙兴总办致各分支行"通密元号"函

(1937 年 8 月 3 日)

各分行、处经理主任:

径密启者。查去年十月间时局紧张时,敝处曾有紧急处置办法通告在案,兹再略为补充,分述如下,至希查照办理为荷。

1. 放款止做,以时局为伸缩。

2. 库存钞票略为准备,以能勉强应急为度。多存亦有危险。

3. 紧急时如不能向中、中、交三行调款,则开上海汇票支付。

4. 财产押品账簿如何安置,以及同人临时避难处所,由各行预为计划,陈报通信地点。

5. 与就地上海银行密洽,随时互通消息,互相援助,并商量临时应变事宜。

6. 各种存款无论活期定期,先抄录余额表寄总行,以后逐日逐笔登记于日记账,以防簿据毁灭。

7. 存栈货物为粮食、煤斤等等,遇有征发,应注意办理手续,须有正式印收为凭。

叶景葵　蒋抑卮
廿六·八·三·

(函稿,上档 Q268—1—589)

叶景葵启事

(1937年8月9日)

内子逝死,承同人赙赠祭奠,心感之至!恕未一一踵谢。叶景葵启。

(《兴业邮乘》,第 66 期原刊)

浙兴总办致津行"津业密五号"函

(1937年8月11日)

接稽密二号台函,得悉尊处同业公会已议有限制提存办法,金融当可渐趋稳定。查尊处定期存款八月份到期者,数额尚不甚钜,且未必尽提,现有准备,足资应付。除两电嘱解中国(银行)共四十万元,以代解讫外,以后实际上如不需用,请暂勿再调。万一中、交停汇,可以改开汇票,似不致有何问题。值此时局,敝处支配头寸,必须顾及全体,各行准备成份,以普遍适合为度。前方固不能有所偏重,后方尤须竭力巩固,且沪地较为安全,消息亦较灵通。华北战事未了,尊处如准备过多,亦存危险也。

叶景葵　蒋抑卮　廿六年八月十一日

(函稿,上档 Q268—1—588)

浙江兴业银行战区行处收付款项办法①

(1937年9月上旬)

（一）战区行处之账簿或余额表（表内所有挂失、止付、作押等项须注明）及印鉴，已经带至总分支行处办理收付者，按照下列各项办法办理：

甲、定期　到期之本息如系"国币"，其本款未逾叁百元、利息未超过本行对部令二次补充办法，支付定存利息设例（二）之范围者，均照付法币。到期之本息如系"国币"，其本款超过叁百元者，将全数利息超过上项范围者，将超过数转存活期存款，注明"国币"及"由某科目转来"，或转存所在行处之活期存款，注明"国币"及"由其行处某科目转来"。均自转存之日起，照转存数目按每星期百分之五、至多壹百五拾元支付法币。到期之本息如系"法币""划头""汇划"，分别照付原币。已作押之定存，到期除归还押款本息外，余额照上列各项办理。未到期之国币定存，可按对折押款，至多以法币壹千元为度。

乙、活期　除休业前三日到期之票据作未收归外（如证明已经收归者可不除），其余额如系"国币"未逾叁百元者，或利息系属"国币""法币"者，均照付法币。余额如系"国币"超过叁百元者，照八月十六日之余额，自十七日起，按每星期百分之五、至多壹百五拾元支付法币。如因账簿未经带到，对于支票各户照休业前一日之余额，自休业之日起，按每星期百分之五、至多壹百五拾元支付法币。余额及

---

① 此稿系先生主持下以浙江兴业银行总办名义发出。原稿上有先生多处铅笔或毛笔补正之处。——编者

利息如系"法币""划头""汇划",分别照付原币。

丙、加存　各种存款均可继续加存。

丁、挂失　单据、印鉴全无或缺一者,照挂失手续办理。在此非常时期,单据、印鉴遗失甚多,为保障存户利益起见,对于保人务须特别慎重办理。

戊、还欠　欠款随时可还,另出收据或在押品收条上批注。将来再凭以掉(调)换押品及借款证书。

(二)其他各行处遇有顾客要求,代收已经办理收付战区行处之存款本息者,照代收款项手续办理,不得先行代付。

(三)战区行处之账簿或余额表及印鉴,已迁至他处暂避者,俟可以办理收付时,再照上列各项办法办理。

(四)战区行处之账簿或余额表及印鉴未带出者,俟带出后再办。已灭失者由总行提交沪银公会,汇呈财部核定一致办法处理。如有归还欠款者,可照上列戊项还欠手续办理。

(底稿,上档 Q268—1—589)

浙兴总办致杭州分行"杭稽密二号"函

(1937 年 9 月 13 日)

接稽密四号,各函已悉。承示迁避种种困难,确系实情。惟时局变化莫测,不得不未雨绸缪。兹拟就办法两项如下:甲、各行一致停业时,所有行员避往花坞或南山一带暂住。库存及簿据仍藏本行地库,或移存较为坚固之蒋赓声处住宅地库。至本行与蒋宅地库及地库上房屋之建筑,究以何者为坚固,请贵项襄理至天竺,邀同缪凯伯工程司详商决定。乙、各行一致停业时,所有行员、库存、簿据,均迁避徽州，或严州，或衢州。究以何处为便，请尊处察看明白情形酌定。倘迁避徽州，须事前与赵龙山君商妥，预留车辆。至携带账簿只要每户抽出最后两三页，其余可留存地库。以上两项办法请择定一种见示。又墅处放款已大部收回，似可先行归并在尊处支付存款，并希酌定示复为盼。

叶景葵　蒋抑卮
（底稿，上档 Q268—1—589）

浙江兴业银行全行紧缩开支办法[①]

（1937 年 10 月 8 日）

本年十月八日董事会议，佥以国难时期营业停顿，开支不能减少，难以维持。为同人生计着想，所有减薪及取消年资薪水等政策，本行不拟仿行。惟有数事应行裁减，以节开支。爰议决如下，特以录奉台洽照办。

议决一　廿六年十一月一日起裁减开支如下：一、董事、监察人公费、食费、车费均停支；一、员生伙食津贴、住宿津贴停支。办事人员由行供给午膳；练习生住行者仍由行供给三餐一宿。一、行员车费及贴付汽油费暨人力车费一律停支。行用人坐汽车，总行裁两辆，留两辆。一供总经理之用，一公用。余各分支行备有汽车者，一律裁撤。

议决二　廿六年十一月一日起，照议决一施行停止食宿费后，定

---

① 此件为1937年10月8日由先生主持下浙兴董事会名义所作决议，以"总办通字六号函"通告各分支行。——编者

临时津贴办法如下,亦自廿六年十一月一日起施行。一、薪水六十元以下者,月给临时津贴六元;一、薪水四十元以下者,月给临时津贴八元;一、薪水二十元以下者,月给临时津贴十元。

以上议决案请查照连同所属一体施行。至杂费、水电各费,并希竭力节减,仍将遵办情形报处查考。

(油印件,上档 Q268—1—63)

在一九三八年浙江兴业银行股东大会中报告

(1938 年 3 月 6 日)

自卢沟桥事变起,演变到"八一三"沪战爆发以后,我们现在集会之地点,变成恐怖世界。我全国为自卫、生存而战,经过三个月之支撑,三十万健儿之壮烈牺牲,不幸金山卫失守,全线动摇,真可谓"千金之隄,溃于一蚁"。现在战区愈演愈广,《左氏传》云:"疆场之事,一彼一此,何常之有?"故最后胜利,不能说十分有把握,亦不能说一定做不到,我们只有馨香祷祝。今日到会股东,均悉患难与共之人。尚有无数股东散在各处,其所受患难恐有甚于我们者。邮电与交通,到处阻碍,无从慰问,想到会诸君定有无穷感慨。

廿六年份上半届经济情形,承廿五年份下半届顺调好转之趋势,续有进展。新货币政策异常稳定,农产丰收,物价平定,海关输出输入均较上年同期激增,入超则见减少。金融业亦著著顺手。证以本行上半届之业务,存款增加甚速,放款门路甚多。存放两项,旧户活泼,新户涌至,处处有乐观气象。凡与本行债权有关之工厂,如武昌第一纺织公司,于廿五年十一月由复兴公司租赁开工,适值纱价步涨,大获赢利,在廿六年份全年获利二百三十余万元中,上半届占一百万元。上海杨树浦恒丰纱厂,于廿五年十月由中棉公司承租开工,至廿六年六月底止,获利一百二十万元。三友实业社、杭州棉织厂,廿六年上半届亦甚获利,合同展期,厂基押款减少。汉口五丰面粉厂、太平洋肥皂公司,上半届经营成绩亦甚满意,放款进出活泼。上海华丰搪瓷厂、灵宝机器打包厂,上半届均有赢余,透支押款数目减少。即在廿五年以前经营不利之工厂,如郑州豫丰纱厂、上海天章造纸厂之类,均积欠我行巨款,上半届均已将本息收回,合同结束。非市面蒸蒸日上,断难如此顺手。

自从卢沟桥一炮,顿然将全市乐观气氛取销,但外交和平之门未闭,政府虽有抗战之准备,并未重大决议。全市商人均趋向和平,尤其是金融业,认为揆情度理,两国为百年大计,应有和平方法,可以化险为夷。其时讹言繁兴,市面紧张,商界仍将信将疑。不料八月十三日上午十时,突奉财政部命令,银钱业休业两日。一方面得报前线业已开火,于是全市和平之民众,顿现恐慌紊乱之空气。十五日星期日,又奉财政部命令颁布《非常时期安定金融办法》,同业乃于十六日一律开市。总行于是紧急会议,筹备布置一切。其大要:(一)遵照部令应付存户,凡存户有特别需要者,务于不抵触部令之范围内尽量援助。(二)竭力收回放款,而凡各往来户之进出活泼、交谊深厚者,仍酌量通融。(三)集中各分支行庄之准备,使各地有无相通,互相救济,以防汇兑之阻碍。(四)联络各同业,互相援助,以防战事之扩大与延长。(五)虹口、北苏州路两支行于八月十七日移至总行办事。至八月廿七日,总行各处、部均迁亚尔培路六十九号成立临时办事处,至十一月十五日始迁回原址。

以上所述,不过寥寥百余字,但本行重员当此紧急关头,实已心力俱瘁。鄙人因悼亡,居山养疴,未能到沪患难相共,至今犹觉歉然。

当时社会情形,在猛烈飞机重炮之下,恐慌已达极点。有取出存款,存入保险箱者;到期之定期存款,多数转入活期;平常勤俭储蓄之人，往往支取多数法币，以备逃难之用。各同业之存款激减，已成普遍现象。兹将本行廿六年底各项存款结余额，与廿五年底比较如下：廿六年底各项存款结余额，计营业部定存较上年减二二九二七〇一元零，活存增一九三六三一〇元零；储蓄部定存增六二四五六三元零，活存减一四二四五五六元零；信托部定存减二一七二七一元零，活存减二九一七六四元零。增减相抵，全行存款共减一六六五四二〇元零。再将放款比较如下：廿六年底全行营业、储蓄、信托三部放款结余总额与上年比较，计抵押放款减三一八四八四七元零，抵押透支减一二一三八四五元零，押汇减七五一四一一元零，贴现增三八八二元零，往来透支增八四三七八二元零，定期放款减八二一一五元零。增减相抵，全行放款共减四三八四五五五元零。照上列数目字观察，存款减少一百六十六万元，放款减少四百三十八万元，足证本行厚集准备，应付非常，当时煞费心力。

本行分支行庄仓库散处各地，除平津两处相继沦陷，为政府势力所不及，当密令该分支行苦心应付，随时与总行密切联络外，先将青岛支行、仓库于十月十六日裁撤，酌留人员办理结束，公告存欠各户到行接洽，至十一月中旬办理完竣，得当地市政府之允许，安全撤回。又将灵宝分理处收束，于九月十七日宣告对外停止营业，仅留本行债权有关之中华机器打包厂，令分理处主任驻厂经理。又令杭州分行准备撤退，在徽州、严州、衢州三处择定地点，作为临时营业所。不料杭州全市恐慌过甚，于十一月十六日由银行公会议决，所有商业银行于次日停业。总行于十九日接到电报，不以为然，即与浙江实业银行会同电致杭行，令其复业。又于十二月六日，由总行特派妥员赴杭协助。经数度协商之下，本定十二月廿一日与浙江实业银行一同复业，暂由后门进出。不料是月十六日奉到黄主席密令，嘱令退出。不得已将重要各件运至总行，于廿七年一月五日对外通告由总行代理收付。杭行附属之湖墅分理处亦于十七日休业，惟湖墅仓库因出货关系，尚照旧办理。杭行附属之吴兴分理处于十一月十八日休业。此两处均已沦入战区，至今情形不明。南京分行由总行密令以汉口为退步，乃与各同业联络筹备，预雇外轮，为运送要件及行员之用。至十一月廿六日，奉到最高当局允准，始与各同业一齐退出，集中汉口，先在汉行办理收付，于廿七年一月间，将全部行员送回总行，于一月廿四日对外通告，由总行代理收付。总行附属之无锡支行及苏州分理处、常熟分理处，总行以京沪不通亦令集中汉口。锡行于十一月十三日与各同业一致退出。其时交通工具都作军用，勉强雇得一船，行员十人每人只携包裹一个，重要契据图章皆随身携带。预备船被征用，即上岸步行，行至镇江，搭坐轮船安全抵汉。先在汉行办理收付，随后与南京分行人员结伴同回总行。惟苏、常两分理处，本令撤至锡行一同迁汉，乃苏处行员与上海银行合坐一船，赶至无锡，而锡行已于先一日撤退。苏处主任与收支赶至镇江，不见锡行人员，只得搭轮赴汉。苏处会计及助员一人，在船保管行款及账册图章，行至吴兴夹浦镇遇盗搜劫，失去行款一万数千元，私人物件多数被劫，惟账册图章，由会计间关跋涉，辛苦保存，至今尚在安全地带。该会计及助员一人亦已回至总行。常熟主任及会计助员二人未离该地，所租行屋业已炸毁，该处库存早已并入锡行，每日传票亦逐日寄至锡行，重要图章由该主任等随身携带，伏处乡村，艰难困苦，始终保存，现已回至总行。所有无锡、苏州、常熟各行处，均于廿七年一月间陆续对外通告由总行代理收付。郑州支行及汉口附属之驻马店寄庄，总行先后令其收束。郑行于十一月廿五日对外通告停止营业，驻庄亦于同日撤回汉口。总行附属之新浦分理处，令其同蚌埠分理处约同进退，亦以汉口为终点。该处主任因营业关系，至今尚在坚守中。总行续令于不得已时赴乡间暂避，目下尚未沦入战地。但音信稀少，殊可悬念。昨夜始闻淮北运使尚未离所，该处公路已坏，已雇得小船预备紧急时与各银行职员一同退出，希望其安全脱险。南京分行附属之蚌埠分理处，本定十二月十六日休业，迁至河南省之固始。因处主任顾念仓库押款尚值十万元，不肯远离，乃与同事数人避至就近之阜阳县孙家埠暂居，预备炮火停时回去察视仓库。总行令其退至固始、潢川一带，与信阳寄庄联络，一同退至汉口。至今未知行抵何处，而蚌埠已入双方鏖战之范围。汉行附属之信阳寄庄，因有盐押款关系，再有一个月可望完全结束，该庄办事员尚在艰难奋斗中。汉行已令于必要时撤至汉口或信阳以西之地点。此本行对于浙、苏、皖、豫四省各分支行庄分期收束之大概情形也。

自大场失守以后，深知京沪、沪杭两线不易支持，万一上海沦陷，将于京汉隔成两撅。其时政府当局有令各同业将总行迁至南京之议。政府四行内定名义上迁南京，事实上迁汉口。商业银行虽不必定与政府四行一致，但恐届时限于功令，不能不未雨绸缪。经董事会议决，令鄙人先至汉口筹备。鄙人正居莫干山，遵于十月廿一日取道湖州、广德、宣城、芜湖乘船至汉。其时沪西正在鏖战，武汉平靖无事。鄙人乃于十一月十日前往南京，探听前方消息。不料十二日甫抵南京，即闻前线动摇、苏锡吃紧之报，乃于十四日折回汉口。目睹政府各机关纷纷西迁，下游避难民众填街塞巷，而我京、锡、苏、常、郑、驻各分支行庄同事，亦先后跟踵而至。其时避难民众中，有总行及京、锡、苏、常各处存户，大都资斧不继，即由汉行及京、锡各行之原经手人员分头应付，务令于遵守部定办法范围内酌量通融，以解存户之紧急需要。而各存户中，又有迁往重庆、长沙等处者，均以本行分设支行为必要。总行本有调查川、湘发展营业之计划，乃乘此时机，创设重庆支行、长沙支行。除总行原派调查人员外，其余即选京、锡各行撤回之人员，就近前往，积极布置，已于廿七年一月间先后开业。既有重庆，必需兼顾成都，已决定成立成都分理处，正在调查研究中。长沙物产丰富，南通两粤，地居西南要冲，决定分设常德寄庄，以顾湘西；分设衡阳寄庄，以顾湘南。亦选各行处撤回人员前往布置。组织务求简单,以期节省费用,均于廿七年一月间先后开业。至各行处撤回汉口人员,除派往川湘及留汉行任用外,均经先后送回总行。鄙人亦于廿七年一月廿三日取道香港,回至总行。汉行地位重要,鄙人在彼曾遇空袭五次。汉行地址系在特区以外,万一战事波及,不能不先事隄防。鄙人在汉时,已商定由汉行经理与各商业银行密切联络。大约各家宗旨及重要商业领袖之表示,皆以效死勿去为原则。至临时应付方法,已在法租界吕钦使街租有临时房屋,备于必要时迁至该处,成立临时办事处。至于重要契据、历年账册,及仓库内押款货物,均已存入安全地带。每日库存亦格外注意,务以减少危险为主。此本行对于汉口分行,以及川湘两省新设行庄筹划布置之大概情形也。

以上报告,前后分为两截,有阳舒阴惨之不同。上半届完全乐观,仿佛如春生夏长,蓬蓬勃勃。下半届顿然悲观,有秋冬肃杀气象。鄙人旅汉时,正值南京失守,后方震动。道路传闻对于军实之窳败,军纪之纷乱,官方之不饬,正论之不伸,未尝不十分悲观。但目睹各方面青年奋斗情形,则又有乐观之理由。上文所述三十万健儿同心效命,视死如归,固为青史上不可磨灭之光耀!其他如各处铁路员工,尤其是粤汉、广九两路,在飞机轰炸下随毁随修,随修随运,几有鬼神不测之妙!如各处邮政员工,在火线以内负责输送,艰难困苦,步伐整齐,其服务与军队无异!如政府所属各工厂员工,由南京、杭州、孝义、南昌等处撤退经过汉口者,距现在所谓安全地带,相去远者数千里,近者亦一千里,一头破坏,一头建设,敏捷而有秩序,出于意料之外!又如各校求学之中、大学生,有至重庆者,有至长沙者,有徒步至桂林及昆明者,有结伴至临汾或肤施①者,劝以东归,则掉头不顾。此等精神,深可敬佩!请再证以本行之事实!本行创办三十年,至少有二十年光阴在内战之中度日,现又演成国际战争。焚杀抢掠

---

① 即延安。——编者

之惨最甚者，为江浙两省之心脏，皆本行多年托命之地，一旦彻底破坏，焉得不悲观？但如上文所述，自战事起后，无论战区以内或战区以外，我全行大小员生，大都各尽其责，其最优秀者，卓然有临难不苟之气概！个人之父母妻子可以不顾，而行务始终不懈；个人之生命财产可以牺牲，而行产则丝毫无损。"疾风知劲草，板荡识诚臣。"于兹益信！现在可以断言：本行前途之发扬光大，其希望不在头童齿豁之董监事，而在此辈活泼勇敢、公而忘私之青年！鄙人所引为乐观者在此！在座股东皆此辈青年之保姆，谅不河汉予言！

（《兴业邮乘》，第74期）

本行第三次补充安定金融办法[①]

（1938年5月19日）

一、利息无论存款放款，分别法币与汇划两种计算，国币划头均作法币计息。

二、廿七年上届活期之存款放款，一户内夹有汇划收付者，照下列各项计息：

1. 先照账上余额计算净息，滚入账内。

2. 再将进出较少之一种，及其滚至上次结息日止之余额，用往来计息账单摘出，另行计算净息。

3. 以账簿内之净息，减去账单上之净息，即为进出较多一种之净息。如账簿内之净息与账单上之净息存欠互异时，彼此相加，即为进出较多一种之净息。

---

① 此件由先生核定，以打印件形式分送浙兴各分支行。——编者

4. 上列 2、3 两种净息分别转账，注明法币或汇划。

5. 所得税按法币及汇划净息，分别计算扣除。

三、活期之存款放款，一户内夹有汇划收付者，将滚至五月底，余额内之划款不制传票转出，于账内摘要栏注明"转入汇划页"，仍用原账号领页登记，于账头注明"汇划"，摘要栏注明"由国币法币汇头页转来"。自六月一日起，不论新开或旧户，均将国币法币划头各款分别注明并记一页，汇划款另页登记，以后分页计息，对外单据均仍作为一户照旧办理。

四、国币定期存款之利息加入本款转期者，注明"由某科目转来，内利息若干"。如另交法币凑成整数者，并于其下加注"法币若干"。

(打印件，上档 Q268—1—129)

征集徐新六先生纪念金启事[①]

(1938 年 8 月)

敝行总经理徐新六先生罹难后，在沪中西友好发起征集纪念金，备充奖学及公益基金之用。俟募得成数即专组委员会，决定纪念方法，并委托敝总行收款。兹特登报通告。如平津两地友好有赞助此

---

① 此启事为先生手迹。同年 8 月 30 日起，上海各报刊登由虞洽卿、张菊生、何德奎、李馥荪四位先生领衔的《为徐新六先生募集纪念金启事》，兹录如下："徐新六先生服务社会二十余年，对于社会之贡献，不胜枚举。此次不幸遇难，无论识与不识，同深哀悼。同人等忝列至交，兹特发起募集公益基金，为新六先生留一永久纪念，一俟募得成效，即当专组委员会，决定纪念方法。同时太古洋行总经理米恰尔君，亦已在西文报纸作同样发起，上海字林西报馆并自动愿代经收款项，足见先生之学问道德、事业功绩，中外同钦。友邦人士其热心如此，况在国人！捐款者请将款项径送上海江西路四〇六号浙江兴业银行或上海外滩十七号字林西报馆。捐款人姓名及数额，当随时在上海中西报端披露。收款时期，拟于本年十月底截止。凡属先生生前知好，当荷赞同。无任翘企。"——编者

举者,请将款项送交平津敝分行,当给临时收据为凭,汇寄总行,此启。

浙江兴业银行谨启。

武汉长沙各地　汉口敝分行或长沙支行;

成渝各地　重庆敝支行;

港埠　敝行办事处。港、汉、渝照此稿改数字。

登报费另账登记,可在收款内开支。

(手稿,上档 Q268—1—583)

本行同人公祭徐新六总经理祭文①

(1938 年 9 月 24 日)

中华民国二十有七年九月廿四日,浙江兴业银行董事、监察人暨总分支行全体同人,敬以清酌庶羞,致祭于故总经理徐新六先生之灵。惟公在行十有八年,胡一朝之蹉跌,遽委命于黄泉?群众啜泣,以思慕同志,号呼而问天谓:天道其有知兮,胡黄钟独毁而瓦釜依然?谓公论其无凭兮,胡知与不知,闻噩耗而潸焉。惟公之德,易直子谅;惟公之学,粹美闳深;惟公之才,卓越侪辈;惟公之绩,誉满重瀛。抱禹稷之饥溺,不怀私而自营。与人无忤兮与物无争,胡厥施未竟而大命俄顷?断我股肱,摧我肝脾。干部失其梁栋,青年丧其导师。呜呼哀已!公有恒言:民为国本,倘国魂之不振兮,民业昌而终陨。矧吾业之关系于社会,如一环之不可分。吾与吾友合作以并进,非舍己而芸人。有利于彼,即利于己;有损于国,即损于行。捐个人

---

① 原题《本行同人祭文》。——编者

之逸乐,图众业之蕃昌;苟国基之克巩,虽九死其何伤？孔曰"成仁",孟曰"取义"。公之精神,庶几无愧！千载同悲,万人一泪。念后死之责之钜且艰兮,进热诚以共济,愿灵爽之式凭亘千秋兮,万岁尚飨。

(《兴业邮乘》,第 80 期)

民国二十七年浙江兴业银行营业报告书

(1939 年 2 月 26 日)

去年一年,中国完全为抗日战争所笼罩,战争之区域由华北扩大之华中而华南。人力物力之消耗及破坏,不可数计,人民颠沛流离之苦,更非笔墨所能形容,诚为我中国数千年来之大劫！

自前年南京退出以后,中国军队严格整理,愈战愈勇,乃有台儿庄之胜利。但不久徐州沦陷,幸日军进攻以黄河之决口而被阻。嗣后当长江军事极紧之际,日军在大鹏湾登陆,不两旬,广州失陷,继之武汉亦告不守。虽粤汉南北段至今仍未打通,而战局形势业已剧变。最近汪精卫通电主张和平,全国一致反应,和平之空气终不敌抗战精神之浓厚。

当此时期,东亚时局如此急变,欧美列强在华之权益尽被摧残,但对华之援助几仅限于道义。最近英美借款成功,始略开积极援助之端。夫欧美之所以不能顾及东亚者,欧洲多事实为重要原因之一。查自德意日轴心成立以来,德乘并奥之余威,进而夺取苏台德区。欧洲局面至此乃剑拔弩张,有一触即发之势。幸经英相张伯伦几度之折冲,遂有慕业克①四强协定之成立,战事始得避免。但世界各国竞

---

① 今译慕尼黑。——编者

争军备,旧案未决,新案又起,集团对立之形势已成,欧洲局面仍在动荡不定中。

在此情形之下,中国之工商实业无不直接受国内外军事政治变迁之支配,而以金融为尤甚。

查中国法币之外汇价格,自抗战以来始终稳定。不幸自三月间华北"联合准备银行"正式营业,发行钞票,限期收回法币,华北之金融乃大起骚动。自此沪津汇率上落极钜。财部为防止非法套取外汇起见,实行统制。凡欲照法定汇价一先令二便士半购买外汇者,须先呈请中央银行核准,方得照购。最初统制尚宽,俟后逐渐加严,核准申请之数目日益减少。法币之外汇价格,乃随供求之关系而上落,经数度之猛跌回涨,趋势方渐告稳定,徘徊于八九便士之间。

同时财政部为防止资金逃避计,对于国际贸易加以统制。出口大宗货物,有照官价结售外汇之规定;由内地向外汇款,亦严加限制;出口旅客携带法币,以二百元为最高额度,遂致内汇率亦时有上落。对于黄金亦颁布《银楼业收兑金类办法》,实行统制。

再上海自实行安定金融办法以来,汇划对法币之价格,逐渐贬落至每千元贴水七十元之钜。六月间乃由当局规定价格,归票据交易所无限制的贴卖,汇划之价值遂稍稳定。

回观一年来之金融,虽受战争影响时有波动,但大致尚称平稳。国家四行在各地组织贴放委员会,调剂市面,并添设分支行,以应战时之需要。法币发行之额增加虽巨,尚无急性膨胀之现象。关税虽大都被扣,其他大宗税源如盐税、统税等,亦无不激减。但国内外公债到期本息,除极少数略有变更外,均由政府按期垫付,国家信用卓然树立,而金融乃得赖以稳定焉。

至各地之一般经济情形,因受战争之影响不同而各异其趣。

向称中国经济枢纽之上海,虽自战争发生以来,受长江封锁及虹口不开放等之影响,贸易减缩,但租界区域以内反有畸形之繁荣。沦陷区域避难来沪者日众,消费随之增加,百业咸受其益,欣欣向荣。又以内地工厂多被破坏,或以政治关系不能开工,兼之物价飞涨,尤以国货产品,因抵制日货价格更涨。偏安于租界之工厂均盈利百倍。于是新建者乃风起云涌,盛极一时。俟后广州失陷,销路停滞,纱布等价格回跌,但仍属有利可图。久已沉寂之地产交易,现亦渐形活动,而沪西及小块地产需要尤殷。

至西南及西北各省,以政府之内迁,人民之移殖及工厂之迁设,日趋繁荣。而交通之推进,尤以新国际路线之建设,影响该区尤巨。如政府与人民能继续通力合作,将来发展之希望固甚大焉。

华北华中之沦陷区域,完全受日军之支配,复与游击区域犬牙相错,工商事业尚在停顿状态中,复兴尚有待于战事之结束也。

夫军事政治及经济之变迁如此之钜,而其来势之骤又如急流猛水,我行营业之困难,谅亦为诸公所洞鉴。兹将业务情形分别陈之。

关于放款,在沦陷区域之押品大都经设法运出,会同押主清理;不动产则极力设法保管,以免破坏。与我行有关之三友实业社存货被搬一空,已由日人开工出货。恒丰纱厂则一部厂房被毁,故两厂间接直接损失颇钜,但幸而厂房机器大致完整,一俟时局平静,复业尚易,较之其他沦陷区域之各工厂,尚胜一筹。惟汉口之第一纱厂,自一月至八月营业顺利,盈余至三百九十余万之钜。九月起停工,由英商安利洋行以债权人之资格派员管理,毫无毁坏。其他如太平洋肥皂及五丰面粉厂等,盈余均丰,欠款陆续清讫。一部分之工厂放款,从前视为略有呆性者,反因战争而活动,不可谓非大幸事也。

以上海地产之活动,从前地产押款稍有呆滞者,今则颇多赎清。本行自置地产,亦酌量情形分别出租或善价出售,尚称顺利。信托部之其他业务亦有进步。

对于新放款,我行仍酌量各地情形分别揽做。去年初上海各同业均收缩放款,利率步涨,总行乃乘此机会,在租界范围内揽做工厂货物押款，如花、纱、丝茧等类得占一先着，进行尚属顺利。各撤退行处庄等，除江浙两省区域外，尤能于期前将放款悉数收回，未蒙损失，亦堪为诸股东告慰者也。

关于存款，我行始终认定以顾客利益为前提。凡江浙各分支行处，均在总行照常收付，为同业倡。存款总额并不受时局之影响，仍激增不已，尤以上海及重庆两处增加尤速，创我行成立以来最高之记录。查前年存款总额为八千一百五十九万九千七百三十四元，去年上届为八千九百十七万九千八百五十四元，而下届竟增至一万零八百八十五万五千四百八十五元，较上年同期增二千七百二十五万五千五百五十一元。但存款性质趋势，以活期较定期为多。故本行准备比率，亦较从前为高。

至本行开支仍力求节省。去年全年为一百零七万一千二百七十三元，较前年减八万七千八百四十四元，但尚包括向来所无之两项特别开支在内，否则开支节省将约达二十五万元。

第一项之特别开支，由于同事之食宿津贴以时值非常，盈余困难，未克提前恢复，而生活程度飞涨，去年又无红利可分，不得不酌量调剂。故董事会议决，年终多发薪水两月，总数将近七万元。

第二项之特别开支，为数更钜，亦为本行最不幸者，即徐总经理新六因公赴渝，途中惨遭不测，为社会及我行不可弥补之损失。徐公在我行服务十八年，忠勤廉洁，身后萧条，本行董事会援照《人事规程》酬恤金第十四条"直接因公死于非命者，得给特别酬恤金"之规定，全体通过赠予徐公家属十万元，并议决总经理职务，由董事长暂行兼代。

再分支行处以战事关系，略有增减迁并。汉行于战前在法租界租屋一所，以备必要之用，去年六月成立分理处，九月间即将汉行迁移该处，照常营业。石灰窑分理处及信阳寄庄，亦并入该处。长沙支行及衡阳寄庄，则于汉口陷落后，退桂林而重庆。常德寄庄暂退安乡，俟交通无阻，亦令并入重庆。又本行以在华南方面并无分支行处,战事发生后益感不便。故于七月间派员常驻香港,藉以联络迁港之各机关及鄂、湘、川等处之用。嗣以武汉、广州相继失守,已无需要,遂于年终撤销,以节开支。

在座诸公观于过去一年之报告,虽时局如斯,然本行业务仍日臻茂达。故以战事关系,损失难免,致未能分派红利,但去年业务情形已远胜前年下届。今年业务当秉本行向来之稳健政策,孜孜不息,以求发展。一俟时局平定,各撤退分支行处仍当分别酌量情形,陆续恢复,以酬诸公付托之盛意。

(《兴业邮乘》,第85期)

《邮乘》第一百号题辞

(1940年5月30日)

《邮乘》发行已满一百号。就著书体例言,一号即是一卷。私家著述一百卷,甚不容易。若谓汇集多人著作而成,应比诸总集,一百卷亦不为少。至近代定期刊物,能出至一百期而无变动者,尤寥寥可数。故本刊虽为本行同人交换智识之工具,但在社会刊物中,本刊估价,已在中上之列,此固无庸谦让。

综观全体文字,说事理者多,空言较少;摅心得者多,剽袭者少;尤可喜者,大都和平商榷之作,绝无意气凌厉之文,此可征投稿同人于修养方面,均有工夫,是即我行全体同人风气纯良之表见。

凡人德慧术知,时时演变。投稿者复阅昔年作品,或视为陈腐之见,即可以新思想再发表论文;或以为平生怀抱,不可动摇,重理旧作,更可以坚一己之信念。倘无本刊,则过眼云烟,易归幻灭,故本刊之功效,利于一群,亦利于小己。

同人平日服务辛劳，至休息日即有家事、酬应及正当娱乐，纷至沓来，能在百忙中继续投稿，是其服务公益之诚心，极当钦佩。我想每号将付印时，编辑人或苦材料不足，分向同志请求佳文，倘应者寥寥，不免现艰窘之态，此固意中事。能自一号至一百号，均得丰富之材料，引人入胜，令览者无倦容；此固同人合作之力，而编辑人之毅力恒心，尤当致敬。

凡事贵步步改良，不可自满，不可自逸。杨石湖先生任编辑时，将世界外交军事大势，编成简短论文，附以地图，插入本刊，使同人增进世界常识，可谓法良意美。石湖出国，本刊即无此类作品。现在世界风云，惊天动地，在在与我国金融地位发生影响，是宜继续征求此类论文，载入本刊，以广知识。

圣贤格言，往往一二语可为终身药石。我国古书，于世界知识固然落后，但如修己之要，知人之术，以及仁民爱物之方，则如日月经天，江河行地，亘古不可磨灭。又如朋友一伦，善者可以为法，恶者可以为戒，史册中前例极多，宜特辟一栏，以简显浅之文，择尤登载，藉作同人座右铭。

我希望本刊满二百号时，世界之恶战已结束，中国之大局已澄清，我行之声誉有一日千里之势！　　　　廿九年五月三十日

（《兴业邮乘》，第100期，1940年6月9日）

蒋君抑卮家传

(1940年12月中下旬)

君讳鸿林，谱名玉林，字一枝，又字抑卮。先世自诸暨分支迁蒋家坳；再分支迁赏祊。高祖殿选公迁杭州积善坊巷，设酒肆。曾祖瑞

麟公,祖德山公,世其业。父海筹公,渡江避洪杨兵事,事定,檏被回杭,为缫丝业与织绸业作媒介,勤俭居积,遂设肆营业于积善坊巷,即世所称蒋广昌绸庄者也。配杨氏,生子锦洲;继配余氏,生君。海筹公夙兴夜寐,处理业务;锦洲副之,奔走于外埠,南达闽广,北及辽沈,信用蔚起,营业繁盛。锦洲无暇读书,乃令君出就名师习举子业。君以商籍应童子试,补钱塘县学生员;又以公报效赈捐,得奖分补郎中,签分民政部。君厌弃帖括,性又不喜为官,乃锐意学问,喜读深奥繁杂之古籍及清儒声音训诂书,从章君太炎,服膺所著书曰《文始》,于文字孳乳与后世音读之演变,能举其大凡。光绪甲辰、乙巳间,游学日本,交游寖广,遇资斧不继者,喜欤助之,尤与周君树人投契。惜因耳病未克竟学。愤国势之陵夷,研究彼国资本主义之所以勃发,知金融与实业关系至密。会江浙铁路拒款事起,即回国佐汤蛰仙先生创立浙江商办铁路公司,招股将近千万,以为非办理银行不足以资周转,乃与同里绅富创立浙江兴业银行,由铁路公司认资本之半为公股,余招商股。群情疑沮,君乃首创垫款之议,遂于光绪三十二年成立,设总行于杭州,次年设分行于上海、汉口,当选为董事。至宣统之季,杭沪铁路已通,用款日繁,银行又享有发行权。革命猝发,总分行支应存款与兑现,骤感竭蹶,几濒于危,赖君百方救援,出私财以济急,风潮始平。入民国后,君以为现行制度散漫无纪,谋革新之。其时正拟收回铁路公股,完全商办,乃草定章程,迁总行于上海,改为总办事处制,行之十余年,后虽逐渐蜕变,而大纲莫能越其范围。洪宪之役,政府限令中、交停兑,举国震骇,百业停滞,中国银行当局博征众议,君为代谋复兴之策,切中窾要。民国初,浙江地方实业银行官商股争议分析,君亦设计调停,识者称之。君之智略过人如此。君性孝友,海筹公居家约而治事严,君能计画裨益之,有不当老人之意者,必委曲将顺,无敢拂逆。父没,奉余太夫人就养,有所需,必敬诺无违命。锦洲早逝,君抚其子若孙,与已之所出,合塾以教,就傅时遣入各学校,并于家分别延师补课,不稍惜费。凡毕业者,择尤资遣游学,使各就专门深造。君善读书,亦喜聚书,所藏约五万册,遗命捐赠合众图书馆,并捐助基金五万元。海筹公本有在蒋家坳独办小学之意,君遗命遵行之;并命于赏祊办医院,除海筹公预定基金外,再捐助小学校基金五万元。君之克敦内行,而孜孜教育文化事业,至死不倦,为晚近所难能也。民国廿九年秋,忽染伤寒症甚危,治稍愈,又患肠穿症,成腹膜炎,施手术无效,延至十一月十八日,即庚辰年十月十九日逝世。君生于光绪元年五月十四日,享年六十六岁。元配孔氏,生子三:世俊、世逊、世适;女一:童祁。侧室潘氏无出。次华氏生子二:世显、世承;女五:思壹、思徽、思贞、思善、思安。次戴氏无出。孙男女共十九人。光绪三十三年,余与君相识于汉口,次年浙江兴业银行聘余为汉行经理,又一年当选为董事①,由是一室共事,晨夕商榷者至今三十余年。先后开拓分支行,岁时巡察,往往舟车共载,遇有疑难之事,反复研求。君心思锐敏而又精于钩稽,颇能补余之短;即有异同争辩,彼此不敢苟阿,而其终必归于一是,互相推服。近年君多病,始患胃溃疡,后因蹉跌伤外髀骨,呻楚经年,神态消瘦;今春以后稍强健,不料竟以伤寒症辞世。临危前数日,执余手以家传相托,唯唯不敢辞。余虽不文,而知君之深固莫余若,谨次平日所见闻,以质实之言,贡诸当世,藉备史官之采择,所以报故人之托,自信无溢美之辞焉。

愚弟叶景葵顿首拜撰②

(《蒋君抑卮家传》小册子;《叶景葵杂著》,第284~286页)

---

① 此处年份有误。先生首任浙兴董事乃是民国元年(1912年)。1940年12月29日《在蒋抑卮先生追悼会上演辞》纠正之。——编者
② 《叶景葵杂著》收录此文时,署名被删。《蒋君抑卮家传》当即由浙江兴业银行印成小册子。先生为卷首蒋抑卮像题辞:"蒋抑卮先生遗像 叶景葵敬题。"(原书)——编者

在蒋抑卮先生追悼会上演辞

(1940年12月29日)

今日追悼本行创办人、历任常务董事蒋抑卮先生。因先生遗命不发赴,不开吊,故未敢通知各界,仅限于本行同人行简单之追悼仪式,而不期而会者已有来宾数人,此等同情心值得纪念。

抑卮先生之事迹,俱见景葵所作先生家传。景葵不文,原不克当作传之任,而先生弥留时殷殷敦嘱,复以景葵与先生交谊之深,相处之久,见闻较详,乃勉为之。惟以事起仓猝,未及查阅案卷,凭记忆为之,挂漏恐所不免。如该传第三页末:"光绪三十三年,余与君相识于汉口,次年,浙江兴业银行聘余为汉行总理,又一年,当选为董事"云云。兹查景葵之当选为本行董事,实非宣统元年,而为民国元年。诸如此类,统待改正,方可作为定本。

光绪三十三年,景葵识抑卮先生于汉口,时先生之伟大事业,已肇其端。其一,为光绪三十年成立之浙江商办铁路公司;其一,即光绪三十二年成立于杭州之浙江兴业银行。兹再就家传所不及,而荦荦著称者,略述于后。

浙江商办铁路公司之发起建立,由于中英银公司之揽造沪杭甬铁路。是时江浙人士群起反对,浙人推汤蛰仙先生为首领,筹集股款,一呼而集者三百万元。即推汤先生为总理,又推素有信用之资本家刘澂如先生为协理,股本由三百万元增至五百万元。至光绪三十二年,复增至七百万元,均存放钱庄。初按拆息计算,后改二厘,钱庄以数额过钜,并二厘亦不胜负担,于是有不应计息之要求。游学日本之浙江人士,咸以为既有铁路,应有银行以便周转。景葵当时接阅留日学生之意见书,内即有蒋鸿林三字。银行既决筹设,经铁路董事会决议,其股本之半五十万元,由铁路公司认拨,其余半数招认商股,定是年重九日开幕。先于八月下旬再开铁路董事会议,内有某董事系钱业泰斗,提议所有商股五十万元应先行认足,方得拨款。一时群相惊愕,以为难决。而抑卮先生独以为,对外信用,关系至钜,遂发起联合资本家数人先行垫付,预缴四分之一,事乃得济。缘当时银行事业尚不为人知。设非先生创议垫款,各同志末由集腋,本行无以奠最初之基石也。

光绪三十二年总行成立于杭州,次年分设上海,又议设汉口分行。抑卮先生联合资本家亲赴汉口,除擘划汉口分行外,复拟收办汉阳铁厂(当时固尚未有汉冶萍三字)。时该厂非官非商,内容至为窳陋。抑卮先生一面审核该厂账目,一面与厂方磋商,虽终以条件不合而未实现,而先生之企业雄心于兹可见。

光绪三十三年,汉口分行开业。翌年,胡藻青先生推举景葵为汉行经理。景葵既与本行发生关系,乃得与抑卮先生交换知识,受益宏多。宣统三年春,景葵奉度支部令署理造币厂监督;是年夏,调任大清银行监督。以官商不克兼顾,乃辞汉行经理之职,总行改聘盛竹书先生继任。

是年秋武昌起义,本行受第一次之钜大打击,赖抑卮先生不避艰险,倾囊相济,始渡难关。其事迹详见第十三号《邮乘》所载抑卮先生之口述《辛亥革命本行应变之概略》。缘当时革命爆发,人心惶急,挤兑挤提,由汉而杭,由杭而沪,情势至为严重。九月初间某一日,早六钟,信成银行及某银行要求本行同时暂行休业,抑卮先生独以为不可。然是日库存仅三万余元,而前一日计兑出钞票八万余元,付出存款二万余元,预计继续维持,所短甚钜。即开董事会集议。或谓呼吁已穷,势难冒险,抑卮先生坚持万不可停。至九(点)钟,捕房来询是否开业?如仍开业,捕房当派捕维持秩序,分批准许顾客入内,每批六人。抑卮先生毅然应可。是日提兑仅及二万余元。至下午又得接济。漫天风浪,最险之一日终得安度。苟非抑卮先生之毅力、热诚,则本行当无复有今日之盛况!此可见先生责任心之一斑。而先生口述于《邮乘》者,固功不及已也。

民元之风潮,杭行因救济汉行而被波及,沪行因救济杭行而告竭蹶。虽赖各行同人融洽无间,而抑卮先生鉴于风潮之得以安息,纯赖人力之挽救,本行之组织制度究未完密,乃议迁总行于沪,改行总办事处制度。其章程由先生在韬光竟七日之功拟草就绪,故同人每戏称为"韬光宪法"。此项章程行之十余年后虽陆续修订,而大体迄本之为原则,且其他银行多有继起仿行者,足征抑卮先生之创造精神为不可及!

自总办事处成立,抑卮先生及景葵均当选为办事董事。先生精力甚佳,每日晨九时必至,饭后四时许始离行。平日虽不经握管治文,而于重要章程及合同、文件之校订,则一字不肯忽略。稽查账目,异常精覈,其不苟且之精神,实堪效法!兹再举一事例以为证。民国十六年,国民军北伐下武汉,颁现金集中令,商市震动。汉行经理史晋生先生辛苦支拄,体力不胜,乃萌辞意。总办事处遂推抑卮先生以办事董事兼理汉行。先生于十八年四月初赴汉视事。而于莅汉一百零六天内(四月十四起七月二日止),除每日公务号信之外,复亲笔致函景葵五十六通,详叙号信所不能包括之公务及进行业务之计画,或应守秘密之事件。七月初东返,九月初回汉,又于七十九日内(九月十九起十二月八日止)亲笔来函四十九通。十八年底东返请辞兼职,景葵以汉行事务尚待整顿,复请先生回汉。十九年三月初又到汉,于四十二天之中,又亲笔来函二十六通。统计在任一年,亲笔重要报告达一百三十一通之多!时总经理为徐君新六,先生亲笔致函数亦不少。处办事董事之地位,而恪守分行经理对于总行总经理之职责,其处事之缜密认真如此。

先生既辞汉行兼职,复返沪,以后即感多病,尤以眼病、肠胃病缠累不堪，以是不能镇日到行。而病愈必每晨到行，遇重要事件在家集会研究，孜孜不倦。

先生素喜读书。留日时既因病未竟所学，归而改致力于国学。其学自汉学入手，而精于小学。能读深奥古籍，人所茫然者，先生独能提要钩玄。某年注意桐城文派，其研究之法，先广收桐城派之专集，泛滥阅之，即能言其师承传授及派别门户之不同。其研究声音[韵]训诂及清代诸家经说，亦复如是。先生略通东文，不习西文，而于译本中之近代经济学说，无不周览，而能言其优劣异同。因先生之好读善读，故藏书甚富而有系统。忆民国二十四年夏，先生与王绶珊先生及景葵均避暑莫干山，论及藏书之归束问题。景葵以为办法有二：一则捐赠浙江省立图书馆，该馆管理尚善，当可不负委托；或则合办私家图书馆，王先生所藏最多，可即以"绶珊"名馆。抑卮先生谓，二法均可酌用，并提议图书馆应有相当基金，俾垂久远。抗战起后，王先生病殁，其后人旨趣不同，无从接洽，绶珊图书馆之议无形取消，而浙江省立图书馆亦已破坏。景葵有感于此，发愿创办合众图书馆。抑卮先生异常赞同，并整理所藏，以待捐赠。不幸今秋逝世，而遗命犹有捐助图书馆基金五万元之语。先生为人之恳挚为何如！先生遗命除捐资作图书馆基金外，并命在蒋家坳办一小学校，于赏衱建一医院。忆先生生前对乡间医院之主张，尝谓当不以房屋富丽、医士时髦为目的，略以巡回之办法，专治乡人最为普遍之病症。则育才既易，费用亦省，收效尤宏。先生计划之周详，识见之远大也可佩！

遗命办理小学等事宜，交由浙省公益会办理。浙省公益会者，其成立与经过，于抑卮先生亦有深切之关系。光绪三十年以后，浙江商办铁路公司初创，股份充足，人才蔚起，办事极有声誉。抑卮先生于第二届即当选为董事，洁己奉公，颇欲为实业树一模范。不料三十三年以后，股东意见发生罅隙，当时有大股东钳制小股东之浮言，于是提出以后股权不当以股数而当以人数为准之议,历次股东会喧争不已。宣统二年以后,各董事相继更易,股本因付息关系增至一千零五十六万余元。民国成立,政府拟收铁路为国有。各创办人及历任股东,咸主予以结束,奔走筹画最力者厥为抑卮先生,而反对国有者实繁有徒,苦心接洽,稍稍定议。民国三年六月四日晚,抑卮先生以奔走太劳,由人扶送来景葵寓处,议设浙路清算处事,并拟推景葵为清算处主任。景葵固辞,而先生坚嘱勉为担任,景葵不得已许之。次日开股东会,自晨十时至晚七时始告散会。抑卮先生报告时,以体力疲惫由侍者扶持出席。会中通过浙路与交通部所订之合约,并推定景葵为清算处主任。所有股款分十二期付清,其不来取者,自领到十二期后延期四年,再不来取,即拨充浙省公益基金。其议案系抑卮先生起草。自后一二三期付款,尚属顺利,四期以后,艰难停顿。至民国廿四年始领到第十二期。浙省公益会亦依原议,于末期付款延期四年后至去年七月六日成立。清算处移交公益会款,共一百三十九万余元。浙省公益会章程经前铁道部核准,景葵以清算处主任之资格而任当然董事。本行因经理基金关系,亦得推董事一人,即推抑卮先生任之。兹者遗命小学、医院各事,均交由浙省公益会办理。因此会与铁路及本行均有深切之关系,足见先生之企业精神始终一贯也。

先生今作古矣!此不仅为其家族之大不幸,抑亦本行及社会之大损失!今而后,吾人惟一继先生之遗志,努力于先生未竟之事业。尤盼本行同人,则效先生之治事治学精神,尽心行务;尤盼蒋氏子孙,恪遵遗命,为家族增光,为社会造福,则抑卮先生虽死而犹生也!

(章树勋记录)

(《兴业邮乘》,第108期)

浙江兴业银行董事会增资事宜决议[①]

(1944 年 12 月 18 日)

本银行增资认股东之诉讼事件,现奉最高法院判决:三十二年十二月五日股东临时会关于增加股本六百万元,由股东与现任董监及现任职员各半配认之决议。上诉人不受其拘束;对于增股六百万元,有按会议日原有之旧股比例分配之权(即每一百股配认新股一股有半)。上开判决对于股东会决议案,既经认定为违背公司法第一百九十条之规定,而不能全体一律执行,自应报请股东会讨论修正。对于已起诉之股东与未起诉之股东,认股办法待遇两歧,深恐将来难于执行。为此,拟根据判决意旨,将上次股东会决议之配认增资股份,及分配历年积存盈余之办法,加以修正如左:

一、增加资本国币六百万元,计应添募新股六万股,每股壹百元,全数由旧股东按原有两股配认新股三股之比例,平均分认;其应缴之股款由认股人以现金一次缴纳之。

二、提出历年积存盈余国币六百万元,照历年分配盈余成案,以三百万元分配与各股东,以三百万元分配与现任董监及现任职员。

(《本行办理卅三年增资经过情形》,抄件,上档 Q92—1—450)

[①] 此文先生于 1945 年 1 月 14 日浙兴股东常会上宣读。后因增资方法等问题浙兴内部意见分歧,先生提出辞去董事长职务。(史惠康《忆揆公》《兴业邮乘》,复第 54 期)——编者

办理浙江兴业银行财产估价及调查资本证明书

(1946 年 5 月 5 日)

　　依照收复区各种公司登记处理办法之规定,将公司所有民国三十五年四月三十日之财产中,属于增资后所购置或增置者,办理估计,并予调查资本账目,一并证明。业经本会计师办理完竣。除为细具增资后所购置之财产估价表揭载于后外,所有表列房地产投资及有价证券投资,共计伪币折成法币五万一千四百十六元五角六分,经估计为法币六百零五万一千四百十六元五角六分。两比计增值法币六百万元。就估计增值所得,按照新股股份四万股之股数摊算,计分配与新股者共为法币三百六十万元,其余法币二百四十万元作为公积金。查上项财产之估价,远在时价之下,其估计增值金额,并未超过伪币资本原额,依法尚属相符。又查注册登记原案之资本总额,为实收法币四百万元,领有财政部二十三年五月二十三日银字第一八三号银行营业执照及前实业部二十三年六月二十六日新字第二三二号公司登记执照。其于陷敌期间所增加之伪币资本六百万元,计分新股六万股,系由原股东按照原有股份比例分认,缴足股款,并未向伪政府续办注册登记,亦经调查,其有关增资之股东会决议录及认缴股款等之簿册文件,均属实在无讹,合为具书证明。呈

上海市社会局　　　会计师徐永祚

　　　　　　　　　浙江兴业银行有限公司原任董事
　　　　　　　　　　叶揆初、徐寄庼、张笃生、胡经六、刘培余、
　　　　　　　　　　黄延芳、陈聘丞、陈永青、蒋彦武。
　　　　　　　　　原任监察人陈理卿、严鸥客、史稻村。

(副本,上档 Q92—1—450)

补办变更登记呈请启

(1946 年 7 月)

呈请人浙江兴业银行股份有限公司董事监察人

代理人徐永祚会计师事务所,上海中正东路一二三号

为补办变更登记事商。公司前于民国二十三年奉准变更登记,领有新字第二三二号执照,资本总额实收国币四百万元。陷敌期间,曾被迫使用伪币办理登记,并因经营银行业务。敌伪管制綦严,强令增加伪币资本六百万元。所幸至增资完成后,抗战已获胜利,得免续向伪组织登记。除已依照收复区商营金融机关清理办法各规定,将伪币债权债务清理完竣外,并经准照收复区各种公司登记处理办法各规定,缴验原执照,呈销伪执照,报明附逆嫌疑股东。于本年六月九日召开股东会,请由钧局派员莅会监督,由股东会决议承认合法董事、监察人之估价及调查报告书,暨会计师证明书,调整资本总额为实收国币一千万元。分为十万股,每股一百元,重新检讨章程,依法决议,并重选董事、监察人及经理人,另案呈请财政部核准为银行增资变更之注册。兹特呈明经过,开列变更登记事项呈报表,加具各项文件,照纳登记费税,缴销原执照,呈请为补办变更之登记。敬请钧局迅予转呈经济部核准登记,换给新照,实为公便。谨呈

上海市社会局

  附呈文件及费税

  一、变更登记事项呈报表二份。

  二、修正公司章程、储蓄部章程、信托部章程各二份。

  三、股东会决议录二份。

四、股东名簿二份。

五、原任董事、监察人估价及调查报告书二份。

六、会计师证明书二份。

七、有敌伪股份者其股东姓名及股数(已在股东名册中注明)。

八、合法之董事、监察人及重新选任之董事、监察人暨经理人名单二份。

九、新字第二三二号原登记执照一纸。

十、登记费国币一千二百元。

十一、执照费国币五百元。

十二、印花税费国币十元。

十三、委托书副本各一纸。

具呈人浙江兴业银行股份有限公司

董事	徐寄庼	张笃生	胡经六	蒋彦武	项叔翔
	陈永青	钱新之	竹森生	罗郁铭	叶揆初
	李馥荪	蒉延芳	蒋俊吾	杨锡仁	刘念仁
监察人	徐永祚	刘培余	陈朵如		
代理人	徐永祚	会计师			

中华民国三十五年七月　日

(副本,上档 Q92—1—450)

邮乘题寿

(1946年9月15日)

前清光绪三十三年九月初九日,本行成立总行于杭州。以后即以重阳节为开幕纪念日。民国四年,总行迁于上海。至民国二十一年，改定新历九月九日为纪念日，即于是日发行《兴业邮乘》，以志二十五周纪念。至民国三十年十二月九日，已发行一一八期，以环境困难暂行停刊。本年为本行四十周纪念，而九月九日政府已定为胜利纪念日，乃推算丁未重阳，适逢新历十月十五日，遂改定每年十月十五日为本行纪念日，并于是日继续发行《兴业邮乘》第一百十九期，以志四十周纪念。"锲而不舍，金石可镂。"愿同人共勉焉！

古语云："四十曰强而仕。"又云："四十而见恶焉，其终也已。"又云："年四十五而无闻焉，期亦不足畏也已。"盖自胜衣就傅以至负笈从师，经过小成时期，又经过大成时期，德行记于贤书，姓氏达于里选，三十而后，便应出而问世。若至四十而犹寂寂焉，是见恶于乡党也，是无闻于庠序也，是以君子耻之。譬之本行，宣三以前，始入幼稚园；民六以前，如肄小学；民十五以前，初毕中学；民廿一以后，毕大学而入研究院。甫行毕业礼，不幸邻居失火，殃及校舍，凡试验室之仪器，图书馆之文籍，寄宿舍之衣服杂件，或遭火焚，或为水渍，幸赖救火会之施救，以及师生之抢护，得保残余，毁□补葺，惊魂乍定，弦诵依然。同学少年，飞檐衢路，正拟出疆载贽，择木而栖，歧路彷徨，未知所届。在他人示之，以为体魄壮健，而则实后天失调；以为恒产素丰，而实则家道中落。以如此孱弱之身，处此艰辛之境，又适四十大庆之辰，不得不出而问世，诚可谓"一则以喜，一则以惧"。

孔子曰："四十而不惑。"又云："智者不惑。"不惑，不糊涂之谓；智者，有常识之谓。世间糊涂人，皆常识欠缺者也。年至四十，其学问修养，既达相当程度，遇有变化复杂之事态，必能平情处理，不致是非倒置，黑白混淆。个人如此，法人亦如此。然而，四十以前常识不足以应付四十以后之环境，必须吐故纳新，生生不息，以书籍杂志为宝库，以良师益友为南针，有同业交游，互相切磋，有来往顾客，随时咨询。尤要在全行同人，各就其性之所近，或职务所专，实地研求，虚衷采纳，以人之长，补我之短，以我所有，济彼之无，于是联数百人为一人,对内则笙磬同音,对外则桴鼓相应,方能立于竞存之世,发扬行誉,乘诸永久。预测一一九号以后之《兴业邮乘》,较之以前其重要性当增加不少,此亦自然之趋势也。

第一百号发行时,余题辞云:"希望满二百号时,世界之恶战已结束;中国之大局已澄清;我行之声誉,有一日千里之势。"停刊已过六年,不啻将骏马之前程削去一半,未免可惜。然暴日已投降矣!纳粹及法西斯之魔,已一蹶不振矣!虽尚有两强对立,和会纷争,但各国政治家,正在绞尽脑汁,求得国际合作,强权不能胜公理,安见三五年后,不终归于妥协?返观吾国,党见相持,干戈未息。萁燃则豆泣,唇亡而齿寒。区区政策异同,未必无相反相成之希望。化阋墙为御侮,亦在意中。

本刊续至二百号,为时约须四年,举凡改良政治,整理财政,推广教育,振兴实业,"是不为也,非不能也"。努力为之,大局澄清固可计日而待。若夫本行之声誉,则在全行同人好自为之,"虽有智慧,不如乘势;虽有铁基,不如待时。"余虽老矣,尚思倾耳而听喜誉也。

卅五年九月十五日

(《兴业邮乘》复第1号,原刊)

本行历史补遗

(1946年11月30日)

本刊一二一号陆爱伯君所作《本行建设与改革历史》,有两点与事实稍有不符,特举所知,补充如下:

(原文)我行在前清时原为浙路银行,以浙路股款为资本。鼎革后浙路清理,乃联合商股,以杭县蒋抑卮先生为大股东。

我行发起时,由全浙商办铁路公司认股五十万,另招个人股份五十万,合为一百万元。先收四分之一,设总行于杭州,次年增设沪、汉两分行,又收四分之一。至民国三年,浙路收归国有,公司所有本行股份,除先售出十万外,尚存四十万元,由公司董事会委托律师登报投标竞买,抑卮先生出价独高,全为所得,连旧认个人股份十万,共占本行股份二分之一,遂为最大多数之股东矣。

（原文）总行除北京路原址外,原属另有基地,数年前以新建行屋,需费较钜,而原有房屋又式样陈旧,且不敷办公之用,经加以改建,焕然一新。

总行基地分为东半区、西半区两部分。西半区原为英医住宅,占地二亩弱,宣统元年购进,建筑行屋。至民国三年由南京路乔迁。不及是年,已嫌逼窄。东半区二亩为英工部局所有,拟作电气样子间之用,屡向商让不允,乃另购江西路三马路地二亩,以备缓急（即现在聚兴诚行址）。至民国二十年以后,居然以钜价购得东半区,遂草拟全图,先在东半区建筑新屋（即现在营业部）。落成后,由西迁东。然后撤去西半区旧屋,彻底改造,并而为一（即现在信托部）。三十余年之历史,即总行行屋一端,已煞费经营,且相当复杂,同人不可不知也。

（《兴业邮乘》复第 4 号）

汉口价领行基案

(1947 年 3 月 15 日)

汉口行基,旧为后城外水淌,自筑城垣马路后（现名中山路）,又展筑歆生一路（现名江汉路）。此地适居转角,形势绝佳。本行于赵次珊尚书任鄂督时,向官地局领到,将转角处斜让三丈,于是华界交通畅达，不受英租界之拘束。讵料官地局因赵去任，别有目的，私在沿江汉路界内，擅立界石，声言将辟为停车场。本行争辩无效，赖旅汉同乡汪炳生、卢鸿沧、宋渭润、史晋生、盛竹书诸君，力持正论，率领众商，公开抨击官地局之无理。主持者知众怒难犯，乃由江汉关道齐耀珊出面转圜，当众丈量，拔去私立界石。是为下江旅汉商人发动民权之初步，本行至今感佩。兹觅得结案时呈复原稿，录供众览，其时案已得直，故措辞极为平和矣。

谨将浙江兴业银行价领汉口堡垣官地，业经公同丈明，一再展让，并无胶葛，拟恳官地局查照补拨，以偿亏损各情形，开折恭呈钧鉴。窃查银行于去年五月呈请前督宪，拨给汉口一码头歆生街堡垣官地三百方，当蒙批准，并先后核减地价。六月缴呈地价银四万五千两，当由官钱局官地委员王令祖钱，送来拨交丈尺略图，声明南面退进官尺一丈，东面尺寸与新马路余庆、长源二里一律取直，并亲率丈手，带同工人，到地丈拨，指立界石。十一月内，警局会办瞿守世玖，以马路转角为中外交界之区，虑将来多生纠葛，特至汉口分行商议展让。以事属公益，函请浙路公司及众股东公同议决，允于转角内每边斜让三丈，绘具地图，呈请前督宪批准备案。复有官地委员于十一月二十六日到地，协同丈让，改立转角界石，又于西首补给所让亩分，移立界石各在案。是银行以三百价，领三百方之地，界由官指，地由官拨，领地有案，让地又有案。该处地居洼下，按图拨交尽系水淌，一载以来，雇工填土，所费不赀。本年七月间填土将竣，议即庀材鸠工，忽于东首价购界内，被官钱局私立官地界石二方，当即控请饬查。复据官钱局声称，前拨亩分，计多三十余方等语。银行以前后所丈，同出局委，何至相矛盾？万一外人不察，谓兴业有浮冒多领情弊，攸关行誉，不可不辩。呈请复丈，复荷扎饬江海关道、巡警道委员会同复丈。即于九月二十二日，由江汉关道派委李令益恭、巡警道委派王令允成、瞿令明缙，暨官钱局官地委员王令奎照、绘图员汪稍宾、丈手王子云，偕同商会总协理齐道贤、汪道显述、交通银行总办卢道洪昶、水电公司总理宋道炜臣、商会议董史绅致容、盛绅炳纪，协同到地，按照去年官地局拨交原图，逐段复丈，公同证明，的系三百方，毫无错误。当由官钱局官地委员王令奎照将前次私裁之石，即时当众移去。丈尺既已证明，是非亦即解决。惟让宽马路一节，事系公益，自应再行勉遵，以副督宪之意。查此地东南转角，本离英租界官尺一丈，益以城根二尺有余，又加银行领地内，去年每边斜让三丈，两数合计，东首离英工部局界石已隔四丈有余。由城垣马路至新马路，往来车马行人，均可通行无阻，于英界交通尤无窒碍。现在银行愿在东南两边，每边再斜让五尺，以壮观瞻。计东面自转角起，斜至余庆公司东首屋边为止；南面自转角起，斜至官地局原图第三十四号西首线为止。当于九月二十六日，由汉口分行总理叶道景葵与江汉关道齐道耀珊商妥，并呈地图，指明续让尺寸。业荷关道承诺，惟该处地价既昂，填土尤巨，所让尺寸，拟仍请官地局，于北面直线凹进之处，照原界取直补拨，以偿让地亏损。设使彼此相抵，尺寸有余，银行情愿照章缴价。现在停工已久，需费浩烦，拟请饬令从速照办，俾便工筑而恤商艰，实为公便。附呈地图一纸。

浙江兴业银行谨呈　光绪三十四年九月廿八日①

（《及之录（八）》，《兴业邮乘》复第 11 号）

追思沈新三先生

（1947 年 3 月 31 日）

先生讳铭清，字新三，平湖人。幼随宦山西，丁忧后回里，闭户读

---

① 此呈文极可能出于先生之手笔。——编者

书,不求闻达。浙路公司举为董事,又任本行发起人。宣统二年,聘为杭州总行经理,辛亥之变,保全行誉,支持危局,颇著辛劳。民国四年,举为办事董事,清介公正,视行事如己事,兼任杭州大有利电灯公司总经理,兴利除弊,任事一年,转亏为盈,洁身而去,不受酬报。嗣以贫病交作,调治无效,于民国十八年病殁。先生手不释卷,尤精书法,本行招牌,及兑换券之题字,皆其手笔,现在沿用之"浙江兴业银行"六字,即从兑换券钩摹而来,藉以纪念先生在行之功德。其字体名曰隶楷,出于二爨碑。何谓二爨?一为《西晋爨宝子碑》,乾隆时出土,在云南南宁府;一为《刘宋爨龙颜碑》,道光时出土,在云南陆凉州。爨是蛮族大姓,有东爨,有西爨,现在之白黑倮㑩,皆二爨之苗裔。二碑字体,在隶之后,楷之前,其用笔方劲而谐和,与北魏北齐之剑拔弩张者不同。因彼为北派,此为南派,犹之戏剧之北曲南曲,画派之北宗南宗,先生寝馈有年,深得神理,足以表示其用志不纷矣。

(《及之录(九)》,《兴业邮乘》复第 12 号;

《叶景葵杂著》,第 271 页)

浙江兴业银行发行史

(1947 年 9～11 月)[①]

本行开办时除外国银行外,祇有中国通商银行发行钞票。其式样分银两、银元两种。其时大清户部银行尚未成立也。本行组织系商办浙江铁路公司发起,股本亦由公司任其半数,故公司总理汤蛰仙

---

① 原题《本行发行史》,由叶景葵、潘永和合撰,连载于《兴业邮乘》复第 23～28 号,1947 年 9～11 月。——编者

先生（寿潜）于光绪三十三年春呈度支部、农工商部，请准发行纸币，经部复准照办。兹将呈文、复文照录如下：

光绪三十四年四月二十八日

为咨呈事：窃浙省铁路奉旨准归商办，所招优先股已于上年九月经股东会决议十月终招。中国风气初开，集款至四百九十四万圆有奇，存放之责，重于泰山。前荷大部准行章程原议附设银行，浙省向来银款出纳，大者票号，次者钱庄，路款关系公司命脉，存放稍未稳妥，路政商市，两受摧伤，不得不另设银行，以资转运。惟是项银行不隶公司，则巨款非呫嗫能办。纯隶公司，则铁路与银行性质又复大异，盈亏牵并，隔阂正多。因议于隶属之中，寓分立办法。今春二月由董事会发起，谨遵大部奏定股份有限公司章程，定名为浙江兴业银行，取振兴实业之意，非必援日本为词也。拟每股壹百元，额设壹万股，共银一百万元，先缴四分之一，合银二十五万元。截缴时数有不足，归公司拨补，外股多附一文，即公司少拨一文，使公司退处于股东之列，即该行无损其独立之权。界限分明，互相为用，银行主要自在发行钞票。伏念大部总筦全国财政，论《管子》"利出一孔"之旨，国币正宜出自中央，章程方能划一。但近来商战益烈，杭州地居省会，又已开为商埠，上海银行等钞票浸灌内地，日甚一日，禁之不及，听之不能。外币浩劫，赓续输入，动摇全市吸脂吮膏，涸可立待。其何以谋抵制而示平允？此中正黄荩裁。民立银行，未经大部特许，何敢擅窃钞票之名？惟中国汇号钱庄印发银条钱纸，藉通有无，亦广懋迁，创行不知岁年，信用已成习惯。谓该银行不能窃钞票之名可，谓该银行不能援汇号钱庄之例则不可。亦惟仿行惯俗，为内顾路本、外保商市之计，且于大部提倡中央银行销行纸币，本意亦不相触背。谨将浙江兴业银行章程附呈钧鉴。伏乞迅赐核准施行。须至咨呈者。右呈

度支部、农工商部

光绪三十三年六月初九日度支部照会

度支部为照会事：北档房案呈准浙路公司咨呈浙省铁路奉旨准归商办（以下同前文）等因准此。本部查所称路股款巨，关系公司命脉，存放匪易，集股另设兴业银行，互相为用，自出实在情形。并称银行不窃钞票之名，援照庄号之例，印发银票钱纸，为内顾路本、外保商市之计，按与中央发行纸币特权尚无违碍，至所拟章程亦属妥洽，自应准其立案。惟本部银行通行规则，以及国家钞票行使章程，一俟订定颁发以后，贵公司所设之兴业银行既为本部准许设立，将来应遵本部所定规则章程办理，并由本部随时查考，请烦贵公司转饬查照施行可也。须至照会者。右照会

浙路公司

光绪三十三年六月初一日农工商部照会

农工商部为照会事：前据咨呈内称浙省铁路股款存放之责甚重，拟附设银行，额设股银一百万元，仿中国汇号钱庄印发银票钱纸，为内顾路本、外保商市之计，除分呈外，谨将章程附呈迅赐核准等情到部。当经据情咨商度支部，并批示在案。兹准度支部后称：路股款巨，关系公司命脉，存放匪易，另设兴业银行，互相为用，自出实在情形。并称银行不窃钞票之名，按与中央发行纸币特权尚无违碍，所拟章程亦属妥洽，应准立案。惟本部银行规则及钞票行使章程俟颁发后，该银行既为本部准设，应遵本部规则办理，并随时稽考等因，相应照会贵总经理，遵照可也。须至照会者。右照会

浙江铁路公司

遂向商务印书馆订印一元、五元两种，总额共计一百万元。一元票系直式，色为淡绿；五元为横式，色为茄紫。截至辛亥革命止，杭、沪、汉三行共计发行七十万元。至中华民国二年又有来远公司经手向法国钞票公司订印新钞票，分一元、五元、十元三种，其纸系定制有"兴业"二字楷书暗纹，式样与商务版无异，总额为三百万元。至三年

365

冬运抵上海。其时总办事处正在筹备进行,中国、交通两行发行钞票流通渐广,本行钞票准备,须在市面以规元买进银元,盈亏不易预计。而伪造赝券尤为可虑。适蒋董事抑卮与浙江财政厅长张咏霓(寿镛)晤谈金融大势。张谓国家发行政策必归统一,商行发钞,害多利少,为贵行计,不如自请取销发行权,向中国银行领用,较为合算。蒋董事与各董事详商,深以为然,遂由张厅长呈明财政部,甚奖本行之公而忘私堪为模范。于是法制新票停止使用。景葵与蒋董事入都与中国银行经月余之商议,订定领券合同十一条,于四年九月签字。开列如左:

立合同　浙江兴业银行(下称兴行)中国银行(下称中行)今将双方议定各条开列于左:

一、兴行领用中行十元、五元、一元兑换券,共三百万元,应由中行会同兴行在两行所在各地方,分批点明封存中行保管,归兴行随时陆续领用。

二、兴行于陆续领用前项兑换券时,应备现金五成、中央公债券二成半,交付中行以充保证。中行对于前项现金保证,应给年息二厘半,但前项保证金兴行不得随时动用。

三、兴行除缴前项保证七成半外,其余二成半空额应由兴行自备保证,中行得随时派员点验。对于前项自备保证,无论现金或中央公债券或他项有价债权,遇必要时中行得有优先权处理之。

四、两行应于前项兑换券上各加暗记,以便区别。

五、兴行所发暗记兑换券及中行自发兑换券到各行兑现时,各行应互相兑收,每日彼此交换抵冲,如有尾数,各行应备现金补足。如兴行有尾欠时,不得请于保证金内扣除,但遇市面银根紧急时,得协商特别办法。

六、兴行既领用中行兑换券,嗣后不得自发钞票,其原发钞票应自第一批中行兑换券领到发行之日起,限六个月内收回。其处置旧票之手续如下：(一)兴行于实行领用中行兑换券前应将原发兴行钞票流通额、库存额开具清单,送交中行查核点验。(二)前项库存票额查核点验相符后,即由中行派员会同兴行定期销毁。(三)前项流通票收回后,应即盖作废印,随时由兴行报告中行会同销毁。(四)兴行应登报公告收回原发钞票,收毕销毁后应会同中行详报财政部备案。

七、兴行应将所发暗记兑换券之流通额,随时报告中行。

八、兴行领用三百万元足额后,得再照本合同条款加领兑换券,以二百万元为额。

九、本合同有效时期以四十二年为限。

十、本合同共缮两份,双方签字盖印各执一纸,互相遵守,不得变更,并各详报财政部备案。

十一、本合同期满时,兴行应将所有暗记券交还中行,否则中行得于兴行缴存保证七成半内照数抵销,如仍不齐,得于期满次日于兴行如数收现及中央公债券。

中华民国四年九月十四日立合同

    浙江兴业银行董事长 叶景葵(印)

    中国银行总裁 李士伟(印)

  合同订立后,双方分函各行履行,而中国各分行陆续发生争执之点。如认二厘半存息之吃亏,兑换暗记之不易分别;保证公债券我行以为应照额面缴存,中行以为应照市价折扣;领用之数,我行以为在合同限度以内,应随时供给,中行以为自己需要往往羁而不与。而最大症结则在我行观点,以为商行既肯牺牲发行权协助中央统一,尔系国家银行应如何奖励扶植,而中国银行之地位有时为国家银行,有时为商业银行,故不受我行之责备。行之年余,龃龉益甚,而本行困难之尤则以营业日增,钞票不敷供应。至六年八月,景葵入都又与交通银行订定领券合同十二条。其文如下:

立合同：浙江兴业银行(下称兴行)、交通银行(下称交行)，今因兴行领用交行兑换券，特将双方议定条件开列于左：

第一条　兴行领用交行百元、五十元、十元、五元、一元兑换券，共五百万元，应由交行会同兴行在两行现设本分支行及将来添设分支行所各地方，分批点明，封存交行保管，归兴行随时陆续领用。其地点、数目由兴行总办事处与交行总管理处随时协商，分别饬遵办理。

前项兑换券五百万元用毕时，兴行得增领五百万元，其条件与本合同同。

第二条　兴行于陆续领用兑换券时，应备现金五成、中央公债券二成半，交付交行，以充保证。但此项保证金兴行不得随时动用。

第三条　前项保证现金五成，交行应给年息三厘五毫(如保证现金万元，每年给息三百五十元)。每三个月结算一次。其中央公债券二成半之息，亦由交行按期付给兴行。

第四条　兴行除缴前项保证七成半外，其余二成半空额，应由兴行自备，交行得随时派人点验。对于此项自备保证金，无论现金或中央公债券或他项有价债权，遇兴行有不得已之事故时，交行将有优先权处理之。

第五条　两行应于前项兑换券上各加暗记，以示区别。

第六条　各处兴行所发暗记兑换券及交行自发兑换券，到该地两行兑现时，两行应互相兑收，每日彼此交换抵冲，如有余数，各行应备现金补足。如兴行库存及寄存暗记兑换券，已积至自备空额二成半之数，嗣后交行所收兴行暗记兑换券，应在保证金内扣除，交行应付保证金之利息，亦按扣除之日期照减。

如两行所存兴行暗记兑换券已积至领用数七成半之数，嗣后交行所收暗记兑换券，应由兴行按日期数目补贴交行利息，其息率以兴行所得中央公债券二成半之息为标准，得由交行于每半年付给时扣除之。

第七条　兴行所发暗记兑换券之流通额,每日报告交行。

第八条　本合同有效时期以二十七年为限,限满后两行如愿继续办理,而交行营业年限增加时,得照本合同各条件于三个月前互相知照,再展期三十年。

第九条　本合同有效时期内,如交行全体组织或有变更,无论至若何名义及若何性质,本合同仍为有效。至兴行组织变更时亦同。但交行发行兑换券之权被政府以权力停止时,为交行所不能抗者,不在此限。

第十条　本合同期满时,兴行应将所有暗记兑换券缴还交行,否则交行得于兴行缴存保证金七成半内照数抵销。如仍不齐,得于期满次日,于兴行如数收现及中央债券,但中央公债券数目不得超过十分之五。

第十一条　交行如有不得已之事故,或停止发行兑换券时,兴行自备保证二成半之空额,得照第十条办理,照兴行库存交行兑换券超过于自备保证二成半之空额,有超过之数,得有优先权向交行收取之。

第十二条　本合同共缮两份,双方签字盖印,各执一纸,互相遵守,不得变更,并分呈财政、交通部备案。

中华民国六年八月十七日

浙江兴业银行董事长叶景葵(印)
交通银行协理任凤苞(印)

交行合同较中行合同条件既优,领额亦钜,董事会欣然自慰。不料交通各分行纷起反对,凡中行争执之点,皆交行所藉口,交行总管理处乃托词推诿,延不履行。固中行方面领至三百六十万元,亦不愿继续履行,函牍辩论,迄无转圜之望。当时中央银行尚未成立,本行将无钞票可资应付,大感为难。九年十二月景葵入都呈币制局请恢

复发行权与领用中交两行兑换券并行。十年一月奉令照准,其文如下:

呈币制局文　民国九年十二月十八日

呈为继续发行兑换券呈明备案事。窃敝行前奉度支部准给予发行兑换券特权,历经总分各行遵章发行,数年以来信用卓著,曾蒙财政部批奖有案。嗣复于民国四年、六年两次呈准领用中国银行暨交通银行兑换券。讵中国银行合同领额已满,续订需时;交通银行则虽有合同,尚难给领。敝行营业日广,需用日多,实有供不应求之势。而各埠值金融恐慌之际,敝行屡次维持,尤非有兑换券不足以调剂市面。现拟除中交两行兑换券照旧商领外,仍由敝行继续自发,以补领用之不足。一切办法均遵守历届部领条例,并筹足准备金,严密办理,以保全旧有信用。理合呈明备案。此呈

币制局　　　　　　　　　　浙江兴业银行董事长叶景葵

币制局批　币制局指令第一〇〇三号

今浙江兴业银行呈发行兑换券由呈悉。应准备案。此令。

　　　　　　中华民国十年一月六日　币制局总裁张弧

董事会奉批后,工作如下:

(1) 向英国造纸公司定制钞票纸,每张均有行徽水印暗记。

(2) 以定制之纸,交商务印书馆承印,分一元、五元、十元三种。正面分别管仲、姜太公、王阳明肖像,背面刊一公鸡,取其羽毛复杂,易藏暗记也。

(3) 设立发行部,属于总行。

(4) 订立发行规程,现金准备至少七成,严格遵守。名第一次商务印为第一版,法国印为第二版,第二次商务印为第三版。

嗣因迭次发现伪券,为顾全信誉计,忍痛收兑,于十二年冬向美国钞票公司定制新券,总额一千万元,名为第四版(第三版券截至十三年终止,计发行一百六十余万元)。第四版新券之式样如下:

美印一元票　　　　　五元票
正面　　　　　　　　正面

背面　　　　　　　　背面

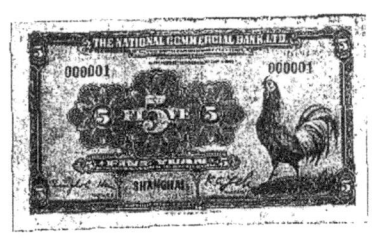

十元票

正面　　　　　　　　背面

十二年十二月董事会议议决设立发行库,设总司库一员,专司其事。其议案如下:

中华民国十二年十二月十七日,在总办事处开董事会议,到会者:叶揆初君、陈叔通君、蒋抑卮君、沈新三君、周湘舲君、胡藻青君(以上董事),盛竹书君、蒋赋荪君(以上监察人)。议修改《总规程》中关于发行各条事。

董事长报告：本行《总规程》试行一年，大体均无窒碍，惟就一年中之经过，详加体察，关于发行部之规定，尚有讨论余地。我行发行准备与营业准备实际上确系分离独立，惟营业以发展活泼为主，而发行方面以守法谨严为主。发行富有多金，在营业方面见之，以为呆存耗息，事属可惜，因思利用以资营运。而发行部在规程上本系隶属于总行，有时自亦不能不顾及营业上之利益，利害相权，颇资考虑。现拟仿照交通银行先例，将发行事宜划归独立机关办理，所有《总规程》中原定之发行部，拟改为发行库，直隶于总办事处，与总行为对待地位。库设总司库一员。在当初拟订《总规程》时，本拟将发行部独立，嗣以此项规程尚在试行时代，故仍隶属于总行。现在试行一年，既有上述情形自应力求改善，所拟条文，请各位详阅，并请叔通先生说明。

陈叔通君报告云：此次修改，仅不过将原定总行章内关于发行部各条删去，添订"发行库"一章，其余亦不过文字上之修改，至比较重要者，则为原定第卅九条下加添一项。原来第三十九条系规定行务会议之裁决权，其主旨系倾向于独裁制。此次发行库既与总行对立，则行务会议时主席行使裁决权，自亦不能不有特别严重之规定，故添一项。又为关于发行事项，主席行使裁决权，应征询发行库、总司库同意云云。

众无异议。所议修改总规程条文均通过。原定第四章之下添一章如下：

第五章　发行库

第三十一条　发行库设总司库一人，其余职员得依第二十六条办理。

第三十二条　发行库对分行函件，以发行库名义加盖总司库名章行之，其他关于发行事务、对外文件，以浙江兴业银行总行或董事长之名义行之。

第三十三条　发行库执掌如左。其办事细则另定之。

（一）总分行兑换券之发行事项；

（二）总分行兑换券之保管或委托保管及销毁事项；

（三）总分行发行准备之调拨及保管和委托保管事项；

（四）关于领用他银行兑换券之一切事项；

（五）发行账目之鉴定及记载事项；

（六）关于发行各项表单之编查及保管；

（七）关于本库函件之起草。

第三十四条　发行库库门及其他重要钥匙总司库掌之，但得委托其他相当职员代掌。

第三十五条　发行库总司库有事故不能到库执行事务时，由董事长于办事董事中指定一人代理之。

第三十六条　发行库总司库于必要时得商明董事长召集行务会议。

十三年一月特聘徐寄顾先生兼任总司库，修改十年所定发行规程，分为十九条。其文如下：

浙江兴业银行发行规程　　民国十三年一月重订

第一条　本银行兑换券概由总发行库（以下简称总库）印交各分发行库（以下简称分库）发行。

第二条　本银行兑换券暂分一元、五元、十元三种。

第三条　各行如须领用该行所在地以外之他地名券时，应由总库将领用之券加印暗记，酌量给发。

第四条　本银行发行兑换券统一于总库，凡分库收付兑换券，均作为代总库办理，其发行会计于本行会计规程另定之。

第五条　本银行发行完全与营业分立，所有发行准备金与营业准备金分别存储总行，由总库掌管，分行由分库掌管，非照本规程规定办法，不得动用。

第六条　本银行发行准备金定为现金准备七成，存款准备三成。

总分库收发兑换券一律按此成数办理，不得随意参错。

第七条　凡发行准备金，总库有随时调拨集中于总库或调至其他分库之权，但以不碍各处兑现为度。

第八条　暗记兑换券之准备金，得由发行与领用行依照本规程另订办法，商准总库处理之。

第九条　现金准备以通用银元为限，不得代以他行钞票、外国银行钞票或各种票据等。如以生金银抵换银元，至多不得逾现金准备十成之五，总库或分库遇有必要时，仍得随时向总行或分支行营业方面换回银元。

第十条　存款准备三成遇兑现需要时，即须照还。

第十一条　总分支行对于本银行兑换券，无论何种地名有无暗记，均有互相代兑之义务，但遇特别情形，得由各行相机办理。

第十二条　凡发行分支行应各设一发行分库，该分库暂由会计股代为掌管，仍由收支股负收支之责。其手续如下：

甲、分支行向总库领到兑换券时，应由收支股点数装箱固封，交会计股存储发行分库，待发行时会计股将原封点交收支股。

乙、分支行将兑换券发行时，应将现金准备七成，由收支股装箱固封，预交会计股存储发行分库，并将存款准备三成如数收入发行准备金存折，交会计股收执。

丙、分支行将兑换券换回准备金时，由会计股将收支股原封兑换券收回保存，同时将收支股原封准备金点交收支股。其存款准备三成，应凭发行准备金存折付出之。

丁、分支行因彼此代兑关系，会计股应缴还营业股之准备现金，逐日彼此结算清楚。由会计股收支股会同开箱，收支股将应收之数取出后，仍原箱固封交会计股保管。

戊、发行分库所存兑换券暨准备金遇检查时，应由会计股会同启封，检查毕，仍由收支股固封之。

第十三条　分支行代兑他地名券俟满五千元,由营业股将所有代兑之券,十足照付发行行之账,其兑换券须即交发行分库收总库存入券账,不得重行付出。

第十四条　分支行向发行分库领用或缴还兑换券,每次至少以一万元为限。

第十五条　总库及各分库所存兑换券及发行准备金,由总办事处随时检查之。

第十六条　总行发行兑换券应照本规程向总库领用,与支行同样办理。

第十七条　兑换券之销毁,应由总库办理,但分库得按照本规程第十八条规定销毁方法,自行截角汇送总库验明销毁。

第十八条　凡销毁兑换券应就券之正面(即汉文方面)右方截去全页四分之一留查,并以具有下列各项为标准:甲、券额;乙、地名;丙、号码。

第十九条　凡样本券应由总库印制,各行不得将库存兑换券自行改作样本。

总司库就任后,发行部完全独立,严格遵守。第四版新券印刷精良,花纹工致,绝无伪券出现,市面信用日增。至十九年一月,奉到部章规定现金准备六成,于是董事会议决遵章减去现金一成,其议案如下:

中华民国十九年一月廿一日在总办事处开董事会议,到会者董事叶揆初君、蒋抑卮君、徐寄庼君、陈叔通君、沈籁青君、周湘舲君、张澹如君,监察人陈理卿君。董事长叶揆初君主席。一报告发行准备改照部章,现金部分改为六成事。

主席报告:我行发行准备向为现金七成,证券三成。现在颁行之部章规定现金六成,证券四成,应即照办。合报告。

议决:照部章发行准备现金部分减为六成,证券四成。

是时发行流通额，已出入于八九百万元之间，行屋尚未翻造，库房容积较小，准备库内现洋自地至顶，堆积如山，特制铁轱辘以便搬动，足征本行严格遵守发行规程之一斑矣。

本券之信用既增，领券之纠葛未已。其时中行为推广发行计，奖励各行庄纷纷领券，条件随时伸缩，趋之若鹜。而我行反因旧约争持，独抱向隅之叹。自念本券行将用罄，不得不尽以小事大之礼，由景葵出面转圜，两次增加附件，盖于原约要点，已摧毁无余。惟未领之一百三十五万元，将订续领之约。兹将附加续订各件，详录如下：

一、中行应给兴行领券准备金五成之利息二厘半，自民国十八年四月十六日起停止给付。

二、自民国十八年六月一日起，兴行向中行开规元往存户，存息按周息三厘计算，兴行向中行开银元往存户五十万元，存息按周息二厘计算。此外原有之六万元，仍按周息二厘半计算。

三、自民国十八年六月一日起，兴行得向中行开往来透支户，规元廿七万两，银元廿五万圆，欠息按周息六厘计算，兴行以（一）双方商定之有价证券（按市价九折），（二）上海房地产道契（按工部局估价八五折）及（三）双方商定之国外汇兑进出口押汇期票三种，作为透支之担保品，但俟废两改元制度实行后，上项透支额度作银元六十五万元。

右附列三项，于民国十八年五月廿三日粘附。

中国银行常务董事兼总经理张嘉璈印
浙江兴业银行董事长叶景葵印

兹因中行与兴行双方协商，将民国四年九月十四所订合同，及民国十八年五月二十三日所黏附之附件，再行修改如下：

一、兴行领用中行兑换券自民国二十二年三月十日起应备现金准备六成，中行不给利息。

二、兴行领用中行兑换券，自民国二十二年三月十日起，再备保证准备二成,此项保证准备兴行以中央政府各种公债或各种库券充之,但以市场有实际买卖之公债库券市价六折者为限,否则依照市价仍以债券补足六折。惟兴行对于此项保证准备之债券,得随时向中行自由调换之。

三、兴行领用中行兑换券,自民国二十二年三月十日起,除一二两项准备八成外,其余二成空额应由兴行自备保证金,并由中行向发行检查委员会声明之。

四、兴行领用中行兑换券,如遇破旧不能行使时,中行允予陆续调换新券,此项新券之印刷费,由兴行负担。

五、兴行除汉口领用五十万元,仍照民国十七年六月七日附约及本附件办理外,得续向中行领用兑换券一百三十五万元,以符合同五百万元之领用额,但此项一百三十五万元之领券,须双方另订新合同,其条件同时另订之。

右修订各点于民国廿二年三月一日再粘附。

中国银行常务董事兼总经理张嘉璈印

浙江兴业银行董事长叶景葵印

续领一百三十五万元兑换券合同

上海浙江兴业银行(以下简称兴行)向上海中国银行(以下简称中行)领用兑换券合同,所有条文开列如下:

一、兴行向中行领用上海地名五元兑换券,以领足一百三十五万元为度。

二、兴行领用兑换券,应备现金六成,交付中行为准备金,又各项公债票及各项库券或上海房产道契四成。公债票及库券按照市价八折核计,道契按估价五折核计,均须经中行认许方可交纳。遇有市价跌落时,应由兴行随时补缴足数,交付中行为保证准备金。其六成现金不计利息,兴行不得动用。所有缴作准备之现金及公债票库券或道契,由中行给予正式收据,载明种类。

三、领用之兑换券双方各加暗记，所有领用暗记券应需制造费，由兴行认付，每张洋八分。

四、中行收兑兴行领用之兑换券，可随时向兴行兑换现金。

五、兴行领用上海中行之兑换券，应由中行通饬他埠各分支行一律照兑。他埠各中行收兑上项兑换券，中行随时凭代兑行报单制成代兑领券保管证，按兑入原期向兴行兑取现金。所兑之券随时由中行设法运回，其代运费用归兴行负担。

六、中行兑换券设遇金融恐慌，兑现过涌，兴行应临时悬牌代兑。一面或续交现金四成，或以所存领用之兑换券抵冲，或以代兑之券抵冲，取回公债票及库券或道契。但四成现金交足以后，兴行可不再兑现。倘遇上项风潮，兴行收兑领用券已满四成，亦得通知中行，不再收兑。惟须将兑入之四成领用券缴还中行，取回公债票库券或道契。缴还以后，兴行亦不再兑现，一俟市面平定，再行照约领用。

七、本合同有效期间定为五年，遇有特别事故得随时取销之。取销时兴行应缴还四成现金，或领用之兑换券换回公债票及库券或道契。如通知取销合同之次日尚未缴足，得将缴存公债票及库券或道契由中行自由处分，不足仍应由兴行补缴足数，有余找还。

八、本合同经双方同意得修改之。

九、本合同满期后，如经双方同意得继续办理。

十、本合同共缮一式两份，中行及兴行各执一份。

中华民国二十二年三月一日立合同

中国银行常务董事兼总经理张嘉璈印

浙江兴业银行董事长叶景葵印

（《兴业邮乘》复第23、24、25、26、27、28号）

德清蔡渭生先生像赞

(1948年1月15日)

　　知君之贤,而不知推挽以尽其能。知君之困,而不知懊咻以慰其生。知君之羸且病,而又无回春之术以延其龄。呜呼,君曾助我,我岂知君。读此一卷之自述,始详悉其生平。斯人也,为独行之君子,亦尽职之公民。其心常贞,其神常惺,其志常凝。其言虽约,而语语至情,字字至诚。是能以理智克制情感者,岂惟垂训其后昆,洵足以示范于儒林。

愚弟叶景葵敬题

　　君讳焕文,字渭生,德清县人,光绪癸卯浙江乡试中式举人。初随堂兄汇沧,至山东登莱青道署,襄办文案。宣统元年,当选浙江谘议局议员。三年,余任大清银行正监督,派为汉口分行核算主任。民国元年,任浙江都督府财政司清理科科长,继任浙江国税厅筹备处科长,保送免试县知事。国税厅裁撤,胡君黼、张咏霓先后任湖北财政厅,均委为总稽核。民国七年,本行聘为总办事处特聘员,以总办事处握行务中枢,非全部事实彻底了解,不足以资应付,遂将开行以来十三年之各种议录函件,及各行报告表册,尽心披览,不免用脑过度,陡发眩晕之症,医治无效,不得已,辞职回里。民国十一年,股东会举为监察人,因病根未去,只列席一次。张咏霓重任浙江财政厅,任为秘书,因病未能常川办公;咏霓待之甚厚,委办税捐以羁縻之。抗战军兴,德清沦陷,家宅被毁,率全家避难莫干山,又转徙至沪,其妻病死。君本羸弱,重以家国之变,忧能伤人,于三十六年十月,殁于沪寓。遗有自撰《年谱》一卷,将由至友许潜夫、邱溶清等印行。君持躬清正,任事笃实,条理精密,长于钩稽,而又通达事理,规画井然。使财政界有此数十人,可以箴膏肓而起废疾也。

(《及之录(十)》《兴业邮乘》复第 31 号,原刊;
《叶景葵杂著》第 270~271 页)

中国之银行管制

(1948 年 6~7 月)

　　本年十月为上海市银行公会成立卅周年,拟出版刊物以志纪念,承辱理事长李馥荪君向予征稿,深愧不文。近以方读金融法令消遣,爰将管制方面者析为《中国之银行管制》。《邮乘》编者一再索稿,用以先行刊登,冀得同仁之指正焉。

　　我国银行业创始于逊清末叶,并无管制可言。及国民政府奠都南京,民十八年一月十二日财政部公布《银行注册章程》后,对于银行之设立,始行干涉。民二十年三月三十日国府公布《银行法》,其中颇多管制性质条文,而迄未实施。民廿三年七月四日国府公布《储蓄银行法》,实为管制银行之先声。自中日战争后,政府为配合战时金融经济政策起见,遂对银行业务多方面加以管制,其最著者厥为二十九年八月七日财政部公布之《非常时期管理银行暂行办法》(以后简称《管理暂行办法》),迭经同年九月十八日、三十年十二月九日、三十二年一月七日诸次之修正。战后财政部于民卅五年四月十七日公布《管理银行办法》以代之。不旋踵间国府于民三十六年九月一日公布新《银行法》,《管理银行办法》亦告废止。此二十年间政府管制银行之主要法令虽尽如上述,而于管制银行机构业务营运之辅助规章,则甚纷繁,尤以抗战后期者为尤最。此种战时管制办法有引用于战后者,有自动失其意义者,有未经明令引用于战后者。余于批阅诸法规之余,深有政出多端之感,爰为析述,供金融业之参考,及未来主持银行管制工作者得有所改进也。

一、机构之管理

银行机构之设立,本规定向政府登记即可。及抗战发生,行庄之设立者甚多,于是政府先自设立登记着手,进一步遂对新设者加以限制。惟以战前对银行管制工作根本缺乏,禁令亦不能过严,爰有钱庄合并改组银行办法之补救。胜利以来,行庄虽未可新设立,但援引收复区商业银行复员办法开设亦不在少,于是无形中禁令效用已失。及《加强金融管制办法》施行,遂严禁新行庄之设立,即号称复业者,亦不得邀准。至于分支行处之设立及迁移,亦同样受有严格之限制。新《银行法》施行后,虽号称视各地区经济金融情形,限制某一地区增设行庄,惜仍未能充分发挥本法条文规定之精义,仍袭用过去规定焉。

设立之登记

民国十八年一月财政部颁行《银行注册章程》,规定银行应依法向财政部请准注册登记后,始得开始营业。事实上未经设立登记而营业者往往有之。及民二十九年八月七日《管理暂行办法》公布,及规定凡在该办法实施前已开业而尚未呈请注册之银行,应于该办法公布命令到达之日起一个月内,呈请财政部补行注册。为防止金融业阳奉阴违起见,卅一年五月该部通令复规定,凡未经注册之行庄,应不准加入当地银钱业同业公会。嗣为顾及事实,于同年八月该部拟定《各省市未经依法补请注册各行号钱庄变通处理办法》,规定在成都、万县、江津、内江、自贡、宜宾、泸县、西安、贵阳、兰州、衡阳、昆明、桂林、赣县、吉安、韶关等十六地,限于卅一年十月底以前呈请核办,其余全国各商业简单地方,限于卅一年底以前呈请核办,逾期则加以取缔。

设立之限制

旧《银行法》对银行本规定,非经财政部核准不得设立。抗战以后，各大都市新设行庄，多如雨后春笋。当局以此种现象有膨胀信用、助长物价之嫌，《管理暂行办法》乃规定：自该办法施行日起，除县银行及华侨资金内移外，一概不得请设新银行。为预防冒充华侨或假借侨资名义请设银行计，又订立《华侨资金内移请设银行审核标准》。规定：（一）华侨资金内移请设银行，以完全侨资为原则；但自愿与国内人士合资、共同经营银行业务者，其最低出资额须达资本总额百分之五十一以上，方准设立。（二）申请设立银行之华侨，应向侨务委员会取具身份证明书，证实其确为华侨，随申请设立银行注册文件一并呈送，以凭审核。嗣管理办法经过修正，则对银行之设立限制转严，规定除县银行外，新银行一概不得设立。

民卅四年九月二十八日，财政部公布《收复区商业银行复员办法》，规定凡经财政部核准注册之银行，因抗战发生停止营业或移撤后方者，得呈经财部核准，在原地方复业。民卅五年四月《管理银行办法》沿用《管理暂行办法》之旨，规定银行除在本办法公布前，已经财政部核准领有营业执照者外，一律不得设立，但县银行不在此限。此两办法虽对设立新银行仍未开放，然引用复员办法而复业者，或作变相之新设立者仍不在少。因之民卅六年二月十七日，国府公布《加强金融业务管制办法》，规定财政部应视银钱行庄分布情形，指定限制地区，停止商业行庄复业，新设银行钱庄仍一律不准。财部乃据而指定南京、上海、天津、北平、青岛、广州、重庆、济南、汉口、西安、成都、杭州、昆明、苏州、宁波、绍兴、永嘉、沈阳等十八地区。及新《银行法》公布，新银行之设立虽不绝对禁止，但由中央主管官署视国内各地区经济金融情形，于呈准行政院后，限制某一地区内，不得增设银行或某种银行。因之过去十八地区之禁止，仍行援用。

分支行处设立之限制

旧《银行法》规定，银行设立分支行及办事处或代理处，须得财政部之核准。《管理暂行办法》亦规定，银行设立分支行处应先呈请财政部核准。民卅一年五月财部规定,未经报准之分行行处,不准加入当地银钱同业公会,同时又公布《商业银行设立分支行处办法》,规定实收资本超过五十万元者,方得设立分支行处,每超过廿五万元,得增设一处。但经财部查核该地工商业及一般经济金融情形,认为无增设必要者,得不准设立。是年冬,财政部以重庆、成都、内江三地,行庄已多,对商业行庄在该地区请设分支行处,一律截止核准。卅二年四月廿六日限制地域扩展至西安、兰州、衡阳、昆明、桂林、曲江、宜宾、万县八地。同年七月十五日增列贵阳,十月十一日增列柳州,十二月增入江津、合川、南充、自贡、资中、遂宁、泸县、乐山、雅安、康定、达县、长沙、梧州、温州等地,连前共计廿七地区。

民卅四年九月《收复区商业银行复员办法》规定:凡经财政部核准注册之银行,呈准在收复区已设立之分支行处,因抗战发生停止营业或移设后方者,得呈经本部核准在原设地方复业。民卅五年《管理银行办法》根据战时事实,仍规定商业银行设立分支行处,应先呈请财政部核准,但限制增设分支行处地方,不得请求增设。至限制地点以外之分支行处,亦不得请求迁入限制地点营业。同年四月二十四日财部据此公布《商业银行设立分支行处及迁地营业办法》,规定:(一)凡商业银行须注册已满四年,实收资本在二千万元以上、业务正常者,方得设立分支行处;每超过五百万元得增设一处;至本办法公布前已呈核设立之分支行处,得不受上项规定之限制,但其所设分支行处已超过上项规定者,不得再行增设。(二)凡经济上无增设金融机构需要之地方,财政部得限制商业银行增设分支行处,其地方另以命令定之。及《加强金融业务管制办法》公布后,即制定南京、上海、天津、广州等十八地区停止增设分支机构。新《银行法》施行后,分支行设立不再有年限及资本额之限制,规定凡银行经核准营业登记后欲设立分行时,应开具营业种类及范围、营业计划及分行所在地,分别呈请营业登记,但亦由中央主管官署视国内各地区经济金融情形，于呈准行政院后限制某一地区内不得增设分支行或某种银行之分行。事实上，现亦援用十八地区之禁令。

总行分支行处迁移之限制

民卅三年十月廿一日颁行《商业银行及其分支行处迁地营业办法》规定，不得迁入重庆、成都、内江、西安、兰州等廿七地区，亦不得互相迁移。如因战时撤退而欲迁移至上述廿七地区以外地点营业者，须于撤退后六个月内为之，并应先行报经财政部核准。他日恢复原地营业时，其迁地营业之行处，应即报请撤销。

民卅五年四月财部公布《商业银行设立分支行处及迁地营业办法》，规定：商业银行总行及其分支行处迁地营业，应先陈明理由，呈请财政部核准，方得迁移。但其迁移地方，须在原营业地方附近，而系适应经济上之需要为限，惟不得迁入限制地方。

银号钱庄改组银行之限制

财政部为严密管制行庄，使银行机构基础渐趋巩固，对于银号钱庄之增资改设银行，予以限制。卅二年三月，财政部以渝钱字第三七七八五号训令通令钱业公会，谓此后银号钱庄之欲增资改称银行，除合并三家以上银号钱庄，改组为银行得予核准外，概不得单独增资改称银行。嗣参酌各地金融情形，乃于卅三年一月增订银号钱庄改组为银行办法四项：（一）重庆、昆明二地，凡已注册之银号钱庄，增加资本改组为银行者，至少应实收资本一千万元；（二）成都、西安、桂林、贵阳、康定、曲江、兰州、内江、宜宾、万县、柳州、江津、合川、南充、自贡、资中、遂宁、泸县、乐山、雅安、达县、梧州、温州廿五处已注册银号钱庄，增加资本改组为银行者，至少应实收资本五百万元；（三）除以上二项所列地点以外，其余各地注册银号钱庄增资改组为银行者，应实收资本二百万元；（四）如遵照卅三年三月渝钱字第三七七八五号训令，合并已注册银号钱庄三家以上改组为银行者，得不受前三项地点、资本额之限制。惟自上项办法施行以来，往往有藉顶替牌号增资改组为银行者,与财部立法本意不符。为矫正流弊起见,乃于卅四年三月六日将上项办法取消,并规定已呈请增资或合并改组为银行、未经核发营业执照者,一律不得改用银行名称,以示严格限制增设商业银行之意。新《银行法》公布后,复加宽放,凡钱庄资本合于规定银行资本额者,得改称银行。

二、存款之管制

银行存款管制,始于《储蓄银行法》。如第九条规定,储蓄银行至少应有储蓄存款总额四分之一相当之政府公债、库券及其他担保确实之资产,交存中央银行特设之保管库,为偿还储蓄存款之担保。战时为控制信用起见,乃有存款准备金之缴存。惟政府对存款管制,固不仅在于控制信用为已足,因此管制方法亦有多端。

缴存保证准备金

保证准备金,初为存款准备金,《管理暂行办法》第三条即规定:银行经收存款除储蓄存款应照《储蓄银行法》办理外,其普通存款应以所收存款总额百分之二十为准备金,转存当地中、中、交、农四行任何一行。三十一年七月十六日渝钱稽字第三〇七四六号训令改由中央银行集中收存。在无中央银行地方,由该行委托中、交、农三行之一办理。《管理银行办法》公布后,规定银行经收普通存款,活期应按百分之十五至百分之二十,定期应按百分之七至百分之十五,以现款缴存准备金于中央银行或其指定代理银行。缴存率既有变更,事实上银行受惠仍少,因活期仍按百分之二十计算,定期虽改按百分之十五,但银行定期存款在存款中所占比重甚微。及新《银行[法]》施行,规定商业银行、储蓄银行、信托公司、钱庄,应按活期百分之十至十五,定期百分之五至十,实业银行应按活期百分之八至十二,定期百分之五至八,缴存保证准备金于中央主管官署所指定之银行。此项保证准备金得以公债、库券或国家银行认可之农工矿业或其他生产、公用、交通事业之股票或公司债抵充。惟今日财政部仍规定,活期按百分之十五,定期按百分之十,一律以现金缴存。

提存付现准备金

"付现准备金"事实等于库存。其名称始见之于新《银行法》。据规定各类银行最低之付现准备金比率为:商业银行、信托公司、钱庄均为活期存款百分之十五,定期存款百分之七;实业银行为百分之十二及百分之六;储蓄银行为百分之十及五。

禁收机关存款

初财部迭据报告,各机关间有将公款提存国库以外之其他银行者,嗣又据报各地银钱业特别提高存款利息,收受军政及国营事业各机关存款者,因于三十二年九月廿六日渝钱稽字第四三九六六号训令,通饬各地银钱业公会,转行各商业行庄,一律不得收受军政及国营事业机关存款。

存户限用本名

财部为监督银钱业,对于存款户名限用本名起见,特于民卅六年五月十二日公布《存款户限用本名推行办法》规定:(一)行庄应以书面通知以堂名、记号为户名之存款户,克即依照姓名使用限制条例之规定,洽改本名;(二)行庄于存款户开户时,应嘱存户将其真实姓名、职业及详细地址,在开户申请书内详细填注,不得遗漏。如系商号存款,并应填明负责人姓名及地址。

三、放款之管制

放款管理,最初本限于对他银行之放款及本地银行股票之押款。如旧《银行法》第十一条规定:"银行不得以本银行股票作借款之抵押品。"第十一条规定,银行放款收受他银行之股票为抵押品时,不得超过该银行股票总额百分之一。如对该银行另有放款,其所放款额,连同上项受押股票数额,合计不得超过本银行实收资本及公积金百分之十。及《储蓄银行法》施行,对放款正式加以限制。如(一)以同一公司发行有价证券为质之放款,不得超过该公司已缴资本及公积金总额十分之一;(二)以继续有确实收益之不动产为抵押之放款,不得超过其存款总额百分之一;(三)以他银行定期存单或存折为质之放款,不得超过其存款总额十五分之一;(四)购入他银行承兑之票据,不得超过其存款总额二十分之一;(五)以农产物为质之放款,与对于农村合作社之质押放款,其总额不得少于存款总额五分之一。惟此项规定亦过于苛细,无法认真做到。抗战期间对银行放款,虽不若过去之详定比额,但法令亦甚繁多。最著者为民卅一年五月二十一日财部公布之《管理银行抵押放款办法》及《管理银行信用放款办法》,兹依此分类,并参入其他法令,分析如后:

甲、抵押放款

一、放款对象　初财部于民二十九年三月二十六日渝钱银字一四四四六号训令,规定各银钱行号对于货物押款,应注意请求押款人是否为该行业正当商人。如不能确定其为本业正当商人,应即予以拒绝。《管理暂行办法》规定:银行承做以货物为抵押之放款,应以经营本业之商人、并加入各该同业公会者为限。民卅五年《管理银行办法》除有同样规定外,并进一步规定:贷放应以农工矿生产事业、日用重要物品之运销事业(日用重要物品之范围由财政部商同经济部订定之)、对外贸易重要产品之运销事业为主要对象。

二、填报用途　《管理抵押放款办法》规定,银行应责令押款户填送《借款用途申明表》及《营业概况表》,以备抽查。个人抵押借款得免送《营业概况表》。三十六年二月《加强金融业务管制办法》规定,银行放款必须逐笔记载其用途,以备查核。

三、押品范围　押品范围之规定,始于《管理银行抵押放款办法》,可以抵押之证券、物品为:(一)有价证券;(二)银行定期存单;

(三)栈单、提单、商品或原料。但另经主管机关定有管制办法者,应依照各该办法办理。

四、禁押物品　民二十九年三月训令规定,川、黔两省境内各银行钱庄,应即停做粮食押款,其已承做者并限令押款人取赎。《管理抵押放款办法》规定,不得以(一)本银行股票;(二)禁止进口物品;(三)违反禁令物品;(四)容易腐坏变质物品为押品。民卅二年十一月四日渝钱己字第四五二五七号训令,禁止行庄不得以美金公债及美金节约建国储蓄券为抵押品放款。民卅三年三月间,禁止行庄不得以金类为质押放款。同年十一月间,训令银钱公会转知各行庄,严禁以粮食为抵押之放款。民卅五年《管理银行办法》,禁止承受本银行股票为质押品。

五、放款数额　《管理暂行办法》规定,每户放款数额不得超过该行放款总额百分之五。但工矿业以原料为抵押,经主管机关证明,确系适应生产需要者,不受上项放款数额之限制。《管理抵押放款办法》根据此项意旨规定:银行承做抵押放款,如系承销国家专卖物品之商号,及受国防或经济主管机关委办事业,或增加日用必需品生产之厂商,经各该机关证明报由财政部特准者,不受放款数额之限制。又以附有担保单据之票据承兑及贴现方式之放款,得不受暂行办法百分之五之限制。民卅五年《管理银行办法》规定,银行对农工矿商之贷放,不得少于贷放总额百分之五十。又规定收受他银行股票之押款,连同对该银行另外放款,合计不得超过本银行实收资本及公积金百分之十。民卅六年四月十一日财部京钱庚三字第三一六六四号代电,重申商业银行对农工矿商之贷放,不得少于贷放总额百分之五十之标准,并注意借款客户所借数额是否与其业务相称。及新《银行法》公布,规定商业银行、钱庄以不动产为抵押之放款总额,不得超过存额总额百分之十五;实业银行、储蓄银行、信托公司不得超过百分之三十。

六、借款期限　《管理暂行办法》规定,放款期限最长不得超过三个月。已届期满请求展期者,应考查其货物性质。如系日用重要物品,应即限令押款人赎取,不得展期。其非日用重要物品押款之展期,以一次为限。但工矿业以原料为抵押,经主管机关证明确系适应生产需要者,得不受上述之限制。《管理抵押放款办法》根据此项意旨规定:银行承做抵押放款,如系承销国家专卖物品之商号,及受国防或经济机关委办事业,或增加日用必需品生产之厂商,经各该主管机关证明报由财政部特准者,得不受借款期限之限制。民卅五年《管理银行办法》规定:银行对于农工矿生产事业之放款期限,最长不得超过一年;其余放款期限,最长不得超过六个月,展期均以一次为限。民卅六年四月十一日财部代电,令行庄应注意借款客户之借款时期,是否与其业务相称。及新《银行法》公布,规定抵押或质之放款期限,商业银行与钱庄不得超过一年;储蓄银行不得超过二年;实业银行与信托公司则未加规定。

七、押品折扣　历来管制法令对抵押品之折扣,均无规定。及新《银行法》公布始规定:银行放款以不动产或动产为抵押或质者,每次放款之数,不得超过其抵押物或质物时价百分之七十。对于为抵押之不动产已设定其他债权者,应合并计算,仍不得超过其时价百分之七十。

乙、信用放款

一、信用对象　《管理信用放款办法》规定:(一)个人信用放款,除因生活必需、每户得贷予两千元外,其余一律停做。(二)工商各业信用放款数额在五千元以上者,应以经营本业之厂商,已加入各该同业公会、持有会员证,并取具两家以上曾在主管官署登记之殷实厂商联名保证其到期还款,并担保借款系用于增加生产或购运必需品销售者为限。新《银行法》规定:银行不得对本行负责人或职员为任何方式之信用放款。

二、填报用途　《管理信用放款办法》规定：银行应责令借款人于申请借贷时，除依照规定办法办理外，并应填具《借款用途申明书》及《营业概况表》。三十六年二月《加强金融业务办法》规定，银行放款必须逐笔记载其用途，以备查核。

三、放款期限　《管理信用放款办法》规定：最长不得超过三个月，已届期满请求展期者，得查明需要情形，以展期三个月为限。但如系承销国家专卖物品之商号，及受国防或经济主管机关委办事业，或增加日用必需品生产之厂商，经各该机关证明报由财政部特准者，得不受借款期限之限制。新《银行法》规定信用放款期限，商业银行、钱庄及储蓄银行，不得超过六个月。

四、放款数额　《管理信用放款办法》规定，银行承做工商各业信用放款，每户不得超过该行放款总额百分之五，各户总计不得超过百分之五十。新《银行法》规定各类银行信用放款，商业银行不得超过存款总额百分之二十五，储蓄银行百分之十，钱庄百分之五十。

四、其他之管制

政府管制银行之基本用意，除在配合战时金融政策外，对行庄之投机囤积，更多方面加以防止。仅在基本上对银行受信业务加以收缩。如交存存款保证准备金，及限制授信业务，使不致滥行贷放外，尤恐行庄高利吸收存款，高利贷放，或利用存款经营商业，或利用买汇为名而达放款之实。因此复对利率、汇兑、投资等加以管理。

管理存款放款利率

抗战以后，利率逐渐增高，因之民卅年底财部核定比期存放款管制办法，规定比期存款之利率，由当地银钱公会于每届比期前二日，报请当地中央银行核定之。比期之日拆按日计算，亦不得超过本比核定之利率，比期放款之利率不得超过当地该届比期存款利率二厘。民三十五年二月十六日，国府公布《银行存放款利率管理条例》，规定：（一）银行存款利率不得超过放款利率。放款之利率最高限度，由当地银钱业同业公会斟酌金融市场情形，逐日拟订同业日拆及放款日拆两种，报请当地中央银行核定，牌告施行。（二）未设中央银行地方之银行放款利率，以距离最近地方中央银行牌告为标准。（三）银行放款利率，超过当日中央银行牌告日拆限度者，债权人对于超过部分无请求权。新《银行法》中亦有同样规定。

规定经营汇兑办法

管理汇兑，始于《管理暂行办法》。当时规定银行承做汇往口岸国币汇款，以购买供应后方日用重要物品、抗战必需物品、生产建设事业所需之机器原料，及家属赡养费之款项为限。卅三年五月卅日财部以渝庚三字第五一六一九号训令，颁行《银行经营汇兑业务办法》六项。关于买入汇款，无论即期或定期，应以买入同业汇款为限，其买入普通工商业或农业汇款，以合于非常时期票据承兑贴现办法规定之承兑汇票为限。至汇出汇款业务，无论信汇、票汇或电汇，不得于汇款人未将汇款交到以前，先行汇解。如须为汇款人先行拨垫一部或全部款项时，应先将拨垫款项依照规定办理放款手续后，再行办理汇解手续。

禁止直接经营商业

旧《银行法》规定银行不得为商店或他银行、他公司之股东。抗战期间，银行颇有利用吸收之资金从事商业者。因之《管理暂行办法》乃明白规定：银行不得经营商业或囤积货物，并不得设置代理部、贸易部等机构，或以信托部名义另设其他商号，自行经营或代客买卖货物。三十五年四月公布《管理银行办法》，亦有同样规定。民卅六年二月《加强金融业务管制办法》，规定任何银钱行庄，非经政府委托，不得经营物品购销业务，违反者以囤积居奇论罪，并得吊销其营业执照。同年四月十一日，财部以京钱庚三字第二一六六六号代电，重申银行不得直接经营商业之禁令。新《银行法》规定，银行不得经营其所核准登记业务以外之业务。

督导投资生产事业

《管理暂行办法》第四条规定：银行运用资金，以投放于生产建设事业暨产销押汇、增加货物供应，及遵行政府战时金融政策为原则。但银行扶植生产建设事业时，如不用贷款方式通融资金，而直接投资为股东者，若不妥加限制，一旦遇有经济恐慌发生，必将动摇银行基础。财部乃与卅一年三月二十三日以渝钱行字第二七八五八号训令，规定银行投资生产事业公司入股办法：银行投资于各种生产建设事业，加入该事业之公司或厂号为股东时，除依照《公司法》第十一条限制，不得为无限责任股东，如为有限责任股东，其所有股份总额不得超过银行实收股本总额四分之一，并须先行呈经财政部核准后，方得入股，以资覈实。如在规定以前已有上项投资者，并应开具清单，胪列事实，补行呈准，以完手续。卅五年《管理银行办法》则规定：银行不得为商店或他银行、他公司之股东。但经财政部之核准，得投资于生产建设事业。新《银行法》中，则规定商业银行及钱庄购入生产公用或交通事业公司之有限责任股票，其股票购价，每一公司不得超过其存款总额百分之二，总额不得超过其存款总额百分之二十；实业银行购入农工矿业及其他生产公用或交通事业公司之有限责任股票，其股票购价，每一公司不得超过其存款总额百分之四，总额不得超过其存款总额百分之四十。但对于商业银行规定之比额，亦准用之。储蓄银行及信托公司之投资对象与实业银行同，但每一公司之比额为百分之二，总额为百分之二十五。

当日票据禁止抵用

当日票据禁止抵用，实始于民国卅六年。按是年财部七月十七日财钱庚二字第二九九八三号代电称：据查报各地行庄每有客户解入他行票据，于未兑收前即准抵现支用情事，非仅足以扩张信用，抑且足使行庄自身头寸匡计难周，弊端滋大，风险堪虑。故特分饬各地银钱业公会,转令行庄遵照纠正。嗣财部据而正式颁行办法,禁止票据当日抵用。银钱业、工商业因此事影响工商业资金之周转,一再颁请收回成命,未蒙允许。后金融业拟订在限额内,得随时抵用之《抵用透支契约办法》,但行庄亦得随时停止抵用。此点未邀许可。因于卅七年六月一日起规定,除银行本票、汇票、解条、保付支票外,一律不能抵用。不意禁止抵用之后,工商业纷纷使用本票,致行庄本票泛滥市场,当局深觉未妥,乃规定每日本票余额应提存中央银行或票据交换所,并规定采行抵用透支契约焉。

五、管制机构之演变

民国卅一年二月,财政部为实施银行检查,特于钱币司添设稽核室,专主其事。嗣为加强管制,于卅一年七月廿四日公布《财政部银行监理官办公处组织规程》、《财政部银行监理官办公处办事细则》及《财政部派驻银行监理员规程》。决定先在成都、内江、万县、宜宾、桂林、昆明、贵阳、衡阳、曲江、西安、兰州、金华、屯溪、永安、吉安、洛阳等十六处设监理官;监理官所在地设监理官办公处。监理官之职掌为:(一)事前审核行庄放款业务,事后抽查放款用途;(二)审核行庄存款、汇兑等表;(三)督促行庄提缴普通存款准备金及储蓄存款保证准备金;(四)检查行庄账目,并会同主管官署检查向行庄借款厂商之账目;(五)报告行庄业务状况;(六)调查报告经济金融状况;(七)向部建议金融应行兴革事项;(八)其他部令饬办事项。惟监理官管辖区过于广阔,不易严密执行职务,故另于各省地方银行及重要商业银行,设置派驻银行监理员,常川驻行办公,以便随时监督驻在行之业务。

民卅三年十一月廿八日,国家总动员会议通过《加强银行管理办法》九条,将各区银行监理办公处,改为某某区银行检查处,负责检查各地中国、交通、农民三行,中信、邮汇二局,当地省银行及各商业银行之业务。各区银行检查处设处长一人,由财政部派充;副处长一人,由当地中央银行经理兼任;以下秘书、稽核、办事员等仍由财部派充。所有待遇比照银行人员办理。经费则由中央银行负担,作正式开支。卅四年四月行政院第六六八三号指令照准《财政部授权中央银行检查金融机构业务办法》十三条,于中央银行内增设金融机构业务检查处。该处遂于六月一日正式成立,各区银行检查处则于五月底一律撤销,同时过去颁行之监理章则,均告废止。

民卅五年,中央银行常务理事会决定,将金融机构业务检查处与稽核处合并为稽核处,所有财部授权办法检查全国金融机构业务,自十月一日起由稽核处继续办理。民卅六年十二月初,财部为防止各地金融机关之投机及非法活动,颁行《金融管理局组织规程》十四条。规定于上海、天津、广州、汉口四地设置金融管理局,其职掌为:(一)国家行、局、库暨其信托部或其他财政机构之放款、汇款、投资,及其他交易之审查及检举事项;(二)省市银行、中外商业银钱行庄、信托公司、保险公司、信用合作社及其附属机构,或其他经营金融业务之行号之放款、汇款、投资,及其他交易之审查及检举事项;(三)银钱业联合准备委员会及票据交换所之督导及检查事项;(四)政府机关及国营事业机关违背公款存汇办法之检查及取缔事项;(五)非法金融机构之检举及取缔事项;(六)黄金、外币、外汇非法买卖之检举及取缔事项;(七)金融市场动态之调查及报告事项;(八)其他财政部命令饬办及中央银行委办事项。

金融管理局之工作,其管制对象大为扩展。不但民营金融机关在其管理之列,即国家金融机关及事业机关亦与焉。惟范围过大,亦难作周密之管制,兼之地域亦限于四大都市,其余各地仍由中央银行分行检查课负责。未来演变,固难逆料也。

(《兴业邮乘》复第 42 号、第 43 号)

叶景葵 / 撰
柳和城 / 编

叶景葵文集（中）

上海科学技术文献出版社
Shanghai Scientific and Technological Literature Press

文 存 三

刍 牧 要 诀

(1900年)

养绵羊要诀

养羊大约十雌一雄,则孕育以时。少则不孕,多则乱群。

绵羊不可一日缺食,冬饥一日夏必死,夏饥一日冬必死。

养羊十一只,如自己买叶喂,每日约须枯叶干草四十觔。

养羊十一只,每年可得肥粪三万觔;若填土勤换,尚不止此数。

羊性喜燥恶湿,垫窠常要干燥,每日换愈勤愈好。

羊食毕,必与清水。如无河水,亦须好甜水。

羊性好抢食,恃强者为胜,不顾其子。小羊十余觔以外,已离乳者,另棚饲之。

羊指甲内,每患有虫食毛。如见羊腹上毛有伤损,即捉住剪其指甲捉虫,否则患脚软而毙。

羊又怕生虱。羊圈上多挂荞麦秆,可以去虱。

养山羊须三雌一雄。

羊性好食桑叶。桑树壅羊粪,则叶格外肥大,养蚕必旺,故养羊之家,不可不种桑。

羊性喜盐。圈中多挂竹筒,中盛盐,下凿小孔,令盐汁下渗,羊可时时舐之。

春夏宜早放,秋冬宜晚放。

春夏宜早收,收迟遇午热汗出,有尘入肤,即生疥癞。

秋冬如放得太早，吃露水草，口生疮，鼻生脓，或腹泻。

凡羊生癞，炒荞麦子为黑灰，和白矾硫黄，用香油调匀，先刮去癞，再上药即愈。

羊栈宜高干，蹄久在泥中，则生茧，并生癞。

羊毛一年剪两次：四月剪一次，夏不热；八月再剪一次，令长毪过冬。

防牛瘟要诀

凡牛有病，必发热，发热后必倦怠垂头。约经一二日，唇内面及牙床、阴户等，必现红色，胃闭不食，自眼鼻口漏稀液，发湿，咳嗽，呼吸渐粗。约经三四日，下痢，病愈进，眼鼻口之稀液愈多，呼吸愈频，下痢愈甚，终虚脱而死。

预防之法，当此时疫流行，不可借用他家病牛之器具，又不可将他处之畜，牵入自己牛栏。牛栏中污藁粪尿，时时出之舍外，用灰土垫干；又时时烧硫黄，以去舍内恶臭，令栏内清洁干燥，风气疏通。所有刍料，须用煮熟沸过一二次者，饮料用极净甜水。

牛最喜洁，牛尾尤不可稍沾污秽。喂养之所，地下须开一沟，令牛尿可以流至别处。总宜十分干净，而牛身及尾，务须时常洗刷。

牧猪要诀

猪性不尽愚蠢，能自救，能附群而取暖，能互相保护其子，可见亦有知觉也。

人谓猪性好秽，此大不然。猪当暑月辗转于污泥之内，乃其性畏热，以此冷其身，且以避蝇耳。观其寝处之地，必择美好洁净之处而后眠，然则猪实好洁之兽也。

猪怕冷，冷则聚群以取暖。冷气将至，彼常舍食而急返其圈，故养猪必择和暖之地。

凡猪有病,欲捉而验之,必须用法擒捉,不可粗鲁猛烈。盖猪不易捉,捉之太猛,或挣扎求脱,或叫喊异常,其病必更增,反为不美也。

畜猪之处,宜四面通气,干燥和暖而广阔为要,小猪尤以地方和暖为要。

猪非肉食之兽,与以余骨零脏等物,虽食之亦不长肉,其性亦不好也。

酒糟养猪,最能长肉,惟肉不结实耳,然亦不能多喂。

猪圈宜南向,以能避大热大冷为佳。

潮湿冷冻之地,万不可养猪,犯之则猪必生抽筋症,或痢症。猪圈之顶,须两边卸水,而檐口当有槽,以接去雨水,勿得溅湿猪圈。凡猪圈宜多设窗门,天气清亮则开,或冷或雨则闭。猪圈之地宜斜侧,所以避雨水。

圈内地面,以柱石架之,须有空眼,以渗去尿水,谓之地台。或用砖,或用木,砖砌者不如木砌者之良,因砖砌者虽加禾草,猪仍受冻。用木则暖,且木有空眼,可以漏水,且能通气。

猪圈宜有地三所:其一睡所,其二食所,其三厕所。厕所在至低之地,睡所在至高之地。

猪圈宜近水,以便澡洗。盖猪之食饮,每以前脚踏入食槽之内,易于污其身也。

饮槽宜每日换清水二次。

食槽食毕,宜洗净再添。

生子早者身必弱,须生十二个月后方可配,至早则十个月。雄猪则生十八个月方可交。

母猪多孕,每至难产,辛苦异常,甚则将尿胞带出。斯时即当用暖水将尿胞洗净尘土,再纳入之。或临产时,其子已出,而与子俱出之脐带,若染尘土,亦可用暖水洗净而纳入之。

猪性最嗜青草。

猪产后如有发冷发热之病,当用煮熟之物饲之,少与而常喂,恐其不消化也。切不可用腐败之物、与水太多之物。

小猪断乳时,每十二时辰须食五六次,每十日减一次,再七日又减一次,减至每日三次而止。更有善,以硫磺或朴硝少许,用滚水和匀,杂在食物内饲之,可以免病。

凡欲使猪无病者,每数日内,当以毛刷刷洗其身,则猪清净无病矣。

猪在圈内,当三日一次以木炭与之食,因猪不食炭,其胃不舒爽也。

凡腐烂恶臭之物,不可与猪食。

猪喜食盐。隔数日,食物内当撒盐饲之,不可太多。

喂猪须有一定时刻。

喂猪必当换物饲之,不可专食一物,则能增其胃口,胃强则少病。

喂猪不可令其过饱,食足而止。

凡喂猪得诀,每只可重七百觔之谱。

凡传种之猪,必须极大极雄壮之雄猪,母猪须选无病者。寻常母猪,一生八九子,即为至多。

(《叶景葵杂著》,第 346～351 页)

跋(1941 年 2 月)

此册亦于光绪己亥、庚子间草《太康物产表》时,谘询老农所得,并非泛泛抄录者。其所言,皆父老口耳相传,或验或不验,必历试而后定,不可以其简略而忽之也。辛巳正月,景葵记。

(《卷盦书跋》,第 97 页)

地 学 问 答[①]

(1900 年)

孙江东原著　叶景葵修订

序

就是说做这部书的缘故

这书是独头山人做的,刻在《杭州白话报》中。存晦居士看了,甚为佩服。但是,《杭州白话(报)》有同北方不对的,所以动笔改了一番,也有添的,也有去的。原书共七章,现在添成九章,又添了几个图,重新刻板。独头山人自记道:我们处这世界,第一要开民智,我只望列位看了这书,一切智慧全都开发。便有人说这书做得不好,说得不明,我是情愿受的。存晦居士重刻这书也是这个意思。存晦居士记。

第一章　地球的样子

问　地是什么样子?

答　是平圆的,同福橘一样,所以叫做地球。

问　有什么证据呢?

答　有四个证据。

[①] 根据上海图书馆藏稿本整理。稿本封面有叶景葵先生手书题签:"地学问答　杭州白话报原本　杭县孙江东著　景葵删改印行稿本"。又内封题签:"杭州白话报原本　地学问答　仁和叶氏重刻"。叶氏删改原《杭州白话报》印本之上,大段增补则用别纸书写,钉入相应地位。第二、第三章基本上系叶氏新增。稿本内封前叶景葵先生撰于辛巳春(1941 年 4 月)的题跋。——编者

问　第一个什么证据？

答　譬如我们从上海动身，坐了海船，带了罗盘，一直向西去，过了大洋，又过了外国，一年两年仍旧回到上海了。

问　第二个什么证据？

答　我们立在海岸边，看海里的船，才出口的时候看见船的全身，渐渐看见半身，后来只看见桅杆了。又譬如一只轮船，才从外洋进口，起初看见船的桅杆，渐渐看见半身，后来连船的全身都看见了。这是什么缘故呢？因为地是圆的，去的船渐渐向下面低下去了；来的船渐渐向上面露出来了。所以晓得地是圆的。

问　第三个什么证据？

答　人在平地上，只能看见近处，倘然走到那顶高的山上，连那外府外省都看得见。我晓得你们必定怨眼光不好，这是错了。若说眼光不好，应该拿千里镜对着远望，连那外府外省都可看见，为什么不能看见呢？因为地是圆的。

问　第四个什么证据？

答　你们碰着那月蚀的时候（俗话天狗吃月亮），月亮里面有一个圆的黑影，这便是地球的影子。

问　这四个证据是的确不错么？

答　这是明白的人都晓得的，都亲眼试过的，并且孔夫子以前的圣人同贤人都如此说，不是凭空捏造的。

第二章　地球的行动

问　有说地是动的，有说地是不动的，究竟那一说不错？

答　从前孔夫子的时候，那一班圣贤都说地是动的，我有许多古书可以考据。但是后来的人，不能够晓得地动的道理，所以说地是不动的。到了现在，那明白的人都相信地动这一说不错。

问　地为什么能动呢？

答　因太阳的热气比地还大,把我们所住的地球平空吸起,行动起来。

问　地有几种动法？

答　有两种动法。

问　第一种什么动法？

答　叫做日动,那地依了中心从西面向着东面自己转动一回,却要二十四点钟,便合着一日一夜。

问　第二种什么动法？

答　叫做年动,那地围着太阳转动一圈,却要三百六十五日零五点钟四十八分,便合着一年了。

问　除地球以外还有围着太阳走的么？

答　还有行星围着太阳行动。

问　行星能同地球比吗？

答　行星还有比地球大的,地球就是行星里的一个星,如果在星里看地球,同在地球上看星是一样的。

问　行星共有多少？

答　现在已经看见的最大的行星共有八个。

问　什么名字？

答　第一个叫水星,第二叫金星,第三就是地球,第四叫火星,第五叫木星,第六叫土星,第七叫天王星,第八叫海王星。

问　第一第二什么分别？

答　第一离太阳最近,第二远些,第三又远些,以后一个远似一个。

问　月亮也一样吗？

答　月亮是围着地球走的,一个月走一圈。

问　地球围着太阳走,远近有一定吗？

答　两面离太阳近,两面稍远些。

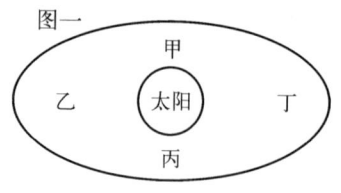
图一

问　什么道理？

答　地球走的路是一个长圆的圈子（文话叫做椭圆,这圈子的线叫轨道）。譬如第一图上画的,甲字丙字处离太阳近,乙字丁字处就离得稍远了.

地球走到甲字处是春分,乙字处是夏至,丙字处是秋分,丁字处是冬至。

问　究竟离太阳多少里？

答　牵匀算来,合英国的里数约九千三百万里（一英里合中国二里又三百二十丈四尺八寸六分五厘）。

问　我们立在地上,为什么不觉得动？

答　譬如地球是个橘子,橘子上有无数蚂蚁,走来走去,就把橘子颠倒过来,蚂蚁也照常行动,何曾觉得动呢？况且人在地上,比蚂蚁在橘子上还小,所以地球转动我们不觉得。

问　既说地是动的,为什么地上的各样物件,不会掉下来呢？

答　现在考究地学的,说道地的中心有一种力气叫做摄力（摄字作牵字解）。这种力气能够把地上的各样物件暗暗牵住,如同牵牛牵马一般。

问　为什么不觉得呢？

答　这种摄力我们看不见的,你看那一块吸铁石,正在吸针时候,何尝看见这一块铁发出一股气来,去引那尖尖的针？我且问问你们,为什么我们学纵跳的工夫,虽然跳得很高,总不能不下来？这便是被地心摄力牵住了。

第三章　地球的算法

问　如将地球分开,有几种名目？

答　有东半球、西半球、上半球、下半球、北极、南极、赤道、黄道、北极圈、南极圈、子午线、经度、纬度各样名目。

问　怎样叫东半球？

答　若把地球从上到下直分两半，东面叫东半球，西面叫西半球。

问　南北极怎么讲？

答　地球顶上一点叫北极，底下一点叫南极。

问　南北极离多少远？

答　从上往下一直算，离八千英里，就是地球的厚（文话叫直经）。

问　赤道怎么讲？

答　在地球南北正中地方，平画一圈叫赤道，就像第二图从甲字到乙字的那一条线。

问　赤道一圈多少长？

答　长二万五千英里。

问　黄道呢？

答　在赤道上面的叫北黄道，在赤道下面的叫南黄道，就像第二图从丙字到丁字，又从戊字到己字的那两条线。

问　南北极圈呢？

答　离北极不远的地方，周围画一圈叫北极圈，下面的叫南极圈，就像第二图从庚字到辛字，又从壬字到癸字的那两条线。

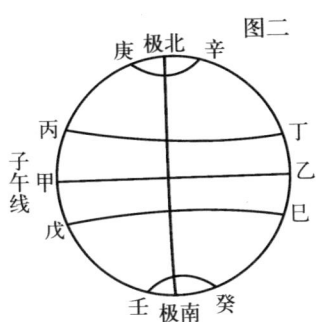

这画的是东半球，那面叫西半球，都是一样的。

问　怎么叫子午线？

答　起北极到南极，周围画一圈叫子午线，就像第二图正中间的那条直线。

问　经度呢？

答　子午线东边的直线叫东经度，西边的叫西经度。

问　经度二字怎么讲？

答　度字作道字讲，经字作直字讲，譬如说一道一道的直线。

问　共有几道？

答　周围共三百六十道。

问　怎样画法？

答　把地球周围画一百八十个子午圈，两面合算便是三百六十道。

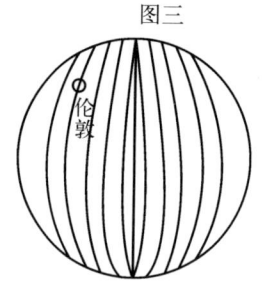

图三

问　子午圈画这许多，究竟那一条算正中？

答　从前美国京城邀请各国讲究天文的，大家议定就把英国京城名叫伦敦的地方当作正中子午线。看第三图便知。

这图上黑点就是伦敦，因为地方小，所以一度当十度用。如果照算法推起来，一度应该分作六十分，一分还要分作六十秒。

问　纬度怎么讲？

答　纬字当横字讲，譬如说一道一道的横线。

问　怎样画法？

答　从赤道往上到北极为止，分做九十度，再照样往下到南极为止，又分做九十度，两道合算也是三百六十度。看第四图便知。

这画的也是一度当十度用。

问　地球上本来没有这几道线，如何凭空画出来？

答　我且问你，譬如走到大海当中，望不见岸，又不懂算度数的法子，你晓得离岸多少

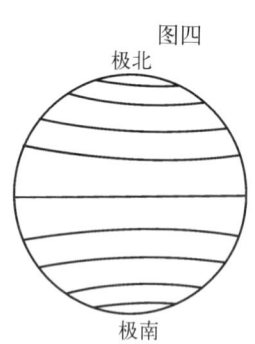

图四
极北
极南

远呢？所以地学家依着天文的道理，把地球分出度数来，无论走到哪里，用仪器一试（仪器是算天文地理的家伙），就晓得这个地方是东西几度几分（就是经度），南北几度几分（就是纬度），一点不会错的。这就是画这几道线的用处。至于怎样画法，你们将来学了便知，我且按下不说。

第四章　一年四季的道理

问　春夏秋冬是什么缘故？

答　这是地球绕着太阳永远歪斜的缘故。

问　这话怎讲？

答　你且想想，如果地球朝太阳是笔正的，应该一年的太阳都正对着赤道，地球各处的冷热永远一样的了。

问　哦，有道理。究竟怎样？

答　你看第五图，上边是春分时候的样子，这时候太阳光直照在赤道线当中，两边同黄道碰着，北极南极都看得见太阳，各处的日夜长短一样，冷热也一样。过三个月便至夏天了。你看图的左边就是中国夏至时候的样子，这时候太阳光直照在北黄道线，上半球天气甚热，北极看见太阳几十日不落，南极看不见太阳。赤道上面地方日长夜短，到夏至是顶长的日子．所以北黄道又叫昼长圈线，因为太阳到了这线便回头了。再过三月就是秋天。你看图的下面。

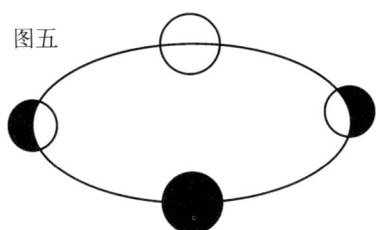

图五

问　下面画的地球为何全黑？

答　白的是太阳照着的，就是白天；黑的是太阳照不着的，就是夜里。下边的球是朝着那面,所以只能画全黑的,太阳照着的地方同春分一样。所以秋分时候日夜长短也一样,各处冷热也一样。

问　右边的呢?

答　右边是中国冬至时候的样子。太阳直照在南黄道线,下半球天气甚热,中国便冷了。南极看见太阳几十日不落,北极看不见太阳。赤道下面地方日长夜短,中国就日短夜长了。所以南黄道又叫昼短圈线,因为太阳到此渐渐回头,日子也渐渐长了。这都是就中国地方说的。

问　如此说,各处的节气不同了?

答　中国在东半球的上半球是冬天,西半球的上半球也是冬天,下半球却是夏天。我们冬天的时候,下半球是夏天,西半球的上半球也是夏天,下半球却是冬天。只有春秋二季两面一样,不过这边叫春天,那边该叫秋天。细看第五图便知。

问　依这道理,地面上的冷热应该分出段落来?

答　有的,叫做热带、温带、寒带。

问　怎叫热带?

答　从北黄道起到南黄道,这叫热带。

问　怎叫温带?

答　从北黄道起到北极圈止,叫北温带;从南黄道起到南极圈止,叫南温带。(温是天气温和的意思。)

问　怎叫寒带?

答　北极圈里面叫北寒带,南极圈里面叫南寒带。

问　中国在那一带?

答　在北温带。

第五章　天然的界限

问　地是什么造成的?

答　是陆地（就是旱路）和水穿插而成的。

问　陆地和水是什么比较？

答　大约把地分作四份，陆地占一份，水占三份。

问　陆地有多少名目？

答　叫做洲、岛、海岸、岬、地峡、溪谷、平原、山、火山、沙漠。

问　洲是怎么讲？

答　是顶大的陆地。

问　地球上共分几洲？

答　分六大洲。

问　六大洲什么名目？

答　叫做亚细亚洲（又叫做亚洲）、欧罗巴洲（又叫做欧洲）、亚非利加洲（又叫做非洲）、奥〔澳〕斯大利亚洲（又叫做奥〔澳〕洲），这四洲是在东半球的。还有南亚美利加洲（又叫做南美洲），北亚美利加洲（又叫做北美洲），这两洲是在西半球的。

问　岛是怎么讲？

答　也是一块陆地，不过比洲小些。

问　岛分几类？

答　分陆岛、海岛两类。

问　为什么叫陆岛？

答　是近着陆地的，如日本国便是。

问　为什么叫海岛？

答　那海洋的中央突出一块陆地，这一块地便叫海岛。

问　地球上共有几岛？

答　不记（计）其数，也有数十个岛连在一处的，如南洋各岛便是。

问　海岸是怎么讲？

答　是陆地和水相连的地方。

问　岬是怎么讲？

答　是一块陆地突然伸出海洋，如同人脚一般，所以又叫做土股。

问　地峡是怎么讲？

答　是两大块陆地中间忽然缩小的地方，如同人腰一般，所以又叫做土腰。

问　溪谷是怎么讲？

答　比那平地略低的地方。

问　平原是怎么讲？

答　是陆地顶平坦的地方。

问　山是怎么讲？

答　比那平地高的地方。

问　火山是怎么讲？

答　那高山上面忽然喷出烟火同那石汁，便叫做火山。这种山，中国没有的。

问　沙漠是怎么讲？

答　白漫漫一片沙地，查顶大的沙漠是在非洲地方，那沙漠有九千里阔，三千里长。这种地方连山水树木都没有的。

问　水有多少名目？

答　叫做洋、海、海湾、海峡、河、江、湖。

问　洋是怎么讲？

答　是通流地球的咸水，分段最大。

问　地球上共分几洋？

答　分五大洋。

问　五大洋什么名目？

答　叫做太平洋、印度洋、大西洋、北冰洋、南冰洋。

问　海是怎么讲？

答　也是咸水,比那大洋小些。

问　海湾是怎么讲?

答　海水突进陆地的地方,如同人脚一般,所以又叫做海股。

问　海峡是怎么讲?

答　那两大股海水中间自然连络的地方,如同人腰一般,所以又叫做海腰。

问　河是怎么讲?

答　是一种淡水,流到陆地中央仍然能通洋海的。那河水才发的地方叫做河源,流入洋海的地方便叫河口。

问　江是怎么讲?

答　便是大河。

问　湖是怎么讲?

答　便是顶大的池荡,那湖的四面都有陆地围绕,这种都是淡水,也有是咸水的。

第六章　各国的位置

问　亚洲有多少国?

答　亚洲地段在六大洲中算是顶大的。可惜洲内各国除日本国外,都不能强大起来。现在已有大半土地被欧洲各国占去,我且依次说来。

中国　在亚洲近海的地方,京城叫做顺天府,统辖十八省,以外如满洲、蒙古、西藏、天山北路、天山南路,都是中国的地方。

日本国　是亚洲东面一个岛国,京城叫做东京。

高丽国　在亚洲近海地方,京城叫做京畿。

暹罗国　在亚洲近海地方,京城叫做邦哥。

波斯国　在亚洲近海地方,京城叫德墨(黑)兰。

阿富汗国　在亚洲,京城叫做客尔布,现算英国的保护国了。

缅甸国　在亚洲,起初是亚洲的大国,现算英国的保护国了。

安南国　在亚洲,起初也是亚洲大国,现算法国的保护国了。

俾路芝斯坦国　在亚洲,现算是英国的保护国。

以外还有印度、锡兰、亚拉伯、西比利亚,当初何尝不是国呢? 到了后来,那印度、锡兰归英国管了,亚拉伯归土耳其管了,西比利亚归俄国管了。唉,这不是亚洲不能自立的缘故么?

问　欧洲有多少国?

答　欧洲地方却也不大,但是现在有名望的国,大半都在欧洲,我且依次说来。

英国　是欧洲一个岛国,京城叫做伦敦。那开国时候只有三岛地方,现在土地日辟,连那亚洲、美洲、非洲、奥（澳）洲都有英国的属地,真算是地球上的雄国了。

法兰西国　在欧洲近海地方,京城叫做巴黎,以外亚洲、美洲、非洲都有归法国管辖的地方。

俄罗斯国　俄国地方跨有欧亚二洲,京城叫做圣彼得堡。

德意志国　在欧洲陆地的当中,起初没有立国的时候,原有二十六个国,内中算普鲁士国顶大。后来各国联合拢来,推普鲁士国为主,因此叫做德意志联邦,又叫做合众国。你们看那联字合字的意思,便晓得是不止一国了。京城叫做柏林。现在土地日大,连那非洲地方也有奉德国号令的。

奥国　在欧洲陆地的中央,起初也是两个国,一叫奥地利,一叫匈牙利,后来联合拢来,便叫奥匈合众国,京城叫做维也纳。

西班牙国　在欧洲近海地方,京城叫做马德里。现在亚洲、非洲地方都有西班牙国的属地。

意大利国　在欧洲近海地方,京城叫做罗马。现在非洲地方也有意大利国的属地。

瑞士国　在法、意、德、奥四国的中央,京城叫做伯尔尼。

荷兰国　在欧洲近海地方，京城叫做俺斯特坦。

比利时国　在欧洲近海地方，京城叫做比律悉。

丹麦国　在欧洲近海地方，京城叫做哥本哈根。

葡萄牙国　在欧洲近海地方，京城叫做黑（里）斯奔。

以上我所说的，都是现在顶有名望的国，其余小的弱的，如希腊、土耳其、罗马尼亚、蒲加利亚、塞非亚等国还有不少，我也不能细说。总之，欧洲地方虽小，却是你挨着我，我挨着你，都怕别人欺侮自家，因此个个想出自强的方法来，把自家的国牢牢保住。大家都是如此，还有什么胜败呢？便都要找寻新地，显显他自家的威风。唉，现在地球上面那些不能自强的国，不是都受了欧洲各国的管束么？

问　美洲有多少国？

答　美洲地方在西半球，四百年前没有人晓得这个地方。到了明朝孝宗弘治五年，却有一个奇人名叫哥伦布，他一生最喜游历。此回从西班牙国起身，过大西洋一直西去，走了三个月，找出一块陆地便离船上岸，同那处的土人做了许多交易。后来又从原路回来。彼此互相传说，英国的人也去了，法国的人也去了，西班牙国的人也去了，从此美洲地方便立出许多国来。

美利坚合众国　在北美洲近海地方，起初却是英国的属地。到了乾隆四十年间，出了一个顶公道、顶明白的人，叫做华盛顿。他因为英国看待他们十分暴虐，便联合十三邦的百姓共起义兵，两下战了八年，华盛顿胜了。从此美洲地方造起一个自立的国来，京城便叫华盛顿，这也是百姓记念他的意思。

墨西哥国　在北美洲近海地方，也是合众国，京城便叫墨西哥。

中央亚美利加国　内中却分五国，一叫瓜地麻剌，一叫闳都拉士，一叫三萨耳瓦多，一叫尼喀拉瓜，一叫科士他利加。这些国都在北美洲中央地方，也是合众国。

巴西国　在南美洲近海地方，也是合众国，京城叫做来约热内卢。

秘鲁国　在南美洲近海地方,京城叫做利马。

智利国　在南美洲西岸,地形狭长,京城叫做三的亚哥。

乌拉乖国　在南美洲近海地方,京城叫做蒙的维的。

巴拉圭国　在南美洲地方,京城叫做阿松桑。

其余如委尼瑞拉国、科伦比亚国、厄瓜多国、波利非亚国、阿根廷尼国,都是不著名的小国,我且按下不说。

问　非洲有多少国?

答　非洲地方没有能自立的国。有归欧洲各国保护的,有作欧洲各国属地的。近来也有一二国要想振作起来,但是力量不足,恐亦徒然。我且依此说来。

脱兰斯哇国　在非洲南面,向来是英国属地,现在要求自立,同英国打仗,虽然没有打胜,但是脱兰斯哇国人的意思,除非死了方肯干休,后来或能自立也未可知。京城叫做勃兰达利亚。

康哥自由国　在非洲康哥河地方。你道为什么叫自由国呢?大凡一个国,不受别国的压制,便叫自由国。这康哥国眼前虽受比利时国王的管束,但是康哥的人还能照着自家的主意去做事体,所以也叫自由国。

埃及国　在非洲东北地方,向来是很有名望的。因为自家不能振作,一切国事起初归土耳其国管理,现在又归英国管理了。京城叫做改罗。

巴巴理诸国　都在非洲近海地方,一叫摩洛哥,一叫阿尔及耳,一叫突尼司,一叫的黎波里。这几个国除出阿尔及耳是法国殖民的地方(把法国的百姓移到阿尔及耳地方,叫他渐渐的生长起来,要把阿尔及耳的土人都变作法国的人种,这便叫殖民地),其余三国,虽然都受别国的管束,也还有一半主意可以做事,这叫做半独立国。

阿比西尼亚国　在非洲,现在归意大利国保护。

其余还有苏丹、毛里削士、赖比里河,也都是不著名的地方,我且按下不说。

问　澳洲有多少国？

答　在太平洋、印度洋的中间,大小海岛统叫澳洲。洲内地方大半是英国的属地,据说现在百姓颇能发出爱国的心思,要想自立起来,但一时也不能成功的。

新兰威尔士国　在澳洲陆地的中央,首府叫做悉德尼.

维多利亚国　在澳洲东南地方,首府叫做美耳本。

坤士兰国　在澳洲东北地方,首府叫做勃力士边。

南澳洲国　在澳洲中央地方,南北近海,首府叫做阿德猎特。

西澳洲国　地占澳洲三份里的一份,首府叫做贝尔次。

达斯马尼亚国　在澳洲陆地东南地方,首府叫做哈巴登。

新西兰国　在澳洲陆地东面地方,首府叫做威林顿。

以上七国都是英国殖民的地方。

檀香山国　在太平洋的中央,京城叫做火奴鲁,现算是美国的保护国。

其余还有波利尼斯、美利尼西亚、马来西亚、马伊哥洛尼休,这些都是岛国,现在并不著名,我也不必细说。

第七章　人种的分别

问　人种是怎么讲？

答　小的花草,大的树木,为什么能生长起来呢？这便是未生的时候先下了种子,不久便要抽芽生叶,发出许多红红绿绿的花果来。我们这种人类也是一样。当说道一个人的身体,便是父母的血肉,那弟兄自然是分枝,子孙自然是果实了。但是地球上面人类数目,约计有一千五百兆(一百万叫做兆),若说把个个人的老祖宗考究出来,这也不胜其繁。却早有一班有名的人细细查察,知道现在人种应该怎么分别。这种学问便叫种学,讲究种学的人便叫种学家。

问　种学和世界上的事体有什么关系呢？

答　我们这一辈人为什么要保身呢？为什么要成家立业呢？你们必定说道，这是替祖宗扬些名，增些光。咳，是了。我现在要讲究这个种学，便是这个缘故。从前天地开辟时候，人和各种畜生同在一处。后来人渐渐强大起来，把各种畜生杀的杀，赶的赶，那畜生也便稀少。这便是向来争种的实据。现在有个有名人，姓严名复，他一生专讲究种学，说道世界上面，无论那一种活物，都有彼此争强好胜的心思。那个强横些，那个聪明些，自然胜了；那个弱些，那个蠢些，自然败了，这叫做争存（便是留种的意思）。外国种学家又说，好种和坏种争起来，那坏种必败，但是也有法子能把坏种渐渐改他好来。你们听我这句话，便要说人种是胎里生成的，怎么能改好呢？我便告诉你们，大凡强种的道理，第一要合群，如同一家的人，大大小小都合着心思做事，那家便兴旺起来。一国的人，上上下下都有爱国的心思，那国便能保住了。同种的人，男男女女都有留种的心思，那种也便能保住了。第二要开智，开智的工夫要从多看报多读书做起。报看得多，书看得透，自然聪明起来。聪明的种，什么人能绝他呢？据我看来，人人能够把上面这两件事都做到，虽说是个坏种也能改好的。我再把现在人种的分别一一说来。

问　人类共分几种？

答　分五大种。

问　五大种什么名目？

答　名叫黄种（又叫蒙古人种，因在中国元朝时候，蒙古的兵力到那欧洲各国，所以又叫中国人为蒙古人种）、白种（又叫高加索人种，又叫亚利安人种，又叫印度欧罗巴人种）、黑种（又叫爱西曷皮亚人种，又叫亚非利加人种）、红种（又叫印度人种，因哥伦布新辟美洲时候误认作印度，所以又叫美洲为西印度）、棕色种（又叫巫来由人种）。在这五种以内，还分出许多细目，兹不多述。

问　黄种的相貌什么样？

答　皮肤薄黄，额角开阔，略带平势，眼小，发硬而黑，须不甚多。

问　现在那这几国是黄种？

答　我们中国人都是黄种，其余如日本人、满洲人、朝鲜人、暹罗人、土耳其人、匈牙利人，以及亚洲各国大半都是。

问　黄种人数有多少？

答　约有五亿八千万人。

问　白种的相貌呢？

答　皮肤甚白，额角宽长，眼细而长，鼻高，发棕色拳曲如丝（弯曲如拳所以叫做拳曲），须多。

问　现在那这几国是白种？

答　如同英国人、法国人、美国人、德国人、意国人、俄国人、希腊人、埃及人、阿拉伯人都是。

问　白种人数有多少？

答　约有六亿四千万人。

问　黑种的相貌呢？

答　皮肤黑色，额角浅狭，鼻平，腮突，唇厚，发黑而短，须少。

问　现在那几处人是黑种？

答　在非洲地方居住的土人都是黑种，上面说过的黑奴，便是这种人。

问　黑种人数有多少？

答　约有一亿九千万人。

问　红种的相貌呢？

答　皮肤红色，鼻高，颊骨上耸，眼长，睛黑，发黑色而直，须少。

问　现在那几处人是红种？

答　在南北美洲未开辟以前，所居住的土人都是红种。

问　红种人数有多少？

答　约有一千五百万人。

问　棕色种的相貌呢？

答　皮肤棕色，外貌像似黄种人，但两眼不斜，额角、眼睛又相似白种，须甚多。

问　现在几处人是棕色种？

答　太平洋各岛人，印度洋各岛人，以及马达加斯加岛人都是。

问　棕色种人有多少？

答　约有五千万人。

问　从前以那一种人为最强？

答　以黄种为最强。中国二千年以前圣人贤人却也不少，自此以后，一切国政渐渐败坏下来，但是兵力充足，也还算是数一数二的国。即如奇渥温氏（元世祖的姓）做中国皇帝时候，连那欧洲各国也知道是强横的。大家说道"黄风不可长"。这是什么意思呢？便说是黄种人真正强横，不是轻易可惹的。不过这句说话，自从甲午那年中国被日本国打败以后，便不说了。咳，我黄种人的无用，早被外国人看破，那里还算得强横么？

问　现在以那一种人为最强？

答　以白种为最强。欧洲各国近着这几百年，无论士农工商以及种种的政事，都能日有起色，民智也开得极了，兵力也强得狠了。还有一种考究种学的人，都说道这个种学是一万件事的根苗，并讲出那播种的方法来（播字当下字解）。所以欧洲各国都以殖民为最要紧的事体。如现在美洲的百姓，莫非还是红种么？非洲的百姓，莫非还是黑种么？澳洲这个地方大半是英国殖民地，无非是要把欧洲聪明的种子流传出来，等到几百年以后，都变作白种的人民，那白种便要大一统了。你道这白种强不强呢？

问　灭种用什么方法？

答　现在讲究灭种的法子，说是带着几十万人马，把这种人杀得干干净净,这是做不到的。却有一个极巧极稳的法子,便是上面说过的"殖民"二字。他把自己这种的人,搬到那别种所住的地方,渐渐的生长起来。那别种的人充当苦役,饮食也不如意,身体也不快活,自然生育这件事体渐渐稀少,再等着几十年,便把这些人赶到深山里去,不上一百年,这人种自然绝灭了。从前中国东南地方都是苗蛮,便用着这个法子,驱逐他们,等到今朝,那苗种蛮种的人,真是见得不多。欧洲各国在初辟美洲、非洲、澳洲时候,也是用着这个法子。现在红、黑两种的人,同那苗蛮一样,你道灭种这一件事,容易不容易?

问　灭种有什么凭据?

答　现在开矿时候,常有许多奇怪的禽兽草木,是现在所没有的,这便是已经灭绝的种。我听说从前红、黑两种的人数也不少,内中也有聪明极顶的人,如同现在黄种的聪明人一样。无奈这种聪明人太少,不是自家互相残害,便是被别种人杀害。到了今日,红种只有一千五百万人,黑种只有一亿九千万人(一万万叫做亿),都还是极愚极蠢的,恐怕一百年以后,那红、黑两种便要灭绝。这不是灭种的凭据么?

问　将来黄种是什么情形?

答　据现在黄种的情形看来,除了日本国尚能自强,其余如我们中国也真正可危得狠(很)。第一是民智不开,第二是自家互相残害,第三是欢喜胡闹。如去年北方义和团这种行为。倘然依着这三个样子,一些不改,那黄种是必定绝灭的。但是凡样事体全在人为,常言道"天下无难事,只怕有心人"。所以处着这种世界,只要人人有个保种的心思,那黄种便保住了。我今朝留下一句说话,便是黄种人要灭黄种,那黄种便灭了;黄种人不要灭黄种,那黄种便不能灭了。黄种的灭不灭都在自己。

第八章　宗教的分类

问　宗教二字怎么讲?

答　凡皇帝统治百姓的法子,那劝人的叫做"礼",防人的叫做"法",赏罚人的叫做"律"。这都是百姓当奉行的。不过朝代一换,便有许多更改。只有一种教法,是古来极聪明的圣人颁定下来,无论国内那一等人都要遵守,这便叫做宗教。但是现在地球上宗教名目不止一个,如儒教、佛教、基督教,以及各种外教。既然有了这宗教的名目,也不是一点道理没有的。所以现在有名的人,都要讲究宗教的异同,这种学问叫宗教学,那考究宗教学的人便叫宗教家。

问　宗教和世界上的事体有什么关系呢?

答　中国自孔子未生以前,皇上家的政事同教化不分开的。那时有几个有名的皇帝,就是尧、舜、禹、汤、文王、武王,在史书上很有光耀。不过朝代一换,教化全改,直到孔子降世,才定一万世不变的教法。从此国政、宗教分为两样。所以朝代常换,教不能换。如此看来,宗教一事,于人心风俗极有关系的。外国的教虽与孔教不同,道理却是一样。现在有人明白这个道理,把天下万国有教无教分作三等,依着等级看来,这些国的兴废存亡,真是一些不错哩!

问　第一等是什么?

答　第一等是有教的国。人都聪明,一切学问都肯讲究,并且志向坚定,遇着伤害宗教的事体必要竭力争回。

问　第二等是什么?

答　第二等是半教的国。他国里也有一教,但是随随便便,不能热心信奉,遇着别教的教主(便是教祖),他也将就肯拜。如同我们孔教中人,遇着拜忏时候,见了释迦牟尼佛也拜了,见了太上老君也拜了。这便叫半教国。在这种国里的百姓,大半是知识不开,不肯在学问里面讲究切实的工夫,名虽奉着这教,其实早已背叛。这时候一切外教都要乘虚而入,久而久之,变成一杂教的国了。

问　第三等是什么?

答　第三等是无教的国。人极愚蠢,不讲学问,也没有大众联合的心思，人各一心，欢喜争斗。平时饮食的物件，无非仗着那打来的野兽，钓来的鱼，以及旷野所生的草木。终年昏昏沉沉，一事不做。这种国最容易消灭的。

问　这三等我已明白，且把现在世界上有几个大宗教一一说来。

答　照现在中国所有的宗教说来，一是儒教，二是佛教，三是道教，四是回教，五是基督教（这教内有三种：一是天主教，一是耶稣教，一是希腊教）。以外中国所没有行过的，还有菩罗门教、拜火教、萨满教、犹太教、凡物教，这也一时不能尽说。

问　儒教是什么情形？

答　自从周平王避难东迁，把向来皇帝治百姓的权柄渐渐消灭。那时鲁国昌平乡地方（现在山东曲阜县）出了一位圣人，姓孔名丘。他幼小时候已与常人不同。眼看人心风俗日坏一日，晓得天下就要大乱了，并动了慈悲心，离了故乡去见各国的君。这也是孔子心里放那受苦百姓不下，要想借一点权柄，做些有益百姓的事业。无奈各国的君见着孔子，不说是迂腐的书生，便说是行险的秀士，没人肯用。孔子便回到鲁国，拣杏坛地方开了一个大学堂。那时登门受业的，却有三千余人，学礼的也有，学乐的也有，学兵、学农的也有，生徒济济，真是算得极盛。孔子见学生众多，便想替中国开个教派，就编了几种教科书，名叫儒书。又按着古礼别造了一种服式，名叫儒服。凡在孔子门下，都要依着教规行事。一时王公大人见孔子如此行动，不免有些害怕，便生出杀害孔子的心思。不料孔子的门徒越发团结，推孔子为儒教的祖，真同事君事父一般。直到孔子去世以后，诸大门徒散到四方，一传十，十传百，到战国时候大半皆归儒教。忽然出了一个秦始皇，他一生最恶儒教，坑杀儒士四百六十余人，所留儒书全行烧毁。自此以后儒教便中绝了。汉高祖既得天下，也拜孔子，也用儒士，但是意思不同，行为亦异。到了汉武帝时候，下了一道上谕，说道现在的书有不合孔教的，一概不用。那时有个名儒姓董名仲舒，他一生于孔子的学问，也见到十分的七八。可惜不上几百年，又复失传。一直到赵宋年代，出了一班讲究道学的老先生，开门授徒，极其热闹。历过元朝、明朝直到本朝得天下以后，都道这一班老先生是儒教的真派。乾隆、嘉庆年间，又渐渐的改变过来。但是愈变愈坏了，你看现在念书的人，在书房里也拜孔子，一出家门便把孔子忘却，见了释迦也拜，见着太上老君也拜。列位，你看那归佛的和尚，归基督教的洋人，是不是胡乱都拜的么？不料我们这个儒教，竟弄到这个地步！现在外国明白的人，说道我们中国，算是无教的国，又算是半教的国，这也是真话。列位，要晓得强国的原由，虽然不是全靠宗教，却也仗着一半。如今孔子的教连一点米气也没有，如何说得到强国呢？

问　佛教是什么情形？

答　中国西方有一国叫做印度。印度起初奉的叫婆罗门。那时印度人族分为四等：第一等是和尚，便是婆罗门，叫神种；第二等是武士，叫王种；第三等是商贾，叫商种；顶下的是奴隶，叫贱种。这四等的等级一点不能乱的，因此婆罗门教大行。后来武士中出一个人物，名叫释迦牟尼，是个王太子，他到为人在世，总不免生老病死这四样苦处，便想出家了。因到那南天竺的地方（就是锡兰岛），静心修行。到三十六岁出来传教，这教与婆罗门相反，发明贵贱平等的道理。释迦活到八十岁，教也渐渐广行了。后来中国汉明帝时，佛教渐入中国，到了唐朝更盛，以后渐渐不兴了。中国现在的和尚，是无赖的别名，也不配称佛教。这且按下不说。且说释迦盛的时候，婆罗门不敢动，释迦死了，又渐渐强大起来。那时印度奉佛教的不过三四百万人，倒是印度以外，如锡兰、暹罗、缅甸、中国、日本，大半是奉佛教的。近来有人算现在佛教的弟子，有五亿万人，却占了地球上的人口三分中的一分，你道佛教还不算强么？

问　道教是什么情形？

答　道教的始祖说是元始天尊，第二个便说是太上老君了。这老君是中国战国时候的人，他做了一部《道德经》，后来骑着青牛出函谷关，早已不知下落。过了几十年，出了一个秦始皇，又出了一个汉武帝。这两个皇帝都信神仙，便有许多道士装神弄鬼，说老子是飞升的。直到汉顺帝时代，安徽地方出了一个张陵，他专用符咒术骗人，闹出大祸，就是史书上说的黄巾贼。后来张陵的元孙，世住江西龙虎山，又渐渐强盛起来。碰着魏晋时候，出了一班名士，彼此附会，那道教居然同佛教并行了。到了唐朝，李世民说是同老子同宗（老子姓李名耳），一心要行道教。唐明皇时，谕令天下百姓都要读《道德经》。那时王公宰相，都舍了自家的房屋帮造宫殿。等到肃宗、代宗、德宗、宪宗时候，道教居然比佛教兴旺了。那些荒唐道士造出一种丹药，说吃了就可长生不死，竟骗上了几个皇帝。便是穆宗、敬宗、宣宗，都是吃了药丸发热身死的。可见道教是各教中最没道理的了。

问　基督教是什么情形？

答　当中国商朝，犹太国生了一个名人，名叫摩西，他立的教叫犹太教。到了中国汉哀帝时，犹太地方生了一个耶稣他立的教叫基督教。那些奉犹太教的都不信他，造了一个十字架，把他钉死。耶稣死后，他门徒依旧传教。过了七百四十余年，日耳曼的皇帝名叫沙鳌曼，一生信服基督教，便加重教主的权力。教主便捧着冠冕，立他做日耳曼皇，并做罗马皇。又过了四百年，教主便自称教皇。以后凡碰着国王即位，须要教皇奉冕，方可无事。有碰着两国争斗时候，都要凭教皇公断。那教皇趁着这种权力，也便放肆起来，碰着不同宗教的人，全都杀却。有一日杀了三万多个。其时日耳曼国出了一个奇人，名叫路得。他说国家的事应有国王作主，奉教的人不必过问，又攻着教皇别项的错处。此言一出，大家都依着他，他便立了一教，叫做耶稣新教。自此以后，基督教分而为二。那奉旧教的叫公教（又叫天主教，又叫加特力教），现在法兰西、意大利、西班牙、葡萄牙、比利时、拜维利亚、澳斯玛加，以及德意志的赛士兰七邦，都奉这教，教徒约有一万九千余万人。奉新教的叫修教（又叫耶稣教，又叫罗特士顿教），现在英国、美国、瑞典、挪威、荷兰、非洲澳洲各处都奉这教，教徒约有一万三百五十万人。两教彼此辨驳，直到今日还不能合一哩！在这两教以外，还有一教，也是基督教的分支，名叫希腊教。现在希腊、俄罗斯各国都奉这教，教徒约有八千五百多万人。以上天主、耶稣、希腊三教，只有希腊教没有传到中国。明朝末年，天主教徒遍行江南、广东各省，以后逐渐加多。到道光年间，五口通商，那天主、耶稣两教的人，从此畅行中国了。

问　回教是什么情形？

答　起初亚剌伯人拜一块黑石，说是天神的化身。到了中国隋朝时代，亚剌伯出了一个奇人，名叫摩罕默德，把那摩西、耶稣以及亚剌伯旧教，参合起来，别立一教，叫伊斯兰教（又叫回教）。说道上帝命我仗着刀剑保护回教，又说刀剑这一件器物，便是开天门的钥匙。他的种种说话，无非要百姓替着他死战的意思。从此兴师动众，破麦地拿，平定亚剌伯全土，进克犹太国城，他便自称大教师，俨然是个皇帝。信服回教的人从此更多。如南洋、西域、欧罗巴、亚非利加，多半服从回教了。直到中国唐朝高宗时候，亚剌伯人屡来朝贡，史书上所称大食国便是。这时回教渐行中国。自后逐渐加多，弄出些造反的事情来。到了本朝，平定回疆，才把这回教徒四处散布。但是中国受他的苦处，也真不止一次了，你看去年带领义和团的董福祥，他不是奉回教的么？

问　欧洲各国有闹教的事情么？

答　欧洲闹教的事情时时有的，那顶大顶久的教案却有两次。一为回教和基督教的战事。起初回教门徒虐待基督教人，这基督教便兴了一个十字军去伐回教徒，彼此大战七次，杀人二百万，方才罢休。一为天主教和耶稣教的战事。那时教皇威权甚是强横，新教（便是耶稣教）的门徒不服，彼此争斗起来。内中还是有许多强国，如英、法、奥、日耳曼各国,并在一起,有好几场的恶战,杀人五六十万,才渐渐的平安下来。其余零星教案也不知有几十百次,我也不能尽说。

问　如此说来,那闹教这些事情有什么稀奇呢?

答　这大不是了。欧洲教案虽然常有,却都是为争教起见。现在中国连自己本有的儒教也废弃了,还要说此教长、彼教短,闹出事来,一回吃亏一回,真正惭愧。

第九章　政体的异同

问　政体二字怎么讲?

答　在四五千年以前,无论中国外国,都是人禽杂处的世界。那时候的人,饥吃生肉,寒穿兽皮,把那生老病死这四个字,混沌做去。自后聪明智慧也渐发达,才晓得聚集百姓,造起一个国来。这国里的上下大小事体,都叫做国政;这国政安顿的地位,便叫做政体。不过地球万国,若说到政体两字,也都不同。早有一班政学家考究明白,我且依着他的说话,一一说来。

问　政体共分几种?

答　分三种。

问　三种什么名目?

答　一叫君主政体(又叫专制政体),二叫民主政体(又叫共和政体),三叫君民共主政体(有叫立宪政体)。

问　君主政体是怎么讲的?

答　一国的大小事体都皇帝一人作主,皇帝说是,那事便行了;皇帝说不是,那事便不行了。其余自宰相以下,以及顶小的官儿,无论要做那件事,都不敢擅自主张。这等国的百姓,只要不欠租税,便算是良民了。若说到这个皇位,须按着以父传子的方法,莫说是异姓乱宗,断乎不可。便是疏远的房分,也不敢希望大位。现在地球上,君主国却也不少,只因强弱不同,内中又分出许多等级来。

问　君主国现分几等？

答　分五等。

问　第一等是什么？

答　第一等是完全无缺的君主国。国内国外君主号令所到的地方，无不遵行。现在单有一俄罗斯，当之无愧。余如我们中国，起初也能如此，却屡次被外国战败，所以君主的威权也有些欠缺了。

问　第二等是什么？

答　第二等是忽全忽缺的君主国。这君主在所管地方，有时也令出必行，但时时被外人牵制，便不免舍己从人。如同土耳其、希腊、波斯、俾路芝阿剌伯等国便是。

问　第三等是什么？

答　第三等是半主的君主国。这等国凡碰着重大事情，定要听大国的指挥，便同属国一般。如同埃及、阿富汗、塞尔非亚、克什米尔、罗马尼亚、布加利亚、门的内哥、朝鲜、安南、暹罗、基发、阿科伯、廓尔喀、蒙古、檀香山、苏大、乂火罗、马达加斯加等国便是。

问　第四等是什么？

答　第四等是被邻国剖分的君主国。这等国虽然立了一个君主，真正同无主一般。如阿比西尼亚、摩洛哥、塞内冈比、几内亚、公额、桑给巴、索非拉、那达尔、苏丹、突尼斯、阿尔及、的波里、哥多番、达夫、撒哈拉、亚德、莫三鼻给、加弗勒里等国便是。

问　第五等是什么？

答　第五等是附庸的君主国。这等国凡遇着大小事情，同他国交涉的时候，须仗着大国代为料理。如同坎巨提、布鲁克巴、蒙古所属的梁海青海、西藏所属的诸土司便是。

问　民主政体是怎么讲的？

答　行这等政体的国，一切行政立法的大权，都由百姓作主。在这国内，那位（名）望顶高的人，号称总统。这总统要百姓公举的，公举定了，便把那行政的权柄，一切交付与他，以后国家大事便由他一人行去。过了四年或五年，算是一任，接着另举一个，号新总统。同中国官府调任一般。那位(名)望次一等的，号代议士，便是代百姓议事的人。这等人也要百姓公举的，一切立法的权柄都在这辈人掌握之中。总之，行政由着总统，立法由着议士，那公举总统、议士的人，便是百姓，所以叫做民主政体。

问　民主政体现分几等？

答　分四等。

问　第一等是什么？

答　第一等是合众的民主国。为什么叫"合众"呢？便是联合无数小国并成一国，这便叫合众国，如现在美利坚合众民主国便是。

问　第二等是什么？

答　第二等是兼管君主的民主国。这国政本是民主，不过他的所属地方，有行着君主政体的，如同法兰西兼管马达加斯加便是。

问　第三等是什么？

答　第三等是完全无缺的民主国。这等国凡遇着大小事体都可由总统作主。如同秘鲁、智利、墨西哥、巴西、玻利非亚、新加拉那大、厄瓜多、委内瑞拉、巴拉圭、乌拉圭、拉巴拉、哥多番等国便是。

问　第四等是什么？

答　第四等是酋长特立的民主国。这等国地方却小，那管这地方的人，真正同酋长一般。但是权力甚足，不受大国的节制，所以叫酋长特立的民主国。如同摩求奈便是。

问　君民共主的政体是怎么讲的？

答　行这等政体的国，也有一个君主，但是国内百姓亦有公举代议事(士)的权柄。欧洲君民共主的国，英吉利最大。前几百年，君民二党争战不休，才定出这个政体来。日本几十年前，一切大权都在幕府。那时出了一班处士，拼命力争，后来明治(现在日本天皇的年号)即位，也立了这个政体。总之,这个政体凡君主和那百姓,都有一半权柄的。

问　君民共主的政体现分几等？

答　分三等。

问　第一等是什么？

答　第一等是帝统的君民共主国。如同英吉利、德意志、日本、奥大(地)利亚(合匈亚利叫做奥斯马加)、意大利等国便是。

问　第二等是什么？

答　第二等是王统的君民共主国。这等国和第一等一般,不过是名号不同。如同荷兰、比利时、日斯巴利亚、葡萄牙、瑞典(兼管挪威)、丹马(又叫㖊国)等国便是。

问　第三等是什么？

答　奉别国的君主为君,而自与民政的君民共主国。这等国却同属国一样。如同匈亚利是奉奥大(地)利亚王为王的,挪威是奉瑞典王为王的,卢森堡是奉荷兰王为王的,波兰是奉俄帝为王的。

问　以外还有别种政体么？

答　还有两种。

问　第一种是什么？

答　是贵族政体。便是世家子弟掌握大权,连那君主、百姓都没有些儿权柄。从前如罗马、希腊等国,都行这种政体,现在早已废弃了。

问　第二种是什么？

答　是君王和贵族共主的政体。从前如同巴尔达国,以及英国邋孙和那曼的时候,都行这种政体,现在也废弃了。

跋(1941年4月)

此《杭州白话报》《地学问答》原本,景葵在汴省为期开通民智起见,曾经重行删改印行。此为当时草稿,存晦居士者,景葵自号也。

原本题独头山人,姓孙,名江东,于光绪十五六年间在余家任西席,教授三弟叔衡专习举业。性甚顽旧。光绪十八年,余家赴汴,即分手。甲午以后,受时事之激刺,渐渐求新;至庚子后,乃赴日本求学,曾为《浙江潮》主笔,主张排满革命。回国后,为《杭州白话报》主笔,曾草《罪辫文》。与驻防旗人贵林冲突,为当局所注意,不能容身,又逃至日本。宣统时赴吉林,在民政厅服务,辛亥后始得回杭。余招至沪,任海州海丰面粉公司经理之任。办理数年,因与当地绅士因应为难,辞职闲居。素性耿介,办事尤认真,嫉恶最严,故落落寡合。家况极寒,处之泰然。忽患胆石重症,痛苦不堪,乃至红十字会医院请西医割治,七日后痛发,又患高热度,不支而死。自始病至临终,皆身亲其事,痛志士之不永年,经纪其丧,遗一妻一子一女,子旋夭折,女已适人,奉母以居,此民国七、八年间事也。江东死,余挽之以诗,极沈痛,兹录末二首:"病中千百语,语语抵黄金。神到弥留定,交随患难深。形骸欣解脱,骨肉费沈吟。此去依清净,临危爱梵音。""盖棺方论定,依旧是孤寒。命蹇文章贱,时危事业难。薤须仍老瘦,罪辫已丛残。纵忍须臾泪,为君摧肺肝。" 辛巳仲春,撰初补录。

贵君①文行循谨,第以年少气盛,又身系旗籍,断断口辨,与革新派始终枘凿。辛亥之变,竟遭残杀。当时一唱百和,营救无人。事后公论,多有痛惜之者,亦吾乡士大夫之懋德也。

添改之处,凡问答两字照原样刻成阴字。凡用朱笔点断处,均空一字。板心大小与《地球韵言》一式。②

光绪辛丑在开封,曾用《杭州白话报》所印《地学问答》重印数百本分送,以期开发民智,此为当时删改原本。辛巳春,葵记。

(《卷盦书跋》,第117～118页)

---

① 指贵林,清末杭州驻防清军协统,辛亥革命时被建义军处决。——编者
② 《叶景葵杂著》中《地学问答》跋文"贵君文行"以下至此处,均未收,今根据上海图书馆藏《地学问答》稿本补录。——编者

太康物产表

(1900年)

序(1901年2月)

光绪乙亥春,侍严君莅兹邑,方大祲,老弱僵于路,沴厉繁起,乃振乃治,麦登而毕。暇则验民俗之流变,地力之蕃耗,就田夫而杂諏之,逾年次为表,都二百七十余种。吾观五洲万国,有常产之物,有特产之物。特产者,必其地之气候土壤与此物宜,又有人测验而培沃之,乃能独致于最宜,而为他产所不能竞。此惟文明之国有然,无化之国,虽有地产最宜之物,往往寝消寝薄以至于无。于是斯民奉生之需,不得不取最俭啬者,投之而易长,硗之而不死,减获之而无靳,苟且之意多,则勤勉之力少,不幸告歉,坐毙而已。国力之大小,由于民智之污隆,讵不信哉?以征之豫,如郑之米,邓之菸,永城之枣,武安之苹婆,名藉藉遍他省,今叩其产额,岁有减无有赢。以征之太康,太康昔者利红花,红花之外,棉之利上上。今者红花之利蹶,棉则村村植,但闻深秋农相语曰:"今年收成薄。"谘之老者,曰:"十余年前,每亩可二百斤.""今何若?"曰:"丰则百斤。"于是终岁所冀,不于棉,于麦若杂粮。麦获,粜之,易杂粮以食,不获则饥。麦获则争售,市侩劫之,不得价。故丰亦婆,歉亦婆。吾尝推究其故,由于道路之不通。道路不通,则地产之销路难,难则通功易事之事狭,狭则农之所以偿劳力而计赢利者寡。农之赢利寡,则一家之自食者约,自食约,则致力于地产者惰。惰则地产之所以报劳力者微。以征之太康涡水自西北来,至东南出境,经淮宁鹿邑入皖界,合于淮。百余年前,此邦为帆楫鳞萃之所,今则节节淤垫。《旧志》所纪支河与沟浍,率湮没无可征者。戊戌夏,霪雨,涡水大涨,农人以巨舟至皖之亳州运粮,往来利便。其时岁歉而民不大饥。以此例之,若测豫省诸水道,属于京汉干路者:如漳、如卫、如沁、如洛、如汝、如颖、如淮,悉浚而通之,则转运之利,不数年而瘠病化为膏沃。且北地农民之困,又有一大因焉,雨量不足也。燕豫齐晋诸壤,凡田之或濒河,或多井者,其佃必勤,其入必丰,其粮价必腾,其境内钜细贸易必殷阜,其都人士文化必易增进。更以此例之,尽黄河两岸数千里之地,咸振之以水利,靨五洲农品,除热带诸特产,移而植之靡不宜。其进出殆不可思议。故事有聚讼数百年而历久弥惬者,北方水利是已。余列是表而广论之,亦以见北数省之农事。其情大率一致尔。

辛丑正月,仁和叶景葵。

(《卷盦书跋》,第97～98页)

谷类

小麦 其种有白麦、红麦、五花头、葫芦头、王瓜鲜等名。品其优劣,则白麦之质最细,五花头出量最多,王瓜鲜收成最早。

大麦 其种有有芒者,有无芒者。闻乡农言,数年前大水,高朗集一带有人试种稻田,结穗甚大,收成颇丰,后因累年干旱,遂无种者。可见土性之未始不宜也。倘修水利,因而振之,利较麦田更厚矣。东乡农人择麦秸之梢细而坚者,断之束之运至鹿邑,供编草帽辫之用,每斤可得四十文。本境麦秸仅供薪炊,或以编织筐笞,价不过五六文。

荞麦

谷 俗名小米,其种甚繁。豫谚有云:"种田一世,不识谷子",言名目太多也。其杆名杆草,可以饲牲。

穄 谷之别称。

高粱　种有白有红,又有麦红及黑谷子、黄罗繖等名,别有一种名之莰草秫,秫小,植于田之四围,以护良稼,可以饲牲。

豌豆　与麦同时播种,往往与大麦杂莳,收则同收。

黄豆　所产皆运往他处,本境无榨油者,故无豆饼肥田之法。

扁豆　与麦同种同收。此非羊眼豆也,羊眼豆俗名梅豆。

梅豆

菜豆　有别种,名五月早。

蚕豆

豇豆

绿豆

黑豆

青豆

芝麻　有白花、红花两种,白者良。

薯芋

玉蜀秫　俗名玉米棒子。

菜类

金针菜　利厚,丰收年每亩可得三十千。陈州种此者甚多,本境较少,皆与田塍之畔,或树阴植之,取其占地不多也。每年行销亳州、周家口,再由彼处运至上海、汉口,为豫省出口货大宗。

白菜　其种有黄芽菜、箭杆白,产额甚少,仅给城市之用。

苋菜

野苋菜

荠菜

韭菜　韭黄。

菠菜

绿菠菜　野生。

水菠菜

芥菜

飘儿菜

芹菜

芸薹菜　又名油菜。

春角菜

辣菜　俗名芥疙瘩。

银条菜　俗名银丝。

云鲜菜　有红白二种。

银锭菜

面条菜

回回菜　可为漂白之用，其法撷嫩叶杵如齑。筒白布中揉之于水，更以清水漂之，便成洁白色。按西国有绿气漂布之法，未知此菜内含何种质性，惜无精化学者一试验之也。熬碱淋盐，亦用此物。

根头菜

猪毛尾菜

米谷菜　结子如米，可包作粽。

春不老　俗名黑白菜。

萝卜

茭白

芋

茄

莴苣

瓠子

苜蓿

芫荽

绿芜荽　野生亦可食,又名地叶菜。

蓁椒

葱

蒜

薤

蔓荆

茼蒿

刺刺芽　长叶多刺,黄花如茶菊。

甜菜芽　又名曲曲菜。

附草类　春令百卉怒生,土人撷取以供蔬食,其名为菜者,皆草类,故二类不能详为区别,略举采访所得附于菜类之后耳,目所未及者盖不少矣。

苇

蒲

萍

藻

艾

荬

苔

莎

茅　俗名槐草,植之下湿以备葺屋之用。

马蓝草　根甚深,植之田塍以分疆界,叶可编作盐包。

驴尾蒿　秋后采之,搓作火绳,焚之可避蚊蝇。

猫儿眼　碎叶丛簇,花作淡红色,与麦花同时开,麦熟时全茎皆萎,农人刈麦之期,往往以此草为验。

野蒲萄　一茎五叶,一叶五歧,白花蔓生,

扫帚苗　秋后刈取待作帚,嫩叶可作蔬。
萧萧草　《县志》作"星星",从省城之音也。
黄牡丹科　叶圆有刺,七月开黄花。
隔笆草
金丝荷叶
爬山虎
辣辣嘴
燕儿取
土儿酸
蜜蜜蒿
灯笼科　开细红花。
饽饽顶　三月开黄花。
柳木絮
浮瓢嘴
羊蹄科
水萝葡科　以上六种,乡人皆佐盘飧。
此等名目皆从土音译出,不知其本名何若,存以待考。

果类
桃
杏
李
梅
苹果　产额甚少,合境不过数株,结实亦不肥。
梨　酥梨。
石榴　多十瓣者,结实酸涩,用接法者甚鲜。
蒲萄　多紫而圆者,产额少而销路亦少,故价廉。

樱桃

柿　园中与桃间接之，桃萎则柿已实，颇得果林价值之法。

枣　乡人晒其叶代茶。

棠梨

花红

甜子

酸子

无花果　畏寒，惟园圃中有之。

山里红

胡桃

甘蔗　俗名甜秫秸，种者皆有井之地，灌溉如法，糖质甚多，每株不过四五文，丰收时有运至省城求售者。

莲

藕　每亩可收七八百斤，每斤十余文。

荸荠

地栗　小于荸荠，皮外有毛，味亦不甘。

落花生　有中国种，有西洋种。县境多沙地，涡河之故道也。凡沙地皆宜瓜，故实大而甘。

南瓜

冬瓜

王瓜

丝瓜

金瓜

筒瓜

打瓜　又名捺瓜。

瓜子　即打瓜之子

搅瓜　擘置热水以箸搅之，即成细丝，可作羹汤。

甜瓜　其名有鸭蛋青、天鹅黄。

香瓜

木类

桑　种皆鲁桑，往往自生，土性极宜，乡间无村无之，养蚕家多随意采撷，无买桑叶之费，而栽培桑树之法亦遂不讲矣。

湖桑　涂中丞宗瀛抚豫，购湖桑秧札发各属劝种。当时以车运载来，县招致乡农领去，遂置不问。至今各村无孑遗者，西门外官地尚存十余株，叶大多津，一株抵鲁桑三株之用，乡人亦深知其利，有摘取以饲蚕者。惜传种不广，又未谙压接之法，恐历久则靡有存矣。

柘　叶可饲蚕。

柏　邑人以此作棺椁为上等材料，价值颇昂。

桧

榆

槐

枣

棫棘　丛生，结酸枣小而涩，其刺可以作藩篱，并防护槲树堆肥，勿使牛马践啮。

桐　三月开紫花，状如诃子，与作油之冈桐异，与白花桐亦微异，即陈翥《桐谱》所谓紫花桐也。

杨

柳

椿

樗

栋

楮　土性极宜，子落即长，惜未谙造纸之法，旁郡有以楮叶饲蚕者。本邑桑叶多而蚕业少，故亦无人用之也。

楸

柽柳　俗名三春柳，极易茂盛，卤地亦可栽，嫩叶可编作栲栳诸器。

冬青　俗呼冻青，言其愈冻愈青也。

枸骨　叶似冬青，稍薄而有棱，俗名枸杞骨树。

马缨　俗名绒花树。

皂荚树

白蜡树　柘城植此者夥，往往辟为园圃，夏间有外省贩客担荷虫子如泥丸者，置之树上，虫食树叶即化白蜡，刮取而归。柘邑人亦有畜此虫者，以衰旺卜一年休咎，所出之蜡，为浇烛之用，销路极广，农人以此为河南一宝，洵不虚也。或养其长条，斫去旁枝，仅留顶上两三叉，俟其坚实，取作粪叉。若仅取其杆，又可为各器之柄。本邑植此者年年增进，皆以丛条为编织筐筥之用。闻取蜡者修剪枝干，不令蔓长；如湖桑之法供编织者，皆齐根斫去，年年丛生，故不能两用也。蜡树之利一株可得数百文，编筐则利薄矣。

冻绿树　斫其干熬取汁，可染绿布。

布

荆　即楛也，植之道旁卤地亦茂。取其条为筐为箕。

花椒树

水竹　细干，丛生，枝节甚短不能制器，故植者甚稀。本境需用竹竿，皆从周家口运来。

　　　春季取新笋作蔬，名曰春笋。

臭鸡蛋　柚类，以其干接柑橘甚良，即《本草纲目》所谓臭橙也。邑人晒其叶代茶饮，亦如棠梨然。

附花类

葛藤

玫瑰

月季

蓼

蜀葵　俗名蜀季花，近有人考验其杆可为麻。

向日葵

秋葵

野葵花　秋令开淡黄花，结子亦三角形，如秋葵而小。

晚香玉

石竹

药类

白芍　十年前，太康白芍之名甚著，远道来贩；歉岁后，此利去矣。

枸杞

地骨皮

益母草

牵牛

罂粟　利大而不耐旱涝，然植此者连村相望，不啻饮鸩救饥也。

山药

茴香

瓜蒌

蝉退

薄荷

金银花

皂角

莱菔子

天花粉

葛根

车前　俗名牛舌头科。

蒲公英

马齿菜　捣敷治蜂蜇。

淡竹叶

蒺藜

茺蔚子

夏枯草

香附

女贞子

丹皮

紫花地丁

黄化地丁　可充盘飧。河朔气候寒，桑叶迟，往往采其叶细切，饲蚕蚁，邑人未闻用此法者。

红花

地黄

纺织类

麻　有白杆、红杆两种，红杆者出麻微黄。

檾　麻之粗者。

棉花　有白花、紫花两种，白者良。此为本邑农产大宗，土性极宜，利大于麦田数倍，外贩争来购运，故有银太康之谚，与金杞县并称，金谓金针菜也。近数年来稍稍衰矣，推究其故，盖因布种太密，施肥太少，又不知开沟泄水之法，故霪雨往往成灾。

棉线　每两售钱数十文，粗者可以制鞋底。本境洋纱尚未浸灌，土制虽耐用而粗细不匀，且多节类，故亦未见畅销也。

茧　每斤百余文至二百余文不等，丰收则产额可得万余千。本境缫丝者祇一二家，或线店零星收买，销路不旺，民间无处求售，运至陈州价亦相等,若有大商坐庄收买,则产额必可数倍于今日也。

丝线

绸　缫茧所余乱丝,俗名茧絮,以灰渍之,曝诸壁上,越宿可捻成丝线为粗绸,邑人之富者,取以作里衣。

布　每疋宽一尺二三寸,长三丈至四丈余不等,每尺售钱三十余文,皆邑人自纺棉线,所织幅狭而丝粗,农家多喜用之,以其耐久也。前岁大饥,争售布机求食,旁郡人以小车来运者络绎不绝,今虽转歉为丰,而小民之生计隘矣。
　　全境所产皆贩至东北境马头集,有外客陆续收买,每年销数约银二十万两。

酿造类

芝麻油　其价视产额丰歉为率,自五十至百余文不等,质清臭香,严寒不冻,胜于豆油、花生油也。

罂粟　油产额不多。

酱油　味咸而质劣,制造未知法也。

烧酒

明流酒　粘谷所造,粘谷为小米别种,即土人所谓黍。

醋

烟叶　销售河朔各郡,本地农人喜吸水烟,皆由襄城运来。

靛　洋靛进口而靛业废,此利虽大,成本太重,故种者甚稀。

蜜　三四月间蜂群最多,田间荷锄者往往收取以卜一家休咎,而饲养之理、割蜜之法、巢箱之制、分封之时,一切不问。盛夏隆冬,往往逃窜,且有恶其毒螯而毁巢弃之者,可笑甚矣。蜜价每斤百数十文,蜡价亦如之。闻农人言,蜂采罂粟即受毒而毙,故近来蜜蜂愈少,此说不知何据。西人言印度不养蜂,所失浮于鸦片之利,亦可证二物之不并存矣。

441

禽类
鹰
鹞
鹗
鹊
鸦
斑鸠
莺
燕
雀
寒雀
啄木
桑扈　俗名蜡嘴。
电毂
白脸鸟
白燕　种由南省传来，编竹为篱，饲以小米，入春抱卵，生育甚繁。
鹌鹑
鹭丝
野鸭　域内洼地潞水聚处甚繁，邑人未得捕之之法。
鸽　本邑无稻，故不以鸽粪肥田。
鸡　歉岁前有开孵卵坊者，亦本境一利源，近年则无之。
鸭
鹅　农人畜以守门。

兽类

牛　宰耕牛有禁，而犯者甚夥，因近来牛皮价涨，由周家口运至汉口络绎不绝，出境即可得价，且骨角之类无不有用，故小民趋之若鹜。莫若讲求蓄养之法,使产额增加,则本境既开拓利源而耕种亦可不废,乌有文告为哉。

绵羊
山羊
马
骡
驴
犬
猪　产额之多少,以年岁丰歉为率,现在仅供本境之用,无出境者。
猫
狐
兔
黄鼠狼
鼠
獭

鳞介类
鲤　县志言河鲤第一,涡鲤次之。今河浅不通舟,鱼之产额顿减。戊戌大水,涡河陡涨,可由西门外乘船直抵亳州,故产鱼较富。近年所罾取者,皆孵卵之遗也。
鲫
鲇鱼
红鱼
白条鱼
白鳝
黄鳝
鳖

虾

蜃　水菜。

田螺

蛙

泥鳅

杂产类

头发　有客收买长者结为髢,短者编为鞦鞦,俗名后鞦,大车以驾牛马者也。南省薙头铺畜储短发,售与乡农作肥料,惜北地未知其法。

小盐　县境向食芦引,而私贩充斥惩之不能绝,利之所在,甘犯法禁而不顾。倘能整顿盐法,改为就场征课,纳课后任其所之,则商贩之途较广,不必划分定界,与小民悻悻相争矣。

硝　贩运者多楚人,须在本处请领护照,移文呈县核准,不得于定数外多购,至本县采办部。硝皆在省行定买,因邑中所产无多也。

碱　数年前商人开行收买,为地棍讹索,累累倒闭,荒年后无人过而问者,仅有零星散户在各乡收买,亦有淋煎成块运至周家口者。

砖　前明缙绅甚多,颇有华屋所遗。墙壁霉黯而不倾颓,即掘地,所得之砖亦方整有棱,其制造胜于近年万万也。

瓦

草器　以麦秆为经,析秫皮或竹篾束之,方圆大小皆可如意。

沙器

木炭　出黄米口等处,与柘城接壤者制法未精,多烟而易燃。

柳条筐　亦有用荆条、白蜡条者。

麻绳

蒲包　行销亳州等处,皆以小车运往,碾米而归。

饴糖

焦枣　挤去核,曝而干之,焦者犹言脆也。

麻饼　价甚廉,行销河朔等处。

棉子饼　出崔桥等处。

豆饼　产额不多若芝麻,歉收改用豆油,则以油渣打饼作肥料。

更香　以树皮等料为之,焚以避蚊蝇。

(《叶景葵杂著》第351—364页)

跋(1941年1月31日)

　　光绪戊戌,会试报罢,其时谈新政者蜂起,余受其陶镕,乃至通艺学堂报名入学,有志于求新。虽为时未久,因康梁之狱停闭,然在校时听严几道先生演讲,物竞天择之理,又读所著《天演论》,恍然有觉。思诸弟辈僻处河南,非导以新学不可,乃延北洋大学卒业生庄君敬于至开封,教授英文、算学。是年冬令,同车而行。又购新学诸书,及《新民丛报》等,载之而南。次年又得《农学报》及严译《原富》读之,实获我心。适先君檄赴陈州太康县任,庄师与诸弟偕行,馆课之暇,同至郊外漫游,与老农闲话,所得辑成《太康物产表》,谘访最力者,为余二弟仲裕景莱。其同受庄师之教者,尚有三弟叔衡景莘、姑表弟严鸥客江、严龙隐泷,皆于此表有助力。仲裕后入震旦学院,力创复旦公学,赍志早殁。叔衡、鸥客皆在英国伯明罕卒业。龙隐在北洋大学工科毕业,民国任司法部技正,志节甚坚,惜亦早逝。皆戊戌年以后庄师之教所造成也。余草序文时,已在庚子以后,所得皆《原富》之绪余而已。辛巳正初,检书箧得此稿,重加装订,不另钞录,以存当年其相。所用之纸及封面,皆当时河南省各县产物,以视今日重庆、贵阳来书所用之纸,脆薄无光彩者,已不胜今昔之感!即在民国以后,河南省各属土纸已稀,皆贪洋纸之廉,舍此就彼,持此一端而论,所谓地大物博者,不数十年可变为一无所有,可不惧哉!可不惧哉!辛巳正月初五日灯下,景葵识。

　　此表虽寥寥数页,然谘询不厌其烦,往往步行至农家,参伍考求,斟酌而定。渴则席地,以制钱购地上所种莴苣狂啖以解之。诸弟皆有朝气,余亦克尽领袖之责。回首四十年前,此乐胡可再得耶!

(《卷盦书跋》,第99～100页)

矿政杂钞[①]

(1901年～1902年)

目 录

吉林矿归俄　意窥浙赣之矿　日人开宣城矿并路工　德国山东矿会　俄开乌港煤矿　江苏省铜矿　云南铜厂　直隶临城煤矿　开平煤税　潍县煤矿　悉毕尔产金方里　韶州锑矿　祁阳铁沙　俄开司秋煤矿　德查东矿　太武山煤矿(厦门)　中国煤矿方里　晋康公司　俄英美产金原始　大冶矿绘图存案　利国煤铁矿　龙王洞煤矿　兴国矿　开州藏州矿　湖北五宝山　广宁金矿　华俄合办新疆金矿　漠河解款　法商办川矿　东三省煤矿　美富铁产　石塘铺无煤　小花石煤矿　法商开劭武矿　青阳山矿　四川煤油公司　殷山矿务　内邱煤矿　矿师着名各矿　彭泽煤矿　衢严各矿　开建金矿　汉铜加价　江西矿务　湖州银矿　辽江煤　河南煤矿　山西煤矿　石门铜矿　上虞铁矿　苍梧金矿　奉化银矿　闽清银铅矿　儋州金矿　英人拟采三省矿　中国产金钢石　天全州银矿　迁安县金矿　金勃尔来城　九十九年[②]产金数　九十九年产煤数　开平余利　吸水机器价　磁石　贵州水银矿　英商勘蜀矿　罗森煤矿　鄂尔河金矿　宣城煤矿筑路通宁国　福公司承办晋豫矿务　朝鲜金矿　温州银矿　西山煤至天津　宣城煤矿合同　安的摩尼[③]折本　高丽矿务　花县

[①] 稿本上海图书馆藏。封面原题"矿政　光绪季年矿政杂记"。《卷盦书跋》与《叶景葵杂著》收录该稿本跋文时，"记"改"钞"，今从之。——编者
[②] 指公元1899年。下同。——编者
[③] 安的摩尼(Antimony)，金属锑，下同。——编者

煤矿　山东昭平金矿　山东煤矿　黑龙江有限公司　东三省金矿　四川矿务　诸暨矿山　裕州夹山银铅矿　法人在华所得矿权　镇人集股开河南矿　珲春金矿　法占闽矿　秘鲁新铜矿　俄开煤油矿　诸暨银矿　巫山铜矿　开建矿务　俄商开黑龙江矿　日美图山东矿　湘裕亏折　镇平锡矿　宋公坑　英德森林　川矿归英　开平之发达　福公司　绥州煤铁　叶县辉县金矿　无锡之矿　镇江矿　俄开齐齐哈尔矿　东三省矿利均沾　俄思煤矿　云龙金矿　漠河报效　冕宁热河金矿　太平佳矿　北满洲采金公司　湖南安的摩尼　保定府西煤田　宛平煤矿　东三省矿权瓜分　俄需煤矿述闻　德需东矿述要　外务部奏定矿务章程折　书外务部奏定矿务章程折后　论中国开采矿产事　热河金矿　烟台煤矿　盛京石庙子沟矿务　镇江铁矿　湖北襄郧房竹两县华商开办矿务章程　安徽矿务总局英商凯约翰订立开矿章程　霍州银矿　交城太谷料　蓬州油　临城煤　宣化晶　开州矿　山东矿　濕州矿　上海提炼五金公司　泽潞煤铁　夏县银垣亚铜　垣曲金　安包铜　绛县铜　平陆银　阳曲磺　平江金　美国矿师克利夫化验潞安府长治县煤铁矿质分数表　美国化学师克利夫德国化学师晓尔芬化验晋省各属矿质分数表　黑龙都鲁河　热河金矿报效　浙东宝易公司　蒙古金矿　唐努金矿　热河银矿课　湖北铁政局报销　云南铜本　广德煤　桂阳铅　武昌矿务有限公司草稿译文　福州银矿　徐州煤况　开矿新器

△吉林矿归俄　吉林全省矿务尽归俄有，增祺已与立合同。闻奉天某处矿务，亦将仿吉林章程。（廿七年《天津日日新闻》）

△意窥浙赣之矿　意人欲造浙江至江西之路因两旁金银煤铁甚多。（廿七年《字林西报》）

△日人开宣城矿并路工　闻日人土仓庄三郎近与盛京卿订一合同，以资本五百万圆开采安徽省内之煤矿。系土仓之子鹤松氏其

矿在宣城,并筑路至芜湖,资本各出其半。

△德国山东矿会　德国矿务工艺会,其总行设于山东青岛。计已集成股本马克一百万枚。如生意加广,股本亦当再添。该公司即在山东办理矿务及购买基地等事。每股英金五十磅,与股者先交四分之一。(《文汇报》)

△俄开乌港煤矿　乌港东部苏城河畔之煤矿,现由俄京募集远征队一队已照行,前来开掘。队长即著名矿师,并有监督及医师三十名。豫算此矿每年可得煤斤六百万磅,足供东方舰队之需。

△江苏省铜矿　铜夹山,铜招山,金木洞(皆南京),苍头,以上皆经矿师试验,苗旺而质佳。

△云南铜厂　嘉道年间,册载云南各厂岁解京铜七百六十四万六千一百七十余斤,各省办铜一百七十万〇七百十斤。官办外由商人转运各省者,岁九百三十四万六千一百七十余斤。

△直隶临城煤矿　前经徽商钮晓屏承办有效,现以股本不足求李傅相设法。傅相向比国代借二十万金,并命龚照玙集股襄办

△开平煤税　每吨纳税三元或四元,每日以千吨计,通年计算已须一兆元矣!

△潍县煤矿　潍县之西,地名方子,煤矿极多,德人经营已久,已由矿师验明开筒。

△悉毕尔产金方里　悉毕尔产金之地,有俄人勿灵顿巡游该处多年,著一书,极言矿金之旺,名曰《恩第尼灵革杂志》。该书言悉毕尔产金之面积约八十八万方哩,兹分别其地如下:乌拉尔六万方哩,哀尼县二十八万方哩,南贝加尔二万方哩,北贝加尔十六万方哩,阿穆尔三十六万方哩。其书中之论曰,如俄政府能依美国新式机器开采,则近三十年间每年可得二亿弗云。

△韶州锑矿　韶州曲江县铁矿,现经查誉非铁矿,乃锑苗。其质若煤,制炼可以发光,以之可以代灯,比煤油明亮,并可炼炸药及铜

帽火、马啼引等用。现在设局专售。

△祁阳铁沙　湖南祁阳县山中商开铁矿,以经费绌改归官办,所产铁沙,运往汉口,供铁政局之用,其利甚。传现拟延请矿师改用新法开采。

△俄开司秋煤矿　俄国政府提出经费二百四十万卢布,开掘奈霍德喀湾附近之司秋煤矿。奈霍德喀湾面近日本海,美洲湾中之一小湾也。位于东经线一百二度三十分,北纬四十二度五十分。其面积三十平方俄里,内含煤一千六百万吨。

△德查东矿　德遣矿师四十人,赴山东各处查矿。

△太武山煤矿(厦门)　太武镇名山林立,前有人开煤矿,因水灾中止。现闻某国洋人拟开此矿,特请美国矿师带开山机器往勘形势。闻该商尚拟开浙绍等矿。

△中国煤矿方里　中国煤矿共四十万英方里。英国之煤甲于天下,然不过一万二千方里。今中国仅以东南方及山西计之,已有一万四千方里。果能一律开采,可得六十三万兆吨,且各矿多有精铁可供军制。(《英国工程报》)

△晋康公司　晋康煤矿公司在繁昌五华山中,为吴少斋直刺、王少谷太史所创。

△俄英美产金原始　俄国采金于乌拉岭东西伯里部,始于嘉庆十九年。美国采金于旧金山,始于道光二十八年。英国采金于新金山,始于咸丰元年。

△大冶矿绘图存案　大冶矿山极多,非钜款不能全买,而民间产业尚有不愿出售者。兹变通办理,将所有矿山一概详细绘图存案,饬乡民具结不准私售外人。

△利国煤铁矿　徐州利国煤铁本为佳矿。宋时试开,未有成效。近有人集股开办。(廿四年《时务日报》)

△龙王洞煤矿　英人柳满在重庆江北龙王洞开煤矿,系董姓公

产,被其族人私售与柳。现欲赎还,柳不允。(廿七年《中外日报》)

　　△兴国矿　兴国县银山地方矿产甚富。(《中外日报》)

　　△开州藏州矿　美国向高丽要求开海州、藏州金矿,国皇已允准。(《新闻报》)

　　△湖北五宝山　兴国、大冶合界县境有五宝山一座,周围九十余里。(又)

　　△广宁金矿　粤东肇庆府属广宁县有金矿,其苗甚旺。(又)

　　△华俄合办新疆金矿　新疆南北矿务累年虚掷巨款,难于报部。兹有俄国游历人马堂四福谓,天山北路直至阿尔泰山一带,金苗甚旺,拟请租地开采。新抚饶中丞拒之。马遂唆驻迪化领事吴司本,向驻京公使与中国政府要求。政府许之。议定华俄合办,资本各半。领事即电请俄矿师携带机器而至。拟先勘塔城厅之喀图及库尔喀喇乌苏之济尔噶朗金矿。(廿四年《申报》)此处一面系喀什噶尔省,一面系福尔喀纳界。

　　△漠河解款　漠河金矿岁解户部银二十万两。(廿四年铁路矿务总局大臣王张奏稿)

　　△法商办川矿　四川大吏已允法领事开办矿务,然非专利也。系照英商摩根会同公司与华益公司所订合同办理。约改定法人,即指巴县、合县、綦江、犍为、威远、灌县六处煤铁矿,及懋功县、大全县各处五金矿,并谓如日后华商及他国洋商有声请开办者,亦宜一律准之。(廿五年《申报》)

　　△东三省煤况　浦汐左近用煤多系来自萨格林及日本。唔里士公司在距浦盐二十英里处获一煤矿,美人亦于哥洛克觅获煤矿三处。(《同文沪报》)

　　△美富铁矿　美《万国月报》载,一千九百年地球各国所出之铁,约有四千万吨。内美有一千三百七十八万九千二百四十二吨;次则英,有九百〇五万一千一百〇七吨。两国所得之数已过于各国四

分之三。四万吨内有二千七百万吨制炼成钢,有十分之四成自美国者也。兹据地理师查称,美国德格士省矿产极富,独就策罗其一乡而言,已查出铁质六百兆吨。其在德东方,全部则所有之铁当在三千三百兆左右。(《益新报》)

　　△石塘浦无煤　　北海开办石塘浦煤矿,内有拉杂之件,并无煤质,空掷资本。(廿六年《英领事报册》)

　　△小花石煤矿　　湘潭县小花石地方煤矿产煤甚佳。前陈佑民中丞曾委员采办,颇获其利。嗣因经手非人,井被水没。现经湘抚将该井拨归萍局合办。(《同文沪报》)

　　△法商勘劰武矿　　法商敦池日前请船政局监工达韦海,前赴劰武府一带勘验煤矿及铅银等矿,又借船政学堂第四届出洋游历回华之学生黄德椿同往。(《同文沪报》)

　　△青阳山矿　　安溪县属之青阳山有五金矿,锡苗尤多。

　　△四川煤油公司　　英商立德乐与华商王某等,创议集股二百万,合办四川煤油公司。(《同文沪报》)

　　△殷山矿务　　韩国殷山金矿,现有英人数名,日人五六十名,支那人百名,韩人数百名朝夕开采,渐及山腹。该处矿坑以龙元坊为中心点,约日本界六里有奇。界内采取砂金之人,每人抽税金一元。闻该处尚有煤矿一区,现未十分测准,亦有谓该煤多含泥质不适用者。龙元坊西北四里余又有白铜矿一区,已有百余人兴工开采。(东报)

　　△内丘煤矿　　直隶内丘县西娘子岗地方,煤苗甚旺。(廿三年《新闻报》)

　　△矿师　　徐州利国监之矿师为西人巴尔,山东平度县之矿师为西人阿晋士威,热河之矿师为西人哲尔。唐炯督办云南铜矿,请东洋人为矿师。(廿六年《申报》)

　　△著名各矿　　各处矿之著名者:

　　银矿　广西浔州贵县平天寨,河南罗山县,怀仁县属凉水泉子老营沟矿,洞子夹道子大东沟,直隶滦平县线窒沟,喀喇沁旗十槽子罗圈沟。

金矿　梧州金星尾,广东琼州元门洞,德庆州开建县,山东宁海州招远县,和阗州、滦平县宽沟,丰宁县大营子,建宁县金厂沟、翁牛特旗红花沟、水泉子沟、拐棒沟,建昌县、朝阳县诸山。

他如广西南宁、太平二府之锑石矿,湖南衡永诸府之煤矿,四川诸府之五金、火油各矿,金陵青龙山之煤矿,山西泽潞诸府之煤铁矿,新疆迪化县、温宿县之铜矿,奉天边外宽甸县属小荒沟、小西石、北吊幌子之铅矿,通化县属大小庙儿沟之金银铅铁矿,岫岩县属黑岛之铅铜矿,木耳山南尖头之磁铁矿,平泉州之锡矿,银子园之铜矿,丰宁县牛圈子沟之银铅矿,皆华官延洋矿师勘之。(廿六年《申报》)

△彭泽煤矿　九江彭泽县与安徽东流县毗连之马当一带地方,煤矿甚旺。

△衢严各矿　浙江开化银矿、衢州杜山坞、严州虎形穴各煤矿之质极佳。

△开建金矿　广东德庆州开建县属浦流之地,有金矿一区,苗质甚美。每矿石一担,上者可得净金约洋五十元,最下者亦得七八元。

△汉铜加价　廿三年汉督崧、汉抚黄奏请铜运每年三批到京,恳每百斤加价二两,合前准加一两共银十三两三钱。按同治十三年试办茂麓、宁台、德宝、万宝四厂,奉定铜价连由厂运省脚银均在十两以外。惟万宝稍减,亦须九两六钱五分,十八年请准加价一两。(原报①)

△江西矿务　江西吉安府属之鹧鸪岭苹沅等矿地,前经本地绅士设立公司开采,旋为土棍所阻。

萍乡煤矿与二十二年招股试办。

---

① 原文如此。——编者

△湖州银矿　湖州武康、长兴等山有银矿。

△辽江煤　湖南产煤之地,自醴陵通至湘潭,纵横二万一千方英里。所产之煤分为二种,一曰辽江煤,一曰湘江煤,质洁净。惟华人采法不精,遗弃甚多,上品之煤运至汉口,每吨成本不过三两二钱。(廿三年《维新日报》)

△河南煤况　河南府产石煤极盛,虽亿兆人用之不竭。太行山脚亦有之。河南南岸鲁山等处有极大煤田,皆与极好之铁矿附近。(又)

△山西煤况　山西全省之煤,有人估计至少有六千三百万万吨。以天下之人照现在所用之数,足用二千年有余。

△石门铜矿　湖南澧州石门地方,铜矿甚旺。

△上虞铁矿　绍兴、上虞等处铁矿,各山涧冲下之砂拣取提炼,每百斤可得四十余斤。

△苍梧金矿　梧州府苍梧县属颖田芋荚岭有金矿。

△奉化银矿　宁波奉化某山产银。

△闽清银铅矿　福州闽清县十四都有银铅等矿。(《苏报》)

△儋州金矿　儋州城南相去约七十里之土名南井河及长春里之便罗河,又附近那天之那金河三处,均有金矿。王刺史之翰先行试办,再请招商。(《中外日报》)

△英人拟采三省矿　英人拟立公司,专采皖苏赣三省之矿。今集股三十万〇一百四十磅。(《汇报》)

△中国产金钢石　德人在胶州矿中觅得金钢石。法国《学问报》谓,(光绪)廿四年前北京有教士精于博物学,曾于教堂所用煤中,并于街间拾得金钢石粒屑。则中国产生此石无可致疑。(又)

△天全州银矿　四川天全州大穴头山银矿,上年十月由商人易绩成禀请承开,已由川督批准。(又　廿六年)

△迁安县金矿　直隶迁安县峪儿岩金矿,本由香山徐雨之观察

承办。当时每日可得金百余两,后让归路矿总局,收数大减,每日只得七八两。(又)

△金勃尔来城　金勃尔来产金刚石,西人往采者踵相接,人烟凑集,于一千八百六十九年筑建城垣,名金勃尔来城,至今仍之。英人夺为己有,归加不总督管辖。

以天下岁出金刚石作一百分计之,金勃尔来所出多至九十五分。(又)

△九十九年产金数　九十九年合众国产金三百六十兆,斐洲南境出三十七兆,合计天下共采一千五百兆。

△九十九年产煤数　九十九年天下采取煤共六万六千二百八十二万吨。内百分之三十分半出英,二十分出于日尔曼,三十分出于合众国,奥得五分三尼,法得四分八尼,比得三分三尼,俄得二分,他国又得五分。(以上均《汇报》)

△开平余利　开平煤局本年结账,除去开销可获利二分四尼。以一分五为股友之余利,其余归入公积。若秦皇岛铁路接通,矿所出路便捷,可操必胜之券。(《苏报》)

△吸水机器价　矿中吸水机器色样亦多,其用牲力,而一点钟吸水一百余担,喷水高一百廿五丈者,价约二百五十元。(《汇报》)

△磁石　磁石产于瑞典、瑙威、日耳曼爱尔伯岛、印度等处。他处间有之,然甚罕。(又)

△贵州水银矿　英法人集股开贵州水银矿,股分有九万八千镑,工师白里力。据言矿地甚大。贵州所产硝硫与锑亦多,除所欲开之地外,产水银之处不少,皆为该公司管辖所及。(《华英捷报》)

△英商开蜀矿　英商摩根议开四川全省诸矿,与李征庸会商一切。已派矿师甲开等三人至蜀。(廿六年《博闻报》)

△罗森煤矿　复州之东二十英里罗森地方煤矿,日出煤一百五十吨。西运至怀芳汀地方,为铁路之用。怀芳汀距大连湾不过六十

英里。(《字林西报》)

△鄂尔河金矿　蒙古鄂尔河金苗甚旺,俄人常越境私采。经前充税务司俄人柯乐德君首认,招股承办,酌定成数,报效中国及该处蒙王,并将越境俄民劝谕回国。已经乌里雅苏台将军连军帅奏准开办矣。(廿六年《新闻报》)

△宣城煤矿筑路通宁国　前纪日人土仓鹤松氏开宣城煤矿一节,现日本工程师大日方一辅氏将来,先拟筑造由煤矿至宁国之铁路约计十三四里,并购小轮,由宁国通至芜湖。(《新闻报》)

△福公司承办晋豫矿务　二十四年二月山西巡抚胡聘之奏,山西商务局订借洋款,兴办孟平、泽潞等处矿务。又河南巡抚刘树棠奏,河南矿务请由豫丰公司借款任办。该两省均向福公司议定借款,均经总署奏明奉准。河南专办怀庆左右黄河以北诸山矿务。(廿七年庆王等奏折)

△朝鲜金矿　朝鲜金矿已入各国之手者如左:京畿道安城通津,忠清道箫鼓山清州文义公州乌罗,全罗道金沟南原全州,庆尚道青松义城星州、广州、昌原、普州,平安道平城顺安殷山,为英人所有。云山为美人所有。宜州,义州,黄海道厚昌、开州宁辽、松禾、长溯、遂昌、载宪、咸镜道甲山、永兴、吉州、江原道春州、三涉、洪川、金城,为德人所有。以上各地所产优劣不一,现均为日人查悉。(《申报》)

△温州银矿　温州南溪乡某山有银矿,每矿质十斤,含有四成银质。(《沪报》)

△西山煤至天津　西山之煤向供北京之用。近有美商运至天津,烟轻油重,与唐山之产不相上下,销场颇好。

△宣城煤矿合同　宣城煤矿合同以五十年为限,凡在该矿方圆三十里以内者,毋许别家开挖,预缴国课七万五千元,存储本省,将来应完坐尼,即在此款内除去。

△安的摩尼折本　湖南湘裕公司所出之安的摩尼一项,成本过

高,运汉求售,洋商多方贬价,刻下价银仅七十余两,亏折甚多。闻该矿质色欠佳之故。(《新闻报》)

△高丽矿务　美政府开办黄山金矿,其矿最为饶富。其地长三十英里,广二十五英里,矿中所用工匠共三千人,西人亦有七十名。英人所领之矿,与此矿相距不远,质亦甚佳。德在仁川之西竭力经营。惟俄人领办之矿未见动静。各国领办之矿大约以二十五年为限,由兴工之日算起,惟兴工必在奉准两年以内。所获利益除费用外,每百分以二十五分报效韩廷。矿中所用机器、料件,购自外洋进口者,概免税,所产之金出口亦免税。将来界内如有别项矿产,亦如该公司一律开采。(《新闻报》)

△花县煤矿　粤省花县附近丫髻岭,煤矿遍地皆是。虽不如外洋之美,然足供制造各局及兵船之需。惟银质、锡质则甚微。(《新闻报》)

△山东招平金矿　山东平度、招远金矿向为李家恺兄弟所经营,现与英商荣华洋行商议,出经费一百万两,以该金矿及向来使用之器械估作一百万两,合为二百万两,订合同,匀分利益。

△山东煤矿　沂州、新泰、章丘、博山、潍县有素著名之煤矿。(《大阪新闻》)

△黑龙江有限公司　伦敦商民近集英金七千五百磅,仿照北京福公司章程,创黑龙江有限公司,专为寻察黑龙江沿岸各处地方之金矿。(《字林西报》)

△东三省金矿　黑龙江与俄接壤处阿木尔河一带,向有东西金山之称。东金山即内兴安岭,国语曰金阿林,漠河金矿即在其界。西金山即阿尔泰山。绥芬河金坑大者有二,以万鹿沟、哈都意附近为最著。长白山金矿已开者有二。(《苏报》论说)

△四川矿务　英重庆领事里德尔在西藏交界处巴德尔瓦地方,发见一金矿;又在灌县得沙金一区,已至成都要求云。李征庸既为四

川矿务督办,已劝商民创立公司,凡四川矿业皆由该公司一手承办。顾以力有未及,适摩根来谒,意气相投,遂与订约合办。逮余蛮子事起,法领事饶舌,于是保富公司与中法合资之福安公司订约,凡灌县、犍为、威远、綦江、合州、重庆(除唐家沱外)以上六处矿山,皆不得经他人开采。是法人已得有开矿之特权矣!而该约未订之先,英人已在合州属龙王洞地方开掘炭矿。又闻一中英合资之煤油公司,今且要求灌县与藏界金矿。李君于是一无所为,人望大去,乃假劝捐名赴广东。李去后四川矿务愈失其主脑,保富、福安二公司图悬虚名而已。(日本报)

△诸暨矿山　诸暨吾家坞矿山已延请英矿师支利氏入山勘验试炼,质含铜铅,成色甚佳。

△裕州夹山银铅矿　裕州夹山银铅矿明时开采后封禁,戊戌年曾派员办理,未几停止。(此孙谷卿所云)

△法人在华所得矿权　比法集公,为开芦汉绍路矿产之用,并有筑支路通开矿处之权。一千八百九十六年,中政府准法人在湖北设立公司,开采白煤矿。九十八年又准其在南京相近处地方开矿。一千八百九十九年与四川地方官订立华法公司,在四川各处开煤铁等矿,股本乙千万两。此外又立公司,在川开火油矿。重庆矿务局于一千八百九十九年与华法公司立合同,除煤铁两矿外,复准在天山马江开金银铜铅各矿,在贵州省亦设立公司,开水银煤铁等矿,用本七百七十五万仙郎。复又改为英法公司,由英法合办股本中法归三,英归二。一千八百九十八年准法人在高州、广州开矿产。一千八百九十六年准法人在福建开矿,为福建船政局之用。(《字林西报》)

△镇人集股开河南矿　镇江人刘铁云以英义福公司为名,拟合股一千万元,在河南怀庆地方开煤铁等矿,刘自出资十万元。

△珲春金矿　俄人在珲春地方查出金矿一所,已与华官立约,准由俄人采取,以百分之十五报效中国,并驻保护兵二百名。

△法占闽矿　法领事与闽督议定，准法人在闽择地开矿。并闻已归马岛移民公司办理。

△秘鲁新铜矿　秘鲁国在塞罗今巴斯哥附近，正当安底斯山腹，寻得铜矿一穴，距奥罗牙不过八十里。现美国查基概多已拨资金一千万弗，开筑铁道，以供输送之用。此矿区极广阔，北美殆无其比。

△俄开煤油矿　俄于高加索巴古地方开掘煤油矿，每日可得万布。每布计三十七磅有余。

△诸暨银矿　诸暨大银山相传为产银之矿，有人考验后，百分中有净白铅二十分，铜十五分，银五分，余皆砂磺杂质。如能开采，提冶得法，则利颇厚。

△巫山铜矿　英商立德洋行知四川巫山县有铜矿，拟订合同，集资开采。

△开建矿务　广东开建县矿山职商陈国华禀请开采，又有何光久愿办。

△俄商开黑龙江矿　俄商六人集股在黑龙江开金矿，专候中政府批准。

△日美图山东矿　日索山东矿利。美得日照地方矿，地至港口仅数里。

△湘裕亏折　湘裕大成矿业公司亏折甚多，刻将重订章程。

△镇平锡矿　镇平五朵山有锡矿。

△宋公坑　英人思第至肇庆采验矿苗，据云，各山之产惟宋公坑最佳，质具五金及煤石、水银。闻系承坚毡公司之聘云。

△英德森林　英德县附近之滑水山树木甚多，地属观山，封禁二百余年。

△川矿归英　四川矿务将归英人包办，惟冕宁金矿，经法人出面与英人争。

△开平之发达　开平煤矿每月已可出五万四千吨。据英人云，

五月以后可加至十五万吨。该公司矿分四处，所办之事尤巨。前者机器已毁，重购新式者在秦皇岛兴大工，以为冬令之用。其他则设四门汀厂，一砖窑，一银矿，一各口又设分局，并有轮船六艘，本年尚拟加添。秦皇岛及其旁三英里之地已均为该公司之产，铁路亦公司所建，与北京、山海关相连。所建码头尤巨，虽有极大商轮六七艘同时起卸货物，亦足于用。水深十八尺，行船无阻。故股本虽多，皆有用也。

△福公司　福公司拟先办怀庆老平河矿，并筑清化至道口铁路。

△绥州煤铁　四川绥州所属城口太平，万山绝巘，界连湖陕，老林所产煤铁最旺。

△叶县辉县金矿　河南叶县河内有金沙，辉县亦有金矿。均土人所言。

△无锡之矿　无锡有锡矿，甚佳。

△镇江矿　镇江南门外红山凹地方，有人勘得矿苗甚旺。

△俄开齐齐哈尔矿　俄于预算费内特备一百五十万罗卜，开办齐齐哈尔煤矿之用。

△东三省矿利均沾　东三省矿务已准英德法美四国均沾。

△俄思煤矿　俄国东部无煤矿，亦一大恨事。近闻在沿海州思场河及也喇河上流一带，探得煤矿数处，甚佳，故俄政府本年预算表内特提出一百万罗卜，以备开采。此款系海军经费内津贴六十万罗卜。

俄矿师古利衣搜寻煤炭、煤油两矿，近于波亚达沁河附近，用钻地机器探试至二百七十八尺之深，果见有煤油喷出。

△云龙金矿　直隶永平府金龙县所属地方出有金苗，前总工师金达禀请开办，因事封闭。现又有人欲集股办之。

△漠河报效　漠河金矿初办时，每年报效军饷九千两，廿二年增至三十万两。此后订章，每二十成报效十二成。

△冕宁　冕宁金矿向为徐某独办,所有运到机器约价五六万元。近徐某招集洋股,川督即委张大令办理其事,一切费用每月仅五百金左右,并徐所集洋股,不下二千万两之多。

　　△热河金矿　热河金矿极微之时,一日可得百两。除去支销仍有利。今年颇有亏空,其故由于司事太多,舞弊偷漏。

　　△太平佳矿　太平县绅项少辅探得麻岭高家坑矿质多种,与西人试验,称为皖中第一佳矿。

　　△北满洲采金公司　清、俄、法三国资本家目下合办一公司,名曰北满洲采金公司,专采掘北满洲一带金矿,已与清政府订约,以所得十分之一为清政府租税。

　　△湖南安的摩尼　湖南辰宝、衡永各属产安的摩尼之山,处处皆是。往年陈宝箴与亨达利洋行订约包销包售,每吨交价四十两。为时未久,业已为俞广三所坏,而安的摩尼之值日昂。现计运至汉口,吨值八十两,矿务局立法不准商民私售,运交局中每百斤又只给价千文,离局稍远之处不敷运脚。于是已经开出者,宁听其堆积。若百斤加价千文,每吨不过卅余千,运赴汉口,可得三倍之价。

　　△保定府西煤田　保定之西有煤,有巨商欲采之。

　　△宛平煤矿　宛平县属之齐堂产烟煤甚旺。

　　△东三省矿权瓜分　闻俄人拟索奉天全省矿务,吉黑一带则由英、法、德、美四国分办。

　　上年八月俄政府在西伯利沿海县,土名亚美利加湾附近之思场地方,寻得一大煤矿,满拟开采,以供太平洋舰队之用,不料开采后,所获之煤不佳,殊为失望。近又在尼哥拉思克附近觅得一矿颇佳,现备三百万罗卜,以供采工费。

　　△俄营煤矿述闻[①]　俄人在东三省,凡已开、未开、现开之矿共

---

① 此条至"论中国开采矿产事"三条为剪报粘贴,未注报名。——编者

有四处。计东华铁路公司所办者：一为瓦房店矿，其地复州城之东；一为烟台矿，其地在烟台驿之东；一为四平街矿，其地在昌罗府之北。又中俄银行所办者，为千山台矿，其地在奉天府之东。以上四处，惟瓦房店矿虽于一千九百年时曾经开采，其后因矿苗不旺，遂已停办。近闻于该矿地附近之处，另行查探矿脉。又四平街之矿，前者已试办。至千台山之矿，则由俄华公司诡托华人出名，目下力谋承办，其开采之期，大约总在此数月之内。而烟台矿及瓦房店矿，则已同时兴工采掘，前闻每日所出之煤仅十五吨，近则已出至三十吨。至所出之煤，则现时专供该本公司所用云。

△德需东矿述要　英京《泰晤士报》驻京访事马利生二月六号函报，前者德国索取东省开采矿务专利一事，已议多时，先将有成。德国以藉天津为挟制，以为若不成议，非独不能撤退驻津兵队，而津城亦难交回中国云云。闻此事已经驻济南德领事与东抚及驻京德使，与外务部同时开议。按德人于一千八百九十八年订胶约时，已得有取东省铁道两边十英里之内开矿利益。至一千九百年德国柏灵公司向索东省五处地方，开采宝石、煤金各矿，并欲于十个月内议成开办。此议曾由故使克林德与总理衙门道及。适因团匪起事，未得中国覆答，现在续议，闻又因拨付矿息与开采年限二事未定。盖中国所索取矿息，须照福公司山西开矿所获，值百抽二十五之数，不能再少。而德国则仅允值百抽五。其年限则因二十五与九十九年迟速不同。然大约此事当不难办理也。

△外务部奏定矿务章程折　谨奏为酌定矿务章程折，仰祈圣鉴事。光绪二十七年十二月二十五日，政务处具奏开办矿务一折，奉旨"依议。钦此。"钦遵抄折知照前来。臣等当即按照原奏内所称，延聘矿师查勘矿山及豫购机器、广招商股各节，详加筹议。复于本年正月十一日钦奉谕旨，派张翼总办路矿事宜，臣（王）文韶、臣（瞿）鸿禨仍奉命督同办理。自应仰体朝廷振兴之意，悉心筹画，以浚利源。臣等

窃维中国矿产之富,甲于五洲,特以地质,素昧讲求,开采未能如法,鸠资试办,成效茫然。近来风气渐开,始知西国矿学之精良,机器之利便。然必有能识矿师之人,而后不以下等矿师所惑;有自造机器之厂,不以广购机器为难。际此库款空虚,经费万难筹措,自不得不借资商力,广为招徕。顾华商见小欲速,势散力微,集累万之钜款资,收效在数年以后,势必迁延观望,裹足不前。而奸诈嗜利之徒,又往往以一纸呈词希图揽办。斥之则有所藉口,准之则益启效尤,甚且勾结外人,辗转售卖,其弊必至于利权尽失。为今之计,惟有明定画一章程,使人人晓然。于厚生利用,但能上下交益。国家固无所私有,无论华洋各商,可照章程承办,其有违背定章、任意要索者,仍应坚持驳阻,杜绝弊混,即所以鼓舞商情。臣等博访周咨,公同商酌,谨拟矿务章程十九条,恭候钦定。如蒙谕允,即由臣部颁行饬遵。其有未尽事宜,应由矿路总局随时体察情形,奏明办理。所有酌定矿务章程缘由,谨缮折具呈,伏乞皇太后、皇上圣鉴,训示遵行。谨奏。

光绪二十八年二月初八日具奏,奉朱批:"依议。钦此。"

谨拟筹办矿务章程十九条,恭呈御览。

一、凡拟开矿务者,取集华股或借洋款,均须先行禀明外务部。其禀或自行投到,或由省州县详请督抚专咨到部,俟奉批准后,方可为准行之据。未奉批准以前,不得开办。

一、此项禀咨如外务部核夺以为可行,即知照路矿总局,询以此事可否批准。俟接到可准之复文后,即由外务部知照总局,发出批准执照。此照奉到,方可开办。其照费视成本多寡,酌提百分之一,缴局以资办公。

一、开办之人,必须系原禀领照之人自行举办,不得私将知照转卖他人。倘欲售卖,或在开办以前,或在已办之后,须由原办之人,会同接办之人,照上两条复行禀请立案领据,方可转交接办。

一、该处地主原有不从之权,须由原禀之人向其先行说明,商定价银,报明立案,不得私行交易。倘该地有关系国家,必须开办之故,其地主虽有不从之权,亦应听顺国家之意,由官公平发给地价,任凭开办。

一、递禀开办者,或华人自办,或洋人承办,或华洋人合办,均无不可。惟地系中国之地,举办系由中国准行。无论何人承办,均应遵守中国定章,倘出有事端,应由中国按照自主之权自定。

一、矿产出井,视品类贵贱,以别税则之轻重。现酌定煤、铁、锑砂,白矾、硼砂等类,值百抽五;煤油、铜、铅、锡、硫磺、朱砂等类,值百抽十;金、银、白铅、水银等类,值百抽十五;钻石、水晶等类,值百抽二十五,均作为落地税。其有税则未载之矿值,应视物类之相近者,比照抽收。其出口税,仍应照章在税关完纳。自纳出口税以后,内地厘金概不重征。此项出口矿税,为新增之款,应在税关另款存储,听候拨用。

一、各公司承办矿务,自发给执照之日起,限十二个月内开工。如逾期不开,执照作废,该矿即由总局另行招商承办,并登中外各报声明:某省某矿现因逾期,执照作废。

一、矿山准造支路,以便转运矿产。惟只准造主最近水口,如与干路相近,即准接连干路为止。

一、附近开矿处所,应设矿物学堂,为储材之地。该学堂一切薪水经费,均由该公司自行筹给。

一、凡开办所需机器、材料等件,除运自外洋、照章归海关收税外,内地厘金概不重征。如在内地采买材料,经过关卡查明实系运往开矿处所,准给执照,免厘放行,惟不准夹带别货,违者照章罚办。

一、公司雇佣矿师赴各地勘矿,应呈报外务部,咨明各该省督抚札饬地方官,实力保护。如有意外之事,惟该地方官是问。至购地开办,如遇百姓阻挠及工匠滋事,由公司呈报地方官,即应随时晓喻弹压。尤应严禁胥吏需索,倘有前项情事,一经查出或被控有据,严参不贷。

一、矿产地亩,民地则照市价购买,官地则令备价承租。惟民地虽购买过户执业,仍须照中国原定田则,完纳钱粮,以符赋额。至各矿所用地段,只准足数挖井盖厂各用为限,不得多估。

一、公司购用地亩,自应公平给价,不得强占抑勒,地主亦不得抬价居奇,并不准以有碍风水藉词阻挠。如该地主不愿领价,愿入股份,即按照原值给予股票为凭。

一、采验矿苗,应须打钻掘井,遇有田舍坟墓所在,务须设法绕越。如实在无法绕越,应商明业主,由公司优给资费,以便迁移。

一、矿厂如须安设巡兵护厂,专用华人,所需教练经费、口粮,均由该公司自行筹备。厂内除管理机器、经理账目,必须聘用洋人外,其一切执事工作人等,均应多用华人,该公司从优给予工价。如矿峒有压毙人口等事,亦由公司优恤。

一、华人在外洋矿务学堂卒业学生,愿回华充当矿师,及外洋各埠华商愿回华开矿者,准其赴外务部呈明。如该生等勘矿确有见地,资本实在充裕,俟办有成效后,由外务部奏请给奖,以示鼓励。

一、各公司承办某矿所有华洋股东,国家担任保护。如有亏折成本,国家不认赔偿。倘应资本不敷,借用洋款,亦应商借商还,与国家无涉。

一、开采以后每年结账,除提还本息外,如有盈余,以十成之二五报效国家。

一、此次新章未定以前,凡已开办各矿及曾经议定之处,除出井税课合同内声明按照奏定专章者,应照此次所订第六条办理外,其余仍照合同核办,以示大信。嗣后华洋各商欲承办矿务者,均照此章办理。此外未尽事宜,应俟随时增损,以期尽善。

△ 书外务部奏定矿务章程折后

中国矿产之富,甲于全球。外人之勘验者,即山西一省煤矿言,已谓可以供全球千年之用。至五金之矿,则随在皆有,其蕴蓄于地中者,不能谓之不富。第以有利不能兴,致菁华渐竭,盖藏将虚,而外人且从而要挟,群思垄断。于是疆臣枢臣幡然变计,迭奏明诏,招商开采,亦积有年。然所开之矿,无一不折阅而干没者。惟漠河、开平金煤两矿,开采较旺,股商除官利外,可望赢余,差胜他处。然庚子役后,漠河则资产荡然,股价低缩,纵他日幸能恢复,已非十年五年内可以期其有成。开平则售之外商,其存其亡,皆在不可知之列。则即谓中国之矿务,无一有成效可也,无一不复灭亦可也。去年回銮后,理财之法以矿路为开源之要义,迭命大臣专司其事,而复使重臣管理之。其鼓舞路矿之意,不可谓不重。窃谓中国商利魄力最薄,即明予以利益,优予以保护,犹迟回而不敢应。况利一害十,而官复多方钳制之,且设为苛法以待之,而犹可期其事之成、利之薄,恐亦必不可得之数矣!吾于外务部奏定之章程,又禁喟然而叹!恐此后矿务无复有可兴之望也!

按原奏有云:"为今之计,惟有明定画一章程,使人人晓然,于厚生利用,但能上下交益,国家故无所私。"是部臣固以不与商民争利之意,明告天下。乃第二条即云:"其照费视成本多寡酌提百分之一,以资办公。"按如此则资本百万者,须提一万归公,资本二百万者,须提二万归公。是则商人一事未成,先须耗去巨资,甚为痛苦,奚止剥肤!又第十二条云:"矿产地亩仍须照中国原定田则完纳钱粮。"是国家于矿面之地,即取其税矣!第六条云:"矿产出井视品类之贵贱,以别税则之轻重。"或值百抽五,或值百抽十,或值百抽十五,是国家于矿内之物,又已取其税矣!乃又申之曰:"其出口税仍应在税关完纳,自纳出口税后,内地厘金概不重征。"果如所言,假使采出之物并不出口,但止运销内地,其仍须纳厘金可知也。出口则困之于关税,不出口则困之于厘金。彼为商民者,岂能堪之?又此出口税者,不知其百抽若干。若援洋货入内地之例,百抽七五,则并落地税计之,轻者已值百抽十二有五，重者且抽至三十五。其取之商民者，不已太厚乎？而十八条又云："如有盈余，以十成之二五报效国家。"果如是则矿利虽优既耗之于领照之时，复重征于开采之后，又峻削于得利之后。夫孰敢轻为尝试耶？

西国政府于大工厂、大商业，率极力保护之甚，或岁拨巨款，以资津贴。中国则反是，不计其有害，先计其得利，并无扶助之法，先定取盈之计。此执笔人所不解者也。况第九条云："附近开矿处所，应设矿物学堂，一切薪水、经费均由公司自行筹给。"又第十五条云："如须安设巡兵护厂，其经费、口粮，均由公司自备。"按商人即设学堂，造就矿学人材，以供国家之用，是商人之报效国家已不为不至。乃国家于商人，除批准开办外，并无实在之恩典与商人所承受，而犹责以报效，定以额数。无乃所施者薄，而所责者厚耶？

其尤不可解者，按第二条云："此项禀咨如外务部核夺以为可行，即知照路矿总局，询以可否批准。俟接到可准之覆文后，即由外务部知照总局，发出准行执照。此照奉到方可开办。"按矿务本路矿总局之专责。外务部为专司交涉之官，本不必过问。即云开矿者或为西人，或为中西合办，不无交涉之事。然所开之矿，即为中国之地，则无论西人华人，其事属内政，即当受节制于总局，何必外务部干预？其不可解者一也。况外务部既以为可行，知照总局，总局又以为可行，咨覆外部，则即将准行执照随文交付，岂不简捷？乃必待外务部再行知照，始将准行执照发出，不知究属何意？必欲多此一层转折，徒令在事诸人添一刁难之途，承办商人多一掣肘之苦而已。其不可解者二也。

呜呼！中国商民资财既绌，魄力又微，于开矿一事早已视为畏途，今乃委屈繁重如此，层层剥削如彼，是非导人开矿，实禁人开矿也！中国商民既裹足不前，则狡黠之流，必将勾结外人，恃其国力以代我开采，转致破坏藩篱，而我亦无如之何。然则此十九条新章，适为外人之鹬獭而已，讵有益哉！

△ 论中国开采矿产事

有欲以印度矿务章程施诸中国者。惟其中载有纳捐采矿诸条，行诸印度则可，若行于中国，则未见其宜也。此其故盖有数端焉。纳捐采矿为中国向所未有，其有愿查探者亦无人阻止之。一旦而欲其纳捐，则必生乱矣。此其一也。其次，如探矿而必纳捐，则必经由衙署差役，华人性情向不愿与在官之人来往。故其谚语有之曰："一生不入公门，便是此生之福。"设必欲强之入官署纳捐始得准行，则彼必不愿为之，或仍如常探矿；必欲勒令纳捐，则衅端即由此而起。盖其矿纵经查探，亦未必果为开采，一经纳捐，即与弃之无异。故为华人所断不肯为也。况华人皆视国家之地，为公众可用，故樵采、伐木建屋等事，皆任意为之已成习惯。今一旦而忽有此举而谓，肯遵奉无违乎？三则，华人纵肯纳捐，亦多为难之处。以华人每欲见官，须经过多处衙役勒索，必饱其所欲而后可。故如设立抽捐章程，是开差役勒索之端，而生百姓畏惧之心也。恐微特不愿纳捐，即查探者亦将无人矣！由此观之，尚不如仍旧之为愈也。至租地开矿，亦宜分为两途：一则租公家之地，由政府批准即可开办；一则为私家之地，政府纵已批准，其地尚须购诸民间也。

今将办理公家矿地章程列下：

一、地无论善否，每亩每年应纳钱二百文。

二、宜酌量所得矿产若干，应纳矿税若干。

三、无论何处凡有矿可开者，须禀由该管知县出详，始可开办。

四、请租者或不止一人，则以其投禀之时日迟早为衡，藉昭公允。

五、各处地方官应以章程出示，晓谕民间，并言明除租资及纳税外，衙役等不得额外勒索。又如有人能照章办理者，地方官决不阻止。

六、凡欲承租矿地者，须自将姓名地址注明于禀稿之上，更须声明所办者为金银矿或系煤铁矿，并指明矿地在何处。

七、承租矿地既经批准，十八月之内即须开办，逾期作废。

八、凡已经批准者,即须认真办理,不得有名无实,反为损害。

九、凡矿地既经承租,即应任其永远办理,不予年限。如半途终止停工至十八月之久,则不准再开。或于此十八月内实在不能办理,经过徒设场面、以保利权者,亦应作废。惟须由官先行知照,如不遵谕,然后收回。

十、凡租地开矿者,其矿地不妨分租与人,或全租与人,惟须遵照矿章办理。

十一、凡矿中所出矿产,应随时由该管知县查验。

十二、凡应纳之税,须在矿产未经出矿以前,或临时出矿时定夺,以便缴纳。税章既定,即可将矿产随意运往他处,不再抽税。

十三、凡中外之人如欲遵照章程者,即应准其办理,华官不得徇情偏倚。

十四、凡租矿地者,所租之地不得过十英方里以外。

十五、凡租矿地之人,应自行出资在地设立界石,以清界限,而免混乱。

十六、承租矿地之人,如因开矿而有损他人产业者,即应由开矿者赔偿。

十七、承租矿地之人,应以所得矿产若干、矿产优劣,随时明白记载,以便政府随时简员莅矿查察。又须另行报知该管地方官,而地方官亦须秘之,不得使人知晓。

十八、租地者如所得之矿,与所禀不符,亦须更行禀明。

十九、凡租地应纳之税,及矿产应纳之税,设逾期两月仍然不缴纳者,则由地方官至矿,将矿中一切能够移动之物封闭,或留矿,或迁他处,概由地方官自便,至将租税缴纳后始已。如租税已逾期六月仍然不纳者,即可将矿收回,另租他人。

二十、如承租矿地者或有讼事,两造均属华人,则由地方官判断;设其中有与洋人关涉者,则由驻沪矿务专员会同领事官审理,或自到堂,或延律师均可。惟判断后即应作为了结,不得再行上控。

以上逐条乃为承租公地者而言。承租私地以开矿,则亦先由业主禀由政府批准。其办法章程今亦如下:

一、凡业主不独得地面利益,即地底利益亦应归之。故在己地开矿,即不必另纳租资;惟所得矿产若干,亦应纳税若干,与在公地开采者无异。惟地既为私地,则不能以以上第九条办法律之。

二、除以上第九条外,其余章程则与办理公地者等。

三、凡矿面田地房屋,仍不妨照常转售与人,由衙署印契,如下面无矿者然。

四、如矿主欲筑铁路,以为运载矿产出外之用,政府宜设法助成,不得阻止。

五、凡开矿之人,如合股设立公司,则其集股若干,政府亦不得限制。

六、如开矿时所得为煤,则每吨应纳洋二角五分;所得为火油,则每百加伦纳洋五角;所得而为金为银,则每百纳七厘五;为锡则每吨纳银二分;为铜铁则照矿产铜铁价值,每吨纳二厘五;设为宝石,则照所得之利抽纳三分。(译正月二十一日《字林西报》)

△热河金矿[①] 热河金矿务已准意人承办。

△烟台煤矿 东三省一绝大煤矿,土名烟台矿,在奉天、铁岭交界。矿苗旺且美,计矿质共十三层,目下掘至第五层以下约七百尺三十度,出煤极精。所用矿师八人,皆英、俄、德、日四国名手,用欧洲最新式机器采掘。专司机器之师,为日本人石川氏云。

△盛京石庙子沟矿务 盛京石庙子沟金矿,现有商人干金波、吴廷英集沈平六万两开办。

又,石庙子沟东南五里云头丰山之大东湾,有银矿一处,集股二

---

① 此条至"镇江铁矿"条为先生手录。——编者

万,铁矿一处,集股一万,煤矿一处,集股一万。

△ 镇江铁矿　镇江巢凤山有铁矿。

△ 湖北襄郧房竹两县华商开办矿务章程①

一、开办矿务为裕国富民之计,亦当今切要之图。前经各大臣奏请广开天下名矿,迭奉上谕,著各直省督抚查明妥办。接经御史奏请官办不若商办得宜。凡有佳矿,准由本地人禀请开采,其资本多寡、生计盈亏,与官无闻,地方官只监督弹压。恭录行知,一体钦遵。兹办理襄郧房竹铜铅等矿山,禀请督宪批准开办,以广利源。

一、房竹矿山有数十处,皆绵亘数里,其矿苗显露、倍极佳厚者,皆系有主产业。除本已所有各山外,其余或偿价买成永远管属,或专为矿置矿尽还山,又或按年给资租定,以矿竣为度。业主皆立约据,永不把持。现在鼓铸需用,米价奇昂,人见生面独开,则颠连困苦之穷民,又得藉资赡养。各股东现在既能收息,将来又可分红,是一举而备三善焉。

一、广集股份,以资接济。开矿经费浩大,非集钜资不能开办。必先早为绸缪,庶免半途中辍。现经禀准刊发三联股单,谨遵部议招集股资十万两,印行股票一千张,每股库平足银一百两为一股,一千两为十股,统归库平足纹收发,以昭划一。由经理人弹收报解。无论入股多少,必须先交足银两,方准填给股票,以后按股分红。不论官绅商民皆可集资入股,惟洋股则概不收受,以免交涉枝节。

一、填给股票,以归实据。凡入股之人不得仅用堂名,必须填明姓名籍贯,以杜假冒。本局招集股银,专为开办各矿,不得挪移别用,亦不得因由他故抽回股银。纵有急需转售,亦只准售于中国人民。惟须同赴本局更换股票,以绝卖空买空之弊。

一、招徕股份,期人信从,原非条教号令所能致。如入股多者,

---

① 此条及下一条又为剪报粘贴,未标报名。——编者

准由该股东派一亲信友人,驻局办事,分其责任,由本局因材器使酌给薪水。倘不称职或滋事端,仍应由该股东另行派友承乏,以昭平允而免误公。

一、开矿生财,其利最薄。本局开办此矿,一则不背黑工动手而得其精物;二则诸用从实,以免冏销。凡入股者议以五厘生息,随立息折,按周年持折赴局领讫。一俟矿红另换股折,止息分红。

一、矿务繁重,理宜分办。房竹距省窎远,铜铅运省试销,需人照料。现议补用知县张汉洲、同知衔冯纪龙游击,尽先补用都司周正朝、候选州同李衡堂、五品蓝翎金占鳌,襄办房竹矿矿务,驻汉转运督销事宜,暨购办机器及局中应用事件。汉口为九省通衢,凡巨宦富商往来其间,并存三联股单,就近弹收股票,汇存报解,以资接济。

一、集股开矿,利害相随。所及股资均关血本,不得任意动支。局中人一不得将存款私做生意,更不得私借朋友。如有以上情弊,惟管账、管银钱人是问。

一、开采矿砂,先度地势。凡山场之有矿者,往往散为鸡窝,草皮流露于外,若不知其真穴苗根所在,糜费必多。故当入山之初,看其前遮后拥、阴幽斗峭,气势逼人,如斯审慎,已得骊珠。再考天文,用量天尺,步算山场,该隶宿分野应在何处。每逢庚辛,日静晡默,观其山岚宝气与金星相映,则此定有宝藏,矿苗必旺。(本馆按:此条语多支离,不可解。)

一、房竹矿山均在万山之中,开办之初,难保无内地游痞勾结外匪,混杂其间,藉以滋事。应请地方文武就近弹压,以资保护。

一、总厂设于竹属之官渡河,以俾司各厂开挖事件。分厂设于房属之九道梁,跨玉河、洛阳何獐、落河、温水河、高桥河、铁峪河河脑,与各挖矿处所旱路相距皆五六十里,可行小船,能载三四千斤。百里运至官渡,可换大船,能载四万斤,水道距省三千三百里,以资转运。

一、税课。初办时所采铜铅未多,骤行禀请派委征厘,恐不敷委员一切动用。若俟运汉至厘局纳税，又恐该矿厂一时不能大解其厘未报，不便销售。应请宪恩体恤，刊发三联印票，饬地方官就近照铜铅例微厘；一面由矿厂总办刊刻报单，该厂每日人工名数、费用多寡、挖矿若干、集炭若干，五日一报总局。俟开炉之日由总办申报督宪，派亲信干员监理熔化过程。照例纳课后，听在何处销售，经过关卡一律免厘，以示鼓励。

一、办矿为裕国利民大件公事，必须妥议津贴，庶和衷共济，上下相安。尤须京省道府州县各官长奖饬保护，乃克告成。而承办者尤必量力报效，以尽其诚。更赖明正幕友、练达绅耆极力赞成，非津贴不足以酬德。而事关重大久远，人孰无事，何能空劳？论荫庇之高低，入股之外当另酬津贴。至本厂在事人等，有股照股分红，司事照事给予薪水，不给予津贴。即上下司办矿务房科，案牍劳神，按年酌送笔资。他若驿栈营弁、差役，凡过有极力之处，酌给路资，以示体恤。

一、开办之初，悉仿云南土法参以西法。若专用西法，诚恐耗费太多，尾大不掉。若非参用西法，矿山多石，未易攻坚。惟采用西法购机器钻子，最易攻坚，用棉花炸药炸山，自易开辟。土法亦能打洋钢，钻子二三尺长、半寸粗，一人一日能开二十三个眼，每眼可深一尺三四寸。用本地火药，重加硫磺潮脑，亦可炸石，究之莫如电线水滴，石即裂开之为快也。所以开山攻坚，宜参用西法。先尽机器钻子买数根，棉花炸药买三四百斤，强水买一二箱，电线水买一箱使用。扯水吸桶买二三件，以备出洞中之水。放生气、养气、淡气汽机买一件，以备出各等之气。此挖矿之参用西法也。然炸药、强水均系官物，其价虽廉，未便私买。省垣铁厂、煤厂均有此等官物，恳恩饬局照价给分，以便使用。挖矿之初，开一洞口只用砂丁十人，分作昼夜两班，开十洞口用砂丁百人，多则以此类推。一洞挖至一丈深，可另开一尖子，再添砂丁十人；挖至二丈深，开两尖子，又添砂丁十人，越深越加开尖子,亦以此类推。开办之初,一山只用一洞长。洞挖至十丈深,尖子开到十个,一洞须用砂丁百人,而洞长一名,只能司一洞之事。洞挖至百丈,尖子开到百数,一洞皆只准一洞长经理,余洞仿此。一率矿山只准炭长一名,俟矿洞挖丈余,始用炭长挖煤烧炭。矿砂集有万余斤,乃用矿长立炉炼矿,循序渐进。化矿仿云南土法。化铅仿云南打成罩子,两层门中用泥作龙骨一直横梁,二边排用泥作龙骨十数根,用木炭炭烧在龙骨上面,矿子打碎在龙骨底墩,罩子矿即化,名曰炸矿子。中等罩子一日能炸矿千余斤,只用木炭四五百斤;上等大罩子,一日能罩二三千斤,需木炭千余斤。此系化铅之法。有银即先托出。久知汉阳泥质最佳,打钻子做龙骨非此泥不可。河南南阳之泥亦可用,必办一二千斤,以便使用。化铜可专用冲天炉子,亦是云南化铜之法。此等炉子,木炭、煤炭均可用。中行(型)炉子一日能化千余斤铜。此法竹溪李甫亭最为熟手。若用西法,则有杜见田其人,乃中华奇人,西洋化学无所不通。近来年荒,开矿必先办粮食上山,大斗粮食买一百石粮,可用五十人开挖;买一千石粮,可用五百人开挖。今岁集股,趁早集粮。荒年大兴开挖,以工代赈先利于民,俟矿务报红征厘,然后更有益于国也。通盘尽算,四万银可用五百人开挖,一年八万银可用千人开挖;一年五百人可挖十处洞子,千人可挖二十处洞子。有二十处开挖,若得有能熔化矿子之人,报红当不至十处,获利自可操券。

一、账目结清,以便稽查。官渡总局立万年总账一本,股份总账一本,铜铅锡出入三宗各一本,每年流水大帐一本,各局各号来往账二宗各一本,利息、辛金、伙食、杂用四宗各一本。所有出入各账,统归流水账,每日结清过账,一(不)得空悬。各局仿此收付账目,统归官渡局核登,以示划一。

一、司事定额,以免滥竽。盖沥食冗员,朝廷且行裁汰。况集资本,皆望获利分红,何能白养闲人无功而食?本局议定上下执事,须择廉明强干、办事实心者为之,方能胜任。惟不论何人,总不另派干脩,以免糜费。

一、各局上下执事遇事往来,公私有别。如因局中公事,则上下舟车资斧,自应由局开支,若私事则不得动支公款。其铜铅销售悉按市价,不得欺蒙,自肥囊橐,违者察出究追。在局司事每岁只准归假一次,并按程途远近,酌定限期,以免旷业。

一、一切费用,均须俭约。上下执事人等,不得擅自出局,以杜招摇。分漏辛金,按月付给,不得透支,其有制办货物,亦不得由局赊还。

一、严禁邪行,以肃局规。凡排优挟妓,喝雉呼虚及叶子等戏,不惟有干例禁,尤足坏人心术,叹足滋生事端,各局一律严禁。即奉新年佳节,金吾不禁,不得藉口故违,免招物议。

△ 安徽矿务总局英商凯约翰订立开矿章程

安徽矿务总局奉安徽抚部院王,委与英商凯约翰议开各矿章程列后。计开:

一、英商凯约翰由英国驻沪总领事照会安徽抚部院王,委与凯约翰议定设立口口①公司,纠集资本合四百万两起至七百万两,随开矿应需银两之数而定。公司应设英总办一员,华总办一员。凡与中国官绅商民交涉,归华总办管理;凡开矿工程、银钱进出,归英总办管理,其账目仍听华总办兼核。每矿应设华分局,派华人勘租地亩,随时稽查、完纳税饷等事。各员薪水,均由该公司按月支送。

二、指明开矿地方,附绘图说一张。计徽州府所属之歙县一处,池州府所属之铜陵、大通两处,宁国府所属之宁国县一处,广德州一处,安庆府所属之潜山县一处,共计六处。所有六处地方,每矿需用之地价,由该公司备款,交矿务总局购租承受。其地段划定界址,以

---

① 原文此处有空格。——编者

足数造厂挖洞所需为限,不得任意多占。

三、该公司所定第二条内六处地方,每处预先报效中国国家饷项银五万两,共计银三十万两。限九十天内带矿师前来勘明后,呈请安徽抚院照此章程订立合同。立即一面咨明路矿总局核定,一面专折具奏。俟钦奉上谕,准照此章程办理,即照会英总领事,转知该商凯约翰,应将报效银两于一礼拜内照数交付现银,由安徽抚院验收解缴中国国库。照奉旨之日起,再限六个月开办,如逾期迁延,即将合同作废,其报效银数不得索还。

四、所开六处煤铁矿产所出之货,一经出洞,按照卖价每百两抽五两为硐口税,抽五两为地租税。其余出口售销,经过洋关应遵章纳税,不在此例。

五、所交每处地方报效银伍万两之数,应归该公司作为成本计算,不得由税租内扣还,以重国课。

六、该公司开办之后,每年除支销各项费用并完纳税租外,所获净利照公司成本实数,先提出官利一分,即每百两每年给息十两。所余银数,再按十成分派,以二成提还股本,以四成归该公司分派各股,以四成报效中国国家。俟股本提清后,每年所获净利无论多寡,作为两分,一分报效中国国家,一分归该公司分派。

七、所指六处地方,如先有华民在界内已开之矿,准该公司与矿务总局商明,向业主妥议,或租、或买、或给票作为股份,各听其便。定界之后,敢有在界内私挖者,应即由地方官禁止。至于开矿之地,与及修路造桥所经之处,遇有田庐坟墓等项,该业主情愿迁让,或租或买,亦有该公司备价交矿务总局购受,该处士民不得以风水之说抗阻。其有不愿迁让者,必须设法绕越,以顺舆情,而符奏章。所有雇工、夫役人等,有损伤致命,由该公司给资抚恤。

八、该公司所开矿场,地方官例应保护。如需兵力弹压者,中国亦代就地招募士兵,其饷械各费均由该公司自认,不得藉端自行请兵挟制。

九、该公司所开各矿地方,以伍十年为限。限满之后,即将所有各矿房屋基地、机器料件,一切全行报效,交矿务总局管理。其五十年限内所开之矿,每矿各有清账,盈亏不得混淆,中国国家只按所出矿产之货,征收租税。凡遇年终,各矿账目缮写四柱清册,先经华英总办核明画押,呈由矿务总局转详安徽抚院,咨达北京路矿总局暨户部查核,或有亏折之处,与中国国家及矿务总局无涉。

十、如能照此章程办理,彼此合意,不得异词,即呈明安徽抚院订立合同,由英商凯约翰代该公司签字,即在上海麦加利银行取存银凭单一张作保。照此合同,俟奏准分缮咨送各衙门备案。倘翻译讹错之处,以华文为准。如将来安徽抚院在皖省给与别商利益,所订合同不得优于此合同。至定限交款开办日期,已于第三条内言明,一经逾限,即作废纸无用。

△霍州银矿　山西霍州有金银矿。太谷有景泰蓝。

△交城大谷料　交城有玻璃料。凤台有铅矿(不佳)。

△蓬州油　华英商人合办蓬州煤油矿。

△临城煤　临城煤矿由比人沙多氏华洋合办。

△宣化晶　宣化府新山出墨晶。

△开州矿　新加坡领事罗叔羹观察,现与南洋巨商合办福建开州之矿。

△山东矿　山东威海翠矿,日照金钢石矿,剡城银矿,皆为外人所得。

△隰州矿　隰州水头镇有金银矿二处,距城百余里,金矿更远三四十里,地名广岭塬,左右深沟,四面环山,西接石楼,北连宁乡。岭底有前人挖过洞口,不知开自何年。

△上海提炼五金公司　盐商黄有贵在上海设厂,收买各省矿砂,用机器提炼,名为提炼五金矿砂公司,报效二成并专利。

△泽潞煤铁　山西泽、潞两属铁矿,闻系在泽州府之高平县与潞安府之长治县交界处。在高平东乡者为陈曲河、米山河一带;在西乡者为香庄河山后一带,共有铁炉一百五六十座,每日每炉出三四五百斤不等。通计每日出铁七八万斤。

隶长治者在南乡,亦名山后林,仅止炉二三十座,每日每炉出铁三四百斤不等,通计不过万斤上下。而长治之荫城,又为两县铁矿萃聚之区,共有铁行三十余家,制造铁器之炉三百余家。

长治城南并东南、西南各乡,周围约百余里,共有煤窑五十八座,总计每月出煤五百万斤之谱,质不佳,一车五六百斤,售钱一百五六十文。

长子县东南各乡有窑二十孔,质亦不佳,价与长治等,每月出煤二百万斤之谱。

襄垣城南午阳村一带,共窑二十九座;城北石楼村一带共窑廿三座,每百斤值六十文。每月出煤二百五十万斤之谱,质亦不佳,臭而有烟。

壶关县城东南各乡有煤窑二十六孔,价与长治等,每月出一百数十万斤不等。

潞城县东北微子镇有窑六座,温流沟有五座,西北黄碾镇有二十九座。煤质不及襄垣,每月出二三百万斤。

以上潞属五县每月通计约可出一千二三四百万斤不等。(二十八年山西案卷)

△夏县银[①]　夏县(东山内)民户、卫家沟、陶沟皆有银砂。又,贾舍村、艾叶有矿苗,不知何矿。或曰贾舍村、温峪、艾叶沟银富,头陶沟五村均有开过银矿。此说不确。

△垣亚铜　垣曲铜矿,又名打腰山,距城七十里。此铜矿前有人开过现存穴口,峪有铜砂。毛家湾、东沟亦有铜砂。此山前后有铜

[①] 题下原注"查得皆非银沙,见后表。"——编者

矿旧穴五六处,相传前朝开采,铜斤甚旺,乾隆间封禁。

△垣曲金　垣曲马家沟金苗,有旧矿三处,相传数十年前有人采取金沙,入水淘金。

△安邑铜　安邑县牛家湾(中条山峪内一沟名)铜砂,有开过铜矿五处。

△绛县铜　绛县西洋海铜砂。东南距城七十里,光绪六年知县姜某开过,久已封闭。里册峪内山名西洋海。

△平陆银　平陆县山峰多银砂,有开过银矿,洞内有斧凿痕。

△阳曲磺　阳曲向出硫磺。胡聘之奏案所云

△平江金　湖南平江金矿现拟扩充,已聘日本矿师并工科卒业生张镁绪前往查勘。

△美国矿师克利夫化验潞安府长治县煤铁矿质分数表

长治煤质表

地名	煤质	湿气烟气	灰	硫磺
北河	八十九分五厘五	合一百五十度二分四厘五	八分	无
南掌	八十八分五里五	合一百五十度一分四厘五	十分	无
李坊	八十七分七厘七	合一百五十度三分	九分二厘三	无
山后	八十二分八厘一	合一百五十度一分二厘三	十五分九厘六	无

以上各煤灰均灰白色,惟北河之煤灰色稍红,似含铁质。然此数种即分数之最少者,已较开平煤质为优,若炼钢铁均属相宜。

长治铁质表

地名	铁质	湿气	沙土等	硫磺	磷	锰
梁家庄	七十三分〇四	十二分〇八	十四分八厘八	无	无	微有
石潭峪	七十二分〇一	十二分一厘二	十五分八厘七	无	无	微有
南掌	六十二分四厘三十一分	二十六分五厘七		无	无	微有
横岭	五十二分〇七	九分三厘四	三十八分五厘九	无	无	微有
师庄	三十七分五厘	八分四厘一	五十四分〇九	无	无	微有

△ 美国化学师克利夫德国化学师晓尔芬化验晋省各属矿质分数表

郡县名	地名	矿苗种类	化分数目	矿质优劣
凤台县	刑家庄	铅硫	铅质七十五分〇七,杂质二十九分九厘三。	金银俱无
又	南村	钙	钙质四十分,铁微有。	西名丐勒赛德,可以炼灰,为造房之用,并作各种石工亦佳。如出在铁矿旁即为极好锻石,以之卫铁最宜。
又	双庙	钙锰		西名都罗密第,系合钙与锰两质,以成炭养,虽嫌不净,尚可炼为造屋之炭及各项石工之用。
又	庄家村	铁硫石		西名贝里底司,除铁硫外并无金银,且铁质不多,虽能取硫磺,而非成块者,故无用。
又	洪沟村	炭养石		西名安加来,只含炭养,并无金银两质,与庄家庄同一无用之石。
夏县		铁	铁质七十五分五厘四,湿气三厘七,沙及笔铅二十九分〇九,金银均无。	此系红色铁矿,西名喜玛台德,是铁中之最佳者,可以炼钢。
又	陶沟	铅	铅硫养八分一厘六,钡炭养三十五分四厘八。铁微青。锰矽五十六分三厘六。	此苗系铅与土物相杂,而其中铅质地无多,且杂于别质之内,取之极难,因钡多则化工棘手。若专意取铅,恐所得不敷工本耳。
又	贾舍村	笔铅		此苗化净后,以油涂刷铁器,可增光彩,余无别用。
又	艾叶沟	巴来古第		此土生之石,内含铝铁锰钙矽水诸质皆极微细,不足以分化,故无用。
又	卫家沟	铁	铁二养三七十五分〇四,湿气六厘四。硫磷均无。矽与杂质二十四分。	此乃极美之铁矿,尚嫌杂质太多,然亦足造有用之材。

又	银窝头	铜	铜四十四分九厘二,锡廿一分一厘九,锌三十三分八厘九。按此就民间已化之样,重用西法化分,恐初化时未能过确,以致夹杂不清,尚须重考。	土人呼为银矿,因铜内有锡及锌,色白如银。然杂此两质,铜必脆薄无疑。况锌锡分数不得过铜数三分之一。今此两质较铜数过半,故其铜不足取也。
阳城县				与贾舍村矿苗相似。
又	杨岭庙	笔铅炭石		此石西名安加来,即炭养铁。内含钙养镁,其硫或间见于镁中,或全合于铁内。即以此石内铁镁两质论,铁多镁少,质亦不好,故无用。
又	上桑林	铅硫	铅硫八十分三厘七,杂质十九分六厘三,金银俱无。	较邢家庄质净而佳。
大同县	西严寺	铁	铁二养三七十二分二厘,湿气十一分四厘四。硫磷俱无。	西名里暮内德,质极美,可制有用之材,因无别质相杂故也。
又	浮山卫	钙	钙四十分,炭养酸气六十分。	较南村更佳。若出在铁矿之旁尤妙。
又	张寺庄	千层石		无甚用处,只可作窗户以代玻璃,然工费太大,且内有铝养、矽酸、镁、铁等四物相杂,均无用。
代州	羊蹄	千层石		内含铁养、铝养、矽酸诸集,质故不佳。
繁峙	宝山	千层石		西名巴奥台,内含铁养少许,不值提取,无用。
合休		千层石		内含铁养少,而另有钙与锰集于土物之中,故无用。
岳阳		铁	铁养五十八分七厘,铜养十七分,净铜十三分六厘,炭酸十矽酸五分三厘,金银均无。	
陵川			炭钙、炭镁、铁养、铝养、钠养五质相等。	杂而不净,无甚用处。

绛县		铁		此亦贝里底司也。虽是铁矿,而铁质甚少,且有硫磺。其矿多未成块,不值提取,无甚用处,亦并无金银之质在内。
隰州		石		此石少含铁养、矽酸并镁,盖无用之石也。
霍州		钙		即丐勒赛德,极不净。因钙、炭、养之外,更集以砂土、铝矽,并略有铁痕,故只可作起造石工之用而已。
垣曲县	马家沟	石（原称金苗）		此石化之并无金质,惟含集铁锰炭酸镁钠五种,均无用。
又	毛家湾	千层石		内集砂子,无用。
又	铜矿峪	铁	铁养卅二分三厘,净铜一分三厘二,铜养一分七厘,矽酸六十六分。	
安邑县	牛家院	铜		内含铁养、钠养,而铜之质分数不多,且杂别质,不足贵。
绛县	西洋海	铁	铁养相等二十二分二厘,易变之物十一分二厘七。铜略有痕迹,硫与杂物六十六分五厘三。	此亦贝里底司,其中铜质甚微,并无分数之可言,集质有多,似无甚用。
平陆县	山峰寺	铁	铁二养三,五十分五厘五,湿气一厘三。硫磷锰俱无。笔铅集物四十九分三厘二。	西名喜玛台德。光画铁苗始阅之,以为美品,复加细验,其质坚难镕,而所含杂质又难显露,以之取铁工费必钜。

△ 黑龙都鲁河　都鲁河金矿在呼兰属境,去呼兰千余里,去三姓亦六百余里。戊戌前,山西补用知府曹廷杰承办,借官款三万两,招商股三万两,以运粮不易,故无成效。（廿四年奏案）

△ 热河金矿报效　热河金矿前经都统寿荫奏定金矿二十四股章程,以十股升课,以十股归股东余利,以四股作为办事司员花红与赏。核与向章稍减后,又奏请以出数多寡升课。金矿每得金一两,征

课金六分,银矿每得银一两,征课银八分,并不另提耗羡。(廿四年奏案)

△浙东宝易公司 浙绅高尔伊奏请设立浙东矿务公司,名宝易公司。以衢、岩之煤,炼温、处之铁,已向义国惠工公司商人沙镖纳贷款五百万两,订立合同。廖寿丰于戊戌年奏请,经总署议驳。(又)

△蒙古金矿 库伦西北至恰克图一带,金矿甚多。内如蒙古国什叶图汉车臣汗尔旗界内,据库伦东北六台地,约合三百四十余里,西自鄂尔河、哈拉河至额能河,共有金矿三处。又西北九台地约合五百三十余里,北自色垮河至伊鲁河,共有金矿二处,周围约二百余里,金苗甚旺。其间以伊鲁河所产为最佳,实在漠河以上。前连顺奏请招俄商合股开办未行。(廿四年奏案)

△唐努金矿 乌里雅苏台所属唐努、乌梁海各界内,俄人造屋挖金,盘踞多年。(连顺奏案云云)

△热河银矿课 热河递山又线银矿,咸丰三年八月初一日计课。奏定每银一两,收正课三钱,耗银三分,尽收尽解。四年春,嗣奉部复准,每百两收正课三十五两,耗三两五钱。厂内设兵防守,由商人月捐一百伍十两发给,不敷在耗内作正开销。咸丰六年,改为正四钱、耗四分,外捐解费一分。同治三年,将一分解费抵放各署书吏并缮写房之用。又因出沙不旺,请减课耗。自同治四年起,改为正三钱五分,耗三分五厘。又将防山弁兵全数裁撤,耗银归入解费,作为各署津贴之用。光绪二十三年每课百两,又奏请酌加四成。二十七年征正课及酌加四成,银九百八十六两〇五厘四毫四丝。(廿六年松寿奏)

△湖北铁政局报销 湖北铁政局于光绪二十二年改归商办,所有官办时用款报销清单,于二十四年四月奏奉批:"该部知道。"列表如下:

收款名目	总　数
部拨	二百万两
奏拨盐厘	卅万两

483

借拨粮盐道库	四十万两
咨准截作勘矿费	二万八千五百五十一两○
本省新海防捐尾数	
奏明拨用枪炮经费	一百五十六万四千六百二十二两
奏明拨用织布局股本	卅四万两
铁厂自炼出钢铁价	二万四千八百廿五两
借拨江南筹防局	五十万两
两淮商捐	五十万两

统共　收库平五百五十八万六千四百十五两○。用又五百六十八万七千六百十四两○。

两抵不敷十万一千一百九十九两○。

△云南铜本　唐炯于本年三月奏请饬部筹拨铜本五十万。广东欠解二十万两，仍令该省筹解。下短卅万两，在云南土药税厘粮道库共拨十万，蒙自关本年洋税十万两、明年十万两。后以蒙关须截留洋款，万难拨充，部咨仍令在土药税厘粮道库拨补，乃属无着之款。唐炯又奏请四川每年颁行盐引，共十七万九千二百道，酌以每斤加一文，约可得银四十万两，拨作铜本解滇应用。奉朱批："户部议奏。"（廿八年九月奏案）

△广德煤　安徽广德州之都山，又名独山，有烟煤矿。矿商刘瑞廷集华洋钜股合办。芜湖英总领事已签字立案。

△桂阳铅　湖南桂阳大凑山虎形山铅矿，现由本省商人办理。

△武昌矿务有限公司草稿译文① 本公司拟在香港照英例注册。

一、本公司议集资本银一百万两，分作一万股，每股银一百两。

一、售主允将售价承购五千八百股。又今已集得二千股，其余

---

① 此条系剪报粘贴，未标报名。——编者

二千二百股,兹将按价招集购股。诸君报名时须先付银拾两,领股时再付银伍拾两,其余肆拾两限于西一千九百零三年正月一号缴足。

一、本公司拟向汉口亨达利洋行承购后,开各项矿业及所有开矿利权合同等件,自购之后即行扩充开办。

一、于购价七十八万两中,售主允收股份五十八万两,以昭该矿可靠。其余二十万两俟资本充足再付。

一、未给股票之前,所有售主欠人账目均归售主自理,既给股票之后,所有人欠公司账目均由本公司收取。

一、拟购之产并无胶葛不清及来历不明等情,兹将本公司所估各产价值开列如左:坐落武昌基地七千方,其中有靠河旁地长一千五百尺(此河旁业由施梅亚筑固),值银二十五万两。武昌房屋三万五千两。各项机器七万二百两。货物家私一万五千两。上等白铅矿苗七千吨,每吨银十八两,共一十二万六千两。化学房二千二百两。湖北、湖南、贵州、四川准开各矿二十八万一千六百两。以上共值银七十八万两。此次所招股份,除付购价七十八万两之外,其余二十二万两,即用以开办振兴各矿之需。

以上所开各业,兹特择要详明于后:

一、坐落武昌之地约计一百十亩。系在汉口法领事署注册。其中临河地长约计一千五百尺,适与汉口当中对峙,又有分择矿苗机器四副、栈房五座,其地面广阔,日后如须添造机厂,房屋足使有余。潮水退尽之时,河深三十尺,若在此处设立码头,则所费无几,而转运即便。

一、将来铁路工程告竣,长江一带船只及汉口中外生意,是必较常兴旺,而此处地价亦必随之而长(涨)。倘武昌划作通商口岸(此事当在不远),则本公司之业将与租界毗连,而所值甚钜矣!

一、现在武昌机厂所用系新式头等机器,每礼拜可分择矿质七百五十吨。当购此机器之时,其价较今极廉,今只照原价承项,因是公司便宜不少。

一、长江一带矿务，系由售主创办人所公知，而今之矿质运往外洋者，亦只有售主一家。其与湖南矿务局所订合同其中载明，任售主将矿质运往外洋发售，又允将合同续订。总之，中国国家与公司所余之利益，可称极大。

一、售主承办湖南及邻近各省之矿，共七十一处，均由湖南官长批准。将来交易之时，售主允立保单，声明允请华官将准开各矿，转归公司名下，任公司办理，不得阻挠。售主又允存汇丰银行股份一千股，保其必遵保单办事。又允于公司设成两年之内，不将股份转名。

一、各矿虽未开采，然已由矿师验明，系长江一带最富之矿。缘售主查勘最先，故所有最好之矿，其矿苗溢于地面者，均由售主先行请准承办。

一、公司董事所操必赚之权，系先派矿师拣出最好各矿，且所须资本不多者先行开采，其余各矿随后陆续扩充。或者另有别公司合股承办，将来利益无穷。谨将预算盈余列后：

一、现今所用机器每日能出黑铅、白铅、安锑摩尼等矿砂一百吨。若添置机器银三万两，则每日可多出五倍。照最低之价除清费用，每吨得银十二两。以每礼拜出一千吨，与湖南矿务局分得红利，即每礼拜可得净利六千两，每年可得净利三十万两。以此观之，就湖南矿务局所订合同一件而论，每年业已获利三分有奇矣！况董事拟照合同扩充办理，以期多获利益乎！

一、除已见成效之银矿、白铅等矿外，倘有名之矿如银铅之类，再开数处，即除国家合同获利之外，可再获净利每百分之二十五分可靠。如再获准开别矿，则又可再获利益。

一、若将本公司不及开办之矿，出租或发售与人，其利益亦是意中之事。至于建造码头，或将武昌河边之地设法谋利，则将来所获几何，现在不能预料。总而言之，所有各事将来有益于公司者，不可限量。第一年至第二年，售主言明准保一分利益。如该二年之内一分利益不足,售主将存汇丰一千股之股票内贴补。

一、本公司兹拟聘□□①为董事,至少以五年为限,以资熟手。

一、公司所用买办,仍旧亨达利之买办,录用业已订立合同。惟账房华人如欲购公司之股份者,亦当准购。

一、本公司各项事务,由□□洋行与各董事协力同办。董事人数如在六位以外,可有华董事三员。

一、以上所购各产除购价外,并无别项私费。

兹将已订合同列后:

西历本年八月二十号□□洋行曾代本公司与售主订立合同,承购以上所开产业利权等项。又西历本年八月□号,哈华托施笃克律师曾代本公司与□□洋行订立合同,用该洋行为代理人办理公司事务。

一、欲购股份者须照报名格式填明,并将应付银两送交本公司往来之银行收存。如欲报名格式及本公司节略者,即请至公司来往之银行,或该银行设在东洋及中国各处分行及福来德洋行均可。

一、将来如无股份可给,即将报名银两奉璧。倘不能给足,亦将不能给足之数付还。

一、本公司一切详细章程,存在哈华托律师处,未发股票十日之前,任人至该处查阅。报名诸君无论有无经目,均以业已阅悉论。

一、凡付银两,须于保单上书明,有汇丰银行收银。

△ 福州银矿　福州丁枞前办北关外石竹坑铅矿,集股三万元,禀准开办。因本绌,与英商克托马士联合,拟集股一百万两,商集商办,与国家无涉,立有草约。(廿八年十二月《顺天时报》)

△ 徐州煤况　徐州府利国驿附近之黄家营铁山,纵横约数十里,铁质深厚,遍布土面,甚为坚美。煤苗则在利国东南之青山泉、贾家洼等处。用签打探,据云三四十丈以下方见佳煤。光绪八年,胡运

---

① 原件空阙。下同。——编者

判光国集股十万两承办。二十年来时作时辍,以资罄,添招吴世雄承办。三年又因用扬州善堂公款,将所开之煤万余吨抵与绅商,封井销煤,亦已三年。青山泉、贾家洼山势回环平原旷乡,出煤之区不在山而在田,开井十余丈即见煤苗。每井用夫百余名,每日出煤一百五六十吨,每吨给窑夫八百文,即已担运在场。加之各用,不过五六百文,是每吨仅合一两有奇。惟所出之煤散碎者多,不宜烧焦,亦不宜炼铁,然火力最猛,最宜于轮船机器之用。出煤处距运河三十六里。

(陶仲彝奏)

△ 开矿新器　英人美角士居新金山,尝业金矿,每被水困。因于一千八百五十二(年)将所业尽收,誓必思得善法乃肯复业,至今始得之。其法系制机两副,其一则使矿中之水立成冰块,一则从矿旁开一巨穴,以机吸左右泉脉,以注穴中后引之,以为淘洗矿质用者。止之水机随掘随抵于矿壁,水则结之为冰。自窒其原,而不横溢。但于泉源最旺之地,尚不甚灵,盖结冰不速也。注水于穴之机亦然,角士仍闭门构思,务求尽美。南洋开锡矿者,每以水故致亏,若此器成,必争购矣!(廿八年十一月《大公报》)

(《矿政杂钞》稿本,上海图书馆藏)

跋(1942年1月)

光绪庚子以后,钜额赔款支出,朝野皆以贫瘠为忧,一时提倡矿务,颇为风行;而外人之垂涎内地宝藏者,亦不遗余力。当时展阅报纸,及谈论所及,皆笔之于册;其他要政,亦分类作记。在今日已明日黄花,复加浏览,俨如春梦。但其中资料,有今日无从觅致而尚有价值者,弃之可惜,特存此矿政一门,以为纪念。悠悠四十年,所成就者几何! 当由政府与社会分尸其咎也。辛巳残腊,揆初记。

(《卷盦书跋》,第118页)

卷盦政典类钞

(1901年～1903年)

《卷盦政典类钞》稿本二卷，今藏上海图书馆。书稿无序跋类文字。约辑录于光绪二十七年（1901年）至二十九年（1903年）之间。除少量当时报章剪贴件外，大部分系毛笔钞录。据考，其中多数为叶景葵先生亲笔。这部笔记式书稿内容，包括中外教案、中国赋税、世界经济、外国语言文字、中外条约、国际政治、国内实业、屯田垦牧、进出口贸易、财政金融、文化教育、华工华商、租界由来，乃至农业种植、科学常识、中外度量衡换算等方面知识，或详或略，应有尽有。书稿反映出青年叶景葵视野之广博，思维之周密，笔录之勤勉，令人惊叹。尤为难能可贵的是，书稿收录了庚子之乱后列强逼迫清政府签订的一系列不平等条约原文与社会反响，以及当时中国与世界各种经济数据。这些珍贵史料，无疑可补充某些史书记录之不足。原稿无标点，现加新式标点。原稿各条天头大多数记有标题，整理时用△以分条目，一部分未记标题者，则标注"阙题"并冠以△，以别条界，其他一仍照旧。一些外国国名、人名、地名、度量衡等中文译称与今不尽相同，有的前后也不统一，现保持原样，不作改动。原稿少量手录符号以及难辨识之字，用□表示，请读者见谅。——编者

分 类 目 录①

卷一

教务　各项税　厘税　各国预算　格致新理　语言文字　客乡　条约　交涉公法　工艺局厂　礼仪　矿学　物产进出口货　户政屯垦　产业税丁漕　度量权衡　中外首脑纪事②

卷二

制造新器　赛会　官制　农事渔务　粮饷　财政　银行　钱币　商务　学校报馆译书局藏书楼　出洋工商　流寓　口岸租界

卷一

教　务

△ 山东天主教案赔款

山东一省所毁教士教民产业，天主教索赔一百〇七万，耶稣教索赔五十九万。青州一案索赔四万。（廿七年《胶报》）

青州赔款已减为三万两，天主教索赔减至八十万两。（山东来函）

△ 北京教案赔款津贴

京师教堂教民赔恤议立碑碣等款，由国家贴补民间二百万两。内计江浙上年折漕一百三十六万，山东折漕十一万，江苏筹饷新捐二十二万，宜昌关税十万，安徽应还漕项十一万，通商银行应缴补卫军饷十万，共二百万两，由行在户部分别饬解北京。（廿七年《天津日日新闻》）

---

① 原书稿分类标识于各页翻口，一些剪报粘贴则无标识。——编者
② 此分类原稿无标识，因篇幅较长，现由整理者所加。——编者

△ 河南北属天主教案赔款

河南彰、卫、怀三属天主教案,赔教堂银十一万两,赔教民银六万两。(原奏)

△ 河南南属天主教案赔款

河南南路天主教案赔款,许星翼至汉口与法领事议结,共赔十三万六千两。

△ 山西公理会赔款

山西美国公理会在太谷、汾州两处所毁房屋财产,赔银二万五千八百三十三两。(洋务局原详)

△ 新嘉坡兴孔教

圣教之盛,以新嘉坡为最。该岛各华商议建孔子庙一所。(《新闻报》)

△ 西藏聘像为教务

西藏喇嘛遣使来像之报言,系为教门起见,与政治毫无干涉。(一千九百〇一年七月伦敦)

△ 耶稣公会自立条约

甬郡耶稣教向有六公会名目,每多朦混,以致龃龉。现各会会同公议,新订条约四条:一、总公会内有人入教,听自便。倘其先慕道于公会,或与某公会有交涉,则本会牧师必须函询其先有交涉之某公会牧师,查明来历,实无阻碍,则受之;若与某公会教友有讼事,尚未了清以前便来入教者,不可受之。总公会内有某公会已立教堂之处,于十华里内别会不得再立。若十华里外廿华里内,别会欲立教堂,须互相商议,其在廿华里外者,则听别会自便,不论水陆以近便为主。一、总公会内遇有彼此交涉公会教友之事,该处传教者应先通知甬上西牧师酌商施行。若其事独关己会,与别会毫无干涉,则不在此例。一、总公会内倘某会有被黜教友,别会不可容纳。若果真心悔改,确有可纳之据,须先向某会牧师商妥,然后收纳。

△ 饶州教案赔款

江西饶州教案偿银三十四万两。(《申报》)

△ 俄人信佛

俄国旧都墨西哥①信佛者颇众。该国惟僧与兵势力最大,俱极跋扈,(《同文沪报》)皇家大典必邀僧人祷祀。

△ 蒙古教案赔款(奏案另粘)

蒙古鄂多克、扎萨克两旗教案,共赔银九万八千两。因现银不敷,愿以牲畜及附近教堂之生地,议价抵偿,仍酌给蒙租,并议定与平民被招垦田无异。

乌审一旗赔款四万五千五百两,亦苦无款,愿以大淖儿城暂押,定期交款,收回减淖,决不收留。(绥远将军信怀原奏)

△ 天主主教驻中国各地者

天主教主驻中国及西藏等处现有三十三员。

△ 密密教

西国密密教犹中国白莲教、大乘正理教,分三十三等,入教者皆以得利起见。其宗旨在毁灭正人君子、巨室大家不轨之尤者也。(上皆《汇报》)

密密教牢执成见,约以三端:一殄灭君长,一揶揄正教,一任意妄为。其头目多犹太人,天下入其党者,约一百五十万人。

△ 荷兰比利时宗教

荷兰奉耶稣教,比利时奉天主教。

△ 云南教案赔款

云南天主教案赔款三十万两,(《汇报》)后改为十五万元。

△ 修教

苏格兰之布里必斯特,瑞士之葛罗云,皆修教之一大宗,与罗马

---

① 译名似误,应为莫斯科。——编者

公教异门。(《原富》)

△太原府天主教案

太原府天主教一案现尚未结。近日潞安府主教来省，与抚台议结此事。因此间意大利教会之各教士，均属年轻未曾经历，与抚台久议不决。其最为龃龉者系夺令德堂一事。此间沈仲礼视察曾对总主教云，所有山西之读书人咸谓耶稣教士和平，而言天主教士之不合，以天主教士夺其令德堂，故心颇不甘也。现经总主教允将令德堂交还，但交还之后中国官须以极优礼貌，将前年被戮各教士殡葬，并须抚台亲自送殡。沈观察答以殡葬天主教士，与从前殡葬耶稣教士一体办理则可，吾当亲身送之；若欲抚台亲送，则断乎不能。该总主教谓，天主教之位分比耶稣教略高一等，所以须抚台亲送。沈观察谓，无论天主、耶稣各教教士，吾均以朋友视之，不分其地位之高低。该总主教则以抚台不肯亲送，决不肯将令德堂交还。而沈观察则谓，如欲久占令德堂，请占之可也。现在吾另有一事奉告：吾现在若饬令中国官兵，将君等尽行束缚，逐出山西境地，均无不能，以各教士均无护照故也。法国天主教士则谓，吾等均有法政府护照，何得云无？沈观察言，因神父巴纳巴斯与法国驻华公使意见不合，故已将所出之护照于去年西六月间作废。该天主教士见事如此，拟求意大利公使出护照，保护教堂，意公使未允。是以自前八月以来，太原府天主教士无人保护，而沈观察仍准其在太原府耽搁者，由于度量宽大也。沈观察告以自此以后，不愿再谈，以各教士无护照，即无权与吾言教案；吾之所以与言者，因念朋友情也。天主教士又谓，如令德堂交还中国，则耶稣教士不准入内。揣测所以如此作为者，欲阻止耶稣教士李提摩太君举办大学堂之事也。惟沈观察立心颇坚，决不从天主教士之请耳。(以上译二月十九日《字林西报》)

△教案赔款

(光绪)二十七年各省教案赔款如下：顺直北京教案赔一百六十

七万五千零零九两,保定七万三千六百,天津二十五万,宣化十四万,奉天全省二百九十万,山西天主教一百四十四万、耶稣教五十万,江西三十万零(购地建堂在外),河南两共十九万,湖南衡州二万八千,湖北枣阳二万八千,又衢州结,浙江四府结黄岩案赔六万,广东东安一万。山东全省五十七万。四川余峦子案结,福建漳州诏安案结,以上二处数未知者,从略。

各 项 税

△ 粤商包缴番规

广东某公司已奉制军饬准,专利包收广东全省番摊规费。每年认缴一百八十万元,以助饷需。(廿七年《文汇》)

△ 武昌鱼税

武昌草湖门外,沙湖居民设网捕鱼者约八百余家,获利甚厚。现闻江岸局拟抽鱼税,每网月收三十千。以八百余网计,月约收三万串。

△ 浙江酒税

浙省酒捐定章除值为抽捐二十外,复定各坊酿缸捐。以缸五十只为一帖,应领司照一张,计银五十两,设之官缸。(《苏报》)

△ 码头捐

各洋货到上海时,悉抽"落地税",其款归工部局收用,名曰码头捐。今年预算计有十四万五千两。(二十八年《日报》)

厘 税

△ 土药茶糖烟酒厘加三成

各省土药及茶糖烟酒四项重征之,似无妨碍,拟令就现抽厘数再加三成。(二十七年《户部报》)

△ 厦厘议包

厦门厘金为闽省第一,每年比较十万金。近年颇绌,现议商人包办。

△ 粤商包厘欠饷分赔

广东厘金经刚毅奏请包商承办，旋据商首岑敬舆等情愿认包，每年认缴饷银四百万两，并请派黄金福、黎荣翰为督办，姚光耀为总办提调。后因流弊滋多，经海嘉改为官办。该商等共欠饷银四十三万六千九百七十余两。现陶帅奏陈情形，拟令承办，各商及督办、提调各员分成赔缴。各商五成，黄金福三成，姚光耀一成半，黎荣翰半成，限两月照数缴清。奉朱批俞允。

△ 鄂拟裁并厘卡

端方会商张之洞，请将厘卡裁并，但于扼要之区酌留专局六所，此外一律裁撤。至商民完厘，照各处洋关章程，于进出口征收一次，不再重征。

△ 宜昌筹饷局

宜昌筹饷局于己亥十月开办，抽烟酒两税，约收三百余千。庚子加抽糖税，四川红糖每桶抽者八百文，每日有收千余半者。庚子全年共收六万余千。（廿七年《苏报》）

△ 粤商包缴花纱厘

粤东花纱厘费，由四德堂商人郭成等包缴，每年现认三万六千两。内以二万四千两拨抵九、拱两关厘费；以一万两拨抵各厂行半厘；以二千两拨抵坐厘。（廿七年《新闻报》）

△ 厘金总数

各省厘金各项所报之数，风闻每年一千五百五十万至一千六百万两。（贺璧理税帖）

查各省报部厘金，每年约一千六百万，加以外销溢收之数，每年约共二千万。以洋货三成、土货七成均匀牵算，则洋货厘金每年有六百万。（廿六年户部总署会议加税事宜折）

△ 厦门包厘

厦门厘金归叶姓包办，每年议定九万一千两。（《新闻报》）

495

△ 销场税

凡土货在内地销售，但非租界以内，即可抽销场税。其税则由中国自定。

△ 新加抵厘款办法

裁厘后所加之税，不能用以抵押新借洋债，且不能用以抵押或担保中国旧时负欠。惟旧债内有一项曾以厘金若干数作抵押者，不在此列。

新约第八款所加之税，由户部与各省所商定，派拨各省应收之项即留存海关，听候各省抵解。所应解之项，由海关径解，其余听各省拨用。至于一千八百九十八年所借洋款，有以厘金作抵押者，亦应照上办法如数拨还。

各 国 预 算

△ 旅顺海参威经费

俄已于明年预算表内备支罗卜五百二十万枚，为旅顺、海参威两处办理防御工程之用。（一千九百〇一年西十月伦敦电）

△ 高借日款

日本现以日洋七十五兆元借与高丽，一分利息。（廿七年西十月路透电）

△ 法以赔款票抵借国债

法国近欲借巨款三百兆佛郎，以中国借票作抵。（又）

△ 美国余款

美国进款：本年西正月一号起至六月卅日止，共得金洋五百八十五兆五十四万八千三百〇九元；用款：共五百〇兆九十四万七千二百〇六元。除用余金洋七十五兆六十万一千一百〇三元。（廿七年路透电）

△ 台湾进款

台湾未割时，每年关税、厘金、地丁税契等不足四百万两。归日本后,每年可得一千四百万两余。

△日筹赔款之支销

日将中国赔款拟归入别项开议。偿款每年出入另外造册,不列常款之内。每年收偿款本利须定预算,由国会议然后开支。该款另作他项,不得与常款混淆。(十一月《新闻报》)

△日本明年度支预算表

中国度支无预算表,他人欲晓其出入之数而不可得,即户部堂司书吏,亦莫得其出入之数也。攸背债于各国,则各国疑之;多取于百姓,则百姓怨之。皆以莫知其出入详情也。日本自维新以来,岁有预算表,秩然井然,钜细取具。兹特就明治三十五年预算表译而记之,以为中国之取法,讵亦新政所不可鲜者也。

岁入常款:

第一款,十三项租税一百五十三兆四十三万五百四十□元;第二款,印花税十四兆三十万四千九百五十一元;第三款,国家产业收款五十兆七十七万五千七百六十四元;第四款,杂收一兆七十四万七千七百十元;第五款,存在银行现银利息三兆三十万九千八百五元;第六款,台湾公债还款六十八万七千五十五元;第七款,教育费收款五十万元,共计二百二十四兆七十五万五千八百二十六元。

岁入临时款:

第一款,收入外费一兆十一万一千一百廿五元;第二款,中国债款券出售四分息三十八兆五万九千二百元;第三款,杂收二兆十九万七千一百八十一元;第四款,各地方分认共款一兆十九万七千一百四十一元;第五款,偿金八兆六万五千八百五十六元;第六款,林业入款二兆十四万九千二百八十四元;第七款,罚款捐款六十二万五千元;第八款,前年余款十九万一千八百二十九元,共计五十三兆五十九万六千六百十六元。

两共岁入二百七十八兆三十五万二千四百四十二元。

岁出常款：

第一皇室费，即内府经费三兆元。第二外务省项下：第一款，本国外务署十八万五千一百八十七元；第二款，各国使署费二兆九万九千十四元，共计二兆二十八万四千二百一元。第三内务省项下：第一款，神宫费五万元；第二款，神社费等二十二万三千四百七十八元；第三款，内务署三十一万六千五百八十九元；第四款，卫生试验所四万四千八百六十元，第五款，医院六万九千三百五十七元；第六款，制痘苗所六万四千四百七十四元；第七款，手术及药剂师试验费八万一千八百十一元；第八款，研究疫病所四万九千六百七十九元；第九款，土木监督署十万八千一百七十五元；第十款，警视厅二十三万七千八百十七元；第十一款，北海道本厅六十六万五千二百九十三元；第十二款，府□费七兆二十九万二千六百十八元；第十三款，地方费二十八万一千四百三十四元；第十四款，横滨港岁修费十一万八千三百十四元；第十五款，古社寺补助费十五万元；第十六款，北海道官设铁路费九十三万七千三百八十元，共计十兆六十九万四千二百八十六元。

第四大藏省项下：第一款，本署二十六万五千四百六十六元；第二款，国债四十三兆二十一万五千三百元；第三款，恩赏一兆三十四万二千八百二十八元；第四款，内阁二十三万六千七百七十九元；第五款，枢密院十三万二千八百四十元；第六款，贵族院五十九万一千九百五十四元；第七款，众议院八十三万六千九百三十一元；第八款，会计检查院十八万六百十四元；第九款，行政裁判所四万五千八百九十六元；第十款，税关六十七万五千八百四十九元；第十一款，内国税证收费三兆七十四万五千七百四十一元；第十二款，文官试验费三千五百六十九元；第十三款，文官惩戒费九百五十七元；第十四款，汇费八十三万五千四百二元；第十五款，赔补空款二兆五十二万九千五百五十二元；第十六款，制造烟草费十四万八千一百六十三元；第十七款，国库存款三兆元，共计六十一兆七十八万八千四十四元。

△续日本明年度支预算表

第五陆军省项下:第一款,本署二十四万一千五百八十四元;第二款,军费三十七兆八千五百四十九元;第三款,宪兵费一兆七万五百四元;第四款,屯田兵费十五万三千五百二十元;第五款,靖国神社附款七千五百五十五元,共计三十八兆四十八万一千七百九元。第六海军省项下:第一款,本署十八万二千一百六十三元;第二款,军费二十一兆二十万六千三百八十二元,共计二十一兆三十八万八千五百四十六元。第七司法省项下:第一款,本署十三万二千八百六十一元;第二款,裁判所五兆十九万四千九百一元;第三款,集治监狱八十二万五千九百八十一元;第四款,各处监狱四兆七十九万七千七元,共计十兆九十五万八百十五元。第八文部省项下:第一款,本署四十六万九千二百四十八元;第二款,预防震灾会二万八千五十七元;第三款,测地学会一万四百七十一元;第四款,中央天文台四万一千七百十二元;第五款,测验纬度所六千四元;第六款,学校及图书馆二兆四十二万一千二百六十一元;第七款,府县师范学校校长薪俸五万八千二百五十元;第八款,普通教育费一兆五十万元;第九款,奖励实业教育三十二万元,共计四兆八十五万五千四十一元。第九农商务省项下:第一款,本署四十万三千四百五十七元;第二款,林区署一兆十九万一千二十四元;第三款矿山监督署十七万八百六十一元;第四款,农事试验场十四万六千二百七十一元;第五款,讲习水产所七万一千三十四元;第六款,讲习蚕业所七万七千九十八元;第七款,生丝检查所五万七千二百九十三元;第八款,马种改良费二十九万六千四百七元;第九款,耕牛改良费六万七千三百八十四元;第十款,工业试验所三万七千五百六十六元;第十一款,检查事业费十八万二千三百八十五元;第十二款,帮贴费二十七万五千元;第十三款,商工事务官费三万二千五百二十一元;共计三兆八千三百六元。第十递信省项下:第一款,本署二十五万三千四十四元;第二款,邮费二十兆二十四万三千七百七十元;第三款,河海灯塔费三十万六千一百五十元;第四款,船舶海员费十七万五千二百五元;第五款,商船学校十三万五千五十八元;第六款,东京邮便电信学校七万七千二百三十二元,共计二十一兆十九万四百六十元。

统共岁出经费款一百七十七兆六十四万一千四百十二元。

岁出临时款:

第一外务省项下:第一款,营缮费四万四千二百二十四元;第二款,使馆移转费五千五百元;第三款,使馆创立费三千元,共计五万二千七百二十四元。第二内务省项下:第一款;帮贴费一兆六十九万八千六百元;第二款,土木事业费三兆六十七万八千八百四十三元;第三款,营缮费十六万八千三百三十三元;第四款,造神宫使厅四万八千八百七十三元;第五款,铺设北海道铁路费一兆九十三万七千元;第六款,警察监狱学校六万元;第七款,经营小笠原岛山林五千二百八十八元;［第八款］稽查药方会六千一百九十一元;第九款,北海道官铁路费五万元;第十款,帮贴北海道地方费五十二万元;第十一款,北海道拓殖费一兆六十七万三千六百四十九元;第十二款,采取北海道砂金费一千三百三十二元;第十三款,内国商业博览会四千八百五十元,共计九兆八十五万二千九百六十元。

△ 再续日本明年度支预算表

第三大藏省项下:第一款,帮贴费九十二万八千二百元;第二款,营缮费四十一万七千三百八十五元;第三款,法典调查会七千一百六十元;第四款,秩禄处分调查费五万五千四百六十四元;第五款,修改印刷局机器及工场等二万一千八百八元;第六款,整理冲绳县土地费十八万八千一百二十七元;第七款,付还中国兵事借款三十八兆五万九千一百九十六元;第八款,付中国借券原利二兆九万二千五百十八元;第九款,国库预备金二兆五十万,共计四十四兆二十六万九千八百九十九元。第四陆军省项下:第一款,添筑炮台费二兆九十二万一千七百七十二元;第二款,营缮费二十五万八十二元;第三款,测量费二十四万八千九百二十二元;第四款,营缮及初次调办费二兆四十七万一千六百八十元;第五款,添造兵器费一兆六十四万四千五百三十八元;第六款,陆军临时建筑费四万七千五百七十四元;第七款,镇定台湾匪乱费五万元;第八款,临时特设部队费二十四万七千六百五十五元;第九款,战事善后费一万三百七十元;第十款,编纂战史费五万八百三十一元;第十一款,犒赏费七万三千六百八十七元,共计八兆一万七千一百二十三元。第五海军省项下:第一款,营缮费十万九千二百八十五元;第二款,代修费四万七百八十四元;第三款,测量水路费一万九千一百二十八元;第四款,扩张海军费五兆十一万三千七百八十二元;第五款,镇守府造船材料三万元;第六款,海军临时建筑费三万五千三百四十三元;第七款,犒赏费一千二百元;第八款,制造图志费二千元;第九款,扩张吴造兵厂一兆五十五万七千二百六十四元;第十款,海军兵械材料十九万一千八百二十八元,共计七兆十万四千六百十七元。第六司法省项下:第一款,营缮费五十六万五千六百四十元……①第七文部省项下:第一款,营缮费七十九万二千七十四元;第二款,设备费八万三千三百八十三元;第三款,创立医科大学三十七万五千元;第四款,创立第二高等师范学校五万元;第五款,创立第二高等商业学校五万元;第六款,创立第三高等商业学校十二万五千元;第七款,创立高等工业学校七万六千元;第八款,创立第二高等工业学校十万元;第九款,创立高等农林学校六万七千元;第十款,创立图书馆四万元;第十一款,编纂东京帝国大学史料及版费二万四百六十四元;第十二款,各学校杂支二十万九千九百三十三元;第十三款,临时调查费一万元;第十四款,临时教员养成所三万元;第十五款,测验临时地磁气一千三百元;第十六款,第五

---

① 原剪报阙。——编者

回内国劝业博览会五千元;第十七款,帮贴费一万元,共计二兆四万五千一百五十六元。第八农商务省项下:第一款,府县联合共进会一万八千四百五十三元;第二款,扩张外国贸易费十一万三千三百二元;第三款,创立制铁所十万元;第四款,奖励远洋渔业七万七千七百七十二元;第五款,帮贴费十万元;第六款,营缮费四十一万二千三百三十二元;第七款,调查盐务费四万九千二百六十四元;第八款,经营林业二兆十万四千五百九十四元;第十一款,检定度量衡并修改费四万五百四十一元;第十二款,检查员养成费一万四千二百八十一元;第十三款,准备施行拨费四万二千五十三元;第十四款,购染纺机器十万四百元;第十五款,俄国万国渔业博览会及参列渔业会议费五千二百七元。第九递信省项下:第一款,帮贴费七兆七十六万九千六百十四元;第二款,营缮电线费一兆六十五万三千一百四十四元;第三款,营缮航路标识二十三万六千八百三十七元;第四款,营缮费九十九万三百三十五元;第五款,扩张德律风费五十一万四千五百八十一元;第六款,修改官铁路费二兆三万一千四百二十三元;第七款,添设铁路费九兆九万六千七百九十七元;第八款,临时派往外国费一万三千六百元;第九款,勘铁路费四万元,共计二十二兆三十四万六千三百十四元。

统共岁出临时款九十八兆十万九千七百八十二元。

两共岁出二百七十五兆七十五万一千一百九十四元。①

△ 英法两国近年进款清单并跋

英国进款:洋税有进口税无出口税。

一烟　金一千零九十万镑,合银约七千六百余万两;

一烧酒　金四百九十万镑,合银约三千四百余万两;

一葡萄酒　金一百七十三万镑,合银约一千二百余万两;

---

① 以上为报纸剪贴,未标报名。——编者

一茶叶　金四百六十三万镑,合银约三千二百余万两;

一杂项　金九十万镑,合银约六百余万两。

共金二千三百余万镑,合银约一万六千余万两。

常税:由内地土税抽收。

一烧酒　金一千九百三十万镑,合银约一万三千五百余万两;

一皮酒　金一千一百九十万镑,合银约八千三百余万两;

一铁路税　金一千三十三万镑,合银约二百三十余万两;

一应税货物店铺照费　金二十五万镑,合银约一百七十余万两;

一杂项　金八千镑,约合银五万六千余两。

共金三千二百万镑,合银约二万二千四百余万两。

印花税:

一契券　金五百三十五万镑,合银约三千七百余万两;

一汇票　金八十三万镑,合银约五百八十余万两;

一保险据　金二十四万镑,合银约一百七十万两;

一账目收单　金一百四十万镑,合银约四百余万两。

共金八百四十余万镑,合银约五千九百万两。

房地人丁税:

地税　金七十四万镑,合银约五百二十万两;

房税　金一百七十万镑,合银约一千二百万两;

人丁税　金一千九百万镑,合银约二千二百万两。

共金二千一百余万镑,合银约一万五千万两。注:查人丁税系每年进款在一千三百两以外者,须每百两纳银若干,一千三百两以内者免纳。去年每百两应纳三两五钱,共得一千九百万镑之数。本年每百两须纳五两,户部年表内计应得二千五百万镑,合银约一万七千五百余万两。

邮政进款:

一各局封口信　计二十二万五千万件,

一各局明信片　计四万万件，

一新闻纸　计八万七千万件，

一电报　计九千零四十余万件，

一包裹　计七千四百五十万件。

共进款金一千六百万镑，合银约一万一千二百余万两。除应用经费一千二百万镑，实得四百万镑，约合银三千万两。虽经费少，讵而民得其便，国得其利。

另款：

一遗嘱税　金一千四百万镑，合银约一万万两；

一苏伊士河股票　金八十万镑，合银约五百六十万两；

一朝廷私产归公进款　金四十五万镑，合银约三百二十万两；

一杂项　金二百三十万镑，合银约一千六百余万两。

共金一千七百六十万镑，合银约一万二千五百万两。

统计英国去年进项约金一万零三百六十万镑，合银约七万二千五百万两。

法国进款：

洋税：有进口税无出口税。

一咖啡　一万三千七百万佛郎，约合银三千四百二十五万两；

一酒及烧酒　三千四百万佛郎，约合银八百四十万两；

一各种油斤　三千六百万佛郎，约合银九百万两；

一各种糖斤　二千七百万佛郎，约合银六百七十五万两；

一煤斤木料　三千一百万佛郎，约合银七百七十五万两；

一杂粮　五千五百万佛郎，约合银一千三百七十五万两；

一杂项　一万一千二百万佛郎，约合银二万八百万两；

一税外另费　三十万佛郎，约合银五百万两。

共四万五千二百万佛郎，约合银一万一千三百万两。

常税：

一酒　三万九百万佛郎,约合银七千七百二十五万两;

一烧酒　一万五千六百万佛郎,约合银三万九百万两;

一糖斤　注:紫罗兰制者一万八千六百万佛郎,约合银四千六百五十万两;

一官办物料　注:烟与火柴火药四万四千三百万佛郎,约合银一万一千七百十四两;

一杂项　三万六千二百万佛郎,约合银九千五十万两;

一铁路运费　三千八百万佛郎,约合银九百五十万两。

共十四万九千四百万佛郎,约合银三万七千三百五十万两。

印花税:

一凡契券、汇票、保险账目收单,以及遗嘱等税一并在内,共七万六百万佛郎,约合银一万七千六百五十万两。

房地人丁税:

一地税　二万五千万佛郎,约合银一万七千六百五十万两;

一房税　一万五千六百万佛郎,约合银三千九百万两;

一人丁税　一万二百万佛郎,约合银三千五百五十万两。

共五万八百万佛郎,约合银一万二千七百万两。注:查人丁税课分为二项:一系通国人丁公输之数,每丁约纳一佛郎,即合银二钱五分;一系按房式大小,分别贫富等级,以定抽收之数。

邮政进款:

一各局封口信　八万四千三百万件;

一各局明信片　十二万四千五百万件;

一邮局所汇银数　八万六千七百万佛郎,约合银二万一千六百七十五万两;

一电报　三万七千件。

共二万一千六百万佛郎,约合银五千四百万两。注:现在多系用德律风之报,去岁已收费至一千一百万佛郎之谱,约合银三百七十五万两。

统共法国进款约三十三万七千六百万佛朗，约合银八万四千四百万两。

△英法两国近年进款清单并跋　再续前稿

记者曰：右清单一通，盖去年某税司录呈某大员者，本馆以近日各省督抚为赔款所困，日以款项无着为忧，故特录诸报端，以供当局者之稽考也。

单内所录，首以洋税而注之曰"有进口税无出口税"。然则我国自通商以后，入口之税务从其轻，出口之税务从其重。何异效忠外人而腹削我商民之膏血哉？当初立约诸臣不知外情，不明保商之理，而又怵于敌势，草率迁就，以期了事，诚不足责。而外人受惠既久，遂视为固然。我虽有加税之议，辄不容我置喙及无可推诿，犹必指索别种利益，以相抵而后已。此诚可悁悁而悲者也！

洋税所抽诸物，于英国为烟，为烧酒及葡萄酒，为茶叶，为杂项；法国为咖啡，为酒及烧酒，为油，为糖，为煤斤木料，为杂粮，为杂项。按烟酒、咖啡、茶叶诸物，非生人所必需，杂项一宗亦大约以珍宝贵重为多，能购此者，其人亦必不贫。国家即重征其税以资国用，诚不为过，且要抽进口税，以杜外商之浸灌。不抽出口之税以导内货之销流，其用意亦最深。今我国之税则，适与此相反。进口货物均皆有税，犹可言也；出口货物若丝茶，若绸缎，若布匹，若器具，使果能制造精良，价廉物美，投西人之所好，而运销外洋源源不已，将我国之种植者、制造者、运贩者咸阴受其利，则民富而国用亦自足，复何贫困之足患？乃当局者不明此理，不务助之，专务抑之。而外洋进口诸货，若酒，若烟，若食物，若衣服，若用物，享免税之利者几五十余年，近始授值百抽五之例，一律征税。而估计之值，既从其轻设又加隐匿，则是否值百抽五，殆于不可究诘。即以烟酒而论，较诸外洋税则，已不知轻重何若。而中国茶叶出口税厘，乃几至值百抽四十！倒行逆施如是，而犹日日言保商，日日言振兴商利，不几南辕而北辙哉？

其次，于洋税者为常税。按此项或译为入市税，而与中国之落地厘金相仿。故近日西人议及中国财政，亦有援引此例不以免厘为然者。然按英国常税项下，其所征者曰烧酒，曰皮酒，曰铁路税，曰应税货物店铺照费，曰杂项；法国则曰酒，曰烧酒，曰糖斤，曰官办物料，曰杂项。其数简，故易于集事，而不致扰民。其物多销于富人则取之，而民不怨。今中国厘金之制，虽至一鸡卵之量，亦必按则抽厘，不肯宽假。民斯扰矣！一匹之布，数桶之果，贫民夫妇所藉以觅升斗而谋朝夕者，亦征之唯恐不及。民斯怨矣！又况西国常税之制，无重叠征收者。今中国乃节节设卡，处处收厘。按之厘金之义，本为百分而取一，今使核计数卡，所收究居百分之若干，恐有不忍言者矣！西人甚欲中国裁撤厘金，而不愿中国加税；又恐中国加税之后，仍不免于抽厘，故议论歧出，迄无归宿。中国官场则窟穴衣食于厘金中者，至深且久。而在上者或因于赔款无着，或苦于外销之无出，故亦坚持成局，莫肯首发难端。不知居今之世，不筹广销土货、挽回利源之法，而斤斤焉，惟厘金是赖，极其弊！必有民穷财尽、一物不销之日。不知当局者又将何以处之？此则大可危惧者也！

总之，西国税则，其宗旨主于杜利源之外源，故进口有税出口无税。其办法主于分富人之有余，以济国用之不足。故富人之所需者有税，贫民之所需者无税。今中国乃优于外人，刻于华商，而厘金办法乃几于专与贫民为难。如之何其可也？①

△ 论暹罗国财政（续译前稿）

前此之弊，皆在经收税务不得其法。幸兹既经整顿之后，前弊已不再见，且再阅一时赌税一项，亦必设法禁除，必不能如今日视为入

---

① 此为报纸剪贴，未标报名。——编者

款之大宗。近者禁赌之令已行,已有数家赌屋业已查封入官。将来地丁入款增加,库帑渐足,则当将赌博严行禁绝。至所失之赌税,则从地丁并他处筹补。暹廷向有内支应一局,诸凡额外私税暨由该局征收,故与户部每多反对。盖局中办事章程悉按暹人旧制,以故年归中饱,必系巨款,此为暹廷之大漏卮也!前者暹王尝创议筹借国债,殊不知不将国中进出款通判筹核,别求良策,一遇短绌,徒向外人乞借,甚无谓也!①

△ 日本预算计数

日本明年用项即明治三十五年分出款预算,择其紧要各款,罗列如左:

外务省应用款八千八百九十三万元;内务省应用款七十六万八百五十二元;大藏省应用款四千二百六十五万一千七百十四元;陆军省应用款五十一万九千元;海军省应用款二百七十一万三千八百二十一元;司法省应用款一万九千七百二十九元;文部省应用款一百三十三万三十三元;农商务省应用款四十六万七百三十三元;递信省应用款二百零五万八千八百六十六元。以上共计五千零五十一万八千六百四十一元。②

格 致 新 理

△ 亚尔步明

蛋中有精质,名亚尔步明。热之则元粒伸涨,故生蛋变为硬蛋。他物不然,愈热则元粒愈散,故实者流,流者浮也。(《汇报》)

△ 硫磺粉

以蒸硫磺粉投掷火中,顷刻生硫磺气甚多,蒙蔽火上,一时空气不着火,无养(氧)气助火,火即灭。又,此法当较洋龙灌水尤便。

---

① 剪报,未标报名。——编者
② 同上。——编者

△ 动物种数

举天下水陆动物之类，目下察悉之兽共四十万种，草木得十五万种，虫豸得二十八万种，禽鸟得一万三千种，鱼族得一万二千种，腹行者八千三百种，内蛇一千六百四十种，其间毒蛇得三百种。(《学问报》)

语 言 文 字

△ 小吕宋日用语

小吕宋美政府会议各衙门，是否仍用西班牙语，抑用英语？刻定暂用西班牙语，五年之后改用英语。其故因本地律师所操皆西班牙语，一经改变，于律师大不便，故特迟以五年耳。(廿七年《字林西报》)

△ 英考华语

北京英公使英提督近订新例，凡英国文武员弁及富商大贾，如能长于华语者，均准来京考试。倘名列优等，即奖洋六百元，分别加给薪俸，用示鼓励。(《同文沪报》)

△ 文字总数

地球各处文字已用于世者，计三千四百二十四种。至土语方音不在文字之属者，约六千种。(《益新报》)

△ 欧美用法语三国

比利时、加拿大、亚才利亚三处皆用法语。余如欧美各国条约章程，多用法文。(《汇报》)

△ 法言用少法文用多

天下之人，言中言者四万万，言英言者一万一千六百万，言俄言者八千五百万，言德言者八千万，言法言者五千八百万。昔英人与义人公牍，不用法文而用英文，义人亦即不用英文而用义文。卑士麦与俄不用法文而用德文，俄人亦即改用俄文。卒至同用法文而后已。上年俄皇议弭兵于荷城哈克，英美欲不用法文，他国或罢会，仍用法文而止。又观于言法言者不甚多，可知公牍用法文，实以其清疏直

捷，非以言法言者之多也。（又）

△ 墨西哥语

墨西哥用班言。（又）

△ 埃及篆文

古时埃及文一字一音，无异中华。后世改用切音，今昔迥殊矣！其古字以象形为主，与中国古篆相仿，似唐虞之世埃及文风甲于天下。至今有掘获古碑者，英法掌故家珍如拱璧。（又）

△ 安南用法文反切土音

华字甚繁，若以西字母用反切法，拼成字音，便易成诵。安南归法后，即用此法，童蒙入塾后，教以数月，即能写其土语，人人称便。（又）

△ 英令领事习土语

英拟令嗣后派往外国为领事者，无论派往何处，必谙该处土语者，乃为称职，其调升亦以其能言外国语言之才为准。

△ 和文假名五十音

音父/音母 アあ 音阿 イい 音意 ウう 音务 エえ 音耶 オお 音窝

k　カか 克阿反 キき 克意反 クく 音库 ケけ 克耶反 コこ 音科

s　サさ 音萨 シし 音希 スす 音四 セせ 音塞 ソそ 音琐

t　タた 音他 チち 音弃 ツつ 音疵 テて 音铁 トと 音托

n　ナな 音那 ニに 音尼 ヌぬ 音奴 ネね 奈也反 ノの 音诺

h　ハは 音哈 ヒひ 音唏 フふ 音夫 ヘへ 黑也反 ホほ 音和

m　マま 音麻 ミみ 音米 ムむ 音没 メめ 音灭 モも 音模

y　ヤや 音牙 イい　　　ユゆ 音由 エえ　　　ヨよ 音约

r　ラら 音拉 リり 音利 ルる 音鲁 レれ 雷也反 ロろ 音罗

w　ワわ 音挖 ヰゆ 音微 ウう　　　エえ 歪也反 ヲを 音窝

浊音

拿　ガ 格家反 ギ 格衣反 グ 音孤 ゲ 该也反 ゴ 音过

字　ザ音渣　ジ音几　ズ音兹　ゼ音者　ゾ音作

特　ダ音大　ヂ音吉　ヅ音兹　デ音跌　ド音多

白　バ音巴　ビ比衣反　ブ音布　ベ音鳖　ボ音博

半浊音

泼　パ怕平声　ピ音匹　プ音普　ペ拍也反　ポ颇平声

拨音

ン　厄痕反　此字所以补五十音之不足

拼省字

朩　即トキ二字

旡　即トモ二字

㐦　即ドモ二字

ソ　即シテ二字

㔟　即コト二字

重字汉文作々，片假名作ヽ，平假名作ゝ。

客　　乡

△ 林文德为山西顾问

晋抚请林文德大律师为顾问官，仍可在沪照常办事，有事则前往太原。(《中外日报》)

△ 暹用李克辽

法水师副提督李克辽已奉暹王简，为暹罗海部大臣之职。(《同文沪报》)

△ 英用亨利

德藩亨利已简为英国水师提督。(又)

△ 律师担文

南洋大臣刘奏派三品顶戴英国头等律师担文，为南洋外务正律法官；三品衔分部郎中罗诚伯贞意为南洋外务副律法官，驻扎上海洋

务局。已于正月到局视事。(《益闻报》廿四年)

△ 鄂督顾问官

鄂督张照会日本参谋本部,聘用日人二名,为改革军事、政务等之顾问官。现已聘定武员陆军大尉小山秋作君,文员小林某君。小林系襄理译书局事务。

△ 科门

美进士科门现为肃王襄理崇文门税务,并为肃王教习。(《中外日报》)前充总税务司署医官,同文馆舍医学教习、中国铁路总医官。(《苏报》)

△ 萍局用五西人

萍乡矿局矿师赖伦、福来,机器师史弥得,工程师马克来、修文。

△ 日人襄助海关

中聘日人襄助海关,一为日本中学校长大泷八郎,已赴汉口;一为日本高等商业学堂卒业生江原忠。其一未详。(《汇报》廿六年)江原忠现为福州税关监督。

△ 商约随员两人

贺璧理、戴乐尔随同盛宣怀商议商约。(廿七年十月上谕)贺为江汉关税务司,戴为造册处税务司。

△ 税务司总数

西历一千八百九十九年七月,计算中国税关官吏总数五千六百四人,其中外国人九百九十三名。此九百九十三名内,八百卅七名为税务官吏,九十三名为船舶吏,五十八名为邮政吏,其他六名在北京从事教育。今举税务官吏中主要人员如左:

总税务司一名,副总税务司一名,税务司四十三名,副税务司廿名,帮办长一名,一等帮办十五名,二等帮办卅一名,三等帮办卅九名,四等帮办一百十三名,书记十名。

此内正副总税务司共为英国人。盖客年英与中订约曰:海关总税务司必以英国臣民一人任之,因英在中国商业占首位故也。

兹国别各税务司如左:

税务司共四十三名:英廿三名,法四名,美七名,诺①一名,德五名,匈一名,俄一名,比一名。

副税务司共廿名:英十四名,意一名,法一名,美一名,俄一名,丁②一名,德一名。(东报译《时事新报》,廿六年《商务报》)

△北洋聘日本武员

闻袁世凯聘日本武员教练兵士,并予以约束之权。(《申报》)

△粤匪时外人助战获赏

本朝外人助战获赏者,英人达耳地福助攻绍兴阵亡,照总兵例赐恤。又戈登随克苏州,赏给头等功牌,并银壹万两。又领事夏福礼、总兵乐德克、都司波格乐、翻译有雅芝、兵船医官参将衔伊尔云、水师都司费达士,法参将权授中国总兵。德克碑税司日意格助克宁波,赏玉器荷包等件。日意格又于克杭州案内,得赏总兵衔,德克碑亦同时得赏头等功牌并银一万两。又助攻湖州案内赏提督衔。又英教师慷璍常林模赏给五品翎顶军功。梅勒西仆舒赏给四品顶戴。法人实德棱赏给二品功牌、翎顶金牌。某国人华阿哩制造洋炮随营出力,加赏守备衔。(《申报》)

安田善次郎　汉口缫丝厂经理,系鄂省所聘,更拟于南方设立银行一所。

金达　英人经理关内外铁路。科威,办理工程;福莱,总理火车。

稻田穣君　日本芝区警察署长,兹经警察总监大浦君荐至北京,充警务学堂教习。(《新闻报》)

桥本　福建武备学堂教习。

---

① 诺,疑指挪威。——编者
② 丁,疑指丹麦。——编者

山西巡抚延一律师，讲求法律之学，系奥国人。(《中外日报》)
船政局工艺师合同已满，续订五年。(廿八年二月)
加藤高明　政府欲延顾问官，庆王荐之。
铸方　湖北警察顾问官。

条　约

△朝比通商条约

朝鲜与比利时所订之通商条约，已于西十月十七号交换。比国订约大臣康喀耳君现已为驻韩总领事。

△英美抛拉麦约

驻美英使潘斯福与美相德君，将抛拉麦运河新约签押。

△中韩条约

中韩通商约于廿五年十一月十四日在韩城互换。

△英美密约

英美密约载英国某报：一、英不可在北美筹增属地；美亦不可向北方英属开拓版图。二、美开凿小吕宋运河，英若与他国决战，准其通行该河。三、此次美与日战，所得土地系准美国兼并，若他国出为抗拒，英当援美。四、美于东亚之事，系从英人政策；英在东方所得利权，美亦均沾。五、关系北美及小吕宋之事，另选委员协定。(廿四年《申报》)

△比为中立国条约

一千八百三十九年，英法俄奥布五国为平权之计，立公约，认比为自主之国、中立之邦，何论何国战事，概不涉比利时，并约比不得将尺土寸地让人。一千八百七十年布法交兵，英恐两国图比利时，乃与两国立约，议定比为中立，照一千八百三十九年伦敦之约，如法入比，则英助布驱法；如布入比时，则英助法逐布。(廿六年《苏报论说》)

△墨西哥约

中国与墨西哥所订通商行船条约，已在墨京签字准行。约内声

明两国皆以最优待之国相待,并准墨国在中国各部设领事,自治其民。(廿六年二月《苏报》)

△ 刚果订约

刚果国订通商条约在光绪二十四年。(见《国闻报》)

△ 法土约章五款

一、准法在土耳其各处开设法文学堂,免纳学堂税。二、法在土耳其境内所建医院、教堂,均免纳税。三、由一千八百九十四年起,至西历一千八百九十九年止,凡六年中因土民作乱毁坏法人所建学堂、教堂、医馆,首准法人重建并扩充基址。四、以后法人在土境随意建造房屋,惟未建造以前须有法使照会土政府,阅六月,土政府无异言,即可大兴工作。五、法国所选主教,土廷准其传道,不得稍有为难。(《汇报》)

△ 英日盟约译录①

大英国政府、大日本国政府为维持远东和平之局,且保全中国、韩国主权土地暨各国于该二国工商业平等利益,特议定条约如左:

第一条　英日两联盟国共相承认中国、韩国独立主权,并声明他国有侵略该二国之意,必为抵制。然两联盟国特别利益,如大英国于中国,大日本国于中国及韩国政事、商业、工业上各种利益,若有别国侵略,及两联盟国于中国韩国保护之臣民生命财产,被别国骚扰损害,两联盟国均可设法保全,不使或有欠缺。

第二条　若大英国大日本国内有一国,因保全以上利益致与别国开战,则一国严守中立之例。

第三条　若大英国大日本国内有一国,因保全以上利益与数国开战,则两联盟国即应互相援助,会合战守。惟该联盟国总以能从中讲和为上。

---

① 该条至"俄韩新约纪要"各条均系剪报粘贴,未标报名。——编者

第四条　若两联盟国有一国与他国别议条约,不可损害以上利益。

第五条　大英国大日本国如遇以上所记利益有危险之处,两国政府当预先互相通知。

第六条　本约签押换印日起,以五年为期。如五年后有一国不愿续订者,须于十二个月以前,将因何不愿续订之处预先表明通告,准至五年期满后止。然苟约期将满之时,两联盟国适与他国开战,则此约必须接续,至和局既成为止。

右条约各本大臣各受政府之命签押换印,一千九百二年一月三十日立于伦敦。照缮两分各执。大英国钦命外务大臣蓝斯唐,大日本钦差驻英全权大臣林董。

△英日盟约再录

英日盟约本馆先经觅得日文稿本,译登初十日报章。兹复经福州日本领事米岛舍松君见示原译本,虽意义相同,然字句互有出入,爰再录之,以备参考。大日本大英国政府为欲保全亚东现在情形并太平局势,尤当扶持中韩两国,使得自主完全之权,并维持在此两国通商工艺之事,得与各国利益均沾,因联盟立约如下:

第一条　联盟之国公认中韩两国有自主之权,言明彼此利益,并无有侵夺之意。惟英国在中国利益固属硕大,如日本国不但在中国有一切利益,其在韩国更殊有一切政事、通商、工艺等利益。因此,英日两国相允不得不作此举,藉以保全一切利权。若此项权利有被他国侵夺之虞,或遇中韩两国内乱之险,联盟两国势必出头扶持,以保本国之人命财产。

第二条　英国或日本国,若因前条所云之本国利权致与他国交战,彼此均宜严守局外中立,并阻止他国助与其同盟者交战之国。

第三条　若因上条之事,他国或众国联合助攻同盟者之国,彼此均当出力相助,一切战事公同当之,即议和亦彼此同之。

第四条　同盟两国相约彼此若未商允,均不得擅与他国另合联盟，伤损以上所云之利权。

第五条　或英国或日本国，知以上所云之利权有可危处，两国政府当明白公然互相知照。

第六条　此约自签字日起，应行五年为限，若五年满限之前十二个月，彼此未经知照，此约仍遵守如常。至既经知照，彼此应自知明日起一年后方行废约。若约期满限已到，彼此现与他国战争，则此约仍遵守至议和日而废。

一月卅日在伦敦签字。

△ 英日盟约再译录

英日盟约本馆已两次登报。第一次系由东文译出，第二次系驻闽日领事米岛舍松君所贻。现又有京友寄来一份，系北京日使馆所译，经日使内田康哉君径呈庆亲王在外务部存案者，似应以此为定本，故再录之，不嫌其繁复也。日英两国政府因专愿维持泰东现今情势，暨其大局安全起见，尤宜维持清韩两国自主暨其疆域完全，并至于该两国外有开各国商工等务，亦于该两国共收平等机会。兹将所订各条开列于后：

第一款　联盟两国各相认明清韩两国系属自主，彼此均行声明，凡迹似侵占之意前，不容稍任。惟查英国所兴利益专在清国，而日本国除在清国有利害相关之处外，其在韩非独于商工等务，并实于国家政务□利害尤钜。是以倘或遇有他国意涉侵占之举动，或在清韩两国内生出变乱，以致联盟两国必须出为干预，保卫所属臣民之性命、产业。因此等事故，联盟两国上开所说利益有被扰害之虞，则不得不设法施行妥为防护之所，应认为当行之事。

第二款　如遇日本国或英国各为防护前所开利益与他一国开仗，则彼此一国严守局外中立之规，并应尽其所能为，以期防各国与联盟国相敌助战。

第三款　倘遇有前款所开情节，有一他国及数他国与联盟相敌

517

助战,此一国援助彼一国协同作战,并相互妥商,期臻和平结局。

第四款 联盟两国约定,除彼此商明定妥外,不得与他国另订或碍于前开所系利益之约。

第五款 倘日本国或英国意以为前开所系利益陷于危险情势,则两国政府必须互相详密通报,并不得有隐瞒之意。

第六款 本条约画押盖印后,即为有履行之效。由画押盖印之日起,以五个年为期限,并在五年限满以前十二个月,由彼此一国告知欲将本条约作废之意,则仍应接续履行。嗣后欲将此约作废,自告知之日起,控足一周年,仍有履行之效。如迄约期已满之日,彼此一国适遇有交战军务,则此条约应须履行如故,至和局完结为止。

兹各奉本国政府委任,于此条约画押盖印,以昭信守。

△ 美国新约述电

华盛顿电云:前美政府本拟将办理在华开通门户一约,附入和款专件之内,继而未果。又拟将此节附入商约中,一并会议。并悉美国议和专使在京时,曾奉海大臣之谕嘱,令竭力商劝各国,会同与中国合议商约。乃各国并不预备照美政府之意办理,是则必须各行分议也。兹将美政府所备之约列下:中国如赐给有产业权力势位之各国官商人民各项权势利益,则美国之官商人民亦同得均占。中国若以低价之税,征收各国人民私产或各商货件,则美国亦必仿照而行。并凡由美国出口之物,不得比各国所征之税更重有所拘制。

△ 日韩改约译闻

东报载:日韩条约应改换之处甚多,日人舆论纷纷,有谓现当改约一绝好机会,时不可失,故当局者殊费经营。据日本民间之见,谓趁此英日联盟既定,若再不将日韩条约改订至妥,则殊觉可惜。故近有驻韩日人和田常市、山崎聘太郎、松永达次郎三氏,拟就应改之件,向商业会议所投呈。据所拟及者,一为日人在韩之租界旧约限以幅员在一里之内为度,今应将此条删去,另行推扩,并饬无所限制,则请以日本里数二十里以内为度。一为开城、公州、江原、大邱四处,应升为通商口岸。一为删去禁米出口之条。

△第四次俄公使所送满洲新约稿本

大清国大皇帝、大俄国大皇帝因一千九百年清国内乱,有损睦谊,现愿增修旧好,俾益坚固,将关系满洲各节会同两国特派大臣妥为商定如下:

第一条 大俄国与大清国捐弃前嫌,特立一永久之新约,所有东三省俄兵占据之地,一律归还清国。该地方所有自主权力,俟归还后仍听清国自治,惟与俄人有妨者,俄政府仍须过问,责令清国改定,以全交谊。

第二条 大俄国驻扎满洲各军,与清国代平内乱起见,现在东三省及中俄交界地面,既经大清国允准,不再有去年之祸乱,大俄国自应允将该处所驻之兵陆续撤退。一千九百零一年所有驻扎辽河一带及盛京西南各处之兵,先行撤退其半;一千九百零二年奉天、盛京各处之兵,全行撤退。一千九百零三年俟中国北方无事,能自守护,再行撤去黑吉两省之兵。

第三条 大清国在东三省留守兵额,不得于原额外无故增添。所有需用兵数,该省将军须与俄督酌定,不得私自增改,有乖睦谊。附,东三省自治之权仍由中国官吏管辖,惟须力任保护俄人及不准华兵与俄兵龃龉等事。

第四条 大俄国允将山海关至营口一带铁路,交还清国自行管理。惟清国须按照所办该铁路章程办理,不准添筑支路及展长原定之线路。不得已而增设线路,须与俄政府商定再办。一、去年至今所有保护、修理铁路之费,应由中国偿还。一、此次铁路中国须自为保护,不准他国兵队驻屯。一、不准筑桥过辽河。一、管理之法概按照一千八百九十六年英俄所立合约办理。

中国两全权大臣驳议如下：

第二条退兵限期，议云去岁拆毁铁路本乱民所为，既言归于好，自当归敝国保护，岂贵国骤不退兵、别有深意乎？

第三条额外练兵事，议云练兵为自强计，非专为开边衅也。岂可预定以额？贵国无日不练兵，何独使敝国缺兵不敷调遣，安能保护？

第四条山海关铁路不准建筑支路及展长路线，议云西比利亚铁路贵国自主之；山海关铁路敝国自主之，不得混而为一。

又议及锦州官长云，如贵国有不惬意，可以告敝国家或就近对调，或与他省对调，务使人地相宜。不得因一时一事之不惬意，便请革职，永不叙用。按，此条前稿未提，其无此耶？抑前稿漏抄耶？抑语在商约内耶？估并存之，未敢擅添。

又议商约云，商约指东三省路矿言，原议只许华俄银行承办，他国不得干预。两全权亦驳之，其议曰：东三省既交还中国，凡中国人皆可办，中国商人亦可办，中国国家更可办。何必定出自华俄银行？即以银行名华俄，论是华俄皆有自主之权，俄人不得独擅其权也。总之，李公已死，今日论公约，不知有密约。密约必与人口实。我先无以自立，公约可告天子，可告友邦。如贵国不愿归还我土地，亦不妨明目张胆言之，无庸费唇舌也。于是俄公使曰：且电致本国政府，俟回电时再定。自下所议第一条商约大致如此。然此条约颇为俄人所注重云。

本馆按：右稿系据津报登录，其俄使所送之约稿，与去岁十一月十五日本报所载者大略相同。其全权大臣驳议，则与十一月念四日日本报所载者互有出入，存以备考。

△ 中俄全约照译

第一条　大俄国大皇帝专爱平和，故欲表明与大清国大皇帝实在交谊。前者在满洲境界，清国攻击加害俄国官臣各节，今皆不问，仍认满洲为清国之地，允愿交还清国管辖。所有行政之权，仍归清国执掌，与未失和以前无异。

第二条　清国应恢复其满洲之政治及行政之权,但应确守一千八百九十六年八月廿七日所定之中俄银行专约期限及约内所载各条款。又照该专约第五条所载权力,保护铁路及各该人员,并凡有驻满洲之俄国官民及俄国在满洲所创设各事业,清国应妥为保护。清国政府既已承担以上各责任,俄国政府若非遇事变及遇别国行事有妨碍之处,则应照以下所定之法,将驻满洲之俄兵按次序撤退。一、本条约画押后六个月以内,俄国将驻守盛京省西南部以至辽河地方之兵撤退,其铁路应交回清国。一、第二次六个月以内,俄国将驻守盛京省未退尽之兵及驻吉林省之兵撤退。一、第三次六个月以内,俄国将驻守黑龙江之兵全行撤退。

第三条　清国政府并俄国政府当以一千九百年时清国发兵至俄界上致生变乱为鉴,以后必须弭除此患。故俄兵未撤之前,清国各省将军应与俄国军务官议定驻满洲之华兵额数并所驻之地。又清国政府驻各省将军与俄国军务官议定之兵额外,虽约定不得增加,但倘遇剿办土匪,为维持地方起见,亦须备足其兵力。至俄国兵队全行撤退后,清国可有增减驻满洲兵额之权。但该增减之数,必须随时照会俄国政府。然清国若于各地增兵,则俄国于疆界上各地亦不得不增兵,以与清国之兵额相埒。若是则两国徒废兵费,两无俾益,其势显然。故除东华铁路公司所属之地界外,以上各地方之警察及维持保安起见,各地方将军可募集步骑两项民兵。

△中俄全约照译　续昨稿

第四条　俄国政府应将一千九百年九月下旬俄兵所占据保护之营榆、东华各铁路交还。但清国政府应守以下诸条:一、凡有必须保持以上铁路使其安固,应由清国自行办理,决不让别国代为防守及代为建筑以及一切干预经理等事,并不得任别国将俄国交还之各地段占据。一、凡关涉筑造及经营该铁路之事,应照一千八百九十九年六月十六日之英俄会议案,及一千八百九十八年九月廿八日该铁路借款案办理,按私设公司之公例为准。该公司应永守其所有之责任,无论营榆、东华铁路因何等关以上涉,均须照之处留为率。一、将来在满洲南部,虽欲推广该铁路之干路,或筑支路,或在营口架设桥梁,或现时营榆铁路之尽处拟迁移更改,须由清俄两国政府会议妥洽后,始行开办。一、交还清国之营榆、东华各铁路,其修理费及经营所关之费,凡俄国所耗损除赔款外,应由清国政府偿还俄国。至所偿之多寡,应由两国政府会议而定。

△ 俄约异闻并志

俄约签字已见本报,兹阅东报所载约文,各有不同,并译存之,以备参考。

第一条 中国应得回自主之权,与事变以前之制度无异。

第二条 一千八百九十六年之条约应照施行,并退兵期限应于十八个月内分三次撤退。

第三条 因防异日骚乱起见,故从俄国所议于撤兵期限内,凡驻满洲之兵数应限一定额。至于撤兵后应将驻满洲之兵数,开报俄国。

第四条 营榆铁路虽交还,但中国应赔俄国护理该铁路之经费,以后铁路应归中国自行管理。东三省之地无论何时均不得让与别国。此次条约并不得侵害各国条约上既得之利权,亦不得侵害中国自有之主权。凡俄国所得独优之权均应除去,以副各国所愿。

又报载,第一条俄国撤兵一节,第一期应撤营口附近之兵;第二期应撤奉天、吉林之兵;第三期凡各处之兵,应分每六个月撤退。第二条凡设兵于满洲,或有变更之时,必须商请俄国。惟设警察兵及步兵、马兵则听。第三条关外铁路赔款,应由两国代表者会议而定。第四条准许在辽河架筑桥梁,惟营口之火车站若□更改,应由中俄两国会议而定。又此条约批准之期以三个月为限,开矿之权不在此条约之内。又东华铁路、中俄银行均另有先约。又附近铁路之地驻兵及矿务等事,两国均应互相公认。

△ 俄韩新约纪要

探闻俄国要索韩国永租马山浦附近海军根据地一节,现已作为罢论。惟约明该地不准租与别国,将其约文录后。韩国外务大臣、俄国驻韩钦使为近来外间风传马山浦附近巨济岛事务,预防他日或生枝节,订约如左:巨济岛及对岸陆地,凡马山港口周围诸岛不论何处,俄国永远不为政府应用及人民商家公司应用,而租购该处地段。巨济岛及对岸陆地,凡马山港口周围该岛不论何处,韩国政府永远不许他国政府为政府应用及人民商家公司应用,而租卖该处地段。

△ 法暹新约

(一千)九百〇二年八月法暹所订新约,暹以迷鲁伯利及巴萨两省让与法。又割让沼大湖旁自罗尼斯起至巴根彭止。而法则允将崔东本地方交还。至湄江右岸可驻暹兵,惟只能用暹将。暹欲在湄江旁开运河、筑铁路等,如须他人相助,先尽法国。

△ 论葡萄牙事[①]

本月初四日伦敦来电云:葡萄牙刻以须与中国会议广东、澳门划界事宜,特派前内务大臣勃兰哥赴华。初五日来电云:近有葡萄牙运兵船一艘,载步兵三百零五人,已由葡萄牙起碇前往澳门。本馆窃谓,俄人占据东三省之事,现尚杳无成议,今葡人复乘隙而起,重寻旧案。此固甚有关系之事,全权大臣与夫粤省疆吏万不容不留意者也。按葡萄牙于明代正德年间即来闽浙贸易,是为欧洲诸邦通商我国之始。嘉靖三十年始来澳门。其后遂请于官吏,岁纳五百金租澳门而有之。是为葡人得有澳门之始,亦为在华之西人得有我国之地之始。其与我国立约则在光绪十三年十月十七日,较诸国为最后。其立约之故,则缘前一年总署以洋药税厘并征一案,方派道员邵友濂、总税务司赫德前往香港,与英官会议,杜截偷漏之弊。旋以洋药

---

① 此条为剪报粘贴,未标报名。——编者

自印度贩运来华，驻于香港澳门，分赴各口销售，非得澳门葡官协同办理不能得力。乃派税务司金登干前往葡国商定办法，许以永驻澳门，管理一切之利益。此当时立约之原委也。当时南皮张制军任粤督，即上疏力谏，有"七不可"之说。其第二条有云，葡人之驻澳本以围墙为界，墙外民田户籍悉隶香山管辖，葡人逐渐越占，又屡向界外村民勒收田房租钞。又附陈补救五策：一曰划清界限。国界东枕山，西南滨海，是为澳其原立之三巴门、水坑门、新开门，旧址具在，志书可考。彼所营炮路兵房，均属格外侵占，应于立约时坚持围墙为界，不使尺寸有逾。一曰界由外定。陆界至旧有围墙为止，葡人于同治初年将围墙拆卸，希图灭迹。然墙可拆而旧址终不可毁。将来约有成议，似应由粤省督抚派员会勘，俾免影射逾越云云。详考张制军所言，知葡人于澳门早已得寸则寸，得尺则尺，漫无限制。欲其就我范围划清界限，正非易易。乃当时所立之条约，其第二款云：前在大西洋国京都所订预立节略内，大西洋国永居管理澳门之。第二款，大清国仍允无异。惟现经商定，俟两国派员妥为会订界址，再行特立专条。其未经定界以前，一切事情俱照依现时情形勿动。彼此均不得有增减改变之事。其约文所言如此。乃自立约以后勘界之事，卒未实力举办。在政府诸臣得过且过，殆已将此案付诸高阁。而葡人殆亦自知国权微弱，若与中国争执，未必能如愿以偿，遂亦置诸不论不议之列，以阴肆其侵占之私。今者距立约之时已十四年之久，乃于合约告成之后，忽发勘界之议，且以兵轮继其后。其为有挟而求可知也。其为有恃无恐又可知也。夫自比年以来，旅大让于俄，威海、九龙让于英，胶州让于德，□糠及米，所失已多，何有于澳门？况澳门本为葡占，又何有于其侵占之土地？顾葡本小邦，而此次勘界之议，则所望必奢。我国若畏启兵衅，意存迁就，事事曲从，设诸国援利益均沾之例，乘机而起，不知将何以应之！即令幸无其事，而俄人于东三省一案正可援以为例，不知又何以应之？故今日者诚不宜轻启兵衅，然全权大臣若不能郑重其事,轻易允许,粤东大吏若不能先事预防,受其恫喝劫制,则可忧者方大,而日后亦愈难收拾。此执笔人所以不能无言也。

△葡索香山土地

葡萄牙近欲占据澳门附近之香山县境地,以为建筑炮台及一切防御之用。其办法悉照九龙之例,闻粤督已电告政府。(廿七年九月十一日《文汇西报》)

△中缅界址

中缅界址现已划至经线九十九度○十五分之地。此外则划界委员尚在斟酌。(廿六年英国报)

△中韩界址未区划明白

中国驻韩公使备文照会韩外部,谓中韩界务自来未曾划明白,而韩国巡检官往往擅越中国境内,恐酿重大交涉,请急戒之。

△野卡瓦

中英滇缅分界约章绘有详细地图。兹英员向中国申说,欲以野卡瓦地方全归英属。华官以此地未详约内,亦不在图中,故不能率允。(廿六年《汇报》)

△葡得濠镜始末

明正德十三年,葡人遣使至华,抵澳门请通商时,澳门海盗横行,中国官不能诛捕。因与之约,俟海盗平后再议通商。葡使愿与中国兵协同诛捕,一时颇获其效。嘉靖三十年始定以澳门为葡之商埠,岁纳税课。时西历一千五百五十一年也。澳门之地形如锐角,而多磐石。东西有十字门,海舶出入之道也。本属香山,《明史》谓之濠镜。葡既于其地建屋立市,其后欧人之东来者以为逆旅,旋至香港,旋至上海。

澳门税课至国初改为地税,每年计银五百两。道光廿九年以后并不缴纳。至光绪十三年立约,准葡人永驻澳门,管理一切。当日原拟勘定界址,竟未举行。然葡人是时所侵占不过界外之余地,非有大

志也。乃近日特派内务大臣勃兰哥赴华,欲占香山县境,非复旧时得尺得寸之比矣!(九月《苏报》)

交涉公法

△日本照会新金山

新金山澳大利亚政府接日本照会,云贵国如必举行禁止日工之例以及邮政新章,则吾国邮船即不来往新金山一路。(廿七年九月《文汇报》)

△法俄照会土耳其

法俄各国现已联衔照会土耳其政府,令照前者柏林之约,以办理亚米尼及米塞多尼。此举或欲令土庭出立担保凭据,以便在该两处举行新政也。(廿七年西十月路透电)

△法土攻和

土皇近颁谕云谓,法国所请各节已一一照准。至法人所索在小亚细亚地方保护天主教之权,亦经照允矣。法国水师提督开勒已奉命将弥低伦海岛交还土国,起椗归法。按法人本已占夺该岛港口三处,海关一所。(《中法汇报》)

△新金山新例

新金山议院现议新例一条,以后凡亚西亚人来此者,总须通晓一国语言,始可准其旅居。各大臣均言,日本应不在此例之内,以英日最辑睦也。故此事尚未定局。(《字林西报》)

△英不准土让哥物城与他国

英政府现已通谕土国,谓英国已不愿侵夺哥物城,惟土亦不准将该城让给他国。(廿七年伦敦电)哥物城亦作喀威口岸。

△美国调停中美战事

美国遣炮舰一只来于中美(洲)阁龙市近处,以横断古纳瑞拉及哥伦比亚两国开战之路。近日美报言,美国国务卿海氏曾向该两政府调停。其与古纳瑞拉政府告以巴拿马一带为中立之地,兵士不得侵入。如违者美国当以兵士防御之。盖巴拿马地方前日与哥伦比亚立约时,已划为中立地者,阁龙市返于大西洋岸为中美铁道之终点。美国思维特其安宁,故派舰以断两国之战路也。(廿七年《同文沪报》)

△ 新加坡新令

新加坡英官现出一令,非由英船抵埠者一律不准登岸。德国轮船公司以此令若行,则英商铁行轮船公司行将独揽利权,已禀明德外务衙门请驳诘矣。(西七月柏林电)

△ 俄澳亲密

俄与澳斯马加南部之沙非亚及布革拉二小部,迩来更为亲密,澳颇疑忌不安。

△ 英葡联盟

葡君与英使当众声明,英葡两国现已联盟。(香港《循环报》接葡领事来文,廿六年《申报》)

△ 日索美款

檀香山查验瘟疫船只,有无礼于日妇之处,是以日廷特命驻美日使向美廷辩论其事,所索四款:一、美廷须将查瘟疫官申斥;二、美廷须出一令,以后不得再有此等事;三、以后如欲查验妇女搭客,须有女医办理;四、美廷须以国书向日廷谢罪。以上四款美已一一允从,故其事已了结矣。(廿七年日本西报)

△ 中美二国战事智利守局外

中美科伦比亚与委内瑞拉二国战事,智利政府已宣示中立局外之例。(《同文沪报》)

△ 智利与阿根廷启衅

南美亚景丁(阿根廷)与智利两国互有战事。(十一月《新闻报》)

△ 脱索英允五款

脱统领克罗秋之意,以为脱国有要索之事五款,英若备允,即可将边境之地让与英国,并议和约。一、大赦脱国谋叛之党;二、被俘之脱兵即释回;三、英军退出脱境;四、各处民房应即修造如旧;五、脱与英订约声明,英认脱为完全自主之国,并请俄法出场担保。

△ 自由党论英脱交涉

英自由党首领铝贝尔伯纳门君宣言曰:英国就现在情形实不能允脱国自主,然可许该国内政有自由行政之权。至其国土,则仍为英殖民地,不能不受辖于英。(《苏报》)

△ 英俄分中国权限

英国驻俄钦使路士咳致俄外部大臣订定英俄划分中国权限书

第一书,英国钦差大臣奉命致书俄国外务大臣侯爵苗大臣钧下:为声明以下各款事,夫英俄在中国常有利权交际,而生相持不下之难题。今二国欲求善法杜绝此患,并将中国有等地方分别界限,归两国所伸权利。几经思维,公允以下二款:第一款 英廷不得承办何等铁路在长城之北,亦不得祖助英民或别人为之。但凡俄国承办铁路至此或助他人建路至此,英廷皆允之不阻。不论明阻抑阴阻,俱作违此约论。第二款 俄廷不得承办何等铁路于扬子江左近,亦不得祖助俄民或别人为之。但凡英国承办铁路至此或助他人建路至此,俄廷皆允不阻。不论明阻抑阴阻,俱作违此约论。二约明两国各愿不夺中国之主权,又不侵各国与中国已立之约章权利。此约订后,二国均以之明告中朝盖有此约,则可以免二国之猜忌,又可以保持远东之和平,更以助中国自己之利益。

第二书,照此新约则由山海关至牛庄一段铁路,应在俄权限内,今已为上海香港银行与中朝立约贷款,以华人合办承去,于此约似有不合处。故又订明加添此节,即二国此次新换之书,不得侵损所云贷款承办之利益,而中朝可任意简派一英人为工程师,并简派一欧人管理财务,以期所拨银两用度得宜。但须明白此路不能当作外国人产业,宜永远为中国产业,归中朝管理。又不得或当、或典、或批、或卖与洋人公司承受,惟华人公司始可承受之也。又论及由沙喜庄至仙眠亭之支路,二国亦曾公允任中国自行建筑,又准用西人工程师,按期探察此路。未妥者可献计修改,既妥者可发文凭准开火车。又此次恃约并非所以干预俄廷之利权。若俄廷自以为宜,则可准其助俄商承筑铁路,由满洲大路分支南行,而与中朝将筑之牛庄至仙眠亭之铁路,相接或相交。

△ 法国已与义大利亚联盟,共保地中海之利。(廿七年十二月)

△ 俄法联盟照会译录

西历三月间,驻各国俄法公使将俄法联盟布告书一件,照会各国外务部。兹将原文照译于下:

为照会事,照得俄法两联盟政府原来极愿保持东方现在时势及一切和平局面,且尤愿保全中韩两国,使该两国于各国人之商工事业依然扩张。是以一千九百零二年正月三十一号之英日联盟布告书,业经领悉。但俄法两国向来于每次政策之基础,无不宣明公布。故此次英日两国联盟之协约,俄法两国公认于此举极为满意。俄法两国政府于英日联盟之举,既极为钦佩,是以同时亦公认极愿保全俄法两国在东方特别之利益。然俄法两国之主义虽在此,但万一别国有与侵犯之事,或中国有内乱之骚扰,以致该国不能保全及不能自主自由相安于无事,因而波及有损害俄法两国特别之利益,则以上种种情节不能不虑及。故俄法两国联盟之结局主义,系专条保护该特别之利益起见,此即自行保守之义也。须至照会者。

△ 英国外部才长

西八月十六日伦敦访事电称,英议院昨将蓝皮书一大卷颁行。内中所载公文均论中国时事,篇幅之长非一二点钟可尽。阅是书者皆可知吾外部蓝斯唐君于办理外交之事,固极臻妥善者矣。阅者苟欲吹毛求疵,外务衙门虽不无有可訾议之处,然统前后观之,亦可见吾英外部与各国交涉,实能坚保本国利权并无受亏处也。其所办之事能妥善若此,其任外部也可知职位相称矣。设以沙侯办理之当,亦无逾于此,未必可驾而上之也。外部衙门中才识充裕者固不一其人,而尤以蓝君之办事为认真,其胜人处真无可加之者矣。当履任之初外间议之者颇甚,当南非洲战事不得平之初,均谓办理不善是彼之罪。议者尤以子爵和尔斯利为甚。蓝君据理与辨,于是外界公论始皆云战事之不善乃兵部之过,与其不涉矣。蓝皮书中所论各事,与本国最相关者乃满洲密约一节,即此事以论俄外部兰姆斯道孚伯爵外交之才,不及吾蓝君远矣!英俄外部交涉此事时,中俄密约约文已全为蓝君所得,蓝君则伪作不知,遂使俄人无从捉摸。厥后,俄外部复英外部文云,中俄密约不过暂时,并非久远。吾俄亦不能因此约章即有管理满洲之权云云。然吾外部既已全知此项约文,则亦明知其说之不实矣。故特命驻俄英使向之力辨,甚至与俄外部反颜,遂至人人尽知,卒使俄人无词可辨,乃将密约收回作为罢论。(译八月初八日《字林西报》)

△ 俄廷布告文件

去年正月二十二日,俄外部以改定条约十一款交我使臣杨儒,限两礼拜画押。杨据情电奏,旋以东南疆臣电阻,此约中辍。俄廷遂于二月十八日发出布告文件,刊登官报。兹由友人译示全文,因录登之。今东三省事尚未了,勿视为已过之事也。至其言之是非虚实,阅者必能辨之。

自去岁中国乱起,人人惊惶,经各国商妥办法,俾中国一切早得复旧。惟中俄乃连界之邦,自有专办之事,非不愿公同办理。但有时亦须变通,免伤自己利益。俄国政府已将中国事看法及其一定意旨,明告国中,通饬各使。俄国因系邻邦,去岁六月十一号曾经声明,俄兵到华非与中国为难,系助邻国剿匪。去岁六月三号通行之文,由各驻使知照各国,即本此意。嗣各国水师统领会商,拟将北京或天津全城屠毁。俄国当于六月十五号发给本国阿提督训条,不准与议,致生枝节。该提督奉谕当向中国官民声明，俄并无与中国开战之意。大沽、天津、黑龙江、满州等处肇事，均系乱匪所为。俄国竭力办理，只为助剿匪乱，以保中国利益。凡此皆所以尽其邻友之谊者也。查边界安分俄民所居之处，无故被攻，中国亦知担承甚重，曾向俄解释，并无与俄为难之意。中国皇帝去岁六月二十号致俄皇电中，仍言二百余年邻好，请我皇帝设法相助，为各国先。时俄国办法已在第一次通行文内声明，其要有二：一、救护使署人员及俄国商民，以免被害；二、帮助中国剿匪，迅速平定地方。嗣各国亦本此意，派兵赴华。时俄廷拟定办法四条：一、各国须合力办理；二、仍存中国政府旧日制度；三、禁阻一切瓜分中国之举；四、公回复立中国政府，俾任平定地方之事。各国大半谓然。

△俄廷布告文件　续昨稿

维时各国在津兵数已众，故以选择统帅为先。各国彼此商议，德皇即电致俄皇及各国政府，拟请派将军瓦尔德来司为各国统帅。俄皇因欲东方之事早了，当复称允，从所拟之人，亦无阻碍。一面饬驻使知照各国，如遇用兵，俄军可与各军并归瓦帅统带，固不欲改变与法及各国商定之大旨也。幸事机顺手。德帅未到以前，俄提督电乃威郿与各国统领商定进兵，救出使署人员，扑灭都中乱匪。俄廷复于八月十二号通行声明之文，仍遵商定大旨办理，惟直隶变乱及俄国东界华匪滋扰情事，恐须暂占牛庄，俾向满洲进兵。如各国及中国办法不相阻挠，一俟地方平定，可保修筑铁路、当即退兵等情宣布，以免误会。一面知照各国，谓北京被困之使署、商民，均已保全。第一要事已经办到，此后但须帮助中国平定地方。现因中国皇太后、皇帝、总署均不在京，使署在京亦无归束。俄廷意欲将使署暨俄国兵队撤至天津等情，以符俄廷屡次声明不出应办事件外之宗旨。各国颇有不以此为然者，谓联军离京，华人必视为胆怯，亦有谓俄国此举系欲不归合办者，嗣各国欲逼中国两宫回京，俄国不愿与闻。各国之疑益

531

甚。俄廷因饬驻使向各国解说,以释群疑。

△ 俄廷布告文件　再续前稿

略谓各国所办之事,与俄国在东方应尽之职大不相同。俄国于此次变乱有应办之事,各国不代为计及,殊属不解。凡事关公共利益,俄不愿违合办之约。若事不与俄相干,似不必会同办理。中俄数百年邻好,从未开战,故俄兵至京,止为救护使署、商民人等,事毕即退。若与中国开议之际,会同联军占据北京,殊未符俄预先声明本意。且中国政府暨两宫总须联军撤退,方能回京。中国数千年成局及政府权势如有伤损,恐为祸非浅。四百兆人众之国中,恐难安稳立足。联军占据北京不能久长,亦复何用?即久居,亦终有去日,华人视之为惧怯如故也。夫华人议论要视各国办法如何耳。俄国撤去使署,俄兵初非以此强诸各国,不过将俄国办法告知:一听各国斟酌,想各人所择办法不同,亦不致遂伤各国商定之大旨等语。嗣俄兵复知照各国,谓一俟中国合例政府派有与各国议事全权大臣,俄廷与各国商定后,必派全权前赴会议之处。未几,庆王、李相派全权大臣便宜行事,到京与各公使议事。俄使遂奉俄皇谕由津赴京,以便会同各公使与中国全权大臣开议。俄廷先于去岁八月间,即饬各驻使与各国政府互换看法,曾□①中国之事须有分别。一曰关一国自己利益之事;一曰关各国公共利益之事。各国公共利益可在北京商议,其要不外数端:一、按照极妥办法修复中外交涉,所□成约,应令中国合例政府承认。二、各国公使联衔公文所议各节,亦令中国政府用公文回复。三、公同所请各节,应由各国公使拟稿,指明各节办法,用该公使等之意最相宜者,俾保将来中国政府不至违背成约。此条办法之内,有用者系各国商定禁止军火运赴中国,又勒令中国政府明定招引乱匪罪名,以保异日内地平安。四、凡各国政府、公司、商民此次

---

① 原剪报缺字。下同。——编者

所受实在损失，均应赔偿，惟须酌量减轻，以免中国无力赔补等语。法国即本此意，拟订议程节目六条，经各国商允。一、惩罪，二、禁止军火，三、赔偿，四、使署护兵，五、拆毁大沽炮台，六、沿途设立兵卡。同时又议定向中国所请各节，由各国公使会衔行知中国。

  △ 俄廷布告文件　四续前稿

  嗣各公使均奉到政府训条，于去岁十月间会议，按照以上六条商定公文。当会商之时，又有几国公使交出条拟，因此将初次议定者复加更改，致将开议时日耽延甚久。续交条拟内有德国拟在德使被害之处立碑，并派员赴德道歉；洋人坟墓被掘之处，亦须立碑等条。俄国不愿有伤公同办事之意，尤将大矩载入公文，一面饬俄使知照各使，谓凡有所谓必须中国力能办到之事，是为至要。公文中若用不能更改字样，倘小节之中不关各国利益，中国不允，各国必须用兵，徒增糜费。嗣日本今亦因使署书记官被害，请派员赴日本道歉，俄廷并未阻止，不过谓此系关一国之事，不应归入公文。缘公文系关公共利益，并令中国一切复旧也。至德倡议欲公同办理逼两宫回京一节，曾饬俄使宣布俄廷之意，谓此事宜和平办理，不可动兵，方为有益。如用兵力逼勒，恐中国全国从此更加怀恨等语，因之不愿与闻。俄使惟欲中国之事速结，以保大局。故于续请各节与中国不甚为难者，不加拦阻，因将停考试、改觐见、变总署，载入公文之内。公文拟稿商议良久乃定。经各使签押，于去岁十二月十一号送交中国政府。嗣于十八号中国全权大臣等，将所奉电旨送交各公使，内开"庆亲王奕劻、大学士李鸿章电奏览悉。所议十二条着全数允从照办。钦此"。

  △ 俄廷布告文件　五续前稿

  同时庆王、李相致各公使订定会议日期，以便讲解公文各款。本年正月初间，中外全权大臣开议，会商各款办法。嗣因惩罪一节，各公使意见不同。初俄廷察看情形，意欲以重罪替换死罪，预饬使臣不但会商死罪不准与议，即将来议及亲王等罪名亦不准赞一词。中外全权大臣会商公文所请各款，至今尚未议结。凡此皆此次中国事之始末情节也。俄廷以各国与中国事件尚未议结之际，审度情形，可将中国与俄国连界八千余俄里之各省地面之事，与公约同时分办。因本此旨，由俄武员与东三省将军议订暂章，归复满洲吏治。嗣又细思，中国匪乱时颇震动，扰我边省平民，损我东省铁路，与我利益大有关碍。遂分别径向中国商议，俾可退兵及杜后患，以保地方安静。原订暂时办法不意此旨，转招众怨，与我为难，殊为可恨。外国各报谣传纷纷，并捏造保护满洲约款，甚至各种假造之词议论中俄拟订之约，无所不有。其实，此约乃俄廷声明交还中国满洲地方之开章第一议也。惟撤兵应有限期，必须两国先将满洲撤兵办法彼此订明，方可办理。现各国既因此约与中国大相为难，俄廷虽意欲次第撤退满洲俄兵，不克立即办理，故该处全行交还中国一节，应俟中国事定，京都立定自主政府，力量稍强，保不至再有去岁之患，方可再提。至满洲目下暂时办法，俄廷仍不改其屡次声明宗旨，已保边界而静候时机而已。

右俄廷布告文件，为去年二月因各国阻止暂缓立约之张本。其间措词多有粉饰，然所谓"该处全行交还中国一节，应俟中国事定，京都立定自主政府，力量稍强，保不致有去岁之患"者，此其时矣。胡占不肯撤兵，且多要索权利也！玩其"保边界而静候时机"一语，吾能勿深惧哉？

——译者附志

工 艺 局 厂

△ 上海请设劝工所　　上海道袁树勋禀苏抚，请设劝工所。

△ 山西省农工局

山西农工局于九月十九日开办，岑中丞拟请日本农工教师。

△ 杭州利用磨麦公司

杭州利用磨麦厂现已开办，每日可出面五千磅，价较土磨面粉尤廉。

△脚踏小轮（应入制造新器）

奉化蒋信福创制脚踏小轮，每句钟能行一二十里。上禀准专利二十年。

△重庆煤油公司

重庆煤油公司与英商立德乐合夥。

△北京工艺局　　黄慎之禀在北京创设工艺局。章程另粘。

△日本漆器

日本漆器精益求精，能分色十余种。闻所用颜料多与油相杂，油内添白香胶四分之一，又添松香油，使其色稀，方能匀抹。其色间有用水和颜料。若遇底以金为之，则色尤美丽，远眺有浮凸形。如和以水，应加鱼胶，合米汤或冰糖，即以此画作花纹，则色款雅致而价亦廉。（廿七年《新闻报》）

△北京纸烟公司

徽人何隆简号敬亭，商于南洋各埠。心知纸烟一物行销甚广，利权外溢。因筹资本三万金，在京师设立纸烟公司于后孙公园温姓房屋，聘沪工四名在新加坡置办机器。业奉商务大臣给予专利，告示大约九月可以出货。（廿七年八月《胶报》）

△工艺局缘起

北京工艺局本系议和随员黄太守中慧条陈（即慎之学士公子）上之庆邸，极蒙赞赏。惟官款无以筹措，而游民众多，势难久待，先由黄学士筹款试办。三月以来，成效大著。今议全招商股，以期事归一律。局中现有仿造纸烟及造纸机器。入股者极踊跃。（廿七年《胶报》）

△日本拟设制钢所

日本拟设制钢所一处，其经费系以中国赔款一百九十万及甲午战时所得战舰偿金三百三十七万元为之。

△ 汉阳铁政产额

汉阳铁政局所制铁,每年约六万吨,一半供本地需用,一半输出海外。(《商务报》)

△ 汉口造砖厂

汉口钢药厂左近,又设制造红砖厂一所,每日出砖十万块。(《同文沪报》)

礼　　仪

△ 日储完姻

此次日储完姻,一切典礼均用日本古制。新郎新妇所穿衣服亦古式。新妇所戴簪钗悉银底镀金。其木梳系用上好玳瑁所制,上亦满镀赤金。手持一扇长十二寸,上缀排须,与日本皇后所用之扇相同。(廿七年日本西报)

△ 英皇后女冠　　英皇谕令为皇后亚历山大氏专备女冠一顶,为明年加冕时之用。(十一月《新闻报》)

△ 觐见礼仪述要

议和条款第十九内,所载驻华各国公使觐见皇上仪注数则录下:一、皇上召见各国公使或各国专使,定于乾清宫内召见。二、各国公使往见皇上时,乘坐大轿,直至正阳门前下轿。然后换乘椅轿,至乾清宫石台下轿,复步行入乾清宫参见皇上。各公使回时亦照此。三、设有一国派有专使带同本国皇帝国书,晋呈中国皇上时,皇上须遣一专员至该专使寓所迎接,并备一黄轿,舁入宫内。轿如亲王所用,其回时亦照此。另派禁军一队,沿途护送往返。四、公使带同国书晋呈皇上时,须开正门延入,回时亦然。五、各使所呈之国书,须有皇上躬自承接。六、每值赐宴,其筵席当设在宫殿上,中国皇上并亲临筵席。

按此系从西文译出,当俟查得原文,再行照录。

△德赠十字架宝星　　德皇赠醇亲王红鹰十字架宝星一座。（路透社）

△浙抚赏英领宝星　　浙抚任道镕奏,驻宁英领事务谨顺请赏给二等第三宝星。奉旨"著照所请,外部知道。钦此。"外部议后,查臣部前准英国使臣萨道义照称,英国人员领受他国赐赍,仅有三项:一系遣赴他国庆吊之专使,一系驻扎他国、任满回国之水陆军务参赞,一系凡在他国境内或在驻英他国使馆,当其出力之时未受本国俸禄之人员。以上三项非在其内者,均不得领受等因。是以上年醇亲王载沣请给英员布力等宝星,本年仓场侍郎荣庆等请给英员宝朗宝星,均据该使覆称"未便领受"。此次事同一律,自应毋庸给领。拟请嗣后如有英国人员为中国出力,不在该国准受宝星之例内者,或另行酬谢,以奖其劳,均毋庸奏请,赏给宝星,以重礼制。（廿八年十一月外部奏）

矿　　学

△海草含碘

海水含碘最少,然为生长海草之要物。海草无不有碘。

△磁土含磷养

可作磁器之胶土,即已变化之花钢石,故其中含有非耳司配耳。细督之,显出磷养甚多。

△气与气无化合之力

气与气相并,绝无化合之力。指淡、养①两气而言。

△炭养二消化于水

炭养二能消化于水中。

△白矾原质

---

① 现通译氮、氧。以下炭,现通译碳。——编者

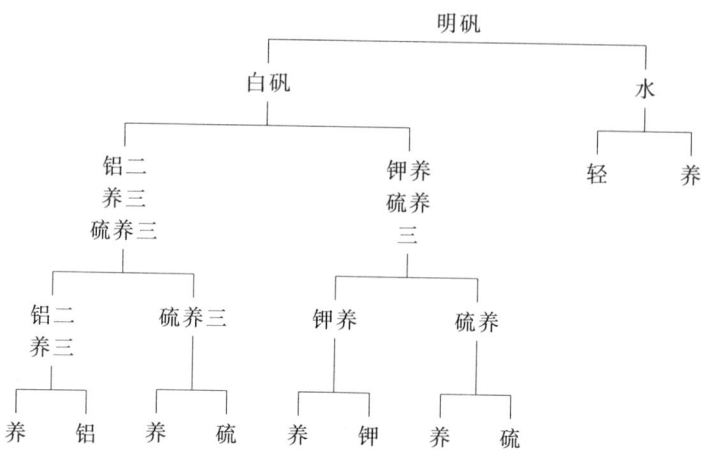

△ 糖之原质

糖为炭、轻、养三质所成。其轻、养之分数,正与成水之轻、养等。顾不同炭与水合,而同炭与轻养,此其故。因糖之化合,乃直从炭、轻、养三质,非轻养先成为水,后与炭合而为糖也。故谓之三合质。

△ 制蔗糖法

制蔗糖之法,初榨出时即煮之,愈速愈妙。将煮之沸度时,遂加入少许钙养粉(即散石灰)。因其中有小分自然酸质,至其料制成时,常大有妨碍。故和之以钙养粉,令彼得中立性。依此制法,便能成雪片形之定质。糖制成后,可用一弯管或别器,将所成之糖料运于浅锅中,以化去其水渍,至冷而硬,即成定质矣。若制糖者欲凝其不能凝结之糖,加热过度,必致浑浊而色暗,可将糖化于水内,和以蛋白,加热至沸,至蛋白凝结而取出之,不洁物随之而去。又有一法,令糖由动物灰中虑过。因动物灰最能收生物颜色料也。最妙之法,用金类锅将糖料放入,更用大力机器抽去空气。用此法以减其流质上之气压力,其沸界可减至法伦海表可五十度,而诸弊悉免。

△小粉碘成蓝色

小粉与碘相合,则能成一蓝色颜料。(糖及小粉与钙、养及铅、养相合亦如之。俟考。)

△木灰多钾养

木灰中碱类质多属钾养、炭养二。

物产进出口货

△(光绪)廿六年夏季(进出口金银)

进口金值关平银二百六十二万〇八百八十一两;

出口金值关平银四百万〇〇四千六百九十八两;

进口银一千二百〇六万七千八百九十五两;

出口银一千〇八十万〇六千三百八十九两;

漠河一处出金每年在十万两内外。

△福州购西贡米

福州华官以收成不丰,向驻闽法领事商请代购西贡米四万担。西贡购米之路一通,将有福建米粮设有不足之处,不必赖江鄂两省矣。(廿七年《中外日报》)

△中国输日本蛋税

中国输至日本之鸡蛋,其税金某年有一百二十万圆之谱。业是者忧之,请两议院减税。(《大阪每日新闻》)

由华运日之鸡蛋,核计每年须日洋十二万元。养牲家请议院加重其税。(按此与前条必当有误处。)

△华骡出口

近来中国骡行销印度者颇多。据西人言,不亚欧洲之产。

△台岛宜烟草(宜入农事类)

台湾气候宜烟草。日人贺田金三郎于台东地方试种甚利,因之农学士芳贺宠太郎帮同贺田君专种烟草。

539

△ 福建脑务（此条入山林）

福建龙岩州之德化、大田两县，产樟树极夥。大田为最，德化次之。（《新闻报》）

台绅林朝栋领办福建全省脑务，缴洋四千元押柜。又先在厦门设一总公司，俟有成效，再行分设。

△ 粤米准出洋

广东香山增城所产丝苗、银粘等米，质细价昂，向来运至外洋旧金山等处，售与华商。光绪廿六年三月，李鸿章奉奏准商人领照承运，每石抽出口经费一元，仍照前督张之洞奏案，每年以五十万石为额。六月间奉谕禁止贩米出洋，遂停办。现陶模又奏请援案办理。出口经费由九龙、拱北两关代收。以一半留备积谷，一半充济饷需，每年仍以五十万石为限；遇有荒歉，遂止禁止。奉旨允行。（廿七年奏案）

△ 粤米出口不止五十万石

五月初间纽约报言，英政府行文各国，绝不允中国再加进口洋药税及出口米税，其余尚可略加。查出口米石只有广东一处，如果系五十万石，接济华民旅食，外人何必鳃鳃过虑？是每年出米数百万石之多，确有把握。（广东米捐章程）

△ 鸦片出款

一千八百九十六年西人算中国进口鸦片，约值银一百二十兆佛郎，合英洋四千七八百万元。自种鸦片大约二倍其数。（《汇报》）

△ 波斯枣

波斯出枣，每年约二十五万吨。由俾路芝西南边北循波斯澳，直达地斯物尔港，共有一百五十英里之遥。（又）

△ 白沙肋地枣

波斯枣尚不如白沙肋地所出之美。因亚拉伯与土耳其人勤于栽植，胜于波斯人也。（又）

△进口火油出口各种油

进口火油每年三百五十兆升,出口油一万余吨。牛羊等油七千五百吨。子(籽)实约一万六千五百吨。(一千八百九十五年,又)

△各种油分

椰子百分中出油七十五分。胡桃五十分,胡麻四十八分,蓖麻四十六分,花生四十三分,罂粟四十分,葵三十二分,棉花十九分。橄榄压成油为油中极品。(又)

△貔貅

貔貅色白,乃豹属,产辽东。西国无此兽。(又)

△鸦片产额

中国自产鸦片:四川每年约十二万担,云南八万,贵州四万,浙江一万四千,江苏一万,吉林六千,安徽二千,福建二千;甘肃、陕西、山西、山东、河南、直隶共六万。总计三十三万四千担。

△洋药进口数

外洋入口鸦片每年约六万担。

△嗼啡

鸦片之质最繁,内有强水三种,粘质八种,别质二十一种,共卅二种。最要之质名嗼啡。鸦片百分中含嗼啡十二分。

有人化分嗼啡内具炭十七,轻十九,淡养三。

△川茶运印

四川砖茶由西藏运往印度南境之赉埠者,其数甚多。一千九百一年春季所运计值二万五千卢比,其售与藏人者尤为繁多。(英商部日报)

△樟脑总数

上年地球各处所出樟脑共五百万斤。内四百五十万斤皆台湾及日本内地各处所产。中国南方虽有樟树,所产究不如日本之佳。

△哈尔滨油

哈尔滨油用罂粟子制成,沥以石灰,色颇鲜美,贩自哈尔滨,故

541

名。食之,易生咳症。

△ 晋省地毯

晋省所出地毯,工坚料实,西人购者极多。据云胜于西国所制。

△ 德州新式草帽

津商吴金印在德州收买用藤草编成西式帽,股本二十万。该货为各洋商所赞美,已禀山东商务局予专利,年限每帽一件,不论粗细,印花税三分,每百件洋三元。经过关卡,一概免税云。

△ 冬月种谷法

谷即北方带壳小米。倘应种小麦时得雨过晚,麦不及种,可种冬谷,较麦仅晚熟二十余日。向来谷雨节种早谷,收麦后种晚谷。早谷熟在七月节,晚谷稍后。

冬至前一日,拣谷种入瓮,麻布扎口,掘土穴深四五尺,瓮倒置穴中,土封固。满十四日(自冬至前一日算起)取出,大寒日种入熟地。春透苗生,较常谷早熟一月。约五月底六月初即熟,盖受冬至子半元阳之气,虽种冰雪中亦生此。明末豫抚王子房荒岁诚祷,遇异人传授,试之而验。蔡忠襄抚山右,试之亦验,方载《畿亭全书》。畿亭,陈龙正先生也,理学名臣,《明史》有传。咸丰三年,河南太康县贡生李又哲试种亦验,非纸上兵谈也,愿见者勿疑。地多之户,如得此方,务即岁种一二亩,以便取信于乡人。咸丰七年,河南滑县有人于冬至日,如上法将谷种种入地中,立春得雨后苗生,五月底熟收,不减于常谷,蝗不及食。

户 政 屯 垦

△ 哪喊户口

哪喊政府查报国中户口,共二百二十万人。然则每方英里仅一千六百八十户而已。欧洲各国中人民最少者哪喊为首。(廿七年东报)

△ 蒙古荒田

蒙古哈喇勒坝一处,可开荒田二千四百余顷。三眼井地方又有荒田一区,计纵横八百余里,亦可招垦。(《大公报》)

△ 屯田数

各省额定屯田共二十五万余顷。每亩加报效银二分,即可得五十万两。(《江鄂变法报》)

△ 通海垦牧公司

通州吕四盐场,因盐法旧有放荒畜草、禁民开垦之例,故荒废之场占该场全境之半。海门小安场沙滩本系苏松、狼山两镇及民间于道咸年间招买之地。嗣因原户无力缴价,故亦荒废。

上两项荒地共一千数百顷。廿七年八月,江督刘奏已派经理通海商务张謇详查,集股试办垦牧公司。按照供应额盐草地外,宽留两倍有余,此外由公司陆续开垦。其小安场沙滩凡属两镇旧买之滩,除已改屯垦时围筑外,未筑之地均呈招无力,愿听公司筑堤,日后按两镇尚余银数缴价收地。民间原报而迄未缴价者,历届催丈罔应,并由即委各员查详,藩司注销,归入公司。(原奏)

△ 特古斯塔屯政

伊犁特古斯塔开办兵屯,前年拨练军两旗垦种。计第一、第二两旗,除营总、章京、笔帖式等无庸籽种外,共兵二百四十名,每名承种二十亩,每亩均给麦种一斗,种谷者给谷种一升五。合共地四千八百亩,给籽种三百三十七石余。今核计收成分数:第一旗收粗粮三千五百十石,第二旗二千五百〇七石,每兵实交细粮二十五石有奇。收成均在二十五分以上,由将军将粮运送惠远城存储。总理屯政大员锡伯、营总管色普西贤等督率催耕。(廿六年《汇报》)

△ 日京民族

日本东京居民一百卅万口。(《汇报》)

△ 养息牧租地

奉天养息牧地方,纵横各一百数十里,南界新民厅,北连蒙古境。计有征租地十九万八千余亩。(又)

△ 黄种人数

环球共十五万万人,中国、日本、印度占八万万,中国独占四万万。

△ 比国户口繁滋

比利时幅员狭小,不及三万法方里,人民六兆五十九万,每方里约二百廿四人。户口繁滋为天下冠。

△ 白尔的马户口

缅甸白尔的马一埠,人口已增至五万五百十二。(《叻报》)

△ 澳大利(亚)户口

澳大利亚各属户口近已考查实数,计有三百七十七万五千三百五十六名。

△ 俄国户口加增

俄国户口近日加增,而本年秋收较之前五年已减少百分之六,小民苦之。

△ 上海户籍

上海户籍不下六十万人,青年者占十之二三。此指中人而言。(《苏报》)

△ 锦州马厂垦荒

锦州有马场一处,方圆百余里,向作牧场。其地在大凌河西北岸,现在饬人领荒,每四百亩价银五百两。(《中外日报》)

△ 各省屯田数目

《会典》乾隆十八年册载:山东、山西、河南、江苏、安徽、江西、福建、浙江、湖北、湖南、陕西、甘肃、四川、广东、广西、云南十六省,凡屯田二十五万九千四百十六顷四十八亩有奇。每岁田租所入,以每亩一两计之,计银二十五兆九十四万一千六百四十八两有奇。(《新闻

报》论说）

△ **大凌河牧厂已开垦**

大凌河牧群分为三十有四，每群五百匹，共一万七千匹，久已有名无实。牧厂南北百余里，东西二百余里，增祺已批准某商纠集公司开垦，分上中下三等，每方四十响，每响六亩。上等缴库平六百两，中等五百两，下等四百两。除酌留一半资牧丁生计外，约可开垦二千数百方，得银为数十万两。

△ **旅顺华人口数**

最近旅顺人口表，华人约四万余。

△ **盛京将军要折汇录**

奴才增祺跪奏：为谨将丈放大凌河牧厂地亩章程缮单具陈恭折，仰祈圣鉴。事窃承准军机大臣字寄，光绪二十七年七月二十四日奉上谕："增祺奏奉省需款孔亟，拟将大凌河牧厂招垦收价，以裕饷糈一折，据称奉省兵燹之后，用项纷繁，奏请协拨，缓不济急。锦州大凌河牧厂一律招垦，可得银数十万两，目前急需，不无裨益。马匹变值及草豆节省，银两解供要差，亦可无误。请将牧群官丁改为经制官兵，一体交价，报领升科，将牧地准予弛禁等语。所奏尚属实在，情□□□。① 所请由该将军遴委妥员，详慎开办，并将未尽事宜酌定章程，奏明办理。将此谕令知之。钦此钦遵。"当即恭录，分咨查照，并遴委花翎候选知府李淦为总办，带同各员役前往设局丈放，察勘土地肥瘠，分别酌定荒价。旋据禀称：大凌河牧厂地段东西斜长约六七十里，南北约二三十里不等，其中膏腴沃壤固多，而滨海碱滩及硗确之地亦复不少。兹既一律丈放，自非量地之高下、定价之等差，不足以昭公允。现将该厂平地分为四等，山荒另分为三等。其附近牧厂私自展垦之地，均令从实报出，覆加勘丈，仍准原户按照土地交价报

---

① 原剪报此处有三字系墨团。——编者

领。至牧群官丁前折业经声明，于此次招垦地内准其一体交价报领，不愿承领者听其自便。通计该牧厂已丈地四十六七万亩之谱，其私垦熟地暨山荒尚不在内。现经丈放过半，收价已逾五十余万两，颇济目前之急，而招领者仍复接踵而至。惟承办各员当此蒦苻未靖之时，奔走于冰天雪地之中，勘办甚为妥速，不无劳勚足录，应俟拨放完竣，再为请旨择尤从优给予褒奖，以示鼓励。除牧丁改为制兵及马匹变价另行妥酌奏明办理并分咨查照外，谨将现定章程缮单恭呈御览，恳请饬部立案。谨此恭折具陈。伏乞皇太后、皇上圣鉴训示。谨奏。

奉朱批："该部知道，单并发。钦此。"

增祺片：再准会办商务大臣盛宣怀咨，据上海绅商分部郎中李厚祐等禀称：经营商业，足食为先。开浚地利，务农尤要。奉天为根本重地，办理商务宜先此入手。现值丈放大凌河牧厂荒地，请援照江南通海成案，设立分司，承领该处地亩。考辨土质，择购东西洋农务书器，讲求树艺，并拟开设货栈、机器磨房，以开风气而拓利源各等因。据该绅商候补同知孙德全携资到奉，禀请核办前来。奴才覆查，现当招垦各处荒地农政，实为切要之图。该绅商等所呈各节，既可以广收地利、安集贫民，且于筹济饷需不无裨益。当经饬令孙德全前往分局，酌量报领。兹据该局报称，该公司承领上中下地共十一万余亩，应交荒价已经照章陆续呈缴。其货栈、机器磨房，亦皆兴商便民之举，应准次第开办。谨此附片陈明，伏乞呈览。谨奏。

奉朱批："该部知道。钦此。"

△波罗洲新福州公司招工开垦章程

一、本公司由英属沙罗越国家领出平地一区，拟先拨出二万亩，招工一千人前往开垦。

一、工人愿往开垦者，其由闽到沙罗越盘川及初到沙罗越时六个月内伙食，皆由本公司先行筹垫。俟六个月后，工人将耕种、畜牧各物出售得款，先还伙食垫款，其盘川匀作五年缴还。

一、工人前往垦地,本公司视其力量勤惰,斟酌给地,多寡总以足敷工人耕种、畜牧之用为准。所耕田地系工人物业。

一、本公司所招工人以年在十八以上、四十以下者为合选;或年逾四十而仍壮健者,亦可分别选取。

一、工人如欲携带家眷者,本公司亦一律借给盘川、伙食。惟妇人须谙耕种、畜牧及他种女工者,方为合选。

一、开垦界内严禁赌博、吃食鸦片。工人有烟癖者,概不收录。

一、工人耕种、畜牧所获之物,抽取百分之十二分,储入部公所,为地方应该事宜之用。如请医生、修马路、开沟洫、点夜灯、港主所开支薪束之类。至后日公款渐充,再行开设中西学堂,以兴文教。

一、工人能自备资本前往开垦者,本公司给地足其所用,所产诸物百分抽六分。自备川资到港后,本公司借给伙食者,百分抽取十分,入部公所为办事公费。

一、开垦界内一切地方事,概归港主治理,惟案情重大者,则须上详沙罗越国家。

一、垦地以种粟为本。定例每年必须种粟一关,余可兼种各项杂物。

一、开垦界内本公司筹集钜款,设立商会一所,经营贸易。工人愿往经商者,尽可出资搭股,惟不得私行另开,以防斗价之弊。

一、开垦界内禁鸦片,禁赌博,无非为正俗起见。工人到港后各宜安分守己,不得故犯例禁。至工人欲往垦界之外,须由港主给凭,违者有罚,以防少年游荡之弊。

一、工人应招者须请妥人为担保立约。①

广东邓伯粹孝廉在南洋某岛开垦荒田,将向清远县招致农人前往布种。

---

① 本则以上为某报剪贴,以下两行系手录。——编者

△ 大凌河丈放牧厂章程
丈放大凌河牧厂地亩章程

一、酌定地价。查该牧厂地势北高南下，其近北者膏腴，近南者多咸卤。现定上地每亩收库平银二两一钱，中地每亩收库平银一两四钱，下地每亩收库平银七钱，最下如咸卤之地，每亩收库平银二钱六分。至于山荒地，非下衍且多零畸硗瘠，非有力者之所愿承领。其报领者半贫民，自非分别减价不足以广招徕，而示体恤。惟现将山荒亦分为三等，上等每亩收库平银二钱五分，中等每亩收库平银一钱七分，下等每亩收库平银八分四厘，务使地无弃土，藉以养育贫民，免致私相展占。

一、设局派员。查该处比东西流地段较小，自无须多设分局。现只在省城设立总局一处，派员兼办，以免糜费。于该处设立行局一处。因待款孔亟，不得不多派员弁，从速开办。所有行局总帮办以及各员弁、夫役，应支薪水束价、办公心红纸张一切杂费，另行开单，咨部立案。

一、酌留镇基。查东西流水丈放围荒，均预留城镇基址。该牧厂南滨大海，西北距锦州府城甚近。东北有大凌河，北有双围甸，西有杏山，皆集镇市易之所，间阎相望，自勿庸另留城基。其集镇只酌留一处，便可与各处联络。

一、私垦各地非止一年，现令从实报出，复加勘丈，仍准原户报领。按照上地每亩交库平银二两一钱，均请免追从前花利。倘敢隐匿、抗违不报，或以多报少，即行撤地另放，以剔宿弊，而昭核实。

一、绘造图册。查丈放地亩必须绘造图册，方有考查，免滋弊窦。现饬该局，均经按户绘造鱼鳞图册，将来以之稽征，可无隐漏，且可杜影射争讼之弊。

一、酌收办公经费。现当变乱之余，诸物昂贵，所有设局派员以及役食、车马、薪饷，繁费百端，拟援照东流水围荒收价章程，于各荒地正价之外统收取一成五厘。经费仍须核实,开支余悉归公。"

奉朱批:"览。钦此。"

△ 欧洲六大国增加丁口表

据法国有名之警察官别路知伦氏所调查,西历本年三月二十九号止,所有法国人口约三千八百六十万余。除大都府之外,于各县人口比之千八百九十六年所查定数尚少。惟先务县现有三千五百万人,比之千八百九十六年所查之三千四百九十一万一千人,虽稍见增加,然五年之间仅加三万九千人。如于巴里①左近虽见加二十九万三千人,一依大博览会之所影响而已。按之法国所有增加人口约三十三万人,想无非移住之民。比之于德国之五年而加四百万人者,实有霄壤之别耳!今记欧洲六大国最近五十年间所增加之人口如左:

	一八五〇年	一九〇〇年	增加
法国	三五三〇万	三八三〇万	三三〇万②
英国	二七四〇万	四一五〇万	一四一〇万
德国	三五四〇万	五六三〇万	二〇九〇万
奥匈	三〇七〇万	四五一〇万	一四四〇万
俄国	三六七〇万	一二八九〇万	六二二〇万
伊国③	二三六〇万	三二四〇万	八八〇万

于一千八百五十年法国在世界最大国民立位置,其人口与德国现今所有之人口,在于伯仲之间,迩来停滞不振。至于千八百九十九年,生育之过于死亡者,仅三万一千人,比之英国之四十二万二千人,德国之七十九万五千人,澳国之五十三万一千人,伊国之三十八万五千人,可以知其国运之隆衰矣!以上译东报。

---

① 即巴黎。——编者
② 原稿剪报数字如此,似误。同表俄国数字也有误。——编者
③ 当指意大利。——编者

△ 报纪中国人数因推论之①

今之谈时务者，咸知中国人民有四百兆，见于论说者已不可胜纪。虽约略言之，而大数想终无甚出入。惟有如许人民，每年生齿亦必有增无减。四百兆之说于今已数年矣。李提摩太君曾将中国人数列为图表，始自乾隆六年，即西历一千七百十一年，计一万四千三百四十万一千五百五十九人。增至道光二十二年，即西历一千八百四十二年，计四万一千四百八十八万六千九百九十四人。一百年中增至三倍。照算合数，迄今又五十余年，应增一万万余，当不止四百兆矣！不知粤匪扰乱蹂躏至十余省，窃据至十余年，其间人民之死伤不知凡几。肃清后休养生息垂二十余年，始有此四百兆之数。自此以后又当逐渐繁生矣。昨报纪俄国皇家地理公司在一千八百九十四年终，将中国户口约纪：福建二十五兆二十三万五千一百八十四人，河南二十一兆零九千九百七十七人，湖南二十二兆十万零六百四十八人，湖北三十四兆三十三万九千五百二十四人，云南六兆二十一万四千一百五十人，甘肃九兆七十五万零六百四十五人，江苏二十四兆五十九万八千九百十五人，江西二十一兆九十七万四千零九百十二人，安徽三十五兆八十一万人，广东二十九兆八十五万二千一百十二人，贵州四兆八十四万零九百十二人，广西八兆五十二万七千三百七十八人，山西四十一兆五万零七百六十四人，山东三十七兆四十三万七千六百七十二人，陕西八兆四十七万三千零四十五人，四川七十九兆四十九万三千零五十八人，浙江十一兆八十四万二千五百六十五人，直隶二十九兆四十万人，新疆一兆廿八万六千五百八十四人。总计四百二十三兆十五万七千三百人，与一千八百九十三年已增一兆五十万人。又吉林六十二万六千二百三十二人，盛京四兆七十二万四千五百七十四人，黑龙江四十万人。此系满洲人数，共有五兆七十五

---

① 此篇为剪报粘贴，未标报名。——编者

万零九百零六人,比之往时,数已大减。当一千八百九十三年即光绪十九年,有七兆五十万人。其减少之故,一因中日之役满人多有迁避别处者;二因一千八百九十三年与九十四二年中,有饥荒饿死者,并有就食别处者;或因一千八百九十三年核算有误。以此观之,则中国现在人数将四百三十兆人。不知西人何以如此详细?中国各处本有烟户人丁之册,似亦不难合算,惟洋人之能逐一合算,其亦查取烟民册而知之乎?抑逐一细查而知之乎?说者谓,洋人安能查取中国烟户之册,亦未必能按户细查。惟举一隅合算,类推而得之耳!若外洋各国,则固确有实数也。然洋人于核算之法不遗余力,虽属类推,亦十不离九。此洋人之核实,终胜于中国之模棱也。窃意中国现在事事欲想思步武西法,宜即从"核实"二字做起。即如人数,虽若无关紧要,然揆之圣人式负版之意,民数固不可不重。民盛则国盛,民衰国衰。民数之增亦国家之福也。中国本有保甲门牌,自乡至邑,自邑至郡,无不可以稽查。每年详查造册,则可知实在人数若干,男女若干,汇造之后登之报章,俾中国之人咸知人数之盛衰,不必拾西人之谈屑以为典据也。除人数之外,当核实总算者尚多,有逐年增减,有数年增减者,有不增不减者,惜无人起而任之,一听外人为越俎之谋,抑亦中国之憾、中国之耻也。是所望有留心时务者。

△ 山西荒地(此照奏报之数)①

山西全境未垦荒地,廿四年春季截止,实在未垦者一万一千一百七十顷六十七亩三分〇二厘九丝三毫五微。

△ 岑春煊请开晋边蒙地折摘要

二十七年四月廿七日,晋抚岑春煊具奏开垦蒙地,其大略云:俄势日强,蒙古日弱。同治九年,前库伦大臣张廷岳有"蒙兵不足恃"之奏;光绪六年,前司经局洗马驻局有练蒙兵之奏;十一(年),查办土默

---

① 此条以后至"本省要件"前各条,为先生手录。——编者

特争地大臣绍祺有"蒙古有租乃能练兵"之奏；十二年，前伊犁钦议大臣长庚有"缠金屯田"之奏。论列粗具，未见施行。此无他，边臣知蒙兵宜练而苦于无饷。蒙长欲自练其兵，而苦于无力。是则欲练蒙兵，非筹练费不可；欲筹练费，非开蒙地不可。今蒙地接晋边者，东为察哈尔右翼四旗，西为伊克昭、乌兰察布二盟十三旗。田土饶沃，水草丰衍，乌拉特、鄂尔多斯两部依阻大河，形势雄盛，灌溉之利，甲于天下。考之案牍，准噶尔有招垦救灾之案，达拉特有兴屯收租之议。是蒙之便于开地可知。绍祺奏土达二部争地租可至十万。前抚臣刚毅奏：后套缠金，咸丰年曾收租十万。是租之足以练兵可知。拟请特简大员总理蒙部屯垦事宜，驻扎晋边，以专责任。至开垦条目，如分办法、定业田、建屯堡、驻文员、一事权、筹经费、除禁令、联藩属各条云云。

分办法　察哈尔四旗地隶都统，无盟所，此蒙旗之同郡县者。西二盟十三旗地隶各扎萨克，有盟所，此蒙旗之同封建者。今议察界应循历届放地成案办理。西二盟应循向来租地旧章办理。放地者给部照收押，荒价归公支，租地者收永租，价给各盟。文凭归蒙部支用，岁收租粮，视地土肥瘠分别征收。又请于各旗设招垦局，凡领地承种者，必得商业殷实、素有身家，或即招西商著名汇号集股，请票银万两为一股，田百顷为一票。察地有部照，乃给地。西二盟有各盟文凭，乃给地。西二盟租应照丰宁办法，由官督且征解蒙部支用。

定业田　西二盟地请仿照《黑龙江开垦通肯荒地章程》给官兵职田成案。视各旗新开顷亩数，给各盟长以下至兵丁业田。每旗丁给田三顷，领催而上。若骁骑校佐参领，若协理台吉，若扎萨克，若盟长，各以次加倍。租银所入，四成充练饷，二成充台站及各项公用，余四成给私用。每项另征本色二仓石，以给食米。有世爵者，别给业田。计蒙部百五十丁，置一佐领。乌兰察布盟三部六旗，地千余里，六十二佐领；伊克昭盟一部七旗，地延袤三四千里，佐领三百余。丁多地多，丁少地少。以田足以分之证也。察地仿此。

建屯堡　西二盟在汉为九原、朔方、西河三郡；唐为天德、静难二军安师德韩、重华屯田，故迹犹可考见。请将色头以西分驻防营，各拨五成勇丁为屯丁。而于附近分防之地，各给田万亩为营田。西二盟平沙无垠，少险可扼，马贼肆扰，防捕皆难。应自色头而西通宁灵孔道，若缠金、若大佘大、若天吉太、若乌拉河之向有村落而为防勇巡驻者，各间三四十里筑一堡，环土为垒，有商业、有眷户者居之。俟屯务大兴，再筑城垣。河套水利，今古艳称，宜藉勇力，修治废渠。

驻文员　西二盟宗民词讼，近北者向隶归化厅，近西者隶萨、托二厅，近南者分隶山陕边县。今陕晋二省如凤邠道则监司之清问者，如陕之神木、定边二同知，晋之太汾五同知，平阳三通判，则丞佐之冗散者、可移改者不知凡几。查奉天吉林昌图、长春二府，一置于科尔沁左翼达军王旗，一置于郭尔罗斯，借地设官，自有成案。

一事权　晋边蒙地辽阔，东临苏尼特，西接阿拉善，北通三音诺颜、扎萨克、土谢图、车臣四部，迢制于山陕甘。督抚则威难及，分任各盟长则力不专。查绥远将军统辖各盟，权势极重，所颁文札蒙部奉行，惟谨现议开地练兵，事关重大，请钦派大员同绥远将军，就近会商办理。

筹经费　地租向归蒙古，西盟不收押荒，此不必议者也。光绪十二年，前抚刚有于租价外酌加二成之奏，此可行于西盟者。奉吉招荒，光绪九年已仿办于丰宁，此可行于桑界者。西盟二成地，粮以十万顷计，岁可四五万。察界招荒以二万顷计，一次可至二十万。西盟之可税者曰墧产，杭锦旗曰盐产，扎萨克旗曰罂粟，套内外皆有之此可收厘者。呼兰东沟本寒苦之域，自招垦后厘税之丰，粮赋之钜至数十万。西盟地大于呼兰东沟数倍。

除禁令　定例有民人私垦蒙地之禁，有租种五年限满退地之案，盖恐以耕碍牧。十一年前都统绍祺有"蒙古生计在耕不在牧"之奏。往岁奉天东沟、吉林南冈、黑龙江呼兰均为禁地，今皆设治征粮，近必延茂。奏办黑龙江省屯垦，依克唐阿奏开奉天围牧界，悉奉准行。此成法之可变通者。

联藩属　蒙旗向无升转京旗之例。今议参领以上台吉，扎萨克有讲求戎备、骁健过人者，恳记名以京旗副都统用。理藩院有外藩侍郎应每旗设译生额二名，有粗通文理、堪资造就者咨送赴京，以理藩院笔帖式用，并请降旨示各盟长札萨克开地练兵，实为蒙古力图富强。应得之租由新设地方官征收，交蒙部支用云云。

此折奉旨留中。

△（岑春煊）又奏一折

（光绪）廿七年十一月二十六日，又奏"筹议晋省兴利，必以开垦蒙地为先"一折。

晋边西北乌兰察布、伊克昭二盟蒙古十三旗，地土广衍。伊克昭之鄂尔多斯各旗，物产饶沃，即受降城故地，以各旗幅员计之，广袤不下三四千里，若垦十分之三四，当可得田亩十万顷。二十五年前黑龙江建军恩泽奏请放札赉特旗荒地，计荒价一半可得银四五十万两。今以鄂尔多斯近晋各旗论之，即放一半，亦得三四倍荒价之数。

现准绥远城将军信恪咨奏，"结鄂尔多斯部托克等旗教案议赔款项，蒙旗多以无银，措交租地抵折，尤堪怜悯"云云。

△附片议垦丰宁二厅与察哈尔毗连蒙地一折

查晋边丰镇、宁远二厅，与察哈尔右翼四旗毗连。自光绪十年办理押荒后，蒙古私放汉民私租，胶葛日甚。前抚胡奏请派员查明，分别已垦未垦，办理押荒，以清界限。奏准在案。嗣因拳变中止。现该两厅查办教案，动涉蒙地，前准察哈尔都统奎顺咨以租地民人垦请勘办招荒升科。惟查察哈尔各系郡县之蒙古，该蒙员习气素深，向视租价之多寡有无为地之予夺，且有并非租款亦敢收受者。臣以为察哈尔蒙古向归都统主持，无盟长札萨克之牵制，拟请饬该都统查明所辖蒙地，未垦者一律招种，已垦者赶办升科，并酌给官员、兵丁随缺地亩。否则名为禁垦，实则滋民教之讼争，便蒙员之贪索，利土棍之把持云云。

△ 贻岑会奏办法

（光绪）廿八年三月廿九日，会奏勘办大概情形：查各旗附晋边者，在丰镇厅之西北为四子部落旗；归化厅之北及西北为喀尔喀右翼旗、茂明安旗；萨拉齐厅之西北为乌拉特三公各旗。此乌兰察布盟六旗皆与晋边相近，其伊克昭之鄂尔多斯各翼近晋地方，遇蒙汉争讼时就理于晋边厅县，远者直接陕甘。前抚胡查明乌兰特各旗之山湖湾、缠金乌拉河一带，有可垦之地约二十一段，水旱各地约二十万顷。现归绥道恩铭禀，亦以山湖湾地为最肥美，缘大河自杭锦旗之北分为南北，中间交互回注，枝渠极多。至萨厅之西始合为一，数百里间极易开渠，足资灌溉。臣等即从近晋之乌拉各旗入手。

晋省丰、宁两厅前次兴办押荒一万余顷，用委员五六十人；土默特六成升科之地止数千顷，用委员二三十人。此次应用人员必更增多。经费一项拟照奉天办荒成案，于荒价外另征二成，以资办公。每亩收押荒若干，俟勘后酌申定价。押荒所入以一半归公家，一半归蒙部。

垦熟之地系由蒙旗旧放。该地户多已出让给予蒙旗，未便与新放之地一律收价，俟届时分别生熟另定。押荒常年地租应照奉、吉成案，归蒙部征收。今用款繁多，蒙旗理应报效，且佃户皆汉民，应照前抚奏案，于蒙古地租另收数成，作为按租捐输供晋省，兴办一切及蒙地设官添兵之用。

△ 鄂尔多斯七旗名称

查乌兰察布盟六旗，官书皆有一定旗名。伊克昭盟属之鄂尔多斯七旗，官书皆分左翼中、前、后，右翼中、前、后，前末七旗。其实，各该旗均有专名。如鄂尔多斯左翼后旗，即达拉特旗；左翼前旗，即准噶尔旗之类。以《通志》诸书考之，杭锦旗当为右翼后旗，王爱旗当为左翼中旗。前绥远将咨已结教案原奏，又有鄂托克、乌审两旗，是否即系右翼中、前两旗？俟待考。

△ 丰宁垦居存款

丰宁垦务局原存押荒银一万八百五十二两二钱七分壹厘伍毫，

现贴大臣提用六千两,又拨办差经费四百〇捌两。

△ 垦务公司

在籍绅士直隶试用知府曹润堂、候选教谕武洋,禀请创设垦务公司。自筹股本六万两,又由山西商务局剩存项下拨给官本六万两,计官商各半。查西盟达拉特旗曾因教案,以地租抵偿赔款十七万两。教士欲得现资,该旗亦欲地仍归晋,拟即由公司赎回放垦。

又拟扩充办法:西路各蒙旗及八旗牧厂在包头镇东路两翼各旗,在张家口地方各设立垦务局,招集股份。

△ 正黄旗牛羊群界址

察哈尔左翼旗地与直隶相近,由张多独三厅升科。右翼与山西相近,由丰、宁二厅升科。惟其间有正黄旗牛羊群地毗连交错,迄未划清。直地愿地归直,晋民愿地归晋。查该地原非直境,亦非晋疆,只以开垦多系汉民,理讼征粮不能无所附隶。贻大臣奏请查勘界地,归直归晋,永远划清,云云。(原奏)

△ 丰宁押荒局已改(欠收银两)

丰宁押荒局于(光绪)二十八年五月起,改为督办丰宁垦务局。欠收押荒银二万二千三百八十六两二钱五分。

△ 贻大臣简放日期

廿七年十一月廿六日上谕:派贻谷赴晋边督办垦务。

△ 土默特六成地租成案

十四年三月刚毅奏:土默特、达拉特两旗互争界址,蒙钦派察哈尔都统祺前往查办。当经勘明酌议,奏请自现流黄河以北、乾濠以南,按照里数,以迄北六成之地归土默特,迤南四成归达拉特,并请将断归土默特六成地征租练兵押荒银两,作为购置马匹军械之需。六成地亩周围百余里约数千顷,地租岁入四千余金。

△ 江西屯租

江西省各卫所,共计屯田地山塘六千顷有奇,向由地方官经征,额解本司库屯粮、屯丁、裁官经费。存留屯粮共额征银一万四千九百八十余两,随同地丁奏销。又解道库漕运屯粮额征银三万四千七百余两,随同漕项奏销。又屯田余租并各属分征兵折加价,抵补核减余租,额征十一万两有奇,名为屯田,实与民田无异,较之他省,向归屯卫,骤改州县者办理尤易。但删除屯丁军丁名目,征收税则仍照常完纳,州县亦照额照征。(漕督原咨)

△ 山东卫田数

山东四卫一所,计田一万七千余顷。周馥奏请每亩缴价三千至一千,自光绪二十九年始,至三十一年交清,分为五期。

廿八年奏案:刊发印契,永远作为民业。如不转售,免其纳税。所收价银留作本省新政之用。

△ 日购马种

日本政府以马兵不及他国,已派人至英,选购佳马种,以为将来军营之用。近颇留意于牧马之事。(廿七年《文汇报》)

日本马匹为军中所用者一百六十万匹。

△ 俄购快抢

俄皇谕:陆军各营以后悉改用三寸径口快抢。(西七月路透电)

△ 英练华军

英驻威海都统派人至津招壮丁,充兵士。(《直报》)

△ 英各处驻兵数

英属兵数表

本国十三万三千兵	直布罗陀五千四百余
锡兰一千七百余	埃及四千四百余
玛而登一万七百余	新嘉坡一千六百余
印度七万三千余	西勃勒一百三十五
香港四千七百余	毛利西三千八百余
圣厄勒纳七百七十三	加不八千八百七十九
斐西一千八百余	加拿他一千八百余

安地岛三千三百余　　　　　百尔慕特二千余

共计二十五万八千余

△日军马匹

日本马匹为军中所用者一百六十万匹。

△直督练万人

袁慰帅延日本武员,训练军队共有万人。(《中外日报》)

△浙江营数

浙江存留各防营旗,并亲兵卫队、缉捕各哨勇,共十五营二十六旗有零,较原有额勇约减去四千人之谱。

△华倡武学堂　　上海绅士试用参将秦本幹,尝欲纠合同志,仿成城学校倡武备小学堂。(陶森甲上江督禀)

江南总统护军杨金龙所设练兵学堂,经学生杜淮川、华振基等采用日本成法,厘定章程,现拟改为江南练将学堂,月给经费五百金,课程二年毕业。(又)

△蚊子有瘴

香港医生查验昆虫,报章据称,所验之蚊共三万二千二百六十六头。查瘴气病乃由蚊而来,力劝政府或业主宜用煤油治蚊,下人所居各暗处,宜以硫磺熏之。(《同文沪报》)

△脑重

人脑不满一千格拉默,必惛不解事。一千格拉默合中国一斤十两余。(《汇报》)

△鱼油牛汁不可同服

鱼肝油长于消食,牛肉汁长于补身,二者不相因而实相反。必先服鱼肝油,使脏腑陈积渐消,而后以牛肉汁增益气血。若同时服之,必致功过互抵,两长皆掩。(又)

△樟脑公司

林观察朝栋访知闽省上游之福宁、建宁,下游之汀州永春县、龙岩州等处,产樟甚多。招集股本在鼓浪屿设立福建全省樟脑裕本公司,先行试办一年,俟有成效,再请专利十五年,先缴押柜洋四千元。

△台湾脑税

台湾未归日本之前,每岁樟脑出口约值银五百万两,所榷关税为台地一大宗。(《申报》)

△像皮

加阿租即树胶一种,状似皮,故亦名像皮。(《汇报》)

△台岛脑利

台湾归日本人管辖后,每年樟脑利息共有六千万元。(又)

△像皮产额

天下岁出像皮多不过四十五至五十兆法斤。其中为巴西所出者二十五兆,为亚非利加所出者二十兆,为印度暨美洲中境所出者一二兆。

△金鸡纳树

金鸡纳产秘鲁,树分多种,约黄红白灰四色。一千六百卅九年有欧洲贵妇自秘鲁回,携有此树,六百四十四年传树种于罗马,由是欧洲亦有此物。仁皇帝尝不豫,天主教士进此药,服之遂痊。此物除本质外,又含油质、胶质,治疟最效。

△闽省脑务归日商

林朝栋包办樟脑,先缴押柜银四万元。现因日商递禀愿包办,每年报效十万金,先缴一半,已批准矣!

△本省要件

农工局林学教习三户君上吴护院拟种榆树说

今欲资本轻、用力少而能获厚利者,在森林事业中莫如造榆林。诚有试行之者,则巨万之财不难立致。请为左说以明之。

一、造榆林之利益。窃见山西农林学堂方行建筑,其材以榆为大宗。有历四十五年之余(榆),根部周围六尺,顶部周围四尺五寸,长三丈，价八十千。夫以四十五年之树而发达之速如是，价目之贵又如是，若以八十千按四十五年分计之，则每年平均得树价一千七百七十文。今试以地一顷造林，隔七尺五寸正方而种之，约可得一万株。然历四十五年，经风虫之剥蚀，雨露之侵损，或因助树木之长以伐其生长之不良者（此于造林学详之），决无复全数之可成。则去其三分之一或四分之一，今设为去五分之一计之，犹养成二千株，按每株年价一千七百七十文算，则二千株年价三千五百四十千，四十五年乃可得十五万九千三百千。犹恐预算之难为据，则又因盗伐侵损之害除全数之半，亦能获七万九千六百五十千之利。况竭力防护之盗伐侵损，决不致有过半之虞哉！第此就一顷言之，而获利已如是，森林之利亦大矣。近德国于胶州湾每年拟造林数百顷，其在四十五年后收利宁有涯乎？

二、造榆林方法。欲讲造林之法，先以作苗木为要。其法于五月上旬种子飘落时，以帚拾之，置诸席上，暴阳光十日，使极干燥乃能种。种时则削土使平压之，以板或足践实之，然后盛种子于筛，播种之。不令种子重叠，盖土一二分厚，铺稻草于其上，以防土地之干燥。种后即灌水，七日发芽，即去稻草，后则不待干燥，时加灌溉可也（不须肥料）。翌年三月初，另作苗圃移种之，以相隔二寸五六分为合度。又次年三月初，更移种于他苗圃，以隔六寸为及。第四年春，始能造林于山地。若平地不必两次移种，一次亦足矣。盖移种者使其健苗而根多，造林后乃不致枯死耳。按是法以作一二十万之苗木，事不难为，功亦易集，而苗木一株之费且不过一文以上。是故林业较农业用力少而成功多者，莫如种榆。榆树既经造林，虽间置十四五年不顾可也。十四五年后则树木渐长，将各树之枝桠连接其不甚生长之矮树伐取之，是其事也。盖不劳力、不费财有如是。

三、造榆林之捷径。今将造百顷、二百顷之榆林，恐一人之财力不足也。则集五六人合为设苗圃，任播种，每年益二三万株，以工余之暇兼为之足矣。然且一人分理四五千株,转瞬间即成富户。今设男子初生造林千株,及长至四十五岁,树之年亦等,其成大材者必一二百株,值价已至八千千或一万六千千矣! 呜呼! 以天生无限之财源而弃之不顾,吾甚为晋民惜也!

以上三条第就大略言之。若有志之士读是篇而愿知其详也,则请垂询,当类举以对。

产业税丁漕

△ 广东办房捐亩捐

房捐亩捐,广东已电奏开办。

△ 山东提地丁平余

地丁收钱酌提平余,山东已奏准办理。(廿七年户部报)

△ 江西加征丁漕

江西自十月初一起,地丁每两加征二百文,漕米每两加征三百文。地丁实征二千七百八十二文,漕米三千五百八十文。俟赔款足即减收。按江西地丁原征二千六百八十二文,漕米三千四百二十文,前经德馨奏减,现加征,每年可得三十万。(廿七年九月示)德奏减丁一百文,实征二千五百八十二文,漕一百四十文,实征三千二百八十文。

△ 直隶豁免差征

畿辅各属应征之屯米、谷豆、草束、皂粿、学租、旗产钱粮,及河道钱粮、储备军饷、库恩租、库通津屯租,各分别蠲征。带征其出借之仓谷、仔种口粮、牛具等项,及兵部马馆租、銮仪卫租,均限于二十八年开征。此外差征,悉行豁免。

△ 江安折漕

江(苏)安(徽)两省漕粮本征折包,每石二两二钱,征诸民者以每石五千五百文为率。所有赢余为地方官办公之用。每年应解漕米,由粮道发银操办运京。后有人奏,试办河运十万石。奉旨准行。现将河运十万石一律改为折包，以明年所解漕粮为始，悉数折银解京，并准地方官于每石粮价内提钱五百文，以资津贴。

△江苏提漕粮运费

江苏每石漕粮运费一千〇五十二文。现提三百文，弥补赔款。

△江苏加赋

江苏上下忙地丁银向完每两二千文。现带征赔款钱二百文，计一两共征二千二百文。（《中外日报》）

上两项合省可得七十万千。

△海运河运所省漕费

冯氏抚议言南漕每石费银十八两，此指河运而言。自改海运后，每石费用局费、运费只报销银八钱。故江浙漕米百余万石，每届支销费用八十余万两而已，与前相较仅四十五分之一。江广漕米数十万石，仍由河运漕督、漕标、运丁、闸官、卫田船支之廉俸、口粮公费而已。不裁漕督，则各费仍不能省也。（廿六年《新闻报》论说）

△江苏冬漕价

江苏冬漕折价酌定每石三千三百文，外加公费一千文，脚费五十二文。（十月日报）

△江南房捐大略

江南拟办房捐。凡租房开店铺者，按每月行租十分中抽捐一分五厘。自己房屋开店，公估租价照抽。其招人租住之房，按每月行租抽十分之一，均由业户承认，租户代付，年内查清，来春起捐。其自住房屋分等查明，听候核办。穷家小户免捐。（十一月《新闻报》）

△欧洲抽收丁口例[①]

《英国邮报》云，欧洲各国抽收丁税之例，悬殊不等。最轻则莫若英国，极重则推义大利。义国百姓每人每年输纳于政府者，综其终年

---

① 本条为剪报粘贴，未标报名。——编者

所入之款,每百份中须去二十二份。英民则每人所缴仅九份有奇耳。考义国民籍少于英者约一千万人,而国家所入之税项几与英国相垺。若以俄较之,俄有民众九千三百万,义则不过三千万人,而两国所入丁税竟得相等,无少差异。缘义国国债统计不下五万万镑,扯算每年约增国债一千四百万镑,有不得不厚敛诸民间。民人欲冀免税者,惟有徙居外国。以故国民因避赋而谋他迁者,已不计胜数矣!

法国每年所入丁税,较诸英国增多二千万镑。盖法民较诸英民,每年每人须多纳十□①仕林,即其长年所得入款,每百份中留十三份有奇,以备输纳于政府。顾法人所得辛工,多不若英人所得之优,而赋税反不若英国之轻也。

德之丁税较诸法国,每年每人少纳三十仕林,或终年所赚之款,每百份中但留十份有奇,以备身税之需。若较诸英,每人年亦少输一镑。

荷兰税赋亦重。诸如糖盐、肥皂、牛肉之类,莫不有税。国中民庶每人年得入款,每百中必留十五份有奇,以备呈缴政府之需也。

奥国税例,每年但令每人缴纳一镑十仕林。若就其民数之多寡扯算,反较英国多征矣!

俄国税项,每年共得入款七千七百万镑。其数之少诚出意外。但及法国身税所入之半,较美国少入四千万镑,较德国少入三千三百万镑,较义国少入六百万镑。按俄国抽收身税之例,每人年仅输纳十六仕林,即其所得进款每百份中但取七份有奇耳。

美国每人所缴于政府者,计其长年所入每百份中但去五份有奇。丰兰国②百姓每户每年仅纳十三仕林,税赋之轻殆无其比也。

△ 漕米仍办百万石

漕米议定折价又由户部电饬,仍办百万石,浙四、苏六分办。苏

---

① 原剪报阙字。——编者
② 当即芬兰。——编者

州六成应有江宁在内，江宁向办十五万石。(《苏报》)

△ 南北折漕所省之费

折漕一事经漕督张奏请，以二两折放九十余万石，令江浙购米五十万石备用。折解折放者，每五省运费一两三四钱，每年可省一百三十余万。即照仓场文，令江浙运米一百万石，每年亦可省约七十万。合之山东折漕，省去运费约二十万，挑挖运河等费约十万。南北各省折漕合计可省百万两以上。(各省会奏拟款减成电)

△ 皖加赋

安徽定自二十八年起，每地丁一两、漕米一石，各收旧价一百文，再加捐钱二百文。有丁无漕之处，则仅于征银一两，加收三百文。民卫一律办理。

△ 浙加赋

浙江每地丁一两，亦加捐三百文。

△ 闽随粮捐输

福建随粮捐输，每丁一两捐钱四十文，每米一斗亦四十文。即于印串内加盖戳记，不加火耗平余。

度 量 权 衡

△ 迈当合中尺

一迈当合官尺二尺七寸九分三厘。(《中法约章》)

△ 法方里

一法方里合中国约一千四百卅五亩。(《汇报》)

△ 法权衡

法国权衡最为得当，易于椎算，因其数以十百千万计也。今欧洲如希腊、瑞士、班比蒲加利、罗马尼亚、塞尔维亚，墨洲如厄瓜多尔、哥仑比、秘鲁、委内瑞拉，非洲如都尼斯、公额，其权衡皆与法同。俄若奥亦渐与法同。

△ 克兰姆

俄国新订度量,每一俄磅合法四百〇九克兰姆有半。每一法克兰姆合中国二分六厘四毫。

△ 亚施音

每一俄尺名曰亚施音,合法七十一生的迈当,而迈当尺码如有立明合同者,仍任其便。(官书局《汇报》)

△ 日本一石

日本一石约中国二石三斗五升外。

△ 贯

日本千贯约合中国十万两。

△ 具拉模

一具拉模合中国二分六厘六毫七丝。(《商务报》)

△ 坪合夕

日本一坪合中国五方尺。十才为夕,十夕为合,十合为坪。

△ 法斤

中国一斤合法六百〇四格郎默。法斤有二:一曰小斤,西名利物尔,得五百格郎默;一曰大斤,西名基劳,得一千格郎默。故大斤者二小斤也。一大斤合中国官秤一斤十两四钱六分。

△ 法里

一法里合中国一里又六分二。法国一丽安,合中国六里四分八尼;一海丽安,合中国八里七分七厘。法国一海米勒合中国三里。

△ 英里

英一海米勒合中国二里六分。此即华人所谓英里。英以五千二百八十尺为一迈尔,每一迈尔合中国二里又三百二十步四尺八寸六分五厘。

△ 一亚尔

法国一亚尔,即一百迈当建方。

565

中外首脑纪事

△ 各国帝王年谱

教皇良第十三生于一千八百十年西三月初二日,于一千八百七十八年二月二十日登位。

法总统鲁培生于一千百三十八年西十二月三十一日,于一千八百九十九年二月十八日登位。

日耳曼皇奇翁第二生于一千八百五十九年正月二十七日,于一千八百八十八年六月十五日即位。

奥皇方济各第一生于一千八百三十年八月十八日,于一千八百四十八年十二月初二日即位。

罢咪王阿东生于一千八百四十八年四月二十七日,于一千八百八十六年六月十三日登基。

比王留玻尔第二生于一千八百三十五年四月初九日,于一千八百六十五年十二月初十登基。

蒲加利王斐尔第囊第一生于一千八百六十一年二月二十六,于一千八百八十七年七月初七登基、

大清光绪皇帝生于一千八百七十二年西八月初三日,于一千八百七十五年正月十二日践位。

高丽王李熙生于一千八百五十二年九月初八,于一千八百六十四年正月二十三日即位。

丹王基司蒂央第九生于一千八百十八年四月初八,于一千八百六十三年十一月十五日即位。

埃及王希米第二生于一千八百七十四年七月十四日,于一千八百九十二年三月二十六日即位。

班王亚尔方骚十三生于一千八百八十六年五月十七,生即登位。

英女皇维多利亚第一生于一千八百十九年五月二十四日,于一

千八百三十七年六月二十日登位。

希腊王若尔治第一生于一千八百四十五年十二月二十四日,于一千八百六十三年三月三十日即位。

意皇翁培尔第一生于一千八百四十四年三月十四日,于一千八百七十八年正月初六日即位,于一千八百七十年夺教皇国。

日本皇明治生于一千八百五十二年十一月初三,于一千八百六十七年即位。

卢森蒲尔王雅度勿生于一千八百十七年七月二十一日,于一千八百九十年十二月初九日接位。

摩洛哥王雅齐司土属生于一千八百七十八年,于一千八百九十四年六月初六日即位。

摩那哥王亚尔培生于一千八百四十八年十一月十三日,于一千八百八十九年九月初十日即位。

芒带内拿络王尼各老第一生于一千八百四十一年九月二十五日,于一千八百六十年八月十四日即位。

荷兰女皇味类米纳生于一千八百八十年八月三十一,于一千八百九十年十二月初八即位。

波斯王米而若生于一千八百五十年,于一千八百九十六年五月即位。

葡王嘉禄第一生于一千八百六十三年九月二十八日,于一千八百八十九年十月十九即位。

罗马尼王嘉禄第一于一千八百八十一年三月二十六日即位。

俄皇尼各老第二生于一千八百六十八年五月十八,于一千八百九十四年十二月初一即位。

萨克思王雅尔倍生于一千八百二十八年四月二十三日,于一千八百七十三年十月二十九日即位。

塞尔维王亚立三德第一生于一千八百七十六年八月十四,即位

567

于一千八百九十九年三月初六。

暹罗王祖拉隆高生于一千八百五十三年九月二十,即位于一千八百六十八年十月初一。

瑞典兼瑙威皇奥司加第二生于一千八百二十九年正月二十一,于一千八百七十二年九月十八日即位。

都尼斯王亚利培生于一千八百十七年,于一千八百八十二年十月二十八日即位。

土耳其皇哈密生于一千八百四十二年九月二十二日,于一千八百七十六年八月三十一日即位。

德之列邦吴敦倍王祁盎墨生于一千八百四十八年二月二十五日,于一千八百九十一年十月初六日即位。

桑给巴尔王彭碎于一千八百九十六年八月二十七日即位。生年未详。

此外,有美洲各小国总统登位、生诞之期,因篇幅太长,故不列。

(廿五年《汇报》)

英王维多利亚薨,爱尔伯德爱德威尔第七即位。[①]

美总统麦荆来生于一千八百四十三年,即位于一千八百九十七年,薨于一千九百〇一年九月十四日,副总统卢斯翻继其位。

阿富汗王哈鼻簿拉幹即位于廿七年。

塞尔维亚王阿米基桑去年即位。按是否即亚立山德第一,俟考。

西班牙王爱洛芳佐第十三生于一千八百八十六年五月十七号,已定于一千九百〇二年四月即位。即位后皇太后即当归政。

一千九百〇一年,巴剌圭大统领亚斐尔废副大统领朴多尔立。

△ 古巴自主

美政府准于一千九百〇二年五月二十号,将现在古巴办事之美

[①] 以下六条未设题目,亦未记出处。似为叶景葵先生随手摘记。——编者

人悉行退回本国，所有一切事宜由古巴自行管理。从此古巴为自主之国矣！

卷二

制造新器

△ 风船

法国空中飞行学界阿雷伊基博士去岁悬一奖格：有能于三十分钟内垂回转自由风船，自塞克尔公园启程，两番回转阿富尔塔而还原处者，奖十万佛郎（约四万元）。法人商特勒孟氏所造形如吕宋烟，于午前六点四十一分自塞克尔飞行，仅十三分钟已抵夺卡颠。其间计六海里，旋扬入阿富尔塔左边，两番回转。因风势不顺，至七点二十二分始还原处，计逾十一分钟，因未能领奖，然其成绩已足夸长全球矣！（《同文沪报》）

△ 大阪赛珍会

一千九百〇三年为大阪举行赛珍会之期。（路透电）

此为第五次本国工艺大博览会。

△ 脚踏小轮

奉化蒋心福制造脚踏小轮，约长三丈，一下钟能于逆水中行廿里。地方官准专利。

△ 纺纱水机

福建龚季人造纺纱水机一具进呈，善后局批准专利十年。其法须于上下流或瀑布之间安设机轮，与西洋轮机不相上下。（《汇报》）

赛 会

△ 蜘蛛绸

马达加斯加岛多生蜘蛛。近有教士某君豢养甚多，令其吐丝结

网,总将其丝折之长可十丈有奇。以八茎合为一线,去其油腻,用以制布,细逾纯绸。用为气球外包,则轻且坚而易升。(又)

△ 博览会原始

博览会始于法国,初名雅物会,只赛古人书画、珍玩雕刻、宝物针绣。乾隆二十六年英人仿其行之。法皇拿波伦第一创立新物会,先诏国中有能献物胜于英国者受上赏,后即名博览会。德奥英美比荷踵而行之,惟所赛只一国之人、一国之物。

咸丰元年,英人始创万国通商公会。咸丰五年,法国续开一会,较大于英。

同治元年,英国第二次开会。法国于同治六年又开一会,远胜英国。

同治二年有奥京维也纳之会。

光绪二年有美国费拉特费之会。光绪十九年有美国希加高之会。

△ 一千九百年法国赛会

赛会始于法国。其第一会在一千七百九十八年,屈指及今,已为百有二载矣！最近之会在一千八百八十九年方竣,又于一千九百年重行开赛。

赛珍会始于法,自一千七百九十八年至八百四十九年,共赛十一会,惟一国行。若合万国为一会,则始于英。列表于左:

年　份	地　名	与会人数
一千八百五十一年	伦敦	六兆
一千八百六十二年	又	六兆
一千八百七十四年	又	未详
一千八百六十六年	美费尔代费	十六兆十万
一千八百八十年	澳洲亚美哥	一兆卅三万
一千八百八十五年	比国昂希尔	一兆五十四万
一千八百八十九年	巴黎	卅三兆
一千八百五十五年	又	未详
一千八百六十七年	又	十一兆

一千八百七十三年	奥京维也纳	七兆廿五万
一千八百七十九年	澳洲西忒奈	一兆十二万
一千八百八十三年	荷兰亚谓思特大	未详
一千八百八十八年	班国巴舍	未详
一千八百九十三年	美西加高	又
一千九百年	巴黎	又

△ 德太子拟开赛会

德太子拟于一千九百〇二年五月一日,在来因河畔之来因州、乌爱司州各地开一博览会,以赛全国之美术工艺各业,至十月二日为止。该州为德国工业之中心,此次拟将十年内之矿业、制铁业、创造机器业、船业及电气工业等一一比较。(《同文沪报》)

△ 美鲁伊阿那赛宝会

廿七年八月,外务部接美国康大臣函,称"美国从前置买鲁伊阿那之地,再越一年,即系百年之期。拟设一天下赛宝会,聚天下所有制造之物,与百工技艺工产、矿务材木、海味珍品,为美国素所羡慕者。请贵国谕知商民,届时赴会。"(《申报》)

△ 纸鸢

欧人马尔哥尼氏制纸鸢,放之高四百尺,以电气通之消息,极为灵捷。(《沪报》)

△ 革拉司哥与会人数

革拉司哥之博览会于十一月九日停止。与会人数共一千一百四十九万六千六百四十二人,获利八万佛郎。(东报)

△ 打辫机器

巴县胡炳章创造打辫子机器一架,可敌十人之工。闻可推至敌百人云。

△ 美会在桑德市

一千九百〇三年美国拟设之博览会,在米司素利州之桑德市,位于美国之中央。

△ 比开万国航会

一千九(八)百九十九年,比利时波拉赛尔府开第七次万国航海会时,日本曾派伊东藏五郎氏往参其议。一千九百年又于巴黎开会,日本并未派人前往。兹闻一千九百二年六月间,又于德来因河畔第塞尔德乌市开会,期将世界各国之海运工业讲究精明,并一切港湾运河、海陆关系之处亦当讨论及之,以助技艺、法律、经济三项学问之进步。(以上译东报)

日政府定于一千九百三年在大阪开设万国博览会。

△ 程广鸿

四川程广鸿素习制造,制成水车一具,能车水至数十丈之高。

△ 王启人

鄞县王启人以旧机织绉布,廖寿丰奏准专利。(见《时务报》)

△ 陈紫绥

福建人,造纺织机器,经西国考验,最为合用。总署奏准专利十五年。(廿四年总署咨)

△ 日本博览会章程[①]

东亚同文会会长近卫公爵暨副会长长冈子爵等,因日本国现拟开第五次博览会,极欲邀请中国官民人等赴日本入会观光,以资博览,以广见闻,以补学问。日本农商务部亦颇有同意,故今拟定邀请赴会章程数条列下,藉以利便华人之欲赴会者。

一、拟请中国各直省督抚出示晓谕,劝各华人赴日本博览会观览。

一、拟由东亚同文会商请中国各直省督抚赐撰名论,详述赴博览会观览实于中国官民大有增长见闻之益。

一、拟由本会特派委员数名,分行赴中国北五省、南七省及长江一带,专谒各该督抚,敬伸吾同洲邻邦向来友谊之关切,专请其劝谕

---

① 本条为剪报粘贴,未标报名。——编者

华民赴会观览。其有内地之督抚，拟托刘、张、袁等诸大臣转咨，请其出示晓谕，劝该百姓赴会。

一、拟将江苏会章程所载派员游历之条以为基础，将一切游历须知之各节，附记于护照之下，以便游历人员知所适从。

一、拟请中国各报馆广著论说，伸明赴博览会之益为博物必须之事，并广登告白，使遐迩知闻。

以上所拟各条，本为劝请赴会而设，此外尚拟将游历须知之各节编成小帙，附于护照之外，以便华人一览了然。至游历须知之大概，宜列明游历应携之各件；凡购买火车、轮船各票之章程及一切格式；凡天津、上海、香港等各处船票之约价及舟车中一切须知；又凡到长崎、门司、马关、神户、横滨，应如何登岸；又九州、山阳、关西及东海道诸铁路，以及濑户内海轮船之船价，并火车、轮船中须知之详细；又凡长崎、门司、神户、马关、大阪、奈良、西京、名古屋、横滨、东京各客栈之所在，又沿途之名胜及大阪、西京、奈良、东京应游览之名区，又各土产之详细及一切旅费之预算，务宜源源本本详细清记，并加图于内，务使游览人员一目了然。

以上各节宜编成小帙，托中国各督抚及日本驻华各领事官并中国各报馆，从廉沽发，务使中国内外均尽知闻。

官　　制

△ 总理衙门始末

创于咸丰十年十二月初九日，至光绪二十七年止先后三十一年，初各国通商诸事归两广督治理，惟俄事操诸理藩院。自英法逼立《天津和约》，中国始设总理衙门。其始以恭王及桂良、文祥主之。法使某君善之，曾致书恭亲王言，此举各有利益。桂良卒，增派四大员主持其事，兼充军机大臣。同治八年增至十员。光绪三年又增一员，复又减为九员。二十四年后增二员，系恭亲王、庆亲王、李鸿章、荣禄、廖寿恒、翁同龢、敬信、许应骙、张荫桓、崇礼。先是以恭亲王为领袖，光绪十年简庆王代之。二十六年仍复十员之旧，于是王文韶、廖寿恒、崇礼、赵舒翘、徐用仪、许景澄、吴廷芬、桂春、袁昶、联元相继而入。(《徐家汇汇报》)

△ 太平司巡检

盛京将军增祺奏请于大东沟地方添设分防巡检一员，名曰安东县太平司巡检。二十六年五月奉旨交部议，旋议准。

△ 停米折

满汉官员米折一项，廿七年户部奏请停支。

△ 三都华洋同知

三都岛开作口岸，将蚶江厅移设该处，改为三都华洋同知，以办交涉事件。(《商务报》)

农 事 渔 务

△ 渤海渔业

元山日领馆调查，去年十一月至本年六月俄日两国在朝鲜海之捕鲸船，计俄五艘、日四艘，又哈林格三艘。以上各船所捕之船(鲸)共计一百八十余尾，每尾平均之价即作为一千五百圆，已二十七万圆矣！(东报)

△ 台湾宜烟

台湾气候宜烟草。贺田金三郎试种甚利，因之农学士芳贺龟太郎帮同贺田君专种烟草。(又)

△ 伯留创渔业公司

俄渔商伯留为渔家巨擘，拟集款三百万元创渔业公司。(《汇报》)

△ 葡萄与麦肥料

葡萄酒多含钾养，壅葡萄宜用草灰，因草灰中多钾养也。麦中多磷质，壅麦以牲骨为佳，因骨中多磷质也。(廿六年《汇报》)

△ 种稻新法

马达加斯加岛有教士得种禾新法，将籽秧散开，相去尺许，只插

一茎。各粒生禾少则四茎,多则十二茎,每茎生十余穗,每穗生米二百余粒。因得地方甚多,不若密布稻秧反耗膏润也。(又)

△清韩拟订捕鱼约

清国驻韩公使照会韩廷,请互订沿海捕鱼之约,并声明当与日本所订之约无异。

△日营韩国渔务

日人在韩营渔业者日盛一日,统计约数万人,每年获利约千二三百万元。(东报)

平安黄海二道海岸向许华人捕鱼。

粮　饷

△户部拟裁兵饷米折

虎神骁骑护军三营,光绪二十五年共支津贴银壹百四十余万两。此项津贴,原因添练各营始行加增,并非兵丁底饷。现拟自本年起即将各该营加增津贴银两照数裁减。

神机营经费及步军营练兵口分,抽练兵丁口分,光绪二十五年共开支银乙百二十余万两。前项经费口分,系属挑练各营兵丁先后加增之款,亦非兵丁底饷。拟将该营加增经费口分银两,酌量裁减,俟该营王大臣妥议分别办理。

满汉官员、八旗兵丁向有米折一项,每年由部库约支银乙百余万两。此项米折按例折减支给,计官员俸米,折银每名每季所得不过数两,兵丁甲米折银每名每季所得不过一两上下,拟自本年起暂行停支。

南洋经费及沿海沿江防费,并各省水陆勇营练营旧有绿营,拟一律酌加裁汰。(以上廿七年户部筹赔款折)

△弭兵会核议兵费

弭兵会意在节省饷需,保全人命,今列三表于左:

一、安时兵数　俄九十万人,法六十万,奥三十七万,意三十万,英二十七万,他国共三百八十万。

二、战时兵数　俄四兆人,法四兆,德四兆,奥二兆四十二万,意二兆二十二万,英七十五万,他国共廿一兆。

三、兵费实数　英十一万万佛郎克,俄十万万,法九百五十兆,德九百十五兆,奥四百六十兆,意三百八十兆,他国共五十八万万。（廿四年《汇报》）

△ 德驻华兵费

德国海陆军预算,驻清兵费每年须二千五百万马克。（十一月《同文报》）

△ 东三省的饷

东三省的饷光绪元年经将军崇实奏定,每年七十万两,在各省盐关地丁项下指拨。（萨广等奏）

△ 直省协饷

袁世凯奏,"直隶协饷除分别酌缓外,应饬协拨各省共实解每年三百十八万,不得再有短欠"等语,已于廿八年二月十九日奉旨"俞允"。

△ 江关应解银[①]

江关应解足原拨银六千两

以上淮饷按年应解足银一百十五万六千两。

练饷项下：江海关应解足原拨银三十万两。此款向由直隶兑收,仍应照案解赴直隶应用。山东省应解足原拨银六万两,遇闰加解银五千两。河南省应解足原拨银六万两,遇闰加解银五千两。山西省应解足原拨银六万两,遇闰加解银五千两。江苏省应解足原拨银六万两,遇闰加解银五千两。江西省应解足原拨银六万两,遇闰加解银五千两。福建省应解足原拨银六万两,遇闰加解银五千两。湖北省应解足原拨银六万两,遇闰加解银五千两。湖南省应解足原拨银六万两,遇闰加解银五千两。广东省应解足原拨银十二万两,遇闰加

[①] 本条以下两条为剪报粘贴,未标报名。——编者

解银一万两。以上练饷按年应解足银九十万两,内除江海关银三十万两照案解赴直隶外,其山东以下九省银六十万两,历年批解部库,名曰固本京饷。自本年正月起,各省仍应按数解部交纳,直隶亦应按月赴部具领,以符成案。

北洋海防经费项下:浙江厘金原拨八成,银三十二万两,应解足银十六万两,缓解银十六万两。江西厘金原拨银二十万两,应解足银十万两,缓解银十万两。江海关应解足原拨四成半税银四十六万两。浙海关原拨四成半税银十二三万两,应解足银八万两,缓解银四五万两。山海关应解足原拨四成全税银十三万两。以上海防经费按年应解足银九十三万两。

北洋制造经费项下:东海关原拨四成,洋税银十七万余两,应解足银十万两,缓解七万余两。江海关应解足原拨洋药厘金银十万两。以上制造经费按年应解足银二十万两。统计各省关共应解足银三百十八万六千两。

△户部奏陈核定各省协拨直隶饷项折

奏为直隶协饷要需各省欠解甚钜,应分别核定数目,专案奏催,饬令按年解足,毋任延误。恭折仰祈圣鉴。

事窃臣部前据直隶总督奏称:"直隶饷项一曰淮饷,一曰练饷,一曰海防经费,一曰制造经费。除向由户部支发练饷六十万,仍照章赴部请领外,本省向拨之一百七十万,仍由本省陆续自筹。至各省关协拨之三百八十余万,拟改为北洋防饷,按月统归户部分期领发。其各省应协直隶各饷,均解户部汇存核放"等因。当经臣部以各省关应协直隶各饷改归部库,亦未必如数报解。部库款项支绌,碍难按月垫放,仍咨催各省关,查照原案筹解直隶应用在案。惟查淮练各军分布畿疆,关系重要,前项协饷为计口授食之需,断难频年拖欠。至海防、制造各经费,北洋水师船舰现存七艘,薪粮实赖以接济,将来天津交还制造机器各局及各项学堂,亦不能不次第规复,重加整顿,常年经费尤不容置为缓图。况直隶为畿疆重地，拱卫京师，向系缺额之区，又适当兵燹之后，若各省关再将应协各款延不报解，无几，深恐饷需短绌，贻误非轻。谨就各省关原拨数目，体察情形，分别酌予减缓，核定应解数目，开列清单，恭呈御览。请旨饬下各该省督抚、藩司、运司、关道等，务将应协直隶淮练各饷及海防、制造各经费，按照核定单开应解数目，按年解足，毋得稍有短欠。倘经此次奉旨严催，以后各省关再推诿延宕，任意积欠，即由臣部暨直隶总督俟届一年期满，查明各该省关欠解数目，奏请交部议处，以示惩儆。所有直隶协饷要需，欠解甚钜，分别核定数目，专案奏催。各缘由理合恭折具陈，伏乞皇太后皇上圣鉴训示。谨奏。光绪二十八年二月十九日具奏。

谨将各省关应协直隶淮练各饷，海防、制造各经费，分别应解、应缓开列清单，恭呈御览。

淮饷项下：江苏藩司原拨各款银十九万四千两，应解足银十二万两，缓解银七万四千两。江海关原拨各款银七十四万四千两，应解足银四十四万两，缓解银三十万四千两。江汉关原拨各款银六十万两，应解足银二十万两，缓解银四十万两。两淮运司原拨银十二万两，应解足银十万两，缓解银二万两。江西督销局原拨银三十万两，应解足银二十七万两，缓解银三万两。湖南督销局应解足原拨银二万两。镇①

财 政

△ 康乾户部存款

康熙间户部存款八百余万两。雍正间积至六千余万。乾隆平定西北之后，只存二千四百余万，朝廷深以为虑。休兵息民不数年，又存七千余万。四十一年两金川用兵之后又普免天下钱粮四次，普免

---

① 原印刷件剪贴，下缺。——编者

七省漕粮两次,巡幸江南六次,所出前后不下二万万。而五十一年之诏谓,国库尚存七千万。又逾九年而归政,存数如前。

△嘉庆以后用款

嘉庆至今一百余年,惟川楚靖寇用帑逾一万万,平定发捻用帑至五六万万,创立海军、内地练勇又约二万万。而屡次开捐广立厘卡,又得洋关税,综计其数卅万万,进款已不为菲。乃自乙未赔款后,库竭民贫,公私交困。当同治年间度支出入每年八千余万,今徒增洋债息本款二千余万。其国用之最钜者三款:一军饷,岁计三千万余;一为洋务,岁又二千余万;一为洋债。其外更有京饷、旗兵饷、内务府及各省地方经费,亦计三千余万。而宫中脂粉费一百万,三处织造之费三四百万,均不在内。终岁用款总约一万二千余万。除入款一万万,仍短二千余万。(廿六年《汇报》《樵云山人论财政》)

△政府不敷之费

光绪二十五年,山西巡抚奉拨单开筹补宜昌盐厘加价项下,系指拨山西烟酒加税银七万两。鄂岸盐厘项下,系指拨山西当税银四万两,减平银一万两。鄂岸盐厘项下,系指拨山西裁兵节省银二万两、当税银四万二千两、河东盐课银一万两。经抚臣以烟酒两税岁约收银七万两上下,当税除预交作抵外,年仅收银二万八千余两,均已凑还。洋款减本银两历系凑解协饷,添作练新军之用。河东盐课并无余剩,实系无从筹解等情,先后请改拨。(山西抚奏案)

银　　行

△粤督陶拟铸金圆[①]

△北京日本银行

日本东京贮藏银行至北京创设银行。为鼓舞仕商贮蓄银款起

---

① 此条仅有题目。——编者

见,凡大钱一千以上皆可存贮,随时支取。该银行在东京开二十余年,存款至三百五十余万元。

△ 雷锡格倒闭

德国著名银行雷锡格倒闭。(西七月路透电)

△ 中国银行钞票

廿四年中国银行在伦敦定印银圆钞票一百万圆,规银钞票五十万两,二共合银一百二十五万两。现已寄到若干,准于本月初六日为始行于市。(廿四年八月《申报》)

△ 菲律宾银行

美国在菲律宾创一银行。(东报)

△ 鄂省银票

日本政府刊印局近代两湖总督制便银票纸二百万张。(《同文沪报》)

△ 苏省当十铜元

苏省铸造当十铜元,价值铜钱十文,必可畅行。

钱　　币

△ 釜山银元

釜山市上通行之钱以银元为最少,铜元、镍圆最多。镍圆又分四种:一为国家铸造颁发者,二为韩人私铸者,三为政府谕商民承铸者,四为韩君自铸备用者。大约一仙之镍元,兑换日洋一元,须加贴水镍圆四十枚。

△ 日本新钱币

日本主金后钱币规制(节录《商务报》三条)

第二条　以赤金二分作为一元之准。

第三条　各项分为九种:

一金钱　二十元　十元　五元

一银钱　　五十仙士　　二十仙士　　十仙士

　　一白铜钱　　五仙士

　　一青铜钱　　一仙士　　五厘

　　第四条　计算用逢十进一之法。在一元以内凡一元百分之一曰仙士,仙士十分之一曰厘。

△江南银元

江南银元局每月可销一百六十万元。(《申报》)

△广东银元局

广东铸银局光绪十五年建,技师为英人华衣文华君。机器多从英购,价共五十万元。有汽机五,各百廿马力。现在造币之种类,分一元、五十仙、二毫、一毫、五仙各项及铜货六种。每日铸一元者可用二万两,五十仙者一万五千两,二毫者二万两以内,一毫者一万二千两以内,五仙二千两。每一元纯银九成,每五十仙纯银八成六分。银料皆从美国加利福尼亚州及中国北方所输入,铜多购自日本。每日可制铜仙一万二千枚。

△比效华钱

比国现造白铜钱,均效华钱之式,中穿方孔,已一律通行。(东报)

△江苏当十铜元

江苏铸当十铜钱,每一员(元)需成本制钱九文三四毫。每本银一万两,铸成约一百五十万元,可抵制钱一万五千串。核之市肆,以银易钱约可盈余八九百两。(聂缉椝折)

△陶芝帅[①]与张香帅[②]论行用银铜圆书

赐谕铜圆事,不胜仰佩之至。惟下愚之见尚有应商者数条,谨详于后

---

① 陶芝帅,即陶模,字方之,1900年调任两广总督。本条为剪报粘贴,未标报名。——编者
② 张香帅,即张之洞,号香涛,时任湖广总督。——编者

一、铸造银圆似不宜计及赢余。盖钱币乃国家圜法,但能流通即为大利。必求赢余,势将暗减成色,终至不能流通而后已。且以大圆准纹银,以小毫准大圆,均有贴水,出入相准,本无赢余。即如大圆九成、小毫八成二,短银八厘,而香港、粤省行情大率每毫子百元,低水二元,是与八厘之费不相上下。人但见粤局岁余二三十万,以为铸银有厚利,不知粤局所铸皆毫子钱,局铸大圆即无余利,故近来专造双毫一种,铸成悉交善后局支放各项。夫善后局所有用项,向本以九成之洋银支发,今易以八成二之小毫,不啻于暗中扣平八分。此岁余数十万所由来也。倘使照外国之法,钱局所铸毫子概交银行行使,则铸造所余适作银行之贴水。又如现见粤局所铸已满,善后局支放是设令其每岁加铸数百万,则善后局不能任受,只可发交银号,而银号必须钱局贴水方肯受领。即无赢余,我政府于实在情形未能尽晓,似宜于会奏时详晰言之。

一、搭成一节,尊电改搭五成,自较三成为简易。惟各省情形不同,如粤即全铸龙圆亦不为难,恐鄂省已不能如此。若西北各省及云贵,平日不知银圆为何物。而附铸既少资本,又需时日,骤令搭用五成,似难办到。愚意应遵谕旨,按成递增之法,明定限期。如初搭一二成或三成,以后逐年递增一成,期以十年或七八年一律全用。目下虽稍繁琐,然十年后即划然归一。倘搭用五成而不立递增之限,则各省惮于需资广铸,必致年年长此五成。是既用银圆,又用纹银,欲求简便,转致繁难,且亦非变法本意矣。

一、钱粮等项皆有平余,今既未能改官制、加廉俸,若因改用银圆将各等平余一概裁革,断乎无此办法。不如于正项之外,明加平余为无弊。惟各处平余多寡不一,银圆价值亦处处不同,若各省各定,势必参差不齐,或由部定一酌中之数,又恐苦乐不均。此层必须详细斟酌,否则非病官即病民也。

一、行用小银圆,若不照外国之法定一限制,必致窒碍难行。查西国银、铜二币,行使皆有限制。如英国二十先令一金磅,而先令,惟十九以下可用,若满二十,即用磅而不用先令。新译书谓之,法偿限此最为圜法绪议,盖二品价值断无划一之理。即小元与大元成色,亦决不能相等,盖因花纹有粗细,摩擦有难易,故质地软硬不能同。惟法惯定限则,彼此出入,赢绌不多,无须有贴水等事,是以各币价值无甚涨落。欧洲金币与银币,常在一与十五之比,而金之真值常在三十六以上。苟无限制,必尽以先令抵金磅,而圜法坏矣! 中国禁令难行,恐未能骤设此禁。然此制不定,若专收大圆,小毫必不能通行;许收小毫,官中又多折耗,终无妥法。又完纳钱粮不满一圆者甚多,势不能不收毫子。而州县所收毫子积少成多,若许其解库,此中大有弊端。倘令悉易大圆,此项补水将从何出?此亦应虑及者。

一、各省银贱钱贵,民商不便,似宜广铸铜仙。务使通行之后,银圆、制钱、铜仙三者子母相权,价值齐一,则上下俱便。

以上诸条,特就愚虑所及,言其大略。

此书见于《京师汇报》。所谓毫子者,每枚值龙圆十之一,沪谚谓之八开;双毫者每枚值龙圆五之一,沪谚谓之四开;铜仙者每枚值龙圆百之一,沪谚谓之一□①。芷帅官于粤中,故以粤俗言之也。

△ 湖北定东洋印刷官局票

一元票,每张日金二分一厘;壹千票,一分八厘。

△ 又山东(定东洋印刷官局票)

一两票,二分一厘;伍两票,三分四厘;拾两票,四分二厘。

商　　务

△ 德国商务减色

近日德国贸易大为减色。有某米铺平日最为著名,今亦倒闭,计

---

① 原剪报此处阙字。疑为"开"。——编者

共亏耗八百七十五万磅,结算时债主每百少得一厘。德政府欲将商约改易,恐有所不能也。(廿七年九月路透电)

△新金山新税则未行

新金山新定之税则,为普尔斯城议政院所极不允照办。(又)

△改订税则

此次改订税则,值百抽五,并不以现在时价为准,须查一千八百九十七至九十九三年市价,定一中数。

△日本调查商约专员

日本已派大藏省主税局鉴定官山冈次郎,横滨税关鉴定官西山淳久,外务省参事官仓地铁吉为通商条约调查委员。

△德国新税则

德国新定税章经政府核准,拟西十一月廿五号颁行。(廿七年德文报)

△菲律宾新税则

菲律宾美官定于西十一月十五号,照新定税章抽各货税。

△俄国振兴商务

俄户部大臣近将俄轮所载各货,特定章程数则,通饬欧属各俄埠,转谕远东各商埠及旅顺口等处。其章程内有许多海关税则可从轻等语。此举为便远东各轮船凡悬挂俄旗者也。圣彼得俄官已准令某商创设太平洋商务总公司,以便与满洲、日本伯令海等处所设之分行,及黑龙江以及俄属东亚西亚内地各部落,互相联络,所集资本一百三十五万卢比。(《同文沪报》)

△英拟商约

英拟改正商约八条:一、扬子江沿岸增开口岸;二、准其自由航行内地;三、改废厘税;四、解禁米出口之令,且准其搬运自由;五、改废开掘矿山及敷设铁道之例;六、中国确认商标及版税;七、准内地自由杂居;八、上海设中西会审公堂。(《中外日报》)

△ 税表暂行

沪上各洋商近日公举专员，将应行抽税各物定一税表，以便十月初一日以后新税则章程开办时，暂时照表办理，俟商约议妥即行停止。(廿七年九月《胶报》)

△ 印度商务英减色

英在印度商务久不如人，于德国尤瞠乎其后。火柴一项向销英货者，今为德、奥、日三国所夺。瓷器亦然。统计去年瓷货进口，共值罗比四百十万，英国只占一百七十万。英商非特进口货出他国之下，即销运印度土货亦远逊他国。以印度糖而论，前此业此者获利颇丰，近则时见亏耗。印度所用之茶，系由锡兰来者，自产之茶则运往西藏、巴西等处。然不及早设法，恐他国将夺其业矣。(廿七年《字林报》)

△ 日本运华货物进步

一千八百九十一年，日本运华之货五兆八十二万五千元。至九十九年涨至四十兆二十六万元。一千八百九十一年，中国运日货物八兆八十万元，九十九年涨至二十八兆七十万元。日本至香港贸易近十年亦大有长进。(《文汇西报》)

△ 改订商税专员

英国专派更订商税大员麦垓君、副员德真君赴长江各埠，查阅商务。(十一月《新闻报》)

△ 美拟蠲中国茶税

美政府请议员会议，将从中国输入之茶税删去。(《新闻报》)

△ 滇缅商务潮旺

近年滇缅交界所销货物，每年值六百余万元，滇省土司境内尤旺，多至一千万元。(《叻报》廿七年)

△ 缅甸商务起色

英驻缅总督申报政府，目下此间各业有蒸蒸日上之势。出口货值英金十七万二千三百十七镑，进口货值三十二万五千二百六十九

镑,均较前五年为多。进口货中英之棉布、美之食物居大半。出口货则海绒、水产居多,另有细丝大半运至英国。(《叻报》)

△欧洲会议糖税

欧洲各国在比京会议糖税。该会已备文分请德、奥、西班牙、英、法、荷兰、瑞典、义大利、洛孟尼亚各国派员会议。惟无文告美国。(《文汇报》)

△值百抽五所增之价

照现在进出口货物核估时价,值百抽五,至少约可增税银一千五百万两。(《盛京卿筹饷条陈》)

△日煤新税则

凡日煤运中国各口岸,每吨作关平银四两六钱,合上海豆规银五两一钱二分。关税照此值百抽五。(《汇报》)

△绸缎绵丝税则

天津关于绸缎绵丝进口抽税一项,现已议定,可照在沪英美德日诸商共议之法举行。(《大阪新闻》)

△日考商约

日本考詧商约八条:一、冒牌及侵夺专利之权一切有害于日商者,如何设法防卫?一、除米谷出口之禁利害如何,及米谷出入如何完税?一、华商日商合本经商应予奖励,及华商便于存款之法。一、扩张商务及添商埠处所。一、路矿及内河行轮、近海渔猎等项,应如何分别要索?一、加税一事与日商不利之处,如何补救?一、全废厘金于日本利害如何?一、度量权衡及钱币制度如何统一?(《新闻报》)

△波斯湾商务

波斯湾英国商务利权日见减削。必须将土耳王在该湾之权力设法夺除,则此后波斯湾各种利权均归英人独揽矣!(《泰晤士报》)

此次商约除日本另派专使外,其余各国均以英使麦垓所议为准。

(《中外日报》)

△ 美免中茶税

美政府已从伍星使之请,令议院将中国茶税免去。

△ 茶商递禀

上海茶商递禀于商税大臣,略谓近年茶业衰败,定例每担完税二两五钱,现极好之茶止售二三十两,次者不过十余两,课税太重,因此出口日少。禀求格外维持,俟茶叶运到上海售与洋商后,再行完税。或由茶栈包认税银,向洋商抽取,并求咨商产茶各口之税务司,遇茶叶出口凭箱查验,不必拆阅。盛宣怀已与赫德商酌。

△ 秦皇岛通商税则纪要①

秦皇岛通商自西历去岁腊月十五日,准用《天津商税章程》暂行办理后,兹将税章各要则录左:

一、所有商轮卸货物之时,须在本港内水深十八英尺之处下碇。二、各国领事官不在本埠之时,该船长停船之后应于四十八点钟之内,将该船货物表送候海关查核。三、一切税项照天津定章完纳。四、货物表应具二分,送于海关。五、由山海关、塘沽之各铁道车站运往北京进口之货,应归秦皇岛海关查验;其运往天津之货,应于该进口货表中分别记录。六、由天津出口货均归天津查验,由北京各铁道车站运出货物,其完税章程应照进口货同一办理,须归秦皇岛海关查验。

△ 会议商约纪闻

厘金一项已经盛大臣与英使麦君将北洋先行议定。系仿照直督袁制军所商仍归内地厘局抽取者。章程如下:洋布每疋津钱三百文,各色洋布每疋四百文,洋标布每疋二百五十文,印花洋布每疋二百五十文,斜纹布每疋二百文,洋缎每疋一千文,东印布每疋三百文,

---

① 此条至"奏订商津要闻",均为剪报粘贴。未标报名。——编者

东皱布每疋三百文,洋摹本每疋一千文,洋宁绸每疋一千文,洋线每百斤一千文,各样洋绒每疋五百文,洋颜料每百斤十千文,洋火柴每箱一千文,煤油每百斤一百五十文,洋冰糖每百斤一千文,洋赤糖每百斤一千文,洋白糖每百斤一千文,西洋糖食每百斤二百文,洋铁每百斤一千文,洋鍼每百枚三百文,洋铁丝每百斤一千文,洋铁钉每箱一千文,洋铜丝每百斤十千文,海带每百斤五百文,纸制吕宋烟每百斤二千五百文,洋毡子每百斤一千五百文,洋烛每百斤一千二百文,洋毡每条二百文,洋废铁每百斤一百文。至南洋厘金一层,英使意在裁撤,俾洋货得以畅销。而盛大臣拟仿洋药税厘例,并征值百抽十五。通计各地厘金,每岁所入约有一千五百万,如厘税并征,则每年约可得三千万金。惟恐各省督抚及户部不愿并入洋关,故刻下尚未定议。又闻英使麦君议及会审公堂一节,欲以巡捕代差役云。(录津报)

△ 英商论商税书

英商立德尔君昨致书英领事署商务随员哲美森君云,中国会各英商于昨晚聚会时,经阁下当众宣言,予闻而乐之。及言至商税大员马凯应允政府设法,以维持吾英在华商务,尤为欣喜无已。惟以吾政府前四十余年内所办之事观之,予实难以深信吾英商务果能维持有效也。今致函奉渎者,一欲将现在英国商务情形略为奉告,二则欲以以两问题解与阁下闻之。阁下苟能将此三者妥为答覆,以令予钦佩,则于吾英商务亦不无小补也。今以所言之三事列下:

一、进口货既运至中国再运往内地,照约征收子口半税,其余他税已概可不纳。此固见之一千八百五十八年《中英天津条约》第二十八款也。该款云:"凡进口货无论至何处口岸,均照值百抽二五之子口税。征抽税银照缴后,即由税关出给予口税单,持赴内地即可免一切课税"云云。中国定约之公使其禀报英政府之文牍,亦言明"既缴子口半税,后一切入市税与各种课税概行免缴"。约文详明至此,而吾英货物至内地者,华官仍复任意征收落地税以及各种课税,已阅四十四年之久,而吾英并不能阻止之也。

二、为一千八百九十六年《中日和约》内有两款,照利益均沾之说,吾英亦应闻之,故特将是年约文凡"日本"字样一律改作"英国"。所指之款,即第十及第十一两款也。第十款云:"凡货物照章系英国人民运进中国,或有英国运进中国,在中国照现行章程,由此通商口运至彼通商口,不论货主及运货者系何国之人,不论运货船只系属何国,所有税赋、钞课厘、杂派各项,一概豁免。"第十一款云:"凡英国人民有欲将照章运入中国之货进售内地,倘愿一次纳税、以免各子口征收者,则听自便。如系应完税之货,则应照进口税一半输纳。如系免税之货,则按值每百两征收二两五钱。输纳时领取票据,执持此票,内地各征一概豁免。惟运进鸦片烟不在此条之内。"照约文中措辞甚明,绝无含糊,固一望而可知,货物运至内地,已可不必再行纳税矣!而尚有名无实若此,此即现在英国在华之商务情形也。

至两问题今亦附载如下:一、昨晚阁下于设法以保商务利权一节曾当众言,按《天津条约》所载维持英国商务之法,已可谓其周至而尚不能照办。尚有何较此尤善之法,而令中国如约以办乎?二、如英政府颇欲以实心实力维持将来商务,阁下是否允以所言之约章,令中国照办,以为英国政府实心办理之证据乎?译正月二十六日《字林西报》。

△濮兰德答英商立德尔书

工部局总办濮兰德君昨致书本馆,代英领事署商务随员哲美森君,答英商立德尔君所载本报之书云:商务随员以限于地位,不获行其辨驳于报纸之上,故予特代将立君所载于贵报之书答覆。予之所以有此举者,以恐此信设置而不答,阅者或不免误会其意也。当哲君在中国会演说时,亦曾言明虽经莅会论议,然并不以官自居,实与常人无异。今观立君之信,是言已若忘之。哲君既对众明言其故,而立君犹复以此书刊诸报纸，是否应为，还当请立君抚衷自问矣！立君之书首言现在商务情形。据言前四十四年内英政府维持商务，并无成效，致凡英国货物已缴子口半税者，仍为华官任意征抽落地暨一切课税云云。查天津之约已垂三十五年之久，而吾英国货运至中国内地，不能悉如该约所言，其间亦有多故也。其最大者，则以吾英政府办事寡断，以致迁延日久，不能与中国辨明《天津条约》第三十八节之意，当初立约时本属如此如此者，而中国政府则言如彼如彼。英政府以寡断之故，遂不能强中国如吾所解办理。虽然，此言亦由吾英外部与驻京英使凡于商务之事，向日不甚出力所致也。英国下议院与各制造家，向亦不以在华商务为重。直至近年各国在华角斗贸易，较前尤厉，乃知在华贸易，固为要图而不可缓者，且不仅目前，即后日推广亦关紧要矣！政府固亦知之，故此次特派商务大臣马凯君来华，盖即其明证也。顾政府饬令马君来华维持商务，今甫经开议，而吾英商即与有违言，不大可惜乎？

夫吾英政府欲维持本国在华商务也，为日已久，已非起于今兹矣。故凡近年间于《天津条约》中所失之利权，业已复回几许。此固吾驻华英使窦纳乐之功。而亦皆由吾英驻粤及各处领事同心竭力，有以致之也。故凡吾英商既得口单以后，各处已可通行无阻，而华官亦无不恪守前章矣。

吾英国在华各官，向中国政府所争者，不过凡属货物既纳子口半税，其由此埠运往他埠，沿途及抵埠时一概免税耳。今已如愿以偿矣。而立君犹以为未能办到，则必有实在证据可知，立君其能举以相示乎？立君又云："日本于一千八百九十六年与中国所立商约，言明既纳子口税，以后凡内地他税一概豁免"云云。顾该约有最关紧要之一节，而立君竟未留心及之何也？盖该约第十、第十一两节所指货物，乃由此口运往彼口，及由口岸运往内地某处发售而言者，并非指随处可免一切课税也。如不然者，日政府当已早与中国政府理论矣。

而乃竟未之前闻此,亦可见立君之误解矣。

以上为予所答立君言中国商务情形之一节也。至立君所举之两问题,予亦答之如下。子口税已由吾英政府于近年间逼令中国政府照《天津条约》办理,以上业已言之。至中国厘金及内地各项课税,则以通行既久,人已皆视为故常,设仅一国而欲其除去,是实断断不成者。况方今与中国贸易者共十一国,而吾英不过十一国之一,纵欲为之,而亦未克有济也。虽然中国政府所允者,或有不足恃之处,今将乘此改立新约之际,而令其厘金除去。彼自欲失信而不得者。以厘金既去,实为中国之利,中政府有不照约办理乎?即以香港所立洋药之约章观之,已可知中国之决不失信矣。此其一也。二、如中国政府既除厘金而不照约章办理,吾英政府亦毋庸再事辨驳,只须照会中国政府,言某年某月起吾英商当仍照前值百抽五纳税,而厘金照常亦可。故此次商税大臣马凯君之欲办理除去厘金一事,更欲设法使之不得不遵守此约。况又报复之权操之在我,厘金去而新约成,中国有不永守弗替者乎?

今立君尚不详知新约中各节,而已出言訾议,亦未免太早矣。立君苟少安毋躁,细探其详,则亦断不致投函贵报而言此事矣!

吾英政府当此机会而与中国改订商约,既毋庸以恫吓之言形诸口角,且可劝令删除内地一切课税,以遂吾英初意。以中国地土如此之大,人民如此之众,而以吾英如此之贸易较之,亦觉不甚相称。故为今日计,宜令吾英货物乘机遍销中国。此举想亦各洋商之所愿,当亦不过如此也。

吾商税大臣此次订立新约,实欲一秉至公,彼此各不受亏,而使吾英永得美名。此其识见之远,固非仅顾目前者可比。盖以洋商而欲望商务之在中国能否茂盛,是在望中国之财政充裕与否也。所以此次与中国立约,不独顾吾进口货物之利权,即中国出口货亦须兼顾及之,而令彼此均有裨益也。顾欲望外国商务发达及中国兴旺,必使除去厘金,乃得臻此境地。今日为大开门户之时,而吾曹亦乌可失此机会,而令后人有所藉口乎?译正月二十七日《字林西报》。

△ 西人函论加税之事

有西人某君来函云:今日商会各董事为撤除中国厘金之事聚集会议,观其所论之言,于英国商税大臣马凯君免厘加税之本意,实尚未能体会也。该会董事云,马凯君欲将进口税则加之值百抽十五,是为帮助中国筹款,以付还各国赔款而设。殊不知马凯君并未存此意见也。盖马凯君之本意,其所加进口税则,并不归政府以付各国赔款之用,实欲将所加税则余款交还各省藩库,以补其撤去厘卡以后所失厘金之数也。观于近日立得尔君在贵报所登之函,其不知英国商税大臣马凯君之本意,与该会董事如同一辙。以立得尔君之议论言之,则以为厘金虽除,而进口税加增如是之钜,则中国赔偿外洋之款,实无异于向此洋人囊中取出,以付诸彼洋人也。如此说法,均未能体会商税大臣马凯君之本意,所以不得不为辩正也。译二月十七日《字林西报》。

△ 节译李得立覆濮兰德驳增税减厘书

濮君于六号所答之事,用照覆之。其中无关紧要不必详覆。至此次所驳,请先以保护洋货转运之事论之。如前者英国、日本诸约均未详言,不过言免去各内地货税而已,然其意亦不能限制。爱尔勤伯爵约中所载之款则谓:"各货凡由此埠进口,运至中国彼埠,或由彼埠进出者,俱免纳各项捐税。"当时英政府既云保护,而转运往来其厘金、落地等税仍不能免。濮君所答之事,一、谓英政府不甚留意,以致行之三十五年。二、英政府不能照行此约。三、英政府轻视在华商利。四、外务部及驻京各使于商务不甚经心。五、英政府近年来已甚留意。六、爱尔勤伯爵本意亦因失此机会致不获料及厘金,而中国亦即因之而行。敝人之意,照此情形则中国虽乐于免厘,而仍如从前之不能照办。英政府欲行此政策,恐仍付之虚言耳。七、谓中政府办事应允后不能照办，复以二事证之云。中谓中国得加税之利益，鄙意此事甚难预必设。将来征税百之十五，而关税转办较前更少。中政府如以财用支绌再行厘金之事，则彼时欲免此节诚恐难矣！乙谓其权操之在我，要知前立之约已延至四十四年，其权固在我乎？向者英政府尚以无力自居，不能一反前约，若以将来为可望仍照百分五改订，更属为难也。濮君曾谓，英政府不能迫令中国一反爱尔勤伯爵之约，要即英政府无灌以致之耳。而现在欲以加税至百之十五，冀能得此权利。窃恐前因英政府之懦弱，致为中国所愚，将来尤难免矣！濮君以无知责我，然无人能知其将来如何办法，则我亦不能因此而受责也。得毋濮君具有深谋，而能使始终如一乎？吾等所驳或与马凯君之所见迥异，想马君当有以教我。恐吾之所言要，亦不能回答也。幸商约尚未告成，及早变计，不致无及。若俟定约之后始知窒碍，已难挽回。故请政府不允马凯之办法也。

△论马凯君会议商税事

闻说英国商税大臣请中国将凡有内地进出口厘税，均行蠲免，所有通国厘卡一并裁撤，只留各处新关，以收税项则，可将进口税除现在值百抽七五以外，另行斟酌加增若干，以补厘金之所失。各关既经加税，凡补收厘金所失之款，不能解缴北京，仍交各省藩司，以抵厘金所得之款。其意以为如此办法，则各省督抚自必乐从，而厘金可除矣。因如此办法则所收之款，可比各省藩司派员所收之厘金，必能加多。惟是中国如果允照此法办理，则须约定以后不准另立名目，再行抽税。如英国查得中国不守此约，或有失信，则以后遇事仍照从前旧例办理云云。马君如此办理，可谓得法。由是以观，可知英国在上海中国会之商人会议抗拒马君之事，实属无理取闹也。假使各商人于马君办事之意能确切查明，则不致有此等举动矣。或者谓，中英两国应允如此办法，特恐其余各国未必均能答应。如有一国不允，即于此事有碍，不能办到矣。然如此忧虑，恐亦太过。吾以为各国决无不允之理。盖观于和议大纲未经签约以前，各国举动即可知矣。其时除英国以外，各国均以为中国不将厘金除去，其进口税均愿加至值百抽十，约连值百抽二五之子口税并加核算，即可至值百抽十之数。倘现在各国闻厘金除去，而所加之进口税，不过与从前各国所拟之数不相上下，各国所无不乐从之焉。

△ 条拟商约

东人某君因近日中国政府与各国改订商约，特拟条陈数万言，归告本国。内有输入、输出两项言之尤详。兹节录之，以资考镜。

输入

一、清国各商埠既本开放主义，使外国人得任便往来，则外国一切货物均可输入于该商埠转售。该货进口时既照例纳付税则，则日后转入内地无论在外国人或清国人之手，均不再重复征税。此等目的在于使外人为清国人得有买卖交易之权利。政府既照数收足税金，则不必问其为家用、为贩卖也。

二、住居商埠之外国人既照例纳税，则清国人贩行于内地者，亦可酌纳过路税若干。若无税之货不论在清国人或外国人之手，均不得纳收税金。内地除北京之外，凡清国国境之内均可任便运载。此等目的在于使外人及清国人得有往来搬运之权利

三、外国人民既得将货物转卖内地，则无论外国人或清国人，当纳付入口税及过路税时，均须与以执照。凡沿路一切关捐，即凭此照豁免收厘。

输出

一、外国人民得于各商埠收买清国土产及商货等物出口转卖，惟须照例纳付出口税于清国政府。

二、住居商埠之外国人民，除北京之外，凡清国国境内各地，皆得任便往购该处出口之货。若将所购货物暂存于内地，则在当地照值百抽十之例纳税。若为无税之货，则亦照价钱轻重纳值百抽十之

税。逮远至商埠后,仍照例纳出口税。

三、住居商埠之外国人民,既得往内地购买土产商货,又照例纳付过路税,则清国政府当于纳过路税时给与执照,俾免内地一切关税。

△ 论海关税则银数

去年上海海关册报业已刊出,试将海关一年所收税银之多寡论之。按海关所收税银,合计关平银二千五百五十三万七千五百七十四两。除壹千八百九十九年以外,海关所收税银向无如此之多者。计前十年之内,每年所收关平银约在二千二百万两左右。乃去年所收税银竟较往年多出三百余万两。实以去年新定值百抽五之实在税则,于去年西十一月十一号起征,因照新定税则收税,所以进款稍多。然其时已近年底,为日无多,故虽多收税银而尚不能甚多也。将来中国铁路推广以后,每年征收银数可以有三千万两之谱。核算去年年底中国山东铁路已完之工程有一伯(百)英里之多。其北方铁路由去年年底已经筑成者,有四伯(百)英里,上海吴淞铁路其已筑成完工者有十壹英里。其芦汉铁路由北京筑至正定府,已经完工者约有一伯(百)六十英里。其汉口铁路由南而北与卢沟接连之路,其已完工者一伯(百)零五英里。将来各处铁路尽行建筑完工之后,中国之贸易必大有可观。现在通商税则重行改定,虽将进口税则稍为加增,然于贸易商务并无关碍。核算中国去年一年以内进口货物所值之价,比出口货物多值五千万两。如果中国官长不思整顿商务,使出口货物加增以敌进口之货,则中国银两流出口外者,必日渐加多。即以去年一年论之,中国之银两出口者,已约有壹千三伯(百)万两之多矣!查中国出口茶叶,其商务不如从前之故,实因于税厘太重。试将中国茶务捐项,凡关税厘金所纳之银总共核算,约有值伯(百)抽四十之巨!茶价既轻,税厘又重,无怪茶务之年不如年,日渐衰败也。至于丝业一项,尚可支持。其所以不致败坏者,因美法两国行销其广,是以稍有所获，尚称兴旺也。

　　△ 论西比利亚设关收税

　　俄人在西比利亚违约收税，华商之出于其途者皆苦之。甚至携一新履，指为漏税，罚洋三百，否则禁之黑狱，罚以苦工，而华官若无问焉。未闻中国政府、中国使臣以违约责俄国也。适见东报论西比利亚设关事，故译而载之。夫亦今日议改商约中之一端乎？东报云：俄人不审民情时势，于殖民经济上尚未跻其上乘，突将东部西伯利亚地方与欧西俄地视同一体，公然设关收税，亦可谓无谋之甚矣！夫西伯利亚目前景象尚未至兴旺地步，今竟将东部自由贸易之向章一旦删去，强照其本国苛政将进口货税重征。然则开拓地土之利果何所望乎？况在俄国东部设关收税，揆之于理于势，均为不合。窃不解西历一千八百八十一年，即光绪七年《中俄条约》既经改定，何以俄国竟将中俄陆路通商章程置之度外也。夫两国条约载在盟府，何等郑重，而乃视同其文，真令人无从索解矣！信不由衷，虽约无益，俄固狡矣。然将何以对天下万国乎？查《中俄陆路通商章程》第一条所载，谓"两国边界华里百里，俄里五十里以内，准中俄两国人民任便贸易，均不纳税。其如何稽查贸易之处，任凭两国各按本国边界限制办理。"据此条约及考诸两国连界之版图，其犬牙相错延亘三千俄里。是则沿途跨界之地，两国人民贸易不可不照章免税明矣。乃自一千八百八十一年订定此约，以迄于今不过二十一载，言犹在耳，何以忽将西伯利亚商务所关之地特为设关征税乎？且尤有说也。溯自历年以至一千九百年，凡东部之海面港口均皆免税。是以商贾每用车载货，由内地直运至港口，或由港口直运入内地，互相往还，其中沿途无阻，主客俱便，故商务上颇为兴旺。今一旦在陆路设关收税，重征苛索，商贾必至裹足不前。贸易之今昔盛衰，关系极大。俄人独不计及乎？俄政府将来于东部征收之岁入预算，不但必至大相径庭而已也。现商业会议所申报俄官情形，谓俄人政策拟在沿海州之海门设关收税，使与满洲铁路互相呼应。此亦不正不合之法也。夫铁路商务全恃国家维持保护耳。故凡有国者,无不注意于此以为关键。今西伯利亚商务反由政府戕贼之,使其日衰。然则此举为俄国商务上所大不利,已可知矣!且不独此也。除中俄两国以外,凡列国所谓利益均沾之国,亦将有其名而无其实,然则何以挽之曰:非将中俄条约从新更改不可,否则西伯利亚之理财经济界上必至常常摇动而无已时。欲望其商务之振兴,戞戞乎其难矣!且不独为俄人一国之损,即日本一国其阴受亏损亦自不少。为今日计,务宜怂恿俄国从速改良,斯为上之策也。

△日本政府酌定商业会议所新例

商业会议所者,所以辅助商业衙门,亦即商业衙门之基础也。故《商业会议所章程》实与商律互为表里。上海华商已设商务会议公所矣。惟章程尚未详定,而当事者亦正急急于定商律,故取日本商业会议所新译而登之:

第一条　商业会议所应作为商律所定之工务所。

第二条　每处商业会议所之地段,应依市境内之区域而定其界限。注日本制一市之地,即为一埠,非指小市也。但倘遇有特别紧要之大事,可合市境与市町邨,并町与町邨同以一地区论。

第三条　凡设立商业会议所之时,其议员有选举之权者,约以三十名以上为度,并应推举一始创人。该始创人应禀请农商务大臣批准,方能作实。

第四条　始创人既经农商务大臣批准,后凡欲立一切定章,须会同有选举权之议员共议,必与议员人数三分之二意见相同,然后禀请农商务大臣批准,方许施行。

第五条　凡奉到批准许立商业会议所之日,该会议所即作为是日成立。凡自商业会议所成立之后起,至役员奉到批准之日止,其间必须办理之事务,应由始创人作主施行。注凡有关涉各人员,均称役员,以下仿此。

第六条　所有定章特列于下:

一、名称及地区与该会议所所在之地。

二、议员人数之定额及一切有关选举之定例。

三、役员之权限、选任及关涉解任之定例。

四、凡关涉于会议之定例。

五、凡关涉于公断之定例。

六、凡关涉于庶务之定例。

七、凡关涉于会计之定例。

八、凡关涉于建造房屋舍及建造时应管理之定例。

第七条　凡商业会议所之事务权限特立于下:

一、稽查商工业当如何振兴鼓励,以求进步。

二、凡涉商工业之法律应如何制定、如何改革及关涉施行之意见应禀官者,又凡商工业之利害应表示于众者。

三、凡涉商工业事务之情节,应禀官请示者。

四、商工业之情状及稽查、汇总、造册、示众之事。

五、凡委托代理商工业事宜及稽查关涉商工业各事宜,又证明货物之出产及价值。

六、凡承宪谕应选举关涉商工业之公估人及参考人。

七、凡因有关涉者所请,为商工业事务纷争应为其公断之事

八、奉到农商部大臣批准建造或管理有关商工业之房屋,此外或振兴商工业以求进益必须施行之事。

第八条　凡农商部大臣或地方官有稽查关涉商工业之事务,可命商业会议所代查。

第九条　选举议员之权,凡本国官民或照本国法律而创设之公司,或在商业会议所境内之营业所、事务所。注凡商工交易之处,或店或寓,均称营业所。凡商工办事之处,均称事务所,系为下节所列

之各式人等均予以选举之权。惟合名会社及社员过半之合资会社、株式合资会社,合名股东过半之株式会社,必须经理人员之聘大半用本国人者,方许有选举之权。注合名,即其资本并无限止之意。合名会社,即无限公司。合资会社,即半属有限、半属无限之公司。株式合资会社,即招股与合资各半之公司。株式会社,即招股之公司。

一、凡系自己出名,照商务法续第二百六十三条、第二百六十四条第一第二号以至第六号及第八号,以至第十二号所载之条款,纳商工税而营业者。

二、凡系自己出名制造及雇工帮同制造而纳商工税者。

三、凡纳交易税之交易所。

四、凡商矿照地方情形,由官批定抽税多寡,照数完纳而办矿务者。凡照本国法律而创设之公司,或在商业会议所境内所设之营业所或事务所,倘与以上第一款各号中有一号相符者,其办理事务之执事,或监督处之理事长,或理事,或登记处之总理人,若系本国官民而主持职务者,在该营业所或事务所之地界内,应有议员之选举权。照上文所指公司之资本额,或即以产业为资本,其多寡限制应就地方情形酌量由官批示核定。(未完)

△日本政府酌定商业会议所新例(续昨稿)

第十条　凡属以下所列之各式人等,均不得有选举议员之权:

一、凡因负债经官判令分期摊还尚未满期偿清者;或变产偿债及请官发其产业变卖偿债,而未能偿清各债、未复其自由贸易之权者。

二、凡因事故削去自由之公权及全革自由之公权者。

三、凡受监禁以上之刑、曾经宣布其罪于众者。

第十一条　凡有选举之权者,每人在每一处商业会议所遇选举之时,其所举议员不得过两名。

第十二条　凡商工各业中男子年在三十以上,资格在二年以上,其品学可以备选者,应许其有被选为议员之权。但若系合名会社及社员全备之合资会社及株式合资会社,或偿债无限止、股东全备之株式会社,均须总经理人全用本国人充当,方许其中男子有被选之权。

第十三条　凡属第十条所列之各式人等及禁治生产者,均不得有被选为议员之权。注例凡疯癫及未成丁者,或媳妇有翁姑在堂者,均禁治生产。

第十四条　凡议院定额至多以五十人为限。

第十五条　凡商业会议所倘遇酌订定章,其议员人数或未过定额五分之一,则应可置特别之议员;或地方官因议员人数未过定额五分之一,可谕令置特别之议员。凡特别议员必须要年过三十以上之本国官民,于商工业所开学术技艺素经历练者,方许被选。

第十六条　凡选举议员,准其用重复选举之法及按级递升之选举法,或别种善法。凡公举主持选举事宜之主选人,可仿选举议员之定例。

第十七条　凡遇选举议员,若由地方官所命须派主选之委员者,所有一切用费应由商业会议所供应。至地方官应监察该选举事宜。

第十八条　凡选举议员,准主选人自行承办,但商工各业及无主选之才者,准可由官批示核定,倩人代庖。

第十九条　凡选举议员及公举主选人之法,其办理情形及一切监察之定例,应由官批示核定。

第二十条　凡应当被选之人不愿被选,除经地方官及议员并会首认明确系因有正事之外,若非经商业会议所之决议,则不得辞其被选,并不得乘机辞职。

第二十一条　凡有议员之商工各业,应许其立定一代表人。代表人之职应执掌该业事务,为核社员之监督,或为该社之理事长或理事,故必须三十岁以上之男士方许充当。凡属第十三条所载之各式人等,不得充当代表人。注代表人犹之各业董事而其权尤大。

第二十二条　凡一人在同一商业会议所,不得充当两处以上商工各业代表人,亦不得以议员而兼代表人之职。

第二十三条　凡议员及特别议员均无薪俸。

第二十四条　凡议员之任期,限四年为度。每届二年,应照原额人数改选其半。但若遇有窒碍为难之处,可照初次改选之额,再改选一半。初次改选之期及减员之际,其解任者之章程应照定款所载而定。

第二十五条　凡期限之内接补为议员者,其任事期限当积算前任议员所任年期并为一任。新增议员之任期与现任议员一同任满,不得超过现任者之任期。但若遇议员必须增减之际,其任期之更动应照定款所载而定。

第二十六条　凡特别议员,每届改选一半议员之期应即卸任。

第二十七条　凡议员若因事故失其被选之权,则应除议员之数。(未完)

△日本政府酌定商业会议所新例(续廿二日稿)

第二十八条　凡商业会议所应设之人员特列于下:会头一名,副会头(一名)。会头为统筹商业会议所一切事务,为会议之议长,并为商业会议所之代表人。副会头为襄助会头所办各事。若会头有故或在假期或疾病外出,副会头应代理会头之职。凡商业会议所照定款所载,除设会头及副会头之外,可设必须之役员及事务员。凡役员应由议员中互选,并由农商务大臣批准。凡为役员者,如其议员之权被削,即不应为役员。但照定款所载,必须后任役员俟批准到任后,方能卸任。

第二十九条　商业会议所凡商工业情形及会计中必须查考各事,商工业中人可以经办。

第三十条　商业会议所经费,应由凡有选举议员之权者担承。凡选举议员之权因故停止者,虽在停止之时仍须担承经费。

第三十一条　凡商业会议所照定款所载可以收取各费，或津贴，或经费。

以上应收各费，在民间讼事堂费内抽取。

第三十二条　凡商业会议所议员，如果怠于职事及品行不端，业经查实，应罚锾洋二百元以下，并可革退。

第三十三条　凡运缴经费及罚锾，或经催促仍然不缴者，如国课逾期之罪，并照其例征收后，以上应收各款照征收市町邨及其他征收之例，有先取押、留物，俟人备款取赎之权，以征收国课例办理。注先取押、留物者，系前往征收之时，适无银钱，或不愿遵缴，则经收者即可任意取其货物及其他凡与应收之款相较有盈无绌者，或即取回，或即封置其处。另缮票据，给付应缴款项之人，准其备资取赎。凡滞缴之处分，由迟缴者居处之参事会长、町邨长办理。注参事会长犹之公局之首董，町邨长犹之中国之保长。

第三十四条　凡商业会议所于应受迟缴之处分者，或于应受革退之处分者，业报定议后，可以停止其选举之权、被选之权四年。

第三十五条　凡以下定议之法，必须集议之议员在三分之二以上。所定之处分非有议员三分之二意见相同，则不能作为定议：一、更改定款之会议；二、豫算经费及征收赋税方法之会议；三、凡第三十二条、第三十四条及第四十二条之第一款所载之会议。以上会议若非禀经农商务大臣批准，不能作实。

第三十六条　凡豫算商业会议所经费，必须禀报农商务大臣。凡商业会议所必要将其事实情形禀报农商务大臣，每年至少一次。

第三十七条　如会议欲将商业会议所解散，必须照议员总数之三分之二以上意见相同。若非议员总数之三分之二以上意见相同，不能作实。凡以上所议定各款，若非禀由农商务大臣批准后，亦不能作实。

第三十八条　凡商业会议所虽经解散之后，其未了事宜关系于

清算者,尚须接续办理完善。(未完)

△日本政府酌定商业会议所新例(续二月二十七日稿)

第三十九条　凡商业会议所解散之时,须照定议之例选举清算人。凡选举清算人,必须禀明地方官批准。

第四十条　如不能照前条选举清算人,则可由地方官拣选。

第四十一条　清算人即应代表商业会议所关系,于清算之事一切按其权限而行。

第四十二条　凡清算人所定之清算及处分财产之法,必照商业会议所议定之章。若为商业会议所从未议定者,万分为难,应即禀请农商务大臣批定办法。

第四十三条　商业会议所虽经解散,其应收之款仍可照征收赋税之法,照数收清。征收之法即按照第三十条、第三十三条办理。

第四十四条　凡禀请农商务大臣办理之事,农商务大臣不能推辞者,可照定款所载预算经费之法,或清算征收赋税之法,或变通处分财产之法及其他必须通融伤办之法办理。

第四十五条　凡议员之选举,或商业会议所之定议,又役员、清算人之行为若于法令及定章有违背之处,或有害于公众之利益,农商务大臣可将其选举权、被选权注销,或将役员、清算人、议员、特别议员削职或撤任,或注销商业会议所之定议,或勒停役员、清算人之所办事宜,或勒令解散商业会议所。农商务大臣于前项撤任议员及品行不端之役员,应注销选举者,在四年以内可以停止其选举权及被选权。

第四十六条　凡选举权、被选权业经停止者,在停止期内不得充当议员、特别议员或商工业之代表人。

第四十七条　农商务大臣可将所定本项新例,委地方官照此权限办理。

第四十八条　本项新例中凡关系于市町邨及市参事会或町邨长

之定章,其于无规制之市町邨即可照此定章办理。

又,附属第四十九条　本项新例定于明治三十五年七月一日施行。商业会议所旧例既废,如有按照旧例设立之商业会议所,除照本项新例办理外,并照第五十二条批准之定章办理。

第五十条　照商业会议所旧例而设立之商业会议所,自本例施行后如仍旧设立,应照本例所定议员之数,或选举之法,或有关选举之事,议定禀由农商务大臣批准,限止明治三十六年三月三十一日,可以选举议员。前项之选举及有关选举之事,照本例或照本例宗旨所定之则例办理。

第五(十)一条　照旧例设立之商业会议所,其会员及特别会员当本项新例施行之际,其职任期限应照前条第一项选举终了三日为止。

第五十二条　照第五十条第一项当选举之议员由选举终了之日起,三十日之内照本项新例定规,议定章程,选任役员,应禀请农商务大臣批准。照旧例设立之商业会议所无庸恪守第二条新例,可在从前地方设立。

第五十三条　照旧例设立之商业会议所,其役员任期照前条第一项选任役员批准之日为止。

第五十四条　照旧例设立之商业会议所,照第五十二条第一项业经批准者,即作为按照本项新例设立。照旧例设立之商业会议所,如不照第五十条第一项,又第五十二条第一项办理者,即作为该商业会议所业经解散。若有此等情事,应照第三十八条至第五十五条办理。(完)

△　书日本商业会议所新例后

国何以成?合士、农、工、商而成者也。由士而仕,兵为武士,皆士类也。然万事发源于士,而归宿必在于商。无商则士不得养,农不得售其菽粟,工不得售其技艺,势必致国归于尽而后已。故古人曰:

"士、农、工、商,非以士为本,以商为末也。实谓发源于士,而归宿于商也。"自后世不察,刱为贱商之说,而今日实其害矣！今日论者皆羡西国之富强,然问其何以富？商也。何以强？商出资以养兵也。于是中国亦渐知重商矣。然商务大臣虽已简派,而专部未设,衙门未建。商务会议公所虽已创始,而员役未备,权力未足。凡关涉于重商之道,固有急起直追而不容己者也。顷以商务会议公所章程尚未详定,当局者亦正急于商律,故取日本新定商业会议所例译登于报。译既竟,而知日本之重商与乎！商业会议所之为商务命根也。观其第六条所载,应得会议之定章,如关涉于公断之定例,关涉庶务之定例,关涉会计之定例。又,第七条事务权限,如稽查商工业当如何振兴,鼓励以求进步,如凡涉商工业之法律应如何制定,如何改革及关涉施行之意见应禀官者。又,凡商工业之利害应表示于众者,如凡涉商工业事务之情节应禀官请示者。四、商工业之情状及稽查、汇总、造册示众之事。五、凡委托代理商工业事宜及稽查关涉商工业各事宜,又证明货物之出产及价值。如凡承宪谕应选举关涉商工业之公估人及参考人,如凡因有关涉者所请,为商工业事务纷争应为其公断之事,如奉到农商部大臣批准建造,或管理有关商工业之房屋。此外,或振兴商工业以求进益必须施行之事。是名曰商业会议所,为商人所设立,而实有辅助国家、归正国家、补救国家、感动国家、代表国家之权。必如是,而后可以为重商也。今中国虽言重商,而公断之权官可翻之,律例之权自独专之故。官得视商为鱼肉,视商为仆隶,剥削之,抑勒之,欺侮之,几忘其由士而仕皆赖商人之养。无怪其国势之日替也。诸商业会议既为商务之命脉,则宾主之间尤有不紊者,按通商之公例,主国之商为主,而来此通商者为宾。独中国反宾为主,反主为宾,亦为商务不能兴盛之源。《日本商业会议所新例》必该会社中日本股东过半,或全系日本股东者方许有设立会议所之权,方许有选举议员之权。又,必会社中之经理人全为日本人者,方许其中之人有被选为议员之权。盖必其宾主之界限如此其严,而后通商之利大半归于主,而小半归于宾也。而后商业会议所全为本国商人之命脉也。而后本国之商皆不愿挂洋旗也。今者中国反宾为主,反主为宾之势,国家无可挽回。转瞬内地通商洞开门户,非特悬挂洋旗者愈多,实将使全国之商务为宾所占也。官既难以挽回,官其畀商务会议公所以挽国权乎?

△ 辨议加税译函

有某西人致书美国商务会,辨议加税裁厘之事。谓本月二十二号美国商务会所辨之事,颇似错会马凯君用意者,今余特举所知以告。如所议第二事中,谓加添进口一分半税,能使中(国)政府可多收税银,以抵各国赔款之说。不知马君之意实不在此,不过欲偿裁厘之所失耳。而前者李德立君之书谓,此事是将赔款重负卸于西人代偿等语,及布伦门飞君之书之意,似皆未能尽谙马君之实意也。盖马君之意正欲使税项总归一处征收,而免一切弊端也。又所议第三事谓,若使中国减去各厘,而于加收之税不能相抵,是失公道等语。不知中国即使所收之税不能抵减厘之数,在中国自能另筹相抵,毋庸过虑。可见马凯君之用意,实欲革免各弊,使之并归一处征收,而非为加税以抵赔款也。又所议第四事谓,即使马君所拟照行,而将来结局尚无实据可凭等语。不知中国商务之结局目下虽无实据,然要只视商家之贸易兴衰可知。盖观海关册数,即可类推。如当一千八百九十七年至九十九年间所收落地价税,按和约中所定,除鸦片烟外总核不过近三厘半。乃一千九百年内进口甚多,除鸦片烟及免税各货外,竟共收落地价税二百零一兆五十万两。今若按照五厘抽税,则可多至三百万两。设使再加一分抽收,又可多收二百万两。然马君所拟裁去转运各税,当于数中减去九十一万七千两。又马君所拟凡欲照收前免税各货,不得逾五厘之数,此项约计亦当减去二三十万。即时照加一分抽收,所多约在一千八百万至一千九百万之间。是此数,庶总可抵马君拟抵减厘之数,并可知马君之意归并一处征收,实可革除中国官员场流弊也。

△ 奏订商律要闻

探闻商约大臣盛宫保已于去年十二月间,奏请翻译《各国商律全书》,以便将来设立商部之用。业已奉旨允准矣。又闻盛宫保电商政务、外务两部,请代奏,(奉)旨遵行。并闻将来设衙门时,须由驻京各公使聘请各国有名律师数位,来华充当该衙门教习,博采各国矿路各律及商务专律,编纂成书。一面由中国派员学习,俟学有成效,即将此员派充该衙门听审委员。如有华洋人民为房产账目等事争讼,均可赴该衙门控告。如华人不愿如此办理,仍往地方官处申诉,亦听其便云。

△ 中英新约①

中英新订通商行船约,已于二十八年八月初七日在上海画押。

△ 李家坚呈外务部文②

奏派驻扎海参威办理交涉商务委员李家坚呈外务部详文

为详请咨行工艺局遣送货样来威试销,并督商各衙局出示晓谕各埠华商遵照事。窃卑职于光绪二十八年九月十三日接准俄罗斯帝国海参威税关第四千六百五十号文称,据一千八百八十一年即光绪七年《中俄条约》,凡华货陆运入境,只准征税于税关。《国律》第一千三百七十条所指之货,则华货由海入口不得同邀此例,即不在免税之列。(查《俄税关律》第一千三百七十条,凡华货除茶叶照章征收入口及烧酒他项粮食所制禁止入口外,由伊尔古兹克税关入口者,一概免税,只须报关员登册而已。)故一千九百年六月十日创设海参威庙上(俄语尼俾拉也扶司克,即黑龙江入海之口)。《税关国律》第一节第

---

① 此条与前后剪报粘贴不同,系先生手录。——编者
② 此条系剪报,未标报名。——编者

三条,已将中国货物一概征税,与一千三百七十条《税关国律》无涉也。现中国东三省铁路接通海参崴,闻车运货水脚较贱,为时较速。兼之海运征税,陆运免税,则海运难于抵御海参崴庙上,商务之衰败不问可知。今户部尚书顾威,听贵商务官及海参崴商会陈说以上情形,深知难昭公允。因令税关自本年十月一号起,凡华货由海参崴庙上入口者,悉援照一千三百七十条《税关国律》办理等因。奉此,理合照会贵大人鉴悉,并请晓谕贵属驻威各商之承商海运者遵照外,本关应行知照各端如下:

一、按以上缘由,所有华货除茶叶及禁止入口之烧酒他项粮食所制各酒外,自本年俄历十月一号即华历九月十三日起,海参崴税关一概免税放行。

二、以上户部尚书所准华货免税放行一案,应按俄律一千九百零一年五月十五号所改《国律》第一百一十条税关章程办理。则十月一号以前起卸之华货,仍按旧章程完税;十月一号起卸之华货始能免税也。(查以上所陈第一百一十条《国律》称,凡进口货业已开验而未曾验毕者,悉按照旧有之税则征税。虽此日业已颁行新则,亦不得舍旧谋新也。凡税关业已开出之税单,如无差误,万无更改之理。)

三、凡查验华货时遇有疑窦,难免稽延时日,相应咨照承办华货者,凡华货出口时须向该日俄领事官或驻京俄使处,具领确系华产之货证凭,呈关查验,免滋疑窦,而速起货等因。前来卑职考察原文,未将该国一千九百年六月十号《国律》第一节第四条稻米入口是否免税声叙明白,因于本月十四日备文照会海参崴税关,将中国稻米是否免税明白照覆。旋于本月十五日接准海参崴税关第四千七百十号覆文称,"接准贵大人本年俄历十月二号第五百八十六号公文,荣幸照复如下:查户部尚书本年九月二十八号第十号札文称,援一千三百七十条《税关国律》办理,则中国所产稻米运入海参崴庙上两口,亦在免税之列"等因。前来除晓谕海参崴、双城子、伯利、庙上、岩杵河各商遵照外,惟查海参崴一带华商类非善贾,虽遇机缘,恐沿故习,仍不能集思广益,以图外销,只购华工所需,博微利而已。伏思中国年来制造有效各省,厂作林立,京师已有工艺局之设。惟所造何货？合否外销？卑职远在外海,无从悬揣。考察此间商铺,皆陈设日本货色,如顾绣丝绸、古铜瓷瓦、景泰窑各器,无不利市。而此等货物日本类仿华制,惟讲求西人所好仿样制造,近十年大见功效。卑职遍历欧洲,凤喜交好,目睹大小居户无不列陈一二品以为珍异。而俄人最喜华品,妇女尤爱华绸,每购日本充华各货,以得华货为荣。年来铁路东接,西人东游日广,日本各货日见畅销。虽俄关苛敛,税价几数倍于原值,仍不乏入口之货。今东海幸免华货之税,适中国整顿商务之时,天假其缘,我华商正宜争先恐后藉挽利权。或谓俄关独免华货之税,必有啬意,万难持久。孰知指顾间百货麇集,获利良多,盖西人厌故喜新,日本各货已数见不鲜,华制者正争相奇异。故卑职愚以为,中国制造工艺各厂能将华货从速运崴,陈赛出售,必获厚利。

以上缘由,除另具管见三十条备文分别申禀外,理合备文详请钧部通行京外督商各衙局,采择施行。除另备副详呈请批示外,伏乞照验施行,须至详者,谨将乘机扩充外销俄国东海滨阿穆尔各省华货各情形,胪陈管见三十条,呈请钧鉴。

运货须知

一、京师所产如景泰窑、充古铜陈设项下,宜运花瓶、盆盏、鼎盒各件,价本宜在每件五十两以上百两以下,或五十两以下者中等者难销。充古瓷器陈设项下,花瓶、盆盏各件,价本宜在每件五十两以上百两以下,或二两以下者中等者不销。雕瓷雕漆盒匣、盒托之类,价本宜在每件十两以上二十两以下,或二两以下者,此项销场未必能广。

以上各货俄税特重之品,现乘华货免税之际,正可收回日本冒充华货之利。重价者宜运每式一二品，价贱者宜每式十数件，商寄于广商同利、广泰，东商永和栈各号试销之。视销场之兴旺再行扩充，必获厚利。

二、京市所集各皮货项下，宜运白针海龙皮张，不论新旧，西人用之作外罩大领者。每领约长二尺，宽以八寸为度。价本宜在每领百两以上二百两以下，或二十两以下。西口真正原板摊皮，西妇用之作斗篷，每件价本在五十两以上二百两以下，或充摊皮，价本宜在二十两以下，十两以上中等者不销。上等火狐皮张，西妇用作斗篷，每件价本宜在五十两以上百两以下。充火狐之原色皮张亦西妇作斗篷者，价本每件宜在三十两以下十两以上。金银嵌狐皮，西妇用作斗篷或作外罩，价本每件宜在四十两以上七十两以下。卷毛紫羔皮，西妇用之作紧身罩袄，每件价本在二十两以上五十两以下。

以上系华商本有之利，惜来货不广，而欧美各市价值奇昂，于秋初夥运来威，商寄于东邦义泰等号代销，必获厚利。

三、京师所产真正平金平银绣件，西人喜为饰观，惟现成之件合式者无几。如补服后云能就西人椅枕之用，或四面原地加宽，可蒙方杌之用，每片价本宜在三两以下。八团大小片可就凳垫之用，每片价本宜在一两以内。

以上各货中国本有可供西人之需者，亦俄税独重，藉收日本冒充华货之利。每式运十数片，寄广泰、同利等号试销之。

四、京中易于定制，如真正平金平银素缎、地炉屏料，宽宜在一尺二寸至二尺，长宜在一尺五寸至二尺五寸。绣宜人物或翎毛花卉之成画者，不宜散花。每片价本宜在五两以上十两以内。真正平金平银素缎地四折或六折屏风料，宽宜在一尺二寸至一尺四寸，长宜在二尺五寸至三尺，绣宜人物或翎毛花卉之成画者，或春夏秋冬，或琴棋书画，合配一屏者，价本每片宜在五两以上十两以下。

以上各货系能就西人之需要定制，而收回日本冒充华货之利，炉屏料每片分式运数十件,销场必广。屏风料每幅分式运一二架试销之。日本所来皆装成框架者,况屏风在家具之列,威关并未上税,价值甚贱,恐华货难于抵制。

五、各式果脯如桃、杏、李、苹、沙枣各果,运威必可畅销。俄人喜食糖果,价值甚昂。

以上俄税独重之品,正可乘免税之时夺土耳其、波斯之利。

六、天津所产顶好泥人,如李文忠遗像、各式戏文,价本每座宜在津钱一吊之内。

以上之货可就西人陈设之件,其物虽微,销场必广。京师客商过津时定购数百件,必能获利。若专诚贩运,不合算也。

七、山西所产本色或灰色茧绸,较之山东所产密而细。俄人本喜山西所产,年来山东所产者类掺棉麻,故销场更滞。山西所产,西商均经张家口、库伦、恰克图运入俄境。现在毕悉利铁路东接,每由恰克图经伊尔古兹克运来海参崴销售者,而张家口、库伦跌运一道,自必日见萧索,转运费重,难与山东所产争利。若能经保定而运至塘沽出口,运费较轻,销场必广。其粗细分两,西商已有把握,非门外所敢拟议也。

以上系华货已能外消(销),极宜改辙,而扩充者亦俄税独重,正可乘免税之际,夥运来威,以补漏卮。

八、上海所集如时色(灰色、古铜之类,紫酱尚有销路,天青则难销)真正素杭缎,泰西富妇喜以制衣,俄法所产虽上等之货,犹掺麻地,而价值每俄尺必在八罗布至十二罗布(每罗布价约华八钱有奇,每俄尺合华二尺。)铁路业已东接,欧美妇女东游日广,杭缎来威必获厚利。其宽窄消(销)路沪商必已深悉,不敢妄参也。时色大花实地纱,泰西闺秀喜用制衣;摹本上等缎地织金银各式大花之料,富室西妇喜用制衣;波纹上等摹本缎料,中富西妇喜用制衣。

以上系中国现有之货,亦俄税独重之品,惜来货未广,宜夥运来威，以收免税之利。

九、江浙易于定制者，如素摹本缎边料，宽宜在一、二、三、六寸者，长不拘（系零剪出售），色以洁白、粉红、茶绿，西人用之饰女服箍花球。如用线缎织出，本处销场亦广。惟须添黑色白边一种，就西人箍花球之用。

以上各货系能就西人之需定制，而收免税之利，夥运来威，必获厚利。

十、南京所产金银貂绒，西妇用之作罩袄，华人用之作马褂。威埠华商渐喜丽服，销场必广。

以上系中国现有之货，亦俄税特重之品，宜试运来威，藉收免税之利。

十一、上海纺织各厂所产布匹，如斜纹布、花旗布，不但销于东海滨、阿穆尔两省，且可转运入东三省。惜铁路已成，比较运价，大约销至宁古塔为止。漂白布能漂出上白，不但销于华人，且可畅销于羁旅韩人。

以上各货亦俄税特重，闻华商已有运威者。若能减价，夥运必能夺欧美之利。惟不知上海价能否较贱于英美客货？主厂局者宜通盘筹画，以收俄国免税之利，诱旅民试用，以杜客货漏卮之策。但非暂免出厂税，恐难见效。至价本须考诸善贾者。

十二、弹卷棉花此间销场最广。惟威埠羁民性懒，喜用日本所产，取其匀称，易于翻制。若上海商户能力为讲求弹净匀平，运来威埠，价本每百斤在二十两以内，必能获利。

以上系中国有权抵制日本之货，俄税独重。若乘免税之时运威，必可夺彼之利。

十三、江西瓷器质地坚硬，独冠五洲。惜中国未仿泰西之式，销场未广。现上海已有洋庄之设，如大小花瓶、充古瓷盆、花盆鼓凳之类，价本轻，必可运威畅销。若能仿泰西之式定造食具，必获大利。

以上系俄税独重之品,可以藉免税之时,收回日本冒充华货之利。

十四、丝瓜络一物,西人澡身所用,销场甚广。能收其老结者运之来威,每个价本在二百文以内,必获厚利。广制各式蜜饯及桂圆、荔枝、河南长枣、翎眼白果之类,不但俄人喜食糖果,华人中竟有未见此品者,夥运来威,均可获利。

以上皆俄税特重之品,可以藉免税之时运威获利。

十五、绕绒鸡鸭鹅蛋,春间耶稣复活节西人彼此致送蛋形之品以相庆贺。宜绕成各式福禄寿喜字样者,每个价本在五百至一千,必获大利。若能绕出人物者,则更贵矣。

以上宜于春初运威。

以上自一条至十五条,系威埠未曾列肆,或已有而极宜扩充或易于仿造而必能畅销者,愿各商运威分寄现有各号代消(销),俟有效验,再另设铺户,免铺张亏本。其华商业已贩运之货,彼必专精,未敢赘及,其各国免税之货难于夺利。容再详考。

制造须知

十六、俄律免税或有专约之国减税各货,须验机头,或该货上刻有牌号,指明某号在何处制造,或志明某年月日,方能放行。华货往往有字号而无地址,或竟无字号者,诸多周折。嗣后各厂作宜按以上所指详细指明,免税关挑剔稽迟。

十七、遇有不便制号之货,或制号而不能清楚之货,皆须该处所驻俄领事,或他各代办俄领事给照为凭,方能放行。如无领事或代办领事之处,或由该处地方官或商务局出照,亦可迁就。惟俄关多弊,华商善贿,虽有牌号之货每有意为难。嗣后承贩华货者,宜不论何项货色,概领俄领事执照,即可免税关掣肘也。

十八、广商近就外销,或仿西式制造牙骨各货,雕刻精细,销场已广,惟盒匣铰链锁匙,折扇柄轴须镶类,用极粗铜制,未免不称。或虽用银制，工作甚劣。盖泰西于装潢一项，不但相配匀称，且极精致。嗣后制造家宜留意于此。其盒匣四脚船球各镶件，更宜牢固。盖俄制无不坚固，投其所好，销场必广。

十九、广商所制银器虽仿西式，徒有其表。如杯盏壶罐类，用压花而不加托裹，嗣后制造者宜留意于此。凡凸凹花样者悉加镀金托裹，以就外销。

二十、广制乌木雕刻家具虽仿西式，类不合西人之需。盖泰西榻椅取意适体，宜低矮柔软。嗣后制造者留意于此，榻椅坐身四框不宜用木料，宜幔蒙织料，榻椅背靠、两旁手靠亦宜用柔软织料，或旁镶雕刻，不宜全用雕刻，致重价本而碍销路。

廿一、广制乌木框雕刻立屏，笋头屏座概宜坚固，铰链亦宜精致坚固，绣工宜疏散，既可省工，又宜销路。制造者留意及此。

廿二、广制乌木雕刻框插屏类，高二寸（尺）五寸，宽一尺五六寸，不合泰西之用。盖西人每遮于炉旁，宜加高至三尺以上三尺半以下，宽宜加阔尺至二尺或二尺五寸，方合外销。笋头屏座均宜格外坚固，盖炉屏围火，易于损坏。能用独幅雕者更为佳妙，但恐价本太贵，未必畅销。

廿三、上海所制西国家具固已绝妙，但来威各货类不坚固，且沪地潮湿，料质不干，俄国冬令，封窗墐户，干燥异常，嗣后制造者宜留意于此，用干燥之木，少用胶粘零件，并宜多运坚固之货，庶可与日本争衡。

以上十六条至廿三条，系制造必宜留意、从速更改之处。管见所不及，尚难枚举，惟望营商工艺之辈随时考察，以兴制造而畅外销，不难争利于五洲也。

商贩须知

二十四、商贩多弊，每于华货中夹带他国之货。一经查出，罚令綦严，我华商宜谨慎从事，勿稍舞弊。

二十五、俄东海钢铁制造所需各货，本在免税之列，近与美国商战,独征该国钢铁货税。华商运货来威类无执照,华货粗蠢之品更无志号,每每为难。嗣后承运何国之货,须向何国领事官处领照,证实某国之货,方免留难。

二十六、粒米一项,俄关已准免税入口,而中国未弛出口之禁,奸商难免偷运。盖威埠米价甚昂,以今秋市价次等者,每担俄钞十二罗布左右。此又我当道宜格外留意者也。

通商须知

二十七、食盐一项,东海滨、阿穆尔、杂拜喀尔三省均无所出。此间食盐类由广东经香港私运来威,每年约计五百五十万斤。自旅顺出租,间由貔子河运威者,而盐价仍属昂贵,每斤约在十五戈比左右(每戈比合华十文)。彼督抚洞念民艰,曾商商员转请前总理各国事务衙门电饬长芦运司,设法通融运威销售。旋因北方多故未果。而此间不但移民日众,且黑龙江下游渔利大兴,需盐益广,与其任奸商私运,不妨量予通融,年准出运若干,领票承运,化私为官,易于限制,酌减课税,以广销路,未尝非裕国便商之一道。查前次卑职与彼督抚所商各胲,系取山东所产,质美色白,健益民生,据称烟台市价每百斤上等者八九百文,次等四五百文。如邀奏准东盐外运,则由烟台直放轮船来威,只四日程,较之由香港运威,径捷多多。则港盐出口不禁自禁,免丛生交涉之虞,寓限制防维之意。一举两得,厚利无穷。

二十八、草帽边一项,中国外销之一大宗。惜工厂未兴,类由女工制造出售,经洋商贩运欧美,制帽东运,复行进口。年来日商窥其大利,运日制造。查此间各口销路甚广,若自创厂作于烟台,仿式制造,即不销洋人只销华工,亦已可观。盖俄关只免华货之税,一经运日制造,即以日货相看上税入口。天然利益,愿我营商工艺者留意于此,必获厚利也。

二十九、海参威商务,庚子以前华商占百分之五十六。设关以来日见萧索,竟有关闭歇他迁者。然巨商之业有根柢者,仍能获利。今华货免税骤然振复,盖公私建造各工尚夥,兼之东省俄兵撤退,东海水师扩充,将大兴工作于乌苏里南一带。则既须华工,必须华货。明年商务之兴操券可待。惜此间华商类皆负贩出身,虽有积蓄,实无钜富,故经商者全仗上海接济。自东省兵燹被累,沪商畏惧,周转维艰,而威商信实未闻有累及沪庄者。虽四海盛一户,迄未清偿,而该东责令夥友从速经营,陆续料理,则沪地钱庄必将复放威债,以收厚利。第恐沪、威遥远,难免惕栗,不如由通商银行分设威埠,专放华债,既优利息,复便稽查,又可与道胜、汇丰各分行争衡。盖东商性喜便捷,苟有华款可用,虽利息较重亦不顾也。则通商银行苟能分设于此,必获厚利。惟望为其主者留意于此。

三十、俄国东海工作重赖华工,每年春季由烟台结队来威,秋末归歇。以今工程最少之年计之,已不下四十万人。类由华商于春秋二季,租日本旧船来往威烟,专载华工。秋季来货较多,又可装运海菜回烟。虽租船昂贵,司理未精,犹能获利。则明年工作大兴,独载华工,以由烟赴威水脚每人九元而论,已不啻数十万。能放招商局轮船来威承运,果有诚实可靠、善于应接之买办为之周旋,华工华商必乐为思迁,咸来交易。从此由渐扩充,由烟而分沪栈,揽运俄茶,再绕香港,不难独占船利。盖俄船开销糜费,布置毫无,德日虽精,亦难与华船抵制,所恐买办非人耳!为其主者,亦宜留意于此。

以上二十九、三十两条,系华商深盼之事、现成之利,想我商务大臣早鉴及此,必采择,以庇我羁旅也。卑职囿于海关,管蠡窥测,只略举所知,择易于振兴、速于见效者,非敢言有裨大局,但求诱销华货逐渐扩充。至此间已有之货经商者,自知振作,概不赘及。

学校报馆译书局藏书楼

△ 杭州东文学社

东文学社自春间开办以来,旧班各生已能译读各书。兹拟渐加推广,添设夜班,专课东文文法,并议将文法编成课本,月出一册,约三十页,后附学堂记事、译书广告二种,专载各处学堂要事及新译各书名目,以便用,准于十月望日出报。杭州。(廿七年《中外日报》)

△ 江都普通学社

普通学社,江都方地山、泽山两昆仲现创普通学社,兼教幼学、中学东西文繙译,旁及天算、格致。(又)

△ 皖省藏书楼

皖省藏书楼,王中丞拨给行台一所为开办之地。后经联廉访加拨附近房屋,均由何君春台修整,于九月朔日起任人入观。(又)

△ 杭绅安定学堂经费

杭州胡藩卿部郎焕拟设安定学堂。本期安定经义治事之义,开办及常年费均部郎独任。又禀抚、藩两院,拟拨蔡巷敷文讲庐作为该学堂之地。闻已批准。又开办费六千元,又提六万元生息,作常年费。

△ 杭府高等学堂

杭府拟改求是书院为省会高等学堂。仿南洋公学办法,分为上中下三院,另立师范斋。改工艺厂为图书馆,购备蒙学、中学、高等各书以及编辑课本,肄习图学诸大端,有条不紊,均属周妥。请添开办理经费四千六百元,常年不敷洋壹千元,诚果泉方伯已允拨济。(廿七年《中外日报》)

△ 江鄂译局

江鄂编译官书局其经费每月约千余金,已有江鄂分认,局设于南京钟山书院,已于九月初八日开办。总纂为缪小山、张季直两太史。已托李木斋星使代购日本善本书籍百余种,以便次第繙译。(廿七年《中外日报》)

△ (阙题) 江宁李孝廉振铎上书江督,拟设政治学堂,以教中年士子。岘帅①颇许可。

---

① 两江总督刘坤一,字岘庄。——编者

△（阙题）　江南陆师学堂总办为俞恪士观察。

△（阙题）　伍光健为南洋公学总教习。

△杭州满营东文社

杭州满营东文社已移至泗水坊桥西岸。日班教习为日人嵯峨崎君,夜班教习为武备学堂教习徐君清甫。

△秀水小雪堂经费

浙江秀水县方大令家澍会同绅士创办膏捐。每烟一两,捐钱四十文,以二十文提缴,以二十文作本县小学堂经费。已蒙浙抚批准。

△杭州府中学堂

杭州养正书塾经总理杨雪海太史咨请改为杭府中学堂,并请将从前并设之县学堂另行加设,以备升入中学堂之选。已蒙诚方伯批准。养正开办之初,胡绅乃麟捐洋二千元为书籍仪器之费,现该绅又另案创立安定学堂,经费洋六万元。

△宁波文明学社

宁波文明学社专售新译书籍时报,兼售理科器械及学校应用文具,明岁春初开办。（以上均《中外日报》廿七年）

△浙士设编译所

杭城志士祝再辰、蒋再唐、袁文数、项兰生、吴立斋、俞璞如诸君,筹集款项,创设编译所,附设于官书局内。已蒙诚方伯批准。

△杭州求是书院设蒙塾

求是书院拟附设蒙塾,总所竝于城厢,分上中下三区,共设蒙塾二十所,专教六岁至十二岁幼童。每年经费一千九百六十元,诚方伯已允拨给。

△浙士设时敏学塾

某某志士在保康巷邵宅设时敏学塾。课分三门：一、算学,一、英文,教习为许孟廉；一、东文,教习为徐伟人。

△粤绅设时敏学堂并资遣出洋学生

广东绅士邓家让邀合同志，捐开时敏学堂。现禀督宪谓，开办后肄业生徒日众，中西各学粗有成效。现拟自备资斧出洋游历，并选带幼童送入日本学校，即由董事等轮值，一人常驻东洋，专习教授中国经史之学，请奏咨存案并给护照。陶帅已资出使大臣札饬各埠领事，随时保护。

△北京通信讲习所

日本大和正支氏近设通信讲学所于上斜街，专译东京专门学校讲义录，每月两册，以二年为卒业期。

△（阙题） 天津府凌福彭拟开一学堂。

△丰台镇东文学堂

丰润县之丰台绅士开一东文学堂，其教习为日本高等师范学堂卒业生加纳治武君。每月修金四十元，为中岛裁之所订。

△浙绅拟设师范学堂

浙绅蔡鹤顷太史、陈钧应主政、童亦韩陈介石两孝廉，拟在省城创设师范学（堂），余中丞已批准。

△华北译书局

华北译书局设前门外大沙土园。译西书者为王麟阁，译东书者为西师意。因《北京时报》机器未到，故在事诸君先设此局。其汉文即《时报》主笔人。

△江宁拟开师范学堂

江宁拟改文正书院为师范学堂，恩寿请江督刘添经费每年三千两。

△公众书院经费

上海华人公众书院除工部局已筹备常年经费外，其建造经寓沪绅商已捐集三万两有余。

△上海育材学堂

育材学堂在上海大东门内北城脚，刊有广告。

△广东育材书社

粤绅刘鹤龄等在省城、河南、香港设书塾三所,名为育材书社,集资数万,外国商人依利士嘉道理独捐银四万元。

△上海强氏书馆

强氏书馆在上海西门外银河里。

△通州书报社

通州书报公社经始者为张教谕师江、李训导鼎、冯明经征。公启另粘。

△(阙题) 东吴大学堂监院为孙乐文。章程另粘。

△杭州女学讲堂

杭州大英医院梅滕更创建女学讲堂。

△湖州志正学塾

湖州志正学塾在城东街沈宅,辛丑春开办。

△杭州方言社

杭州方言学社在梅花碑南首,中西教习四人,学额四十名,住额廿名,七月十五日开学。

△上海绳正学堂

上海绳正学堂……(下缺)

△天津藏书楼

天津都统衙门设藏书楼。

△无锡竢实学堂

无锡竢实学堂丁酉设立,戊戌开堂。延华若汀征君为总教,秦鼎臣明经为教习,丁仲祜茂才为算学教习。另延英文教习。定额学生三十名。上秋复于西偏关治操场,令武备生学习德国兵操。今秋复延美国教师麦甘霖、皖人朱葆元教美国操。今春复添设蒙学初级馆,学生四十人,其甲班之考升南洋公学及各处大学堂者甚众。

△京口储英学堂

镇江新湘统领、陈宇山军门、江胜统领、杜云秋观察开学堂,教授兵丁。京口副都统奇统制亦在甘霖寺开设储英学堂,专教八旗驻防子弟,学生额定二十四人。

△ 巴县教士学堂

美教士毕君近于巴县城外曾家岩地开设学堂。

△ 渝旬报

日本某君在渝城设立《旬报》,仿《杭州白话报》之体。

△ 天津德文学堂

德国国家在天津河东山西会馆创一德文学堂,学生六十人。洋教习为玺波生及繙译张仲严,汉教习为王吟生。学成给照,由德武官酌派差使。现由河东绅士王子石总理其事。

△ 山西学堂经费

山西教案赔款五十万元,分十年作为学堂经费。晋抚已与李提摩太订妥,并奏准卒业生调充京师大学堂及他处大学堂之用。

△ 山东学堂经费

山东崇实学堂经费每年六万两,在新增税契项下支用。(原奏)

△ 河南学堂经费

河南学堂经费每年七万五千两,已移作洋款之用,本于各州县丁漕项下支用。

△ 山西寄报免邮费

晋省派巡卡马拨代递邮信,现致函赫德,订明凡邮局递送该局之报,概不收费,俟巡卡裁撤后再照章完纳,以为开通风气之助,俾晋省共享邮政之利。

△ 杭州蚕学招考

杭州蚕学馆在西湖金沙港,前府尊林迪臣太守创办。向以两年为卒业,给以文凭,分赴各乡充当教习。现已三载,悬缺甚多,宗太守又出示招考,改为三年卒业。

△大学堂教习

北京大学堂教习亚拉的士君现开一堂,教授英文,学生七十五人。(《中外日报》)

△大学堂经费

大学堂经费五百万两存道胜银行生息,拳匪起事后迄未用过。(西五月《字林西报》)

△库巴学塾数

美属库巴岛共设学塾三千五百六十七所,教师计三千五百八十三名,学生男女共计十七万二千二百七十三名,修脯建塾费三百六十二万金元。(廿七年《新闻报》)

△尚贤堂办法

美进士李佳白纠集同志于各国捐巨款,拟在北京设尚贤堂。共分六处:一、博览所,以广见闻;二、藏书处及观报处,考证古今;三、会议所,抒发己见;四、讲学堂,以广所闻;五、课读处,增益智慧;六、著书处,求至其极。其捐造之款已集有北京平一千七百三十四两八钱五分,上海平一万一千四百三十九两一钱,伦敦英金一百七十二两十七先令十辨士。(廿七年《新闻报》)

△南洋公学经费

南洋公学创于光绪廿三年,由督办大臣盛公奏以轮、电两局提款为经费,岁十万两。

△北京印书场

无锡廉郎中泉、海宁杭内翰慎修集资十八万元,拟于京都开设绝大印书场,兼译东西书,并石印铺帖、各项牌票。现择定琉璃厂大沙土园路西房屋为局所。(廿七年九月《胶报》)

△黄遵宪为总教习

粤省拟将广正书院改为师范学堂,请黄遵宪为总教习。其生徒学成给照,即派充外府州县学堂教习。(廿七年《胶报》)

△台地学校

台湾全岛官设、公设学校,计国语学校一所,其附属学校三所;师范学校三所,其附属学校一所;国语传习馆二所,其分馆六所;小学校一百十七所。共计一百四十三所,教习共四百九十三名,学生共一万七千二百三十人,卒业生二百四十人。(《东京朝日报》)

△德国留学生

德国大学堂外国留学生近来大增,多至二千六百六人。以俄人为最众,有七百十七名,系因其国大学纷扰而陆续往学者。其余,奥五百七名,瑞西二百五十六名,英一百五十七名,美三百二十三名。亚西亚人一百五十四名,以日人为主。(《东京朝日报》)

△俄人限制犹太

俄国定议大学生每百名仅收犹太人三名,而墨西哥大学则全禁犹太人入学。(《同文沪报》)

△美藏书楼

美国现有大小各藏书楼共计五千三百八十三所。此自一千八百九十六年以至今日,又增有一千三百七十五所。合计各楼共藏书籍有四千四百五十九万一千一百五十部。(《文汇报》)

△日本陆军大学堂

日本陆军大学堂由《敕旨改变条例》公之于世。其要略如下:陆军大学堂为简拔少壮武官,教之以高等用兵学术,并修资讲究军务诸科学术之处,而实行教育学生之事。据参谋总长所定教育纲领,而本学堂内置当事员如左:堂长,少将任之;干事,大中佐任之,用高等先进之专任佐官兼任;兵学教官,副官任之;军医、兽医、军吏、兵学教官等,陆军将官、陆海军佐官及陆海军大尉任之;马术教官,少佐任之。教官监督部、卫生部、兽医部长上官,若补监督一等军医、一等兽医,陆军教习任之,下士判任文官任。以上堂长、干事及专任兵学教官为参谋官,而堂长隶于参谋总长总理堂务,统督干事及诸教官,以任教

育学生之责。(《同文沪报》)

△ 天津大学堂经费

天津大学堂岁费六万两,学额二百四十名。(《苏报》)

△ 善邻书馆股分

日本善邻书馆以启发中韩两国为目的,以两国文字翻译新书。现在日本募集资本二十万元,计作为四千股,每股五十元。(《中外日报》)

△ 广方书馆学生减额

上海广方书馆学生一百五十名,现因费绌,汰其半。(《申报》)

△ 法文学堂津贴

西贡总督每年津贴三百五十佛郎,为上海法文学堂之用。明年助七百佛郎。廿七年则加助三倍。(《汇报》)

△ 埃及叶尔阿哈

环球最大学堂在埃及致罗府,明叶尔阿哈,学生约二万名。(《汇报》)

△ 广东同文馆①

拟考同文。广州安雅书局《世说编》云:广东同文馆创设于同治三年,延聘西人,教习算学及英国语言文字,迄今三十余年,人才辈出。如左观察秉隆、杨观察枢、蔡观察锡勇、马观察延亮,均曾肄业馆中。迨光绪二十三年又由文侍御廷式奏添俄文、东文两学堂,礼延俄人萨泽畿君、日人长谷君川雄太郎为教习。去年四月合肥傅相总制两广时,又奏设法文学堂,聘法人马尔德君为教习。连英文教习申玛士君及汉文总教习一、副教习二、提调一、馆长二、暨四学堂学生,除注册并额外生不计外,其正学、附学及附学末之额外生,都凡一百五十余人,月需经费一千八百两,由粤海关及善后、厘务两局分拨。简

---

① 此条为剪报,未标报名。——编者

章每届三年,大考一次。考取各生,旗人则作为繙译生员,汉人则作为官学生。去年春,俄、东两学堂已届大考,适值北方拳匪滋乱,因而中止。兹英文学堂亦届三载,故英、俄、东三学堂大考之期,大约在梅花初放时矣。并闻刻经在事人员督饬工匠人等,将馆中房屋修饰一新,以备大考时督抚各宪命驾莅止云。

△日本女学堂及中等学堂数目

日本女学堂官立者四十二所,私女学七。又中学学堂官设者一百八十六处,私设者卅五处。(《汇报》)

△大学堂教习

京师大学堂向为教习之美人亚立棣斯、法人垓泰尚在京。(十一月《中外日报》)

△西人好义

英人巴吉君知广学会款不敷用,曾助以五百磅。其他则有李君之华友三人共助四千磅,在上海建一学堂。又有中国善士陆某以其所藏中国书籍相助,并允助五千磅设译书局一所。

上海亨伯利君拟以五百磅在沪建一博物院,鄂督以三千金助之。(《同文沪报》)

△务本女学

上海务本女学仿日本小学校,设寻常、高等二科,兼用中英文字教授。经理人上海吴怀疢,学额五十名。廿八年正月二十二日开学。(又)

△经纬学堂

上海经纬学堂廿八年正月十六日开学。(又)

△闽设众学堂

闽省创设众学堂,以巡抚衙门为学舍,筹款十万金。(又)

△公众普通学堂

上海公众普通学堂学额一百廿人,专教十岁以上、十五岁以下,

625

廿八年正月廿二开办。（又）

△ 大学堂生息款

大学堂在各银行存放息款数十万，皆前管学大臣孙燮臣中堂、许竹筼尚书经手。现在国家欲提此款，仍须有另派管学大臣出名，方能支取。（十一月《新闻报》）

△ 江南拟设高等学堂

江督拟于省中建高等省学堂，议定每县定选收额十名。

△ 回民义学

京师回教中有声望者，现邀集同教设立回民义学，专教经史，四年卒业，再学专艺。

△ 东湖通艺学堂

绍兴东湖通艺学堂系会稽陶氏独立创办。中外教习八人，学额四十名，按照中学堂课级办理，课英日文字。另设外院，附属蒙学堂，额三十名，来学者每季取修金五元。（廿七年十一月《新闻报》）

△ 俄设东洋学校

俄人在海参威设立东洋学校，所定课程四则：中日学课，中韩学课，华蒙学课，英国学业。另设图书馆，收藏书籍二千八百四十四部，皆购自中日两国。朝鲜书多抄本，购之不易，故阙。（十一月《申报》）

△ 四川经纬学堂改师范学堂

川南经纬学堂原仿中等普通办法，兹闻奎帅饬改为师范学堂。（《中外日报》）

△ 苏州武备学堂

苏州武备学堂额设八十名。

△ 日本留学生译书

现在神户中国领事黄以霖及在沪速成学堂肄业之冯阅模，在中国使馆监督留学生专译军政、教育诸书。

△ 湖北在日本设译局

湖北又派编辑译员来日本,在使馆设译书局,专译各种教科书。(《大阪新闻》)

△ 利济学堂

上海顾宅开办利济学堂。(《同文沪报》)

△ 北京时报拟改译书局

吴汝纶拟在北京开设报馆,禀请庆邸准办,奉批暂缓。现拟改为译书局。(又)

△ 湖州志正学塾

湖州志正学塾壬寅正月开塾。

△ 苏省大学堂

苏州中西大学堂正额六十名,即以为省中应设之学堂。

△ 苏府中学堂

后画又添造房舍,作为苏府中学堂,正额四十名。(《苏报》)

△ 东亚善邻学馆

东亚善邻东文学馆系前大学堂教习廖少游所设,兼请日人三岛君为副教。内设东文、汉文、官话、沪语诸科。华人日人均可入堂,华人以四十人为额。(《新闻报》)

△ 秀水县学堂

秀水县学堂定额八十名,壬寅正月二十开课。(又)

△ 五城公学

陈璧奏设五城公学,林纾为汉总教习,王劭廉为西总教习。

△ (阙题)袁少保拟改莲池书院为学堂。

△ 杭绅设高等学堂

杭州英医士梅君与刘君铭之同创高等学堂,并建一讲堂,演说格致实学。已延英人恭君为总教习。

△ 八旗知方学社

肃王现在北京捐资创立知方学社,专教八旗子弟。分为三等:

第一等,教习一人,学生二十人,课舆算、体操、英文,一年卒业;二等,教习八人,学生八十人,课读书、习字行文、历史国书,一年后再照第一等课程加课;三等共八所,每旗一所,每所学生二十人,教习二人,专令识字,并读浅近歌诀各书,已于十一月初十开学。

△ 绍绅设学堂书藏

绍绅陶心云浚宣就原建东湖书院改设通艺学堂,并附设稷山藏书楼。

△ 北京官报局

北京开设官报局,拟集股五万元。

△ 育才彩票

奉天有南商孙姓创办普惠公司育才彩票,其经费作为学堂之用。

△ 黄岩清献学堂

黄岩清献学堂西教习拟聘洪锡钧。

△ 大学堂用员

京师大学堂总教习吴汝纶,副总教习张鹤龄,正总办于式枚,副总办李家驹、赵从蕃。

△ 工部局藏书楼

上海工部局拟建华童学堂,又欲筑书楼。其书籍即中国富绅陆树藩所助者。此外更蒙陆君助五万元,以作营建费。

△ 定海人

定海人吴氏遵夫遗命,出银二万两,助学堂经费。

△ 八旗官学经费

八旗官学八处,每年经费向由户部拨领三万余金。

△(阙题) 晋省开办农林学堂,电托日本外务省延精于农林学者各一人充教习。农商务省已择定农学士冈田真一郎及林学士三户章造以应其选,月俸四百元。

△ 广东省学堂章程

广雅书院改为(广)东省学堂,章程由吴稚晖孝廉手订。计堂内设总理一人,名为总监督;次则有稽察本国文功课一人,稽察外国文功课一人,监察功课二人,此四人名监课教习。本国文讲义教习四人,本国文词教习四人,外国文英文教习四人,算术教习四人,格致学、动植物学教习各一人,体操学教习一人,乐歌、图画、官话则就以上教习订明兼认其教科之目。纲常大义第一,政治第二,史学第三,地理第四,本国文第五,外国文第六,算术第七,格致第八,动植矿物学第九,图画第十,乐歌第十一,体操第十二。现拟考取学生百六十人,先设备斋,功课两年,递由正斋升作大学堂正额学生。校士馆为旧院生留学之所,膏火仍旧,但扣回饭食费。备斋学生饭食则由堂中供给。书籍零费预算备斋第一年,用费约三万两,校士馆约一万两。

△(阙题) 江南水师学堂毕业生已有一千数百名之多。(《申报》)

△(阙题) 广东绅士丁仁长等创办教忠学堂。

△(阙题) 鄂省两湖书院肄业生开办蒙养,学生名曰"造端"。彭秀才一卣合同力办,合力速成启蒙学堂。

△(阙题) 湖南于洋务局附设工艺学堂

出洋工商流寓

△ 保护回里华商

光绪二十七年七月,两广派赴南洋委员吴桐林以华商回里经本地书差等讹索种种苦情,禀陈督宪,咨行出使各国钦差大臣转饬各领事,以后遇有华商返里,准其自行将姓名、年貌、籍贯报明领事,由领事禀报督宪衙门,由督宪札饬该管地方官认真保护,不准纵容丁役欺侮。

△ 东三省总督

南洋华商山东纪姓之子,俄人畀以东三省总督之任。(日本报)张之洞在两江,纪曾上条陈,张韪之而不能用。

△ 刘雨田

刘雨田辽东富户，为中国官吏所辱，不得已投入日军，用计攻破辽东。今海陆军总教习均刘一人承充，每年所入约二万金，日人所以报之也。(《同文沪报》)

△ 华人入美籍

旅居美国非路底化埠之华人设会，办理入籍事宜。

△ 西贡招华工

广州法领事哈君接法驻越总督移文，内开西贡筑铁路，需用华工甚多，请照会出示晓谕，有愿往者赴领事衙门请给护照，并准免身税一年。(《新闻报》)

△ 马达岛招华工

马达加斯加招募华工种蔗。(廿七年二月《北京新闻汇报》)

△ (阙题) 叶观盛、郑贵、张沛霖、陈金钟、李戴清皆南洋富商。(廿七年《申报》论说)

△ 美禁华工限期

旧金山华商司徒芳等为首禀广督，谓美禁华人之例将满，先期请照会弛禁。(《广东世说编》)

中美会订限禁来美华工条约，系光绪二十年二月所订，以十年为期。(又)

△ 华工往东三省

本年二月以来，华工由山东前往旅顺、牛庄、浦盐、斯海者，约计四五万人。因去夏俄人杀戮、放逐不少人，今欲以此补其缺也。

△ 叻限华工

新嘉坡新设一例，为限制华工起见。一、自新例颁行后凡华工欲至新嘉坡者，定须由英船载来，始准登岸，他船则否。二、如除英船外，有人以他船载运华工前往者，查出多则罚洋一千元，如监禁亦以一年为期。三、倘有他国船只载往者，即将该船充公亦未可知，或由总巡捕官拘留,审明后商酌办理之法。四、凡有船只欲充公,由国家律师出名代英政府为原告。五、凡船被总巡捕拘留以后,叻督有权释放,但未释放以前或担保或否,均由叻督自行定夺。(《文汇西报》)

△ 华人被杀索偿

一千八百八十六年华人在美国麦透纳省柏梯地方为美人杀戮一事,闻中国近欲美政府偿以金洋五十万元。(五月二十五日路透电)

△ 美人苛政

小吕宋美官下令:凡华人至本署领照者,须每人映呈小影三纸;华人所领丁税准照如越一年不换,即为废纸。

△ (阙题) 美国统计局调查自斥逐华人条例施行以来,十万七千四百七十五名之旅居华人,一时而减至八万九千八百人云。(《大阪朝日报》)

△ 入东籍

旅居神户之清国人王继祥、麦少丰已入日本民籍。(《同文沪报》)

△ 护照归关道办理

(光绪)二十三年总署咨文准驻英使杨咨称,前有商民携税务司及广州府知府等护照赴美,虽准登岸,但税司无地方之责,知府无关隘之权,似宜将此项护照归关道办理,无关道者归监督办理。(《萃报》)

△ 护照税

香港华商凡欲请领前往旧金山贸易执照者,自西历八月初一日起,每张应捐公费银十大元,给回凭单为据。(一千八百九十七年香港政务处示)

△ 请设南洋轮船公司

(光绪)二十三年江西补用知府罗光廷、四川补用知县罗崇龄禀称:光绪十二年山东知县茹宝书呈请北洋大臣,以南洋各岛华民百余万,拟请招商前往设立轮船公司。经批准,以茹令身故未办,请援案札委总署准之,招股创办,兼筹机器制造等事。

△ 索美偿款

华人前在美国白地城被土人凌虐一事,现经伍公使奉政府命,开失单索赔金五十万元。查此事在一千八百八十六年,华人有被杀者,有产业损失者,事后并将华人驱逐。因白地城工部局彼时帮助滋事之人,故议令美廷偿款。(廿七年《字林西报》)

△ 小吕宋来往华民

本年西正月至十月底止,在各埠华民至小吕宋以及由小吕宋回华者,列表如下:

	由华至小吕宋	由小吕宋回华
正(月)	七百四十九人	一千四百一十二人
二(月)	二百九十三人	二百五十九人
三(月)	二千二百三十三人	七百四十五人
四(月)	二千三百十八人	六百九十人
五(月)	八十九人	九百二十一人
六(月)	三十六人	六百九十四人
七(月)	十一人	七百五十六人
八(月)	十九人	九百五十二人
九(月)	二十三人	四百○七人
十(月)	二千九百二十六人	六百石六人

查一千九百年十月间华民至小吕宋者,计三千八百廿一人,由吕回华者计八百三十四人。今年来往之数较之,皆不若上年之盛也。(译《字林西报》)

△ 朝鲜华商拟设金行

朝鲜华商拟集赀本八十万元建一金行,振兴在韩商业。(《汇报》)

△ 林寿年

台湾客民生番屡与日人为难,日人乃圈出离打狗二十四里之爱伯拿镇,割与客民。林寿年与之立约,令其自治,任其开矿垦荒,无庸纳税,并给洋二千元以为犒赏。其约十条,有日本、中华官商各四名准保。其林寿年所管之夥、所治之民倘为日人所拘,林亲自作保方能释放;倘有拖欠林寿年之银钱,日官准追理。自此以后,日官与林永以友道往来,不得视为辖属。(《汇报》)

△ 华人纳粟荷廷

问:捐纳之例除中国与东土耳其外,尚有他国否?

答:南洋麻六甲诸岛属荷兰国,华人客寓其地,间亦纳粟。荷廷授管职,专理华人词讼。(《汇报》)

△ 寓日华商集议

客寓日本之华商千余人,集议于中华(会)馆,谓北京之乱中国已无政府,今恳日本提倡公义,另立新政府,辅皇上登基,力行新政。一时和者咸以为然。(廿六年《汇报》)

△ 华人在外洋之数

阿歪希二万余。澳大利三万余。爪哇廿六万余。新加坡多而无定数。暹京二万余。美十一万余。秘鲁多而无定数。巴西一千余。欧洲各国不满一千。斐洲波而明及比属公额皆有,其余各国亦复不少。

华人在非律宾各属者约有六万人。(廿六年《商务报》洋员纶嘉义论)

华人旅居西贡者有十余万人。(又)每人每年须纳护照银五元。

华人到叻登岸者,必先赴华民护政司衙门报名,每人当缴印一元。此项缴费在一千八百九十六年共收二万四百三十五元。一千八百八十一年起迄今十八年内,凡华客赴护政司报到滨叻等处者,有二百七十七万五千六百卅二人,内中妇女十一万六千七十四人,小孩三万五千三百五十四人。

△ 玛玛

有与没来由人互相婚配,自成一族,即土语称为玛玛者。

△ 和属华人税

华人到和属各埠者,每人纳入境费一元二角五仙,又所赚之银,每百元应缴四元。又房屋租金每百元当抽五元。又家中所用各家器,估值每百元征二元。田产各地段价值每百元纳七角五仙。

△ 抽收厦门出洋华商费用

由厦门前往南洋、新嘉坡等处商民,自今年西正月一号起,由各客行客头每人代收费用洋一元,永远不再加增。(厦门保商局示谕)

△ 美洲英属禁止华工

英属可伦比亚矿中欲禁止华工,故定例凡发长四寸者不准入内。(《汇报》)

△（阙题） 林文庆 闽人,商于新加坡,拟建孔子教堂。

△ 暹罗华商领日本牌

华人在暹罗贸易者人数甚多,赀本颇巨。迩来不向本国领事领牌,反向日本领事官承认生长台湾,禀请保护。以故枯海香河一带华人帆船均悬日本旗号。(廿六年《申报》)

△ 华人欲割辫

旅居南洋荷属加法海岛之华人,现欲去辫。该处律例本不准华人西装,惟未明言不去辫。(《文汇报》)

△ 美排黄种

美国排斥华人之例,明年西三月满期。美国工役等愿续行是例,并闻日人亦在其内。

△ 非律滨新章

非律滨群岛华人留寓章程已定,以后华人无论在非律滨居住若干年,若因事离该处他往,逾十八日之限者,概不准复回留寓。(《香港日报》)

△ 澳洲禁止华人

澳洲革因司坦州自去岁以来,屡议禁止亚人及太平洋诸岛人前

往租地,现已提禁止华人一案议定。盖恐日本政府出面阻挠也,不日下令斥逐向住该地支那人矣。(《天津日日新闻》)

△(阙题) 罗操云 中南美洲各埠华商领袖。

△美禁华人之故

华人初至美时仅执贱役,然到美不久即能习上等工艺,与美国上等工人相敌。

黑奴所得工赀仍用之美,无处漏卮。华人不然。自一千八百六十八年来统计,华人自美寄归中国之赀,不下金钱四百兆圆。

日本已创航业与各国争利。华人种类同于日本,日本人能如此,华人不久亦必能之。

华人旅居美国三十五年,与美人结婚者不到二十人,所生子女半为败类。故前次加利福尼亚省议政局会议新立一例,嗣后华人不准与美人结婚。向来美国之律禁与黑人嫁娶,今则华人亦须禁止矣!

华人操作坚苦,惟白人未娶者足与之敌。然欲与华人争利,即终身不能婚娶。(《外交报》)

美禁华工今年期满,我国总领事何君先期著论登报,发明公理。

(以上云云从美人驳议中摘录)

△坎拿大禁华工

坎拿大永远禁止华人前往作工,闻欲与中国订约。

华人至坎拿大,进口人税已由百元加至五百元。

△(阙题) 周熊甫 留神户之华商,与英人名耐德者设立兴泰商会。

△美国限制华工禁例①

美京上下议员及本国工党交议院开议《限制华人禁例》:

第一款 此禁例如经议院允诺准行,凡属华工无论由何国而来,

---

① 此条与"论美国禁止华人事"条系剪报粘贴。——编者

均不许登进美岸。

第二款　凡华工现在本国属地者,亦不准混进本国内地谋生。至属地入籍之华人,亦必严行查核,果有真实凭据,乃准放行。嗣后华人假道往别国者,本国虽无权禁止,但迩来华人多藉假道之名,以为偷进美国之计,故本国不可不防微杜渐,以绝其后患。故必须严行稽查该人假道实据,乃准放行。

第三款　凡严禁工人一切情形,俱与前时基利所订者无异。

第四款　凡属中国官员、教习、商人、游学、游历人等,均照例准情来美。

第五款　凡中国派来办理交涉之官员以及随带之使役,须带有中国政府文凭实据,缴上查核,方准登岸。至若中国旧任官员复来本国者,照例亦得上岸。

第六款　凡华人之教习来美,须先在中国大书院掌教两年,并须在本国有某名望书院席位,且待关吏查核其人文理果副其职,方准登岸。到美后其人只许充当教习之职,不准另图别业。

第七款　凡游学华人须先在中国大学堂卒业后携备资斧,果系实心来美大书院考求学问者,方准登岸。

第八款　凡华人来美经商者,必先在中国为商一年之久,且备带资本在本国某处某街某号有生意,真实凭据一一可查,方准登岸。

第九款　凡来美游历之华人,须由中国备带银两可足游历之费,并指明往游之处,游至何时,待期满后即须回国。

第十款　凡注有册纸之华工,或有妻,或有子,或有父,或有母,或有实业价值一千元,或有欠项值银一千元,留在美国者由美回华,均准该人来美。但有妻者须成婚同居一年之久,实业者须除该人名下所欠他人之数外,尚值一千元,欠项者亦须有人确实认欠,方可照准。

第十一款　凡照例可来美国之华人到埠,计本国口岸有权可以将该人放行者,仅金山大埠、本仑本党顺、波市顿、纽约岛、柯文连尼鏬、檀香山山湾等处。

△ 侨寓暹国华人

清人侨寓暹罗国者约二百五十万人。因宗邦不竞,半入法籍,暹政府颇恶之。盖恐广东一为法有,则暹国内外皆敌人矣。

△ 论美国禁止华人事

小吕宋来信云:闻美国禁止华人往美律例,曾由美国元老院派有专员查察。现经该专员查明禀复,略云禁止华人律例应仍旧颁行,惟此禁例系专指华人之到美者而言,并非指华人之到飞猎滨群岛而言也。将来飞猎滨群岛地方或不设例禁止华人亦未可定。然即使准华人至飞猎滨群岛,而不能准其由飞猎滨再往美国,则固确然无疑也。据西三月一号小吕宋《克利达报》论禁止华人之事云,禁止华人律例美国西部各省人民俱甚欣喜。如此例不仅指华人至美而言,并将华人之至飞猎滨群岛者亦包括在内,则与飞猎滨群岛大有关碍。因飞猎滨群岛未经开辟之处尚属不少,若但恃美人之力恐有不逮。试观往事可知,全恃该处土人亦难有效也。如美国欲将飞猎滨群岛兴旺,则非用华工不可。现在美国商会及所派查察情形之各专员,已具禀议院请勿禁止华人之至飞猎滨者。吾等深望议院中向有声望之各议员,于将来开议此事之时,力赞其成,以冀禁止华人律例不颁行于飞猎滨群岛,则幸甚。(以上译二月二十七日《字林西报》)

△(阙题) 据最近调查,华人居美国本部者九万八千六十三人。住阿拉斯加者三千一百十六人。住布哇者二万五千七百六十七人。住西部者六万七千七百廿九人。住纽约者称二万人,此二万人中妇人仅五十人,儿童六十人,其中生业汉医五十人,浣衣八千人,商人百七十五人,合盛党员四百五十人,代理商百五十人,其他一万余人,多系以浣衣为业者。(廿八年九月《大阪朝日新闻》)

△(阙题) 叶恩 加拿大大埠。黄亮、钟木贤 檀香山埠。

637

此三人为保皇会领袖。

口 岸 租 界

△九江日本租界

日本大阪公司在九江西关外上矶地方，购买地基房屋，以便开埠。

△鼓浪屿

鼓浪屿作为租界一节，其章程迭经延少山观察与各领事商议，迄未就绪。盖观察以公共租界系公共办理，自应中西并治。而领事则以公共者西人之公共，与中国无与，无论何事中国不得干预，坐是迁延。（廿七年九月《中外报》）

△美国天津租界

其地指在日租界以上至铁桥为止，一面沿河。

△日本重庆租界（章程另册粘合）

日本重庆租界系照《马关条约》办理，选定地段，系日领事与川督公同办理。已于西十月三十号立定约章。其地在城外王家陀，共十二万六千坪。

△马山浦日租界

日本在马山浦毗连之处，租地九十万坪作租界。韩政府于上月廿九号批准。（西十一月《新闻报》）该界位于滋福浦，钜马山各国居留地仅六町之遥。东北为俄人租界栗久味，西南以柳泽岘地方为界云。（《东京日日新闻》）

△秦皇岛各国租界

秦皇岛列国占领之地域，面积以日本为最大，英国则占形势最盛之地，法德俄各国所占领者最小。英人在该岛所施工事最为尽力。

△英派员治威海

英派大员治理威海卫，并拟另立发审衙门，以讯各案。该大臣所辖之处为刘公岛及威海海湾中之各海岛,并沿海十英里之内。发审衙门委员必须律师出身,用英国通行律例。华人之案则可用华律,亦须则其妥善者,否则不必用也。威海土城内人民悉归华官管理,与该衙门无涉。地契、地税等事另派专员,归该大员节制。(西七月《文汇报》)

△九龙拱北中国自设

各关中独九龙、拱北二关,以杜香港、澳门洋药漏税而设。此设于我之意。

△十九年以前所开口岸

中国陆路互市,始于康熙二十八年俄黑龙江通界之约。海疆互市始于道光二十二年英五口通商之约。五口者上海、宁波、福州、厦门、广州是也。五口既辟,继者蜂起。咸丰八年,俄开台南、琼州,法开淡水,于是英又开牛庄、之(芝)罘、汕头、镇江,十年又开天津。咸丰十一年,德开九江、汉口,于是光绪二年英又开芜湖、宜昌、温州、北海,十三年法开龙州、蒙自,于是十六年英又开重庆,十九年又开亚东。以上并以立约允开是关之年为准,不以开关之年为据。(廿四年《萃报》)

△旅顺情形

旅顺为中国船坞第一区,形如葫芦,港内可泊万吨以上战舰十号,所谓天然险阻之处。俄人于营房、炮台、船澳、敌楼极力布置,而于商民之铺户及道路沟洫凡禀请营造者,皆不准行。盖俄以此为屯兵要区,不准商贾厕足也。近于旧址之右新辟一地,名曰"太阳沟",当众拍卖,华人只准各投一区,每区仅方十余丈。此地约共千余亩,投价极昂,华人有资者极少,以俄商所得为多。是地昔为华人世业,割让之际不过偿价二十元,空地仅十元。今每亩投价三四千元以外,又得地后业主须照原价并建造所值,按计每千元输地税二十元。(廿七年《中外日报》)

△牛庄繁盛

中国贸易牛庄之输出输入,至近年实为异常增进。(《东京日日新闻》)

△ 廿四年自开商埠三处

光绪二十四年春，朝廷准黄中允之奏请，将湖南岳州府、福建福宁之三都澳、直隶抚宁县属秦皇岛等地，添开通商口岸。

△ 九龙进出款

香港英官核计，一千九百年分九龙新租界进出各款内开：是年入款一万七千五百三十元七角五分，出款除工部局费用外，共计二十四万三千三百六十一元六角六分。进款所以少者，实缘地租一事未定议故也。英巡抚满望将来所入足敷所出，如香港然，但此数年必须政府津贴。（《同文沪报》）

△ 厦门等非患疫口岸

华官业已商准各国领事，以后厦门、汕头、兴化、香港及台湾各埠，不得视为患疫口岸。（廿七年福州税司示）

△ 俄思漆原港

俄以马山浦接我租界，于该国经营上种种不便，拟换租漆原港。（东京电）

△ 天津俄租界

俄在天津新开租界。（《汇报》）

△ 高丽开口岸二处

廿三年西十月一号高丽开新埠两处：一镇南浦，在平壤道平安道之西海边，港浦极阔可停大轮；一木浦，在金罗道南荣山江之口。（《萃报》）

△ 梧州

梧州通商口岸已于廿三年五月初五日开办设关事宜。（《萃报》）

△ 西江开通口岸日期

（光绪）二十一年十二月总署照会英使，西江口岸通商一折已于十一月十五日奉旨"知道了"。今彼此言明，将广西梧州府、广东三水县城江根墟开为通商口岸，作为领事官驻扎处所。轮船由香港至三水、梧州,由广州至三水、梧州往来,由海关各约定一路,先期示知。并将江门甘竹滩、肇庆府及德庆州城外四处,同日开为停泊、上下客商货物之口。按照长江停泊口岸章程一律办理。(《中英条约附款》)

△牛庄作瘟疫口岸

天津船政官示谕:牛庄刻以作为瘟疫口岸。凡有船只由牛庄来者,均须遵照天津清洁章程办理。(《中外日报》)

△租赠澳门始末

一千五百五十三年葡人至澳门。一千六百六十七年再遣使来华,仁皇帝准有租澳门,每岁五百元。一千八百四十九年华杀葡督,中葡不睦。一千八百八十七年中国将澳门赠葡,惟不准售于他国。(《汇报》)北系香山,有石墙分界。

△牛庄

牛庄在辽东湾海滨约十三英里,土人呼为营口。一千八百六十一年开作通商口岸。冰时船只难入其地。

△大沽

大沽在天津东北约六十七海里。一千八百六十年英法得之,立为通商埠。九十七年德人据之。

△威海

威海在旅顺一百五十海里,去胶州亦相若澳,宽四百海里,九十八年租与英人。

△京口

镇江一千八百四十二年开为口岸。

△汕头

汕头在广东之东,去潮州卅五海里。乃新涨沙地,地多飓风,因与台湾遥对之故。

△广州

广州于一千八百四十一年开为商埠,去香港九十英里。

△ 拱北

拱北在澳门之南，相去约一海里，有关。

△ 蒙自

蒙自至东京陆行七日。一千八百八十九年始作为口岸。

△ 龙州

龙州于一千八百八十九年开为口岸。

△ 沙市开商岸日期

沙市于(光绪)二十二年八月二十五日照《马关条约》开为通商口岸。光绪三年《烟台条约》有"沿江六处准其起卸货物"一款，沙市即在其内。

△ 沙市河道

考沙市在鄂省为汉口以外第二码头。北有便河一道，其口门有二：一沌口，去汉口卅里；一新滩口，去汉口一百八十里。二口分支之处在新滩口内者，长年皆有船只，在沌口内则惟夏时可通。其便河之支流有大泽口者，由此通入襄河。但此时有时淤滞，须得换船。其南岸亦有二口，内以洞庭为尾闾，一太平口，在沙市上游西南卅里，夏令可行船；一藕池口，在下游东南百廿里，长年可以来往。湘黔二省船只悉从此二口进出。至本省上游南路各处之货，由清江河至宜都县出口赴沙。(《税务司赴务满二十二年贸易情形册》)

△ 吴淞

光绪二十四年自辟吴淞口西岸为通商场。

△ 中墩乡

闽县所辖之中墩乡将划与日人以为租界。或曰为借款之故。(十一月《新闻报》)福州南台之中墩、尾墩乡一带洲地均为租界。

△ 秦皇岛开港日期

秦皇岛已于西十二月十五号开港。(《同文沪报》一千九百〇一年)

△ 三都澳地理

三都澳属福宁府宁德县,长五里,广三里余,海岛也。宁德有卅六都,此岛当其第三都,故名。本岛在福建闽江口北方四十五里处。(《通商会纂》)

△ 汕头地理

汕头属广东省潮州府潮阳县,口岸距潮州卅五英里。其岸山岳蜿蜒达海口。当通商之始,互市场设于南澳岛,其后移距汕头之四海里之达夫尔岛,至一千八百六十二年渐次移现在之处。(又)

△ 达勒尼镇

俄在旅顺新筑达勒密(尼)镇,归东省中国铁路公司经理。凡商民及外国商行可在该镇开设者,所享利权与俄国商民、商行相等。外国居民亦可选举充当工程局绅董,与俄人无异。地则由公司当众拍卖,价高者先得。(廿六年官书局《汇报》)

△ 巨文岛开通

巨文岛即云龙岛。除东西岛外,中曰和岛,户口四百有奇,最为屯兵要地,英俄皆涎之。刻闻韩廷已准在彼处开港通商。在西岛长村划定租界,其东岛由英国购地五丁步,辟作练兵场。(廿六年《博闻报》)

△ 蛮耗

(光绪)二十三年《法越商约》言,蛮耗系保胜至蒙自水道必由之路,亦允通商。(《地球约言》注)

△ 德人拟辟广州租界

德人拟在广州河南别辟租界,政府拟在河南荒僻之地划作公共租界。

△ 湘潭

湘抚俞奏请开湘潭为商埠,政府允之。(以上十一月《申报》)

△(阙题) 比国、意国均在天津辟租界。

643

（阙题）　天津于西三月五号交还中国。

△ 江门

《中英新约》第十一款将江门作为通商口岸。除（光绪）二十三年正月初三日中英两国画押《缅甸条约》之专款，所准英轮前往西江之停泊处所外，兹将广东省内之白土口、罗定口、都城作为暂行停泊上下客货之处。按照长江停泊章程办理，并将容奇、马宁、九江、古劳、永安、凌沥、禄步、悦城、陆都、寿川等十处，作为上下搭客之处。

△（阙题）　万县、安庆、长沙，《中英新约》开为口岸。惟第八款"若不施行则不得索开"，惟江门不在其列

△ 关心商埠译略①

东报云：俄国于满洲之势力其根据地所握要，上游在哈尔滨，下游在青泥湾。有青泥湾之地利，则满洲贸易全权可归掌握。若将青泥湾经营整顿，则牛庄贸易之利势不能不减色。故青泥、牛庄两处盛衰消长，为各国贸易上一大关键，留心时务者不可不察也。今一言以蔽之，青泥湾为俄在满洲贸易之基础，牛庄为各国在满洲贸易之根据。假令异日青泥湾一经整顿，则各国商贾必同时云集此地，变为东北部一极繁盛之市场。故各国政府于牛庄一地亟宜早为之所，事事考求所以抵制之法。诚为当今之急务也。在满洲开通门户之说，久为万国意见之共同，然办理之宗旨首在谨防俄国之把持。凡有关商工事业之利权，亟须力为保护，务使各国得享利益均沾，毋使俄人垄断，此为最要。纵使俄果退让，将驻满洲之兵力撤回，然满洲为东部必争之地，故凡和平利益决不可不刻时维持。若各国虽欲向中国要求将奉天、铁岭、开原宽城子殖民厅，吉林通江与哈尔滨等处辟为通商租界，便商工事业及东华铁路之利彼此均沾。然以上各地如无根干之横枝，何能繁盛？故为今日计，各国务当留意

---

① 此条为剪报粘贴。——编者

于牛庄，先事整顿，乃目前最要之策。幸毋俟青泥湾一旦改观，发俄人之后也。

△（阙题）①

矿学　徐振华　林叔达　右二人北洋大学堂专门矿学，二十六年以前卒业。

工艺　程广鸣　蜀人，素习制造。制水车一具，能车水数丈数十丈之高

　　　蒋心福　浙江奉化人，制脚踏水轮。

　　　严迪光　广东人，设化验局。

　　　李铭熙　蜀人，创垂重机。

　　　陈紫绶　福建人，制纺纱机。

理化学　华学涑　实甫，天津人，中文普通化学。

医学　倪文德　医学，现为山西大学堂分教习。

　　　周女士　培卿，常熟人。

　　　张女士　仁吉，上海人，专精制药。

　　　成崇文　松江。

右三人为苏州耶教监理会医院卒业生，二十八年得文凭。

地理　邹代钧　沅帆，湖南人，中文舆地学。

格致　区金铎　广东人，通电学。

法律　蔡宝华　江维善　关应麟

右三人北洋大学堂专门法律，廿六年前卒业。

工程　苏以昭，号日新，山西人，在上海②　书院学工程。现为山西大学堂分教习。

宋锵鸣，号兰佩，在中西书院学四年，又在北洋大学堂学工程四

---

① 以下名单，一叶一类，阙题目，现照录。——编者
② 原书稿空二格。——编者

年。因拳乱未卒业。现为山西大学堂分教。浙江人(绍兴)。

李科　李阴南　唐绍尧

右三人北洋大学堂专门工程学,二十六年以前毕业。

日记札记

罪言之一鳞[①]

(1911年5～7月)

四月廿五(1911年5月23日)

廿四抵奉。保莲洲如。奉天协理宋文海来晤。

致长春伍少垣电:"长春大清银行伍少垣兄:弟昨抵奉,有事面谈。请即来奉一行。盼覆。○○。有。"

廿六(1911年5月24日)

接少垣电:"准廿六来。"

接总行电:"吉林度支司问公何日赴吉? 请电该司。涛、言[②]。有。"

致总行电:

北京大清总行:融密。揆有抵奉。已派员赴吉密查。一面与荣正监理商酌整顿官帖办法。并拟调奉天造币厂公务长刘守棣蔚随同赴吉,以资督助。俟启行有日,再行电闻。乞比禀堂宪为叩。葵。

接少垣电:"河[③]昨夜感冒,明早车来。宥。"

---

① 《罪言之一鳞》,以日记体形式辑录1911年4月至7月叶景葵先生接任大清银行正监督之初,奉命赴东三省调查币制与吉林省官银局大火案期间与各方面往来函电记录。文献真实地反映了清政府最后数月经济活动的某些侧面;涉及众多与作者交往的人物,留下了若干清晰的个人历史印迹。同年7月,叶景葵回到北京,正式就任大清银行正监督,未及三月,革命爆发,随即辞职。他自署"罪言",无疑乃是三十年后"反省"之意。卷首撰于1940年6月16日(庚辰重阳后六日)的题跋即为明证。
现加以标点,略加注释,方便读者阅读。——编者
② 指大清银行副监督陈锦涛、张允言。——编者
③ 大清银行长春分行经理伍少垣,名锡河。——编者

廿七(1911年5月25日)

接张菊人(大椿)信。保荐美国奥尔勃纳商务毕业生杨文濂(浙江归安人),虽学商业应用之学,银行簿记均经研究。韩紫老[①]言,吴君鼎昌现办本溪湖煤矿,堪胜银行之任。

县丞职衔王世泰(际平),钱业出身,办过商品陈列所。刘伯庚所保。

廿八(1911年5月26日)

致总行电：

北京大清总行：融密。本行小银元票流通吉省者甚少,实因准备为难之故。现拟整顿官帖,必先推广小银元票,尤以鼓铸通用小元为准备要着。闻奉厂因将派铸国币,拟于月底停工修机。来源一断,准备短少,新旧过度之际甚形危险。究竟奉厂派铸国币若干？能否暂时免派仍制通用小元？俟准备充足后再铸国币。请即禀商币制局堂宪迅速核示遵办,并请核定后即日电知奉厂。盼切。葵。勘。

廿九(1911年5月27日)

长春经理伍少垣(锡河)来。总司账李铁珊同来。

五月初一日(1911年5月28日)

接吉抚陈简[②]电：

吉省善后事宜,待公商办。昨由度支部电达傅守彊,恳公速来,务望迅赐惠临,俾诸事可以着手。盼切。常。艳。

覆简帅电：

吉林陈抚宪钧鉴：艳电敬悉。○○[③]前奉部委,调查吉省圜法,禀辞时又奉面谕,吉林火灾以后,应由大清银行设法维持市面,令到吉后一并调查办法,禀部核示。查市面商务应遵部示,由大清银行量

---

① 指韩国钧,字紫石江苏泰安人,1902年始历任交涉局会办、奉天劝业道以及署奉天交涉使等职。——编者
② 时任吉林巡抚陈昭常。——编者
③ 原件如此,叶景葵自称。下同。——编者

力维持,昨已饬长春分行迅速照章切实办理。○○稍迟四五日,即行趋辕面聆指示。至地方善后办法,闻钦宪已派专员前往禀商办理。知注敬覆。○○叩。东。

接度支部电：

监理官转叶监督景葵：闻此次吉省火灾,当未延及官银钱号,时该号所有各种钞票等项,均已运至东升当官盐店收存。是否属实,着详密速查,电覆度支部。艳。印。

初二日(1911年5月29日)

致奉天造币厂熊总办、荣帮办：

秉三、叔章仁兄大人阁下：敬启者,景葵前奉度支部札派,驰赴吉省调查整顿官帖办法。行装甫卸,尚未前往,将来如何办法,刻难遽定。惟连日语奉天、长春、营口等处大清分行详细协议,佥谓整顿官帖,必先推广小银元票,欲推广小银元票,必须多铸通用小元,庶准备不至空虚,钞币可期周转。适闻贵厂奉到部饬预备开铸国币,不日停工修机,小元无从掺铸。来源一断,准备为难,甚形焦急,不得已电恳币制局堂宪,请将贵厂派定新铸国币暂时改派他厂,仍铸通用小元。顷奉覆电,已邀允准。特将来往各电抄呈冰案,即乞查照办理。至奉天等处大清分行应如何会商,贵厂分批掺铸通用小元,已嘱各该行总办、经理等径诣台端面商办法,并祈饬员接洽为祷。专肃。敬请勋安。　名正具

外抄致大清总行转呈币制局堂宪电一通。又大清总行覆电一通。又币制局堂宪覆电一通

覆度支部电：

北京度支部堂宪钧鉴：特密。艳电敬悉。葵到奉即派员赴吉密查官银钱号簿据是否实在被毁,尚未得覆。奉电后又加派员密查,俟覆到,即电闻。葵儗俟查有头绪,再行赴吉。并闻。景葵叩。冬。

接总行电："大清银行转叶监督：勘电已回堂。奉厂应铸主币,

可改派他厂。铸小元事,另由部电覆。涛。"

接盛杏老①电:

叶揆翁:洪密。奉厂原定分铸主币式百万,已如尊电改拨江、鄂两厂加铸。暂留奉厂赶造小元,以济市面。借款四十万镑,已饬大清沪行宋汉章,会同金仍珠照市口②银拨归。奉行钱琴西已请假,希达次帅。宣。东。

接(项)兰生信,荐王静甫,现在江省官盐局当收支。此人钩稽颇精,操守极好。查江省有县丞职衔王廷培,未知是一人否?

接(樊)时勋信,聂云台系三品衔分省试用道,名其杰。又王荃本,奉天陆军粮饷局总办。

初五(1911年6月1日)

致总行电:

北京大清总行:融密。闻部已禀准吉省息借本行银五十万两。葵日内赴吉,有须询明者数端。一、奉、长两行无款可借,是否总行筹拨?二、借款是否须有抵押?三、问奉须息若干?四、是否由长行与吉省订立合同,抑须总行签字?均祈酌定电覆。葵。微。

初七(1911年6月3日)

致总行电:

北京大清总行:顷读度部原禀吉省借款系部担责任。微电所询各节均已解决,应即取消。葵。阳。

初八(1911年6月4日)

接总行电:

大清银行转叶监督:"五十万事系由部向总行借,汇交吉省应用。月息六厘,六个月期,无抵押。涛、言。阳。"

---

① 指盛宣怀。时任清政府皇族内阁邮传部尚书。——编者
② 原件字难辨。——编者

接陈澜生信,长春总办事。

覆陈澜生、张伯讷信。长行、奉行总办事。另抄存。

又

接度支部币制局电:"监理官转叶揆初监督:洪。去年九月部电三省监理官,查三省官银钱号准备金。据报奉天合二百四十六万,黑省合四百十余万,吉林合四百四十余万。现存数目是否相符,已电监理官会同该监督复查。电覆,即遵照度支部币制局。阳。"

又覆总行电:"北京大清总行:融密。初四函悉。请候弟函再定。吉省五十万请交东督分拨,勿径交吉抚。至要!葵。庚。"

初九(1911年6月5日)

接总行电:

大清银行转叶监督:庚电悉。已电长行照办。

惟如何交法,请由奉行用行密径电长行。涛、言。

致长行电:"长春大清银行:部款暂存。候东督信拨用。"

叶养吾、杨翼之荐:

李祖恩,在邮部;

李政,南京商业学堂专修银行毕业。

初十(1911年6月6日)

上度支部币制局电:

北京度支部币制局堂宪钧鉴:特阳电敬悉,遵即会同赴奉天官银号,查明现存准备金,计现款合银一百三十六万九千三百三十七两零,借贷票据合银二百三十一万五千六百六十七两零。二共合银三百六十八万五千四两零。比较上年九月所查之数,实多银一百二十一万七千三百八十二两零。此系截至本月初九日为止存如上数。惟此项准备金包括周转金在内,日有出入,未可据为确定。除分电吉、江两副监理查明各该省官银号存数,吉林俟景葵到省再行覆核。江省迳由甘监理确查。统俟查覆到后另行电禀外,谨先电覆。景葵厚叩。蒸。

十三日(1911年6月9日)

上度支部电；

度支部堂宪钧鉴：顷接江省甘副监官文电。其文曰："江省广信公司各种准备现金现存总司者，计合银六十五万六千三百三十两；现存各分司者，计合银八十七万六千五百二十四两；借垫民政司去年报部列入准备金者，计银一百八十六万零零二十三两。统计库平银三百三十九万二千八百六十两。出放借款有抵押者，计银四十九万五千五百六十八两，无抵押者计银二百二十一万一千八百一十一两。积存产业计值银二十万零六千一百九十四两。统计库平银二百九十一万三千五百七十三两。江省官银号现存准备各款，计合库平银七十四万一千六百九十七两。出放借款有抵押者，计银五十二万五千九百九十三两；无抵押者，计银五十三万八千八百八十八两。统计库平银一百零六万四千八百八十一两。以上各款与去年九月所查之数略有异同，然大致不甚相远。此覆。鹏云。文"等语，因理合转呈。景葵禀叩。元。

度支部堂宪钧鉴：特吉林官银号准备金，经景葵到吉会同栾、荆两副监理官查明，计截至四月初十日被火之前止，库存现银一百四十三万零九百二十一两；现元合银七十七万一千二百四十九两；外币合银五万三千五百六十五两；大清银行票合银五千七百二十四两；铜元现钱合银二万五千四百七十四两。计库存各项共吉银二百二十八万六千七百九十三两。又存沪号规银七十六万两；津号规银六十四万三千五百两；长、哈分号现银及现元合吉银四十万两；大清银行吉银三十万两；长号存铜勋二千石，值吉银六万两；航路股票值规银七万两。计分存各项，共合吉银二百十二万零六百七十四两。又收回不动产，共值吉银一百二十九万七千七百五十一两。统共库存、外存、不动产三项，共吉银五百七十八万四千八百八十四两。火后焚毁外币及大清银行票,计损失吉银五万七千一百四十六两。现银、现元经火镕化,约亏耗吉银八、九千两。其抵债不动产被焚若干,尚未查明,容续陈。景葵厚叩。

二十四(1911年6月20日)

接长春来电:"大清行转叶监督鉴:顷接吉号电话,大意谓,陈监督来电,因四国借款事,须即往英京赴会代表。请监督陈明次帅,赶速回京,到行任事。河、保叩。敬。"

又接北京来电:

赵制台转叶揆初京卿:洪。四国银行函称,"借款一事近得来电,会地及开会日期须俟贵国代表到伦敦后再行择定。惟极望贵代表西历七月初十日前到英,以便议商一切"等语。此次东三省及币制借款成否,迟速极有关系。所派代表必须熟悉此合同条款内容,方免隔膜。踌躇再四,只有陈锦涛堪以派往。惟大清银行副监督出差,实属无人可代,惟有即请阁下克日回京到任,俾得即派陈锦涛出洋。计算日期甚促,由悉毕亚铁道①驰行,尚可赶到。次帅素顾大局,谅荷允行。除已电恳外,即希执事迅速禀明次帅,即便来京。千万勿误。度支部币制局。漾。

二十五日(1911年6月21日)

上度支部币制局电:

度支部币制局堂宪钧鉴:洪。漾电敬悉。景葵昨早回奉,现正编制调查报告,并预备屯垦开局事宜。拟即遵谕禀商次帅,准于下月初十左右回京,十六到任。陈监督赴英,过奉当先约期迎晤,以便接洽一切。余禀详。景葵叩。有。

又致总行电:

大清银行陈监督鉴:昨自哈回,奉到赐电。公准何日出京?乞

---

① 指西伯利亚铁路。——编者

先电示，以便迎迓，面商一切。弟奉堂宪电后，禀商次帅，拟于下月十六到任。并闻。葵。有。

廿六（1911 年 6 月 22 日）

接北京总行电，由吉林转来。

大清行转叶监督：融密。近日条陈金本位与欲办外国银行者数起。堂意以为金本位未必即能办到，惟不可不办外国汇兑以为预备。正是我行责任，亦一大利权也。涛奉委到欧，拟带吉行伍少垣，事务处吴乃琛、徐荣光调查一切。且拟在英开分行，从试办以为练就人才。计伍等皆通英语，识银行办法，不易多得。惟伍若去，长春行无人坐镇，拟即令刘棣蔚（保如）赴任，且由总行再调一熟商情者到长春，暂署经协理。是否可行？请速电示，俾得早日回堂，准备一切。涛、言。敬。

又发北京电：

急。北京棉花头条。陈兰生监督鉴：敬电悉。伍少垣万不可调。英设分行，宜先调查，请勿急急。余面详。葵。宥。

二十七日（1911 年 6 月 23 日）

接总行电：

大清行转叶监督行：涛初九由京起程。请在奉稍候，面告一切。又欲带伍少垣往英、商设分行，如何？请电示。涛。宥。

又覆总行电：

北京大清总行：融密。宥悉。昨电想达。英设分行，联络汇兑，办法极是。但我行信用极坏，宜先培养名誉，再图扩充。且国家银行可否在外国开设分行，系一未决问题，宜先调查研究，似亦不必急急。伍少垣经理长行正关紧要，万不能离职，祈勿调。弟准在奉候教。葵。感。

二十八日（1911 年 6 月 24 日）

致北京电：

北京棉花头条,陈澜生兄鉴：融密。三省银行人才销乏,已成积弱之势,故伍少垣暂难远行,想蒙鉴谅。前电所云先令刘棣蔚(保如)赴任一节,极赞成。请即回堂核办。葵。勘。

六月初一日(1911年6月26日)

接总行电：

大清行叶监督：融密。感、勘悉。足见荩筹。西班牙等国家银行有分行在英京。英、法、德、日国家银行不分设外国,实因先有汇兑银行,又生意充足,无庸兼顾耳。且金本位之预备,必从汇兑入手。大借款亦稍藉为运用。责任权利所在,似不宜缓图,藉此亦可得名誉。若虑战时危险,则改名代理可免。敬电亦言调查。惟涛等皆到英,学理方面曝①稍能道之,只乏商情历练者参往筹画耳。伍难即去,敬电办法本是为此。可否速委人到长春,接署后仍令伍续后随去。抑能另举他人,或另有法,请电示。再,往俄火车初九无座,涛改十六起行。请早到京指示一切。涛。艳。

初二日(1911年6月27日)

覆总行电：

北京大清总行：艳悉。容面商办理。行期定,再电告。葵。冬。

初七日(1911年7月2日)

发总行电：

北京大清总行：融密。奉行内容太糟。经理一席已选沪商武维周接充。先令到京谒见,俟总办定局,再饬到行。请代陈。葵。阳。

[附一　原度支部禀(1911年4月22日)]

度支部谨奏：为拣员试署大清银行正监督各缺,恭折仰祈圣鉴事："窃前准吏部咨遵议大清银行监督张允言降一级调用处分一

---

① 此字恐电文有误。先生抄稿标有记号。——编者

折,奉旨不准抵销。钦此。"恭录移咨前来,查该银行为全国金融机关,责任綦重,所有监督一缺,自应遴员请简。查有署造币总厂正监督、四川补用道叶景葵,究心财政,于银行办法讲求有素,若以之试署大清银行正监督,可期胜任相应。请旨准将该员试署。其所署造币总厂正监督一缺,拟请以直隶财政正监理官沈邦宪兼署,以资分任,而专责成所有拣员试署大清银行正监督各缺缘由,谨恭折具陈,伏乞皇上圣鉴。谨奏。宣统三年三月二十四日具奏。奉旨依议。钦此。

[附二　度支部原札[①](1911年5月9日)]

札

度支部为札饬事通阜司案呈:查东三省各官银钱号所发纸币,已达数千万之多,而现金及各种证券之准备绝少计及。以致任意发行,漫无限制,价值日落,信用日微,外国纸币遂乘间流入,充溢市廛,实于币制前途大有窒碍,非亟筹整理之法,设有恐慌,愈难着手。该道于三省财政本所熟谙,现又经本部奏署银行监督,于此事责无旁贷。应于此次到奉之日,将三省纸币如何收回,外币如何抵制,妥筹良法,禀报本部,以凭核办。为此札饬该道,仰即遵照可也。须至札者。

右札署大清银行正监督叶道景葵准此。

宣统三年肆月拾壹日　　(度支部印)

题记

宣统三年春,奉旨署理大清银行正监督。适赵尚书重督东陲,业已垂调,并派为东三省屯垦局总办,乃陈明度支部堂宪暂缓到监督任,先随节出关。度支部即委查东三省币制,并派至吉林密查官银号火灾案。此册为在奉天时关于大清银行来往电信之纪录。由今观

---

① 此件为清政府度支部原件。——编者

之,俨同痴人说梦。惟生平公牍文字,概未私留稿件,此册尚存箧绦中,可作一刹那之纪念品。原禀一件,原剳一件附存。

庚辰重阳后六日揆初记(1940 年 6 月 16 日)

(手迹)

(原稿本,上海图书馆藏)

萱 园 随 笔[①]

(1914年7月～1915年3月)

经传文字,每多通段。如"俯"字,《周礼》《汉书》均作"俛",又通"勉","俯"又通"府"。又如"仓",谷藏也。《礼记》作"仓龙",《汉书》作仓头,则又与"苍"通矣。盖音读沿革,字亦屡异。此通段之例也。

字义有通于反切者,如不可为"叵",不律为"筆"之类。《说文》"聿"所以书也。楚谓之"聿",吴谓之"不律"。《尔雅》云,不律谓之筆。余谓"叵"可作不可切,筆可作"不律"切,不可不律。即"叵筆"二字之合声,方言流转,而义存乎声矣。

汉高祖起于亭长,举止不脱轻率气。案汉制十里一亭,十亭一乡。设亭长,执更板以劾贼,索绳以执贼,旧有负弩之名。以十亭计之,百里内皆亭长所治地。沛公当日任此职务,耳目所接,无非奔走缉捕之役。然则举止轻率,亦有习而然欤!

转注之义,聚讼纷如。综其大要,约分二说。一说谓老字转写而为考,主左回右转之义。一说谓老训考,考训老,主互训之义。案《说文解字序》云,转注者,建类一首。同意相授,考老是也。以老字为部首,而考字之同意者授之。据许氏《序辞》,似互训之说为长。闽俗呼父为农巴,母为农奶,古人竟以入诗。顾况诗云:"儿餧嗔郎罢"。农读作郎,巴读作罢。方音流变,久而微异。闽中方言,多有音无字者,一音之转,译者往往异词。其势然也。

[①] 《萱园随笔》刊于上海《民权素》杂志1914年至1915年第二、第四、第五期"谈丛"栏,共54则。署名"卷盦"。内容涉及古制考证、文字变迁、汉魏歌谣与唐宋诗文解读,以及历史人物评点,等等。——编者

古人居室，无贵贱皆称宫。内则云，由命士以上，父子皆异宫。礼儒行，儒有一亩之宫。自天子达于士庶，无殊称也。秦汉以后，专为王者居处之称矣。

古文俭省，后世则加偏旁以别之。古无"榭"字，通作"谢"。左宣十六年，成周宣谢火，《释文》云："榭正作谢"。《礼运释文》亦云，"本作谢"。可知"谢""榭"为古今字也。

古人称兄弟之女为姪，嫁女以姪娣从。故字从女，未有以兄弟之子为姪者。惟狄仁杰对武后，有"姑姪与母子孰亲"之语，是以妻兄弟之子为姪也。近世内姪之称，当本此。至吕蒙正对真宗曰，有"姪夷简，宰相才也"。姪之名，或始于宋人。理或然欤！

汉魏之诗，酝酿深厚。一以雅驯为主。至六朝而体格一变，至唐之天宝而又一变。元和体老妪都解，则日趋卑弱矣。昌谷出而救之，以古茂出入骚雅。自是健才，如"黑云压城城欲摧"、"欲剪湘中一尺天"、"杨花扑帐春云热"等句，才思横逸，不可一世。极意经营，好作不经人道语，少陵所谓"语不惊人死不休"也。古人琢句之不轻易如此。

凡诗文以陈言务去为佳。然须读书多，积理富，出以蕴藉深厚之笔，则去纯茂不远矣。宋元诗非无佳者，但比拟三唐，则浅露自见。

少陵七古，奇拔沈雄，自是绝唱，然终不若近体之多。故后世谈近体者，以杜律为宗。王世贞曰："太白笔力变化，极于歌行；少陵笔力变化，极于近体。"自是确论。

少陵五律云："月生初学扇，云细不成衣。"似齐梁句法。学字从生字看出，不成字从细字看出。可谓才大心细。

少陵诗无美不备，亦瘦亦腴，亦浓亦淡，合诸家之长而兼之。五言云："花娇迎杂树，龙喜出平池。"已开义山诗派。义山固善学杜者也。近世作者专以摹拟瘦硬为工，非杜之至者也。然如"沙上草阁柳新暗，城边野池莲欲红"，自是佳句。

初唐诗往往极写当日繁盛，而唏嘘咸阳之意，自在言外。少陵亦然。如五言诗云:"仙人张内乐,王母献宫桃。舞阶衔寿酒,走索背秋毫"等句,铺写当日穷奢极欲之状。惟结句云:"桂江流向北,满眼送波涛。"略示伤悼意。以含蓄之辞,寓悲慨之旨,是唐人诗境高处。

周衰乐坏,遭秦绝学。古乐沦亡,汉河间献王作《乐记》。刘向所校廿三篇别录,亦未全录其文。余十二篇,仅存其名而已。《尔雅》释乐纪、乐器甚详,虽非古乐之完书,然亦可补乐亡之阙矣。

古时歌谣并称,《说文》从言从肉,与释名人声之义合:"诗园有桃章,我歌且谣。"《传》曰:"曲合乐曰歌,徒歌曰谣。"歌有章曲,谣无章曲。歌可以合诸乐章,谣则随意独歌之。故《正义》引孙炎消摇之义。汉时立乐府,而歌谣之名大著。唐以后,诗人恒以名篇,然能合乐者实鲜,则名存而实非矣!然《论语》"子与人歌而善,必使反之,而后和之。"则古亦有徒歌者,引伸而为童谣、怪谣之义。后世遂有谣诼之称,则去古益远矣!

辞尊居卑,辞富居贫,实为君子处乱世之法。金胡厉官深州,例设弓手百余以备盗,厉悉罢之。曰盗思财耳,吾贫如此,何备为?悉撤其防,卒无事。晋氾腾当兵乱之际,弃官散家财五十万,以施贫乏,闭门灌园,琴书自娱。张轨征之不起,盖护藏则诲盗,附势则败名,贤者不为也。

东坡文如行云流水,才气奔放,自是健才。尝谓唐无文章,惟退之《送李愿归盘谷序》而已。眼力之超,目无千古。然谓唐无文章,则似乎过当。柳州文岂在韩下耶?熟精《国语》,当韪斯言。

作诗贵审题。古人得一绝好题目,不肯轻易放过。如工部之《北征》,退之之《南山》,乐天之《长恨歌》,梅村之《永和宫词》、《圆圆曲》等篇,于当日时势,极有关系。不惜匠心独运以成之,故后世有诗史之称。当其下笔时,已知其必传矣。

古诗尤贵章法,开合提顿,排摹摇曳,缺一不可,叙事之作尤要。香山之《长恨歌》,脍炙人口,千古传诵,其实不及《琵琶行》之结构有法。最妙在"同是天涯沦落人,相逢何必曾相识"二句,束上启下,掷笔空中,是全诗之筋脉,通篇之关键。《长恨歌》平铺直叙,从选妃起至寄钗止,无提振关束之笔,似嫌平衍。惟其遣词秀丽,情韵双绝,为一时传诵。所谓入时之眉样,非诗律之极轨也。此诗阅者往往滑口读过,特表而出之,敢以质诸博雅君子之论定焉。

唐人诗以自然浑成为上。如"杨柳青青渡水人"、"晴川历历汉阳树"等句,所谓不著一字,尽得风流,味在咸酸以外也。然自然之旨,须从读书得来。若滑调浮声,藉口羚羊挂角之论调,以文其浅俗,则慎矣。王西庄先生水中咸味之讥,可不深长思乎?

艳体不宜多作,以其亵也。然《无题香奁》,强半寄托之词,不必刻舟求剑也。予谓诗不嫌艳,而万不可俗。西昆雕丽,虽有浮艳之讥,然诗之声固尚存也。若流入俚俗,则不可以言诗矣。昔人谓孔子删诗三百篇,而存郑卫,有淫词,无俚语。旨哉言乎?

吉人为善,惟日不足。孔子谓"学如不及,犹恐失之。"谢良佐与伊川别一年,仅去得一矜字。古人之好学如此。自满二字为学者之大弊。此不可不慎也。

欧阳公见东坡文曰:"老夫当避此人出一头地。"欧公之谦冲,足征其度。吾谓苏之才,欧之学,均有宋一代作人也。唐代多奇人剑侠,稗史恒纪之。如黎干为京兆尹时,因事杖一老人,如击皮革,掉臂竟去。干大惊,知为异人,亲诣老人谢过,具酒食谈养生术。既而舞长剑,风驰电掣,时及黎之须,不觉股栗伏拜。老人掷剑植地曰:"聊试君胆气耳。"黎归临镜,须落寸余,再往则室已空矣。又开元中,有司以百戏竞胜,有一囚言能为绳技,官允之。于是出绳百余丈,随手抛掷,直立空中,不见端绪,缘绳而上,身足离地,势如飞鸟,瞬息不见。此事颇涉怪诞。余谓时当晚近,奇才异能,往往托于方伎,为逃名计,亦时势迫之使然欤!

(《民权素》第二集"谈丛"栏,1914 年 7 月 15 日)

汉高祖能忍于太公，不能忍于吕后，岂薄于父子而厚于夫妇欤？项羽置其父于俎上，竟以分我杯羹对。及为天子，明知吕后必乱，乃不除之，临终告吕氏以"安刘必勃"之语。回忆当日与楚军对垒时，其英锐坚忍之概，视今日奚若？儿女情长，英雄气短。富贵逼人，大足损人锐气。老境颓唐，致成厉阶，良可惜也！

韩信谓高祖能将将。吾于文帝亦云，且德量尤觉过人。周亚夫之将才，苟非文帝，恐未必见用。观其细柳劳军时，都尉对以不闻天子之诏，入壁门，不得驰驱，按辔徐行。亚夫长揖不拜，文帝乃有真将军之叹。其度量过人远矣！汲长孺之傲大将军，当时以为难，而亚夫竟以抗天子，无怪群臣皆惊也。览史至此，令人一读一击节。

班史称景帝遵业，比之成康。吾谓景之刻薄寡恩，乌足以当此？观于亚夫不得其死，令人扼腕。亚夫得罪，始于谏废太子，与争约法。景帝竟以大戚辱之，猜忌、偏急，不值一噱。其他失德之事，史不绝书。孟坚之赞，岂足为定论耶？

行军当仓卒危急时，须有权术以慰军心，虽诈伪不以为嫌。如王霸还报，冰坚可渡之类。狄梁公征邕州，以桂陵路险，将士惶惧，公乃集军士，祀神请卜。以钱十枚祝曰："此行克敌，掷得全色。"投之地，果然。遂命以钉钉之，复加封识。及奏捷凯旋，方谢神起钱，众咸争看，乃两面钱也。盖公密造此钱以按众心耳。名将行事之不可测如此。

古今厮仆，因所事得人而名益彰者，正不乏人。如郑玄诗婢，李贺奚奴，其尤著者。又郭氏苍头能诗。诗曰："青鸟衔蒲桃，飞上金井栏。美人恐惊去，不敢卷帘看。"吐属风雅，虽学士大夫不能过也。

历朝经术休明，以汉为极盛。如《尚书》之有欧阳、大小夏侯，《诗》之有韩生、毛公，《礼》之有后苍、大小戴，均著于学官，设校书之职，以刘任诸人任之。又宣帝微时，依许广汉兄弟及史氏授《春秋》。

自天子之士庶，无不通经者。可谓盛矣！盖法制有损革，国学终不能尽废。此世界之公理也。始皇以变法自任，焚书籍以愚黔首，偶语者弃市，卒至二世而亡，遗臭千古，谓非乱法失众之报欤？

或谓古时教育，立于学官者，初无普通、专门之名。然如契之司徒，夔之教胄，以及庠序、学校之设，《周官》所载已可得其崖略。吾谓汉之石渠阁，诏集诸经师，讲五经同异，即普通之说也。如施雠治《易》，董仲舒治《公羊春秋》，尹更始治《谷梁》，夏侯胜、黄霸之治《尚书》，私家著述，专攻一经，墨守师承而无越，此即专门之学也。孔子之博文约礼，则由普通而入于专门，其义益较然矣。

古井田之制，含有均产之义。当时众建诸侯，八家皆私百亩，而同养公田，无多少不均之弊、自封建废而井田之制不行，亦时势使然也。三代主人和而得其平，秦主专制而定于一尊，则公私之界判然矣。夫井田之制，其至公如此。而贫富之名称，尚迭见于经传何耶？吾谓井田者，国民一定之所入，人人所同，专为农之耕而食者言。若工商之奇赢，士夫之采邑，则又农之外而自食其力者，不在百亩所食之内，故所入较增于农。于是贫富之名著焉。

娶妻不娶同姓，《礼》有明文，防其渎礼乱伦也。然春秋时之同姓为婚者，如晋献之骊姬，叔向之母姬姓，鲁昭公之吴孟子之类，先儒已尝言之。吾谓不特此也。如尧使二女妻舜，以观其内。《史记》谓尧舜同高祖之族，是同姓为婚，五帝时已然。孟子谓"舜不告而娶"，可以深长思矣。抑古时风气浑朴，馆甥贰室，寓有选贤任德之义，故内不避亲欤？唐虞书阙无可考，仍未敢为定论焉。

三苗共工驩兜，或流或放，惟鲧独殛死，何刑之轻重，悬殊若此？抑洪水猛兽之害深，故科之独严欤？孔《疏训》三苗为饕餮，或谓其说不足据。三苗国名，今湖南地，不当指一人言。余谓此说非也。鲧、共工均指一人言，何三苗独非耶？岂能举三苗国而悉窜之耶？当从《正义》三苗为缙云氏之子为是。且投诸四裔，与《尚书》窜字之文义亦合,所谓缙云氏之不才子欤!

有天下者,其国祚之修短,大抵视其得天下之难易,与其重学术与否为断。得之易而轻儒者,其祚恒短;得之难而重学者,其祀恒长。秦得天下,可谓暴矣。蚕食六国,存如硕果,始皇起而统一之。不谓之易不得也。汉家开国,较秦为倍难,沛公知之,入关除秦苛法。继世而后,次第改革。如秦燔灭文章,汉则大收篇籍,建藏书之策,置写书之官。秦皇坑儒,汉则尊崇儒术,秀才异等,罗而致之。于是公卿大夫兵吏,彬彬多文学之士矣。然则创业之难易,与国学之兴废,其关系于国家之存亡,岂浅鲜哉!

大小学之名,其来最古。有虞氏大学曰"上庠",小学曰"下庠"。至周时而有成均瞽宗乡遂之设,学制至为详密。然礼、乐、射、御,学程不专文辞,足食足兵。孔孟以教弟子,固无文武之别也。平日彬彬礼教,一旦有事,执干戈以卫社稷临阵之将士,即庠序之学子耳。子路之勇,冉求之艺,列于孔门之四科。当日战绩,载在左氏。可知古时士农,均有知兵之预备已。

自家天下之局成,据天下为一家之私物,而阶级分焉。秦汉以前,无是习也。尝考《周礼》,设官极详,即最琐屑之事,无不有官以主之。如舂人主共米,膳人主炊,掌畜主育鸟,染人主染丝帛,以及冢人墓大夫之类。若以今日社会习惯视之,不将目为贱役乎?古人则不然。设官以为民,非专以奉一人也。贵贱尊卑,无畸轻畸重之别。人品之高下,以贤愚判,不以尊卑杀也。故以孔子之圣,摄行相事可也,委吏乘田亦可也。得志则行其道,不得志则栖皇车马,亦一布衣耳。自后世阶级日严,官制日敝,治官之官多,治民之官少;伴食之官多,任事之官少。且一二小吏,为世所鄙夷,贤者每不乐就,此政之所以日坏也。

辋川诗以淡远胜。如"落日鸟边下,秋原人外闲。"曰鸟边,曰人外,曰闲,写暮色入画。又如孟襄阳之"夕阳连雨足,空翠落庭阴",妙在"连""足"两字。雨后夕阳,情景绝佳。若有夕阳而无雨,亦不足奇矣。

"不才明主弃,多病故人疏。"昔人谓襄阳之不见用,正坐此二语。不诵洞庭诗而诵南山诗,命也。吾谓明皇之英明,何至因此介介?殆亦传记家之附会其说耳。冯唐之对汉文曰:"陛下虽有廉颇、李牧,不能用也。"意与此略同,而词更戆直。文帝拜唐为车骑都尉,岂玄宗不若汉文耶?抑亦有幸有不幸耶?

咏古之作,近体与古体异。长古可著议论,律诗则以含蓄为上。如义山之《南朝陈后宫》二律,高情远识,可与言外得之。若少陵《九成宫》五古,由荒淫亡国之由,慨乎言之。《玉华宫》则但作物在人非之感,不及其他。盖《九成》作于隋时,《玉华》作于贞观。一则斥言胜国,一则为尊者讳。风人之旨,而寓《春秋》之义焉。

五律有不拘拘于对仗者。如辋川诗"秋风正萧索,客散孟尝门",律而近于古矣。太白诗"水春云母碓,风散石榴花"。又如"清秋将落帽,子夏更离群",以夏对秋,古人偶一为之,终非大方家数,不可学也。

三代以前,士农并重。田制属于国家,制为井田,与民共之。设学校以教民,至少至长,无不入学。自秦开阡陌,任民自占田,国家不问,富者万顷,贫无立锥。又燔弃典籍,于是私家自为讲授,而门户学派之说起。吾谓田制废而后天下有盗贼,以其贫者众也。学校废而后诸子百家之学起,以其非国有也。后世国与民日处于分离之势。言田税则有过割飞洒之弊,言学术则有朋党之祸。于是人才不必由学校出,征辟之令行,聚敛之章作矣。

专官兼职之说,亦不能尽拘。管仲官事不摄,孔子非之。此以兼摄为善也。汉何武为宰相,才不及古,而兼三公之事,所以不治,宜建三公官。此以专官为是也。成帝卒从武议,以王根为大司马,增俸如丞相,以备三公。后王莽亦领是职。至桓温则又以大司马而乱晋。

然则专官兼职之说，各有得失，亦视任人何如耳。

(《民权素》第四集"谈丛"栏，1915年1月20日)

孟子外丙二年，仲壬四年。赵歧注谓即位二年、四年。《史记》说同。宋儒谓，古人谓岁为年。汤崩时，外丙仲壬方幼稚，太甲差长，故立之。余谓此说不能无疑。案《尚书·伊训》十有二月乙丑，"伊尹祠于先王，奉嗣王祗见厥祖"。若汤殁而太甲嗣立，则故君初没，尚未立庙，安得有祠？又安得有祗见厥祖之事？蔡注引吴氏说谓"朝夕致奠，不离殡所，何待于祗见？"其说甚通。吾谓汤初即世，断无仓卒立庙之礼。况在谅阴，未遑土木。高宗谅阴，三年不言，是其明证。外丙仲壬，皆汤之子，太甲为汤之孙，何至舍其子而立其孙？故吾断以太甲嗣仲壬而王，故称嗣王，伊尹奉之，以见于祖庙。其义固显然也。

古今之人，负一时重名，往往不矜细行，然至于残忍灭伦，则不可为训矣。乐羊游学，其妻断机以谏，卒以成业。及攻中山，中山人烹其子而为之羹，乐羊啜而尽之。虽谓两军相持，势非得已，然而忍矣。其妻勖励夫子以成名，乃适以杀其子，谓非天伦之变乎？此与吴起杀妻以求将，同一不近人情，而起尤残暴薄行。相传有母死不奔丧之事，李克谓起贪而好色。以前事观之，其贪实甚于好色矣。史称其曾尝从曾子游圣贤之门，岂容此辈一朝居乎？宜乎曾子之绝之也。

吾国由专制而跻于共和，有步武汤武之意。此语已为今日习惯之口头禅。惟有一事，为不期然而然者，则改用阳历是也。商正建丑，阳历之正朔，恰值丑月，诚有不谋而合者，亦可见天时人事之所归矣。

古人惟重正朔，月数仍不改。此宋蔡氏说也。蔡谓汉仍秦正，亦书曰元年冬十月，则正朔改而月数不改。《史记》始皇三十一年，更名腊曰嘉平。秦用亥正，则腊当为三月，而仍曰十月者，则仍以寅月起数，秦未尝改也。吾谓蔡氏说尚未尽也。古人虽改正朔，亦有不得不勉随民俗之处。如《诗》"四月维夏""六月徂暑"，仍主夏正之四六月言之。若以周正建子推之，周四五月，夏正二月也，安得谓之"维夏、徂暑"乎？又如《周公七月诗》："七月食瓜，八月剥枣，九月叔苴"等语，皆述夏正之气候。虽改易正朔，仍不得不从民间农时之便，亦《论语》"吾从众"之意云尔。

虞曰载，夏曰岁，商曰祀，周曰年。史家编年，本于成周。春秋之义，权舆于是。故夏后相被逐，而传记家以少康所生之年为元岁。武后临朝，而帝在均州房州之文，史不绝书，所以存正统而警僭窃也。至于夏后迁商丘，依斟灌。或谓商丘今河南地，斟灌今山东地，两地相距悬绝，何能相依？致疑古史之不实，不知所谓依者，非必入其国而居之也。盖以商丘密迩斟灌，故徙都于此，以成犄角之势，藉作声援以敌羿耳。

建设国都，关系时局者至钜，总须因利乘便，有互相维系之势，不得拘一时之成见也。成周都镐，至平王东迁，国势日以不振，东坡深斥其非。然周之亡亦未必亡于东迁，盖积弱使然也。或谓由此而上，为文武，为成康；由此而下，为春秋，为战国。此宋吕氏说。吾谓由平王而上，为共和之时期；由平王而下，为专制之时期，何也？平王时非复周召共和之盛，渐至诸侯用兵，日事攘夺。五伯自专征伐，已开先例。故秦得兼并六国，擅立苛法，遂成破坏人和之嚆矢。所谓"春秋无义战"，已开专制之渐，不行专咎祖龙也。厉王窜彘，周召行共和之政，布在方策，垂五十余年。平王忽举国而东，秦襄公以兵送王，僭进为伯，祀上帝于西畤。太史公曰："秦始封为诸侯，遂作西畤，用祀上帝，僭端见矣，君子惧焉。"吾谓司马诚知言哉！

尧曰："多男多罹，富则多事。"以尧之圣而戒慎恐惧如此，此所以为圣也。封人曰："天生蒸民，必授之职。多男而授之职，何惧之有？富而使人分之，何事之有？"夫授之云者，即野无遗贤，国无弃民，无一夫不得其所之谓也。分之云者，即民饥己饥，民溺己溺，不患寡而患不均之谓也。暴秦而后，朝廷与民，日益疏遂，堂廉远隔，君门万里，小臣不能与朝廷相接，平民不能与君主、官长相接，穷通得失，听齐民之自为。国家不过问，民亦不知国家为何物。同一圆顶方趾之种族，而有尊卑苦乐之阶级，遂成一离德离心之现状，于是天下不复可言治矣！

古今书札，常用"再拜"二字，已成一习惯之名词。近日因除去跪拜礼，于是通常尺素弗用之。此盖误解拜字之义也。《说文》拜，从两手下也。拜以两手为礼，非如稽首、顿首之头至地。《周官》九拜，分别最详。或谓古人日用起居，均席地而坐，此语为稍读书者类能言之，不足为异。其坐时屈两足向后，以股著足踵，与今之跪相似。故古礼有跪与坐之别，以示敬恭之意。曲礼授立不跪，授坐不立是也。至稽首、顿首，则头已至地，视拜为更隆。顿有停顿之义，稽有稽留之义，拜则仅下其手为礼，与稽首、顿首迥别。虽同一鞠躬，而亦有微示区别者。如"吉拜"注云："雍容而下其手。""肃拜"注云："直身肃客而微下手。"既曰直身，则不必鞠躬可知。盖鞠躬以躬为礼，拜以手为礼。躬从身，拜从手，观其造字之义，固已显然。谓拜与鞠躬同则可，谓与稽首同则不可。或又谓与空首同，则更误矣。《周官》"空首"注云："下手，首不至地。"玩一空字自见。又《尚书》"拜手""稽首"，连文及之，言既拜手又稽首也，明是两事，不容牵混。"礼郊·特牲"云："拜服也，稽首，服之甚也。"分析最为明确。或又谓古时稽首、顿首之礼，亲之于子亦行之。此说更误。仪礼士冠礼，所谓母拜受者，盖下其手以示亲爱之意，亦第鞠躬而已，并无稽首之文，亦断无亲拜其子而叩首至地之礼。盖误认拜与顿首为一事，遂与古礼微有未合。此不可不辨也。

方言与古音通转，而字之音义，亦由是出。如哗呼瓜切，吾乡方音读作光华之华。至于华姓，又读作去声。《扬子方言》"哗"，涅化也。注谓化声之转。此足为方音通转之证。以化为义，声亦在其中矣。又如《说文》水准也，释名水准也。准平物也。《白虎通》水之为言准也。此皆以准为水之训，而不知即水之音。《考工记》郑注准读水，大约当时有此方音也。闽中呼水为追，上声亦准音之转，足为郑注之证。先儒谓准为水之义，非水之音，并疑郑注之误，殆未通晓各地之方言耳。又如踔丑教切，读若踔。《汉书》《文选》均主跃走之义。蜀中方言，亦谓踊跃为踔，与古音义通。

古今之度，历代不同。大约古短而今长。班史谓万事起于黄钟，六律起于秬黍，一黍为一分，九十黍为黄钟之长。尝以一黍为分推之，积至十黍（十黍为一寸），所容之寸亦无几。盖短于今尺远甚。《史记》谓以身为度，《说文》人手却十分动脉为寸，十寸为尺。周制寸尺寻常诸度，均以人体为法。《家语》亦有"步指知尺，舒肱知寻"之文。许叔重引周制与《史记》合，共言人手动脉，则本于医学家言。医家谓关上为寸口，关下为尺泽。尺泽推而下之，则及肱矣。此与《家语》舒肱知寻义合。至于步指而知尺寸，吾尝考诸方书，屈中指而取之，由中指接缝两端量之而得一寸，访诸精于医者，试之良验。又针灸之术必布指而求尺寸，不得以世俗通用之尺为准。盖自古尺沦亡，载籍阙略，仅可考者，岐黄之书而已。

《司马法》人一举足曰跬，跬三尺也。人举足而及三尺，足征古尺之短。然亦不能泥也。举足三尺，或举成数而言。《说文》所谓指之数，多则不过三是也。《周礼》《司马法》六尺为步，步百为亩。礼王制，古者以周尺八尺为步，今以六尺四寸为步。今者指汉而言。王制纂于汉初博士，故以汉尺较周尺。周之一尺，仅及汉八寸。八乘之为六尺四寸。盖古时以步定亩，步行田间而度之，遂有步之名。所称尺数，专为田制言之，不必人行一步也。《小尔雅》云："跬一举足也，倍跬谓之步，"此或专就人之行步言矣。

币制之轻重，应如其所铸之轻重为准。此钱法之通制也。秦之半两，汉之五铢，皆重如其文，若今币之七钱二分，亦云重如其文矣。然币价之涨落不常，卒未能适如其七钱二分之数，则亦徒有名称而已。先儒谓唐开元钱,十钱重一两,然亦仅就唐言之。若以古币较之,其钱三枚,足当古之一两。宋则以开元钱十枚为一两。吾以开元钱三枚一两推之,则宋之十钱,当古三两有奇。足见后世币制日益重矣。

(《民权素》第五集"谈丛"栏,1915年3月22日)

卷盦札记[①]

(1941年~1946年)

癸卯同年刘翰臣命其子来访，携示大德刊《说苑》残页，天圣明道本《文选》残页，元刊《通典》残页，前有元朝公牍作副页，又有元国子监图记，均佳。刘氏食旧德厪藏书颇富，今已散佚。

本行办事员刘延昱，字耀庭，为宝应刘楚桢先生之玄孙，藏有《楚桢尺牍》及诗稿一册，又有叔俛先生所收《师友尺牍》一册，内有陈兰甫尺牍一通，录如下：

十二月三日澧顿首，叔俛先生阁下，桂子白交到手示，得悉起居多福。承询贱体，近日气虚咳嗽，此衰老而实非病。深蒙关注，感谢之至。称谓过谦，尤不敢当。来示云，汪君仲伊，张君啸山，皆倾倒于拙著《声律通考》，何期并世得遇赏音？弟生世本江南人，惟以衰老，不能回乡与阁下及诸儒相见为憾耳。拙著《东塾类稿》，近年不刷印者，中年以前治经，每有疑义则考之。其后幡然而改，以为考之不可胜考，乃寻求微言大义，及经学源流正变得失所在，而后考之论之，著为《学思录》一书，今改名曰《东塾读书记》。此书自经学之外，及于九流诸子，两汉以后学术；至宋以后有《宋元》、《明学案》，则略之，惟详于朱子之学，大意在不分汉宋门户，其人之晦者，则表章之，如宋末王万可谓真儒；明万历中将乐县命傅宗皋创五经书院，立《五经》师，明

[①] 《卷盦札记》，又名《卷盦剩稿》，叶景葵先生读书、藏书日记体笔记。全稿无日期。1950年代由顾廷龙主持出版，后又收入《叶景葵杂著》。笔者根据《札记》涉及各书叶氏跋文及《顾廷龙日记》有关记载，考订此册始于1941年初，极可能启用自辛巳年新年(1941年1月27日为正月初一日)。大部分均系1941年之笔记，后部分有1942年至1946年之内容。——编者

中叶乃有此人；其时国子监刻《十三经注疏》，其《序》乃粤人林承芳所作，已开本朝经学风气。如此类者，亟宜表章。承询此书体例，故略言之。其说《论语》《谷梁》数条呈教，甚自惭其寡陋也。尊著《论语疏》，明岁刻竣，乞赐读，承命为序，此过爱之盛意，所不敢辞，惟著书必须自序，乃能深透，他人不能及也。来示云，刻诸史至南北朝而止，接刻《通典》，然则唐以后诸史不刻欤？《通典》，粤东已刻成，今刻《续通典》、《皇朝通典》，明春可毕。近日刻《通志堂经解》及《四库总目》，内唐以前甲部诸书，不能精工，然弟亦不求其精工，恐致旷日持久，年老忽欲见其成，且宋板书今人宝贵者亦不尽精工也。陈君卓人，弟旧交也，其书已刻，甚慰。柳君宾叔、汪君棨邨皆安健，尤欣慰之甚。余不多述，草此奉覆，并请道安。澧再拜。

奉赠侯孝廉《谷梁礼证》一册。孝廉博极群书，尤长于《三礼》、《左传》，年四十而卒。此其未成之书，坊间所刻，今南海伍氏刻入《岭南遗书》矣。

拔可介绍诸贞壮烬余书三种：《拟山园选集》，李越缦文稿、诗稿十二册，明支那本《景德传灯录》。有牧斋跋不可靠。留《拟山园选集》一种。

楚桢册内有名刺二，楚桢有题字。楚桢别字念楼。

孙仁鼎字小兰，仁和人，以廪贡官训导，与予同客皖幕，有诗集。

殷杓字斗南，号古农，甘泉廪生，与予善。

王菉友批《守山阁丛书》初刻，系外舅朱蜕翁旧藏，文禄寄来。

耀廷又送楚桢师友手札一册，内有胡文忠札，录如下：

楚桢老友同年阁下：得书，感承注念，并悉所苦全痊，尤为欣慰。阁下为今之儒者，而困于此地，命也何如！然吾人自有安身立命之所，正未可以境动心。若能了除俗累，仍是青氈旧业，无得亦无失也。署中幕友家人，固不可逆诈而使之疑，亦不可疏节阔目一概处以大度也。人心不古，日甚一日，而官场之弊尤深，竟有情理所不可测度者，阁下能推诚而未能先觉，毋乃体多而用少乎？如所闻周姓者是也。总之此时惟求早到元氏一日，即可稍稍尽心民事，精力专注乎此。数年后，了却公累，即便脱然归去可也。吴县、华阳处，再四面恳，而苦于保定之来文甚迟，闻月内可以题奏，即便催令赴任，以便交卸，两师相业经面允，静以俟之可耳。此时为阁下计，只求个安无过，即是大幸，稍稍赔累，乃命之穷，非问心之有过差，亦可随分处之。紧要关键，却以保身定心为第一大事。尚乞纳此迓言，不胜至愿。弟事陕中八月可奏，需次于此，亦少味矣。灯下草草奉复，即颂节禧。弟胡林翼顿首。八月十三日。

又有年愚弟汪廷儒一札，摘要录之：

吾郡之入《文苑》《儒林传》者，抄呈台览。至《循吏》诸传，皆未撰，缘馆中君子，藉以为升途，全不讲公事，惟何子贞同年前此署提调，曾议及补传事，以此获咎于首揆，旋即撤任。吁，难言之矣！穆堂所注《博物志》，闻存稿于黄又园比部家，昨得比部来书，述及此书已落他人手。所谓他人，亦不知何人。闻陈春海先生向有《尚友录》一书稿，归孟慈太守处，至今未刻。

又有汪孟慈一札，录如下：

楚桢先生足下：昨寄寸械，谅已递到。兹惟起居嘉福，文字平安。上年农部案发，喜孙以不合时宜，转得置身事外。仓场狱起，通州官吏凡隶在仓场衙门者，钦使俱一一推问，坐粮厅以下至委员，并厕名案内。喜孙与就逮之吏同寓清凉庵，亦以平日不合时宜，并得置身事外。回念少小以来。所历之境，盐务、户部、仓场，皆腥膻之地。清夜扪心，白水旌信，虽鹰瞵鱼眣，狼噬虎吞，日肆干戈，身罹罗网，竟不得纳诸沟壑，诬以赃污，究是义命自安，天日可鉴。此身易辱，此志难移，金石能销，江河不废者也。见在移居东便门外大通桥侧，清波到门，红尘隔世，茫茫人海，别置一甂，亦是奇境。将来过大通桥者，见有古槐数株，支离水际，是汪监督奉母所居也。用松相国驭蒙古回部之法以驭花户，威信并立。与皂隶、铺军、小甲、小马、看白诸吏相见，恤其寒燠饥饿，或推食投醪，先得其心，使之怀德而后畏威。有盗米及酗酒者立杖之。每开门，必日未出时，使力役数百人不致枵腹久候，人皆知感。门既洞开，命诸吏执鞭排立，而后令服役运车之人鱼贯而入。有不受法令，虽黄带紫衣具顶戴滋生事端者，执法不贷。于八旗之兵米，百官之俸米，五城之振米，必抽查掣斛。至御用之白麦，内院之粟豆，内廷之老米，札到五日，即交他仓。或因以被议，喜孙尚无陨越。监督虽不甚爱惜之官，然喜孙所监储济仓积谷至七十万，三年之蓄，足敌七省全漕三之一，何敢怠厥职哉！向来花户所以贪赃犯法，毁身败家者，只是重利耳。其重利之心，过于性命。喜孙不分其利，彼亦未尝不知感，虽难革心，面亦几于革矣。向来宗室所以勒索控告者，打仓抢米者，只为不畏监督耳。其视监督等于花户，喜孙不狎花户，彼亦何尝不知畏？虽难齐刑政，亦庶乎可导矣。喜孙初莅官，即誓诸仓神庙，不为赇吏；并谕诸花户，倘子弟有所求，必丽诸法。又尝敬诵列祖圣训，宗室有不衣四品冠带到仓滋事者，以齐民论治罪。宣播于外，咸所闻知。由是三月来，无宗室到仓，得以安居无事。隶卒之事监督，亦几如蒙古回部之于松相国，奔走偕来，一隅之地，四至趋风，洵乐事也。回思卅年以前计偕入都，受学于高邮王氏，考订金石文字，谈宋元以来文献之见诸说部诗文集，有若覃溪阁学观书于苶华唵舫，校字于玉牒、会典馆。获交郝户部，服其勤学讲学；刘礼部，叹其墨守。又有与礼部同居之魏舍人源，治三家《诗》、欧阳夏侯《尚书》。礼部邻居龚舍人自珍，为段先生外甥。舍人同居王萱龄北堂，博学好古，长于校经。又有舍人丁卯桥泰，钱润生协和，并博通群经，居于礼部不二十五家。钱舍人对门有吴太守鼎臣，其子赞，并治段氏学，与高邮论训诂声音最相得。太守之邻，有陈东之潮，小学致精。惜郝、刘、丁、钱、吴相继殂谢，魏忽从戎，龚狂肆不治经，王作校官，吴老贫病交集，陈奉讳归，讲学之友扫地尽矣。哀哉！喜孙顿首。

阅师二宗斋《读易劄记》。汉阳关季华棠著,未刊。因查师二宗缘起,叔通赠《汉阳关先生遗集》一册,并读之,文诗词均清迈拔俗。

阅乙盫校光绪覆赵本《陈后山集》,所引有明本,有何校、蒋校,惜未跋。乙盫自校《文集》及《谈丛》,均精细,《诗集》无校,当另有读本。

又阅《叔俛师友尺牍》一册。

杨惺吾札:

《论语正义》,择之精而语之详,远出皇邢二疏之上。敬习此经有所得,杂记为若干条,共四卷。前年刻成一卷,其中武断疏陋之处,近亦颇自省,故未印行。比读尊疏,则所自信数条,已为牙慧,然则拙著真可烧也。

朱衍绪札:似系朱迪然之三子,萧山人,梅翁当为汪梅村。

《肇域志》二十册,已呈节相,交梅翁总校。此书计缺四省,古人心血所撰,不能因其未成之本而置之也。保护此稿,全仗足下。

又

《肇域志》撰成,可否代家严撰定一序。敝处系藏稿之家,蒋寅昉首先謄稿,其功亦不可没,一并叙入,请与梅翁商之。

灯下阅顾樊桐批本《南雷文约》,校改处据原刻,梨洲文多疵累,指摘甚备。

阅《云海集》,系王滨麓灼手写诗稿,各友批评,亦滨麓写,惟吴定殿麟、汪钢为亲笔。王诗熟于汉魏六朝之作,故气息朴茂,五律尤佳。

阅梅勿庵《绩学堂诗文钞》,向姚石子借来。

王欣夫大隆来商排印《曹君直遗集》事,知胡绥之文稿有一部分已入其手。

抱经堂送阅绍兴季本《诗说解颐》,计《总论》二卷,《正释》三十卷,《字义》八卷,共四十卷。嘉靖胡宗宪刊本,白棉纸,首尾完善。

复阅《绩学堂诗文集》,以卷二《序类》七篇为最精,自道甘苦所得，无意为文，而波澜壮阔，声情朴茂，厕之清初诸大文家，亦颇难轩轾。诗简淡平易，所谓学人之诗，无诗人习气者。勿庵生前颇思刊刻所著，但所学至为繁赜，定稿颇难。虽经李安卿孝廉代刊数种，不尽如愿也。又与安卿书云："藩台风雅好古，知八闽为文献之邦，欲多钞载籍，搜罗校正，谬以属某，尊笥奇书或令亲藏本，或原无刻本，与虽刻而板亡者，统望借钞。有某专司，决不至于污损。诚使古人奇书，得有副墨，以广流通，固吾党所乐为也"云云。此言诚搔著痒处。又《沈公厚传》云："公厚名埏，耕岩徵君第五子。时愚山施侍读、晴岩吴处士，倡刻徵君《姑山集》，公湛与公厚后先任雠校。一日梓人见公厚暑寝不解衣，惊问之，答曰：'吾先人集在此，吾敢露体偃息乎？'乙酉七月患肺疾，遂不起。永诀时，惟谆谆命其二子曰：'《姑山集》中，有某讹字，记改正之。'阮司空尔询哭以诗曰：'一息未尝忘死父，百年自署是遗民。'"盖纪实也。此段应记入《姑山遗集》之副页。

潘景郑藏《明通鉴》残抄本原第十五册至廿五册。十一册，自正统二年至天顺三年止。景郑与太炎均定为万季野著。借来披阅，系汪尧峰藏本，册面题字及朱校，尧峰所书，为清初抄本无疑。"臣曰"空格避讳，"虏"、"酋"等字不避。

阅《明通鉴》两册。以《实录》为本，采及稗史者，必详细说明原委，征引宏富，剪裁有法，良史也。如载正统二年张后御殿谴责王振事，即其例。又凡野史之谬误者，必辨正之。如论马愉、曹鼐正统五年入阁事，即其例。辟野史建文出亡诸谬论，尤为曲折详尽。

阅残《明通鉴》十一册毕。纪事以《实录》为本，遇《实录》之不可从者，辨正之。如载太监李永昌谏阻迁都，谓系成化初修史时，其嗣子泰预纂修，有溢美之词。又郭登守城出见英宗非事实，谓系史官粉饰之词，即其例。又《实录》之前后两歧者，修正之。如《景泰实录》不载卢忠告变事，采《天顺实录》及诸书订正之，即其例。其他论断，通达政体，烛见治乱之原，分晰君子小人消长之故。在有明之季，熟读

《实录》,及一朝野史,能以公平严正之笔,表而出之者,舍季野莫属。太炎之说是也。

阅《切问斋集》。朗斋为冯孟亭之门人。

阅曹叔彦《孝经郑注笺释》。辞繁不杀,求达反晦。《学庸通义》亦然。

北平图书馆赠《图书季刊》新第二卷第四期,内载《伏跗室题跋》,有《古越藏书楼书目》,为冯梦芎先生一梅手编。捐书建楼者为会稽徐树兰,延冯先生为监督,总董其事。冯先生为先父之受业师,与先父为丙子乡试同年,在浙江书局司分校有年,余童时尚得谒见,慈溪绩学士也。余前购得《吕氏春秋》维扬资政堂刊本,有先生校笔。

向吴进思借得《补松庐文稿》七册,《含嘉室文存》四册。《补松稿》为吴子修先生庆坻所著,《含嘉稿》为其子绸斋士鉴所著,皆初稿未经编定者。子修先生为余表母舅,又为启蒙之师。绸斋为余表兄,长六岁。

阅《补松稿》竟。修老敦品立名,笃于风气,故其文于婉约中有悱恻缠绵之美,于哀祭传志尤长。光宣间吾杭文学家,当以补松老人为最。《祭陈杏孙年丈文》、《徐氏两世遗诗序》,皆至情至性之文。徐氏吾外家也。杏丈曾编定莽年谱,疑是句山后人。嗣阅孙仲玙日记,言杏孙案头有句山遗像,则吾说当有据。含嘉长于考订之作,方板而少变化,《文存》编于丁卯,正六十初度之年也。

阅汪继培手稿《潜夫论笺》。密行细字,涂乙甚多。眉端有王晚闻父子按语,经汪校定,与刻本对读,或从或不从,笺中亦有刻与稿不同之处,盖初稿也。

阅胡绥之玉缙《鄦盫文稿》三册。精于《四当》,邑于《笺经》,博极群书,语有断制,非但以著述为长者。此老真不凡才也。尚有二册未订成,在欣夫手。《鄦盫稿》中卓卓可传者,如《德宗升祔大礼议》及《说帖》、《赵岐准从祀说帖》、《刘因准从祀说帖》、《魏源元史新编识语》《三国志集解序》,均能读破万卷,择精语详,近代无此作手。惜其专著如《说苑》、《新序注》之类,尚未发见。《辨郑注明堂位天子谓周公之谬》一篇,作于礼学馆,计其时当为摄政王而发。丁未年所草苏杭甬铁路废约两折,不知为何人代作,其事之是非曲直当另议,而文笔雄健无伦,固是杰作。

阅《教经堂诗集》十四卷,武进徐书受尚之著。与洪稚存、孙渊如、黄仲则齐名,为毗陵七子之一。又在河南作县令,与赵希璜渭川、王复秋塍齐名。诗格律工稳,毫无依傍,随园评其少弦外之音,洵然。

阅朱昌祚《抚浙疏草》五卷,《抚浙檄草》一卷,《抚浙移牍》一卷,康熙刊本。在顺治末年至康熙三年间抚辑灾黎,勤求民隐,可与李文襄《奏议》并称。自称七岁从龙,十年府署,盖自幼投军,编入旗籍者。

阅《露香书屋诗集》,张简松之父所作。均翰林应制体裁,品格不高,以其为乡人之诗,故留之。

阅《吴诗集览》。梅村诗除去应酬牵率之作,其余叙事读史诸篇,悲壮激越,开阖变化,允为清初第一家。余少时即右梅村而左渔洋,至今尚未能捐去成见。注内墨钉,当因避讳,未知初刻如何?譬若画人物,抉去眼球,毫无神气矣。

阅《遂初堂集》,以初印本与重修本对读。初印本系前岁购宿迁王氏所藏,有《与石濂和尚书》二篇,后来所刊落也。起潜见一书,名《惜蛾草》,内皆石濂答次耕书,为扬贾攫去,不知归于何人,惜未抄存,可谓异书矣。

枕上占二律,赠伯绹,因闻其征求图咏,作七十生日也。此二律却可存,以有真意也。古人诗凡有真意者,虽寿诗亦可存;凡无真意者,虽读史亦不可存。余之论诗如此而已,不知与古人有当否?

阅《遂初堂集》。初印本有《与石濂书》两通,四十卷本删去,而《与粤东当事书》、《与药亭书》、《与与霖和尚书》,均系诋毁石濂,却未删去。因《与石濂书》牵涉清世祖之语甚多,重修者惧罹法网,故去之耳。稼堂不佞佛，但方外之友甚多，故书序之关涉佛教者，原系随类编次，不加别异。重修者一律退入《别集》，其见甚陋。原本确系稼堂自定，故次序井然，重修本虽有增多之篇，皆无关宏旨。诗集编次重修本，增多之篇，恐系原本之删汰者。惟《海岱草》，重修本少四十余首，不知何故。惜所得初印本正缺此卷，无从探索矣。稼堂文不立间架，不尚虚伪，抒意中所欲言，如分而止，不蔓不支，其识见亦卓尔不群，无明末清初头巾气，所得师友之熏陶，非寻常可比。诗亦曲折周到，不尚摹拟，纯以行文之法行之，如《赠阎古古一百五十韵》，正与古文无异。七律中如《塞外》、《金陵》诸作亦然。

起潜选购丰华堂余籍一批，有卢抱经校《傅子》，谭复堂校《词学丛书》本《词源》，塘栖劳氏校方凤《存雅堂遗稿》，并有浙江人诗集、文集六十余种，内有稿本、钞本、罕见本。百足之虫，屡经鸑让，尚多零缣断璧，在今日已难得矣！

灯下再阅《存雅堂遗藁》，系《四库》改定之名。是为顺治甲午原刊十三卷本，名《方韶卿遗藁》。卷中除劳氏昆仲墨校外，又有鲍渌饮朱校，并有学林堂印，为高宰平先生旧藏，更当刮目相待。宰平先生为东城山长，余月课屡列前茅，所得膏奖，为生平购书之发轫，岂可忘之！即书一跋于卷首。卷首瘦居士朱文印，疑即渌饮别号，俟查。中缝题《方韶卿遗稿》，第一行题冯秋水先生评定《存雅堂遗稿》，然则《四库》仍原名，不过改为五卷耳。

新得《拟山园选集》，仅诗四十六卷，惜无文集。拟山诗，道源汉魏，力求新颖，有佳句，无佳篇，五律最多，有千篇一律之病，意境不足故也。

丰华书，有乾隆刻《国朝浙人诗存》十二卷，钱唐柴杰编注，专取五七律。七律诗有王稚登，注云："字百谷，钱塘人，康熙癸丑进士"，奇极。张卿子遂辰诗亦列入，不知何据。

检得宣统元年己酉六月初上父母禀三十五页，报告二弟病状死状，复阅一过，不觉惨然，手装成册，并加跋语，名曰《鸰痛记》。

向之赠《敬杜堂存草》一册，刻木，已绝版。

连日阅《曾忠襄集》毕。忠襄散文慕欧曾，颇委婉，骈文蹊径不高。

访福厂，以同伯丈所著《武林岁时风俗记》见示，允捐赠合众保藏。

程绣虎藏书有明抄本《鄀雪岚集》，向所未闻，记此以备借观。程少芹之兄在济南，王献唐弟子。

托王稻坪向屠康侯借王麓轩所辑《全氏七校水经》原稿本，允向宁波取来借阅。

检得《地学问答》删改本。此在开封重印之原稿，出自《杭州白话报》，原著者孙江东，亦装成册，并将《江东小史》书于册首。

黄溯初搜集温州一郡乡贤著作，用力数十年，多人间未见之本。玉海孙氏、蓼绥黄氏所藏，亦为彼所吸收。前日闻友人言，向未散失，正拟函询，问之寄庼，知通易事急时，其弟移存天通庵左近。战事起后，该地已成灰烬，人间异籍，亦随之而去，愦叹累日。否则溯初夙以公诸社会为职志，必能与我合作也。

谢光甫君搜集书籍亦三十年，所收以清人集部及参考书为最多，亦有宋本及精钞本多种。前年去世，其嗣子拟自办图书馆，曾以草目送来一阅。事又一年，寂寂无颂声作。闻其子均有志趣，而于此事终恐隔阂，束之高阁，徒饱蟫鱼，竟无从越俎也。

阅《丰川续稿》，王心敬著，乾隆刊本，《四库》入存目。缺首册一、二两卷。

遂翔示余汪槐塘沆《读书日札》传抄本，起潜云非全璧。

乔景熹来，见《两汉金石记》原刻本，龚孝拱校，均照原石本详对。虽批校不多，而极为精确。书法亦雅健无伦，佳书也。

顾保璋自莫干来，带来余补校刘泖生校本《南史》三册。此书在抑卮山居阁置四年，赖郑君性白之力，为余觅得，又仗保璋亲自送来，深为可感，即书一跋，送馆与全书欢聚。

阅《守山阁丛书》，菉友校语最多者《脉经》、《能改斋漫录》、《颍川语》、《古今姓氏书辩证》。又《难经集注》，有韩君晓峰校语，精审不苟，此人必深于医学，惜未知其历史。菉友阅此书时年已七十，尚无颓唐之笔，间摹钟鼎文，甚精妙。

遂翔以《抱经堂藏书图》嘱题。近字慎初。

余往来里门，于上下车站时，必至抱经堂，与慎初晤谈，示以未见书甚多。鼹鼠饮河，所收有限。慎初勤能和易，精力过人。售书者乐与之商，求书者亦踵相接。粤东莫氏收慎初邮寄之书，凡库中所无，概不拒绝。吾乡王氏，搜罗方志，名闻海宇，大半经慎初手，其为人信任如此。近来薄有蓄积，感斯业之不易竞争，其意似已鄙夷鬻书而倾向藏书，诚为空谷足音，闻之可喜。夫鬻书与藏书，皆有功于书者也。吾以为鬻之功，或高于藏，山岩坏壁之珍本，苟无人辗转贩卖，焉能为世人所共赏？故躅叟箴慎初勿徇藏之虚名，而失鬻之实利。实利云者，自利而兼利人之谓也，余望慎初鬻与藏并进，待羽毛丰满，则为利人之藏书，勿为自利之藏书。古今藏书家，或供怡悦，或勤纂述，或贻孙子，终不免有自利之见存。若为利人之藏书，则整理研究，传钞刊印，事事与自利相反，其功更溥，其传更久。此即先哲所云"独乐不如众乐"，慎初其有意乎？

检得《安阳县叶公渠碑记》，及先君禀报渠工原稿。此光绪廿二年事，先君正四十一岁，修挖青龙河，及大小青龙渠，捐廉施工，颂声蔚起，渠成，名曰叶公渠。当时竣工禀复起草时，余正侍坐，亲见踌躇满志之状，今已四十六年矣。昔时公牍稿，止存此件。因将《碑记》及后附《岁修章程》录出，拟装裱成册，以作纪念。

闻森玉言，苏州某估有赵文俶画《本草图》二千余页，均着色，尤物也。博山言，澄中所得许博明书，有天一阁影钞北宋本《隶释》，闻之神往。

阅《纬略》、《脉经》，均王校守山阁本。守山《脉经》，校刻出顾尚之手，极精，王校虽寥寥数条，可补其阙。

阅吴愙斋《与陈簠斋尺牍》，北平图书馆所赠。

阅《愙斋尺牍》。有钟鼎摹印古匋，探讨篆籀之学，以簠斋、愙斋二人为最精，惜皆早逝，未及见殷墟甲骨之发现。愙斋于考古外，又喜研求武器制作，以文士谈兵，为合肥所汲引，遂参戎事。谅山之役，奉命赴粤帮办，会事定，遂留津沽，与淮军关系愈深，因而有出关之役，一蹶不振，身败名裂。向使安于文弱，专研文史，岂非光绪朝首出之儒林丈人耶？

阅袁爽秋先生日记，黄鲜盦旧藏，杨志林_{绍廉}手录以赠翰怡，嘱刊入丛书者。庚子五月廿八起，六月廿二止。

阅《补松庐文》，知吴仲云先生有《督滇奏稿》及《抚陕》、《抚滇奏稿》，又有《酒志残稿》，不知尚存杭寓否？涑斋来信，颇愿以所遗书籍归馆保存，不知其姪辈能同意否？此事与家族问题及遗产观念颇冲突也。

叶估送阅《听钟山房集》二十卷，嘉善谢金圃侍郎_墉著，其子恭铭编校稿本。本名《安雅堂集》，后改今名。遍查各目，未著录，何以当时无副本，抑刻而失传欤？阅目次，以应制之作为多，惟同时交游多耆硕，即往来赠客之作，亦有关掌故也。

仲恕来谈，以滟士先生手校湖北局刻《意林》赠馆保存，叔通亦有一副本，先已送馆。

阅《听钟山房集》，诗叙事清真，用典雅切，薄于竹垞，而近于覃溪，亦翰苑中之铮铮者。

叶估又送阅《拜环堂奏疏》，抄本二卷，会稽陶崇道路叔著，仲男瀔敬校重梓，录其目如下：

卷上

《入垣第一疏》时在户垣,天启四年,此疏为逆璫所忌,降三级。

《赐环入都疏》时在兵垣,崇祯元年。

《直陈时事疏》以下皆崇祯二年。

《请建副总督疏》王象乾年八十四,张宗衡有巡抚专司,故请设副。

《直纠蓟欺诳疏》

《汰兵足饷疏》

《□□①新款疏》

《申明恩诏疏》

《纠词臣温体仁疏》袒钱谦益,故纠之。

《东江善后疏》不满袁崇焕。

卷下

《请设军资勘合疏》

《进军资勘合式样疏》

《请申正逆案边禁匿名三事疏》

《永宁捷后疏》

《守东直门第一疏》

《又第二疏》

《又第三疏》

《又第四疏》

《酌议注销事宜疏》以下崇祯三年。

《纠灵璧侯汤国祚疏》

《纠大司马梁廷栋疏》

《再纠梁本兵疏》

《奉旨举知疏》

---

① 原文空阙。——编著

此稿既云重梓，则已有刻本。卷中遇清朝字均作"□"，则为清代抄本可知。本藏吴兴庞青城百匦楼，索值五百元，乃书佔妄谈。卷中毛扆及汲古阁印皆伪作，抄亦不旧。

孙仲玙宝瑄勤学敦品，同时师友，多直谅之士。日记甚详，每年一册，本拟分类编作集，闻共有三十余册，在杭寓已散失，为人所得。仲恕百计寻觅，在其家觅得八册，计癸巳、甲午一册，名《梧竹山房日记》；戊戌、辛丑、壬寅、癸卯、丙午、丁未、戊申各一册，名《忘山庐日记》。拟公函颜骏人之夫人，提议归合众图书馆保存，因仲玙之子，颇不更事，颜夫人为仲玙胞妹，或有力量可以玉成此事。余到京应试时，与仲玙常往来。慕韩好应酬，支持门户，仲玙则折节读书，记诵渊博，深识古今学术源流。其日记纤悉必书，以毋自欺为旨，同时交游，未有如之者也。

仲玙日记，蝇头细字，极废目力，仅阅癸巳、甲午一册，戊戌一册。博学慎思，持论平允，所作诗，雄浑苍劲，颇多得意之作。

阅《听钟山房集》、《按摩十术》十首，从缥缈峰道士所传秘诀，编成五言诗，分晰各穴道之名，极为清切，无道书烟瘴气。《湖州笔》二十六韵，《印泥歌》、《徽州墨》三十韵，详述作法，曲折周到。《腊瓜行》、《古意》、《麑子行》，用典驯雅，均是佳作。五言古如《纪梦》、《自誓篇》、《寄王东白观察》，亦佳。文集无杰出之作，《逸周书序》、《荀子序》，所用之材料，当有卢弓父所供给者，故色采不同。谢侍郎工于时文，文诗尚不脱此习，其脉理清晰以此，其根柢不及竹垞与覃溪亦以此。读《听钟山房集》、《按摩十术》，录如下：

按摩十术并序

先圣《按摩经》，失传于秦汉。然从《素问》、《灵枢》诸篇俞穴熟后观玩，则知按必勤摩，摩先重按；且按且摩，气并流贯。十术仙诀，远胜针伤灸烂，日日行之，三年有成，却疾延算。智者观其诀词，思过半矣。

一术运元 右手按囟门,右旋三十六;左手按枕骨,左旋三十六。复左右手互易,摩如之,复摩日月角如之。

福庭人不死,直上修昆仑。昆仑即天桂穴。《黄庭经》"子欲不死修昆仑",以其高入天,故又谓之天柱,在尔耳后,上连玉枕,通百会穴,即囟门也。针灸家以脚跟内踝一穴为昆仑,不知内外踝为昆仑之根,此四骨,即所谓地轴也。昆仑实在顶上,相家以两天柱并中央高骨谓之三台骨,天上三台星,亦曰天柱星,言其高也。昆仑亦高也。昆仑日月角,天柱通天门。通天,脑后穴名。玉枕完骨亦二穴名,在脑后。下,覆冒双峰尊。泥丸宫百会顶穴名,旋转元气存。

二术补脑 左右手各按左右脑门,左自左旋右,右自右旋左,同摩之五十五。

高高星宿海,精髓神庭滋。阴阳相摩荡,天一充天池。洞户葆内景,聪明孕灵机。元枢养飞焱,坚固辟三尸。

三术拭目 两手大指上节,各按左右眉棱陷处,摩之六十,复于两眉首眉梢陷处,以大指头侧甲摩之。复仰摩上骨下陷处,俯摩下骨上陷处。复以上节下平处,各摩左右瞳子,及上圆转三十六。复以右指自左顺摩至右,左指自右顺摩至左,同时各六十,当有液出。未出再摩,以出为度。凡摩眼遍数须疾,行之久久,七十外灯下细书。

仙阙双青瞳,光若飞电炽。攒竹丝竹空,眉首穴名攒竹,眉尾穴名丝竹空。纤翳不留眥。元球韫层层,承泣怯濁泪。久视得长生,澄照无昏寐。

四术驻颜 左右手掌,各按两颧,顺摩三十六。复自上下,自下上,上至脑,下至颐如之。

颧髎连颊车,二穴相连。眼耳鼻舌聚。玉色常充盈,津润每贯注。群阳会离南,精华各分布。毛素颜如丹,久长灵景驻。

五术明堂 明堂者,自心胃至脐上也。先以两手一在上,一在下,按心胃,左右迭摩之三十六,复按左右乳摩之,又左按右,右按左摩之。复按两胁大骨亦如之，又两手按脐上下摩之如心胃，又于脐左右摩之。

膺窗侠鸠尾，二穴名。乳根气户二穴名。连。膏肓穴名。通八髎，八穴俱以髎为名。关元守丹田，关元，穴名，即丹田。中极承其址，中极，丹田下穴。奇经互结延。明堂四达门，默运紫宫穴名前。

六术扶吕 两手掌分左右腰带处，各摩五十五。复于腰下髋上摩如之。然后以左右大指、食指头各互按肩井、肩髃前后摩之。然后两手互攀两肩，以食指、中指摩脊骨两旁一二椎穴。然后以两手握固，先从三四椎两旁，以大指末节承腰吕摩之，全身挺立坐下，各指节承之，自三十六至五十六十，以意消息，直至尾闾长强一穴。凡每椎之按，俱咬齿默数之。

大杼至长强，大杼，项下第一穴；长强，末脊尻骨穴。一气神门户。二十四脊椎，腰俞肾之府。季胁眇腹连，周环卫心主。前后会阴阳，会阴、会阳，二穴名。经脉不可阻。

七术舒臂 伸两手上擎，运动肩背骨脊，同时三十六。然后左右手互抱肩，交运如之，然后互捻肘，互抱肩肘，盘拱运动如之。凡运时骨空皆有声。

曲池接曲泽，二穴在两肘前后。肘髎达肩髎。二穴名。溪谷高低注，渊泉左右交。前后溪谷、清泠渊、大渊、极泉、天泉各穴，俱在肘臂。又有小海、少海、尺泽、少泽、阳溪、合谷、经渠、四渎、中渚、温溜、消泺等名，皆以水名。盖两手最忌湿淫，中之即不能屈申，故有肩井穴，言受湿深如井也。肩井在其上，寒湿引如浇。身臂指递使，决渎在三焦。

八术息踵 两手分按左右膝，摩三十六。摩时即互摩脚心，复摩两腘及内外踝，自上至下，各五十五。复两手捧睾丸，力扳向上，两脚跟力挺向下，脚背连指屈伸之，各三。乃箕张二膝，左右手轮摩肾囊下谷道前。又分摩囊两旁腿胯各三十六。

三里三阴交，膝下腰上二穴名。两踝下泉涌。足内外踝两旁，针家名下昆仑,足心中一穴名涌泉。经筋上下廉,督任蹻维总。地轴无停枢,升降勿他壅。末疾可悉除,飞行出神勇。

九术启牖 两手各按两耳,摩三十六。乃以食指搇之,用力一开一阖,嗭嗭有声,一阖一扣齿无声。又以两手掌搇两耳,以食指中指弹之,所谓鸣天鼓也,一弹一扣齿有声,俱三十六。

闻根贵洞灵,阖辟清磬响。听会多所闻,一穴二名。听宫亦耳穴名。珠光养。天鼓击翳风,穴名在耳廓。思聪好存想。玄牝藏谷神,朋从杜来往。

十术漱泉 两手分按两颐,摩齿根三十六。乃以舌尖左右旋,亦各三十六。待津生,上下齿相扣无声,又左右旋,又扣齿如之,分三五遍,咽之直下丹田,入大肠。

玉池上生肥,齿齿激无声。赤龙搅不息,清泉辅车盈。屡漱沃丹田,命门输元精。宛转入传导,活水佐阳明。

墉年弱冠时,东邻有太湖朱山人,博雅好道。中年后,以家贫,弃儒业贾,言其居洞庭山缥缈峰,有一道士,年九十余,童颜捷步,尝授山人按摩十段,山人受而录之,而不能行。道士云游,不知所终,山人以所录一册示墉,不复还之,然亦以专心举业,无暇习之。至七十之年,五官四支,无一不病,乃从故纸中检得,依其术试之,一月而宿疾瘳,一年而元气复,今行之四年矣,觉其大有还少功,因详考方书,作五言诀十章记之。山人尝述道士言,行此或在子丑寅,或在午未,一日一遍已足,即分二遍行之,亦可。惟此夕有男女事则停之。然能绝欲则效乃神速;不能绝者,节之而已,月计亦有益。能绝欲者五十岁行之可逾百龄,六十七十者亦定得期颐也。

葵按:此种歌诀,论外功者尚不背于养生原理,论内功者,往往以道家言为金科玉律,故神其说,误人不浅。因内脏循环复杂,《灵素》之书,亦未说明。至骨节经穴,则尚有形可按,无捕风捉影之弊。

谢氏所作，专以说明穴道为主，叙次清晰，若能久久习之，定可却病，但以为不死之方，则误矣。

复阅《按摩术》，以自试之，未能全了解，因无图，而文字或有不明白处，其大意则已心领。此术当即电气治疗之理，必于卫生有益也。

王培孙七十生日，同学醵金为刻所辑注《南来堂诗集》，余曾赠以三十元，分得书三部。集为苍雪大师著，即梅村诗所称苍公，顺治间殁，诗笔清劲，且有关于明清之际之文献，传本极稀。王氏此辑，颇有价值，非泛泛佞佛者比。

前购惧盈斋本《旧唐书》，庋置箧中，顷检出，知为杜文澜校读本，颇精细。纪年为甲戌，当即我生之初也。

读《朱子集》，咸丰福州写刻本。

王君重民贻所著《巴黎敦煌残卷叙录》第二辑，披阅一过。校勘之学，亦随世界文明交通而进步，断珠零璧，沦于西人之手，不过为博物院添一门目，一经我国人研究，遂与古籍发明如许关系，则开掘时随锄锸而烟飞灰灭者，又胡可胜道。闻王君言，巴黎人对于中国古籍终属隔膜，保存之法，亦甚可笑，何时可以复归我土，痴想而已。由此推之，日本学士大夫研究汉学之进步，深可惊叹矣。

阅《纪文达公遗集》。此系身后辑刻，故以不漏为宗旨，颇芜杂而不精。文达本不以文见长，生平之作，当以《恭进四库全书表文》、《乌鲁木齐杂诗》为可传，其文蹊径平凡，无过人之处。

阅《箬石斋诗集》，由放翁入手，而上窥山谷，其至性刻挚处，颇兼后山之长，归田以后之作，则生硬而兼晦涩矣。摹写南中农事诸诗，极真切。题画诗太多，出色者少。其诗派在浙人中为特别。

阅《全唐诗抄》。元和吴成仪选，吴企晋之父，璜川书屋写刊本，于晦若旧藏，向所未闻。共八十卷，补遗十六卷。诗句有一字沿讹，为后人所忽略者，如王之涣《凉州词》"黄河远上白云间"，古今传诵之句也。前见北平图书馆所藏明铜活字本，"黄河"作"黄砂"，恍然有悟。盖本作"沙",讹作"河",草书形近之故。向诵此诗,即疑"黄河"两字,与下三句皆不贯串,此诗之佳处,不知何在。若作"沙"字,则第二句之"万仞山",便有意义,而第三、四句字字皆有著落。第一、二句写出凉州荒寒萧索之象,便为第三句"怨"字著力,于是此诗全体灵活矣。以此推之,杜工部《游龙门奉先寺》诗"天阙象纬逼",朱鹤龄注引或作"阅",诸家皆不之审,以宋本作"阙"也。不知此诗系工部少作,体格全摹六朝,第二、三联均以上下句相对,三联第二字应用动词,则"逼"字方可解。以声调论,此字亦必用平,不应用仄;以诗意论。"阒"然后知其"逼","卧"然后知其"冷",极易解释。若作"阙"字,以天阙与象纬两个名词直接,句法笨拙,不伦不类,全诗便无精采矣。吾以为"阒"与"阙"亦草书形近而讹也。或谓"黄河"七绝,前人引用颇多,并无作"黄沙"者,安知前人书非经后人妄改,不足以难吾说也。

复检朱鹤龄《杜诗注》,谓蔡兴宗《正义》作"阒",杨用修主之。朱意"阙"指龙门,不以杨说为然,并谓古体诗不必偶对,盖主《庚溪诗话》之说,皆泥于龙门本有"双阙"之号。但以诗论,八句中若此笨重而无意境之五字,实为全诗之颣,杜氏断不如此。况游龙门奉先寺何必点明双阙?诗意不过状其高寒而已,下句写寒,又何尝点明地望耶?余说盖与杨氏暗合。

由奉先寺望双阙,并不觉其高,诗意盖言月林之下,仰望星辰,但觉逼近耳。上言状其高非是。知此则主张作"阙"者,更非矣。不特第五句与第四句相应,即第六句之"冷"字,亦与第二联相应,此诗律也。

阅《朱子集》墓志、传状数卷,多可读之文。《王梅溪集序》云:"梅溪之文,光明正大,疏畅洞达"。吾即以此八字评朱子之文,自谓确当。

王欣夫来言,曹君直遗书已排好四卷,袖出《辛巳丛编招股启》,并附招胡绥之《鄦顾遗书》股分。

王晋卿送阅山阳阮学浩《绥堂诗钞》稿本十五卷，后有冒鹤亭跋。诗并不工，而同时往来耆宿，均知名之士。有关掌故，且为未刊之本，拟收之。又《端临文集》钞本，下注"宝应文徵"，有刘楚桢印，为编《文徵》时传写之稿，目录似为楚桢手书，待查。钞本所收文有五篇未刊入遗书者，敬节、会例、题辞，无关宏旨。《刘府君继配钟安人祔志》，大约是庶母。母以子贵，以台斗诰封，称安人，故不称继母。而祔于《先府君行状》之后，未知阮刻何以删去。其余三篇，皆代父及世父所作。代言不入文集，古有此例。钞本不工，因有未刊文，亦收之。

朱忆劬孙芬赠其高祖朱武曹先生所辑《白田风雅》一部，系曼伯方伯在金陵所刊。忆劬闻余办图书馆，已将家刊著述赠予数种，并广事搜罗，情意甚为恳切，可感也。

检书，阅第一次排印《墨子闲诂》，原校极精细，即偏旁点画，亦纠正无遗，必从原稿对校者。黄溯初谓此本极难得，不诬也。

闻孙仲玙之子亦在海关服务，颇欲一晤，详询日记踪迹。

检碑拓，见旧藏存古阁本《伊阙三龛碑》。记得癸巳年带至京，吴绚斋表兄谓较近拓多数十字，可珍之至，乃付裱工。余少年时喜临摹，愧未能似。案头适庋胡绥之手稿，有《三龛碑跋》一通，所见系章硕卿旧藏明初本，祇上半截，历举较《萃编》增出之字，余本皆无之。盖存古阁所得，亦系乾嘉拓本，与兰泉所得同时也。惟胡氏所举"登十号而御六囗"，"六"下细审似"文"字云云，证以此本，虽亦模胡，却非"文"字，非"天"即"大"，以"大"字为近。"其流囗于百氏"，胡氏谓"流"下细审似"承"字，证以此本，似非"承"字。余末次游龙门在民国廿四年，亲至《三龛碑》下摹挲，则已迭被兵燹，剥泐几无完肤。如以余本比对近拓，恐较明初本比对乾嘉本，更有今昔不同之感矣。前年曾向顾鼎梅购一整张，不知与此本先后如何，俟检出再较。

向馆调阅《读史方舆纪要》原稿本，繙阅《福建》四册，《江西》六册，《广东》六册，《广西》六册，《江西》六册，《湖广》八册。此稿写定后又经修改增注,外间传抄本,皆由底本出,刻本亦由抄本出,所有修改增注均无之,故此书为世间孤本。所有字迹,非出一手,研究颇难。余历年繙阅略有会心,未能表而出之。今拟将全书检查一过,将字体之最有关系者,分为四类:一曰虞永兴体;一曰欧阳率更体;一曰褚河南体;一曰蔡君谟体。余颇疑虞体为顾景范笔,俟阅竟方能作一有系统之研究。总之,此书的为原稿,可无疑义。

起潜来,谓余送馆之金石旧拓本颇多,而造象一类尤为丰富,谈次颇有喜色。余祖喜研造象,尚有裱本四巨册,未曾检来。余叔浩吾公所收曾氏造象,尤为精博,尚在杭州旧居,倘能悉数运出,可成大观,整理之役,则非起潜莫属矣。余祖所收碑拓,以河南马氏存古阁旧藏为最多,皆乾嘉间拓本,在今日已可贵。

检旧碑,见金冬心藏印《魏始平公造象记》,"匪为"系作"匪乌",《萃编》误。余祖有笔录,未检得。记得在巨册题跋内。

翻阅《方舆纪要陕西》十四册,《浙江》六册,内第一册配补。《南直》十册,《叙目》一册,《州域形势》九册,《北直》九册。

许宝骅言其祖恭慎公有手书日记五册,起光绪戊子迄癸巳,可备借钞。

阅《方舆纪要山东》九册,《河南》六册,《川渎》六册,《四川》八册,《贵州》四册,《云南》六册。前日所见不尽合,除景范先生手书外,钞书者应分两系,一褚体,一蔡体。褚体者共写五十七册,蔡体者共写四十五册,其余皆零星矣。次为校勘签注之人,宜分三类:一欧书,一赵书,一介于蔡褚之间者。三人所司不同,皆由顾氏点定。最要者,《山东》六、七两卷为欧书者所钞,可证校勘签注者,顾氏生前之助手。又赵校有经欧书改正者;欧校有经顾氏改正者;顾氏添注,有经赵书改正者;欧校有经赵书照抄者;欧褚之间所书,有经欧书改正者,可证诸人皆系同时,以写定巨著,经同时诸人改正,又经一人点定,舍景范先生其谁欤?此外又有夹签,为同时人所加;又有刊行是书时,比较各钞本之所加，均属无多，根本既得，而枝叶亦易理矣。欧书专司考订郡邑建置沿革及水道源流分合，取材于诸史志、《水经注》为多。欧褚书专司分地名及山川名之考订，取材于新旧方志及诸地志。赵书专司清初郡邑建置之变迁。取材于新志。余之鉴定顾氏笔迹，尝见顾氏尺牍照片，得者云原物藏胶东黄氏，因景范先生家于黄氏。考其事迹，得此墨迹，自谓可信。余前年以之比对卷中字迹，有神似者，均老笔纷披，似为顾氏晚年手迹。第原牍仅署禹字，未标其姓。又照片究隔一尘，故仍蓄疑未释。今以本书证书中人之踪迹，即无尺牍照片，亦可断定公案，忻快奚如！开卷有益，此之谓矣。余前说虞书为《山西》二、三册，疑为顾氏早年书，其说非是，当舍旃。

又缮阅《方舆纪要》各卷，以证明余见之有无不合，并写旧藏抄本、刻本《形势总论》跋语两种。

阅《方舆纪要山东》七《胶州》条，顾氏注曰："今仍曰胶州。"又"胶西废县，今州治"下，顾氏注曰："门三，北面无门。"顾景范家于胶州黄隐士庭，故知其详如此，此亦一确证。

阅文君素松藏书，昔为孙伯渊所得，校本抄本极多。

连日研究顾稿，兹将所得，拟一跋语。

萍乡文素松思简楼遗书，尽归集宝斋。与起潜、景郑同往，选取数十种。有《全上古三代文》抄本四册，见其凡例，与严稿不同，上有彭甘亭印，携归阅一过，知非严辑，不知何人著作，可异也。

《晋书斠注》稿本全部取得，可喜。此书皆系粘贴，极易散乱。刘刻印本甚少。

审定《全上古三代文》四册，后附《先秦文》一卷，系彭甘亭手稿，其名与严辑同，而内容不同，不及严辑之繁富。

有长沙人蔡君季襄携长沙发掘所得战国时楚币楚权楚节，及币模名印共赏。又有开运二年马希广佞佛铜牌，字作反文，颇可玩。此人盖骨董家也。

彭辑《上古三代文》不及严辑完密，疑此意本创于孙渊如，且有集合众手以呈一书之意，如修《全唐文》然，故严彭皆致力于此。嗣以合作为难，各行其是，故严辑凡例有不假众力之语，而传者因此议发起于孙，遂有严攘孙稿之谣。严书具在，所谓不假众力，并非虚言。今又有彭辑出现，更可为严辩诬矣。此意应查彭孙关系再定。

检王父在豫抚幕代钱敏肃公所拟奏稿，旧存四册，又信稿八册，又有散片一包，粘成大册，分为奏稿一册，咨札稿二册。取刻本奏疏比对，知未刻之稿颇多，大册所粘均系剿捻奏案，并非例稿。当日伊臣先生昆仲辑刻时，何以遗漏，必系未曾留底。幸王父原稿完全，可与刻本联为一气，即当送馆保存，俾无失坠。

思简楼有康熙抄本《石湖文集》，取旧校黄刻本对读，知即黄刻底本，益知顾刻所据底本之佳。

查《小谟觞馆诗文集》，刻于嘉庆十一年。与孙渊如无交游。甘亭为宾谷门客，卒于道光元年。《全上古三代文》之辑，与孙决无关系，前说非也。

赵凡夫刻《万首唐人绝句》十六册，有寒山小宛堂牌子，起潜云较嘉靖本为佳。卷十二王之涣《凉州词》"黄河"作"黄沙"，似系剡改，必以旧本为据。

中国书店送阅王石臞校读谢刻《荀子》，以宋钱本、元本、世德堂本及《御览》、《治要》、《类聚》诸书校正，极为细密。内有"引之曰"三条，系父采子说，是难得之佳书。索价一千二百元，不似从前之易与矣。

彭辑引新刻《韩非》、阮刻《钟鼎款识》、孙刻《续古文苑》。查吴刻《韩子》，在嘉庆廿三年，则此辑加注，必在廿四五年。至道光元年，彭即去世，是此辑当在《全唐文》开馆以后。属草越十年，尚在继续修正，其动机必与严辑相同，惟严辑在数十年以后，煊耀书林，而彭辑则沈埋未显，不知先秦文以后，有无续辑耳。

阅彭集毕批,甘亭曾辑《南北朝文钞》。顾千里曾入全唐文馆。

与三弟书,劝其勿急勿过劳于著书。

写《彭辑全上古三代文跋》。佩苍赠馆明刻书二种,皆阙一册,其意殷勤可感。

阅文素松书:《研北易钞》十卷,黄昆圃著,《四库》底本。《历代统系》四卷,宗室文昭稿本,四卷。《素问释义》,张宛邻,旧钞本。《香字抄》,日本明治抄本。《静斋至正直记》四卷,旧抄本,王汝玉校。《苍霞草》,十二卷本。

文书选购十种:《历代统系》 彭辑《全上古三代文》 《十赍堂集》吴兴茅维,万历本。 《四书考典》方楘如,四十二卷。前得《论语考典》,非全书,旧抄本。 《闻尘偶记》文廷式。 《陆射山诗余》周耕厓抄校本。 《副使祖遗稿》嘉靖时人,旧钞。 《陆琰卓诗稿附诗余》稿本。 《素问识》聿修堂本。 《脉学辑要》聿修堂本。

守庸以扇面属书,赠以长句。

阅樊榭老人批本《词律》,本湘乡陈士可物,后归袁伯葵。陈、袁皆有批,厉批尤密,有朱墨二色。或以朱笔为厉批,墨笔则另一人,以朱墨主张有不同之处。余详细审定,认朱墨皆厉批,且为樊榭十五岁左右所为,盖少年时下帷攻苦之作,词无不尽,笔锋犀利,令红友难堪。后以所见有改进,去其太甚,故朱墨自为同异,要为词家可宝之书。樊榭少年如此用功,宜其蜚声词坛,幼时即为长老所敬服也。

阅《闻尘偶记》,手自装治并书跋。

检阅于晦若家所藏友朋书札,得文道希信数十封,皆可观。日来于道希,可谓有缘矣。

检道希书札毕,有诗五首,札数十封,皆完备,可抵二三卷文集。又得志伯愚昆仲、梁节庵丈札;又得洪文卿使俄、德、奥、和与李文忠函报,前后皆可衔接,亦可宝。

洪文卿与李文忠书札,自北洋奏保使才起,至到俄、德、奥、和公使任所,緜历至交替止,共四十余号,皆于奏报及函总理衙门外,与合肥之机密情报。所译印之《中俄界图》,所著之《元史译文证补》,无不详载,洵为珍贵之史料,拟留之。

又检得章太炎《上合肥书》。在德占胶州以后,意主联日,请以威海卫饵之。文辞甚美,阙末页,亦拟留之。

新得《说文理董前编》十七卷,缪艺风钞本。据石印本《后编》柳翼谋叙,知《前编》为未见之稿本,复堂祇见残本四卷,将交马夷初作跋。夷初专研《说文》,有著作。

阅《十赉堂集》,万历丙申刻本,吴兴茅维著,鹿门幼子。甲集诗五卷,文十二卷,乙集诗十七卷,词一卷,附《赉言》二卷。北平图书馆有丙集,而无甲乙集。此缺丙集,诗文均邕茂而丰缛,无明宋餖飣之习。

闻伯夔遗书中,有张石洲、何子贞合校《读史方舆纪要》残本,尚存五十余卷,当借阅,此为不可不读之书。

校《冬暄草堂遗文》一卷,原抄亦有讹字,不能尽以意改。冬暄文如其人,患气弱,但朴至委婉,叙生死交情及庸德庸行,尤能出自肺腑,毫无烟障。盖所存皆投赠或铭颂生平至交之作,自谓有不尽无不实,诚哉是言。所述皆吾乡先辈轶闻,存文不多,自有流传价值,故抄而藏之。

王晋卿手购得《绿净山庄诗稿》十卷,嘉兴章云台溥稿本。又《一芝草堂诗稿》二册,余杭吴鹤舲懋祺稿本。《望云楼诗稿》一册,余杭褚湘筠女史成婉稿本。褚即吴妻也。此二稿似已刻过,因为吾乡人墨迹,故收藏之。

王晋卿携书三种,索价二千元,以款钜不能得。一张皋文评点《汉书》,丁柘唐加批。一王石臞批校《管子》,前有臧在东题记,又有孙渊如加批。一丁柘堂《春秋胡传申正》稿本。三书皆自江北来,均以款绌不能购留,甚为可惜。

与谏斋信,托向程叔度转商吕世兄借阅《愚斋函稿》《牍稿》二种,拟抄一副本。

晋卿又示我《快阁丛书》七种，据云开明印过四种，共四十一册，内《隋经籍志考证》占五十余卷为最钜，皆姚振宗写本。

阅《历代统系》，宗室文昭手稿，共五卷。三皇以前为卷首，伏羲至东汉末为卷上，三国至唐末五代为卷中，北朝、辽至明万历四十四年为卷下。因是年清太祖即位于辽东，明之正统已断也。又辑万历至明亡为卷末。前后有序二跋一，全书皆自钞自校，只五六页为写生代书。清宗室著书甚少，文昭尤为铮铮者，不易见之佳书也。

阅张皋文批点本《前汉书》，后有其子彦惟过录跋，而楷法则确为皋文，疑莫能明。丁柘唐加批极精当。大抵张多言班之短，而丁多言班之长，此书之价值得丁而增高。

又王校《管子》，有王文肃评点；石臞则系《读书杂志》底稿，但《杂志》未采者多。又引洪筠轩、孙渊如校语。筠轩之校《管子》，亦因王而发起。又引其子文简校语，亦有文简自书者。石臞与文简字迹极相似，不易分别，但有数条确为文简书，故此本有王氏三世墨迹，极可爱重。

又丁柘唐《春秋胡传申正》，写于坊刻本之上，拟分两卷，于《胡传》之隐滞者申之，粃谬者正之，故曰"申正"，系未刊之稿。

起潜来云，皋文批点系彦惟所过录。文简书确有与石臞不同处，皆由书法中辨别之。

阅《余冬琐录》二卷，清初吴郡徐坚字友竹稿本，经沈文起修正。友竹系印人，又工画，得张篁村之传，颇似麓台，此即晚年自著年谱。徐灵胎系其族兄。自述生平学画心得，盖天资与学力兼到者、同时师友，多知名之士，植品甚清峻，可传之书也。

晋卿购得许珊林家书一批，有珊林抄校姚、严同辑《说文解字考异》十五卷；闻原稿在中山大学。王菉友《说文系传校录》手稿三卷；王绍兰《说文段注订补》抄本。知不足斋抄。又惠定宇、王怀祖、何义门《校说文记》抄本。又许子颂《狷叟诗钞》稿本。内惟菉友稿较前得本增多不少,须校对一过。

阅袁太常《安般簃诗》,《题江子屏小象》自注云:"曾宾谷开校刻全唐文馆,吴山尊荐江先生入馆书云:'无论郑堂经史之学足备顾问,即下至吹竹弹棋,评骨董,品磁器,煎胡桃油,作鲜卑语,无不色色精妙,足以娱贵人之耳目'云云,然南城卒不见收录。时严铁桥亦以不得入馆负气去,撰《全上古三代汉魏六朝文钞目录》,收录极富,欲以压倒唐文馆。其兀傲之气,不可及也"等语,证以严氏自序所云"越在草茅,无能为役"二语,其说可信。甘亭与曾宾谷颇密,文集中可见,不知曾入唐文馆否?何以亦辑上古三代文耶?

读袁忠节诗,取材甚富,布局结体,似与苏、黄为近,惟好用僻典,不免有艰涩处。评者谓七律颇似惜抱,因检惜抱诗读之,并阅所选《今体诗钞》,纯主气势,得阳刚之美,故其诗亦规枙杜陵,五言长律更有神似处。

得许子颂《狷叟诗录》原稿,手为装治。所述又笏师履历颇详。余前记有误,应检出更正。又笏师为狷叟内弟。

读惜抱古体诗,无论五七言均能遒健峭厉,具开阖动荡之势,盖以古文义法驾驭诗才,宜其今体亦迥异凡俗。惜抱赠人诗有云:"欲学先贤诗,先弃凡俗语",自道甘苦之言也。

叔通言潘明训之子由英归国,与菊生言,有将藏书归公众保存之意。菊生已为介绍,叔通尤具热心。但潘书价值太钜,未易罗致,须俟屋成,请其参观后自决,不可强求也。

读惜抱诗七言古体,尤有神致。文诗一轨,信然。

惜抱诗集二《送张侍御敦均归里》,不知系张敦仁一家否?

谏斋书云:盛补老函稿、牍稿,本在吕幼舲处,幼舲逝世,由其子孝翼移交庞仲雅处,请往白克路广仁堂庞寓接洽。惟庞系保管人,其主权理应在盛氏,而盛四等未有晤谈机会,进行仍有阻力,拟访杨祇安商之。

赵撷云藏书一箱,托估价。有王惕甫校徐焴本《文粹》,戈小莲父子校万历本《古文苑》,冰丝馆初印《还魂记》,成化本《此事难知》,万历本《松雪集》,抄本陈揆《琴川志注草》,余尚未阅。

阅《松桂堂集》。羡门诗华赡而有清气,古诗则疲苶矣。又读《延露词》,清丽芊绵,宜为阮亭所折服。

阅赵书,有龚孝拱校平津本《说文》,戈小莲校汲古本《说文》。陈子准《琴川志注草》十卷,《琴川续志草》六卷,旧抄本,未刻过。吴江沈自南留侯《艺林汇考》,计《栋宇篇》十卷、《服饰篇》十卷、《食饮篇》六卷、《称号篇》十二卷、《植物篇》一卷,康熙刊本,前有牧斋叙。原书有二十四篇,所刻止此。所引必注原书,所采书皆取有辨证者,类书中之鸣凤也。《植物篇》所著仅琼花一门,已甚繁富,惜余均未刻。《钱牧斋尺牍》二卷,常熟顾氏精刻本。此外尚有小说数种,如《痴婆子》、《浪史》、《情种》之类。撷云拟斥去此一篇,为其子留学之资。但以鄙意观之,各种书无甚特别价值,所值不过二千金,难偿其愿。又有赵次公传录濠叟批点浙本《淮南子》,无甚精义。拟借《琴川志注草》传抄一部,因此书祇见于《恬裕斋书目》,未付刊也。

至新建图书馆与敝庐察看工程,外廓已成,正在赶修内部。住宅较旧居为小,但爽垲而通风,小院亦可得半,苟完苟美,于愿已足。馆屋光线甚佳,内局亦甚紧凑,再有两月,可以全竣。中间空地不多,且须预留扩充地位,不必栽大树,只须不生虫而夏日有浓阴之树五六株已足,余地可以杂莳花卉。

杭州带到北齐天保白石造象一座,系浩吾叔所藏,未付劫灰。尚有一座未到,皆图书馆所当保存也。

鹤卿赠我马一浮近著《泰和宜山会话》合刻一册,《复性书院讲录》三卷,融会国学之精粹,语以宋儒讲学之法,导启后来,未数百年来所未有。

向欣木借阅龚孝拱理董鄦手稿一巨册,未能全理会,因所书古字未尽识,须细阅之。创始于道光九年,重写于光绪四年,所书象形字,融会古籀各体,奇古而朴拙,前无古人,后无来者。

阅《瓯北诗钞》,知云崧先生为古渠公庚午同年,有七律二首。抄入《先友诗翰》卷中。

阅《瓯北集》,七古纵横恣肆,毫无俗骨,纯从史传得来。晚年诗因求工而反拙,不如中年,尤以边徼从军诗为最。

仲玙之子坚欲取回《忘山庐日记》,谓将由己手编印,不假他力,因再向商借抄一副,如仍不允,祇好奉还。古来读书人心血所拘,覆瓿糊窗者何限,宁止一仲玙耶?

阅伯葵遗书,其最佳者:

《殷强斋先生文集》十卷昆山殷奎著,《四库》底本,洪武十五年刻。字体遒美,孤本罕见。

残旧抄《读史方舆纪要》何蝯叟以彭文勤校本复校,彭校原本为宋牧仲抄本,似即敷文阁本所自出。

《尔雅匡名》桐乡劳氏刊本,劳季言精校。

《笥河文集》朱锡庚抄校稿本,有廿四册,较敝藏及北平馆藏为完备。

此外尚有桂未谷、劳氏昆仲校《一切经音义》,□□①校《集韵》,未曾检阅,约他日再访。覆庵有手写书目一册,以别集为最多,因渠专研古文辞也。覆庵之书,却非仅插架者,几于无书不读。书将出门,而为其犹子所留,亦一幸事。卧雪庐藏印书甚多。

阅《廿二史札记》,推崇《明史》,能全部贯串,历举其长处,可为读史法门。

手装仲裕弟残稿作跋竟,始知今日辛巳六月初三。即其死忌,复阅

---

① 原书空阙。——编者

凄绝。

云崧读史能见其大。推论宋代之所以亡,由于士大夫不明国势,徒事虚矫,以和议为卖国,酿成开禧之败;明之亡,亦由不审敌势。当时清朝屡思抅和,而庙堂无人应付,以致东支西吾,卒倾其祚,如出一辙,可谓名论。云崧读史能以比较法得其纲要,非挦撦枝叶者所及。

因姬传称王梦楼诗才,借《梦楼集》读之。早年功候甚深,以游滇诸作为最;归田后牵于酬应,题画诗太多,反不逮少年之精锐。

因瓯北称心余诗才,又取《忠雅堂集》读之。忠雅堂诗取法李、韩、苏、黄,其功力尤深于五言。心余论学,以致用为主,故为诗亦不喜门户剽袭,放笔为直干,而学识又足以发之,非瓯北所及,何论随园。

阅《簷曝杂记》,后半乃随笔,记载杂事,可节去。

检《国朝杭郡诗辑》,张桐谷、吴云岩均有赠六世祖诗,应写入《先友诗翰》卷中。

阅《洞箫楼诗纪》。宋于庭诗,修辞雅洁,而蹊径不高,未能独树一帜者。

浩叔所藏碑拓全部寄到,送合众收藏,所余者仅普通书数箧而已。

君九以新修《莫厘王氏家乘》一部见赠,复书谢之,并托代觅陈诒重《郋庐文钞》、胡晴初诗、王书衡遗著。

阅陆九芝先生手钞《傅青主女科》,文义有删改,并加眉注。九芝深于医学,皆经验所得。此书未入《世补斋医书》内。盖有志笺注而未成之作。

阅《定盦集》排印本,始知杏孙年丈欲辑年谱而未成,故印臣续成之。

文禄寄来书二包,有明初本《圆庵集》,天台僧玄极所著,前有杨东里序,永乐刻本,刊刻甚精。

景文阁寄来《金文靖公集》,明金幼孜著。其板刊于明初,递补递修,此为清代印本,却少见。

王晋卿来,赠陈伟堂官俊八言笺对。簠斋之父。

《圆庵集》六卷,所作文至永乐元年止。杨东里序题大学士,定为永乐刊本。

晋卿来书,又有番阳李仲公《侯庵文集》三十卷,附一卷,商丘宋氏钞本。前有洪武涂几序,卷中题安仁县知县谢缙重刊,似系成化本传抄,须查。《圆庵》、《侯庵》均留。又有瀛海吴浔源所著《石鼓疑字音义斠诠》二卷,《蔍丝盦印学觚言》一卷,咸丰钞本。

景文阁来书,又有《实录厅题名记》,朝鲜铜活字本,为纂修《纯宗大王实录》时所记。前有金逌根序。又《崇祯元后五乙酉贰年司马榜目》,朝鲜内阁活字本,系朝鲜科举程式。

菊生持示《筼庵诗稿》残本,已见赠。存三、四两卷,仁和吴庆鹏著,与曾宾谷、吴兰雪同时翰林官御史。诗律工细,盖学杜而得其神理者。吾乡诗家,能与颉颃者甚罕。

筼庵为谷人祭酒之次子,由编修官至顺天府丞,著《筼庵诗稿》二十卷,菊生所得仅三、四两卷。《两浙輶轩录》所收之诗,皆不在三、四两卷内,惟有一首,文句不同,意当时必有刻本。水竹邨人藏书有《筼庵诗》刻本。《輶轩录》所收,有《送左生宗棠下第》,有《闻金陵寇警》,则筼庵殁于咸丰,即有刻本,亦刻于太平军起时,无怪罕觏矣。筼庵诗宗旨在自得,即意境独造,无剿袭雷同之谓。其功候实从学杜得来。七律章法尤得杜之神理。《輶轩录诗话》谓其学杨诚斋,是皮相之论,惟筼庵亦不鄙薄杨范耳。

阅《衹平居士集》,菊生新赠馆者。悝斋少习举业,后乃博览群书,专攻古文,虽以马迁、庐陵为鹄,而才调与气息,未能卓然成家。但朴实说理,绝无虚侨之气,其格局与朱文公为近。悝斋生平所刻书,一为《讲义》十卷,一为《杂著》八卷,《文集》似系后人所集刻,寿序及代作太多。

闻梁任公手写《康南海诗集》,祇四卷,皆光绪间所作,诗境不高,去黄公度不啻天渊。

在合众图书馆开发起人会,菊生、陶遗皆到。添举叔通、拔可为董事,发起人为当然董事。定六日开第一次董事会。

仲恕检得《项城公牍》手稿,为跋语万言,详述与项城离合之迹,及帝制自为之症结,翔实渊雅,极有助于史乘,已允送馆保存。

与闵葆之书,允将《炳烛斋杂著》寄阅,并告以新得石臞父子手校《荀子》,文肃、石臞父子三世批校《管子》,丁柘唐《春秋胡传申正》原稿。

中国书店新得正闇精校《读书敏求记》,索价甚昂。宗氏父子稿已为余收得,此稿大抵相同,无意求之。

阅《射山诗选》,海盐张氏刻本,海宁陆嘉淑冰修著。陆为初白之外舅,前得《射山诗余》,即冰修所著,同时倡和,皆清初诗家,与阮亭尤契合。诗多廓落语。

起潜来,告以图书馆前途之兴替,其枢纽在董事之得人及合作与否,故选举最为注重。现在五人,学问未必皆深,亦未必人人皆知图书馆之办法,但皆饱经忧患,有相当之修养,且皆无所为而为之。五人间相互有甚深之情感与直谅,故能知无不言,决无问题,但皆六七十之高年,可以同时老病,故对于递嬗之法,宜十分注意也。

菊生言,旧藏符药林手稿已送馆,属为审定。《画竹斋论竹》,符曾手稿,有药林印。写一跋于后。

晋卿送书三种来:《思庵先生文粹》十一卷,明吴讷著。前有知常熟县杨子器序,有钱遵王印,士礼居印,蒋香生印,原为思庵之孙淳所编刻,杨子器重刻,正统以后。《浮溪遗集》,宋汪藻著。绣谷亭抄本,从正德本出,十五卷,附录一卷。乌程蒋氏《茹古精舍藏印》。《适庐曾藏金石文字》

三册,皆拓本,有题跋:"三十年来忽得忽失,似有数存。原器佳者十存一二而已,拓墨亦未全,仅此区区留纪念;其为友朋赠本,另粘他册,尚倍于此,然亦未甚广也。惟《殷周金文》及《秦汉金文》两辑,自谓稍富,广仓所印仅《周金》一部已十一册,然未备,补者过半。无力续印,以惠同好,是所憾也。丙子八月适庐老人自叙。"

草图书馆财政报告,预备提出于下星期二三十年八月十九日董事会。

合众图书馆第二次董事会,报告经手财务概要,并点交财产。当选常务董事。

张葱玉于乙亥年以五百元收得吾乡张子虞先生诗文稿三十余册,愿以原价出让。详细检查,知为子虞尊人少南先生道未刊遗稿居多数,约举如下:《渔浦草堂文集》四卷《鹤背生词稿》一卷《定乡小识》《山水记》《石墨略》《古迹略》《堤约记》《定乡续咏》。《梅花梦传奇》《张伯几诗》《旧唐书疑义》《旧唐书勘同》《唐浙中郡县长官考》《临安旬制记》《全浙诗话刊误》《苏亭诗话》《雪烦丛识》《雪烦庐纪异》《鸥巢闲笔》《沤巢诗话》《字典翼》《文集》《诗集》《旧唐书疑义》已刊。此外属于子虞者,为《崇兰堂诗文存》及《日记》《词稿》。少南先生殁于同治初元,子虞负书避难,辛苦保全,今得落于吾手,为乡贤留此手泽,可喜也。记得子虞先生曾绘《负书图》遍征题咏,应查。

乾若遣其弟子丁济南来,赠所著《汉石经考证》两种,及所刻《郯溪集》。丁为医家丁仲英之子,有兄济民,均研究中医,恂恂儒雅,要求开馆后阅书,允之。

乾若来谈,渠书五百箱已运沪,富哉!

三十年九月五日合众图书馆开始迁移新屋。

欣夫来,示《曹君直遗集》样本。

阅《泽雅堂集》。初集由汉魏入手,而浸淫于杜,气息深醇,绝无噍杀之音。二集自出塞以后,渐臻雄肆,边塞山川,助其诗才,故知诗境因地与时而生变化，非可强为也。

至新屋及图书馆察视，书籍已悉数移来。起潜兴会甚佳。空间耗废多，已占十分之七八，恐不能维持十年，乃知事实与理想，向不能密合也。

阅《泽雅》诗，以疏勒城所作为弓燥手柔之佳境。《述事篇呈许希庵》五言，格调苍凉，波澜壮阔，曲折奔赴，应弦中节，极似杜陵《北征》。其近体之佳者，不亚东坡与放翁。记得伯䌹得三集，惜余未见。《漫兴二十首》七绝似苏；《送孙湋东归》七律似陆，皆得阳刚之美者。其他佳篇甚夥。阅至卷十一。

施均老诗自喀什噶尔出游，安抚布鲁特以后，神奇变化，语如铁铸，字无虚设，为全集中最上乘。《谒杜祠》诗，自方身世，今古同揆，诗亦神似，非可貌袭也。自《寄陈蓝翁》诗，摹山谷，以后七律，往往似之；其次亦极似放翁，皆与少陵一脉相承，故时露鳞爪，不可端倪。

新居在蒲石路七百五十二号。余捐入合众图书馆十五万元，以其半为馆置地二亩，今年建新馆已告成，余租得馆地九分，营一新宅，订期二十五年，期满以送馆。余与馆为比邻，可以朝夕往来，为计良得。昔日我为主，而书为客，今书为馆所有，地亦馆所有，我租馆地，而阅馆书，书为主，而我为客，无异寄生于书，故以后别号书寄生。

中国书店送阅《光绪甲午科浙江同门齿录》、《祁忠敏公日记》新印本，皆留之。

王叔儁来，询以雪澂先生遗稿，云有手定文稿八卷，又晚年读书随笔数卷，在张文襄幕代拟电稿，及生平服官公牍稿若干卷，拟求借抄副本，未见拒。

君九以《孤本元明杂剧提要》一部见赠。

病后阅《新疆图志》，写跋于册首。

又阅《蒙兀儿史记》。初阅本纪，人名累赘为难，改阅列传。又阅

《西北三藩传》,渐渐容易。

借得陆星农先生《八琼室金石补正》原稿,以备与刻本覈对。

桐庐袁忠节评点《复堂日记》初印六卷本,抉择精当,纠正处足征直谅。费十日之力,过录一通,今日始毕。每日不能多费目力,若在十年前,则两三日之事耳。

阅盛大士《蕴愫阁诗文集》。晚年之诗,清刚而近自然,文笔颇遒上,识解亦卓。《文集》尚缺首二卷。

姚虞琴有《吕晚村诗》旧钞本,阅一过。

阅《蒙兀儿史记》。初阅于地名、人名颇有难读之叹,继阅《西域》诸传及《三藩地名通释》,再复读本纪及列传,便十得五六。此书出,《新元史》可废,虽未竟其志,已为不朽之作。孟心史叙尤可传。十一月中旬开始,历三个月始观大概,尚未能全读。

阅彭刻《五代史》校本。

阅魏稼孙评点《复初斋文集》,与周季贶往返商榷。即李以焜重修底本,旧为抑之藏书。

阅彭注《五代史》毕。刘金门之孙咸校本,后有咸跋,略谓"书七十四卷,十六卷为文勤病中仓卒所订,余五十八卷皆先宫保搜补荟萃,历二十余年,三易稿始成。道光壬辰,文勤嗣君一再索板去。嗣君旋没都中,市侩垂涎是版。洎同治九年,咸以重价赎归,属丁次郁、午峰两广文校对,置厨以藏之"云云。后又有丁午峰跋云:"是书系次郁三兄与午峰所考订,讹误太多;考订之后,惜受庭方伯并未全行更正。今底本幸存,亦足自快。光绪廿九年午峰识。"受庭,咸字也。此校本为淮安静思轩宋氏藏,倩起潜录一副。校勘之功甚细,有益于读此书者。五代群雄割据,前后五十余年,欧史如一笔书,脉络清晰,体例完善,可谓奇作。一人修史,除史迁而外,未有如之者也。徐无党注即全书凡例,疑欧公自为之,而托名无党。此说似有先我言者。十国群雄,大半为河南籍,其故安在?

阅《弢园词》一卷，前署"江都史念祖作，汉军赵尔巽刻，番禺梁鼎芬署"，又题"乙巳六月二十四日《补厂丛书》之二"。查日记①，乙巳六月二十三，余随次帅抵沈阳，是时绳老居扬，节丈任武昌府，三人无缘合并。疑此为节盦代次帅刻丛书，向所未闻，不知第一种所刻何书？恐无人能言之者矣。板式似湖北刻，记此待考。

阅《河海昆仑录》。西域戍卒霍丘裴景福著。

阅《校礼堂集》。凌仲子以贾人子潜心读书，其天资之颖悟，非恒人所及。释《礼经》之例，考燕乐之原，辨性理、慎独、格物之真谛，皆戛戛独造，坚不可破。骈文尤瑰丽杰出，得力于六朝任、沈之文，骨干坚凝，曲折奔放，无不尽之意，无不达之辞。同时诸公，惟舞轩可与颉颃，余子皆瞠乎后矣。诗才与文相称，少作尤雄杰。入宁国以后，循循规矩，翻逊于前。读史亦有特识，盖天资高也。诗文取材最审慎，镕经铸史，无猥杂语，读之实获我心。《学古》诗云："文章无成法，达意即为善。"又云："吾心别有在，砭砭守经传。"又云："充学养以气，事半功乃倍。"可知其作诗之旨。

阅周保绪《介存斋诗》。自叙历道甘苦，诗境之变化，随年而进，其笔势如摩空健鹘，得于天者优也。卷二《新乐府》，叙述山东天理教攻陷曹、滑情事，可作诗史读。叙云："刘鞑子之后，其党名虎尾鞭，土人更为党曰义和拳以拒之；别有红甓会、瓦刀社，而八卦教最大，蔓延直隶、河南凡数百里"云云。此即义和团之缘起。红甓后又讹为红庄。

阅《董方立遗书》及《柈华馆骈体文》。《水经图论》残稾，所刻有说无图，未免买椟还珠。

阅《晋略》。此为介存居士一生精力所聚，其全书之要删，在《甲子》《州郡》《割地》《执政》《方镇》五表，尤以《州郡表》之体例为最完

---

① 据此条，先生似乎有日记存世，1941年作《卷盦札记》时还翻阅过，然迄今未见。——编者

善,执简驭繁,使两晋之形势得失,一目了然,是乙部中不刊之作。每卷首叙述,喜学蔚宗文体,是其一蔽。此等复杂之叙述,应以简练犀利之笔出之,方能曲折周到,若顾景范为之,便可观矣。

阅《靳文襄奏疏》。到任两个月,即将治河全局分为八疏,分别陈奏,自请限期三年,减估经费,定为二百五十一万两。其任事血诚,规画周到,有名臣气象。文亦朴挚委婉,而劲气直达,毫无修饰,读之使人兴奋,此真天地间至文也。《与崔某驳论》一疏及《荐陈潢疏》,尤有生气。康熙至今三百年,自河道北徙以后,似乎文襄治河之策,已成明日黄花。但今日河又南迁矣,兵革不休,音信隔绝,江南之民,尚醉生梦死,数年淤积之后,一遇淫潦,将来下河昏垫之患,必更甚于康熙。今日与康熙不同者,无运漕之阻碍而已。测量之术,工程之学,今亦胜于古,所难者公忠体国之文襄,实心佐治之义友陈潢。倘得斯人而畀以事权,河患何足惧哉!

阅《陔南池馆遗集》。上海乔重禧著,春晖堂本。《磐锤峰诗引》:峰侧石幢一镌"戻㴵帍②"四字。考"戻",古"户"字,见《说文》。"②"为武曌所造"日"字,见《佩觿》。余无考。按峰在热河,此四字是否辽文,俟考。"㴵"当是"渊"字。

阅汪衮甫《思玄堂诗》。学义山而无晦涩之病,入后多应酬之作。又阅衮甫《法言义疏》,笃守师说,精能之至。胡绥老叙,尤属知言。

阅《陶勤肃奏稿》。陆刊未全,写一跋。阅《河套图志》。故人张扶万鹏一著,写一跋。

壬午旧历三月十五日为项兰生兄七十生日。是日适为日本昭和天长节。同年冒鹤亭亦于是日七十,因撰一联赠兰生云:"遗民也有天长节,同日无忘冒广生。"叔通丈见之云:"童心韩亦同日七十,不如易冒广生为童大年。"余意卢绾与高祖同日生,用"同日"两字,而不点出"生"字,语意不完,因冒广生有一"生"字,可以借用,如改童大年,应作"竞走终输童大年",因童降生之时辰先于项也。

记之以发一噱。

阅顾访溪《悔过斋集》。生平精力聚于《学诗求是录》三十四卷，后经重加订正，成《学诗详说》三十卷，别出其专论字句异同者为《正诂》五卷。

阅《诂经精舍文集》。孙渊如撰《诂经精舍题名碑记》，载荐举孝廉方正及古学识拔之士六十三名。高祖考焘莘公名列第二，尚用原名上之下纯，案系古学识拔之士。

汪颂阁丈家藏小米先生残稿，一《经典释文补条例》，一《借闲随笔》，均考证经史之碎金，借来录副。抄竣，始知振绮堂已刻。

汪穰卿丈有友朋投赠诗翰册，内载夏穗卿丈七律六章，录下：

甲午九月送毅白南归 毅白，穰卿别号。

燕市歌阑酒半醺，烽烟如此况离群。马头风雨连红树，篆里关山望白云。三叠悠扬《将进酒》，九州容易入斜曛。江湖断梗藩笼翼，一哭生平负《典坟》。 黄云白草酿秋情，万感茫茫对酒成。一自凭陵关白甲，骚然辛苦朔方兵。余皇失策无长鬣，右校求封有少卿。楼阁金银禽兽白，神山今日恨分明。 丰沛由来拱帝畿，接天云起应昌期。连鸡失计开新局，聚米无谋覆旧棋。白雁横空亡锁钥，黑龙何日镇支祈。凌烟将相今何在，万里秋风入鼓鼙。 长江直贯中原下，两岸青山挽不留。大泽几人书帛待，庸奴循例处堂游。金钱日见归鞮译，兵气宵来接斗牛。太息湘淮龙虎地，从来借箸贵先筹。 乞食长安又一年，鹑衣狗马镇相怜。青山无地容沮溺，白发忧天托管弦。旧恨新愁燕市筑，白苹红蓼故乡船。江湖满地秋如海，此去归程好著鞭。 钧天帝醉谁从问，红烛光寒各自愁。缱绻骊歌凭夕照，沈吟龙战老扁舟。观河岁月归青史，吓鼠功名惜黑头。用舍皆穷惟我尔，片帆开已愧沙鸥。

又忆夏丈有和陈杏孙昌绅**《登岱诗》，并记之：**

扶舆旁薄五亿步，今古苍茫七十君。何日峰头共登眺，石床卧看出山云。

季孺自订年谱，属题辞。

阅《廖平子全集》，词锋汗漫，骤不得其要领。廖氏学说以整理《内经》《灵枢》，辨《脉经》之伪，《难经》之误，订正"三部分配两手"之非，证明"人寸对待诊尺"为"诊皮"之误，三焦主水渎与膀胱互易其位，为后人所颠倒，皆确有依据，剖析入微，为医经之功臣。盖宗俞理初、黄元同之旧说，又能引申之者。至说经之书，如谓"无思不服"，"思"即"诗"字，《毛诗》左右采、流，即《王制》千里外之采、流，则过于附会，入魔道矣。

阅董绥金所草《嘉业堂书目提要》稿本六巨册。明人集部，颇为宏富，闻已在港失去，可惜之至。《永乐大典》四十册细目，为六册之一，此物已归大连图书馆，空存一目而已。

夙疑《方舆纪要》一书未列入《禁毁书目》。顷阅程绵庄《青溪文集续编·纪方舆纪要始末》，于是恍然。此篇当抄入顾书册首，以增重要史料。

阅《陶楼存稿》。印于《陶楼文钞》之前，不多见。

阅《敬孚类稿》。读书多而论事平，语语著实，无桐城派习气。

阅嘉定王元增辑刊《先泽残存正续编》。系王西庄来孙。此人民国初年在北京创办第一监狱，极有成绩，当时深佩其人，不知为西庄嫡嗣也。

程绵庄与方望溪书，力言新刊文集所附诸人评点之当删。《敬孚稿》言程盦初刻本，后有评语，续印则删去，当是青溪反对之影响。

凡将草堂藏书之抄校本，尚有杜文澜本《词律》，经谭复堂、许榆园、沈蒙叔、张韵梅四人细校，榆园题识，志在刊刻，后竟未果。是为佳书，其外似无多精骑矣。

阅《紫竹山房诗集》。卷十一《为叶登南明府题同年赵学斋大鲸遗墨》："义门妙墨宗登善，绝世风流在及门。义门先生真行书甲于本朝，学斋其高弟。尺锦片云遗迹在，有人端拜与招魂。""平生此癖颇随肩，三尺埋文十七年。自谓过之仍不及，频揩老眼涕潸然。"按原卷尚存，有数字小异，当抄入《先友诗翰》卷中。

阅丁宗洛《大戴礼管笺》、《逸周书管笺》。有独到之见，刻本颇罕见。

久不购书。郭石麒来，持瞿刻《石田诗文钞》，索价六百元，系从同行贩来。石麒新丁母忧，甚贫，且原店已解散，所索为原价，不过赚六十元，即留之，以时价论，不为昂。昔年索四百元，未留也。

连日阅沈东甫《新旧唐书合钞》。看似容易，实精心结撰之佳书也。

馆中新钞《吹豳录》，余任校对，每日一两卷，略识乐律源流。数十年为门外汉，故两逢此书抄本，皆未留，以后当补过。

阅《辛壬春秋》。行唐、尚君著，极详实，而有弦外音，近代之良史，必可传。

吴向之同年著《明代通鉴长编》九百四十卷，以《明实录》为本，兼收明人著述文集等几及百种，写稿已定，诚巨制也。意欲易米，以联钞一万为鹄，苦力微不能举。

甘月樵同年鹏云著有《崇雅堂丛书》、《崇雅堂碑考》，坊间无之，致函冕之，托其请求赠一部，不知斯人尚健否，已八十一矣。

校《吹豳录》至廿二卷讫，尚有廿八卷未校。此书体大思精，极平极实，读之不厌。闻李玄伯有精钞本，程瑶田校二卷，余为朱朗斋校，欲售储券四千元，借而未允。

得袁忠节公日记及文稿共十一册。郭石麒来，闻桐庐故居已劫洗一空，流出所见者仅此。

明岁正月，仲恕丈七十，预寿七律廿二韵祝之，颇肖其生平。

渐西村人稿理竟，计得日记五册：一同治十一年至十三年；二光绪庚辰冬至辛巳五月；三辛巳五月至十月；四甲申春至九月；五甲申十月至乙酉二月。又《忘适斋视草》一册,作于癸未、甲申之际,可补入日记。又《袁氏续正论》二册,系同治壬申以前自定文稿。又《丁酉草》二册,《乙未草》一册,皆与友朋简牍,亦有诗文稿,可补日记。诗稿采入刻本者甚少,文稿则皆未刊。

乔景熹携示《说文解字补义》残稿,第四、第十二卷不全,第五卷全,余皆阙。明包希鲁撰。乾嘉时人抄本,小篆甚精,楷书亦沈著,颇似孙渊如,惜无署名。铃印曰"招勇将军曾孙",俟考。

由津寄到蜕翁遗物有《南田画册》十二帧,精微超淡,百读不厌。五十年前即见此册,忽然到眼,愉快之极。

向之以所著《江苏备志》六十四卷见赠,酬以二千元。穷老弄笔,臣朔常饥,可叹也。

读《青溪遗稿》,康熙两刻本:一其子刻,一其孙刻,皆廿八卷。除题画诗外,无甚关系之作。

阅《小尔雅义证》。泾胡世琦稿本,未刊。经段茂堂校改。又有校签,未知何人,不知是否胡墨庄笔。

叔祖伯皋公于今晨壬午腊月十八仙逝,享寿七十九岁,是为余族中最尊者。在云南提学使任内,值革命,吞金遇救不殊,旅沪以卖字自给,究心宋儒书,兼及释典,有文稿写定待刊。作一挽联。身后萧条,两子皆在内地,仅得自活,颇费周章矣。

阅叶鞠裳先生《治廧室书目》,载《伏羌县志》,乾隆三十五年修。叶芝与六世叔祖香祖公原名相同,香祖公以内阁中书充武英殿分校、国史馆、四库馆纂修,论其年代,正属相符,承修《伏羌志》亦合情理,惜别无佐证,当设法借原书查考之。

读袁忠节残存文稿,与前得日记可联贯。

姚稷臣文倬有日记,在其孙孝曾手中。借得四册,皆云南学政任内事,名《蟫庐日记》。甲午、乙未、丙申皆在滇,末一册己亥,已调粤,任大学堂监督。记中所列皆故人,生存者甚少。

713

穰梨馆旧藏墨井道人《松壑鸣泉》，仿山樵墨法山水一帧，适为余所见，以为价廉货真，以一万储币得之。未久，即有喧传其事者，不能终秘矣。老友徐作梅相识四十余年，不知其收藏佳画，前日谈及，知两罍轩古画为渠所得者一百余件，约期观览。此事相遇与否，不可捉摸，所谓其来也适然，其去也适然，谓为前定，则谁主之耶？

姚石子代向王培孙借到《伏羌县志》，纂修者乃庄浪叶芝，乾隆壬申举人，与香祖公同名，时代亦略同。

读王益吾先生《虚受堂集》。诗工力颇深，尤长琢句。书札二卷，与张小浦驳难贝纳赐案，如见光宣间湘绅新旧水火形势。要之葵园著作等身，学问赅博，非叶焕彬、孔宪教所可比拟，不能韬晦养望，且喜干预省政，究未脱湘绅结习耳。

阅《小酉腴山房集》。沅陵吴大廷桐云著。受胡文忠荐，入李希庵戎幕；后为左文襄所知，调入浙，随入闽，任福盐道，调台湾道；又为沈文肃调入船政局，盖同光间干济才也。论事切实而知治道，诗亦遒劲。

阅《遂初堂诗集》，歙何数峰青撰。前有吴山尊、江郑堂序，颇推重之，兹将江序录后，可补入年谱：

数峰先生掉鞅词场，垂三十余年。当乾隆朝，兰泉、笥河两夫子主盟坛坫，天下奉为宗匠。藩是时年甫弱冠，隅坐侍侧，闻两夫子称先生之诗不去口。嘉庆二十年秋，邂逅广陵，得尽读《遂初堂集》，始知两夫子之言不我欺也。先生之诗，出唐入宋，不矜才，不使气，在从容闲暇之际，不为无病之呻吟，处穷困抑郁之时，不作有激之叫哓。即诗以观人，可以知其品节之高矣。先生不以藩为谫陋，嘱校文字。嗟乎！三十余年旧友，落落如晨星，昔日小友如藩者，亦两髩苍然。白头老人商榷此冷淡生活，良可悲也。

夜读遂初堂集

一卷仙音消永夜，每逢佳处辄高歌。赐环不渡伊犁水，磨盾曾当曳落河。丝竹愁来豪兴减,篇章老去感怀多。闭门觅句南窗下,坐困诗魔与病魔。 卅载声华藉甚时,海南燕北系人思。蛮衣好织都官句,佛藏应收太傅诗。世上炎凉君莫问,此中甘苦我能知。可怜肤彫肾肝客,赚得秋霜两鬓丝。甘泉江藩跋并诗。

阅茶陵彭石原维新,康熙丙戌进士。《墨香阁文集》,道光二年家刊本。卷一《重刻华阳国志序》。蜀人李岷麓以旧版漫漶,觅得善本校勘讹阙,而重刻于金陵。按此刻本,未闻未见。

卷四《种竹记》:

缙《竹谱》诸书,有浅种、深种、密种、疏种之说,更以试之,而槁如故,疑书云诞也。江宁郑炳文为余种竹久不槁,竹萌竟出,余问其故,曰:"仍是浅深疏密之说也。凡竹独者,气单弱不浃贯,必购丛居者,密种之谓也。竹根必受阳气而平行,深则根郁就腐,故地平发土。不得过四寸许,浅种之谓也。由是于地上壅以厚土,俾勿动摇,以固其基,此深种之谓也。虽然畏其偪也,每丛必视竹之多寡,为相离之差,毋致叶盗露而根争土,此则疏种之谓也。四者合,而后水土、时日、方位因之奏效;四者缺一,虽不槁亦必不茁。向者析而施之,槁也固宜,非书之不验也。"

按上说颇精,是深有体验者,故抄存之备用。

阅《王侍郎奏议》四卷,歙王茂荫著。侍郎由御史升擢,咸丰初得宠眷甚深,后以谏临幸御园一疏触帝怒,不久即请告。七八年间上章数十,其中策兵事,论圜法,荐人才,尤注意于牧令,侃直切挚,无影响之谈,无迂腐之论,是中兴有数人物,惜响用未专,不能与成功诸贤辅相提并论。虽同治初起用为御史,未久即世。所存奏稿,系生前自辑本。此固抑塞磊落之奇才,其价值不在曾、左下也。

阅《明太祖御制文集》。其中亲自属稿者必不少,如《皇陵碑》、《江流赋》,尤其著者。当时文学侍从之臣,与此半通之专制皇帝相处之难,可知。

沈子惇_家本所刻书,一《吴兴长桥沈氏家集》,尚有印本,向其后人乞得一部。一《寄簃先生遗书》,已有版无书,版存沈宅。一《枕碧楼丛书》,则已无版,或为董绥金所取,故市间尚有印本。

《吴兴沈氏家集》第二种《春星草堂文集》,为子惇先生之父菁士观察_{丙莹}所著。菁士观察为吾杭俞云史先生_焜之婿,云史先生为我高祖焘荼公之入室弟子。集中有《行略》一篇,于吾家颇有关系,节录入家谱。读此篇,知我高祖文稿为云史先生所刻。我曾祖至彰德主昼锦书院,后以大挑知县至河南,皆因云史先生之嘘植,因之吾祖亦以河南为游宦之地,吾父又因之。不读此篇,竟不知其渊源有自也。菁士先生《星匏馆随笔》,疏证俗语来历,博洽有识,可与《恒言录》并传。

阅《有不为斋集》,江宁端木埰子畴著。叙张文毅_芾守徽宁事甚详,言文毅不但保徽,且有功于浙,后因浙绝其饷,遂束手无策。迨曾文正劾张,易以李次青,而徽遂不守。此事读官文书不能悉其实情也。

诸君仲芳藏《里堂家训》墨迹手卷,借读一过,盖焦里堂于四十五六岁时,书付其子琥者。卷中论生平为学为文心得,平和笃实,语语扼要,共计二十九则。据《扬州画舫录》载原有两卷,现知一为诸藏,一为高吹万所得。诸曾商高,愿合为一,高尚未允。光绪间吴丙湘刻入《传砚斋丛书》,系在皖省抄得,当时尚未分散也。此节应抄入《里堂年谱》校本。

桂辛来书,抄示俞雪岑先生_耀诗稿,与先祖倡和作甚多。曾入先祖商水幕。余家藏尚有俞先生手书诗稿一纸,系《题朱兰崨墨菜图》五绝三首。

作《潘博山传》,起草成,颇肖其为人,结构亦遒紧。

阅段氏《说文解字注》龚定盦父子批校本。目后定盦跋云:"自丙子冬十月起,辛巳春二月止。或加朱墨,或加朱,或加墨;或未加者,目沇不手治也,皆有年月记之。共读三周毕,其误字则以紫笔镵之。"下有"自珍读过"朱文方印。第六篇上,定盦注云:"此篇系阮尚书先刻,故有读。"第十篇上,卷首题云:"王怀祖先生比之段先生邱壑少,勤勤恳恳之意亦少,不仅逊其大义而已。"卷尾又题云:"吾今而昐然知王怀祖之远不如段先生也。知之焯,信之真,远不如,远不如也。嘻难言哉!癸未四月杪记。大抵王无段之汁浆。"卷末记云:"外孙龚自珍读三过,始于丙子,卒业于辛巳,凡六年,并记。"江沅后序又记云"假借之枢,又在声音,未有声不类而可假借者也。故王氏怀祖、伯申说经,皆以声说之,是也。伯申,自珍师也。"末句又以墨笔涂去,改如下:"自珍撰《段氏说文注发凡》一卷,凡十五则,拟附刻于此序后。"孝拱批注甚多,于五篇下之"䩺"字校语后,题"外曾孙袗识"。楷书。余则——处极多,即定盦所评,亦有——者。于段氏合韵最不满,批云:"二字最蛮最黠,亦最拙,若见小子所述,当大快而毁此作也。"又屡云:"详予书中"。《六书音韵表》后题云:"以诗分圌若本类,此易易耳。所难者汉唐人读易俗字,类类不通。审音者,其必先审形乎?吾书虽写定,然尽著其不合于本类之音,庶几不欺后学,不自欺欤?读公许书注,及此书,今岁四十年已,实有大不歉于心者。人寿几何,知识无涯,前望后望,掷笔长叹。"又题副叶云:"此书附《说文注》行,而版比《说文注》阔。同装时《说文注》边纸不留余地,致此书线偪中心,阅之生闷。前书大人所屡阅动笔,此较役心手少,袗谨与戴氏点定本表同用,重装置之一处。此尊手泽,彼便阅也。道光二十有四年七月丁丑装成。手踒。快志数字。"又题云:"咸丰三年十二月邻火,阙十二篇、十四篇两册"。下有"褯衣祖者"白文小方印,"孝拱之印朱文大方印"。此书徐积余藏。

阅《唐诗鼓吹》,康熙刊本十卷。陈少章临何义门批点,何又加批,陈又加笺释。前有顾千里题识。只剩前六卷,后四卷以临本配。王欣夫所藏,云是丁芝孙故物。

阅《春秋繁露》十七卷，明抄影宋本。每半叶十行，行十八字，前有楼郁序，后有胡榘跋。卷十三阙一、二两页，卷十二首页阙廿四字。此系宋本原阙，明刊各本皆从此出，阙亦如之。涵芬楼藏。传书堂故物。胡宪仲印，庚戌进士印。又《两京遗编》本，每半页九行，行十七字，亦涵芬楼物，孔荭谷借钱献之校《永乐大典》本临校，又以活字本王道焜本参校。书内有复校夹签，引原本、抄本、丛书本，系荭谷之子傅栻所书。原本当指《大典》本，抄本当指《聚珍》本，丛书本当指《汉魏》本。卷六《服制像》第十四，第一行"故其可失者"，"失"校改"食"。书眉上注云："明王道焜本作'故其可适者'，钱献之以《大典》本校之，云古文适作'佞'，恐改'食'非是。"据此知钱校原本为王道焜本。后跋云："乾隆三十八年癸巳十一月借钱献之校《永乐大典》本重校一过，凡四日讫。孔继涵记于京师贝荫胡同。"与武英殿本略校，知《聚珍》本可贵。

阅《楚辞榷》，槜李陆时雍叙疏，明刊本，过录王文简公评点，有长跋，已录入《文简年谱》。《涵芬楼烬余书录》认为文简手迹，误。另有《杜诗会粹》、《战国策》两种，亦列入文简评点本，更误。盖此二种评语陋劣，间有训诂，均违王氏家法，决非文简所为。因认《楚辞榷》为文简手迹，故误以为下二书亦文简评点也。跋语有阙文，固已可笑，况其所下阙一行。笔削下阙两字。徒能移易其篇次。

读抄本《万卷楼集》，顾栋高复初撰。说经皆为应制而作，论治河有卓见，惜抄多漏舛。景郑藏残稿二册，有复初自改之笔，知传抄本，非定稿也。

桂辛书来，居然觅得《营造汇刊》三卷四期，从此所缺都全，为之一快。心诚求之，仁远乎哉！

编《赵尚书奏议目录》竟，未分卷，附《赵大臣奏议目》一卷。自去秋至今始写成。

顷阅《纯常子枝语》卷三云："道光朝俄罗斯进呈书籍，今存总理衙门者凡六百八十本"。光绪乙酉余为赵次山御史草奏请发出缮译，旋总署覆奏，以为旧书不如新书之详备，俄书立论又不如英德法三国，可不必译，事遂中止。据此知御史任内尚有漏落之奏稿。

吴向之同年廷燮自南京来访，今年甲申十一月八十大庆，已较前龙钟，记忆力尚未失，娓娓话旧。四十一年老友，重得握手，亦难得之事。起潜觅得向之《自订年谱》写本，至五十六岁止，当促其自续成之，亦佳话也。许我见赠《方舆纪要续编》十六卷，云已脱手，却未带来。

毛彦文送来秉三遗著一册，《顺直河道改善建议案》作于顺直水利委员会裁撤之际，井然有计画，佳书也。

拟辑秉三杂著，定名《明志阁遗著》，用丛书体编年，分为若干种。另辑《明志阁电稿》《文存》《诗存》《词存》四种，大略尽之矣。

秉三遗著中有锦瑷铁路关系文件，内有仍珠通信十通，难得之件也。

草《熊秉三家传》毕。

阅《秋蟪吟馆诗钞》，拟为仍珠草家传。查其生平，生于咸丰丁巳。

数月来草亡友金君仍珠家传，搜辑甚苦，以《秋蟪吟馆诗钞》《端忠敏奏稿》《光绪实录》为根据。又乞仲恕丈指示，至十二月初始脱稿。稿存合众图书馆。所叙皆事实无虚构，惟开复革职案，据传闻，无书可证，尚须续访。

(《叶景葵杂著》，第177～239页)

书目题跋

卷盦藏书记

(约 1930 年～1936 年)

《卷盦藏书记》为叶景葵先生亲笔手书未刊文稿,上海图书馆藏。分经、史、子、集四部分,著录部分藏书的版本、款式、序跋、藏印或得书经过等。有详有略,长短不一。计经部二十种、史部十九种、子部三十五种、集部五十五种,共一百二十九种。这些书大都能在《杭州叶氏卷盦藏书目录》内找到踪迹,然而亦有少数书籍不在其中,值得研究、考释。原稿未署写作日期。据其中注有撰写年份的条目,约始于庚午(1930 年),迄于丙子(1936 年)。大致可考定为先生 1930 年代初的作品。大部分抄写工整,少量系陆续补充,因篇幅关系而字体较小,且有修改涂抹痕迹。故为未定稿。现标点整理,稍加注释,以飨关心藏书文化的朋友们。叶先生书于原稿书眉的文字,也以注释形式标注之。——编者

经部

演易　钱竹汀手稿本

集经史中易筮五十余事,以京氏《易传》法演之,间有说解,首尾完具,末又附录八条,似为未成之书。曾请观堂先生审定,后有题记。全稿皆为钱氏手书,精整可爱,惟《演易》之名下署"芸花生",似为后人所题。

古文尚书九卷　杨惺吾覆写日本古钞本

卷首题记云:"此《古文尚书》古钞本,存第一、第二、第七、第八、

第九、第十、第十一、第十二、第十三。末有天正第六六月吉秀园记。每半页九行，行二十字。以森立之《访古志》照之，此第七、第八、第十一、第十二、第十三二册，即容安书院所藏；其第一、第二、第九、第十二册，则守敬从日本市上得之。相其笔迹格式，的为一书，不知何时散落。其中古字与山井鼎《七经孟子考文》所载古本合。其第一卷序后，直接《古文尚书·帝尧第一》，不别题'尚书卷第一'，盖合安国序。同卷与唐石经合。宋以下序后别题'尚书卷第一'五字，非也。仲弢学士见而爱之，嘱为覆写，以此未经卫包所改之书，当为至宝。余谓今人以《经典释文》核山井鼎之书，往往不合，遂疑日本古钞为不足据。不知《释文》已经宋陈鄂改乱，非陆氏之旧。阮文达作《校勘记》亦未悟及。此是当与学士重商之。光绪癸卯二月，杨守敬记。"

"杨印守敬"白文方　　"邻苏园藏书印"朱文大方

敦煌唐写本《尚书》顾命九行半，罗叔言影印后跋云："予得见天宝以前未改字《尚书》，盖自此九行有半始。厥后又得敦煌本《夏书》四篇、《商书》七篇影本。又得唐写本《周书·泰誓》至《武成》五篇。又得《周书·洪范》以下五篇。复于亡友杨星吾舍人处，影写《商书·盘庚上》至《微子》九篇。既先后印行矣。而深以所见未逾半为恨。又阅杨舍人《日本访书志》，记所藏尚有古写本第一、二及第七至第十三，凡九卷。舍人在往昔未尝以告余。今舍人已亡，所藏不啻与之俱亡，尤为憾也"云云。此即叔言未见之本，虽系覆写，亦可珍已。

禹贡汇疏十二卷　吴兴茅瑞征著　崇祯壬申刊本

申绍芳《序》《凡例》十二则，《考略》《图经》上下，冀、兖、青、徐、扬、荆、豫、梁、雍各一卷，《道山》一卷，《道水》一卷，《九州攸同》至末一卷，《别录》一卷。

周礼疑义一卷仪礼疑义一卷　仁和吴廷华初稿残本

《周礼疑义序》，题雍正十一年。

《凡例》,统二《礼》而言。

陈孔时《周礼疑义跋》。陈为吴之甥,题雍正癸丑。

《仪礼疑义序》,题雍正十三年,前页残缺。

按此书向无刊本。张月霄从何梦华家录得副本,计《周礼疑义》四十四卷、《仪礼疑义》五十卷、《礼记疑义》七十二卷,编入《诒经堂续经解》。其写本为涵芬楼所得,辛未倭乱,付之一炬。惟《周礼疑义》因北平图书馆借抄得免于厄。《仪礼》《礼记》两《疑义》,则不知人间尚有抄本否。此本虽系丛残,然为吾乡先哲未刊之遗著,序文、凡例述著书宗旨甚详,未为轻弃也。

《爱日精庐藏书志》载二《礼》序文,与此稿字句不同。此稿《周礼疑义》作三十二卷,《仪礼疑义》作四十卷,其卷数少于张氏抄本,且序文字句有修改痕迹,可证此稿在前,张抄本在后。稿中改定字句,又可证誊清以后著者曾随时修正,陈孔时序又系另纸抄附。是此本为吴氏初稿无疑也。

《周礼疑义序》张《志》仁和误作钱唐。

"唐印天溥"白文方　　"臣模之印"白文方　　"梧生"朱文方

礼记正义七十卷　南海潘氏珂罗版影印北宋黄唐本

桐城光氏过录吴志忠临惠松崖校本,并惠半农、惠松崖、江艮庭、段懋堂、戴东原、臧庸堂诸家按语。余以潘刻蓝印本向文录(禄)堂易得之。

礼记集说十六卷　元陈澔撰　明正统十二年司礼监刊本

《邵目》称《五经四书集注》,以此刻本为最善。

毕刻四种　新安毕效钦刊

尔雅三卷　埤雅二十卷　尔雅翼三十二卷　广雅十卷

前有《刊二雅自叙》,作于嘉靖昭阳大渊献(嘉靖四十二年癸亥)。又《后刊二雅自叙》(末数行阙,无年月)。盖刊于奉新邑署。先刊《尔雅》及《埤雅》,继得《尔雅翼》,最后得《广雅》,故有"并获四雅,刻之斋中"云云。毕氏又刊《释名》,郎奎金合而刻之,改《释名》曰《逸雅》,于是有"五雅"之称。

"王嵩高印" 白文方　　"少林甫"白文方　　"癸未进士"朱文方

"白田王氏珍藏" 白文方　　"宝德堂藏书" 朱文长方

《好古堂书目》(姚际恒)"尔雅类五雅"后,有《博古全雅》,内分《尔雅》《释名》《广雅》《尔雅翼》《埤雅》五种,未知是何人刻本。

释名八卷　明毕效钦刊本

八千卷楼藏胡文焕刊本,重论文斋以残宋本校改误字。如"天垣也"之"垣",胡本误"坦";"凤䫻口"之"䫻",误"㕮";"人所盛咆"之"咆",误"炮";"旦而日光后伸见也"之"伸",误"似";"厉疾气也"之"厉",误"原";"其体底下载万物也"之"万",误"易";"今兖州人谓泽日掌也"之"泽",误"释";"渚遮也"之"遮",误"庶"。今校此本皆不误,与宋本同。

说文解字篆韵谱五卷　明巡抚李显刊本

前有徐铉序,后有《重刊篆韵序》,缺其后半,未知何人所作。

"启南"朱文方　"布衣之士"白文方　"山阴柯溪李氏图籍"白文方

"时进私印"白文方　"盈科"朱文方

李宏信题记云:"癸酉夏五得《说文篆韵谱》,质之鲍丈,渌饮云'余所见惟小山吴氏藏本,即此刻。'时鲍丈赏举人,在武林丹次趱呈丛书廿六集也。李调元《函海》本无后序,是以无从补正。字画纤漫,似从此本影钞付刊,未经名手缮写,校之此刻有天渊之分。书贾删年月、序人,赝充宋本。疑竹垞本后序亦删,须明人文集中求之。按癸酉为乾隆十八年。"

邵亭云,《函海》本行款与李本同。盖即出李本,与李本题记合。

说文解字徐氏繫传四十卷　　寿阳祁氏刊本

王绿友以朱竹君影宋抄本校。何蝯叟手录王校。张石洲旧藏。绿友前跋两则,历举顾千里校刻时私改之失。(当另抄附后)①

又有陈颂南题记一则:

蝯叟未署名,亦无印记。而石洲印记钤于字迹之上,则书者必与石洲同时。且楷法精善,篆文尤工。吾友谭大武泽闿藏蝯叟书最富,谓系早年在翰林馆时所书。当可信也。

已经证明的系蝯叟书。

说文繫传考异二十八卷附录二卷　　朱朗斋文藻稿本

自跋云:"徐锴《繫传》,流传盖鲜。吾杭郁陛宣藏抄本,昨谒朱丈文游,借得此书,归而录之。取郁本对勘,讹阙之处二本多同,其不同者十数而已。正讹补缺无可疑者,不复致说。其与今《说文》互异,及引用诸书与今本异者,并为录出,作《考异》二十八篇。又采诸书别为《附录》二篇。是书传写所本当出宋椠。书经周岁抄毕,藏之汪氏振绮堂。其《考异》《附录》等篇,更录一通,随原书归吴下。乾隆庚子小寒朱文藻识。"

叶面题识如下:"嘉定陈氏深柳居藏,嘉庆乙丑得于禾兴。此本向未付梓,近日杭州瞿颖山从嘉定瞿氏借钞,已付梓,尚未刊行。"

按瞿颖山世瑛于道光丁酉刊《说文繫传考异》四卷,题汪宪撰,所谓清吟阁刊本也。朗斋未见宋刻本,所得郁氏、朱氏两本,皆依宋钞,故据钞本作《考异》。汪鱼亭又据新安汪氏刊本改正钞本之误,其所据钞本当即朗斋传录朱文游本意者(鱼亭据汪刊本作《考异》,系小绿天庵孙氏说)。朗斋未将《考异》与《附录》钞存振绮堂,故颖山又向瞿氏借钞欤! 鱼亭据汪本校正,订为四卷,自较朗斋原稿精密,故颖山付刊但题鱼亭之名,不复题朗斋之名矣。后来祁氏校刻宋本,亦附

---

① 先生书于此条上端书眉处,并未抄录。——编者

《考异》,更较鱼亭为密。惟此为吾杭先哲写定之稿,其与《繫传》校勘有筚路蓝缕之功,故购而藏之。

钞本中缝上方题"菜根轩杂录"五字。卷中朱墨校正,当是朗斋手笔。

《皕宋楼藏书志》卷十三载,《说文繫传》旧抄稿本,后有朗斋致朱文游书。又有他人题记云:"浙江采集遗书总录,《说文繫传考异》四卷(振绮唐写本),国朝主事汪宪撰。丁氏小疋手跋曰,'初见此跋,心疑即朱君所撰书也。今询朱君,果如余所料,忭喜者累日。辇下诸公传抄者,并署朱君名,不得知有嫁名汪主政事,乃据吴门副本耳。'"据此,则朗斋原著一并抄存振绮堂,汪主事献书时已易己名以进。其时朗斋正馆于汪氏也。前说非是。　壬申二月又记。

大广益会玉篇三十卷　明内府刊本

《大中祥符六年牒文》。《原序》。《进玉篇启》。《总目》。《玉篇广韵指南》。

"五峰朱氏收藏"朱文长方　"江阴李氏珍藏"朱文方又有靖江刘氏小万卷书楼、绿埜书屋诸藏印。

广韵五卷　明内府刊本

陈州司马孙愐《唐韵序》。

顾刊本出于此本。观堂先生谓,此本出于元圆沙书院本。

各藏印与《玉篇》同。"五峰朱氏收藏"印,重装时已钉入线内护叶里面。有康熙四十四年江阴县清赋推票收票,上盖江阴县印,必为重装时所加。五峰朱氏当为清初收藏家。

增修互注礼部韵略五卷

桂未谷传抄程鱼门宋本,又手校一过,系以跋语云:"曩在京师借钞程鱼门本后,见翁覃溪买得前明刻本,未及校理。此《韵》于群书多所考订,远胜今所行《礼部韵》。所引《说文》与《广韵》《集韵》,间有不同,盖所据者善本也。今诸《韵》俱已开板,此犹阙如。安得好事者为之，永其传也。乾隆丙午冬桂馥书。"

封面题"《增韵》某声，借钞程鱼门所藏宋本。丙午十月未谷追记。"

书眉朱墨校语，皆未谷手书。

未谷未记宋本行款，惟每行各字蝉联而下，不空格，不分排，标题下父子并列两行，必系原式如此。抄本每半叶十行，每行小字二十八。但叙文第一叶系重抄，改为半叶十一行，而将第二叶首两行删去。疑宋本系半叶十一行，每行小字二十八，故重抄第一叶以表示宋本行款。果尔，则与皕宋楼著述之本无异，即藏园所谓实为元刊者矣。

惟十九"铎霸"字下注御名同音，与藏园所得嘉定刻本同。且庙讳御名字样均空一格，则实为宁宗时刊本，未知皕宋本与此同否。当觅借海虞瞿氏藏本一参证之。

各字注下凡今圈、今正、增入、重增、晁曰、居正曰诸字，皆作朱书。原本倘系黑地白文，则又为宋刻之证。当觅借北平图书馆所藏宋刊本一参证之。朱书或是未谷手迹。（全书内亦有未谷自抄者，如"入声韵目"，绝似手书。去声缺韵目及一送前半，当设法补抄。）要之原本无论为宋为元，而是本经未谷精校，是正颇多，又有校正《说文》数处，为此书增重价值不尠。

是书有崇禹龄藏印。

韵补五卷　毛子会际盛钞校本

跋云："余向藏吴才老宋椠《韵补》，为人窃去。今得钞本，如睹故人，借钞忽遽，误字颇多。手校一过，正其六七，尚有难通处，俟觅善本再校。乙巳九月毛子会校。""毛印际盛"白文　"子会"朱文　"藜校堂珍藏印"白文方

毛际盛，嘉定人，著有《说文解字述谊》一卷、《说文新附通谊》一卷、《开成石经考异》一卷、《山邨子文稿》四卷、《雪坪诗草》八卷。见

黄漱兰《江南征书文牍》。

以王文村校宋本过录讫。癸酉春。

古今韵会举要三十卷　昭武黄公绍直翁编辑　昭武熊忠子中举要　嘉靖江西提学李愚谷刊本

前有崧少山人张鲲《序》，次庐陵刘辰翁《序》。附刘储秀《跋》。次《凡例》，次《礼部韵略七音三十六母通考》。

"绍廉经眼"白文方

《善本书室藏书志》所记有熊忠自序，又至顺二年文宗敕应奉翰林余谦校正，索求鲁序。此本均无之。

郑志三卷　武英殿聚珍板原本　吴槎客临卢抱经校本

详见《拜经楼题跋记》卷一。陈仲鱼复校，后有题记。

此书由唐鹪安转归吴石莲散出。封面、卷尾均有鹪安题字。

"精校善本得者珍之"朱文长方　"陈鳣"　白文方　"仲鱼"朱文方　"海丰吴重憙印"白文方　"江山刘履芬观"朱文长方

一切经音义二十五卷　浙局重刊庄氏本　附华严经音义二卷

前人过录臧拜经校，后有题记为书估灭去，伪充李越缦传录本。余考拜经文集，定为臧录抱经校本。后又有得一传校本，为莫楚生旧藏，较此本为精，但亦有遗漏之校语而见于此本者（此本遗漏亦有），故并存之，俾得臧校真相。

一切经音义二十五卷　武进庄氏原刻本（重刊《道藏》本）

前人过录臧拜经校，前有题记允："此从东里卢抱经师所抄浙本，细校臧本。寔善于浙本，然臧本之误，浙本往往不误，得据以正之。辛亥十一月初九日庸堂记。"

独山莫氏旧藏。

读书随笔十二卷　婺源江慎修永稿本

卷一易书诗，卷二春秋，卷三周礼天官，卷四五地官，卷六春官，卷七夏秋官，卷八九考工记，卷十仪礼礼记，卷十一学庸论孟，卷十二杂说。

"小引"云:"经义如海,操蠡以勺,哀所记录,得十二卷。以经为主,杂说附之。易学、礼学及步算、声音、舆地之学有专书者,详其本书;不尽采录经说、周礼独多者。乾隆辛酉随休宁程太史恂入都时,方开馆修三《礼》,望溪先生为总裁,吴太史绂及程太史佐之。方公虚怀下问,以《周礼》稿置永案头,命指摘,辞不敢,再三委之,乃随笔签出。吴、程二公复采择,而方公乃裁定焉。《考工》之名物,车制尤详者,后人解说多失其义故也。乾隆二十五年二月朔日,婺源江永。"

此本从原稿传抄,校勘极细密,有数卷以朱笔句读。

慎修先生生于康熙二十年辛酉,卒于乾隆二十七年壬午,年八十二。此书写定于乾隆二十五年,年已八十,为晚年论定之作。有刊本分为《周礼疑义举要》及〇〇〇[①]二书。

史部

史记正义一百三十卷　明嘉靖四年金台汪谅刊柯维熊校本

《索隐序》后绍兴三年石公宪题记三行,此本已缺。柯刻本无石公宪题记,系警石先生之误。

目录后有长方题字如左:

明嘉靖四年乙酉

金台汪谅氏刊行

每卷尾总计字数,此本无之。

原缺一册。卷六《秦始皇纪》、卷七《项羽纪》刘镛抄补。

又《列传》二十三至二十七,上端烂缺,未补全。

此为瑞安黄氏遗书,缺卷是否黄氏手抄,俟考。

末有嘉靖六年莆田柯维熊跋。

[①] 原稿如此。——编者

三国志　魏志三十卷 蜀志十五卷 吴志二十卷　每叶廿四行 行廿三字　明万历廿四年南雍祭酒冯梦桢刊本

《冯序》。《黄汝良序》。《裴松之上三国志注表》。

目录分上中下，后题"大明万历二十四年南京国子监镂板"。上卷校正衔名十六行，中卷校正衔名一行，下卷校正一行，监刻一行。《裴注》亦大字，低正文一格。

《冯序》云："随行有宋本《魏志》，原缺《吴》《蜀》，乃参监本手自校雠，随付剞劂。"可知其行款一遵宋刻。小名在上，某书在中，大名在下。

"云萝书屋"朱文方

艺风记云，与单行宋本《吴志》行款一律。

国语二十一卷附补音三卷　嘉靖五年陕西刊本

每半叶九行，行二十字。

《韦昭序》。

嘉靖《唐龙序》称"侍御史两山郭公观风于秦，推其绪，于是书布诸学官"。又赵伸《后序》称"郭公出善本，予遂请之提学唐公，于是檄华州吴学正嘉祥、韩城县魏教谕琦枕，于正学书院黜聪罩力，逾三月而始校成"。

《瞿目》列正德本，谓"明刻往往以补音散见各条之下。此本尚是宋刊旧式，所列鲁语补音误字，与此嘉靖五年本同"。疑《瞿目》即嘉靖本之失去前后序者，以其字体似正德，故列为正德本。抑此嘉靖本从正德本翻雕欤？

战国策十卷　缙云鲍彪校注　东阳吴师道重校　明初翻元至正本

首缺《牒文》。(《瞿目》云，卷首有《牒文》亦缺，《丁志》亦无《牒文》。)次《刘向序》。明徐渭抄补鸣野山房题记，云："《战国策校注》十卷六册，元椠本。卷四后署'至正乙巳前蓝山书院山长刘镛重校勘'一行。三、五、六卷后均有刘镛一行。又十卷后署'平江路儒学徐照文校勘'一行。知徐本刊在至元前,而刘又重校勘者,首缺刘向序文,明徐渭手书补之。朱笔亦渭所点也。"

末卷缺一页未补(系耿延福序)。

其余均与江南图书馆至正本相合。惟改正之字,至正本作黑底白文,此本则外加墨框,且有重改正之处,故定为明初翻至正本。闻瞿氏亦有至正本,俟觅借校对。

国策十卷　鲍彪注　嘉靖龚雷刊本

卷尾篆文木记一行:"嘉靖戊子后学吴门龚雷校刊　'民威'"。

全书评点句读精审不苟,当是明代人手笔,至迟亦国初学者所为。

白棉纸精印,较前得郁华阁藏本为佳,前本已刊去木记。

宋季三朝政要六卷　旧钞本　以元本校过

汉阳叶润臣旧藏。内有据皇庆壬子本校改一条,未知是否出于叶氏。

"汉阳叶氏"白文方　"叶氏名沣""润臣"　均朱文方

"宝芸斋"白文方

帝王世纪八卷　武威张介侯澍编辑　原稿本

晋皇甫谧原著已佚,张君从各书辑录。凡断章残句见于他书所引,则裒而辑之,后注之,且必以士安以前所有之书注之。若年代地理,古书有不具者,不得已以后世书证之要,以合当日著述之意。详见《自序》。

此稿未知已付刊否①,俟考。《二酉堂丛书》无此种。宋翔凤亦有辑本,已刊入《浮溪精舍丛书》。

宋丞相李忠定公奏议六十九卷附录九卷　明邵武县知县泰和萧汴刊本

《陈俊卿序》。《朱熹后序》。结衔题"后学同郡畏庵朱钦汇校"一行,"文林郎邵武县知县泰和萧汴绣梓"一行,"邵武县儒学署教谕事

---

① 此处书眉先生加注云:"未刊"。——编者

严陵洪鼐校正"一行。

卷末题"邵武县县丞吴兴陆让同刊"一行,"乡耆李轩同校"一行。

刊校人无序跋,未详刊刻年月。板式字体似正德间,俟考。

水经注四十卷　康熙乙未歙县项氏群玉书堂本

前人朱笔临何义门批校。又以墨笔录朱王孙本异文,并朱笺之要者,因何校系朱本也。

卷一有"沉"字朱文方印。

艺风记《西城别墅诗》一卷,归吴县陆靖伯,有"沉"印朱文小印。未知即其人否。

水经注释四十卷附录二卷　东潜赵氏原刊本

黄岩王子裳泳霓手校。先以殿本、大典本校,又以各史、各地志、各字书校正注文讹脱。始于同治二年三月,迄于戊辰闰四月,历五年之久,用力甚勤。卷一后有记云:"从钗洋李氏假得是书,不揣固陋,思为补掇。自辰至午,校第一卷竟。"大约初意拟为补释也。子裳著有《函雅堂集》四十卷,已刊行。

邦畿水利集说四卷九十九淀考一卷　元和沈联芳蕺山编辑　传抄原稿本

昔年从湖南王佩初购得此书。首卷有序而阙其后半,题仁和杭世骏辑。《九十九淀考》则有沈联芳撰序,知为沈之著作,以为是两书合抄。惟细考《集说》内容,知著者熟于直隶全境大小河川源流利病,以实地考察之所得笔之于书。语皆心得,非身为民牧有年所者,不能道其只字。董浦生平无此经历,决非董浦所著,但苦无旁证。嗣检《传书堂书目》,有此原稿,题沈联芳著,现归东方图书馆。乃向张菊生先生假得之。详细校读,始知两书皆沈著,题董浦者,书估作伪也。今补抄沈弟钦裴《序》一篇,汪孟慈《跋》一则。又补录沈《序》后半。又有龚定庵圈点及校语,以朱笔照录。又将全书校对完善,正其讹字,补其阙文,愉快之至。原稿曾经陈硕甫收藏,拟付刊而未果。今得副本，当谋传之久远。校读甫竟，东方图书馆竟于日军开衅时，为匪徒纵火焚毁（时为辛未腊月廿五日上午十一时）。除宋元本、名抄名校已另存外，其余全部被焚劫！数之大殆甚于绛云一炬！惟此书因借校未还，得免于难。余得完善之副本，而原稿亦幸存，书此以作纪念。

龚氏合两书为一，题作五卷。实则两书非一时所著，《自序》甚明，应仍分为二。传书堂购之双照楼，《松邻集》中有《校勘叙》一篇。

游志续编　南村居士陶宗仪　迟云楼钞本　劳季言手校　旧出钱叔宝钞本

"木夫容馆"朱方印　"劳格""季言"两印

书口下有"迟云楼定本"五字。《适园藏书志》五《万卷堂艺文记》一卷旧抄本，书口有"迟云楼定本"五字。

徐霞客游记　乾隆以前精抄本　钱牧斋撰本传　附嘱仲昭刻游纪书

康熙己丑□①名时《序》。又庚寅《重录序》："前抄出于宜兴史氏，字多讹误，又有删减，易置处亟为改正添入，重录一过。"

后跋云："霞客徐君所著游记，卷帙甚烦，熟闻而未见。兹于乾隆癸卯岁三月廿有三日，偶向书贾问及，遂获此抄本，大惬素志。但思抄是编者煞费苦心，惨淡经营，非半载不能办，予则安享其成，所费又不多，岂不大幸！（下略）改亭□子记。"

板心有"蔬香亭清课"五字。

"曾在姚古香处"　朱文方　　"□烟红雨山房姚氏藏"　朱文大方

通典二百卷　明刊本　每半叶十行，行廿三字

《李翰序》。《总目》一卷。

卷一次行题"唐京兆杜佑君卿"。

---

① 原稿空缺。——编者

序言后接子目，子目后接正文。

"田志上"、"田制下"之下，无分行小注，与王德溢本异（即方献夫作序者）。

版心上方分门类中纪卷数，鱼尾下纪叶数，又纪字数，亦有无字数者。字数下纪刻工姓名，有计、六、隆、刘正、赞、春、兵、山、文、吴福、五、奇、三、云、段蓁、易谏、刘琦、刘卞、刘元、刘镇、晏怡、计五、吴銮、吴诚、国二、张宗宝、和一、周六、胡文、吴山、禾二、刘木、彭隆、周能、贵春、刘丙、易赞、王恺、吴升、吴昂、余甫、吴成、吴升、刘云、刘山、刘霞、刘朋、刘祥、刘他、刘顺、吴玠、刘拱、付权、黄先、坤三、文四、王兵、王禾、付元、吴宪等字样。

字体似嘉靖，行款甚旧，在方献夫本之上，惜末卷失去一叶，正文缺二行，不知有无后跋及刊刻人牌子。

邵亭云，明本有十行、行二十三字者，较李本少错字，即此本也。

郋园藏本亦十行行廿三字，当即此本。《志》中误以为方献夫本失去前序，大约未见方本耳。

五代会要三十卷　乾隆间吴敦复繡谷亭钞本（有乾隆丙戌吴城题记）

"吴城"　朱文方印　"敦复"　白文长方印

陆刚甫《新刻〈五代会要〉跋》："聚珍本《五代会要》，凡错简二皆连而为一。其一，第十六卷祠部门僧尼籍账内无名下，'今臣检点'至'年月日'同者四百余字，乃礼部门后唐天成三年和凝奏也。上接'未曾团奏'，下接'否委无虚谬'句，'者'字则后人妄增也，旧抄本不误。卷二十一选事下周广顺三年'五月敕三选及未成功下，开宿引纳家状'至'三月十五日过官'五百余字，乃选限门周显德五年吏部流内铨状，上接'内曹十月内'，下接'毕三月三十日'云云。'功'字则后人所妄增也。抄本误同。惟《册府元龟》六百三十四引不误。苏局重刻《五代会要》，陈辰田明经从余借抄本校订卷十六之误，已据抄本改正。惟卷二十一之误，尚仍其旧，他日当遗书明经，改刻数页，俾成完璧。抄本卷首王溥结衔，卷末校勘官宋璋衔名，文宽夫、施元之两跋，皆聚珍本所无，今本刻附于后，善矣！惟王溥题名仍照聚珍本式，学者不得见宋本旧式，为可惜也。"

今按吴氏抄本一一与陆氏所言相符，知旧抄源于宋椠也。此本见于《艺风藏书记》，后归吴宛邻。

慈云楼藏书志　六十五册未分卷[①]　**上海李筠嘉稿本　周中孚代撰**

原稿经周氏手校。

顾千里题记云："承示大著，铺陈排比，富哉言乎！真可谓藏书、读书两陈其善矣。走虽未窥全部，已不胜赞叹钦服。但悬计卷帙未免过于重大，岂独观成匪易，即将来之刊印，以及日后购藏流行等类，恐皆较难。莫如变而通之，改从易简，避去自来书目式样，用赵明诚《金石录》例，先将六千部之目，每部下只用细字注时代、撰人及何本一行，分若干卷，列于前；后将每书按语择其精华，做成跋体，不必部部有跋，亦不必跋跋自始至末，胪陈衍说，其无甚要紧及读者自知，则置而勿论，亦分若干卷，列于后。通为一书，约在百卷内，似于作者、观者两得其便，兼又可以径而寡失也。辱大雅不弃，加以下问，故敢瞽言，尚望高明裁而教之。乙酉仲春元和顾千里拜识。"

《龚定庵序》，嘉庆二十五年六月。

以此稿与《郑堂读书记》校：

《慈志》十三册	《尔雅》	《郑记》无
十四册	字书类	无
廿五册	地理类杂记	无
廿六册	地理类	无

[①] 先生旁注"已分卷而未编定"。似纠正前记。——编者

廿七册	水利海防	无
廿八册	山志	无
廿九册、卅册	方志	无
卅一册	游记、外纪	无
六十五册	释家前半册	无

以上皆《慈》有《郑》无。至两本均有者亦有出入。往往一类中有数种，《慈》有《郑》无，或《郑》有《慈》无。又版本亦有不同者，未及细校。盖《郑记》是郑堂窗下所读书，而《慈目》则代居亭主人李筠香编次者也。

金石萃编补正二卷　方彦闻履籛著　原稿传抄本

"右碑文五十种，方彦闻先生所录。于中州为多，正《萃编》讹者若干，补其缺者若干。篇第未次序，盖未成之书。宝山毛休复丈钞其副，而属志述为校勘，并依时代编次之，补目于前，稍正其参错。道光十九年武进黄志述记于暨阳书院。"

"昔少汀、少詹言，宋以后碑好者颇少，惟引李南涧一人为同志。今读此二册，凡宋、金、元各碑，一一手释其文，纤悉无遗。彦闻先生可谓真知笃好矣。惜不起少詹见之。道光八年元和顾千里。"

"舅氏彦闻先生《金石萃编补正》二卷，黄仲孙志述重编次。此盖从黄本重录者，用辨志书垫纸，则亦同肄业于李凤台之人。可知书额朱字或即李凤台书，光绪丙子假之仁和龚君宅耕校读，因记。阳湖赵烈文。"

"天放楼"　朱文大方　　"曾为徐紫珊所藏"朱文长

"阳湖赵烈文字惠父号能静侨于海虞筑天放楼收藏文翰之记"朱文长

阅史郄视五卷　蠡吾李恕谷塨原稿传抄本

红格纸抄。板心下方有"北学所见录"五字。

《德州孙勷序》。

《自序》（康熙丁卯）。

《甑山钱煌跋》。

《东乡乐泏跋》。

《石门吴涵跋》。

自周至明撮举史事，加以论断，了然于历代兴衰治乱之原，而尤注意于兵事。其讲学宗旨，最恶无用之学、无用之文；处之以躬行实践为主，所谓仕与学合，文与武合，而此一斑，可窥全豹。宜前后序跋诸人，均推崇备至也。

此系未刊稿本①。旧为传书堂所藏。

"汉砖亭藏"　朱文方　　　"泳藻楼书画之章"　朱文长方

廿一史弹词注三卷　汉阳张氏稿本　残存南北朝一卷隋唐一卷后五代一卷

此书为朱竹垞藏本，著于康熙中叶。

杨升庵《廿一史弹词》，汉阳张三异命其子仲璜作注，刊于康熙四十九年。仲璜《自序》谓，"缮阅群书，根究事迹，历寒暑而注几成，嗣是归里，暇日犹数易稿"云云。此本当系未定之初稿，与刻本不同。刻本详注方舆新旧沿革，而此本无之。所采史传事迹，详略各殊。升庵原文亦间有更改之处②。卷中旁注眉批或系仲璜真迹，故虽残本，亦收存之。

"小长芦"　朱文长印

子部

孔子家语十卷　王肃注　明陆包山手写稿本　惠定宇评点　王西庄跋

《汉本家语序》。包山证明四十四篇为孔壁之旧。

---

① 书稿此处眉端有先生眉批："已刊"。——编者
② 先生眉端注云："升庵原文或系刻本。更改未见升庵原本，不敢臆定。"——编者

《孔安国传略》。包山云:"衍疏所称,戴圣取裨《礼经》者,凡百有九条;刘向取为《说苑》《新序》者,凡百有二十三条。肃因猛而得此编之功,于是为大。"

《王肃序》。

《王鏊题辞》。

《刻家语题辞》:"陆治曰:予观王文恪公震泽长语,乃知近代所行之《孔子家语》,未为完书,而以魏王肃所注本,为得其传。文恪幸见肃本,亲为校雠,将刻而未及。其仲子延素复将刻之,俾予考证而又未及,此编留予山中。然字多古文,而肃注综博简严,传写又多讹谬,未易通解。予恐其传之本存而复失,鲁鱼之仍袭而益多也,乃校而梓焉。"(下略)

《考证凡例》十三条。

每篇古文辩义总目。

家语目录。

第十卷后附录《孔子世家》《孔子纪年》:"庙宇祠祭,正南面赐田,蠲税役;袭封世宦。曲阜给洒扫,禁植采、拜谒,献官法服,祭器赐乐,颁乐章,设拜祝,文甚详备。"

《跋》云:"余之知学也,晚而得此编,又晚考定甫成,而年已七十矣。而复难于亲书。又一年而后书成。余岂老而忘倦,愚而好自用哉!念圣典之幸存者,重望述作于将来者深也。故并为一帙,以备遗忘致慎焉。尔后之得斯编者其慎保之。嘉靖甲子季冬,后学陆治识。"

又《跋》云:"余初考定王注,惟正其传写之讹谬,其文虽有繁而不要者,皆仍其旧。及登梓之时,重加考订,间有不合经传,而义不相蒙及辞之繁衍者,据而易之,则此本之所未备也。观者又当以刻本为正后。丙寅九月,陆治重题。"

《王跋》云:"此陆包山先生(名治,字叔平)所手录也。录成于前明嘉靖甲子,及今乾隆壬辰凡二百有九年,予始得而重加装褫完好。

披读之下,知为王肃注足本,未经删削者。包山以七十之年,犹手自蝇头细书,先哲之好学如此。其中批评圈点,皆亡友惠松崖笔,尤堪玩味。予子孙其永永宝之毋失。西庄王鸣盛识于金阊桐泾家塾,时中元日。"

又《跋》云:"读后跋,则包山曾有刻本,予未之见。癸巳五月廿六日又识。"

"春草闲房" 白文方 "春草闲房手定" 朱文方

"惠印周惕" 白文方 "元龙" 朱文方 "红豆邨庄" 朱文大方

"惠栋之印" 白文方 "定宇" 朱文方

"王鸣盛印""西庄居士" 皆白文方 "小房李山" 朱文方印

"子孙永保" 白文方印

按,春草闲房为金孝章书斋名,见《苏州府志》,在卧龙街西双林巷。平津馆记写本《琴史》,有"春草闲房手定"印。

孔子家语十卷　王肃注　日本太宰纯增注　宽保二年江都书肆嵩山房刊本

以王肃注为主,凡所增注皆加"增"字以别之,外加墨圈。宽保二年当乾隆七年。

"绍廉经眼" 白文方

孔丛子三卷　鬼谷子一卷　万历四五年大梁李濂汇刊本

《孔丛子》题"儒家三",《鬼谷子》题"纵横家一",所刊必不止一种。《孔丛子》前有大梁李濂识语,题"丁丑夏日",为万历五年。《缘督庐日记》购《孔丛子》一册,首有大梁李濂氏序,不审何时刊本。

前人以抄本校,并有批,所据《孔丛子》抄本为七卷本,《鬼谷子》为三卷本,皆善本也。

板心下方刊工姓名并记字数(上方题万历四五年刊)。

"查莹图书" 白文方 "种芝山人" 白文方

"竹南藏书" 朱文方 "听雨楼查氏有圻珍赏图书" 白文方

五臣音注扬子法言十卷　明世德堂本　袁授阶临顾涧薲校宋本

顾临沈宝砚本,沈临何义门本,何据宋椠李轨注本校。即秦刻所据治平监本也。何所据为绛云楼故物,顾涧薲审为亦治平监已修本。顾代秦撰序谓,以箧中何义门校本对勘,即传录沈宝砚临何校本也。余以秦刻与此校对勘,有不符之处数十条,已另纸记之。

《宋咸序》后《进法言表》《温公序》及篇目《张衡浑天仪》《苏项进仪象状》各一则,皆授阶手抄补。

授阶临顾校讫,又借沈宝砚本复校。沈本藏于黄荛翁家。

后录顾跋,又从沈本录何跋之半。余从《爱日精庐志》以另纸补录于末。

"爱青山堂藏" 朱文方

列子释文二卷

顾涧苹从袁氏贞节居《道藏》本抄出,以赠戈小莲。后有戈跋。卷中有戈校。

"袁卧雪庵印" 白文方 "戈襄私印" 白文方 "小莲" 朱文方

"戈载印" 半朱半白文方 "顺卿" 朱文方

"半树斋戈氏藏书之印" 朱文方

列子释文考异　任大椿撰

顾涧苹传抄本,以赠戈小莲。有顾跋并戈校。

戈小莲藏印。戈顺卿藏印。

冲虚至德真经八卷　明世德堂本

顾涧薲以北宋本校袁授阶(本),又以荛翁校本复勘一过。目录及"臣向上表",均授阶手抄。

顾跋云:"张湛注《列子》,北宋椠本,不附《释文》,本在陈景元前也。荛翁以重价购之吴兴。贾人抱经学士拾补中,所区别间有未当者,得此正之。又宋椠本有旧音,亦前所未闻也。授阶袁君以此本命校一过,而藏于三砚斋。嘉庆丙辰十二月顾广圻记。"①

袁跋云:"甲子二月又借荛圃校本复勘一过。五砚主人记。"

余检《思适斋集》及《士礼居题跋记》,证明黄、顾、袁互相借校之始末,皆在嘉庆元年一岁之内,已另纸抄附。

"爱青山堂藏" 朱文方

南华真经十卷　明世德堂本

袁授阶临顾抱冲校宋本。顾藏宋本曾经明初人校读,抱冲过录于世德堂本。授阶借临之,并抄补篇目。明人原校分三十三篇,为二百五十五章,悉依陈碧虚章句音义。所引诸家异文,如张本、文本、成本、李本、江南本、刘本,皆碧虚所已详。惟又引元嘉本,别本又有标一作者本或作者,皆碧虚所未见(抉择谨严,句读精审,极可宝重)。

卷首包冲题云:"宋本每行十五字,注三十字,未言每叶几行,或为每叶十六行,与世德堂本一式欤。"

近世所传宋本,有《续古逸丛书》所印南北宋合璧本。闻又有安仁赵谏议宅本,为陕西于氏所得。无锡孙氏作札记,曾引赵本。系每叶十八行,且与顾藏宋本多异文,则非一本可知。

"得此书费辛苦后之人其鉴我" 白文厂方 "仲鱼图象印" 朱文长方

"爱青山堂藏" 朱文长方 "海宁陈氏向山阁图书" 朱文长方 "鳣读"白文长方

袁跋云:"顾二抱冲家藏宋刻《庄子》十卷,曾经勘阅。是明初人手笔,惜不署名氏。抱冲欲广其传,校于世德堂刊本。予向借临,日校一卷,旬日而卒业。乾隆乙卯四月十日吴郡袁廷梼识。"

---

① 先生批注云:"'三'当为'五'之误。钱竹汀《五砚楼记》云:'袁又凯读书之室,曰三研斋,皆其先世所贻,后得清容居士研及谷虚先生广石研,因筑楼名五砚。'"——编者

亢仓子九篇　金城黄谏刊本

大黑口,十八行,行二十字。何粲注。黄谏音释。末卷题"新刊亢仓子洞灵真经"。

谏题后云:"南京国子监祭酒吴先生以此本寄余,且属镂板,遂加音释,重录寿诸梓。兰畎道人金城黄谏书。"

墨子十五卷　明武林郎氏堂策槛刊本

凡例言,得江右芝城铜活字本重校刊。毕氏所见明刊本即此。

大略与《墨子闲诂》对校,颇与吴钞本相合,须细校方知。

韬略世法　存三卷　崇祯刊本

首卷题:"新编戚总兵家藏营阵图说韬略世法卷之上,南兵科荆可栋汇图,都御史张继孟辑说"。

第二卷题:"新编大明一统地利险要韬略世法上卷,古闽武状元陈廷对纂辑,豫章武解元吴起夒笺注"。

第三卷题:"新编大明一统九边险要韬略世法下卷,练军少詹徐光启汇选,行边经略王在晋评释"。

第二卷之前,又有《地利海防边图夷考》,"小引"后题"行边经略王在晋识"。盖第二卷为"地利海防",第三卷为"边图夷考"也。

《营阵图说》题上卷,必尚有下卷,已阙。北大图书馆有《韬钤(略)世法》残本七卷,亦崇祯刊,不知与此本异同如何。

《夷考·女真下》述奴儿哈赤叛寇之事甚详,而未列入禁书之内。盖坊贾汇刊之书,未为清廷所注意也。

致富奇书二卷　明刊本

不著撰人。前有文台李相序(缺前叶)。卷前有图十。下卷"九月占"后残阙。曩见坊刻本无图。此书所言皆故老相传农家要诀,颇切于实用。

《传是楼书目》《致富奇书》一册,(记)明陈继儒(撰)。

吕氏春秋二十六卷　明嘉靖七年关中许宗鲁本

前列许《自序》;次《高诱序》。目录后有"镜湖遗老记"。此即毕氏所据之第三本。每半叶十行,行十八字。板心下方刻工姓名与字数相联,谅必根据旧本。毕氏谓,其从宋贺铸旧校本出,字多古体,系因目后有"镜湖遗老记"一段,谓镜湖即鉴湖也。但李瀚本即有此记,故许本究根据何本,尚难论定。壬申二月又得一本,与此同。目录后有"万历己卯梓于维扬资政左室"木记并重刊姓名,知此非许宗鲁原刊,故古体字均已改正。此本目后缺半页,盖为书贾所撕去。①

卷首有"宗室盛昱收藏图书印",白文方印,盖郁华阁旧物。又有"蕴斋"朱文长圆印,未知何人。每册首叶均有"张贞之印",朱文大方。按,张贞字杞园,安丘人,博雅好古。见《居易录》卷十九第四叶。

学林十卷　宋王观国撰　绣谷亭吴氏抄本

曾经《四库》校正。上钤"翰林院印"。又"绣谷亭续藏书"白文长方印。又"卷流传勿损污"朱文长印。"吴城"朱文印。"敦复"白文印。"古潭州袁卧雪庐收藏"白文印。

西溪丛语二卷　嘉靖戊申鹁鸣馆刊本

绍兴昭阳作噩姚宽《自叙》。

嘉靖戊申《俞宪叙》云:"依马西玄抄本刻于武昌。"

二老堂杂志五卷附近体乐府一卷　旧钞本　戈小莲校

此为钞本《周益文忠公全集》之残卷。故小题下有"周益文忠公集□□□"②字样,卷数为书估挖去。

卷末有题字一行:"丙戌中秋前二日戈庄绪古庐中阅竟。"卷中朱校亦戈小莲手笔。此为袁漱六故物,卷端有藏印。

南村辍耕录三十卷　玉兰草堂刊本

至正丙午江阴孙作大雅《序》。卷末有《青溪野史邵亨贞疏》,即募刊启,是从元刊本出,故抬头空格处颇多。板心下有"玉兰草

---

① "壬申二月"以下一段,先生补撰于书眉,系后增补,似为纠正原定"许宗鲁本"之误。——编者

② 原稿如此。——编者

堂"字样,未知明代何年所刊。刊工姓名有杨子厚、杨淳、子文、甫、子承、光、陈、光甫、刘、良、朱、沈、子明、子宜、子亘、冯、文、威、金、周等字。

内阙叶:总目第八、第九、第十(旧抄补);卷六第十三、第十四后半(未抄补);卷八第十四后半(未抄补);卷九第四前半(未抄补),又第十四后半、第十六后半(未抄补);卷十六第十八(旧钞补)。

"绣江" 朱文方 "潜川洪轼澂藏书" 朱文长方

辛未冬,又收得一本为沈乙庵先生旧藏,无缺叶,拟将旧收者售去。

"象贤林氏家藏" 白文长印 "禾兴沈增植乙盦氏平生真赏印" 朱文大方 "守平居士""秀州沈氏" 均朱文方

丹铅综录二十七卷　嘉靖甲寅福建按察司金事滇南梁佐刊本

蓝印棉纸。卷八末叶补钞。

"查子伊藏书记" 朱文长方印

洛阳缙绅旧闻记五卷　大兴朱氏钞本

卷首题字云:"洛阳缙绅旧闻记,宋张齐贤撰"。皆述梁唐以来洛中旧事。共五卷,凡二十一篇,多据传闻之词,约载事实,以明劝戒。自称凡与正史差异者,并录而存之,亦别传外传之比云。《简明目录》入子部小说家。

"少河" 朱文方印

古今逸史四十二种　明吴琯刊本

逸志

合志：方言、释名、白虎通、风俗通、小尔雅、独断、古今注、博物志、续博物志

分志：山海经、吴地记、岳阳风土记、桂海虞衡志、洛阳名园记、十洲记、北边备对、真腊风土记、王辅黄图、洛阳伽蓝记、乐府杂录、教坊记、九经补韵

逸记

纪：三坟、穆天子传、竹书纪年、西京杂记、别国洞冥、六朝事迹

世家：晋史乘、楚史梼杌、吴越春秋、越绝、华阳国志

列传：高士传、列仙传、剑侠传、辽志、金志、松漠纪闻、续齐谐记、博异记、集异记

首《古今逸史自叙》，次行题"新安吴琯撰"。下钤"吴琯"朱文圆印一，"孟白"白文方印一，系初印本也。

选择历书　明嘉靖元年重刊洪武本

钦天监洪武九年二月初九日准礼部关该东板房，"钦奉圣旨：'钦天监节次选拣出征营造等项，日时多不的确。问来却是旧日术数之徒，各□①已见杜撰，得文书多了，以此无一定之□□人难以选择，恁省台家说与钦天监□□，每有议见的。诸家阴阳文书仔细□□□要归一，刊板印造，颁行天下。遵守□□□□诸色之家旧日差谷，选拣诸般杂书，许令送赴所在官司烧毁。敢有藏匿不首及私下用使者，并行处斩。钦此。'除钦遵外，当将诸家阴阳文书考究明白，本监撰定《选择历书》一部，刊板印造，颁行永为遵守。"

目录似未全。除卷一外，卷二、三、四、五第一二行，均有裁补痕迹，恐有缺卷。末叶有"大明嘉靖元年岁次壬午四月吉日重刊"一行。

"绍廉经眼"　白文方

国学图书馆有抄本《选择历书》五卷，不著撰人，无序跋，似即此本。

新刊黄帝内经灵枢二十四卷　明翻宋本

每卷后附音释。廿行，行廿字。赵府居敬堂本二十四卷，邵亭云，明有仿宋刻本，亦二十四卷。所见即此本也。去秋在沪市见居敬堂本，以价昂未得。今得此本，可与顾刻《素问》并重。盖版式、字体

---

① 原稿如此。下同。——编者

大致相同也。庚午除夕记。

"独山莫祥芝善徵甫读过" 朱文长方 "莫天麟印" 白文方

"独山莫氏铜井山房藏书印" 朱文长方 "独山莫祥芝图书印" 朱文方

另签题识云:"《四库》著录明熊宗立本十二卷。其实熊本盖从元刊出,虽注明合并,而二十四卷本藏书家罕称之。此本前人以为宋刊,审其纸墨不甚似,故题为明人仿刻。闻明周曰校刊本亦二十四卷,予虽未见,然有其所刊《素问》,决非此也。"此签是否莫氏所题,俟考。①

脉经十卷　万历三年袁表刊本

后有一行"福建布政司督粮道刊行",沈氏翻本无之。

前列《宋校定〈脉经〉进呈劄子》,熙宁元年进呈,衔名;次绍圣三年《牒文》,衔名;广西漕司重刻陈孔硕序;次元刻《脉经移文》、元刻《脉经序》二首;末列福建参政徐付《校脉经手札》。盖袁刻从元嘉定江西本出,江西本出于宋广西漕司陈孔硕本,陈本出于宋绍圣小字建本。刊刻源流历历可考。守山阁本无此详备也。卷首有文蔚堂印。

此本前已向友人借校沈际飞本,阅一年又购得之。刊印精雅,为明刻医书之佳者。

脉经十卷　天启沈际飞重刻万历袁表本

行款字句改动极少。吴兴姚氏邃雅堂藏书。姚圣常以元本校过。余取影印建安广勤堂本覆校,又以守山阁本覆校并录钱跋,以资考证。

嗣见守山阁单刻本《内经》《灵枢》《素问》顾尚之校本,钱锡之跋云"顾君博极群书,兼通医理,其所更正,助我为多。张文虎撰《顾尚之别传》亦云,钱辑《守山阁丛书》及《指海》,常以属君,君以治病不能专力,举文虎自代,仍常佐校雠,多所商定"等语。以彼证此,疑钱校《脉经》为尚之先生所手定,故跋文引证各条至为精当也。

---

① 此处书眉有先生批注云:"审是莫楚生棠手迹。"——编者

"吴兴姚氏邃雅堂鉴藏书画图籍之印" 朱文方印

"姚宴之印"白文方印 "师衡沈氏"白文方印

"可均私印"朱文方印

姚字圣常，号婴斋，为文僖公之孙，彦侍方伯世父。

经史秘汇　吴枚庵昱凤钞本

《法古宜今》一卷，即各种秘方。吴趋沈锦桐谱琴纂辑。

《景岳十机摘要》一卷，同上。

《毓麟策》一卷，同上。

《温疟论》一卷，南园薛生白著。

《湿热条辩》一卷，同上。

《受正玄机神光经》一卷。无名氏《序》。唐僧一行《进神光经表》、《神光经识》（后题永乐庚子八十二翁殷勤识）。《神光经后跋》（后题嘉靖乙卯锡山三渠党绪）。《神光经后语》（后题嘉靖乙卯祥符大河子李应魁）。

右六种惟《神光经》系旧抄，有古雷楼印记，余皆枚庵倩抄胥传录，未加校正，故多讹字。合订二册，书根题"经史秘汇"四字。

"吴昱凤枚庵氏珍藏"　白文方　"爱读奇书手自钞"　白文方

"枚庵"　白文方　"枚庵浏览所及"　白文方

经史证类大观本草三十一卷本草衍义二十卷　元大德宗文书院刊本（即明南监板）

原缺卷八、卷九、卷十、卷十一、卷十二、卷十四共六卷，以柯氏覆刻本配补。"大观"亦作"大全"，间有作备急者。曾至铁琴铜剑楼观金贞祐本，字体纸墨与此相仿。惟此本无贞祐牌记，故定为大德壬寅宗文书院本。

《艾晟序》及二十二卷末，题"经史证类备急本草"；卷三十末题"重广补注图经神农本草"，均与森立之《访古志》合，确为大德壬寅宗文书院本。《艾晟序》后牌子业已失去。

重刊巢氏诸病源候总论五十卷　　隋太医博士巢元方撰　　明新安汪济川方矿校

《宋绶序》。目录后有篆文方木记云"歙方东云处敬校刻于聚奎□①"十二字。无年号，字体似嘉靖。《邵目》、《邵亭目》均以为汪济川刊，殆未见此墨记耳。

卷九《时气病诸候论》书眉上墨笔记云："徐应速曰：巢氏《病源候论》所叙伤寒，不过采集仲景《经论》中语而已。至于伤寒之外，编辑温、热、时气、疫疠四项，则为诸书之所未备。而四者之疫，却为江浙远近之所常有。亟录一帙，以贻后人，俾百世而下，知元方在隋代犹于温、热、时气、疫疠四项反复言之。奈何后世医士反不列此，而概以伤寒，麻黄、桂枝为治也。巢氏有论无方，容于暇日酌补。时乾隆丙□□②三月朔后也。"

末卷后又跋云："乾隆元年乡试赴浙省，有顾姓者捐古书百余种，其所有医书多予所未见者，倾囊得银八钱而购此书。窃闻医之有论，自巢氏始。今观其论，悉准脏腑经络，切当不烦，间有重复偏主，乃其小疵。其书重刊于明初。因靖难兵起而板失，至今少传之，深可惜。予得是书亦一生之幸会尔。"与前节系一手所书。

卷端有钤印二，一为朱文"应速"二字，一为白文"徐印鲁复"③四字。据前跋知为雍乾间吾浙医家也。

难经本义上下卷　　明缮元本　　元许昌滑寿著　　四明吕复校正

涝喜斋藏有元刻残本上卷，所叙与此本均合，故定为明缮元本。但此本亦无《危素序》，不知绛云楼本与此本同否耳！

新编西方子明堂灸经八卷　　明平阳府刊本

次行题"山西平阳府重刊"。丁氏《善本书室志》有《西方子明堂

---

① 原稿如此。——编者
② 此处书眉先生批注云："当为'辰春'二字。已损。"——编者
③ 此处书眉先生批注云："'鲁复'二字略有模糊，不知有误否。"——编者

针灸经》,亦题"山西平阳府重刊",而书名稍有歧异,未知是一书否。

《瞿目》有《新编西方子明堂灸经》八卷元刊本,所列卷次均与此同,惟卷七《侧人头颈图》,此本改"侧"为"正",尚有挖补痕迹,当系明人重翻元本。

外台秘要方四十卷　日本延享丁卯山协尚德覆刻明程敬通本平安养寿院藏板

山协覆刻程本,又得秘府宋本对校,多所订正。

序后《凡例》十三条。此刻直翻程本,不妄改,有可疑者揭之于上。引用各书各以本书对之,文异意殊者具举之;文异而意不相戾者舍之。宋本有可疑者,而无本书可考,则录之程本。与本书同,而宋本独异者舍之。文中似有脱误,而无本书可考,偶有他书足证者录之。方本出于仲景者,虽引他书,必据仲景之书以辨异同。程不知宋本有注解而私为按者,皆削之,直揭宋本。

《邵目》列程敬通重刊宋本,又列经余居刊本(《邵亭》同)。据此护页有"歙西槐塘经余居藏板"字样,又有"新安程敬通订梓"字样,知程敬通本即经余居本,非二刊也。

摄生众妙方十一卷急救良方二卷　万历庚戌两淮鹾司重刊衡府本　四明芝园主人集　夏邑嵩螺山人校

巡按直隶监察御史夏邑彭端吾《序》(万历庚戌)。后有嘉靖二十九年四明芝园主人张时彻《急救良方序》。两书皆时彻所辑。彭端吾得青州衡府刊本,命鹾司张一栋重刊之。嵩螺山人即彭之别号。《众妙方》似应有时彻序,此本失之。

卫生宝鉴二十四卷补遗一卷　日本影钞弘治七年刘廷瓒本　又以古钞本详校并补阙叶

永乐十五年胡广《序》(古钞本在启后)。

至元辛巳砚坚《序》。又癸未王恽《序》。《上东垣先生启》。

永乐十五年韩夷《跋》。弘治七年刘廷瓒《跋》(古钞本在卷首)。

"冈氏弆藏" 朱文方 "清川氏图书记" 朱文长方

东垣十书　缺格致余论一卷　嘉靖八年辽藩刊本

第一《脉诀》，第二《汤液本草》，第三《脾胃论》，第四《内外伤辩惑论》，第五《兰室秘藏》，第六《递泂论》，第七《格致余论》，第八《局方发挥》，第九《此事难知》，第十《外科精义》。《序》曰："辽始祖简王迁国于荆，灼见《十书》于生人大命有补，于仁民之道乃梓行于时。东垣李先生倔起于金元之际，著《脾胃论》，著《内外伤辩惑论》，著《兰室秘藏》，而崔紫虚之《脉诀》、王好古之《汤液本草》、王履之《递泂集》、米彦修之《格致余论》《局方发挥》、王好古之《此事难知》、齐德之之《外科精义》，咸后先继述，凡为书十种。以其皆出于东垣也，通谓之《东垣十书》。至祖靖王之世，行之既久，板本漫缺。初《内外伤辩惑论》一书偶刻两本，后职医者非良工，见他书间有称东垣撰《内外伤辩》及《辩惑论》者，遂以《内外伤辩》名一书，复以《辩惑论》名余板之本。由是一书标两名，乃漫以九书分十书，却指数内《此事难知》一书为十书外集致误。我先考惠王复为之别序以传。盖未察俗医之谬误也。予间考阅，知其误分妄析，既毁《辩惑论》之重本，后还《此事难知》本以归十书之旧。尝博访是书，天下惟我辽藩板行中外。顾原板漫涣，不成完书。予既为校正，归全爱重稍朗书刻梨行之。嘉靖八年己丑孟夏朔旦光泽王书于勅赐博文堂。"此序在卷首。第九《此事难知》前又有序曰："东垣先生医书一帙，予府已锓梓传于世。今又得一书，亦东垣治疾之法，名曰《此事难知》，予用寿行，而与四方之士共焉。成化甲辰荆南一人书于宝训堂拙庵。"

按，荆南一人当为辽惠王之别号，即前序所谓"误为别序以传"者也。

板心下方有"梅南书屋"四字。

《邵亭》所载《东垣十书》，有《医垒元戎》《金匮钩玄》二种。邵氏标注云："《东垣十书》实十二种，除著录外又《癍论萃英》一卷、《崔真人脉诀》一卷。"无《金匮鉤玄》。又引《医藏》目云："古本《东垣十书》：《活法机要》一卷、《医学发明》一卷、《脾胃论》三卷、《海藏》《癥论萃英》一卷、《兰室秘藏》二卷，又《云岐子》《保命集》《保婴集》《洁古家珍》《此事难知》，共十一种。"又云："吴勉学校刊《东垣十书》本，合二十卷，另《崔真人脉诀》一卷入存目。"据此知《东垣十书》刊本往往为坊估任意增加种类不一。此本光泽王序云"惟我辽藩板行中外"，似为最初之本。特未知《医藏》所引古本刊于何时耳。

卷端"陆治之印"系伪作。

缪氏《藏书记》《昭明太子集》辽国宝训堂刊本，无年号。据此知为成化时刊也。

新安徐春甫《古今医统大全》作于嘉靖时，所引《东垣十书》与此合，惟《内外伤辩惑论》作《内外伤辩》。

事类赋三十卷　明翻宋绍兴浙东刊本（或从元刊出）

前有绍兴丙寅边淳德《序》，后有《进注事类赋状》，板心上方有"宁寿堂"三字。三吴徐守铭警卿校梓，长洲杜大中子庸同校。

"桐华书屋"　白文长方

邵氏标注云"元刊每页廿四行，行二十字"，此本行数字数同。邵氏又云，嘉靖本有"吴淑"衔名，此本无之，字体亦似嘉靖。邵亭所见亦非此本。《书林清话五》："徐守铭宁寿堂万历丁亥刻《初学记》三十卷，见孙记森志刻《吴淑事类赋》三十卷。见《天禄琳琅》九。"是此为万历刊本。

集部

陶渊明文集十卷　嘉庆十二年丹徒鲁氏重刻毛氏影宋本

毛氏宸于崇祯七年得宋刊苏文忠书《陶集》，倩钱君梅仙影摹付刊。嘉庆丁卯鲁氏铨以原本重刊于鸠兹。卷末有《鲁序》，当是王梦楼所书。十卷后有"江右方又新又可同刻字"长方木记。

"丹徒鲁庆恩" 白文大方印 "字小兰一字晓澜号筱阑" 朱文大方印

陆士龙集四卷　　万历静红斋刊本

每半叶十行,行十八字。"《陆士龙集》四卷,迺明万历静红斋校本。笔力端方,刀法遒劲,胜今坊校者多矣。兼所采择精详,真有以少为贵者。康熙戊子同陈朐度太史游金陵书肆,因购藏之。栎园老人识。"下有印章白文云:"一生勤苦书千卷,万事消磨酒十分"。

陆元大本《晋二俊集》题曰《陆士龙文集》。此则专刻诗赋,故改题《陆士龙集》,并将卷一《逸民箴》删去。行款与陆本同,似以陆(本)为底本。

与陆本前四卷详校一过。卷一《喜霁赋》"瞻日月而增忧",此本"瞻"作"担"。又《南征赋》"地灵凤挺",此本"凤"作"风"。又卷二《太尉王公祖饯诗》"阐縱绝期",此本"縱"作"縱"。又《赠顾骠骑诗》其二"万民来服",此本"民"作"物"。又卷三《赠郑曼李诗》其四"俪佛有思","佛"作"彿"。又《赠顾彦先诗》"光莹之伟隋下同珍",此本"光莹"作"先茔",又阙"之伟隋下"四字。又《答顾处微诗》其五"匪唯形交",此本"交"作"文"。又《孙显世赠诗》其十"□□①重门",此本阙字作"寂寂"。又《失题诗》"嗟痛薄祜",此本"祜"作"枯"。又卷四《答张士然诗》"通渡激江渚",此本"渡"作"波"。② 除以上所举,余皆与陆本符合。

卷中有与汪士贤本对校墨笔校语,未署姓名。

"福州冠悔堂杨氏图书" 大朱文方印 "黄氏余圃藏书" 朱文长方 "黄任之印" 白文方 余不悉记。

---

① 原稿如此。——编者
② 此处书眉有先生批注云:"'渡'字似误,其他皆以陆本为长。"——编者

谢灵运诗集二卷　明黄省曾编刊本

前有《黄序》。除昭明所集外,又增入旧写本十三首,按《乐府》录入者十六首,共六十九首,刻之斋中。结衔题"吴郡黄省曾编集"。每叶廿四行,行廿字。

《焦淡园集》廿二题《谢康乐集》。

"《谢康乐集》世久不传。其见《文选》者,诗四十首止耳。李献吉增《乐府》若干首,黄勉之增若干首,吾师沈道初先生冥搜博访,复得赋若干首,诗若干首,杂文若干首,辑成合刻之,而以校事委余。"据此知黄省曾本系二谢合刊。

陈伯玉文集十卷附录一卷　汉东华崇重刻弘治四年杨氏本

一至五为前集,有黄门侍郎卢藏用《序》。《序》后列前五卷总目。六至十为后集。六卷前有弘治四年山西巡抚杨澄《序》。《序》后列后五卷总目。末有《附录》一卷。

衔名五行:"新都杨春编　射洪杨澄校"(以上为弘治本旧题),"广济舒其志重编　汉东华崇重校刻　邑后学谢中试参订"(以上为万历重刻时衔名)。

《平津馆鉴藏记·补遗》:"《陈伯玉文集》十卷《附录》一卷,题'新都杨春编　射洪杨澄校',后只三行。前有《陈伯玉文集序》,末叶年月姓名已缺。目录亦分前后集。《感遇诗》卅八首,每首俱有注,每叶十八行,行十八字。按,平津馆本似即此本,惟'舒其志'衔名三行未刻,或系初印行之本。此本十八行、行十九字,平津记作十八字,或传写之讹欤!此本《感遇诗》亦有注。"

《邵亭书目》载弘治四年新都杨春重编本,万历中射洪杨澄重刻校。按此本有弘治四年《杨澄序》。则万历非杨澄刻。殆邵亭所见之本,亦缺衔名三行欤!

"三山陈氏居敬堂图书"　朱文长方印

卷首有荆州田氏各印,已为他印所灭没,不可辨矣。

有"宋荆州田氏七万五千卷堂"朱文方印。此印为伪成亲王印所盖。惟第七卷尚可认。

"玉牒崇恩与龄氏平生鉴藏图书之印" 白文方

"铭心绝品神物护持禹舲真赏得者宝之" 朱文方 "敬翁" 朱文葫芦

分类补注李太白集二十五卷　正德庚辰安正书院刊本

每半叶十一行,行大小均廿三字。黑口双边。板心题"李太白诗几卷"。

春陵杨齐贤子见集注,章贡萧士赟粹可补注。末卷后木牌子:"庚辰岁孟冬月安正书堂新刊"。

此为建阳刘氏刊本,各家未著录,惟《郘园志》有之。以别见安正书堂正德时所刊《杜集》,与此本相距一年,故定为正德庚辰刊本。

首卷缺《序传》及目录之半,须假元刊本补抄。因许自昌本注多删节也。

集千家注杜工部诗集二十卷文集二卷　万历许自昌校刊本

前人以朱笔过录评点,又以蓝笔圈点、墨笔评点,并补录史事。似乾嘉以前人手迹。

护叶有题记云:"予览敬恕堂家藏朱批《杜集》,不觉感慨交并。念及先祖管卿公手披《全唐》一百叁十本,一生精血学问,悉著毫端,惟恨家业萧条,未能述志刻传。将来若得吹嘘,亦可为后世较正也。后学晚生昆山徐森敬白。"

"歙州闵氏墨慰堂藏书记" 朱文长方 "闵印麟嗣" 白文方

"蒋斌" 白文方 "良佐号敬亭" 朱文方

"蒋良佐书画印" 朱文长方

增广注释音辩唐柳先生集四十三卷别集一卷外集一卷附录一卷　明初覆元刊本

每叶廿六行,行大小廿三字,惟目录、卷一、卷二、别集、外集、附录均廿六行，行廿六字，疑系别本配补。配补各卷似正德本，凡行廿三字，各卷似尚在正德之前。

《陆子渊序》《刘禹锡序》及诸贤姓名一叶，与正统善敬堂本同。每卷第二行后无童、张、潘题名，与元刻异。

"霁山" 朱文方 "求是室藏本" 朱文方

笠泽丛书四卷补遗一卷　归安姚氏大叠山房翻雕碧云草堂本

李越缦手校至乙卷中辍。予以黄荛圃校明抄本《甫里集》、徐焴本《文粹》、隆庆本《文苑英华》，逐篇补校。又以许珊林手写精刻本复校。又以顾槚覆至元本对校一过。

元氏长庆集六十卷补遗六卷白氏长庆集七十一卷　万历松江马氏宝俭堂刊本

《元集》前有宣和甲辰刘麟《序》，后有乾道戊子洪适《序》。又有重刊《凡例》九则。内引董氏所翻宋本，似未见宋刊原本。《凡例》后有"鱼乐轩藏板"五字。《补遗》六卷皆宋本所无。

《白集》悉依旧本，惟卷次分合未知与钱应龙本同否。

嘉靖壬子东吴董氏翻雕宋本，于其空缺字样，妄以己意填补。无锡华氏有活字板，董氏因之沿误。见《瞿目》《元集》校宋本蒙叟跋。

"聿修堂藏书印" 朱文大方

刘宾客集三十卷外集十卷　味书室钞本

长洲龚氏群玉山房传录黄荛圃校宋本，余又以董氏影印崇兰馆宋本详校一过。又检嘉靖徐刻《文粹》及许榆园本覆校异同，证明钞本之佳处，有胜于宋本者甚多。

"龚氏文照" 白文方 "群玉山房藏书记" 朱文长方

"相城九霞野逗龚文照紫筠堂藏书" 白文长方 "野夫所藏" 朱文方

"群玉清秘" 朱文椭圆

皕宋楼藏述古堂影宋钞本，半叶十行，行二十字。结一庐旧藏明蓝格钞本,亦十行,行二十字。《适园藏书志》谓其源出宋本。此本行数、字数均与二本同,非寻常钞本也。

岑嘉州集八卷　明刊本

十行十八字,与明刊四卷本《孟浩然集》板式字体相同。前有杜确《序》。

邵亭云"许自昌合刊岑、孟二集",但此本字体似在许自昌以前,未知何时所刻,俟续考。

《孟集》已得印氏校本对校一过。此集当求善本校之。

韦苏州集十卷拾遗一卷　明缮元本

每半页十行,行十八字。"桓""构"缺末笔。与明刊《韦江州集》对校,知《江州集》有臆改之字。卷首有"果亲王府图书记"朱文长方印。缺序、目。卷九、卷十、《拾遗》系抄补,卷四抄补两叶(卷四第十三叶误订在三叶之前,应更正)。《宋元旧本书经眼录》列明翻宋本十卷,叙次与此本悉合,无《拾遗》。

顷在中国书店见一本与此同,前有《序》,补录于左:

韦苏州集序

韦苏州,《唐史》不载其行事。林宝《姓纂》云:"周逍遥公夐之后。左仆射扶阳公待价,生司门郎中令仪;令仪生銮;銮生应物;应物生监察御史河东节度掌书记庆复。"李肇《国史补》云:"为性高洁,鲜食寡欲,所居焚香扫地而坐,其为诗驰骤。建安已还,各得风韵,详其集中诗。天宝时扈从游幸,疑为三卫。永泰中任洛阳丞、京兆府功曹。大历十四年,自鄠县令制除栎县令,以疾辞归善福精舍。建中二年,由前资除比部员外郎出为滁州刺史,改刺江州。追赴阙,改左司郎中。贞元初又历苏州。罢守寓居永定精舍。其后事迹,究寻无所见。"肇又云:"开元以后,位卑而著名者,李北海、王江宁、李馆陶、郑广文、元鲁山、萧功曹、张长史、独孤常州、崔比部、梁补阙、韦苏州,以集中事及时人所称。考其仕宦本末,得非遂止于苏邪案。"白居易《苏州答刘禹锡诗》云"敢有文章替左司"。左司盖谓应物也。官称亦止此。有集十卷而缀，叙猥并非旧次矣。今取诸本校定，仍所部居，去其杂厕，分十五总类，合五百七十一篇，题曰《韦苏州集》（旧或云《古风集》，别号澧上西斋吟槁者又数卷）。可以缮写。嘉佑元年十二月二十二日，太原王钦臣记。

《序》后《目录》一卷。《目录》后有《传》一篇。补录于左：

韦刺史传　　宋沈明远作喆　补撰

韦应物，京兆长安县人也。其家世自宇文周时，孝宽以功名为将相，而其兄敻高尚不仕，号为逍遥公。敻之孙待价仕隋，为左仆射，封抚阳公。待价生令仪，为唐司门郎中。令仪生銮，銮生应物。少游太学。当开元、天宝间，宿卫仗内，亲近帷幄。行幸毕从，颇任侠负气。洎渔阳兵乱后，流落失职，乃更折节读书，屏居武功之上方。复返澧上，园庐芜没，贫无以自业，客游江淮间。所与交给皆一时名士。因从事河阳去为京兆功曹，摄高陵令，永泰中迁洛阳丞。两军骑士倚中贵人，势骄横，为民害，应物疾之，痛绳以法，被讼弗为屈，弃官养疾。同德精舍起为鄠令。大历四年除栎阳令，复以疾谢去。归寓西郊，择胜隐于善福祠，从诸生，学问淡如也。建中二年，拜尚书比部员外郎。明年出为滁州刺史。滁山川清远，山中多隐君子，应物风流岂弟，与其人览观赋诗。郡以无事，人安乐之。四年十月，德宗幸奉天，应物自郡遣使间道，奔问行在所。明年兴元甲子始还，诏嘉其忠，终更贫不能归，留居郡之南岳。俄擢江州刺史。居二岁，召之京师。贞元二年，由左司郎中补外得苏州刺史。在郡延礼其秀民，抚其孕嫠，甚恩久之。白居易自中书舍人出守吴门，应物罢郡，寓于郡之永定佛寺。大和中，以太仆少卿兼御史中丞，为诸道盐铁转运江淮留后，年九十余矣。不知其所终，有子曰庆复，为监察御史、河东节度掌书记。应物性高洁，善为诗，气质闲妙，浑然天成。初若不用功，而近世诗人莫及也。白居易尝语元稹曰："韦苏州歌行才丽之外,深得讽谏之意,而五言尤为高远雅淡,自成一家。"其为时人推重如此。浮屠皎然者,颇工近体诗,尝拟应物体格,得数解为贽,应物弗善也。明日录旧,贽以见始被领略曰,人各有能有不能。盖自天分学力有限,子而不为我,且失去故步矣。但以所诣目名可也。皎然心服焉。应物鲜食寡欲,所居焚香扫地而坐,为吴门时年已老矣! 而诗益造微,世亦莫能知之也。子沈子曰:"予读韦苏州诗,超然简远,有正始之风。所谓朱丝疏弦,一唱三叹。"昔应物当开元、天宝宿卫仗内为郎,刺史于建中,以迄贞元。而文宗太和中刘禹锡乃以故官举之,计其年九十余,而犹领转轮剧职。应物何寿而康也。然自吴郡以后,不复有诗文见于录者。岂亡之邪? 使应物而无死,其所为不当止此。以应物为终于吴郡之后,则禹锡之所举,老犹无恙也。盖不可得而考也。《新唐书•文艺传》称,"应物有文在人间,史逸其传,故不录。"予既爱其诗,因考次其平生行义、官伐,皆有凭借始终,可概见如此。恨史官编摩疏漏耳。嗟夫! 应物崎岖身,阅盛衰之变,晚折节学问,今其诗往往及治道而造理精深。士固有悔而能复、厄而后奇者如应物,而以目表见于后世,岂偶然哉!

辛未十月记。①

按《天禄后目》列元本。邵亭谓,当是王钦臣所订,沈明远重刻于元初。据此则《拾遗》为沈所辑。此本当定为明缮元刻。

孟浩然集四卷　明刊本

每叶二十行,行十八字。宜城王士源《序》(天宝四载)。天宝九载韦滔《序》。

凡诗二百一十八首。

---

① 此条似为先生抄录上述《序》《传》之日期,并非《传》末纪年。"辛未十月",即1931年11月。——编者

友人宗耿吾购得明刊校宋本，其底本与此同。前人假荛翁所藏宋本对校，无年月姓名。有"印印川"朱文方印。耿吾云："印印川，宝山人，著有《鸥天阁杂著》。"此本疑为印君手校，即与荛翁同时，故得借宋本对校也。予于壬申仲夏借校一过。

樊川文集二十卷别集一卷外集一卷　明翻宋本

每叶二十行，行十八字。首列裴延翰《序》。《别集》有熙宁六年田概《序》。

贾长江集十卷　虞山冯简缘校宋钞本　秀野草堂顾氏旧藏

翁覃溪以明本校过（朱笔过）。余以明缮宋本覆校。又以《文苑英华》、《全唐诗》各校一次（蓝笔）。后又见保山吴佩伯过录湖南省庵校宋本，复校一次（绿笔）。佩伯又以何义门校本并校，余亦复校一次（亦绿笔）。

原钞出于宋。冯校亦依据宋本，其精审处迥异明刻，洵善本也。

孟东野诗集十卷　弘治己未商州刊本

提学杨邃庵以抄本属商州同知于睿梓行。前有汝南强晟《序》。盖所据为常山宋敏求编次本。后有宋氏题识。结衔称"山南西道节度参谋试大理评事平昌孟郊"，与嘉靖秦禾本题"武康"者不同。故友保山吴佩伯跋语谓，其自棚本出也。

"晋安徐兴公家藏书"　朱文长方印　"徐𤊹真赏"　朱文方印
"徐惟起印"　白文方印　"闽戴成芬芷农图籍"　朱文长方印
"绿玉山房"　朱文方印

增广音注唐郢州刺史丁卯诗集二卷　影钞弘治七年本　以弘治本校

是本源出于元。结衔题"刺史许浑字用晦撰，信安后学祝德子订正"。前有大德丁未王璲《序》。《序》后有放翁七绝一首。后有弘治七年洪洞郑傑《序》。盖刊于镇江府。

前年见张菊生丈购得一本，暇当借校。

壬申正月借张藏本正讹补脱。弘治本校勘不精，多讹字，应再觅善本补校。闻常熟瞿氏有元刊本,未列入藏目,近始发见。

菊生购时出价五十元,近宗耿吾亦得一本,则出价二百元。旧书日稀日昂,非提倡影印不可矣!

李义山文集十卷　　花溪草堂原刊　　昆山徐氏笺注本

李义山诗集十六卷　　松桂读书堂原刊　　华亭姚氏笺注本

《文集》为海昌许焞醇夫点校,《诗集》为同邑管芷湘批校,并录竹垞评语。有"管庭芬芷湘"、"许焞醇夫"藏印。又有别下斋及蒋生沐藏印。

王黄州小畜集三十卷　　汪鱼亭钞藏本

此本前有《自叙》,后有谢肇淛《跋》。"留"字作"畱"(缺末笔)。系从吾研斋补钞宋本传录。

"汪鱼亭藏阅书"　朱文方印

吾研斋原本藏罟里瞿氏。"学"字不作"学(缺末笔)","公"字作"公(缺末笔)",与吕氏他种抄本不同,俟考。吕抄本卷一四叶前十行,鱼号下脱"曾何足道"四字,此钞不阙。卷五前三行,吕抄本"寺下"脱名字,此钞不阙;九行"情罄",此钞作"清罄"。略校数页,知此抄非传录吾研斋本,或已有人精校,而汪鱼亭传录之也。

重校宋王黄州小畜集三十卷　　古吴朱锡嘉以影宋抄本校　　乾隆二十二年太平赵熟典爱日堂刊本

得宋椠钞本,细加雠校,三载刊成,有庚辰《自叙》(乾隆二十五年)。无黄州《自叙》,以沈虞卿《叙》居首,次列《宋史》本传。

每半叶十一行,行廿二字,与吾研斋残宋本合。知原钞确系影宋,但刻本于抬头空格已改。后有墨笔识语云:"王元之《小畜集》,余求之有日矣。今年于京师坊间购得抄本一帙,系从绍兴年间历阳沈虞卿刊本影写,阙文讹字,一望茫然。方欲贻书余友陈贞白,属其访寄善本,更加勘对。越数日又获此本,亦据沈本重刊者,喜极欲狂。晴窗间适歙邑方柳因、湛厓叔侄助余校雠,阅五日而毕。其间彼是此非，显然可辨者，书某作某。彼此互异而义可两存者，书某亦作某。彼此互异而尚待参定著，书某一作某。若彼此或同或异而并有疑义者，则粘签以俟考订云。又按《郡斋读书志》称'集自有序'。又《浙江遗书总录》亦云'咸平三年自序其命名之意'。今两本俱无《自序》，岂历阳开版时独遗之耶？当续求补之。乾隆五十五年古吴朱锡嘉志于京师旅寓。"

朱氏得此本时，在赵氏刻成三十年之内，故印本极佳。近涵芬楼重印《四部丛刊》，抽去经钮堂抄本《小畜集》，而代以吾研斋补抄宋本，后附《札记》，不言采自何本。细加比对，知采自赵刻者甚多。因知赵刻虽经精校，但亦何必讳言之耶？

河南穆公集三卷附遗事　　钱氏述古堂钞本

卷末有"钱遵王家藏照宋抄本"一行。《苏才翁子美悲二子联句》"斯民乃贫"下缺。后有淳熙刘清之题，"我朝"字空格。

"平阳汪氏藏书印"　朱文长方　"萝摩亭长"　半白半朱文方印

"崔侍"　朱文方　"乔印松年"　白文方

"郁华阁藏书记"　白文方　"享之千金"　朱文方

河南集三卷附遗事　　汪鱼亭旧藏语儿吕氏抄本

卷末"斯民乃贫"下，比钱氏述古堂本多六十八字。"留"字作"留（缺末笔）"，"学"字作"学（缺末笔）"。

"汪鱼亭藏阅书"　朱文方印

河南先生文集二十七卷附录一卷　　祁氏淡生堂钞校本　　阙一至七卷

后有题识云："此《河南集》廿七卷，乃越中祁氏淡生堂抄本。乾隆壬寅孟夏月河莫氏得织里书估，敬藏之渔学庭中。前明故物也。旷翁有铭存焉。"

"淡生堂经籍印"　朱文长方　"旷翁手识"　白文方

"子孙世珍"　朱文圆　"山阴祁氏藏书之章"　白文大方

"莫印尔昌" 白文方 "理斋" 朱文方

欧阳文忠公全集一百五十八卷　天顺六年庐陵郡守程宗刊本

《居士集》五十卷,《外集》二十五卷,《易童子问》三卷,《外制集》三卷,《内制集》八卷,《表奏书启四六集》七卷,《奏议》十八卷,《杂著》十九卷,《集古录·跋尾》十卷,《书简》十卷,《附录》五卷。

云间钱溥《序》。《年谱》。每卷后有"熙宁七年秋七月男发等编定,绍熙二年三月郡人孙谦益校正"两行。后附《校勘记》。

此为鄂省徐行可君旧藏。印本首尾一律,在今日已为难得。

南丰先生元丰类稿五十一卷　嘉靖甲辰仁和陈克昌修补成化本

元丰八年三槐王震《序》。

大德甲辰丁思敬《后序》。

嘉靖甲辰陈克昌《后序》:"先生之集刻自元大德甲辰,此为《元丰类稿》。宜兴有刻为乐郡邹君旦,丰学重刻为南郡杨君参。历岁滋远,板刻多磨。虽尝正于谢簿普,再补于莫君骏,顾旋就湮至不可读。取是集雠校焉,易其敝朽,剔其污漫,更新且半,越三月始就绪。"

据此知为第三次修补成化六年杨参刊本。莫楚生棠题签云:"丁亥桐城萧敬孚贻予。此书阙数卷,乙未于苏州复得残本,合而成完。予又得明王抒刊本,亦不全,手抄补之,赠敬孚矣。"

"柳蓉春经眼印" 白文方 "博文斋收藏善本书籍" 朱文方①

"韶州府印" "独山莫氏铜井文房藏书印" 朱文长方

"莫棠字楚生印" 朱文长方

豫章黄先生文集九十七卷　又称山谷全书　嘉靖丁亥宁守乔迁补刊叶天爵本

《内集》三十卷,《外集》十四卷,《别集》二十卷,《词》一卷,《简尺》二卷,《年谱》三十卷,附《伐檀集》二卷。徐岱《序》。周季凤《序》。

---

① 此二印书眉处有先生批注云:"此近人之印"。——编者

《年谱》后附周季凤著《山谷黄先生别传》。又周季凤重刊《涪翁文集跋》。又查仲道《后序》。除周《序》、查《后序》,均称《山谷全书》。

"许焞收藏" 白文方印 "天然图画楼收藏典籍记" 朱文隶书长方印①

"一两六钱" 朱文每字外有圆圈 "□是醇夫手种田" 朱文椭圆②

许焞一字慕迁,海宁人,雍正癸卯进士,官翰林院编修。

东莱先生诗集二十卷　南昌彭氏知圣道斋抄本

卷首录《四库提要》,系文勤所书。后有乾道二年赣川曾几《题跋》。卷中朱笔精校并题后云:"咸丰辛酉嘉平手校一过,恨无佳本互勘。时年七十有五,养园。"

"南昌彭氏" 朱文方 "知圣道斋藏书" 朱文长方

"遇读者善" 白文方 "滇翁" 朱文长方 "臣许乃普" 白文方

养园疑系滇翁别号,俟考。

谢幼槃文集十卷　平江陈氏西畇草堂抄本

绍兴壬申苗昌言题。又题名五行:"淳熙二年汤夏赵烨重修"。绍兴三年吕本中题:"此本源出于绍兴合刻《谢溪堂幼槃合集》三十卷本。"万历己酉谢肇淛题:"幼槃诗文不传于世,此本从内府借出,自为钞写,清霜呵冻,十指如槌,几二十日始克竣帙。"

谢昊题(肇淛之子)。东山后学黄晋良题。林佶题。黄、林皆题于谢氏抄本之后。

朱彝尊题:"是集流传甚罕,谢布政在杭抄之内府,在杭收藏宋人集颇富,近多散失。惟此系其手书,子孙装界成册。平湖陆编修次友

---

① 此印书眉处先生注云:"明嘉靖进士潘允端,字仲履,上海人,有'天然图画楼收藏典籍记'印。章见《天禄琳琅续编》元祐本《史记》条下。"——编者

② 此印书眉处先生注云:"《善本书室志》作'个是醇夫手种田'。"——编者

典福建庚午乡试，抄得之。予令楷书生亟录其副。"陈氏盖从竹垞抄藏本录出。

"西畇草堂" 朱文大方 "陈墫印" 朱文方 "复初氏" 朱文方

"仲遵" 朱文长方 "颠翁" 朱文方 "平江陈氏" 朱文方
"西畇藏书" 朱文方 "陈氏西畇草堂藏书印" 白文长方
"墫印" 朱文圆 "西畇耕者" 白文方 "秘本" 朱文方
《瞿目》有之云："系谢在杭抄本。未知杲系原抄否。"

张文潜文集十三卷

此即《瞿目》所谓胡应麟《笔丛》所载之本。缺马鲋《序》一篇。旧为钱叔宝藏书。卷末题云："已未十月楚太傅婺野唐公钺惠"，下钤"钱谷"（朱文）、"钱氏叔宝"（白文）印。书签题"张文潜先生集上、下"。下钤"俊明"、"孝章"（朱文）两印。其余各家藏印甚多，类记如下：

"钱乘减斋收藏" 朱文方印 "中吴钱氏收藏印" 朱文长方
"邵弥私印" 白文方 "碧芸馆印" 白文方 "陈元璞" 白文方

"吾师老庄" 白文方 "陈氏珍本" 朱文方 "华里布衣" 白文方

"陈琦家藏" 朱文方 "陈琦" 白文方 "润父" 朱白文方
"燕巢" 白文方 "陈琦印" 白文方 "陈元璞" 白文方
"元璞陈琦" 白文方 "马永麟图书记" 朱文方 "雅游轩" 朱文椭圆 "永麟之印" 朱文方 "子孙保之" 朱文葫芦
"德星常拱之家" 朱文长方圆角

钓矶诗集四卷　　**道光庚戌钱唐罗镜泉以智增辑钞校本**

是集为宋末邱葵著。诸家罕著录。顾选元诗，钱补元《艺文志》，均未之及。罗君得旧钞本，又见裔孙邱斑康熙年刊本（名《独乐轩诗集》),互相校补,并校正刊本之误。计以钞本补刊本者,共增诗八十首;以刊本补钞本者,共增诗四十四首。通计原本及补钞共二百七十四首,仍分四卷,详见跋文及总目。

此钞本校勘极细密,为传书堂旧藏。

数年前于传书堂残余书籍中,搜得吾乡罗镜泉以智辑校本《钓矶诗集》。知其未经刊布,而未敢决定是否手稿。丙子残冬,顾子起潛示余海粟楼王氏藏文稿四册,未署姓名,版心有"恬养斋偶钞"五字,共八十九篇。首载经解,次考,次说,次论,次辩,次序,次寿序,次记,次跋,次书后,次书事,次题词,次赞,次铭,次传,而以《淡巴菇寓言》十九殿焉。王子欣夫跋其后云:"恬养为罗镜泉斋名,读其中《赵清献公年谱自序》、《跋大元海运记》,益信为镜泉文稿。镜泉著述甚富,多未刊行,仅钱塘丁丙刊其《新门散记》、海昌羊复礼刊其《七十二候表》二种而已。以余所见者,有《文庙从祀贤儒表》二卷、《赵清献公年谱》一卷、《诗苑雅谈》五卷、《宋诗记事补遗》□十卷。知而未见者,有《浙学宗传敬表录》、《述斋笔记》、《恬养斋诗集》"等语。余展读一过,有《跋钓矶诗集》一篇,与藏本一字无异,不禁狂喜!证明文稿的系镜泉遗著,且系手定。因行间校改各字,并有手钞数篇,与《钓矶诗集》字迹如出一手,兼可证明此辑校本系镜泉手抄,弥足珍重。年前杭州某坊书目有《恬养斋诗集》,购之,已归他人。顷询起潛,知亦为欣夫所得。顷已移书之假。他日倘能合诗文两集为之刊行,亦后学应尽之责也。①

遗山先生诗集二十卷　　汲古阁元人十集本

假得宗耿吾兄弘治沁水李瀚本,己巳冬日手校一过。

弘治本半叶十行,行廿一字。系从元本出。首有段成已《引》,谓"即其家得,所有律诗凡千二百八十首,又续采所遗落八十二首"。汲古阁亦刊段《引》,乃擅改其文为"即其家得遗稿若干"。弘治本烂板,

---

① 此处书眉先生批注云:"欣夫已以《诗集》见惠。"——编者

汲古本皆作墨□。知汲古实从弘治本出，而子晋《后跋》并未言所据何本。殊可异（疑）也。

"长洲潘钟瑞麐生所藏"　朱文方　"曾藏漱霞仙馆"　白文方

潘为咸丰时人，著有《百不如人斋诗稿》。

通艺录　嘉庆八年自刊本

《自叙》。目：论学小记　论学外篇　宗法小记　仪礼丧服文足征记　释宫小记　考工创物小记　磬折古义　沟洫疆理小记　禹贡三江考　水地小记　解字小记　声律小记　九谷考　释草小记　读书求解　数度小记　九势碎事　释虫小记　修辞余钞　［附录］让堂亦改录　乐器三事能言　琴音记原本　濠上吟　莲饮集　藤笈编　非能编　［未成书］仪礼经注疑直　说文解字会极　古今体诗

卷末夏氏《跋》云："易畴先生《通艺录》，名物训诂，考据渊博，余心仪之，而未睹其书。近购得之，阅卷中尚有阙叶，因假王露坡本校补三叶，余付阙如。《丧服文足征记》有述兑编目，计二叶。《九势碎事》有题兰亭诸跋，计十二篇。此本俱缺，王本亦缺。又总目有《读书求解》，目录卷中亦有其目，而无其书。附录有《琴音记元本》《濠上吟》《莲饮集》《藤笈编》《非能编》五种目录，今亦无其书。岂与卷中果蠃转语同例，俱为未锲之书耶？抑已付手民或为先生所摘出耶？不然，何以王本所列总目无《琴音记》以下五种并无《读书求解》之目也！又按《乐器三事能言》卷中《钟磬各图说》《考工》《创物小记》中已备，似亦近重出耳。丙辰九月九日访雪识于卷末。"

"夏子猷印"　白文方　"访雪之书"　朱文方

蜕庵诗集四卷　长塘鲍氏抄校本

以文手抄释蒲庵来复《序》一篇、苏平仲《序》一篇、释宗泐《跋》一篇。又补录刘岳申《张仲举集序》一篇。后题云："嘉庆壬申九月十八日，介老人从《中斋集》录补。时年八十又五。"

卷中又以朱笔校正原钞。有第五卷，以文去之。于第四卷《雷

火焚故宫白塔》七律后题云:"按元本七言律诗止于此,下接七言绝句二十八首,无五卷也。此本绝句后七律七首,盖从别本增入,当标补遗名目,不必重抄七绝作第五卷也。""按《邵亭目》云:'张金吾有《蜕庵诗》五卷。旧抄云分卷次序与洪武刊本异,多有洪武本缺载之篇。'"

据此知原抄与邵亭所云张金吾本合。以文盖依洪武本校正。国学图书馆藏一鲍氏校抄本,后题"通介叟",不知与此本有异同否。

副叶题"蜕庵诗集"四字八分书,当是以文手迹。副叶之阴木刻"赵松雪藏",书法亦八分书,如出一手。

"纸窗竹屋灯火青荧岂于此间得少佳趣" 朱文大方

"歙西长塘鲍氏知不足斋藏书印" 朱文大方

"老屋三间赐书万卷" 朱文大方 "世守陈编之家" 朱文椭圆

"长塘图" 朱文 "榴皮卫" 朱文方 "万卷书藏一老身" 白文方

"香圃所藏" 白文方 (此印当是香圃钤)

绿竹堂稿八卷　　嘉靖八年鹰孙叶梦淇刊于衡州

首叶有叶恭焕题记,云:"此上红点者,乃俞仲蔚所选,将欲付梓一部。括苍山人恭焕记。"又有古愚题记云:"绿竹堂稿本,先君之所藏而分授大兄者,被其后人借去十余年矣。屡索不还,仅偿《水东日记》一部,大兄恒不能忘情焉。今渠后人亡未一年,此书已流落书肆矣。余今得之,不啻赵璧之完归。大兄归,当以告之,喜可知也!时丁丑仲夏。古愚识。""古愚"白文方

按王佩初氏题记释为叶古愚,似未确。

"叶恭焕印" 白文方 "据梧生" 白文方

文庄公《自序》。天顺己卯书于西广之冰玉堂。

鹰孙梦淇《刻〈绿竹堂稿〉引》。嘉靖八年季冬。

每卷第二行题"皇明名臣正议大夫资治尹吏部左侍郎谥文庄昆

山叶公存稿"。次行低八格题"奉议大夫同知衡州府事廱孙叶梦淇刊行"。第三行又低五格题"乡进士衡阳门生朱希贤校正"。文、诗各四卷,皆官岭北及抚广时所作。《目录》缺第四、第五、第六、第二十五、第二十六、第二十七、第二十九、第三十各叶,已抄补。又卷二缺第三十一、第三十二叶,已抄补。又卷四缺第五叶,又卷六缺第二十一叶,又卷七缺第十二、第十三、第十六、第十七叶,又卷八缺第三十二、第三十三、第三十四叶,均已抄补。右抄补笔意与古愚题记悉出一手,似为明代人所书。又有近人据乾隆本校正各签,散附卷内,俟觅得乾隆本再行整理。卷中俞仲蔚朱点,间有校正处。

此书各家未见著录,民国十二年购自湘乡王氏,谓系袁漱六故物。

吕泾野先生文集卅八卷　　旧抄本

万历壬辰庚戌北地李桢《序》①。结衔题"后学北地李桢编校"。胡笃《跋》。《跋》中称"大中丞李公取《仲木集》删定之"。笃自称"属下吏湖广汉阳府知府"。此书盖由李桢任楚抚时,就《泾野文集》刊本重选刊行者。

"吴瑛之印"　　白文方

顷见嘉靖乙卯直隶真定府知府于德昌刊本卅六卷,系依西安府旧刻,又依《府志》重加雠校。刊行者以《目录》与此本对校,知李桢系选刊,非足本。辛未腊月记。

前有李舜臣《序》,称"诸弟子录其文成集,仲子昀、长孙师皋藏之家,西安高陵尝梓之。是西安本外,又有高陵刊本"。

洹词十二卷　　明赵府味经堂刊本

板心作复线匡三。上匡刊"赵府味经堂"五字,中匡纪《洹词》卷几,下匡纪页数。分元、亨、利、贞四册。余廿六岁时购于彰德府考棚。

---

① 此处书眉有先生批注云:"既曰壬辰,又作庚戌,原文如此。俟考。"——编者

天目先生集二十一卷附录郭迖卿江藩哀录·答大司马张公书 万历刊本

有丹棱李芳《后序》，云"岁壬午西蜀张公以少司马督抚东南，芳其属椽，因缘得事公于钱塘之莫府，而以先生遗稿属焉。明年秋公在蓟州，复以先生《集序》来与王公坟所撰者，并立于前，而以碑铭、传记、哀辞、悼章附列于其后"等语。今此本无张、王两《序》，应补抄。

耄年录九卷　茅坤著　万历刊本（自序作于乙卯）

壬辰以后，年垂八十。凡墓铭、序记、诗文、书札等，随手日录而贮之，亦随手而梓之，无复如故时类次。卷七为《自述》，即撰《年谱》作于戊戌，时已八十七岁。

《千顷堂书目》：茅坤《白华楼藏稿》十一卷，又《续稿》十五卷，又《吟稿》十卷，又《玉芝山房稿》二十二卷，又《耄年录》八卷，孙元仪辑。此书共九卷，其八卷者，重刻本也。北平图书馆《茅鹿门集》三十六卷之目，大略检查并无《自述》，余文有无，未及细检。

炳烛斋集不分卷　海虞顾大韶撰　康熙十年刻本

前有钱陆灿《序》。顾为陆灿师。此书入《禁书全毁目》、大韶之兄大章死于当祸，与杨、左、魏、周、袁同被难。

琴张子萤芝集五卷　金坛张明弼著　天启甲子刊本

黄道周《序》。陈盟《序》。朱之俊《序》。王铎《序》。

卷一二赋，卷三杂文，卷四五诗。作者反对科举文字之弊，卷三《张罗篇》、卷五《文言》，痛切言之。诗文胎息六朝，不落纤佻窠臼，石斋许为庾、鲍之流。是明季文派之佳者。

六家文选六十卷　明嘉靖吴郡袁氏嘉趣堂本

袁氏前后题字俱全。道光庚子铣岭杨需题跋，有收藏各印。余得之瑞安黄氏。

文选六十卷　明初朝鲜铜活字本

五臣注在前，李善注在后。

昭明太子《序》。

国子监准敕就三馆雕造《李善〈文选〉文》《李善上〈文选〉注表》。

李延祚《进集注〈文选〉表》。

高力士《宣口敕》。《目录》。

每半叶十行，每行十七字。小字双行。末卷附五臣本《后序》，题"天圣四年九月前进士沈严序"。序后题记如下（序为平昌孟氏小字本作）：

李善本　天圣三年五月校勘了毕

校勘官将仕郎守许州司法参军国学说书臣公孙觉

校勘官将仕郎守常州晋陵县主簿国学说书臣贾昌朝

校勘官文林郎守宣州宁国县主簿国学说书臣张遂

校勘官承务郎守彭州录事参军国学说书臣王式

校勘官文林郎守泗州录事参军国学说书臣王植

校勘官将仕郎守信州贵溪县令国学说书臣王畎

校勘官宣德郎守饶州军事判官国学说书臣黄鉴

天圣七年十一月雕造了毕

校勘印板承奉郎守大理寺丞充国子监直讲兼北宅故河州观察院教授公孙觉

校勘印板朝奉郎守秘书丞骑都尉臣黄鉴

天圣九年　月　日进呈（衔略）

蓝元用　皇甫继明　王曙　薛奎　陈尧佐　吕夷简

秀州州学今将监本《文选》逐段诠次，编入李善并五臣注。其引用经史及五家之书，并捡元本出处对勘写入。凡改正舛错、脱剩约二万余处。二家注无详略文意稍不同者，皆备录无遗。其间文意重叠相同者，辄省去。留一家总计六十卷。元祐九年二月　日。

按《六臣〈文选〉》五臣注在前，李注在后者，今世所见惟明嘉靖袁褧本。袁褧之祖本为崇宁五年镂板，政和元年毕工，即竹垞所见之王氏赐书堂本也。此本所祖为元祐九年秀州州学本。秀州本乃据天圣七年监李善注本、天圣四年平昌孟氏小字本五臣注合校而成,并改正二万余处。其祖本在崇宁本之前,是今世所传五臣注在前之《六臣〈文选〉》,无古于此本者矣。

又卷尾有跋云:"铸字之设,可印群书,以传永世,诚为无穷之利矣。然其始铸字样有未尽善者,印书者病其功不易就。永乐庚子冬十有一月,我殿下发于宸衷,命工曹参判臣李蕆新铸字样,极为精致。命知申事臣金益精左、代言臣郑招等监掌其事。七阅月而功讫,印者便之,而一日所印多至二十余纸矣。恭惟我恭定大王作之于前,今我主上殿下述之于后,而条理之密又有加焉。(中略)实我朝鲜万世无疆之福也。宣德三年闰四月　日,崇政大夫、判右军都总制府事、集贤殿大提学、知经筵春秋馆事兼成均大司成、世子贰师臣卞季良拜手稽首敬跋。"

按《书林清话》卷八述日本朝鲜活字版,云:"大抵朝鲜活字本,始行于明初。余藏《国语韦昭注》,为铜活字大字本。有跋云'我东活字印书之法,始自太宗朝,癸未以经筵古注《诗》《书》《左传》为本,命判司平府事李稷等铸十万字,是为癸未字。世宗朝庚子,命工曹参判李蕆等改铸,是为庚子字'"等语。此跋所称太宗,即卞跋之恭定大王;所称世宗,即卞跋之主上殿下。是此本为庚子字所印,时在明初。

原缺卷四十,倩武井樊君影抄袁褧本补之。

"宣赐之记"　朱篆文大印　"摄州天满"　"松云峰寒山寺"　朱文楷书大长方

文粹一百卷　杭州榆园许氏校刊初印本　蔡公重鼎昌批校

许氏《缀言》称,"校勘是集,始于光绪戊子,约谭君仲修献锐意缉治。后得蔡君公重鼎昌、张君小云大昌磋磨之助。若《古诗》九卷皆仲修、公重主之"等语。此本为蔡君就初印本手批,并校正讹字。闻此书为浙江书局代刻,许益斋君迈孙亦校勘样本后仍多讹字,甚怒劐

773

厥之疏忽,甫印数本,即令停刷,俟修补后再印行。蔡君系原校者,又于初印本重加订正,且全部批点,甚为精审,足为此书增重。

蔡君又以另纸录王铁夫苕孙及王槐跋语两则。兹录于左:

此绍兴九年临安府重刊本。后有知军府张澄等十一人结衔,吾同年友菉翁所藏。余读是书三十年,苦其讹脱,于世所行嘉靖刻三本遍求得之。徐焴本较善,然终不慊屡欲借校于菉翁。以菉翁例不借书,未敢骤请。故以恳求之,菉翁慨然借我,损其匣而不之惜也。宋本讹脱故亦不少,然自有迥胜今本者。如李华《含元殿赋寺人大伯》,出《左传》,今本误改为"老伯"。宋之问《秋莲赋》"舟青翰",误"舟"为"丹"。张说《开元乐章》"震震",今本误为"蒸蒸"。是不知"震"有平音而易之也。韩愈《元和圣德诗》"烜威赫德",今本讹"怛威报德"。孟郊《古意》"愿分精与麤",今本误改"麤与精"以协韵,不知"精"字复韵,"麤"乃转韵,而与上"烟"字叶也。张九龄《龙池颂序》"大盗狃于得志",今本误"盗"为"道"。皇甫湜《元魏正闰论》"幽王之灭戏",今本误改"厉王之居彘上"。以"圯耿比群胡",此当从灭。若曰"居彘",则失之矣。凡此非见旧本,虽有好学深思,末由意揣而得。菉翁以不肯借书见訾同好。然余无一瓻之送,枉蒙破例,有足感焉。题其后而归之。铁夫。

余年二十余,思读《唐文粹》。会有客捐此书至,遂买之。开卷漫漶,其中鱼鲁不止十一。余寡交游,无从得善本。去年归钱塘,过友人钱唯传孝廉师曾斋,见是书丹黄烂然,有"太鸿"小印,知为厉先生校本。今年春,余自娄东来,钱君招余,馆我于江月松风草堂。校勘之余,不废诗酒,十四日而卒业。嘉庆十七年壬申天中节后一日王槐跋。

惕甫所校正各误,今斠刻本,均已改正。其跋可毋须过录。惟合观后一跋,足见古人求善本之不易,因录别纸存之。

以上皆蔡君所录。盖从王君槐过录厉樊榭校本录出,厉以菉翁宋本校正,故附录王惕甫跋语。谭复堂序此书,谓"旧有惕甫校本,亡于汀州寇乱。今蔡君得见,过录荛翁原本,谓惕甫所校各误斠,刻本已均改正。足见许刻遍校各本,极为精博也。"

松陵集十卷　弘治壬戌吴江令刘济民刊本

后有都穆记,前有皮日休序。刊印甚精,惟卷二末两页以翻刻本配。

"宛平王氏家藏"　白文方印　"慕斋鉴定"　朱文图印

"曾在王鹿鸣处"　朱文长方印

"金坛王□①两宴鹿鸣藏书记"　朱文长方印

"燕越胡茨邨氏藏书印"　白文大方印

"宗室文慤公家世藏"　朱文方印

"圣清宗室盛昱伯羲印"　朱文方印

古乐府十卷　旧钞本

前有至正丙戌克明《自序》,后有正德四年知扶风县事代郡孙玺《跋语》,云:"正德戊辰拜扶风尹,谒康太史德涵,谓予左氏《古乐府》旧本残缺,既为订正,惜无梓之者。予归乃属扶风学生杨斌书以梓之。自冬徂春,八十一日而书成。此本盖从正德本传钞。《焦仲卿诗》'守节情不移'句下,未增'贱妾守空房'二句;'新妇初来时'句下,未增'小姑始扶床'二句;'寡妇赴仿徨','赴'未改'起'。尚是元刻之旧,与俗本迥异。"

卷首有"朱氏续京藏"印,并"经双照楼吴氏收藏"。

六朝声偶集七卷　明抄本

蓝格棉纸。每半叶九行,行二十字。每卷有子目。每卷前题"吴人徐献忠选"。卷末题"长水书院刻"。七卷后有"补遗"二首。

"古潭州袁卧雪庐收藏"　白文大方印

---

① 原稿如此。——编者

此书未见各家著录。《松江韩氏藏书目录》有"《六朝声偶集》七卷,长水书院刻本,黄荛夫校"。又一部系旧抄本。松江韩氏抄刻两本,已于癸酉冬日见于沪肆,为识者购去。

唐僧弘秀集不分卷　旧抄本　不分卷

菏泽李龏《序》。"弘"字未阙末笔。

此书宋刊本闻亦不分卷,为吾友许君訾世藏。去岁闻已流入文友堂书肆矣。丙子。

西湖游泳一卷　嘉靖戊戌刊本

钱塘田叔禾汝成、吴郡黄勉之省曾,于嘉靖丁酉同游西湖,互相投赠之作。共诗三十六首。有勉之《序》,叔禾《后序》。有关吾乡故事,故购而藏之。

叔禾著有《西湖游览志》及《志余》。

花间集十二卷补二卷

唐欧阳炯《序》。序后一行"万历壬寅孟夏玄览斋重梓"。唐卫尉少卿赵崇祚集,《集补》题"西吴温博编次"。

此为吴伯宛双照楼故物,《四部丛刊》曾借印。

乐府雅词二卷拾遗二卷　东吴顾氏钞藏本

"养拙斋"　朱文长方印　"顾肇声读书记"　朱文长方印

"随庵"　白文方印

此抄本未经复校,讹脱颇多。壬申正初以秦刻《词学丛书》本对校一过,正讹补脱。又义可两存者,均旁注之。惟卷上九张机"尘昏汗汗无颜色",秦本作"尘世昏汗"。又董颖《薄媚》第十摭"苎萝下钩钓深闺",秦本作"苎萝不钩钓深闺"。又赵德麟《鹧鸪天》题注"前段后段",秦本作"前改后改"。又张子野《天仙子》"落絮倦飞还恋榭",秦本"絮"作"叶"。欧阳永叔《浪淘沙》"垂杨紫陌洛城东",秦本"洛"作"路";"只有红尘无驿使"。秦本"无"作"迷"。叶少蕴《念奴娇》"故人渐近",秦本"近"作"远"。均不知此本之尚存庐山真面。恐秦氏付十字。稿本作"其说本之荀慈明"七字。

《蒙》以亨行时中也条,刻本云:"说详《汉易考》稿本。""《汉易考》"三字朱笔改为"《易汉学》"。

《需上六》入于穴条,刻本注云:"与《月令》天气上升,地气下降之说相违。"稿本无。

又稿本注云:"自复而临而泰而大壮而夬,此乾自下升之证,谓乾元自下升上之义,殊不可解。"刻本无。

卷二 《泰》拔茅茹句,郭璞《洞林》读至汇字绝句条,稿本朱笔注云:"朱子不读汉《易》,止据《洞林》。"刻本无。

《复六四》中行独复条,稿本朱笔注云:"愚近撰《易述》以中行属初,异于前说矣。"刻本无。

《无妄》刚自外来而为主于内条,稿本朱笔注云:"无妄遘上之初,与复卦剥上之初同例。"刻本无。

刻本卷二首《谦》,稿本首《泰》。

卷三 《益六四》中行告公从条,稿本朱笔注云:"复初称中行以为乾元也。"刻本无。

卷四 《小过六二》过其祖遇其妣条,稿本朱笔注云:"爻辞为文王作,则顾氏亦未尽然,仍当以象为主。"刻本无。

凡稿本朱笔圈点,及校改增注,均系松厓先生手笔。大约蒋刻本出于及门传钞,而稿本则先生写定后随时修正。名家著述精益求精,得此原稿,洵足珍重。且据此可知先生所著《易汉学》,原名《汉易考》,《周易述》原名《易述》也。己巳腊八日,景葵识。

庚辰正月,收得淑照堂丁氏旧藏《周易本义辨证》手稿,详细校对,知此本朱校的系松厓亲笔,从前审定不误。蒋刻底本传抄在先,此本次之,手稿又次之。《复六四》中行独复条手稿作"愚案四得位应初独得所复 四非中 称中行者以 从道也其时中之谓欤 谓初也详见易汉学。"以此条三本互勘,即知层递修改之次序矣。《无妄》刚自外来条,《益六四》中行告公从条,《小过六二》过其祖条,所加朱注,皆手稿所无。是阅此本时,随时笺释,未为定论,故不采入手稿,无足异也。景葵二次审定记。

手稿后有附录一《论河洛》,二《论先后天》,三《论两仪四象》,四《论重卦》,五《论卦变》,六《论太极》,后改入《易汉学》末卷。故凡例亦删去后二条,非见手稿,不知其详。

手稿所加签注,有为此本及刻本所无者,如卷一不以朱子用林栗说为然之类。是为两本传抄在前之确证。此书原名《旁通》,后改《辨证》。

(《卷盦书跋》,第 1～3 页)

师二宗斋读易劄记跋

(1941 年 3 月)

汉阳关棠慕郭林宗、阮嗣宗之为人,颜其居曰师二宗斋。中光绪乙酉举人,为罗田县教谕,刻厉于学,从游甚众。植品清峻,湘抚陈宝箴专摺奏保,旨未回,即病殁。曾纂修《湖北通志》,编集《湖北文征》、《湖北丛书》,著有《读易劄记》及诗文词若干卷。门人陈曾寿梓其诗文词,有《读易劄记序》一篇,此稿未刊,盖从其门人谢凤孙钞本传录者。旧藏沈乙盦家,辛巳春购得后,又觅得遗集刻本,其子炯重印者。今亦稀见,并交合众图书馆庋藏之。景葵记。

(《卷盦书跋》,第 3 页)

古文尚书题识

(1933年11月、1931年2月)

庚辛之际，蓼绥阁遗书散出，购得此书。去岁又在沪见黄氏集存时贤墨札，检得杨星吾氏致仲弢学士书，与抄此书有关，黏附卷首。又见张文襄公之洞与仲弢学士之尊人漱兰侍郎书一通，其略曰："《方言》'蓼绥'两字甚佳，尊意何为病之？但两字连用，其义方显，似不必用别号，拟为公题一斋馆，名曰蓼绥阁，令世人以之对广雅堂，岂不极妙？并当为撰《蓼绥阁记》，兼书一扁（匾）呈教。公元有憨山别号，其超逸，大似唐宋高僧，何不仍用之乎？"录之以见蓼绥阁命名之缘起；亦藏书家一掌故也。癸酉十月钞景葵记。

此即《日本访书志》所载，上虞罗氏惜为人藏俱亡者，今得此覆写本，藉以见古文真面，不胜欣喜。辛未正月，景葵书。

（《卷盦书跋》，第4页）

尚书古文疏证校记

(1932年7月)

此旧钞本，有胡朏明序，系百诗殁后其子咏属朏明校定之本。朏明序而还之。越四十年，咏之子学林始克刊于扬州，即眷西堂刻本也。兹以钞本与刻本对读，发见互异之处如左：

刻本无胡序，有黄梨洲序，梨洲作序时，仅见四卷以前之稿。疏证云：黄君太冲晚而序余书两卷，黄序云方成四卷，属余序之。胐明则于百诗身后代为写定，不知何以删去胡序。卷一第四十一叶 叶数以刻本为主，下同。"时日曷丧"二句至"享多仪"四句，钞本双行小字，刻本改为大字。

卷二第六叶，又按吴文正公《尚书叙录》一条，钞本在《史记汉书儒林传》条下，刻本不同。

卷四第六叶，"王肃之误因于"句下，刻本脱"《孔丛子》，《孔丛子》之误，因于王舜刘歆之本"计十六字，钞本有之。

又第十六叶，"仿经例而为之"句下，刻本脱"唐刘贶亦有是说"计七字，钞本有之，作双行小字。

又第十九叶，又按《楚辞》十七卷一条，钞本提行，刻本误。

又第二十叶，钞本"至宋人而亡，朱子尤其著者"，刻本改为"至宋人而亡云"。

又卷四补遗第四叶，钞本"又按不特此也，即朱子亦有如《周官》篇"云云。刻本删去"不特此也即"计五字。

又卷四补遗，共十一则，钞本皆列入正文，并无佚漏。刻本则谓刻成后从征君手书他本中检出。

卷五下末叶，钞本有"又按郑康成年七十，尝疾笃，戒子以书"一条，计一百九十六字，刻本脱。

卷六目录，第九十六，言晋省谷城入河南一条，刻本改为第八十八，与钞本次序不同。

按学林付刊时，其父咏早已物故，似胐明校定之本，又经后人意为增损矣。壬申仲夏，叶景葵识。

(《卷盦书跋》第5～6页)

古文尚书撰异题识

(1938年8月6、7日)

　　右海丰吴氏石莲翁所题。余初得此书,审定《甘誓》一至九页,《盘庚》上中,及书中臧在东签注各条之十九为刘端临所书。继又审定《禹贡》廿五、廿六、廿七、廿八、廿九页,及《吕刑》十八末条后,朱笔加注,是懋堂先生所书。是此为《撰异》原稿之副本无疑。钱竹汀签注各条,未详何人所录。但与正文修改朱笔是一手所书。可证其由正本迻写者。

　　《拜经堂文集》刻《诗经小学序》云:"段君自金坛过常州,携《尚书撰异》来授之读,且属为校雠,则与鄙见有如重规而叠矩者,因为参补若干条。刘端临训导见之,谓段君曰,钱少詹签驳多非此书之旨,不若臧君笺记,持论正合"云云。端临与此书之关系,可以此序文作一旁证。

　　原稿与刻本亦有不同处,惟"箘簵枯"条,引《夏书》曰:"惟箘簵枯,木名也。"刻本作"惟箘簵枯枯(此字今补)木名也。"是付刻时又经修改之证。戊寅七月十一日读毕记之。景葵。

　　此处隐约是《禹贡》副本四字,盖已失其正叶。言副则必有正本矣。葵又记。

　　《多士》后朱书一行云:"《雒诰》《多士》二篇,辛亥四月客经训堂毕。"此系懋堂原题,从正本迻录者。大约《禹贡》篇最先成,《雒诰》《多士》最后脱稿。后序言"重光大渊献皋月乃成",即辛亥五月也。次日再记。

(《卷盦书跋》,第6～7页)

书蔡传题识

(1937年6月)

书蔡传附释　丁俭卿手稿　丁丑夏日购于沪上。

(原书,上海图书馆藏)

吕氏家塾读书记

(1929年9月)

丙寅冬日,购得此本于上海中国书店,前有徐星伯先生手钞补陆序,楷法甚精。至己巳秋细读全书,始知第二十七卷亦缺两叶,为嘉靖后印本。即据《群书拾补》钞补完竣,并录校语于右。此书之价值,抱经先生钞本跋文论之颇详,因检《抱经堂文集》,照录全跋,附于校语之后。景葵记。

此即抱经先生所据以校南都本者也,近时颇不易得。余藏得二帙皆无陆序,盖作伪者去之,托为宋椠耳。兹手录之,补于简端。道光丁亥孟夏,星伯徐松识。

(《卷盦书跋》,第7页)

诗集传题识

(1937年6月)

诗集传附释一卷　丁俭卿手稿　丁丑夏揆初收得。

(原书,上海图书馆藏)

韩诗外集题识

(1939年5月)

龚孝拱校通津本,最注意于引毛改韩之谬。其校例之善,详见原跋。己卯长夏承群碧主人惠假照临一通,野竹得通津原板校正再印。与通津异字,以墨笔注于下方,不与原校相溷。叶景葵记。

(《卷盦书跋》,第8页)

韩诗外集题识

(1939年11月)

丁丑四月间,江都秦君更年以新影刊元刻《诗外传》见赠,适先室朱夫人搆疾,于伴医值夜之余暇,取望三益斋合刻周、赵校本,详细对勘,藉消岑寂。并欲审定元刻之得失,因秦跋云有《校勘记》而未附刊,不知其已成否也。先室之病,反复纠缠,终致不起。当转剧时,屡屡阁笔,迨午夜呻吟稍辍,则又持笔点校。或作或止,经两月半有余,至先室易箦前,第七卷尚未终校。嗣后战事忽作,余亦入山休养,此书久置高阁。己卯冬初,检点书籍,乃将未终卷处,改用黑笔完成之。回忆前尘,怆然心痛! 元刻讹夺颇多,而佳胜处亦不少,除秦跋所举外,记得初校时曾以别纸疏记元刻之佳处,今此纸业已遗失,续校时,未暇详审记录,殊觉可惜! 后有读者,能自得之。己卯十月,卷盦老人漫记。

(《卷盦书跋》,第 8～9 页)

诗小序翼撰题识

(1942 年 6 月 18 日)

观第十一卷末引谢枋得语夹签,知此为介侯先生手校定本,当系晚年之笔,不知身后已付刊否? 亦不知海内尚有副本否? 其底稿恐已流出海外矣! 壬午重阳景葵读。

(原书,上海图书馆藏)

礼记训纂题识

(1940 年 9 月 22 日)

忆劬既以《朱子圣学考略》见赠,余告以阅毕即送合众图书馆收藏,乃又检《礼记训纂》家刊本见赠。阅后跋,知系咸丰原版,至光绪又重修者。然坊间已不多觏。忆劬告余版存宝应,损否不可知。此重修本,在南京施工,梦华先生亲自校订,故讹字甚鲜。忆劬尊人昜伯中丞寿镛在世时,曾允检赠一部,未果。忆劬克成先志,可感也。庚辰中秋后七日,景葵记。

(《卷盦书跋》,第9页)

夏小正笺疏

(1940年4月20、29日)

光绪甲午季春,余在济南将南归应试,孙佩南先生(葆田)钱饮于泺源书院。晋之先生亦在座,以后未得再晤。此书仅耳其名,今竟邂逅遇之。四十年来硕儒沦谢,著述湮沈,深可恫也!卷中修改处,始终矜慎。初名《释义》,后改《笺疏》。借用归朴堂钞书纸,不知宋、徐如何关系?疑是士言先生丐其录副,藏之归朴。年来徐氏藏书,陆续散尽。此稿遂流转人间也。卷六末页士言补钞八字,注云:"纸已破损,补书于此。"倘系徐氏传录之本,即不应作此语,故审为先生手稿无疑。庚辰三月谷雨节,展读一过敬识。后学叶景葵。

顷见传抄《释义》本,与此底本同。至卷中改削处,则此本所独,故此当为最后定本。是月廿二日又记。

(《卷盦书跋》,第9、10页)

振绮堂本吹豳录跋

(1948年9月17日)

民国初元,见湘友王佩初鬻书单,载《吹豳录》十册,未见原书。至廿九年合众图书馆草创,始假得中央图书馆藏传抄本,照录一部。再三绅绎,深佩西林老人于荒寒寂寞之乡,神与古会,其剖析六律渊源,及抨击历代谬说,最精要处,竟与陵次仲、陈兰甫诸儒不谋而合,叹为奇书。闻李玄伯先生藏有精抄十册,系朱朗斋手校,六、七两册则系程易畴改本。面乞假读,慨然允许。展卷大喜,即佩初故物也。先读程改两册,知西林行文易流冗蔓,又往往词不达意。易畴遂删润,胜于原本处甚多。且易畴改本悉照西林原意。虽钩乙杂沓,无损其真。若立说之缪(谬)者,眉书纠正之。如卷二十四辨鼓在钲长之中各条,卷二十六说鼓股十八分一条,可见大儒之矜慎矣。检国学图书馆藏目,有汪十村传抄本,所录朗斋后跋,文义删节,不易明了。乃乞柳馆长录示原跋全文,始知朗斋与西林同馆。汪氏是稿,曾录副本,藏于振绮堂。西林逝世,朗斋尽收遗稿。是书之稿,已缺三册,至乾隆丙午春,易畴见而善之,托朗斋传抄一副。因原稿有佚,乃借振绮藏本补足。并将振绮本原抄讹字悉为校正。于是年闰七夕竣工,附识卷末,仍归振绮堂。复查玄伯藏本,后题'文藻校于丙午长夏',可证为振绮原藏无疑,不知何时佚去两册,后人取易畴改本补其缺,于是朗斋后跋所谓流传二本竟为延津之合。惜乎!易畴改本余两册外,不知尚在人间否耳!既属顾君起潜校读一过,敬书缘起以谢玄伯先生通假之惠。三十七年岁次戊子中秋日记。

嗣游南京,亲访国学图书馆,请观十村抄本,后有小跋,称系借原本影抄,每半页十二行,行廿五字,而此本系十行,行三字,则非振绮原本,当为朗斋自己抄藏之本。前跋非是,应更正。

(《卷盦书跋》,第 10～11 页)

春秋左传杜注题识

(1940 年 2 月)

前得《仪礼正义》,亦有述礼堂藏印。此书分四色,前后评点,深得左氏行文之宗旨,当系胡氏群从所为,惜未署名。庚辰正月景葵。

(《卷盦书跋》,第 11 页)

木讷先生春秋经筌题识

(1940 年 5 月)

此楚生先生题签,知原藏已非全豹矣!庚辰初夏叶景葵记。

(手迹,原书,上海图书馆藏)

春秋纬史集传题识

(约 1938 年)

民国甲戌春,游天台,宿陈君钟纬家,出此书相赠。陈君克绳祖武,读史摘有长编,卓然有著述之志。乱后未通尺素,不知近况如何。揆初。

(《卷盦书跋》,11 页)

吴愙斋篆文论语真迹跋

(1945 年 12 月 22 日)

愙斋先生篆书《论语》二卷,上卷写于天津,约在光绪甲申、乙酉间,其时正奉查办朝鲜事宜之命,年已五十;下卷写而未竟,越二年又奉命出关筹画边防,在途次旅店,分日补写,并作后序,交同文书局石印行世。今亦稀见。其原本则于六十二岁中风后,检赠女夫潘君俭庐,庋藏四十年。至民国丁丑,日寇轰炸苏州,老屋受震而圮。二册陷瓦砾中,有忠仆护持,幸得无恙。同文印本,前有"揭橥"二大字,原本无之。俭庐于甲戌年请栩缘老人摹写署检,又倩邓正闇题后,久而未报,正闇物故,无可追寻。苏城书友于众[群]碧残籍中发见,慨然赠之,于是延津复合。俭庐珍重携归,将与辛苦保存之先代图书并传孙子。愙斋精研上古文字,篆写《论语》,成于《说文古籀补》写定之后,字字确有依据,其价值历久不磨。栩缘评为天壤至宝,洵不诬也。后六十年乙酉冬至节,后学叶景葵盥读敬书。

(《卷盦书跋》,第 12 页)

孟子赵氏注题识

(1934 年 11 月)

甲戌孟冬过录周耕厓校本。原缺卷四下。景葵。

(手迹,原书,上海图书馆藏)

尔雅正义题识

(1938年4月)

此初印未修本,宿迁王氏故物。丙子冬购于故都。曾见翁苏斋评阅本云附刻《陆氏释文》,系依叶林宗抄本校刻。揆初记。戊寅春仲处孤岛中,以浏览遣闷。

(《卷盦书跋》,第13页)

尔雅郭注义疏题识

(1932年12月)

此本为未经王石渠删节以前之稿,已得上虞罗氏论定。第印本甚为罕见。此系初印。书根题字,为何道州手笔,可珍也。壬申仲冬,景葵记。

(《卷盦书跋》,第13页)

恒言广证题识

(1940年11月)

此书十五年前悬值二百元,欲以百二得之,不谐。曾见北平图书馆得一传录本,似未全录,疑即藏者所为。今董估以五百元出售,因其繁富切实,足与钱注并行,且为乡先哲未刊遗著,故不嫌其昂而收藏之,以公诸世间为快也。庚辰十月,景葵读。

(《卷盦书跋》,第13页)

【附】 顾廷龙题跋,云:"平贾董金榜在杭金元达家收得《恒言录》陈仲鱼手校本求售。揆初丈斥重值购之,付馆珍藏。按各条皆有补证,楷书上方于原本引书篇第及误讹之处,亦注改行间。卷末跋文一篇,则纸浸湿而敝,损蚀三之一。秉笔之意,从事之年,均不可详。因检羊复礼所刊《筒庄钞续编》,有《恒言广证·叙》、《校读》两文,构造虽异,大旨则同。是即《恒言广证》之原稿也。《叙》云疏记上下,积而成帙,盖剔有移录成书者,改定叙文,以冠诸首。迨光绪戊子羊刻文钞跋,有'《恒言广证》六卷,旧为吴氏竹初山房所藏,今亦存亡莫卜'之语。迄今又几更沧桑,益不可问矣!展诵底本,书体清整,当非率意之稿。灵爽所寄,历劫不磨,亟重写正,以竣好事者为之刊传也。二十九年九月,顾廷龙记。"(手迹,原书,上海图书馆藏)

说文解字理董跋

(1941年5月19日、1942年9月24日)

吴西林先生《说文理董前编》钞本十七卷,京估从扬州得来,谓其源出自缪艺风家。后附《山右石刻丛编序》两页,系缪著,有缪校字。又《理董》前五页,有朱文校字,亦艺风笔。则所云出自缪家可信也。《后编》石印本,柳序述《前编》存亡及卷数作疑辞,知为罕见之本,因收得之,将请专家研究,俾与《后编》并显于世。辛巳四月廿四日,揆初记。

购得此书时,请马夷初先生审定,谓是《正编》,非《前编》。又假得郑西谛先生所收旧抄本,第七、第八、第十一、第十二四篇,经夷初详细校正,因目力不继,由顾起潜君续校,并补写缺篆缺叶,夷初作跋于后。当再请专家复审之。闻徐行可藏有原稿,未知系完帙否?书以询之。壬午中秋又读一过。景葵。

(《卷盦书跋》,第 13~14 页)

说文解字段注跋

(1940 年 2 月 5 日)

批校本《段注说文》,佚去第十四篇一册,存十五册,未署名。抱经堂朱遂翔自杭州寄来,每册有皖江马氏素行居藏印。第一篇下"荤"篆校,有"麟按"云云;第四篇下《耒部》校,有"征麟按"云云。定为怀宁马征麟读本。第十一篇上"汨"篆校,辩罗汭非湘阴之罗城,说见《历代地理沿革图说》云云。余案头适有同治十年金陵刊本马氏《订正历代地理沿革图》,取以核对,语语符合。前后校语约二百余条,除采取钱献之之说外,均自抒所得,精覈不苟。马氏著有《长江图》十二卷,与《地理沿革图》先后刊行,其他著述未见流传。在校语内发见所著有《七始元音正征篇》,有《学诗多识篇》,有《补啮字说》,有《佩鞢解》,不知尚有传本否?又似曾游李申耆之门,为仙源书院山长,是同治间一朴学。其他履历著述须续访之。己卯除夕前二日灯下,叶景葵记。

(《卷盦书跋》,第 14 页)

说文解字汇纂条例跋

(1939 年 10 月)

仁和严曾铨字蓉孙,廪贡生。仁和孙礼煜字耀先,光绪丙子举人。同辑。

此书系蓉孙姑丈任搜访及编辑,而耀先年丈总其成,即在孙宅办事,昕夕劳勚,卒以工本太钜,成书迟缓,鸿宝斋所储原稿,不知踪迹。孙氏后嗣颇疑近来所出《说文诂林》或系脱胎《汇纂》原稿,但未得佐证。故勤斋同年(智敏)有启事征求之举,其实丁氏亦富于收藏,且喜公开流布。如见原稿,决不致秘而不宣也。己卯九月。揆初记。

(《卷盦书跋》,第 15 页)

谐声谱跋

(1939 年 6 月 22、23 日,11 月 23 日)

此书校写刊行始末,已详霜根老人序言。余本以此事属霜根,霜根谦辞,以不学韵学为憾。乃荐戴绥之翁专任其事,嗣徐君森玉借得东方文化会另一写本,乃以三本并交绥翁。绥翁约定每月写费四十元,以十个月写毕为约。但事极烦难,绥翁写毕一册,缴与霜根,再取第二册。盛暑祁寒,未尝间断。至第十一个月尚未竣事,坚不肯收写费,谓原约以十个月,今迟误则某之咎,不可妄取。霜根于月朔送以写费,绥翁璧还之,谓第一月系初四日起,今未满一月,未便领受。其耿介而重然诺如此。余素未识绥翁，因此事得厕交游之列，深自欣幸。此书刊成，阅二年。绥翁贫甚，得一课徒，馆谷甚菲，主人复吝啬，而绥翁安之若素，课读甚勤，谓其徒聪慧可教也。余方欲以他事烦之，函询霜根，谓绥翁目力如何？霜根复以尚可钞书，但不久已以老病死矣。身后著述无存，此本是其精力所萃，堪与张氏父子原本同传永久矣！

东方文化会传抄之本，不知其来历。《续经解》所刊节本，出于粤东龙氏。龙氏刻本，余亦未见。恽子居作《序》见《大云山房稿》，其时恐尚未有付刊之意。因就原稿验之，盖草创而非定本也。余友王欣夫（大隆）告余谓，《国粹学报》载郑叔问《南献征遗》。附邓氏秋枚案语，谓光绪时广州有刊行足本，阳湖吴氏翌寅曾与校勘，并于他处曾见刊者主名。又邓氏《国粹学报》后附《捐赠书目》，亦载此书等语。余闻而欣喜，加意访求，迄无知者，惟欣夫决非谰言，嗣抄得屠敬山君一序，知拟刻者为揭扬县知县庄君心嘉，为珍艺先生族孙，皋文弟翰凤先生之孙塈。家藏皋文手稿甚夥，余所得皋文手写本《虞氏易》两种，及《茗柯文》二编，与刘翰怡所得，均出自庄氏。此人似尚存，未闻有刻书之举。大约当时曾拟编刊，敬山序而未刻，犹之子居序而未刻也。惟原稿未经整理，不能付刊。郑叔问所列，邓秋枚所捐，是否庄氏就彦惟手稿传写修改以备付刊之本？东方文化会所藏是否即邓氏捐入国粹报馆之本？以理度之，庶几近是。但出自臆测，未敢遽以为定也。庄君或有晤询机会。欣夫近在咫尺，喜研国故，还当从容讨论之。敬山序附抄于后。己卯夏至。景葵漫记。

绥翁于涂改钩乙处，另附《勘误表》。恐黏贴有脱落，全书无一误字，异常矜慎。惟有重写之字二，本以涂去之，石印校样描润时，误将修去。故印本有重字二，此非绥翁之责，而余之责也。次日又记。

顷知庄君心嘉已卒于民国廿一年，其家亦云有拟刊之书，迄未着手，不知何故。问以何书，则不能举其名矣。

近有绥翁门人曹君撰《绥翁行状》,颇详实,已乞得另存。已卯小雪,又记。

(《卷盦书跋》,第 15～17 页)

集 韵 跋

(1935 年 12 月 28 日、1937 年 3 月)

乙亥冬日购得曹本《集韵》,思传录一校本,以纠正其失。先借得王绥珊所藏李柯溪临段校本(因李目疾,请顾梅轩代录,亲自校对一过),但缺一二两卷,嗣又借得陈澄中新购周香严临段校本,较李临本为佳。因依照周临用朱墨笔分别照录一过。曹本有缺叶,以顾涧蘋修补本补足之,段校之真面尽见。澄中得本,除周临段校外,又有邵亭父子传录各家校本,异常繁密,不克照录,跋而还之。兹将原跋另纸录附,以见彼本之佳。是岁仲冬十一日始校正,腊月初三竣功。景葵。

乙亥仲冬假得九峰旧庐王氏所藏李柯溪临段校本《集韵》,缺平声卷一、卷二。比晤余友陈君澄中,知新得周香严临段校本,许我借临,乃胜王氏藏本远甚。骤观之,朱墨杂沓,大有山阴道上之概。反复潜玩,并择要迻录一过,始有线索可寻,试约略言之。

周香严临段懋堂校本,先是段借周藏毛斧季影宋抄本,校曹本之上,越数年,周以影宋本归听雨楼查氏,遂借段校本临于顾修曹本之上,即此本也。凡段校均朱笔,其用墨笔者,乃段校采取严鸥盟、钮匪石诸家之说。何以知之?因九峰旧庐之李临本,凡周校作墨笔者,彼本均有之,往往与此本莫氏所录严、钮诸说重复,是其证也。惟入声十九铎,膞字太口用《考工记·旅人》一条,李临本无之,当是漏写。莫子偲收得此本,复借得黄子寿临各家校本。黄本除临各家外,又以已意增校。黄氏所临各家：一、陈元禄藏袁绶阶校本；二、钮匪石校本、袁绶阶先临段校、钮借袁本临校，又以已意增校；三、旌德吕氏藏瓠息主人凌氏校本，凌本内有吕侍郎及其子昼堂孝廉（锦文）增校，又有夹签许印林校，子偲借得黄本，即临于此本之上，未尽一卷，命其子绳孙补录毕功。复借得晋江陈泰吉侍郎（庆镛）临各家校本，陈本除临各家外，又以已意增校。

陈氏所临各家：一、汪小米临严鸥盟校宋本，小米以已意增校，皆至卷五而止；二、吴崧甫少宗伯校本，亦从毛氏影宋本迻校，卷中有署仁寿者，是否崧甫之名？待考。

绳孙续录于此本之上，录毕，又以已意增校，卷中有引甘泉师者（疑是江郑堂，有称矦案者，当是陈硕甫，有署郑者，珍字者，当是郑子尹）。有题马校钱校者，未详。大抵皆从他家校本及著述内札录。绳孙又亲见影宋本，书中夹签亦绳孙所书。盖皆引而未定之说，其致力之勤，为后来所不及。自乾隆甲寅以迄咸丰庚申，绵历七十载，群儒精力萃于一编，莫氏签题诩为国内无二，良有以也。此本浮湛沪肆亦已有年，故友宗耿吾曾为余言，访而未得，澄中于风尘中物色得之，可称巨眼。殆懋堂所谓传之其人者，跋而还之。以志一臠之雅。腊月初三日，杭县叶景葵识。

王欣夫云："仁寿姓唐，甘泉乡人弟子，与张文虎同校书于金陵局，与莫邵亭同时。吴崧甫名钟骏，马校是马钊所校。"丙子仲夏书。甘泉师即甘泉乡人，故又作钱校。丁丑春又记。

（《卷盦书跋》，第 17～19 页）

国语补音题识

（1926 年 6 月）

国语补音　顾千里抄校本　第三卷系手抄，以正德本微波榭并本校。凡以双圈作记者皆此本佳胜处。

(手迹,原书,上海图书馆藏)

群经音辨跋

(1932 年 6 月、1935 年 1 月)

此校本详纪宋本行款补版,及刻补名字,是亲见宋大字本者,与藏在东校本不同。在东系据影钞宋本也。

耐仲不知何人,俟考。书贾撤去周幔亭跋,冀伪充藏校,可恨!

宝康字孝劼,为盛祭酒之女夫。祭酒藏有宋汀州本《群经音辨》,孝劼似未得见,或者祭酒得书在戊戌之后。壬申仲夏,揆初识。

毛氏影宋本现已印行,如卷一八部孔,误作个;牛部牢,约也,注误衍"削约"二字,毛抄与张刻皆然,非亲见大字宋刊本者不能校正其误。此本甚可珍贵。甲戌季冬,复阅记之。

周榘字子平,四川布政使。周瑛九世孙,父荣光,迁江宁。榘好学博览,有巧思,能以拳木造天地球,能以尺绢画山河万里,其婢仆家人亦能知华严字母,时以振奇人目之。所居清凉山,今犹有其读书处。著有《阙里小志》《幔亭诗钞》《清凉散》一卷(一名《清凉小志》)。右见国学图书馆第四年刊《江苏书征》初稿。

(《卷盦书跋》,第 19~20 页)

韵补校记二则

(1933年3月10日)

余前购常熟翁氏旧藏毛子会钞本《韵补》五卷,首尾皆毛氏手钞,其余集众手而成,复经毛氏校正。顷书友李子东示余一明初刊本,经文村老民王氏手校者。刊本失去序跋,未详刊者姓名,但知非许宗鲁本耳。文村校语,至为精审,因取余藏钞本,详校一过。

文村所引各本,一为宋本,颇有讹脱,当即《瞿目》著录之本。文村馆于恬裕斋,固寝馈有年也。又引一钞本,其佳处与此本无不密合,当与毛氏传录之本同出一源,或即毛氏所见之本亦未可知。此本固出于庐山故家也。又引一本,当系刊本,未详时代。又引陆敕先校宋本,其底本为刊钞,不可知矣。

凡此本与宋本及各本异文皆详录之。

文村校定异文外,复编改所引原书,根究疑义,每于韵母多所订正。非深于小学、韵学者不能,亦详录之。

凡文村审为宋本之讹,而此本不讹者,概不省略。

明初本与此本异文,书曰:"明初本作某"。

明初本间有旧校,凡可与此本相印证者,皆录之。书曰:"明初本旧校作某"。其有文村校语者,更加"校云"二字以别之。

宋本有数处,是以订正此本,但此本讹字,以文村校语证之。宋本十九皆讹。其宋本讹而此本不讹者,尤属多数;明初本讹而此本不讹者,亦数十字。始知毛氏所据之本极有价值,复校勘工夫又异常细密,洵属善本。癸酉二月十一日起,每日灯下校一卷,五日而毕。十五日灯下,叶景葵识。

此卷有烂损字,癸酉仲春依明初刊本补写。景葵。

(手迹,原书,上海图书馆藏)

传经表补正跋

(1940 年 12 月)

此汪伯唐先生之胞弟,原名舜俞,字仲虞,后改今名。伯唐原名尧俞,后改大燮。仲虞游幕广州,每秋试乃回乡。此癸巳年同应顺天试时所赠。未几,即死于广州。其余所刻诸书,有汲古《六十家词》最为钜袠。仲虞健谈,记诵极博,与伯唐先生之沈默迥不同。兄弟友爱甚笃,喜论时事,每遇抗争,不相下。仲尤激昂慷慨,其时同游者夏穗卿、汪穰卿、钱念劬,均已宿草十余年,思之如在目前耳。庚辰冬初,检书记此。景葵。

(《卷盦书跋》,第 20 页)

经籍跋文题识

(1933 年 1 月 26 日)

此册为简庄先生写定原稿,后有吴兔床跋语,前刊管芷湘编定目录,又附钱警石致蒋生沐札。蒋氏刊入《涉闻梓旧》,由钱氏介绍而成,可于札考见之。册中各件,皆吾乡先哲手书真迹,弥足珍重,亟宜宝存,毋使散佚。杭县后学叶景葵敬题。癸酉元旦日。

(手迹,原书,上海图书馆藏)

朱子经说题识

(1940年2月)

朱子经说　嘉善陈几亭先生辑，崇祯庚辰寓刊底本，几亭先生手校并跋。越三百年庚辰正月后学叶景葵敬题。

陈龙正，字惕龙，嘉善人。游高龙攀门，授中书舍人。上《养和》、《好生》二疏。又上言："拯困苏残，以生财为本。"及《用人探本疏》，左迁国子监丞。甫抵家而京师陷，福王力用为祠祭员外郎，不就。南京不守，龙正已得疾，遂率门人私谥曰文洁。金玄，字伯玉，武进人，兵部主事。崇祯十七年，帝崩，投金山河死，谥忠节。刘理顺，字复礼，杞县人，右谕德城破，投缳死。赠詹事，谥文正。

(手迹，原书，上海图书馆藏)

古文徵目次跋

(1939年4月18日)

晋书天文志序　地理志总序

隋史经籍志　周易、诗经、三礼、春秋、论语、孝经、小学、道经、佛经

唐一行两戒山河论

唐韩愈口裕议　答张童子序

唐书儒学传

后唐李琪请冤赋疏

五代王朴显德钦天历奏

唐书兵志・文艺传序

新唐书啖助传

五代史志方考序

宋苏轼圜丘合祭六议剳子、私议策问、苏轼古文序

朱熹开阡陌辨、四庙祧主议、周易五赞、六先生画象赞

胡铨论时政差役诸法狀

宋史兵志序

元马瑞临春秋古经辨、吴澄无极而太极说、东西周辨

此秀水盛柚堂先生选钞家塾课本,存唐五代宋元一册。除《隋史经籍志・道经・佛经》《一行两戒山河论》,朱子《周易五赞》《六先生画象赞》,吴草庐《无极太极说》等篇,系门弟子所抄外,余皆柚堂手抄。眉端校注,提要钩玄,所以示学子读书稽古之门径,不仅注意于文章之美。虽属寥寥残帙,与予昔年所收陈硕甫选抄《经史百家读本》,寔堪并重。为补写目次如右。卷中夹有山阴姜承列《分野辩》一篇,口绎柚堂跋语,似为未刊之稿,附订于后,以免遗失。己卯二月廿九日,叶景葵谨识。

（手迹,原书,上海图书馆藏）

汉书正讹题识

(1940年8月初)

王惺斋　汉书正讹。此尚珏抄录,而惺斋先生又再三修正,要为精心结撰而成。父子字体相近,非细心读之,不易辨别。庚辰夏末朱

贾自嘉兴贩来,谓出于衍石先生家,首尾完善,惟改正处多粘签,易脱落,尚须详细整理,俾无传讹。治《汉书》者,不能不读也。叶景葵敬识。

(手迹,原书,上海图书馆藏)

后汉书疏证校记

(1948年8月)

浙局刻本共分三十卷,与原稿核对,计缺而未刻者:《本纪》《列传》(原卷五)马廖以下三十七叶、《列传》(原卷六)郑兴以上十二叶,刻本卷六三十叶以后未完,计缺《张衡传》以前九叶半。原稿卷十卷十一全未刻。原卷十二《独行传》以前缺十四叶;末卷《西羌传》以下缺四十三叶。局刻分列传为十二卷,不依原目以意为之。《郡国志》分为十八卷,悉依原目。(原稿初次编目,《郡国志》自卷十二起至卷三十止,共分十九卷。)惟将十二、十三卷合为第十三卷,又收廿六、廿七卷合为第廿六卷。惟廿七卷所刻为《前汉艺文志》,甚不可解。细加紬绎,知系初校时以廿七卷《武威郡》篇叶太少,故并入廿六卷《金城郡》,合为廿六卷。如是则缺廿七卷,而前后卷均已排定付刊,乃羼入《艺文志》伪为廿七卷,以凑足三十卷之数,致成笑柄。盖是书刻于光绪廿六年,其时书局人员屡易,已无复初元矜慎之风矣。

八卷止刻《郡国志》一种,计缺《律历》《礼仪》《祭祀》《天文》《五行》《百官》《舆服》,详读原稿,知《郡国志》最初属草迨全书告成,乃重定目次,故《郡国志》有初目有重定之目,浙局所据乃其初稿,嘉业堂所藏则为定稿也。

局刻校对讹误尚少,《第五伦传》缺"犹解酲当以酒也"一条;《王龚传》缺"蘧伯玉耻独为君子"一条;《蔡邕传》缺"还守本邦"一条;《东夷传》缺"马加牛加狗加"一条,似系校者所删。又刻本卷七"鈇锧肩"下多"胵完羝伪介鲜"一条,卷十二"著独力之衣"下少"溪蛮丛笑"四行,则系初稿与定稿之异同也。三十七年八月粗校一过,记其所见。

(《卷盦书跋》,第 21～22 页)

三国志题记

(1940 年 3 月)

丙寅秋,见曹君直先生手校金陵局本《三国志》,定价十六元,闻吾友王欣夫欲得之,即以相让。庚辰春出旧藏此本,倩馆友迻录一部。君直原校系以明钞单注本及大字宋本两种互勘,极为精善。录竟,即藏之馆中,以垂永久。首二卷原有朱笔句读,系前人所加。此书为先君所购,在吾家至少已五十年矣。叶景葵敬记。

(《卷盦书跋》,第 22 页)

晋书斠注题记

(1941 年 5 月)

第一次印本讹字最多,此第二次印本,业已校正刊改。应再与原稿校对一过,以成定本。原稿系剪裁黏贴,岁久有散乱之虞也。辛巳四月揆初记。

(《卷盦书跋》,第 23 页)

后梁春秋题识

(1932 年 11 月)

后梁春秋　原刊本。此刊本流传甚少,八千卷楼旧藏影抄本,现存南京国学图书馆。壬申冬日借抄补完。景葵。

(手迹,原书,上海图书馆藏)

南　史　跋

(1941 年 3 月)

潘君博山收得王西庄校本《南北史》,极为精美。适故人宗耿吾旧藏刘泖生传录本散出,余即收之,有《南史》而无《北史》。借潘藏本对读,知第四十九卷以后校语未录,第五十二至六十卷,则校语圈点均未录。盖当时借书时间匆促,故付阙如也。丁丑之夏,先室逝世,入山养静,即携刘校本,又借潘藏末三册同行。到山后,经十日之力补录完竣。秋后下山,因蒋抑卮兄称赏此书,乃以余所补录之三册留供繙读,潘本则挟之赴汉。戊寅春回沪,则博山已由苏避沪,当面缴还,而抑卮匆匆离山,将余补录本留山,屡托友人往觅未得。至庚辰,荷郑性白亲至抑卮山居检查,始在书案抽屉内觅得。辛巳春,又荷顾牧师自山中珍重携回上海,始得与全书合并。良友之力,深可铭佩,而抑卮已作古人矣!卷四十五第十一页,抑卮有校语著于前眉,渠读书极细密,向少笔墨,此虽寥寥数字,亦可留作记念。泖生先生校书甚精,此系匆匆传录,恐他卷尚有遗落之处,应再借原本校读一过。卷六十四缺末两页,亦须补抄,并假《北史》过录一部,俾人间留一副本。以近日物价趋势而论,恐已无刊印之望矣!

(手迹,原书,上海图书馆藏)

王俨斋明史稿真迹第十四册题跋

(1944年4月)

侯仁之结论云:"鸿绪不尽采万传,但残稿中必有本诸万稿者。"今观此卷,杨廷和、杨一清、徐阶三传,前列新稿,后列旧稿,而于《徐阶传》旧稿加注"此卷未妥,万季老亦云非定本,至其旧本则陶紫司所为,全然不同"等语,侯氏之说,允矣!细绎改定各稿,每事必查其所据,大都以《实录》为宗,而亦有不轻信者。如《陆完传》之未与宁王反谋,以《弇州史料》为可信,是也。私家著述,如《纪事本末》《国榷》《泳化类编》《献征录》《列卿纪》无不甄采,而抉择甚严。如许宗鲁之《刘玑传》,谓其语多嗫嚅,黄珂之《杨廷和墓志》,谓有姻亲关系,是也。罗列事实,择善而从。如《杨廷和传》改本,述受遗诏,主濮议事,《杨一清传》改本,述修边墙,结张永事,论断极为公允。且后段全用旧稿,一经点窜,栩栩如生。不采无据之词,不执已成之见,匪特鉴定字迹,确为横云原本,且信此老实一代史才,不仅以润色文字见长如我夷初云云也。甲申三月,承松江图书馆以第十四册见示,敬书所见于后,兼以志谢。杭县叶景葵。

(《卷盦书跋》,第23页)

明史义例汇编题识

(1940年7月)

此书羼入四益宦群稿中。前有王旭庄年丈仁东致一山札。似系章一山同年梫之著作。虽未成书,采辑甚富,治《明史》者不可不读。庚辰夏景葵志。

(手迹,原书,上海图书馆藏)

明 通 鉴 跋

(1941年3月)

此书体例以《实录》为本,凡采及稗史者,必详说原委,如载正统二年张后御殿谴责王振事,是其例;凡野史之谬误必辨正之,如论马愉、曹鼐正统五年入阁及辟建文从亡诸谬说,是其例;凡《实录》之不可从者,亦辨正之,如载太监陈永昌谏阻迁都谓系成化初修史时,其嗣子泰预纂修,有溢美之词,又郭登守城出见英宗非事实,谓系史官粉饰之词,是其例;又《实录》之前后歧出者,修正之,如《景泰实录》不载卢忠告变事,采《天顺实录》及诸书补订,是其例。全书征引宏富,翦裁有法,其论断亦通达政体,烛见治乱之原,君子小人消长之故。在有明之季,熟读一代《实录》及各种野史,能以公平严正之笔,表而出之者,舍季野莫属。太炎之说是也。其价值自在《庄史残稿》之上,惜只存十一册,亦人间瓌宝矣!辛巳二月读竟,叶景葵识。

(《卷盦书跋》,第24页)

鲍氏战国策注题识

(1926 年 6 月)

曩得郁华阁旧藏本,已将卷末篆文牌子剜去。此本尚完,故并存之。丙寅夏日购于杭州抱经堂。全书评点,均明人手笔,精审不苟。景葵记。

(《卷盦书跋》,第 24 页)

南 迁 录 跋

(1938 年 11 月 24 日)

《南迁录》八卷,当从《四库全书提要》作一卷。丙申孟冬,假昆明萧绍庭所得钞本,手录一过。绍庭得之任城,原册有茌谷小印,知为孔氏故物。第四卷缺三叶,八卷后亦未完,讹字错简,随手改正,不知盖阙,以俟他日校补。景葵识。

此余廿二岁在济南历城县甥馆中,借昆明萧绍庭丈应椿所藏抄本迻录,藉以练习楷法。抄毕手自衬纸,先室朱夫人为余装钉,当日闺房静好之乐,如在目前。置之书箧,于今四十有四年。线装依然未损,而先室已长眠地下。睹物思人,万端怅触!原本伪造,无裨史实。萧抄本妄分八卷,亦不足重。楷书稚劣可哂,诚以先室所装治之本,不忍捐弃。适见金耿庵手校清初抄本,补校一过,并抄补阙文,复置诸群书之列,以期保存勿失。每年检点一过,聊以慰余哀悼云尔!戊寅十月初三灯下揆初记。

(《卷盦书跋》,第 59 页)

北梦琐言题识

(1938 年 10 月)

缪艺风三校本,根据商本、《广记》本、刘吴两钞本,前后二十余年,用力勤劬,校笔整饬。向藏亡友宗耿吾家,近忽流入沪肆,借来过录一通,殊愧原校之工细。戊寅秋末,景葵记。

(《卷盦书跋》,第 25～26 页)

劫灰录跋

(1928 年 1 月 7 日)

此钞本为双照楼吴氏故物,分上下二卷,祇有何腾蛟、堵荫锡、瞿式耜、陈子壮、张家玉五人传,较旧本《劫灰录》少七人。且旧本《劫灰录》每卷原题《殉国谱臣事考》,此改"殉国"为"亡国"。又有"我朝大兵"字样,或系从叶氏所谓今本《劫灰录》传抄而未全者。惟又有《张李二寇传》,均题曰《节略》,是否节抄《见闻随笔》,未敢臆断。又有《日本乞师伪太子王子明事》《开读传信》《朱文学》《五人传》《祭五人文》等篇,以《四库提要》证之,皆为《见闻随笔》所无,而《开读传信》以下四篇,遇有太祖高皇帝及二祖十宗朝廷诏旨等字,均空格或提行,实系传录明人写本。然则此书当为国朝人杂钞而成,与珠江旧史原著,名同而实异也。丁卯腊月既望,景葵记。

(《卷盦书跋》,第 26 页)

南疆逸史题识

(1932 年 11 月)

　　此书从金陵故家散出，阙卷廿至廿五，又阙五十五、五十六两卷，壬申仲冬，向国学图书馆假所藏吾乡八千卷楼钞本，照钞补足。节子得此足本，见于《越缦堂日记》。在闽时所得异书，每与丁氏昆仲书札往还，互相通假。此本当与丁氏藏本同出一源也。景葵识。

(《卷盦书跋》,第 26 页)

历代统系跋

(1941 年 6 月)

　　《历代统系》五卷，紫幢道人著。首卷自盘古至无怀氏，卷上伏羲至后汉末，卷中三国、蜀汉至唐末，卷下北朝辽至明万历四十四年，因是年太祖建国于辽东改元天命，正统已归于大清也。末卷又辑录万历以后至明亡诸王为止，意取鉴戒。全书皆道人手稿，惟末册第一叶，及最后九叶，乃钞胥所录，经道人点定。《八旗文经·文昭传》未著录，序末所署听秋斋及印章，红树山房之名，亦为传所不载。原署麟趾，后改子晋，似麟趾为少年之别号，后废不用。诚罕见之秘笈矣。辛巳五月展读竟，叶景葵识。

(《卷盦书跋》,第 27 页)

南田志稿题识

(1940年2月)

右石经阁冯先生手稿　钱衎石①藏印　己卯残腊葛沪估从嘉善寄来。叶景葵识。

同时购得者有衎石手校钞本《监国日录纪事略》及《盛氏嘉禾征献录》原稿五巨册。必有盗入钱氏之室矣。

(手迹,原书,上海图书馆藏)

阳羡风土记补辑题识

(1940年6月)

此稿与付刊后又加修正,故收之。庚辰五月景葵记。

(手迹,原书,上海图书馆藏)

宰涟纪要题识②

(1940年)

此许珊林先生槤之曾孙,海昌望族也。父名□祥,字子颂,曾辑

---

① 指清道光时嘉兴藏书家钱仪吉。——编者
② 原题识无日期。因原书刊于"庚辰仲春",故系于本年。——编者

《许学丛刻》,有诗稿,已刊。葵记。

(手迹,原书,上海图书馆藏)

吴江陆幹夫先生墓表跋

(1941年3月)

光绪癸巳,余应顺天试报罢归,严君命从陆幹甫先生受业,为时不过三月,改削制艺四篇,谒见两次。次年即赴济南,又应南闱。及回豫省,则均至外县随任,无缘再抠谒,仅闻先生亦得外任。及余服官,则音问更稀矣。前岁在旧都与章霜根纵谈及先生,余称为师,霜根甚奇之,乃以前事相告。霜根即检文稿中所存旧作《陆大令墓表》见示,谓"此固余数十年老友,实吾乡笃行君子也。"临别又以《墓表》石本见赠。谓余:"此文颇得意,君既有此一段因缘,自有珍藏价值。"霜根为此表时,距其去世不满一年。复读此文,知先生为根柢深醇之循吏,愧余浅尝,未免孤负。诗文集刻本亦未见,过当访求之.辛巳二月门人叶景葵敬识。

(《卷盦书跋》,第27页)

新化邹征君传跋

(1939年11月)

光绪癸卯,余至湖北,与公初识面,奉调至湖南,与公往来书札,商榷学务,指导极为勤恳,惜来札均已遗失。公入都后,仅得晤谈一次,以后即人天永隔矣!公有二子:长安图字靖伯,今年亦病故;次安罗字郑叔,现在交通部任路局副局长。其遗著闻均散佚,不知其门下士尚有抄存者否？己卯初冬,揆初记。

(《卷盦书跋》,第28页)

稷山段氏二妙合谱题识

(1935年12月23日)

作者读海丰吴氏新刊《二妙集》,遂有此作。写定后,赠石莲主人,藏庋二十余年。今冬流入厂肆,适闻益庵之讣,急收得之。前序二篇,系益庵手书。乙亥十二月冬至日,揆初记。

(《卷盦书跋》,第29页)

明唐荆川先生年谱题识

(1941年2月)

此书托陈莱青兄向唐君企林(肯)乞得。采摭宏富。体裁详赡,为近来佳构。四方乞借之书,为生平未见未闻者极夥。足征人间秘籍,因各方私为己有而无端埋没者,岂可胜道！即如近购欧阳南野先生文集,亦为唐君所未见。唐君所见《文选》系节本,非全书也。明人集部未经发见者必多,将来当有补遗机会,为唐君勖之。辛巳正初。

(《卷盦书跋》,第29页)

813

闽中书画录跋

(1943年5月)

武进费氏归牧庵旧藏海盐黄椒升先生遗书,钞本三种:一《闽中书画录》十六卷,二《闽杂记》二卷,三《闽中录异》二卷。板心有擘荔轩字样,盖著者清稿本也。书为闽县李君墨巢所得,墨巢以全部藏书捐赠合众图书馆,此本附焉。慈溪李君止溪笃好书画,尤愿表章先哲遗著,因选《闽中书画录》,捐资印行,列为馆辑丛书第十种。按《海盐志·文苑》载椒升著《金石考》及《海上竹枝词》,未及此三种,《志》又言椒升幼精鉴赏,饶于赀,广购金石文字,以致中落,以布政司都事需次闽垣,为上游器重,署上杭典史引疾归。从事丹铅,好古之士,咸就质,至九十一而终。今观《书画录》以吾杭李氏晞曾《八闽书画记》为蓝本,增辑凡五易,稿由二百余家增至八百余家,所采之书,多至三百二十余种,其致力可谓勤矣!惟原书至嘉庆初叶止,今又一百余年,墨巢拳拳乡邦文献,倘能征集闻见,续为补辑,俾八闽艺苑,后起得踵美前录,必更有如止溪之好事流传者,拭目俟之。癸未四月,叶景葵。

(《卷盦书跋》,第29~30页)

经济特科同征录题记

(1940年11月)

是年余入京殿试,寓叔岳夏厚庵先生敦复家。先生相待极厚,视同犹子，谆谆嘱付，谓特科非正途，万不可应试。余遵其教，故举而未试。先生之意，盖欲余木天翔步，不以请归本班为然。余以老亲在汴，官累甚重，急欲分任仔肩，万难再作清秘之梦，先生亦谅之。故余之不就特科试，即所以慰先生也。先生承荫分刑部主事，晋御史，生平以慈善为怀，办灾赈最出力，为吾杭老辈中之讲求志节者。家况清贫，处之怡然，喜读宋儒书，盖承家教也。庚辰十月，景葵记。

(《卷盦书跋》，第 30 页)

鸰痛记题识

(1921 年 3 月)

余二弟仲裕于宣统元年己酉六月初三日黎明，舟行长江至泰兴上游，投水死，此为平生极痛心之事。箧中尚存当时家禀三十余纸，报告甚详。检出重装，使子孙读之，知吾家有此志事，并为将来社会青年作借镜之资。读者当哀其不幸也！辛酉二月揆初记。

(手迹，原书，上海图书馆藏)

鸰痛记跋

(1941 年 3 月 12 日)

光绪壬寅春，余奉母回杭。同行者胞妹景蓉，将遣嫁于杭州高氏。胞弟景莱仲裕、景莘叔衡，姑表弟严江鸥客、严泷龙隐，此四人者,于戊戌后在太康县署,请一西文算学教习。庚子义和团起义,教习惧祸回闽,无师可教,余虑其废学,拟同时遣至日本求学,预计四人学费,不过二千金左右。时家君在太康已二年余,景况稍裕,似学费尚可腾挪。余妇铭延,亦侍母同行,因嫁事非伊不克襄助也。于是一家买舟,自亳州沿运河南行,每夕停泊,则兄弟五人上岸小吃,或沽鱼肉,到船聚餐,其乐未央。约行二十余日,抵杭州,行李未定,即得电,知家君调升汝州直隶州知州,相顾失色。汝州乃著名瘠缺,积累之躯,稍得休息,又入陷阱。家君续来书言,此系受人暗算,明升暗降,大不得了,四人学费万难供给,命重行核议。兄弟会商,即令叔衡、龙隐赴日本,仲裕、鸥客从缓。余再三忖度,家中负累太重,时势变幻可虑,决计自身须早寻出路,以分家君之担负。适赵尚书升署晋抚,来电相召,慨然允之,于是有山西之行。而仲裕、鸥客留于杭州,鸥客又先回河南,仲裕乃孑然独居杭州矣。是年胞妹出嫁,新婿高采枞维簏即在浙闱中式举人,合家大欢,乃留余母度岁,于次年春挈新婿伉俪同至河南,应癸卯补行辛丑壬寅会试,仲裕乃侍母同行。余于癸卯会试后,又奉调湖南,其时叔衡、龙隐到日本后,因语书不习,与教授龃龉,愤而回国,改入北洋大学肄业。鸥客则闲居无事,余招至长沙,介绍一印刷小事。仲裕独留署中,侍亲读书。余又离湖南,随赵尚书赴京,鸥客亦入北洋大学肄业。荏苒年余,余由京至湖北,正到省谢张文襄,将派文案,而赵尚书渡辽之命下,余遂有关外之行。仲裕独居无聊,乃发愤襥被赴上海,入震旦学院肄业。未一年,即受学生风潮,与同志数人创设复旦学校于吴淞。又三年,与同志数人创办神州日报社,大抵皆复旦学生,主持最力者,于右任、汪漱尘,各任招股之事。仲裕性敦笃,肯负责任,馆中事务,以一身揽之,早作夜思,不辞劳瘁。股分不足,于、汪虽有招徕,但到馆即罄,仲裕以一身独任其难,四出奔驰,艰窘万状。余在关外,虽尺素常通,但未能深悉其底蕴也。至光绪丁未,余自关外归,见余弟囚首垢面,几无寸晷之暇,详询颠末,始知报馆已如无底之坑，万难补漏。虽出己囊，略周其急，并派人驻馆，阅览流水，知余弟万不能维持到底，曾婉劝设法让渡于人。仲裕有难色，又因循数月，形势日岌。忽与商务印书馆经理夏粹芳闲谈，渠有意当此难局，介绍与仲裕谈条件，彼此参差。经余竭力撮合，由粹芳出资承办。仲裕不愿去实际而仍拥虚名，决计退出。于是《神州》之厄以解，所苦者，仲裕无事可为，热诚坌涌，万难寂寞寡欢。适杭州安定学校缺人，聘仲裕为监督，于是仲裕回乡任事矣。其时诸乡老如陈丈蓝洲先生等礼贤如渴，见仲裕朴诚劳苦，实心任事，待以殊礼。同乡诸公，委以主持《全浙公报》，又令参与谘议局复选事宜。其时浙抚增子固，浙藩颜小夏，均器重之，又委以浚湖局之事，一时誉望兼隆。仲裕亦不辞劳苦，为故乡服务。不料安定学生屡有风潮，谘议局复选颇受刺激，《公报》之事亦不顺手，盘旋郁结，新旧交攻，而病作矣。病初起时，经湖州人朱毅臣诊治，即断为脑神经受病，无药可治，非卸事静养不可。乃与乡老熟商，交卸《全浙公报》事，安定仍留虚名，而另延一人暂代。谘议局初选议员未当选，复选则票数足额，当选为议员。浚湖局暂时不辞。又经毅臣百计调治，居然痊可，遂伴同回沪。此函则回沪以后之变局也。前后三十余纸，至今阅之，酸楚万状。余所悔者，当《神州》盘顶之后，叔衡在英留学，曾有函劝余资送仲裕出洋留学，变其环境。迨叔衡书到，已受安定之聘。余初未想到，后又因循，未采叔衡之议，以致铸此大错。凡余兄弟中以仲裕为敦厚，平时讷讷，而任事血诚，侍人和蔼，起居饮食，坚苦节俭，而遇贫交后进，则挥斥施与，毫无吝色。惜乎生不逢时，环境逼迫，竟未能发挥光大，为家之光，徒令赍志殒身，与屈平为伍，是一家之不幸，而亦家督之罪也。　辛巳二月既望，揆初记。

此宣统元年己酉六月家书，原未标明，今补注之。辛巳二月记。申官名维，叔衡长子，出嗣仲裕之子。后办理总承时，又奉父母命嗣为余之长子，兼祧两房。　辛巳二月十五日记。

（手迹，原书，上海图书馆藏）

块余生自纪题识二则

(1940年10月12日)

块余生自纪二卷　先叔浩吾公手稿　侄景葵手装。

此稿前已检出，备交杂志社附印。沪西战事时，葵赴汉皋，为女仆捡置箧中，归来遍索不得，甚为悼惜。今夕检理故纸，忽然见之，喜出望外，急为装订，以待流传，可以编入家谱也。　侄景葵重读一遍敬记。廿九年十月十二日灯下。

（手迹，原书，上海图书馆藏）

赵君闳讣窀题识

(1940年12月)

赵惠甫先生之子君闳大令①，相识于端匋斋幕府中，晚年偏盲、群籍丧失。张氏父子《谐声谱》稿，承其让与，并订传布之约。幸不辱

---

① 赵君闳，名宽，江苏武进人，侨居常熟，清代藏书家天放楼主人赵烈文（惠甫）之子。光绪壬寅经济特科中试。曾任浙江嵊县、富阳县知县。民国后任江苏通志局协纂。1939年5月14日去世，享年77岁。其父《静能居日记》稿本后归陈群所得，现藏于台北。——编者

命,印行后,为音韵学专家所宝重。天放楼余籍,去年经京贾囊括而去。所存日记,亦已不全。颇拟传钞一副,不知能见允否也。庚辰十一月,景葵记。

(手迹,原书,上海图书馆藏)

安阳叶公渠事实跋

(1941年8月2日)

严君在豫三十六年,历宰剧邑,所至禁暴扶弱,轸恤农艰,而尤注意水旱之灾。旱则防蝻施赈,虔诚祈祷;水则识其被害最重者,相度蓄泄之故道,于水退后修浚之,不惜解囊提倡。如任祥符时,兴复贾鲁河支流各渠;任太康时,涡水上流泛滥,择沿河支渠之未经湮灭者,督三十余村于农隙修治之,皆选正绅督率,按段出夫,捐廉充赏,轻车简从,周流巡阅,不假胥役之手,凡章程禀报,亦亲自属草,顾皆散佚无存。此稿为光绪二十二年安阳县任内所草,景葵侍侧,亲见振笔疾书踌躇满志之状。稿成,顾而谕之曰:北方沙性剽疾,水道易淤,倘后之来者各惜每年三十串之宦囊,则几次骤雨,前功尽弃;如永远遵守不辍,虽数百年如新开之河亦不足异。古今政治往往如此,不仅治水为然。景葵敬识之,即检藏此稿,又拓得碑记一通,至今已四十五年。顷检书箧,完整无恙,亟付装池,乞农山、鼎梅二先生题记。农山豫人也,鼎梅随宦,又旅食居豫亦久。题成,与原拓《叶公渠碑记》同送合众图书馆保存,因述当年庭闻附书于后,以备省览。新修《安阳志·金石门》未载此碑记,向来金石著录,于清代之作不甚注重,以后当无此失。频年兵事,陵谷易迁,不知此渠此碑尚有形迹留贻否?我国历代循吏之戛心戛政,因视官如传舍,而付之烟销云灭胡可胜道。西门、郑白诸贤幸留名氏，而当年规画井井，今已一字无存，后之治国闻者当于此等实事加之意矣。　民国三十年岁次辛巳闰六月十日，景葵记。

"规画井井"四字删去，改为"工作制度及文书记载"九字。次日景葵又记。

(《历史文献》，第 4 辑，第 49 页)

诸仲芳笔录端方之死稿[①]题跋

(1944 年 4 月)

端浭阳之由鄂入蜀也，调湖北新兵曾广大一协而行。因前署鄂督时与曾有旧，欲有以借重之可当。是时也，新军皆富革命思想，曾部亦何能免？而端署江督任内，搜杀党人甚厉，曾部下之亲族故旧，间有被戮者，暗中结怨已深。传闻有督队官邓某，其弟亦为端诛，衔恨切齿，久图伺隙报复。故沿途军纪甚坏，颇多骚扰，端知之而不敢问，曾更未能约束也。洎抵重庆，鄂垣已举义旗，情势大变。由渝至蓉，遵东大道而行，计一千另（零）八十里，其时省中路潮益甚，巷哭罢市，咸雇幼童，首顶先皇光绪牌位，沿路痛哭负郭，四乡同志军纷起，怪状奇形，不一而足。识者已觇大乱将至矣！先是端于途中，劾署督赵尔丰办理不善，并严参署藩巡警道周某，以为川路风潮胥其酿成，应亟罢斥，以谢川民。周则具禀赵督，请宣示路潮内情；一面具禀端督，略为川路改归国有，本川民所乐从。因端与邮传部勾结，必欲估工给价，激起风潮。今因势若燎原，乃知民怒难犯，而巧于卸责，诿罪他人，以为一手

[①] 诸仲芳原件无题，此题由编者所加。原稿三纸，先生题跋撰于第三页后半。原件夹于《盛尚书愚斋存稿初刊》卷八十处，与上则观点一致。故上则批注虽则未署日期，据此推断都应撰于 1944 年 4 月或稍前。——编者

可尽掩人耳目云云。文长数千言，计端殊力，即以此禀稿，连同上赵督之禀及批示，印刷《辩冤书》，遣人沿东道各城镇，遍地抛洒。端见此事，又闻赵督有将俟其抵省即圈禁之说。故行至距省四百八十里之资州，逗留不进。而其部下见时机已至，但省中已派来炮兵团二百余人接护，乃克意连络一气，即于城中天上官，邀集当地人民开会，并劫端临场旁听。当场演说，表暴端罪状，并询是否应杀？听众处此军威之下，皆拍掌赞成。当端之被迫而来也，与其第六弟偕步履蹒跚，两人扶掖而行。人言已先服毒，至是，其六弟泣求邓某，愿以身代。邓某瞋目答之曰：你也跑不脱！即牵端至殿外院中左偏，坐一板凳上，以指挥刀执行。刃十余下而颈不殊，死状甚惨。其六弟亦即被杀乃耳。演说声明于地方无干，翌日全师而退，不必惊慌。于是散会，囊端首归营。明晨拔队东下。当地人士以银十两，市桐棺两具，收埋两尸于东门之外，翌年由家属迁去。民国元年冬道经其地，仅见一土窟，旁有断碣，文曰"清钦差大臣四川总督端方之墓"，犹卧衰草夕阳间也。

　　右吴县诸仲芳先生笔录。其时正办川东电报局，资州亦有分局，故见闻较详。因陈氏昆仲据夏午贻之说，谓涀阳为赵季帅所害。其说似是而非，嘱仲芳书此三纸，附入卷内，以明当时真相，后来编国史者或有取焉。

民国三十三年四月叶景葵记。
（手迹，原书，上海图书馆藏）

严容孙传题记

(1949年2月)

　　此复堂先生所撰先姑丈容孙公小传手稿，由许狷叟丈检交景葵转贻鸥客表弟收藏,至今将三十年矣。先姑丈生于咸丰癸丑,殁于光绪辛卯,享年三十九岁,原稿殆有笔误。己丑春,叶景葵敬记。

(《历史文献》,第 4 辑,第 26 页)

懿斋日记题识

(1949 年 3 月)

此册系梦旦先生日记。题曰"齐汲草",不知何意?当询之拔老。己丑二月景葵记。①

(手迹,原书,上海图书馆藏)

福州蚕桑公学稿题识

(1949 年 3 月)

封面原有题记云:"此系元稿,梦旦所拟,经某商改者,后未付刊,并无副本。到滇后或录一过,将此本邮回申。各表颇简要,有条理,故藏之。此上子有观察足下。 知名不署。"先生在此题记旁题识云:

此当列入梦旦先生著作。 景葵读。

(手迹,原书,上海图书馆藏)

---

① 后有李拔可批注:"盖取汲躅少懿之意。"原注无署名,据字迹考得。——编者

及之录按语

(1946年10月31日)

此录信笔抒写,不拘体裁,专供同人业余消遣,不敢列于著作之林。晋赵武子曰:"老将至而耄之矣。"故题曰《及之录》。

(《兴业邮乘》复第2期)

渐西村人日记题识[①]

(1941年3月)

渐西村人日记 第一册 残存五册 一、同治十一年壬申至十三年甲戌冬尽;二、光绪庚辰仲冬至辛巳五月中旬;三、辛巳五月下旬至十月上旬;四、甲申春初至九月晦;五、甲申十月朔至乙酉仲春。第二册附手抄《佛远教经论疏节要补注》。

(手迹,原书,上海图书馆藏)

---

① 原题识无日期。《卷盦札记》有"闻袁爽秋先生日记"条,考为1941年3月28日之事。题识当为同时之作。——编者

复堂日记跋

(1942 年 3 月 30 日)

故友蒋抑卮旧藏初印六卷本,桐庐袁忠节公评点。忠节与复堂深交,凡所揭橥者,撷其精要,无或遗漏;正其疵类,不稍假借,洵不愧直谅多闻之选。壬午仲春过录一通。此后印八卷本,亦抑卮故物,随大部分捐送合众图书馆者,其自行选留以贻子孙者,定名为凡将艸堂藏书。易箦前尚未选竣,余本其意旨,继续成之。此忠节手迹,则抑卮生前自行选留者也。八卷本已有采用忠节评本改正处。后学叶景葵记。

(《卷盦书跋》,第 31 页)

栩缘日记题识

(1942 年 2 月)

此记虽系残帙,所足贵者,鉴别书画碑版精审无伦,固与吾家缘督先生如骖之靳,而于画学知行并进,为缘督所不及。余识先生已在苏路协理时,嗣后苏浙路同时收归国有,先生留任清算。而余亦被浙路股东举为清算处主任,所业既同,乃有商榷请益之机会。先生冲淡和平,论事极恕,诚大耄之征也。壬午正月读竟,叶景葵识。

(《卷盦书跋》,第 31 页)

宝迂阁日记跋

(1943年9月)①

少石方伯由光绪庚辰进士,成庶吉士。散馆后,改湖北谷城县知县。历任汉阳、蕲水等剧邑,升授荆宜施道,调补汉黄德道,擢江西皋司,转广东藩司。共和肇建,致仕而归,侨寓杭州。此日记廿一册,自光绪壬辰正月在汉阳县任内起,至宣统辛亥九月在广东藩司任内止,前后二十年,无一日之间断。为牧令时:听讼,捕盗,勘灾必书;为关道时,征榷,交涉必书;为皋司时,注重于提审命盗案,遴员收词,拟批,课其优劣;为藩司时,每日接见僚属,每次牌示补署州县,皆为详录,而国家大兴革,亦附书焉。盖方伯起家牧令,以闾阎疾苦为怀,察吏安民,必详必慎,宜为张文襄所器重,三次特荐,有"为政廉平"之誉。官俸所余,喜聚法书名画,宝迂阁珍秘,今已散佚人间。日记中于收藏来历,评定价值,记之甚详,堪与书画录并重。所附诗稿,随笔抒写,清隽流转,自与樊山、实甫倡和往来,风格益遒,时有瑰丽乔皇钜制。所作诗钟,典雅工切,为同社所推重。方伯长先君一岁,皆由牧令擢升监司,服官皆三十余年,豫鄂邻省,闻声相思而已!方伯出山早于先君十年,还山亦早十年。民国壬戌,先君辞官归,筱石制军早居沪滨,方伯友于之爱,时往来杭沪之间。先君投分甚深,谈宴几无虚日。岁在戊辰,方伯以微疾捐馆,先君闻讣,愀然不乐,谓"少石先我而去,我将不久人世。"未及半年,遽尔弃养。苔岑之契,生死之

---

① 此跋无日期,此书《叶目》亦无记载。根据顾廷龙撰于1943年9月14日《宝迂阁日记跋》云:"吾友陆君颂尧……"故系于此。——编者

交,非寻常契洽也!陆世兄颂尧好蓄先哲日记,以重价购得此书,假读一过,忻感交集。方伯嗣子皆能世其家声,保其先泽,所佚书画及日记巨册,系杭乱时为市侩所攫,非同易米。颂尧以后进宝爱名迹,当仁不让,志趣可嘉。倘能商诸陈氏,合力付印,传布人间,使后学多得观摩,而陈氏亦无手泽沦亡之憾,斯为两美。企予望之。

(《卷盦书跋》,第32～33页)

忘山庐日记序

(1942年1月)

孙宝瑄,字仲玙,钱唐孙子授侍郎诒经之次子,慕韩总理宝琦之胞弟,李筱荃制军瀚章之女夫,以荫生得分部主事。生于同治甲戌,与余同岁。甲午平壤丧师,上书主和,谓晚明耻与本朝言和,以致亡国。为主战派所诃。奉母出都,寓沪八年,回都签分工部行走。长沙张文达公赏之,派编书局。文达长邮传,调充庶务司主稿。后与陈雨苍尚书不合,拂衣去。又入大理院,民国初,简宁波海关监督,殁于任,年四十有九。君幼而好学,敬兄,家事皆慕韩料理,多楹书,供其浏览。同时师友皆绩学劭闻之士,故所得宏富。癸巳以前,好读宋儒书,研义理之学。以后泛览史鉴,于历代兴亡得失,及典章制度之沿革迁变,究其大凡。又喜诵汉魏六朝之文赋。居沪后,获交章太炎、贵翰香、严几道、谭壮飞、梁任公、夏穗卿、蒋观云、汪穰卿、欧阳石芝、邵二我诸君,遍涉诸子百家,旁及释道家言。又习日文,凡新译东邦书,无不读,尤注重政治、哲学。于清代大儒,服膺梨洲与习斋,故留心时事,嫉朝政之不纲,主张民权,进为君主立宪。佩太炎之文学,而反对其逐满论,但未尝不主革命。尝读《明史》,谓"如王振、汪直、刘瑾、严嵩、魏忠贤之跋扈,当时拥强兵如孙承宗者,倘兴晋阳之甲入清君侧,即并阇君黜之,亦无愧于名教,病在胶执程朱之说,拘守名分太过"云云,可知其思想进步之一斑矣。君于癸巳年始为日记,每年一册,未曾间断。今仅存癸巳、甲午合一册,丁酉一册,戊戌一册,辛丑、壬寅、癸卯各一册,丙午、丁未、戊申各一册,共九册。计戊申以前尚缺六册,已酉以至殁世,当尚有十余册,均于杭州兵燹中失去。君极佩李文忠甲午之战主和,而反对与俄订密约。庚子以后,深知文忠之联俄,有救国之苦心。又佩项城之雄才,谓其赞助立宪,有功于国家。惟现存日记中断于项城罢斥之年,不知辛、壬以后其论如何。君之论学、论政、论人、论事,皆平心静气,不执成见,不尚空谈。如苏、浙各省拒款筑路一事,此倡彼和,狃于路亡国亡之说,君独引各国已事为鉴,谓借款筑路,并非失策,可谓朝阳鸣凤。日记中于友朋酬酢、家庭琐屑,以及诙谐狎邪诸事,无不据实直书,绝无隐饰,盖君固以"毋自欺"为宗旨者也。君之姊,为余叔岳夏厚庵先生敦复之继室,故余以姻叔称之。每入都,必往来谈宴,至为莫逆。辛亥以后,会面甚稀,今得于断缣零璧中温其绪论,斯诚光绪以来读书明理之君子矣。辛巳十一月尽,叶景葵识。

(《叶景葵杂著》,第32~33页)

禁烟私议题记

(1941年2月18日)

《禁烟私议》一卷,钞本。桐乡沈谷成先生善登著。先生藏书极富,拟刊行《豫恕堂禁书》,未成而殁。藏书在苏州星散。余有丛书拟目,钞稿中多秘册。先生为钟先生文烝弟子,著有《需时眇言》,已刊行,此议似亦在内。余前购一部,尚未检得,容再查对。余有初刻本凌晓楼《春秋繁露注》，系先生旧藏，有题记。辛巳正月廿三日记。葵。

(手迹，原书，上海图书馆藏)

华阳国志跋二则

(1939 年 7 月 6 日)

己卯仲夏，借邓正闇所藏顾涧薲校空居阁影宋本，与廖刻本对读。凡刻本所无之校语，均详录之。昔人皆认顾校冯本为廖刻之祖本，吴佩伯颇以钞刻互有同异为疑。霜根章氏详玩廖序，谓廖刻以孙渊如藏季沧苇影宋抄为底本，洵属读书得间。冯本顾跋云"为孙观察校刊于江宁"，盖谓代渊如校刊季氏影宋抄本也。廖氏系出赀人，涧薲系一手包办，明乎此，则顾跋与廖序，若符节之合矣。廖刻既以季抄为底本，故校语与顾校冯本互有异同详略，亦有校红样时加入之校语，不及一一过入冯本。(卷十下第四页前三行校云：汉有南郡太守为昆，癸酉十月得此条于校样时。刻本与校本同。但第二行校补阳南二字则未写入冯本，是其证。)迨甲戌春季以后，刻本既已印行，季抄亦物归原主，乃以陆续心得，详注于冯本，则皆刻本所无。惜季本不可得见，未知与廖刻及校定冯本异同详略如何耳。涧薲以季氏本与空居阁本，钱叔宝本同出一源，皆系影抄宋嘉泰刻本，其可依据，迥出俗本之上。故即以三抄本为主，而不注重于明代以来之刻本。(卷十末，《巴郡士女条》注云："近人见旧本较张佳允以来所刻多第十三之上中两卷，谓为完善，其实不然。")诚以汉晋以前之古籍，传写寝讹，校刊者每以意改，不尽可凭。即季、冯、钱三抄本，虽出影写，亦多讹夺。涧薲校读此书之法，先于怀疑处，以小圈记之，再择三本之善而从之，其不合者再取《史记》以下各史，及《水经注》《广韵》《风俗通》《通鉴》《晋载记》诸书校正之。有误必思,昔以为是,今以为非者,必改。如先以李温为然,温既知李温与然温确是二人,皆为桂阳太守(卷一)。如释梓潼太守张演委城走巴西一节,证明《通鉴》之是,《载记》之非(卷八)。真可谓力果心精,弗得弗措,故必合校本与刻本并观之。而涧薲读书之精诣,始见至校本有而刻本无者,或为刻时遗漏,如卷十一王国中尉王国侍郎之类;或为涧薲阙疑,以防意改之失,如卷十一杜珍校改作畛,刻本仍作珍之类。其矜慎可师,其小疵亦可谅。季本久已亡佚,廖刻是其嫡嗣,实堪珍视。近江安傅氏跋明刘大昌刻本,以廖刻满纸讹夺为口实,并以涧薲未见嘉靖以前刻本为疑。余恐后人泥于傅氏之言,而轻视此佳刻本,故明辨之如右。端午后十五日。叶景葵敬识。

正闇续见义门原本,知此本为及门传录,乃并惠校亦不敢定其真伪。余初见即以为何系传临,惠系真迹,故甚重此书。庚辰正月,收得松崖《左传补注》手稿,乃知此何校即惠氏所临,为之狂喜。两本今同一库,可以永远作证。松崖传临此书,未及详校,故校语极简,仅加一跋。否则可为千里先河矣。余友王君欣夫、潘君博山早有惠临何校之说,两君曾在淑照堂丁氏遗书散出时,亲见《左传补注》稿本,故非余之创获也。

(《卷盦书跋》,第33~35页)

江苏备志稿题识

(1942年12月)

向之同年殚精乙部,亘五十年无倦容,以不善治生。自清季以后,无论当局为何如人,皆以一官浮沉,赖薪俸自给,有臣朝常饥之叹。距今四五年前，忽来沪见访，谓爱居阁主人掌南政府行政，拟聘修《江苏备志》。渠固乐于从事，因聘请名义，不无拘束，向居北地，不愿南居，且审检书籍，以北京为便，俟稿成，当携之而来。此六十余巨册，盖皆在北草创之稿，故名曰《备志》。嗣爱居主人招之南来，谓非居南京则开支无名义。向之不得已允之，乃又以通志局长头衔加之。既入彀中，不得不随遇而安矣。今冬来函云，《江苏通志》早已写定，付刊无期，恐终付诸酱瓿。《备志》六十三卷，为《通志》雏形，颇盼识者为之保存，俾人间留一副墨余。乃赠以通用币贰千元，向之即亦此稿见赠。尚缺卷二十《武职表》、卷二十一《职官考》，允为补齐。今岁已七十八高龄，记忆稍差，目力腕力尚可总续。近年所著尚有《明代通鉴长编》九百四十卷，本受水竹村人之嘱，书成而水竹就荒，无人问鼎，其稿散居南北，殊可念也。　壬午仲冬景葵记。

（手迹，原书，上海图书馆藏）

浙江续通志稿题识①

（1944年7月）

浙江续通志　民国十二年纂修，残存九百十八页。

（《职官卷》首页）此卷记职官衔名。若官职沿革已载沿革门，此可省。

（手迹，原书，上海图书馆藏）

---

① 原题识无日期。据《顾廷龙年谱》引《顾廷龙日记》1944年4月14日："顾燮光来言，杭州汇古斋有《浙江金石志》《〈续通志〉稿本》。"同年7月11日又记："杭州寄书八包到。"疑即《浙江续通志稿》，已购得。1945年12月31日《顾廷龙日记》记："点《续浙江通志》卷页，以备浙江通志馆借阅。"证明此时该书已入藏合众图书馆。——编者

南唐书笺注跋

(1940年4月10日)

张菊生先生示我《涵芬楼烬余书录》底稿,《史部》载周雪客《南唐书笺注》十八卷,拜经楼抄本,朱耐园、吴兔床合校,周耕厓借阅,黏附校签数百条,征引繁富,剪裁精当。正思借钞,禾中书估寄来陈仲鱼钞校本三册,原四册,缺第二册,计缺第四至第八,凡五卷。乃借涵芬楼本抄补完全。仲鱼录耐园、兔床校用蓝笔,录耕厓校用朱笔,今概以墨笔补之。朱校注"朱"字,吴校注"吴"字,周校注"周"字。惟卷中亦夹有耕厓校签,有与涵芬楼本重复者,亦有不同者,间有涵芬所无者,似仲鱼录后,又经耕厓审定。今依原本一一整比补写完毕,惜嘉业堂草草刊行,未见此本也。庚辰三月三日写完,景葵记。

(《卷盦书跋》,第35~36页)

水经广注跋

(1939年11月)

此书韩绿卿初以为即王艮斋《水经广注》稿,后又更正。究不知作者名氏。观后跋所云,艮斋拟作《广注》未成等语,与艮斋临义门校本跋语符合,是必艮斋同时学者所为,其宗旨与艮斋相近也。己卯十月重装,景葵记。

(《卷盦书跋》,第36页)

水经注(重)校本题识

(1939 年 11 月)

陈咏槁(劢)手札,说明全氏真七校本失于寇乱,及重校钞本非完书。

林晋霞(颐山)手札,说明全氏手稿前六卷,是重校以后、七校以前之本。其余若干卷,亦重校以前之善本。又有若干卷系王氏凑合而成。

陈录题词原目　张石舟戴赵校案　附王跋二　七校本考略　七校本目次考异。

陈氏得今校水经跋　又附录各件　东慎甫　以下佚道光丙午①

(手迹,原书,上海图书馆藏)

邦畿水利集说跋

(1932 年 2 月 1、4 日)

曩从湖南书估购得《邦畿水利集说》四卷,题仁和杭世骏辑,失去前序之半,附《九十九淀考》一卷,前有沈联芳序。著者熟悉北直水道利病,语语翔实,非身亲民事历有年所者不能道。殊不类堇浦之生

---

① 原题识未署日期。因作者另有《水经广注·跋》撰于己卯十月,为此将此题识也系于此。上述题识后尚有钢笔字两行,年久淡化,无法辨认。——编者

平，疑非堇浦所为，苦无佐证。偶检《传书堂书目》，载有《邦畿水利集说》原稿二册，沈联芳撰，现归东方图书馆，因假得之。校读一过，乃知题堇浦者，书估作伪以欺人也。今补抄沈钦裴《序》一篇，汪喜孙《跋》一则，又补完沈联芳《自叙》。原稿有龚定盦校语及圈点，以朱笔照录之。并将全书详加校勘，稽正讹夺，亦用朱笔，不复识别。

经营直隶水利，莫盛于康雍两朝，至乾隆御宇以后，虽迭有兴革，但河道变迁，陡堨塌废，官吏虚应故事，迄末年而大坏。沈君服官直隶十余年，目验口询，会合众说，所陈缓急方策，皆心得之谈，实为嘉庆之后，言直隶水利者第一深切著明之作。硕甫先生付刊未果，幸原稿尚存，弥足珍已。

校读未竟，适逢暴日启衅，以飞机轰炸闸北，商务印书馆工厂被焚，又有东方图书馆已成灰烬之谣，为之掷笔三叹！辛未腊月廿二日，叶景葵识。

顷悉东方图书馆确于本日上午为匪徒纵火全部焚毁，损失之大，殆胜于绛云一炬！此本原稿，因借校而幸存，即日郑重缴还，留作纪念。廿五日又记。

（《卷盦书跋》，第36～37页）

中吴纪闻题识

（1939年12月）

朱笔钱叔宝校，墨笔其子功甫以箓竹堂抄本校。惟卷一第五页朱笔数字，系近人所加，封面四字，亦功甫书。己卯十一月得于上海。景葵。

（《卷盦书跋》，第37页）

蒙古诸部述略题识

(1940年4月5日)

此邓群碧曾祖嶰筠制军所著,卷中校改皆群碧主人手笔,已随残籍皮置于书肆之隅,亟收归保存之。庚辰二月廿二日记。

(《卷盦书跋》,第38页)

徐霞客游记题记二则

(1940年2月23、27日)

《滇游日记》三月十九:"而独不得所谓古梅之石还寺"句下,杨本删去两行四十一字:"所定夫来索金加添,余不许。有寺内僧欲行,余索其定钱,仍揩不即还,令顾仆往追,抵暮还,曰彼已愿行矣"。"二十晨起,候夫不至,余乃以重物寄觉宗,令顾仆与寺僧先行。"杨本改为:"晨起觅寺僧为负,及饭,令顾仆同僧先行。"

又"二十日缀于箐底也"下,杨本删去五十九字:"是日喻道自漾濞下省赵州、大理、蒙化,诸迎者踆蹀雨中,其地去四十里桥尚五里,计时才下午,恐桥边旅肆为诸迎者所踞,遂问舍而托焉,亦以避雨也。"改为"其地去四十里桥已近,以避雨遂问舍而托焉。"

以上两条,原稿序事曲折有致,一经改削,全失真相。余谓杨钞有删削痕者如此。廿六灯下书。

此本《滇游记》不分篇次，且注有第几册字样，为原稿初钞之真相。其余钞本皆出其后，前见知不足斋残钞本，目次相符，但《滇游记》分篇次，则亦在此本之后。

此本经前人细校，又加句读，殊便浏览。粗校数卷，杨名时本有删削痕迹，何以反诋史本？不可解也。庚辰正月二十日，景葵记。

乙亥九月，游黄山归，检阅是书，游黄山前后记略，以意校改，讹字未尽。景葵。

此本出自杨冢宰抄本，乙亥初睹知不足斋钞本，首卷《游天台山日记》有鲍渌饮校笔，系依杨本对校者，照录一过，是正数字，并证明此本确依杨本传钞。惜鲍校并非全豹。鲍校又引丁本与杨本及知不足斋本异文颇多，盖知不足斋所据本，亦与杨本为近。余意以证明杨本为主，故不录丁本。知不足斋本，杨序后有康熙癸未奚又溥序，漷滨七十三老人史夏隆序。

知不足斋本为唐□安故物，卷首有吴兔床手写目录，又经□安订正者。另纸录附：

鲍氏知不足斋钞本，《徐霞客游记》残本目录：与嘉庆十三年叶廷甲补辑本对校。

第一册：

《天台记》《后记》《雁荡记》《后记》《白岳》《黄山》《后记》《武夷》《庐山》《九鲤湖》《嵩山》《太华》《太和》《五台》《恒山》《闽》《后记》

刻本分为上下，游嵩以后为卷一下。

天台、雁荡两《后记》，刻本在卷一末，接《闽后记》之后五卷，《恒山》两记刻本在卷末，《雁荡》后记之后，为卷一下册终。

第二册：刻分上下《西南游日记》一刻本作《浙游日记》十月十七日五十余里至常洋桥，刊本分为《江右游日记》。

《西南游日记》二刻本作《楚游日记》全

第三册:《西南游日记》刻本作《粤西游日记》一二,亦分上下
第四册:《西南游日记》六、七、八刻本作《粤西游日记》三、四
第五册:《滇游日记》八、九
佚《黔游日记》一、二,又佚《滇游日记》一至七凡九卷。此后又佚《滇游日记》十、十一、十二、十三四卷。

(《卷盦书跋》,第38～40页)

读史方舆纪要稿本跋

(1941年5月3日)

距今十六七年前,杭州抱经堂主人朱遂翔告余:"在绍兴收得《方舆纪要》稿本,因虫蛀不易收拾,愿以廉价让出。"余嘱取来,则故纸一巨包,业已碎烂,检出首册,见旧跋与陶心云年丈跋,均定为顾氏原稿,以七十二元得之。灯下排日整理,剔除蠹鱼蛀虫,不下数百,排列次序,残缺尚少,乃觅杭州修书人何长生细心修补,费时二年,费款二百元,于是完整如新矣。迭次繙读,并与刻本对校,知刻本与此底本,虽有字句不同,而大体无异。所不解者,全书签校删增,朱墨杂沓,非出一手,是否顾氏及门所为,有无顾氏亲笔,抑为乾嘉以后人所加?无从臆断,就正好学之士,皆未能决。乙亥春至北京,亲携十余册,请钱宾四穆鉴定。钱云:"须照校一过,方易研究。"乃与约南北分校,校后互易,以期迅捷。归沪后即自校北直数卷,渴欲觅致顾氏墨迹,以便对证。忽得钱书云:"就已校出之优点看,决为顾氏原稿。"次年,蒙浙大教授张其昀以顾氏尺牍照片寄钱,钱以赠余,谓张君专研地理,服膺顾氏,生平搜采顾氏历史,最为热心。余适游浙江省立图书馆,闻张君演讲地理,亲往听之,讲毕,承馆长陈叔谅介绍相见,余叩以顾

氏尺牍之来历，张云："顾氏家于胶州黄隐士庭，余因访求顾氏遗事，亲至胶州，在黄家得杂书一束，内夹顾氏尺牍，其来历可信。"余即以张君之言为圭臬，归而细检全书，发见顾氏字迹与尺牍相似者，不下数百处。兹举最显明者以为例：

　　南直三　　二上　　今仍曰凤阳府。
　　北直二　　四八下　渔阳废县移入此。
　　北直二　　六三上　丰润移遵化后。
　　山东三　　一下　　元嘉三年移置兖州。
　　山东五　　十下　　元帝封梁敬王子顺为侯邑处也。
　　贵州二　　十四下　万历三十九年置广顺州云云。

以上所列六条，最后者笔法模胡，似为顾氏老病中所点定也。

或曰："张氏所得尺牍，署名曰禹，并未著姓，即得之黄氏，安知无同时同名之人与黄氏通笔札？照片字体太小，虽笔意相似，未可据为确证。"此言亦甚合理。兹请舍去尺牍之孤证，而就全书中所得各证论定之，其疑问有二：

第一问：全书之写定及重修，系若干人分任？兹举其字体之最易分辨者五人：

甲、褚书：临雁塔《圣教序》，笔致流丽。全书一百十余册中，独缮五十七册，总目亦一手编定，是为誊写底本之重要助手，眉注间或有之。

乙、蔡书：字不甚工，似临蔡端明帖者，姑以蔡书别之。全书计写四十余册，其重要亚于褚书，绝无眉注。

丙、欧书：字临欧阳率更，极精整。全书中写东山六、七两册，是为鉴定时代之重要资料。墨笔签校甚多，又以朱笔改正底本，专司考订郡邑建置沿革、水道源流，分合取材于各史《地理志》及《水经注》诸书，兹举其例如左：

　　川渎一　六上《淮南子》曰："弱水出穷石山"一条，六下　孔安国曰"黑水自北而南"一条，均墨笔加签。

837

南直三　四四　"临淮废县、徐城废县"小注，朱笔删改十余行。

山东五　十八上　"金为恩州洽"云云，墨笔眉注。

丁、欧褚书：字体在欧褚之间，不如甲与丙之工。墨笔签校甚多，间亦改正底本，或经欧书重加修正，专司分地名及山川名之考订，取材于新旧方志及诸地理书。兹举其例如左：

北直六　廿一上　"时又于洺州置北中郎将"一条，墨笔删改。

南直七　廿七下　"按晋《志》郗鉴为徐、兖二州刺史"二条，墨笔添注。

河南一　三五上　"唐《志》贞观十一年縠水"一条，墨笔加签。

戊、赵书：字临赵吴兴，签注最繁。专司清初府、州、县建置之或仍或改，取材于新志，亦间有考订。兹举其例如左：

广西七　廿五上　"宋《志》为九德郡"各条，墨笔眉注。

广东二　卅七下　"增置开平县查河地析置"，墨笔加签。

福建一　廿三上　"其相近者曰金鳌峰"一条，墨笔删改。

第二问：以上五人是否与顾氏同时？甲、乙专司誊写底本，丙亦为誊写底本之一人，其同时可知。兹再将丙、丁、戊三人相互之关系及丙、丁、戊与顾氏之关系，历举各证，以明其为同时重修之人。其说如左：

广西六　廿下　"上林长官司"一条，欧书与赵书有同时商订语。

江西二　八上　"剑水汝水"各条，同上。

江西六　十六上　欧书"虔化旧城"一条，赵书照钞。

又　卅四下　欧书"豫章水"一条，同上。

南直一　十八上　欧褚书"靖江县"一条，欧书删改。此例甚多，仅举其一。

贵州二　"都匀府"赵书眉注，欧书删改。黎平府同。

右为丙、丁、戊相互之关系。

山东一　廿八下　欧书"盖博阳即博也"，顾氏改曰"盖博之阳也"。

山东六　欧书全册,顾氏眉注"县旧为南北土城,洪武四年修葺"一条。

山东六　十六下　欧褚书"汉《志》昌国有德会水"一段,顾氏校改朱墨笔二次。

山东八　五十下　"三万卫"条下,赵书加签云:"今开原县",顾氏注曰:"今改置开原县,属奉天省。"

湖广八　十九下　顾氏注"今俱仍旧。"赵书改为"今仍置施州卫。"

右为丙、丁、戊与顾氏之关系。

或曰:"子谓诸人与顾氏同时,似矣! 但子所云顾氏书,倘非真顾氏书,则其说立破。"余应之曰:"然!"请说明全书之体例,以证明其确为顾氏书:

顾氏写定底本,在康熙五年丙午以后,丙午所刊《历代州域形势》,其总名为《二十一史方舆纪要》,卷数为七十二,其集注多从近志,其分类为《两京纪要》《分省纪要》《九州郡邑合考》,所拟与后来底本不同。底本体例悉遵《明一统志》,以省府、州、县、卫、所为纲,而古迹、山川、沿革、险要均附于其下。其时三藩未定,政尚宽大,人有故君之思,奴、虏、夷、寇诸名词,触处皆是,毫无禁避。追入一统志局以后,得见征集之各省新志,乃集众手重修之,一以今制为准,故南直、北直、藩封、卫、所以及禁避诸字样,顾氏随笔修改,其新见之材料,则增注于下,考据之疏误者修正之,文字之支蔓者剪裁之,凡今代之建置附书之,每州每县后所记"今为某州某县,或今属某府",以及"或为砖城,或为土城,城周若干里,有若干门",均非检查新志不可。如广西一七页上　赵书"泗城府、西隆州"各条,均注云"要查新志"。足证此人为检查新志之助手,非预修《一统志》之顾氏,乌能有此凭藉。山东七胶州下顾氏注曰:"今仍曰胶州。"又于"胶西废县今州治"下注曰:"门三,北面无门。"顾氏家住胶城,故言之较详,亦一佳证。

况此书体大思精，采摭宏富，重修之役，分任众手，能以一人鉴定之，而又纲举目张，秩然不紊，此可就全书一贯之精神而决其为生前手定者也。旧跋云"断手癸酉"，而顾氏卒于前一年壬申①。北直一叶上方注有辛未六月四日字样，是为壬申前一年。故福建四册、广东六册、山西前三册，均无顾氏一字，旧跋之说可信。欧书责任最重，签注最繁，而陕西十四册，不过寥寥数字，及门修订之役，亦因山颓木坏，匆匆竟事，未可知也。各卷大题下间有黏签，上书"宛溪顾氏原本"及"补注"二字，此后人见原稿添注甚多，意欲辑为补注，因繁重而中辍，故但以底本付刊，而重修本则沈埋三百年，几饱蟫鱼之腹。余乃掇拾于朽蠹之中，何其幸欤！乙亥春与钱君宾四别后，以全书远寄，恐有遗失，宾四校课又忙，商令其弟起八家于荡口故里者代为迻校，约定一省写毕，再换一省。丁丑沪战猝发，荡口亦有风鹤之惊，山东八册存起八家，荏苒年余，赖良朋之力，始得归来。今春以全书捐赠合众图书馆，深念宾四远在西南，张君音书断绝，积年探讨，无从细论，乃发愤发箧重读。泛览既终，姑以个人绅绎之所得，笔于册首。以蠡测海，诚知无当，第自问皆从一字一句实地比较而得，其取证皆在本书，不敢穿凿附会。后之读者，续有发明，以匡余不及，是所殷盼也。辛巳四月初八日叶景葵记。

此书原缺浙江一一册，山东四一册，陶氏以旧抄本补配，浙江册首有李鹿山藏印。山东六缺第五叶，陶氏补抄，版心皆作职思堂，系

---

① 关于顾祖禹生卒年，近人记载多误。梁启超《中国近三百年学术史》载："（祖禹）生明天启四年，卒清康熙十九年，年五十七。"萧一山《清代学者生卒及著述录》、梁廷灿《历代名人生卒表》并同。其误皆源于陆心源《疑年录》引文理解疏忽所致。对此问题，夏廷域在《读钱宾四先生〈康熙丙午本方舆纪要〉跋》（《禹贡半月刊》第4卷第9期），曾据华希闵所纂乾隆《无锡县志》《顾祖禹传》的记载，考定顾享年六十二岁，卒于康熙三十一年壬申（1692年），依次上推，则当生于明崇祯四年（1631年）。叶景葵先生提出顾祖禹卒于壬申之说，与夏氏考订相同，为长期流传史学界的错误成说正误纠谬，意义重大。顾祖禹卒年"壬申说"，现已被学术界普遍认同。参见仓修良《顾祖禹生卒年辨证》，《历史研究》1978年第4期。——编者

抄书时仿刊。

康熙丙午刊《州域形势说》，板心亦作职思堂，与底本同。钱君宾四收得一本。

丙午凡例云：助稽采者："李涤庵谭、赵月琴骏烈、邓丹丘大临、范鼎九贺、秦湘侯沅、华商原长发。"不知重修时有此六人相助否？自丙午至癸酉二十余年，及门必众，惜此本未有题名。《无锡金匮县志》卷二十一《儒林传》云："有马涧者，世奇从孙，从祖禹游，亦尝入志局。祖禹纂《方舆》书，涧与参考焉。"未知卷中有马君手笔否？

流传钞本甚多，皆从底本出。记得某书曾载：康熙初年，竞至无锡传钞，数金可得一部。大抵钞而未校，讹夺甚多。曾见孔氏岳雪楼旧藏钞本，颇精工，惜未收得。

卷中夹签，除参与重修诸君外，有同时人校订者，如浙江三四下"买臣妻自溺"一签，当为顾君净友。又有刊书时所加校签，系就各钞本比较异同者，则无关宏旨，读者宜细心别白之。以上就所忆拉杂记之，以供同志之参考。揆初

（《卷盦书跋》，第41～48页）

方舆纪要州域形势说题识

(1941年5月)

此从康熙丙午职思堂刊本抄出，省去熊、秦、吴三序及凡例，是时定名曰《二十一史方舆纪要总说》，只五卷，至元而止。即甘泉乡人所见之本。锡山钱宾四穆购得刻本，丙子年在京曾见之。余寄是本至京，请宾四校对，复书言并无异同云。辛巳四月补记。景葵。

（《卷盦书跋》，第48页）

方舆考证跋

(1934年4月)

此稿本为外舅朱养田先生藏书,以五百金得于济宁孙莱山尚书家,珍为鸿宝。外舅逝世,潘君向其后人娄索而得之。叙文谓系萧氏之物,盖谰言也。萧与朱为亲家,或系讹传,亦未可知。潘能寿之梨枣,良足嘉许。惜校勘疏略,触目皆讹字耳。甲戌春日购于析津①。景葵记。

(《卷盦书跋》,第48页)

新纂杭州府志残稿跋

(1940年2月7日)

陆懋勋字勉侪,仁和人,光绪己丑本省乡试举人,戊戌进士,授职编修,截取知府,分发江苏,署常州府知府,充牙厘局提调,捐升道员,入江苏巡抚程德全幕。民国后回浙江,入巡按使屈映光幕为秘书,旋聘修《杭州府志》。后任齐耀珊病其繁,改聘吾师吴子修先生庆坻,就陆氏之稿,芟薙之,始付印。陆氏原稿共三十三册,藏于家。勉侪没后,嗣子不知书,存书七十箱,每箱二元,售与抱经堂书肆。《府志稿》为杨氏丰华堂所收。杭州沦陷,杨氏书被窃,抱经堂

---

① 析津,燕京别称,即今北京。——编者

主持《志稿》五册来,余急收之。一册为序例图说,惜有说无图,四册为《艺文志》。据云,其余尚零星见于杭市,惟首尾不联贯,因《艺文志》完全,故运赴沪市求售。不知尚可续得否?

光绪《志艺文》十卷,为子修先生所辑。宣统初刊于长沙。吴祁甫年丈承志又就刊本校增数百条,其书亦归敝斋。数年前得于抱经堂,取校陆本,知陆即以吴校为底本。是吴校本,亦自七十箱中散出者,后来印本不尽依吴校,大约即就陆本删汰而成,或子修先生未见吴校欤?勉侪有兄名佐勋字饮和,辛卯副榜。弟兄勤读,每月应各书院课艺,每列前茅,所得膏火以奉母,嘉奖以购书,积其余力,以黄梂木制书箱,每年不过添制一二只。寒士聚书如此艰难,身后悉为童骏所弃,致可伤也!己卯除夕,景葵记。

(《卷盦书跋》,第48~49页)

光绪杭州府志稿跋

(1940年6月)

光绪《杭州府志稿》存《艺文志》七册,前志原委一册,钱唐丁氏原本,黄岩王棻辑,仁和罗榘、钱唐张预、吴庆坻,先后校定本。

光绪季年以此底本校刊于长沙时,子修师尚任湖南学政,其子绚斋士鉴任校勘之役。入民国,陆勉侪懋勋纂修《府志》,又就底本增删,忝用吴祁甫年丈承志校本。子修师续任总纂,又据陆本审定付刊,即光绪《杭州府志》本也。吴校本、陆修本,先后收得。今又得此原本,可以知历次修改之原委。庚辰五月记。

丁氏原修共一百十八册,今得八十至八十六共七册,又卷尾一册。

(《卷盦书跋》,第50页)

南朝会要跋

(1939年12月24日)

此钱衍石先生《南朝会要》初稿四册,尚未分卷,且佚去《北朝会要》,但首尾完具。全书皆先生精楷手录,其非自录者,为其长子妇李介祉仲女,远苓侍人姚靓分钞,亦经先生校定。见《三国会要序例》。封面用故纸叶,背为先生所书大楷,遒丽自然,知其临池之功深矣。己卯冬日苏贾携来,云得自朱彊村家。冬至后一日,景葵记。

(《卷盦书跋》,第50页)

历代官制考略题识

(1940年2月初)

《振绮堂书目》二,心字厨,《读史三略》二册,八卷,昆山叶沄(蕃久)撰。《郡国考略》三卷,《统系考略》三卷,《官制考略》二卷,此仅存《官制》二卷。《八千卷楼目》亦佚去《郡国统系》二种,俟访得补钞。己卯腊尽苏估携来。撰记。

(《卷盦书跋》,第51页)

大明宝钞题记

(1939年2月5日)

《明史·食货志》洪武七年设宝钞提举司,八年诏中书省造大明宝钞。以桑穰为料,高一尺,广六寸,质青色,额题"大明通行宝钞",两旁篆文:"大明宝钞,天下通行"。其下云:"中书省奉准印大明宝钞,与铜钱通行使用,伪造者斩;告捕者赏银三十五两,仍给犯人财产。"今观此本,已改中书省为户部。史称洪武十三年废中书省,以造钞属户部,铸钱属工部。永乐即位,夏原吉请更钞板,篆文为永乐帝命,仍其旧。自后终明世皆用洪武年号,则此本刊板何代何年,未可臆定。文内告捕赏格已改二百五十两,约增七倍,足证伪造之多,故重赏以制止之。伯铭世兄经济专家,此为尊翁元达先生所赐,良以货币变迁为经济史之重要资料也。承以见示,辄书所见,俾作参考之助。立春节。

(《卷盦书跋》,第51页)

大元海运记题识

(1939年3月)

此书旧藏上元宗氏,未题何家抄本,余审定为恬养斋罗氏钞。后跋内并有镜泉先生手校数字。余前得镜翁手钞《钓矶诗集》,及其自定《恬养斋文稿》,故比较而知之。己卯春二月记。

(《卷盦书跋》,第52页)

变法平议题识

(1944年3月)

读《盐法》一条,似为张啬翁手笔,文亦甚似。所陈纲领,皆有心得。访之亲炙南通者,当可知吾言之当否。甲申二月揆初读过。

(《卷盦书跋》,第52页)

述汉冶萍产生之历史题记

(1940年10月)

宣统元年①汉冶萍股东会举景葵与李维格并为经理,又举景葵与袁伯葵(思亮)、杨翼之(廷栋)并为代表,同到北京谒见项城,请借公款恢复停工之化铁炼钢炉。后借到元年八厘公债二百万元,向正金银行作押,才得开炉。此当时在京所印行也。庚辰九月记。

草此文时,盛杏翁游居日本,以文中推崇李氏太过,意不为然。次年回上海,乃与杨杏城、王子展、李伯行诸公筹画重整旗鼓。于三年春重开股东会,攻击李氏,余与李同时辞职,盛、王、李均入为董事。盛本大股东,其余股东方面奔走拉拢者陶兰泉。兰泉引为臂助者傅筱庵。傅与盛发生关系,始于此时。盛在宣统季年,其私产垫入汉冶萍者,不下四五百万两,余文中一字未及,不能辞疏忽之责也。庚辰九月自记。

元年之股东会以反对日债为号召,当选之董事长为赵竹君,赵亦不甚以李氏为然。李氏以矿石生铁销路只有日本,日本本购印度生铁,今我以大部分之生铁售与日本,得其资为炼钢之用,以后钢轨不必仰给于西洋,故以举日债为两利。王子展、李伯行与盛氏私交甚笃,谓汉厂断无利可获,盛氏以上等房地产押借款项,填汉冶萍无底之壑,老翁独不为子孙计乎?盛氏闻其言而龇之。余上书盛氏,谓宜以千秋事业为重,不但垫款不宜急抽,仍须积极进行,使公司周转灵活,未来之利胜于房产,其言如枘凿之不相入。三年之股东会,赵氏

---

① 宣统元年,误。当为民国元年。——编者

落选,所举皆盛氏之党。李氏辞职而为挂名之顾问,老病侵寻,赍志以殁,深可惜也!景葵又记。

(《卷盦书跋》,第52～53页)

赵尚书御史任内奏议跋

(1940年)

历年搜集赵尚书奏稿,均系幕府起草,此册从《皇清奏议》录出,均在御使任内之谏草。精心结撰,不假他人之手。尚书授贵阳遗缺知府,召见,奏称:"臣蒙恩外放,是否因性喜直言,烦黩圣听?"慈禧笑慰之曰:"汝历来忠直,所言皆当。汝未出京以前,许再专折言事两次。"故卷末二疏,尤为恳切。第二疏专陈边防,颇动上听。后来任新疆布政使,特简盛京将军,未始不因于此。庚辰,尚书继室杨夫人逝世,遗箧中获得此本,读毕敬记。叶景葵。

(《卷盦书跋》,第7页)

滇缅界务新约诤议题识

(1942年9月)

甫上随槎客稿,此光绪丁酉、戊戌间剩存之稿,不知出于何处,亦无姓名可查。因其持论条鬯而深切事实,故存之。壬午秋,揆初记。

(《卷盦书跋》,第58页)

浙江图书馆善本书目甲编题识

(1937 年 6 月)

丁丑五月陈叔谅寄赠,拟以冯讷《诗纪》残本,及梅南书屋本《东垣十书》零种四种寄赠,俾得补其残缺,亦功德事也。揆初记。

浙馆经费支绌,佳本无多,较之江南图书馆诚小巫矣。

(《卷盦书跋》,第 58 页)

铁琴铜剑楼藏书目录跋

(1937 年 4 月 15、16 日)

乙亥季冬,见抄本《恬裕斋书目》,经劳季言校正,又有周星诒、傅节子评注,即以朱笔度劳校于此本之眉。周、傅所注,第言收藏版本,以匆匆不克过录。劳校则一字不遗,其最精要各条,皆管申季、王莳卿、叶缘督诸君所未曾见到者。丹铅主人读书之精到,非后来所及也。景葵记。

以抄本现归王君绶珊,丁丑暮春,又从王欣夫假得一本,系常熟丁秉衡国钧过录丁氏善本书室蓝格抄本,欣夫又从丁本传录者,与此本互有详略。今以墨笔录于书眉,下著"丁本"二字以别之。丁君有所见,亦缀于劳校之后,今亦录及,冠以"丁秉衡曰"四字,以防羼杂。丁君跋云:"劳氏手校本存江南图书馆阅览室,未经提入善本书中。"又云:"书眉校语极精要,审知季言先生手笔,因悉迻录之。惜瞿氏刻此目时,未见季言校语,不及改正耳。"又云:"季言卒于粤逆乱时(同治乙卯),其得抄本《瞿目》,大约在咸丰之初,今以照刊本,则字句皆同,误处仍误。"《瞿目》刊于光绪三年,曾延叶鞠裳诸君重加审订,然后付梓,乃竟未易一字,真不可解也。

葵按授珊所得抄本,与刻本不同处甚多,皆管、王、叶诸君所改正。今丁跋云"以照刊本字句皆同",似丁氏抄本,其内容与绥珊得本不同,故劳氏重收之。要之两本校语,互有详略,合之双美,不可偏废也。丁丑三月初五日记,明日有故都之游。

周星诒本,季言纠正处,刻本半已改易。丁氏本据秉衡跋云"字句皆同,误处仍误",似丁氏本与刻本为近,是周本在前,丁本在后之证。

新辑《劳氏碎金》,搜罗甚博,但如《铁崖赋藁》则敝藏一本,与所载不同,足以补遗自诩。乃未几,即有重蓄本发现。学问之道,正无穷尽,不得以咫尺之见闻,忘(妄)自尊大也。初六又记,已束装待发。

(《卷盦书跋》,第59～60页)

瑞安黄氏蓼绥阁藏书目录跋

(1931年9月)

此瑞安黄漱兰先生及其喆嗣仲弢先后藏书。两公物故,逐渐星散。辛未秋以其残余数箱求售,余选购数种,以小圈为记。余所未选者流入书肆,目中所称宋刊如《陆士龙集》《白虎通》等,皆非上驷,其余未见者多,闻寄存杭州时,已为他人斥卖多种。景葵识。

(《卷盦书跋》,第60页)

卷盫捐书目录题识

(1940 年代初)

△ 家藏
○ 送馆

批校圈点本,第一箱至第六箱,除上注"送"字外,均作△。惟第六箱《读史方舆纪要》系思壹全部句读,现暂作○,应询思壹意见,是否愿送馆保存。如仍愿家藏,则改○为△可也。揆初注。

(手迹影印件,韦力《芷兰斋书跋》三集,第 189 页)

群碧楼善本书目寒瘦山房鬻存善本书目跋

(1940 年 2 月 7 日)

孝先故后,其家议售书,以维生计。先托某君持朱印《寒瘦目》经孝先以所得价详记目内者,带至上海,属余估价,久而不至。余驰书往询,又另托某君持一草簿来,详细考校,知精本未列簿内者甚多,无凭估计。盖所托之某君,将簿内精本抽去两页,故不符也。时京、苏书估麕集,闻已有零本流入苏肆,余急驰书告其家曰:"来目不足凭,兹就《寒瘦目》,除去王绶珊所购,约略估计尚值二万元,其余普通书,似亦可值一万元,倘购主允八折,即可脱手。"幸孝先如君因应得宜,竟实得三万二千元。购者苏州集宝斋、北京景文阁东来阁文殿阁诸家,其中费闻亦达七八千元。前所记某君某君,皆在分润之列。若辈出价既钜,则转售之价必越常轨,开《全唐诗》底本拟批价一万元以上,孝先九泉有知,必拈髯一笑,自诩鉴赏不虚也。所奇者,《寒瘦目》全部两批售出,皆以余为导引人,余所借校本《华阳国志》两部,龚校《韩诗外传》,及明抄《洪武圣政记》一册,共四种,幸未交还,决为保存于合众图书馆,将请孝先知己之知书价者二三人,公同估价,偿还其家,以了经手,亦不负死友之谊也。己卯除夕,揆初记。(某君所持之红印《寒瘦目》,索之不得,亦狠矣哉!)

闻不入《寒瘦目》之精本,有王雅宜手抄《陶集》,王西庄校《晋书》,吴云甫注《顾亭林诗集》,大约后来所得,不知尚有其他秘笈否?盖已一扫而空矣!

《群碧目》内之书,皆售于中央研究院,售价五万元,实得四万五千元,以五千为经手某君寿酬,盖非某君之力,则研究院断不购此古籍也。吾友丁在君(文江)曾任中央研究院干事,慨然谓余曰:"研究院应兴之事甚多,应革之事亦甚多,即如邓孝先之书,研究院购之何用?乃费去五万元。若以此五万元,研究地质,岂非有益于国计民生?"余笑谓之曰:"如君言,则琉璃厂肆皆闭门,从此无肯刻中国书者矣。"相与一笑而别。己卯除夕补记。

(《卷盦书跋》,第60~62页)

兰笑楼藏书目录题记

(1942年9月24日)

共六十箱,当系随带北京之书,易箦后检点抄目备查。内或有新购之书未抄入手抄书目内者,应再逐细核对。故此册应与抄目并存。壬午中秋,景葵记。

(手迹,原书,上海图书馆藏)

海盐张氏涉园藏书目录跋

(1946 年 10 月 22 日)

二十八年五月,张菊生先生与陈陶遗先生发起筹备私立合众图书馆于上海市,景葵亦附骥焉。三十年八月,开发起人会,选举董事,租屋旧法租界辣斐德路六百十四号,成立筹备处。菊生先生即以历年收藏旧嘉兴一府前哲遗著四百七十六部,一千八百二十二册,赠与本馆,并以海盐先哲遗征三百五十五部,一千一百十五册,又先世著述及刊印评校藏弆之书一百四部,八百五十六册,及石墨图卷各一事,先作寄存,冀日后宗祠书楼恢复或海盐有地方图书馆之设,领回移贮。既经倭乱,鉴于祠屋半毁,修复无力,本地图书馆之建设更属无望,遂改为永远捐助本馆。即属潘君景郑,从事目录之编纂。三十年八月,自建馆屋落成,迁居后闭门整理,愧无进展。三十五年一月,始克在本市教育局立案,五月开第五次董事会临时会议,菊生先生当选董事长。迨书目告成,适逢先生八秩诞辰,爰集资以谋印行,为本馆刊行书目之嚆矢。本馆编印目录之计画:凡各家专藏,别编分目,复合馆中自购、受赠之目,汇为总目。先生所藏,以表章乡贤先世之精神,勤求博访,锲而不舍者数十载,始克臻此,其难能可贵为何如!是目也,可以嘉兴艺文志视之,藉为先生永久纪念,并祝先生眉寿康吉,长为本馆之导师,俾于国家社会文化前途,克尽相当之贡献,此不仅同人之私颂也。中华民国三十五年,岁次丙戌,农历九月二十八日,叶景葵敬记。

(《卷盦书跋》,第 62~63 页)

两汉金石记跋

(1941年3月)

此龚孝拱校本,凡总目加墨点者,均以原石拓本或名家钩刻本校读,精审之至。前见所校《刘熊碑》翁跋,诋诃不少假借。此书虽亦訾翁之不学,而于其论书之精语,则倾倒备至。孝拱善读书,盖非信口雌黄者。辛巳二月乔估自苏州寄来。揆初。

(《卷盦书跋》,第63页)

岱顶秦篆残刻题跋跋

(1939年4月中旬)

梁茞邻《岱顶秦篆诗》"去疾斯",误作"去疾思",旁有校字及温碑翁跋密宓字旁评语,皆龚孝拱所书。因未题名,特著于此。同日得见积余所藏定盦父子批校段氏《说文注》,定盦读周三次,前后六年,批释极矜慎。孝拱自题"外曾曾小子",其批驳之处,词气凌厉,不少假借,间有恭楷,大都信笔疾书,其行草极为恢奇,而有金石气。询道咸间一能手也。此册得于抱经堂,残破不堪,定价极廉。装成记之。己卯二月抄,叶景葵书。

顷得顾起潜自故都来书云:"厂估在常熟乡间收得孝拱编定手钞《定盦文稿》十四卷,残存八卷,颇多集外之文。"此亦异书,惜无缘一读,附记于此。同日又书。孝拱名橙,改名公襄,段注校本,自题外曾孙祢,又作袗。

(《卷盦书跋》,第64页)

史通校记三则

(1933年12月6、10日,1940年3月)

此张鼎思刻本,为双照楼吴氏故物。兹假得老友邓正闇兄群碧楼旧藏名校本两种,一一过录。

一、陆俨山本,顾涧蘋手校。初校于无为州寓庐,未记年月,用墨笔。重校于嘉庆甲子,用朱笔。今皆以朱笔过录之。

一、郭孔延本过录。冯巳苍评,何义门校,皆用朱笔。又有不知姓名者用黄笔复校。今皆以绿笔过录之。

过录既竣,始知黄笔系义门从姪何堂校本,经后人过录者。惜已匆匆还瓿,不及识别,容俟异日再借勘一过。癸酉十月十九日,景葵记。

孙潜夫手校张鼎思本后有顾跋云:"今年予携之行箧,寻览数过,每叹其佳。五砚主人见而爱之,因照临一通,而以其真归焉。时在秦淮寓中,嘉庆甲子八月三日"等语。按此跋所云照临一通,当即照临于陆俨山本,惟陆本之跋写于无为州寓中。孙校本之跋写于秦淮寓中,同是嘉庆甲子八月以前之事,容再考定。　廿三日又记。

葵按:群碧所藏两本各跋,详见《寒瘦山房目录》中,兹择要写其三跋,余不备录。群碧跋语中约有三误:一谓顾校始于乾隆辛丑。考是年涧蘋方十六岁,由京回苏,顾校所题辛丑,乃过录孙潜夫识语。涧蘋自识,仅言时寓无为州,未记年月。近人所辑《顾千里年谱》,亦不载侨寓无为事，应再考定。以字体测之，其时距嘉庆甲子似不甚远。一谓义门所称张氏即张鼎思，非也。义门所据，乃张之象本，张之象刻于万历五年，张鼎思刻于万历三十年，并非一本。一谓吴下所得冯评何校本每册有砚溪小印，审为惠氏传临，尤属附会。南京国学图书馆有吾乡丁氏旧藏卢抱经手校《史通训故补注》残本，曾以华亭朱氏影抄宋本及何义门校本复校后录两跋：一即义门己丑重阳跋，一为何堂（义门从侄）跋，照录于下：

曾从从叔小山，假得清华李氏所藏华亭朱氏影宋抄本，与此张氏刻（抱经注张之象三字）互勘，无大相乖舛，知序中所云"曾见梁溪秦氏家藏宋本"不虚也。视后来郭氏刻本，去之远矣！顾《曲笔篇》中一则，误入《鉴识篇》中，反得郭本正其违错何耶！癸亥秋日为果堂沈彤校勘一过，漫记册尾。何堂。

据此，知群碧所得本，乃前人过录义门校后，又过录何堂校（何堂系校张之象本，故定为后人过录），而失其两跋。何堂向小山假得华亭朱氏影抄宋本，与抱经所据同出一源，故十九与《群书拾补》相合，积疑顿释，为之一快。惜偶能宿草已深，不得起九原而告之耳！　癸酉十月，卷盦叶景葵识。

此校本为何氏弟子所传临，且为义门所亲见。正闇、偶能先后考定，惜原本未署姓名。卷首有吴门蒋维钧家藏印，卷尾有'家在九峰三泖间'印，潘君博山疑为蒋子遵杲所临。但博山藏有子遵手校明初本《后山诗注》，字体较为古朴，与此不类。子遵之弟棩字子范，亦义门弟子，无从觅其遗翰，容再考求。研溪是否惠砚溪，亦未可定也。庚辰二月景葵书。

冯评何校，均极细密。传临者，又整理一过，合顾千里校本并观之，向来所蓄疑义，皆豁然矣。三月抄又记。

(《卷盦书跋》，第64～66页)

廿一史弹词注跋

(约 1936 年)①

汉阳张氏稿本,残存《南北朝》一卷,《隋唐》一卷,《后五代》一卷。此书为朱竹垞藏本,著于康熙中叶。

杨升庵《廿一史弹词》,汉阳张三异命其子仲璜作注,刊于康熙四十九年。仲璜《自序》谓"繙阅群书,根究事迹,历寒暑而注几成,嗣是归里暇日,犹数易稿"云云。此本当系未定之初稿,与刻本不同。刻本详注方舆新旧沿革,而此本无之。所采史传事迹,详略各殊。升庵原文,亦间有更改之处。(升庵原文,或系刻本更改,未见升庵原本,不敢臆定。)卷中旁注眉批,或系仲璜真迹,故虽残本,亦收存之。

(《卷盦书跋》,第 67 页)

红楼真梦题识

(1941 年 3 月)

著者侯官郭则沄(啸麓),光绪癸卯进士,授编修,出为温处道。入民国,于徐世昌任大总统时为秘书长。生平颇好诗词,所作亦清丽。故此书多倡和之篇,即其寄托处也。　辛巳春。揆书。

(手迹,原书,上海图书馆藏)

---

① 原跋未署日期。查《卷盦藏书记》稿本"史部",有该书记载,且文字相同。《藏书记》考订约定稿于 1937 年 1 月,故此跋约撰于 1936 年。——编者

盐铁论题识

(1929年8月、1930年1月)

己巳七月,借陈公孟兄涂刻原本校读一过。其异文皆注于眉端,有显然讹误者,翻刻本颇有改正。景葵记。

弘治涂祯原本,每半叶九行,行十七字。此本九行十六字,似系嘉靖后翻刻涂本。

弘治本都《序》,在十卷之末,题为《盐铁论后序》。又有涂祯《序》七行,此本失之。补录于后。

前所校弘治涂祯本,顷查与张敦仁重刻本行款不合,疑非原刻。余友宗子戴谓系《两京遗编》本,容再考。己巳腊尽记。

(《卷盫书跋》,第67~68页)

扬子法言校记

(1930年1月24日)

沈宝砚临何义门本,顾涧薲临沈宝砚本,袁绶阶临顾涧薲本,绶阶又向黄荛圃借沈宝砚临本复勘并补校《音义》,即此本也。

嘉庆二十四年,顾涧薲代秦敦甫撰重刻治平监本《扬子法言》叙云:"《扬子法言》十三卷,自侯芭、宋衷之注既亡,而存者莫先于晋李轨、宏范注。宋景祐、嘉祐、治平,三降诏更监学馆阁两制校定板行,最为精详。有《音义》一卷,不题撰人名氏,其中多引天复本。天复者,唐昭宗纪元而王建在蜀称之,然则谓蜀本也。撰人当出五代宋初间矣。司马温公言宋庠家所有,逮陈振孙《书录解题》所载,皆即其本,当时固盛行也。外此有唐柳宗元、宋宋咸吴秘注、建事人李注,为四注本。《书录解题》云,与此不同。厥后书坊复有新纂门目五臣音注本,则又增入温公集注,而卷依宋咸为十,诸家元文,悉经删节,全失其旧。明之世德堂据以重刻,通行迄今,于是世人罕知诸家或十三卷或十卷各有单行之本,而李注乃若存若亡焉。戊寅首春,购得宋椠,稍有修板,终不失治平之真,适元和顾君行箧中有临何义门所校,出以对勘,大致符合,深以为善,劝予刊行。爰以明年影摹开雕,凡遇修板,仍而不改,并所讹误举摘如干条缀诸末,以俟论定者。"

按上文所谓顾君临何义门校本,即传录沈宝砚临何校本也。顾君自云"大致符合",必有不尽相符之处,今以此本与秦刻治平监本对校,录其异文如左。

卷一 一叶前二行 题校"李軓注",秦刻本"軓"作"轨",下仿此。

三叶后一行 注校"治王名",秦刻本作"治之名"。

又后七行 注校"辍犹言不为耳",秦刻本无。

五叶后八行 注"方术之士",秦刻本作"方术之家"。

六叶前五行 注校"喜于问财铸",秦刻本无"铸"字。

九叶前五行 注"士人据道义为根本"。秦刻本"据"作"操"。

十叶后二行 注校"正考慕之",秦刻本作"正考甫慕之"。

十叶后二行 注"奚斯鲁"至"作鲁颂"十五字,秦刻本在正文下句"尝睎正考甫矣"之下。

又后八行 正文"或曰书与经同",秦刻本另提行。

十一叶后四五行 正文"或曰耕不获",秦刻本另提行。

又后七行 正文"是获襹也",秦刻本"也"作"已"。

十二叶前四行 注校"去恶就善",秦刻本"就"作"迁"。

十三叶前七行 正文"以其所以葬",秦刻本作"以其所葬"。

十四叶后八行　　正文校"无止仲尼",秦刻本"止"作"心"。

十五叶前一行　　正文校"无止颜渊",秦刻本"止"作"心"。

卷二　一叶前六行　　正文校"终后诞章",秦刻本"终"作"然"。

又后二行　　注校"贵此"至"更路"九字,秦刻本"更"作"夷"。

又后四行　　正文校"譔諸子",秦刻本"諸"作"吾"。

二叶前五行　　注"有凌云之志",秦刻本"凌"作"陵"。

四叶后二行　　注"学业正",秦刻本作"学业常正"。

五叶后三行　　正文"或曰君子何辞乎",秦刻本"曰"作"问"。

又后七行　　正文"事辞称则经",秦刻本作"事事辞称则经"。

六叶后六行　　正文"升东嶽",秦刻本"嶽"作"岳"。

八叶前一行　　注"言胜于不知而妄名",秦刻本"知"作"学"。

十六叶前七行　　注"不窥园",秦刻本"窥"作"闚"。

二十叶后二行　　注校"君子贵绝德",秦刻本"绝"作"纯"。

廿一叶后二行　　正文"絃郑卫之声",秦刻本"絃"作"弦"。

廿四叶前二行　　正文"不恥",秦刻本"恥"作"耻"。

卷三　二叶前三行　　正文"或问道",秦刻本另提行。

五叶前四行　　注"训饕餮",秦刻本无"餮"字。

十二叶前六行　　正文"霑项",秦刻本"霑"作"沾"。

十三叶前一行　　注"反闻",秦刻本作"反问"。

十四叶前一行　　注校"癸记年人也",秦刻本作"祭祀先人也"。

又前六行　　注校"刀锤",秦刻本"锤"作"鈍"。

又同行　　注校"铤削",秦刻本"铤"作"挺"。

十六叶前一行　　注校"凝時",秦刻本"時"作"□"。

又前五行　　正文"虽隣不覩",秦刻本"隣"作"鄰"。

卷四　三叶前一行　　注"探幽索微",秦刻本"微"作"至"。

六叶前五行　　注校"汉兴来集之",秦刻本"来"作"求"。

又同行　　注校"又亡一箇",秦刻本"箇"作"简"。

     七叶前三行 注"莫又不在其内",秦刻本"在"作"存"。

     十二叶后一行 正文"或问经之艰易",秦刻本另提行。

卷五 二叶前五行 注"则听刍荛之言",秦刻本"听"作"闻"。

     七叶前七行 注校"则法",秦刻本在下句"姑息败德"之下。

     九叶前七行 注校"越於",秦刻本在次行"慎其身也"之下。

     又后七行 注校"正宜",秦刻本作"沈冥"。

     十叶前一行 注校"终于成都",秦刻本无"终"字。

     又前二行 正文校"不亦珍乎",秦刻本"珍"作"宝"。

     十一叶前一行 注校"克胜",秦刻本作"克胜也"。

     十五叶前三行 注"尚书论政事",秦刻本作"尚书论政事也"。

     十八叶前六行 正文"君子弗听也",秦刻本"弗"作"不"。

     又后三行 注"自谓侍君子也",秦刻本作"自谓侍于君子也"。

     十九叶前二行 正文"如之何贤于己也",秦刻本下有注文"窒塞"二字。

     又后六行 正文"使起之兵",秦刻本作"起之固兵"。

     廿一叶后三行 正文"灏灏之海",秦刻本另提行。

     又同行 注"渡也言渡",秦刻本"渡"均作"度"。

卷六 一叶前一行 注校"夫言者所以道理也,五百□□,非通经之言",秦刻本"道"作"通","五百□□"作"五百岁一圣","通经"作"经通"。

     四叶前三行 正文校"开迹",秦刻本作"开跡"。

     十叶后七行 注"清玲",秦刻本作"清泠"。

     十二叶前七行 注"不肆正道",秦刻本"正"作"王"。

     又前八行后二行 正文校"未玺既玺",秦刻本"玺"均作"望"。

     十七叶后四行 正文校"四国是仏",秦刻本作"四国是王"。

     十八叶前一行 正文"齐桓公",秦刻本作"夫齐桓"。

     廿一叶后三行 正文"谨",秦刻本作"议"。

又后四行　注"纲目正",秦刻本"纲"作"網"。

廿二叶前一行　注"纲目正",秦刻本"纲"作"網"。

廿三叶前八行　注"比屋可诛",秦刻本作"可比屋而诛"。

卷七　一叶前六行　注校"世贬之失中",秦刻本"世"作"褒"。

二叶后一行　注"抚书而叹",秦刻本"抚"作"拾"。

又后三行　注"此章寄微言",秦刻本"此"作"上"。

三叶前二行　正文"请问盖天",秦刻本"天"字误作注文。

四叶前七行　注校"夫差"至"不取"二十字删,秦刻本有。

又后一行　注"吴其亡矣",秦刻本"矣"下有"乎"字。

七叶后一行　注"非一朝一夕",秦刻本"夕"下有"矣"字。

九叶后六行　正文"校睽",秦刻本作"睽"。

十三叶前三行　注校"故不胙曰",秦刻本"曰"作"耳"。

十五叶后二行　注"辄取于",秦刻本"取"作"杀"。

又后三行　正文"或者",秦刻本"或"作"其"。

十七叶前五行　注"犹未闻",秦刻本无"犹"字。

又后五行　注校"不能下",秦刻本作"不能下之"。

十八叶前七行　注校"是一事终也",秦刻本"终"作"忠"。

廿二叶前五行　注"未至之贤",秦刻本"未"作"一"。

又后六行　注"而云无兄",秦刻本"云"作"乃"。

又同行　注校"梁士夫惧",秦刻本作"梁王大惧"。

又后七行　注校"称病去案",秦刻本"案"作"官"。

廿三叶前二行　正文"邴大夫",秦刻本作"丙大夫"。

又前三行　注"金将军日碑",秦刻本"军"下"日"上有"名"字。

廿四叶前一行　注"丧途之礼",秦刻本"丧"作"葬"。

卷八　二叶后八行　注"皆以多力举重",秦刻本"皆"上有"此等"二字。

三叶前五行　正文"请问孟轲之勇",秦刻本无"问"字。

五叶后七行　正文"或问蒙恬",秦刻本另提行。

861

又后八行　正文"堃",秦刻本作"玺"。

六叶后七行　注"所封国也",秦刻本作"所国地也"。

七叶后五行　注校"离由乎人",秦刻副本"乎"作"平"。

八叶后七行　正文"或问仪秦",秦刻本另提行。

九叶前七行　正文"曰然则子贡不为与",秦刻本无"曰"字。

九叶后五行　正文"或问仪秦",秦刻本另提行。

又同行　正文"跡不蹈已"下,秦刻本有注"仪不跡秦"。

又后八行　正文"亦才矣"下,秦刻本有注"任佞"。

十叶后四行　正文"袁固",秦刻本作"辕固"。

十一叶前二行　正文"或问萧曹",秦刻本另提行。

十三叶后八行　正文"或问循吏",秦刻本另提行。

十三叶前五行　注"籍儒",秦刻本"儒"作"孺"。

又后二行　注校"立文帝也",秦刻本无"也"字。

十七叶前六行　正文校"谈道",秦刻本作"詼达"。

十八叶前四行　注"素飡",秦刻本作"素飱也"。

卷九　一叶前七行　正文校"检柙",秦刻本作"检押"。

又　后三行　正文"或问君子",秦刻本另提行。

二叶后五行　注校"脱合于教",秦刻本"脱"作"侻"。

八叶前一行　注校"好生恋死",秦刻本作"好死恐生"。

十一叶前一行　正文"焉德尔",秦刻本"德"作"得"。

卷十　四叶后五六行　正文"嘉謨"、"謨合",秦刻本"謨"均作"谋"。

五叶前一行　正文"勗",秦刻本作"昌"。

又后二行　正文"嵣",秦刻本作"蟷"。

十二叶后七行　注"日一日"至"载岁也"十三字,秦刻本在正文"曰功"下。

又后八行　注校"以成其咸",秦刻本"咸"作"岁"。

十三叶后一行　注"而恶可知也",秦刻本无"也"字。

以上皆两本异文,秦刻本出于顾君手定,而此本辗转传录,或不免有漏校及笔误之处,其显然为原椠之误者。如"癸记年人也"、"谈道"、"恶比"之类,秦刻本皆不误。但如"终后诞章"终不作然,"事辞称则经"不重"事"字,"不亦珍乎"珍不作宝,"谨其教化"谨不作议,"请问盖天"天字不误入注文。凡此皆秦氏所校治平监本之误,此本皆不误。又如"无止仲尼"、"无止颜渊"止不作心,则与天复本合,义门昆仲所见之宋椠,为绛云楼故物,或远胜于秦氏所校之本,未可知也!己巳腊月廿五小祥日灯下,景葵校讫谨识。

秦刻祖本后归海源阁,有顾涧苹跋语引卷十一"非夷尚容依隐玩世",校语谓与温公所见李本不同,断定绛云楼所藏亦为治平监板已修本,见《楹书隅录》卷三。

黄藏沈临何校本现在涵芬楼,缺前五卷,壬午中秋对读。授阶临顾本用朱笔,借黄本复勘用墨笔。

(《卷盦书跋》,第 68~78 页)

颜氏家训跋

(1935 年 7 月)

十年前在京师琉璃厂得乾隆乙酉初印残本六卷。嗣后所遇皆壬子重校本,无从补全。癸酉初夏,在沪肆得第七卷以下残本一册,亦壬子本也。尚缺叙目,因倩武君井樊(曾傅)补抄重装,俾成完帙。乙亥仲夏,曝书检点后记之。景葵。

(《卷盦书跋》,第 78 页)

里堂家训题识

(1943 年 6 月 22 日)

癸未五月夏至日,叶景葵敬观。

(《历史文献》,第 7 辑,第 56 页)

匡谬正俗题记

(1935 年 12 月 29 日)

萧山朱翼庵藏旧钞本《匡谬正俗》,"匡"作"刊","殷"字缺末笔,盖从宋本出。有何义门评点,系义门之姪何堂所临。邓孝先有义门校郭孔延本《史通》,与此如出一手。知彼本亦何堂传写矣。

卢本如卷五逡遁,钞本作遁巡。《便面》条,形不圜者,钞本作上裹平而下圜者。《阡》字条,先令坟墓,钞本作令先人坟墓,皆钞胜于刻。其余亦多是正。

朱氏拟出让,索价过昂,因照录一过,一夕而毕。乙亥腊月初四日,揆初记。

(《卷盦书跋》,第 79 页)

梦溪笔谈题识二则

(1933 年 5 月 28 日、1939 年 3 月)

癸酉端午,借得弘治乙卯华容官署徐宝刊本,校读一过。弘治本虽出于旧本,然讹字甚多。去年见宋刊本,即彭文勤故物。以价昂不能得,惜未克对校。弘治本亦有可订正毛本之处。但毛本校勘颇精,所据必系善本。揆初识。

松江韩氏藏书,著名之元刻《梦溪笔谈》已归吾友陈君澄中,曾经披览。从前所见彭文勤故物,亦元刻也。己卯春又记。

(《卷盦书跋》,第79页)

南村辍耕录题识

(1939年6月)

万历甲辰云间王圻重修本。附刻《秋江送别图》并赠诗及序,为原刻所无,颇罕见。因录存之。景葵记。己卯长夏。

(手迹,原书,上海图书馆藏)

习学记言序目跋

(1939年11月25、26日)

癸酉残冬,于沪市见旧钞本《习学记言序目》五十卷,玄字尚未避讳,审为清初钞本,持示黄君溯初(群)。溯初新刻《敬乡楼丛书》,此书为第一辑第一种,曾合瑞安黄氏刊本、文澜阁《四库》本、绣谷亭残钞本、无名氏残钞本、萧山单氏藏黄梨洲残钞本,悉心校订。溯初告余曰:"此钞本错字固多,而独是之处亦不少,如第二叶十一行'山之为泉也',他本'泉'皆作'水',十三行'置磐立桓',他本'置'皆作

'直',鄙见'泉'字'置'字皆胜于'水'字'直'字,可照校正。数叶之内,已有数处可取,足见此书大有长处,可购也。"余韪溯初之言,以廉价得之,庋藏箧中已六年矣。今冬检理群籍,重行审定,如卷三"既济未济"条"此人欲也天地"六字,敬乡本校云"此处疑有误",此本作"此人也,非天也"。卷七"太宰以九赋敛财贿"条末句,敬乡本校云:"黄本、阁本、绣本均无'貉道之'三字,据学案补"。此本有"貉道之"三字,益信溯初之说不诬。又检敬乡本所引单本,与此本对勘,则处处符合。如卷五"泰誓牧誓武成"条,敬乡本校云:"九年以下十字,黄本、阁本脱,据单本补。"检阅此本,十字不脱。又同卷"洛诰多士无逸"条"多门禁之,多塗诱之"。敬乡本校云"单本作开之多门,禁之多塗",此本与单本同。其他不胜枚举。是此本与黄梨洲校本同出一源,信而有征,单氏所藏黄校钞本,残存八卷,此本五十卷,首尾完具,所惜者钞而未校,不免有讹字舛句、脱行错简,而如上文所举佳胜之处,则披沙拣金,往往得宝,余固匆匆繙阅,未曾逐条细勘也。前曾收得孙琴西先生校钞本,亦首尾完具,为瑞安黄氏本所从出,倘能再合各本详细订正,俾吾远祖水心公之卓识宏议,不致因传写讹夺而湮没弗彰,则此本则足重视矣。己卯十月十九日,叶景葵敬识。

卷二十五马援条"援传称遣梁松驿口口口代监军",敬乡本校云"驿"下"代"上,阁本、黄本皆缺三字,据《后汉书》校补"责问因"三字,此本作"援传称道(遣字之误)梁松乘驿责问援,因代监军。"

卷二十七"汉魏之际"条"夫虑(敬乡本校云:疑脱一字。)近远而事有是非",此本作"夫虑无近远,而事有是非"。次日又校得两条,补记之。

(《卷盦书跋》,第 80 页)

癸巳存稿遗篇题识

(1940 年 9 月初)

假潘博山所收群碧楼藏本钞录,此为石洲刻《存稿》时删去之篇。应从胡甘伯《题辞》,正其名曰《癸巳存稿遗篇》。原题《癸巳剩稿》误也。庚辰七月初,景葵记。

(《卷盦书跋》,第 81 页)

思益堂日札钞跋

(1940 年 2 月 27 日)

此册去年得之京友,初见笔迹极相熟,但欲确定为谁何之手笔,则苦思不得。庚辰初正,选购群碧楼书,得杨秋室手校本《鲒埼亭集》,内有沈子封先生签校,乃恍然悟此册亦先生手抄。盖杨校本在六年前,余曾详细过录也。先生冲和笃实,博极群书,为光绪朝一朴学。生平不以著述标榜,其声闻亦为乃兄乙盦先生所掩。再阅数十年,恐无知之者矣。此从自庵原稿节抄,弥见前辈慎思明辨之精神,对之起敬！ 正月二十日,后学叶景葵题。

(《卷盦书跋》,第 82 页)

冲虚至德真经跋

(1930 年 1 月)

黄荛翁旧藏《冲虚至德真经》影宋抄本,至乾隆末年,又遇书贾郑辅义购得北宋刊本。郑贾先携至袁绶阶处,绶阶以告顾抱冲,抱冲指名相索,卒为荛翁所得。荛翁乃属抱冲从弟涧苹代校是书,绶阶又以世德堂本属涧苹校之,时越八年,绶阶又借荛翁校本覆勘一过,即此本也。所谓荛翁校本者,未知为涧苹代校之本欤?抑荛翁自校之本欤?《士礼居藏书题跋记》载有荛翁校宋本跋,时在丙子五月,后于绶阶借校时又十二年。但北宋本跋云:"取书阅之,急挑镫校一卷,觉世德堂本讹舛不少。"则甲子以前,或另有自校之本。荛翁得北宋本在乾隆末年乙卯季冬,作北宋本跋在嘉庆元年丙辰元旦,其属涧苹代校,当亦在丙辰。绶阶属涧苹校讫在丙辰十二月,是为同岁所校。顾、袁两跋俱简略,兹录《思适斋集》、《士礼居题跋》各一则,以资佐证,足知顾校之可宝矣。己巳残腊雪后,叶景葵录。

(《卷盦书跋》,第 82～83 页)

南华真经跋

(1927 年 12 月)

顾抱冲藏宋本《庄子》,曾经明初人校读。抱冲过录于世德堂本,此为袁绶阶借临之本,旧藏海宁陈氏向山阁。丁卯冬季,余于湘乡王氏购得之。

原校分三十三篇,为二百五十五章,悉依陈碧虚《南华真经章句音义》,即陈氏《自叙》所谓"随指命题,号为章句者也"。所引诸家异文,有称张本者,即张君房校郭象注中太一宫本也;有称文本者,即文如海《正义》本也;有称成本者,即成玄英疏本也;有称李本者,即李氏书库本也;有称江南本者,即江南古藏本也;有称刘本者,即散人刘得一本也。以上皆为碧虚所见之本,详见《南华真经章句余事》。惟又有称元嘉本者,有称别本者,有称一作者,有称本或作者,均为碧虚所未详,不知何据?原校征引赅博,抉择谨严,句读精审,非寻常批抹者可比。

卷首抱冲题云:"宋本每行十五字,注三十字,不附陆氏《音义》",仅言每行几字,而未言每叶几行,或为每半叶八行,与世德堂本同,故抱冲略而不言欤?惜无佐证,未敢臆断。

(《卷盦书跋》,第83~84页)

南华真经校记[①]

(1930年1月)

近世所传宋本《庄子》惟安仁赵谏议宅本,每行十五字,注三十字,与顾本同。每卷篇题次行曰"郭象注",无陆德明音义等字,亦与顾本同。均与《续古逸丛书》所印第七卷后北宋本合。但赵本每半叶九行,据无锡孙氏《庄子札记》所引赵本与顾本对勘,异文甚多,最著

---

① 《卷盦书跋》第85页收录时漏末段。——编者

者如《人间世》"瞻彼阕者",抱冲校云"阕,宋本作阅,墨笔批云,当作阕。"赵本正作"阕"。《秋水》"安知鱼之乐",赵本有注云"惠施不体物性,妄起质疑,庄子非鱼,焉知鱼乐",顾本无此注。《山木》"子恶死乎,曰:然",赵本缺此六字。顾本不缺。《则阳》"犀首闻而耻之",赵本作"犀首公孙衍闻而耻之",是顾本与赵本非出一源可断言矣。景葵,己巳腊月记。

(《历史文献》第7辑,第95页)

抱朴子跋

(1939年7月)

壬申至今不到七周,而宗氏之书尽散。沈校鲁藩本《抱朴子》已入余书库。自战事以后,公私书藏,流转散佚,惨不忍言。余于是有发起私家图书馆之宏愿,誓当为死友保存之。原书既得,此传录本不足重,惟朱蓝别异,颇醒眉目,亦不忍弃也。己卯夏日,撰初题。

桐乡沈晓沧先生以慎懋官卢舜治《道藏》各本校鲁藩本,旧藏郁泰峰家,友人宗耿吾得之,借校一过。

郁藏鲁藩本,旧有朱校,称志祖案,似为吾乡孙颐谷先生手笔。所引诸说,有汪云、黄云、梁玉绳云及继培案,系集各本校注而成。今以蓝笔别异之。壬申仲冬校毕记。景葵。

旧校字迹,非颐谷老人书,须广搜昔贤书札,方能审定。己卯夏记。

(《卷盦书跋》,第84页)

管子校注跋

(1947年5月)

　　石臞乔梓字体，不易分别。兹逐条细读，凡加"谨案"或"引之案"者，皆文简所书。凡石臞采用其子之说，则加"引之曰"，其余征引群书，校勘宋本各本，及采录孙、洪二家之说，皆石臞亲笔，或亦有文简代书及加校者，不敢臆定也。惟粘签字体不同，当系倩人从札记录出者。宋氏谓即择要商渊如之原本，《杂志》所溢，为后来所增，未知信否。粘签修改之处，则皆石臞笔也。前附臧氏一札，采入《杂志》者，二条。当时就正诸儒，不止孙、洪二氏，此本为石臞精力所萃，洵足重矣！丁亥莫春，景葵重读一过。

(《卷盦书跋》，第85页)

墨子跋

(1936年9月30日)

　　此书有端楷临俞荫甫、王伯申两家校语，句读亦依俞本。疑系前人临俞校本。其王校则为俞本所采录，亦间有乙去俞校而以己意断之者，未详何人。《墨子》素称难读，因此本有句读可资参考，故购存之。丙子中秋，揆初记。

(《卷盦书跋》，第85页)

吕氏春秋跋三则

(1930年6月、1932年12月)

老友宗耿吾旧藏元至正嘉禾学宫本,卷首有牧翁藏印,并岳西道人题识。(缺字系后人避禁挖去。)原缺第十八卷之十九、二十两叶,系钞补。又续缺第三、第四、第五、第十九、第二十共五卷。庚午五月借瓻对一过,并影钞第七卷及第九卷之第十叶、第十卷之第四第十两叶、第十六卷之第四叶,以补此本之缺。景葵。

此与许宗鲁本同时收得,为吾乡吴印臣先生双照楼故物。《仪顾堂续跋》九《子汇》条下,引孙机皋《宗伯集》有《吏部侍郎谥文恪僾庵周公行状》:"公名子义字以方,僾庵其自号也。嘉靖乙丑进士,隆庆六年升国子司业,摄祭酒事。万历六年升北祭酒"云云。余顷见常熟宗氏藏元至正本有华岳西题识云:"万历甲戌仲秋望后僾庵周子义、岳西华复初同观南雍修补此书,曾借数本校之,莫善于此"等语。与此本卷首自僾庵识语,若合符节。然则自僾庵即周文恪已无疑义。甲戌为万历二年,正文恪摄行南雍祭酒时也。庚午五月之杪,叶景葵记。

此万历重刊嘉靖许宗鲁本,阙卷十至卷十四,以弘治李瀚本补完。卷中墨笔校语,为先考受业师慈豁冯梦香太夫子一梅手笔,曾中光绪丙子科举人,与先考同榜,后任浙江官书局分校,遂终老焉。生平枕经葄史,著述无传。重其手泽,故购而藏之。壬申仲冬,景葵敬识。

(《卷盦书跋》,第85～87页)

淮南释音跋

(1940年5月6日)

此稿自首叶至五十二叶,惜已佚失。著者名璟,未著姓,惟眉批及所加签校,系刘叔俛先生(恭冕)墨迹,则著者为同光间绩学士也。后附校语二叶,因《刘氏遗书》有《淮南子补校》,故署曰"附校"。其人盖服膺端临之学者。庚辰三月立夏日记。叶景葵读过。

(《卷盦书跋》,第87页)

愧郯录题记

(1939年6月20日)

此吾友宗耿吾藏本,其子惟恭,字礼白,以宋本及淡生堂抄本校补。耿吾易箦时,遗命出售精本,办一藏书楼,将普通本储入,以为纪念。礼白颇知板本,且喜收金石书及古泉书,但亦有他好,不数年间,将精本悉数售去。所得之款,补苴罅漏,不暇仰遵遗命。顷遭寇乱,常熟故居被焚,存书亦悉付丙丁矣!耿吾之尊人湘文丈,素爱收书,余见宗氏书,凡有湘文丈题跋及耿吾手迹者,悉留之。此本既为咫园故物,又为礼白校补,亦收存之。子弟不喜书,易将藏书散失,乃有喜书之子弟,亦复不能保有,其亡也忽焉,于是叹私家藏守之不易,而捌立公共图书馆之不可不努力也。己卯端节前一日,叶景葵识,时年六十有六。

(《卷盦书跋》,第87页)

何恭简公笔记跋

(1939 年 7 月 18 日)

案何恭简公(孟春)《余冬序录》自《序》后，又记云："此书春三十岁前已有作，始名《子元案垢》二帙凡十卷。中岁欲作《山天志》，取《易》所谓'多志前言往行'之义。无何病懒弗力而止。盖于畜德终不能无愧也。间因私见弄笔，月益增单牍片削，付《案垢》而成此。老年多病，自顾学无进益，每翻旧稿，心窃感之。令顽儿编付家塾，其间有春十六七时所论著者，并近日人间求请文字，间亦一二存焉。言本无序，因令稍为之序"等语。又《自序》有云："乙酉冬间，稡有成帙，乃命儿子仲方取旧稿编辑，岁亦适戊子冬间"等语。详阅此钞本六册，既未分卷，又未分类，当作于《案垢》之后，《序录》之前。即所谓单牍片削，既不能名以《子元案垢》，又不能名以《余冬叙录》，因为定名曰《何恭简公笔记》。六册系三手合钞而成，如第一册自始至末为一类(第二、三册同)，第四册第十叶后半至二十六叶前半为第二类，第五册首五叶，末十七叶为第三类(第六册亦有廿余叶)。以葵臆测，第三类系恭简手书，一则文义有删润，二则选存有标识，盖本系命钞胥或子弟缮录之本，因有删改之处，故手书补入。其前后皆有裁割粘补，痕迹显然。此说虽无佐证，要为当日誊清稿本。则香生之说不诬也。余有《余冬序录》万历复刊本六十五卷，当子细核对一过，确知此书已采入录者共计若干，有无可以证明余说之处，再行研究。己卯六月初二日灯下书，景葵。

(《卷盦书跋》，第 88～89 页)

弢园随笔跋

(1939年12月26、27日)

余与绳公素昧平生。光绪甲辰冬,余随盛京将军赵次珊尚书出关,尚书陛辞时,面奏:"史念祖久经战阵,废弃可惜,请朝廷弃瑕录用。"奉旨,赏给副都统衔,发往奉天交赵尔巽差遣委用。公为贵州布政使时,尚书方任石阡府;公器重之,保升贵阳府,旋擢皖臬。尚书于公有知己之感。乙巳春,公将到奉,尚书询余曰:"绳帅将来,我拟以全省营务畀之。"时营务处督办为张金坡(锡銮),是关外宿将,资望甚深。奉省巡防营,兵匪糅杂,驾驭为难。余答尚书曰:"张锡銮为各将所推崇,不宜轻调。"尚书曰:"然则绳帅如何位置?"余曰:"五部府尹既裁,五大处之俸饷处亦归并,宜合设财政总局,将全省财政荟萃整理。任一督办,以统率之,绳帅资格颇合。"尚书曰:"汝能为之下乎?"余曰:"能。"于是任公为督办,余为会办。余以敬事尚书之礼事公,共事三年,水乳无间,公亦折节下交。及尚书调京,东海尚书继任,有龃龉前任之短者,酿成财政局参案,公名列第一,奉旨革职,永不叙用;余居第二,亦革职。

余赁宅与财政局极近,局在将军署东偏。每晨九时步行至局,拆阅到文;十时,公必到局,晤商公事,对坐约一时许;至十一时,余赴文案处办事;十二时回局,与公共案而食。每食,公必薄饮数杯,赅笑风生,备述生平艰危贫窘故事,及战阵经历,目炯炯有神。对于僚属,赏誉者极施礼貌,有不如意者则神态甚严肃。最鄙视左文襄,谓其妄自尊大,忌刻褊急。一生遭际,皆受文襄抑沮,以办俞、孔擅杀案为得罪之由。除《随笔》所载复禀外,面折廷争,不止一次。公尝语文襄曰:

"中堂敭历中外，物无遁情，此案曲折，早已洞鉴。"文襄欣然曰："此诸葛之所以为亮也。"公又力言俞、孔无死罪，院饬所指各节，断非情实，某任司法，不敢面从。文襄已不怿，公微哂曰："此葛亮之所以为诸也。"文襄于是恨之刺骨。

公不自护其短。初调任直隶臬司，年甫二十一，某御史劾其目不识丁，奉旨开缺，交直隶总督随营差遣。时曾文正任直督，传见后，即复奏云："史某系世家子弟，文理优长，久历戎行，其才可用。惟年少尚须历练，以监司大员，而与以随营差遣，于朝廷体制亦不相宜。拟请加恩赏给臬司原衔，交臣差委。"奉旨，允行。故公极感文正之栽植。自谓弱冠以前，日与士卒为伍，虽非目不识丁，但文理实在欠通，经此挫折，发愤读书，如某御史者，当引为生平知己。任广西巡抚时，为两广总督岑西林奏劾去职。公谓余在广西，沉溺鸦片，昼卧不起，入夜方见僚属，西林所参不虚。开缺旨下，即将鸦片摒绝，并未服戒烟药，终身不近烟榻。当初断鸦片时，妻妾环请，以瘾久忽断，于身体有亏，吁勿坚执。公峻拒之。尝谓世俗之不肯戒烟者，辄诿过于体弱多病，皆无决心无骨气者也。

尚书于公极敬礼，局与署有内门可通，公赴署谒尚书，不必经正门。尚书诚实简易，属吏往往欺以其方，尤于款项易为蒙混，公不少假借，见属吏时，意态岸异，谈锋尤健，有心口不相应者，指摘之，无虚发。属吏皆乐就尚书而畏惮公，积之既久，途有蜚语腾于京津之交。其时项城正受铁良之厄，交出二四两镇，直隶财政告匮，无术弥缝，思以陪都为尾闾；其长子克定又从而媒孽之，于是谤书盈箧。公尝谓"一生磨蝎坐宫，谤满天下"，非虚也。

《殁园随笔》一卷，公自撰自书，秘不示人。告余此前半世实录，非死后不可付刊。所叙战绩，皆甘苦有得之言，从古未有披坚执锐之夫，能下笔万言，自写其疆场生涯者，倘非余亲见原稿，必疑为幕府捉刀，或后人铺张之作矣。

公性好胜，极诙谐，文思亦极敏锐。正月间，署外有以灯虎为市者，每携幕客同往，非将各题全数猜中不止。会大风极寒，未毕猜，即返寓。途遇友人，劝其少休，公奋然曰："汝不劝则已，既劝我必再往。"又入场，全猜中乃返。局员如任振庭（毓麟）、潘履园（鸿宾）、陶在东（镛）、周养庵（肇祥）、陈莱卿（廷絜），皆年少露头角，公奖借之甚力。午饭时，每邀与共食剧谈，某日食顷，忽曰："我得一谜。"出《西厢》一句"金莲蹴损牡丹芽"，射今人名一。众猜皆不中，公曰："潘履园。"众大笑。其敏如此。

公不事生道，无积蓄。扬州有住宅一所，即殁园，罢官后所经营。宣统二年，余登其堂，留连两夕。庭中老树三四栋，清水一池，奇石数笏而已。去奉时，尚书赆以三万金，家居数年，费用垂尽。其公子皆以"济"字排行，余所见长者三人，皆纨绔习气，或童骏不学，幼子尚有襁褓者，公委心任之，家累奇重，不暇再谋教育矣。公殁未数年，住宅器物均斥卖殆尽。西湖坚匏别墅之花梨木罘罳，即殁园故物也。其孙皆以"美"字排行，有名美后者，改名公博，毕业于上海同济大学医科，余助以经费，幸得成立。毕业时，余以遗命赠余之思古斋《石刻兰亭叙》、王圆照《画册》及云南刻本《俞俞斋文集》，郑重付之，今亦三年，不通音问矣。己卯十一月冬至后三日，景葵书。

公卒后，余挽以联云："陆离长铗付醇醪，可怜百战余生，块垒未消人已瘁；风浪同舟成坠梦，辜负一年后约，平山无恙我重来。"公家居无聊，溺于醇酒，余往访时，精神已颓，腹有积痞为患，仍幼年奔豚之旧症。原约次年春间重到草堂，而公已先逝也。

与绳公同时之张今颇将军，亦恢奇人也。在奉资望极老，增祺为盛京将军，今颇奉令收编张作霖匪队，故张即隶其麾下。时今颇已任巡防统领矣。赵尚书来，委以营务处督办。适某营统领出缺，例由督办呈请遴员补授，并面陈尚书云："张作霖名列第一，请遴补。"尚书领而忘之，另在营官册中，遴出一人，填注发表后，今颇大愠，托病辞职。

经余转圜，并婉陈于尚书，允再出统领缺，必以张作霖补授，始将辞呈撤回。终尚书之任，今颇自谓感恩而非知己也。辛亥共和诏下，尚书辞东三省总督，荐今颇自代，已得项城允许，忽为筹防会通电反对，盖张作霖嗾使之。项城改派段芝贵。未几，又为张所逐。今颇入关后，虽任以直督，嗣又赋闲。性慷慨不事生产，贫困无聊，有子亦不肖。今颇有老妾，其子藉词累重，私遣去，今颇无如何也。郭松龄战败之年，今颇殁于析津，身后萧条，几无以殓。今颇亦能诗，喜饮啖，尤善骑，好蓄名马，绰号快马张。余挽以联云："忆当年突骑防秋，试骞大宛名驹，只肯归降老充国；看今日积骸成莽，太息前朝玄菟，无人生殉故将军。"因忆绳公事，类记之。次日，揆初又书。

（《卷盦书跋》，第89～93页）

闻尘偶记跋

（1941年5月13日）

余弱冠前在杭，得见道希先生，见其躯干魁硕，以后未得再见。其胞弟法龢（名廷楷，行九）、硕甫（行八）、颂平（名廷直，行十），则相交素谂。颂平在奉天佐理财政局事，余甚倚任之。后入川省，不得已民国后闲居天津，以医自给，贫瘁而死。无以殓，余为经纪其丧。其子永闿，恂恂有文采，前在上海市政府为工程局秘书，今已转至西南服务。永闿曾言其父藏有道希笔记，余欲借阅，因战事而止，不知即此本否？

道希博闻强记，在光绪朝为新进之朝阳鸣凤，其文稿必多，今均散佚。记中云"有《枝语》，有《日记》"，又见思简楼《拟刊秘本书目》，有道希所著《芳荪室谈录》七卷，《闻尘偶记后编》一卷，《续》二卷。此次均无所见，仅搜得此一册，既未列入《拟刊目》中，或已刊行，亦未可知。但为绝版之希见书矣！钞者颇多讹字，意改之，不能尽。辛巳四月十八日，景葵记。

卷内慈安被毒，有附注云"素松闻颂平叔祖述道希叔祖所言"，故知为素松手钞。

道希博览，记性极佳。余幼时闻其能背诵《三通》，大约言之过甚。殿试时对策有"间阎而"三字，误落"阎"字，乃以"而"字改作"面"。已拟以前三名进呈，磨勘官以"间面"为疑，翁常熟曰："'间面'甚典雅，而以对'檐牙'。"磨勘者语塞，乃以第二人及第，时人呼为"间面"榜眼。是时权贵颇以植党为事，争挟名士以自重，常熟尤为风气之先。此记述甲午以后之朝局，并未以举主之故，偏袒常熟，其斯为直谅多闻之君子欤！

道希之子公达，在申报馆操笔政多年，现已逝世。不知其后嗣如何？家中尚有遗著否？颂平与其姪不甚密切，余曾问之，不得要领而罢。是日灯下又记。

（《卷盦书跋》，第93～95页）

齐民要术题记三则

（1933年2月、1938年8月8日、1940年2月21日）

癸酉岁首，收得嘉靖刊残本一至六卷，源出于宋，后四卷以《秘册汇函》本配补，因假邓正闇兄群碧楼所藏明钞本，细校一过。正讹补阙，愉快之至！涵芬楼影印群碧本，颇有描改失真处。细勘原本便知之，正闇手跋录左。景葵。

又以上虞罗氏影印日本高山寺藏北宋明道刊本残册卷五卷八，

详校一过。癸酉正月廿一日校讫。景葵记。

丁丑春在故都,见一全本(前有嘉靖年序),乃恍然此前六卷,即嘉靖刻,非元刻。今夏检理书笥,知张菊生丈去冬在炮火之下,为我整理时,已代更正。精鉴可佩,整暇尤可佩也。兹将原条粘附册首,以作纪念。戊寅七月十三日,景葵记。

仓卒中未将序文录存,甚悔!此本不常见也。

前借群碧楼明钞本校嘉靖本,即用此本对读,发见描润时臆改之失,详细注于此本。又以残宋本校正一过。今群碧楼全书已为估客运之来沪,约明日往观,此原本当亦在内,闻索价奇昂,恐难偿扛鼎之愿。即此原本,经对校后,早知其可贵,故虽经印行,亦觉弃之可惜。他如顾校《史通》及临何校《史通》,亦经详细过录,深知其佳处。《丛刊》所附《校勘记》,系从吴佩伯临本迻录,未见原书,阅之殊有迷离之叹。假使孝先在时,情商让渡,必蒙首肯,而区区之愚,向不愿夺人所爱。又虑孝先之书已售出二次,所存精骑无多,倘一顾空群,则下驷决无人存问,故逡巡不敢前,悔何及矣!庚辰正月十四日灯下,景葵记。

此数十字若使估客见之,明日必宝山空返。

(《卷盦书跋》,第 95~96 页)

农政全书题识

(1938 年 5 月)

平露堂原刻,印刷在后,已有阙板,以道光本补足之。张中丞所刻《水利全书》,访求未得。其《抚吴疏草》,前年曾见一部,为九峰旧庐主人所得,去年借读一过。此次杭城浩劫,不知尚存否,念念不置!
戊寅夏初,景葵谨识。

(《卷盦书跋》,第 93 页)

艺 圃 图 序①

(1915 年 12 月 15 日)

虬云若幕,繁霜响晨,箸冰在檐,梧阴洒窗。风刀剪波,画尺成丈,覆衾不温,瑟缩作茧。堂堂白日,欲挥戈以无从;沈沈小阁,每响明而瞻眺,则有澜江佳士,栖志幽旷,铅椠之余,系情泉石,倚树结篱,就园种蔬。小山承盖,纵越半寻,地可二亩,税无十千。应门宜童,灌园非吏,酌觥醉客,瓶罄不虞。颜非玉而鸦惊,琴作拂而鱼出。于是编箬成笠,挈壶近水。白牙雕栏,不扶自直;抱瓮沮洒,万花欲然。半亩之内,遍植山蔬,紫茎屏风,五光七白。河东之葱,越路之菌,繁荠邻沼,长蕈卷澍。篱篱莫莫,环列左右,黄白千本,花树百株。铃语枝喧,声不得歇。迤逦而北,达以石径。提汲安步,宜晴宜雨,败叶虫飞,时触人面。招雀逐酒,宿鸟知香,亢薙雄箪,腻如钗股。朝沃暮灌,葳蕤欲活。三商以后,闻呼刻烛,余兴未阑,时发清讴。孩孺倾耳,嗢口而笑。团团零露,霫须如沐。清光夜明,揽之作镜。人讶狂简,朋推旷逸。买春赏雨,称韵事焉。呜呼!碧翁已醉,天魔漫空,岁月不居,朱颜如故。丁兹幽趣,毋负盛年。董江东目所未窥,庾子山园不妨小,爰含毫而绘事,纪胜境之容与。将使灌园逸史,留妙景于人间。寒菜成畦,假桃李而作记。谢鲲一邱入画,品胜元规;蒋诩三

---

① 署名"卷盦"。艺圃,苏州著名园林,《艺圃图》系清初大画家王石谷所作。——编者

径蓬蒿,人来羊仲。载展图帧,怀此芳度。弁言初就,胜以长歌。

(《民权素》第十三集"名著"栏,原刊)

画竹斋评竹跋

(1941 年 8 月)

此册为蒋性甫侍御故物,以浙人著述,寄赠张菊生先生。菊翁既以嘉兴先哲著述,捐送合众图书馆,又以海盐一县及张氏先代刊传评校庋藏之书,寄存馆中,订定生前如本县及张氏宗祠无设馆藏书之举,即以全部赠馆。又以此册与吴笏庵先生清鹏诗稿残本,为杭人著述,属景葵鉴定后赠馆。笏庵诗审为手稿,惜仅存两卷,但皆《两浙輶轩录》未载之篇,不知咸丰朝有刻本否?此册为幼鲁先生手稿,且系写定之本。向来但知幼鲁能诗,不知其善画。寥寥四十则,想见高逸之致。樊榭、玉几墨迹易见,西林与幼鲁则流传颇罕,当以原稿影印,公之于世。海内藏书家,能各就乡先哲之遗著,加意收集,而又能出其私藏归诸公众,则事得统系,可以积小成大,化零为整,于全国文献,实有裨补。愿后来者,皆以菊翁为师也。辛巳闰六月,叶景葵敬题。

(《卷盦书跋》,第 100 页)

墨兰谱题识

(1941 年 11 月)

此嘉庆间苏州木刻画,神致如生,比为良工所致,可传也。辛巳十月病起题。揆初。

（手迹,原书,上海图书馆藏）

法 象 考 跋

(1939 年 1 月)

　　《法象考》二卷,乾隆时人,失名,稿本。序、凡例五则,卷一目次:七政恒星高下,极度,日月,日道,日躔赢缩,日出入永短,月道,月离迟疾,气朔闰,交食,晷景,五星,五星迟疾留逆,四余;卷二目次:经传列星,诸天恒星,南极隐界星,云汉,黄赤宿度黄赤宫界,中星,分野,诸异星,云气。所引诸书,以经史为正,《国语》《大戴记》附经后,宋中兴《天文志》《明史稿》附史后,经注史文及先儒之说,或有未惬,必为辨正,以案字别之。通体一手所书,又以朱笔校点,盖写定之稿,惜未署名。戊寅腊月读毕记。景葵。

(《卷盦书跋》,第 101 页)

傲徕山房所藏五朝墨迹题识

(1940 年 11 月)

　　赵尔萃,字小鲁,别字傲徕山民,铁岭人。光绪己丑进士,分发山东,补夏津县知县,颇有惠政。后以道员分直隶候补,弃官卜居泰安,好鉴别书画,宦橐不给,借债以求之。辗转息耗,终为债家所干没。此册为意兴最佳时所影印,大半为其珍品。李北海《古诗卷》,则赵制军尔丰所藏；王文成《客座私祝》，则赵尚书尔巽原配李夫人奁中物也。胞兄弟共四人，长尔震，工部郎中；次尚书；次制军；傲徕山民最幼。景葵承山民奖掖备至，有知己之感，以师礼事之。此册为当时所惠赐，其家已无存者，底本亦纷纷易主矣！庚辰十月，景葵记。

(《卷盦书跋》，第 101 页)

倪文贞书画题识

(1927 年 3 月)

文贞公生于万历癸巳闰十一月十六日，四十初度，乃崇祯五年壬申，非癸酉也。本传称其疏救黄忠端，愿以己官让之，不报，因四乞归省，以忠端传证之，尚是辛未以前事。迨壬申正月，忠端濒行，又疏劾温体仁、周延儒，上怒削忠端籍为民。于是公之宦情益澹。忠端归后，公贻书云："自兄去，弟弥凉飒，山中七日，世上千年，益知城市山林有仙凡之别。智必取迟，勇必取早，弟将有乞归之疏。"即诗意也。惟庄烈响用仍殷，屡乞未许，及为体仁中伤，予告归里，公已四十四岁。侍母七年，至崇祯十五年壬午，公五十岁。是年与张天如书云："弟臃肿日衰，只八十一岁老亲萦回胸中，无复抵掌掀髯之气。"又与吴磊斋书云："投林以来，小人有母，舍侧横一小桥比于虎溪，每送客尝过此。"公之壹志娱亲，敝屣荣利，百世之下，犹令人起敬！是秋九月廷臣交荐，起为兵部右侍郎。本传及《墓志》均云："公以母老辞不就。"本传又云："明年入都陛见。"《墓志》又云："有旨敦促，公乃经趋淮上，冒险出济北，旬日达京师。"本集载《恭承召对疏》，系癸未二月十九日具题。据此知起程日期在癸未正二月之交，壬子冬间正闻命力辞之际。此画作于仲冬，当有眷恋白云，不忍绝裾之意。并录十年前旧诗以明志,故题曰四十初度有作。越岘先生跋云:"书画为前后十年所成,似非确论矣。"越岘跋作于同治丙寅,又六十年丙寅正月此卷为景葵收得,谨书所见以质后来。丁卯二月,乡后学叶景葵敬跋。

(《卷盦书跋》,第102~103页)

明清藏书家尺牍题识

(1943年2月5日)

揆初老伯鉴存　癸未元日潘承厚敬赠。

选择甚精,无一赝鼎羼杂其间,鉴识可佩。癸未元旦立春得此佳书,为之神望,书此志谢。景葵。

(手迹。原书,上海图书馆藏)

吴渔山兰竹题识

(1946年1月18日)

渔山画宗元季,长于运笔,其题大痴《富春山卷》云:"笔法游戏如草篆。"又题《陡壑密林图》云:"画法如草篆奇籀。"自题画云:"元人择幽僻地,构层楼为画所,朝起看云烟变幻,欣然作画,大都如草书法,惟写胸中逸趣耳。"读此可知渔山画学之精义。若夫人物楼台,雄深富丽之作,则于北宋一派亦所究心。如题北苑《龙宿郊民图》、巨然《赚兰亭图》藉见一斑。中年皈教后,所见西画既夥,遂于阴阳向背更有会心。如谓其舍旧谋新,尽弃所学而从之,似非确论。观其评西画云：“我之画不取形似，不落窠臼，谓之神逸。”彼全以阴阳向背形似窠臼上用工夫，即款识用笔亦不相同。又《与陆上游论画诗》云：“谁言南宋前，未若元季后。淡淡荒荒间，绚烂前代手。……我初滥从事，败合常八九。晚年惟好道，阁笔真如寻。”则谓其后来画派全变宗风者更难征信。新会陈氏编次《年谱》，述及画用西法之说，颇致疑辞，盖其慎也。余见渔山真迹凡三：其一《凤阿山房图》为拟古之作；其二《松壑鸣泉》拟山樵笔法，皆穰梨馆物；其三即此卷，规仿元人，纯以笔胜。榕皋先生方诸篆籀，可谓一语破的。渔山画竹，载《墨井题跋》者五，画兰未见著录，故三松堂矜为鸿祕，传之曾孙俭庐，逢丁丑日寇之难，为盗所取，而遗其椟。椟上有俭庐之父西圃先生题字，诚世守之珍也。此卷流转沪市，久无识者。余友仲芳长兄以风尘巨眼，廉价得之，列于甲库。同时又搜得榕皋先生丙申山水，既与俭庐侨寓谈心，订交莫逆，慨然持赠。余比诸觊觎归赵，曾著短引，书于画幅，谓仲芳贤于颜衡斋远矣。俭庐感手泽之来归，又以此卷几投劫火，幸得知音，遂以原椟赠之，俾司龟玉之守。他日仲芳载宝旋吴，与俭庐并几读画，涉及此卷，见鲰生之臆说连骈，其亦嗤为缪（谬）妄否耶？乙酉除夕前三日。

（《卷盦书跋》，第 103～104 页）

潘榕皋先生墨笔山水题识

（1945 年 12 月 25 日）

榕皋先生四十后，以尘务纷扰，不复更写山水。其见于《三松堂书画记》者，凡三帧：一作于乾隆乙未；一作于丙申，即此帧也；一作于丁酉，题三十六岁作。考《年谱》"六"为"八"之误。丙申为前一年，正三十七岁。是年乞假回籍，游杭州，泛富春，泝新安江而上，登黄山麓，对雨点笔，少陵诗云"元气淋漓障犹湿"，足以当之。先生画学导源一峰，丁酉帧仿大痴长卷之一角，此帧纵笔抒写，神与古会，昔贤谓王茂京见大痴《富春山图》而画益精进，先生亦然，故一展览而疑为麓台笔也。前岁先生之曾孙俭庐长兄告余曰："日寇陷苏城，吾家文物损失至钜，三松公丙申山水帧，向藏先三兄叔重处，惜已化为乌有。今岁诸君仲芳出示此帧，告余曰：'乱后以廉值得之，闻俭庐将返里，余敬佩其人，愿以赠行。'俭庐感手泽之来归，而愧琼瑶之难报。"余谓觊觎归赵，约以玉杯为偿，且必待覃溪之文，瓯北诸子之诗而始首肯。若仲芳者，贤于颜衡斋万万。俭庐何可有世俗之见存，遂再拜而受之。余惭无翁、赵文采，而喜仲芳与俭庐之克敦古谊，为述其因缘而书之于幅，不免有附骥名彰之私念尔！中华民国三十四年十二月，岁次乙酉冬至后三日。

（《卷盦书跋》，第 104～105 页）

陆廉夫先生编年画题识

（1946 年 3 月）

余友陆子佑申老于商业，乐善不倦。最喜收罗书画名迹，于知命之岁，印行近贤杰作十八帧；又于周甲之岁，续印三十八帧。兵燹以后，感各方文物损失太钜，更锐意珍藏。不幸忽遭回禄，将历年所购图籍及书画之一部分，付诸灰烬。迨战事告终，君年已七十矣，赓续前志，取所藏陆廉夫先生各种画品，印行一册，以作纪念。丹青之寿，与金石不同，今以新法传之，俾得延长慧命，且使君家得意之作，散为千百化身。既供学子之临摹，又便藏家之什袭。寿人寿世，兼而有之。较之朋酒称觥,其襟怀奚啻霄壤。爰为揭橥其美,以质同好。海内贤达,庶几闻风兴起欤!丙戌二月。

(《卷盦书跋》,第 105～106 页)

涉园图咏题识

(1942 年 11 月 8 日)

余既与菊翁创办合众图书馆,菊翁即以生平所聚嘉兴一府文献捐赠于馆,又以海盐一县文献及先世著述刻本、稿本各种手泽寄存馆中,并与馆约:如菊翁生前亲见海盐成立图书馆,即收回寄存,否则永远捐赠,是图其一也。菊翁搜罗文献,黾勉四十余年,既为涵芬楼收藏全国图书,树立东方一馆之基础,不幸蹶于兵祸,而掇拾之烬余,尚足抗衡瞿、陆。又以其暇出节缩之所得,收藏禾郡及盐邑文献,凡张氏先世藏书,陆续收回,即是图亦中经介绍商榷多方,始克物归原主。展读龙山粉绘与吾家己畦老人后记,知螺浮给谏早建直声,急流归隐,部署泉石,管领烟霞,当时朋好之呬于琴书之陶写,洵所谓修于而家,型于而乡,堪为林下之模范。故其子若孙,谨守楹书,发扬世德,嗣后涉园藏书与小山、潜采相伯仲,递衍至于菊翁,于民劳板荡之余,整比丛残,蔚成大国。今更以一府一县一家之世宝公之于众,是给谏之精神传之菊翁,菊翁之精神传之公众,则虽谓合众图书馆之胚胎由给谏孕育而成,谁曰不宜?倘世之君子,人人效法菊翁之所为,联家而为乡,联乡而为县、为府、为省、为国,有三代小康之治,以迄古今中外政论家之所研求,由之则昌,背之则乱,岂仅图书一端而已哉!三复摩抄,为馆幸,兼为图幸,不禁有无涯之企望尔!壬午立冬叶景葵识。

(《卷盦书跋》,第 106～107 页)

秀野草堂第一图题识

(1942年11月5日)

余读《海盐张氏涉园图咏》而跋其后，顾君起潜以先世侠君先生《秀野草堂第一图》见示，属为题记。起潜盖将踵海盐之美举以是图永庋合众图书馆者也。江浙两大藏书家之遗型，同时归吾馆镇库，曷胜忻幸。《涉园图咏》系出临摹，是图则为草堂落成时第一粉本，尤称难得，以后典守是图者，即一脉相承之俊彦，斯非艺林佳话欤！检阅《闾丘年谱》，卜筑初成，年甫廿四，是岁即刻石湖诗，嗣复补注温诗，笺注韩诗，选定元诗，皆在此堂，而一生精力所萃，尤在元诗十集。盖先生以扬风挖雅、拾遗订坠为职志，自弱冠以迄易箦，始终不倦。合众图书馆之宗旨，亦主搜罗放（散）佚，导扬隐滞，谋将未刊著述及罕见之本，次第流通，以饷后学。与先生处境虽异，而抱愿则同。惟先生生鼎盛之朝，得与开国遗献绩学方闻之士，朝夕编摩，又奉诏与修四朝诗，获窥中秘，故广搜博采，哀益滋多。今则相去三百余年，几经丧乱，文献无征，不免有事倍功半之叹，是先生为其易而今日为其难。先生襟怀澹泊，考功遗产仅田七百亩，性又好客，中年已形拮据，故元诗癸集无力付刊，拟编《唐诗述》《宋诗删》《金诗补》《今诗定》四种，亦有志未逮。今则合群力以成一馆，气求声应，来轸方遒，独为不成，可谋诸众腋，晷刻无暇，可遗诸后贤，是先生为其难而今日为其易。所期吾馆同人，暨后之来者，勿存欲速之见，勿起畏难之心，时时展览是图，由观感而生奋勉，使前哲穷年铅椠之精神永垂天壤，吾于起潜更有厚望焉。　壬午九月后学叶景葵敬题。

(《卷盦书跋》，第107～108页)

黄小松薛公祠图题识

(1943年)

此小松为覃溪所作薛公祠图也，载于《秋盦遗稿》题跋类，挢叔误题潭西精舍。精舍在历城西门外五龙潭之西，五龙潭在唐为翼国公故宅，元为龙祥观，自于钦《齐乘》误以五龙潭为《水经注》之净池，误以城内历水陂为古之大明湖，又误以《水经注》之池上亭为北渚亭，于是方舆混淆，迄无纠其谬者。桂未谷作《潭西精舍记》，引曾子固苏子由诗、晁无咎记为证，谓北渚亭在北城上，与五龙潭无涉，而于钦之误始明。覃溪取杜诗第二句铭砚，盖借成都之沧浪为济南之沧浪，小松误为济南亦有百花潭，未谷以子由《北渚亭诗》证之，知西湖之百花系百花洲，非百花潭，而小松之误始明。挢叔惑于《齐乘》之说，以百花潭与五龙潭相混，又见桂跋作于潭西精舍，遂以此图为潭西精舍图，欣木以覃溪《谒祠诗》证之，而挢叔之误始明。《谒祠》末联云："小石帆图卷，同装更勿疑。"与小松所云联为一卷，若合符节。覃溪私淑渔洋，初至济南即以小石帆题其厅事之楣，既重葺池上舫斋，以小石帆亭名之，颜其诗曰《小石帆亭集》，复刊《小石帆亭著录》，其时小松在济宁，先于庚戌扈跸时一见，旋于壬子春按试时再见，又于癸丑春三见，此图作于癸丑春前后，所作当不止一图，《四年三至诗》云："春阴牵客醒，三度霈酒汁。渐来客渐满，钱吴茧袍袭。君并写为帧，我辈煦相湿。"又《题岱云会合图》云："我有敬轩研，藻撷南丰馨。斐然秋庵子，为写湖渚渟。以兹墨缘合，写此负笈庭。"是其明证。颇疑覃溪欲倩小松将视学山东之游迹分绘为图，故《四年三至诗》有"以君秋影庵，该我《石帆集》"之句，因与薛文清相去四百年前后，督学奉为矩貜，适有浣花艸堂砚为之媒介，特作薛公祠图，与《研铭》同装一卷，藉志嘉话。《留题使院诗》云："墨缘衹有河津研，袖得蓬莱绿一泓。"其踌躇满志可知矣！然则薛公祠图系小石帆分图之一，故曰小石帆图卷，非两歧也。仲芳先生属为题记，敬抒管见，附庸欣木之后，求教正焉。①

（《卷盦书跋》，第 108～109 页）

南池雅集图题识

(1940 年 4 月 5 日)

  小农先生受宣宗特达之知，于道光元年，由河北道擢署河东河道总督；四年，高家堰溃决，调补江南河道总督；嗣为两江总督琦善所陷，六年降三品顶戴，调署河东；七年，复实授。观其《两河奏疏自序》，有"同官之意见未融，动多阁碍，亦有事关经费，未获施行"等语，诚慨乎其言之！此图作于道光八年，已在日中则昃，宠眷将衰之际。公暇清游，萧然意远。梁茝林《浪迹丛谈》云："章钜官南河时，闻小农帅，盛称金衙庄之美，谓我可保得三次安澜，定当乞身归去，营此菟裘。"盖先生于盛年得意时，早抱泉石烟露之想矣。两河物力丰厚，宾馆之盛，旧交云集，读先生所撰《灵芬馆诗续集序》，可见一斑。原图必有群贤题咏，惜已付阙如。此卷旧为章君佩乙所藏，余之表弟严鸥客，先生之玄孙也。循览再三，忾乎有栖棬之思。余为作缘，受而藏之，于今十余年，兵戈满地，幸无失坠。属为志其颠末，以贻后人，如与汪氏所藏《东轩

---

① 此跋无日期，根据原画亦为诸仲芳所藏，《顾廷龙日记》同年 9 月 23 日记有诸来馆送上古画数幅。故考订系于本年。——编者

吟社图》,并称世守之珍矣。庚辰清明同甲后学叶景葵。

(《卷盦书跋》,第 110 页)

养知书屋图题识

(1936 年 4 月)

《养知书屋文集》分体不编年,叙次颇嫌凌乱,大约编次者以文章为重,凡重要章奏书牍不求详备,即如《自叙》一篇为综述生平之作,亦未编入。或因其触犯时忌,故概从删汰欤?去粤一段事实,惟卷十《致曾沅浦书》有云:"贤者优容,不肯诡随,非是则群以为怪愕,而天亦常假手不肖以倾去之,使不得发摅。"又云"鄙人之于粤,所谓莫之与而伤之者至也。"寥寥数语,可与此册互相印证。子靖先生注意乡邦文献,又服膺玉池翁之为人,搜罗图翰,付诸咏歌,足补文集之阙。翁尝言夷务之坏,原于朝士之无识。又以粤省为夷患发轫之地,自问于驭夷之道,研求有得。意欲批却导窾,为国家挽回劫运。一旦为妄者挤去,忠愤之极,发为牢骚,实与寻常恋栈不平者有别。嗣后海外归来,其抑郁心情,与此相似。迨至晚年,沈酣载籍,绝意仕进,当宁虽有起用之意,辄一再辞却。终和且平,固由学养进德之猛,亦有见于时势之不可为,甘作神州袖手人矣。展诵摩挲,为之三叹!民国二十五年岁次丙子闰三月,杭县叶景葵敬识。

(《卷盦书跋》,第 111 页)

栩缘老人墨迹题识

(1946年4月)

此卷为王公栩缘随意临池之作,时在宣统辛亥三月,江西提学使任内,以赠女夫顾君浩臣。共分五段:第一,录归玄恭《越游诗》九首,原题画竹卷,后为汉阳叶氏旧藏,盖读画时录存者。第二,临唐碑三种:一《王居士砖塔铭》,二《皇甫诞碑》,三《孔子庙堂碑》。公之书学,导源率更,上规永兴,以王孝宽兼欧、虞、褚三家之长,为唐志第一,习之颇久。曾得《砖塔铭》旧拓三种:一"灵芝制",一由本;二"说罄"整本;三"说罄"残本,皆川沙沈氏秘笈。所谓取法乎上,故前后跋语郑重言之也。第三:释吴中方言,一释字娄,二释囗,三释迮,四释疳,以字书韵书参互钩稽,绝无穿凿,得其真谛,与栖霞郝氏《证俗文》殆相伯仲。第四:临唐碑三种,均未详。第五《题张茶农石公山画卷七绝六首之三》,当因纸幅已穷,故中辍也。公弱冠即擅书名,辛亥以前,随手散佚。鼎革后,卜隐槎南,屏绝外缘,不履城市。丁丑之难,百物荡然,故传世书画绝少。公任苏路协理时,余屡亲光霁。以后踪迹阔疏,丁丑相逢沪上,颇思求得书翰,公亦欲作以赠余,因循未果。岁月如流,人天永隔,不胜怆然!丙戌春,公外孙冀东示以此卷,文诗书三绝,萃于丈幅之中,想见其俯仰琴书,夷犹澹定。玄恭《吊薇山诗》"五朝大节都无憾,千载斯文信有归",不啻为公咏焉。展诵再三,殊深高山景行之慕。后学叶景葵敬跋。

(《卷盦书跋》,第111~112页)

杨稣甫先生手迹四种题识

(1941年4月)

此和甫先生之子寿彤通所赠。余丁未来沪，即识寿彤，时为岑云阶制军掌书记，家居威海卫路，余居马霍路，相距极近，几无日不相见。家多书籍，时向借阅。寿彤博览多闻，词采斐然，作楷书尤秀丽。娶于张氏，为坚伯制军之妹婿，早赋悼亡，纳一妾，不甚理家事。又因闲居久，郁郁无所发摅，志节颇高抗，不肯苟同，竟中年夭折，其年未得五十也。死后家中落，遗书尽散，失一朝夕谈心之友。复检此册，为之怆然！辛巳三月，景葵记。

(《卷盦书跋》，第112～113页)

脉经跋、校记

(1928年1月27日、1929年9月2日、12月9日)

此书为吴兴姚氏邃雅堂故物，并钤有姚晏名印。晏字圣常，号婴斋，为文僖公喆嗣彦侍方伯世父。卷内朱校，当是圣常先生手笔。余家旧藏文僖公尺牍一通，与此对勘，笔迹如出一手。盖圣常先生临习父书，得其神妙也。姚校所据为元刻本，今取涵芬楼影印天历建安广勤书堂本，覆校一过，姚校无不吻合，间有漏校之处，谨以蓝笔补校。

校毕，又以金山钱氏守山阁本覆校，钱校称此本为袁本，称《医统正脉》本，为吴本所称原本，当亦为明刻本，似未见元刻本。但钱氏别据《素问灵枢》《伤寒论》《金匮要略》《甲乙经》《千金方》各善本，凡所补正之处，极为精密，今一一以蓝笔过录，上加"钱云"二字以别之。（元刻本亦有讹缺处。）

钱氏原跋列举书中异文，胜于今本《灵枢素问》《伤寒论》《金匮要略》者数条，为此书增重不少。锡之先生熟精医理，又能细心校雠，洵为叔和功臣，亦附抄原跋于后。

《铁琴铜剑楼书目》载有影抄广勤书堂本《脉经》，有嘉定何大任重刻后序。何大任刻本，即研经室影抄进呈者也。兹据《皕宋楼藏书志》补抄何氏后序附焉。丁卯腊月廿五日，景葵校毕记。

己巳七月，借得袁表原刻本，即守山阁所据之本。知此本为沈际飞翻刻袁本，行款字句改动极少，因覆校一过。景葵记。七月廿九日。

顷见守山阁单刻本《内经灵枢素问》，附金山顾尚之（观光）《校勘记》二卷，锡之先生跋云："顾君博极群书，兼通医理。其所更正，助我为多。"南汇张文虎撰《顾尚之别传》亦云"钱通判熙祚辑《守山阁丛书》及《指海》以属君，君以治病不能专力，举文虎自代，仍常佐校雠，多所商定"等语。据此知钱不知医，而顾知医，则钱校《脉经》为尚之先生手订无疑也。己巳十一月初九灯下又记。

《邵亭知见传本书目》列天启丙寅沈氏际□本，即此本也。但此本沈序无年月。己巳十一月十一日灯下。景葵识。

（《卷盦书跋》，第113～114页）

养生类纂题识

(1939年4月20日)

原缺第十三至十五共三卷。己卯初春借上元宗氏藏本，烦夏玉如女士影抄补足。宗氏本印在后，板已漫漶，故影抄卷中仍有阙疑之字。三月初一装成。景葵。

(手迹，原书，上海图书馆藏)

舌鉴辨正跋

(1939年7月)

此书为秀水陶拙存先生(保廉)手录本，刊于兰州，时勤肃公正任陕甘总督也。卷中钩乙处，亦拙存亲笔。宣统元年，拙存闻余颇研究医书，以此书相赠，并云："箧中只此一册，早拟重刊，因循未果。"今拙存已作古人，检书复阅，记此颠末。己卯六月，叶景葵记。

拙存云："所存均已分散，只余此本。"谓数十年经验，以舌审病，立竿见影，此为医家不可不读之书，故郑重见贻。

(《卷盦书跋》，第115页)

养生月览题识

(1939 年 11 月 24 日)

此成化覆刻本。前得《养生类纂》，与此版式一律，故收此本，俾成全璧。己卯小雪后。揆初。

(手迹，原书，上海图书馆藏)

伤寒论文字考题识

(1939 年 12 月)

此绍兴医家裘吉生藏书，正续皆有提要，是深于医学者。己卯冬流入沪肆，闻杭贾言，兵乱后为人窃售，盖有多种。揆初记。

(《卷盦书跋》，第 115 页)

伤寒百证歌跋

(1940 年 11 月)

庚辰仲冬，曹君直同年遗书散出，苏州存古斋送阅批校医籍四种，一《铜人腧穴针灸图经》，一《易简方》，一《经效产宝》，一即此书。君直精于医理，校读甚精密。尤以《铜人图》及《伤寒百证歌》为枕中秘,舟车必携,盖于古人之言,三折肱矣。此真一生精神所寄,遂全购之。中医古籍因失传人,故无进步。惟唐宋以前医家名著,即在今日亦可悬之日月而不刊,惜知者鲜矣。君直医术已到深造地位,纯由读书得来,非涉猎粗浅者也。景葵读毕记。

(《卷盦书跋》,第115～116页)

一切经音义跋三则

(1933年6月25日、10月19日、1935年10月)

此为李越缦传录臧拜经校本,后有跋语云,"此从东里卢抱经师所口[①]浙本细校,臧本实善于浙本,然臧本之误者,浙本往往不误,得据以正之。辛亥十一月(下阙)"。下钤"越缦堂主"一印,"慈铭私印"一印,书贾欲伪充越缦自校本,故剜去所下一字及跋后题名。殊不知越缦传校本故足珍贵也。《拜经堂文集》卷二,录《华严经音义序》云,此定当与《一切经音义》并传。惜此本出钞胥手,未及学士勘对,故脱误甚众,观此可知《一切经音义》卢学士必有勘对之本。辛亥为乾隆五十六年,正抱经主讲龙城书院,拜经亲炙问业之时,跋语称卢抱经师校语,或称卢绍弓学士,核其年代称谓均与《拜经文集》吻合。故越缦传录原本,为拜经校本无疑也。庄氏刻于乾隆五十一年,臧校系庄氏原刻本,故校语中有纠正庄刻数条。　癸酉正月得于杭州经训堂,闰五月初三日记。景葵。

又复审印文字体,均非越缦真迹。盖书估伪刻印章补钤者。不

---

① 原文空缺。——编者

知何人校本。俟考。九月初一日,又记。

甲戌又得一传校本,上所阙系"抄"字,末作"辛亥十一月初九日庸堂记"。

甲戌得本为庄刻原本,传校甚精,但亦有遗漏,而此本未漏者,故两本应并存。乙亥九月复检记之。

(《卷盦书跋》,第116～117页)

姓氏辩误题识

(1933年2月)

介侯著《姓氏五书》三百余卷,道光庚戌先刊《寻源》《辩误》二种。兹检枣华书屋原刊本,与此稿核对,字句不同处颇多。此稿写定以后,又经随时修正耳。癸酉正月,景葵识。

所列各氏,有刻本有而此稿无者,疑粘附之纸,或多脱落。亦有此稿有而刻本无者,此为初稿无疑。

(《卷盦书跋》,第119页)

新 书 题 识

(1937年2月)

丁丑正月,叶景葵观。

(《历史文献》,第7辑,第52页)

物类集说题识

(1939 年 4 月)

　　此振绮堂故物,在林字厨第三格,抄本,子类。计三十四卷,二十册,兹仅存四册,计卷一、二、五、六、七、八,共六卷。己卯春得于上海。景葵。　解延年《物类集说》三十四卷,又《筴学指归》□卷。字世化,山东栖霞人,正统己未进士,顺庆府知府。见《千顷堂书目》。按己未为壬戌之误。

(手迹。原书,上海图书馆藏)

历 测 题 识

(1940 年 2 月)

　　历测　旧抄残本　丙子向国学图书馆补抄完全。庚辰正月装成。
(手迹,原书,上海图书馆藏)

致曲术·致曲图解题识

(1940 年 4 月)

　　致曲术·致曲图解　杭州夏紫笙先生鸾翔稿本　庚辰三月后学

叶景葵敬题。

夏氏算术遗稿四种,钱塘夏鸾翔紫笙:《少广廷凿》一卷,《洞方术图解》二卷,《致曲术》一卷,《致曲图解》一卷。《致曲术》:平圆、椭圆、抛物线、双曲线、罢线、对数曲线、螺线。此为紫笙先生手稿,得之口残尘蠹之中,至为欣怃,可与戴氏各算稿并传矣。景葵敬志。

(手迹,原书,上海图书馆藏)

九章蠡测题识

(1940年4月)

九章蠡测　钱唐毛宗旦稿本　缺第二册"方田"、第四册"差分"、第五册"少广",存九册。庚辰三月得于丰华堂杨氏。叶景葵记。

(手迹,原书,上海图书馆藏)

曹子建集题记

(1932年12月)

壬申冬仲,以海虞瞿氏宋本对校一过。景葵。

(手迹,原书,上海图书馆藏)

晋文约钞题识

(1941 年 3 月)

此二十（岁）以前所抄。当时学骈文于朱又笏夫子，属于两晋文熟读，故有此选。揆初识。辛巳二月。

（手迹，原钞本，上海图书馆藏）

孟浩然集题识

(1932 年 7 月)

壬申仲夏，宗耿吾新得明刊校宋本，借临一过。宗本未题校者姓名，亦无年月，卷首钤白文方印一（紫芝阁），又朱文长方印一（漱六艺之芳润），又朱文方印一（印印川），又有"许印运昌"、"鲁庵别号崔俌"各印。耿吾云，印印川，宝山人，与尧翁同时，著有《鸥天阁杂著》。此本或为印君手校。景葵识。

（手迹，原书，上海图书馆藏）

孟浩然集跋

(1936 年 1 月)

此乌程蒋氏传书堂故物，辛未冬，流转沪肆，与沈晓沧校鲁藩本《抱朴子》同为故友宗耿吾所得，余均借临一过。此无校人姓名，前有印印川图记。耿吾告余曰："校此书者印君,字印川,宝山人,与黄尧翁同时,著有《鸥天阁杂著》"。耿吾宿草已深,言犹在耳。今岁两书俱出,余得沈校《抱朴子》,而此书归陈君澄中。澄中谓卷中墨校笔迹甚旧,余已漫然忘之,乃承携示,与顾道洪本对读,始知墨笔系校元并录刘辰翁评语,与印川校宋足资互证,惜亦未著姓名,澄中精鉴,倪研求有得,幸以诏余。乙亥残腊,叶景葵识。

(《历史文献》,第8辑,第13页)

岑嘉州诗集校记

(1936年3月)

丙子春,以正德七卷本对校,并补写缺叶,录其异同于后:

五言古诗《陪群公龙冈寺泛舟》,正德本入五言长律。

又下列五古五首,《澧头送蒋侯》,《送永寿王赞府迳归县》《宋东溪王屋怀李隐者》《闻崔十二侍御灌口夜宿报恩寺》《寻巩县南李处士别居》,正德本入五律。

七言古诗《题李氏曹厅》,正德本入五七言长短句。

五律,正德本有而此本无者六首,《送郑侍御谪闽中》《晚发五谿》《巴南舟中夜书事》《巴南舟中思陆浑别业》《杨固店》《初授官题高冠草堂》。

五言长律《佐郡思旧游》,正德本入五古。

七律,正德本有而此本无者一首,《奉和春日幸望春宫应制》。

五绝《同群公题张处士菜园》,正德本无。

七绝《酒泉太守席上醉后作》,正德本为七言古诗。同题之首四句,此本误析为二。

(《卷盦书跋》,第119—120页)

阙文题识

(1938 年 11 月)

戊寅初冬,依吴兔床校知不足斋本抄补缺文附后。景葵。

(手迹,原书,上海图书馆藏)

金奁集题识

(1939 年 5 月 1 日)

此纸系曹竣直先生手书　己卯三月十二日景葵记。

(手迹,原书,上海图书馆藏)

刘宾客集校记三则

(1927 年 2 月 23 日、1928 年 6 月 29 日、1929 年 7 月)

此本经龚氏朱校,校语内有"丕烈案"云云,当系传录荛翁钞校本。今复以董氏影印崇兰馆藏宋本,用蓝笔详校一过,知钞本讹缺处颇多。然宋本亦有讹缺,将异同之字,悉著眉端,未敢臆为去取,以待考定。丁卯正月廿二日,撰初校毕记。

戊辰端午前一日,自匪窟归,杜门养疴,翻阅沈钦韩先生手校嘉靖徐焴本《文粹》,并参阅许榆园校刊本,因检所选刘宾客各篇,有异文较长于抄本,或义可两存者,分别注于眉端,足以证明抄本之佳处不少,并知宋本之误处亦不少云。是月廿九日,揆初记。

蔡按:此抄本"刑"不作"形","堕"朱校作"随","升"朱校作"叔",足为龚校出于荛翁之证。惟千百人未校正或系龚氏漏校欤?己巳六月记。

(《卷盦书跋》,第120~121页)

贾长江集校记三则

(1928年11月、1929年7月、1940年2月24日)

冯武字窦伯,号简缘,为冯已苍(舒)季弟彦渊(知十)之子,为毛潜在馆甥,读书汲古阁历十余年。秘册异本,多所窥览。著有《书法正传》二卷,《遥掷藁》十卷,见《海虞诗话》。戊辰十月记。

《抱经堂文集》卷十三《题贾长江诗集后》,长江诗虽不合雅奏,然尚有古意。读之可以矫熟媚绮靡之习。明海虞冯钝吟有评本,长洲何义门得之称善,其字句盖远出俗本之上。如云:"十年磨一剑,霜刃未曾试。今日把似君,谁为不平事。"今本作"谁有不平事",钝吟云:"谁为不平,便须杀却,方见侠烈之概。若作谁有不平与人报仇,直卖身奴耳。"一字之异,高下悬殊,旧本之可贵,类如是。余得其本因临写之,令后生知读书之法,必如此研校,而后古人用意之精可得也。按钝吟为窦伯之叔,此本正作"谁为"。己巳夏日又记。

丁卯仲冬,得此钞本,以江南图书馆明翻宋本对校,有显系讹脱,为翁、冯所未校正者,即据明本改补,其义可两存,未敢臆定者,以明本异文书于眉，以钞本原文旁注，俟续得善本，再行考定。其余彼此异同之处，如"突出擎我到"，明本作"突出惊我倒"；"晓行皇帝京"，明本作"晓行皇帝经"；"世颜忽嵯峨"，明本作"世言忽嵯峨"；"思向吾岩阿"，明本作"思响吾岩阿"；"中有芜苔井"，明本作"中有无苔井"；"夕阳眺原隰"，明本作"夕阳跳原隰"；"自嗟瞵十上"，明本作"自嗟怜十上"；"城静高崖烧"，明本作"城静高崖艸"；"殷勤载八行"，明本作"殷勤载入行"；"题山寺井"，明本作"题山寺屏"；"将军邀入幕"，明本作"将军遥入幕"；"回日叶应红"，明本作"回去叶应红"；"久住巴兴寺"，明本作"久住巴与寺"；"骚人正则祠"，明本作"骚人正侧祠"；"岂是北宗人"，明本作"岂是比宗人"；"有迳连嵩顶"，明本作"有径连高顶"；"吴山钟入越"，明本作"吴山钟如越"；"老兔把犁锄"，明本作"老色把犁锄"；"四气相陶铸"，明本作"四时相陶铸"；"已栽毫末柏"，明本作"已栽天末柏"；"云藏巢鹤树"，明本作"云藏巢树鹤"；"入城宵梦后"，明本作"入城霄梦后"；"舟泊襄江阔"，明本作"身泊襄江阔"；"送韦琼校书"，明本误为"寄毘陵彻公之第二首题曰，其二"；"露寒鸠宿竹"，明本作"露塞鸠宿雨"；"星辰位正忆皇都"，明本作"星辰正别忆皇都"；"乡味朔山林果别"，明本作"乡味朔山林果位"；"旌旆来往几多日"，明本作"旌旆来住几多日"；"爱被秋天夜雨潦"，明本作"爱此秋天夜雨潦"；"照来照去已三年"，明本作"照来照去已三千"；"遭我开扉对晚空"，明本作"遭我闲扉对晚空"；"鹤曾栖卢挂猕猴"，明本作"鹤从栖处挂猕猴"；"宿斋何处正鸣砧"，明本作"宿斋何卢止鸣砧"；"曲江南岸寺中僧"，明本作"油江南岸寺中僧"，皆以钞本为长。简缘先生定为善本，洵不诬也。揆初志。

腊月既望，又以《文苑英华》对校，即将异文详录，并注明卷数，庶与前校易于区别。所据《文苑英华》，为隆庆元年闽刻也。

《英华》所载《浪仙诗》尚有五篇，为本集所无。第一，黄鹄下太液池（一百八十五卷）。第二，《送道者》（二百二十九卷）。第三，却赴南巴留别苏台知己(二百八十八卷)。第四,题郧常侍厅前竹(三百二十五卷)。第五,莲峰歌(三百四十二卷)。第一篇《英华》注云"集无",第三篇《英华》辩为"刘长卿诗均不应入集"。惟第二、第四、第五篇,是否《英华》羼入他人之作,抑为本集遗漏,未敢臆定。腊月十八日又记。

《全唐诗·贾浪仙小传》有《长江集》十卷,小集三卷。今编诗四卷云。昨夕对校一过,详录其异文,凡与《英华》及明本同者从略。(《全唐诗》与明本同者居多。)

《长江集》三百七十九篇,《全唐诗》删去一篇(卷三天津桥南山中各题一句),余皆依次采录(惟卷六《送姚杭州僧》二篇,前后互易,其余次第悉合),卷末又载《浪仙诗》二十四篇,为《长江集》所无。(《英华》所载第一、二、四、五,共四篇,均列廿四篇之内。惟第三《英华》辩为"刘长卿诗者,《全唐诗》亦不列。")未审采自何本,或取材于《小集》欤?戊辰正月十七日校毕又记。

故友保山吴佩伯(慈培)以湖南省庵校赵玄度家藏宋本,校录于汲古阁本之上,兹假得复校一过,上加宋本二字以别之。佩伯又得某君临何义门校本(署名"三径呆"),覆校于汲古本,兹亦择要录出,加"何云"或"何本"二字以别之。两次覆校后,益见冯校之善。凡前据明本校改之处,有未当者,已逐字纠正。庚午立春,葵识。(三径呆原跋,附抄于卷尾。)

(《卷盦书跋》,第 121～124 页)

丁 卯 诗 集 跋

(1932 年 2 月)

此影抄弘治本,购于来青阁,盖坊贾所为。因假张菊生丈旧藏初印本,校正讹字。弘治本校勘不精,本多讹字,当再觅善本校正。闻铁琴铜剑楼有元刻本,系最近整理后发见。景葵识。壬申正月。

(《卷盫书跋》,第 124 页)

笠泽丛书校记三则

(1928 年 2 月中旬、1929 年 9 月 10 日、10 月 3 日)

卷中朱校暨墨笔注释皆越缦先生手迹。先生以此本写手多讹谬,故校至乙卷《复友生论文书》,未终篇即阁笔。余重乡贤之遗迹,得而藏之。暇检黄荛翁校明抄本《甫里先生集》,嘉靖徐焴本《唐文粹》,隆庆闽刻本《文苑英华》,逐篇补校,藉以正王岐之误。惟笔墨荒率,且不免前后参差,以视先生之校例谨严,下笔精整,殊有愧焉。戊辰正月抄(钞),景葵识。

己巳长夏,借得许珊林先生手写精刻本,凡与此本字句异同之处,逐篇详校一过,始知许刻本为此书第一精善之本。但亦有讹字缺字,足见刻书之难。景葵记。

校许刻本用黄色笔,校刻弁言及据校各本,亦抄录于卷首。

家焕彬先生《郋园读书志》卷七,《笠泽丛书》各本题跋,考订版本最详,兹撮要纪于左方。己巳八月初八灯下,景葵节抄。

顷借得覆元至元刻本后无陆钟辉跋。今清朝右文,清朝字另提行,审为顾刻本,但无"中吴顾榩"篆印,亦无碧云堂书面,与此姚覆陆本对校,采录其所见异同于左。

《春寒赋》,"留连绣帐",顾作"辅帐"。

《送小鸡山樵人序》,"自界至麓界",顾作"冢","为书画疆界","书",顾作"言"。

《幽居赋》"颂厥土之三壤",顾作"烦原土之五□"。"羽猎相逢,可谓无盐搪突",顾缺"羽"字,"无盐"顾作"芜菁"。"失其居而久旅","久"字顾缺。"聊回视而返听","回"字顾缺。"辍金钱而营佳树","营"字顾缺。"毁誉者浮华之辙","辙"顾作"撒"。

陆惠原跋,"今清朝右文",顾本清朝另行。

《小名录叙》,顾本无。

姚覆陆本有彦侍景钞印记,字句不知有校改否?"毁誉者浮华之□",许刻附考云,陆本字空而姚覆陆本作"辙"。是否陆本原缺,而姚氏补之,非得陆氏原刻对梭,未敢臆断矣。己巳九月初一日,景葵。

(《卷盦书跋》,第124~126页)

罗昭谏江东集跋

(1932年12月)

此李云卿手校本,同时见其手抄,兴平县《马嵬志自跋》云:"随伯氏官浙中,与泉唐吴笏庵、海宁陈受笙时相过从,每向汪氏振绮堂借书录副。"后题嘉庆十一年。又钤一印曰"家在桂林古里",似为广西人张本。当即康熙张瓒本,吕本未详。壬申冬仲购于来青阁。景葵记。

(《卷盦书跋》,第126页)

苏学士文集跋

(1938年4月24日)

旧得白华书屋本，有朱笔传录何校，颇有讹字。又有墨笔校语三条，未署名，非何校。戊寅春暮，假得老友潘季孺所藏黄荛夫传录顾千里临何校本，又以宋刊《丽泽集》校诗，因对校一过，概用蓝肇以别于旧有之朱墨笔。凡讹夺处，悉与改正。季孺之曾祖三松先生，与荛夫莫逆，朝夕过从，所藏黄校黄跋善本，不下百余种。百年以来，陆续散失，仅存此本。倭兵入苏州，季孺居室为炸弹所中，是书已沦入瓦砾灰烬之中。季孺避难来沪，凡先世遗留珍物，概未携出。炮火甫定，赖有健仆不避艰危，出入兵间，将烬余运出一箧，均已残破。惟是书首尾完好，俾余有展读之机会，不胜欣幸！三月廿四日，景葵记。

此本朱笔传录，与黄本同者，概不重写。黄本亦用白华书屋本，已有修板，印在此本之后。

(《卷盦书跋》，第126页)

后山诗注题记

(1931年12月)

辛未仲冬，以此本校雍正云间赵氏刻本，诗四百六十五篇，遇此本讹字，及与赵本互异之字，亦分别注于书眉，以备参考。景葵记。

(《卷盦书跋》，第127页)

陈后山集跋

(1941年2月16日)

此书经乙盦先生详校,所据有明本,有何校,有蒋校,所惜者无跋文叙述来历。卷十六《光禄曾公神道碑》,蒋校补脱文两段:一、六百余字,一、一百二十九字,未曾详录。中间有乙盦校误甚多,盖曾细心细绎,功候深矣。惟《诗集》无校,当另有读本。庚辰冬,乙盦遗书尽出,精本为中央图书馆搜尽,喜其得所。起潜搜遗得此本,详读一过,吾以为可珍,不在希靓本之下也。辛巳正月廿一日,揆初记。

(《卷盦书跋》,第127~128页)

张文潜文集题识

(1926年7月)

《铁琴铜剑楼书目》,此及胡应麟《笔丛》所载之本,犹出宋人抄录,故庙讳皆有改字减笔。较今刻《柯山集》增多文十余篇,虽非完本,亦可贵也。有马蚋《序》、郝梁《跋》。按此本缺马蚋《序》。旧为双照楼所藏。丙寅夏,景葵记。

(《卷盦书跋》,第128页)

石林居士建康集跋三则

(1933年2月14日、12月10日、1938年6月)

此本有鲍渌饮先生墨笔校语，得之十年，未曾覆勘。壬申残腊，吾友邓正闇群碧楼余籍散出，有谦牧堂旧藏潜采堂钞本《建康集》，为同乡王氏所得。吾友宗耿吾亦同时收得一钞本，有朱彝尊锡鬯父印，由慈溪李氏散出者。两本同时假得，参互细校，各有佳处。鲍抄本讹字，有渌饮未及校者，得以是正。其两本互异之字，亦分别著之。鲍抄本与群碧楼本，往往相合，而与耿吾得本违异处较多。乃知竹垞两钞本，非出一源，异本贵兼收，洵然！

同时又取郋园校刊本核对一过，郋园所据为楸花盫校刊本，除依缪校本补论七篇外，余与鲍抄本及群碧楼本十九相符。惟刊刻时校雠疏略，颇多讹字，即就所见随笔校正。癸酉正月二十日，景葵识。

校毕还瓿，耿吾即假此本携之回苏，意欲详校一过。秋初忽感胃癌症，匆匆返虞山，未几，即捐馆舍，享年六十有九。病革时，谆谆嘱哲嗣检还此书。故物归来，执友沦没，为之泫然！癸酉十月廿三日记。

复审墨笔旧校，非渌饮手笔，书此志误。戊寅五月又记。

(《卷盦书跋》，第128～129页)

慈湖遗书跋

(1941年1月14日)

南浔《蒋氏传书堂书目》,有嘉靖刊《慈湖遗书》四册,余为介绍售与涵芬楼,为兵火所毁。当时马君一浮曾影抄一部,谓世鲜传本。余匆匆翻阅,不记卷数,似已失去序跋。但字体碻为嘉靖刊,此本有序有跋,而字体系万历。细加考核,知前十二卷系万历时依嘉靖原本覆刊;后二卷为万历增补成本,有万历序跋,而为书估撤去。十八卷末,此本较目少一篇,而后面只留空白三行,知为所据原本之缺佚。又十八卷末有附录,而二十卷后又有附录,此皆为万历覆刊与增补两卷之碻证。清代尊尚程朱,一时学者不敢以陆王相抗衡。阳明事功较著,故遗书流传尚多。陆学则沈埋已久,覆刻无人。无怪此书之稀.已星凤矣。卷末题记,系明末人,壬午为崇祯十五年。庚辰腊月十七日,景葵识。

(《卷盦书跋》,第129～130页)

石湖居士诗集校记

(1927年1月)

此书为母舅徐善伯先生旧藏,辛亥秋,举以赐余,时时浏览。今春在杭州又购得婺源黄氏刊本二十卷,亦刊于康熙戊辰。黄本校勘甚疏,讹缺处触手皆是。因以此本详校一过,但间有黄本胜于此本,或可两存者,亦校对于此本之上。此本系后印,有修板之处,且板心下方"爱汝堂"三字,业已剜去。因其为外家故物,故重视之。丙寅冬十二月校毕谨识。揆初。

(《卷盦书跋》,第130页)

范石湖诗集校记二则

(1927年1月、约1941年8月)

此本与顾依园刻本同,刊于康熙戊辰,亦出自抄本,校勘不如顾本之精,讹字触处皆是。自注断缺尤夥,且缺诗数首,今依顾本详校一过,亦有顾本不如此本之处,或义可两存者,并择要校于旧藏顾本之眉端,使两本皆便于浏览云尔。丙寅冬十有二月,揆初识。

辛巳夏,思简楼文氏素松遗书散出,有《石湖居士集》旧钞本三十四卷,告者谓系顾依园原本,取来对读,知即黄氏所据之本。刻本卷次既改,所空之字,半因避讳所阙。小注则原钞往往脱落,非黄氏之咎。益信顾氏所据原本之佳。附书于此。景葵。

钞本卷一,后有"婺江黄昌侨校字"一行,当即钞书人姓名。

(《卷盦书跋》,第130～131页)

渭南文集跋

(1941年1月)

《渭南集》五十二卷,每半页十行,行廿二字,与正德本同。惟诸劄子年月,皆在各卷题目下,与正德本不同。一至四十一卷文,第四十二卷《天彭牡丹谱》及《致语》,第四十三卷《古乐府》,第四十四至四十六卷五七古及长短句,第四十七卷五律,第四十八、九卷七律,第五十卷五绝,第五十一卷七绝,第五十二卷词,与《适园志》所记正德本略有不同,不知适园误写欤？抑此本在正德以前欤？应借一本对勘方明。庚辰腊尽,景葵记。

(《卷盦书跋》,第 131 页)

钓矶诗集跋

(1937 年 1 月 30 日)

数年前于传书堂残余群籍中,搜得吾乡罗镜泉以智辑校本《钓矶诗集》,知其未经刊布,而未敢决定是否手稿。丙子残冬,顾君起潜示余海粟楼王氏所藏文稿四册,未署姓名,版心有"恬养斋偶钞"五字,共文八十九篇,首经解,次考,次说,次论,次辩,次序,次寿序,次记,次跋,次书后,次书事,次题词,次赞,次铭,次传,而以《淡巴菰寓言》十九殿焉。王君欣夫跋其后云:"恬养为罗镜泉斋名,读其中《赵清献公年谱自序》《跋大元海运记》,而益信为镜泉文稿。镜泉著述甚富,多未刊行,仅钱唐丁丙刊其《新门散记》,海昌羊复礼刊其《七十二候表》二种而已。以余所见者,有《文庙从祀贤儒表》二卷,《赵清献公年谱》一卷,《诗苑雅谈》五卷,《宋诗纪事补遗》一卷。知而未见,有《浙学宗传敬哀录》《述斋笔记》《恬养斋诗集》"等语。余展读一过,有《跋钓矶诗集》一篇,与余藏本一字无异,不禁狂喜。证明文稿的系镜泉手定,因行间校改名字,并有手抄数篇,与《钓矶诗集》书法如出一手,兼可证明此校辑本,系镜泉手抄,弥足珍重。年前杭州某坊书目有

《恬养斋诗钞》,访之已归他人,闻起潜言,为欣夫所得,已移书乞借,倘能合诗文两稿为之刊行,亦同里后学应尽之责也,丙子腊八后十日,叶景葵记。

文稿已承王君佩诤出让,诗稿亦承欣夫惠赠,已成合璧,喜而志之。丁丑三月记。

(《卷盦书跋》,第 132～133 页)

明朝宫诗题识[①]

(1939 年 6 月)

吕叙[②]系亡友宗耿吾手抄,此书亦系其所珍惜。景葵。

(手迹,原书,上海图书馆藏)

唐先生遗稿题识

(1939 年 8 月)

诗文皆谢刻所未载,盖晚年之作。己卯七月得于上海。揆初。

(手迹,原书,上海图书馆藏)

[①] 原题识未署日期。因此书为宗舜年旧藏,可能与《愧郯录》同时购入,故系于本月。——编者
[②] 吕叙,指原书吕愻序文。——编者

小学盦遗稿题识

(1939年7月)

《书佩刀歌后》钤有丝窗印记者,是广伯先生手书。余友蒋抑卮藏《字鉴》一部,广伯手校,笔迹正与此同。己卯夏景葵记。

(手迹,原书,上海图书馆藏)

观所尚斋文存题识

(1939年7月)

气清而辞洁,不以矜才,使气而自然合度,知其学养深矣。 己卯夏日读竟谨记。揆初。

(手迹,原书,上海图书馆藏)

存雅堂遗稿跋

(1941年3月)

方韶卿《遗稿》十三卷,顺治甲午刊本,附雍正甲辰补刊一卷,《四库》著录,据鲍士恭家藏本,删去《物异考》《月泉吟社诗》,外篇诗文,改为五卷,名曰《存雅堂遗稿》。此系原本,缺第六至第十卷,即《物异考》与《月泉吟社诗》也。补刊内缺第二、三、四、五、六共五叶,即《野服考》,其余诗文无缺。朱笔审为鲍渌饮先生校,墨笔为塘栖劳氏昆仲校。卷端瘦居士朱文印,未详何人。又有学林堂印,乃吾乡高宰平先生学治藏书。先生耆年绩学,光绪时为东城讲舍山长。余弱冠前应经古月课,屡经拔厕前茅,月得膏奖,即至珠宝巷修本堂购书。生平蓄书自此始。饮水思源,尤应珍重。辛巳二月,景葵敬识。

(《卷盦书跋》,第 133 页)

遗山诗集校记

(1929 年 12 月 23 日)

此汲古阁元人十集本,虽系后印,且有补板,当属原刊,非施墨庄、拥万堂翻板也。己巳冬日,有故友以弘治本《遗山诗集》求售,为二十卷本,前有稷亭段成己《引》,每半页十行,行二十一字,遇"恩纶"等字,或抬头,或空格,当遵元刻款式。疑即邵亭所见之沁水李瀚汝州刊本,惜无重刻人序跋。吾友宗耿吾自虞山来函索购,志在必得,义不可攘。适杭州石渠阁以此书求售,急购之。对校一过,凡弘治本板烂处,汲古本每作墨□,知汲古实从弘治出,且段《引》内擅删二十一字,改为"遗稿若干"四字。子晋后跋,亦不言所据何本。毛氏刻书,每犯此病,不足异也。十一月二十三日灯下,景葵校毕记。

(《卷盦书跋》第 133~134 页)

水云村泯稿残本题识

(1939年2月)

《振绮堂书目》钞本元人集部,格有刘壎《水云村泯稿》二册,不分卷,即此本而逸其下册。书根所题下字,系后人妄加也。此本系亡友宗耿吾旧藏,余重乡先贤遗物,故购藏之,己卯正初记。

(《卷盦书跋》,第134页)

姑山遗稿校记

(1937年2、3月)

丁丑正月,借平湖葛氏藏本抄捕阙页(卷三第四页,徐《传》第六页)。葛本校定姓氏后,又有姓氏一页,板心著姓氏二字。有与校定姓名重出者,未知是助赀人否?

  沈德溥字十园 陈 迈字紫瑞
  沈 峰字青岩 殷以豸字千一
  宗声骏字懋章 崔 涛字云若
  王 翘字嘉俊 焦 鼎字铭偻
  沈弘猷字粲皇 沈观生字子荐
  沈瀛士字其登 姚子庄字亦康
  濮阳律字千蘧

其余与葛本同阙之页,为卷五页八、九,《复兰溪诸葛志伊书》,卷七页五、六依目未阙篇,卷十二页三、四依目未阙篇,卷十三页八、九、十、十四、十五又目录第十六页;此本有而葛本阙者:卷六页十三、卷十一页十一,《徐彻立试牍引》,卷十四页三、卷二十七页六、卷末谥议三页,以上须续访海内藏家,再行抄补。景葵记。

丁丑二月又假嘉业堂藏本,补写目录第十六页。尚有校阅姓氏,为葛本所无。其式如下:

校阅姓氏以刻资到时登载,勿拘前后

  梅枝凤字子翔号东渚
  施闰章字尚白号愚山
  吴肃公字雨谷号时岩
  方　达字嘉征号隮胡
  徐懋懿字孟陬
  章佳镳字金生
  梅茂实字仲宣
  赵司直字维生
  万应隆字道吉号平山
  万　麟字道瑞号松虬
  邵　幌字漆夫
  邵中渔字文涛
  孙　卓字予立
  沈　嵩字野求
  沈　崟字子若
  沈　崔字子蛟
  沈德泰字师鸿

以下接沈德溥至姚子庄十三人,其余与葛本同阙之页,刘本亦无之。

(《卷盦书跋》,第 134～137 页)

琴张子萤芝集跋

(1937年1月)

作者反对科举甚力,读卷三《张罗篇》,卷五《文言》,可见一斑。诗文胎息六朝,不落明季纤佻窠臼,宜石斋翁许为庾、鲍之流也。景葵。丙子腊月。

(《卷盦书跋》,第137页)

副使祖诗藁跋

(1941年5月30日)

此册系清初钞本,诗题有"嘉靖二十七年石梁口冲决",又有"时浙东倭寇横发"云云,则著者为嘉靖时人,原籍为山东,服官省分为陕西。有弟名孟雄、孟禄,子名崇质,交游如张太微、沈廷玉、曹贞菴、何太华、刘西陂、谢少溪、詹燕峰(著有《振美堂稿》)、刘东陵、王友梅、左东津、王功久、赵水村、沈汶南、许池东、黄梅轩、顾西岩、吴在川、吴望湖、周受菴、沈惟健、王德辉、孙葛亭、孟敬之,皆当时僚友,及诗句唱和关系,书于此,以待稽考。 辛巳端午日揆初记。

(《卷盦书跋》,第137页)

石川集题记

(1936 年 10 月中下旬)

北平图书馆藏《石川集》五卷,是嘉靖己酉南充王廷重辑本,前有王序,后附录崔铣撰《墓志铭》,又徐冠、方豪、孟洋、刘坤、李暹、高贤、柴忠祭文。

卷一:五言古六十七首;卷二:七言古廿六首,五言律廿一首,五言排律一首;卷三:七言律五十四首,五言绝五首,六言绝一首,七言绝卅一首;卷四:序十三篇,跋二篇,记八篇;卷五:传三篇,杂著八篇,论一篇,赞二篇,铭八篇,祭文九篇。

王序云"殷诗向有《瀛洲》《芝田》二集,合称《石川稿》"云云,即此本也。此宿迁王氏旧藏,丙子冬,购于北平。

(《卷盦书跋》,第 138 页)

震川先生集跋

(1940 年 2 月)

王宋贤先生元启评点,盛柚堂先生百二过录,又加评点,钱警石先生泰吉临盛本,又采入张舻江先生(士元)暨方子春先生(坰)评点,警石之门人徐迈叔(鸿熙)临钱本(又字眉盦,又字啸秋)。卷中朱墨杂沓,王评加注王字,张评注张字,方评注方子春,钱评注甘泉先生,其未注者,不可辨识。又有署意庭者,不详何人。(柚堂评自题名。)

只平居士评本,最精。如《马政志》评语,剖析毫芒,可作归文注解,不仅注意于文法。同时收得张鲈江手钞节本,此本所采张评,均与之合,当即警石所见原本。卷首夹有警石手简二纸,知徐君为咸丰间禾中学者,为警石翁所奖誉。庚辰正月,景葵。

(《卷盦书跋》,第138页)

归震川先生文钞跋

(1940年2月)

张鲈江先生手钞评点本,同时收得咸丰间禾中徐鸿熙临钱警石本,所采鲈江评语,均注"张云"二字,即此书朱笔。又采方子春评语,与此书黄笔数条相符。卷中有警石手牋云:"鲈江名士元,吴江人,著有《嘉树山房集》。"子春名坰,平湖举人,选钱唐教谕,未任卒。详《曝书杂记》。庚辰正月,得之嘉兴书估。揆初。

(《卷盦书跋》,第139页)

瞿忠宣公集题识

(1938年)

《养一文集·抱经堂诗集跋》言:"兆洛以梓人自随,所刊之书,有《日知录》《绎志》《邹道乡集》《瞿忠宣集》。"是此书实申耆先生所刊;题名蒋、许,大约蒋助刊资,许则藏稿家也。戊寅,景葵记。

(《卷盦书跋》,第139页)

金文通公集跋

(1938年5月1日)

文体卑靡,未脱时文窠臼。卷八《端敬皇后传》,可与《梅村清凉山赞佛诗》参看,向来流传之谰言,可以一扫。卷十《书浔南沈姓事》,惨绝,今日湖郡四围为异族所踞,读之倍增感慨!卷十五,有阙叶,须补。

北平图书馆有顺治本《息斋集》(卷四附外集),康熙本《息斋集》(八卷已残),雍正本《金文通公集》(二十六卷附行状墓表),皆与此刻不同。俟乱定当设法假阅。戊寅四月初二日,阅毕记。

顺治初年,薙发之令尚宽,有"不愿者亦不必强"之谕。顺治初,北直、江南、江北提学官,系御史之外差。文通奏准得旨于翰林中选用,均见奏疏。

(《卷盦书跋》,第140页)

王烟客与王子彦尺牍跋

(1943年10月24日)

诸君仲芳得王烟客遗像并尺牍八通,上款皆署书翁,疑为寄与同里王子彦瑞国之札,而未得确证。检《太仓州志》,仅言瑞国字子彦,未详别号。嗣检《清晖赠言》载《瑞国赠石谷序》,下署书城太仓,此序即应烟客之命而作,与第一通所言若合符节,于是知书翁即子彦,信而有征。属为题跋,余因深佩仲芳之读书得闲也。各札皆未署年月。第三通述追逋之累,有"揆儿远出,独为料理,愁肠几碎"等语。王揆中,顺治十二年乙未科进士,烟客作《分田完赋志》,历叙赋敛加派之烦苛,累以贫增,后将益甚。令九子各受余田,收租供赋,留千二百亩自赡,无催科之扰。时在顺治十八年,年正七十。第五通言邸报内遣都统至江、浙、闽、广巡察海防,似因创见而生疑虑。检《浙江通志》,钦差巡阅海防,系康熙四年事。故各札年月,可定为顺治之末,康熙之初。其时石谷年甫三十余,得登农庆之堂,尽睹宋元名迹,指示宗派,引为忘年之交,倾心推服,逢人延誉,所谓其心好之,实能容之,前哲之雅量不可及也。子彦之子天植为吴梅村之婿,见靳价人引程迂亭说,子彦选授增城县令,顺治十四年到任,见《广东通志》。未几,去任,梅村有《王增城罢官哭子诗》,逝者当即天植,故梅村《遣闷诗》云:"一女血泪啼阑干,舅姑岭表无书传。"又短歌云:"爱子摧残付托空,万巷飘零复奚惜。"靳氏谓为子彦而作,其说正合。天植有子,梅村《送子彦南归诗》云:"相携孙入抱,解唤阿翁来。"自注云:"子彦近得孙,余之外孙也。"第一及第八通,殷殷以令孙为念,其诸即为梅村之外孙欤?第二通调停口舌,以乡曲至亲一语推之,所云"梅老",当即梅村。短歌作于增城初罢时,其余各诗皆在其前。以后寂无投赠,或仍有芥蒂之嫌欤?子彦蕴藉好客,喜饮啖,烟客屡谢郇厨之惠,且以芳旨递进,丝竹迭奏为戒。梅村寿其五十诗"即看哺醊亦风流",注云"善啖",正堪印证。杂书所见,藉复仲芳,希有以教正之也。近人辑《烟客尺牍》二卷,此八通皆属遗珠,亟为补钞,兼以志谢。中华民国三十二年,岁次癸未九月霜降日,杭县叶景葵敬记。

(《卷盦书跋》,第140～142页)

松皋文集题识

(1938 年 3 月)

记得某笔记云:"毛会侯《松皋诗》之上半册,原名《离珠集》,因禁抽毁。"书此以俟续访。戊寅春尽,揆初识。

(《卷盦书跋》,第 142 页)

遂初堂文集跋

(1941 年 3 月 8 日)

辛巳二月,取初印本与重编本对读,知初印本确系稼堂手定,选择甚精。重编本所增,皆稼堂删去之作。试检数篇读之,即可知矣。稼堂并不佞佛,惟方外之友甚多。故书序志铭之关于释氏者,皆随类编次,不分儒释。重编者,一概列之别集,其见甚陋。与石濂两书,为重编者所芟汰,而致粤当事书,与药亭书,与为霖书,皆攻击石濂,词锋犀利,并列卷中。细加寻绎,知与石濂书牵涉清世祖之语甚多,编者惧罹法网,故湮灭之。寿序中删去宋既亭一篇,亦因内有东林、复社语之故,《璿玑玉衡赋》,题加"御试"二字,同为敬慎之意也。以此推之,则诗集中重编多于原本者,亦稼堂所删汰,惟《海岱游草》重编少收四十八篇,不知何故。适阙此卷,无从探索为憾耳!是月十一日,揆初书于赁庑。

(《卷盦书跋》,第 142~143 页)

睫巢集跋

(1939年1月27日)

《睫巢集》刻于乾隆辛酉，后集刻于甲子。此稿起于壬戌夏，止于戊辰，故首册已选入后集，第二册则皆后集所未收。凡首册题上有朱圈者，皆后集所选刻，则此为眉山手稿无疑矣。

此书向藏松江韩氏，流落肆中，无人过问。景葵见眉山诸铃印，疑为原稿，议价购之。书贾告余此为嘉业堂所已刻，以价廉姑收之。归访翰怡，乞其新刻。翰怡以印本皆在南浔，沦没不知能否寄出为言。阅二十日，竟以印本见惠。详细对勘，知此稿之作，大半皆后集所未收。惜翰怡意兴阑珊，无复当日之豪举，不知何日何人始能付之梨枣，书此慨然！戊寅腊八，叶景葵识。

(《卷盦书跋》，第143页)

白沙子全集题识

(1945年1月)

万历刊《白沙子全集》。钱唐朱是(去非)遗书。去非卒于山东高等学堂。砥砺气节，工古文。与徐树铮最友善。以肺疾死，年仅四十余。遗书已散，其弟晨(夜存)保存此书，甲申残冬见赠，因移赠合众图书馆，为去非纪念。揆初记。

(手迹，原书，上海图书馆藏)

鲒埼亭集跋二则

(1934年12月1日、1940年2月)

朱笔传录丁秉衡临严修能评点本,下称严本;墨笔传录吴兔床临杭堇浦评点本,下称吴本。严本、吴本,均从长洲章式之钰传录本录出。据式之后跋云:"严本叚诸常熟丁秉衡国钧,吴本叚诸海丰吴仲怿重熹。"

吴本系抄本,兔床所录评点,仲怿但审为兔床亲笔,而不知系传录堇浦评点。式之证以十八卷(史刻十九卷),"此事不实,予在局中,《两唐考异》出长洲沈归愚"一条,谓与兔床平生踪迹不合,定为堇浦原评,似无疑义。葵谓卷中兔床按语,皆署己名,凡不署名者,如《湛园姜先生墓表》《桐城方公神道碑》诸篇,所书评点,以式之之见推之,皆可定为堇浦手笔,其余或不免有后人羼入之语,惜未能一一别白之也。仲怿亦间有按语,又有署名瑛者,不知何人?式之流览所及,亦附以己见。严本有丁秉衡按语,又引戴子高望校勘数则,今皆一一录之。余过录杨秋室评内集本甫毕,又得传录此本,合而观之,足为谢山诤友矣。

式之谓缪小山荃孙别有蒋蓼崖校本,卷中只引用一条,惜非全豹!甲戌十月廿五日,景葵识。

辛未冬,传书堂余籍散出,有龙尾山农抄本《鲒埼亭集》卅八卷,较史刻本增《李元仲别传》《题三山野录》二篇,以廉价得之。卷中本有校语,乃徐君行可怨以史刻本对读者,异同之处。皆以朱笔详记。

癸酉初冬,检《群碧楼书目》,知有杨秋室批校本,因向正闇主人乞假。正闇复书谓此书屡假屡赎,几至遗失,最近为宗耿吾假观,耿吾物化,始得还瓻。以为不祥之书,不愿再假于人。再三函商,幸邀慨诺。

秋室批校底本,亦一抄本,与龙尾山农本不同。龙尾本兴史刻本较近,疑龙尾本为谢山遗命移交马嶰谷,后归杭堇浦之本。秋室本为董小钝据旧稿重抄之本,末卷《刘凝之墓记跋》,后有小钝校语一条,为龙尾本所无。

今以秋室批校,用蓝笔过录于龙尾本之上。

凡秋室底本,与龙尾本不同之处,皆以墨笔注于原文之左右方。左右无余地,则详列于书眉。

卷中夹签为劳平甫、沈子封、莫楚生、宗耿吾诸君假读时所记,今以墨笔一一过录于书眉,加"某云"以别之。

耿吾疑史刻本外,另有刊本,与龙尾山农跋语暗合。

癸酉十一月初五日开始,至甲戌正月廿一日校毕。景葵识。

癸酉十一月初五日始校首册,至十三日校讫。

十一月十五日续校,是月廿四日校完第二册。

续校第三册,天寒又以他事作辍,至腊月二十日始毕。

十二月二十一日续校第四页,竭五日之力校完第二十五卷,乃托友人亟以原书前四册缴还正闇,以释其念。

甲戌元旦续校二十六卷以下,至元宵校讫。

甲戌正月十八日校完第五册。

正月廿一日全书校讫,为之一快。将作黄山之游矣。景葵记。

庚辰正月,寒瘦山房遗书尽散,余以钜金留此集。秋室批校原本,重行检校,如逢故人。距前校时不过六年,灯下已不能作细字矣。

《新安志》,龙尾山在婺源东南。庚辰正月记。

(《卷盦书跋》,第143~146页)

929

彭尺木文稿跋

(1940 年 2 月 26 日)

己卯冬日，假涵芬楼所藏《彭尺木文稿》三册。第一二册系尺木手稿，除去二林居已刻者，及稿本不易别异者，与所作《四书文外》选抄十三篇，并依原样照录台山、大绅诸君评改，以见先哲直谅之谊。其第三册系《一行居集》残抄本，不知已否付刊？倩写生照录。又借得潘景郑所藏无锡孙氏小绿天庵①手抄尺木未刻稿一册，大约即依涵芬楼原稿传录，亦倩写生照录，统名之曰《彭尺木文稿》。倩顾君起潜写一总目，冠于卷首，与《二林居集》合观之，尺木文字之演进，与思想之变迁，具于此矣。庚辰正月十九日灯下，揆初记。

(《卷盦书跋》，第 146 页)

柳洲遗稿题识

(1936 年 7 月)

柳洲先生与我六世登南公友好，卷中《登端州试院楼望七星岩》《端州试院烹茶》《送登南公赴阙补官》诸作，曩见丁氏刻《五布衣诗》本，已写入《先友诗翰》卷中。兹又得原刻本，颇为罕见。其板式与《樊榭集》相同，读之殊有前辈典型之慕。丙子夏日，景葵敬题。

(《卷盦书跋》，第 147 页)

---

① 指孙毓修。——编者

敬思堂文集跋

（1936年11月14日）

文定公与先六世祖登南公友善，诗集卷二《次建昌县赠叶六登南》二首，其时登南公以乾隆辛未庶常散馆，授建昌令，年正三十，足补《家谱》之缺略。又卷四《壬午三月卜居城南与叶古粲庶常同集分韵》一首（古粲，登南公别字），其时为乾隆二十七年，登南公已致仕家居矣。登南公遗诗，有在皖在粤之作，与文定公行踪相合。登南公居官甚暂，家况清贫，或文定公任学政时，登南公入其幕，任襄助校士之役，亦未可知，而《家谱》未载。遗稿已散佚不全，欲将登南公生平出处，作一简明之《年谱》，以补《家谱》之不足。屡思属草，未敢下笔也。丙子十月朔，景葵记。

（《卷盦书跋》，第137～138页）

复初斋文集题识二则

（1929年11月、12月8日）

此为道光丙申刊本，今以光绪丁丑重校本对校一过，其雕版改字缘起，详于李以烜跋文，并录于后。己巳冬十月，景葵记。

从徐曙岑兄假得光绪重校本，为北通州李芝陔（在铣）先生旧藏，有墨笔评点，因手录一过。先生为同光间北方赏鉴大家，收藏甚精。

凡厂肆暨旧家所出金石碑版书画，一经先生品题，无不奉为圭臬。今读此书评点，具见老辈细心，读书处处留意，故能强识博闻，成一家之学，非偶然也。十一月初八灯下又记。

(《卷盦书跋》，第148页)

简松草堂文稿题识

(1949年3月)

此吾乡张简松先生手书文稿，沈君误题《山舟文稿》。内有四篇，为文集所未收。《与马秋药论州县书》，颇有关系之文，亦未入集，何也？庚辰春暮，京估送来，告以非山舟书，遂含糊得之。景葵。

(《卷盦书跋》，第148～149页)

安乐乡人诗题识

(1939年11月23日)

己卯修板重印，后附《诗续》《词续》。尚有丁丑秋日以后之作待续刊。承籛翁持赠此卷，因记。　己卯小雪，揆初书。

(手迹，原书，上海图书馆藏)

国朝杭郡诗续辑题识

(1939年12月)

先六世祖登南公选诗二首(卷九),原稿尚存;高祖焘荞公选诗二首(卷三十六);高叔祖攒夫公选诗二首(卷二十九)。小传有为家谱所遗者,已敬谨录入。

(手迹,原书,上海图书馆藏)

攀古小庐杂著题识二则

(1940年1月28、29日)

灯下读《韩诗外传校议》一卷毕,精思入微,迥非赵校所及。惜所校五六百条,仅删存三十余条。

所刻金文拓本,尚多空白,盖非完工之刻。印林摹写金文极精。予得《攈古录金文》原稿中,多印林摹本,可见一斑。

己卯腊月二十日记

上元宗氏咫园遗书,己卯残腊购者除金石书外,寸楮无存矣。江宁邓氏寒瘦山房残余群籍,日内正由京、苏书估合夥议价,不久将捆载而来。多一次移转,即多一次损失。且大半流入他国,吾辈即有选购,正如鼹鼠饮河,不过满腹。文化之损失,不胜计哉!岁不尽九日,叶景葵识。

(手迹,原书,上海图书馆藏)

缦雅堂诗钞题识

(1940 年 4 月)

　　缦雅堂诗钞　　上册　　丰华堂旧藏　　附秋舫笛语　　王眉叔手稿本
此为原稿之末册,故后附词集。估人挖去大题下之纪年,分作二册。庚辰三月景葵记。

(手迹,原书,上海图书馆藏)

东洲草堂诗钞题识

(1940 年 5 月)

　　魏稼孙手钞何蝯叟诗,附加评语,皆商榷书法及有关辨论碑版摹印之作,稼孙固不甚佩服蝯叟论书者。庚辰初夏读。揆初记。

(手迹,原书,上海图书馆藏)

刘瑞临先生文集题识

(1941 年 4 月)

　　此编所收文未刊入《临端遗书》者,计五篇:《敬节会例题词》《敕封安人刘府君继配钟安人附志》《代父靖江府君作先兄余斋行述》《代世父牧堂府君作祭稿代妹文》《代父靖江府君作祭六侄女文》。

（手迹，原书，上海图书馆藏）

白田风雅题识

（1941年4月）

辛巳三月朱忆劬兄（孙芬）惠赠。忆劬为武曹先生之元孙，克绍先绪，笃行直道，闻图书馆之创设，为余搜罗古籍，至诚不懈，深可感佩。景葵。

（手迹，原书，上海图书馆藏）

代言集题识[①]

（1940年11月）

先王父贞甫公在河南抚幕中，代钱敏肃公所拟，应与奏案粘册一件、咨札稿二件。一并保存。孙景葵敬识。

（手迹，原书，上海图书馆藏）

雕菰集题识

（1940年12月）

《雕菰集》缺一至六，又十三、十四卷，共三册（存卷亦有缺页）。

[①] 原题识未署日期，据此时先生为其先祖们整理遗稿推断。——编者

此寒家旧藏。严蓉孙姑丈（曾铨）与孙耀先年丈（礼煜）合辑《说文汇篆》时，用原书裁割粘缀，故缺数卷。时在光绪丁亥、戊子间。嗣后屡思补全，竟无残本遇见，惟有得暇备钞而已。　庚辰冬，景葵记。

（手迹，原书，上海图书馆藏）

求是堂诗集跋

(1941 年 1 月)

墨庄之诗，才华丰赡，而外观无斧凿痕，却能字字坚稳，句句凝炼，其功候甚深矣。《文集·序立经堂诗钞》云："玉镌总角，与予学为诗，予以知其难而玉镌易，言之学诗必如造七级浮屠，瓴甓砖石，皆以平地累起而后可。学问之道，知其难则易者将至。"诚自道甘苦之言。庚辰残剩，景葵识。

（手迹，原书，上海图书馆藏）

两当轩全集跋

(1930 年 1 月)

吾家郋园先生搜罗《两当轩集》刻本甚备，以同治活字本为镇库。谓志述所编足本，当时未及刊行。同治癸酉集珍斋以活字印行，后来坊间一再翻雕，皆据同治本，盖未见此咸丰八年原刻本也。此本前有是年家塾校梓牌子，太仓季锡畴菘耘列名于校刊姓氏内，附录五后季菘耘跋，历述道光丁未岁与毛君叔美编纂《年谱》，刻于尚友斋，当时未得先生原稿，不无缺略讹舛。今岁戊午，仲孙(志述字)得先生手定藁，编纂付梓，序次瞭然。因重加删订开雕等语。是郋园所谓当时未及刊行者误也。此本实为《两当轩全集》足本之第一刻矣。己巳残冬，景葵识。

(《卷盦书跋》，第149页)

独学庐初稿跋

(1938年3月)

琢如刻集成，寄请王惕夫作序。惕夫于刻本，切直评点，不稍假借，跋而还之。今藏邓正闇处。惕夫自编未定稿，亦载此跋。琢如题其后，引为直谅之言。仍要求他日作序。此写本今归余斋，余六十初度，表叔马幼梅先生以此书为赠。俟乱定当借正闇藏本过录。戊寅春，景葵记，时六十五矣。

岁云秋矣，乱仍未定。承正闇以珍本见假，展读再四，爱不释手，乃依原本分别过录朱、绿二笔，惕甫分为次序，其卷中紫笔，盖琢如自加评点，皆惕甫不注意处，所谓得失寸心知也。余得惕甫手次未定稿残稿本，此序在焉。后有琢如题跋十数行，已刻入未定稿。其书眉尚有琢如书"请以此言为息壤"七字，则刻本所未载。盖惕甫许其别为一序，而终未践言也。余过录此本，以病作辍，以事作辍，至己卯春二月始克竣功。录毕书此，并抄四当老人题诗，及正闇跋语于卷首。四当逝矣，正闇亦老病颓唐。樽酒论文，不知何日？是月二十三日，景葵漫记。

(《卷盦书跋》，第149～150页)

八琼室文稿题识

(1940年7月)

先大父与钱伊臣先生(溯耆)同研金石,约为兄弟。星农先生与钱至戚,时以新得拓本赠先大父,赏析同异,函札甚夥。此稿均系手书,似未刊行。庚辰夏,自扬州来,景葵记。

(《卷盦书跋》,第150页)

铁桥漫稿跋

(1939年7月)

心矩斋重刻本改为八卷,因金石跋四卷,应别行;时文一卷,铁桥致徐星伯书有"不入录"之语,故蒋氏末付刊,并章福叙录亦删之。细玩叙文语气,乃铁桥自作。因昔年有"少作不足存,时文不入录"二语,故托言非其本意,为友人所选存也。叙文末一段,自道其诗文甘苦,谦中有傲;其所存时文,亦能镕经铸史,非寻常墨卷可比,故不忍弃之,刊附于类集之末。近来原刊已罕见,世人不见叙录,无从知其选刊颠末,特补录之。己卯夏六月,景葵识。

心矩斋重刻八卷本,依四录堂原刻补抄序目。外舅朱蜕翁遗书。己卯夏,景葵记。

(《卷盦书跋》,第150~151页)

小谟觞馆诗集注跋

(1939年4月)

光绪辛卯,余年十八,初应乡试。㧑生先生长子毓盘字子庚亦来杭与试,因旅费不足,出是书招售,定价银饼十元。先堂叔浩吾公语余曰:"此书印本流传极少,且为㧑生先生朱笔句读,殊便初学,汝盍留之?"时余得东城讲舍月课奖银七元,不足,向先母乞三元,遂得此书,是为余生平购书之第一次。嗣后南北阅市几四十年,仅见翻刻本一部,求如此初印精本,竟未再遇,始信先叔之言不虚也。是年回杭应试者,如钱念劬(学嘉,后改名恂)、汪颂虞(舜俞,后改名大钧)、刘襄孙(燕翼)、先姑丈严蓉孙(曾铨),与业已得乙榜而在杭之夏穗卿(曾佑)、汪伯唐(尧俞,后改名大燮),常聚谈于补藤花馆中。余以后进隅坐,得闻绪论,稍启读书门径,而以浩吾公及蓉孙丈朝夕牖启,尤为得益。饮水思源,九泉不作。披阅是书,顿触旧梦。子庚浮沈京曹,十年前尚得一见。㧑生先生之秘笈,则已悉数星散矣!己卯三月,景葵记。

(《卷盦书跋》,第151页)

甘泉乡人稿跋

(1938年11月25日)

戊寅冬初,购得甘泉乡人手稿笔记一册,附《文稿校勘记》甚详。

与此本对勘,均未修正,此为初印本无疑。暇当一一过录。记言乙卯四月修板,是刻成之次年。

十月初四日,灯下依笔记逐字校正。凡陈氏已校出者,不复录。

(《卷盦书跋》,第 152 页)

恬养斋文集题识

(1939 年 4 月)

此罗镜泉先生文钞。如《驺虞解》,如《王怀珮七十双寿序》,皆镜泉手钞,其他请人代录者,亦经镜泉详细校正。首尾完善,当为手自编定之稿本。丁丑春承王佩诤君见让,以景葵为里后学,督促传布之雅意。当博访逸稿,与诗集一并刊行,以慰佩诤之望。叶景葵敬识。

(手迹,《罗以智古文》稿本,上海图书馆藏)

恬养斋文钞跋

(1939 年 12 月 28 日)

吴门王君佩诤(謇)收藏《恬养斋文钞》四册,不分卷,未署名。王君欣夫(大隆)谓恬养为罗镜泉先生斋名。读其中《赵清献公年谱序》《大元海运记跋》,益信为镜泉文稿。知景葵珍重乡贤著述,为之作缘,承其慨让。镜泉著述甚富,多未刊行。所见者,仅钱塘丁氏刊《新门散记》,海昌羊氏刊《七十二候表》,其余如《经史质疑字孪》《文庙从祀贤儒表》《浙学宗传》《台学源流录》《赵清献公年谱》《敬哀录》《金石所见录》《述斋笔记》《宋诗纪事补遗》《诗苑雅谈》《恬养斋诗集》等书，其名互见于《杭州府艺文志》及《两浙𫐄軒续录》，均未见刊本。惟《文钞》不著录于《艺文志》，羊氏刊《七十二候表跋》，已云存佚莫考。今为佩诤搜得，洵书林之盛事已！《文钞》共八十九篇：首经解、次考、次说、次论、次辩、次序、次寿序、次记、次跋、次书后、次书事、次题词、次赞、次铭、次传，皆经镜泉一手校正，是为定稿。今依原次分四卷，又尝先后访得集外文十五篇，辑为《补遗》一卷。《杭州府志》无镜泉传，《艺文志》《𫐄轩续录》云"新城人"。景葵收得镜泉辑校《钓矶诗集》手钞本，及《文钞》内《闇然室诗集序》，皆自署钱塘，今从之。景葵近与二三同志创办合众图书馆，搜残编于乱后，系遗献于垂亡，已将敝斋旧藏悉数捐赠，此书亦在其列。今由馆出资排印，为馆刊丛书之第一种，其余箧衍稿，本当竭绵力陆续刊行，以传布先哲精神于万一。欣夫又惠赠《恬养斋诗集》钞本五卷，似非全豹，俟搜访有得，再行付印。中华民国二十八年，岁次己卯冬至五日，杭县叶景葵。

（《卷盦书跋》，第 153～154 页）

落帆楼文集题识二则

（1936 年 4 月、1938 年 6 月）

丙子仲春，读迄。《国史地理志》残稿，向藏海丰吴氏，近为燕京大学所得。原稿蝇头细书，极为工整，未知系先生手书，抑为张𦚾斋加注。去秋匆匆一观，未敢定也。景葵记。

戊寅夏日，又读一过。史论二篇，及致各友书，痛切指陈京朝大官之顽钝贪庸。道光如此，宣统季亦何尝不如此！记得𦚾斋言先生楷法晋贤,而于偏旁点划,一遵古篆。所见残稿正符。是当与邓氏所藏杨秋室手批《鲒埼亭集》同一珍贵。

(《卷盦书跋》,第 154 页)

笏庵诗稿跋

(1941 年 8 月 13 日)

笏庵名清鹏,为吴谷人祭酒之次子,由编修官至顺天府丞,著《笏庵诗稿》二十卷。此残本三、四两卷,菊生先生以卷中未署名,数年前嘱为审定,因余游山未得见。今检出见示,卷四《送孙又桥诗》,有"上堂如有问,道鹏尚留寄"之句,则确凿无疑矣。复检《两浙辅轩录》所收各诗,皆不在此残本内,惟有一首字句不同,想当时必有刻本。《辅轩录》所收,有《送左生宗棠下第诗》,有《闻金陵寇警诗》,是笏庵必殁于咸丰,即有刻本,亦刻于粤乱前后,无怪罕觏矣!笏庵诗律工细,功候甚深。吾乡诗家,可与颉颃者甚少。其论诗,主自得,即意境独造,无剿袭雷同之谓。其功力实从学杜得来,七律意境章法尤深,于《读杜辅轩录诗话》以为学杨诚斋,未免皮相之论。惟笏庵亦不鄙夷杨、范耳。辛巳闰六月二十一日,仁和后学叶景葵读毕敬识。

(《卷盦书跋》,第 154～155 页)

叶徵君文稿跋

(1942 年 8 月)

昔游中国书店见此钞本,后有揆初评语,与余字同,因购归读之,其时未见《归盦文稿》刻本也。顷与刻本对读,知此本从原稿录出,为刻本所无者:《韦白二公祠记》《重建苏州府儒学碑记》《重修苏州学后记》《重修太仓州学碑记》《九公祠碑记》《河南巡抚钱公五十寿序》《代属吏寿郭中丞文》《太仓州同知商公墓碑阴记》,共八篇;又《循政诗》一首,例不入文集。此八篇者,当为门人蒋铭勋刻稿时所删,如《韦白祠记》《苏州府学后记》《太仓州学碑记》《九公祠碑记》四篇,无甚精义;钱郭二中丞寿文系酬应之作,删之是也。如《重建苏学碑记》《商公碑阴记》二篇,言之有物,文字亦茂美,岂以前者有伤时语,后者掊击乾隆州志之谬,故从割爱欤?兹定名此本为《归盦文钞》,与《文稿》刻本并存,以贻后学。阅平梁阁君跋语,知揆初为无锡钱君之字。壬午初秋,后学叶景葵读毕敬记。

(《卷盦书跋》,第 155～156 页)

赵尚书奏议题识二则

(1939 年 12 月)

赵尚书盛京将军任内奏稿壹册。第四次辑。附御史折一件、山西护抚折一件。与前三辑有重出者,应重编。己卯十一月,景葵记。

赵尚书川督任内奏稿三十九册　附录一册(目录在三十九册之内不另计)　起光绪三十四年五月,迄宣统二年十二月。此系原稿,列入第五辑,应再重编。己卯十一月,景葵记。

(手迹,原书,上海图书馆藏)

赵尚书奏议第四次辑录题识

(1943 年 7 月)

第四辑各折片均已载于第一辑内。癸未六月复核记。景葵记。

(手迹,原书,上海图书馆藏)

赵尚书遗稿题跋

(1946 年 12 月)

此赵竹君先生凤昌所辑赵尚书诗稿,并告余曰:已在遗产中提出白银弍千两,作付刊之资,托余代办。余以尚可续有搜辑为词,收其稿而未领其款。未几,竹君物故,其子叔雍迄未将款送来,今已作阶上囚矣。竹君图报知己之愿,迄未能实现为慨也!丙戌十一月揆初记。

(手迹,原书,上海图书馆藏)

涂子类藁题识

(1938 年 4 月)

《涂子类藁》,明涂几著,残存五卷。宿迁王氏池东书库旧藏。惜阙卷六之卷十。北平图书馆有重刻《涂子类藁》十卷,系嘉靖十五年知宜黄县事。黄漳刻本跋言,先刻于闽,当即此本。

(手迹,原书,上海图书馆藏)

节甫老人杂著题识

(1938年4月)

戊寅季春之杪,阅闵葆之所著《子屏年谱》,详读一过。《汉》《宋》两记,弱冠时朝夕繙阅,如逢故人。闵谱尚须补遗。此书亦宿迁王氏故物。揆初记。

(手迹,原书,上海图书馆藏)

秋蟪吟馆诗钞跋

(1940年11月8日)

亚匏先生生二子,长名遗,字是珠;次名还,字仍珠。仍珠与余交最密。光绪乙酉科举人,入河东运使幕,由佐贰保升知县,分山西补用,委办归化城教案,为晋抚岑春煊所赏,调充抚院文案。光绪壬寅秋,赵尚书由山西布政使护理巡抚,余就其聘为内书记,始与仍珠朝夕相见。癸卯,尚书调任湘抚,余与仍珠同案奏调,同充抚院文案:余司财政、商矿、教育;仍珠司吏治、刑律、军务、交涉。旋出署澧州知州,政声卓然。未半年,调回文案。桂事起,湘边吃紧,仍珠筹画防剿事宜,因应悉当。力保黄忠浩熟娴韬略,可以专任,尚书深韪其言。

尚书奉召入都陛见，陆元鼎继任，仍珠仍留文案。陆过武昌时，张之洞痛诋黄忠浩与革党通，不可再予兵权，意欲以张彪代之。陆与仍珠疏，初颇疑金、黄勾结，后黄军所向有功，仍珠善于料事，又长辞令，陆大信任之。时尚书已拜盛京将军之命，奏调仍珠赴奉。余本以文案总办兼财政局会办，仍珠至，以文案总办让之，仍令余会办，又令仍珠会办财政局。未几，又令会办农工商局。终尚书之任，仍珠未离文案。尤长于交涉案件，日俄战后，收回各项已失主权，皆其襄替之力。嗣因营口开埠，章程草案与直督幕府刘燕翼龃龉，大为袁世凯所恶。尚书内调，徐世昌继任，竟以财政案与余同时革职。实则仍珠仅会衔而不问事，乃同被其谤，冤矣！余二人既同去官，同回上海闲居，旋为端方招入两江幕府，又为锡良调至奉天，委办锦瑷铁路交涉，锡又委以奉天官银号会办。尚书二次出关，仍珠仍任文案总办，兼东三省官银号总办。武昌事起，清室动摇，尚书委署奉天度支司，辞不就任；且侦知奉省有潜谋革命者，张作霖势力渐张，力劝尚书归隐，尚书犹豫，同官亦设计阻挠，延至共和诏下，方得去位。然以袁世凯之雄猜，尚书之忠厚，竟能绝交不恶，从容入关，皆仍珠擘画之功也。入民国后，在京蒙古王公，组织蒙古实业公司，公举仍珠为协理，移家北京，入进步党为基金监。梁任公为财政总长，同党公举仍珠为次长，欲藉其深沈谙练之力，为任公补偏救弊，任公甚信赖之。民国十一年，中国银行股东会举为总裁，张嘉璈副之，仍珠能尽张之长而匡其短，维持之功颇大。十四年，在总裁任以积劳得中风疾辞职。由是右偏不仁，神思颠倒，如狂癫之症，逾年忽然清醒，自言如梦初觉，但仍偏废在床。十八年，卒于家，年仅七十三。仍珠少受业于冯蒿庵，为律赋甚工，未留稿。入政界后，长于公牍、章奏，周密而有断制，能弭患于未形，又深悉社会情伪，善为人谋，有疑难事，咸就商取决焉。余生平受益极多，仍珠亦引余为益友也。弱冠孤贫，笔耕不给，饥驱谋食，事畜增繁，操守甚谨严。虽屡近膏腴而积赀有限；病中以遗嘱付托，不过数万金，身后分给二子及诸孙，陆续耗用，未及一年，已艰窘不能支柱。读亚匏先生之诗，其命宫殆世世磨蝎也欤！是珠尤不善治生，沈于痼习，家居营口，为商人司笔札，潦倒终身，时仗仍珠周济。遗嘱内有分给是珠二子之学费，顷闻读书颇有成，差足喜也。仍珠殁，余方在南，事后凭棺一恸，怆感万端，有挽诗云："平生益友惟君最，又到吞声死别时。病里笑谈仍隔阂，梦中魂气忽迷离。已无笔势铭贞曜，只有琴心殉子期。一恸傥随冥契逝，神州残命况如丝。""卅年形影相追逐，君病而今四载强。平旦东方神已敞，浮云游子意何长。焚琴燕寝花无主，侍婢阿琴他适。啜茗公园树久荒。余至京，每日在公园老树下茗话。遗著未编遗嘱在，含悲郑重付诸郎。"庚辰十月初九日追记。

此书初刻成，仍珠以最精印本见赠，展诵数过，藏庋有年。庚辰十月，检书作记，距仍珠之死，已一星终矣。仍珠遗稿，百无一存，读者见余所记，可略悉其生平，盖非一人之私言也。景葵。

(《卷盦书跋》，第 156～158 页)

冬暄草堂遗文跋

(1941 年 5 月)

陈蓝洲先生《冬暄草堂遗文》一卷，经马通伯、林琴南二先生审定本，辛巳春，向哲嗣仲恕丈借钞备藏，盖恐一时不克刊行也。先生不以文自矜，而卷中诸作，皆缠绵悱恻，发于至情，诵其言，如见其人。林序称陶《铭》陆《状》尤鸿丽；先生与二公之交极挚，而陶尤总角相契，以道义相切磨者，故胸有实蕴，而后发之于言，宏纤高下无不宜。其他诸作，皆称是。愿后之读此一卷者，勿以文人之文视之也。辛巳四月，叶景葵识。

原本尚有讹字应再校。

(《卷盦书跋》,第 159 页)

藤香馆诗钞跋

(1940 年 11 月)

桑根山人于同治间为吾杭贤太守,与光绪间之林太守,后先辉映,均能扶掖后进,振兴文教。桑根辞官后,又来主崇文讲席,及门甚众。家刊五种,板毁印稀,求之不获。陈仲恕丈汉第检得旧藏,移赠合众图书馆,志在永久保存,其意可佩。仲恕尊人蓝洲先生为桑根翁门下士,师承有自,此亦楹书之一种也。庚辰十月,景葵记。

(《卷盦书跋》,第 159 页)

人境庐诗草跋

(1939 年 12 月)

戊戌计偕北上,见沈乙盦先生手持纨扇,书黄先生酬曾重伯七律二首,爱之,讽咏不去口。后在《新民丛报》见所登《锡兰岛卧佛》及《莲桃杂供》诸作,始知先生五七言古诗尤为戛戛独造,前无古人,至今犹能背诵。顷得全集初刻本,如逢故人。先生固不愿以诗名,无如国步艰难,抱负不得发摅,仅存此六百余首,手自删定之诗,藉以传先生之精神,而其时又适当甲午以后,庚子以前,为有清一代内政外交最变化最紊乱之际。惟先生之诗才,足以达之。愿书万本,诵万遍,吾亦云云。己卯冬,撰初记。

郭松龄之役,余友林宗孟(长民)殉焉。余慕人境庐体作诗挽之,附记于此:

腕底能知羲献意,无端投笔去从军。生非燕颔飞何处?死与虫沙惨不分。

太白东方仍睒睒,圣人刍狗各云云。文雄草檄君无负,松杏山河总负君。

(《卷盦书跋》,第160页)

西泠侨寄客遗诗跋

(1941年2月)

裴铭先生于甲午会试报罢后,即到吾杭需次。入秋派充同考官分第三房,景葵即于是年回杭应试,蒙先生拔擢,得中第二名,为第三房之首。榜发,至寓所谒见,谦光下逮,奖誉备至。谒后,即买棹北归。由鲁而豫,复渡辽东,未克再返故乡,一修进见之礼。中间复音问阔疏,回首师门,怒焉心疚。前年文孙佩苍出示诗稿,盥诵一过,略悉先生痌瘝民物之宗旨,一山、师郑两叙,言之详矣。先生不以诗自炫,而吐词和平,隶事工切,想见平生脚踏实地,不尚虚浮,读书如此,临民如此,作诗亦如此。此次乱后,故居颇有损失,而佩苍保存手泽,完好无恙。因再假读,并拟录副以藏,使人间得有第二本,为异日剞劂之预备云。时在民国三十年二月,岁次辛巳正月杪,门下士叶景葵敬识,距进谒师门,已四十有八年矣。

(《卷盦书跋》,第160~161页)

愚斋存稿初刊跋二则

(1940年11月初、1944年4月)

宣统之季,余在造币厂监督任内,公适筹画币制借款,召余商榷。函电属艸,每于病榻亲自为之。精细为群僚之冠。革命事起,资政院纷纷弹劾,得罪而去。一生爱好,付诸东流,而国事亦不可为矣。此稿编存,皆吕幼矜先生所指授。电稿尤编次得法,惜函牍二稿,无力付刊。经此兵燹,不知有无阙失。此稿初印无几,向盛四公子乞一部,竟无以应,此系承办之家,私印六部之一,辗转以重价得之。披览时,辄以所忆附书于眉。陈仲恕丈(汉第)熟于清季掌故,假阅时亦属就所知笔之上方,藉资考覈。所言皆翔实不苟也。庚辰秋末,景葵志。

卷中附书者:有陈叔通敬第、潘季孺睦先、诸仲芳华诸君,潘事溇阳甚久,是时已为次帅罗致入东三省总督署,曾力阻溇阳入川。溇阳颇信之,而牵率未能舍去,故及此难。甲申三月记。

据季孺言:"溇阳之决计入川,赞助最力者,为刘申叔,当时电稿,多出刘手。"

(《卷盦书跋》,第161~162页)

盛尚书愚斋存稿初刊批注十八则

(1944年4月)

1. 卷二十六　王夒帅来电(戊戌二月十五日)批注云:

赵次帅督两湖时尚欠文普通学堂、武普通学堂,实则中学堂也。而区别文武,此种学制,令人喷饭。

2. 卷三十三　寄香帅(戊戌八月初十日)批注云：

梁任公由日本(友人)密护赴津,乘船径赴日本。到日本后一日,伊藤博文招,出示李文忠信,请其转至任公,可乘此时习外国语言文字。可见文忠爱才之笃。此为任公所告。

3. 卷四十三　张香帅来电(庚子闰八月十四日)批注云：

咬文嚼字,徒延时日。

4. 卷四十三　刘岘帅来电(庚子闰八月十四日)批注云：

各督文电往复,又有南皮拘滞,故迁延甚久。倘早请惩办祸首,早阻幸陕,则德兵或可不至保定,俄兵之席卷吉、黑,亦可稍戢其凶焰也。

5. 卷四十三　寄侯马(庚子闰八月廿四日)批注云：

幸有杏公直接通电,故行在消息较灵。

6. 卷四十三　寄北京庆亲王、李中堂(庚子闰八月是七日)批注云：

此书语语至诚。当日中日交谊确甚密切。免中国之瓜分,即所以保全,日本所见甚远也。

7. 卷四十九　张香帅来电(庚子十一月二十一日)批注云：

南皮始终不主回銮,恐蹈徽钦覆辙。且奏请迁都襄阳,有旨询合肥之。覆奏云,不设张之洞久任兼圻,仍有书生之见。故此电云云。此电载《故宫文献丛编》。

8. 卷五十一　寄江鄂督帅、山东抚帅(光绪二十六年十二月二十四日)批注云：

赵舒翘以服膺程朱自命,极佩夏震武之为人,任刑部时有刚正之誉,任江苏巡抚亦知注意吏治,溺于狭义的尊主论。只知有君,不知有国。卒乃依违腼口,不能自拔。其气体极强健,绝食不得死,以烧酒浸皮纸,口闭口鼻,始气绝。

9. 卷五十一　寄北京邸相并各省督抚将军(庚子十二月二十六

日)批注云：

袁(世凯)、许(景澄)廷争时,朱彊村侍郎祖谋亦抗声直谏,以身体矮小,起立致词,为太后所恶。拿问袁、许时,厉声问,有一矮人,瞅我一眼,是何职名？仁和相国跪奏云,臣耳聋没有听见,幸而得免。此彊村自述。徐承煜逼死其父徐桐,意在求免。真狗彘不如！

10. 卷五十一　寄江鄂督帅、山东抚帅(辛丑正月初十日)批注云：

日本以切身利害关系,庚子一役曲尽调信之能事。小田切又长于肆应,得力不少。

11. 卷五十九　寄津袁宫保(十一月十七日)批注云：

项城上海一行,即将船、电两利攫去,独留汉厂,令其赔累,宜补老之着急也。

12. 卷六十三　寄天津袁宫保(三月十一日)批注云：

精琦条议今日视之,已成刍狗,在当日则闻所未闻。又因施肇基任舌人,中文不佳,又不知学理,故所言更无端绪,实虚此一日也。

13. 卷六十六　寄外务部(九月十四日)批注云：

湘之废约,实苏浙拒款传染病。至张文襄亦坚执废约而病亟矣！约既不能片面作废,不得已以款赎回。赎回而无款自办,乃变为四国借款。倘无四国借款即不至厉行国有政策,酿成亡国风潮。因果相生,思之泪下。

14. 卷七十五　寄武昌陈筱帅、杨皋台(九月二十一日)批注云：

补老对于放振(赈),以精力果,知人善任,且调度有方,并时大老,无与伦比。

金仍珠系冯蒿庵高足弟子,故补老倚重之。此时入清帅幕,兼官银号会办,特派会同苏戡,密与美银公司代表商订锦瑷铁路卄合同,与英保林公司商订包工合同,往来奉汉,极为得力。

仍珠常告余,苏戡大言无实,见洋人辄气馁,不敢争辩,且不能守秘密。草合同甫订,即为日俄所知,苏戡与有责焉。

周克昌系银号老手,敦笃而广洁,清帅最信之。

15. 卷八十　奉天赵次帅来电（辛亥七月初六日）陈汉第批注云：

此即午帅致赵次帅电中所谓不能守口如瓶。继而查办之命下,是又所谓请君入瓮也。初九致泽公电,有"派萃萃绝不畏难"语。意欲萃生而坐收署理两湖总督之利,不知萃为泽公姊婿,泽公尝右之。萃已密电泽公,不愿生而保午帅。午帅未之知也。故午帅一再呈请,另派与路事无关之大员,而卒不获邀准行,抵资州,赵尔丰派兵迎而戕之,非果死于乱民也。

先生批注云：

端为赵戕之说,出诸夏寿田之口,无实据,不足信。季帅非阴险之人也。惟赵部下如田正葵,顽悍而不知大体,难保不散播流言。又如周巡警之散播传单,尤足激为民怨。故只能断为有间接关系,未便以此狱归之香帅。

诸仲芳之秉录颇翔实,惟谓邓曾因端曾杀革命党,有复仇之意,则未必然。端最肯保全革命党也。

16. 卷八十四　寄宜昌端大人（辛亥七月二十八日）批注云：

起用西林以会同赵督字样,本菲所愿,故拟一电文,一示三秉,即算缴卷,仍坚卧不起。中朝大老大惮西林者多,即补老亦未必敢与共事。故力促午帅入川,以为端得川督,较易共事,于是端之死期近矣！当时论者多谓,西林喜唱高调,其实解决此事,确非如此不可,所费不过数千万,保全者大。

17. 卷八十五　武昌端制军来电（辛亥八月初九日）批注云：

观此电可知,端督亦深忌西林之起用。

18. 卷八十五　寄武昌岑宫保（辛亥八月初九日）批注云：

所谓以闭门羹饷之。

（手迹,原书,上海图书馆藏）

忠雅堂诗集题识

(1941年7月)

卷首有"知让"朱文印。知让为心余先生次子。《补遗下》有《书知让游庐山诗后》七古一篇。知让字师退,亦能诗。辛巳六月,揆初读。

(手迹,原书,上海图书馆藏)

频罗诗集序[①]

(1915年1月20日)

频罗即世之八年,哲嗣哀其遗稿,将梓而寿诸世。维时凋林陨风,晚苍弥望,芝兰不存,阆芳靡绝。余以盍簪,谊无过诿。敷陈厥指,可得而言。夫文府元始,壮声曩册。汉雅骚音,各程令规。六代三唐,瑰辞代起。承流递嬗,作者聿兴。足以翊翼春华,扬厉污简。吉光是珍,文化斯懋。别集之录,由来尚矣。频罗英挺奇质,负志青云。尚羊儒林,振采词苑。落花依草,邱中郎之才华;初日芙蓉,鲍明远所心许。皇甫当前,无事远求白傅;子云承明,岂独文似相如。乃以屡厄清时,勉成吏隐。东坡游鄂,遂传黄州之诗;子山忧国,厥有江

[①] 刊于《民权素》第四集"名著"栏,署名"卷盦"。《频罗诗集》作者当为叶景葵友人,姓名不详。该诗集似也未正式印行。——编者

南之作。破涕一掬,入握不温。吟魂三尺,归来何暮? 呜呼! 正平适魏,仅识孔生。嗣宗登山,但聆孙啸。长沙服鸟之赋,宣室不闻;佺期射鵰之才,结眉空叹。然而显晦不齐,遭逢非偶;释萝袭衮,岂必禀经之彦? 握瑜怀瑾,弗屑门戟之荣。侏儒醉饱,士甘枵腹。簧舌翻澜,人咸充耳。贤者闻而兴喟,高人望而避舍矣。况夫流风亡沫,善操终弃。淮南拔宅,人颂刘安。河间遗书,录存子政。南山种豆,无杨恽而损欢;东篱采鞠,待元亮而载酒。杜少陵号称诗史,刘孝标岂无故人? 以彼例此,讵不其然。当此国华凋谢,坟籍废弛,戎衣屡警,礼教中息,眷怀绝学,僭焉若瘨。不有大雅,畴为扶轮,则斯集之传也。将使白云在天,广乐振地,崇勖光采,如瞻景星之华。爱护波潮,足障黑水之沸,激浊扬清,其在斯乎? 今者羽陵飞蠹,未食神仙,枫林大招,每怀太白。彦升出郡,哭仆射而讴思;牧之爱才,传长吉而作叙。虽劳百声于绣虎,无补陈思。而蔽一言于游龙,眷怀李耳。爰撷崖略,用弁鸿著,仰此之咏,庶无闷焉。

(《民权素》第四集,原刊)

狷叟诗录跋

(1941 年 5 月 31 日)

狷叟为珊林先生哲嗣,承其家学,曾刊行《许学丛刻》。其诗稿已选刊,名《狷叟诗存》。此为底稿,修改涂乙,均狷叟亲笔。内如《感旧诗》中小注,叙述朱又笳师及严容孙姑丈学历,皆小子所未详者。一时交游,又皆童年负剑时所瞻仰。展诵一过,如闻辟耳之声已。

珊林先生遗书甚多,《说文》一门,尤多孤笈。孙耀先年丈与容孙姑丈,艸辑《说文汇纂》,皆就许氏书库中取材。景葵曾与校字之役,故知其师承如此。辛巳端阳后一日,后学叶景葵手装。

(《卷盦书跋》,第 162 页)

四当斋集跋

(1938 年 4 月)

丙子初冬,入旧京访公于病榻中,出示手定文集,系倩戴绥之姜福缮正者。葵谓曷照原稿付之影印,并表示愿出资协助之意。公谦逊不遑,谓此稿仅可存之家塾,岂堪问世。葵谓姑迟数年,俟续有选定,一并付刊尤佳。丁丑春,又入京,则公已病在床蓐。到门问疾不下七八次,仅得在床前絮语移时。再晤则已言语模糊,阅数日即骑鲸西逝。公律己甚严,垂老绩学不倦,生平无一事有自满之语。故手定之稿,淘汰倍至,所存皆惬心贵当之作。年来屡承余论,获益良多。今其嗣子以原稿排印,见赠一部,盥诵数过,殊深平生风义之感! 戊寅仲春,景葵记。

讹脱处以朱笔记之,尚须与原稿校读。初印二百部,业已分罄,已怂恿其嗣子元美重印,仍主以戴写本影印为佳。

顷闻公自写清稿甚工整,当向元美借校。

公遗书均送存燕京大学图书馆,董其事者为顾君起潜廷龙,已为写出《校勘记》数种。起潜来书,为造象之赞,属葵另撰,不宜以自记写入遗集之前。兹为拟赞如下:

近儒王忠愨云,学问之道,无往而不当用其忠实。惟公沈酣图史,数十年如一日。取径不同,归趋则一。矧其深嫉时风,力章潜德,服习《孝经》,砥砺臣节。不必效忠愨之湛渊而致命,遂志之怀,固并时无愧色。粹乎其容,允矣儒宗,宜为百世所矜式! 式之先生姻丈同年象赞。戊寅春日,叶景葵敬题。

(《卷盦书跋》,第162~163页)

松邻遗集跋

(1938年5月20日)

印臣先生故后,友人章式之、傅沅叔、邵伯絅等搜集遗文,交式之担任编辑。辑成交琉璃厂文楷斋刊刻。文楷刻成,而刻资无人担任,阁置数年,文楷甚窘。壬癸间,葵入都,伯絅告葵曰:"文楷急于结账,只须付四百元,便可印刷数十部。"葵允出二百元,分得红印二十部。尔时沅叔正作峨眉之游,葵因未知伯絅未与接洽也。迨沅叔回京,甚怒文楷之专擅,不许再印。文楷乃以原板改作他用,葵携二十部出京,同好分索,让去十九部,只剩此一册矣。十九部中,有赠平湖葛氏一部,松江图书馆一部,此次倭患,不知已付劫灰否?去年颇思将此册付之石印,倭事起,又不易实行。印臣一生坎坷,其遗著亦尚在显晦之间,可慨也!戊寅四月廿一日记。

《校邦畿水利集说跋》,即陈硕甫所藏沈氏原稿,上次上海战事时,葵向东方图书馆借校未付劫灰者。印臣此跋,定稿而未写入原书。大约此书由印臣让归传书堂,再转入涵芬楼者。

印臣遗稿丛杂,诗词尤夥,多未成之作。此集颇为一时传诵,式之编次之审慎,实居其功,可谓不负死友矣。

此集并无序文,式之谦让未遑,闻沅叔颇恩列入所刊《丛书》中,未经商允而即付印,所以逢彼之怒也。

(《卷盦书跋》,第164页)

吴伯宛先生遗墨跋

(1939 年 11 月 27 日)

伯宛先生任陇海路局秘书时,屡于谯叙中接谈,而未得请益之机会。其时收入尚丰,因喜购故籍及金石精本,整理刊印,不惜重资。性又豪迈,用度仍苦不足。民国六七年间,将嫁女蕊圆,检出所藏明刊及旧抄善本四十种,定价京钞一千元出售,以充嫁资。余请张君庾楼为介,如值购之,是为余搜罗善本之发轫。其时京钞甫停兑,市价八折,实费现币八百元也。某年再入京,影刊《宋元词集》已告成,初印若干部,无资续印,余约友人集款三百元附印十部,余得二部。及先生捐馆舍,后再入京,则《松邻遗集》刊成,无人任剞劂之费,板存文楷斋,由邵伯䌹同年发起,付文楷四百元,刷印五十部,余出二百元,得书二十部,余以前此京钞购书折价,正短二百,藉此以报先生也。此二十部携至上海,分赠同志,求者纷至,无以应之。寒斋仅存一部,今捐藏合众图书馆矣。《遗集》卷帙无多,因先生文稿,随手散佚,未曾汇写,故搜集至难。又编定者为章式之同年,以谨严为主,淘汰不少假借,式之亲为余言之。式之与先生以文章道义相砥砺,自任身后定文之责,以为非如是,不足以报死友也。先生博览多闻,襟怀旷朗,不愧绣谷家风。仅此区区表见之文字,不足以尽先生之长,乃并此数卷遗文,亦复流传未广,宁非后死者之责欤!起潜兄搜得零稿,补苴掇拾,用意甚勤。倘续有所获,编成补遗,并入原集,重为刊印,余虽老矣,尚愿力助其成也。己卯小雪后四日,叶景葵记。

(《卷盦书跋》,第 165 页)

非儒非侠斋集题识

(1941年1月)

庚辰残腊,鼎梅惠赠。现方受中英庚款会之委托,编《中国金石史》,所藏碑版书籍均在杭州孤山散失。平生搜集墓志四千通。自汉至明经数十年苦功,一概抛弃,深叹补充之不易,尤以元明各种为难得也。揆初读竟记。

(《卷盦书跋》,第166页)

志盦诗稿跋

(1941年11月19日)

夏地山丈云:"此集卷首《甲午出都》五律四首,乃钱唐夏穗卿先生曾佑之诗,误入集中。"地山在家塾中熟诵之,盖志盦钞存故人之作,编者误入集。汉魏以后诗集,往往有此病,不足为异。此诗意境派别,与志盦全诗迥异,地山为穗卿族姪,又亲受业焉。所言极可信也。

穗卿不以诗名,而所作冲夷澹远,蹊径极高。余曾记其《光绪庚寅出都赠沪江陆校书》七绝八首,一时传诵,而今知者鲜矣。兹录于后:

对酒当歌百感侵,独将往事几沈吟。琴湖一曲盈盈水,曾照生平十载心。

一自子荆伤永逝,无端王粲浩南征。笙谙犹是人间世,不到中年泪已倾。

息机曾许证盟鸥,雪满征衣尚倚楼。浊酒半醺投袂起,名姝骏马古今愁。

长眉自照惜倾城,犹有孤芳独抱情。我识士龙天下士,可怜入洛误生平。

毵毵垂柳擅丰姿,欲染征袍惜素丝。水浅蓬莱从载酒,繁花飞絮满高枝。

晓风残月极空濛,犹唱屯田旧曲工。终古栖鸦徒绕树,柔条无分系冥鸿。

本来杨柳无情树,人自攀条柳自新。坐对浓阴愁系马,白门残照最伤神。

银汉低垂阙月斜,罗帏启处即天涯。雕鞍欲上重回首,不见浮云见曙霞。

穗卿由庚寅会元得庶常,天下想望丰采,此诗正作于报捷出都之后。迨甲午以降,喜读章实斋、刘申受、魏默深、龚定盦之书,又与康南海、黄嘉应、谭浏阳、文萍乡诸君游,浸淫于西汉今文家言,究心微言大义,尝学为新派诗,记其一绝云:

六龙冉冉帝之旁,洪水茫茫下土方。板板上天有元子,亭亭我主号文王。

又一联:

帝杀黑龙才士隐,书輋赤乌太平迟。

穗卿不多作,余所记忆亦仅此矣。

穗卿散馆改外,分发安徽,任祁门县数年,罢官归隐,贫况依然。又入教育部任北京图书馆长。束书不观,只字不写,盖已读遍群书,最后喜究内典,尝自谓无书可读,无事可谈,惟沈湎于酒,卒以酒死。一代才华,终归泯没,惜哉!辛巳十月朔,景葵记。

(《卷盦书跋》,第166~168页)

曹君直舍人残稿跋

(1939年11月)

曹舍人文集，已经王君欣夫编定。戊寅，苏州失陷，闻文稿亦散失，乃借欣夫所藏手稿残册录副。卷中自《谕南学诸生文》起，至《金作赎刑说》止，皆手稿也。自《宋本说苑跋》以下，乃自编《笺经室群书题跋》，本托高舍人欣木在中华书局印行，因乱未果。现向欣木假得，附录于后。录甫竟，闻全稿已经介弟叔彦觅得，欣夫鸠集同人，拟出资刊刻，纸墨价涨，集款未成，不知何时始能告成也。己卯十月，景葵记。

(《卷盦书跋》，第168页)

叶仲裕残稿题识

(1941年6月27日)

叶仲裕残稿　辛巳六月重装。

　　杭州安定学堂规约
　　复浙抚增辞浚湖局会办函
　　　　附手钞浙抚颜疏浚西湖碑记
　　与陈兰薰函
　　与胡叔田函

调查浙绅仕籍残片

亡弟仲裕之夭死情形,余别有《鸰痛记》详述之。生平无著作,即家信亦散佚,惜其文采不章。兹捡得光宣之交,在杭州安定学堂监督任内公私稿件一册,其治事之整严,律己之不苟,可见一斑。距其死日,不足一年。譬诸将尽之丝,未灰之炬,特为手装保存之。后之阅者,当悯其志节,而更惜其年之不永也。　辛巳六月初三日兄景葵识。

(手迹,原书,上海图书馆藏)

甄屑录跋二则

(1940年11月11日、1941年1月)

光绪癸巳应顺天试,报罢,回汴梁。严君谓场作太劣,以后窗课,请松江陆幹甫先生廷桢改削。此四篇,即当时改本也。先生谦抑自下,奖誉不去口,余亦未以根柢学问相请益。甲午别后,未得再见。但闻先生一权剧邑,浮沉僚底,不甚得意而已。读《四当斋集》,载有先生墓志铭,始知霜根老人交谊,叙述先生志行卓然,政声颇著;且于学问具有根柢,不仅以时艺见长,深悔当年交臂之失也。

甲午至济南续娶,外舅朱蜕庐先生谓余曰:"汝有志诗古文词,宜执贽于丰润赵菁衫先生国华。"先生须眉岸异,乐道人善。以《青草堂文集》赐余,余以陆先生改本呈正,先生批答有褒词。入夏南归应试,先生题诗纨扇赠行,诗云:"建鼓中原大势来,云帆南向广陵开。旧时江上千头杵,傍舍钱生只霸才。"此扇业已失去。庚辰十月理箧得四篇原改本,以有陆、赵两先生墨迹,不忍覆瓿,记而存之。是月十日,景葵记。

受业师自徐少梅先生以前,皆授读《四书》及《诗》《书》二经,至九岁则延叶乔年先生来馆,于授经外,兼习小题文。至十三岁,读完《易》《书》《诗》《三传》《礼记》《周礼》《尔雅》《孝经》,皆能成诵。十四岁读《仪礼》,则苦其繁难,旋读旋忘矣。幼时不喜《四书》文,下笔亦甚迟钝,初作尚清通,愈作愈晦涩。十六岁应童子试,县府均以经艺见取,所作《四书》文,殊不合格,盖乔师亦不甚以《四书》文见长也。余之受惠于乔师者,家中有阮刻《十三经》一部,因读经不通,喜繙阅之。又得《文选》一部,尤爱读之,甚至高声朗读,师不加禁之。入泮以后,不再作小题文,而馆中自余叔、余姑、余弟,以及附读者不下十余人,位置太窄,乃移至别室读书。于是虽从乔师在馆,已有名无实。余乃有机会浏览群书,顾家中书甚少,只有《皇清经解》一部,为余枕中之秘。乔师寿至九十余岁,至宣统间始逝世。在馆时已六十外,性敦笃,终日危坐,住城隍山脚,距余家约十里,来往均步行。住在馆中,晚饭后必燃灯吸阿芙蓉两小口,前后十年,从未增加,因有疝气疾,非此不能脱然也。甲午年师已七十余,余回杭乡试,往谒,师正患温热病,瞪目不相识。师母亦七十许人,苦于药医无效。余见师壮热谵语,便秘舌刺黄黑,手足瘛疭。投以大承气汤,次日即省人事。当时余方二十一岁,胆大气粗,敢于下药,亦甚冒险矣。至宣统元年,浙江选举议员,师已九十外,尚乘舆至仁和县大堂投余二弟景莱一票,令人起敬。师无子,师母相继病殁,以姪为嗣。

朱硕甫先生为余父丙子同年,最相契,往来甚密。师长于八股文,为余改小题文数篇,以程度相去太远,不甚得益。惟师道貌俨然,每相见,必勖以为人之要道,要信实忠厚和平正大,谆谆不已,如老妪然,至今如在心目。师原名煜,后改今名。

癸巳应顺天试,余叔岳夏厚庵先生介绍,请蒋稺鹤先生阅文,亦余父丙子同年。师最懒,全课作不下十余篇,未改一字;每见必在烟榻，奖借倍至。师为别下斋后人，博览群书，闻有著述，不轻示人。余亦未知请益，未免宝山空返。

甲午至济南就婚，余外舅朱养田先生介绍，请向笃先生阅文，所呈不过三四篇，亦未改一字，因为时甚暂也。笃师在山东不甚得意，未久即病殁。

同时以八股启余最热心者，为赵小鲁先生，故余亦以师礼事之。赵与石砺斋先生及余外舅结为兄弟，以道义相切磋，有绰号三：赵曰"不怕穷"，石曰"穷不怕"，朱曰"怕不穷"。三人皆尚任侠，挥金恤贫，喜干预不平事，风义甚笃。石与余父同以大挑分河南。石初见余面曰："余契弟朱某有女，孝而且贤，不可多得，吾为两家订婚。"余父从其言，即许诺。余外舅得信，以为石大哥所择之婿必佳，亦许诺。顾女宅无人送嫁，欲余往济南，余不肯作赘婿，石师又慨然曰："余契弟赵七可代表为男宅主人。"于是余襆被至济南，赵师为设行馆，预备一切，经费不足，亦为垫付。成婚后，赵师即索阅窗课，谓汝喜学陈句山，未入格，不宜场屋，宜多读管韫山文，及北墨居数目。又谓汝之文气宜南闱，不宜北闱。是时外舅适调权兰山，距运河近，于是回杭应试之议始决。临行，师以诗句赠行，其一曰："天地钟灵此最奇，如何弱冠已经师。论交敢许忘年友，但解逢人说项斯。"其二曰："文阵纵横不计勋，雄才睥睨五千军。南朝宿将知多少，个个低头拜允文。"其三曰："明珠宝玉此奇胎，怀韫千年始一开。莫使寻常露光气，山川犹待媚辉来。"是时余瘦削多病，而年少气锐，不免兀傲自喜，故末首有规戒之意。此皆生平得力所在，不仅文字缘而已。师居官有政声，好鉴藏书画，千家散尽，屡空晏如，豪迈好客，始终不倦。与赵尚书为同胞兄弟，行七，故时人以赵七称之。庚辰腊尽，随笔记之。景葵。

赵师精医术，以《灵素》仲景为宗，余略知医，亦受师之陶冶。

（《卷盫书跋》，第168～172页）

思玄堂诗题识

(1942 年 3 月)

学义山,去其晦涩堆垛之病,又能灏气流转,洵属隽才。入后应酬之作,嫌太多。壬午仲春读竟。景葵。

(手迹,原书,上海图书馆藏)

半 樱 词 跋

(1940 年 2 月 15 日)

半樱先生避难来沪,与余同衕而居。因肺疾延及心脏,于己卯腊八日逝世,从此不特少一词家,且失一坚贞淡定之君子矣。病前,余往访,索词刻正集,先生谓前刻已分散,重刻则须百余金,有志未逮。余颇拟为之重刻,而未宣诸口。今先生逝矣,将偿此愿,并向其家索剩稿,编《补遗》附刻焉。景葵记。

庚辰正月十八日,林世兄以此册见付,谓印本余存,已遭火焚,家中仅存此册。余允俟纸价稍平,必践续印之约,敬书之以为息壤。景葵记。

(《卷盦书跋》,第 172 页)

万首唐人绝句跋

(1941年5月上旬)

　　诗句有一字沿讹,为后人所忽略者。如王之涣《凉州词》"黄河远上白云间",古今传诵之句也。前见北平图书馆新得明铜活字本,"黄河"作"黄砂",恍然有悟。盖本作"沙",讹作"河",草书形近之故。今检此本亦作"沙",所据必为善本。向诵此诗即疑"黄河"两字与下三句皆不贯串。此诗之佳处,不知何在?若作"黄沙",则第二句"万仞山"便有意义,而第二联亦字字皆有著落。第一联写出凉州荒寒萧索之象,实为第三句"怨"字埋根,于是此诗全体灵活矣。以此推之,杜工部《游龙门奉先寺诗》"天阙象纬逼",朱《笺》引蔡氏《正异》作"天阚",杨用修主之。朱意"阙"指"龙门",不主杨说。并以古体诗不必偶对,主《庚溪诗话》之说,而各家亦无采杨说者,皆泥于龙门本有双阙之名,且宋本作阙也。不知此诗系工部少作,体格全摹六朝,第二三联,均以上下句相对,第三联第二字应用动词,则"逼"字方有著落。以声调论,此字亦必用平,以诗意论,"阚"然后知其"逼","卧"然后知其"冷",极易解释。若以天阙与象纬两个名词相接,句法笨拙,不伦不类,全诗便无精彩矣。吾以为"阚"与"阙",亦草书形近而讹也。附记于此,以质诗家。

(《卷盦书跋》,第173页)

文 选 跋

(1941年2月)

　　此书在余家至少七十年,上钤"补藤花馆"印,系王父斋名。六世祖卜居张卿子巷,有书斋名紫藤花馆,洪杨时全毁。王父奉母至河南辉县,依舅氏徐石樵先生以居。同治末将致仕,乃购得木场巷新屋,修葺后,以补藤榜其斋。所植花树六七株,皆仿老屋为之。家中尚存张卿子巷老契一纸,上有六世祖签押。此书为余十六岁以前所温习,余姑丈严蓉孙先生曾铨在书摊购得《文选集释》以赐,余颇欲摘要签记于书眉,《西京赋》未竟而即中辍。童时涂鸦之态,如在目前。十九岁后即挟以赴汴梁,随余书篋跋涉者十五年,在上海与群书杂厕亦三十五年矣!辛巳新正检书作记。

　　光绪壬辰,由杭州取道运河,至安徽之亳州上岸,以骡车至开封。癸巳由开封陆行至道口,乘船至天津,入京应试,入冬回开封。甲午正月至济南就姻,五月至沂州。又由沂州至台儿庄,取道运河,回杭应试。秋后又取道运河,回沂州。乙未由沂州陆行,取道曹、单至开封。又由开封赴洛阳,而至宜阳县。丁酉又由宜阳取道洛、巩,至开封渡河,而至彰德。戊戌春又入京,冬回济南。己亥由济南回彰德,又由彰德赴陈州之太康。此书均随余行李以行。壬寅春由太康取道亳州,沿运河回杭州,此书高卧于太康县署之书斋。是年秋严君调任汝州直隶州,此书随任而至汝州。癸卯春余由山西调长沙,道经开封应会试,先至汝州省亲,又挟此书以行。三月杪至长沙,甲辰春又由长沙至北京。秋又由北京至济南,时严君在邓州任。冬又取道青岛而回杭州。乙巳春由杭州经上海赴武昌,又由武昌取道京汉而至北京。夏六月由北京至沈阳,丁末四月半余由京奉、京汉取道汉口,搭长江轮至上海。此书由南满取道大连,航海而南,与余合并。由马霍路德福里迁白克路永年里,又迁斜桥路四十五号,又迁白利南路兆丰别墅五十一号,至民国三十年二月即辛巳岁正月初又迁至合众图书馆,为此书终身之结穴矣。辛巳人日漫记。

(《卷盦书跋》,第174~175页)

全上古三代秦汉三国六朝文跋二则

(1941年5月9日、29日)

思简楼文氏遗书,有独山莫氏旧藏钞本《全上古三代文》八卷,附《先秦文》一卷,封面有彭甘亭印,初以为传钞严本,阅其凡例,与严不同。携归细读,知非严辑。又检对甘亭字迹,知系彭氏手稿。目录凡例,与辑文之大部分,皆甘亭手书眉端,校注亦同。盖辑成后陆续增入者,校语引阮刻《钟鼎款识》,孙刻《续古文苑》,新刻《韩非子》等书。吴山尊本韩子刻于嘉庆廿三年。是此稿在仁宗末年,尚锲而不舍,至宣宗改元即逝世。甘亭曾辑《南北朝文钞》,吴江徐山民刻之。《先秦文》以后或尚有《汉晋文》之辑。其作始当在《全唐文》开馆之初,动机与严相同。惟严辑盛行于数十年之后,而彭辑湮没无闻。绎其凡例,取材亦主谨严,而与严稍有歧异。如严不采屈原,而彭以《楚辞》为王逸所集,与专家不同,故与宋玉并取之。其博稽群籍,订正异同,不如严之精密。一因考讹捃逸,严有专长;二因严之成书致力二十七年之久,而彭则未经写定,遽弃人间,诚有幸有不幸矣。辛巳四月十四日,叶景葵识。

顷阅袁太常《安般簃集·题江子屏小像诗》,自注云"曾宾谷开校刻全唐文馆,吴山尊荐江先生入馆书,谓无论郑堂经史之学,足备顾问,即下至吹竹弹棋,评骨董,品磁器,煎胡桃油,作鲜卑语,无不色色精妙,足以娱贵人之耳目。然南城卒不见收录。时严铁桥亦以不得入馆负气去,撰《全上古三代汉魏六朝文钞》,目录搜罗极富,欲以压倒唐文馆,其兀傲之气,不可及也"等语。证以严氏自《序》所云"越在草茅,无能为役"二语,其说可信。检《小谟觞馆集》,知甘亭与宾谷甚有交谊,不知曾入唐文馆否?何以亦辑上古三代文耶?端午前一日又记。

(《卷盦书跋》,第175～176页)

骈体文钞跋

(1939年4月22日)

过录先师朱又笋先生启勋评点本,依原本:蓝笔临庄仲求评点,墨笔临谭复堂评点,朱笔先师自评点。

又笋先生,宜兴人,侨寓杭州,绩学工骈丽,能为徐、庾、任、沈之文。志行倜傥,与复堂相契。奖掖后进,循循善诱,葵十七岁即师事之。吾师示以读书门径,及文章流别,谓宜从先秦两汉入手。光绪壬辰春,余年十九,师以此本见示,命照录一部。自春徂夏,写录甫竣,秋初即与师别,由杭赴汴。甲午回杭乡试,师已入都。以后天各一方,无缘再谒。吾师落拓一官,未几即归道山,身后著述散佚,生平寝馈之书籍,问其后人,毫无存者。自问一知半解,全赖吾师诱启。垂老荒芜,了无成就,愧对师门,思之汗下!检箧得此,如温残梦。后半朱笔较少,恐当时匆匆料理北行,不无漏写之处。庄、谭评点,海内颇有传录,吾师写本已佚,仅此录存之吉光片羽,亟宜郑重保存。回忆四十八年前，补藤花馆中，师每于日将晡时，咿唔而来，科头而坐，以宜兴官话背诵任彦昇杰作，口讲指画，娓娓不倦，至今思之，如在目前。此乐胡可再得耶？己卯三月三日，弟子叶景葵敬识。

朱又笌先生名启勋，江苏宜兴人，光绪壬午科优贡，朝考一等，钦用知县。乙酉科举人，甲午恩科进士，改翰林院庶吉士，散馆一等，授职编修。充国史馆协修、纂修、总纂、提调，医学局提调，记名御史，京察一等。咸丰辛巳年生，殁于光绪二十八年。所著诗词骈文，经乱散佚。此询诸先师之姪琇甫太史宝莹，承其详示。辛巳当系丁巳之讹。

（《卷盦书跋》，第 176～177 页）

骈体文林题识

（1940 年 5 月）

宜兴朱又笌师启勋选辑。原书未成，仅存拟目。眉注为常州屠镜山先生（寄）手笔；传录者，杭州吴君锡侯（道晋）。兹从吴氏录本传抄。锡侯按语亦附录之。庚辰四月，景葵敬识。

（《卷盦书跋》，第 178 页）

花间集校记

（1933 年 3 月 14 日）

武林赵氏小山堂影钞宋淳熙十四年鄂州使库刊本《花间集》十卷，十行十七字，与陆元大所覆绍兴本不同。前无赵崇祚及欧阳炯衔名,后无晁跋。每卷前有子目,连正文同题,每首连接,无其二其三等标题。宋讳不阙笔,即海源阁著录之本也。癸酉正月购于杭州经训堂,兹与陆元大本对校一过,以陆本为主,而以淳熙本异文注于下:

序 以阳春之甲将六字缺。

温庭筠《菩萨蛮》三 钗上蝶双舞双蝶。

又七 音信不归来音误意。 又十二 花露月明残露作落。

又《更漏子》二 倚栏望栏作兰。又三 花里暂时相见时作如。

又四 待郎熏绣衾待作侍。 蝉鬓美人愁绝鬓作髻。

又《酒泉子》一 垂翠箔箔为泊。 又二 金鸭小屏山碧碧宇缺。

又四 一双娇燕语雕梁雕讹凋。又《南歌子》二 团酥握雪花酥作苏。

又《河渎神》二 谢娘惆怅倚兰桡兰讹栏。 又《清平乐》二 终日行人恣攀折恣作争。

又《诉衷情》 柳弱燕交飞燕作蜨。 又《河传》一 江畔相唤晓妆鲜鲜作仙。

又二 谢娘翠娥愁不消蛾讹娥。 又《荷叶杯》一 波影满池塘池讹地。

又二 惆恨正思惟惟讹想。

皇甫松《浪涛沙》一 宿鹭眠鸥非旧浦非讹飞。

又二 蒲雨杉风野艇秋蒲作浦。 又《采莲子》 菡萏香连十顷波连讹莲。

韦庄《浣溪沙》三 孤灯照壁背窗纱窗作红。 又《谒金门》二 不忍把伊书迹伊作君。

又《天仙子》一 露桃宫里小腰肢宫作花。 又《小重山》 凝情立凝作颙。

又《上行杯》 一曲离声肠寸断为作一曲离肠寸寸断。

971

薛道蕴《浣溪沙》三　郡庭花落敛黄昏敛作欲。　又六　江馆清秋揽客船揽作栏。

又八　碧桃花榭忆刘郎榭作谢。　又《喜迁莺》三　香袖半笼鞭袖讹细。

又《小重山》　东风吹断紫箫声紫作玉。　愁极梦难成极作起。手挼裙带绕阶行阶作宫。

按陆元大本有小注云："愁极作愁起，绕阶作绕宫，非是。合从旧本。"知陆氏覆刊曾经校改，此本正与绍兴本合。

牛峤《柳枝》一　解冻风来末上青末作未。　又五　章华台畔隋堤上隋作盐。

又《应天长》一　舞衫斜卷金条脱条作调。　又二　无限意限作恨。

又《菩萨蛮》三　何处最相知最作有。　又四　向他情谩深谩作漫。

又《酒泉子》　凤钗纸里翠鬟上上字缺。

又《西溪子》　弦解语弦作弦。　不抬头抬作廻。

张泌《酒泉子》一　背兰釭釭讹缸。　酒香喷鼻懒开缸鼻作漠。

又《柳枝》　金凤搔头坠鬓斜坠作堕。

毛文锡《甘州遍》二　破蕃奚奚讹溪。　又《临江仙》　灵娥鼓瑟韵清商瑟讹琴。

牛希济《生查子》注五字无。　又《谒金门》　翠蛾愁不语蛾作娥。

和凝《山花子》　轻裾花草晓烟迷草作早。又《薄命女》　题注五字无。

又《天仙子》　翠蛾双脸正含情蛾作娥。

又《春光好》　𩬠云鬟𩬠作䰋。　金盘点缀酥山酥作苏。

又《柳枝》三　岂能月里索嫦娥嫦作姮。

顾敻《虞美人》四　颠狂年少轻离别年少讹少年。

又六　醮坛风急杏枝香枝作花。　又《河传》三　倚栏桡独无憀栏作兰，无独字。

又《玉楼春》三　懒展罗衾垂玉筯筯作泪。

又四　话别情多声欲颤颤作战。　又《浣溪沙》二　注两行无。

又三　薄情年少悔思量悔作每。　又《酒泉子》二　月临窗月作登。

又《荷叶杯》六　红笺为寄表情深为作写。　又九　手挼裙带独徘徊挼作授。

孙光宪《浣溪沙》二　注七字无。　又《河传》三　翠娥轻敛意沈吟娥作蛾。

又《菩萨蛮》一　红颤灯花笑颤作战。　又三　争奈别离心奈作那。

又四　扣舷惊翡翠舷作舩。　又　烟中遥解携携作觿。

又《河渎神》一　翠华一去不言归华作蛾。　又二　一方卯色楚南天卯作柳。

又　注十一字无。　又《虞美人》　暗魂销暗作睡。

又　教人相忆几时休教作交。　又《后庭花》一　注无。

又《生查子》一　偎倚论私语偎作偎。　又《酒泉子》二　泪淹红淹作掩。

又《清平乐》　思随芳草萋萋萋萋作凄凄。　又《更漏子》二　捻摇簪摇作瑶。

又《女冠子》二　碧烟笼绛节烟作纱。　又《风流子》三　曲院水流花榭榭作谢。

又《思帝乡》　永日水尚帘下尚作常。

魏承斑《菩萨蛮》二　罗衣稳约金泥画稳作隐。　又　注四字无。

又《诉衷情》五　春情满眼脸红销销作绡。　又《生查子》二　愁恨梦难成难作应。

又《黄钟乐》　惆怅闲宵含恨宵作宵。　又《临江仙》　起来残酒初醒酒作醉。

鹿虔扆《思越人》　苦是适来新梦见苦作若。

阎选《虞美人》一　注四字无。　又二　注笑微频云云无。

尹鹗《临江仙》二　西窗乡梦等闲成乡作幽。　又　红烛半消残焰短消作条。

毛熙震《浣沙溪》四　困迷无语思犹浓困讹因。　又五　注四字无。

李珣《渔歌子》三　莺啼楚岸春天暮天作山。

又四　不议人问醒醉问作间。　又《巫山一段云》　西风迥首不胜悲迥作廻。

又《南乡子》四　游女带艺偎伴笑争窈窕作带香游女隈伴笑窈窕。

又五　闲游戏无游字。　又《酒泉子》　风触绣帘珠碎憾碎作翠。

又二　雨渍花零渍讹清。　又《菩萨蛮》二　恨君容易处君讹去。

余如裹字均作袅，偎字均作隈，教人均作交人，燕字均作莺，不备举。钞本固有讹字，亦有灼知陆本之讹，而此本不讹。或义较陆本为胜者，以小圈为识。此本当与陆本并重。余别藏万历玄览斋本；远逊之。癸酉二月十八日校毕记，景葵。

此书有四印斋景刊本。戊寅记。

(《卷盦书跋》，第178～183页)

乐府雅词校记二则

(1932年2月15、18日)

此顾氏抄藏本,讹脱颇多。壬申正初以秦刻《词学丛书》本对校改正。凡义可两存者,亦旁注之。卷上九《张机》"尘昏汗污无颜色",秦本作"尘世昏污"。又董颖《薄媚》第十"撷苧萝下钩钓深闺",秦本作"苧萝不钓钓深闺"。又赵德麟《鹧鸪天》题注前段后段,秦本作前改后改。类此者尚多,非所据本原误,即系刊校时臆改。不如此抄本尚存庐山真面也。时中日军在淞口交战,巨砲隆隆,闭门不出,以校书自遣。正月初十日校讫。景葵记。

又检涵芬楼印行鲍渌饮钞校本,对校一过。凡此本讹脱处,鲍校原本,十九相同,知其同出一源。孙氏毓修谓鲍本为石研之祖本,其实不然。秦刻与鲍本违异处甚多,并未悉遵鲍校也。和平谈判不成,炮声又作。十三日灯下记。

(《卷盫书跋》,第183~184页)

类编草堂诗余题识

(1924年3月)

嘉靖庚戌上海顾从敬刻《类编草堂诗余》四卷,题武陵山人编次,开云逸史校正。此为万历间上元昆石山人本,即用顾刻,增注故实,见双照楼景印洪武本后跋。甲子春日得于北京。景葵记。

(《卷盦书跋》,第 184 页)

停云集题识

(1940 年 5 月 7 日)

桐城汪稼门制军选集僚友书札序言为《停云集》,江宁邓嶰筠制军题其端,曾孙孝先藏之群碧楼。庚辰正月散出,余收得之。前后似有佚失,以意分其次序,亦不尽合。如梁山舟、钱竹汀、姚姬传、秦小岘、孙渊如、姚石甫诸公之书札,均可补入文集。卷中校字,亦嶰筠制军笔也。后学叶景葵记。三月立夏后一日。

(《卷盦书跋》,第 184 页)

蜕庐剩稿题识三则

(1942 年 9 月 24 日)

仁和朱养田先生讳钟琪手稿　壬午中秋日子婿叶景葵敬题。
此甲午春正,景葵在济南结婚后第一次与先严书。景葵注。

(手迹,原书,上海图书馆藏)

光绪丁酉,先外舅朱蜕翁摄清平县事,余送妇归宁,适赵小鲁(尔萃)师任夏津县,境壤相接,时往来为诗钟之会,余亦与焉。次年,小鲁师即选佳者付刊,名曰《蜕庐钟韵》。顷检兰笑楼残书,尚存此册,如拾坠欢。此中人现存者,祗友石(名吴鹗,元和人)、旭初(朱曜,养

乐府雅词校记二则

(1932年2月15、18日)

此顾氏抄藏本,讹脱颇多。壬申正初以秦刻《词学丛书》本对校改正。凡义可两存者,亦旁注之。卷上九《张机》"尘昏汗污无颜色",秦本作"尘世昏污"。又董颖《薄媚》第十"撷苎萝下钩钓深闺",秦本作"苎萝不钓钓深闺"。又赵德麟《鹧鸪天》题注前段后段,秦本作前改后改。类此者尚多,非所据本原误,即系刊校时臆改。不如此抄本尚存庐山真面也。时中日军在淞口交战,巨砲隆隆,闭门不出,以校书自遣。正月初十日校讫。景葵记。

又检涵芬楼印行鲍渌饮钞校本,对校一过。凡此本讹脱处,鲍校原本,十九相同,知其同出一源。孙氏毓修谓鲍本为石研之祖本,其实不然。秦刻与鲍本违异处甚多,并未悉遵鲍校也。和平谈判不成,炮声又作。十三日灯下记。

(《卷盦书跋》,第183~184页)

类编草堂诗余题识

(1924年3月)

嘉靖庚戌上海顾从敬刻《类编草堂诗余》四卷,题武陵山人编次,开云逸史校正。此为万历间上元昆石山人本,即用顾刻,增注故实,见双照楼景印洪武本后跋。甲子春日得于北京。景葵记。

(《卷盦书跋》,第 184 页)

停云集题识

(1940 年 5 月 7 日)

桐城汪稼门制军选集僚友书札序言为《停云集》,江宁邓嶰筠制军题其端,曾孙孝先藏之群碧楼。庚辰正月散出,余收得之。前后似有佚失,以意分其次序,亦不尽合。如梁山舟、钱竹汀、姚姬传、秦小岘、孙渊如、姚石甫诸公之书札,均可补入文集。卷中校字,亦嶰筠制军笔也。后学叶景葵记。三月立夏后一日。

(《卷盦书跋》,第 184 页)

蜕庐剩稿题识三则

(1942 年 9 月 24 日)

仁和朱养田先生讳钟琪手稿　壬午中秋日子婿叶景葵敬题。
此甲午春正,景葵在济南结婚后第一次与先严书。景葵注。

(手迹,原书,上海图书馆藏)

光绪丁酉,先外舅朱蜕翁摄清平县事,余送妇归宁,适赵小鲁(尔萃)师任夏津县,境壤相接,时往来为诗钟之会,余亦与焉。次年,小鲁师即选佳者付刊,名曰《蜕庐钟韵》。顷检兰笑楼残书,尚存此册,如拾坠欢。此中人现存者,祇友石(名吴鹗,元和人)、旭初(朱曜,养田长子)与余三人而已。又得小鲁师手抄本一册,系己亥年在泰安所作,未曾付刊,其时蜕翁署泰安县,小鲁师卜居徂徕山下,故续为此会,此中人现在惟余硕果仅存矣,因附于丁酉刻本之后。至王梦湘丈所刻昔曾见之,今已不传。赵菁衫先生常为冠军,惜无从购觅耳!壬午中秋节景葵敬记。

(《卷盦书跋》,第185页)

靖康稗史七种题识

(1940年4月)

右为胡绥之先生跋。先生与浩吾先叔莫逆,现隐居光福,著述尚未付刊,闻未成之稿甚多,其已成书者亦未写定。八旬以外之人,倘不及时整理,有散失之忧。拟商请录一副本,存入馆中,不知能如愿否?庚辰三月,景葵敬识。

(《卷盦书跋》,第185页)

守山阁丛书跋

(1941年3月21日)

此书为先外舅朱蜕庐先生旧藏。外舅没后,其家举所藏书以八千金售于文禄堂王晋卿,王以此书售于广东莫天一,得价一千元。今春莫氏书散出,此书又至北京;晋卿以余与岳家关系,力劝收回。此为兰笑楼之精骑,故不惜以重价得之。外舅藏书多精刻本,批校本及稿本甚少。尚有济宁许氏《方舆考证》原藁,则十年前已为潘氏豪夺矣! 辛巳二月廿四日灯下,景葵记。

各书经贯山先生全部句读并校正者,计三十九种,如下:
《易说》《易图明辨》《周礼疑义举要》《仪礼释官》《仪礼释例》《河朔访古记》《大唐西域记》《职方外纪》《历代建元考》《太白阴经》《守城录》《练兵实纪》《脉经》《难经集注》《太清神鉴》《羯鼓录》《乐府杂录》《棋经》《鹖子》《尹文子》《慎子》《公孙龙子》《人物志》《近事会元》《靖康缃素杂记》《能改斋漫录》《纬略》《坦斋通编》《颖川语小》《爱日斋丛钞》《日损斋笔记》《樵香小记》《日闻录》《玉堂嘉话》《古今姓氏书辨证》《明皇杂录》《大唐传载》《贾氏谈录》《东斋纪事》

又一部分句读校正未竟读者,计七种,如下:
《禹贡说断》《三家诗拾遗》《礼记训义择言》《古微书》《天步真原》《数学续世说》

凡校正处,不但抉摘刻本之讹,并于说解之不合者,纠正之。以七十高年,读书精细如此,可谓不负此书矣。《难经集注》有韩君晓峰签校教条,极精。此人深于医学,惜未详其籍贯,当为贯山同时人也。

《能改斋漫录》第十卷,缺第一页,应抄补。

(《卷盦书跋》,第185—187页)

檇李丛书跋

(1940年2月17日)

庚辰正月,购得《嘉禾征献录》原稿本,向王欣夫假得新刻本,大略校对,知新刻所据钞本,已经后人改窜。原稿五十二卷,外纪八卷;

新刻八卷,外纪六卷。如金箧翁跋内所疑曹《传》臆加之九字,原稿无之。箧翁可谓卓识。其他如妄析文苑内数人,增一儒林,亦与原稿不合。各传妄为移易处颇多。适访箧翁,谈及此书,箧翁大为兴奋,意欲传校一部,并以《槜李丛书》一部见赠。此丛书集资刊行,颇费心力,初印无多,枣板已赠浙省图书馆。播迁时,决不能携之而去,不知沦陷中,尚能瓦全否?闻杭州得薪甚难,城内林木,及住宅地板,均为薪材。此书板环境其危,虽新刻,亦极可珍重矣。正月初十日,景葵记。

(《卷盦书跋》,第187页)

蔽庐丛志序

(1914年4月25日)

文学权舆,导源于六经,滥觞于诸子。《诗》《书》《左》《国》,文采烂然;《荀》《列》《老》《庄》,颐志玄览,义主醇雅,称极轨焉。汉魏以迄六朝,贾、董、曹、刘,张其帜;鲍、谢、颜、庾,蜚其声。长门天台,振采云路;小园枯树,腾茂林府。虽有文体之微殊,要本雅驯之正诣。唐宋而后,情貌日沦,沿波逐靡,取经殊途,柳州散文,崭然独超,而群声聒耳,岨峿不宁。故王、骆讨原于齐梁,而昌黎则自鸣矫异。苏、欧标采于北宋,而曾、王亦缘枝附叶。自兹以降,代有作人,程才效伎,称夕秀焉。比来尘网荆榛,偏弦奏响,国学陵迟,不绝如带。而一二瘁音之夫,自矜杼轴,揄扬骤作,徒贻子阳之讥,无当步兵之目,识者于此,有微慨焉。词人箬超先生,宿学彬蔚,搽志坟典,芟繁芜于众鸣,析华实于四集。金声掷地,诵左赋而俗耳顿聪;彩笔自天,入江室而明星有烂。文则沈博崙丽;诗则俊逸清新。其为说也,若游龙之翻空易奇；其杂纂也，若鱼澜之涓涓不测。发音者一室，肆响者万里。播之金石，传之其人，探源导古，有由来矣！维时商声初谢，霜叶洒窗，丛菊成峦，堕欢在目。吟魂有泪，覆锦幪而不温。插架古香，拾文蠹而盈寸。于是嗜书之士，劬学弗舍，矻矻中夜，哀然成帙。固当削邓林之简，光照汗青；访香山之诗，鸡林增直也已。惟是玄黄晦冥，溰涊成风。语箫《选》《文心》之编，则违戾庸众；吟杜曲樊南之句，则匿笑僮仆。太羹玄酒，沃唇不旨。刘冠卫布，入市则哗。将使部娄之草，可增峻于松柏。燕雀处堂，足媲美于鸿鹄。此一误也。大事有事，考春秋而聚讼礼文；驺牙驺吾，绎传笺而各标新解。刺六经作王制，诬博士为无稽；以考工补冬官，疑周礼为伪托。此一误也。又或屏弃师承，乐新恶旧。惑安石之经义，讥孔郑为穿凿。悦西昆之雕饰，谓王孟为空寂。向壁虚造，而群颂为神明。摭拾成词，而共推为作者。此又一误也。又或食古如鲠，刻鹄成鹜。崎锜训诂，恒迟回于秃伏禾之文；墨守六书，复牵就于马头人之义。升公干之堂，不免举莛扣钟。拟郊岛之诗，或至寒瘦成槁。淆良宩为一贯，因内嗛而成蛊。此又一误也。若夫捐彼众误，度兹四集，则当知缘情体物，举辞透宗，颂杨柳波水之句，必非胶柱可求；览陈宫茂苑之篇，味在咸酸以外。文章两字，始于礼经之训；《释乐》一篇，可补《乐》亡之阙。朔皋不根，固已比于髡衍。《论语》逸文，不妨分为鲁齐。此则文诗杂说，四部搜辑，力除岐误，一主雅纯之正例也。况以庙堂军旅，既相如少孺之殊材，小智大愚；复孔融、王毣之异趣，阁百诗之百回读，不能强倚马同科。陈思王之七步吟，岂得俟十年成赋？事有万殊，弗宜强合。分别部居，不亦可乎？今者新丰客去，长铗人歌，景《丛志》而仰止。羌寄意于微波，溯湘绮之衣钵，小子归欤！承蒙山之学派，吾道南矣！钦迟大雅，爰页芜词，笙磬同音，足征正调。比诸《七略》前事，未可轩轾。即此十步芳香，谨摅弁论。

(署名卷盦，《民权素》第四集原刊)

印行四部丛刊启

(1919年12月)

睹乔木而思故家,考文献而爱旧邦,知新温故,二者并重。自咸同以来,神州几经多故,旧籍日就沦亡;盖求书之难,国学之微,未有甚于此时者也。上海涵芬楼留意收藏,多蓄善本,同人怂恿景印,以资津逮;间有未备,复各出公私所储,恣其搜揽,得以风流阒寂之会,成此《四部丛刊》之刻,提挈宏纲,网罗巨帙,诚可云学海之钜观,书林之创举矣!靓缕陈之,有七善焉。汇刻群书,昉于南宋,后世踵之;顾其所收,类多小种,足备专门之流览,而非常人所必需;此之所收,皆四部之中家弦户诵之书,如布帛菽粟,四民不可一日缺者,其善一矣。明之《永乐大典》、清之《图书集成》,无所不包,诚为鸿博,而所收古书,悉经剪裁;此则仍存原本,其善二矣。书贵旧本,昔人明训,麻沙恶椠,安用流传;此则广事购借,类多秘帙,其善三矣。求书者,纵胸有晁、陈之学,冥心搜访,然其聚也非在一地,其得也不能同时;此则所求之本具于一编,省事省时,其善四矣。雕板之书,卷帙浩繁,藏之充栋,载之专车,平时翻阅,亦屡烦乎转换;此用石印,但略小其匡,而不并其叶,故册小而字大,册小则便庋藏,字大则能悦目,其善五矣。镂刻之本,时有后先,往往小大不齐,缥缃异色,以之插架,殊伤美观;此则版型纸色,靓若画一,列之清斋,实为精雅,其善六矣。夫书贵流通,流通之机在于廉价;此书搜罗宏富,计卷逾万,而议价不特视今时旧籍廉至倍蓰,即较市上新版亦减至再三。复行预约之法,分期交付,既可出书迅速,使读者先睹为快,亦便分年纳价,使购者举重若轻,其善七矣。自古艺林学海,奚止充栋汗牛,今兹所收,不无遗漏,假以岁月，更当择要嗣刊。至于别裁伪体，妙选佳椠，亦既盱衡时世之所宜，屡访通人而是正，未尝率尔以操觚，差可求谅于当世。邦人君子，或欲坐拥书城，或拟宏开邑馆，依此取求，庶有当焉。

   王秉恩 沈曾植 翁斌孙 严 修 张 謇
   董 康 罗振玉 叶德辉 齐耀琳 徐乃昌
   张一麐 傅增湘 莫 棠 邓邦述 袁思亮 同启
   陶 湘 瞿启甲 蒋汝藻 刘承幹 葛嗣浵
   郑孝胥 叶景葵 夏敬观 孙毓修 张元济

  缪筱珊先生提倡最先，未观厥成，遽归道山，谨志于此，以不没其盛心。己未十月

（《四部丛刊初编续编三编总目》）

合众文库

叶景葵文集（下）

叶景葵 / 撰
柳和城 / 编

上海科学技术文献出版社
Shanghai Scientific and Technological Literature Press

诗　联

赋得雨过潮平江海碧 得平字五言八韵

(1894年7月)

海阔江空处,长天一碧横。凉招飞雨过,气压怒潮平。珠点收开雾,银涛撼息声。屿涵晴翠活,波染蔚蓝成。雾縠迥风扫,云帆贴浪轻。带环闽越控,黛抱赭龛明。地势金瓯巩,诗章玉局赓。星槎欣咫尺,珥笔侍蓬瀛。

(《光绪甲午浙江乡试闱墨》,《甄屑集》下)

挽高啸桐①联

(1909年4月18日)

可为诤友,可为辩臣,当此主少国疑,独惜斯人憔悴死;
吾见其人,吾闻其语,太息风潇雨晦,更无便坐雅谭时。

(《郑孝胥日记》,第1186页,《叶景葵杂著》,第405页)

---

① 高啸桐(?—1909),名凤岐,福建闽侯人。举人出身,曾应林启邀请入杭州求是书院,协助林从事改革。后与其弟高风谦(梦旦)进任上海商务印书馆编译所。该年3月4日在沪去世。——编者

题高啸桐遗像(七律)

(1909年5月)

展禽见黜不须三,说士情怀晚愈甘。
病榻从容论往事,诤臣诤友两无渐。
主少国疑公竟逝,西林威望亦差池。
欲裁狂简终无用,更有心香爇与谁?

诗注云:"光绪丁未,余自盛京铩羽南归,媿室先生扶病下交,延誉备至。载瞻遗像,怆然有感。"

(《叶景葵杂著》,第365~366页)

挽史绳之中丞(念祖)联

(1910年)

陆离长铗付醇醪,可怜百战余生,块垒未消人已瘁;
风浪同舟成坠梦,辜负一年后约,平山无恙我重来。

(《叶景葵杂著》,第407页)

挽徐宝山①联

(1913年5月)

居今日而有夷齐禹稷之思,即已是造物所弃;
奋一身以与魑魅罔两相搏,吾且为未死者危。

(吴恭亨《对联话》卷七"哀挽二")

神虎行(古诗)

(1914年9月10日)

白草粘天岚光枯,五云常驻仙人都。神虎星枢峨眉顶,巫咸不上招魂符。相传神虎善食人,曾持此言问山僧。僧言我佛仁众生,颠倒涅槃皆天刑。碧翁煦枢塵柔气,不遣白额入朝市。豺狼当道无按行,都亭埋轮张网去。虎兮虎兮!请看大陆走龙蛇,梁益伏莽芊如麻。播州道上断行子,人命何异虫与沙。黄巾目作弩,项籍刀上俎。犬羊鼓腹歌,萑苻尽地主。安得大峨封使君,食尽城狐并社鼠。侧闻今年秋,有客趣(趋)巴蜀,裹粮掠无余,从者就骈戮。可怜离乱人,不如鸿与鹄。鸿鹄一飞冲上天,行人饮刃不得脱。君不见子敬青毡弗去身,胠饥不取怜其贫,彼何义兮今何横,可以人而不如禽!

(《民权素》第三集"艺林"栏,署名"卷盫")

---

① 徐宝山(1866～1913),江苏丹徒人,江湖盐枭出身。人称"徐老虎"。1911年参加辛亥革命,率军参与光复扬州、泰州战役,孙中山任命为北伐第二军上将军长。后拥戴袁世凯。1913年5月14日被革命党设计炸弹炸死。——编者

弹铗吟(七律二首)

(1915年1月20日)

长铗苍凉鸟夜啼,唾壶击碎暮云低。
衹余壮志酬车剑,忍委春心付雪泥。
薛国笙歌空狡兔,秦关风月尚闻鸡。
天涯倘有归来客,谁访田文学事齐?

先生一剑足从容,弹到无鱼邵自封。
肥泌尘高嘶战马,延平人去失真龙。
光腾赤堇山头石,梦绕木兰饭后钟。
最是多才任寥落,流星百里有霜锋。
　　　　(《民权素》第四集"艺林"栏,署名"卷盦")

挽汤觉顿[①]联

(1916年10月)

居今日而有夷齐禹稷之思,即已是造物所弃;

[①] 汤觉顿(1878~1916),名叡,浙江诸暨人,康有为学生。1900年参加唐才常自治军起义活动。辛亥革命后由日本返国,曾任中国银行总裁。袁世凯称帝之际,他与梁启超、蔡锷等共谋讨袁,在策动龙济光广东独立时,为其部属不满,1916年4月13日在海珠与王广龄、谭学夔三人遭狙击而牺牲。1916年10月22日,海珠三烈士追悼会在北京举行。——编者

奋一身以与魑魅网两相搏,吾且为未死者危。

(《叶景葵杂著》,第 405 页)

寿笙谱姑丈①八十(古诗)

(1918 年)

昔我王父在汴州,妙选佳婿人所羡。我父相遇若弟昆,出入衙斋共笔砚。我姑婉嬺事夫子,躬亲浣濯服炊爨。闺中余艺常迈群,图写蝴蝶穷万变。我丈英挺擅年少,励志砥行若操缦。刻画金石超篆籀,模状烟云别素绚。以云从政学则优,大官荐剡初作掾。淮蔡群俗好巫觋,临以儒迂易瞑眩。春耕既劝民罢斗,夜龙无警盗不篡。忽感霜露思邱垅,三年报最意亦倦。归装那有郁林石,并无杜曲好东绢。老屋萧森故树瘦,粗粝已觉荷天眷。大儿悃款甘薄官,小儿读书勤且愿。摊经课孙孙复孙,个个精熟异童卅。科头取凉曝背煖,缓步登岭脚不汗。养生炒理只如此,熊经鸟伸诚梦幻。我姑即世终寂寞,酒与画图共昏旦。湖光是师山是友,脱略糟粕开生面。神闲气静意始到,日永春长力足赡。嗟我失怙苦行役,如蓬转风重到汴。我来丈去判南北,卅载蹉跎不相见。尺素稠叠招我隐,彷佛驽马受羁绊。黄沙扑人朔风卷,但有往雁无来燕。昨宵梦转复入梦,中堂双烛张盛宴。女儿酒陈肥羜烂,菊花为粻鱼作面。掀髯高坐丈意喜,以盏寿丈且自献。日高睡足看行箧,颇思投劾下江汉。丈兮丈兮仔我归,白发虽多腰脚健。

(《叶景葵杂著》,第 366 页)

---

① 笙谱姑丈,似即严蓉孙(曾铨),严鸥客昆仲之父。——编者

庆贺马相伯八十寿联

(1919 年 4 月 29 日)

言满天下,行满天下;
八千为春,八千为秋。

(1919 年 4 月 30 日《申报》)

哭孙江东(五律二首)

(约 1919 年)

江东少工应举文,受甲午后变法论之激刺,赴日留学,曾草《罪辫文》,主张排满,又主持《浙江潮》及《杭州白话报》,为时论所忌。

病中千百语,语语抵兼金。
神到弥留定,交随患难深。
形骸欣解脱,骨肉费沈吟。
此去依清净,临危爱梵音。

盖棺方论定,依旧是孤寒。
命蹇文章贱,时危事业难。
薙须仍老瘦,《罪辫》已丛残。
纵忍须臾泪,为君摧肺肝。

(《叶景葵杂著》,第 365 页)

挽张金坡(锡銮)联①

(1922年)

忆当年突骑防秋,试搴大宛名驹,祇肯归降老充国;
看今日积骸成莽,太息前朝玄菟,无人生殉故将军。

(《叶景葵杂著》,第405页)

洪成珑②挽联

(1924年9月5日)

同辈中扑诚勤勉,如吾子者有几人;图始未观成,为公悲岂惟私痛!
病革时反复丁宁,除行务外无他语;往过恃来续,愿后贤勿忘前师。

(《怀旧》,《叶景葵杂著》,第246页)

---

① 张锡銮(1843—1922),字今颇、金坡,浙江钱塘人。1894年任东边道,训练新军,参加中日甲午战争。历任直隶海防营务处总办、奉天度支司、淮军全军翼长等职。1911年授山西巡抚。民国后任直隶都督、吉林都督、湖北将军等要职。1917年后困居天津以终。——编者
② 洪成珑,字雁舫,浙江兴业银行郑州分理处主任。——编者

挽徐沧水①（七律）

(1925 年 12 月)

千金骏骨贫无市，卅载鳏鱼耿不眠。
欲挽沈疴求大药，却愁老母已高年。
丹铅郑重知难舍，衾裯萧条剧可怜。
青眼高歌前日事，偶繙遗著一潸然。

（《徐沧水先生哀挽录》，《银行周报》1926 年第 10 号）

挽张季直（謇）联

(1926 年)

导廿二行省农工富国之先河，荷锸成云，遂使斥卤化为沃野；
结三百余年科举取士之残局，盖棺定论，勿谓文人尽属虚言。

（《叶景葵杂著》，第 406 页）

---

① 徐沧水，湖南长沙人，上海《银行周报》主编。1925 年 12 月 12 日病逝。——编者

挽刘聚卿(世珩)①联

(1926年)

同寅协恭和衷,矧选佛场中,早联声气;
故老流风余韵,到修文楼上,应耐高寒。

(《叶景葵杂著》,第411页)

挽赵尚书②联

(1927年9月3日)

生我者父母,知我者鲍叔;
下则为河岳,上则为日星。

(《叶景葵杂著》,第406页)

游汉阳赠卢鸿沧(七律二首)

(约1928年)

廿年尘事吾能记,春水船头识俊颜。

---

① 刘聚卿(1875—1926),名世珩,号葱石,安徽贵池人。光绪举人。历官度支部参议等职。藏书、刻书及古器物收藏名家。——编者
② 赵尚书,指赵尔巽,1927年9月3日逝世,时叶景葵正在北京。——编者

饶有精诚衔海石,誓将心迹托云山。
琴川樽酒黄冠侣,草阁弦歌绛帐班。
祝子加餐能强饮,为开广厦万千间。

浮云芳草几沧桑,寂寞齑盐味正长。
椎髻梁鸿甘市隐,引吭雏凤出朝阳。
眼中北斗惟欧冶,脚底洪炉即寿觞。
老友掀髯吾拍手,共看百炼作光芒。
(《叶景葵杂著》,第 368 页)

哭金仞珠(七律二首)

(1930 年)

平生益友惟君最,又到吞声死别时。
病里笑谈仍隔阂,梦中魂气忽迷离。
已无笔势铭贞曜,只有琴心殉子期。
一恸倪随冥契逝,神州残命况如丝。

卅年形影相追逐,君病而今四载强。
平旦东方神已敝,浮云游子意何长。
焚琴燕寝花无主,侍婢阿翠他适。啜茗公园树久荒。余至京,每日在公园老树下茗话。

遗著未编遗嘱在,含悲郑重付诸郎。
(《叶景葵杂著》,第 367 页)

挽程都督雪楼联

(1930 年)

甚知丈人真,甚愧丈人厚;
公来雪山重,公去云山轻。

(《叶景葵杂著》,第 406 页)

题荀斋校书图(七律)①

(1931 年 1 月)

宋存恬裕俱亡箧,德化江安孰与齐。
突兀异军新崛起,百年风会到浯溪。
松陵文献厄难存,有用书斋祕册繁。
领下骊珠随手得,何须百宋与千元。

(《叶景葵杂著》,第 369 页)

---

① 原诗无日期。张元济有《题陈澄中荀斋图》诗,撰于 1931 年 1 月 25 日,据此推断先生此诗可能撰于同时。——编者

游华山登南峰经西而北至中峰小憩步过女士韵(七律)

(1935年5月10日)

山到中峰气势完,尊如汉殿觐呼韩。
沈沈裂藓缘危磴,折折披麻露远峦。
几个胡孙愁险阻,千秋毛女恋高寒。
摩崖倘有长生箓,多恐行人不暇看。

(《叶景葵杂著》①,第367页)

游雁山经丽水赠陈雪白(七绝)

(1936年8月)②

括苍山势渐嶙峋,雁宕灵湫更绝伦。
不爱平凡爱奇崛,天教磨炼浙西人。

(《叶景葵杂著》,第368页)

---

① 《杂著》中此诗署作"丙子",即1936年,误。——编者
② 原诗未署年份。——编者

山居即事(七律)

(1937年10月)

萧然一我去来今,物观因之判浅深。
稚鸟已怀求牡意,驯猫时抱惜书心。
每抛早粥搜花蠹,预戒邻童践笋林。
日暮料无谈友至,安排倚枕作孤吟。

(《叶景葵杂著》,第368页)

挽徐新六联

(1938年8月29日)

百身如可赎,
没世不能忘。

(《兴业邮乘》,第80期)

挽邓孝先(七律)

(1939年8月2日)

己卯六月十七日,闻孝先逝世,以诗挽之:

促膝谈心甫两旬五月廿二日携第三子柽过畅话，如何一蹶已归真！

丧余骨肉仍罹劫长子死于蜀，家人讳不以闻，鬻后图书不疗贫。

宁学翳桑成饿莩"宁学翳桑之饿，不愿分闵公之肝"，去夏来书中语，独留劲草慰先民。

卅年风义如昆季，三复遗笺涕满巾。　　景葵

(《卷盦书跋》，第 62 页)

挽蒋抑卮鸿林联

(1940 年 11 月 20 日)

以卓绝之识，兼博览之学，成亿中之才，并辔卅二年，同心若金，攻错若石；

养亲瘁其志，齐家劳其神，治生伤其脑，临床千百变，存兮憔悴，殁兮悲凉。

(《叶景葵杂著》，第 411 页)

赠项兰生先生(五律四首)①

(1940 年 11 月)

平生一知己，出处每相同。

---

① 原诗发表于《兴业邮乘》复第 54 期，注云"辛巳"，似误。据第四首诗注"作诗时余方自匪窟逃归"，诗当撰于 1940 年 11 月。——编者

肝肺堪为友,须眉忽已翁。
　　鹤年天不靳,龙性道多穷。
　　况复经离乱,交期愈可风。

余任汉行经理,先生先为内司理。余任大清银行监督,聘先生为秘书长。余任汉冶萍公司经理,聘先生为会计所长。余当选本行董事长,聘先生为书记长。

　　义利犹泾渭,惟君志不纷。
　　衡门清似水,簧舍从如云。
　　治乱先几见,贤奸醉眼分。
　　可怜雄杰意,骂坐几人闻。

先生任安定学堂监督十年。

　　一载长安市,清名动九流。
　　未投祢衡刺,终御宴婴裘。
　　余子腾如沸,斯人倦即休。
　　门生走天下,不用亦奇谋。

民国二年,汤叡为中国银行总裁,先生为副总裁。时大总统袁世凯、内阁总理熊希麟,皆重先生清望,卒未往谒。

　　畴人衍绪长,祖武未颓唐。
　　老骥能干里,家驹各一方。
　　嗟余青鬓改,仗尔白眉良。
　　颇幸余生在,从君话故乡。

先生为项梅侣先生裔孙。梅侣精算学。作诗时余方自匪窟逃归,故有余生幸在之感。

(《叶景葵杂著》,第377～378页)

赠经六新居(五律二首)

(1940年)

避地兼忘世,当师卫子荆。
安排旧栖桊,拂拭短灯檠。
人物怀三益,乾坤换一枰。
开轩南极目,乡思窃然生。

安定传家学,吾尤契白眉。
葍畲勤有获,堂构敬无衰。
兄长跻鲐背,声名惜豹皮。
愿君滋九畹,努力爱佳时。

(《叶景葵杂著》,第369页)

和答俞彦文(七律)

(约1940年)

肤箧探丸事可惊,数米量桂意难平。
不耕而食宁非罪,蒙难无忧浪得名。
今日愈思良吏治,此邦弥见旧民情。
三高风节依然在,况复青蓝有定评。

(《叶景葵杂著》,第370页)

和韵嘲叔通丈(古诗)

(约 1940 年)

　　生非我生死非死,尻轮神马寓庄子。适然而来适然往,号咷与笑毋乃似。乐生哀死人之常,迩来世情薄于纸。贺客群趋吊客稀,素车白马知谁氏。卓侯雅爱急就章,忽遇辰年呼起起。那知老髯寿骨坚,天与阳秋在皮里。一呪何殊献百壶,千年鹤寿不足儗。寄语清朝苏翰林,玉堂已远鄷都迩。无常不约亦须到,阎罗健忘无此理。请将生死付浮云,祝宗之祈今日止。

(《叶景葵杂著》,第 369 页)

题周氏孙印谱(七律)

(约 1940 年)

刀法纯由篆势来,周金尤近篆胚胎。
若从祖武论师授,盂鼎摩挲日几回。
髫年篆法能奇崛,病后髯翁启笑颜。
持比吴兴传画蕴,赵家三马尚人间。

(《叶景葵杂著》,第 369 页)

惊闻皖南事变(七绝)

(1941年1月)

外侮依然阋兄弟,腐儒何敢议乾坤?
心兵百战嗟无补,齿录尘封久未翻。

(转引自陈正卿《叶景葵、徐新六与浙江兴业银行》,
《近代中国工商人物志》,第2册,第138页)

赠王螾庐(七绝二首)

(约1941年1月)

螾庐寄到未定稿三册①,展读漫题。
狐史简亡遗直渺,号钟弦绝郑声盈。
掩关读罢重搔首,如坐当年写礼顾。

寂寞子云谁后死,萧条宋玉不同时。
何如早喝当头棒,免使纷纷忏悔迟。

(《叶景葵杂著》,第374页)

---

① 螾庐,即王季烈(君九),时为商务印书馆编校《孤本元明杂剧》。该书于1941年出版。——编者

和张菊生先生(七律)

(1941年2月20日)

　　张菊生丈患癃闭甚险,入医院施手术两次,霍然而愈,病起述怀,贻七绝六章①,作诗答之。
　　州都气化有专官《六经》膀胱为州都之官,气化则能出。注药攻疗岂易殚。
　　人与百虫争旦暮,天留一老试艰难。②
　　河堙尧壤疏先凿,雨漏娲年补复完。
　　不具婆心兼圣手,焉知松柏后凋寒。

(《叶景葵杂著》,第371页)

桂辛③七十(七律四首)

(1941年9月)

　　九门旷荡物皆春,行者无烦扇障尘。今日康衢都忘帝,当年筚路是何人?怨咨忽听歌谁嗣,劳作原非厉尔民。盦诵未休玄鬓改,萧然高卧一纶巾。
　　艰难回忆辛壬后,煦沫相逢百感深。北际轮舆多覆辙,中间笙磬几同音。亚欧通轨心犹昨,苏浙联镳利至今。最忆钱江潮上下,桥头

---

① 应为八章。——编者
② 据先生手稿自注:"试"字用"属"字。——编者
③ 桂辛,朱启钤。——编者

郁勃作龙吟。

峄阳地宝比琳璆,共济由来仗老谋。赵璧既沦何日返,楚弓复得亦堪忧。昔贤尽瘁蚕三起,同种相煎貉一丘。伫望衮衣还信宿,无边桑土要绸缪。

《法式》刊讹仍李氏,燕居凭几学黄公。本无碌碌因人意,弥见孜孜格物工。补订黔书识苗裔,评量河论到光丰。藏山传世无穷业,尽在君家药笼中。

辛巳秋日叶景葵诗稿 （手迹照片①）

和叔通韵七律

（1941年10月）

群龙势若箭离弦,枭獍宁能久放颠。一鹤引吭声在野,力牛回首目无全。诸生觫觳毋相溷,百卷梅花孰与传。吾爱吾庐公所许,东门黄犬任人牵。

附陈叔通《赠卷盦同年并贺新居》七律云:"少壮功名赴急弦,卅年市隐雪盈颠。平生有恋皆能舍,与世无争善自全。家事不令姬侍白,楹书已付众人传。菟裘三徙宁初愿,任运何曾百虑牵。"

（《叶景葵杂著》,第373页）

---

① 《叶景葵杂著》所收此诗日期及署名被删。——编者

沅叔七十以诗笺征诗漫成一律(七律)

(1941年10月)

士林快睹《藏园记》,不数邻苏与艺风。
清代校雠诚后劲,蜀人文赋况兼工。
一瓻竞欲移河内,双鉴尤能表海东。
保此岁寒松柏性,要知吾道未为穷。

(《叶景葵杂著》,第377页)

挽王胜之同愈[①]联

(1941年)

清气得来难,下笔尤工新体势;
高寒归去好,垂绅如见旧巢痕。

(《叶景葵杂著》,第408页)

读张今颇将军遗诗(七律二首)

(1941年)

白山迤逦见旌旗,系颈降王事可师。

[①] 王胜之(1855—1941),名同愈,字文若,别署栩缘,江苏苏州人。光绪进士,充国史馆纂修、文渊阁校理。民国后居上海,任职于苏浙路局清算处。喜书画、藏书。——编者

定远已侯毛颖在,营平未老羽书驰。
爱姬都了明驼愿,衰鬓无渐快马姿。
读罢残篇更凝望,前朝玄菟几人知。

忆昨度辽依破庑,尘劳冉冉入中年。
伊人泂溯无崖岸,旧学商量有简篇。
翠釜素鳞成梦毂,宝刀骏马付哀弦。
晚来亦厌傞傞舞,九十萧条卫武筵。

(《叶景葵杂著》,第 370 页)

述陶①自津来谈市况(七律)

(约 1941 年)

少游我愧辽东豕,壮志君侔溟北鲲。
生也有涯皆老大,古而无死亦烦冤。
乌鸢蝼蚁何憎爱,泰岱鸿毛足讨论。
傥得乘风归玉宇,一抔留余葬诗魂。

既为述陶题生圹(七律)

(约 1941 年)

旧馆才名老析津,刘伶埋我意堪珍。
庭闻《礼注》儿能读,家宝《郰原》器未湮。家藏郰原商钟。

---

① 述陶,不详。——编者

直北有民歌襦袴,图南为国益廛困。

劝君强饮毋祈死,长作神州尽瘁人。

(《叶景葵杂著》,第 376~377 页)

题《遗芳图》(五律)

(约 1941 年)

景郑嘱题《遗芳图》,其嗣祖祖桢所画兰石,十七岁病殁。

国香今不竞,九畹一销沈。

况有当门累,空怀入室心。

梦征欣再续,思澧动孤吟。

试采陔前洁,余馨永在襟。

(《叶景葵杂著》,第 377 页)

忆丁丑山居悼陈仲勉(七律)

(约 1941 年)

山灵腾笑野夫嘲,一芥如舟不满坳。

黄鸟欲持荷作柱,青蝇翻以竹为巢。

贾生年少曾无命,詹尹几先未见爻。

瓦缶骚然钟韵绝,残书零墨慎毋抛。

(《叶景葵杂著》,第 376 页)

赠林子有(七绝四首)

(约 1941 年)

林子有以七十初度诗见贻,题四绝句赠之。
　　　　七十称稀古有之,今人容易白须眉。
　　　　大家各展廿年寿,游武夷山吃荔支。

　　　　三迁仍得树扶疏,垂老荷衣是劫余。
　　　　灾异重编臣向奏,幽忧细检父谈书。

　　　　偶然游戏亦神通,成败都归覆手中。
　　　　满地江湖行不得,一时宗炳卧游同。

　　　　万家争写讱庵词,又诵初筵抑戒诗。
　　　　我与遗山同一慨,相从何止十年迟。

　　　　　　　　　(《叶景葵杂著》,第 374～375 页)

寄怀葆之兼简伏庐(七律二首)

(约 1941 年)

　　　　双眸炯炯挟秋光,阅尽人间榖与臧。
　　　　魑魅相干俱辟易,儿曹屡空亦轩昂。

才如屈贾能忧国,谱到江焦最爱乡。
为报河湟屯铁骑,明年许作放翁狂。

本初才调剧雄奇,盖世勋名黍一炊。
文若但为存汉计,仲连岂有帝秦时。
迷阳却曲嗟无补,《齐物》《逍遥》意可知。
差喜陈髯同寂寞,怜君贫病两难支。
(《叶景葵杂著》,第 375 页)

沈棉亭五十,妻久病而无姬侍,诗以调之(七律)

(约 1941 年)

人间瘦沈此重来,仙骨曾闻鹤有胎。
示俭能邀平仲敬,覃思群佩计然才。
月圆花好常虚度,水毁金禳莫浪猜。
五十头颅未为老,不逢鸩鸟即良媒。
(《叶景葵杂著》,第 374 页)

赠陈永青(七律)

(约 1941 年)

仲尼五十始学《易》,若论经商亦可宗。

称物平施谦则吉,艰贞柔顺象非凶。

小人有母萱生背,君子无争竹在胸。

后此百年天地泰,庶几来复见潜龙。

(同上引书)

海棠(七言古诗)

(约1941年)

西郊海棠颇稀见,今我鬻宅别此花。稚子哆口曰可惜,听我诏尔毋咨嗟。翳昔斜桥住最久,初种豫章才两丫。培之沃之蹶然起,犹龙夭矫云盘拏。拂拭巨材荐新主,聊以海棠载后车。逾淮之橘天所忌,腰围瘦损面削瓜。七年疗养禁蓊伐,土膏脉脉丰春芽。爱之加膝则岂敢,高明鬼瞰理不差。露刃叫突虎作伥,徒跣颠顿狗丧家。此花不肯受威惕,洁身独立殊可嘉。今春万蕊更奇丽,循墙赞叹惟陈爹。花欤人欤适相遇,谁是主人谁客耶?寸茎皆为地所宝,微躯幸在天之涯。明年作客来访花,居者勿迎亦勿遮。一诺便书卖宅券,钤以押印红如霞。

(《叶景葵杂著》,第372~373页)

守庸①以扇面属书赠以长句(七律)

(约1941年)

乱离得友亦堪娱,翻虑时平各向隅。

---

① 守庸,不详。——编者

游戏每能觇品概,昂藏宁肯效侏儒。
浮生万日何难了,吾道千秋不易孤。
来岁龙湫归隐后,傥烦猿鹤一相呼。

(《叶景葵杂著》,第373页)

俶仁①示咏泪诗和之,广其意(七律)

(约1941年)

百年哀乐乘除里,双眼生来泪与俱。
聊为素丝泣歧路,岂因浊酒哭穷途。
穷时勒马鞭犹在,歧处亡羊策并无。
寄语阿蒙须刮目,仰看玉女正投壶。

(《叶景葵杂著》,第372页)

赠海昌朱肖琴(五言古诗)

(约1941年)

肖琴经商,所入不丰,知足而止,粗足温饱。以长子家麟早夭,乃设家麟贷学金以济同邑之孤寒。战后移至沪上。今年正月,五十生日,有自述文,余敬其人,以诗赠之。

儒家贵无我,佛亦无我相。劳劳物我间,触念易生妄。誉儿每有

---

① 俶仁,不详。——编者

癖,临财未肯让。蜉蝣阅旦暮,俛得复俛丧。要知万物灵,后先相倚仗。求璞必良工,选材须哲匠。古人易子教,正虑恩情障。家塾与党庠,取舍各有当。朱公儒而佛,恺悌人所仰。岁入等锱铢,博施辄逾量。故乡多寒畯,耐寒志愈壮。润以肤寸云,挟如三军犷。我愿世间人,咸仿朱公样。弦歌偏海澨,人心知所向。黄巾不敢挠,力与阳九抗。我愿世间人,长拜朱公貺。盛年日正中,吾党神俱王。孤寒齐颡首,祝公永无恙。

(《叶景葵杂著》,第 371 页)

挽梁灏联

(约 1941 年)

望江河伯梁丈灏作古,寿七十八岁。乙酉举人,庚寅进士,得庶吉士,散馆分户部主事,旅居扬州,移沪三年。以联挽之。

贞元朝士,存者若星晨,回思三策初成,曾见禁中杨柳色;
东阁宫梅,折来伤岁暮,况复十年以长,那堪江上鼓鼙声。

(《叶景葵杂著》,第 413 页)

项兰生七十寿联

(1942 年 4 月 27 日)

遗民也有天长节;
同日毋忘冒广生。

敝同年冒君广生鹤亭亦于是日称庆,而我兰生先生高踏远引,避之若浼,因据事实制成联语,俾千秋万岁,长毋相忘云尔。壬午三月十五日叶景葵戏笔。

(引自《项兰生自订年谱》(三),《上海档案史料研究》,第 11 辑,第 280 页)

赠邵伯䌹七十生日(七律二首)①

(1942 年 5 月 17 日)

枕上占二律赠伯䌹,因闻其征求图咏作七十生日。

西园翰墨旧知津,民隐平反气若春。
澹泊齑盐皆相度,回翔文史亦天真。
名山绍业宜称寿,秘室藏珍不患贫。
四海共知公有庆,堪嗤寂寞草《玄》人。

逸兴遄飞即寿征,故交吉语似云蒸。
烹葵采菽人同健,作画哦诗仆未能。
相肚撑船容几辈,佛头著粪是凡僧。
惟公慧业今无两,昔有南梁且并称。

(《叶景葵杂著》,第 372 页)

---

① 原诗无日期。《顾廷龙日记》1942 年 5 月 18 日有"写邵章寿屏一条"记载,据此考之。——编者

奉答墨巢(七律)

(约1942年10月)

病里诗情了不殊,有诗焉用叹无襦。
开缄顿使心潮上,琢句须防脑海枯。
秋后蛤蜊休纵食,云中鸡犬倘来苏。
微闻僧瞎藏君壁,呼出犹堪敌万夫。

附李拔可赠先生七律诗《答揆初同年》云:"贫病交期赖石林,能教持画换光阴。匹夫岂必真怀璧,长老无妨再布金。醋媼久封三尺喙,梦婆枉费一番心。欲知鬼祟归何处,鸡犬云中不可寻。"

又撰七绝二首"再戏墨巢在院治病,与菊生同病也"。

不辞首下与尻高,决去悬疣一举劳。
兹术本由贤宰授,割鸡莞尔用牛刀。

平生误读《高僧传》,抛却髡残病即休。
从此鬓丝禅榻里,家鸡家鹜两无尤。

(《叶景葵杂著》,第380~382页)

赠陈汉第寿诗(五言古诗)

(1942年11月18日)

明岁正月仲恕丈七十,预制长律廿二韵祝之,颇肖其生平。

活人邹律暖,为客宴裘寒。屋小千秋大,巢危一老安。余晖依画几,往事梦征鞍。赠策神弥王,筹边浑已干。乍飞袁绍檄,仍著管宁冠。功狗遭稽继,冥鸿渐羽翰。振柯松得势,抱节竹成竿。寂寞终投老,丹青遂改观。不嫌梁钵冷,微惜莽匋残。乾祐金漫鏞,端平墨走丸。论交殊落落,举步亦姗姗。况有鸣枪警,因之乞米难。解袍温范叔,登席迓冯驩。缾罄罍非耻,田归璧尚完。荆钗联作绘,姜被慰加餐。谊在维桑敬,仁如彼苇敦。不材惭栩栎,其室迹芝兰。风劲鸠飞仄,河深鼹饮宽。仰瞻星示象,俯测海回澜。樊榭芦花白,严祠柿叶丹。傥随秋烂缦,同度岭巑岏。拄杖知余勇,相期访钓磻。

(《叶景葵杂著》,第 381 页)

题同治元年敕祭南岳碑何道州墨迹(七律)

(1942 年)

始建祺祥又改元,垂帘祖诫乍推翻。
平吴已耗湘军力,易代难招岳降魂。
辛苦遗民谈典册,凄凉旧史失衡门。
题碑巨手今余几,述者毋忘屋漏痕。

(《叶景葵杂著》,第 378 页)

赠钱士青(五言古诗)

(1942 年)

钱士青明年七十,实与余同庚,今年即布置征文。作诗一章贻之。

  万方龙战日,三径鹤胎时。寿世书千卷,尊贤酒一卮。辞荣甘野服,举案念辋饥。《盐铁》无新论,簪缨有旧仪。金涂延世福,玉册蔚宗枝。凤舞湖山倦,鸿遵岁月驰。望衡凝道气,交吕识英姿。宅相千秋鉴,衢谣万口碑。思维南国化,珍重《北山移》。直谅非谀颂,将贻后代知。

(《叶景葵杂著》,第 379 页)

赠王季烈(七律二首)

(1942 年)

  王螾庐[①]同年今年七十,以笺索诗,撰七律二首相赠。

    抠衣昔侍谈经席,把卷弥钦写礼䪨。
    群彦嗣音知澹泊,长公委珮益坚贞。
    艰难国宝惊胠箧,憔悴臣心对短檠。
    苦忆承平郊祀曲,何年调律补元声。

    《礼运》枢衡向大同,小儒蠡测论非公。
    顺康以上千秋鉴,种族之争一映空。
    衰白每思当宁盛,还丹况有洞垣功。
    遗山逝后传薪在,野史亭前祝岁丰。

(《叶景葵杂著》,第 380 页)

[①] 即王季烈(君九)。——编者

雪(五律)

(1942 年)

雪自人心出，春从战骨回。
积伤犹觉痛，骤喜更须哀。
皓色能惊竹，寒声欲动梅。
若无沟壑念，洗盏为君开。

(《叶景葵杂著》，第 382 页)

墨巢雪后款客赋呈(五律)

(1942 年)

天上珠玑尽，人间坎窞平。
众生共飢渴，吾党识谦盈。
主与梅同寿，诗因雪更清。
子由方避席，饱食不须惊。

(《叶景葵杂著》，第 382 页)

挽汤拙存[①]孝倌联

(约 1942 年)

有愤世之意,不形于色,有济众之愿,不居其名,韬晦一生,无惭明德后;

以事实为重,而戒大言,以俭约为甘,而忘私利,卬须甘载,忍见棘人来。

(《叶景葵杂著》,第 412 页)

吊陈伯琴(七律)

(约 1942 年)

仲氏桐棺尚水滨,如何伯也又埃尘。
一庭双璧皆新鬼,百事千钧失替人。
老父至今犹健饭,佳儿从此是劳薪。
眼前赖有持家妇,善继奚烦诲尔谆。

(《叶景葵杂著》,第 382 页)

[①] 汤拙存,浙江绍兴人,汤寿潜之子。留学日本。1909 年投资创办杭州火柴厂。——编者

和李拔可(七律二首)

(约1942年)

蒋彬侯以甲午同年旧京摄影见贶,墨巢题七律一首,索和甚亟,勉步原韵,不堪为诗人作舆台也。

入洛何曾误陆机,南飞三匝叹谁依。
烹之瓠叶情堪共,踏遍槐花事已非。
女丑漫呈新色相,臣飢同减旧腰围。
传书赖有贫交在,伯玉闲居使者稀。

意有未尽再题一律。

当年黾愤龙愁地,横海将军早丧元。
外侮依然阋兄弟,腐儒何敢议乾坤。
心兵白战嗟无补,齿录尘封久未翻。
存者几人惊老瘦,相期南北共开樽。

(《叶景葵杂著》,第379页)

挽叔祖柏皋先生尔恺联

(1943年1月23日)

乾坤正气世无俦,玉碎宁为,不藉余生耽逸乐;
杭蜀两支公最长,山颓安仰,毋忘遗稿待流传。

(《叶景葵杂著》,第408页)

挽潘博山承厚联

(1943 年 5 月 6 日)

冰雪聪明,雷霆精锐,此清才非浊世所能容,祇宜玉宇琼楼,长共飞仙适风月;

门有通德,家承赐书,幸群从与阿兄为同调,可卜牙签锦赙,不随急难付云烟。

(《叶景葵杂著》,第 410 页)

赠邵章(七律)

(1943 年 5 月 17 日)

伯䌹以诗为寿,赋此答之。

休论乡人与伯兄,抚余华发适然惊。
有生难得侏儒饱,未死欣看丑虏平。
赖此好辞消溽暑,恨无余梦续《春明》。
明年傥约耆英会,宣武城南掉臂行。

(《叶景葵杂著》,第 383 页)

七月十一日暴风雨
答顾君起潜潘君景郑(七律)

(1943 年 8 月 11 日)

六龙吐雨百灵惊,燺怒风声挟水声。
电母避威雷下蛰,江神失势海西倾。
循墙保障书无毁,伏枕忧虞稻不成。
蜗角未归王率土,何烦灾异奏承明。

(《叶景葵杂著》,第 386 页)

和张菊生(七律)

(1943 年 8 月 13 日)

吾若无生何有患,有生即与倮虫雠。
佛耶自缚终成茧,孔墨同嗟不展筹。
劫火灭完生更速,财源为疾用堪忧。
且将一簣填河漏,莫邂时贤唤赘疣。①

(原件)

---

① 先生此诗后四句改为"两害相权常取重,五材并用更堪忧。频年袖手看邻斗,赢得人间唤赘疣。"题目《答张菊生丈》。(《叶景葵杂著》,第 385 页)——编者

附 1943 年 8 月 12 日张元济赠先生古诗《叶揆初七十生日》①："人生一大梦,修短何足论。亦既涉斯世,自当寿其身。我国有史四千载,步步陈迹只因因。欧风美雨猛膨湃,东来豁出新乾坤。吾侪诞降适当此,莫叹生晚实逢辰。见皆所未见,闻亦所未闻。不幸乃大幸,真堪傲古人。君今七十古稀翁,惯看东海扬沙尘。更阅一二三十载,事难思议尤纷纷。天地为炉万物铜,朝夕煎炼何艰辛。愿君善葆千金躯,且避玉石昆冈焚。漫漫长夜梦正好,栩栩游戏及未晨。祝君期颐还自祝,同留此千百年,眼静观,造化小儿搬演日新又日新。"(《张元济全集》,第 4 卷,第 116 页)8 月 13 日 先生致张元济函并和七律一首。函云:"承赐瑶篇,所以勖勉之者甚至,敢不拜嘉,步公后尘,同尽匹夫之责?谨本斯旨和长句一首,乞斧正是幸。手复并谢。"(原件)

再和张菊生(七律)

(1943 年 8 月 19 日)

菊生丈步韵见和,再依原韵答之。

篷篠在位非民望,蒴莀盈朝是国雠。
几辈迎降牵肉袒,有时偷度学鸡筹。
沛公长者终须谅,崔子犹吾更可忧。
三宥未能平众喙,一挥何惜去悬疣。

(《叶景葵杂著》,第 387 页)

---

① 原诗稿无日期。因叶 8 月 13 日有和诗,证明张元济此诗决非 8 月 14 日叶生日当天所书赠。——编者

附 1943 年 8 月 18 日张元济诗赠七律,"揆初七十生日,余有寿诗,揆翁有和作,余复步原韵一首"。"总觉未能忘物我,故应多事判恩仇。有薪不尽争传火,无米还量惯唱筹。填海倘穷炎女力,崩天宁释杞人忧。只今一发中原望,任溃吾痈且抉疣。"(《张元济全集》,第 4 卷,第 116 页)

墨巢赠诗走笔和之(七律)

(1943 年 8 月)

抱薪救火汤扬沸,祇坐当年少读书。
囊底万言都是罪,剑头一映总成虚。
屡经失得弓无恙,遍访巫医艾岂储。
未信吠尧仍作犬,却忧微禹其为鱼。

续和

四海官邪无定轨,弥天商病有专书。
偶思夜起翻为跙,莫肯深藏已若虚。
聊比君平依卜肆,不随臣朔耗仓储。
年衰渐觉柔能克,贻误方来是史鱼。

附 1943 年 8 月李拔可《赠揆初同年七十生日》七律:"《职官》共草元丰制,《平准》先成太史书。帝所动心天已醉,汉廷用少事非虚。收身老作藏山遯,缩手愁看竭泽储。四海待君苏涸辙,濠梁莫便说知鱼。"

(《叶景葵杂著》,第 383~384 页)

赠夏地山七十寿联

(1943年10月6日)

礼庭舞蹈重阳曙；
甥馆涵濡甲子周。

地山叔岳同庚以联祝之。九月初六日生。余十岁订婚，与地山相见，正六十年。

(《叶景葵杂著》，第416页)

挽高望之同年煌[①]联

(1943年)

独有千秋，杜门弦歌昌经训；
又弱一个，食野笙簧念德音。

(《叶景葵杂著》，第409页)

[①] 高煌(1868～1943)，字望之，江苏金山张堰人。光绪甲午举人。好桐城派古文，文才与其弟高燮(吹万)齐名。——编者

改杜俳体(七律)

(1943年)

夏凉日日著春衣,每日街头信步归。
饿殍寻常行处有,人生七十不曾稀。
穿花丝袜深深见,点水胶轮款款飞。
传语维希胖巡捕,暂时相赏莫相违。

(《叶景葵杂著》,第384页)

答三弟见怀之作(七律)

(1943年)

爨鼎升香伤一足,鱼丽偏两失中权。
梦魂云树三千里,涕泪江波四十年。
病妇后先眠吉兆,衰翁抑戒废初筵。
何时同拜横山墓,手抚松鳞各泫然。

附同日先生复书三弟叶景莘函云,"弟欲为子由即料理南来,眉山昆仲晚年唱和均在江淮以南也。"

(《叶景葵杂著》,第384～385页)

赠范循甥（五律二首）

(1943年)

范循甥四十，以二律赠之。

　　　　逃世无闻易，谋生不惑难。
　　　　吾家新宅相，尔祖旧儒冠。
　　　　天道头头是，人情面面看。
　　　　莫忧强未仕，无咎即心安。

　　　　犹忆呱呱日，吾方夜度辽。
　　　　嗟今成瓠落，祝尔似松乔。
　　　　龙德中天健，鲲程渤海遥。
　　　　孀亲仍强饮，能抚稚孙娇。

（《叶景葵杂著》，第383页）

答孙傲庐并呈王莲友丈（七律）

(1943年)

　　　　梁园宾从吾三世，枚叔文章子九能。
　　　　府主已欣鱼得水，先人尤叹吏行冰。
　　　　弓旌风会殊今昔，河岳声华有废兴。
　　　　傥为群羊求尔牧，勿抛蓑笠弃薪蒸。

（《叶景葵杂著》，第385页）

钱均父丈(七律)

(1943年)

湘绮楼中长揖客,葵园庑下小门生。
并时文藻堪模拟,两派薰莸且诟争。
国论岂宜新旧狙,儒家未克躁矜平。
老来马首应何向,欲上崆峒问广成。

(《叶景葵杂著》,第385页)

答孙廑才同年(七律)

(1943年)

清代抡才重翰林,无端辽豕误光阴。
读书每欠中边彻,取友如求下上音。
壮岁折腰多俗状,寒门强项有遗箴。
知君老作雕虫悔,我亦惭为庄舄吟。

(《叶景葵杂著》,第386页)

再次墨巢诗韵答陈丈叔通同年(七律)

(1943年)

关内秦坑初熄火,山东孔壁尚遗书。

诵孙副墨时虽远,箕子明夷象不虚。
万物俱为先圣役,百年宜代后王储。
太平礼乐公毋让,岂谓如求木末鱼。

(《叶景葵杂著》,第 386 页)

答刘放园(七律)

(1943 年)

一统毋忘讐九世,国威损自甲申年。
五星终岁天心复,六月陈师众志坚。
南出交州驰铁骑,东规澎岛下楼船。
会招徐福童男女,共傲傲醉卫武筵。

(《叶景葵杂著》,第 386 页)

再次墨巢韵寄叔通二首

(1943 年)

驺虞乃可谈王政,温饱方知读父书。
遗子金籯诚不达,扪吾饭袋岂能虚。
锦官有酒钱非乞,下溇无田米未储。
羡煞俭庐潘老子,年年都庆众维鱼。

乐土适兮王道荡,谁能尽信《武成》书。

苗为鼠食行将逝,郊有麟游语不虚。

麈室不劳三岁妇,中人咸罄十年储。

试均里社仍无肉,纵入洿池那有鱼。

(《叶景葵杂著》,第387页)

答潘俭庐(七律)

(1943年)

潘俭庐以前诗牵涉见和依韵答之。

儿曹勿以儒为戏,老子宁惟俭可书。

尺五修髯知揖让,一双慧眼识盈虚。

拟占先甲尝新献,更唤园丁理旧储。

候雁未南春尚早,莫将消息漏多鱼。

(《叶景葵杂著》,第387页)

再次前韵题《硕果亭诗续》(七律)

(1943年)

头童面赤闭门居,厌读司空城旦书。

有弟翕如和且乐,此才名下久无虚。

不忘嘉树尊常满,爱写新诗墨早储。

市道纷纷君莫诧,最难察见是渊鱼。

(《叶景葵杂著》,第388页)

墨巢有和再依韵答三首(七律)

(1943年)

侨也未尝知政本,治标犹解铸刑书。
乱宜用重偏姑息,窃者封侯岂子虚。
漫说民碞通帝谓,兢将公器作私储。
登台珠玉何时烬,殃及池中痛此鱼。

玉台积翠化人居,凤翙鸾栖不绝书。
但听吹竽礼南郭,未知按剑助朱虚。
阳春妙伎缁衣好,海宇良庖夹袋储。
问客何能何所欲,齐姜宋子鲤鲂鱼。

江都寂寞两平居,斗韵常通尺素书。
何意养生嵇叔夜,甘为赋海木玄虚。
春华秋实由来判,马勃牛溲未要储。
说到西归音正好,釜鬲休溉既烹鱼。

(《叶景葵杂著》,第388页)

赠谢直士(七律)

(1943年)

再次韵谢介弟直士招饮。

壁间妙墨龙蛇动,坡老诗成喜自书。

青胜愈知蓝不朽,祥多始觉白生虚。

事兼陶冶谈何易,贡厥琅玕夙所储。

四海百工皆仰食,岂惟式燕有嘉鱼。

（《叶景葵杂著》,第388～389页）

答沈昆山（七律）

(1943年)

次墨巢韵简沈昆山。

婴城啮血安江表,夫婿堂堂有政书。

陈善首为曾相重,尚功心比左侯虚。

一传令子声兼美,再世童孙学素储。

酾酒好贤知故事,未闻食客怨无鱼。

（《叶景葵杂著》,第389页）

答陈仲恕（七律）

(1943年)

简陈仲恕父子用墨巢韵。

笼竹四茎松一桱,远师鸟篆迄虫书。

奋髯似欲张其怒,多节何难受以虚。

梓俯最宜桥作仰,冰寒端赖水能储。

过庭《诗》《礼》都成录,不待陈亢问伯鱼。

(《叶景葵杂著》,第 389 页)

赠高存道(七律)

(1943 年)

高存道绘赤松黄石并书小篆见贻,用墨巢韵赋谢。
博浪一击如能中,后世应多未火书。
可惜妇人兼女子,空谈旺相与孤虚。
赤松怕说乔松寿,黄石愁无儋石储。
稍喜晴窗舒铁腕,千钧掉尾似鲸鱼。

(《叶景葵杂著》,第 389 页)

挽盛筱珊[①]联

(1943 年)

韦布之士,闾巷之业,竟能近悦远来,何羡乎盖禄万锺,景马千驷;
齐家有道,教子有方,难得弟恭兄友,足媲彼云间二陆,日下双荀。

(《叶景葵杂著》,第 408~409 页)

---

① 盛筱珊(1874—约 1943),浙江慈溪人。上海赓裕钱庄经理。曾任上海钱业同业公会副会长、上海总商会会董、中和银行董事等职。喜收藏。——编者

集杜句赠顾起潜联

(1944 年 3 月 12 日)

复见秀骨清,我生托子以为命;
由来意气合,汝更少年能缀文。

(《叶景葵杂著》,第 416~417 页)

集杜句赠起潜子诵芬联

(1944 年 3 月 12 日)

树羽临九州,廉颇仍走敌;
读书破万卷,王翰愿卜邻。

(《叶景葵杂著》,第 417 页)

招墨巢小食(七律)

(1944 年)

闻道兄良多弟弟,矧于故旧最醰醰。
敝之肥马胸无憾,溺尽儒冠味亦甘。
所识咸钦君子鲁,亡何聊学相公参。

人生七十须梁肉,三咽谁云处士贪。

(《叶景葵杂著》,第 390 页)

附李拔可《和揆初同年招饮之作》:"公孙老矣须重肉,缩手弥谙世味醇。罢饮西凉疎美酒,寄书南诏话余甘。宝山早判空身返,曹洞休从正位参。与俗酸咸殊所嗜,尚烦为我戒嗔贪。"

(《李宣龚诗文集》,第 243 页)

赠剑丞(七律)

(1944 年)

同是鸰原堕泪人,絮分萍合总前因。
半年痴长千回见,廿载闲曹一字贫。
荒岁画縑犹有价,南州词律竟无伦。
愿君双眼常如月,不负江湖草木春。

(《叶景葵杂著》,第 391 页)

题胡君文楷《历代名媛文苑》(七绝二首)

(1944 年)

历代妇人无总集,选楼而后此真诠。
殷勤内助成鸿著,不让同宗郝照圆。

十载萤窗初写定,緫帷凄冷夜如何。

椎轮积水无停息，千卷《英华》未足多。
(《叶景葵杂著》,第391页)

寿关承孙丈八十(七律二首)

(1944年)

突兀城隅四照堂，婵嫣令绪占湖乡。
数传并有神明寿，独行长为志乘光。
别子小宗眉最白，耆年大隐发仍黄。
东流不尽西河水，喜见雏孙已雁行。

景皇初叶藤花馆，王考曾怜总角甥。
两世应官荒故宅，并时诸父各佳城。
柴扉忽报新题帖，坏壁犹思旧弃檠。
两脚入门知不远，安排肥羜燕和平。
(《叶景葵杂著》,第391页)

赠熊叔厚遗墨(七绝二首)

(1944年)

叔厚,光绪甲辰进士,以工楷法不得翰林为憾事,与霜根有同病。甲申。

咫尺琼林未与偕，退毫成冢首长埋。

儒生正有千秋事，前辈同情四当斋。

善书不学意能通，堪笑羲之媚俗工。
独抱冬心自怡悦，未须垂老悔雕虫。
(《叶景葵杂著》，第 390 页)

挽顾桂生（七绝二首）

(1945 年 2 月)

顾桂生丈（归愚）于新正十四日逝世，作挽诗以吊之。乙酉。
昏霾亦有曙光来，惜往仙山不肯回。
廉吏虚名徒自累，佳儿重负剧堪哀。

蜀中魂去悲梯栈，洹上心知委草莱。
苦忆繁台《先友记》，祇应泉路再追陪。
(《叶景葵杂著》，第 394 页)

三十四年八月制联自寿

(1945 年 8 月)

无阿弥陀佛；粤若稽古帝尧。
(《兴业邮乘》，复第 2 号《及之录（一）》)

和墨巢九日不出（七律）

(1945 年 10 月)

谁谓重阳可豁蒙，重阴未变卦将穷。
得时蠏贵无人买，待尽蚊饥到处㘗。
我避初寒先塞向，君悲同气独书空。
乾坤消息何须问，郑不能昭宋已聋。

（《叶景葵杂著》，第 393 页）

答闵葆（七绝）[①]

(1945 年 12 月 2 日)

天生五材谁去兵，治之马上总无成。

陈髯待尔开雄辩，祗有梅花不作声。葆之来诗云："手挽天河洗甲兵，明年归计定能成。"叔通嘲其梦想，故以此寄之。

（《叶景葵杂著》，第 395 页）

[①] 原诗无日期。《顾廷龙日记》1945 年 12 月 2 日记：先生送"和闵葆之诗"。据此考定日期。——编者

赠陈叔通(七绝)

(1945 年)

校叔通诗稿竟,赠以一绝。

不是诗人强说诗,未书万本反求疵。

佩君斩佞诛谀论,故发狂言圣择之。叔通诗以五言古为最,说理言情均有独到。

(同上引书,第 394 页)

赠单镇(七言古诗)

(1945 年)

单束笙同年(镇)丙子生,以七十自述诗四章见示,作此赠之。

与君同榜成进士,保和殿中一颔首。晚交齐年霜根翁,称道节母不去口。佩君长养本懿德,九载为郎贫有守。海内咸知范滂名,恨未升堂下拜母。景皇末叶国论歧,王纲式微将解纽。上林思征雉兔往,《平准》或拟牛马走。大官无事能画诺,君以廉谨相左右。书马与尾不失五,意所未可常否否。老奸移柄御威斗,天子下殿居阳九。扶持孀亲出国门,黄巾遇之拜车后。上公考绩再举贤,骥骑求刍初履亩。畀以大邦笼征榷,民劳弗使星在罶。亡何又踏长安尘,计臣委吏皆僚友。邱园不闻贲束帛,泰山安得辞培塿。母曰归欤君曰唯,坐觉严霜侵户牖。麻农雪涕挟榇南,负土荐新不敢苟。时维海宇纷玄黄,若兽在置鱼入笱。床头一壶那复办,墙角短檠尚可取。凿楹发箧招故吾,欲上宛委探二酉。过江名士知者罕,处之无誉亦无咎。偶然避地辍载笔,仍与弥天争覆瓿。东方太白鸡三号,周宣六月言获丑。旧庐所在近松楸,善性不移犹杞柳。人生七十未为老,要在老前立不朽。倦读方知母氏劬,母兮不辰书在手。保此堂北三绝韦,贤于墓前一卮酒。祭丰养薄伤哉贫,名山传人思已久。桂阴之子孙复孙,自今以往岁其有。

(《叶景葵杂著》,第 392 页)

题马木轩画(七绝三首)

(1945 年)

马木轩(寿华)临古十四家画竹册征题。

　　石如篆法竹如籀,承旨当年赞仲姬。
　　持与后贤谈祖述,我师郑重转多师。

　　笔势都由养气成,不根不笋意还生。
　　千岩万壑寻常事,岂止萧萧十五茎。

　　平生友直是家规,两代交情老更知。
　　剥啄频来君莫谢,沈吟《淇澳》切磋诗。木轩之翁任西华县,与先子为同寅。

(《叶景葵杂著》,第 393 页)

答彬侯同年(七律二首)

(1945年)

北京甲午同年宴集征诗,答彬侯兼寄坚白。诗云:
  甲申烽燧震南交,甲午尤惊鸟覆巢。
  先达蒙茸夸著籍,后生窭薮竞前茅。
  吹笙鼓瑟都如戏,篆刻雕虫各自抛。
  五十年余嗟老丑,那能投笔舞长矟。

  尔功耆定在南州,吾党萧然一故侯。
  舌粲有花皆慧剑,躬耕得菜即菟裘。
  偶繙齿录闲呼侣,更斗心兵远送闓。
  为武止戈终呓语,挽强犹似昔时不?

(《叶景葵杂著》,第393页)

赠李拔可(七律)

(1945年)

墨巢七十,以诗调之。
  廿六年前旧挽词,偶然回想解人颐。
  彭殇自古无常轨,歌哭于情不两歧。
  国势豆分犹可活,我生命在复奚疑。

祝君丰下皤其腹,有肉如陵决取之。

(《叶景葵杂著》,第394页)

题阮汉三遗墨(七绝二首)

(1945年)

樗散谁亲老画师,中年播获有佳儿。
劫灰未了家珍出,寂寞惟应后世知。

细字尤能卜大年,频罗未让复初先。
此才不与稀龄会,世运屯艰岂偶然。

(《叶景葵杂著》,第395页)

赠李拔可(七律)

(1945年)

俶人示以一律,依韵答之兼呈墨巢。
休言正正与堂堂,歧路方求已逝羊。
白战纷然犹有铁,黑甜如此恐无乡。
雌风更逐雄风起,臣马焉知君马黄。
隔岸纵观毋快意,我闻瘦狗尚能狂。

(《叶景葵杂著》,第394页)

瞿季刚属题诗礼咏怀图(七言古诗)

(1945年)

  造象追思亡父母,飨堂石室制尚存。神功雕镂不易致,遂以丹墨摹精魂。瞿子恂恂足文采,学成已有泔鱼悔。爰师遗意作象传,诒之子孙亦无改。尤悲同气多宿草,跋波乘风叹不早。惨念三冬游子衣,沈吟廿载《泷冈表》。检点椷书嗟失群,赖有伯姊扬其芬。姊曰予弟慎行役,无以尘劳疏典坟。治生勿背《平准》义,散财乃为国之器。挟筴归来读父书,犹堪记取申申詈。

(《叶景葵杂著》,第 395 页)

忆星白(七律)

(约1945年)

追忆星白长兄同年漫成长句。

  蕊榜联名五十年,后生奚敢比随肩。
  风尘澒洞潜龙晦,柯叶萧森老鹤眠。
  一室晤言王逸少,千秋心正柳诚悬。
  海波四沸琴音杳,载展遗笺倍惘然。

(《叶景葵杂著》,第 396 页)

挽徐新六母何太夫人联

(约 1940 年代前期)

贤母有鹿皮拥坐之风徽，双隐忽离群，昔祝汉昌，今忧周陨；
令嗣与马革裹尸同壮烈，九原长雪涕，虽无孝子，幸得慈孙。

(《叶景葵杂著》，第 410 页)

挽孙宗诚联

(约 1940 年代前期)

老友孙宗诚逝世以联挽之。宗诚上元人，光绪间在湘抚署缮折奏，曾与同事。后历署县缺，民国后在乡，曾司收厘事，避乱来沪。今年六十八岁，殁于沪寓。

君无愧元瑜记室之才，亦曾小试牛刀，仿佛见武城遗绩；
我方以公瑾同年为幸，不意亲闻鹤语，悲凉如钟阜秋声。

(《叶景葵杂著》，第 410 页)

挽陈莱青联

(约 1940 年代前期)

循誉在扶余肃顺之间，惊看破碎虫沙，更难忘三老攀舆，万商

勒石;

交情与徐稚陈蕃相若,忍对凄凉鸡酒,何况是茑萝无寄,兰蕙同焚。

(《叶景葵杂著》,第 411 页)

挽潘履园①联

(约 1940 年代前期)

度辽破虏,卅年旧梦已惺忪,而今白首同心,只剩有残星几点;
觳侣命俦,二月春花正明媚,太息青山埋骨,忍重听杜宇三更。

(《叶景葵杂著》,第 406 页)

挽如兄汪诵宜(赓銮)②联

(约 1940 年代前期)

能为《阳春白雪》,和者寡;
时无王良伯乐,死即休。

(《叶景葵杂著》,第 407 页)

---

① 潘履园,浙江绍兴人。浙江兴业银行 1915 年创设天津分行,潘任首任经理。潘还曾捐资重修绍兴文庙、添建绍兴县立图书馆和北京香山慈幼院等。——编者
② 汪赓銮,字诵宜,浙江杭州人,工诗文、书法。——编者

挽周竺君(孝怀弟)联

(约 1940 年代前期)

遗文应辑《栾城集》；
廉行犹歌颍水清。

《叶景葵杂著》,第 408 页)

挽陈陶遗联

(1946 年 4 月 28 日)

竟槁项寂寞而终,是国家社会诸般之不幸；
以黔首饥溺为念,非《游侠》《隐逸》两传所能赅。

(《叶景葵杂著》,第 412 页)

杨味云同年八十(七律)

(1946 年 12 月)

锡山杨与武原张,同属先朝鹓鹭行。
相戒《初筵》师卫武,不希晚遇见姬昌。
清门高节如方驾,学府饥群要馈粮。

南极星辰今会合,傥能扶杖到江乡。

(《叶景葵杂著》,第398页)

题西溪张我持适皋亭桃花图卷(七律三首)

(1946年)

为吴谏斋作。

    湘人谬誉何无忌,侍坐葵园介寿觥。
    翁已怀归收倦羽,子初入抱试啼声。
    百千万劫悲孤露,四十三年话老成。
    展卷忽生防墓感,横山不见涕纵横。

光绪癸卯冬,子修母舅自云南主试移督湘学,余已入湘抚幕,相见于长沙。谏斋表弟生于南昌,迎之来湘,才一龄又半。余先茔在皋亭之横山。

    艺桃本是避秦方,桃利无多易以桑。
    今日皋亭山下路,桑阴鸡豖亦凄凉。
    人心畏乱思前物,病翮遄归检旧装。
    群盗寡妻何日了,五株如在浣花堂。

    儒风竞说西溪好,不事王侯想见之。
    赐尔故乡高士笔,贤于冠礼祝儿辞。
    家珍尤重《吹齑录》,祕笈差同《蓬宅》诗。
    料简丛残吾老矣,楼头青眼更寻谁?

君家西林先生亦西溪高士,所著《吹齑录》,余最服膺,欲梓未果。

《蓬宅》为张卿子四集之一,䌷斋表兄校正,族人董卿刊行。

(《叶景葵杂著》,第 396～397 页)

和邵伯絜重游泮水诗(七绝二首)

(1946 年)

六十年前老秀才,坐看淑问献囚来。
丈夫安用毛锥子,宰相宁须有种哉。

文慎祠前草不髡,樵苏零乱石无言。
白头弟子归来日,重著襕衫拜墓门。

(《叶景葵杂著》,第 396 页)

题刘湄朱氏传家乐善图(七言古诗)

(约 1946 年)

伊古市情皆喻利,于今王道必观乡。论才最重乡之望,好义常为利所妨。蕞尔刘河诚下邑,岿然鲁国此灵光。桥端风雪师黄石,庑下春秋祖紫阳。三致千金舒可用,初成一篑勇难当。菁莪有璞书诸笈,蓬荜无衣馈以粮。人自孩提知孝弟,士先器识后文章。国殇树表咸趋拜,道殣逢嘘不复僵。冰至涉川怀郑惠,宵深恤纬警周亡。二三姻亚相邪许,八百孤寒与颉颃。回睇斯民才有豸,却忧长吏每如羊。入林畏见鸦争食,登垅羞为虎作伥。允矣姱修申蕙茝,偶然直干写贫簹。闻《诗》仲氏兼明《礼》,学画慈孙雅擅场。诒厥但滋兰九畹,汙邪不祝稻千仓。谈经深戒蠹为祟,望气悬知彗作铓。聿自夷西频距跃,无端江表忽苍黄。虎贲撤尽虞兮帐,马矢高逾赐也墙。从此弹丸纷鹬蚌,那能束帛救螝螗。可怜仍世遗规坏,赖有传家綵笔良。万户口碑犹可诵,一门手泽镇难忘。由来义利旋消长,况复人天互主张。入夜珠渊绐象罔,弥天金穴化赢尪。熠焉相率鱼游鼎,黮者还思燕处堂。我辈岂宜长俯仰,兹图无乃示周行。

(《叶景葵杂著》,第 397～398 页)

题鱼占^①绘络园图(七律)

(约 1946 年)

六律成声半辍悬,朱衣稚弟亦霜颠。
吹燻喜与篪同韵,守器优能道共肩。
一亩旧宫儒有堵,九年异地客无毡。
好将笔底烟云气,补入《斯干》考室篇。

(《叶景葵杂著》,第 396 页)

题项女史蒲桃(七绝)

(约 1946 年)

天马蒲梢去不回,何人更泛夜光杯。

---

① 鱼占,名高时丰(1876～1960),叶景葵先生之表亲。——编者

纡青拖紫无颜色,此是乘槎凿空来。

(《叶景葵杂著》,第 398 页)

题陈病树之父铸盦
同年甲午乡试朱卷(七律)

(约 1946 年)

携将旧馆仙人笔,挟有江潭楚客芳。
聊为风尘居乙第,卒持经术老名场。
佳儿能继方姚业,遗教犹增里閈光。
一卷依然存告朔,故山宰木已苍苍。

(《叶景葵杂著》,第 398 页)

题王欣夫抱蜀庐校书图(七绝二首)

(1947 年)

独抱遗经求大义,籯膏起废意如何。
悬知独善须兼善,簧台英髦济济多。

抱蜀不言天下治,夷吾逃死为苍生。
劝君掷此毛锥子,化作人间金石声。

(《叶景葵杂著》,第 400 页)

赋得五岳归来不看山五言八韵(古诗)

(1947年)

笠屐寻仙去,归来意转慵。万山知一概,五岳岂长逢。北戒兼南纪,秦关迄岱宗。劳劳川陆换,历历汉唐封。何处堪埋骨,兹游可拓胸。倦如飞罢鸟,甘作蛰时龙。秃笔优能记,行粮懒再春。不妨云海卧,面面看奇峰。

(《叶景葵杂著》,第399页)

寿王缉亭同年(七律)

(1947年)

王缉亭同年炎寿跻八秩重到泮宫征诗。
不因城阙薄青衿,廉吏儿孙共此心。
马革成仁犹有祠,鸦音争食已无林。
未妨苦菜称甘荠,稍喜同苔结异岑。
销甲何年思撰杖,肩随应到五云深。缉亭为王壮愍有龄之孙。

(《叶景葵杂著》,第399页)

题翁文恭临颜书李玄碑（七绝二首）

(1947 年)

沈酣小字《仙坛记》，笔底云雷气未消。
乍试千钧回日手，欣然虎卧与龙跳。
三洞升元不可阶，郁冈片石藓长埋。
非求词句求神髓，突遇前贤十驾斋。

（《叶景葵杂著》，第 399 页）

挽吴向之同年廷燮仙游寿八十三葬于南京联

(1947 年)

光宣以来，官制官规多出公手，岂仅北徼方闻，俯仰千秋无继者；
辙迹所至，于辽于晋深佩师资，今日丛编待梓，平生一诺敢忘诸！

（《叶景葵杂著》，第 413 页）

和李拔可（七律三首）

(1948 年 10 月 10 日)

重阳前一日墨巢招饮，末示原章索和甚亟。

要斫婆娑未执柯,重阳却恨桂阴多。
　　了无风雨看愁绝,尽有江山唤奈何。
　　朝槿尚思遮白日,阿胶那得止黄河。
　　吾侪醉饱终非计,从此苍颜不再酡。

前诗已呈,佳章忽贲,再和一首。
　　黄花虽老不为柯,重九词人瘦影多。
　　但使饥寒非范叔,也将成败听萧何。
　　有巢莫比兔营窟,无肉难偿鼹饮河。
　　昨梦三周华不注,纵倾美酿岂能酡。

和墨巢重九未有菊。
　　恶说雕虫不壮夫,故将险语斗霜腴。
　　横行已被先生馈,寿答何堪后至诛。
　　缱绻素心千载有,摩挲旧物五铢无。
　　明年此会争腰脚,长白山头试一壶。

　　　　　　　(《叶景葵杂著》,第 402～403 页)

山志(七绝二首)

(1948 年 10 月)

　　莫愁湖上泛春波,王气销沈六代多。
　　抛却湖光入山去,愁心争奈莫愁何。
　　恭已无为《舜典》残,无名荡荡誉尧难。
　　阆风仙仗朝群后,山志应题莫不干。

　　　　　　　(《叶景葵杂著》,第 401 页)

游金陵归(七律)

(1948年10月)

霜风扫尽万虫沙,十二年前老物华。
又结同心惟晓镜,最难驻影是飞车。
江枫微赭山如醉,阳雁无声日又斜。
不遇弥天李重九,谁知吾党有黄花。

(《叶景葵杂著》,第403页)

和林子有(七律)

(1948年)

光绪己丑余与子有林君同入泮,林征诗敬和。

浙闽联省榜同标,况有丰裁可久要。
攻玉喜亲闻野鹤,献金怕遇集林鸮。
衡文宿重儒非墨,审律方知曲誉尧。
酒价十千希会面,人情半纸不曾销。

(《叶景葵杂著》,第402页)

九如铸生同和冕之韵寿爽夫，用原韵却寄四首（七律）

(1948年)

作善多详论至公，岂然无恙阿家翁。
五年以长随肩老，一得之愚袖手同。
读律儿曹心似水，吹壎伯氏首如蓬。
围城何地堪浮白，尽有离怀付去鸿。

子由忠爱类坡公，师事吾家六一翁。
异代典型嗟不复，清门臭味本来同。
蠹鱼有梦通仙籍，疲马无缘逐转蓬。
珍重岁寒相尔汝，休教玄想奕秋鸿。

智愚颠倒听天公，黠者纤儿钝者翁。
今日蘧庐风雨剧，当年甥馆笑言同。
相将苦菜甘如荠，多谢群麻直比蓬。
六十六年谈物换，不堪凭吊是哀鸿。

乌有先生亡是公，爱民未见蜀文翁。
征歌不夜成长往，偃伯何年向大同。
戴笠车前方瑟瑟，论文釜上亦蓬蓬。
独谣演作《阳春》和，南北焉分雁与鸿。

(《叶景葵杂著》，第400～401页)

高吹万季子君宾索题
《浙盐板晒图》(七言古诗)

(1948年)

乘田委吏皆专门,巧习不可同日论。大官空谈喜麟楦,小官有舌徒自扪。未披此图声先吞,赤背老翁犊鼻裈。葵笋之味亦何有,但与海若争朝暾。千年生计付卤莽,穷黎曷敢申烦冤。乞归尚有桑下恋,保持父赐如玙璠。勖旃君宾毋自隘,天定之说终掀翻。儻以人力拯垂绝,端赖煮海升微温。故纸幸逃野火燔,所爱不啻饩羊存。苟有贤者必相识,慎勿鄙夷淳于髡。

(《叶景葵杂著》,第400页)

题李直士①(七律)

(约1948年)

不负难兄久苦辛,墨巢群季最恂恂。
劳人丛里千夫长,石火光中百炼身。
非仗炉锤轻己力,岂为陶冶厉斯民。
云雷恰遇艰屯象,祝尔神明万态新。

(《叶景葵杂著》,第401页)

---

① 李直士,李拔可之弟。——编者

题商藻亭同年寒灯听雨图，并寄云亭同年(七绝二首)

(约 1948 年)

欲凭画境计归程，丧乱而还更忆兄。
我有惠连归未得，披图如应洛钟鸣。

昔梦今情荡似烟，枕中雅有补亡篇。
八方风雨无聊甚，安得有云白日眠。

(《叶景葵杂著》,第 403 页)

寄怀坚仲爽夫(七律)

(约 1948 年)

六十六年老兄弟，何时白发雁行来。
似闻面皱心犹壮，更喜情亲首重回。
寒夜短檠聊与共，馋余肥牡永无猜。
黄花亦解迎诸舅，不见车尘未肯开。

(《叶景葵杂著》,第 403 页)

题王劭农侍御在癸卯春闱为荣华卿师所绘梅石(七言古诗)

(约1948年)

焚香点笔余兴来,不写桃李祇写梅。写梅妙得君子性,更使桃李无凡胎。画成持献春官长,劲骨寒香意孤往。辛苦调羹只手难,沈吟谏草中心养。我亦当年桃李俦,问字常作十日留。草堂人散墓梅寂,门外侯芭今白头。春去春来空断肠,牙签零乱出渔阳。横斜疏影留题处,犹带朝回袖底香。

(《叶景葵杂著》,第404页)

挽赵介卿(世基)联

(约1940年代后期)

昔时豪气安在哉!黄金易尽,红颜易老,白日易颓,只剩有傲骨嶙峋,柔肠悱恻,送与药炉经卷,了此华年。海山兜率两苍茫,骏马名姝双寂寞;

如我交期今已矣!玄菟之云,洞庭之波,太行之雪,说甚么连床情绪,并辔襟怀,忽闻断雁寒笳,竟成永诀。挂剑不知营葬处,霜巾未到寝门前。

(《叶景葵杂著》,第407页)

挽三弟妇联

(约 1940 年代后期)

多男不多寿,一病弥凶,怜伊辛苦颠连,无从求蓄三年艾;
能俭又能勤,诸般未了,遗有艰难丛脞,困煞零丁百忍翁。

(《叶景葵杂著》,第 409 页)

挽徐守之联

(约 1940 年代后期)

以颜李躬行实践为宗,试看不寐鳏鳏,即是圣门克己学;
与仲叔悃款朴忠相处,惟有临终睊睊,传兹地域救人心。

(《叶景葵杂著》,第 412 页)

挽马隽卿联

(约 1940 年代后期)

士杰同年没于高邮,寿八十二。

柳丝无恙忆当年,自惭白社齐名,未堪方驾;
草具终虚酬宿诺,惟卜黄垆痛饮,再诉离群。

(《叶景葵杂著》,第 413 页)

挽华实甫同年联(除夕逝世)

(约1940年代后期)

鍼摩汤熨活人书,妙手春回,非是小儒咕毕学;
酒醴笙簧昭代梦,随肩老去,奈何先我著鞭归。

(《叶景葵杂著》,第414页)

挽沈叔遂联

(约1940年代后期)

仲弢弟,清明节逝世。
卅年如过隙,念绮才旧雨,中道兰摧,赖季方能笃宗支,一脉原泉仍沸;
二月又招魂,正寒食轻烟,野坟花发,叹小陆亦辞尘壒,两头老屋总苍。

(《叶景葵杂著》,第415页)

樊时勋之曾孙完姻贺联

(约1940年代后期)

惟有道曾孙,克绳其武;
得宜家淑女,俾炽而昌。

(《叶景葵杂著》,第415页)

挽章一山①同门椷联

(1949年1月)

子云亭畔识侯芭,老健依然,余论尤饶丹穴智;
长史坐中传圣草,飞腾已矣,英光如建赤城标。

(《叶景葵杂著》,第414页)

挽仲恕丈联②

(1949年1月)

一匡管仲,受赐到于今,平生富贵浮云,不负宾师三顾重;
四海子由,销魂别而已,听得凄凉夜雨,须知家国两全难。③

鲁仲连不帝秦,故能敝屣青云,考终好德;④
陈季方难为弟,料得孤舟白浪,噩梦惊心。

(《叶景葵杂著》,第414页)

---

① 章一山(1861~1949),名梫,浙江镇海人。光绪二十九年(1903)进士,授翰林院编修。辛亥后,侨居沪上。——编者
② 原刊注:"此联系作于(民国)三十八年,时陈叔通先生方在北平,参与政治,故下联及之,亦先生最后笔墨。"——编者
③ 《兴业邮乘》复第54号刊有此联,题为《挽伏庐先生》。——编者
④ 该文署"卅八年五月"。后收入《叶景葵杂著》第418~423页的顾廷龙《叶公揆初行状》署"一九四九年七月",内容基本相同,显然有过修改。——编者

书信电报

致鲍咸昌(四通)

鲍咸昌(1864～1929),字仲言,浙江鄞县人。初在美华书馆学西文排字,1897年与夏瑞芳等集资创办上海商务印书馆,先后任印刷所长、总经理等职。

【1】1921年9月7日

咸昌先生阁下:敬启者,昨由渔荃兄交下印钞合同草底,尊意于交票期限一条改为九个月。查此项交票期限,原定共为七个月,本由尊处酌定,拟请仍照尊定前议,限七个月如数交足。又双方罚则甲项内,尊意改为"酌量赔偿"字样,仍苦无标准可资依据。与其临时致滋疑义,不如明白改定之为愈。敝处拟改为"应由商务印书馆按迟交票面洋数照市贴息"。此系为预定相当标准,藉免疑义起见,而彼此交谊,又非悠泛,故特再以奉商,敬乞鉴纳为幸。弟因事亟拟北上,深愿成行以前双方确定,并祈迅予酌夺示复。不胜感盼。原草底附奉,请察收。顺颂

台绥, 弟叶景葵顿首 十年九月七日
(副本,上档Q268—1—606)

附:同年9月2日商务印书馆总经理鲍咸昌复先生函。云:

揆初先生大鉴:昨奉大书,诵悉种切。印钞合同草底并前由陈叔翁转述各节,均可照办。惟印价一项,尊意拟以八五折计算,但敝处承印此种印件,手续颇繁,特派管理尤须严密,因之需费较诸他种

为巨。承示折扣,相差未免太远。然念尊处交易有素,不得不格外核实,勉以照价九折付款,用答厚意。此外或有协商之处,特嘱敝友吴渔荃兄趋前,俾便面洽一切。此颂

日祉。 弟鲍咸昌顿首 九月二号

(原件,同上引档)

附:同年9月7日鲍咸昌复先生函。云:

揆初先生大鉴:顷奉台示,并阅准印钞合同草底。敬悉尊意于双方罚则内甲项条文,若无故迟延,应由敝馆按迟交票面洋数照市贴息以为标准,而免疑义等因。此属公允办法,谨当遵命。惟交票期限必请展至九个月者,实因此项印件手续繁重,逐节均备稽查,不能超越一步。为详慎计,是以宽此限期。在敝处果深望不满九月而提前蒇事也。弟对于此事十分注意,且列表规定某日责成某部办理某工,冀免延误,以仰副殷殷见属之雅。推想高明必能俯如所请焉。专复。即颂

筹祺。余照不一。 弟鲍咸昌谨启。 十年九月七日

(原件,同上引档)

【2】1922年1月25日

咸昌先生阁下:顷由贵馆吴渔荃君交来本行五元兑换券样本,业经聆悉。此项券版背面(即西文方面)原系凸版,惟所有花纹尚嫌未臻明显,兹拟改刊凹版,以期完美。除已面告吴君外,特此函达,即请台洽,并即转嘱从速办理。预计何时可以刊就,先盼示复为荷。顺颂

台绥。 弟叶景葵顿首 十一年一月廿五日

(信稿,上档 Q268—1—606)

附:1922年2月1日鲍咸昌致先生函。云:

揆初先生台鉴:敬复者,旧历年前接奉手教,敬悉一是。维时敝厂年假停工,以至迟迟奉复,甚歉!查五元兑换券印样,背面花纹原

系凸版,确未能明显,惟以贵行交下打样之纸张纸质太松毛,而制定水印过大,致手民竭力设法而仍未臻完美,殊为歉憾。承嘱背面改刊凹版一节,自可照办,好在该项钞票纸贵行已交到者尚仅数箱。刻拟将五元票正面先行试印,一面赶刻背面凹版,预计约阳历三月二十日可以刊竣。惟贵行所定制之钞票纸,将来开印时是否完全适用,刻尚未敢预必[计]也。用先附闻。专复。敬请

大安。　　　　　　　　　　弟鲍咸昌顿首十一年二月一日

（原件,同上引档）

【3】1922年4月6日

咸昌先生阁下：本月五日惠书敬聆种切。承示钞票样张,所印墨色渗透背面,以水印处纸质松薄所致,应否改用他纸一节。查此项水印纸质尚坚韧,至水印处较为疏松,固系实情。但于调色印工等事稍加注意,似不至渗透纸背。五元正面之绿色并未渗透,所有样张业经本行签定是其明证。此次一元票上之红色,于调用时格外注意,当亦可免渗透。敝行之意：所有钞票仍拟用水印纸付印,应请台洽照办,并盼力求完善为荷。专复。并颂

大绥。　　　　　　　　　　弟叶〇〇、陈〇〇敬启

（副本,上档 Q268—1—606）

附：同年4月5日鲍咸昌致先生与陈叔通函。云：

揆初、叔通先生惠鉴：启者,敝馆承印贵行钞票所有墨色印工,在敝馆方面固应格外注意,以副盛意。惟顷据同人交阅样张,似一面所印之墨色不免透至他面。据同人再四讨论,咸谓水印字迹过大,中间纸质甚松,殆印机轧过,更觉单薄,势难完善。经弟复按事属实情,并试印在敝馆自定之纸张上,两相比较,似敝馆纸张较为适用。不识尊处要否改用？至贵行已有水印之纸张,不妨改印支票等项。盖就弟管见而论,若两面墨迹透过,似觉有失美观,当非贵行力求完善之意,而敝馆以关于印刷上之名誉,是以不敢缄默耳。究竟应否改用,

仍候尊裁。敝处当遵示办理可也。此请

筹安。

弟鲍咸昌敬启十一年四月五日

（原件，同上引档）

【4】1922年7月10日

咸昌先生阁下：昨承八日惠函，以敝行钞票因背面改刊凹版须延期交货并拟加价等因，均敬聆悉。查敝行钞票背面原议确系刊印凸版，惟贵馆所刊凸版，异常模糊，殊难应用，样券具在，可以查考。当时再三磋商，无法可想，只得改刊凹版。此与敝行纸张无关，谅早在台端洞鉴之中。当改刊时贵馆仅以制版略需费用为言，时间、印费并未提及。兹者钞票业经开印月余，贵馆忽欲增加钜额印费，并延长交货期限至一倍之久，等合同于无效，实使敝行为难。查所订钞票原价已不算廉，此次改印凹版一次，免去凸版二次，套数既减，工料自省，此绌彼盈，相差无几。现在各银行钞票大概印自美国钞票公司，其印刷之精自不待言。该公司所制钢版乃真钢版，其价目平均尚不过每张三分以上。贵馆印刷日求精进，营业最讲信用，夙所钦仰，价目一层务请从长研求。敝行与贵馆交谊素深，以后交易正多，尤盼通盘筹算，格外克己为荷。所有印刷期限，此间总期从速，如延长数月，损失不赀。使贵馆易地而处，当亦有所不愿也。至增加废纸一节，本可融通商量，但此间余纸无多，如按百分之十计算，实难敷用。且工人一闻又增废纸成数，则所废必更加多。即使能照尊拟数目增加，其结果恐仍不敷用。此事亦祈谅察为荷。专复，并颂大绥。

浙江兴业银行敬启

十一年七月十日①

（信稿，同上引档）

---

① 原信稿有叶景葵多处亲笔修改，斟字酌句，十分慎重。最有意思的是原稿署名"叶〇〇 陈〇〇"，先生划去，改为"浙江〇〇〇〇"，显然考虑事关重大，不宜用个人出面的缘故。——编者

附：1922年7月8日鲍咸昌致先生与陈叔通函。云：

叔通、揆初先生均{钧}鉴：敬启者，敝馆承宝行订印钞票一事，只因纸张多所周折，故于原定办法迭经变更，于是所定合同不得不随之改议。此诚彼此两感不便也。兹将期限、印价及关于废纸各事开具理由，函请察夺。

一、多印凹版宜宽期限也。（甲）关于五元票者。查原订合同系先印一元票，以三个月交货，再四个月印交五元票。是言其一元、五元两种不逾七个月之限。盖敝处计画原定五元票印凹版一次需时五个月，印凸版号码图章签字需时两个月。此七个月中，而印一元票之三月已指在内也。今五元背面亦改印凹版一次，则交货期应展长五个月自无疑义。（乙）关于一元票者。原定印凹版一次需时两月，印凸版号码图章签字需时一月。今背面亦改印凹版一次，论此已应展长时期两月。且因五元票背面改多一次凹版，而又提前先印，势不能照原定次序办理。今单指一元票，交货期非延至五个月不可。惟欲印五元票凹版时，先抽印一元票若干，当可照办。（丙）关于十元票者。原定印凹版一次需时一个半月，印凸版图章签字号码需时半个月。今背面亦改印凹版，则期限当然展长一个半月也。按印凹版手续，以敝处能力言，每日多至单面八千张为度。而是项纸张质地太薄，伸缩过甚，勉印两次凹版，实属异常困难耳。至于三种票版原订民国十年十二月底以前制竣，今因一再改动，亦须展缓若干时，当蒙鉴察。

二、印票价值随以增加也。各票背面不印凸版而改印凹版，其印价自与原议不同，计应加之。印价共一万六千九百五十元。兹将加价理由列表附呈。

三、废纸预备终觉不敷也。原订废纸预备以百分之五为率，溢于此数应归敝处认赔。嗣以多印凹版一次，承许加至百分之七五。然而按诸多印凹版纸张质薄情形，至少须加之百分之十为标准。事实使然，无可为强。且皱纸与原来破污，凡非印坏之纸应请宝行承认,以昭公允。

右陈各节,敬乞鉴核示复。尚须双方于合同签注,俾资信守。专此奉达。即颂公祺。

鲍咸昌谨启　民国十一年七月八日

(原件,同上引档)

致贝淞荪(一通)

贝淞荪(1893~1982),名祖诒,又字淞荪,江苏吴县人。银行家。曾任中国银行广州、香港、上海分行经理。抗战期间任中行副总经理、董事长等职。

【1】1938年10月19日

转贝淞兄:函悉。遵办。惟所存美金因生息关系,拟换回法币,调沪分配。请转陈文公,如赞同,即费神代办。景葵。

(电稿,上档Q268—1—321)

致蔡谷青、金润泉(一通)

蔡谷青,时任浙江兴业银行杭州分行经理。

金润泉(1878—1954),名百顺,浙江萧山人。清末任宝春钱庄副经理、大清银行浙江分行经理。民国后任中国银行总行营业部经理、杭州分行副行长等职。

【1】1918年10月下旬

谷青仁弟、润泉仁兄:在杭盛扰,并劳远送,至为感谢。承示到期押款拟商续展各节,归来与敝沪行商酌,须待台驾到沪,再行面谭。惟顷又接敝汉行来函,略谓现在汉市银根极紧,所有前放贵行押款,业已抵有头寸,届期拟即全数收回等语,用特专函奉闻,即祈预为筹备。台驾何日到沪?甚为企盼。顺颂
日祉。
叶景葵顿首

(手稿,上档 Q268—1—632)

致曹吉如(一通)

曹吉如,浙江兴业银行行员,后任营业部副主任,1931 年升任总行经理。1932 年 6 月辞职。

【1】1921 年 1 月 15 日

吉如先生大鉴:敬启者,前经董事会议决添设郑县分庄,定于明年正月间始筹备。该处轮轨四达并西北货物集中之地,将来工商事业必甚为发达。主任一席,非得勤敏干练之才不克胜任。查执事共事多年,市情熟稔,现经商定遴充郑县分庄主任。自明年正月起,月定薪水壹百弍拾元。所有职务希查照分庄规程与汉行接洽办理。至申行会计主任职务,已派沈籁清君接充。请于明年正月内先行移交。在郑庄未经成立以前,并请先在总办事处办事,以便接洽。筹备妥,速进行。是所厚望。耑布。顺颂
台绥。　　浙江兴业银行董事长叶景葵　庚申十二月初七日

(原件,上档 Q268—1—80)

致陈鄂年(一通)

陈鄂年,时任河南省财政厅秘书长。

【1】1926 年 9 月初

开封财政厅秘书长陈鄂年丈鉴：敝兴业行在郑州未设分行,仅以豫丰押款之故派员驻厂看管押品。此次陈师借款急切之问,未容申说,勉力担承。敝行专营商业,利殖微薄,举鼎绝脰,万分困难,拟乞吾丈鼎言力予疏释,以祷准予邀免,并恳禹臣丈将为难下情转陈省座为感。景葵。①

(电稿手迹,上档 Q268—1—431)

附：1926 年 9 月 4 日陈鄂年复先生函。函云：

揆兄如见：昨为胜儿事快邮复尊大人一函,谅可达到。顷鄂年交来电示,当即转省座察阅,未加可否。豫省财政已陷绝地,罗掘虽工,亦难补救。前次陈师借款,并非省政府主张,闻为同业作祟,贵行派摊独多。中国人不能合群往往如是。今则又以夹持省行向各商借款。此次却系省长一人倡议,先拟凑集百万,嗣以各商力不能支,始减为六十四万,每家应摊八万,贵行亦在其列。如中、交等拒,既不可认,又不敢自专,均向总处请示,不知如何结果。鄂年曾将详情电复左右,兹特照录原电寄呈青览。当如何应付,即请裁酌。专此。顺颂侍祷。并叩尊大人绥福。丹顿首。

正封函间,三小儿来言,交行总处已来电复绝。大概他处亦未必慨允也。统儿上学事毕竟如何？甚念。

(原件,同上引档)

---

① 原电稿无日期,据同年 9 月 4 日史禹臣(史致容之兄)复信推断。——编者

致陈汉第（四通）

陈汉第（1875—1949），字仲恕，号伏庐，浙江杭县人。清季翰林。入东三省总督赵尔巽幕。民国后任总统府秘书、国务院秘书长、参政员参政、清史馆编纂等。

【1】1908年6月12日（五月十四日）①

仲恕吾丈惠鉴：临别惘惘，日以行踪为念。顷得午帅②转示府主电，知已安抵成都。想一路福星，平安无恙。而今而后但盼鱼雁长通耳。此次受任与各处不同，一切事宜皆有季帅③部署妥协，为之属者较省心力。幕中组织大致若何，可否暇中赐示一二？理卿因清丈事又遭白眼，已将里差撤去，而仍留清丈事，急切不得脱身。塞翁失马，安知非福。亦只得以此两语解嘲而已。鄙人签捐局轧薪④，五月初即奉札借支，经济界大受影响。幸销费甚简，尚可支持。前奉帅札，委办川汉参议，应尽之责，固不敢辞。但川汉问题尚无的实办法，所谓无议可参，名不副实者也。月薪百金，原札提名在川省支给，而未言明向何局支领。川汉公司性质纯属商办，未便开轧薪之端。能否在筹饷局支领，尚祈体察情形，便中代为请示，并求赐信通知。以后即

---

① 原信无年月，仅署"十四日"。据考，叶景葵与陈汉第约相识于1907年10月汉口两湖总督赵尔巽幕府中。1908年1月，叶出任四川转运局驻沪总办，常驻上海。不久陈汉第调任四川，两人开始通信。信中提及五月初"轧薪"，故此信所署"十四日"，当为该年五月十四日，即公元1908年6月12日。——编者
② 午帅，指端方，字午桥。——编者
③ 季帅，字季和，赵尔巽之弟。时充川滇边务大臣，后任驻藏大臣兼川滇边务大臣。——编者
④ 轧薪，疑为当时"筹款发薪"的俗称，类似"轧头寸"。下同。——编者

托浚川源或宝丰隆按月具领,倘能补行一札,饬在驻沪转运局按月支发,尤妙。(须将平邑提明,以便折算,并须言明在何局何项开支。)琐费清神,想不见责。沪上无甚新闻。浙路因存款及工程师事与苏省意见,现已渐就平和。午帅留葵入幕,葵以此次不赴川省,对于次帅① 甚有歉情,故已决定不在他处任事。午帅与次帅交非恒泛,如有要事商榷,尽可函电往来,略舒所见,入幕则婉辞之。已蒙允许,惟委以如有电到,必须前往作数日谈。宁沪相距只七点钟程途,则未便峻却矣。此间交游慎而又慎,几于足音跫然,亦不易办到之事也。此系寄川省第一封信,请公留作记念。余续布。敬颂

旅安。　　　　　　　　　　　　　　　景葵顿首。十四日。

抑之、省三②诸君来沪。潭寓安好,勿念。

(手迹影印件,《合众先贤墨迹选》,第27~30页)

【2】1926年7月1日

业。北京。仲恕丈鉴:电悉。极感。鄙章请费心代刻,用毕寄下。葵。民国十五年七月一日。

(电稿,上档Q268—1—600)

附:同日陈汉第致徐寄庼电,索要先生图章。云:

徐寄兄:续印一元券呈稿已与司接洽商改,封存原有五元、十元一层预备部批示,呈内不叙。现拟即由京呈递,以便于财部更动前将一切办妥。惟董事长名章可否由京另刊?望转商,电复。汉。25、7、1,9:00

(原电,同上引档)

【3】1926年7月3日

业。北京。仲恕丈:印券案财部批复须速,咨税务处由处速饬

---

① 次帅,指赵尔巽,号次珊,时复任东三省总督。——编者
② 抑之,疑即蒋抑卮;省三,不详。——编者

总税司行知沪关极紧要,请费心。葵。 民国十五年七月叁日。

(电稿,同上引档)

【4】1941年2月下旬

索居以觌面不易为怅。奉示并《丁氏家谱》已交馆收。《郡斋读书志》早交起潜代觅售主矣。修老遗稿请告进思,丐其见假,传抄一部。如纲兄稿能来,亦欲一例办理也。复颂

颐安。　　　　姪葵顿首。

恕丈足下。　附录近作一首。

和答菊生丈病起

州都气化有专官,注药攻疗岂易殚。

人与百虫争旦暮,天留一老试艰难。

河堙尧壤疏先凿,雨漏蜗年补复完。

不具婆心兼圣手,焉知松柏后凋寒。

辛巳正月下旬

(手迹影印件,《合众先贤墨迹选》,第31页)

致陈锦涛(三通)

陈锦涛(1871～1935),号澜生,广东南海人。经济学家。天津北洋大学任教。留美获经济学博士。回国后任大清银行监事、度支部司长。民国后曾任段内阁财政总长。

【1】1911年6月21日(五月二十五日)

参见日记札记《罪言之一鳞》稿本。

【2】1911年6月22日(五月廿六日)

参见日记札记《罪言之一鳞》稿本。

【3】1911年6月24日(五月二十八日)

参见日记札记《罪言之一鳞》稿本。

致陈 仪(二通)

> 陈仪(1883～1950),字公洽,号公侠,浙江山阴人。早年毕业于日本士官学校。辛亥后任浙江都督府总参议、军政司长等职。1933年时任福建省主席。

【1】1933年1月18日

奉惠函。承示沈叔瑜兄拟邀章砚香君保证各节,已诵悉。查章君资格,与敝行保证规程相符,已嘱沈君转请章君添送保证书矣。

(信稿,上档 Q268—1—63)

【2】1938年8月28日

陈公洽先生:奉电已转致。谨代感谢。葵。

(电稿,上档 Q268—1—321)

附:同年8月27日陈仪致先生电。云:

叶揆初兄:闻新六遇难,不胜痛惜!兹电唁其萱堂及夫人,乞转致。陈仪。感。

(原电,同上引档)

致陈昭常(一通)

陈昭常(1868～1914),字平叔、简始,广东新会人。光绪进士。历任翰林院编修、吏部主事、长春知府、吉林巡抚。辛亥后任吉林都督。

【1】1911年5月28日(五月初一日)
参见日记札记《罪言之一鳞》稿本。

致程良楷(二通)

程良楷,字子贞、子箴,时任中国银行总司券。

【1】1918年5月28日
子贞仁兄大人阁下:在京诸承关照,并饫盛筵,心感无既。别后于梁苑、汉皋小作句留,甫于日内抵沪。征尘小憩,殊愧艸艸。前次敝行商定续领兑换券一百万元,既承照准,未知暗记何日可以印齐?尚祈从速筹备,一俟印齐,并请将起运日期先行示知,尤所心感。至附领江苏券三十万元详细手续,前奉贵宁行转示贵总管理处来函,尚有办法未曾商妥。敝行已于本月二十一日函复在案。究竟贵总管理处如何决定,亦祈迅速赐复。枉费清神,心感无既。专此鸣谢。敬颂公安。　　　　愚弟叶景葵顿首　七年五月二十八日
(函稿,上档Q268—1—632)

【2】1918年12月25日
子箴先生道鉴:在京承枉临,有失倒屣,临行未克走辞为歉。顷

奉尊札诵悉。敝行所交二成五公债准备，每逢取息剪付息票时，双方均以零星琐屑，屡感不便。适有长短期七年公债千元大票，故嘱敝汉行即照原数掉换，俾免将来取息繁琐。同是中央发行债券，敝行并无歧视之意。承示以贵汉行来电请示，似不以掉换为然，此说即可作罢。除另函知照敝汉行外，特此奉复。敬颂

公安。　　　　　　　　　　　　　　　弟叶景葵顿首

抑之先生刻因事入都，想可晤面。

（副本，上档Q268—1—616）

附：1918年12月21日程良楷致先生与蒋抑卮函。云：

揆初、抑卮先生台鉴：径启者，顷接汉口敝分行电，称贵汉口分行欲将前交二成五公债券保证金项下之三、四年公债，以七年长短期公债换抵，等因。查七年公债与三、四年公债虽同属中央发行，而因期限不同之故，市价互有高下。贵分行现拟调换，自属合算。惟此项公债券原为保证兑券信用而设，在平时似尚无甚关系，然遇金融发生变动时，兑券纷来，筹现不易，自不得不以市价较高之债券设法抵借。倘以七年公债，必至无可生发，届时再向贵处换取又多争执。且此端一开，他行如欲仿办，敝处无可拒却，尤属为难。因思敝属分行素蒙关垂，为特不辞冒昧，泐函奉商。尚祈推情，免予更换。除另复敝汉行外，特此奉达。即颂

公安。　　　　　　　　　　　程良楷手启　十二月廿一日

（原件，同上引档）

致大清银行股东联合会（一通）

【1】1912年2月初

大清银行商股联合会鉴：景葵滥竽监督，自辛亥六月十六日起至九月十五辞职止，凡四阅月。才轻事棘，深惧弗胜。武汉事起，总

分行胥受恐慌，景葵为保全商股起见，会商理监事决议辞职。乃出都后谣诼繁兴，或谓拐逃五六百万，或谓接济革军四十万，或谓侵匿十余万。伏思景葵受任以后，清厘积弊，怨尤丛集，悠悠之口，本可不辩。惟大清银行久成弊薮，欠宕账纷如乱丝，军兴以来，益加残破。现闻新政府饬改中国银行，将旧账另案清理，世风险诈，难保挟嫌造谣之人，非即乘机舞弊之人，诚恐并为一谈，是非杂糅，不可不虑。应请贵会先将景葵任内四个月账册切实查核，如有丝毫弊混，听候究办。至步虽改，法律具在，无徇无纵，是所望于股东，统希鉴察。

（引自《中国十大银行家》[①]，第123页）

附：1912年2月3日《申报》刊登大清银行商股联合会《告白》、《大清银行清理广告》与《中国银行开办广告》。全文如下：

告白

大清银行往来各埠商界均鉴：本银行现有股东呈准新政府实行清理，一面组织中国银行，由新政府认为国家中央银行，分别派人次第开办。所有本分行号以前存欠款项，亦即派人前往切实清厘。未到以前，本行放出各款，无论何人有无凭据，各商号概不得兑付。倘有私自兑付情形，本行决不承认。并由财政部及新派中国银行监督，通告各省军政府及分府外，特此登报声明。希与本分行号有往来及存欠各户诸君，特别注意为盼。　　大清银行商股联合会谨白

（原报）

大清银行清理广告

本银行自军务发生，各处均受影响。凡一切款项账目，亟应整理清核。兹经股东联合会公同议决，定本年十二月十五日宣布收账，停止营业，实行清理。特此广告。

[①] 该书称先生此公开信发表于1912年2月2日《申报》。查该日《申报》，并无此文。——编者

中国银行开办广告

本银行奉孙大总统谕,组织成立为民国中央银行。今择于元年二月五号,即旧历三年十二月十八日,在上海汉口路三号大清银行旧址,现行交易,择吉开幕。现在民国发行军需公债票,由本行经理发售。如欲购者,请与本行接洽可也。特此广告。　　　　　（原报）

致大清银行总行(九通)

【1】1911年5月24日(四月二十六日)

参见日记札记《罪言之一鳞》稿本。

【2】1911年5月26日(四月二十八日)

参见日记札记《罪言之一鳞》稿本。

【3】1911年6月1日(五月初五日)

参见日记札记《罪言之一鳞》稿本。

【4】1911年6月3日(五月初七日)

参见日记札记《罪言之一鳞》稿本。

【5】1911年6月4日(五月初八日)

参见日记札记《罪言之一鳞》稿本。

【6】1911年6月中旬(五月中旬)

北京大清银行。浹。呈部堂钧鉴:吉省赈款尚余廿万,不敷周济。次帅电请发交吉省银号作为准备,另发官帖二百万吊,以维市面。如此折本,余款尚有收回之望。且吉省自官帖停发后,银行并无钞票周济,转瞬粮豆上市,不敷周转,商民呼吁,准驳两难。若照次帅所请,似亦先事预防之策。仍候钧裁。葵准廿二三回京,并陈。景葵禀。

（电稿,录自《赵尚书奏议》附录件,上海图书馆藏）

【7】1911年6月23日(五月二十七日)
参见日记札记《罪言之一鳞》稿本。

【8】1911年6月27日(六月初二日)
参见日记札记《罪言之一鳞》稿本。

【9】1911年7月2日(六月初七日)
参见日记札记《罪言之一鳞》稿本。

致大清银行长春分行(二通)

【1】1911年5月23日(四月二十五日)
参见日记札记《罪言之一鳞》稿本。

【2】1911年6月5日(五月初九日)
参见日记札记《罪言之一鳞》稿本。

致东方公司(八通)

东方公司,民国初年日本向中国汉冶萍放贷组织。

【1】1912年5月30日
东方公司台鉴:兹借到贵公司现银拾万两,息长年八厘。该款准于西一九一二年十一月卅号归还无误。 西一九一二年五月卅一号立。①

(抄件,盛档第016389号)

---

① 此为先生与汉冶萍经理人李维格、收支所长项兰生合署以六合公司借票转让形式致东方公司借据。——编者

【2】1912 年 6 月 15 日

兹借到贵公司规元八万两。息每千两按月九厘不定期。西七月一号还过规元叁千两。西一九一二年六月十五号立。①

（抄件，同上引档）

【3】1912 年 6 月 26 日

兹收到贵公司规元拾叁万元，息长年八厘不定期。 西一九一二年六月廿六号立。

兹借到贵公司规元拾万两，息长年八厘不定期。西一九一二年六月廿六号立。

（译件，同上引档）

【4】1912 年 6 月 30 日

兹借到贵公司规元叁拾五万七千两，息长年八厘不定期。 西一九一二年六月卅号立。

兹借到贵公司规元八万四千两，息长年八厘不定期。 西一九一二年六月卅号立。

（译件，同上引档）

【5】1912 年 7 月 3 日

兹借到贵公司规元贰万五千两，息长年八厘不定期。 西一九一二年七月三日。

（同上引档）

【6】1912 年 7 月 6 日

兹借到贵公司规元拾叁万两，息长年八厘不定期。 西一九一二年七月六日。

（同上引档）

---

① 与李维格、项兰生合署致东方公司借据。——编者

【7】1912年7月28日

兹借到贵公司规元五万两,息长年八厘不定期。 西一九一二年七月廿八号立。

(译件,同上引档)

【8】1912年7月29日

兹借到贵公司佛朗四十四万九千圆,息长年八厘不定期。 西一九一二年七月廿九号立。

(同上引档)

致杜月笙(一通)

杜月笙(1888～1951),上海浦东人。青帮头目。参与合办三鑫公司等实业。1932年"一二八"后任上海地方维持会副会长。抗战初任上海各界抗敌后援会主席团成员等职。

【1】1938年8月30日

香港杜月笙先生鉴:新六后事蒙公格外照拂,存、殁均感,专电谢悃。叶景葵。

(电稿,上档Q268—1—321)

致度支部(六通)

【1】1911年5月29日(五月初二日)

参见日记札记《罪言之一鳞》稿本。

【2】1911年6月6日(五月初十日)

参见日记札记《罪言之一鳞》稿本。

【3】1911年6月9日(五月十三日)

参见日记札记《罪言之一鳞》稿本。

【4】1911年6月9日(五月十三日)

参见日记札记《罪言之一鳞》稿本。

【5】1911年6月21日(五月二十五日)

参见日记札记《罪言之一鳞》稿本。

【6】1911年8月上旬(闰六月中旬)

窃查芜湖分行总办刘体智,现奉邮部调办邮政,所遗总办一缺,自应遴员接办。拟照六月间景葵禀定整顿大纲办法,即委京行经理陈文泉前往代理,俟试办数月,如有成效,再行呈请大部札委署理。惟查四月二十九日奉到钧札,内开京行某账情欠各弊,经协理难辞其咎饬,即严行整顿。是京行经协理之功罪,尚难遽定,景葵到任,遵照禀定大纲,设立营业、出纳两科,即委该科长,会同盘查库储,监算账目,尚无别项私弊。前总办事务处与京行权限不清,易生弊窦,谓经协理不能力任嫌怨,实属有之,尚非营私舞文可比。现总办事务处业经裁撤,前奉饬知各节,自当竭力整顿。京行自开办起至去年止,前后五年共获利一百八十万两零,该经协理实系出力。若因一事之故,而没其创始之劳,似不足以昭公允。现在芜行总办一缺,拟委陈文泉代理。如蒙俯准,即由总行传知,遵俾晓然于观过之中,仍寓惩前之意。所有芜行应办各事,当由总行示以方针,切实稽查。如果实在出力,再行呈请札委署理,以副堂宪惩劝兼施之意。

(引自《陈文泉总办芜湖大清分行之原因》,1911年8月9日《申报》)

致段祺瑞(一通)

段祺瑞(1864—1936),字芝泉,安徽合肥人。早年天津武备学堂毕业,留学德国。辛亥后历任北洋政府陆军总长,内阁总理及执政等。

【1】1916 年 6 月 19 日

北京国务院段总理钧鉴:窃惟国家百度更新,金融最为急务,中国银行成立以来五载,于兹信用渐著,前次停兑风潮,幸内外勉力维持,未致破坏。所惜京、津二行,以部欠过巨,无力支持,竟致停兑。小民嗟怨,国信扫地,万分危险。吾公出支危局,举国仰望,务恳速筹的款,拨济京、津两行,从速开兑,以新天下耳目。不胜叩祷,竚盼电复。中国银行商股股东联合会会长张謇,副会长叶景葵、林松寿。皓。

(1916 年 6 月 21 日《申报》)

致范 磊(二通)

范磊,字季美,时在中国银行总行任职。

【1】1814 年 1 月 28 日

季美先生执事:敝行前订合同领用兑换券三百万元,上年首批领用计二百万元,业经分发敝申、杭、汉、津各行行用在案。兹查申、汉两处,推行颇广,应再续领一百万元,分两处行用,附呈分配清单,敬祈台詧为幸。如单配发,一俟检印齐备,仍请总运至申,俾敝行将

在申加印暗记,再行分别领用。惟何日可以运沪,为计先示,至以为荷。除正式具函贵行外,专此奉达。只颂

台绥。　　　　　　　　弟叶景葵顿首　　五年一月廿八日

再,前领兑换券尊处编号系加印"兴"字。近在各处推行,咸以票面形式与市上行用者微觉有异,以是双方均感不便。此次续发之券,拟请另易暗记,勿用"兴"字,俾利推行,曷胜盼祷。又启。

(信稿,上档 Q268—1—616)

【2】1918 年 7 月 15 日

季美先生阁下:敝行营业逐渐发展,同人等智虑短浅,弥用竞竞,亟须求助他山,以匡不逮。凤仰先生学识深邃,经验宏富,敬奉屈为敝行总办事处特聘员关于调查部分应行办理各事。务请台驾随时莅行赐教,以利进行。顷经函恳,仰荷慨诺。无任欣幸,兹特专函奉订,即希詧照。顺颂

日祉。　　　　浙江兴业银行董事长　　戊午年六月初八日

(手稿,上档 Q268—1—632)

致冯耿光、张嘉璈(十通)

　　冯耿光(1882～1966),字幼伟,广东番禺人。银行家。民国时期任职于中国银行。

　　张嘉璈(1889～1979),字公权,江苏宝山人。银行家。清末留日。民国后历任中国银行上海分行副经理、总行副总裁、总经理等职。

【1】1918 年 6 月 21 日

幼伟、公权先生道鉴:溽暑郁蒸,惟餐卫适宜为颂。敝行续领兑

换券壹百万元,前奉五月二日复函内开:"续领券支配地点,当照四月卅日来单付印,一俟印就,即行运沪"等因。迄今已隔多日,计可印齐。定于何日运沪?尚祈示知,并盼从速交付。因敝行加印暗记,颇需时日,恐误应用故也。专泐奉商,即希至复。顺颂

公安。　　　　　　　　　　弟叶○○顿首　七年六月廿一日

　　　　　　　　　　　　　(函稿,上档 Q268—1—632)

【2】1918年7月22日

　　幼伟、公权先生道鉴:日前奉诵本月八日赐函,承示"续领兑换券,印局尚未印齐,当即催其速印"等因,极纫公谊。现计又逾半月,印局必已印齐,尚祈早日寄交沪行转发,以便敝行加印暗记。至续领额内附领江苏兑换券三十万元,迭与贵宁行商酌办法,敝行已作最后之解决。未知贵宁行函报以后贵总管理处如何决定,是否仍照原议预备江苏券三十万元,抑或查照本年五月二十二日敝行函陈办法,改为上海国币券三十万元?统希查核示复,无任感幸。公权兄何日返京?酷暑遄征,不劳累否?极念。手颂

公安。　　　　　　　　　　弟叶景葵顿首　七年七月廿二日

　　　　　　　　　　　　　(函稿,同上引档)

【3】1918年7月25日

　　幼伟、公权先生道鉴:本月廿二日为续领兑换券事奉上一缄,计尘荃照。顷接本月二十一日公权先生赐函,承示敝行领用苏券办法。贵行对于敝行及浙江实业、上海商业两家,宜视同一律,拟将中孚所订办法,略事折衷作为三行共同办法,以昭公允,望再与贵宁行接洽等因。具见台端苦心调停之意。惟敝行所领苏券三十万元,业允勉遵贵行指示包括于原订五百万元总额之内,则除遵守合同外,别无折衷办法,又未便于合同以外再订三行共同办法。且此事延阁日久,贵宁行必请示于尊处,而尊处又嘱敝行就商于贵宁行,辗转延宕,永无解决之期,实与

敝行合同权利有碍。景葵素主公平，既不愿自己受亏，亦不愿贵行为难，兹特提出意见，决将领用苏券三十万元原案撤销，另议甲乙两种办法，请贵行抉择。（甲）将续领一百万元内之苏券三十万元，照五月二十一日敝行函商办法，改发上海国币券三十万元。（乙）如改发上海国币券，目前尚有未便之处，则请将苏券三十万元改为湖北字样五元券三十万元。以上两种办法，敝行可谓迁就之至，和平之至，但要求台端即日商定电复（如采用甲种办法者，请赐电"照甲法办"四字；用乙种，则赐电"照乙法办"四字）。商定后即日关照印局赶印，印齐后即赐寄沪。到沪后请电贵沪行即赐拨交。庶几敝行迅速筹备，年内尚有发行之望。否则日复一日亲见正金、台湾各行之钞票①流通不绝，与敝行岂非憾事耶！恃爱率陈，乞恕其戆愚，迅赐示复，不胜感祷之至。敬颂

公安。 弟叶○○顿首 七年七月廿五日

（手稿，Q268—1—632）

附：1918年7月30日冯耿光、张公权复信。云：

揆初先生大鉴：径复者，顷接本月二十五日

台函并另定办法两条，均经诵悉。查上海、湖北两处兑换券，按照尊处前单，支配实难再事推广。前接抑卮兄来函，已函饬宁行斟酌情形，如无妨碍，即照前议办理矣。专此布复。敬颂

台绥。 弟冯耿光、张嘉璈手启 七年七月三十日

（副本，上档Q268—1—614）

【4】1918年8月6日

幼伟、公权先生道鉴：叠奉七月二十二日及三十日复函，承示领用江苏兑换券三十万元，已函饬贵宁行斟酌情形，如无妨碍，即照前议办理等因。当即函致贵宁行接洽办理。顷得贵宁行函开经理许汉卿先生请假回津，须俟归来方能作复，自应静候。惟敝行待

---

① 指当时日本商人所设正金银行、台湾银行所发行之纸币。——编者

用孔急,预备暗记又非两三月不办。辗转延宕,坐耗时机,应请先将续领之沪、杭、津、汉兑换券七十万元即日运沪,其江苏券三十万元俟敝行与贵宁行接洽妥协后再行续运。务祈鉴允照办,并盼示复。顺颂

公安。 弟叶景葵顿首 七年八月六日

(手稿,上档 Q268—1—632)

【5】1918年8月19日

幼伟、公权先生大鉴:顷奉八月十六日复函敬悉。查敝行前此请领贵行兑换券,除江苏券三十万元须待商妥办法再行请领外,其余各处合计为七十万元。今奉来示派员运沪,计共五十万元。合之原单尚缺二十万元。兹将原订清单再行录呈,乞查核,仍饬将所短之二十万元,查照清单迅即运沪。至已运之五十万元,请电贵沪行收到后,即日拨交敝行查收,以便加印暗记。至纫公谊,并盼示复。专此。敬颂

台绥。 弟叶景葵顿首 七年八月十九日

计开 四月三十日开送清单

上海 五元券八万张 计券额四十万元;十元券一万张 计券额十万元

浙江 五元券二万张 计券额十万元

湖北 五元券一万张 计券额五万元

天津 十元券五千张 计券额五万元

江苏 五元券四万张 计券额二十万元;十元券一万张 计券额十万元

(副本,上档 Q268—1—616)

【6】1918年11月14日

幼伟、公权先生同鉴:顷奉贵宁行来函,以敝行领用江苏兑换券三十万元拟订办法七条,已蒙贵处核准,业经双方签订。此事商榷经

1087

年,兹幸完全解决,仰赖玉成,曷胜纫感。惟此项苏券,待用孔殷,奉发之后,加印暗记,亦颇需时。用特函恳,务希迅赐运沪,俾便克日印记,及时发行,无任盼祷。专布。只颂

台绥。诸惟祷。专颂公绥。　　　　上海浙江兴业银行谨启

　　　　　　　　　　　　　　　（副本,上档 Q268—1—614）

【7】1919 年 1 月 7 日

幼伟、公权先生同鉴:顷闻贵行印有新式兑换券,旧历新正即拟发行,并将旧发兑换券一律登报收回。未识此项办法如何订定?查敝行领用之券,各地流通信用颇著,如果贵行办法确已订定,则应照敝行各地已领之数一律预备,先期交付,敝行赶印暗记庶可同时举行。若不先行筹备,临时仓卒不及布置,则匪特关系于敝行营业前途,且于贵行流通兑换券计划亦大有阻碍。用特先行奉询,乞即迅赐示复为感。专此。只颂

公绥　　　　　　　　　　　　弟叶景葵顿首　八年一月七日

　　　　　　　　　　　　　　　（副本,上档 Q268—1—616）

【8】1919 年 1 月 23 日

幼伟、公权先生台鉴:昨奉十四日复示,藉悉贵行换用新券计画业已确定,并示天津新券正在加印。敝行应换之券,当俟贵行新券印就后陆续预备等因。查敝行领用新券,加印暗记颇需时日。贵行新券一经发行,必致旧券蜂拥而回,欲再发行,而市面同时有新旧两券,新者风行,旧者囤积。彼时敝行新券尚未发到,或既发而尚待加印暗记,先后参差,影响匪细。欲免此弊,须请贵行将敝行应领新券同时预备,务令在定期发行之前,敝行得将加印暗记、运送各地诸事,一律办妥,可与贵行同日发行,方为妥善。天津如此,申、杭、汉各地皆然。此事关系敝行营业,务请俯如所请,以免无形损失,并盼即日示复。兹将敝行应换新券数目,就现在已经领用额数酌定清单附送,即恳查照办理,曷胜感荷。专布。只颂

诸维亮察不宣。

愚弟叶景葵顿首　八年一月二十三日

计清单一件。

(副本,上档 Q268—1—616)

附:1919年1月29日冯耿光、张公权复先生函。云:

揆初先生大鉴:接奉二十三日惠函并清单一纸,均经诵悉。查敝行天津新券现定二月六日发行,所有贵行需换之券,前经函饬敝津行照数预备,陆续送交贵津行。惟为期已近,同时发行,深恐不及。好在敝行旧券仍照常通用,尊处如须加印,尚不致十分局促也。专此布覆。顺颂

公绥。　　弟冯耿光、张嘉璈顿首　中华民国八年一月二十九日

先生批注云:"请即日通知津行。"

项兰生批注云:"已于初二日快函告潘经理矣。兰注。"

(原件,同上引档)

【9】1919年2月8日

幼伟、公权先生大鉴:奉一月二十九日复函,并由敝津行抄到贵行所订他行领用新券办法六条,藉悉种切。此项领用新券,敝行仍须在沪地加印暗记。尊处既订由各贵分行换交,务请查照敝行一月二十三日函所附清单,转知津、沪、汉、杭各贵分行,如数迅为预备,以便敝本支行各就所在地承领,送沪汇印暗记,印就之后始得照尊订办法分批换用。转折甚多,万勿稽延,至所感祷。专布。只颂

台绥。并候玉音。　　愚弟叶景葵顿首　八年二月八日

(副本,同上引档)

【10】1919年9月18日

叶。北京转中行冯、张总裁:贵沪行新券已发行,敝行应领之券已否照单全数运沪?乞电复。叶景葵。八年九月十八日。

(电稿,上档 Q268—1—612)

附：张嘉璈 1919 年 9 月 20 日复先生电。云：

上海中行启。转叶揆初先生：电悉。沪新券尚未全到，已电催赶印。十二月后当可到齐。尊券俟续到即交。希谅詧。璈。九月廿日。

致冯晓青（一通）

冯晓青，时任中国银行广东分行经理。

【1】1915 年 10 月 15 日

晓青先生阁下：自隔清辉，未通鲤素，溯洄之切，定胜写宣。比维道履胜恒，苂翁幸棶。粤省素称财赋士犹，展布必闳，引企芝标，莫名藻颂。闻粤省及湘州各处，以三、四年中央公债求售者为数颇多，价亦低落。不知近日情形如何？顷有友人需购此项债票约一二十万数目，可否奉商执事代为收购？如省城现数不多，并请转托各号分购。此事倘蒙许可，乞即以现在市况详晰见示，自当商订确数，飞函奉托。应解款项，将来可请电示敝处，转交贵申行收账。冒昧奉干恃爱知，弗罪其渎也。如复惠复，祈寄上海英大马路浙江兴业银行总办事处转交，至为妥善。率布。只颂

台祺。

　　　　　　　　弟叶景葵顿首　（四年）十月十三日
　　　　　　　　　　（信稿，上档 Q268—1—70）

致高时丰(一通)

高时丰(1876～1960)，字鱼占，浙江杭县人。工书法、绘画、治印。叶景葵之表亲。

【1】1920年2月6日

受之来，闻起居绥适为颂。科一甥明年读书问题，以沪江大学须招女生百名，其管理法又不甚完密，今年在校又多疾病，似以移校为是。惟上海各校除沪江外，皆距市较近，不能放心。其著名大校之距市较远者，则女生之风早已传染，故上海无可改入之校。拟令入杭州安定，安定一年级不必投考，即可插班。商之舍妹，意亦谓然。乞兄代为觅一介绍人，为之报名可也。周宅姻事，系夏履平夫人之亲外甥女，向在苏州作绸庄生意，家世清白，新人相貌、皮气均佳，内子已见过，八字亦上上吉，合婚亦极利。但周宅之意允否，尚不知也。弟碌碌如昔，家母回沪，精神极佳，知注敬闻。家严归计，决在明春矣。

（手迹照片，录自《浙江图书馆藏名人手札选》）

致龚心湛(一通)

龚心湛(1871～1943)，号仙洲，安徽合肥人。清末任驻英日美法使馆随员。民国后任安徽省财政厅长、北洋政府财政总长兼国务总理。时任北京政府交通总长。

【1】1926年1月31日

参见文存一《浙路股款清算始末》。

致顾孟余(一通)

顾孟余(1888~1972),浙江上虞人。留学德国。1917年回国后任北大经济系主任兼教务长。后又曾中央大学校长。时任南京政府铁道部长。

【1】1933年1月10日

参见文存一《浙路股款清算始末》。

致顾廷龙(二〇一通①)

顾廷龙(1904~1998),字起潜,江苏苏州人。硕士学位,版本目录学家。曾任北京燕京大学图书馆采访部主任。1939年应叶景葵之邀来沪主持合众图书馆馆务,任总干事。

【1】1935年9月13日

起潜先生足下:奉示知《谐声谱》一部已登签室,并承寄赠《禹贡》一册,谢谢。以前尚有三册,能否为搜集一份,一并见惠,以后当由鄙人自己定购也。敝斋藏先哲稿本并非宏富,惟尚有几种可供研究。台驾如有南游机会,定当倒屣欢迎,专复。敬颂著安。弟叶景葵

---

① 《叶景葵致顾廷龙论书尺牍》原载202通,一通致李宣龚信札入李条。——编者

拜启。廿四年九月十三日。

　　　　（王世伟、许全胜辑编《叶景葵致顾廷龙论书尺牍》，
　　　　　　《历史文献》，第1辑。下同，从略）

【2】1935年9月16日

起潜先生鉴：奉示知前次足下南游曾经过访，失之交臂，恨歉奚如。敝藏《读史方舆纪要》稿本据卷首康熙时人手跋，系成书后第一清稿（并非顾氏手稿），为景范先生之孙世守者，似彭氏付刊时即用此本。惟全书内黏签甚多，对于原书多所纠正，未知有无顾氏亲笔，抑华商原诸人之所为，此蓄疑者一也。又原书有朱笔删改，对于地里（理）沿革自欺欺人，往往增删甚多，且文义亦有更改，此又何人之所为耶，蓄疑者又一也。顾氏未成书时已将首数卷付刊（顾没后一年清稿始写讫，原稿则不可见），成书后抄本甚多，市中颇有流传，但讹夺其伙，惟敝藏抄写精美，绝无讹字。康熙时人之跋似尚可信，惜蓄疑二端迄无人为之解释，是以藏庋多年，每一展卷，辄思就正有道，幸贵会同人对于古今舆地之学极有研究，弟愿将此书运至贵会考究一过，加以论定。秋末或有北行，当酌带重要者十余册先行面交，其余觅便寄平可也。商务影印之说毫无所闻，已函询云五先生矣。弟字迹庸俗，三十以后从未临池，今已垂垂六十二，荒落可知。命书条幅本不敢应命，惟弟今日正寄上《禹迹图》、《华夷图》各一轴，托式之转恳足下题跋，为抛砖引玉计，自当勉遵来教。匆匆复颂著安。弟叶景葵顿首。廿四、九、十六。

【3】1935年9月18日

起潜先生鉴：昨复一函，今日访王云五，知商务影印者系《天下郡国利病书》原稿，即士礼居旧藏者，非《方舆纪要》也，特以奉闻。（即《尧翁题跋》所云备录，与《肇域志》同时所写，内有亭林手笔。）敬颂著安。弟叶景葵顿首。廿四年九月十八日。

【4】1935年10月25日

起潜、颉刚先生同鉴：到京邂逅，渥承宠台，纵论古今，益我神

智,并荷导观燕校各部,作竟日之欢,感篆曷极。别后已于廿三抵沪。《方舆纪要川域形势说》抄本五册,由邮寄上,即请台端与宾四先生审核,似与丙午本无出入,惟抄本缺序文及例言六则耳。《古文尚书撰异》原稿议价已谐否?如百二不谐,酌加一、二十元,均请斟酌。因庸堂、懋堂两公墨迹流博已罕,宜贾人之格外居奇也。手书奉谢,敬颂著安。弟葵顿首。廿四年十月廿五日。

【5】1935 年 11 月 6 日

起潜吾兄:宾四兄来过,已接洽一切。东来阁送来河间纪容舒著《玉台新咏考异》、孙氏《唐韵考》二书,均著录于四库,未知有刊本否?请为一查,示悉为感。此颂著安。弟葵顿首。六日。

【6】1935 年 11 月 15 日

起潜先生大鉴:日前收到《华夷》、《禹迹图》两幅,今日得诵赐书,均悉。尊书雅正,悬之座右,如晤良朋,敬谢敬谢。属件容努力为之。日来南北谣言均炽,未知校中均如常否?所存顾氏遗稿如紧急时,请觅相当之处保存。敝行在东交民巷亦有保藏所,可以暂时庋阁,特以奉托(兄有要件亦可保存,附上介绍书一件,乞酌行之)。敬颂著安。弟景葵顿首。廿四、十一、十五。颉刚先生均此。

【7】1935 年 11 月 22 日

起潜先生大鉴:今日接奉复示,欣悉一切。北事近稍宁静,但盼不再起波澜耳。宾四先生欲得《方舆纪要》全部一读再下谕断,弟亦赞同,俟稍缓再谋输运之策。刻已校出"北直"第八、第九两卷,计一册(用新化魏氏本,以其书颇较宽畅),邮呈共赏,请与宾四先生一阅。以弟所见,稿中朱笔增删及书眉墨笔加注皆有价值,的系定稿后随时改良之工作。其时宛溪先生业已病废,是否其子士行及华商原诸人之昕为,只能以情理揣测,若无诸人墨迹一为印证,亦憾事也。宾四先生意欲过录一部,的系正办。弟拟努力为之,如能南北分工,彼此交换,则奏功更易,公意如何?前次嘱书条幅,昨已写成,万分拙劣,不寄则嫌爽约,易纸更书则近于矫揉,只得冒昧寄上,已交文禄堂书友孔君带呈,以之覆酱瓿可也。《古文尚书撰异》价一百廿元,已交敝行汇上,请收到转付,原件留备尊处校录,不必急急寄来。弟购买是书,以臧、段两贤手迹稀如星凤,故郑重保存之,备他处印证也。余不乙乙,敬颂著安。弟景葵顿首。廿四年十一月廿二日

【8】1935年11月27日

起潜先生鉴:奉示敬悉。朱棠刊《方舆纪要》九卷本,弟昔年亦购得一部(测海楼吴氏故物)。每卷后有当涂彭万程刊戳记,不知是原刻,抑系覆刻。(第九卷)"汎扫缨燕"条下,有克长芦(又小注)逾直沽(又小注)一行(在下德州之后),近刻脱去。又"九边固原"后,有孙氏论曰十行,又王氏曰双行小注廿行,近刻概删去,而与敝藏原稿却合,可证朱氏系从定稿抄出付刊(敝藏原稿惟《州域形势说》各卷并无朱墨笔校改)。宾四先生谓为第二刻,洵不诬也。《古文尚书撰异》已以百十元购得,确系前贤手迹,虽缺卷无妨。此书即存尊案,俟校写毕再寄来可也。复颂著安。弟葵顿首。廿四、十一、廿七。

附:顾廷龙1935年12月1日复先生函。云:

揆初先生台右:叠奉手示并尊校《方舆纪要》,先后拜悉。《古文尚书撰异》款已照收付,余数已即返。是书承许留校,当珍护,盛情感荷无既。

顾稿由南北分工校录,宾四兄亦赞同,留此十册,已属入手。龙在敝馆库中见一钞本《方舆纪要》,钞手纸墨似尚旧,系一满人故物。《州域形势》卷九各条同朱棠本,与今本异;又与尊校本校,有数处如刻本,有数处则如校本。《北直八》一卷另纸校录奉鉴,据此可以分出原稿几种改笔之先后,与燕本同者系何色校笔,便希示及。燕本初不详其佳处,今可据尊校约定其钞时,幸何如之。尊校各批能否以色笔别之,似尤醒目。朱棠刊本此间所得一部,吴兴之"兴"误刻作"典","当涂彭万程刊"一行祇在卷八尾有之。而敝馆亦藏一部,与朱本刻全同,疑

即一板,则"彭万程"一行每卷皆有,"兴"字亦不误,惟末无朱棠一文,而首有封面,题"嘉庆乙丑镌,友兰堂藏板",现由宾四兄取去校阅。

顷读台示所述尊藏一本,窃疑尊藏为原刊,敝馆者原刻而失朱文,新得者乃据之翻刻或补版者也。宾四兄将撰朱本跋,来书已钞供其参考矣。彭刻、魏刻字有异处,不知与广雅本何如,惜不能得暇时并取一校耳。原稿校记俟将来录载《禹贡》时,龙当以燕本逐条校注,间亦有与稿中所改不同者,如有所见,尚希不吝教诲。叩祷叩祷。复请著安。晚龙顿首。十二月一日。

大局变幻莫测,目下尚安,惟城内戒严,晚九时闭城,知念奉闻。

(《顾廷龙文集》,第736～737页)

【9】1935年12月4日

起潜先生鉴：奉示及文殿阁收条已悉。承示燕校有旧抄本《方舆纪要》及第八卷尊校两纸,已与原稿核对,以朱笔注于原纸,仍寄上备核。燕校抄本与敝藏原稿底本相符,惟底本所加之朱笔校改、墨笔添注,则燕校本均无之。此种抄本,均自康熙年间传抄,顾书写定后,宛溪即作古人。一时杰作,必有人从原稿迻写一副本,又辗转传抄,弟所见不下三四本。敝斋亦有一本,系临清徐氏故物,察其纸墨时代,大约与燕校本不相上下。卷八内容亦同,惟抄而未校,讹夺甚多耳。此书问题,在朱墨笔增删改定处,其因避忌而改者,入清朝后,既思传播,又畏禁网,故将夷虏等字涂改,不足异也。所异者,凡古今沿革变迁及山川考证,颇多校改,皆极有关系之处。所改又均胜于原文,此最宜研究者也。惟有将全书照原稿及改笔,写一校记,必于地里（理）学有所贡献。至区区一二字之异同,则其末节矣。敝藏朱棠本"兴"字不误,后有朱棠附论一卷,而失去封面,但纸色不似嘉庆时物,容再考定。即此一书,经三数人研求,已发明异闻如此,真有浩如烟海之叹。白头更短,不能不厚望于群公矣。复颂著安。弟景葵顿首。廿四、十二、四。

闻北局可暂时敷衍下场,此心稍慰。奉还校记两纸。

附：1935年12月7日顾廷龙复先生函。云：

揆初先生台右：今午接奉快示，拜悉一一。日前游龙福寺，又见一《读史方舆纪要》十卷本，其九卷与朱棠、友兰两本全同，惟多卷十之各省序文一卷及长沙黄冕一跋，即将各本互校，似即一板，甚难判辨，疑经展转收藏，略有修补耳。"吴兴祚"朱本误"兴"为"典"，友兰本虽已改正而刊补之迹甚显，可知朱本在友兰本之前，或友兰本得朱板正误补缺，截去附论加镌引首，因所题刻时为"嘉庆乙丑"。黄本跋署"道光口口①年"，则又得友兰板而补刻各叙为卷十。前函所推测之友兰堂为原刻，朱棠为覆本，则全然错误矣。惟尚有卷尾所刻之"当涂彭万程刊"一行各本不同，朱棠本仅八、九卷有之，友兰本则每卷均有，黄本则卷四、卷六、卷七无之，使即一板，何有此异？又尊藏一本"兴"字不误，前无引首而后有朱论，是为朱氏原刻抑系友兰本则不可解矣。即此一书已难考明其原委，甚矣！板本之学亦匪易谈。

宾四先生于此书先在考证，不日可成一文发表，渠有三事属以奉询者。一，广雅本卷十九《江南》首叶第一行有"宛溪顾氏原本"，第三行有"补注"二字，彭刻同。请检稿本有此数字否？他省中有此否？二，稿本直隶分省序有辛未口②月，不知他省序亦有纪及年月者否？三，河南、山东、浙江三省叙，广雅本合订在前，余则分冠各省，不知稿本如何？便请赐覆为盼。

承示尊藏本，问题在朱墨笔增删改定处均胜原文，写一校记必于地理学有所贡献，甚是，甚是。《北直一》宾四先生亦已入手校录，一星期内当可毕事，俟与尊校《北直》八、九两卷衔接，即可分期在《禹贡》刊载，深望从各方面考究，或有经窜之迹可寻，倘更由推知原稿朱、墨笔之出于谁手乎？是稿归诸邺架，乃承不远数千里慨然示读，

---

① 原文空阙。——编者
② 原文空阙。——编者

且首作校记,以供刊布,使宛溪之学将以大昌,可为稿本得所庆,而于先生校勘之精勤、通假之高厚尤为感佩!

前求墨宝已由文禄堂送来,展对法书,秀逸可爱,祗领谢谢。惟署款过谦,具见长者之虚怀若谷,尤为钦敬。闻沪上已入严寒,诸希珍卫。专肃祗颂撰安。晚龙顿首。十二月七日。

(《顾廷龙文集》,第738页)

【10】1935年12月11日

起潜先生鉴:奉七日手书,详示朱棠、友兰两本之同异,足广新知,甚感。至宾四先生属询三事,兹复于左。一、原稿首行题"读史方舆纪要",不分卷第,后人粘附纸条,分列卷第,并双行注明"宛溪顾氏原本"六字(卷卷如此,但多日久脱去)。次行原空,后人亦以纸条加注"补注"两字于下方,未填人名(亦卷卷如此)。弟以为此即彭刻出于原稿之证。(广雅又出于彭刻,至三味书屋本,则改易行款矣。)又,原稿凡遇北直改直隶,南直改江南,及删去至南京若干里等字,皆用纸条粘附后再行改注,其字迹与书"宛溪顾氏原本"者,系出一手。又,虏字、夷字、国初国朝字之改定,亦与前者如出一手,但迳改未加纸条,弟疑是付刊时所追改也。二、直隶分省序,在北直一,此册即在存平十册之内,请查有"辛未口①月"四字否,记得无之。三、原稿河南、山东、浙江三省叙,均分冠于各省之首,广雅本当系后人误订一处。以上三事,乞转达宾四先生为祷。时局闻可苟安,引以为慰。承惠春觉斋遗著,谢谢,敬颂著安。弟景葵顿首。廿四、十二、十一。

【11】1936年2月10日

起潜先生鉴:年头栗碌,久未上书,想著述宠富。兹有友人托定《禹贡》合订本,第一册起至廿四年底止,又预定廿五年全年一份,合计报费邮资共若干,乞示知照寄。另开地址一纸,请照所开径寄可

---

① 原文空阙。——编者

也。即颂日祉。弟景葵顿首,廿五、二、十。

【12】1936年2月16日

起潜先生鉴:奉廿三日手示敬悉,兹复如下:一、宾四兄已将《方舆纪要》校完十册,可敬可佩。弟因忙于各事,又移写段校《集韵》,故已作辍。俟十五册寄来,当将北直全分寄上,请宾四兄续校,假以时日,必可告成,谨以奉托。(商务颇有影印原稿之意,弟亦不吝,但总以校出一部为正办,因校改朱墨笔迹不易影印,恐失真相也。以后续有题识,可书于每册之首尾。)二、承影示景范先生书札墨迹,狂喜之至,如此则可决定总叙后所题一行是顾先生亲笔(所题为"两叙及总叙两篇俱要刻"云云)。卷中尚有添注者数十处(在云贵册中),愈后则几不成字,盖已病废矣。弟向以为卷中朱墨笔皆及门所书,但经顾先生病中鉴定,盖不谬也。近又考得助顾先生成此书者尚有马君润,为世奇之孙,在丙午本凡例所书六人之外。三、臧批《古文尚书撰异》请留案头,俟校毕再还,勿急之。弟旧藏杨惺吾代蓼绥阁传抄日本古卷子唐写本《古文尚书》,即罗雪堂所惜为人书俱亡者(记得有九篇)。今日归家,当检出邮寄,以助吾兄勘校。四、近日所购各件以海丰吴氏所藏《钟鼎款识》拓本(即《捃古录》底本)廿二巨册为最佳,不知吾兄已见过否?五、弟助禹贡学会购书费乙百元,又蒋女士定报费,一并由敝行汇奉,乞收。即颂著安。弟景葵顿首。颉刚先生希致意道谢。廿五、二、十六。

附:顾廷龙1936年2月23日复先生函。云:

揆初先生尊鉴:久疏笺候,无任驰念。日前奉手书,欣悉动定腾常为慰。属购《禹贡》已属会中径寄蒋君处,发单遵呈台端,请詧入。

颉刚近从张晓峰先生处借得景范先生手札照片,龙覆摄一分,敬赠赏鉴,俾可舆稿本中朱墨笔校认字迹也。留平十本宾四业已过录毕事,本拟即日妥交便人带奉,因长者曾命阅后须加题识,宾四初未着墨,今遂倩其补记,自后当即奉赵。尊校已成若干,甚念。

迩来高斋有何新得秘笈？前承惠假镛堂批本《古文尚书撰异》，过录仅三分之一，缘拙编《古匋文香录》急待写付石印，遂以阁置。大约尚须两星期方可续录，秘本稽留，心殊不安。龙又以写刊隶古定本《尚书》（从敦煌所出卷子本照片抚写，已刻成二十余篇），将来拟作校勘记，于《撰异》颇多参考，臧批必多卓识可据，是以一再迁延，必欲校读一过为快，诸希亮宥，余容续上。祗颂著安。晚龙顿首。廿五年二月廿三日。

(《顾廷龙文集》，第739页)

【13】1936年3月12日

起潜先生鉴：示悉《方舆纪要》九册已收到，前日由邮寄去南直十册，到后乞转交宾四先生。所校《集韵》共二种，一为周香严临段校，一为李柯溪临段校，而周本尤胜，因段所据为毛斧季影宋抄本，即香严藏书也。周本现在祁阳陈氏。即颂日祉。弟景葵顿首。廿五年三月十二日。

【14】1936年8月13日

起潜先生：执事碌碌，久未致书。月前来山中度暑，由沪转到手教，敬承种切。惠赐大著尚未奉到，或已在沪亦未可知。宾四先生校读顾书既精且勤，极为佩慰，俟回沪当再检山东山西两省由邮寄奉，以便续校。子苾先生待访碑目，蒙公与式丈介绍，已得购定。现原书存式老处，如公欲细观，可往取也。吴氏尚有《访古录》稿本六册，皆子苾先生手书后有丁艮善跋，谓此二种稿本及金文拓本皆存许印林，乡间匪乱时已分散，经丁君各处访求，收回十分之九，亦一掌故也。此《访古录》本尚存吴氏，未经售去，秋后或须入故都一游。复颂日祉。弟葵顿首。廿五、八、十三。颉刚先生前道候。

【15】1936年9月19日

起潜先生左右：弟于前日返申，已收到尊著《古匋文香录》一部，感谢感谢，尚未暇开卷诵读也。弟约双十节后可以北行，容再访高斋聆教。即颂著安。弟葵顿首。廿五、九、十九。

【16】1936 年 11 月 19 日

起潜先生足下：在平承枉顾并侑食，剧谈快慰。渴想归途。在汉宁稍有句留，于七日返家。今日又接到邮来《西域遗闻》及池东王氏简目，谢谢。带归之《方舆纪要》南直十册十一卷并无短少，因九卷与十卷合钉一册而书套并非原物之故。便中乞去〔告〕宾四先生。近来又睹未见书否。颉刚先生乞为致意道谢，恕不另启。即颂著安。弟葵顿首。廿五、十一、十九。

附：1936 年 12 月 3 日顾廷龙复先生函。云：

揆初仁丈先生台右：前奉手谕，拜悉一一。旋又由邮递到《集均》首册，大跂敬读一过，并将尊校贸然传录，素蒙垂爱，谅不见责。所校各条，无不佳胜。陈氏藏本校笔尤多，自益可贵，为之神驰。尊校本首册业已奉赵，其余各册能否亦假一钞，俾窥全豹，至所祷盼。《集均》宋椠本国中早失其传，诸家所校亦仅据影宋钞本，惟查日本官内省图书寮尚藏有淳熙刊本，惜阙卷一，字大悦目，当称孤本。就书影校之，"三十三犴"鲫字注："鲫鲽，鳞次众多儿。"鲽，顾本误为鰈。又"三十四乏"瓟字注："昵法切。"昵，顾本误为昄，姚本误为睚。一页中之误已如此，倘得全部一校，正必不少。商务之《续古逸丛书》及《四部丛刊》搜传善本甚夥，独不及此，殊为憾事。先生如晤菊生先生，盍怂恿其访摄景本，刊入《续古逸丛书》，早日公之同好，不其盛欤？

近有书贾送阅钞本两种，皆滋疑窦。一为明人传记，未题书名，蓝格旧钞，共三十九卷，板心上刻"寓真日纪"，下刻"叠翠山房"，所记人物首徐达、末徐祯卿。书衣有题字数行曰："皇明故实袁裹著"。袁裹著《吴中人物志》。（按，每传后有"袁裹曰"）又曰："书中多所讳避。""九十老人仲虎。"袁老先生大约是明时人，其博古通经自有迥出时人者。此书系石莲闇旧藏，有式丈一跋云："袁永之事附见《明史·文徵明传》，此书著录《明史·艺文志》，计二十卷，与此书三十九卷不符。细加点对，知此书原装四册，目录四叶，本分装册首，重装时乃并列首册，疑此为传录初藁,《明志》所收乃定本,故数目参差,理或然也。《四库全书》及《存目》均未列入,而《提要》项笃寿《今献备遗》下云,"本袁表所著而稍增损之,似非未见此书者,疑莫能明也。从石莲盫借读因记,长洲章钰。"不知此书是否其名?曾否刻过?索价八百元,亦谓奇昂。

一为《皇祐广乐记》,八十一卷,旧钞五十二册,宋冯元、李照等奉勅撰。后以李律不合,废不用,遂有《新乐图记》出,《四库》收之,今已景印。《广乐记》虽曾刊行,至今非惟刊本、钞本不见,即书名亦不闻。初一瞥见,惊为孤本,后经一再览观,始察及其每卷书名俱出剜改,而藏印若陈仲鱼、何梦华、鲍以文、季沧苇、吾家秀埜公均似伪作,惟章绶衔数印不伪耳。因知此书伪,非新作,特不知由何书所改。又,章氏亦以精鉴别称,谅有可取而收焉,不易考辨,索价一千五百元,更奇昂矣。先生于此两书知其原委否?

又有《王氏遗书》一种,万年王朝渠辑,亦吴氏石莲閣遗物。据书贾云未曾刊行,其体例专在辑逸。其子目为:《周易遗篇》、《周易遗文》、《夏商二易遗文》、《书遗句》、《诗遗句》、《石鼓释》、《周礼遗官》、《周礼遗文》、《考工记遗职》、《考工记遗文》、《仪礼遗篇》、《仪礼遗文》、《礼记遗篇》、《礼记遗文》、《春秋经传遗文》(左氏、公羊氏、谷梁氏六种)、《论语遗篇遗文》、《孝经遗章遗文》、《孟子遗篇遗文》、《尔雅遗文》、《乐遗篇》(六种),钞本甚工整。朝渠字揆方,号达经,乾隆举人,著有《唐石经考正》、《需次燕语》,均刊在《豫章丛书》中。又《艾学闲谭》则自刊单行,遗书尚未见印本,殆诚未刻者也。索价亦须贰百元左右,馆费支绌,恐不能购,甚为可惜。承询所觀,拉杂奉告。长者如有新得,便希亦示一二,以广闻见,幸甚,幸甚。匆复,祗颂著安。晚龙顿首。十二月三日灯下。

(《顾廷龙文集》,第739页)

【17】1936 年 12 月 9 日

起潜先生鉴:奉书喜甚,缕缕见示,如面谭也。《集韵》首册收到,兹将后十一册分两包寄上。近来购书不多,仅得沈眉生(寿民)《姑山遗集》(清初刊)一部,徐伯鲁(师曾)《湖上集》(万历)一部,茅鹿门(坤)《耄年录》(万历)一部,未知均见过否。又顾华玉(璘)先生《息园存稿》文九卷、诗十四卷,《山中集》四卷,《凭几集》二卷(《千顷》作七卷,《振绮》作五卷,此二卷有续无正,未全,不知京师有可假抄否),《近言》一卷(各目均未著录),系(嘉靖)吴郡沈与文刊本,朱朗斋称其罕见,不知是君家一派否,谨以奉闻。《集韵》校毕,乞题记一段,以作记念,余再布。敬颂日祉。弟葵顿首,廿五年十二月九日。

又得张异度《自广斋集》一部(崇祯刊),君见过否。博山兄已来过,承示王校《南北史》首册,极佳。

【18】1936 年 12 月 10 日

起潜先生鉴:顷寄《集韵》,附上一书,又检来函细读一过。袁永之遗著及《皇祐广乐记》,均不知原委,惟王氏遗书如百元稍出头,大可购得,请为留意代购。宿迁王氏书中有《秘阁元龟政要》十六巨册,未著撰人。弟近已查得系吴姓所著,颇有价值,惜所索过巨,万难问鼎,姑俟其浮沉肆中再说。再颂日佳。弟葵顿首。廿五、十二、十。

【19】1936 年 12 月 21 日

起潜先生鉴:示悉,钦佩。先生姓玉姓王问题容代细查。《集韵》两小包于十日寄出,已向邮局报查,不致遗失。复颂日祉。弟葵顿首。廿五、十二、廿一。

《息园存稿》卷十二《闲居对雨忆钦佩》:"山馆雨声鸣不休,空阶野泉交互流。已思吏散得高枕,无奈花发增烦忧。风波中座忽反覆,乡关在望空夷犹。安得王郎共促膝,一写幽抱登江楼。"据此则钦佩姓王无疑矣。此致起潜先生。景葵。廿五年十二月廿一日。

附:1936 年 12 月 25 日顾廷龙复先生函。云:

揆初老伯大人尊鉴:两奉手谕,均悉。承录示息园诗,于钦佩姓王之疑可以释矣,感甚。《集均》两包至今未到,十日付邮计已半月,与此间邮局人员研究,亦莫测其因。按平时递寄,一星期可达。是书长者心力所萃,万一有失,心何能呈安。特不知尊处根查以后如何说法,无时不在念也。龙近从各集检录关于《集均》之文,因于尊跋所言略得头绪。《集均》之学实由段氏首倡,其后成书者惟马远林(《集均校勘记》)、方雪斋(《集均考正》)两家。马著未毕而又不传,故此学尚未大盛也。尊跋云有引甘泉师者、钱校者,疑皆谓钱警石(泰吉)。《甘泉乡人稿》卷五有校《集均》跋二则,藉可知晋江陈氏校本之渊源。自段氏以迄孙籀膏均未一见宋本,今知日本宫内省图书寮所藏有南宋本,亦可贵矣。他日如有印传者,裨益学术甚大,盖研究是书第一步必先校勘耳。匆请著安。侄龙顿首。十二月廿五日。

(《顾廷龙文集》,第741页)

【20】1937 年 1 月 18 日

起潜先生鉴:奉示知已遄返吴门,并邮包寄到。王氏遗书一部均已照收。王氏书谨严周至,为乾嘉学人特色。虽已付刊,然传本绝鲜,至今二百余年未有表章之者,百元之价,实不为昂。前途坚持酌加,请兄作主,加以十元或五元均可,候示寄款可也。吾兄在苏约有几日句留,惜弟近颇冗于俗事,不克至苏一晤。欣夫亦回苏,想已晤面。即颂日祉。弟景葵顿首。廿六、一、十八。

【21】1937 年 2 月 5 日

起潜先生:奉示知已抵平,东来阁款已遵示迳汇。此次台从来沪,未克樽酒言欢,邑聆雅教,至以为歉。欣夫书来,已将《镜泉诗集》(非全稿)慨赠,俟文集得谐,当谋流布。即颂日祉。弟葵顿首。廿六、二、五。

附:1937 年 8 月 2 日顾廷龙致先生函。云:

揆初先生尊右:久未禀候,时深驰念。敬维起居清胜,著述日富为颂。承借《读史方舆纪要》稿,宾四以教务之忙,迟至最近方过录毕事,属致歉忱。是稿两函现还龙处,日内当觅妥便带上,以下各函尚盼陆续见假,俾窥全豹。

龙半年之中以校印拙稿未遑兼及其他,故臧批《尚书撰异》及隶古定《尚书》俱不能从事校录。久假不归,虽海涵不以相责,而私衷抱疚若芒刺背,开学前当速将臧批录出,先行奉赵。拙稿已由北平研究院出版,闻见固陋,疎缪无当,业属该院径奉一册,不识已登签阁否?尚祈不吝赐教为幸。

前见吴子苾先生《待访碑目》手稿,实前此未有之创制,飞凫人手之展转求售未有顾者。风雨飘摇,终虑东流,因倩式丈商请先生收之,则是稿庆得其所。顷接式丈来示,悉已为先生买妥,可喜可贺。他日如能为之刊传,则又盛举也。夏中须赴莫干山避暑否?日来酷热,诸惟珍卫。匆上。顺致著安。侄廷龙顿首。八月二日。

(《顾廷龙文集》,第741~742页)

【22】1938年2月13日

起潜先生左右:半载不通音问,闻燕京照旧开课,则尊居当亦如常,不得近耗,至以为念。博山昆仲亦不知近在何方,故无从探尊处消息也。弟自夏初出京到家,即苦内子患病,沉绵两月,竟至不起。弟因心绪恶劣,陡患失眠,乃至莫干山静养。迄战事起后不能下山,乃于十月间因料理行务至汉皋,一住三月,至一月杪始得返沪。兵燹之余,意态萧索,重忆故人,作书奉讯。尚乞详示近状,茗理①遗物,归君料理,永存燕校,可称得所。课余所校所著各书,必有增进。嘉业、传朴两堂藏书受劫,即近时勇于购置之九峰旧庐,闻亦多损失,孑遗所存,更可宝贵矣。颉刚近在京否,念念。《禹贡》谅已停版。即颂俪祉。　　　　　　　　弟景葵顿首。廿七年二月十三日。

宾四先生仍在京否,弟有《读史方舆纪要》山东八册,在其弟荡口寓所,已驰函问讯,未得复音。

---

① 茗理,章钰别字。章于1937年5月6日在北平逝世。——编者

附：1938年2月22日顾廷龙复先生函。云：

揆初老伯大人尊右：怀仰君子，何日不勤。忽奉损书，欣慰奚若。乃承垂念殷拳，尤可感篆。去年十月间始从彦威兄处藉悉长者鼓盆之戚，时值交通梗塞，又不详行止所在，驰唁末由。回忆夏初老伯母来游燕京，见其慈容和蔼，精神矍铄，孰意变化多端，不数月而人天永隔，殊为惋惜，惟望长者善自珍摄，付之达观为幸。

暑假中龙以南旋不易，即因守于此，今幸学校无恙，照常开课，馆务亦依然进行。旧居因当时崔苻之惊，又为减薪节缩，移居蔚秀园中（与校西门相对），赁屋三椽，主仆五人周旋其间，仅容一架一桌，聊陈书卷，简陋极矣。惟自十月以来，《集均》尊校与丁校（士涵）两本及《古文尚书撰异》臧、钱校语均已录毕，欲作跋文则卒卒未遑。迩来余暇，以续刻《尚书》为主，不及他事，然仍恐此半年中不及竣工耳。承惠借之三书（《集均》、《古文尚书撰异》、杨钞《尚书》），延阁过久，海涵不以为罪，而殊不能自安于心。寒舍无能什袭，不得已即送存贵行，交由锺君翔云手收，俟便奉赵也。

式丈遗书，彦威承慈命存敞校，极为相宜。龙幸与检理之役，全部三千余种，四阅月得遍繙一过，惟以丈批校题记之本六百种，一生精力所粹，尤可敬佩。现在目录大体编就，已陆续付手民植字，下月底或可出版。目录分三卷：上卷，均有丈手泽者。中卷，为钞本、各家校本及较少见之精刊本。此两卷略仿书志之例，备录题跋，凡丈跋语所及友朋，并加按略历以详渊源。下卷，普通书，则仅列一目而已。尚拟俟目成之后，将各校本依《通鉴校宋记》例悉为录出，汇刊一编，足与抱经《拾补》相抗衡，而丈劬学之苦心藉以表彰。此事进行幸有张孟劬先生在此，得其赞助，诸多顺利也。

闻嘉业、传朴之厄，为之叹息。攀古何如，尚无确信，甚以为念。博山、景郑已四月未通一书，从沪上舍亲传来消息，知乡居尚安。刚姪远去皋兰，鱼雁甚稀。禹贡研究已告星散，宾四闻已入滇。乃弟在荡口甚安,顾稿当能无恙,不识已接复音否?赐书写图书馆或蔚秀园均可递达。日来渐暖,略有春气矣。专复。祗颂著安。侄龙顿首。廿七、二、廿二灯下。

(《顾廷龙文集》,第742~743页)

【23】1938年9月28日

起潜吾兄鉴:久不通问,接到《四当斋书目》一部,体例极善,足以表章式老劬学之里面,吾兄可谓能不负所托矣。弟近状如昨。敝行总经理徐新六先生忽焉徂谢,顿失长城,弟不得不暂时兼理,俗尘较多,无暇理旧业矣。今年本不购书,有书估之旧相识者,约略应酬,择其价廉而物美者所费不过二百元,精品亦无多(多未刊之本)。一则时局扰攘,不能不撙节;二则旧存正在整理,写目不愿有丛杂之弊也。《离骚经讲话》,弟意似为刘继庄之作,方櫵如无此识见,惜乎不全。退谷手书似的确,弟前还价七十元,如八十元亦愿得之。若贵馆已购,即作罢论可也。《读史方舆纪要》山东六册在宾四之弟起八处,渠居荡口,原书无恙。已嘱设法带沪。《集韵》等早已收到,勿念。即颂日祉。　弟景葵顿首。廿七年九月廿八日。

附:1938年9月20日顾廷龙致先生函。云:

揆初老伯大人尊右:疏懒笺候,忽已半年,每从欣夫、景郑来书藉悉杖履康泰为慰。前承赐题复泉兰拓,勉勖备至,感荷弥极。式丈藏书目草草编就,忽忽已十阅月,分类著录不免舛误,惟于丈及其友人题识备录无遗,其量可与文集相捋。昨由敝馆代章氏昆仲寄陈一部,即希教正。《离骚经讲话》近由藻玉堂又送来馆,两年以来竟未获售。当时索价太昂,今改为八十元,虽已稍减,实东来初开之价也。敝馆同人颇有购留之意,将来又拟怂恿馆中付之手民,虽则不全,似为定稿也。欣夫曾来函述及长者近于收书意兴阑珊,扰攘中安得从容于书卷。此间书估欲寄书样奉览,属为介绍,均未敢应。闻各肆无处收货,偶有所得,均为习见之本,其窘可知,或不如上海之盛也。

《读史方舆纪要》已否取回？甚以为念。龙还存贵行《集韵》、《尚书》等三种，闻由元美兄带沪，不识已收到否？亦念。暇时希赐教言为幸。肃请著安。侄龙顿首。九、廿。

（《顾廷龙文集》，第743～744页）

附：1938年11月27日顾廷龙致先生函。云：

揆初老伯大人尊右：前奉手谕，拜悉一一。《四当斋书目》承许能表彰式老劬学之里面，龙编纂时确曾刻意于是，惟目录体裁所限，无发挥之地。今邀洞鉴，快幸何如。此目编印匆遽，尚欠详核，必多讹误。记得式老尝为龙言，《通鉴校宋记》之刊行，曾承长者之助，目中按语曾加叙入，洎付印覆核，元美已南行，他无可询，恐有失实，因又改板删去。但龙素知长者有此义举。《松邻遗集》得有一二流传于今日，实为长者一人之力，故龙尚以所忆之不误，便希示及，为他日艺林增一掌故也。

《离骚经讲录》已为敝馆所得，断非方椒如之笔墨，唐鹪安所题往往有误，不足为据，此惜残稿，然有机会终当谋为印行。前年长者在东来阁所购万年王朝渠《十三经拾遗》稿，今馆中得嘉庆间刊本一部，惟刊本不多见，尊藏恐未必为原稿，殆据刊本传录者乎？龙感于购书以钞校稿本最难审定，而较刊本有深味。龙上星期日游厂，见《双照丛残》一束，虽多芜杂不完，重其遗墨而收之，携归检理，得传钞之越缦《萝菴游赏小志》全一册，遍查坊肆及各图书馆目皆未有，殆未刊行者。细审此册格纸，版心有"全国水利局"等字，疑当时为王书衡钞，畀双照刊行者。书衡服膺越缦，特不知何以未果入梓，长者当知原委，乞示一二。如确系未经刊行，拟奉赠邺架，冀得长者为谋流传（或交商务，或交欣夫），亦盛事也。今日得元美函，谓钞录式老读书札录，何书应钞，曾乞酌夺，不知有选定否？此事由龙怂恿而成，开写以来计成五种，为《大金国志》、《契丹国志》、《南齐书》、《语石》、《魏书宗室传补注》（罗振玉撰）。鄙意拟将《宋史》接而写出。昔式老尝谓"校书要从大部起"(见《双照诗》),今钞札录似亦应从大部起。此史据校底本,式老以为元本,惟读张菊老百衲本跋文所考,此种版本尚系明本。然此本完整,既可补出《田况传》阙文,其他佳胜自多,极应录为校记。即菊老他日据百衲本亦校,两部底本实在不同(昔《北平图书馆月刊》中曾载元本校记,仅存数卷),正足两存以资参考,尊意以为何如?所困难者,录校不易得其人。去年适龙友闲居北中,挽之从事,张孟劬先生尝称之,今年此君谋得教席,不能专任,此事进行遂迟。又招得敝校毕业生一人,每日祇能写二小时。此种事非聚精会神为之,其效不宏,而非薄有根底之人不能相托。敝馆主者于此道凤未亲尝甘苦,遂必欲龙相助照料,龙亦自当尽心力而为之。乘今有此两君能将大部录成,明年设均他去,则另招较差之人,小种或易办矣。大部书尚有《三朝北盟会编》,校虽密,然光绪间四川刊本大都已刻出,故可缓为。《旧五代史》校邵底本实与嘉业堂所刊无甚异处,方开写即停,拟先将史部各本写毕,而子而集,倘能全部竣事,一旦刊行,可与《群书拾补》并行,而式老一生劬学斯可不朽矣。

尊藏书籍目录之纂不识已成几部?甚盼力事详尽。秘笈多钞校稿本,即不能刊行,可系此目而光显,诚足为后来文献之征。倘长者相助须人,景郑似可招之,渠尝寝馈流略,方感无书之苦,必能欣然应命也。

从弟廷翔服务苏州上海银行十余年(由练习生升至出纳员),去秋因病未能随行移徙,遂赋闲居。家中须其照料,又不克远行,倘他日该行在吴有复业之举,拟仗鼎力一言使能蝉联。设贵苏行恢复,能隶骈襒,尤所感幸。恃爱干渎,不自知其不情也。专肃。祇颂著安。侄龙顿首。十一、廿七灯下。

此间书贾自东来,在杭得抱经堂藏会通馆活字本《诸臣奏议》,鬻得三千金(归诵芬室董氏),于是接踵南行,皆怀奢望而去,不知果能有所得否?得来主顾安在,亦在不可知之数也。比厂肆收得乐亭史梦兰藏书,皆通行本,惟旧钞《国榷》较善,惜缺首数卷。《四部丛刊》

拟目原有此书,不知尚能印出否？倘必能印,则此本又不足为奇货矣。又拜。

(《顾廷龙文集》,第744～746页)

【24】1939年1月1日

起潜吾兄足下：奉十一月廿七手书,以卧病未克即答为歉。萝庵《游赏小志》承惠赐,当遵约交欣夫编入丛编。惟戊寅已付印,须迟至来年耳。近得先德所撰《春树闲钞》(出自上元宗氏),系曾孙达尊校录本,是否即丛编之底本,君家手泽当以奉赠,俟到行即邮寄。今年六七月间书价甚廉,颇收得罕见之本,近则客频来,货少而价昂矣。式老所校各书以《敏求记》、《通鉴正文》、《大金国志》三部为最,因取精用宏,为近百年所罕观也。二书均已刊行,惟《大金国志》未刊,已复彦威专意于是,惟渠近况亦不甚佳,当徐俟之耳。前购《十三经拾遗》稿,疑为王君自录清本,惜无确证(其工整非他人所为,字体亦合时代)。令弟事当与光甫言之。渠尚未返。松江韩氏剩余零种尚有六十余本,为文禄堂旧夥乔景熹(近开敬文阁)捆载而去,皆屡经选择之,所余无多文采,兄盍往观？即颂日祉。景葵顿首。廿八年一月一日早。

附：1939年1月21日顾廷龙复先生函。云：

揆初仁丈大人台右：日前奉手谕,拜悉一一,比想兴居迪吉,饮食胜常为颂。《春树闲钞》上元宗氏所藏,系先五世从祖荣绯公(讳达尊)手录之本,寒族中竟无别本。岁庚午承子戴丈见假,先君始手录一副。越年家子虬兄又从传录,乙亥始得列丛编印出,是实为先著仅存之祖本。今为长者所得而又承见赐,感幸何如！尚祈赐题数语,以志纪念,至为叩祷。

乔贾在沪收来书籍甚多,龙与此人不识,又懒进城,故未往一观。今悉其所办之货均已售罄,年内须再到沪收买。承示松江韩氏鬻余书,曾见沈大成校《礼部韵略》一种,由他贾送来议价,索百番,四十元已谐,后因虫损属稍修缀,彼坚不允,卒未成交,殊为可惜。幸所批各条龙已艸艸过录,可存大概矣。闻长者曾在乔处得戴东原稿本一册,不知何名,已有刻本否?近隆福寺书估送来自南所收书,有翁文恭题识,据云翁氏书有二百余箱在接洽中,不知宋本《集韵》尚在否?赵氏天放楼书亦有所见。又闻随盦、适园所藏亦皆有散售之说,不知确否?

舍弟事承许晤陈公为之说项,至感!如能先在总行中占片席以维生计,则尤盼幸。不情之请,尚乞亮詧。

式老校本以史部为多,校记已写成五种(均史部者),现正从事《宋史》。《宋史》毕,重要者已全,可暂结束,告一段落矣。彦威方与敝馆接洽下年修理装潢及写校记等计划,即拟以此复之,不知彦威之意何如。越缦《游赏小志》已寄出,当可先此递达也。专复。衹颂著安。侄龙顿首。一月廿一日。

(《顾廷龙文集》,第746页)

【25】1939 年 1 月 30 日

起潜吾兄左右:奉一月廿一日手书,敬悉种切。《春树闲钞》一册前日已寄敝行沈君转交,当已收到。乔贾在苏所收各书以曹君直先生校本为最可贵,弟皆未见(由苏径寄示),惟曹校《三国志》一部(以单注本明抄本合校),价仅十六元,曾经弟手,以欣夫笃嗜,遂让归之。弟在乔手所购者有朱笺《水经注》残本,盖乾嘉间有拟撰《水经注治要》者,即以朱笺为底本,止存十七卷半,批注丛杂,破碎不堪,书估伪造戴震印章钤于卷首,其实不知名也。乔贾购去松江韩氏剩余抄本六十余种,弟留四五种,有李锴《睫巢集》(刻本大半未收),王祖嫡之《王司业杂著》(万历河南人,未刊),王乃昭抄陆右丞《蹈海录》,古香楼抄嘉靖《桐乡县志》,明抄黄尧翁校《寓简》。其余如沈学子校《礼部韵略》,不甚重要,弟以已有桂未谷校宋本甚佳,故不留。其实乔之原本只廿四元,弟出价只卅二元,早知如此,当为兄留之也。乔又购宗氏书,有刻本附图《客座赘语》,弘治本《丁卯集》,嘉靖本顾氏《文房四十家唐宋小说》,皆弟出价而未谐者。乔以极廉价得之宗氏子,忽明忽昧，皆此类也。宗有全谢山重校本《水经》四十卷抄本两种，即七校之底本，弟已取得有六卷，系谢山手稿，合二书观之，王臒轩之七校本皆凑合谢山各校本，以意为之，非真面目，宜王氏合校不取之也。此书议价未成，大约可得。弟又在乔手购明抄李文察著《兴乐要论》、《乐记补说》、《律吕新书补注》、《皇明青宫乐调》四种，尚系钱遵王故物，恐世间无刻本也。此外则无足观矣。京师岁寒，意兴如何？燕京图书馆经费尚充足否？吾兄在校是否兼教员，每年收入若何？有契约否？暇乞见示。随庵老病时，以卖书支持。适园在浔普通书均已迻售，披沙拣金，常有奇货，惜不得一一亲见也。令弟事容为相机进言。即颂著祺。弟景葵顿首。廿八年一月卅日。

前在燕馆所见之残本地志稿本，已可证明确为沈落帆手稿。

附：1939年2月8日顾廷龙致先生函。云：

揆初仁丈大人尊鉴：日前拜奉手谕，快如良觌。承示沪上书林珍闻，广益鄙陋，感幸何如。松江韩氏剩余书为乔贾购得，景郑亦曾见告，该贾与敝馆向无往来，故不送阅。既经长者略选一过，想其余亦无甚重要者矣。即如沈学子校《礼部韵略》，丹铅满幅，乃为引经异读，分别标识以便省览，批校则廖廖。诚如长者所云，不甚精要，龙亦以为如此，故卒至垂成交而又罢也。

宗氏咫园书为修文堂孙实君（新从修绠分出，此次与文殿阁合夥办货。）购得甚多，送来求售，以弘治本《春秋繁露》十七卷（二百四十元）、嘉靖本《正续演繁露》（二百六十元）两书较罕觏，而馆费已竭，只可失之交臂，闻已为文奎堂二百四十元（两种）购去矣。《繁露》，《四部丛刊》辑印时仅得内聚珍本，匆匆不获一校，至为可惜。弘治本《丁卯集》亦修文（文殿、乔某三合夥）书，顷已送来，索值百六十元，并谓在沪时乔某曾得主给价百元未谐，今此间董氏及天津周氏亦均给价百元，必至百元以外方可脱手云。龙阅此刻与席刻次第多寡相同，误敓亦不少，惟此本不多见耳。《客座赘语》有宗湘文跋，图甚佳，索百廿元。两书馆中未必能留,如长者尚有意于此,请示一价,姑与一商。尚有万历何养纯刻《林和靖诗集》,楷体精工,丰华堂旧物,不知见及否?

适园浔藏已到津,闻有百余篋,钞本数种邮寄先到,送龙阅者亦甚平常,若郭琇《华野疏藁》(钞本甚多);《安晚堂诗集》(宋郑清之撰,有李氏宜秋馆刊本);《江月松风集》十二卷、续一卷(清钱惟善撰,小山堂抄本),顾湘舟先生旧藏,此有钱保塘刊《清风室丛书》本;明钞贾浪仙《长江集》,有沈子培跋,必皆一校乃可知其真有佳胜也。购书以钞校本为最有趣味,而亦以钞校本最难审别,馆中人无同此好者,故不能多搜也。

秘篋新得李文察所著四种,难得,可贺。惟按《四库存目》尚有两种,不知能踪迹否?敝馆新得钱竹汀《讲筵日记》手稿一册,未见刊印,可补其自订年谱。又方朔(小东)所辑《复初斋题跋》一册中,多嘉业堂所刻外集附载逸文篇目之文,此两书较为最善。其次若胡之骥《江文通集汇注》、《陈白阳集》、黄训辑《皇明名臣经济文录》、陈全之《蓬窗日录》等,俟稍整理,当再择善奉闻。去年所得者曾草草记述,另邮呈诲,阅后请转交景郑为荷(静安寺路润康村二〇二号)。

龙佣书燕馆,专任采访,因校例所限,不能兼任教课,既无聘书,亦无合同,月薪百廿五元,循资而上,暑后学校无恙,当可增加十五元。所幸此间生活程度较低(以房租而论,不过上海十之一耳),勉能维持。每届学期开始,为两儿筹学费(一在高中一年,一在小学四年)则形拮据。在此仅以能不离书本,投吾所好,他无可恋。然一书购到,速送编目,不克细读,而俗务纷纭,不容其从容浏览,有如庖丁调味盛宴,为主人享客,安得染指其间?退值以后,昏灯一卷,日益无几,任意涉猎,不能专治一学,致年逾三十而修名不立,每自渐疚。去年以来,朋辈星散,依依送别,吾以一家四口欲归不易。顾今满目疮痍之日,人多流离颠沛,我尚草间偷活,已邀天幸,复有何求。惟诵宗子相之言曰："人生有命,吾惟守分而已。"聊以解嘲。素蒙垂爱之深,举实奉告,不觉其觍缕也。

昨日内人晤宾四夫人,述及其荡口家中曾罹肱箧,一空如洗,不知《方舆纪要》数册已否归赵,殊以为念,便希示复为盼。承赐先世手泽,俾吾世守,戴德无既,题识尚蒙奖饰,弥增感愧。月前承元美兄昆仲见惠旧钞《乐圃余稿》(宋朱长文撰),吴兔床、唐鹪庵、吴仲饴递藏之本,有式老长跋,至可珍贵。一年之中频添两部善本,为寒斋增光,欢喜欲狂矣。书不尽言,草此奉复,只请著安。侄廷龙顿首。二月八日。

敝馆所藏《地理志》,承示确为沈子敦所作,不识有何新得之证,尚祈不吝教益为叩。又拜。

(《顾廷龙文集》,第747~749页)

附:1939年2月10日顾廷龙致先生函。云:

揆初仁丈尊鉴:昨上一缄,计先达览。《春秋繁露》书贾以为弘治本,实则未有刊版年月,惟为黑口与《四部丛刊》本后来所补郁序一叶之本相同。据云此间商务有人称,即为当时总馆曾经登报征求者,龙已属文奎再行送来,略一检校即可得其大概。至商务曾否征求、何以征求不到,宗子岱先生亦在发起编印之列,岂有秘而不宣?又《丛刊》既得采补一序,岂有不见全书?既见全书而善,何不重印抽换?不知长者闻其原委否?乞示以资参考。果善,当力劝馆中收之,诚恐力有不逮耳。但已转入文奎手中,又须多费数十元矣。匆上,只颂著安。侄龙顿首。二月十日灯下。

(《顾廷龙文集》,第749页)

【26】1939年2月13日

起潜吾兄:今午得快函,开诵欣喜,如与故人觌面晤言也。咫园精校本以敝斋所得为多,其他则有应接不暇之势。弘治《丁卯集》尚可割爱,惟《客座赘语》既有图又有湘文丈题跋,请兄为我留之,其价则酌为代定(湘文父子补校之《读书敏求记》管芷湘校本亦归弟斋)。

乔贾又来,谓《丁卯集》可以八十元相让,弟已却之,则《客座赘语》或可持至百元以内。其子售书初则昂价,迨告急则不暇精粗美恶,惟以得钱为目的,可怜可惜可痛也。耿吾怀抱未遂,弟所得之书,将来必为谋永久保存之法,或可以对故友于地下也。夏间读道光间文集,谓沈落帆书法专临晋帖,而点画则一遵鄡书,正与馆藏残地志所校之笔意相符。今得书问我出处,则竟仓卒不知所对,大约是施北研杨秋室同时人所言(是否肙斋所言不甚详记),暇当检查之。令弟事已得复,允嘱人事股设法,不知有消息否?匆布,即颂著安。弟葵顿首。廿八年二月十三灯下。

《读史方舆纪要》山东六本沈沦荡口,虽有无恙之信,但日久终可虑,而急切又无取回之策,如何?

【27】1939 年 2 月 23 日

起潜吾兄:令弟廷翔事,顷得上海银行复云,因停薪留职人数太多,不能偏于一人,至群众有后言,所以未必有效,特驰告。弘治本《繁露》请暂留,因涵芬楼有影抄本尚在弘治以前,已嘱取来,俟阅后当有所得,再行奉告。(请与《两京遗编》本一校,如有异同,即可留。据菊老云,影抄本更佳。如馆中无力,弟颇有意,但恐文奎堂居为奇货耳。)寄来新收书录已阅毕,昨已面交景郑矣,《客座赘语》须价若干?候示,敬颂日祉。弟葵顿首。廿八、二、廿三。

【28】1939 年 2 月 24 日

起潜兄鉴:昨发快信,顷得见涵芬楼所藏明影宋嘉定十七卷本《春秋繁露》,佳甚。文奎堂所称弘治本请与《两京遗编》本一对,如不同即可留下,如馆中无力,请为弟购之,候信即将款交京行奉上可也。《客座赘语》价已谐否?即颂日祉。弟葵顿首。廿八年二月二十四日

【29】1939 年 2 月 25 日

午间发一快信,顷细阅明抄宋本,知即《永乐大典》所据原本,聚珍本出于《大典》,故佳处与明抄本同。《四部丛刊》重印时所补序文,

盖从明抄本出，与弘治本无涉。弘治本究如何，非亲见不能知。惟据傅沅叔言，知其胜于《两京遗编》本耳。如此则弘治本亦无可居奇，不妨从容审定之，能寄来一阅最好。此致起潜吾兄。弟景葵顿首。廿八年二月廿五日。

附：1939年3月2日顾廷龙复先生函。云：

揆初老伯大人尊右：今日叠奉廿三、廿四日快谕，拜悉一一。文奎所称弘治本《春秋繁露》十七卷已将全书送来，首尾并无刊版年月，该肆因其黑口而以为弘治本，又因商务分店职员言弘治本为总馆登报征求未得之本，遂视为奇货，且谓有人劝其影印，仿《四部丛刊》本式样，必能致利。但龙出《四部丛刊》本逐字校勘，已毕十一卷，并无佳胜，与《四部丛刊》本所采补序文之本，虽同为明黑口本，行款亦同，惟文奎本误字甚多，即以序文末句而言，《四部丛刊》本"大理评事四明楼郁书"，此本"事"误作"寺"。兹将第一篇不同之处另纸录呈，希与影钞宋本一校其不同何如。《两京遗编》适为人借去，须数日后可还，不能即校。惟此为八卷本，当有不同。文奎本目录上有"朴学斋"、"叶树廉印"、"石君"三印，卷末有跋云："世所刻者止八卷，此本多九卷，真善本不易得也。长武。"两行，是明本中之别一本，不能获其源流，一俟全书校毕，当并摄取一景寄呈审定。是书文奎与《演繁露》共价二百四十元，得之修文，如长者有意购留，请酌加若干，约示一数，如馆中决不留，当为代定也。《客座赘语》、《金陵丛刻》所据即同此本，亦有图。修文因遇新年尚未过来，俟议价后奉告。

舍弟廷翔事难望有成，命运所致，无可如何，而高谊不敢忘也。旬中两接家报，谓廷翔闲居年余，忧郁成狂，不食不眠，势甚危笃。医治后不知能否转机，倘一旦告痊，尚须求长者别为图之。心头闷捐，不知其言之不情矣。复请著安。姪龙顿首。三月二日灯下。

（中略）

《四部丛刊》所采序文之本,其全书何在?昔景郑曾借录孙氏小绿天所校明残本二卷,孙氏未注明何刻。窃疑《丛刊》所采序文之本,或即孙氏据校之残本。明本中较善之本,一嘉靖沨阳周氏所刻,抱经已校过;一天水王道焜所刻,则孙星华亦已校过(见江西刻聚珍板书)。此又不知何刻矣。景宋钞本必胜诸刻,不知第五十五篇及五十六篇首三百九十六字、第七十五篇中一百八十字、第四十八篇中廿四字、又第三十五篇之缺误能否完正,甚念。

适园书已到,尚未往阅,俟有所见当续告。杨文莹藏书亦散,有二百种,归稽古,闻亦有精本云。又拜。

乔估到沪似在接洽。随庵所藏,又不知别有得否?如有书林珍闻,尚希见示,则诸贾携书北来或不致为所炫惑耳。又拜。

(《顾廷龙文集》,第749～751页)

【30】1939年3月9日

起潜吾兄鉴:奉二日函并校记一纸,知所传黑口本实为明初无价值之本,舍旃舍旃。明抄本楼郁序、楼郁题名在文前无结衔,第五十五篇及五十六篇首所阙,明抄正短二板,第七十五篇一百八十字不缺,第四十八篇板烂廿四字,第三十五篇无缺误。另一孔荭谷校《大典》本,其底本亦黑口九行,行十七字,却与京中所传本不同,不如聚珍本,而孔校则已据《大典》本完全改正,故涵芬二本并美,皆非他本可及也。《客座赘语》既无特异之点,亦姑舍旃。杨氏丰华堂之书早已售罄,近来京客南来,无甚大批新得,必造作谣言,谓有某家珍品收到,却将旧存不销之书趁机倾销,如上海拍卖场之所为正意中事。南中时有佳品出现,却无大批。我辈亦利其无大批,可以分段筹资,不至目不暇给,但亦往往有望洋兴叹之苦,盖积之多则零星亦成巨款也。钱氏所存《方舆纪要》山东八册已有信来,仍健在,不日可以设法寄沪,特以奉慰。即颂日祉。弟葵顿首。廿八年三月九日。

【31】1939 年 3 月 15 日

起潜吾兄再鉴：昨在中国书店见严铁桥手写《说文翼》稿本下册（逸其上册），精美可爱（精楷精篆），但已为通学斋以二十元廉价购去（中国书店不知是原稿），邮寄北京，求之不得。吾兄得信后，望至该店问有新到之书否，如见此书，务乞为弟留下。但通学斋孙君颇知书，恐其居奇耳。上海方面如有图书馆组织（私人事业，性质在公益方面），需要编纂校勘人才，吾兄愿意图南否？每月须有若干金方可敷用？移家需费用若干？幸斟酌示我。即颂俪祉。弟葵顿首。十五。

《艮斋集》三《落帆楼文稿序》："子惇作字，模范钟、王，而偏旁点画必蕲合于六书"云云。观此知馆中所收地理志残稿，其精楷皆沈氏所书。前承询及顷始检得之。起潜吾兄鉴，葵启。

附：1939 年 3 月 21 日顾廷龙复先生函。云：

揆初老伯大人尊鉴：奉三月六日手谕，敬悉一一。《春秋蕃露》得评示源流，为之豁然。文奎所收黑口本与《两京遗编》大致相同（亦有一二异字），而与涵芬藏孔湃谷校《大典》底本，虽黑口行款并同，而一正一误，相去甚远。文奎所收是一劣本无疑矣，傅沅老称孔本胜于《两京遗编》本，甚是，亦即胜于文奎本。《四部丛刊》本补序一叶即采自孔本者，据"大理评事""事"作"寺"一字，足证两本之霄壤矣。

《客座赘语》曾为议价，许其六十五元，已允，价尚公道。而其书为傅氏重刻后校，可缓图。如重其原刻及湘文先生手跋，欲备一格，亦无不可。倘长者以为价不甚昂，尚有意于此，当令寄上，便希示及。（此书为修文堂与文殿阁合夥者，今修文主人孙实君又赴沪上收货矣。虽与议价，并未定夺，不欲留亦不妨也。）

《清实录》初未流通（闻祇印三百部），近有厂肆可设法，价约千八百左右，平中公私所藏有五、六部，敝馆在物色中。窃思沪上之习前朝旧闻者亦不乏人，不识能见此书否？公私藏家有此者否？如尚无所藏,似可设法合留一部,以惠士林,长者其有意乎?

来薰所得书无特异者,惟有吾乡陈培之先生手批《广韵》甚佳,索价四十元,其他各种其价均昂,议价殊不易也。《方舆纪要》曾托宾四夫人函其夫弟速谋归赵,久未晤见,不知回信如何。今奉来示,得知安好,为之大慰。匆复,只颂著安。侄龙顿首。廿八、三、廿一灯下。

(《顾廷龙文集》,第751~752页)

附:1939年3月27日顾廷龙复先生函。云:

揆初仁丈大人尊前:日前奉十五日手示,拜悉一一。星期六下午无事,即入城往通学斋检阅近收各书,一无所得。旋见墙角有中国书店新到邮件四十余包,即属夥友拆视。拆至第四包,而《说文翼》果在其中,惟以耀卿尚无价目寄到,未曾索价,龙即欣然携归。此去不先不后,乃为访获,展转南北,终归高斋,是铁桥先生灵爽不昧,自投其托之所,有奇缘也!此稿篆楷精整,的是手稿。编纂体例实为窭斋之先河,为所拟撰长编之第七种(《答徐星伯书》所附著述目,此种未注已刻),逸去上册,殊为可惜。然据《清史列传》称其已佚,今得残帙则亦幸矣。俟价言妥,当即寄上不悞。

承询一节,编纂校勘之事乃龙夙好,此间所为虽近乎此,但杂务丛沓,不能专注,不能从容,故龙既服务图书馆而又司采访之职,人佥以为可多读书,岂知不然。一书把手,序跋尚不及全阅,走马看花,虽多奚益,欲求横通而不能,终成吴谚"挨米囤饿煞"之诮。倘有稍可安心校读之机会,求之不得;且自亲朋星散,感切尊鲈,言旋海上,既可时聆教益,而与至亲亦可相会矣。至月用一层,现在此间百廿余元,出入差抵。然日来物价腾贵,终虑不敷,暑后即增,恐仍拮据。南北日用,想必相仿,惟房租一项,高下甚大,若租四、五间,恐即须五、六十元(至少有四间,须得一间以安砚席,而残书亦有寄焉)。他若小孩学费,似亦较昂,兹就目下所用益以房租,估价即须有二百余元方可敷用,非敢有过分之望。逸家须费约四百余元(四人川资有行李书籍运费)。素蒙关垂,倾其腑肺,尚祈相机图之,无任感祷。

今日有书友送来两种,甚好。一为沈学子批《韩昌黎诗集》,工楷,似为手笔,亦通学自南得来,索价四十元;一为《四库表文注》,无撰人名氏,察其笔迹,乃李仲约手稿,迹其所自,知由李劲庵(仲约孙)押出,今已逾限矣。惟林朴山亦有《四库表文笺释》(嘉业堂刻),且谓尝见李仲约注本,互参闻见,相较之下,尚有详略,索价二百元(振文斋旧为来薰阁夥),馆中尚未定其去留耳。通学此次所收,多有汪云荪藏印,间有手批。汪氏里贯未详,长者知之否?虽多明本,皆普通之品,无可取也。修文、修绠、文殿、文奎、文禄竞趋沪上,尚不知有所得否?复颂著安。侄龙顿首。廿八、三、廿七灯下。

(《顾廷龙文集》,第752～753页)

【32】1939 年 3 月 30 日

起潜兄鉴:奉廿一日手书敬悉。《客座赘语》已承议定六十五元,请嘱寄来,为保存湘文先生遗墨,决购之。以前尚有一函询兄,如沪上有类似燕大图书馆机会,兄能否屈就,所需报酬如何,希即示复。此为绝对有望之公共事业,与弟有深切之关系。故弟负有养贤之责任也。即颂俪祉。弟葵顿首。廿八年三月卅日。

【33】1939 年 3 月末

起潜兄鉴:前闻《清实录》只须缴费一千元即可颁给一部,所谓一千八百云云,必有过手人润利在内。鄙意三百部一时销完必不易,尽可从容设法(一千一部须三十万元),望再调查。即颂日祉。弟景葵拜上。廿八年三月杪。

【34】1939 年 4 月 3 日

起潜兄鉴:奉廿八日所发复示,欣悉一切。弟因鉴于古籍沦亡,国内公立图书馆基本薄弱,政潮暗淡,将来必致有图书而无馆,私人更无论矣。是以发愿建一合众图书馆,弟自捐财产十万(已足),加募十万(已足)。(此二十万为常年费,动息不动本。)又得租界中心地二亩,惟尚建筑基金,拟先租屋一所,作筹备处。弟之书籍即捐入馆中。蒋抑卮君书籍亦捐入之。发起人现只张菊生与弟二人,所以不多招徕,因恐名声太大,求事者纷纷,无以应之也。惟弟与菊生均垂暮之年,欲得一青年而有志节,对于此事有兴趣者,任以永久之责。故弟属意于兄,菊生亦极赞许。今得来示,有意南还,可谓天假之缘。所示待遇一节,克己之至,必可在此范围内定一标准。弟意尊眷现在南来,虽出五六十元亦无屋可住,弟所拟租之屋,可以作馆员寄宿及住眷之用。在新馆未成以前有屋可住,则除去租费,酌定月薪若干(大约为一百五六十元);新馆成则须自租屋住,届时再酌量加薪较为两便。至迁移费则可照尊示另送。现在所拟租之屋尚有纠葛,不能定准何日可以起租,一有起租把握,即行飞布,特以密闻,乞先秘之。《说文翼》务请代为留下。沈批《韩集》能否寄阅?《四库表文注》则馆中倩人一抄足矣(如馆中不欲,乞为代抄,费由弟寄上)。匆匆不尽。即颂日祉。弟葵顿首。廿八、四、三。

附:1939年4月10日顾廷龙复先生函。云:

揆初仁丈大人台坐:叠奉三谕,拜悉种切。玄黄易位,典籍沦胥,有识之士,孰不慨叹!一旦承平,文献何征,及今罗搜于劫后,方得保存于将来。长者深谋远虑,创建伟业,风雨鸡鸣,钦佩奚似。龙自毕业之后,自顾空疎,力持孟子之戒,不为人好为之患,遂托迹佣书,浏览适性,劳形终日,浮沈六年。茫茫前程,生也有涯,心有所怀,无以自试。尝一助舍姪经营《禹贡》,方具规模,遭变而辍,殊深惋惜。窃谓人不能自有所表现,或能助成人之盛举,亦可不负其平生。兹蒙青垂,折简相招,穷寂之中得一知己,感何可言。菊老素所仰慕,曩在外叔祖王胜老斋次,曾瞻丰采,忽忽已十年矣。倘得托庇栟櫖,时承两公之诲,幸何如之。柴愚之质,一无所长,惟以勤慎忠实、严自惕厉,生计可维,身心有寄,他日以馆为家,有所归宿矣。不识筹备已能就绪否?规模当由小入大,发起人外别有主任者否?他日趋前亦有名义否?甚念。龙在此间经手之事,须六月底可结束,儿辈读书亦其时期终,故南渡至早须七月中。尊处定夺后,拟早向馆中告辞,俾可聘人。虽学校视职员不重,而馆中主者与龙尚厚,不愿其骤不得替也。

《客座赘语》今日已属修文堂径寄左右。前告《实录》之价(千二百廿册,式如古香斋本)系邃雅、来薰两肆所开,倘能多让一扣则尚不昂。缘闻此书由官费开印,及垂成而费告罄,乃由大老各报效千元,书成即蒙给一部。共印三百部,海东取其半,(闻美国得赠二十部。)分发所余,存者无几,后遂归诸文化机关。因为非卖品,肆中尚未有过。旧家流出,现甚罕闻,但想邃雅、来薰必知有旧家之愿让者,故来探意。或谓是书成本须千三百元,加以运费种种则须千五百元,故鄙意二千能打八折,则甚公道矣。敝馆物色一部,尚未得到,三百年史料取之无尽也。修绠堂近自常熟坊间收得翁氏均斋所出书籍多种,有知圣道斋钞校本及松禅老人手批、手跋之本,惜索价奇昂而皆已刻过。又孝拱手校手钞《定盦文集》定本十四卷(首有蝯叟手跋),残存八卷,至为可惜。余者疑在风雨楼,盖风雨楼曾印补编一册,其文即为所阙耳(想早经分散),索价三百,馆中有意留之而议价尚未能谐。前见沈大成批《昌黎集》,谛视系出过录,非手笔也。若农《四库表文笺注》如能多留数日,必为传钞。孙耀卿尚未归,书价亦未寄到,据夥友推测,大约不久即可北返,故书单迟不开来,当由自带矣。匆复。祗颂著安。 侄龙顿首。四月十日灯下。

(《顾廷龙文集》,第753~755页)

【35】1939年4月18日

起潜先生左右:奉示知于鄙人所拟图书馆事极荷嘉许,且许以他山之助,感如挟纩矣。鄙意组织逾简逾好,大约即以弟与菊老及陈陶遗(彼在江苏声望极隆)三人为发起人,即为委员。委员中或推菊老为主任,其下设总编纂一人,请吾兄作任之,不再设其他名义。总编纂下须用助手(总编纂或称总务),招学生为之。会计收支之类,委托敝行信托部为之,扫除一切向来习气,使基础得以巩固,则可久而又可大。大略如此,以后或有更改,亦不致过于歧异也。至何时可以设筹备处,则全视所欲租之屋何时可以起租。(有无其他变局,尚不可知,因上海租屋,难于尘天。)屋能租定,则可以电请吾兄南来,否则来无住处,亦无办事之处,徒唤奈何。故现在请兄秘密,俟租屋有成议,当即电闻,彼时再与校中说明,至何时可离校,则全视兄之便利而定。弟亦不能过拂人情也。(所谓拂人情者,指不顾校中有无替人而仓卒抢亲之谓也。)匆复。敬颂日祉。弟葵顿首。廿八年四月十八日晚。

【36】1939 年 5 月 5 日

起潜兄鉴:昨发一电云"屋已租定",谅已接洽。请兄即向当局声明觅替,并将何时可以来沪预先函示。此间对于兄之待遇已定如下:名义,总务(或组或系未定)、总务组(名义或主任或其他),其宗旨在委员之下设总务,而请兄为总务之首领,其余诸人先归总务统率,以期呼应灵通。薪水,每月一百六十元(房屋除外),自七月一日起支;如兄七月内尚不能来,即将此款为兄在沪开办购置必需品(此事托景郑最妥)。行资,送六百元(因联银跌价),先由敝行划奉,即乞查收。余不多及,盼示复。即颂日祉。弟景葵顿首。廿八年五月五日。

附:1939 年 5 月 16 日顾廷龙复先生函。云:

揆初老伯大人尊右:奉电后已复一缄,计可先达。十三日由沈君转到手谕,拜悉一一。川资优厚,感何可言,现暂存贵支行,用时再领。龙已叠向馆中主者声请觅替,不意挽留甚切,伯乐一顾,声价遂倍。拟再婉辞,缘相处多年,不敢操急,致伤感情。在龙权衡两事,此间不过众人待我,而于长者有知己之感,没齿不忘。是以亟欲得如趋前之愿,便中乞赐一见召之函,言盼龙一放暑假即行之意,俾可持去再辞(因馆中坚属龙向长者函辞)。预计结束一切以至成行至少须在七月中,当以能早行为是。馆名已否定夺?如果纯收古籍,命名似可取一于此略有关切者。又将来馆中如名义不拟多设,则暂时可不分组系,即以总干事之类之名目统之,尤为简捷。管见无当,姑渎清听。新屋地点何在,便希示及。龙离沪忽将十年,路途恐皆不复认识矣。

闻修文、文殿在南翥得常熟赵氏天放楼藏书全部,未及北来,即在沪转售他估矣,不知有所见否?前赴沪办货诸贾,因汇水之大,利无可图,络绎言归,但异本一无所遇。孙耀卿大约不日即返,《说文翼》至今未定价格,其将居奇无疑矣。余容续上。祗请著安。　侄龙顿首。廿八年五月十六。

(《顾廷龙文集》,第 755 页)

【37】1939 年 5 月 23 日

起潜吾兄台鉴:奉函敬悉,此间筹备处已租定辣斐德路六百十四号,馆名合众,因希望社会中坚"众擎易举"之意。惟一切事宜全仗执事到后布置,尚望迅速料理,务于暑假开始即行南下。盼切盼切。立盼立复。即颂日祉。弟景葵顿首。廿八年五月廿三日。

【38】1939 年 5 月 25 日

起潜兄鉴:前日奉复一笺,此间各事均已备妥,专候兄来,即可开始办事务。望暑假开始后即行南来。燕馆是已成之局,而敝处则百端草创,得人为难。将来文化合作彼此互助之处甚多,目前则恳求燕馆让贤,俾敝处得以成立,想为文化界所深许也。何日放行,尚祈迅赐电示,至盼至祷。《清实录》此间亦可设法觅取一部。《说文翼》望携之而来,上册在张芹伯家,延平剑合,非难事也。即颂日祉。弟景葵顿首。廿八年五月廿五日。

【39】1939 年 6 月 1 日

起潜兄鉴:连发两快函,想已接到,此间专待贲临办事,愈速愈妙。望将行期电示,薪水自六月份起,今日已收到一百六十元,代立顾潜记特别往来折一扣存弟手。尊寓应先备各物,最好开示一单,或托博山昆仲代办均可,用款即在折内支取。候示办理。即颂日祉,弟景葵顿首。廿八年六月一日。

【40】1939年6月7日

起潜兄鉴:奉电及卅一函,欣快之至。轮舱难得,应预托人定好。敝平行亦可代托津行办理,请与沈范思兄接洽。此间租屋临街,极为宽敞,现在空无一人,空无一物。派朱君子毅(湖州人,习法律)看守,此人为弟司银钱多年,将来可充收支庶务之任(兼任可省开支)。其余均待兄到再行布置,俾有统系。(弟意兄之下考取学生写手若干人,即可指挥。)新屋租期两年。弟意只须置书架应用,将来材料可改作。至于永久计划,仍须从建筑新馆上著手。目前认为临时可也。即颂日祉。弟葵顿首。廿八年六月七日。

现在行李检查极难(青岛检查尤严),布置须觅有经验人预商之,书籍古物尤须留意(书籍以邮寄为妥)。

【41】1939年6月9日

起潜兄鉴:前日复一函即得二日快函,欣悉。薪水于六月份起支,即以代沪寓布置各费已详前函。昨与博山昆仲商定,尊眷到后,暂在潘宅借宿,再从容布置,办法极妥。已嘱径与兄函洽矣。(租屋甚宽,尊居不加限制,到后自定,至少三间可用。)校中所求之江兼课事,鄙意难以允从,因敝馆几乎是独脚戏,时间万难分割。天下事专则有成,分则两误,望吾兄婉却之。将来燕馆合作之事尽多,不患无联络之机会也。兄之书籍如先寄来,可径递辣斐德路六百十四号合众图书馆筹备处朱子毅先生收。馆中器具一切未办,均待兄到再定。建筑则更属后图矣。《金声玉振集》虽罕见,但内容无甚足重,且均删节本,目前有数百元可以得极珍贵之前人著作数种矣。菊生近不购书,东方图书馆亦无形停顿。即颂日祉。廿八年六月九日。

【42】1939 年 7 月 21 日

送上书目四册,自文字起,至白字止,共八十四箱,连书架廿八只,准星期日上午运至尊处,钥匙随箱同去。即颂起潜兄日祉。弟葵顿首。廿八年七月廿一日。

【43】1939 年 8 月 17 日

菊老来函奉阅,编目一遵四库定例,宗旨相同。惟中国文化日渐发展,新出之范围不仅哲学一门难于归纳,譬如敝藏所有《殷墟书契》各编,既不能归入小学,又不能归入金石。又如《汉晋西陲木简》,非金石,又非雕刻。又如《安阳发掘报告》,及《城子崖》、《貔子窝》诸书亦不能以地理古迹包括之。又如各种学报、各种季刊周刊之类,似非丛书。又如教育学、心理学、美术学之类,亦在国粹范围以内。中国地质地文之类,非地理所能概括。细思问题甚多,望兄详细思之,就所得酌定一目,再与菊老讨论定局为盼。敬颂起潜兄著安。弟叶景葵顿首。十七。木犀轩目奉缴。

【44】1939 年 8 月 17 日

顷已与抑卮先生言明,可以请兄帮忙理书(因其侄每星期不过一二日工作,所以迂缓)。弟约以每日下午可先至抑兄处接洽一次,再行定期。起潜兄。弟葵顿首。十七。

【45】1939 年 8 月 17 日

营业执照事如再来,请嘱子毅与信托部襄理李英年君接洽。法界并无定章,可由董事随时制定法律。因捐票漏写"筹备处"三字,须费一番唇舌,惟如登记亦不甚啰嗦,能不办尤妙。已嘱英年先生与下层人接洽矣。致陈信附上。起潜兄。弟葵顿首。十七。

【46】约 1939 年 8 月

信稿及简章酌易数字送上,即请转恳前译伯希和函之贵友代为译法。

【47】1939 年 8 月 20 日

送上明抄本《隶释》、李南涧校《隶释》、桂未谷校《隶续》、董酝卿校《金石录》及《戏鸥居词话》一册，共五种，乞查收。影印《四库全书》，敝藏无之。书一包俟阅过缴上。起潜兄。弟叶景葵顿首。廿。

【48】1939 年 8 月 24 日

顷送上书箱十二只，架子四个，皮箱三只（无目无锁，皆普通书），又书五包（总理衙门档案三包，《晋书斠注》二包），乞查收。函内附书目十二纸（舒向金玉渊海卿云黼黻河汉），又钥匙十二个并收。此致起潜兄。弟景葵顿首。廿八年八月廿四日。

【49】

《长术辑要》的系稿本（《埤仓》一本留抄），价极便宜。书目二本加"○○"附还。（无甚必要之书应酬而已，不应酬则好书不来。）合众图书馆顾先生。

【50】1939 年 9 月 1 日

送上郑君①单内之元写本《目连宝卷》一册，又原押据一纸，转期据一纸，请将全书照目检出，将来连书目及押据等一并照交，至收款办法及送书地点容再奉洽。此致起潜。弟葵顿首。廿八年九月一日。

【51】1939 年 9 月 3 日

奉还《泽雅堂文集》六册，诗集系两部，弟留一部，其一部六册奉还。又奉还《傅氏女科》，系九芝先生笺注原稿。又薛先生诗集抄本已校讫。又尊扇已写坏，不敢自揽其丑，仍奉上，否则顾画将埋没矣。起潜兄。葵。三日。

【52】1939 年 9 月 7 日

《歧韵备览》确系手稿，但其书内容已落伍，不足留存。敝藏之

---

① 指郑振铎。——编者

《历代帝王统系考》,亦枚庵手抄未刊稿,祇品价三十二元(八十元,四折),文殿居为奇货(鄙意不过值六七十元),不知是辽东豕耳。起潜我兄。弟葵顿首。七日。

【53】1939 年 9 月 8 日

先叔浩吾公瀚劬学五十年,生平著述甚富,大半未付刊行。弟竭数十夜之力,已大致整比就绪,均送入馆中珍藏,请兄暇时再为整理一过。如《墨辨斠注》、《墨子诂义》、《老子古谊、新谊》、《灵素十二经脉考》之类,可列专著,其余各稿可编为《晚学庐丛稿》。其重出者可以删汰。散片应设法装钉,共三包,暇时乞写一目交下,以便通告其门弟子。盖及门均以刊行为嘱也。此致起潜兄。弟葵顿首。廿八年九月八日。

【54】1939 年 9 月 11 日

送上牛角图书[章]一个,已付以四十元,因角章亦由福厂预备也。此款便中支还弟处。又《说文通训定声》四本(系前箱遗漏者)。又书三箱,收到后原箱带回。此致起潜兄。弟葵顿首。廿八、九、十一。

【55】1939 年 9 月 17 日

致叔谅函稿改正数字送还,乞交子毅。又馆中基地捐费须付一百九十三元四角,望在开馆折内支取,送交敝信托部可也。单一纸附上。起潜兄。弟葵顿首。十七。

【56】1939 年 9 月 17 日

陈叔谅复信送上乞洽。罗镜泉《辀轩录》云新城人,但各著述皆云钱塘人,应再审定。《直介堂丛刻》可向抑之借阅。诗稿恐未刊过,杨氏之说无徵。起潜兄鉴。弟葵顿首。

乔贾又送来《南朝会要》、《敬亭年谱诗文稿》(自订年谱,玄孙宗约补,家刻。太仓沈起元。八卷、四卷,乾隆甲戌刊),请查有刻本否。

【57】1939 年 9 月 22 日

送上书两包(一《知希庵稿》,一《唐纪》等),又磁合印色两合,乞查收。又陈子彝《吴郡金石文字钞跋尾》一纸望订入原书首,以正唐跋之误。即颂日祉。起潜兄。弟葵顿首。廿八年九月廿二日。

【58】1939 年 9 月 22 日

恽衷白《知希庵稿》原本四册,新钞四册,乞复校。原本系王欣夫物,校后径还之,欣夫所题请兄写入卷首。起潜兄。弟葵顿首。廿八年九月廿二日。

【59】1939 年 9 月 26 日

欣夫送来《礼记注疏》姚春木校本半部八册,乞查收。丁秉衡钞校《靖康稗史》,欣夫欲借原本一对,望付之。又《千金方》半部十六册恐原箱遗漏,特送上,乞查明归入。此致起潜吾兄。弟葵顿首。廿八年九月廿六日。

颉刚夫人已来过,此事已托敝平行代办。渠将赴滇,嘱将收条交兄,以后代取并闻。

【60】1939 年 9 月 26 日

起潜吾兄鉴:丧明之痛,诚哉难遣,尚祈勉副达观,并安慰尊夫人勿使以忧戚致疾,是所至嘱。款壹千元交子毅奉上,即祈收用,余面罄。敬问起居。弟葵顿首。

【61】1939 年 10 月 5 日

来书两包,又《说文翼》一包,原单三纸送上,乞查收。张校《文选》是佳书,惜不知所据何本,俟全书复勘后再商。此上起潜兄。弟葵顿首。廿八年十月五日。

【62】1939 年 10 月 11 日

前日来函及书一包收悉。《文选》虽未能确实提出证据,但为张敦仁对校考异之亲笔,有八九成可靠,百元不肯可照七折(加十二元),再多则不值(因原校未完了)。《昆山郡志》、《铸学斋丛书》可留,价请酌定。《畏垒笔记》留下录副(字极少),余二种可割爱。《埤苍》辑本已抄就,连原本并送上(原单并附)。起潜兄。弟葵顿首。廿八、

十、十一。

【63】1939 年 10 月 25 日

欣夫送来《礼记注疏》校本一包,乞收入。欣夫言群玉斋尚收得常熟来抄本一批,不知见著否。外书一包,送合众图书馆顾先生。

【64】1939 年 10 月 25 日

欣夫送来《礼疏》校本十二册,兹奉上,乞查收。乔贾送来《常谈考误》(周梦旸著)、《筠斋漫录》(黄学海著),均万历本,请查各书有无著录,示知为幸。此致顾先生。叶揆初。外书一包送合众图书馆顾先生。廿八、十、廿五。

【65】1939 年 10 月

潘士林来,如有需抄之件,可与面洽。葵。起潜兄鉴。

【66】1939 年 10 月 30 日

潘士霖已与说妥,渠家住沪西,因晚间环境不良,故非回家不可,早八点到馆,晚六点散值,午饭自出外吃,有脚踏车,来往不致误公,月薪四十元,已与约定试办。明日赴法院辞职,如一号不能到馆,薪水可按日扣算。特与此函为凭。此致起潜兄。弟葵顿首,卅。

【67】1939 年 11 月 1 日

缮写生潘士霖顷遣其进谒,请兄面加考询,并问其志愿,即行当面决定可也。此致起潜兄鉴。弟景葵顿首。辣斐德路六百十四号合众图书馆顾先生。

【68】约 1939 年 11 月

《宣统政纪》容向刘氏借阅,《沙水需言》(清初人)及《观庵无斋集》(明人)均无可取,但皆稿本。潘士霖遗缺可请菊老访求。揆复。

【69】1939 年 11 月 9 日

示悉。《香岩小乘》即照三十五元付给,不算价贵,究系康熙间物也。《郑堂读书记》,拟嘱其将全部寄来一阅再定。《石渠续编》、《达叟文稿》留,余书乞交下。《说文群经正字》系邵君手书,敝藏有邵氏

《说文引经偶笺》著述残本(忘其名),可以核对,如肯贬价,亦拟留之。昨晚以电话接洽不通,未知因雨损坏也。即颂日祉。弟葵顿首。廿八、十一、九。起潜先生。

【70】1939 年 11 月 9 日

送上书四包(又一包),乞收。《畏垒笔记》原本不记何处借来,似系中国书店。《量仓通法》(入龙箱),《曾南丰集》(入逸字箱)、《物类集说》已列前目之内,余皆新收。《宣统政纪》系向刘翰怡借来,阅毕可再借《光绪实录》。清末要政均在电奏内,燕京所收如有光绪末年及宣统朝者,洵可宝也。起潜兄。弟葵顿首。廿八、十一、九。

【71】1939 年 11 月 11 日

送上《常谈考误》、《筠斋漫录》,已购妥。又《江南图书馆善本目录》校本(校者赵氏,未知其人)四册,似系国学图书馆初次点收编目底稿,可留。当与乔贾议价(索廿八元)。又《来青阁新目》一册看有可选者否。起潜兄鉴。弟葵顿首。廿八、十一、十一。

【72】1939 年 11 月 14 日

(黄纸《谐声谱》乞交去手带下一部)送上曹元杰先生致李拔翁原函一件,新闻纸《丛书集成》承李、曹两公格外通融,照售价减半,实付三百元,已嘱承情之至,可以遵办,望持原函送款取书,并道谢忱。至《(四部)丛刊三编》,存书不全,已承李拔翁函致分馆照配,仍须预定一部,亦照售价减半优待,尤为感激。请洽定为盼。起潜兄。弟葵顿首。廿八、十一、十四。

【73】1939 年 11 月 19 日

修绠堂送来《适园丛书》一部,拟留。孔款由乔并算,不成问题矣。送上抑卮先生藏书简目十三册,望披阅,多数日不妨,能印出一分最便(渠目外之书尚不少)。此致起潜兄。弟葵顿首。十九。合众图书馆顾先生收。外书一包。

【74】1939 年 11 月 19 日

再文禄一单拟留《石渠续编》(至多可五十元)、《达叟文稿》、《郑堂读书记》。此外有无可留,乞示。价须稍减,乞酌一数目示知。

【75】1939 年 11 月 19 日

又乔贾送来《冯太师集.》(宜秋馆刻过)、《绍陶录》(十万卷楼刻过)、《林外野言》(又满麂刻过)、《南唐书》,均庄仲求校本,有无可取。《南唐书》(从箱)所据何本?《南诏野史》(杨升庵杂著刻过)。又汪文盛《后汉书》不全,系何义门校本,价只三十元左右。敝藏系后印本,衔名已挖过。一并送去一查。乔贾约五六日后行。

【76】1939 年 11 月 25 日

《天文主管释义》旧抄、《太乙统宗宝鉴》(此处记有刻本,但查不出)、《局法遁甲》(均明抄),三者皆有存留之价值。惟书既落伍,《天文主管释义》纸已渝敝,《宝鉴》又有传抄,如价廉则可备一格。鄙意估价每本十元,不知孙君意下如何,想非居奇之货也。《楚辞》现有成化本,此可不留,刻印亦不精。《抱经目》当选购。起潜兄。弟葵顿首。廿八、十一、廿五。又。

【77】1939 年 11 月 26 日

兹介绍朱容耨兄诣馆与兄一谈。容兄系古微侍郎哲嗣,极愿在馆习练,待遇条件,弟再与兄面洽可也。此致起潜兄。弟葵顿首。廿八年十一月廿六日。

【78】1939 年 11 月 27 日

外书两包,又一册,送合众图书馆顾先生。揆。廿八、十一、廿七。

【79】1939 年 12 月 1 日

菊老来函,附《宋史记凡例》,此系奇秘之书(不知另有传抄否,乞查),不可错过,已嘱送样本来看。又直隶书局一单却无甚必要者,《范声山杂著》似少见,须要否,乞酌。此外有无可取可径函。致起潜兄。弟葵顿首。一日。朱世兄已来否？

【80】1939年12月2日

送上许校《隶辨》，抄本《习学记言》（有跋），《思复斋初集随笔》，《万历祺祥时宪书》，《养生月览》（应与《养生类纂》合并），《富山先生文稿》（原本还景郑，抄本须校对），又题跋二页归入《养知书屋文集》册首（记得此书已送馆），乞查收。即颂起潜先生日祉。弟葵顿首。廿八年十二月二日。

【81】1939年12月24日

此初稿，请起潜兄核定，如有讹误，乞改正。（附《弢园随笔·跋》，从略，参见本书"书目题跋"）。

【82】1939年12月27日

昨示悉，向涵芬借书单可由馆正式函借，托菊老转交。函中声明可陆续洽借，悉遵该楼定章。群碧三种本在沪，新购妥。余书尚未散出，然非售不可。李苕农书有无批校及稿本，望向燕大一询。送上《中吴纪闻》、《南朝会要》二种，请入藏。起潜兄。弟葵顿首。廿八年十二月廿七日。原单二纸。

【83】1940年1月11日

王宝之原稿送还（内八股二篇是他人作，尚有无关者可删去），附去《律音义》一册，跋与稿不同。邮局已托庶务处代查。外书一包，送合众图书馆顾先生。揆。一月十一日。

【84】1940年1月22日

送上顾千里抄校《国语补音》，请与明本及微波榭本一对，是否影宋抄（顾校鄙见似靠得住，兄谓然否？）又杂抄一册，似失去首页，内中有无珍贵史料。此二书请查复后并原书交下。葵顿首。廿九、一、廿二。又，吴兔床跋一段请书入敝藏《草木子》册（记得有明本及清本）。

【85】1940年1月23日

廿九年一月廿三日，书一包，共四种（桑批《元诗选》在内。前挖去处系印章,疑是馆物),送合众图书馆顾先生。

【86】1940 年 2 月 2 日

廿九年二月二日,《词综》十册(订书人来须修补),抄题跋一册(已校正,即照此寄去),共一包,送合众图书馆馆。

【87】1940 年 2 月 5 日

廿九年二月五日,史序《徐霞客游记》八册望与乾隆抄本及丁文江新印本一校,有无多出之篇?示复。《绘事微言》亦望一核有价值否。段《说文》系马征麟所批(怀宁人,同治间)。

【88】约 1940 年 2 月初

《思复斋初稿随笔》(记已送馆,系祁文恪世长手稿,前误题隽藻),吴云甫《顾诗注》甚精要,可过录一部,兹送上。《癸巳剩稿》暂借。余书共三包,乞入藏。

【89】约 1940 年 2 月初

胡批《左传》三册交下,批校段氏《说文》(原缺第十四册),送上二册请查阅是何人所批。有说详《历代疆域沿革图说》云云。

【90】1940 年 2 月 7 日

送上《三藏志略》二册,请查已否刊印?示复。送合众图书馆顾先生。揆。廿九、二、七。

【91】1940 年 2 月 17 日

廿九年二月十七日,送上书一包,乞收(《一行居集》校对时能将圈点及批词过入最好)。送合众图书馆顾先生。

【92】1940 年 2 月 27 日

《尺木稿》抄完,请兄写一总目,凡二林居已刻者、孙毓修抄者、弟选抄者均作一记号(亦有已刻而重抄者,孙抄亦有之),此书抄费二十二元四角,应由馆支,便中还我可也。此致起潜兄。弟葵顿首。二十九年二月廿七日。外书一包送合众图书馆顾先生。

【93】1940 年 3 月 12 日

送上书四包,内小包中有赵学南赠馆《顾千里年谱》一本,又借用《严九能尺牍》一本。又《靖康稗史》两册欣夫已交与弟,望登记,其余均入藏之书。此致起潜兄。弟葵顿首。廿九、三、十二。

【94】1940 年 3 月 14 日

修书人倪介眉与之说定,月薪十五元,供膳宿,先嘱谒见吾兄即可试用,如彼此不合式可以分手,由兄面定一试用期间可也。此致辣斐德路六百十四号合众图书馆顾起潜先生。揆初启。廿九、三、十四。

【95】1940 年 3 月 15 日

《周易本义辨正》及《华阳国志》均加一跋送还。日记无精彩,其人是寻常官僚,似不足取。叶稿请束笙同年加跋极好。揆启。合众图书馆顾先生。外书一包。廿九、三月十五日。

【96】1940 年 4 月 2 日

廿九年四月二日,文禄堂来书七包,望审查。送合众图书馆。揆。

【97】1940 年 4 月 3 日

廿九年四月三日,文禄堂又来书四包,送请选择。《琴隐词》可留。书四包送合众图书馆。揆。

【98】约 1940 年 4 月初

送李拔可《谐声谱》、《通鉴校记》各一部,又送许石栁《谐声谱》一部。

【99】约 1940 年 4 月初

邓书内有《历代帝王宅京记》抄本,前有竹汀跋,望嘱博山录副,因邓校刻本未录此叙。连筠簃未刻此书。《槐庐丛书》有之。

【100】1940 年 4 月 5 日

送上格纸一包,《灵芬馆诗续集》(或《三集》)有严娘序,乞检来一阅。袁书尚无把握,前途甚刁。送合众图书馆顾先生。揆。廿九年四月五日。

【101】1940 年 4 月 9 日

老友王晋卿奉访,乞招待。渠与兄见过二次,书友中之博闻者也。揆初顿首。辣斐德路六百十四号送合众图书馆顾起潜先生。电话:78537。

【102】1940 年 4 月 11 日

丰华堂尚有残书十余箱,开来一单未全。弟本欲全开后再来看,但书存复旦,非星期不能往检,又不能久存,兹送去,乞于星期日到舍,偕杨世兄同往复旦检阅(渠尚住兆丰墅)。价由兄定(其意不昂),无者尽留可也。起潜兄鉴。弟葵顿首。廿九年四月十一日。

【103】1940 年 4 月 11 日

有旧书百余种,仅开来《大戴礼》及《夏小正》一单,已属聚集不易。兹有介绍信一封(来头系商务同人),请兄往阅,须下午五点以后方在家。此致起潜兄。弟景葵顿首。廿九、四、十一。

【104】1940 年 4 月 13 日

昨日所看书主又来一单,兹送上,望选购之。起潜兄。弟葵顿首。廿九年四月十三日。

【105】1940 年 4 月 17 日

送去书两箱,内有《两河奏疏》、《海塘成案》、《续海塘新志》三部,系严鸥客先生捐赠,应写一谢信。又另单五纸,系拙友大兴黄松丞先生遗书,其子志勤、志勋、志勖奉其太夫人之命捐赠本馆者,亦写一谢信。余系《四部丛刊》、《清儒学案》、《绩溪胡氏学案》,望检阅。起潜兄。弟葵顿首。十七日。令弟廷翔之详细履历请开来。

【106】1940 年 4 月 18 日

王晋卿来,送阅存货总账一册,嘱为选择。兹送上,望阅览有无可选之书酌示为荷。此致起潜兄。弟葵顿首。十八日。

【107】1940 年 4 月 20 日

示悉。杨敬涵君请其相助半日,月薪定四十元,暂无名义,想可屈就。抄件奉还,故宫出版物即定。起潜兄鉴。弟葵顿首。廿日。

【108】1940 年 4 月 28 日

敬乞面交为感,葵顿首。顷介绍杨世兄至馆奉访,乞接待,存书可商运至馆中再会同开箱细阅,较为从容。敬颂起潜吾兄日祉。景葵顿首。廿八晨。辣斐德路六百十四号合众图书馆顾起潜先生。

【109】1940 年 5 月 1 日

《画征录》一册(馆购),《张仲雅文》两册,《东国通鉴》一册,曹君直校《三国志》一部(欣夫物),金陵局本《三国志》一部,望嘱杨君以两色笔迻录(明抄影宋单注本,大字宋体)。录毕即归馆中收藏。起潜兄。弟葵顿首。廿九、五、一。

【110】1940 年 5 月 2 日

书两包(《鲒埼集》抄校本两部)。合众图书馆顾先生。揆。廿九年五月二日。

【111】1940 年 5 月 4 日

书两包送合众图书馆。揆。廿九、五、四。

【112】1940 年 5 月 7 日

抱经堂朱遂翔来书四种,望审查可留否。《西湖渔唱》似可留。书一包送合众图书馆。揆。廿九、五、七。

【113】1940 年 5 月 10 日

前送去《庭闻录》,缺卷五、卷六,居然配齐!奇极!但索价二十元。起潜兄。弟葵顿首。五月十日。

【114】1940 年 5 月 28 日

宋本施注苏诗二十册送阅,阅后即还中国书店可也。(金武祥补校王辑《阳羡风土记》已刻过否?乞查示。)外书二包送合众图书馆。

揆。廿九、五、廿八。

【115】1940 年 6 月 1 日

送上书一包,除《花溪集》外,皆敝处捐赠之书。陈仲恕送兄莽陶拓乙纸,又金涂塔拓一纸(系赠弟者),存馆免遗失,可附人《浙江金石志》。扇面乙个,乞兄摹钟鼎或陶文一段。起潜兄鉴。葵顿(首)。六月一日。

【116】1940 年 6 月 18 日

书两本,望审查。已见刻本者几种,示复为盼。此致合众图书馆顾先生。揆。廿九、六、十八。

【117】约 1940 年 7 月初

前送馆之《苏藩政要》无序及撰人姓名。兹乔贾送来一部有序二篇,望补录后交下。葵。

【118】约 1940 年 7 月初

傅注白华前稿已见过两次,确系真迹,惟采摭故实,绝无心得,当为节子少年时所为。白华诗亦无作注价值,故弃而不收,百二十元亦不值也。葵顿首。

【119】1940 年 7 月 7 日

仲恕嘱还五元二角,乞收。《史钺》一部奉缴。又《嘉禾徵献录》一部,乞入藏,刻本系后人改动,伯刚似未了了。揆。七日。

【120】1940 年 7 月 10 日

孔繁义、孙耀卿送来书若干种,乞审查可留与否。示复。书一包,送合众图书馆顾先生。揆。廿九、七、十。

【121】1940 年 7 月 13 日

送上《君车》砵搨一轴,用后即寄存尊处。此致合众图书馆顾先生。揆。十三。

【122】约 1940 年 7 月

杨见心书内有时文多种(除《东城讲舍课艺》),乞检送,以便消闲。鉴澄旧学极佳,弟与甲午同年,小于弟二岁。两浑。

【123】1940 年 8 月 3 日

中国书店送来南通钱氏所著《周史》及《续后汉书》稿本(稍有缺卷),却未刻过,但内容有价值否不可知。请兄与景郑兄审查一过有无留之价值。(索价五百元,请估一价。)该书系郭石奇购来,迟数日复之不妨。起潜兄。弟葵顿首。廿九、八、三。

【124】1940 年 8 月 9 日

《小学盦遗稿》二册望与敝藏本一校异同,径还中国书店。送合众图书馆顾先生。揆。廿九、八、九。

【125】

《南史》三册居然生入玉门关,写一跋送上。《明书》二册及直隶书局原函奉上,价太高,不能留,请阅内容有无较刻本优胜之处。揆。

【126】1940 年 8 月 13 日

明刻《韩柳集》一箱送上,受潮须晒。赴丰华书有活蛀虫内,乞注意。揆。十三。

【127】1940 年 8 月 17 日

朱遂翔送来《小眠斋读书日札》,索五十元,此即其店中自抄,请审查,如无刻本,可照抄一部,不过四十页耳,可以行书抄写。带去碑拓七包(又书一本)。起潜兄。葵。十七。

【128】1940 年 8 月 26 日

送上来书一包,附去《丰华堂书目》一册,内有《泽雅堂文集》、《东城讲舍课艺》两种,乞检借一阅。吴善总不知其人,内有廖井研遗墨,可留也。敝处甚安谧,勿念。起潜兄。弟葵顿首。廿六。送合众图书馆。

【129】1940 年 8 月 26 日

叔通先生以其叔鄂士先生手校书三种赠与本馆,望作谢函。《抱朴子》,慎懋官本,以平津本校。《意林》,谭复堂依周勤圃本校,较刘氏刻本为完备。《世说新语》,鄂士先生校读本(鄂士先生补校)。起潜兄鉴。揆顿首。廿六。

【130】1940 年 8 月 26 日

《文选》写样曾见过，不足取，兹与《尚书》写样同奉缴。苗迁露著作未刻过，《竹书》校本虽无名，亦甚详赡。两书并计拟不出二百元（近来书价高，不能少给），出口须给若干，乞酌办。示复潜兄。弟葵顿首。廿九、八、廿六。

【131】1940 年 8 月 28 日

送上董会卿书两种，又《聚学轩丛书》一包，乞查收。《汉魏丛书》乞检交一阅。外书一包送合众图书馆。揆。廿九、八、廿八。

【132】1940 年 8 月 29 日

乔贾送来两书，乞鉴定有无价值，《羽琌逸事》似见过。示复。外书一包，送合众图书馆。揆。廿九、八、廿九。

【133】约 1940 年 9 月初

晚间无事请来谈，带回书二包。揆。

【134】约 1940 年 9 月初

函稿甚妥，乞面交菊老。揆。

【135】1940 年 9 月 3 日

书一包（四册），画卷二个（一包），送合众图书馆顾先生。揆。廿九、九、三。

【136】1940 年 9 月 14 日

字一幅，请送姚石子先生。《蔡中郎文集举正》抄本一册（附原本，校后交还），《金石萃编补跋》抄本七册（附原本，校后交还）。送合众图书馆。揆。廿九、九、十四。

【137】

(《杂祥》一册，沈善登撰，知其人否？一元。)[①]桐乡人钟文丞弟

---

① 以上括弧内文字为顾廷龙先生所记。——编者

子,藏书极多,已散失,著有《需时眇言》。

【138】1940 年 11 月 8 日

起潜足下:《十二山人集》奉缴,不第详于安氏世系,且有关锡邑文献(志传墓表均佳),可以留购。杨寿祺近颇老辣,书价请景郑兄与之磋磨。此等书无标准价也(能八折便好)。送上罗纹《廿四史》预约券一纸,即留馆中,并请与商务定书柜一对,所收是否即符(只须查对未印者是否六种)。据拔可言,商务必践约印完,因所销止两部,其一部系商务送陈弢老,出钱者只鲲生一人而已。外书四包,预约券乙纸。弟葵顿首。廿九、十一、八。

【139】1940 年 11 月 9 日

有人送来一书,甚奇,既非《图书集成》,又非《图书编》,板口无书名,亦无页数。(《全礼图》第一册有"图书编"三字。殿板开化纸。)《天文历算》廿二册,《堪舆》十二册,《全礼》二册,共三十六册。乞与景郑审查是何书(总在康雍以后)。又《周史》一包,昨日所漏,顷已全送去。起潜兄。弟葵顿首。九日。陈永青拟乞尊著《陶文》,不知尚有存否?

【140】约 1940 年 11 月

《癸巳剩稿》抄本及原本送上,校毕径还博兄。乔贾送来《蜕石文钞》与刘刻有无不同之点,乞查示。弟葵顿首。

【141】约 1940 年 11 月

书三种收到,欣夫送来胡绥之集三册,正在披阅。《抚浙草》及《潜夫论》当由弟与石奇议价带回。书三包乞收。两浑。

【142】1940 年 11 月 21 日

送还《王荆公文集注》稿一册,乞转交。又章彦威信乙件,可由兄复一信,谓弟意极欢迎寄存,倘渠处决定,即将馆提前建造。中国书店郭石奇又来请求,弟已拒绝。沈书谅不能成,否则亦为他家分割耳。杨书款尚未付,此书拟归馆买,但馆中购书款现不知有余否?如合下月五百元凑足之,敷用否？乞示。起潜兄。弟葵顿首。廿九、十一、廿一。

【143】1940 年 11 月 22 日

送上《燃藜室记注》三十册,续八册,与前次所送之前集十九册合为一书,已成全璧。葵顿首。廿九、十一、廿二。心白先生之家书,弟可销五十册,请其径送行。外书两包送合众图书馆。

【144】1940 年 11 月 27 日

王惺斋《汉书正讹》一册,《通俗字语编音摘抄》一册,《经济特科同征录》一册,《甲午辛丑中俄交涉文电评注》九册,共一包。送合众图书馆顾先生收。

【145】1940 年 11 月 29 日

冒鹤亭交还王校《淮南》四册,送合众图书馆。揆。廿九、十一、廿九。

【146】1940 年 12 月 3 日

文禄送来《世庙识余录》,请查有无收留之价值。赵君闵讣、馆屋图均请收入。外书一包,镜一面,送合众图书馆。揆。廿九、十二、三。

【147】1940 年 12 月 6 日

送上书二种,乔景熹信一封。《诗故考异》有无刻本？乞查示。另潘书一种,望与景郑一阅,需收回否？起潜兄。葵顿首。廿九、十二、六。

【148】约 1940 年 12 月初

外书一包,又一箱,送合众图书馆收启。又刘培余先生送《续文献通考》一箱,望复信谢之。此人为翰仪之弟。此书是其父所著。叶。

【149】1940 年 12 月 26 日

《慈湖遗书》传书堂有一部,由弟经手,售与涵芬楼,已烧却。

当时马一浮先生曾影抄一部,谓从未见过,其罕见可知。索价六百,能否打七折,拟还以四百元再慢慢磋磨。书价既贵,只好拣而又拣,买得少了。大观堂康熙刻本虽少见,但三百元实无法还价(百元或百廿元则可留),此种书或尚可遇之。除《慈湖》一册外,余均送还。演说稿极妥。刘刻《史》、《汉》、《三国》,弟均无之,抑尚记得有的,但多要一部亦不妨,可索取之。起潜兄。弟葵顿首。廿九、十二、廿六。

【150】1941年1月6日

曹氏医书四种及《普济本事方正续》(极佳之书)价共二百十元,由弟自购奉上,支票乙纸乞转账(《慈湖遗书》可允以四百元)。此五书以时价论可谓便宜之极,但中医书已无人问津,故价不能高耳。《读说文札记》,是否翁广平不详。翁字记曾见过,不能记忆,亦不知是否别号。《紫珊石笺补正》可由馆自留,其债似以七、八十元为公允。另奉上书五种,皆佳。葵顿首。六日。①

【151】约1941年1月初

中国书店送来王石臞父子校("引之曰"凡三见,似亦石臞写)本《荀子》,佳甚,惟残蛀殊甚,不知倪君能补缀否(仍须毛钉,须细皮纸补)。价未议妥,但决留。

【152】约1941年1月初

《补松庐文抄》,校对后原稿交下。《农隐庐文抄》,入藏。《虹玉堂文抄》、《藿田集》(馆中有否,乞查)。吴刻《韩非子》、阮刻《钟鼎款识》、《续古文苑》,此三书刻于何年,查示。

【153】约1941年1月初

来价有无折扣(能七折或八折否),鄙意留郑氏两册,虽不全,却精当,大全纂内容无价值。揆。

---

① 参见《顾廷龙日记》考定日期。——编者

【154】约 1941 年 1 月初

捆书包之短绳,望检不用者交去手携至家中,以便续捆。家中书尚有不少也。起兄。葵。

【155】1941 年 1 月 12 日

书一包奉还(原单附缴),价极廉,除《长历钩元》可不要外,余均佳。前单《师二宗斋读易》,查系关絅之之父关棠,号季华,在湖北游幕极有名。与陈蓝洲先生友善。抄者为谢凤孙(非亲笔,其女所书),其子在敝行。谢为乙盦先生西席,拟托陈、关、谢各题记,以增重之。起潜兄。弟葵顿首。十二日。鄙寓 76 号内 23 号房间。

【156】1941 年 1 月 14 日

送上书两包:(一)《求是堂诗集、文集》,(二)乔景熹书十种附原单,内有景郑书,欲收回否?馆中可留者何种?乞审查。漱六编恐未全。送合众图书馆。揆。卅、一、十四。

【157】1941 年 1 月 18 日

余杭孙和叔先生(树礼)为吾杭耆宿(光绪十一年乙酉举人,丙子夏卒),年九十始寿终。顷其家属以文集稿二册、诗集稿十五册,皆先生手书,介陈叔通丈送捐本馆。集稿于杭郡掌故颇有关系。先生生平行谊详见叔通所撰八十寿序,经先生手抄并有删正,亦附入文集之首,收到后请写一正式复信,托叔通转致其世兄,以答其捐赠之厚意。此致起潜兄。弟葵顿首。卅、一、十八。孙世兄长号成伯,次号欣仲。

附:同日顾廷龙致先生谢函,云:"先哲精神,集于一库,文字丙舍,付托有所。它日者后生展诵,可增交山之仰;苗裔摩挲,用慰先泽之思。"

(《顾廷龙日记》)

【158】1941 年 1 月 31 日

文禄寄来《守山阁丛书》十四包,送上。过录毕即送交富晋。此致合众图书馆。外书十四包。揆。卅、一、卅。

【159】1941 年 2 月 14 日

送上《诗说解颐》一部,乞查价值如何(抱经堂)?又沈范思信乙封。起潜兄。弟葵顿首。卅、二、十四。

【160】1940 年 2 月 19 日

兹有老友邓骏声先生,系群碧之堂弟,欲披阅先世手泽,特为介绍。乞将所藏供给阅览为荷。此致辣斐德路六百十四号合众图书馆筹备处顾起潜先生。景葵启。卅年二月十九日。

【161】1941 年 3 月 29 日

向翰怡借得《袁爽秋日记》一册,皆庚子就戮以前之实录,请阅后送还之。闻翰怡言《中国日报》新近登出,不知此报见过否?又闻叶浦苏拟付刊,亦不知叶为何人。起潜兄。葵顿首。廿九。

【162】约 1941 年 3 月 29 日

王文勤以黄老之术自全,在枢廷时暗中斡旋之功颇多,而委蛇逊顺、人云亦云之误事亦不少,生平不轻动笔(弟曾得见数次,从未见其笔迹),既无日记,亦无存稿,终日惟水烟袋作伴面已。故从未闻有藏文勤书札者,可决其无遗稿。外任之奏牍不知有存者否(湘抚有亦例行,枢廷大老可以不留只字),其子孙颇不能守成,恐亦丧失矣。袁日记朱校似系刘恭甫(寿曾)手笔(此人不甚高明,即裁割《宋会要》原稿之人)。杨抄误字并不多,惟草书不甚有根柢,往往以意为之。李稿廿一巨册如价能大减,馆中似可留,酌之。弟意至少总须六七十元。杨书尚有四种漏送奉上。葵顿首。

【163】1941 年 4 月 15 日

昨估寄书一包,送请审查。《说文理董》,查国学图书馆本,是否止六□。此本自七卷起,当是艺风抄本,已否刻过,有无流传?如系罕见,则□影抄一部。因三百元之价太昂,渠等载至北京,如售一百五十元便上算,决不肯过于贬价也。《蜜梅花馆文》有无刻本?余二种似已刻过。前致伯希和书有无底稿?请再依样作一说帖,致法领事,以备先托人译成法文。陈莱青所捐五万元,已交到,在中华民国乃罕见之事,复信稿底送上一阅,可存案。自行车如空,望再来搬书。起潜兄。葵顿首。卅、四、十五。外书两包,内一包系敝藏送馆者。

【164】[①] 约 1941 年 5 月初

《方舆纪要》跋写就,自问尚无自欺之语,共七页,请钉入首册(原有连史纸副页,可去数张),先送还第一函,余十九函便车带上。《石湖集》无意味,即所谓李醒斋定本也。葵顿首。

【165】约 1941 年 5 月初

(《全上古三代文秦文》四册与严辑不同{多在严辑之外},观眉上有《续古文苑》及阮刻云云,是在严辑之后,而人或与严同时,此从彭甘亭印推测可知也。谨呈台阅,名心叩。卅。)[②] 既然如此,又变成古董了。带回书二部一包。

【166】

借得《刘楚桢尺牍》一册,前购端临先生文集抄本目录,似系楚桢亲笔,乞查对后交下。又《人物志》及《律例疑义问答》,望审查可留否。《律例疑义》似不全(未知何人手笔,内容颇好)。《万人万首绝句》可购。

【167】约 1941 年 5 月 27 日

晋卿购得许珊林家书一包,据云共费二千元,送上一阅。弟已问过,因节欲不再染指矣。何惠王校勘记似已刻过,《说文段注订补》亦刻过。《系传校录》的系友手稿,记得敝藏一部甚简单,请校对,鉴定其先后、前序同否。《说文解字考异》必系严铁桥同撰之长编(此书却甚完整),是否《校议》之底本,均望一看。狷叟已有刊本,余皆见《许学丛刻》,惟狷叟所集《珊林行述》一小册,可向晋卿乞得之,如欲论价

---

① 【164】至【200】各函,无年月,少量据《顾廷龙日记》等考得。——编者
② 以上括弧内文字为顾廷龙先生所书——编者

亦不多也。葵。廿七。

【168】

《恽氏奏稿》送还,冯林一稿本与刻本同否,似可寄来一看。揆。八日。

【169】

王君九赠书四种由馆函谢。揆。

【170】

送还《守山阁丛书》全部,如尊处车空,望来一趟,报纸绳子再拣些带回。

【171】

《遂初堂集》两种均奉缴,已加一跋。揆,九日。外书二包。

【172】

《明通鉴》与《绩学堂文抄》均带回,《绩学堂》阁置已久,应先抄,字数不多。

【173】

丁稿确从静思轩散出,前后皆中国书店经手,弟所未留,皆归郑康成收得。《欧阳南野集》确甚佳,但乔贾坚欲千金,奈何。起潜兄鉴。弟葵顿首。廿五。

【174】

叔通先生所起章程草案及组织大纲原底,送请陶遗先生核定。景葵上。八一三①。

【175】

钟鼎拓本十四册交王福厂请编目(金文底稿目录亦在王处)。

【176】

送上旧稿一包,皆未定之作,请兄细检,可留者留之,否则摧烧之

---

① 约1939年。——编者

可也。送辣斐德614顾先生。葵顿首。

【177】

文禄堂一单望查《石渠续编》之历史,其余有无刻本。书一包,乞照收。《法帖辨误》留敝处修整。葵。六日。

【178】

自来水及电力公司打电话去催,他说必须写信去方有效力,因恐人冒充也。望速写信并盖馆章分头送去为要。起潜兄。弟葵顿首。廿五日。

【179】

疑是吴其浚,但卒在道光,不合。此人咸丰初尚存,须查丁丑翰林之最年少者。疑是山东人,请查王兆琛履历(其余皆改知县者,不合)。又毛树棠是武陟人,避寇并门或可能,但河南绅士,无考订金石之风气,或直隶之王植欤?

【180】

菊老明早有事,改星期五上午十点钟,请电告拔可、叔通。

【181】

关承孙先生赠书四种,皆合用,是否可交端生,现在邮局是否可靠,乞酌示。《赵惠甫日记》交下一阅。

【182】

闻赌台筹码甚缺,故此物以希而见珍,仍以静守为宜。两浑。

【183】

《古今钱略》作三十万,由馆购书板,归鄙人赠。书架事明早李英年约文记同来,估计初步计划拟用杉木,可以不漆(与柳安一与七之比)。

【184】

马夷初要《说文理董》校勘意见原稿(因所存者模糊)。

【185】

讹字以意校正，疑者阙焉，无关宏旨，听之可耳。抄书人请嘱勿挖补，日久易脱，不如改字为佳。

【186】

陶遗处取得翁氏书目一本，属为估价（其人已故）。

【187】

永青嘱我出价，我说连箱乙千二百元，请其问前途意见云。

【188】

赵奏议全缴，应另行寄存，候家属同意。目录一册系葵编印，入敝藏目何如？

【189】

是否刘师培著作，抑他人？乞查。

【190】

书两册赠馆。梁溪顾君字册赠君，不知与君家有渊源否？

【191】

嘉业堂菁华十得八九矣，明集尤富，多四明卢氏藏，收书时必系鞠裳先生主政，故能扼要如此。一旦举而失之，可惜孰甚。此书可留。

【192】

《春台赘笔》专补《袁州府志》之阙，可与《客座赘语》抗衡。《续博物志疏证》卷十千岁之龟条"说已见《博物志》卷四"。又息壤条"余有辨已见《博物志》及《山海经》说"。又夷羊在牧条"余有辨见《博物志》卷八"。是陈氏尚有《博物志疏证》待访。

【193】

《吹豳录跋》须重做，如原书未送还，乞交下复阅。

【194】

《新西域记》及敦煌画款六十万已有著，须一星期后付款。

【195】

明早如果寄顾觅不到,请至邮总局汇票组访李璃小姐,渠与印刷组组长极熟。

【196】

王晋卿手中借来《余冬璅录》二册,系吴人徐坚自著年谱,画人而兼印人,所叙多乾隆以前故事,又得沈文起改笔,甚佳,送兄一阅,可以传钞一分(須照原樣鈔),字数不多,数日可毕。余见晋卿告以我兄借阅可耳。葵。

【197】

旧历年关添菜杂用,特支叁千元奉上。

【198】

第三册全是手稿,余有门人抄录者,但懋堂先生不仅批校,且改正文义(惟第四册无之,恐段未见)。又有另两人批校(其一可与墨庄墨迹查对),不知何人,此系未刻之稿,且有段氏手笔,索价不为昂,可留也。

【199】

矮子下台征实,朱蟪公函奉阅。《营造汇刊》三卷四期完全补到,可佩。徐寄顾介绍一人持盐务书来售,乞来时接洽。如馆中已有者,可为介绍石奇。

【200】

假寐失迎为歉,有何事见教,乞示知。揆。

【201】1949 年 4 月 14 日

立法院书据示信云已径送来。又为尊处定米二石。送到收入。明日同济之约祇得谢谢。多走尚喘。(此揆丈四月十四日自总行归所与之札,亦与龙书之末一通也,丈殁二日检记录,不禁泫然。)①

---

① 以上括弧内文字为顾廷龙先生所记。——编者

致汉冶萍公司董事会（九通）

【1】1912年4月21日

汉冶萍公司董事会诸先生台鉴：

昨奉公函，辱承委充公司经理，并嘱先到公司办事等因，展诵再三，莫名惭悚。景葵于煤铁实业，素鲜学问，又乏经验，骤闻雅命，不敢矫情以负厚期，尤不宜噪进而误全局。现与李峄琴先生商酌，拟先至公司调查学习，俟峄翁东渡回航以后，再行定期协同接办。或者数旬以后，愚瞽渐开，且傧相有人，冥行得烛，冀可稍免愆戾。至峄翁东渡后，公司重大事件未便延阁，景葵当以调查所得随时报告贵会，请求裁示。愚晒之见是否有当，尚祈教正为幸，肃复。敬颂公安。叶景葵谨启。民国元年四月二十日。

(《汉冶萍公司档案史料选编》上册，第421页)

附：1912年4月20日汉冶萍公司致先生函。① 云：

揆初先生阁下：今日汉冶萍公司董事会议，公推先生为汉冶萍公司办事经理，厂矿急应进行，董事会既经成立，全体公意，必须借重大才，尤盼先赐贲临公司办事，合同俟再面订。专此函订，敬请筹祺。鹄候玉趾不尽。

汉冶萍公司董事公启　元年四月二十日

(《汉冶萍公司》(三)，第1011页)

【2】1912年5月16日

董事会诸先生大鉴：格等辱承委充汉冶萍公司经理，并奉即日任事之命，格因公赴日，葵请假回汴，均不免稍稽时日。兹已先后来

---
① 《汉冶萍公司(三)》误记1916年4月20日。——编者

沪,于五月十六日同至公司实行任事,暂以汉厂驻沪批发处为经理及所长办事机关,应如何筹画进行改良组织,容再悉心拟议,陈请贵会核示施行,合将任事日期先行报告。敬请筹安。

李维格、叶景葵谨启。元年五月十六日

(《汉冶萍公司档案史料选编》上册,第422页)

【3】1912年9月2日

北京政府有补偿汉冶萍公司损失之意,所有公司有形无形之损失,请明细寄知。

(引自同日高木陆郎致盛宣怀电,
《汉冶萍公司(三)》,第1287页)

【4】1912年10月初①

公司向政府请求借用南京公债一千万元。如国有问题得到通过,该公债即由政府偿清;如国有问题被否决,则由公司分五年偿还。但工商部认为公司之请求与部中之计划有矛盾,故有反对意见。

(引自1912年10月8日日正金银行驻北京董事
小田切致总行副总经理井上函,
《旧中国汉冶萍公司与日本关系史料选辑》,第395页)

【5】1912年10月24日

发李:财政部以工商部咨未将还款付息及监督方法说明,不允发票。工商部云,部既负责,不愿财政部干涉。双方争执,恐成意见。请由季老单衔电大总统催发,并请仲仁加电。

(《汉冶萍公司(三)》,第1297页)

【6】1912年11月13日

发李。办法四条:一,公司认债票息;二,只押不售;三,还本照

---

① 原电未见。据小田切函云,1912年10月7日《上海报》"载有与最近叶[景葵]经理致上海董事之电报完全同一意义之记事。"——编者

票面分期;四,商部派员监察,此系财部与商部之交涉,代表并不直接,总统亦未命令。葵十九由京汉归。

(《汉冶萍公司(三)》,第1300页)

【7】1912年11月13日

发李:工商部函开:"公司请拨债票所定办法部已据咨财政部核准,电知上好中国银行接洽。又经本部派定委员王季点监督拨放事宜,所有债票出纳及抵押所得开支用途,均归经管。希电贵公司董事会,与王君接洽"等语。葵。

(同上引书)

【8】1913年2月中旬

董事会公鉴:敬启者,公司善后问题,自上年八月十二日股东会决议,请归国有,公举代表进京陈请,倏已五月,迄未解决。上月二十七日奉工商部指令,内开"公司呈请国有,关系既巨,决策自难,仰仍静候"等因,是公司根本问题,一时实无解决之望。而进行各事,因亦阻力横生,瞻念前途,环生险象,不得不将种种艰危情形,为贵会缕晰陈之,以便讨论,而图补救。

一、款项。政府应还公司日金二百五十万圆,原望政府大借款早日告成,拨还此款。又盼汉粤川等外款铁路及时开筑,轨价挹注。现政府借款迄未告成,即有成议,因巴尔干和议决裂,一时欧洲市面不能发售中国债券。即使六国团暂先垫款若干,政府种种急需,恐尚穷于应付。若竟置公司此款而不及兼顾,则公司所指望之的款到期不能应用。至于汉粤川铁路等迄未兴工,借款之银行是否允即付款,路经之各省能否进行无阻,殊无把握。若竟再事迁延,一时不能开筑,则公司所指望之轨价挹注亦将成为虚愿。窃思得此两宗款项,应付目前或可勉强敷衍,徐待时机。今并此而不足恃,是公司经济又将无以支持。第四号化铁炉已经订定接续照造,一俟起运,即须付价。因第四炉连类而及之厂矿工程亦不容缓。前借正金银行之规银二百五十万两,将次告罄,开呈收付账略,即祈公鉴。此款项之情形也。

一、汉厂。汉阳砖厂被占,虽都督三令五申,迄未交还。近厂洋房原为洋工师洋匠而建,亦为军人占据,屡索不理。现洋工师等回厂,居处不便,啧有烦言。冬令尚可将就,一至炎夏,日夜工作于洪炉烈火之间有十时之久,回寓不能安适其身,将责言纷至,难以应付。且因此而不能得其实心实力,亦殊失借材异地之意。此外,第四炉应早预备之事,均以地方情意未洽,不克施行。如蓄水池需地,兵工厂不允通融。倾倒炉渣,通车月湖,恐亦难邀核准。此汉厂之情形也。

一、铁矿。大冶铁矿,公司所开采者曰狮子山、野鸡坪、大石门、纱帽翅、铁山、龙洞,此中以狮子山为巨擘。而足与狮子山匹敌者,厥惟官有之象鼻山。此山公司屡与鄂省磋议,拟请让归公司,而终未如愿,今日更非其时。然第四炉开炼,深恐矿石供应不上,故有武昌县银山头、马婆山两处之预备。此两山系前清时维格承领于鄂省,领有农工商部开矿执照,于宣统二年开工,三年因武汉起义停办,去年仍派经办之员前往继续开采。而忽有危静斋其人者,声称组织汉昌公司,继起承办,意在攘夺。纷扰至今,我局迄未开办。而第四炉既经订定,自须赶速建造,以期早日出货。若无武矿接济,终恐冶矿有间断之时,于炉座关系实非浅鲜。此铁矿之情形也。

一、锰矿。炼铁所需之锰矿,向恃官局移交之兴国银山头供给。前年武汉事起后,局员四散,铁路为兴人拆毁,倡言该山系兴国人民公产,非公司所能有。风潮激烈,至今不克前往接续开办。维格往年派员批采之湘省衡州府属常宁、耒阳两县之锰矿,亦为湘人所据,现虽赎回,而冬令水涸,不能运汉。且水旱艰阻,运费甚重,只能济兴国之不足,不能专恃湘产。目前汉厂所用,系前年积存之矿[石],一经用罄,常、耒恐难接济。且第四炉成后,需用更多,必须兴国争端早日解决,湘鄂两处兼筹并采,方能不误要工。此锰矿之情形也。

一、萍矿。赣省争矿问题迄未解决。赣省购地划界仍继续进行。土井亦纷纷开挖。函电交驰,彷徨无策。至于管理人员,有人报告,谓各树党派,纷立同乡会名目,按期开会公议,实行共和。夫公司议事机关只应有董事会一处,遇有特别重大事件,代表股东决议。若经理以次,皆为雇佣人员,只有执行之职分,并无公议之权力,中外营业莫不如是。此端一开,已失服从之义,恐寖假而至不可收拾地步。在公举之临时矿长,自有不得已之苦衷,而与公司前途实有莫大之危险。此萍矿之情形也。

一、煤焦运销。运则地跨三省,销则军民华洋杂沓,非有中坚主持之人全局在握,不能聚散为整。在平时秩序不乱之时,尚觉散漫难稽。自武汉起义,机关破坏之后,满盘散沙,更无抟结之术,方来怨望之嗟,人心已去,来日大难。此煤焦运销之情形也。

以上所开,均系实在情形。经理等丁此世变,力疾补牢。幸汉厂机炉早经修复,照常出货。铁路材料、日本生铁,尚未十分耽误。然年余以来,忍辱负重,殆已心力交瘁。时至今日,四面楚歌,千疮百孔,经理等对此危笃,实无回天之方。惟有胪列情形,陈请公议办法,迅速决定。若再迁延时日,则经理等绵薄已尽,实不能再担此人力难施之重任,特此预先声明。

再,俄法银行轮驳押款洋例银一百万两,本年四五月到期,原拟转入正金,前派高木回东商办此事。现接来函,日本因政局未定,市面甚紧,不能开议,并以附闻。特此布达,并颂公安。

经理李维格、叶景葵谨启

(《汉冶萍公司(三)》,第408～411页)

【9】1913年2月25日

林案调处人周、俞两君,已照昨日公司核定之函稿,正式具函,并将赔款四万八千两抵押品,一并送来,即拟交存中国通商银行,请列公明日公同验估,兹将开来抵押品原单送请查阅。并据俞君面称,明日验估时,如嫌未能足数,仍可补足。又保单稿一纸,附送候核。其保单尾具名人,据俞君云,系文明书局、大经丝厂、永泰丝厂、周舜卿,其书局、丝厂下各出代表人署名画押,等语。如属可行,均祈于台篆下书阅交还。再,顷闻赣省已有电到糜提案,并派有时姓守提,此案既商有和平了结办法,彼造已愿遵办,将抵押品如命筹足,似未可别生枝节。经理等拟俟此件公核书阅后,即将昨日核定电部请示电稿译发,并以奉闻。

(《汉冶萍公司档案史料选编》上册,第463页)

致何　键(一通)

何键(1887~1956),字芸樵,湖南醴陵人。辛亥后入保定军官学校。历任湘军英、团、旅长。1926年加入国民革命军。时任湖北省主席。

【1】1937年12月

武昌何主席勋鉴:前实业部据汉口市商会转接武昌第一纺织公司呈,称复兴实业公司租厂合同遵批后呈恳请备案,并分呈鄂省政商等情。查该商会规定,尚属可行。即请贵省政府查察现时情形,酌定办法。

(手稿,上档Q268—1—419)

致胡济生、李 铭(三通)

胡济生,浙江地方实业银行总经理。

李铭(1887~1966),字馥荪,浙江绍兴人。早年留学日本,习银行学。回国后任浙江实业银行分行副经理及经理等职。

【1】1915 年 7 月 21 日

济生、馥荪同鉴:海、赣丰①合同,兹将尊处一份专函送上,祈詧收是荷。专此顺颂

台绥。

弟叶景葵顿首　四年七月廿一日

(信稿,上档 Q268—1—70)

【2】1915 年 7 月 30 日

济生、馥荪先生同鉴:孙江东先生合同稿,前曾送请核夺,奉复照缮。惟总理花红一条,原议照公司原奉办理。续接江东君来函,请改原奉总理得十分之二为十分之三。此事与银行利益无甚关系,敝会拟即照允,想尊意亦必赞同。合同内即于七条"其余十一成全数归还两银行欠款"句下夹注:"此三成作十分,总理得十分之三,余由总理核定分给全公司人员",云云。此外无变动也。江东君今明日当到,到即奉闻。又海、赣丰合同,敝会拟送律师处保管,并拟将前次议据及各种紧要文牍原件,一并汇交律师,取回收据,以资信守。兹特开单奉阅,倘其件有向存尊处者,并希检出,由两行会同送交律师存

---

① 海丰面粉公司、赣丰饼油公司,原为江苏官绅许鼎霖(久香)等创办的实业,时因欠款于两银行,两银行已接管其财产。——编者

储。尊见以为何如？专此。顺颂

公绥。　　　　　　　　　　弟叶景葵顿首　（四年）七月卅日

　　附文件清单。计开：

　　　　管业合同（即现今所订）

　　　　合同来稿（原本）　　（略）

　　　　　　　　　　　　　　　　　　　（信稿，同上引档）

【3】1915年11月23日

　　济生、馥荪先生同鉴：江东兄顷来两缄，奉上督览。弟处已复一信，谓"十六万两之外加筹若干，须与浙行商量，并与时老斟酌。惟弟可断定十六万两既经定议，必可尽筹尽用"云云。尊处对于江东来函意见若何？伫望裁示。商定之后当再正式复渠一信也。海赣丰账房招牌，弟意拟改为"海丰面粉赣丰饼油新公司驻沪账房"。尊意以为何如？专此奉达。只颂

台绥。　　　　　　　　　弟叶景葵顿首　（四年）十一月廿三日

　　　　　　　　　　　　　　　　　（信稿，上档Q268—1—70）

　　附：1915年11月24日浙江、浙兴两银行联名致孙江东函。云：

　　江东先生大鉴：海赣丰查账依照合同第三条，应规定细则。兹由敝行与公司董事诸君协定十条，送由尊处转达驻海驻沪查账员曹、陈两君查照施行，至以为荷。又所示海赣丰厂汽缸锅炉损伤一节，以准来函，转致公司余寿平、朱晓南、朱葆三、窦价人、樊时勋诸先生督阅，并于原函各署阅字备案。合并奉闻。专此。只颂

台绥。　　浙江地方实业银行、浙江兴业银行同启

　　　　　　　　　　　　　　　　　　　（四年）十一月廿四日

　　　　　　　　　　　　　　　　　　　（信稿，同上引档）

致胡佑之(一通)

胡佑之,时为无锡东门外泰隆面粉公司经营人。

【1】1915 年 9 月 9 日

佑之先生大鉴:接诵手教。敬谂脱离锡事惠明有期,懽幸无量。承介行员,至所欣荷,惟现在人浮于事,一时尚难安插,当储之夹袋,俟将来需用人员时量为设法。急遽无以报命,尚乞谅之。还珂休□后,并望早莅,企盼何极。手复。只颂
台绥。

弟叶景葵谨启　(四年)九月九日

(信稿,上档 Q268—1—70)

致胡藻青(一通)

胡藻青,浙江兴业银行股东代表。

【1】1909 年 7 月 17 日

电悉。股东委任,极应效劳,但葵于银行毫无经验,现办川运,尤难分身赴汉,务恳收回成命。本日偕舍弟回郑省亲匆促,不及另函,乞向各股东道歉。葵。朔。

(1909 年 7 月 18 日《申报》)

附:胡藻青来电:

新马路永年里叶揆初鉴:股东公举君总理汉行,昨恳时老转陈

一切。务祈勿却,汉行幸甚。余函达。焕。　　　　　　（同上）

致华汝洁（二通）

华汝洁（约 1897～？），江苏无锡人，浙江兴业银行成都分行行员,时奉命赴重庆设立支行。

【1】1937 年 12 月 9 日

7380 重庆,转华如洁:应租陕西街。葵。

此函转寄总行。

（原件,上档 Q268—1—583）

附:1937 年 12 月 9 日华汝洁致先生函。云:

揆公年伯大人尊前:七日曾寄航快,详陈商业场行屋,谅已核示在途矣。今日又由友人介绍在下陕西街省银行隔壁,有门面三间,三层楼房内另有小院一所,为两层楼门面,须加修理。小院正在建筑中,月底完工。要租金每年二千元,押租二千元,或可稍减。地点与商业场不相上下,但外表稍逊,尚觉合用,租金则便宜多矣! 未知长者之意如何? 敬祈迅予电示,以便取舍为叩。昨接潘敏斋来信,谓苏处库存、账册、人员尚未续到,照此情形恐凶多吉少。苏处账目总行尚有副底可查。任意潘、陈两君留汉无益,可先令设法赴沪,俾可整理。常（州）处有消息否? 至念! 常处账册原存锡行,前已带汉,尚可稽查。专肃,敬请

崇安。　　　　　　　　年小侄华汝洁谨叩　廿六、十二、九。

（同上引档）

【2】1937 年 12 月 15 日

汝洁世兄鉴:奉十三日函已悉。调渝各员之薪金,练习生之津

贴,原支数目请函报总行查示。因弟处无底簿,而此事又须经人事股过手,方免错误。好在邮递往返虽迟,尽可先行暂支,随后再照复函补足。弟意各人均照原资原薪,以符本年概不加薪之本旨。至毛志奇改充助员支薪一节,亦请向总行函洽。原函已寄总行。即问近祉。

葵顿首。　　廿六、十二、十五。

(原件,同上引档)

附:1937年12月11日华汝洁致先生函。云:

揆公年伯大人钧鉴:奉钧电并八日手谕均悉。下陕西街之屋经覆量后,营业室太浅,安置柜台后顾客与办事员已难回旋。且房屋陈旧,须大加修理。交通方面虽与商业场相仿,但大都系中下级之店铺。经与同业各友再三研究,咸以商业场为宜,虽房金较大,而马路整洁,门面大方,故于今日已将商业场之屋向聚兴诚租定。月租几经情商,改为四百元,按月支付,不出押。租期限三年,明年一月一日起租,十三日正式订约(容抄呈)。百货公司催月底以前出清,明日即招工,绘图设计。拟添造库房一所,修理费用力求节减。所有调用行员已蒙照准,甚感。薪水自一月份起统归渝行。倘能先来二三人,俾可积极筹备。前恳调派文牍一人,拟请早日派定。又拟在当地物色营业跑街员一人,月支薪五十元,亦祈核示为叩。侄意渝行开幕定于明年一月十日左右。中南、盐业、四行储蓄会、湖北省银行均有人来渝觅屋,筹备设行。百货公司其余三间有租与湖北省银行之说。近日战局情形如何?苏常两处有消息否?均甚悬念。专肃。敬请

崇安。　　　　　　年小侄华汝洁谨叩　　廿六、十二、十一。

先生批注①云:"文牍无可派,故未派定,鄙意尚、张两主任及所调四人中,如有可胜任者,可暂时兼任。跑街员系不可少,须早物色。"

(原件,上档Q268—1—583)

---

① 应为1937年12月11日复函主要内容。——编者

附：1937年12月13日华汝洁致先生函。云：

揆公年伯大人钧鉴：奉十一日手示，欣悉张寿民等五人乘民俭轮西上，甚慰。展宜兄顷已到渝，同住川盐。带下重要行章五颗，已照收。俟启用时另行呈报总行备案。商业场租赁合同今日磋商就绪，明日签字。房价虽大，气势甚好，营业前途不谓无益。尚其亮、张寿民之薪金及练习生金长庚之津贴，原支若干，请查示。驻栈员毛志奇原月支生活费二十元，现拟改充助员，月支薪二十五元，请望核。朱铎民先生日前曾在银行公会主席康心如宅内同席，并承垂询长者起居及我行情形，甚为殷切。侄已一一详答。附下介绍函，容明日面交。专肃。敬请

崇安。　　　　　年小侄华汝洁谨叩　廿六、十一（十二）、十三。

（原件，同上引档）

附：1937年12月16日华汝洁签署浙兴渝行致总行函。云：

总行大鉴：奉董事长手谕，内开代总行组织重庆支行（简称渝行），仍隶总行。调无锡支行经理华汝洁为重庆支行经理，调总行襄理尚其亮兼会计主任，调汉行驻庄办事员张寿民为收支主任，锡行助员王家瑛、驻栈员毛志奇、常处助员董炜华、京行练习生金长庚均调渝行等因。洁谨遵在渝着手筹备，已租定商业场三层楼三间房屋一所为行址，月租四百元，订期三年，呈准董事长签订合约。兹抄寄底稿一份，敬祈察核。调渝行员除尚其亮由港飞汉待轮外，余均乘民俭轮西上，不日可以抵埠。所租行屋本月二十五日接收，略事整饬，并建简单库房一所，约一月二十日左右可以完成，定期正式开幕。关于修整房屋及其他一切开办费用，均以简省为原则，约需八千元之谱，合并陈明，请台核。兹由总行颁发重要行章五颗已点收无讹，即于本日起用。理合陈明。请转报总处为荷。只颂

大绥。　　　　渝行谨启　中华民国二十六年十二月十六日

（原件，同上引档）

致蒋隆埏(一通)

蒋隆埏,字水生,时在北京致先生函①,拟办《国学丛刊》,请浙江兴业银行参与发起。

【1】1926 年 10 月 16 日

水生仁兄世大人:原函及复函寄京行一阅,即转送。敝行在京感于时局困难,极力撙节,故广告未见如命。时局稍平,业务进益,再行求教。

(原信及批注,上档 Q268—1—586)

致蒋抑卮(四通)

蒋抑卮(1875~1940),名鸿林,浙江杭县人。早年从章太炎学习文字训诂。游学日本,与鲁迅同学。返国后投身实业,参与发起浙江铁路公司与浙江兴业银行,任董事。藏书 5 万册,遗命捐赠合众图书馆,又捐基金 5 万元。

【1】1929 年 4 月 24 日

门市透支,择尤开做。②

---

① 原信仅署"十六日",现据卷宗前后档案年份推定约 1926 年。——编者
② 此为电报。下一件为同日函件。——编者

现正选择人家,陆续向总行请求通过后,再行开做。第一不选择者,向史晋翁及稻村、刘策安、罗友生相熟之家知其底细者,开单呈报。

(原件,《蒋抑卮先生手札》)

【2】1929 年 4 月 27 日

汉。已电益能由平汉路来,与振兄接洽。请即提出仍留津副原缺。葵。

(手迹,上档 Q268—1—399)

附:1929 年 4 月 27 日蒋抑卮致先生函。云:"汉口逆产办法,现拟由老蒋批令省政府(仍由唐寿民、沈季宣主稿),限于三个月内照《逆产条例》审查,如审查结果须没收者,此项没收之产而事前又的确抵押于银钱业者,当由省政府负责取赎。此案关系四行颇钜,如果照老蒋批令办理,则四行关于逆产抵押之债权,可以有着矣!"另告一厂委员会今日下午成立及徐新六明日启程返沪。

(原件,《蒋札》)

【3】1929 年 4 月 29 日

益以妇将产为由来电谦辞,已复不准。望尊处再电催。葵。

(手稿,上档 Q268—1—399)

【4】1929 年 5 月 14 日

抑兄亲译。处密。厂方捣乱,如不涉合同范围,我方宜镇静,振致刘市长电可利用。如仅反刘①,看刘奋斗能力如何,我方不可有袒刘嫌疑。故能流会最好,如不流亦听之。如要求换副理及厂委员,再设法对付。刘不归,振暂不必去。十六开工务必办到。爱诺极同意。葵。

(手迹,同上引档)

---

① 指一厂刘季五。——编者

附：1929年5月13日蒋抑卮致先生与徐新六函,通报昨晚一厂董事会"言论极纷杂",各董事拉帮结派,各行其是,"如此现象,将何以善其后？非振兄来汉,用高压手段。此辈狼心狗肺,绝不肯罢休。"又云："中央银行今日又运申钞一百万元来沪。昨今两日,因中央向各行提用存放之款(我行于十一日提去五万),申钞洋厘飞涨。如以汇水,几与上海现洋相等。我行事前预备,非但不吃亏,今日反售出他行申钞三万元,略可沾光。"又告长沙解款办法等事。

(原件,《蒋抑卮先生手札》)

致蒋抑卮、项兰生、沈新三、孙人镜（一通）

项兰生(1873～1957),名藻馨,浙江杭州人,曾任杭州安定学堂监督(校长)、大清银行秘书官与浙江兴业银行汉口分行经理等职。

沈新三(？～1929),名铭清,浙江平湖人。浙路公司董事,浙江兴业银行发起人之一,任办事董事,兼任杭州大有利电灯公司总经理等职。工于书法,"浙江兴业银行"行牌即出于其手笔。孙人镜,浙兴重要职员,曾任业务处副经理、储蓄部经理等职。

【1】1920年8月6日

抑之、兰生、新三、人镜兄同鉴：顷接竹书先生信,为元丰债权事附来业产公司艸章一分,业产公司与各债权人合同艸案一分,业产公司办法艸议一分。弟已详加披阅,有数问题须讨论者列下：

一、业产公司集得实款二十万两,而填五十万两之股票,在法律上公司不能成立,则银行团对于业产公司之债务发生疑问。

二、业产公司以其股票抵借二十万两,如何以收到之元丰产业作为完全抵押品。

三、如以元丰产业作抵押品,则无论变卖全部分或一部分,当然先还银行团之借款,不能与公司股东按数匀摊。

四、业产公司以四十万两赎回安利所得元丰抵押品,及收入未经抵押之各产。安利即以此四十万两归还所欠庄款,而元丰继续经费仍归无着。未知安利如何办法?

五、产业公司将旧欠搁起,另集股本二十万两以救济之,又担负二十万两之债务,其所仗以清还者为蛋厂之余利。以后蛋厂能得若干余利?及文衷所经营布置之厂,务能否于大伤元气后再获余利?此层须详细研究。万一余利无把握,则困难之事多矣!

就以上各节而论,似宜详细讨论方能定见。请将当日磋商困难情形,先向竹兄询明,由诸公先行讨论一番,再开董会公决。弟意元丰所欠者,一为有抵押之款,一为信用款。而抵押款中应以蛋粉蛋白蛋黄押款为最活动。现在信用各款固无办法,而活动之抵押款亦复呆滞,极为可虑。如果活动押款能陆续销货出清,则以后蛋厂营业无论获利与否,尚有可做之价值。若并此活动押款而亦无办法,则所谓余利更无把握。而受抵之许(昌)、彰(德)、驻(马店)、宿(迁)各厂亦毫无价值,仅有桥口地皮、麻庄产业。欲并各厂觅一四十万现银之售主,恐亦嘎嘎其难。故此事当以蛋产销路如何为进行之方针。鄙见如此,请详细筹议示复。弟因快车未通,且天时极热,须稍缓再行。即颂日祉。

弟葵顿首,六月廿二日①

(原件,上档 Q268—1—79)

---

① 是为农历日期。——编者

致交通部(三通)[①]

【1】1916 年 1 月 4 日

前项两期1916年11月4日1股款共计洋一百八十九万余元，请一并饬交通银行总管理处，迅于阳历一月内划拨本处，以便分偿各股东。事关国信，幸勿稍延。

(1916 年 1 月 5 日《申报》)

【2】1916 年 1 月 20 日

第四期股款业于本月十七日起接续开付，所有第五期股款原定本年二月十日为偿还之期，现在为日无多。前项股款有否筹备，完全事关国信。昨又电致交通部铁路会计司，迅饬交通银行总管理处，从速指拨的款，务于二月十日以前汇解到处，以便如期开付。

(1916 年 1 月 21 日《申报》)

附：交通部回电："阴历年关银根缺乏，所有该路五期股款，一俟开年筹足，即当划付。"

(1916 年 2 月 9 日《申报》)

【3】1923 年 8 月下旬

浙路未了股款，请予照拨，并将历期损失如何赔偿，一律清结。否则，拟先将枫泾—杭州路线及江墅支线，交股东执笃。

(引自《沈桐叔与苏路清算处往还函》，

1923 年 9 月 8 日《申报》)

---

① 三通均系电报。——编者

致交通银行总管理处（四通）

【1】1917 年 8 月 24 日

径启者，敝行与贵行新订合同第一条内开："兴行领用交行兑换券，应由交行会同兴行在两行现设本分支行及将来添设分支行所各地方，分批点明，封存交行保管，归兴行随时陆续领用。其地点、数目有兴行总办事处与交行总管理处随时协商，分别饬遵办理。"查敝行首批需领之数，共计二百万元。特将各行分领之数暨兑换券种类支配数目分别开明，另单附奉。即希贵行照数预备印就地名及暗记等，全行运交贵沪行，以便敝行在沪加印暗记后再行分配各行陆续领用。至该项领券，贵行加印地方暗记，约计何日可以办竣，何日可以到沪，并祈先行见示。至所敬荷。此致

交通银行总管理处　　　　　　　　浙江兴业银行董事长叶景葵

　　计清单一件（略）　　　　　　（副本，上档 Q268—1—617）

【2】1917 年 11 月 26 日

径启者，敝行与贵行订立领用兑换券合同后，曾经面商依照敝行与中国银行前订办法，与尊处各分行开立洋数往来一事，业承台洽。此项往来系照往来存款办法，凡尊处各分行所在地，属于银两码头者，其息请长年三厘半计算，三个月一结；属于洋元码头者，其息请长年五厘计算，亦三个月一结。至每处所存总额，约以敝行应行自备之二成半准备金为度。如能不加限制，得以涓流汇归尊处，尤觉两便。相应函达。敬祈查照示复，并转知各贵分行，一体照办为荷。此致

交通银行总管理处　　　　　　　　浙江兴业银行董事长叶景葵

　　　　　　　　　　　　　　　　　（副本，同上引档）

【3】1920 年 2 月 10 日

交通银行总管理处大鉴：敝行前与贵行订立领用兑换券合同，

曾将首批应领之券开具地点、种类分配清单，函请查照加印地域暗记，照发在案。迄今未荷示复，殊深盼念。现在商业区域日渐推广，兑换券之需要大有供不敷求之势。敝行既承不弃，彼此提携，自应尽因势利导之责任。务请贵行依照合同暨前次函件，将应领之券迅速预备，以便具领。敝行领到后尚须加印暗记，手续繁重，需日颇久，故请赶早备妥，以免失时。并祈先行示复。不胜企祷之至。此颂

公绥。　　　　　　浙江兴业银行董事长叶景葵　九年二月十日

（抄件，上档 Q268—1—617）

【4】1938 年 5 月 31 日

径启者，接准廿七年五月廿五日大函，内开"查关于上海暨重庆银钱业公会（云云叙至①）俾资互相遵守为荷"等由已悉。承示敝行向贵行所订领用法币壹百式拾万元合约，依照财政部核定办法，自期满之日起展期一年一节（在此期内所有保证准备金项下公债应得之利息，仍归敝行所有，但该项债票中签应领之款，由贵行领取，即由贵行就领得中签款全数，连同原有现金准备六成计算冲销）。敝行完全同意，特此函复，作为换文，俾资互相遵守。统希洽照。此致

交通银行总管理处

上海浙江兴业银行董事长叶○○启

中华民国廿七年五月卅一日

（底稿，上档 Q268—1—611）

致金润泉（一通）

【1】1915 年 11 月 23 日

润泉先生台詧：前承枉顾，以大有利加订合同通融往来事见商，

---

① 底稿未抄全来函引文。——编者

昨已将此事在董会提议。经董事、监察人公同商酌,复查核账目。均以为该公司营业尚称发达,俞丹屏君主持一切,信用甚著。现欲推广营业,自可以前日执事所谈办法量力维持。惟推广江墅之计画如何,机器何日订定,何时可到,开灯日期约在何时,添机后比较从前营业计画如何。新增之商股、官股共数六万元,已收到者若干?存于何处?未收者极迟何日确可收到?此项收入后之用途,拟如何支配,均请由大有利分类详晰见示,以便再行会议办法。专此奉布。诸希转达,示复为荷。祗颂

台绥。

弟叶景葵谨启

（信稿,上档 Q268—1—70）

致金仍珠（三通）

金仍珠（1857～1930）,名还,江苏上元人。1885年中举。后在奉天、太原、长沙恩铭、赵尔巽等督抚衙门任司账、税务、文案总办等职。民国后加入进步党。1919年一度出任财政部次长。

【1】1911年10月22日（宣统三年九月初一日）

顷探得运至信阳之第一军不听命令,不下火车。京奉、京汉、京张可用以运兵之车,不过八百四十辆,现有七百七十余辆停在信阳,并将司机、大夫诸人打跑,该车无火无水,不能行动,犯兵家大忌。如果有心如此,尤为可危。萨提督舰队需用萍煤,匪党已禁止出售,如果确实,不久即成死舰。信阳以南无信。匪已占据孝感车站。黄州系防营,兵变。第二军无车,拟由海道前往。度支部向四国银行借款五百万未允,库存只二百余万。此等消息极确实。水军与党打仗,系

在武昌下游,我军误炮毙德水手一人。黎元洪有人谓确系革党。(北京发)

(《清代档案史料丛编》第 8 辑,第 327 页)

【2】1923 年 7 月 2 日

转仍老:金融如抽签,急复。葵。

(引自 1923 年 7 月 4 日浙兴京行致总办函,
原件,上档 Q268—1—563)

附:同日金仍珠托京行复电云:"抽签事公权不知。已函询税司,得复再告。"

(同上引档)

【3】1923 年 12 月 11 日

转仍老:金融抽签,是否有期?急复。

(引自 1923 年 12 月 11 日浙兴京行致总办函,
原件,上档 Q268—1—562)

附:同日金仍珠复电。云:"金融抽签尚无期。"

(同上引档)

致金仍珠、朱旭初(一通)

【1】1912 年 1 月 21 日(辛亥十二月初三日)

仍哥、旭弟同鉴:

别后千山万水,至初二始抵郑州,一路与兵队同行,竟有五六个钟头不能觅得座位之处。孔子云三十而立,吾今年三十八矣。今午接电,言两君均已到津,极为神往。惟昨日甫到,疲乏之至。家严之退与不退,全眷之急行缓行,皆未决定,势难骤行。

仍哥来津,必为大局。葵在青与旭弟谈,意见相同。沿路详细调查访问，脑筋稍有变动，故在津与孙仲英大抬其杠。葵之意见，以为北军万不能战，项城之主和极有见地。兹将所知所闻为两君陈之：山东第五镇军装粮饷俱不充足，其下级官及兵队皆不愿战。前之独立，惧与革军开战也；后之取消，亦复如此。在石家庄之第六镇尤不可靠，四镇、二镇兵队亦不愿再战。汉口、汉阳之捷，因革命军出一告示，言将来杀至山东、直隶，鸡犬不留，故愤而决死斗，否则军队之气亦不能振作也。（据二镇人告我，言革命军嗣后知告示不妥，已与官军说开，故后来极为和睦。）津浦、京汉各绵长三千余里，如欲固守，应需若干兵力。前敌军饷异常支绌，万一路断，则官军极易煽动。盖各镇下级官兵皆有新知识而不甚完全者，入主出奴，毫无定见，即使镇统、协统个个得人，而各处零星四扎，一有变动，牵及全局，危险孰甚。张勋、张怀芝、姜桂题之兵，却堪一战（姜军新毅军与老毅军亦不和），但志在抢掠，一抢掠则又与人口实。张勋在宁，纪律尚好，惟因报章极言其焚杀之惨，故外人视听为之变更。沪宁铁路载民军而不载官军，津浦洋人皆愿中立，其明证也。革军之腐败，内部之分崩，葵已瞭然。若一战，则散者合，而冲突者和睦，人人与政府决死战。革军虽极扰乱秩序，然法国已事俱在，人不为奇怪。若政府所属之地有一扰乱之行为，则外人不可终日矣。且战局延长，决非外人所愿。兵家胜败不可料，万一军败挫，而外人又胁令议和，则损威更甚。若获胜，则革军四散，无和可议。一过长江，又非北军便利之地，况闽广乎？且尤有大可虑者，革党可击，而民党不可击。东南之士夫稍有学识者，无不主持共和。和局一决裂，则人人与袁内阁为难（西林已有人运动，且有日人在内），必难久任，试问满洲皇室尚有他人可委任否？然则既不能战，而革党又要求无已，可奈何？葵意仍以利用外人胁和为主，会议地点如改汉口，民军可以答应（只要避去上海便佳）。政体既为公决，大约宣统待遇必优。共和二字招牌，必须挂出，而美制共和，则老革党极不赞成。据余所闻，老革党之主张，较资政院十九条尚为统一专制。然则又何苦而必令决裂耶？选举法须简单，将来必须坚持者，照法制设内阁总理，各省督抚或行政长官皆系委任，然则又与君主立宪何异耶？所难决者，满、蒙、藏之问题耳。葵以为满、蒙、藏之羁縻，分实力、虚名两种。论实力，则满室久在，亦必送礼。论虚名，则只须皇室禅位时写一遗嘱，将此妆奁，易得最优最久之皇室经费而已。于法尚不难解决也。总之，我辈论事，总以国家为前提，欲保国家必以速了为要诀。葵先主和，继主战，今又主和，屡有变迁者，以观察之方愈久愈真也。两君以为何处？张勋等之决战不过地位问题，现在孙大总统招牌业已打碎，则袁大总统之顶上金龙必可露爪，黄袍必可加身。若辈恐已梦魂恬适，不思酣战矣。

次帅所处地位甚难，但利用张作霖，冯麟阁以与民军斗，终恐不可收拾。葵意次帅可力主君主立宪，而不必以东三省血肉为满洲保帝位。所谓君主立宪者，利用君主名义，以维持满、蒙、藏也，皇室优待问题也，照法制必须内阁总理也，各省长官必须任命也。凡此要义，如能力主，不特与袁内阁呼吸相通，即老革党亦必赞成。弟以为两边所争，实相去不远，何苦兵联祸结？至会议定后，各省扰乱恐难平复，则有节节进剿之法。如能决定共和，则老革党皆可罗致入都，然后任命各省行政长，予以兵权，命其分省平复，有外属不听令者，亦分各省剿办。山西业已大定，陕西、山东则决计以兵力先定之。山东如不扰，外人则认为民军暂主防，不主剿。即使会议延期，但使徐州、临淮，武胜关及津沽沿海保全完善，民军亦不能克期北上，势必内溃。内溃则认为土匪，而仍与老革党和平商结，则袁内阁或袁总统可以成立，袁成立则中国暂可无事，且过目前，再作道理，否则亡国而已。阿王提倡君主，甚佩，但须活动空灵，两边皆有台级可下方好，万不可作孤注之掷，作背城之举。中国存则满洲、蒙古尚可存，中国亡则万无独立之理。吾愿贤王亦竭力以国家为前提而已。譬如子弟革家长之命，必留心其中有尚可付托者保存之，其尤不肖者则设法芟除之，若一律芟除,则后事无可付托,非做和尚不可矣。南方报章暗无天日,北方报章如《大公报》等鼓吹君主立宪,甚是。但北方人程度低者尽有,若误认主持君主为保全帝位,则南北永远不能合并,祸将不可胜言矣。葵以为次帅与阿王当倡一议,谓大清不私帝位见于明诏,如实行立宪,可以将皇帝名义让去,但美制共和万不可行,于今日必须优待皇室,仍留宣统(不名为帝亦可),参照法制,委任各省长官。如民军能从,则当牵东三省及内蒙古全部听令。如此,又与民军初旨何所异耶?事机危迫,惟两君相机进言为幸。

汴境尚安。西安已得王天纵,老巢已破,以理论汴应无事,但事机之变不可料,故葵须在此预备移眷等事。家严能退与否,亦须竭力设法。此为万难即行之大原因也。

此信无论何人接着,均请阅后转寄,并请带呈悦老一阅。即颂只安。

景葵顿首　初三下午　(郑州发)
(《清代档案史料丛编》第 8 辑,369~372 页)

致劳之常(一通)

> 劳之常(1879~1948),字逊五,山东阳信人。清末任浙江铁路技师。后任津浦铁路工程局长、路局副局长。时任北京政府交通部次长。

【1】1922 年 7 月 24 日

参见文存一《浙路股款清算始末》。

致李烈钧(一通)

李烈钧(1882~1946),字协和,江西武宁人。留学日本,习军事。加入同盟会。民国后时任江西省都督。

【1】1912年4月24日

南昌都督李鉴:顷在《时报》得读洽电,查萍乡矿工,本由湘鄂赣各处招集,上年十月间,由林虎侯带现款二十万,赴萍遣散工人,各回乡里,留萍者至今依然工作。当金融极窘之际,仍设法罗掘巨款,原不欲矿工失业,贻累地方,萍地士绅无不共知。现萍电所云,饥民盗贼似与萍矿无干。敝公司现已组织新董事会,不日筹集款项,运往接济,加开窿工。仍望贵都督转饬地方,保护维持,是所深盼。

汉冶萍公司总经理张謇,经理李维格、叶景葵,董事会赵凤昌等。敬。

(1912年4月25日《申报》)

致李宣龚(四通)

李宣龚(1876~1952),字拔可,福建闽侯人,商务印书馆发行所所长、经理、董事。

【1】1919年6月11日

拔兄同年:前日奉示敬悉。汉馆地址目前尚无须与韦君介绍书。兹将弟与敝行书大意录下,请密存勿宣可也。商务来函送阅。现在大观园尚未退租,一俟退租以后,无论如何总请为商务留一地位(即尊处不急于收回之时,亦以趁早移动为是),因商务若不预留地位,将来尊处索回租屋时必甚窘迫,既无地位可占,又难移至他处。弟为该馆董事,商务又与本行交非恒泛,故特预先切托,请费神关照。手此。敬颂

日祉。 弟葵顿首 十四日

贵汉经理处似尚未明底蕴,请告以,当然不必以所以然。

(原件照片,孔夫子旧书网)

附:1919年6月7日李拔可致先生函。云:

揆初先生同年阁下:顷得汉口分馆来函,言晤及史晋生先生,藉悉汉馆原址,贵汉行尚无收回之必要。如能完全不动,自较省事,万一必须改造,则大观园退出房屋,必须留一地位较华美胜放宽四五尺之谱,以备敝馆之用。是为至要,如蒙执事函致史君,则乞将此函交由敝处转寄汉馆经理韦辅卿君,径向史君接洽,更为感荷。手此。只颂

台绥。 六月七日

(信稿照片,同上)

【2】1922年8月初

拔翁台鉴:汉屋事,查街房二百五十两①,门楼六十两,住宅四十两。弟前本云渔荃自己弄不清楚,好翘前人之过。住宅亦即货栈也。据汉行称,"堆置书籍,压力太重,房屋受损太大,曾函请将堆置方法改良,该馆毫无公德心,置之不理,且租约延不交来,房租金亦迟,闰月分租金催索至四五(次),顷始于月底付来。请转致该总馆"等语。堆置改良为馆计,亦应办理,请转致。至住宅四十两,尚较他家少五两,此即揆初改让所致。②

(手迹照片,孔夫子旧书网)

---

① 原为码子字。——编者
② 原函无签署,无日期。——编者

【3】1922年8月初

两示均悉。汉分馆甲项所称,渔荃殆自己未弄明白。容再询汉行,大约为堆货房屋受损太大之故,非商务不愿再租。乙项所称,弟尚记得兴业本不愿十年,系商务再三商量,格外加长年限。渔荃亦未明从前经过之交涉也。改短则五年,可不以加价。汉埠房屋总量看涨。①

(手迹照片,同上)

【4】1939年9月2日

合众图书馆需购贵馆书籍,恳照同业格外优待,能否赐以优待券?特嘱顾起潜兄面商,乞照指拂。

拔可老兄同年李先生。弟葵顿首。廿八年九月二日。

(《叶景葵先生论书尺牍》,《历史文献》第1辑,第36页)

致李维格(二通)

李维格(1867~1929?),字一琴,江苏吴县人。清末掌教湖南事务学堂西学。1904年被派出洋考察铁政,返国后任汉冶萍公司总办、经理。

【1】1907年11月11日

一琴吾兄道鉴:前月梢接到九月廿日手书,并承寄招股报告一束,厂矿图各五分,当即造访郑、赵、金、刘,如命转致。惟汤蛰老未来,俟其来沪,再行转致。各人于足下苦心,极能体会,办法亦极赞成,但近来商业凋敝,赀本不足,招徕甚为费力。弟于熟人中广为劝

---

① 原函无抬头,无署名。当系叶景葵手迹。上有"叶景葵信札"铅笔批注。——编者

募,稍有成议。只因人微言轻,力量太弱,所得有限,不足以裨毫末。郑苏龛先生寄来说贴一张,嘱为函询,似于去岁议单,略有执简而争之意。鄙人固不敢□□□①矣。以弟意观之,沪上股数即有亦微,倘汉上能集二百万元,合已有之数共约一千万元,即可赶开。股事风声所播,必有应者。目前之阻力,议策尚言托词,实则大资本家商办公司屡屡失败,胆心不敢投资,又鉴于电报公司之收为官有,户部银行之加提公积,武进②此次来游,且有谣言订借日款者。种种之原因,互相裹足,令人嗟叹。所以弟前次上书,颇注意于权理董事。盖非开股东会之后,事之悉遵商律,不能招得股本。又非赀本招足不能开股东会。彼此牵制,筑室道谋,永无观成之望。倘能在汉上凑集二百万元,赶开股东会,则转移风气并非难事。弟棉力拟集款一万元,作一小股。因款尚未齐,稍迟即缴。自恨非团团之面,不能振臂响应,有负委托,殊可恼也。苏龛原函寄上,乞查阅。之后即致筹安。

弟葵顿首。初六日。

(原件,盛档第 055018 号)

【2】1912 年 4 月 30 日

上海发:由神户转送东京

一琴兄鉴:顷回郑省亲,必先公到沪,信稿已妥。葵。

(《汉冶萍公司(三)》,第 1286 页)

---

① 字不清。——编者
② 指盛宣怀。——编者

致李佑丞、李子卫(一通)

李佑丞、李子卫,中国银行郑州分行经理。

【1】1918年10月某日

佑丞、子卫先生大鉴:前在汴,杂谈及敝行拟与贵行互订通汇办法一节,辱承允许,并开示大纲,莫名纫佩。现与敝总分行逐细研究,专就汴省情形并参酌他行已订办法拟具合同草稿,大致与尊处所开无甚牴牾。兹特寄上即请复。如有不妥之处,并求詧核,赐从实签示,以便商改。又弟意欠额可以缩小,而贴费以规定为便。又沪杭津京四地,货币参差,计算不便,故敝行拟以汉口为主体。凡各处有请收解之款,可以径函贵行照办,一面即通知敝汉行转账,似较便利。是否之处,尚望斟酌详示。至纫公谊。敬颂
日祉。

弟叶景葵顿首

(手稿,上档 Q268—1—632)

致李直士(一通)

李直士,福建闽侯人,李拔可之弟。留学日本,专政搪瓷制造,1929年与刘鸿生及其兄创办上海华丰搪瓷厂。

【1】1918年7月25日

直士先生大鉴:昨日面恳调查各件,兹特开单奉上,即祈费神代

为咨询,便中示知,琐渎容谢。敬颂

行安。

弟叶景葵顿首　七月廿五日

附件　纸(缺)

(手稿,Q268—1—632)

致李宗仁(一通)

李宗仁(1890～1969),字德邻,广西桂林人。毕业于广西路军学堂。北伐后任第四集团军总司令等。

【1】1928 年 10 月 9 日

德邻总司令大鉴:前月辱承枉临,邕聆教益,殊慰平生。只以大斾即日晋京,未克诣辕答访为歉。

汉口第一纱厂,敝行曾与安利英行、沙逊洋行共同借款二百三十三万两,占该厂第一债权,推沙逊洋行为债权代表(敝行另有花纱押款六十余万两,为第二债权)。自该厂停工后,到期利息及代垫保险、工资等又加欠七十余万两,均无力偿付。依据合同即应没收标卖。敝行以标卖之后原股东完全无著,情愿居间与安利、沙逊磋商,由该厂股东再筹洋六十万元,交与第一债权人,并由第一债权人另筹低利之活动资金,负责开工。安利、沙逊极受商量所允交换之条件如,一、过期利息及代垫各费加入押款;二、减轻押款利息;三、自重行开厂之日起展期押款五年;四、组织管理委员会,委员七人,以四属债权人,三属股东。而债权方面四人之中,拟另聘与债权人无关之著名中国实业家二人;其余二人,安利、沙逊占其一,敝行占其一。如此迁就办法,因债权人一方为自己之血本著想,一方为大多数之股东著想,一方又为中国实业前途著想也。景葵并为此事亲赴汉口,疏通两造,唇焦舌敝,出于至诚。乃一厂董事人各一心,纠纷庞杂,甲董应允之件,为乙董所取消;今日议决之案,至明日而翻悔。而武汉各地因秩序平静、年成丰收之故,新棉上市在即,纱市颇为乐观。债权人方面因厂董筑室道谋,开工无望,又提议可由债权人筹垫六十万元及其他必需之活动资金,要求厂董承认,延至今日尚无切实答复。日前忽有厂董彭少田者,扬言已在沪、汉集得款项,不问债务人之同意,主张自由开工。并扬言旧欠款项应由旧董事负责清理,一若所欠三百数十万两之押款,可以置之高阁,于己无关也者。债权人闻此消息,异常惶骇!为保护血本计,厂方既如此不论情理,除却没收变卖外,别无办法。然敝行仍不辞奔走呼号,对于厂方为最后之忠告:诚以标卖之后,原股东四百余万元资本,将一律付之东流也。兹已由驻汉安利英行经理马克君,代表第一债权人呈递节略,详述当时放款经过及历次谈判不得已之苦衷。此节略将由甘交涉员转呈省政府诸公誊阅。

　　记得此案大概及敝行调处情形,当钧座莅临时,景葵曾约略提及。而景葵在汉时进谒甘交涉员暨建设厅长,又遍访厂方各关系人,详陈颠末,颇蒙谅解。乃以厂董意见参差之故,漠视债权人之善意,坐失丰年之机会,暗损股东之脂膏,荏苒迁延,行将决裂,并令中间人出言无效,徒费斡旋。此可为长太息者也!省政府诸公洞悉民隐,对于此案闻已作详细之考虑,或可令债权人仰藉保护之力,迅速解决。夙仰总司令惠工保商,至公无私,用特专函详陈清听。景葵请总司令及省政府诸公特别注意者,安利、沙逊之放款因厂方积欠机价而起;敝行之放款,因欲维持实业,谋永久之□□①。若任捣乱之厂董肆意破坏,债权人之款项濒于危险。此后孰敢再投钜资以救武汉之实业?一也。该厂资本、公积不过二百八十万两,而现在所负之债已约在三

---

① 原档破损,字难辨。——编者

百七十万两以上。倘无充足之活动资本、熟练之技术、严密之管理员，五年至十年之经理期间，必致难以获利。若计画稍有错误，旧弊不能刷除，则不特股东之资本全无，即债权亦十分危险。二也。纱厂为丛弊之薮，而第一纱厂之积弊尤多。现在债权人之所注意者，低利之活款也，贤能之厂长也，精密之管理法也，熟悉而又可靠之营业员也。而厂董及局外人之所注意者，某某应为委员也，厂长应由某方推荐，某某应有买花专利也，某某应有销纱之权也。本年以来，所以屡议而屡不成，其症结全在乎此。彭少田等所以怀挟私心，妄思自由开工者，其症结亦在乎此。三也。此事若非省政府诸公秉公裁制，必无解决之望。尚恳总司令俯察实情，电致省政府诸公，挽救垂亡之实业，保护钜数之债权，纠正厂董之私见，召集双方心平讨论，务使开工有望，俾九千工人之生计不致无著，三百七十万两之债权不致无著，二百八十万两之股本不致无著，临颖无任，企竦待命之至。敬颂

麾安！

叶景葵谨上言　十七年十月九日

附呈驻汉代表马克君中英文节略一册，请詧阅。

（信稿，上档 Q268—1—393—29）

致林行规（十一通）

林行规（1882～1944），字斐成，浙江鄞县人，民国时期著名律师，时在上海。

【1】1923 年 9 月 14 日

斐成先生大鉴：敬启者，前代四合公司介绍，拟聘先生为该公司代表人，荷承慨允，至深感荷。兹由该公司寄来正式委托书一件，又

分致财部及内债债权人、会盐余借款联合团函稿四件。即祈詧阅归档。所有盐余借款团方面,已向该公司先行声明脱离。并请台洽。只颂

台绥。　　　　　　　　　弟叶制景葵拜启　十二年九月十四日

再,顷接四合公司来函,嘱抵送公费洋式百元。兹特迅奉。即请赐复。再颂

日祉。　　　　　　　　　弟制景葵又启　十二年九月十四日

外洋贰佰元正。

(副本,上档 Q268—1—348)

[2] 1923 年 10 月 11 日

前代四合公司奉上财政部公函一件,请即拒约驳复,谅已核办。顷四合公司寄来九月底结单一纸,即请贵律师备函附送财部,要求即日拨还为感。此致

林斐成大律师　　　　　　叶景葵启　十二年十月十一日

(副本,同上引档)

附:1923 年 10 月 20 日林行规复先生函。云:

揆初先生大鉴:两奉手书,祗悉一一。因赴部迭访总次长,均未晤见,与司厅接洽,未得要领,致稽肃复,抱歉良深。现已去函催促,日内当陆续往部面洽。俟晤见当局,商有办法,再行奉闻。兹将致财部函稿钞奉,敬希詧阅为荷。专肃。敬颂

台安。　　　　弟林行规顿首　中华民国十二年十月二十日

(原件,同上引档)

附:1923 年 11 月 20 日林行规致先生函。云:

揆初先生台鉴:近奉大函及附原合同钞件,均已只悉。敝处前致财政部函稿,已于十月二十日钞奉,想达台览。兹得财部复函与四合公司商议陈诸财部整理会主张相同。兹将该函钞请一阅。弟现因俗事返里一次,约计两旬可以返京,余容续布。敬颂

台祺。　　　　　　　　弟林行规顿首　中华民国十一月二十日
附钞财政部复函一件。

(原件,同上引档)

【3】1923 年 11 月 23 日

斐成先生大鉴：顷奉本月廿日手并抄示部函一件，均以读悉。部函云承认金融公债变卖偿还，较前函大有进步，非先生之力不至此。闻财政整理会现已规定表式，分送债权、债务两方各自填注，会齐后再行审核。但债权一方仍有整理会送部转交，约旬日内可以发出。此项表式如部中送至尊处，即请寄下，以便转交四合公司填注。因前单本息结至九月底，现须加入过期之息又有数月也。手复。敬颂

台祉。　　　　　　　弟制叶景葵顿首　十二年十一月廿三日

(副本,同上引档)

【4】1923 年 11 月 27 日

斐成先生大鉴：日前奉复一缄，计大旆业已旋都，谅蒙鉴詧。昨接财政整理会致四合公司公函并表式二纸。兹照来函按式填注，由四合公司送请函致台端。恳即备函送交财政整理会汇案核定为荷。财政整理会原函照抄一纸附上。敬颂

日祉。　　　　　　　弟制叶景葵顿首　十二年十一月廿七日

(手稿,同上引档)

附：1923 年 12 月 7 日林行规致先生函。云：

揆初先生赐鉴：前因琐事回籍一行，途经上海，匆促未及叩访，至歉。归途在济南、天津略作勾留，五日夕抵寓，展诵上月二十七日台示。已将表式备函送致财政整理会矣。兹钞函稿，送请詧照。承委之件前与财部接洽时，部中初时仍以归入盐余通案为言。规往访张副总裁公权，叩以有抑卮先生复彼函在前，何以仍将四合借款列入盐余案内？彼答以充作四合抵押之公债，财部系向中行借

用,若可另腾抵押,中行有收回公债之望。是四合公司本未承认将该款列入盐余通案。以后再访财部,以接晤公权先生谈话相告,并检抑卮先生与公权先生往来钞函相示部中,始无他言。现既由部将此笔债款汇送整理会审核,臆见以为可将根据合同及列入通案问题暂置不提。台端十月二十四日函嘱钞送整理会之财部与四合公司合同,似亦可暂缓钞送,俟日内查明主办该件人员,往晤接洽后再图相机办理。未知尊意以为如何?接洽情形,容再函陈。专肃。敬请

台安。　　　　　　林行规顿首　中华民国十二年十二月七日

先生批注云:"总务部拟复。"

(原件,上档Q268—1—348)

【5】1923年12月10日

斐成先生大鉴:接奉本月七日台函,并附示尊致财政整理会函底一件,均敬诵悉。承示执事与张公权先生谈话及与财政部接洽各情形,无任佩慰。财部现既将该款汇送整理会审核,前拟根据合同及列入通案问题,自可暂置不提。即弟于十月廿四日函请抄送整理会之合同,亦可从缓。已将尊旨转告四合公司。所有以后办法,准俟尊处将接洽情形见示后再行续商。专复。敬颂

台绥。　　　　　　弟制叶景葵顿首　十二年十二月十日

(副本,同上引档)

【6】1923年12月15日

斐成先生大鉴:本月十日奉复一缄,度邀鉴詧。昨接财政部库藏司致四合公司公函并表式二纸。兹照来函按式填注,由四合公司送请函致台端,恳即备函送交财部库藏司誉核备案为荷。库藏司原函照抄一纸附上。即颂

台祉。　　　　　　弟制叶景葵拜启　十二年十二月十五日

(副本,同上引档)

【7】1924年1月11日

斐成先生大鉴：去岁十二月十五日曾上一缄，计邀詧及。昨接财政整理会致四合公司函，嘱补具本息计算书一张。兹由四合公司办就，送请函致台端。恳即备函送交财政整理会詧核备案为荷。财政整理会原函照抄一纸附上。即颂

台祉。　　　　　　　　弟叶○○顿首　十三年一月十一日

（信稿，同上引档）

附：1924年1月16日林行规复先生函。云：

揆（揆）初先生大鉴：顷奉一月十一日大函及本息计算书一件，均经祇悉。业经敝处备函将本息计算书即日送交财政整理会矣。专复慰注。敬颂

台祺。　　　　　　弟林行规顿首　中华民国十三年一月十六日

（原件，同上引档）

【8】1924年2月15日

斐成先生阁下：卧病一月，笺敬为疏。辰维尊候多福，□□□□□□①。财政整理会对于内外债整理事宜，进力颇速。内债部分，财政部派库藏、公债两司长与各债权银行接洽，各银行亦推举张公权、钱新之、周作民诸君为代表，与部派人员蹉议办法，并闻主张就各债情形分别办理。有减低或削除利息者，亦有全照原约者。四合公司闻此消息，以为此种办法，当局者不免因于自身之利害关系薄于人，即所以为厚己之地步。并称该公司债权与其他情形不同。原订利率本轻者，再受歧视，未免吃亏太甚。声明最大让步，以不计复息为止境。嘱为转乞执事允予加意关注，俟财政部定期与各债权团接洽，即请前往谈判。谨特专此奉恳，务乞鼎力主持，不胜感荷，随时告以近情，俾慰远系。顺颂　台绥。

（信稿，同上引档）

---

① 信稿字迹模糊，无法辨认。——编者

【9】1924 年 2 月 19 日

　　斐成先生台鉴：密启者，前为四合公司事奉上一缄，计荷惠詧。前接京函，知财政整理会现在内容实已竭力进行，四合公司之事分与严君鸥客。严君系弟至戚，并曾密询办法。顷得复函，谓四合之账渠尚未曾看见云云。不知系何原因？是否委员会分配错误，或财政部未曾投到？应请台端详密查明。如果查有舛误或未曾投到情事，并请设法补救，以期早日由主管委员审核。严君系吾兄同学，当可径访面谈。惟渠极谨慎，其职务亦不宜泄露秘密。因与弟至戚，故来函实告。如兄往访时，请许其代收秘密为荷。专此。顺颂

台祉。　　　　　　　　　　　　十三年二月十九日

　　　　　　　　　　　　　　　　（信稿，同上引档）

【10】1924 年 2 月 27 日

　　斐成先生大鉴：十九日奉上寸缄，计荷惠詧。顷接京函，知财政部对于非盐余借款案内各款，已定有结算办法，京中各银行大致赞同。惟其细节条文略有修改之处，业由各银行拟具修正办法，答复财部在案。现据四合公司声称，前项办法与该公司关系至为重要。惟该公司借款与各银行事同一律，自应与各银行取同一态度向财部备案结算，云云。并抄录财部及各银行协商办法两份，前来嘱为转寄吾兄詧阅，务祈速与财部接洽办理，并盼见复为荷。只颂

台祺。　　　　　　　　　　弟○○○启　二月廿七日

　　　　　　　　　　　　　　　　（副本，同上引档）

　　附：1924 年 3 月 4 日林行规复先生函。云：

　　葵（揆）初先生赐鉴：前奉上月十五日、十九日、廿七日大函，祗悉一切。承委四合公司事件，久无所闻，迄未陈报，至深抱歉。奉十五日、十九日大札后赴瀛台，往访当局，由周寄梅接见。对于提出账单核算有无异同，遽不肯有所表示，惟言如有异议，必约请会商。探询以后整理办法，亦仅言如能筹得财源，即有希望。询以内债中有与

1187

财部自行结束之说,据答会中亦亟盼双方自了。惟移送会中各债,该会可保证一律待遇,决不偏倚。所得如此,殊令失望。鸥客尚未晤见。展诵廿七日大札,既荷示知他项具体办法,自应力促财部径与结算,并托作民遇有所闻,略示一二,以免向隅。承委之件,受托经年,绝未效力,深滋惭愧。日内进行如有眉目,当再驰报。诵前函敬谂贵恙新痊,尚祈珍卫。专复。敬颂

大安。 　　　　　　　弟林行规谨上　中华民国十三年三月四日

（原件,同上引档）

【11】1924 年 4 月 10 日左右

斐成先生惠鉴：未修函候,倏又匝月。遥想起居定多纳祜,至为颂慰。前接还云,承示与财部周君接洽情形,祗聆一是,当经转告四合公司。兹据四合公司声称,"财部对于各银行欠款,业经订有结账办法,并须各银行开具账单,派员到部核对,双方签字为凭"等语,并云所有该公司账目情形。日前敝京行副经理竹尧生君在沪时,曾当面接洽,托其到京后晋谒台端,面洽一是。同时备函作介,应如何与财部办理手续之处,尚乞拨冗接晤竹君,赐教迅办,无任感荷。专布。只颂

台祺。 　　　　　　　　叶〇〇顿首

（信稿,同上引档）

附：1924 年 4 月 15 日林行规复先生函。云：

揆初先生赐鉴：顷承竹尧生先生交下大札,拜悉一切。昨日赴财部,晤公债司长,询以四合公司对账之事。当经该司长约同第三科科长与规面洽。据称四合公司余欠,业经列入非盐余案内已无问题。现已将债权人应填之表付印,本星期内即可将印就各表汇送北京银行公会,分致各债权人填注。嗣后部中如有与四合公司直接接洽之事,当径知敝处云云。规拟俟接到该表时,或参照四合公司前时造送财政整理会结至上年十二月三十一日止之原账填注,或就近商承竹

尧生先生办理。知关仅注,谨先奉闻。专肃。敬颂

大安。　　　　　　　　林行规谨上　中华民国十三年四月十五日

(原件,同上引档)

致刘承幹(十八通)

刘承幹(1882~1963),字贞一,号翰怡,浙江湖州人。藏书家,南浔嘉业堂藏书楼主人。

【1】1923 年 5 月 16 日

翰怡我兄道鉴:

久澜,殊切怀想。顷因路事来京,晤梁任公,道及尊斋藏书至夥,意欲乞得所刊各种书全分,问弟可行否。弟谓吾兄以传之世人为职志,任公发微阐幽,有功国故,必乐于移赠。尚求检齐前后所刊各种孤本一全份,送交敝行陈叔通先生转寄京师为感。又石铭兄所刊善本闻亦甚众,可否转乞一分,一并寄来?任公近有《清儒学案》之作,正在搜讨,两公宜有以助成之。石兄处恕不另肃。手颂著安。弟叶制景葵顿首。初一日。

(手迹,《求恕斋友朋手札》稿本,《历史文献》,
第 16 辑,下均同引书)

【2】1925 年 4 月 14 日

翰怡老哥道鉴:

自京归来事冗,尚未及诣谭。《密韵楼善目》一册抄就重校,近甫订成,奉呈浏览,仍祈赐还。敬颂著安。弟叶景葵顿首。四月十四日。

【3】1925 年 9 月 19 日

翰怡我哥如面:

承惠《旧五代史》,校刊精审,娱人心目,感谢之至。至友黄溯初

兄前承蒙惠赠尊刊佳籍，无以为报，兹检出温处人著书八部（《滑疑集》、《木钟集》、《汲古堂集》、《欠泉庵集》、《温州经籍志》、《永嘉诗人祠堂丛刻》、《印谱》），托转奉赍收，俾得传之永久。如尊刊尚有可以分惠之籍，固所愿而不敢请也。其已得尊刊另纸奉□。手颂台祉。弟景葵顿首。九月十九日。

【4】1926 年 7 月 9 日

翰怡老哥台鉴：

昨奉赐书，并承惠《八琼室金石补正》一部，开缄雒诵，美感五中。星农先生与听邠丈为至戚，先祖在汴时，与听邠丈讲求金石学，收萃考订，相视莫逆，遂订兰谱，故星农先生辄程所得，时时赠与先祖，至今敝箧中尚存数十种。今其身后遗著蒙吾兄发潜阐幽，费七年苦心寿诸梨枣，并以初印精本惠及不才，谨当珍袭藏之，永为世守矣。敬谢敬谢。令族弟名条已先记存，目前尚无机会，容留意。弟景葵顿首。七月九日。

【5】

前承惠假《水东日记》，兹特奉缴，并鸣谢忱。迟日再当奉访，续有借觑之请。敬颂翰怡老兄文祉。弟景葵拜上。廿六日。

【6】1932 年 6 月 7 日

翰怡吾兄鉴：

久违，甚念。章式之兄新著《通鉴正文校宋记》弟助资刊成，兹检红印本奉赠一部，乞鉴收。弟为明庶事拟与兄一谈，准明晚八钟邑话一切。敬颂侍祉。弟期叶景葵顿首。六月七日。

【7】1932 年 12 月 9 日

翰兄足下：

两奉手书，敬悉种切。日昨请笃生兄与尊处账友接洽，据云日前尚可无需，准俟台驾归后再商可也。旋沪之期已否定准？容奉访罄谈。即颂著祺。弟景葵顿首。十二月九日。

【8】1935 年 6 月 12 日

翰怡吾兄台鉴：

久违,甚怀。想到苏后兴居佳胜。弟上月偕培余兄作关西之游,极为欢忭,惜吾兄未克偕行也。新刊张氏父子《谐声谱》由邮寄上一部,藉供参考,乞詧存为幸。手颂日祉。弟景葵顿首。廿四年六月十二日。

附：1936 年 6 月 19 日刘承幹复先生函。云：

揆初世叔大人侍右：吴门赁庑,久违光尘。比闻台从作关陇之游,恨未能执鞭以从,徒增歆羡。今奉手札,敬承兴居曼悦,式如臆颂。蒙贶张氏《谐声谱》,会通群籍,阐发详明,可谓集韵学之大成,而我公流布先儒遗著之功,尤可钦佩。感荷嘉惠,无任纫戢。肃此陈谢。只颂筹安。　世愚侄降制刘承幹顿首。六月十九号即五月十九日。

(原件,《尺素选存》,上海图书馆藏)

【9】1935 年 12 月 20 日

翰兄鉴：

前闻黄君公渚言,尊藏《永乐大典》四十二册有出让之意。弟以为此等国粹散出可惜,力劝北平图书馆收留,该馆询问尊旨至少受偿若干。尚祈酌示为感。敬颂日祉。弟景葵顿首。廿四年十二月廿日。

【10】1936 年 3 月 19 日

翰兄鉴：

前奉复一函谅达。弘治《徽州府志》计缺第五、第六两卷,拟假尊藏影印(用照相法),乞便中检出惠假为荷。弟景葵顿首。三月十九。

弟日内赴杭,该书请寄张笃生兄转交。

【11】1936 年 4 月 11 日

翰兄鉴：

昨自山中归来,奉到弘治本《徽州府志》五、六两卷,容即影印,印毕即行奉缴不误。念复，即颂日祉。弟景葵顿首。廿五、四、十一。

【12】1937 年 2 月 3 日

翰怡吾兄鉴：

闻嘉业堂书库藏有《姑山遗集》（沈眉生著），请乞假一读（请函致南浔寄张笃生兄转交）。因弟购得一部，向葛荫梧兄借本补抄阙叶，不料所阙大致相同，故欲得尊藏一细校也。十号明庶开会，请世兄来沪列席为盼。即颂日祉。弟葵顿首。廿六、二、三。

【13】1938 年 12 月 29 日

病中荷赐《睫巢集》，敬谢。近得手稿集外诗，故欲核对之耳。世兄册子勉强缴卷，乞转交。此复翰怡仁兄大人著安。弟葵顿首。戊寅十一月初八日。

【14】1939 年 11 月 7 日

翰怡我兄如晤：

闻尊藏有《大清实录》全部，其附印之《宣统政纪》弟拟借阅，乞示遵，当遣人领取也。即颂著安。弟叶景葵顿首。廿八年十一月七日。

【15】1940 年 1 月 20 日

翰怡吾兄鉴：

奉示敬悉。《新唐书纠谬》影印本兹嘱敝馆送上，乞转交君谋世兄。其余二种敝处无藏本，并乞转达。复颂日祉。弟景葵顿首。廿九年一月廿日。

【16】1940 年 5 月 5 日

乔迁尚未往贺为歉。尊斋所刊群籍，顷到馆检查，知未得者甚多。兹将已有者加一墨圈于印目之上，其未有各种，恳求各赐一部，以传流稽古发幽之盛意，吾兄当不斥其贪也。原目附上。敬上翰怡老兄史席。弟景葵顿首。三十①年五月五日。

---

① 原件笔误。——编者

附：刘承幹1940年5月7日复先生函。云：

揆初先生左右：展诵惠札，敬审道履时绥，即事多祉，式如臆颂。前者培余舍弟言及尊需拙刊，因沪寓祇存零种，不合图书馆之用，业已函致敝书楼，陆续带寄。值道途间阻，不免濡滞，俟配齐后当即送呈贵馆，以备插架。拙刊藉贵馆流传，本素志也。

前谈舍亲张君菊畦事，兹代呈一函。舍亲昔在浙江铁路公司任银总科科长，月薪八十元。嗣因公司收回国有，复派清算处服务三年，月薪六十元，至民国六年辞职。因金君润泉之介，就中国银行职务，后又改就大达轮埠公司。今日军兴以还，大达房产泰半被毁，业务停顿，舍亲年逾六十，境况凤清，不无以生事为虑。伏祈俯念旧日微劳，曲予尉荐，不独舍亲被恩无既，即承幹亦代为纫戢也。（因舍亲早离清算处，故名单漏列。）本拟明日治具邀公贲临，顷适有他事，展期于十日下午七时，仍在敝寓设宴，不另奉简。敬祈惠然枉存，无任徯望之至。肃此敬请道安。刘承幹顿首。五月七日。

（原件，《尺素选存》，上海图书馆藏）

【17】1940年5月22日

手示诵悉。承惠《南唐书补注》刻本，感谢。二世兄感冒请假已照办，刻下热已退否？至以为念。敬颂翰兄日祉。弟景葵顿首。廿九年五月廿二日。

【18】1946年8月26日

示敬悉。明庶余额星埠存项事，正与彦颐世兄不断协商中。一、存单以彦颐名义存入该埠华侨银行保管箱，非彦颐不能取回。二、星埠汇兑每人每次以二十五元为限，巨额无从迳汇。三、星币祇能在英镑集团范围内自由通行，尚不能在范围以外自由。而购买货物亦害多利少，故问题尚不能于短期内迅速解决也。敬颂暑安。弟景葵拜复。卅五年八月廿六日。

致六合公司(一通)

六合公司,民国初年由美法英德俄比六国银行团向中国政府的贷款组织。

【1】1912 年 7 月末

六合公司大鉴:

贵公司借票,债权转售东方公司一事,敝经理等承董事会委托,与律师详细研究,兹将担文意见书照抄奉闻。叩请贵公司查明校后为盼。附担文意见书等洋文各一件。

汉冶萍煤铁矿有限公司经理李维格、叶景葵。

(抄件,盛档第 016374 号)

致卢学溥(四通)

卢学溥(1877~1956),字鉴泉,浙江桐乡人,银行家,曾任大清银行首任公债司金事。时任交通银行协理。

【1】1925 年 7 月 27 日

鉴泉先生大鉴:浦滨话别,时深驰系。侧闻莅新以来,鸿猷丕焕,引领北望,无任钦迟。顷奉惠缄,并示贵行领券办法及拟修改旧合同各条,均经聆悉。此事在敝行本意深盼将合同早日实行,俾符原议。既承燕老暨台端开诚布公,将旧合同现难适用之处指示修改,自当勉力通融。惟尚有数事不能不请求鉴允者:

一、公债　原合同只缴二成半,今改缴四成,所增已多。如再实值交付,不特市价上下彼此随时找补,手续上诸多困难,敝行负担实感过重。且现拟新合同第三条,已有敝行先兑二成之规定。是则敝行除缴现金六成、公债面额四成外,不啻又自备现金二成。若以公债市价五折而论,所有准备实际已经十足,无论如何当于贵行发行制度不致有所出入。故公债一项,以缴面额四成最为平允。惟可规定以五折以上者为限,俾格外稳妥。

一、领额　原合同名义上为五百万圆,实系一千万圆,载明第一条第二项。因当时(任)振采先生虑一千万之名义为他人藉口,故允其实而避其名也。今减为三百万圆,未免过少,拟请改为五百万圆。先在第一区总库领天津券叁百万圆,即由敝津行承领。其余式百万圆预备日后在沪、汉各埠领用。是较之原合同已减去半矣。

一、利息　保证现金利息原合同系年息叁厘五,现在尊示月息二厘,实觉过少。拟请改为年息叁厘或月息二厘五,较之原合同已属减轻。既承特别优待,务请格外体恤。

一、年限　原订二十七年,系以敝行注册年限为标准。今改为叁年,一转瞬间即须重订。且领券推行亦须宽假时日,方易奏效。拟请酌加,至少以拾年为断。

以上四事均系实在困难情形。既荷关爱,故敢直陈。尚乞俯如所请,并将下情转呈燕老,始终玉成为感。附上敝津行领券合同拟稿一件,即求酌核复示,以便函知敝津行遵办。至其余沪、汉各埠应用之式百万圆,彼此先行互换公函作为成约,即将旧合同注销,俟敝行需用时当再行分别商定合同可也。专此奉恳。致颂公绥！

　　　　　　　　　　叶○○敬启　十四年七月二十七日

附合同拟稿壹件

燕老前均为致意

（信稿，上档 Q268—1—617）

附：1925年7月20日卢学溥致先生函。云："前承面交民六交行与贵行所订领钞合同，业已查明原委。当时固因时局变迁不定，亦因保证单薄不无风险，以故未刻实行。现在时隔多年，时易境迁，此项办法不甚适用。且敝行于十二年秋冬之间，规定四种领券办法，通令各行一律遵守。核与就合同所订条件颇多出入。惟燕老①与弟凤蒙关爱，公谊私交迥异恒泛，自当竭力效劳，特别优遇，藉答盛意。兹已商同燕老，饬令主管股参照规定办法，酌予变通办理。即将旧合同修正改订，以期双方兼顾，利于推行。所有拟改条项暨敝行规定办法，另纸抄附。倘荷示复赞同，当即嘱令各地行库就近商同贵行分别办理，以便实行。"

（原件，同上引档）

【2】1925年8月20日

鉴泉先生大鉴：顷奉本月十七日所发公函，敬悉乙是。敝行修正领券合同一事，所有商榷各条已承分别改定。虽与原函所求有出入之点，但既重费清神，示以优待，敝行不应琐屑较量，故大致可以遵行。其中尚小有推敲之处。拟于两星期后乘便入都，面求教益，届时即可协定一切也。燕老前乞先致意。专复。敬颂

公安。　　　　　　　　弟叶景葵顿首　十四年八月二十日

（副本，同上引档）

附：1925年8月17日卢学溥复先生函：

揆初先生大鉴：惠函并领券合同草稿，均已拜悉。查敝行天津总库发行准备早已完全公开。凡领用钞券不论行内行外，均须一律

---

① 燕老，指梁士诒(1869—1933)，号燕孙，广东三水人。民国后先后任袁世凯总统府秘书长、国民参议院院长、内阁总理等要职，时任交通银行总理。——编者

照章缴付六成现金、四成证券,全数存库,本难通融。前函允于现金部分给予月息二厘,已属竭诚优待。第既承一再谆嘱,敢不勉从,以副盛意。兹分条奉答于次:

一、债票 四成保证债票,遵示按照票面计算,但须以中央政府所发之公债且市价在五折以上者为限。

二、利息 前项债票既经勉从尊嘱照票面缴付,所有六成现金之利息,只可给予周息二厘。

三、领用数额 尊拟五百万元,数目未免过钜。请仍以总额三百万元为限,在敝天津总库领用一百五十万元,余在沪、汉两处分领。

四、合同期限 尊拟十年之期似觉过长,兹拟折衷办法以五年为限,期满再行续订。

五、领用手续 该项领用券应分批领用,每次领用时并应将领用数目先期通知。

六、领用时期 该项领用券须俟本年秋后敝行新钞运回时,再行发给。

以上各条,实已竭诚让步勉力办理,为历来领券各家所未有。倘荷赞同,即请示复。兹将原件附还,请照上开修改各点加以修正,再行寄下,以便饬知敝津、沪、汉各行、库分别与贵津、沪、汉各行接洽商订合同,早日实行。专此布复。藉颂

台绥!

愚弟卢学溥拜启

抑卮、振飞、叔通、寄庼诸先生候安不另。 八月十七日

(原件,同上引档)

【3】1925 年 9 月 11 日

鉴泉先生台鉴:顷奉函复敬悉,前函所商领券合同第二条,求息改为周息二厘半,已荷核准。至第四条期限,尊意在合同内仍订五年,另行交换公函,声明期满后得再展期五年。敝行遵当照办。兹将前拟合同草底,遵照来示修正缮就,奉上一份,乞寄贵津行库接洽办

理。已另以一份寄敝津行，即由津经理携往贵津行库会同签字。至应备交换公函及旧合同注销手续，亦已函报敝总行照办矣。专此奉复。敬颂

公安。　　　　　　　　　　弟叶景葵顿首　十四年九月十一日

附上合同一分。

燕老前均此致意。

（副本，同上引档）

附：1925年9月11日卢学溥致先生函。云：

揆公大鉴：顷谈。复贵行信，文书股不知我公在京，已将原信寄沪。兹特抄副本，送请台阅，即希洽办为荷。余再谈。即请

台安。　　　　　　　　　　　　　弟学溥顿首　九月十一日

再，顷间所谈务嘱与闻大事，守秘密为要。

又，卢学溥同日卢学溥致先生函。云：

揆初先生大鉴：顷奉惠复并领券合同底稿均悉。此间已将该项底稿，连同商定领券办法大纲六条，一并寄交敝津行库，饬向贵津行接洽办理。惟查前项商定领券办法第五条，规定应领之券须分批领用，每次领用时并应将数目先期通知。顷阅合同底稿第一条所载，核与原定第五条所订办法不符。且敝行空白券库存无多，事实上不能办到。此节敝津行库与贵津行商谈时，必须酌改也。专复。只颂

台绥。　　　　　　　　　　　愚弟卢学溥顿首　九月十一日

（原件，同上引档）

又，同日卢学溥致先生函。云：

揆初先生大鉴：顷奉惠复，藉念前函所陈领券条项，大体已蒙允诺，良深佩慰。利息一层，前允周息二厘，原已优待，兹承谆嘱，勉照尊示周息二厘半付给。至领用年限，在合同内仍拟定为五年，一面另定交换公函，声明期满后得再展期五年。如此实际仍为十年。现在大体条件既经议妥，即请将合同草底送来，以便饬知敝津行库接洽办

理。一俟新合同正式签订,所有民国六年之旧合同,请即双方复注销,以完手续,专此奉达,仍盼惠复。只颂

台绥。　　　　　　　　　　　　　　　（抄件,同上引档)

【4】1925年9月12日

鉴泉先生大鉴:顷奉惠复。承示应领之券须分批领用,每次领用时应将数目先期通知,顷阅合同底稿第一条,核与商定领券办法第五条不符,贵津行必须酌改等因,谨已聆悉。查原拟合同第一条,系指加印暗记以一次付印为便,若空白券库存不敷,则事实上亦可分批办理。至领用应分批并先将数目通知各节,敝行当然遵办,与商定领券办法第五条并无违背。既承明示或将合同字句酌改,或由敝津行另以公函声明,均无不可也。已函告敝津行,向贵津行库接洽办理矣。专此奉复。敬颂

公安。　　　　　　弟叶景葵顿首　十四年九月十二日

燕老前此致意。

　　　　　　　　　　　　　　　（副本,同上引档)

致卢永祥(一通)

卢永祥(1867～1938),字子嘉,山东济阳人。北洋武备学堂毕业。历任师长、淞沪护军使,1915年任浙江督军。

【1】1925年1月30日

南京卢宣抚使钧鉴:此次苏省又作军事行动,人民复遭兵祸,惨不可言。浙省虽未入战区,而农商业辍,亦饱受流离损失之痛苦。齐已师败,身逃战事,自可结束,正赖执事宣抚轸恤灾黎。浙

省曩隶仁畊,爱护浙人,始终不渝。迭蒙宣布,感深瀹瀹浃现。孙督理一秉萧规,亦以保境爱民为己任,环恳钧座俯念旧,治民困难堪,并谆切转告张、陈两军长,严饬所部军队,万弗接近孙军,致生误会,再起兵端。我公多一分爱惜浙省之心,即多留国家一分元气,迫切叩祷。

高云麟、叶尔恺、徐宗溥、吴士鉴、刘燕翼、叶景葵、姚福同、许文浚、陶葆廉、钱绍桢、徐士锺、葛嗣浵、徐　棠、沈　镛、刘锦藻、庞元济、周庆云、陈其采、杨泰颐。卅。

(1925年2月1日《申报》)

致罗正钧(一通)

罗正钧(1855～1919),字顺循,晚号劬庵,湖南湘潭人。清光绪十一年(1885)中举。光绪二十年后任陈宝箴抚幕,先后任抚宁、定兴、邢台等县知县,天津知府及山东提学使等职。1902年赴日本考察学务,遂后在湘推行新式教育。著有《船山师友录》《魏源师友集》《左文襄公年谱》与《劬庵文稿》等。

【1】1906年某月初八日

巽循仁兄大人阁下:暌违积久,伫想为劳。侧闻声施烂然,教化普被,特恩褒勉,五马荣膺,此固近日进步之明征,不仅吾党之光而已。贤昆来奉,颁到手书,垂问殷勤,莫名感怍。弟自去夏到此,毫无献替之功,徒以根本要区,膏腴广衍,倘再不自振拔,将永入泥犁地狱,乃不得不效尺寸之力,已答知遇。然积疲太甚,人民程度太低,一溉之功,终恐无济、日俄约定,朝廷于陪都之事,亦若以无心出之,此固鲰生所不解者也。小浦奉命来沈督学,可为将军得人庆。近以母病珊珊其来。屡电促之,不知月内能到否?奉省学务,尚无基址,幸有同志独画一面,遂不觉油然生希望之心矣。专布。敬颂任当,并请勋安。　　　　　　　　　　　　　　　　弟叶景葵顿首。初八日。

（手迹,《湖南省图书馆藏近现代名人书札》）

致马寅初(一通)

马寅初(1882～1982),浙江嵊县人。经济学家。留学美国。1915年回国后任北京大学教授。

【1】1919年4月29日

寅初先生阁下:频年结契,久借长才,中心服膺,愿攀高躅。敝行总办事处汇众流于一源,赖同舟之共济。先生学识深邃,经验宏富,出其就熟驾轻之余绪,庶几集思广益之有资,敬奉屈为敝行总办事处特聘员。昨恳兰生先生致其诚悃,渥承慨诺,无任欣幸,仅以奉订,伫盼莅临。顺颂

大绥。诸维亮察。

浙江兴业银行董事长叶景葵　八年四月二十九日

（副本,上档 Q268—1—80）

附:1919年8月30日马寅初复先生函。云:

揆公钧鉴:寅初自愧才疏学浅,庸陋异常,并不谙事务,第既承蒙委为顾问,敢不勉竭愚庸。但自就职以来,成绩毫无,徒有托足之地,拙无一技之献。扪心自问,实愧缩无地矣!用特函请辞职,以避贤者。所借书籍,一俟病痊,即当奉还。至至交之情,则时铭五内不

朽也。专肃。敬请

道安。　　　　　　　　晚马寅初谨上　八月卅日

(原件,同上引档)

又,1919年9月1日马寅初致先生函。云:

揆公钧鉴:辱承下访,诸多简慢,殊深抱歉。寅初辞职之意蓄之已久,实出于不得已之苦衷。以交情而论,似不应一别而去,但以才具而论,则非避贤路不可,其力不从心之处。尚祈格外宽宥。专肃。敬请

道安。　　　　　　　　晚马寅初谨上　九月一号

(原件,同上引档)

又,1919年9月16日马寅初致先生与陈叔通函。云:

揆初、叔通先生钧鉴:日前公权先生来舍,转达揆、抑两公之意,今日叔通先生又提及此事,辱荷关切,感荷可言!嘱件自当竭力,惟报酬一层,万不敢当。本月薪水,既已辞职,在贵行无发给之义务;在寅初亦无领取之权利。幸勿遣人送来。是所切祷。尚肃。敬请

道安。　　　　　　　　晚马寅初谨上　九月十六日晚

(原件,同上引档)

致美国钞票公司(一通)

【1】1923年10月13日

径启者,敝行与贵公司所定印钞合同,第四条内开:"草样核定后九个月,全货一律交齐",兹特详细声明如左:此项钞票应由贵公司陆续分批装运,自草样核定之日起,限九个月内一律交齐。第一批装运之数至少为五元票四十万张,十元票十万张,一元票十万张。每批装运时,特将船名及启碇日期电知,并将所运钞票种类及

箱数、张数备函通知,径寄敝总行查收,以便与海关预先接洽。其提单、保险单等亦祈径交上海敝总行查收,以免周折。统祈手复为幸。此致
美国美钞公司　　　　　　　上海浙江兴业银行代表人叶景葵
　　　　　　　　　　　　　　民国十二年十月十三日
　　　　　　　　　　　　　　（副本,Q268—1—608）

致某　某①（一通）

【1】1921 年

　　某某鉴:寄颀牙痛已痊愈否?牙痛由于心焦,心焦由于火重。有良方四大字:"事宽则圆"。每遇事务棘手时,以清水送服,立愈。此葵廿年来之经验秘方也,乞为转赠。葵又有秘诀两语云:"举世誉之二不加劝,举世非之而不加沮"。以此十六字制为丸散,时时服之,则相火无自而生矣。亦乞转赠。

　　内规中待遇问题,大致已改就,今冬必可发表。如某某者在本行无过失,可留,自应坚留;如不肯留,亦属无法。凡造大厦,其要点只在几根柱子,其余门窗板壁,不妨随时移动更改。各柱子要移动时,必须工程师详细估量,有万不能移动者,亦有可以移动者。总之,不可造次而已。凡为柱子者,不能不三复斯言。此外尚有一秘诀:无论何种挑拨之言,一概不理,因此等言语,足以引起相火也。以上各节祈转达。敬颂日祉。葵顿首。

　　　　　　　　　　（《揆公遗墨》,《兴业邮乘》,复第 54 号）

---

① 原文如此。注有"民国十年作　寄颀藏。"——编者

致聂云台、何范之(一通)

聂云台(1886～1953),名其杰,湖南衡山人。实业家。清末创办复泰公司、恒丰纺织新局等。曾任上海总商会会长。

【1】1912年2月19日①

上海兴业转聂云台、何范之兄鉴:一谱君论著极中肯綮。世但知萍煤冶铁为惟一宝藏,不知自李一琴任汉厂总办后,凡鄂赣等省铁类矿山,调查甚详,圈购甚多。今以汉冶萍引日资合办,是不啻举全国钢铁业,拱手授诸外人,危险何堪设想!且汉厂萍矿债台高筑,今更残破,非大借外债不能续命。日人以千余万金之款,攘臂合办,转瞬款尽,仍须间接引受欧美巨资。有此美产,不能自保,而授权东邻,于民国借债前途大有妨碍。应请尊处联合股东,切实研究,以资匡救。弟日内赴津,并陈。景葵。冬。

(1912年2月28日《申报》)

致潘履园(二通)

潘履园,浙江兴业银行天津分行经理。

【1】1915年9月6日

履园先生执事:径启者,敝行已于本日会议决定在天津分设支行。

---

① 《汉冶萍公司档案史料选编》上册第327页录有同一信函,除个别文字稍异外,日期标为"民国元年二月二日"。——编者

我公硕望宏才，夙所钦仰。前由敝行董事公同委任景葵面恳台端筹办津行事务，幸蒙慨允，曷胜欢忭。兹经正式议决，敬屈先生为天津浙江兴业银行总经理，月奉薪金洋一百五十元，其余交际川资等费，另行开支。所有天津支行筹备一切事务，悉请主持酌定示知，以便择期开办。伏希俯允，惠然贲临。无任欣幸之至。专此奉订。只颂

大绥。　　浙江兴业银行董事长叶景葵谨启　（四年）九月六日①

(信稿，上档 Q268—1—70)

【2】1918 年 10 月某日②

履、久兄：前至申行，适见尊处一三一号信，关于存欠抵冲事件，因检阅申行致尊处一四一、一四四号信，觉得彼此均有误会处。申行原信措词诚有过当，但尊处复信词锋亦太犀利，若再往返驳辩，转涉意气，殊非同气和衷之道。好在彼此均系为行，绝无私意。已告申行勿再答辩。至于抵冲手续虽有时彼此主张不同，但欲对外谋扩张，有何不可商量之处？即或发生窒碍，转瞬过年再开重员会议，尽可从容讨论，以图改良。目前总以彼此和衷、照常进行为主。我兄素顾大局，谅不河汉斯言，特此布臆。敬颂

日祉。　　　　　　　　　　　　　　弟景葵顿首

(手稿，上档 Q268—1—100)

致齐耀瑗(一通)

齐耀瑗，奉天伊通人。时任江苏省银行监理官。

【1】1919 年 4 月 16 日

径启者，敝银行奉部核准章程每半年小结、年终总结，造具《财产

---

① 信稿开头记："由揆初先生带京"。——编者
② 原信稿无日期，据原档前后各件考得。——编者

目录》、《贷借对照表》,呈由地方官厅呈送财政部查核。敝行每届造具录表时,曾于送部之外另造一份送呈贵处詧阅。戊午六月小结曾经照送在案,兹将阴历戊午年年终总结《财产目录》及《贷借对照表》业已造具完竣,除照章有地方官厅呈送财政部外,仍另具一份,送请贵监理官詧阅备案是荷。此致
江苏银行监理官

    浙江兴业银行董事长叶景葵 八年四月十六日
计送目录及表各一件。

(副本,上档 Q268—1—68)

致钱昌照(一通)

  钱昌照(1899~1988),字乙藜,江苏常熟人。留学美国,习经济学。曾任南京政府秘书、教育部常务次长、资源委员会副主任等职。

【1】1938 年 10 月 30 日

香港转乙藜先生鉴:新六罹难,同声一恸。后事承照料周至,极感。徐夫人嘱代鸣谢。柩暂厝港最妥,其子俟迎柩再来。葵。

(电稿,上档 Q268—1—321)

致钱永铭(二通)

钱永铭(1885~1958),字新之,浙江吴兴人。1903年赴日本学习经济。民国后入农工商部。又任中国银行、交通银行要职,兼中兴煤矿公司总经理等。

【1】1933年7月13日

新之老兄大鉴:山居已竣工,闻台驾十日方可来,极为企盼。小儿拟投考南洋模范中小学高小一预备班,恳兄为之先容。去夏舍侄投考时,仗大力得即录取。故拟其弟兄同校,便于招呼也。琐事渎神,不安之至。即颂

暑安。　　　　　　　　弟景葵顿首　廿二年七月十三日

履历乙纸附上,并呈青览。

(手迹照片,孔夫子旧书网)

【2】1938年8月26日

香港。送钱新之兄:奉电甚感尊意,已代唁新兄家属。葵、寄。

附:1938年8月26日钱新之致先生与徐寄庼电。云:

转揆公、寄兄鉴:新六兄惨遭不幸,同人罔不痛惜。现在寻觅遗体,并拟电请政府表扬,并乞代向遗属慰唁。铭。宥。

(原电,上档Q268—1—321)

致任鸿隽(一通)

任鸿隽(1886~1961),字叔永,四川巴县人。留学日本。民国后,任南京临时政府秘书处总务长,主持天津《民意报》。后赴美习理化。参与组织中国科学社,任社长。执教于北大等校。

【1】1938年8月30日

转任叔永先生鉴:痛失长城,承慰感谢。景葵。

(原电稿,上档 Q268—1—321)

附:同日任鸿隽致先生电。云:

香港转浙江兴业银行:新六先生遭难,不胜痛悼,特电奉唁。任鸿隽。 8月30日15时。

(原电,同上引档)

致沙逊洋行大班(一通)

【1】1928年5月31日

径密启者,此次台端与敝行徐总经理前往汉口,调查第一纱厂状况,后已对该厂提出限期六月卅日复业之要求。届期该厂如不照办,债权方面势必出于没收处分之一途。惟此举实行时颇有种种困难,台端前已顾虑及之。兹拟作退一步办法:

1. 由债权人接管该厂,全权办理迅即开工。2. 开工之时由债权人筹垫六十万元,列入第一债权之前,尽先归还。3. 经理期间所得盈余,悉数归还债权人各项欠款,俟还清后将原厂交还。设有亏损,仍由一厂担任。4. 试办一年,如有成效可再继续。万一试办不宜,再实行没收处分。上列各项条件,如荷赞同,请即示复,以便由敝汉行史经理与一厂当局接洽。但在接洽未妥以前,务请暂守秘密为荷。
此致
沙逊洋行大班　　先生

(原信稿①,上档 Q268—1—393)

致沈棉庭(一通)

沈棉庭,时为浙江兴业银行总稽核。

【1】1938 年 1 月 5 日

郑行灵(宝)处已裁,以后如有未了之事件及灵厂事件,须向原经手人询问或征求意见者,望与沈青然君接洽(现为汉行仓库主任)。

(原件,上档 Q268—1—590)

---

① 此函似未用,后由徐新六保留此函意见,另拟函稿。云:"一厂善后办法,在债权人方面所最希望者,为一厂股东筹款开工。然自与宋君仪章谈话以后,始知旅沪股东心目中之办法,与此旨大相悬殊。设六月三十日到期后,竟无办法,我债权人自当根据押据,没收变卖。如无人购买,亦只有由我自组公司,出面承购。但楚人索有多诈之名,多方设法,以与我明白或暗中为难在所不免。为减少困难起见,拟作退一步办法,暂缓没收,由一厂与债权人另订副约(原押据仍旧有效),由债权人将厂接管,或租与第三者办理,或径由债权人代办,以一年为期,期满或约展期,或再按照原押据执行没收变卖之手续,由债权人酌定之。兹假定为债权人代办,则新花上市之时,应即开工。厂务由债权人委安利洋行经理,而由债权人三家共同组织一委员会以代董事会,核定方针而监督其进行。至开工之期以及做本,应由债权人三家各垫二十万元,共得六十万元,按期起息,列入第一债权之前,尽先归还。在代办期间所得盈余,悉数归还债权人各项欠款,俟还清后将原厂交还。设有亏损,仍由一厂担任。交还原厂时一厂应以红股若干万两酬给债权人,作为代办之酬劳。就法律方面之观察,已请高易公馆之丁榕律师代为研究,其意见书并附于后。"——编者

致沈新三(四通)

【1】1915 年 11 月 22 日

○○先生大鉴：前金润泉君来商大有利加订合同通融往来事，今日由董事、监察人会商办法，复经查核账目。均以为该公司营业尚称发达，且得俞丹屏君暨执事主持，其间信用尤称卓著。现欲推广营业，自可以前日金润翁所谈办法量力维持。惟推广江墅之计画如何，机器何日订定，何时可到，开灯日期约在何时，添机后比较从前营业计画如何。新增之商股、官股共数六万元，已收到者若干？存于何处？未收者极迟何日确可收到？此项收入后之用途，拟专此奉布。只颂

台绥。

总办事处谨启　四年十一月廿二日①

(信稿，上档 Q268—1—499)

【2】1920 年 10 月 18 日

新三先生大鉴：介眉抵京，述及竹兄上当为难情形，并代达晋兄意见为之缓颊。弟与抑兄斟酌再四，竹兄为难固不能不曲谅，而本行为难亦不能不兼顾。兹商定通融办法，另纸开呈。共计两分，乞即邀请董事、监察人开一谈话会，将经过情形详为说明。如赞成弟所条陈通融办法，即请正式函知竹、晋两公可也。至汉上细情有为笔墨所不能详者，请与介眉一谈便悉。手颂

日祉。

弟葵顿首　初七

兰兄、镜兄均此

兹将商定各项开列如左：

（一）竹书先生辞职书现在不能提出于董事会，因办事董事之

---

① 此函稿开头记："分致沈新三、金润泉君函"。内容稍有几句不同。——编者

意,总以竹书先生辞退保元董事为上策也。现经商定自即日起给三个月假期,期内速将保元公司董事正式辞退,彼时即将辞职书取消。

(二)保元董事正式辞退后,应照来函办法登报声明,其词意大致:"鄙人前蒙保元公司举为董事,为维持实业,兼顾乡谊起见,不得不暂行担任。现因保元组织已有端倪,敝行事务纷繁,董事会以兼顾为难,坚嘱辞退保元董事,鄙人不得不遵从敝行董事会之意,已将保元公司董事正式辞退,合行登报声明。"

(三)垫款两万,本难照准。惟迭经晋生先生函称曾经到会认许,难于取消,应照下开三条酌量通融办理:

甲、已垫之一万应由来函所称妥实保人出面承借,本行不能与保元公司直接发生关系。

乙、如甲条办不到,则未垫之一万即行中止。

丙、如甲条可以办妥,则未垫之一万定于明年二月底交付。

以上三项并附属三条,系因介眉先生来京述明为难情形,由揆初提出意见,经抑之赞成,俟函寄总办事处,交各董事、监察人接洽认许后再行函达可也。

叶揆初　九月初七日
(原件,同上引档)

【3】1920年10月23日

新兄鉴:介眉在汉听一面之词,故发函求助。及到北京弟与详细解释,不但总处主张认为正当,即中行止垫亦不能怪弟。渠已明白了解,自认此行受托勉强而来,对于竹兄担任保元事甚为悲观,且不主总处有敷衍之举动。故开去三条极为满意。特密闻。廿号函已收到。即颂

日祉。

弟葵顿首　十二日①
(原件,同上引档)

---

① 指阴历九月十二日。——编者

【4】1920 年 10 月 25 日

新兄鉴：昨晚奉急电敬悉，今早又得手书敬悉。债券换不换毫无关系。换亦牺牲，不换亦牺牲，断不宜自乱其例，诚如公言。兹将鄙见述明于原电之后，请台洽。手颂

日祉。　　　　　　　　　　　　　弟葵顿首　十四日①

顷复一电云："元丰债券我行未便承认。"函详。

（原件，同上引档）

致沈新三、项兰生（一通）

【1】1918 年 3 月 21 日②

新三、兰生二兄：昨奉电报，以中国沪行发行国币券，欲将江苏三十万改为上海地点。此事万难办到。因前次商领兑换券百万元时，公权执持不肯，推在分行。后因丹崖登台，向我借款，遂乘隙要求领取兑换券，以为交换条件。公权无奈，答应先领一百万元，仍推之总裁，须弟等与马二先生面洽。不料马二先生爽爽快快一口答应，江苏三十万，上海七十万。弟等遂正式去函订领。不料公权又以专领上海七十万，恐上海又有口舌，欲我行各处分领。弟等与之交涉再四，谓津汉两处已领之券，尚未用罄，我行订此合同系为利益，不能兼顾感情。领他行不急待用之券，置利益于不顾。后调停至江苏领四十万，上海六十万。公权坚持上海止能五十万。卒以杭州十万、上海五十万、江苏四十万定局。不料正式来信，江苏三十万、上海五十万，津汉各十万。弟等又与公权面商，渠谓津、汉不领，沪中国必多口舌，

---

① 指阴历九月十四日。——编者
② 此函由蒋抑卮执笔。——编者

以后再领百万元,上海地点势必为难。言之似亦有理。遂决定上海五十万,江苏三十万,杭州十万,津、汉各五万。昨日已正式去函订定矣。往来函件,附奉台阅。七年公债,四、五、六三个月利息,闻得虽在六月卅日去买公债,亦能得此三个月之息,落得从缓购买,多取一个月星期杯息也。公债票每千元一张,已与京行接洽矣。弟等俟中国正式覆函到后,即拟赴汉。此复。即颂

日祉。
弟叶景葵、蒋鸿林叩　三月廿一日

(原件,上档 Q268—1—616)

致盛纪炳(四通)

盛纪炳,字竹书,浙江兴业银行上海分行总经理、上海银行公会会长。1920年辞职。

【1】1920 年 9 月 29 日

竹哥鉴:前日闻台从返汉,正深盼望,昨读致寄、孟二公电示,藉悉一切。元丰事吾哥古道热肠为之奔走,同人均极佩服。惟所谓大纲已定者内容如何?所谓细目者如何?极盼示教。弟对于元丰之事,偏于悲观,一则所欠信用款太多。所用之款并非在资本一方面,其中糜费若干,挥霍若干(糜费者,譬如厂屋机器成本只值八千,而文衷共花一万,则内容有二千糜费矣。挥霍者,如其子嫖赌之类,其妻私蓄之类),此种款项皆一往而不可复,必欲于将来营业盈余一一弥补,恐属不可能之事。一也。欧洲物价暴落,出口货商囤积不少。以全球时局而论,骚扰糜有已时。而文衷之厂成本极重,负债又深,以后出货虽原料可以希望低廉,而加以种种耗费,必难与他人竞争。二也。安利为文衷所累,亦属不了,其目的只在对于钱庄可以活动,对

于元丰牌子可以继续经理。而文衷之根本问题,渠不问也。钱庄空手放款太多,目前出款赎厂而所出之款,仍又向安利收回,极为上算。将来垫款问题发生,钱庄未必应手,银行与之共事,窒碍良多。三也。有此三因,故愿吾哥为有限度之帮忙,可则进行,不可则止,宜处处参以活笔,尤不可将身子捆住。口井救人,智者不为,仁者亦不可为。用特密陈,希备纳刍荛为幸。公会因哭馆各事极为忙冗,均盼吾兄早归。大中华亦屡次问询。沪局重要,仍盼早日遄回。

(抄件,上档 Q268—1—79)

【2】1920 年 10 月 8 日

竹公鉴:廿五总电未得复,甚念。保元组织我行决不承认。公任董事不啻立于反对地位,故万难允准,务请力辞速归。急电复。葵。

(副本,同上引档)

【3】1920 年 10 月 8 日

竹兄鉴:得复电,嘱勿向他行破坏,并谓兄任董事以与本行无碍为度等语。此乃万难办不到之事。吾兄忽京忽汉,原系为元丰帮忙,但外人不察,不以为此系个人行动,而以为本行被元丰所欠之款不知内容若干,故不得已密嘱吾兄牺牲精神,呼号奔走,完全为自救起见。故汴汉一带谣传本行放给元丰之款有七十万。本行方辩护之不暇,乃忽闻吾兄有充任保元公司董事长之举。则以前疑窦人人证实矣。何也?以吾兄之职位,乃本行重要之职位。假使本行被欠之账非至创钜痛深,奚肯出此下策?此兄任董事万不能谓与本行无碍之理由也。保元公司成立以后,吾兄担任首席董事,人人以为又即兴业,此亦一定之理。然则兴业垫款乎,不垫款乎?元丰根本败坏,万无挑雪填井之理。故董会议决无论他行态度如何,我行决不加入。况保元公司之组织敝处未前闻也。吾兄未举董事长以前,亦无只字报告,乃生吞活剥硬将吾兄著之炉火之上,故董会之不能承认保元公司,谓为保全本行也,可谓为保全吾兄也亦可。本行恐不承认保元公司,即不能为保元公司垫款。现不能为保元公司垫款,同业不问则已,问则必以实告。如饰词相欺被同业觉察,如本行名誉何然?则本行为保全名誉计,势不能欺同业。如同业来问吾兄,而吾兄不以实告,如吾兄名誉何以?本行胶葛未清之债务机关,而忽然秘密进行变易名义,且拥戴吾兄为之领袖,是不啻与本行立于反对地位。如何可行?至安利之取巧,钱业之无意谋,同行之不可恃,元丰之不可救,蛋黄业之无把握,前次密函已倾筐倒箧而直陈于吾兄之前。为公计为私计,均非决意辞去不可。兄进兴业系弟引荐,故向兄尤切用,敢以个人忠告,并代表同人良以为此再三之渎,幸吾兄摒去诡佞之言,俯纳刍荛之见。内断于心,决意力辞,勿再游移,本行幸甚,弟亦幸甚。信到即盼示复。

(副本,同上引档)

附:1920年10月9日盛竹书复先生电。云:

总。揆公鉴:弟任董事可不常驻,严定界限,与行无碍。乞谅苦衷,迅赐成全。纪。

(原电,同上引档)

【4】1920年10月9日

业。汉口竹公鉴:电悉。除辞保元董事外,别无两全之策。昨函已详,请速决。葵。 (八月廿八下午复电)

(原电稿,同上引档)

附:1920年10月14日盛竹书之先生辞职书。云:

顷接密函,捧读之余,魂不附体。弟为元丰事完全急公好义。武汉两镇无论识与不识,莫不皆知。至组织保元公司之起点,实缘安利之逼迫,各债权之要求,各同乡之怂恿。只有五十分钟时候,落此圈套。其实由于弟心肠过软,太无把握,以致铸成大错。然事后亦未始不深自懊悔。即弟父子间亦日日啼哭。以为弟年已如许,负此责任,受此辛劳,为子者被人议论,未免受不孝之名。此弟半月内之苦情,殊有不可言状。至我哥与董事诸公为弟个人计,弟敢不感激涕零!

但尊函云外人不察,不以为此系个人行动,而以为本行被元丰所欠不知内容若干,且汴汉一带谣传本行放给元丰之款有七十余万,不知何人造此谣言,丧尽天良!是因弟个人而牵累本行,弟该万死。但既有此谣传,弟对于本行亦经营缔造之一份子,断不忍以完完全全、烈烈轰轰我兴行,被弟个人而受莫大之影响。一再思维,只有由弟先辞本行总理之职,一面本行与弟双方登报声明。总以保全本行信用为唯一之宗旨。至弟近日困难情形,已电告孟苹暨寄、介、孟诸兄,谅荷垂詧。总之,弟此次之孟浪从事,良由弟寿运将终,以致倒行逆施。然亦断不怪何人害我,但我亦断无害本行之意。乞转告董事诸公格外原谅。心绪恶劣,语不成文。匆此□备。即请

揆公衷鉴　　　　　　　弟纪炳泣书　庚申九月初三日

（原件,同上引档）

致盛纪炳、史致容（二通）

史致容,字晋生,浙江兴业银行汉口分行经理。

【1】1920 年 9 月 13 日

业。汉口。函悉。元丰意存挟制,后局无可帮忙,即严催归款。否则蛋黄蛋粉由我出售,并转电竹兄。葵。

（1920 年 9 月 14 日致盛竹书、史致容函,上档 Q268—1—79）

附:1920 年 9 月 10 日盛竹书与史致容联名致先生函。云:"弟纪(炳)于廿三傍晚抵汉。途中无恙,惟风浪极大,船难近岸,故迟至次晨始登陆也。元丰押款蛋黄,今有受主每担价三十五两。惟我行对于该号后局如可帮忙,则现在卖出之货,可以尽先于我行押品中提

取,否则应归各押户公派。查此项欲买之货,计蛋黄七百三十余担,如归我行则除过约欠银五千之谱(利息在外)。计尚存全蛋粉三百七十余担,照市价约值万两之谱。此事尊意以为然否?又各钱庄对于原议办法稍有变更,欲将安利英受押之许厂全厂备款二十万,向该行赎回。作为押款,不作股份,亦不与其他产业合并,即所谓局部借款。此二十万之数,在各庄方面已有十万可以作主,我行拟派四万,是否赞成?此举均祈即行电示为盼。"　　　　　　　　(原件,同上引档)

【2】1920年9月14日

竹书、晋生先生均鉴:密启者,昨奉密示,元丰事敬悉,随复一电,文曰:"函悉。元丰意存挟制,后局无可帮忙,即严催归款。否则蛋黄蛋粉由我出售,并转电竹兄。葵。"计荷译洽。弟因文衷近来态度不能开诚布公,对于我行向来热诚帮忙之意,不免置之脑后。又因蛋粉事业将来能否获利,元丰内容究竟能否整理尤觉怀疑。故迭次声明,非俟押款全清不能谈及后局。今接来函知蛋黄已有销路,元丰乘此要挟,欲归各押户公派,如不允公派,即须后局帮忙。且如何帮忙、如何办法,概未说明。而硬派我行四万,此等糊涂之人虽欲加以援助,亦属有心无力。应再声明我行对于后局无可帮忙。所有押款、欠款,限期责令归楚。如逾期不归,应先将押品由我行自行出售。闻蛋黄就近可销,如汉埠不能全销,应将蛋黄全蛋粉如数提出预备,由沪托洋行代销。将来不足之款与一切欠款,仍向文衷追补。弟对于文衷虽无交情,然素主维持,为两兄所深悉。今为责任起见,实未便含糊从事,一切尚祈鉴谅。

(信稿,同上引档)

附:1920年10月2日盛竹书、史致容致先生函。云:

揆公大鉴:弟纪为元丰事来汉,到此后以毫无眉目,遂即赴京,意欲与劝业银行设法商办,亦无效果。本拟此次宁绍班回沪。乃安利英大班以押款延期缓无可缓,亟欲拍卖。一般债权人得此消息,莫不惊惶失措。盖安利英名为拍卖,实则背后有强有力者颇思攫取。旋为王督军所闻,以此事与实业、金融均有莫大关系,嘱各银行钱庄合力维持。于是各债权人均愿竭诚帮忙,并再四要求嘱弟纪勉力担任。窃思安利英押款如果实行拍卖,文衷家破人亡固不足惜,而各银行钱庄之信用借款以及各存户分文无着。受创既钜,则全镇金融机关势必受其间接影响。关系非浅,似难坐视。而且固辞不获,不得已惟有勉为其难,呼号奔走,积极进行。业已拟有办法,拟另行组织公司,定名曰保元公司,取保全元丰之意,而保全元丰即所以保全债权也。并推举董事九人公同负责,并拟办法数条,经各债权人一体通过。兹将各种印刷品,计共两分(每分五种)及董事名单一并附呈,统祈詧阅。我行之信用放款,似不得不照大概一律办理。惟押款名下或可另行设法,不致受亏。至保元公司垫款,向钱庄用长期之款(三年为限),向银行用短期之款(六个月为限)。届期或转或收,仍可随时酌定。现在官钱局、中交及各银行均已承认,或二万,或三万,我行似难独异。为此飞函奉达,乞即电示为盼。匆此。敬颂

台安。　　　　　　　　　　弟史致容、盛纪炳谨启　八月廿一日

　　顷奉密函已收悉,容再详复。弟纪又启。

(原件,同上引档)

致盛纪炳、徐寄庼、杨介眉(一通)

【1】1918 年 10 月某日

　　申密。竹、寄、介兄同鉴:昨日承示津行致尊处一三一号信,关于存欠抵冲事件,津行来书词太犀利,殊非同气和衷之道,已作书切诫。告以彼此虽有误会,均系为公,绝无私见,若再骋辞驳辩,转蹈意气。此事如弟兄争论,然事过情迁,公理大白,而为长兄者对于弟辈,

惟有格外宽宥之处,请捐除成见,照常进行,兄等海量渊涵,谅不以鄙意为河汉。原信留存敝处,不奉还矣。特颂
时绥。

弟景葵

（手稿,上档 Q268—1—632）

致盛宣怀(二十八通)

盛宣怀(1844～1916),字杏荪,号愚斋、止叟,江苏武进人。清末洋务派重臣。创办南洋公学,督办中国铁路总公司、中国通商银行等教育及实业。1903年任会办商约大臣。1908年任邮传部侍郎,改组汉冶萍公司并任总理。次年任邮传部大臣。民国后在沪主持汉冶萍公司中日合办事宜未果而病逝。

【1】1908 年 9 月 1 日(八月初六日)①

宫保钧鉴：敬禀者,日前幸聆椠训,莫名佩仰。闻驷从明日启程东渡,本应趋辕叩送,因日来腹泻甚惫,不克出门。瞻望行旌下怀,弥增歉仄。俟宪驾回国,谨当赴埠欢迎也。前命代招汉冶萍股分,兹先得湘绅龙绂瑞等愿附股分三万余元,已嘱就近兑交一琴兄处,即由该处付给收条。余俟续招有得,再行禀陈。专肃。恭叩崇安。伏乞垂鉴。　职道景葵谨禀。八月初六。

（原件,盛档第 012727 号）

【2】1909 年 5 月 5 日(三月十六日)

宫保钧鉴：昨聆训言,并蒙发缴译稿二件,兹仍粘封交还,敬乞

---

① 原函仅署"八月初六",信封注"揆初　八月初十",无年份。查盛宣怀 1908 年 9 月 2 日赴日本就医,并考察钢铁厂矿及银行各业,故考定此函年份。——编者

詧收。専敬崇安。职道叶景葵谨禀。三月十六日。

(原件,盛档第 018693 号)

【3】1911 年 1 月中旬(庚戌十二月中旬)某日①

宫保钧鉴：敬禀者,叩别以来,奔走杭沪之交,迄未暖席。以故久疏禀牍,下枕皇歉,莫可名言。前奉电谕,命即到京,听候驱策。当即肃电申谢,并陈下悃,亮邀慈鉴。昨晚捧诵赐示,又领钧札,行令到部当差。伏念职道一介庸愚,毫无阅历,仰蒙我宫保春风奖借,化雨涵濡,曲赐裁成,不遗菲葑,遂使声价增于十倍,姓名达乎九重。自顾何人,膺兹殊遇。今午复奉次帅②来电,言已陈明大部,许其兼顾川差,体恤之周,有加无已,五中感戴,永矢勿谖。转瞬岁阑,应将经手报销赶紧清理,并将局事稍稍部署,即行束装就道,以仰副殷殷期望之意。所有职道感激下忱,现合肃丹申谢。敬请崇安。伏乞垂鉴。　　　　职道景葵谨禀。

敬再禀者。顷奉职父济③自郑来电,述及宪意,务须年内到京。遵即将川局报销提前赶办,办毕即行就道,决不敢稍有耽延。惟职道前蒙浙江兴业银行股东举为汉口分行总理,任事已届两年。又直绅李煜瀛等创设巴黎华商通义银行,举职道为驻沪董事,甫经开办。现在职道既奉钧部调遣,业已分别函致该董事会,请其速举替人前来接办,以便将经手款项一一点交。恐未免稍需时日。然亦不敢过事稽迟,缕缕下忱,仍求开正速来。霁詧再叩崇安。　　　　职道景葵又禀。

(原件,盛档第 023060 号)

① 原函未署日期,但收信人在信封上批注有"宣统二年十二月十六日到"字样,即 1911 年 1 月 16 日。——编者
② 次帅,指赵尔巽。——编者
③ 叶济(1857～1929),字作舟,叶景葵父。举人出身,清末历任河南安阳县知事、郑州直隶州知州等职。入民国后,任郑州知事,后升任开封道尹。在安阳县任内曾主持兴修水利,有政绩。——编者

【4】1911年2月7日（正月初九日）①

补公鉴阅：贵恙已大痊,甚慰。咏诠谈及第四届账略②,兹检出抄本一册,送呈。乞詧核。余走谒面详。手颂
大安。　　　　　　景葵顿首　一月九日

（原件,盛档第001348号）

【5】1911年3月4日（二月初四日）③

宫保钧鉴：春初奉到赐谕,是时已料理束装北上,遂未上禀。比想福躬康豫,部政修明,下怀曷胜颂祷。职道前经禀请川督宪,派委妥员接收川运局务。旋奉札委孟令昭坝来沪帮办。原定正月中间即行交代,讵孟令之母向在汉阳,忽患剧病,医治未痊,孟令势难即行,职道亦因此稽延。受国士之知而未能效一日之力,万分皇愧。现因次帅到汉,前来谒见,并顺便与孟令一谈,约定以本月为期,必俟母病痊,即行到差。如果病久不痊,惟有电禀川护帅,另派妥员前来接手,俾职道得以早卸仔肩,略图报称。一俟交代有人,即当赶紧北行,决不敢稍有延宕,尚求鉴詧为敏。次帅拟赴宁垣与安帅面商要政,仍回汉入都。职道随至宁垣,即行回沪候舟,将来即由海程晋京。连日与李部郎④、冯道等畅谈,汉埠商业凋零,非将川粤汉借款迅速定议开工,乃无振兴之望。我宫保综习部务,千载一时,尚求独总宏纲,略去小节,速将兹约定议为幸。专来恭叩
崇绥。伏乞霁鉴。

　　　　　　　　职道　叶景葵叩上　初四日
（原件,盛档第117427—5号）

---

① 原信函无年份。时叶、盛二人似均在沪。——编者
② 内容不详。——编者
③ 原信封写有"北京府学胡同盛宅　盛宫保钧鉴　汉口兴业银行叶缄　初四日",邮戳为"辛亥二月初四"。此信寄自汉口。——编者
④ 李部郎,指李维格。——编者

【6】1911年3月14日(二月十四日)

宫保钧鉴：前晚发奉一禀，并改铸铜元预算清单二扣，想登霁照。顷奉十二日手谕，敬悉一切，谨逐条禀陈于后：

一、总厂机力如由现在起，截至六月底止，专铸银元，约可出四百五十万元。如果锅炉渗漏，停工修理，则不足四百万元之数。查总厂锅炉四座，已毁其三，其一亦勉强配用。前拟调江厂锅炉，嗣查得尺寸太大，转运为难，又须拆厂另建，断非四五个月所能妥置。不得已即在津地海泰铁厂现购三十尺锅炉两座，约四个月可成一座，责成余树政经理业已签字付款。但七月以前尚在青黄不接时代，只得将旧者设法补苴配用，故预算铸数之中，不能不扣除修理停工日期，大约至少可出三百五十万元也。

一、总厂机力如由现在起，截至六月底止，专铸铜元，可出当十者七千万枚(合洋七十万之数)。总之，总厂机力如责成专铸银元四百万枚，即不能兼铸铜元；如责成专铸铜元七千万枚，即不能兼铸银元。

一、总厂现无旧铜元，所存电铜一千余担，专备铜珠之用。其余尚存东洋九九铜及洪铜共约一万一千担，约可铸当十铜元八千五百万枚(尚有宝泉局当十制钱二百四十余万斤，约可得铜一万担，须两年后方能炼竣)。

一、江厂拨调机器，稍缓再运，因新厂不成，无可位置。已与蔡道康接洽。

一、考试化验生定期本月二十日。俟考毕，即选二名迅送江厂。

一、主币祖模明日交副监督送呈鉴定。如果皆不合用，必须择其稍优者选用其一，否则七月初一之限必致误事。

一、辅币祖模一角二角者，俟主币模竣事，即行赶制，即照前次颁来石印小样仿制。余另禀。敬叩

崇安！
　　　　　　　　　　　　职道　景葵叩禀　十四午

(手迹，王尔敏、陈善伟编
《近代名人手札真迹——盛宣怀珍藏书牍初编》)

【7】1911年3月19日(二月十九日)

宫保钧鉴：昨晚奉手谕，敬聆一是。正、左两堂①均已谒过。拟定廿三日赴津到差，容再趋叩请示。钱副监督、王工务长昨已来京，带有未经完工之祖模式样，拟于明日十一点钟趋谒钧座，面求指示，乞赐慈见为叩。次帅来电，准于明晚到京，职道到站迎迓，当将宪意转陈。蔡帮办璋晤谈两次，人极精细，已约定与职道偕行。如何位置，俟到厂考察后再行禀商办理。今日福体想已大愈，甚系下怀。肃此。敬叩

崇安。

职道　景葵谨禀　十九日
（手迹，同上引书）

【8】1911年3月25日(二月二十五日)

宫保钧鉴：叩别后，于二十三日②早车抵津，即刻到厂任事。伏念职道才识平常，并无阅历，仰蒙公邸及我宪台逾格登庸，俾权重任，自维薄植，深惧弗胜，惟有随事随时秉承教训，冀免陨越。到差后周历全厂，并与各司员晤谈，兹将委查各节，择其所知撮要附陈，以备采择。

总厂向领炼净滇铜。应缴部价每担京平足银三十七两一钱六分。现在日本住友铜，据武斋、三井两行报告，每担约计行平化宝三十两左右。以此例彼，贵贱悬殊。住友铜成色在九九二、三以上（据三井言可以在九九五以上，恐不尽实），滇铜则不过九八。惟将来铸改铜圆，无须精铜，滇产亦尽可合用。大条银价随先令为涨落，价值早晚不齐，无从预测，所可知者大条与白宝之比较而已。津市以白宝购大条，除以重换重外，照每千两计算，向须贴色二十两左右。如以

---

① 正、左两堂，指当时度支部尚书载泽等。——编者
② 二十三日，指辛亥二月二十三日，即1911年3月23日，是日叶景葵离京赴津。——编者

行化宝购白宝,则须贴色十一两左右。是以行化兑换大条,须贴色三十一两左右矣。大条成色九九六或九九九不等,而银行可包九九八,白宝成色不过在九八五与九八八之间,行化成色不过在九九七与九八之间。以成色论,购用大条并不吃亏,所吃亏者,外洋与中国之汇费而已(其数即包在贴色之内,细合便知)。然津市现银不过百万两,一收即贵,大条则源源不绝,将来鼓铸额大,决不能尽舍大条而专用白宝,断断无疑。

近畿一带铜圆流通之额究有若干,无从调查。现在津市每一圆兑铜角一百二十八九枚。昨日洋价每一圆合行化七钱一分二二五。如拟将旧铜币尽数收回,则铜元之价必大腾涨可以预决。故以学理论,非全数收回不可。而以事实论,其操纵缓急之间,有未可以轻心掉之者矣。前日面谕试铸十文铜币,重二钱一分五厘者,现已配合铸造,容即面呈。若旧铜币决计收回,则新铜币必须改轻,又无待聚讼也。

化验师薛振业已晤面,人极敦笃。与商考试学生办法,重在实验,不尚空谈。现在来厂报名之人不过六七,未必上驷,拟于三月中旬定期考试,如不足额,再行续招。好在实验化学学有定程,尽可分班试验,并无出入。

广厂一文铜币穿眼机,已电催赶运。前面谕试铸当二铜币,俟机到即办。

瑞监督前呈新厂图样,系奥工程师所绘草图,不便据以估工。盖估工之图必须明细,欲绘细图,必须先与绘图工程师订立契约,津埠通例如此。该工程师前拟有契约草底,以两有要求未经定稿。兹令工务长与之磋商,并以他处比较之说抵制之,大约一二日内可以定局。一面令工务长估算机器排列次序,俾厂房可以节省,俟合同订好,再行绘具细图。如此展转,至早亦须四月底方能开工。厂房以节省、坚固为主,不必糜费,约计五个月定可完工。即使不能,亦可将紧要工程先行赶齐,则冬令虽冻亦无碍矣。

建造厂房,监工最为紧要。工务长王兼善人极可靠,毫无习气,但现铸通行银币工作甚忙,势难兼顾。查有币制局筹备股帮办蔡璋,在鄂厂多年,精干耐劳,足胜监工之任。拟呈部请派为建造新厂委员,令会同工务长妥筹办理,并可兼查旧厂缺点,似属一举两善。

意国雕刻师所雕祖模,据称下月初八九可以告成。余树政所雕祖模,据称初一二可以告成。统俟告成后面呈鉴定。

江南厂机器,现拟先调锅炉两座,辗片机五座,电力机一座,余均缓调。盖总厂锅炉四座已有三座损坏,辗片机极旧,每片须辗至十八九道(新机只辗六道),费工太甚,不能不迅速调用,以资整顿。

以上各节略陈大概,其余容再面禀。公邸及绍、陈两堂,已备公函呈报到差日期,应否将此函送阅?仰候酌裁。恭请勋安!伏乞霁鉴。

职道　景葵谨禀　二月二十五日
(原件,盛档第003203号)

【9】1911年4月1日(三月初三日)①

宫保钧鉴:前日命铸减轻铜元式样,兹已铸就,即呈钧詧。职道今早回津,校阅化验生试卷,事毕,再日来京。敬叩
崇安。

职道　葵叩　初五早
(原件,盛档第003226号)

【10】1911年4月3日(三月初五日)②

宫保钧鉴:午间饫聆训言,顿开智慧。晚车回津,查得试铸减轻五厘铜元,业已铸成。兹特专人送上。即乞鉴定为叩。意国技师所

---

① 1911年3月末叶景葵赴京述职。此信撰于北京。4月3日叶由京赴津。——编者
② 此函撰于返津后当晚。——编者

雕祖模,业已大致竣工,约须三四日即可印出,容再专呈。敬叩
崇安。

职道　景葵叩上。初五晚。
(原件,盛档第003230号)

【11】1911年5月24日(四月二十六日)①

大清总行:融密。撼有(廿五日)抵奉。已派员赴吉密查,一面与荣正监理商配整理官帖办法,并拟调奉天造币厂公务长刘守棣蔚随同赴吉,以资臂助。俟启行有日,再行电闻。请代禀堂宪为叩。葵。感。

(抄件,盛档第084109—2号)

【12】1911年6月29日(六月初四日)

试署大清银行正监督四川候补道叶景葵禀为遵饬
查明吉省官贴情形并暂拟治标办法由②

宫保公爷大人钧座:敬禀者,四月十二日接奉钧札,内开:"东三省各官银钱号所发纸币,准备绝少,任意发行,漫无限制,价值日落,信用日微。外国纸币充溢市廛,于币制前途大有窒碍。该道于三省财政本所熟谙,现又经奏署银行监督,于此事责无旁贷。应于此次到奉之日,将三省纸币如何收回,外币如何抵制,妥筹良法,禀报核办"③,等因。奉此,职道到奉后,将经手事件略为部署,于五月十四日行抵吉林。历访官绅,证以见闻,于吉省官帖情弊略知梗概,敬为堂

---

① 辛亥三月十四日(1911年4月22日)度支部任命叶景葵署理大清银行正监督。5月初,叶奉命赴东三省调查币制及大清银行吉林分行火灾事宜。四月二十五(5月22日)抵达奉天。此为叶景葵抵奉后致大清银行总行的电报。电报原件注有如下字样:"谨将叶撼初兄来电录呈钧鉴"。从此电文后存盛档来看,大清银行总行已将叶电送交盛宣怀批阅。——编者

② 此为呈文原题。——编者

③ 此则引文与5月9日度支部致叶景葵公函(见叶景葵辑《罪言之一鳞》)内容相同,但文字略有出入,由此可知度支部派遣叶赴东三省调查时,盛宣怀另有私函致叶。——编者

宪陈之。

吉省向以钱为本位,制钱五百名曰一吊,是为中钱。其后制钱短缺,商家争用抹兑凭贴。抹兑者,甲铺买物,以一帖兑至乙铺开发。而乙铺仍无现钱,又转开一帖于丙铺,互相转致,凭空纸以买实物,银价、物价因而加增,闾阎苦之。光绪九年,前将军铭奏请革除抹兑名目,通使凭帖现钱。凭帖十吊准取现钱二吊,俟钱法疏通,再行加什,取有各商切结,市面得以稍苏。未几而其弊复炽,各商争出,凭帖到处充斥。虽无抹兑名目,而二成现付之令成为具文,钱法大坏。光绪廿四年,前将军延创设官帖局,发行官帖,仍照凭帖之例,帖到换帖,二成付给本省银元。其时银元定价二吊二百文,商民以其准完租税,争乐用之,信用日著。于是官帖局营运兑换之利,年盛一年,分红定章极为优异,官场视为利薮,而巧黠之商又复藉词借贷。官商勾结,坐得扣利,有司执事均以增发官帖为理财不二法门。至三十二年,发行之额渐多,银价因之而涨,乃定每圆为二吊五百文。至三十三年,发行之额更多,前度支司陈玉麟实莞其事,于官帖局内附设官钱局,弛银元定价之例,准其自由合银。于是每圆涨至三吊六七百文,势将岌岌不可终日。其时发行官帖之额,增至五千七百余万吊,而官钱局之准备金不过六十余万两。始则改付银元为铜元,后乃改一吊为铜元四十枚,照二成兑现计算,每帖一吊,付以铜元八枚而已足,官帖之信用日堕。陈抚①莅任,悁然忧之,乃并官帖、官钱两局为官钱银号,调饶道昌龄总办其事。自前年八月以至于今,吸收准备现金三百余万两。现在官帖发行总额为六千七百余万吊,库存现金及可靠抵当品、津沪分号之资本金,合而计之,除火灾损失外,约有五百余万两,办理尚称得力。惟市面银价日涨,商民援二成兑现之例,纷纷提取现银,付不胜付。饶道创议一概不付,于是官帖遂成不换纸币。此吉省

---

① 指吉林巡抚陈昭常。——编者

官帖沿革始末情形也。

吉省之铸银元，始于光绪二十二年。以后历年加铸，成色低劣，外埠滞销。然至今吉市银元所存甚少，必系奸商牟利私销之故。至于银两尤属短少，即有至者，悉为商民载运出境。故官银钱号续筹准备，甚为棘手，必须以官帖买卢布，然后运至他埠，兑以银两。若仍照二成兑现，则现存区区准备必又搬运一空，故不得已而有概不付现之令。现银如此缺乏，官帖如此充斥，银价日涨，帖价日落，百物腾贵，民不聊生，改弦更张，刻不容缓。职道与此邦官绅商民讨论此事，约分两派：主张收回者为一派，希望增发者为一派。主张收回者鉴于银价之暴腾，物值之昂贵，恶币之充斥，外资之灌输，稍有心知孰不有改良之望？然叩以改革为圆，化虚为实之法，则金以筹款无术、旧亏无著为虑，空论虽多，实际终难解决。希望增发者一派之中，又分两派。现在行政经费入不敷出，各商营业产不抵债，惟此官帖一纸风行，倒悬立解。而复狃于借贷之通融，红利之优厚，人人艳美官银钱号，即人人护持官帖，所谓明知故犯者也。商家存欠皆以吊计，银价涨落，于旧账大有出入。万一官帖尽废，易吊为圆，必有少数商家受其亏损，顾虑之念多，则阻扰之说进，所谓畏难苟安者也。增发之说，万无理由，可以不论；收回之说，亦非空言所能办到，必须筹如何收回之法，方能著著进行。审度再三，而困难出矣。

一、弥补亏损之困难。

甲、现在官帖流通总额为六千七百余万吊，照现定官价每两五吊二百文，约合银一千三百万（两）。而官银钱号所存准备现金不过三百万两，其余各项财产之可以变现、分号资本之可以提回者，不过一百万两。两相比较，约短九百万两。

乙、吉省地面极广，各属所以官帖为易中，故现在流通总额六千七百余万吊，实不足以周转全市。若限期收回，则全省信用之易中，立见短缺，其价必涨。如每两涨至四吊文，则向亏九百万两者，骤进而为一千二百五十万两。如此钜款,断非吉省所能担任。

丙、若由国库垫付此款,而责成官银钱号收回欠款,陆续归还,系必不可得之数。盖历年红利均已分散,行政借垫难望归结。其余官办营业、商民借贷、失败倒欠,不一而足。若有国家担任弥补,是不啻以全国财源代偿历年官吏任意销耗之款,其危险不可言喻!

丁、或谓将来改良税则,俟银价低落,易吊为元,则国库有增收之望。然以增收抵支出,其数相等,势非加税,不能实在增收,而其事又非旦夕所能办到。

二、改革习惯之困难。

甲、吉民日用出入习惯用吊,不知银元计算之法。其心理以为,如用官帖,则以吊易吊,不致折耗;如用银元,则今日三吊三者,明日改为三吊二,不免吃亏,皆疑忌而不敢用。故官帖之势力弥满全省,东西洋商之收买粮豆者,必以日币、卢布兑买官帖,方能与民间交易,足见人民知识之低。故欲销除吊之名称,宜渐进不宜急进。

乙、国家税项有收银者,有收小银元者,有收钱者。其收银及元者,皆照市价折合官帖行之数十年,今欲改吊为元,必先更定税则,非行政官吏切实筹办,而又合商会之力以助其成,不易收效,非目前所能猝致。

三、准备银元之困难。

甲、吉民重视官帖,其视银两、银元、银票如货物。然除长春外,几不见银元踪迹,即有至者,不久亦捆载出境。大清分行所出小银元票不过数万,而准备时有不足之弊。若以大清之票收回官帖,为数至钜,准备为难,银行易生危险。

乙、道路不便,胡匪纵横,运送银元极为艰难。而元票初行,信用极薄,上午所付,下午即来兑现。万一接办不及,尤为危险。

丙、俄国银辅币十枚重五钱八分,市价四吊四百文。我国小银元十角重七钱二分,市价三吊三百文。现在俄国以一卢布纸币可买官帖四吊四百文,再以所得官帖之数收小银元,可得一元三角三分,再以所得小银元改以银辅币。则出十卢布之纸币,可换成十五卢布至十六卢布之现金。而民间习惯又只知俄国有银辅币,而不知其有金主币。故俄辅币充斥于东清一带。如此辗转盘剥,不数年而小银元悉销为辅币,将来国币成色又优于小银元,其流币[弊]尤难臆测。

丁、若抬高小银元之价值过于四吊四百文,则银价必涨为六七吊,物价因之而涨,市面非常激动。其时卢布之价亦必因之而涨,小银元仍有自在流出之趋势。

四、销除阻力之困难。

甲、吉省官场向以官帖为利薮,每年分红之数,监理官迄未得其真相。而从来币制之整理,虽有大部督率限制,仍视行政官执行之诚伪,以卜推行之良楛。若急于销灭官帖,全省之官阳奉行而阴反对,大清银行将有孤立之势。

乙、吉省绅商之狡黠者,向以官银钱号为利薮。其法可以保人名义借钱,即以此钱盖房,再以此房押钱,再盖再押,辗转无穷。其他各项营业,无不恃官帖为资本,经手人坐得扣利,所收之息作为红利。营业失败,则累累皆官产,永无收回之日。今若骤废官帖,则因此失业之绅商,必致横生阻力。

五、截清数目之困难。

甲、当监理官未曾封禁帖料以前,官帖局腐败情形不可殚述。至陈玉麟秉权时代,物议尤多。故现行之额六千七百余万吊。仅据该号报告而定,是否实数,难以逆料。

乙、火灾之后,谣言蜂起。有谓原存帖料并未烧毁者;有谓去年奉准发行新帖,换回旧帖,其数五百万吊,不免影射者;有谓监理官监毁旧帖并未实行者。虽系道路臆揣,毫无实据,但当群言淆乱之际,难保奸民不从此生心。急于收回,恐多蒙混。

纵观以上各节,官帖之弊已入膏肓,势将不治。今于艰危丛脞之

中,勉筹治标、治本两策。治标之策其目十二:

一、乘火灾之后另设吉林官银号于省城。

二、裁撤现在之官银钱号,改为清理官帖局。

三、新设官银号设总办一员,由东督遴委妥员办理;设总稽查一员,由东三省正监理官选派。此外所用夥友,另定详章办理。

四、清理官帖局设总办一员,即责成现办官银钱号之总办,专司其事,其余冗员一概裁撤。

五、新设官银号,准发行新式官帖七千万吊。

甲、此项新帖以铜版精印,严防赝造。

乙、此项新帖暂照旧章二成付现,俟准备充足,再行酌增。

丙、此项新帖不准移垫行政经费。

丁、此项新帖除照截清旧帖数目、陆续发交清理官帖局收回旧帖外,下余之数准其严定章程,借贷营业,以资周转。

戊、官银号不收现行旧官帖。

己、官银号不准发行小银元票,如需用时可向大清银行照章借贷。

庚、新帖以七千万吊为限,不准增发。

六、官银钱号裁改后,即将库存、外存现金,产业及各项抵当品,悉数移交官银号。

甲、津、沪两处分号即行裁撤,所有资本、产业及各项抵当品,由官银号接收管理。

乙、以后津、沪汇兑归东三省官银分号代办。

丙、现在流行官帖总额,于裁改之日截清数目,报部存案。

丁、官银钱号所有商欠、官欠,责成清理官帖局勒限催缴。其收回产业分期变卖,以所得现款缴回官银号。

七、清理官帖局成立后,准向官银号陆续领取新帖,收回旧帖。

甲、不准再作借贷兑换各项营业,并不准再有分红名目。

乙、旧帖收回后不准再出。

丙、旧帖收回满一百万吊,即报明监理官截角封存,以备抽查,不准焚毁。

丁、旧帖之赝者,认真剔除;如有以赝乱真者,清理官帖局担其责任。

戊、倘收回旧帖逾于报部截数之外,历任官银局、官帖局、官银钱号总办以下,均担其责任。

八、由监理官会同度支司,将岁入租税、厘捐等项向以钱为本位者,分年改为银元本位,其岁出之款亦比照分年改定。

九、由东三省审计处会同清理财政局,将吉省行政经费切实核减,即照宣统四年预算定额,以节省赢余之款留于吉省,充弥补帖亏专款。

十、由监理官会同度支司筹画本省别项可靠财源,以备分年弥补帖亏之用。

十一、俟帖数截清,即查照准备现金及另筹弥补专款实数,酌定分年收回办法,并由大清银行临时酌定补助章程。

十二、俟新帖全数收回,即将官银号改为地方银行,或归并东三省地方银行办理。

以上各节如蒙采纳,即请密咨东督,酌定施行。但治标之策,不过因势利导,虽于各种困难大致可以解决。而日久不免弊生,势非别筹治本不可。治本之策,惟有速定虚金本位制而已。现在《国币则例》业经公布,亟待推行,而论者或谓各国皆用金,而中国独用银,将来全球生银萃于我国,金价日涨,银价日落,其害甚烈。而就此次考查所得,则曰、俄皆用金,而东三省独用银,劳工低廉之价,则以银辅币付给;货物贸易之额,则以金本位核算。将来东三省市场不特为日俄金纸币之尾闾,而且为日俄银辅币之尾闾,其危险何堪设想!惟有仰恳大部于推行新定国币之日,即预筹进行金本位。如谓金本位暂难蹴致，或照虚金本位制定一适宜办法。兹事体大，必须博采众论，详考实情，再由大部折衷定断。职道如有一得之见，谨当另具说帖，呈候采择施行。除将江省官帖情形及筹拟奉天官银号、收回纸币办法，另禀陈明外，所有查明吉省官帖情形及暂拟治标办法各缘由，理合禀呈堂宪鉴核，批示只遵。恭请

钧安。

    职道　景葵谨禀　宣统三年六月初四日

      （抄件，王尔敏、陈善伟编

《近代名人手札真迹——盛宣怀珍藏书牍初编》）

【13】1911年7月15日（六月二十日）①

  宫保钧鉴：敬肃者，据营口分行函称，罗饴案内借款项下，有上年五月初十日起期由宫保经手商借江南财政局海州灾赈规元一万两，系江南财政局出名，言明一年为期，由江南财政局归还，以年息七厘计算，等因。本年四月该款业已过期，当由该分行函致江南财政局催归。而该局复信语多推诿，并将抄件掷还。查该款既有上海道出具即收，并由罗饴备案字据，江南财政局自应届期清还。今该局复函嘱向宫保接洽，其中有无别项情节，宫保谅必洞悉。敬祈赐示，以便办理。肃此布悃。敬叩

钧安。

      叶景葵谨肃　六月二十日

      （原件，盛档第004190号）

【14】1911年7月16日（六月二十一日）

  愚斋主人钧座：顷奉密电，谨悉一一。近仁虽不明，而省毅力能使入港，未尝不可为助。想公多与琢磨也。丁酉两电照录写呈。本

---

① 此函用大清银行信封。信封上书有"辛亥六月二十日"字样。时叶景葵抵达上海，考察大清银行上海分行。洽营口分行罗饴贪污案发，叶将一件涉及盛宣怀的经手的借款向时在苏州的盛了解情况。——编者

日西报言,北京有信会,公借日本四百万两整顿汉厂。不知此说胡为乎来?昨留学生雷奋因暑假内渡,言《东京日报》极诋刘、庆①品行声名之劣,恐辱国矣。手函。只叩
钧安。

存悔谨言。六月廿一日

(原件,盛档第 038037 号)

【15】1911 年 7 月下旬(六月)某日②

手谕敬悉,原件存查。罗饴名下已查出隐匿本行股票三十六万五千两,业经全数充公矣。致禀
宫保钧鉴。　　　　　　　葵叩。

(原件,盛档第 004194 号)

【16】1911 年 7 月中下旬(六月)某日

顷查铜官山借款,前系二十万,现已归还十三万,余尚欠六万一千二百两。陈瀚波欠款已赴津清理。美钞债自另单奉上。即叩
宫保钧安。　　　景葵上言。

购运美国钞票③价目列后:

一元票三十万张,每千张价二镑十二思令

五元票三十万张,每千张三镑二思令六便士

十元票二十万张,每千张三镑十二思令

五十元票十万张,每千张三镑十二思令

一百元票十万张,每千张四镑四思令。

以上之价,所有印刷、编号、装箱,运送至北京大清银行所需之佣力、材料,一概俱包在内。或即言当北京大清银行将以上所言之钞票验收妥当,除以上之价外,不用别付银钱。

(原件,盛档第 004191 号)

---

① 刘,不详;庆,指庆亲王奕劻。——编者
② 原函无日期。据内容报告以罗饴案结果,当在上述信札之后。——编者
③ 指向美国钞票公司订制钞票。——编者

【17】1911年7月27日(闰六月初三日)

宫保钧座：午间获聆教诲，感甚。徐令①事仰蒙俯允栽培，尤为感谢。附呈衔条一纸，又另件一纸，均求詧收。敬叩

崇安。

职道　葵禀　初三晚

（陈善伟、王尔敏编《近代名人信札精选》）

【18】1911年8月2日(闰六月初八日)

今日嗽病想可见愈。昨日回行，细思币制如此紧要，而印刷局所印之钞，印至宣统十年亦不敷用，真是难题。惟有加印一元、五元美钞，或可救急，容再禀商。前闻有照美钞式样在厂石印之说，未知已否办到？此事想有流弊，似不如竟在美印为妥。请苾筹酌定，暂勿交币制局司员会议。近来之事一议便成画饼也。连日筹商整顿币制，非注意纸币不可。若专办实币，万来不及。又行中所购大条，拨交造币厂，未知有现银可得否？若不可得，则行中尚难出卖。因兰生②办大条时，原拟以借款金镑归还，今大条已来，而金镑不来，首期犹可，若至二三期，非卖去大条不可。虽系笑柄，实是实话。卓裁示遵为本。敬叩

宫保痊安。　　　　　　　　　景葵上言。初八早。

若照岁入岁出总额三万万两计算，十成准备亦须发钞四万万五千万元，故印刷局永远供给不上。

（《盛宣怀档案名人手札选》第242页）

【19】1911年8月21日(闰六月二十七日)

宫保钧鉴：顷奉手谕，敬悉一是。查币制局应用铜价日金壹百七拾万圆，饬由银行代办一节，未奉度支部来谕。银行现正清理旧

---

① 徐令，指徐青甫(1879—1961)，名鼎，浙江镇海人，曾任浙江武备学堂教习，1905年后任奉天巡警交涉股长。——编者

② 兰生，指项兰生。——编者

案，严饬各行多筹准备；又新筹盐政处借款七百万、广东垫款二百万，余力无多，势难再垫。所有应付铜价，应请宪台速商度支部另行筹拨，以免贻误。惟七月朔及七月初六后，应交三菱公司日金捌万叁千七百五拾元，为期已迫，既承示拨，自当勉力筹备，听候提用，归入币制局暂欠项下，照章计息。敬求詧核原谅为叩。肃复。敬请

勋安。伏惟亮照。

叶景葵顿首　宣统三年闰六月廿七日

（原件，盛档第 004195 号）

附：1911 年 8 月 19 日盛宣怀致叶景葵函：

揆初仁兄大人阁下：兹启者，币制局曾向日本定购铜块七万六千余担，为铸铜币之用。除已运到二万五千七百余担外，尚有未运者约五万一千担，分七、八、九、十等月运齐。该价共约日金一百七十万圆，将来分别在北京、天津、上海三处用银交付。此款前经商请度支部，即由尊处代度支部筹备应付。除俟该铜逐批运到，由敝处随时知照尊处划拨外，现七月朔左右，有应交三菱公司运汉铜价约日金三万三千五百圆。又初六后应交该公司约五万二千二百五十圆，均在北京交付。日内如汇价相宜，请酌量预行购定此数。一俟汉口收铜确数呈报前来，即当知照尊处拨付三菱。请即查照办理是荷。此布。即颂

台安。

愚弟盛顿首　闰六月廿五

（原件，盛档第 023198 号）

【20】1911 年 10 月 15 日（八月二十四日）

宫保大人钧鉴：敬禀者，今晨商会会同民政部部员厅员来商，会议拟定五条办法，另单开列。除电禀外谨禀。敬请

钧安。

章京　叶景葵、陈锦涛、司员奎濂、王璟芳禀　八月二十四日

（原件，盛档第 023462 号）

【21】1911年10月18日(八月二十七日)

宫保大人钧鉴：昨晚往谒泽公①，言及奉天、营口两处市面均起恐慌，营市并有南省钞票拦入兑现，东三省官银号亦因小洋缺乏，纷纷告急，亟宜由奉天造币厂搭铸小洋，陆续接济，以救市面而免危险。当蒙泽公允许照办。葵因为时已晚，不及面陈钧座，即电知奉厂查照。事机紧急，不得不便宜办理。想荩筹必以为然。专肃。敬请

崇安。

叶景葵谨肃　八月二十七日

（原件，盛档第023952号）

【22】1911年10月21日(八月三十日)②

宫保钧鉴：顷间叩谒，闻甫由公署回，恐劳清神，故嘱门者无庸通报。陈监督锦涛临行时，谈及前代币制局购伦敦大条十五万镑，内有六万镑闻月初七在伦敦装船，即须付款。原议在币制借款内拨用，现在借款未到，而付债需款，未知币制局有无他种存款可以拨用？特禀商钧座，尚乞核夺示遵。此次六万镑须在华买镑，电汇伦敦，时已迫促，不能不早为筹备并求拨，火速示知。叩敬请

崇安。

景葵叩上　卅日

再，今日派国币科长周宏业前赴币制局，有关于前日国币各种问题。银行须款，先请示者已开单，先示研究。大约该局提调必来请示也。

（原件，盛档第089554号）

【23】1912年3月16日

补公钧鉴：顷奉函开接傅君春官函，称去年七八两月萍乡矿税迄未解到，嘱为查明补解等因。查萍煤井税向解江西劝业道署者，均

---

① 指度支部尚书载泽。——编者
② 信封有叶景葵亲笔："呈宫保钧鉴　葵上　卅日"。——编者

系三个月一结,由萍局照解。去年九月结账之期,已在革命之后。故七八两月并税当时未曾报解。惟以后萍矿预算已将此款列入,想必早已补解清楚。尚乞转达为荷。手颂

台安。

李维格、叶景葵。一月廿八日。

(抄件,盛档第065287号)

【24】1912年5月29日

致制铁所、银行函内各节已由董会通过,列入议案,请即签字。

(引自1912年6月9日盛宣怀致李维格等函,
《汉冶萍公司(三)》,第271页)

【25】1913年12月17日

补公钧鉴:别后抵京,晤熊总理及张季老,均谈及汉冶萍事,当将现在困难情形及政府万不能漠视之理由,详细陈述。熊、张均允力为维持,约前晚在季老处会商办法,翼之、省之亦在座,谈判结果虽未能十分解决,然隔阂之处渐少。翼之本星期可以南旋,当能面陈一切。揆昨日旋郑,因家严奉调豫南,约须数日能南归,归来再趋诣面达种种。日来天气渐寒,提躬当如如常康适。即颂大安。

景葵谨上。
民国二年十二月十七日。

(《汉冶萍公司档案史料选编》上册,第305页)

【26】1914年1月21日

宫保钧鉴:归来闻贵体违和,是以未敢晋谒,恐劳清神也。日来已否稍痊,殊系下怀。翼之出示手教,知尊意拟令景葵偕翼之入都,商汉冶萍事,理应效力。惟鄙意此事须用单刀直入法,由董事会与翼之在沪商一大纲,然后即由翼之到京与政府定议,藉便托其疏通一切,较无痕迹。此时若派人入都,反难骤得要领,且恐有隔阂之处。翼之新简矿务局长,责任所在,自不能辞,渠向以官商合办为然,与燕孙亦能说话,趁渠在沪商酌妥当,机不可失。辱承下问,特贡愚见。

至极峰云云，亦以燕孙一方面前往疏通最为有力也。肃此。敬颂
痊安。　　　　　　　　　　　　　　　　　　叶景葵顿首。
　　　　　　　　　　　　　　民国三年一月二十一日。

（同上引书，第307页）

【27】1914年8月17日

　　宫保钧鉴：别已旬余，想起居胜常为祝。详文三件，均已投递。最初见杨杏老，谈及总统之意，不以曾肃政史所查复之件为然。一则谤及南通，疑系受人指使，二则办法尚欠切实，故将曾查原件掷还。杏老又言，此案已交交通部核办，总统之意，官款故无款清偿，商股非至获利以后不能给息，发还股本断办不到，云云。此杨杏老所谈，嘱以暂守秘密者也。晤张南通两次，皆谈及汉冶萍事。农部已以官商合办之策呈诸总统，未得及答，今日又拟续呈。景葵当以公司迫不及待情形再三陈述，南通似甚关切。嵩生总长会晤甚难，尚未提及此事。交通实迫各路之债纷集，无暇顾及此事，但总统则交交通部核办，而于农商部呈文即批示，未知意旨若何。续有所闻，当再详达。十三赐示，谨已诵悉。带来十五年预算表，为南通索去，槐清并未交阅也。手此敬颂
颐安。　　　　　　　　　　　　　　叶景葵敬上。八月十七日

（原件，盛档第078512—14号）

附：1914年8月13日盛宣怀致先生函。云：

　　揆初先生鉴：近日接到曾霁翁来函及王槐翁来电，农商部呈请为国有过度，时隔多日，未见批示，谅因欧乱更无暇顾及。惟查汉冶萍本年预算，尚有应付伦敦汇票四万镑，约需银三十五万两；汉厂经费每月十万两、萍矿每月十五万两，计六十[万两]。冬腊四个月，共银一百万两。又汇丰短期押款二十万两。原来预算陇海已交轨价可收七十万两，粤汉年内可造轨一万吨，约可收轨价七十万两，勉强敷用。讵料陇海停工，施省之来电，此款不能汇划，现在不克照付，则厂

矿经费无着,炼钢炉恐须停工。现在姑由汉厂与粤汉总办函商,如不停工,洋轨亦不能来,莫如先付一半现价三十五万两,以便汉厂克期赶造。俟交货一半,再将半价付清,方免停炉之憾。

执事到京,三部详文递否?公司为难情形曾与当道开谈否?张总长梁总长如何意见?中锋对于官商合办,能否俯照所请将三十万股份凑足?此外有无新意?即乞详示大略。大约公司转弱为强,总要待大冶新厂两大炉成就方有把握。一琴请速派吴任之出洋,购定机料。一刻千金,毋庸等候。因明年深水时候,头批料物即可运到,便省得多搁一年。其议甚是。鄙见无论如何,办法总不能脱离此者。执事如晤啬老①,即祈密告。翼之到沪,未曾见面。复请台安。

愚弟盛谨启。

(信稿,盛档第 076512—13 号)

附:1914 年 8 月 21 日盛宣怀致先生电,云:

北京。北京旅馆叶揆翁:合办奉谕先由部确定预算,再批示。是否商部主持预算?至少现款千万元可作官股。前清旧欠,准照日债展限分还。如不喜作股,可听便。仲赓到京,预算可供研究。两会常来探问,望勤通函电,勿惜电资。宣。筒。

(电稿,盛档第 076512—15 号)

【28】1914 年 8 月 23 日

盛宫保鉴:揆秘。农部拟定续呈,仍主旧欠作股。惟交通能否赞成,尚无把握。至旧欠展限办法,交通亦有阻力。细情函详。葵。漾。

(抄件,盛档第 055818—3 号)

---

① 指张謇。——编者

致史致容(九通)

【1】1920年9月14日

晋兄密鉴：昨奉与竹兄同赐公函谨悉，今又接奉手书亦悉。存货以早脱为是，目前姑与委托，允以帮忙，将来各家如相率观望，我行亦可推托。在尊见极为周安，于理应即照行。但元丰现在情形却须慎重。第一，文衷此次已受小人包围，风闻中行查账，已查出中行放款确有与四明沟通情事。然则所谓后局者，中行必不赞成，四明是否受范尚无把握，其余更招之不来，而我行独与各钱庄，糊糊涂(涂)将收回之押款，如数改作长期放款。其余欠款尚在不可知之数。此等办法论行章、论良心，均提不出。一也。第二，闻文衷左右颇欲以改组为名，拥戴竹书为总理。我行如许以含糊之帮忙，若辈即借此号召簇拥竹兄登台。随后我行若再推托，岂非将竹兄置之困难之境？为行计，为竹兄计，均不愿其上当。弟等与竹兄交情，又岂可不开诚相见而用手段以尝试耶？故弟反复思维，文衷实无可扶助，不如趁此说明，尚觉对得住朋友。明知押品自销决不如熟手代销之妥当。但我恐揭穿西洋镜，则彼势不能赎取，结果惟有自己兜售之一法。只要外洋有其路，价值稍低总可出脱，其余欠款只有尽力追收。此尚为无法之法。否则如涂附，结果仍要决裂。长痛不如短痛，故弟见以早决为是，特将困难实情密布台端，乞即决定办理。弟想吾(下阙)……

(副本，上档 Q268—1—79)

附：1920年9月14日(八月初三日)史致容复先生函。云：

揆公大鉴：前日奉函，谅先邀詧鉴。昨下午四点接尊电，云："元丰意存挟制，后局无可帮忙，即严催归款，否则蛋黄蛋粉由我出售。

并转电竹兄"等语。译悉之余,似有误会之处。论日前奉函,非出于元丰之口。因知元丰有一百吨之销路,一有定议,货必派开而出。就竹兄与弟言,此次独归我行一家出货,后局方可与其帮忙如何。弟思蛋黄蛋粉能得早日出清,固属极好机会,所以会同竹兄函商。至后局帮忙一节,弟思货能出清,大概银行如能协助,我亦只得为其帮忙。如大众不赞成,则我行亦可作罢。……但售货之权本属我可自售,因受主无多,且此次所谈一百吨是否确可售出,尚属难定。至昨来电因恐生误会,故未转至竹兄也。为特将情奉告,尚祈鉴谅,并希裁夺,见复为荷。专此。只颂

台绥。

弟致容谨启　八月初三日

(原件,同上引档)

附:1920年10月3日(八月二十二日)史致容致先生函。云:

揆公大鉴:昨竹兄与弟同泐一函,计先邀台詧。元丰事已详昨函,恕不赘陈。此事近既渐有成议,各家既允帮忙,我行势不得不与大众一律,似难独异。惟垫款一层,前日各债权会议及昨日督军邀各银行各钱庄到署宴饮,口嘱合力维持,俱已承认。我行名下,弟实颇费踌躇。盖弟意拟先看各家情形,然后酌定数目。如果难免,亦只好见机而行。惟大众要派我行三万两,弟意以二万之数。未识尊意以为如何?祈示复为盼。专此。只颂

台安。

弟史致容谨启　八月廿二日

(原件,同上引档)

【2】1920年10月5日①

急。业。汉口竹、晋兄同鉴:维持元丰敝处曾一再表示无办法,又于巧日密函详达。顷阅保元草章,反复研究,万难赞同。议定:无论他行态度如何,我行决不加入。竹兄担任董事尤与我行不利,务乞

---

① 此为先生签署浙兴总办致汉行史晋生紧急电报。——编者

力辞。总。

（副本，同上引档）

附：1920年10月6日（八月廿五日）史致容致先生函。云：

揆公大鉴：廿一日与竹兄同泐一函，知已台鉴。次日弟又备函奉布，想已达到。昨日傍晚接奉电示，以元丰事万难赞同，并嘱竹兄力辞董事等因。查元丰之事，当竹兄六月初由汉回沪，其经过情形已由竹兄面告，均邀洞鉴。嗣由安利英暨各债权一再敦促，以期解决，故于前月下旬复又来汉。到此而后毫无眉目，遂即赴京一行，意欲另行设法。既无效果，本定十七日乘宁绍船回沪。不意十五日安利英大班邀竹兄过去，谓元丰事如能担任，可以变通办理，请备现款二十万，愿将该行受押之产业交出一百二十万两之押品，并愿将一切利息概免，藉以维持文衷等语。一面复经各债权再四要求即欲承认。当时弟固曾力劝不可担任，即乃郎赖生亦经一再谏止，无如势成骑虎，欲罢不能，并由商会会长万君泽生要求湖北督军、省长饬官钱局合力维持，亦即邀准。王督遂于廿一日设筵，特招万君与竹兄及汉口各银行钱业董事并官钱局总办，到署饮宴，劝令维持。若果拒绝，势必牵动市面。在竹兄一为大局计，二为同乡名誉计，并有汉口重要人共同负责，是以不遗余力积极进行，具有不得已之苦衷。其董事一席，因安利英关系亦有不能不允之势。盖安利英洋人实有借重竹老之意。弟以为既任董事，对于沪行事将如何兼顾，而竹兄谓，拟再假一月，一俟部署妥协，委一相当之人，以承其乏，渠即可遄回上海。年中不过来汉一二次，藉尽义务，亦无非为成全元丰之意。惟将来之业务能否发展，确难臆度。至我行方面，各家既已赞成同处债券地位，实有不得不允之势，困难万状，不言而喻。垫款一层，各家或认二万，或认三万，弟意只能以二万为度。是以次日特再专函奉询。现已先垫万两（已详总处号信）。总之，此事实有万分为难。照鄙见此项垫款有如许产业在华人之手，亦无危

险。尚祈格外曲谅为荷。专此。敬颂

台绥。

弟史致容谨启　八月廿三日

（原件，同上引档）

【3】1920年10月8日

晋兄鉴：竹兄竟允保元董事长，可谓木匠做枷自己戴。现在同人意见，决用雷霆万钧之力将他救出来。所以措辞不得不严（本行名誉亦不能不顾，竹兄自己不觉，本行已受冤枉不少了）。吾兄进退两难，同人皆所深悉。为行计不能不忍曲负重，望勿有所误会。竹兄如辞不脱，则此后处处荆棘。弟实忧虑之极。

（副本，同上引档）

【4】1926年9月7日

急。汉口史晋翁：河南省长借款电，请暂勿复，函详。葵。

（电稿，上档Q268—1—431）

【5】1926年9月7日

晋兄台鉴：前次郑州陈师借款，后为惩前毖后计，弟曾电请开封财政厅秘书长陈鄂年丈代为疏释。我行在郑并无分行，以后务请邀免，并恳其转致乃兄禹臣丈向省座代陈下情，因禹臣现在熊省长处充秘书也。现接鄂年复电及禹臣复函，均各抄附一份，即请台察。鄂年电内示及省座为维持铜元票向银行借款，有电致兄，谅已达到。照禹臣函，该项借款，交通总行业已拒绝，闻豫丰亦决不承认，则此事恐无结果。我行对于此事，固应完全拒绝，但来电不必需复，顷特发奉一电（略），亮荷台洽。兄与鄂年丈亦多年熟人，请详函告以郑州并无分行，只因豫丰押款关系由沪派员管理押品，利息本极微薄，办事尤感困难。我行对于此项押款，无非为救济实业起见。今既困难环生，颇觉无甚意味，总行已有完全收束之议。此项借款万难担负，务求鼎力转圜，准予邀免。至汉行历来在鄂负累已重，最近又在炮火之中一日数惊，全市收解已宣告停止。覆巢之下，将无完卵，更无余力可以兼顾。以上艰危情形,据请转陈省座"云泥分隔,恕不径复,并求誉照,声与泪具,言不尽意"等语,函致鄂年,并请禹臣同阅,大约即可作为了结矣。此颂

台绥。 弟景葵顿首 十五年九月七日

（副本,同上引档）

【6】1928年9月15日

晋兄大鉴:到沪后曾寄一函,想荷誉及。顷奉九月十日惠示,诵悉种切。一厂事,周星棠抵沪后并未与债权人接洽。昨日忽来傅松年、宋仪章、彭少田,与安利开谈,星棠并未露面。所谈者均离题太远,糊涂万分,较之树棠、辅卿程度更低。安利已表示,至九月十五日以后不再与厂方谈判,一面派工程师修理机器,由第一债权人协商进行。此后我行地位只有与安利和衷共济,不可再作为一厂与安利中间人,再作斡旋。即我兄个人,亦应取冷淡态度,如有厂方董事、股东及不负责任之人前来谈判或施以恐吓之论调,我兄不可与之吐露真象,总以诸事概由沪方主政为词。至要！至要！所有各方面情形仍盼随时密示为荷。专此。只颂

台绥 弟叶〇〇

（信稿,上档Q268—1—394）

附:1928年9月10日史致容致先生函。云:

揆公台鉴:顷接总行来函,知我公已安抵春申为慰。一厂事自公去后迄无所闻,惟知刘季五实无集款能力。昨往访毛树棠等,询问此事,据说确为事实。弟告以股款既难纠集,长此迁延,伊于胡底？毛答谓,拟访马克,如何谈论,再行相告。昨晚毛来弟处,谓曾晤马克,对于难以集款一层,渠仍认为一厂自身之事。惟马克限本月十五号先行修机,派西人监工,否则另有办法。渠答谓,西人多有不便,未能负责,若易华人,自无问题,云云。今日弟约马克晤谈,渠因定今晚搭公和轮赴沪,以事冗未能约时相晤,允以抽间来行晤谈。下午马克来行,告以毛君所谈各节,马克答谓,西人监工无所问题,且领事署等处均已接洽。

弟告以一厂既不能在汉集款,不如约毛树棠等同道赴沪,可与沪股东及安利、我行等接洽,而周星棠方在沪,亦可接洽一切。庶可将办法商定,否则迁延已久,解决无日。马克答谓,毛等如肯同去,固属甚好,但恐未必肯去,且已不及与其同行。弟谓,如毛等不同去,可俟渠抵沪时电招其赴沪。马克谓,渠到沪,无数日耽搁,恐难久待云。今马克准于今晚动身到沪,当可晤谈。此事究应如何解决,及对于招毛至沪商酌一层,尊意如何?均乞酌夺办理,并乞示复为荷。只颂

台绥
弟史致容顿首　十七年九月十日
(原件,同上引档)

【7】1928 年 10 月 6 日

晋生先生大鉴:顷奉十月二日台函,得悉一是。一厂事秦润卿君前曾来行探询,已将该厂向安利及我行借款经过情形详告,彼甚谅解,恐未必贸然投资。至陈庆丰方面,是否确有垫付之意,不得而知。穆树梁任新经理一节,据穆藕初君云,事前彼并未知,且树梁系业花衣,于纱厂经营资格皆浅。现在安利正与该厂相持未决,我行应与安利取同一态度。第一债权当无办法,第二债权目前自难出头,惟有静以待之而已。专复。即颂

台绥
弟叶○○、蒋○○、徐新○顿首
(信稿,上档 Q268—1—393)

附:1928 年 10 月 2 日史致容致先生等函。云:

揆初、抑卮、振飞先生台鉴:昨寄一函,谅先邀台詧。顷闻周星棠在一厂董事会席上,对于推渠为董事长虽未发言,但谓花纱进出及购买物料,如有营私舞弊者,以法律从事。是不啻加以默认。又闻一厂昨接上海宋仪章等来电,开工垫款六十万元业已筹妥,促即自行开工。对于安利债务,则拟延律师交涉,至多将逾期押款分期筹还为止。此次情形,一厂势必自办,安利没收恐难成事实。马克仍拟俟得省政府复函后再定对付办法。倘安利不能实行没收及不能得总经理

之权,则我行第二债权必受其影响而费交涉。未识尚有补救办法否?望尊处向法律家请教之。再,一厂开工垫款由陈庆丰等认垫,营运资本由秦润卿担任,未识尊处有所闻否?尚祈就近探明。一厂新经理闻为穆树梁,系穆藕初本家。兹将今日《新民报》所载一厂开工新闻一则,照抄附上,即希詧洽。并盼见复为荷。只颂

台绥。 弟史致容顿首 十七年十月二日

附当日汉口《新民报》刊载《第一纱厂两星期内开工》新闻抄件(从略)。

(原件,同上引档)

【8】1928年11月6日

晋生我兄大鉴:顷奉三日台函,诵悉种切。一厂事前于三日复上一函,谅荷台洽。毛树棠抵沪后曾与我行面商两次,并会同安利谈判一次,意见业已接近。继由邬钦毅兄从中接洽多次,大体均已就绪,只余一二枝节问题正在续议。树棠优柔寡断,但此次已破釜沉舟,别无他路,安利方面一再来示让步,我行尤竭力撮合,想不难解决矣。请释念。仍盼严守秘密为荷。弟八日北上[①],往返约三星期。再闻。专此奉复。只颂

台绥。 弟叶〇〇 十一月六日

(信稿,同上引档)

附:1928年11月3日史致容复先生函。云:

揆公台鉴:接奉惠书诵悉。毛、蔡赴沪,知已荷台洽。未识曾否来行接洽?已有函询,谅荷台詧。承示各节,昨已将原函转示有壬兄。甘介侯兄处约今日下午四时晤谈,亦当转达,一厂事自毛、蔡赴沪后毫无消息。昨闻毛树棠有电致周星棠,谓"沪股东垫款三十八万

---

① 似为中兴煤矿公司充公案拟赴该公司参加董事会议,因沪事紧张,并未成行。后派遣津行经理潘履园为代表出席。——编者

元已有成数,如汉方凑集二十二万元,已足六十万元之数。惟沪方股东垫款条件较安利更为苛刻。如何嘱其电复,或偕傅松年、谢某等来汉商酌"等语。但不知周星棠如何答复。此事上海垫款条件既苛,毛、蔡等似应与尊处及安利相商,但不知果已来否?仍乞示知。并将毛、蔡在沪行动探示为荷。只颂

台绥。　　　　　　　弟史致容顿首　十七年十一月三日

（原件,同上引档）

【9】1928 年 11 月 20 日

晋生我兄大鉴:接十一、十五日台函,聆悉壹是。此次安利与一厂签订合同,几经波折,始获就绪,弟等奔走说项,竭力撮合,自谓对于该厂已煞费苦心。乃风闻反对重重,犹复以安利尚松我行反紧为词,甚且谓树棠亦有误会,可为太息!树棠在沪时,谓该厂有零星债务拾万元,阳历年底必须偿还,安利初允将该款包括于合同所载其余债权四拾万两项下,而不允先付,经我行斡旋方允。俟开工后察看情形,如借款利息可以付清时,再为通融。毛仍坚请先付,安利坚执不允,我行恐谈判决裂,曾允其俟合同签字开工后,如果树棠至年底实有为难,可在我行押用银叁万两。是足征我行牺牲自己,惠顾树棠无微不至。倘树棠受人挑拨反与我行刁难,则不免以怨报德,令人寒心矣。至于减让利率,未始不可商量。敝意减让程度以安利第一债权为比例。譬如第一债权利息打八二折,第二债权至多亦打八二折（即月息九厘）。万不得已,则与第一债权一律改为周息一分,再将上年停工以后未付利息改照新利率计算。此系最后让步。我行损失已钜,碍难再让。所有第二债权本不结算各事,即请兄与毛谈判,如何情形,随时见告为盼。六十万元新借款与我行同列第二债权,亦我行牺牲自己之一端,不可不知。孙君事容与安利接洽后再复。只颂

台绥。　　　　　　　　　弟叶　徐　十一月二十日

（信稿,同上引档）

附：1928年11月17日史致容致先生与徐新六函。云：

揆公、振兄大鉴：十三日惠书敬已诵悉。昨丁文江兄来访,未晤。嗣晤白抟九君,据说李总司令之意以利息须减让。弟当答以利息已允减让,现一厂正与安利磋商。但弟所言之利息,系指大借款而言,并非指我行借款而言。下午回访丁文江兄。据云一厂事,渠来汉时揆公曾托其帮忙,故颇为关切。并谓当局之意,谓我行六拾万两借款之利息必须减让。其言正与抟九兄相同。惟渠所言乃指明系对我行押款利息而言。弟因告以利息未始不可酌量商减,但须请示总行。惟须一厂前来要求方可商酌,今一厂并未前来相商,我行自无从减让。推测情形,李总司令减息之语,定出一厂之所陈请。日前晤星棠,谓大中借款条件尚有不答允之处,拟请李总司令裁夺等语。查大中合同既经签字,应别无问题,所谓裁夺之处,想亦系指利息而言也。昨晤马克并讨论合同签字地点,以为在沪签字可以免去一切枝节,而同人于事亦可当时接洽。望与沪安利商酌后速电马克,催一厂代表赴沪签订……(下文原件模糊难辨,从略)只颂

台绥。　　　　　　　弟史致容顿首　十七年十一月十七日

（原件,上档 Q268—1—393）

致宋汉章（六通）

宋汉章(1892—1968),浙江余姚人。清末入上海通商银行。民国后任中国银行上海分行经库。1935年出任中国银行董事长。

【1】1915年10月16日

汉章、公权先生同鉴：敝处有致汉行电一通,因用密码,恐局阻

发。拟乞尊处盖印代发。倘蒙允许,感荷无量。附上洋二元八角八分,备付电费。尚祈查入是荷。专此奉恳。只颂

大绥。　　　　　　　　　弟叶景葵顿首　（四年）十月十六日

　　　　　　　　　　　　　　　　（信稿,上档 Q268—1—70）

【2】1915 年 12 月 20 日

汉章先生大鉴：敬有托者,海丰总理孙江东眷属因赴海州,拟乘宁沪车抵镇江,换轮由清江至海。随带行李铺盖、箱笼、网篮等约六十余件,拟请尊处办便照一纸。附上照费等一元五角,请誊收。该眷属定于廿三号（十七日）首途,办就,乞早掷下是荷。费神复谢不尽。专此,只颂

大绥。　　　　　　　　　弟叶景葵顿首　（四年）十二月二十日

　　　　　　　　　　　　　　　　（信稿,同上引档）

【3】1915 年 12 月 29 日

汉章先生大鉴：敝津行领用兑换券三十万元,日前曾具敝行本票,将该项津钞提取。原拟即日运津,故并函执事恳为代办便照,想核照誊。日来闻津浦路货车停运,此项兑换券一时不能付运,拟仍在贵行库内暂为寄存。兹将该券三箱送上,请验原封收入。其前存本票三十万元,并乞掷还。俟付运有期,再行接洽办理护照,如尚未办,亦请暂止。琐渎无任,主臣专布。只颂

台绥。　　　　　　　　　弟叶景葵顿首　（四年）十二月廿九日

　　　　　　　　　　　　　　　　（信稿,同上引档）

【4】1918 年 9 月 2 日①

汉章吾兄如晤：顷奉还云,忻谂起居安吉,殊慰远怀。海气澄鲜,林木蓊蔚,数旬休养,胜于药石多矣！新领沪钞三十万元,荷允拨交,当与种兄接洽办理。承示贵行因领钞者不止一家,发生困难,弟

————————

① 此函寄青岛中国银行吴蔚如转宋汉章。——编者

等早有所闻,故敝行先后领用之钞,无论本行支行均系零碎,发行从无大宗戛出、藉端取巧之事。诚以双方利益必须兼顾故也。贵行发行多寡,当视时局否泰以为伸缩,弟意极端赞同。但来示欲以后续领之钞概行分配于他处,沪上不再增发一张,则其中颇多困难,因合同并未规定某处若干,倘津、杭、汉三处亦提出同样问题,则敝行难以应付,且此次续领百万与贵总管理处商定者,沪行系领五十万。嗣因印刷未竣,故先寄三十万,其余廿万敝行仍援案续催。有此两因,故于来示有未能概行遵办之处,尚希原谅。弟对于吾兄平日气谊之感,及敝行对于贵行将来依赖之殷,可以勉遵雅意者约有二端:(一)原订领额五百万,除前领三百万、续领一百万,业经规定外,尚有余额乙百万,将来续领时沪行支配若干,可先与吾兄接洽;(二)万一时局不稳,贵行遇有为难时,敝行必竭尽能力为交谊上之援助。以上二端,以吾兄与种兄主持行务之任期为限。弟等必可终始不渝,若另易他人,则衹能抱定合同,说官话矣。吾兄通达,彼此情形当不以鄙言为妄。弟为浙路股款事,日内入都一行,归来当在中秋节后,尔时台驾必已言旋,容再续罄。手颂

旅祉。

弟景葵顿首　九月二日

(手稿,上档 Q268—1—632)

【5】1938 年 8 月 30 日①

香港中国银行宋汉章先生:奉惠函,备感。新六兄罹难诸承关注,益蒙子文先生派员往出事地点,照料一切,殁存均感,尚此陈谢。敬希荃察,并希代致谢意是幸。叶景葵、蒋抑卮、徐寄顾。

(电稿,上档 Q268—1—321)

【6】1938 年 8 月 30 日

香港中国银行宋汉章先生暨诸位同仁鉴:新六后事,承公等照

---

① 此电先生与蒋抑卮、徐寄顾联名发出。——编者

拂周至,感甚,谨谢。葵。

（电稿,同上引档）

致宋子文(三通)

宋子文(1893～1971),广东文昌人,留学美国。1927年后任南京政府财政部长,行政院副院长、院长,中央银行总裁等职。抗战中兼任中国银行董事长。

【1】1938年8月30日

香港宋子文先生鉴：新六后事承公指示照拂,俾得俯身周妥,存、殁均感,敬电谢悃。叶景葵叩。

（电稿,上档Q268—1—321）

【2】1938年9月7日

呈宋子文先生鉴：电敬悉,承命谨遵。此间奉徐夫人委托,已于三日组成遗产管理委员七人,葵被推主席。将来两会尽可合作。俟德懋兄来,面商请示。景葵。

（电稿,同上引档）

【3】1938年9月23日

香港中国银行宋董事长钧鉴：马电敬悉。遵即转达。徐夫人赞成乙藜、懋德两兄参加遗产管理委员会,已另聘矣。景葵。

（电稿,同上引档）

致孙江东(一通)

孙江东(？～1919)笔名独头山人,浙江杭县人。初任叶氏家西席,1900年赴日留学,曾主编《浙江潮》,主张排满革命。著有《地学问答》。辛亥后任海丰面粉厂经理。

【1】1915年12月3日

江东先生大鉴:八五钱票一事,敝行以为公司出票,信用固佳,获利亦尚不薄,均议拟竟发行。特酌定办法数条,请公斟酌情形,即日见复,再行决议。

一、八五钱票由公司名义发行,计壹千文、五百文两种。

二、此项签票发行总额,两种合计至多不逾二十万串。

三、此项签票发行后随时视流通之数目准备铜元,至少以五成为限。

四、此项钱票拟用中国坚厚皮纸,专雇一人缮写,如内地当票写法,不用印刷,专作为公司发工价之凭条,一可免政府干涉,二可杜伪造。其手续如下:

甲、书手人在总理办公室缮写此项票据,每日拟限以若干张,拟发行之全额缮齐,即行取消。

乙、此项票纸两银行拣定皮纸装订成本,中缝在机上打眼,并盖印记号。书手写好后按簿点明页数,归总理收藏。

丙、每次拟用若干,由总理核定数目,须将缮成之票于每票数目及骑缝处,由会计加盖图章,又于每票尾由总理加盖一种印章及公司图章(此项图章不由会计保管,印用时不由会计经盖,可由总理指定一人,在总理办公室盖印),不待发行者则无须盖印。

五、已盖印章之票子交与会计后,即于簿内另立八五钱票户收账。

六、票纸发行后,簿记上当照第三条办法另立钱票准备金名目照定数另存,不与流水结存混合。

七、缮成及行用库存数目,于报告营业时同时列表,附报与银行备查。

以上拟订各办法,请公再行酌夺,并乞收罗各种旧票式样,见示是荷。复颂

大绥。

浙江地方实业银行、浙江兴业银行　同启

再,沪账房加一新字,系因有旧债户及股东时来啰唆,而账房名目新旧,又无甚区别,应付殊为困难,故不得不加一新字。此亦不得已之办法。昨见致时老书提及此事,故附及复。　　弟葵顿首。

(信稿,上档 Q268—1—70)

致孙　科(一通)

孙科(1893~1971),广东文昌人。孙中山之子。留学美国。1928年后任南京政府建设委员、铁道部部长等职。

【1】1929年6月26日

参见文存一《浙路股款清算始末》。

致孙人镜(一通)

【1】1920 年 10 月 14 日

镜兄鉴：顷奉卅日手书，复如下：议案稿改就奉上，请抑、新二公复酌即缮正。购车合同研究极细密。如交通部果能诚意履行，却是极好之事。弟之意见注重于条件第六条，已将鄙见批于眉端。兹特寄还，乞诸公督阅。我行可谓最后承认之一行。弟所致疑者，如此办法交通部个人毫无好处，何苦为此正经买买耶？弟在此专候君宣，终日闲暇。今晨至美术学校听丁在君先生讲演《遗传性与婚姻》，可谓无聊极矣。家有寅初先生，旷课已久，而来听题外之讲演何也？即颂日祉。

诸公均此。　　　　　　　　　　　弟葵顿首　初三日

（原件，上档 Q268—1—562）

致孙仲英(一通)

孙仲英，原大清银行股东。

【1】1912 年 2 月 25 日

仲英仁兄大人阁下：昨奉惠书，备承指教。承询汇理京行汇款一事，词严义正，极深感佩。而函末复多歉抑之词。弟尝谓大清银行之败坏，实由股东荒其职务。行内毫厘之款，皆系股东血本，理应鉴察稽查，不得已交谊在先，稍有回护，请毋顾忌。谨将此事颠末，为我兄缕明陈之。武汉事起，总行受挤，而同时危险最甚者，莫如沪行，函

电交驰,所差之数在百余万,势甚岌岌(其时上海尚未独立,故政府拨款最多),乃命营业科副长周钦儒设法拆①银汇沪救济,输日不得要领。周言汇理有款,可以拆用(以前曾拆过,系总行用),乃迟至两日,忽来回绝。而沪行告急之电,声泪俱下。先是颇有谣诼,谓周钦儒与沪行经理宋汉章有芥蒂,故沪行各事挑剔最甚。弟思事至危急,乃特派秘书官魏易、核算科长杨德森(二人皆精法语,与汇理京行大山喀斯那友善),至汇理相商。汇理慨允,拆银百万,期半年,信用借贷,不索抵押,惟祇能在京津用银,不能在沪用银。因上海风潮已急,各行皆不肯承汇,即承汇,亦不能必上海之能交与否。乃与喀斯那切商,授以全权,设法汇沪,汇费不先定,汇多少算多少,下余之银,归京行用。喀斯那口②友谊之故,连日奔走,仅仅汇去二十余万(是否二十七万之数,不甚记忆)。其余之数,总行有先用者,有暂存者,账册俱在,不难复按。此弟未辞职以前,在汇理拆款之大概情形也。当时拆票系弟与副监督陈锦涛签字。杨、魏二人其始尚虑营业科妒忌,不愿与闻。弟谓此系监督特派之件,如有闲话,我担责任。迨九月中旬,风潮愈急,汇理总行来电诘问喀斯那,谓不应放信用借款于大清政府。喀甚窘(其时四国会议不准借款于大清政府),来行切商,欲索抵押。其时弟已辞职三次,亦不愿多此葛藤,乃订明以盐票三张作为抵押,期仍半年(即长芦盐票二十八张之三张,其时该票已存天津,弟特派证券科长侯延爽取回)。临行时并嘱魏、杨,介绍喀斯那与理监事一晤。因总行由理监事暂管,系弟之主旨,故与外人钱债往来之件,必须令本人接洽故也。今承示及颇有致疑于此事者,极易解决,应请贵股东会派员查账。第一,须查汇理所拆百万,汇沪若干,总行提用若干,汇余存若干,总数是否相符合。第二,须查汇理汇沪之数,与

---

① 原报印"析"字,当为排误。下同。——编者
② 印刷不清,字难辨认。——编者

上海行收到之数是否相符合。第三,须查上海收到之后,何人提用,作何交付。第四,须查汇理所汇京足之数,与沪行所收规元之数,与时价相较有无弊混,与汇理收付之账是否相符合(因汇价未谓全权交与喀斯那也)。由此四者,不辨自明。弟至愚极陋,受股东委托,受事以来,兢兢恐惧,因思总分各行弊窦,如谓不易爬梳,非从根本革新不可尔。同时,部司各员艳弟之骤掌财权,言外之干求,分内之牵掣,以至戚友之荐牍贷书,报馆之帏灯匣剑,八面俱至,有挟而来。弟决计摒绝外缘,一以包揽把持。壁立千仞为入手。预计三个月后可以实行共和政体,此意屡与理监事言之。故弟对于前监督张伯讷京卿开诚布公,言无不尽,独至淘汰冗员、布置人材各事,并不与商。苟一商酌,则谤议固可分,责任亦可分。故不如以杂霸为治。五都之市,目为怪物,而部司及被裁之行员尤甚。铄金之口,恬然受之。弟自问所知所行,亦不能十分妥恰,困难自知,得失亦自知,毫无讳饰,毫无虚矫。独至财帛取与之际,则不能受人诬馋,不特为款至二十余万,即丝毫之微,亦当以颈血作保证。如查有些微情弊,刀锯鼎镬所不敢辞。大日此心,诸希鉴察。魏易,字冲叔,现住天津奥界东天仙对门。杨德森,字荫孙,现住上海老垃圾桥南洪德里。如须质问,可函致之,用资由弟备付,并希查照。敬请台安。　　　　　弟叶景葵顿首

再,弟抵沪,不与外事,未阅北方报章。闻人言,各报及本行人谣诼,谓弟拐逃五六百万,又有谓接济革军四十万者,又有谓十八万数千者。应请贵股东会将弟任内前后账目彻查(六月十六起,九月十五①止),共四个月。如有弊混,听候处治。至弟在京做了四个月京官,目睹人心之委靡,政界之腐败,实不敢腹诽革命。至为接济革党,则不敢掠美。又沪行款目,丝毫未被民军取用,此皆经理宋汉章、协理胡梓芗处置之善,及股东联合会维持之力。弟也不敢掠此美名也。

---

① 指公历 1911 年 7 月 11 日至 11 月 5 日。——编者

再，来书责备弟用人太滥一节，开创之始，不能不搜罗才俊，弟断不敢谓引用之人皆能称职，亦不敢谓排斥之人悉能当罪。股东责备，决不置辩。所自信者，整顿出自公心，左右实非随进。此关于公德，兼涉私德问题，硁硁之性，始终不渝，亦不敢求共谅也。

(1912年2月25日天津《大公报》"来件"栏
《叶揆初复孙仲英请股东会查账书》①)

致汤 叡(一通)

汤叡(1878～1916)，字觉顿，广东番禺人。清末留学日本，参加唐才常反清起义。辛亥后任中国银行总裁。因反对袁世凯称帝被阻击而亡。

【1】1915年8月8日

觉顿先生道鉴：前日奉手书并续汇贰百元，均已照收。兹将股票息单一分寄上，即祈查收为感，余详另纸。兴业得公为股东万千荣幸，另纸所陈，即求公助力之第一要事也。手颂
公安！　　　　　　　　　　　　　　　　弟葵顿首　八月八日

---

① 同栏刊登原大清银行秘书官魏易告白："启者：自正监督叶景葵君辞职后，易系掌秘书，视监督为进退，遂亦辞职，举家避乱天津。乃近日外间，颇有谓易及杨德森君与监督通同作弊，吞没行款，相率逃避者，闻之不胜诧异。窃思银钱之事，最易稽查，行中账目俱在，不难一一核算。初拟任其所之，不加辩护，以为是非自有公论，不难水落石出。继有友人相劝，谓外间既有闲话，不可即安缄默，以增人疑。易极然之。于是时适得叶监督答股东孙仲英书，缘将原书付印，俾阅者知八月十九以后行中始末情形，即可将前种谣言从根本上取销。现在大清银行尚未倒闭，股东开会筹商善后办法。若易等果有侵吞情事，岂有股东不加追究、而任易等逍遥事外乎？即此一端，人言之真伪亦可不辩而明。但吾国普通人民，于事理不甚明白，人云亦云，几视谣言为铁案。近来倾轧之风愈甚，竟有明知为谣言而利用之，以为陷人之妙用者。易等自后尚须做人，岂可受此重诬！尚祈阅者重思而慎辨也。魏易谨白。"(原报)——编者

再启者,兴业奉前清度支部批准,享有发行纸币权五十年。以往成绩尚属良好,以后进步尤有希望。惟币制统一政策终必实行,不过时间久暂问题。政策所关,兴业未便独异。前者浙江地方银行与中国银行订立合同,以中行新钞收回浙行旧钞,业已签字实行。浙前财政厅长张咏霓来作说客,谓兴业何不援案办理?兴业董事再三研究,谓此议未便拒绝。不过取消发行特权,用何法补偿损失,须先问明张厅长,方有所筹策。未几,张去而蒋来,其时浙行监理官小松之侄张恩甫君亦以此言来劝。兴业仍以前说合之,张亦无辞可难。弟个人之见,第一须辩明纸币应统一与否?则佥曰统一便。第二须辩明浙行所订合同是否可行?兴业董事曾屡研究,以为大致可行,而亦有窒碍难行之处。已就原合同分别诠释,以备本行研究之用。弟意极简单,以为补偿损失之方法,只须于合同内变通之,不必另寻题目。伯芝为总裁,尽可开诚布公直接相商。惟兴业为商办公司,发行钞权为营业大宗,未经股东允许,不便擅作主张。而此时又不便先问股东意见。又不知中国银行对此事宗旨如何?必须先得途径,乃可循序进行。特将诠释浙行合同底稿照录一分,请公教正,并祈致意伯芝,询其于此事意见如何。若照敝处宗旨,尚无强人所难之处,而其事又为中行所始终主张,则请明示方针,再由敝处正式派人至京商议。即不必经过地方官厅,反多延阁。伯芝眼光远而魄力足,非詹詹小言者可比,当能谅兴业之言出至诚也。此事并请公守秘密为幸。手颂

台安! 弟又顿首 八月八日

外清折一件

再密启者①,弟意补偿损失之方法,只须加增钞额。兴业意在五百万元。能再加固好,否则此数万不可少。弟意钞额加多,似与中行

---

① 此节信稿上端有叶景葵注文:"此密启临时抽出未写。葵注。"似未与前信同时发出。——编者

无损,兴业能备足三百万元准备,再加有价证券,则实力雄厚。虽发行额多于五百万,中行亦何虑之有!故钞额增加,为兴业最注意之件。又地域不能预先区分(浙行合同未言地域,然实约定杭州七十万、上海三十万。此浙行失败之着),亦为兴业所主张。谈次请公注意。至于检察监督越严越好,不过不欲以官场恒态前来捣乱,可无他问题也。又及。八月八日晚。

(信稿,上档 Q268—1—616)

致唐寿民(二通)

唐寿民(1892~1974),江苏镇江人,银行家,上海商业储蓄银行副经理。时为交通银行总经理。

【1】1938 年 9 月 2 日

香港转寿民先生鉴:电悉。贵行厚恤,谨代家属先伸谢悃。葵。9月2日16:50。

(原电电稿,上档 Q268—1—321)

附:唐寿民致先生函。云:

揆初先生鉴:新六兄为国牺牲,至堪痛悼。敝行常董会公议,致送其家属国币五万元,所有治丧费用并由行作正开支。唐寿民。

(原件,同上引档)

【2】1938 年 9 月 18 日

唐寿民先生并转宋、杜、王、叶、钱诸公鉴:新公灵柩今晨九点抵埠奉安,知注致闻并谢。景葵。

(电稿,同上引档)

致屠兆莲(一通)

屠兆莲,浙江兴业银行天津分行经理。

【1】1928 年 11 月 22 日

屠兆莲兄:函悉。望请假来沪面商。葵。

(电稿,上档 Q268—1—587)

致汪康年(九通)

汪康年(1860～1911),号穰卿,浙江钱塘人。光绪进士。维新理论家。清末在上海创办强学会,主持《时务报》等维新报刊,主张"变法图存"。有《汪穰卿遗著》、《汪穰卿笔记》等。

【1】1906 年 12 月 20 日(十一月初五日)

穰卿姻叔大人尊前:

久未通讯,遥想动履安和为祝。闻伯唐①丈有任满之讯,不知确否?舍弟在吴②,一切皆承照拂,雅不愿其匆匆回华也。又闻庆邸有恙,久不早朝,亦未知确否?均望便中示及。奉省近无要事,惟两使之来,本为商酌外交大事,乃振、徐③因惧革命党之暗杀,沿途严为戒

---

① 指汪大燮。——编者
② 疑排误,应为"英"字。时先生三弟景莘在英国留学,汪大燮任驻英公使。——编者
③ 指载振、徐世昌。——编者

备,护从如云,下车上轿时,日本领事及守备队长恭迎致敬,傲不为礼,颇为日人所轻视。又日本展览会开会,联队长面邀两使亲临,漫应之,队长致谢,次日又托病不去,亦为日人所恶。大约在奉断不敢久居,二十以后必回京矣。京中要事尚乞便中示及为幸。再尊宅是否仍在梅竹胡同,亦望示及。

再,现在朝政迭有变更,奉省地属陪都,内政外交皆与帝都有息息相关之处。公议拟请台端于办公余暇,将中朝要闻、秘密消息,随时函示,并可撮要电告。所有一切纸笔探访及邮寄各费,拟自十一月起,每月致送京平一百两,由执事代为开销,按月汇寄。其电报之费,每月一结,凭单发付,函到即寄。如奉天有紧要之事,亦可由葵函报尊处,以备考证。如蒙季诺,请即径寄奉天东华门叶查收。日内尚拟另编密电一本,邮寄尊处也。此事为联络同志维持大局起见,想不我却,鹄候复音,不尽欲言。名心叩。 (冬月初十到)①

(《汪康年师友书札》,第2440~2441页)

【2】1907年1月17日(丙午十二月初四日)

穰丈鉴:

顷奉第四号信,读悉一切,惟第三号信尚未到。日前托友人带上十一月分公费京平贰百两,计日内即可收到。徐公②将放东三省经略(原信有两字不甚清楚),是否出于政府之意,抑系项城之意?果如此,则北门之权力又增矣。闻政府谓奉过于搜括,以后拟一变宗旨,将新政停办,并竭力向政府要钱,不知政府何以应之。林到京宗旨如何?即叩崇安。名心叩。初四。 (丙辰初九日到)

(同上引书,第2441~2442页)

【3】1907年1月25日(十二月十二日)

顷寄上丰密一本。即乞查收。日来闻朝议东三省改设一督三抚

---

① 此似为收信人批注。下同。——编者
② 指徐世昌。——编者

之信,不知确否? 云帅①逍遥海上,屡假不一假,不知中朝将何以位置之? 尚祈密探指示复为幸。即颂台安。名心叩,十二日。 (十二月十六日到)

(同上引书,第2442页)

【4】1907年1月29日(十二月十六日)

十二寄上丰密一本,想已收到。尊处住址发电不便,请至电局挂号用梅汪两字,以后敝处发电即用此号,即希照办示复。存晦。十二月十六日。

(同上引书,第2443页)

【5】1907年2月2日(十二月二十日)

穰丈惠鉴:顷奉十六手示,欣慰之至。此间同志无多,一切自当遵示,格外慎密,尚乞时赐教言,以慰岑寂。振、徐②到京作何议论? 如有所闻,并望见告。萍事想已瓦解,闻彼党尚作别样举动,公知之否? 手颂台安。　　葵上。廿日。　　　　　　　　(冬月廿六到)

(同上引书,第2442页)

【6】1907年2月18日(正月初六日)

昨奉手书,谨悉一切。《京报》③代派,已约定东三省日报馆经理,请先寄五十分试销,以后可陆续推广。尊处所垫报费,请开单示知,以便奉缴。山东、河南访事可代留意,但恐仓猝难得妥人。廿四有廷寄致三省将军,言撤兵在即,一切事宜仍着切实整顿。赵将军于初一日电奏,约三千余言,极言东省筹划情形,语颇沈痛。奉硃批仍着随时妥筹办理,自此以后,东海赴东一层,已成明日黄花矣。奉省积年匪首九口手、赵小辫子等十余名,已陆续擒获,就地正法。乡民大悦,

---

① 指岑春煊,字云阶。——编者
② 指载振、徐世昌。——编者
③ 《京报》,汪康年主持在北京创办的民间报纸,主张君主立宪。创刊于1907年3月28日,同年8月25日被清政府查封。时正值筹备时期,汪清先生在奉天"代派",先生还提供新闻消息。——编者

日兵将次撤尽,不致再有反复。以上数端,可以宣布,余再闻。即颂台安。名心叩。初六日。

(同上引书,第 2439 页)

【7】1907 年 3 月 11 日(正月二十七日)

穰丈如见:

京、津剧谈甚乐,台驾何日回京?日来东事消息若何?庆邸病状若何?初七销假之期已近,不至再续假否?京馆代派已切托东三省日报馆,可以照章办理,乞转告京报馆与该馆径行商办可也。闻段香岩以十五万金买吉林藩司,赵志庵亦出十万金买吉林巡抚,真可笑可笑。余再布。即颂台安。葵顿首。　　正月廿七日。(二月初四日)

(同上引书,第 2440 页)

【8】1907 年 12 月 28 日(十一月二十四日)

穰丈执事:

闻公到都,近况安好,极慰下怀。燕地早寒,旧恙已霍然否?昨奉手书,敬悉一切。世界之事,正从何处说起,所闻所见都付之浮云而已。沪上寂寥尤甚于昔,王侃叔来,何未得见。次帅于报界不甚留意。川省山川僻远,更讲求为己之学,恐进言未甚效果。朱君事容致函幕府探其底蕴,我公以为何如?川汉、粤汉借款,闻又将有费约之势,外人目中华为野蛮,而东邻乃盛创输入外资之说,邻之厚吾之薄也,衮衮国民亦猛省否?京师近闻如何?暇乞详示。即颂台安。姻小侄期葵顿首。廿四日。　　(十二月十二日附到)

闻译学馆有解散之说,确否?家清漪叔现在何处?

(同上引书,第 2443 页)

【9】1910 年 4 月 13 日(三月初四日)

穰卿吾丈鉴:

久未上书,想起居胜常为颂。昨奉手示,敬悉一切。远东事前得公信知颠末,并未悉其组织原委。秉三来沪,临行时来访,言将设总社于上海,已遴徐、朱为干事。惟徐等政治智识太浅,嘱葵于暇时代为照料。当告以此事作始虽简,将来甚繁杂,不愿与闻。又告以国民办事皆系空心大老官,异日必有财政困难之厄,尤不愿代为分担。秉三许葵不与闻财政及社中琐事,但言如有登录之稿,请为斟酌。此却不能不允。现在开社已一月,并无稿件看过,他事更不甚了了,承询敬闻。即颂旅安。　侄葵顿首。初四。　　（三月十五日转到）

（同上引书,第 2444 页）

致王克敏（一通）

王克敏(1873～1945),字叔鲁,浙江杭县人。时任北洋政府财政总长。

【1】1924 年 6 月 2 日

叔鲁总长台鉴:敬启者,顷接四合公司函,称前经大部以金融公债二百万元向该公司押借洋一百三十万元一案,以处分抵押品彼此主张不同,迄未核结,余欠亦未清偿。该公司吃亏甚钜。现已遵照新定结账通则填表送部,另派代表接洽签字,拟请景葵将该公司困难情形转陈清听,务恳曲体商艰,早日结束等语。兹特将该公司原函抄呈冰鉴。查该公司处分抵押品,系按照原订合同办理,主张尚属正当,应请速予接洽。俟奉复准之后,当嘱代表诣司签字。倘所填详表有结算舛误之处,亦恳饬司核明示知,以便转令更正。该公司分子均系景葵乡友,幸逢总长励精整理之际,用敢代为吁请,是否可行？尚求明教。致颂公安！

　　　　　　　　　　叶制景葵拜启　十三年六月二日
　　　　　　　　　　（抄件,上档 Q268—1—348）

致王　廉(二通)

王廉,字兼士,浙江兴业银行驻香港办事处负责人。

【1】1938年9月5日

香港:新六灵柩决运沪安葬。家属不来港,即请兼士兄护送。船位请酌定。何日准行,先电告,并通知港友。葵。9月5日17:15

(电稿,上档Q268—1—321)

附:1938年9月7日王廉复先生电。云:

揆公:电悉。灵柩加木套。运沪日期再电告。又请电汇港纸式千元。廉。

先生批复云:"先由行汇去,后再结账。"

(原电及批复,上档Q268—1—321)

【2】1938年9月11日①

通知杨语山诸君接洽。

急。香港。仍请十六行。

(原件,同上引档)

附:浙兴港处致总办电。云:

新公灵柩于十六日日本皇后号运沪。上海手续,闻万国殡仪馆可代办。请洽。

港处王廉又致电总办云:

急。灵柩九月十八日到,可否?电复。否则改期。

(同上引档)

---

① 此二则系先生在港处王廉来电上的批复。——编者

致王文进(四十四通)

王文进(1893～1960),字晋卿,别字梦庄居士,河北任邱人。北京琉璃厂书肆文禄堂主人。著有《文禄堂访书记》、《明代刊书总目》。

【1】1933 年 11 月 21 日

奉示并书单均悉。兹检数种列后,请便中交下首册一阅为感。此致
晋卿先生。　　　　　　　　弟叶揆初顿首　十一月廿一日
《史通》《容斋五笔》
闻人①本《周礼注疏》、《仪礼注疏》
《阳明三录》

【2】1933 年 12 月 12 日

请明早十钟莅临鄙行,接洽一切。尊处所得松江韩氏②各书,请带来一看,以广眼界。此致
晋卿仁兄鉴。　　　　　　　弟叶揆初顿首　十二月十二日

【3】1933 年 12 月 30 日

晋卿仁兄大人阁下:台从来沪,以招待不周为歉。承寄书四种已收到,兹先将《公是集》两函交邮寄还,其余《圣武亲征录》、《习学纪言》、《一切经音义》三种,容留阅数日,再定去取。忿忿奉复,敬颂
日祉。　　　　　　　　　　弟叶景葵顿首　廿二年十二月卅日

---

① 闻人,指闻人诠,复姓闻人,名诠,浙江余姚人,明嘉靖进士,有校补《五经》、《三礼》等行世。——编者
② 松江韩氏,指松江藏书家韩应陛读有用书斋。韩应陛(1800—1860),字对虞,号绿卿,其藏书太平天国时期损失大半。劫馀图籍由其后人深藏秘守,1933 年标价以售,引起学术界重视。——编者

1267

【4】1934 年 1 月 5 日

晋卿兄鉴：前寄一函，并另寄还《公是集》两函，谅已收到。留阅三种，内中《习学记言》及《一切经音义》如尊处能情让，共作价贰百元，弟拟留下(《习学记言》讹脱太多，尚系旧抄；《一切经音义》系过录臧校，惜另一人黄笔校藏本只半部)，候示再定。《圣武亲征录》另交邮寄上，乞查收。即颂

财安。　　　　　　　　　　　　弟叶景葵顿首　廿三年一月五日

【5】1934 年 1 月 12 日

晋卿兄鉴：奉九日复示。谨悉书价嘱加二十元，即遵示寄上，乞查收。缪校张本①《史通》前年曾见过，不甚精要。潘刻《礼记正义》②初发行时照成本只七十元，弟曾分得一部，无须重购。如友人中有要者，当为介绍。因过录惠松崖③校，极愿借来一度也。项④刻《水经注》，弟有陆靖伯⑤过录何校本，亦无须重购。庚楼兄⑥已两年不见，此人书味益然，洵属益友。晤乞致意。蒋先生⑦在莫干山度冬，尊意当转致。即颂

日祉。　　　　　　　　　　　　弟景葵顿首　廿三年一月十二日

【6】1934 年 1 月 25 日

晋卿兄鉴：昨奉示，并《礼记正义》一部，均已收悉。《礼记》却有友人愿购，但嫌二百元之价太钜，而来示云前途⑧不肯减价，是以难

---

① 缪校张本，指近人缪荃孙为明人张之象刻唐刘知几《史通》二十卷所作的校勘本，张本为保存至今的较早版本。——编者
② 潘刻《礼记正义》，指广东南海藏书家潘宗周 1926 年将起家藏宋刻本影刻行世的《礼记正义》。——编者
③ 惠松崖，即惠栋(1697～1758)，号松崖，清代著名学者。——编者
④ 项，即项纲，字书存，室名玉渊堂，清康熙间銮江(今江苏仪征)人，喜藏书、刻书。——编者
⑤ 靖伯，即陆沅，字靖伯，又字冰篁，号观潜，清嘉道间长洲(今江苏苏州)人。——编者
⑥ 庚楼兄，指张允亮(1889～1952)，字庚楼，清末重臣张人骏之子。藏书家。——编者
⑦ 蒋先生，指蒋抑厄。——编者
⑧ 前途，指售书上家。下同。——编者

成。鄙藏木刻蓝印本精采异常，当时系照原来成本批分，今则货少价增，深合时尚，兹特寄上四册，请为估价。如以彼易此，所贴有限，则弟即作此交易；否则暂存尊处，待价而沽，亦未为不可。珂罗版特得真相，但纸质太差，不能耐久，亦大缺点也。《绝妙好词》稍迟奉还。叶林宗抄本《史通》，乞取来，邮寄一阅。未知即孙潜夫所见之本否。即颂

日祉。　　　　　　　　　弟景葵顿首　廿三年一月廿五日

【7】1934年6月6日

晋卿兄鉴：久违，甚念。承寄新书目一册，兹检三种，另单开上，乞为邮寄。又文友堂出售影印《太平广记》预约券，价廿八元，乞代购一部。以上共价若干，请与画定之。祝注《韩集》、建本《周礼》两种预约券，一并开单示知，以便将款汇奉。即颂

财安。　　　　　　　　　弟叶揆初顿首　廿三年六月六日

【8】1934年6月11日

文禄堂鉴：顷由邮局递到影印《韩集》两部，查鄙处原与晋卿兄函订购买《韩集》预约券一部（蓝印），又郑注《周礼》一部（旧纸蓝印），均照广告预约价，每部廿元，故此次寄来《韩集》之一部，应照廿元收账。至另寄之一部，当为照卅二元八折代销。如无售主，再行寄还。即颂

日祉。　　　　　　　　　　　叶揆初启　廿三年六月十一日

【9】1934年6月18日

晋卿兄鉴：接贵号复函，已悉。兹寄上原账乙纸，另汇上洋八十元五角，乞查收销册。《周礼》旧纸印本，前系足下面谈所云，现既无书，即作罢论。另存《韩集》一部，如无售主，当带回不误。即颂

日祉。　　　　　　　　　　　　　弟葵顿首　六月十八日

【10】1935年1月7日

晋青仁兄鉴：《毛诗故训》已收到。此书印本不佳，批字尚工整，

不过抄录顾、江、段三家之说，无甚精义。又未署名，无藏印。如出价三十元，弟愿留下。兹汇上洋三十元，如前途愿意，即成交。否则二三元之加价，请兄作主，多则不值矣。即颂

日祉。　　　　　　　　　　　　　　弟景葵顿首　一月七日

【11】1935年1月11日

晋卿兄鉴：日前寄上一函，附洋三十元，谅已詧收。顷检春间尊处所刊书目，内有许涵度刻本《三朝北盟会编》一部，如未售出，乞为寄示首尾两册一看为感。此致

冬祉。　　　　　　　　　　　　　弟叶景葵顿首　一月十一日

【12】1935年1月17日

揖青兄鉴：来示并书三包收到，《诗古训传》加五元照办。方批《前汉》①，如前途允以七十元见让，弟可留下（底本太差）。校本《春秋类对赋》退还，俟复信到后并寄。即颂

年安。　　　　　　　　　　　　　　弟景葵顿首　十七日

【13】1935年1月24日

示悉。方批《前汉》价八十元汇上，《春秋类对赋》交邮寄还。

揖青兄鉴。　　　　　　　弟葵顿首　廿四年一月廿四日

前日汇四十五元，请洽。

【14】1935年3月7日

晋卿兄鉴：顷邮寄到《全唐文》六册、《守山阁》两册。蒋先生现已回浙，俟其来时当为送阅。惟蒋先生新买到《守山阁》一部矣。即颂

日祉。　　　　　　　　　　　　　　弟景葵顿首　三月七日

【15】1935年4月3日

顷因事来平，送缴新寄沪之校本《史通》等三种，又《全唐文》六

---

① 方批《前汉》，指清人方世举（号息翁）所撰《汉书辩注》四卷。——编者

册、《守山阁》二册,均乞查收。容奉访面洽。即颂

晋卿兄日祉。　　　　　　　　　　叶揆初顿首　三日①

琉璃厂文禄堂

王先生。　外书三包。

【16】1935年4月18日

昨谈甚快。以琐事颇冗,未克诣访。送来各书,计留下《绛云楼书目》二册、《苏子美集》四册,其馀送缴。单内所开凌、洪②校本《仪礼》、卢③校《后山诗注》,便中望送下一阅。原单一并奉还。即颂

晋卿仁兄日祉。　　　　　　　　　弟景葵顿首　十八

计送还十八册:

《五代会要》四册　《习学纪言》八册　《赌棋笔记》二册

《旧闻证误》一册　《子遗录》一册　《历代传授图》一册

《治河图》一册

【17】1935年4月26日

在平接谈为快。兹寄上《谐声谱》一部,乞费神转赠严毅孙④先生。另有赠沈羹梅⑤先生一部,已由北平图书馆转送,乞台洽。此致

文禄堂同人合照。　　　　　　　　叶揆初顿首　廿六

【18】1935年6月4日

晋卿兄鉴:奉示教悉,特复如下。黄刻《水经》已与孔兄⑥说妥,价亦付讫(与张校《文选》合购)。

---

① 本函所署仅"三日",无年月。收信人原在信末注有"1935.□.3"。据考,叶景葵先生1935年4月初为浙兴公事由上海赴北平,该信与下一封署有"十八日"的信,均撰于北平。署有"廿六"日期的信,系返沪后所撰,故这三封信均撰于1935年4月。——编者

② 凌、洪,指清乾隆间经学家凌廷堪、洪颐煊,皆以研究《礼记》著称。——编者

③ 卢,指卢文弨,清代著名校勘家。——编者

④ 严毅孙(1889—1976),名式海,陕西渭南人。盐商家庭出身,继承家业,又喜藏弄,筑有贲园书库。——编者

⑤ 沈羹梅(1885—1955),名兆奎,江苏吴江人。民国学者,曾参与《续修〈四库提要〉提要》、《晚晴簃诗汇》与《清儒学案》等书的编纂。——编者

⑥ 孔兄,指文禄堂店员孔繁义。——编者

1271

《读书随笔》留，价十二元另汇奉。《周礼》二套十二册，不留，另邮寄。校本《日知录》，有人出价四十元，如合即寄下，以便转交收款汇上，否则作罢。馀另布。即颂

财安。

叶揆初顿首　廿四.六.四

【19】1935 年 12 月 19 日

揖青兄鉴：示悉。《攟古录》①底稿曾有友人看过，据云内有一二种系属赝鼎，果尔则价值大减矣。如果照《攟古》原目不短少，不以伪乱真，则千元之价相去不远，自易商量，所以必须将全部十四册全数寄来看过，方能定夺，未知做得到否。尚乞向前途商办为荷。

弟景葵顿首　廿四年十二.十九

【20】1936 年 1 月 7 日

揖青兄鉴：昨日收到《三代钟鼎款识》②十四册，今日收到四日来函，已悉。兹复如下：

一、孔繁义君所交《钟鼎款识》（少题"三代"二字）八册（系木夹板，下称甲本，此物并非薛氏《钟鼎款识》③），与十四册之剪裱本（下称乙本）实系一物。甲本裱在前，乙本粘在后。甲本所有者，乙本无之；乙本所有者，甲本或有或无。且有拓本在甲而释文在乙者（虢季子盘、齐侯罍皆如此），万万不能分离。如分离，则甲乙均无价值矣。此事首须向吴氏说明，不可含糊。

---

① 《攟古录》，清吴式芬撰，清代著名金石学著作。作者在《寰宇访碑录》基础上，补其未备，删其讹复，增入三代秦汉以来吉金，并注以姓氏家藏。全书共选录商周至元代金石文万余种，为研究历代金石学的重要书籍。——编者

② 《钟鼎识》，南宋王厚之（复斋）辑，不分卷。共收商、周、汉三代钟鼎铭文五十九器，摹为三十叶。每器之前，题以器名，或记出土之地，或记收藏之人，并释其文字。该书历来以真迹本传世，历经宋元明清诸名家题跋，直至阮元始订为王厚之所辑，并加以考释，于嘉庆七年（1802）刻板成书，连同题跋凡三十九叶。道光二十八年（1848），阮元嘱叶志诜翻刻于扬州。近时流传多为叶氏翻刻本。——编者

③ 薛氏《钟鼎款识》，指宋人薛尚功撰《历代钟鼎彝器款识法帖》二十卷。今本统计共著录商周青铜器四百九十六件，石鼓、秦玺、石磬、玉琥十五件上的铭文。《书录解题》等书目所著卷数为十卷，或当时原有二本。——编者

二、吴氏将甲、乙两本分为两物,开列两个价格,实属离奇之至。弟对于此物颇思留下。不过吴氏以一物而开两价,变成两千伍百元,令我无法还价。所以首须向吴氏说明,仍旧使之复原,不可五马分尸。若吴氏说不明白,我亦无法,请尊处嘱其另开一实在之价。如吴氏不肯另开,则问其照原价可以打几折(照情理只有四折,实合一千元),来信示知,再行定夺。

三、甲本应尚有四册,亦是裱本,内系汉器拓本。翰文①韩君曾经携来,与甲本在沪上兜买者,何以吴氏硬说无之?如果觅得此物,弟亦想一观,可以另议价值(不过值三四十元一册)。汉器次于钟鼎,不过原物在一处,强令分家,是损阴德之事,所以想把他归在一起。

以上皆言《钟鼎款识》之事。再正德本《岑集》②及《二妙合谱》,弟共出一百六十五元,由鄙行汇奉,乞销册。

《刊谬正俗》寄回,乞转交。

《舆地金石目》、《待访碑目》日前已寄回,想已收到矣。

余不乙乙。即颂

日祉。　　　　　　　　弟叶揆初顿首　廿五年一月七日

【21】1936 年 1 月 13 日

揖青兄鉴:奉示,知因吴氏事亲赴津门商量,前途不甚了解内容,故办理为难。又系两房分开之物,未免难上加难。兹弟已定一爽快解决之法,一言而决(弟与吴氏上辈亦有世交)。

一、粘本十四册,照八折留下。该价八百元,即日汇交文在堂③转交吾兄,望为清付。

二、另外裱本四册,决计不要。

三、吴二卯之裱本八册,照十四册比例,再格外加厚,亦不过六

---

① 翰文,指北平琉璃厂翰文堂书铺。——编者
② 正德本《岑集》,指明正德汉嘉郡刊本《岑嘉州集》。——编者
③ 文在堂,北平书铺名。——编者

百元之值。兹弟毫不偏袒,亦出八百元,系至多之价。如前途不允,即行寄还(邮寄恐损坏,容设法稳妥勿念,但不能甚速)。

此信可以公开,此等事本系保存文化起见,以爽直勿欺爲宗旨也。即颂

日祉。 弟葵顿首 廿五年一月十三日

再,如吴二卯处相差在百元上下,请兄作主定夺,因寄来寄去实在费事也(有一夹板已破,孔君交来是已如此)。密。

【22】1936年1月23日

揆兄鉴:昨日接来函,已将一千元汇至宝林堂,约于除夕收到。顷又接廿六续函,特以函复,望与宝林堂接洽可也。

弟揆初顿首 廿五.一.廿三

【23】1936年1月30日

揆青兄鉴:寄来书三包并示,均悉。兹留下《求阙斋文钞》二册、《柏堂集余编》一册、《樊榭山房集》四册,共码价七十六元,照七五折算,合洋五十七元,交鄙行寄上。较八折所差无多,因阴历年关,又系马氏①遗书,不便过于减折也。余书交邮寄还,分作三包。即颂

日祉。 弟景葵顿首 一月卅日

【24】1936年2月17日

孔兄函悉。《谐声谱》又带上黄纸四部,乞查收。此致

文禄堂。 叶揆初 廿五.二.十七

【25】1936年2月20日

揆青兄鉴:奉十四日书,并书四包。兹选留者三种如下:

姚批《精华录笺注》十册

吴刻《古文辞类纂》一册(其余十五册请寄下)

《郑东甫手稿》二册(去年尚有一册,共留三册)

---

① 马氏,即著名学者马廉。——编著者

以上三种实价需若干,乞高明示覆。其余书分三包,交邮寄缴。即颂
日祉。　　　　　　　　　　　　　　　弟景葵顿首　二月廿日

【26】1936 年 3 月 14 日

撝青兄鉴:《访古录①》六册已阅过,此系吴子苾②已见未见金石目录。其已有之拓本,早已星散,此系底簿,在吴氏为楹书,在他家不过为备查之用,不犯著重价购买,弟之估价为一百五十元,再以一二十元为伸缩余地,请兄便中与前途一谈,如不谐,则奉璧可也。弟日内赴杭,或须至南昌一游,来信仍寄上海。

　　　　　　　　　　　　　　　　　　　　弟葵顿首　三月十四

【27】1936 年 3 月 30 日

各函均悉,《访古录跋》亦收到。《游径山记》十四元,《节甫老人杂著》四十元,共五十四元,交行寄上。《临雍录》一本仍缴还,此书缺佚太多,重装时又有错简也。此致
撝青兄。　　　　　　　　　　　　　　　　　葵顿首　卅

【28】1936 年 4 月 12 日

撝青兄鉴:日昨自杭归,接到手示,获悉《访古录》乃已刊之稿,二百四十元太昂,可作罢论。当将原件寄还文在堂,乞知照。另单寄来各书,《古文范》拟六折,徐批《书目》及《存素堂书目》拟五折,如可行,当留下。候示再定。即颂
日祉。　　　　　　　　　　　　　　　弟景葵顿首　廿五.四.十二

【29】1936 年 4 月 21 日

送还北平寄来书六种(附原单乙)。又《契丹国志》一部。又文在堂收据(《访古录》)二纸。乞查收。
撝青兄鉴。　　　　　　　　　　　　　　　　葵顿首　廿一

---

① 《访古录》,指近人王树楠著《新疆访古录》二卷。这里指其稿本。——编者
② 吴子苾,即吴式芬。见前注释。此似指《新疆访古录》内所录古拓吴式芬已见过而言,并非王书吴氏已见。——编者

【30】1936 年 4 月 23 日

池东书库①藏书颇富，惟合于鄙人之脾胃者甚少数，故无意预定。原件奉缴

　　揖青兄。　　　　　　　　　　　　　　弟葵顿首　　廿三

【31】1936 年 5 月 15 日

示悉。陈氏手拓②大部分均已有之，未知可以拆售否。姑收下三种，价值请为问询。如不可拆，则作罢论。

　　金文三百十五页，内容如何？

　　瓦量三十三页，须价若干？

　　铜土石范，须价若干？

揖青兄鉴。　　　　　　　　　　　　　　　弟葵顿首　　十五③

【32】1936 年 5 月 30 日

启者：今午奉来书，并书三包，已收悉。兹复于下：

一、寄来各书如《中州集》尚可留，惟定价太大。此等书不上不下，所校为元本，业已刊行，又是光绪间人所临写，决不愿出大价。未知前途至少之价若干？乞询示，再定去留。

二、《有学集》须将全部寄来一看，方知批校之价值，望续寄。其余各书，分作二包寄还。

三、揖青兄面交钮氏《段注订》及寄来之徐氏《匡谬》，如合在一起，鄙意至优之价，以一百八十元为度，因两书均已刻过。望为商议示覆。复颂

日祉。　　　　　　　　　　　　　　弟景葵顿首　　廿五、五、卅

揖青已否返京？宿迁王氏之书已成议否？

---

① 池东书库，清宿迁王相（惜庵）藏书楼名，其藏书以历代别集为主。1938 年日寇侵入宿迁，池东书库藏书散尽。——编者
② 陈氏拓本，疑指陈清华收藏之金石拓本。——编者
③ 原件无年月。因陈澄中有一封署"六月一日"复文禄堂函，称"陈氏拓本已径由叶葵初先生交忠厚堂庄矣"，故推定本函撰于 1936 年 5 月 15 日。——编者

再，簠斋①拓本四十册，澄中②送来鄙处，问弟愿留否。弟已购有吴氏拓本，不必再购陈氏之物。且秦诏版及二百镜，弟均有藏本（陈氏藏器之佳者，吴氏均有拓本）。陈氏金文中又无重器，故日内拟送还澄中。惟澄中出门，须两三日归来。归后问明，如渠决不要，当交忠厚书庄妥寄不误。弟葵又顿首。

【33】1936 年 6 月 13 日

《有学集》并《中州集》两批本，鄙处愿出价乙百元，乞为特商。此致

文禄堂同人。　　　　　　　　　　　　　　弟葵顿首　十三

宿迁王氏书目已到沪上，据闻前途真意须三万元。

【34】1936 年 6 月 19 日

来示读悉。《中州集》《有学集》两种，兹参酌鄙见与尊意，折中加洋十元余。前存廿元外，再汇上九十元，以了节账。此致

撝青兄。　　　　　　　　　　　　　　　　弟葵顿首　十九日

【35】1936 年 7 月 4 日

寄来书三种，顷仍交邮奉还，乞查收。弟十日赴莫干山，约有两个月句留。如有事，请径寄莫干山九十六号可也。此致

文禄堂诸位同人。　　　　　　　　　　叶揆初顿首　七月四日

弟购得《元曲选》残本缺廿二种，北平有可配之处，乞抄目示知。

【36】1936 年 7 月 18 日

奉示敬悉。批校《水经》及《贷园丛书》如照码六折，可以全留。请为向前途商复，否则去一留一。候示再定。《元曲选》，弟所购系万历大字黄纸本，缺二十八出。此不要紧事，下半年北来时再配可也。此复

文禄堂主人。　　　　　　　　　　　　揆初启　廿五.七.十八

---

① 簠斋，即清代金石家陈介祺(1813—1884)，字寿卿，号簠斋。——编者
② 澄中，即民国藏书家陈清华，湖南祁阳人。曾任中国银行总稽核。其以收藏有南宋廖莹中世䌽堂刻《昌黎先生集》与《柳东河集》著称于世。——编者

【37】1936 年 8 月 7 日

前奉复示已悉。两书加二十元可以照办，惟书款须下山后方能汇奉。即颂

文禄堂同人日祉。　　　　　　　　　　叶揆初顿首　八月七日

【38】1936 年 8 月 23 日

示及书单均悉，兹选数种列下：

吴江①校《仪礼注疏》残本三册

《鸿泥日录》（寄首尾二册）

抄本《备用本草》（寄首尾二册或四册）

来信仍寄莫干山九十六号。弟须九月二十下山。如不合者，仍在山寄缴。

文禄堂主人鉴。　　　　　　　　　　叶揆初顿首　廿五.八.廿三

【39】1936 年 9 月 10 日

寄来各书，兹分两包寄还，惟留《鸿泥日录》一部，带至上海，阅后再寄。此书如前途允以五十元见让，弟可留下，鄙寓即将回沪，来信寄沪可也。此致

文禄堂主人。　　　　　　　　　　　叶揆初顿首　十日

【40】1936 年 9 月 21 日

揖青兄鉴：昨返申，知在津开设分店，甚善。九种抄本，鄙处均不合意，已邮寄文祐新店查收。《水经》、《贷园》及《鸿泥日录》三种照来示办理，其价贰百元，如数汇上。又孔繁义君前取去《说文谐声谱》数部，乞将卖去之价若干示知，以便登记。此请

财安。　　　　　　　　　　　　　揆初启　廿五.九.廿一

【41】1936 年 10 月 1 日

孔校《左传注疏》既承说合，自当照留，该款到平面结。此书论从

---

① 吴江，指清代经学家顾千里，顾为吴江人。——编者

前之价不为昂,现在则不为廉。且每本撕去前副叶共有十余册之多,其中必有题跋消灭,殊可惜也。校得尚认真,惟无甚发明,亦一缺点。此致

文禄堂主人。　　　　　　　　　　　　　叶揆初顿首　十·一

【42】1936 年 10 月 6 日

奉示敬悉。寄来各书先寄回三种(《昌黎诗注》、《碛砂唐诗》、《玉山名胜集》),暂留二种(《赵氏连城》①、《河东集》校本),俟到京面商。王氏之书②可要者尚多,不必一定是抄校。但弟看过书目,亦甚艸艸,不能记忆,俟到京再拣选。如另有佳者,则此二种即可割爱矣。近来购书亦须自加限制,以免派用太多,其中亦有关于时局也。又,尊处与邃雅③所定价目,必照成本酌加几成,希望对于老交易,能与以特别优待,在尊处可以沾益,而老主顾亦可以受惠。两者公平,斟酌其间,是所盼望也。弟大约十一可来。即颂

揩青吾兄日祉。　　　　　　　　　　　　揆初顿首　廿五·十·六

【43】1936 年 12 月 12 日

来书两包,计留:

《涂子类稿》一册　《咫闻录》一册　《石川遗集》一册

《迫旃璅言》一册　《陈学士先生集》一册

该价另议。馀三种寄还(《鸿猷录》、《花间集》、《东京梦华录》)。

文禄堂鉴。　　　　　　　　　　　　　　揆初　廿五·十二·十二

【44】1936 年 12 月 21 日

示悉。书五种内《涂子类稿》疑非全本,姑且留下,作价一百八十元。另交行④汇上,乞收。附单乙纸。

---

① 《赵氏连城》,名赵世暹撰,杂俎小说。——编者
② 王氏之书,即前王相池东书库藏书。——编者
③ 邃雅,指北平琉璃厂邃雅堂书铺。——编者
④ 行,指浙江兴业银行。——编者

文禄堂鉴。 揆初 廿五.十二.廿一
（原件藏北京师范大学图书馆,引自肖亚男、杨健撰《叶景葵致王文进书札辑注》,《四库文丛》第三辑,上海交通大学出版社出版）

致王彦成(一通)

王彦成,浙江兴业银行北京储户。

【1】1915年10月4日

彦成吾兄世大人：足下在京荷两次枉顾,而弟竟未克造府倾谈,歉罪歉罪！司直兄欠款一事,已向上海敝行商酌。据云如以现款一气了清,则利息或可通融酌减。今系旧债展期,又须加借,以清他处之债,而所借之款又倍于旧欠,则利息万无减让之理。兹为商定办法如下：

一、湖北官款洋例二千七百两,由兴业代赎,所有原押大生老厂股票三千两,应过户与兴业,作为新旧欠款之担保品(应申填新股一千五百两亦在内)。

一、大生老股应得利息三百九十余两,由兴业代收,转还兴业旧欠款利息。

一、兴业旧欠款一千〇五十余两,连代赎湖北官款洋例二千七百两约合规元三千八百两,由尊处另立新据,作为一次欠款现存兴业。崇明新厂股份息单三百两及白沙洲地契均加入担保(崇明股票未来须一并交来过户)。因大生股票须加入新填之股,方能凑足四千五百两,而新填之股价格不高,故须另加担保品也。

一、如湖北赎款无须二千七百两,则所省之款即收入尊账,在新据注明息照除。惟湖北免息一层,应请日洽。

以上各节,如尊意为然,请即与上海敝行接洽办理可也。专此奉复。即颂

日祉。并候玉音。　　　　世小弟叶景葵顿首

再,利息期限唔时再议。并闻。

(四年)十月四日快信。　北京西城粉子胡同。

(信稿,上档 Q268—1—70)

致伍少垣(一通)

伍少垣,时任大清银行长春分行行长。

【1】1911 年 5 月 23 日(四月二十五日)

参见日记札记《罪言之一鳞》稿本。

致吴国桢、宣铁吾(一通)

吴国桢(1903～1984),湖北建始人。留学美国。1946 年 5 月始任上海特别市市长。

宣铁吾(1905～?),时任国民党政府上海警备司令部司令。

【1】1947 年 6 月 4 日

吴市长、宣司令同鉴:○○①等蛰居本市,不问外事。顾学潮汹

---

① 三处信稿上均系空白。应为领衔人唐文治名"文治"二字。——编者

涌,愈演愈惨,谁非父母,谁无子弟,心所不忍,实有不能已于言者。学潮有远因,有近因。远因至为复杂,姑置不论。近因则不过学校以内问题,亦有因生活高涨,痛至切肤而推源于内战。此要为尽人所同情。政府不知罪己而调兵派警,如临大敌,更有非兵非警参杂其间,忽而殴打,忽而逮捕;甚至有公开将逮捕学生送往中共占领地区之言。此诚为〇〇等所未解。学生亦人民也。人民犯罪,有法庭在。不出于此而于法外任意处置,是政府现已违法,何以临民?况中共区域已入战争状态,不知派何人以何种交通工具送往?外间纷纷传说,以前失踪之人,实已置之死地,送往中共区域之说,〇〇等未敢轻信,然离奇变幻,纲纪荡然,则众口同声,令人骇悸。伏望高瞻远瞩,临之以静,持之以正,先将被捕之学生速行释放,由学校自与开导。其呼吁有悖于理者,亦予虚衷采纳,则教育前途幸甚,地方幸甚。

中华民国三十六年六月二日①
(《张元济全集》,第 2 卷,第 102 页)

致吴乃琛(七通)

  吴乃琛(1878~1953),字苂忱,浙江桐乡人,清末法科进士,曾任北大教授。时为北京美钞公司负责人。

【1】1923 年 11 月 8 日
致北京美国钞票公司　寄北京内西华门北长街会计司胡同
  苂忱先生阁下:奉本月五日台函,敬聆一切。背面加印复式一

---

① 原信稿无署名人。"十老"可参看同年 6 月 3 日陈叔通、张元济致胡藻青等七人信。他们是:唐文治(蔚芝)、张元济(菊生)、陈敬第(叔通)、李宣龚(拔可)、陈汉第(仲恕)、张国淦(乾若)、叶景葵(揆初)、钱崇威(自严)、项兰生、胡藻青。——编者

节,加价过钜,成本太重,只得作为罢论。所有钞票草样,计程已可由美寄出。如一到北京,即乞迅加快函寄下,以便核定。届时或恐台驾公出,致有压搁,拟恳预先知照公司同事,务须一到即寄。至要至感。贵公司解释合同中凹版一函,业经收洽矣。专覆。并颂

台祺。 弟叶景葵顿首 十二年十一月八日

(副本,上档 Q268—1—608)

附:1923年11月5日吴乃琛致先生函。云:

葵(揆)初先生阁下:在京承教,无任欣幸。纽约来电云,背面加印多色版,与正面一样应加价如左:一元券每千张加美金叁元,五元券每千张加美金叁元,十元券每千张加美金肆元伍角。贵行十月廿六日来函业已诵悉,纸张准用特制之色点纸,如中南银行所用者为标准。又一元、五元、十元三种钞票花纹中各刊暗记,均当遵照尊示办理。除请洋员另以正式复函奉复外,先此函复。再者,前日贵京行询及英文合同中无"正背面皆用凹版"一句。其实并不漏译,当即备函解释,想已台洽矣。敬此即颂

台祺。 弟吴期乃琛顿首

叔通、抑卮先生均此。 十一月五日

(原件,同上引档)

【2】1923年11月22日

莼忱先生阁下:敝行钞票草样,查系九月间交由贵公司寄美重制,业已两月有余,计可制就寄回。惟迄今尚未见到。敝行盼望甚殷,拟恳台端电催从速,并祈示复为感。专此。敬颂

台祺。 弟叶景葵顿首 十二年十一月廿二日

(副本,同上引档)

【3】1923年12月3日

莼忱先生阁下:奉上月三十日台函,承示敝行票样大约本月二十日左右方可到京等语。因敝行盼望票样速到,异常殷切,一经到

京,务乞迅予寄下。届时如无更动,当由敝行电达尊处转电纽约照办,以期迅捷。再草样核定后应付印价五分之一,计美金壹万伍千伍百贰拾圆,按照合同应在上海交款。届时如何交付,祈先示知,以便遵办可也。专此。敬颂

台祺。　　　　　　　弟叶景葵顿首　十二年十二月三日

（副本,同上引档）

附:1923年12月8日吴乃琛复先生函。云:

(葵)揆初先生阁下:本月三日尊函敬悉。票样到京后自当迅速寄沪。如无更改,即可电告纽约雕版。至付款一层,如贵行在沪电汇至美最佳。倘以电汇价格较高,改用票汇亦听尊便。正副汇票寄至北京或径寄纽约均可。敬此奉复。并颂

台祺。　　　　　　　弟吴期乃琛顿首　廿二年十二月八日

【4】1923年12月20日

揆忱先生阁下:奉本月十七日台函,承示"票样只有一份,将来核定后仍须签字盖章寄回纽约,以资模范"等因,自当遵办。票样日内计可由京寄下,敝行盼望甚切。将来核定后,对于交货期限一层,务请贵公司随时注意,勿使稍有延迟。如能格外提早,尤所深盼,尚乞台端鼎力督促,公私俱感。专泐。并颂

台祺。　　　　　　　弟叶景葵顿首　十二年十二月廿日

（副本,同上引档）

附:1923年12月17日吴乃琛致先生函。云:

葵(揆)初先生阁下:前接台函,询及票样到后可否不再寄回纽约。查票样只有一份,纽约仅留照片,如不寄回,花纹可从照片仿刊,颜色则无从悬揣。所以票样经贵行核定之后,一面电请纽约开始雕刻,一面仍须请贵行于票样上签字或盖章,寄回纽约,以资模范。专复。即颂

台祺。　　　　　　　弟吴期乃琛顿首　是二月十七日

（原件,同上引档）

【5】1924 年 4 月 1 日

荩忱先生阁下：兹遵将该颜色样本一册另封寄邮，挂号寄上，即乞检收示复为荷。即颂

台祺。　　　　　　　　　　弟叶景葵顿首　十三年四月一日

(信稿，同上引档)

【6】1933 年 1 月 19 日

续印五元票一百万张，部已核准，请即电美定制，限四月底在沪全交。前商减尚未得复，拟先印后商，免误限制。盼复。葵。

(电稿，同上引档)

【7】1933 年 1 月 20 日

荩忱吾兄惠鉴：顷承赐示，已得公司复电，印五元钞一百万张，将原开价值减去二元，以每千张美金十八元计算。具徵吾兄竭力斡旋，敝行即遵照办理。昨发一电，请先电美定印，当荷洽办。除由敝行另函接洽外，特先奉复，并致谢意。敬颂

财安。　　　　　　　　　　弟叶〇〇顿首　廿二年一月廿日

(信稿，同上引档)

致席颂平(一通)

席颂平，江苏吴县洞庭东山人。出身金融世家，上海汇丰银行买办席鹿笙之子，曾任麦加利银行买办。

【1】1916 年 2 月 5 日

颂平先生大鉴：耳名久矣，未遂瞻韩。闻执事已与中国银行订立契约，不日有所展布。才猷所被，遐迩向风，甚盛，甚盛！昨介冯仲

卿兄奉恳执事于未履行中国银行契约以前，暂就敝行顾问，并筹办国外汇兑事务。业荷允诺，欣幸莫名。兹请自丙辰正月为始，每日莅行惠教，不特行务多所裨益，即同人亦可增进智识。曷胜企盼。奉至薪金二百元，区区之数，弥惭不腆。敬颂

台绥。　　浙江兴业银行董事长叶景葵谨启　　阳历二月五日

（副本，上档 Q268—1—616）

致项兰生（二十通）

【1】1909年9月18日（八月初五日）

兰兄惠鉴：顷奉初二日手书，敬悉一切，分答于下：

一、晋昌交通所押孙契，照第二债主办法最为妥善，舍此亦别无办法。请与宋、王两公妥商，届时勒令出据。

二、同源合同大致妥善，惟第四条意思不甚显豁，弟恐删改有失原议意思，故未更动，请再妥酌，即日寄京订定。一面致总行一信，声明北京代理万不能不设之原因，请先试办一年，由总行知会董事知照可也。

三、武昌经理既无人无地，暂缓亦可。

四、官钱局私立地界，行中万不承认。（官钱局不要脸，私立地界，须防其别样举动。致我们地脚工程急应早办。此事不必胆怯，必胜无疑也。宋、卢诸公必须联络，官钱局亦不敢违众论耳！）督批如何？请即抄示。万一督批含糊，可续上禀言，"当时出此重价购地，原为两面邻路，故南面准让一丈，东西须与余处作平行线，今于敝行界石之内，已购之地产已填之地，擅行私立界石，在敝行视之与瓦砾无异。不日即须鸠工应期，届时如官钱局不自行迁移，敝行即拔而去之，请先立案"等语。盖此事万不可让，亦无调停之法。如官钱局能

讲面子,则或不至决裂,以顾交情,亦未始不可。否则由行中拔去私立之界,虽到商部打官司,行中亦不至输也。此事并望与鸿沧一商,渠最老练,或有妥当办法。总之,已领之地,断不能尺寸让人也。

五、各表单收到以后,请按期照寄。

六、弟不能常川驻汉,所有应用总理印章之处,请吾兄代表,不必客气。押放各款应盖章者,亦请照行。

七、从前丁事①之失,全由总理不到,内理无稽核外理之权。现在弟拟力矫此失。袁虽老成,但甚忠厚,吾兄须视之与自己所用之人无异。一切押款放款,吾兄必须干涉。弟以总理印章奉托吾兄,即以此事全权奉托之凭证。另致纪翁一函,请阅后转交。所有同行内部虚实衰旺,鸿沧当商总一年,甚为熟悉,吾兄可秘密与之一商,请其从实示之,较为妥当。至要至要!纪堂之表,阅后即请吾兄核定。

八、钞票图章必须洋文,以免疑众,其格式请吾兄代定照行。

九、二百元收到,惟七月薪水应归藻兄,当由弟径寄总行转交。

十、打样人已促时老令其速去,明日当再询之。

余另布。即颂

时安。　　　　　　弟葵顿首　　八月初五日第一号

外合同稿一纸　袁信已封。

附录合同稿:

汉口浙江兴业银行、北京同源银号代理合同

北京代理,去年已往返磋议数次,如照此订立,尚无异议。惟情形不熟,来往银两、票情形,能否无碍?②

第一条　汉口浙江兴业银行今托北京同源银号代理往来汇款、兑换银元券事宜。

---

① 指前任汉行外经理丁子山私人挪用洋例银事。——编者
② 此二行为先生在题目下用小字所书说明。——编者

第二条　同源银号代理前项各事，往来款项簿据应须另立，免与本号相混。

第三条　同源银号汇汉之款，兴业银行亦照合同第四条办理。

第四条　彼此垫款银两、银元两项，各分立一户，议定以两万两为度，每日揭（结）算，随时拨还。至多以三个月为限，但遇有银根交接，仍得随时函知拨还。

第五条　彼此代解电汇之款，须有暗码押脚，并取切实收据。其无的确住址者，须取殷实庄号保证，方得照付。设有从中错误，应负其责。

第六条　有将兴业银元券换洋，或将现洋换兴业银元券，同源号立即兑准不达（耽）误。

第七条　北京通用银元以北洋龙元为准，有将兴业银元券向同源号掉换北京通用现洋，准照汉汇向取款人酌收洋水，每元议以一分，至多或一分半。其洋水归同源自收，兴业拨还均以汉口龙洋为准，拨还之时或由汉缴京，或同源号在京收入汉汇，均检其便。

第八条　兴业银行兑换银元券，拨洋一千元不计息，存于同源银号，以备支应前项之用。如不专支应，由同源号暂垫，按照第四条照行。

第九条　兴业银行托同源银号代理北京汇兑等款项，同源银号托兴业银行代解汉口汇兑等款项，彼此划还垫款，信由京汉直接，款汇上海划拨。因北京汉用款项甚少，彼此来往均系上海规银，按市计算，如遇有大宗部库等汇兑银两，应即电询汇市，以免暗耗。

第十条　彼此汇出款项，以实在出日及收到日起息。北京向每日折其息，照市难揭（结）。兹经议定，银两、银元两户，一律每天，存款则揭（结）息一毫五，欠款揭（结）弍毫五。倘遇期紧期松，再行随时函告另议。

第十一条　汉口汇票准以洋例平纹为准，其余平兑一概不凭。

北京以公砝平足银为准。

第十二条　同源银号指定执事员一人石陵山名崇兴,以便信札往返,直接办理各事。其人如有失误,应归同源银号担保责任。

第十三条　汇票、银券式样及印章、电码暗号等件,互相存置备查。倘遇仿造银元伪票,兴业银行应即咨照,以防流弊,而杜损失。

第十四条　银元券掉换,数多以每五日,数少以每十日作出入报告表,函告兴业银行。

第十五条　各款交易,即日出信知照,以便照信办理。各项行情逐日报告,清单每月开送一纸,三个月彼此结账一次,划清款项。

第十六条　兴业银行关于银元券进出各事及代理处所立账簿等件,同源银号允准兴业银行随时派员调查,以昭信用。

第十七条　银元券满至一千元,务择妥善之处寄汉,或在邮局防险妥寄,邮费应由兴业银行承认。(银元券满千,如存该号,必有流弊。邮局如办不到,此外无以递寄,呈结单裁示。)①

第十八条　兴业银行、同源银号共应确守以上各项章程。

第十九条　本合同以一年为满,到期彼此相商,仍可续订。

附:此合同订定后,如有未尽妥协及窒碍银行之处,得以随时增改,但必须彼此协定,方可实行。

(叶景葵《汉行信稿》手稿本,上海图书馆藏)

【2】1909年9月28日(八月十五日)

兰兄惠鉴:前昨晚连奉初十、十一日两次手书并房屋艸图、大江旅馆章程及执事各大人名单,均已领悉。分答如下:

一、房屋艸图已转交时翁收讫,惟因各董事、各股东意见均嫌太大,现由弟定一图样,行基共用卅一方半,亦可宽绰有余。定于本日

---

① 括弧中文字系先生注于该条款旁,似提醒收信人注意,而非合同内正式文字。——编者

下午邀集各董事在申行会议，一俟议定，再行奉复。

一、孙雪堂事如四竿做到固好，倘不可，必得稍减亦无不可。我以收回现金为主，祗有得寸则寸之一法。请酌定可耳。

一、旅馆章程阅悉。此事祗须有人来租，一切办法汉行可不干预。至每年租价三千四百元，弟意尚可做得，容与各董事商之。至抑之兄来书谓，将请吾兄为经理人，则万不可。旅馆与银行性质大异，一人兼办，诸多窒碍，想高明定以为然。抑兄①来函收到，另复。

一、官钱局私立界石事，近日交涉如何？盼复。

余俟另布。即颂

时安。　　　　　　　弟期〇顿首　八月十五日第二号

（同上引书）

【3】1909年10月3日（八月二十日）

兰兄惠鉴：连奉十四、十六两次手书，敬复如下：

一、汉行图样已与董事及时老议定，除行基外共造三层临街洋式市房十二宅（每宅二丈四尺宽），里面造二层住宅七宅（即准备租建旅馆之地）。如此则行基照来样须缩小，然尚可敷用。为租金计，不得不尔。顷由通和送来细图，云系汉号所绘，大致与此间所议相同，惟地基丈尺较来样稍宽，可多造临街洋式市房一宅，而行基亦较宽展。惟转角处所留每边不到三丈，其临城垣马路一边所留亦不到一丈，与定案不符，却须更改。现定礼拜二与通和商量，令其重制一图，拟即在上海定稿，不必再由汉口通和多一转折。俟告竣后再行奉商。闻抑兄日内可来，来时图已告成，尽可在沪与时老诸君逐细斟酌也。

一、八月半报告两纸收到。隆泰各铺放款，本皆收回，办法极妥。

一、木栅务须赶筑，官钱局私立界石，情却可愚，而我亦有胆虚处。弟阅通和来图，此项地基长三十四丈三尺三，宽十三丈八尺八，

---

① 当时蒋抑卮受浙兴董事会委托筹建汉行行屋，正在汉口。——编者

二者相乘是多出五十余方矣！此事如起胶葛，极为讨厌。但地系官钱局所量，我亦尚有词可藉，故木栅者，即日本间岛之宪兵队也。我兄慧人，必能意会，务乞秘之为要。

一、伪票事，案已全破，另详沪行公函。复颂

台安。　　　　　　　　弟葵顿首　八月二十日第三号

（同上引书）

【4】1909年10月6日（八月廿三日）

兰兄惠鉴：连奉电信并接十九日手书，敬悉一切。分条答复如下：

一、复官钱局信稿，甚为正大，不知近日情形如何？弟所主张一面据理力争，尺寸不让，一面仍宜请晋生、鸿沧诸公出头调处，其中有数原因焉。一则督批甚为明切，官钱局自觉无理，难于禀复。若但与之面折到底，渠竟无转弯之法，势必恼羞变怒，无理取闹。现在官场凌躐，商界毫无法律，官钱局势力太大，兴业基础未固，断不犯着大伤感情。二则通和来图，核计不止三百方（所多不过十余方，第三号误以英尺为汉尺，应更正）。当时糊涂丈付，现必自知吃亏，故主张复丈。我不肯丈，未尝无理。但官钱局必又振振有词，不如请出中人秉公了结，两全体面。三则此事争执太久，彼固不能强占，我亦未便建筑。香帅未死，小帅疲软。如官钱局从中拨弄，夜长梦多，或生他变亦不敢知。好汉不吃眼前亏。究在内地官场权力之下，与租界情形不同，不可不十分慎重。弟于第一号信力主强硬，而第三号信忽生过虑者，正以现在情形，上下相暌，官商相轧，十分危险故也。我兄智珠在握，必能操纵自如，无待谆嘱，一切请斟酌办理，随时赐示为幸。

一、汉行图样，弟本主张请抑公与兄在汉定夺。后接到寄来艸样，与孟苹、葆生、淡如、冠南诸公共同斟酌。渠等意见皆以市屋为主，而以行屋为宾，故先将市屋面积斟酌定妥，所留余地作为行基（行基约面积三十余方），弟亦附和赞成之。其中有二原因焉。一则建造行屋，董事本不允，洽及与算市屋利息约有一分以外，董事遂无异言。

为和众计,不能不趁此定议,以图速成。二则照沪上所定行屋之样,连地基房屋,约须费二万金上下。董事诸君以一分利息计算,谓汉行房租项下,应摊二千余金。当时即有以太费为言者。今得抑兄来电,谓行屋已以二万金定议,是加入地价必在三万以外。将来以一分计算,是每年需三千余金矣!董事责汉行节省经费,而此项忽骤增加,将来弟与我兄之为难,不言可喻。故抑兄所定之图,所估之价,弟虽深悉其允当,而未经董事通过,亦不敢遽然赞成。所以弟与诸董事商竟,在上海定样估工,以免周折。又连次电商抑兄,请其携图速归,与诸君决定者皆成是。故否则弟虽到汉,亦是枉然。若竟贸然主张,恐于他事或生阻力。弟亦不愿抑兄独排众议,反召无谓之讥弹也。至于地事吃紧,抑兄所以亟亟定议者,其目的全为公益,弟何尝不默喻焉!但争界之事若能全胜,则建筑迟早无关得失;若竟不决,或商会从而偏袒之,木栅尚可迁移,建筑即难改变。既不能不张声势,亦不得不留退步。故再四思维,惟有请将地工先行动手,一面仍请抑兄携图速归,决定永久之策。区区函电,实在于此,不知高明以为何如?(地工先动一层,未与诸董事会商,以事急,先擅发电,容明日再行布告。)

一、弟之赴汉本不应迟,无如以省前定瑞生洋行枪三千支、弹二百万颗,现已全到,抽成试验,颇有参差,不得不详细查验,此事颇有考成,势不能骤然远去。综以上情形而论,即去亦甚无效。并非推诿,尚乞原谅。此信请呈抑兄一阅。即颂

大安。　　　　　　　○○○顿首　八月廿三日第四号

(同上引书)

【5】1909 年 10 月 8 日(八月二十五日)

兰兄惠鉴:前发第四号信后,昨晚接廿一手书,并续上小帅禀稿。措辞严紧,彼曲我直,又有卢、史诸公出场,而南皮适殁于京,高佑诸如丧考妣之不暇,决不能于丈尺问题再生别项纠葛。此事必胜无疑矣。一俟图样寄到,即当决定细图,预备动手。惟昨王海帆来,

力言地脚不坚，不如再迟两年动工。苏葆笙甚以为是。弟谓初议亦系如此，现在所以决计先造者，一则多搁一年，吃亏利息太大；二则据工师言，再迟二年亦须打桩，迟打不如早打。葆笙又言，打桩无益，此地浮土在二丈四五尺以上，若打桩太浅，毫无用处；若亦深至二丈四五，用费太大，更不合算。弟又言，总以包工之人能否保固为主。俟细图定后必尚有一番争论，一番研究，故甚盼抑兄早归，多一人主持，免致举棋不定也。至沪定行基艸图面积亦有卅余方，大约与汉定不甚参差。除第一层布置参以己意外，其第二三层均请通和照式分间，再行公同决定。一则光线必须合法，二则行屋中间必有四柱，必须分配无迹，非臆想所能定稿故也。沪行假票轩然大波，幸时老手眼灵通，屹立无恙。且破案神速，连系甚多，可谓不幸中之大幸。然吃亏已不浅矣！专复。敬问

筹安。　　　　　　　　　　　　　　弟期葵顿首　廿五日第五号

（同上引书）

【6】1909年10月12日（八月二十九日）

抑、兰兄同鉴：昨奉抑兄廿三日手书，敬悉一切。艸图收到，规划极为详备。现在沪行艸图业已定妥，顷交邮局寄呈尊处，乞即斟酌定局。至尊寄艸图，与沪行大同小异。惟据鄙见论之，汉图稍有缺点，沪图均已补正，且为营业计，沪图亦有较优之处。事关久计，不厌求详，特为吾兄陈之。

一、汉图以行为主，以市屋为宾，沪则反是。故汉图行屋面前太宽，于临街十三幢市屋有碍。沪图稍狭，然亦宏敞矣。

一、汉图铁栅以内留地一丈，周围计之，所费甚钜。若为马车进行而设，各国银行马车皆由后门出入，故沪图省去铁栅，添一后弄，较合体裁，地基亦省。

一、汉图后门在弄里，不甚妥当。若再添一弄，尤与市屋有碍。沪图有两后门，且有两前门，于防险之道甚合。

一、汉图营业处虽较朗,然未将四个柱子地位留出。此等大屋,万不能无柱子。沪图已销纳于内,不著痕迹。

一、汉图为地库,然工费太钜,可以不必。

一、饭厅、会客厅均应在二层楼上,否则太散漫,将来电灯、佣役之费必增,且亦不便。沪图已改正矣。

以上皆汉图缺点,沪图善之。至沪图是否合用,有何缺点,乞两公详细斟酌,与汉口通和商改。惟面积大小,务请俯从沪行之议。因市屋利息少一幢,即少许多进款。弟为和众计,不愿过违各董之议也。至抑兄谓行基六十方,杭董早已通过。弟聆葆生、孟苹之言,似尚犹豫,所以但能省却一分,亦是好事。至于建筑费,行屋不可省,市屋可省,此敝见也。此意幸两公鉴之。兹带上以丙丁戊己为记号著色图四张(此系汉口通和从前所绘,因转角未留三丈,而临街亦未留一丈,行屋亦不合式,故令重定,带去以备参考),新绘蓝线图二张(一系全局,除行屋外,余皆与著色图一样。不过六面让进五尺,后弄缩小五尺耳。一系第二层图,客厅、食堂皆在焉。第三层同),请两公决定示复。如有不合用之处,亦可与通和商酌改正。

一、临歆生路建三层洋式市房三宅(英尺二丈四尺宽),可无口义。其临城垣马路一边,亦造洋式市房十宅,或二层,或三层,弟未能决,请裁示。

一、后面号房七宅,每宅作四幢算,每幢月租作十四元算,每年可得租金四千七百余元,若作旅馆,恐不能出至此数,亦请酌示,以便一并估工。

一、鸿沧来信言,地事候商会咨复后再定。弟意无甚风潮,只须商会说一句公道话可耳。余再布。即颂

台安。 　　　　　　　　弟期○[①]顿首　廿九日第六号

(同上引书)

[①] 信稿如此。下同。——编者

【7】1909年11月21日(十月初九日)

兰兄惠鉴：昨奉初四日手书并银行收数对照各表及收放款清单，均已阅悉，敬答于下：

一、伪票事，尊论极是。申行虽有此议，现亦仍旧照付，汉行倘再遇此项伪票，仍照兑可也。

一、行图业已定局，惟城沿马路之市屋九幢，有谓宜改三层者。请与抑兄接洽。如预算租价合式，即可改动。想通和亦不费事，请就近商定。抑兄处兹不另函矣。

一、弟拟十二赴杭，约有十日句留。容再布。此颂

台安。　　　　　　　　弟○顿首　十月初九日第七号

再，汉欠申款，照折加三码一事，尚未与时翁谈及。因总行屡以为言，沪行迄未允许。此间上等同业往来欠款，亦系照加三码，则沪行更有词可藉矣。

（同上引书）

【8】1909年12月8日(十月二十六日)

兰兄惠鉴：前日奉到十九日赐函谨悉。弟到杭晤藻青，未晤毅庭。年底报告一层，已与藻青谈过。据藻青言，明年办法当再奉商云云，似乎弟等所商早已接洽默口。毅庭决不赞成，但并未直接反对，亦与通过无异矣。年内缴款七万元，即已答应，不能不筹，但应否先缴，抑俟总行承认后再缴，(系指总行承认往来项下用款七万而言。)请公酌定。弟在沪可代备两万元，下余之数汉行能否筹出，是否尚须与时老商酌，候示照行。川路公司倘能允许代理，妙极！容致函探之。添用学生事，请照尊意办理。手复。敬颂

筹安。　　　　　　　　弟葵顿首　廿六日第八号

闻伯䌹将随节北上，确否？

（同上引书）

【9】1909 年 12 月 10 日(十月二十八日)

兰兄鉴：顷奉廿二日手书敬悉。高佑诸如此可恶，一时恐未易了结。现在我们惟有坚持定见，请将此事始末情形缮一说帖，附图一张，即日寄来，当托人递与瑞莘帅。恐其初到时不悉情形，为高所朦也。名片即交稻坪带回。手颂

筹安。　　　　　　　　　　弟期〇顿首　廿八日第九号

钞票既如此通行，准备万不能过少。可将此情通知总行，预留地步。尊意如何？

(同上引书)

【10】1909 年 12 月 21 日(十一月初九日)

兰兄惠鉴：昨奉初三日手书，领悉种切。附下十月分银洋收数对照各表及收放款清单，亦均核阅。敬答于下：

一、建筑投标事，弟已与时翁①接洽，一切请其主持。汉标寄来，暂存弟处，一俟沪标全到，再行定期开标。届时当专电奉告。

一、汉券至申兑现，前来信嘱申行贴水，而申行以未见大宗之数，拟暂缓再议。乃日来渐多，不能不加限制。昨向弟相商，已经函知照办。兹将原函录呈，祈阅。余俟再布。此颂

台安。　　　　　　　　　　弟期〇顿首　十一月初九日第十号

附录致申行函

启者，汉行所发钞票，有持赴贵分行兑现者，向皆照付，原为利便客商起见。乃近来上下江洋厘不同，致有纷纷在汉运钞在申兑现之家，意存盘剥，不得不略加限制。嗣后凡持汉行洋券来贵分行兑现者，如果数在壹万元以上，除照龙元市价兑付外，仍照当日汇市照价贴水，庶汉行不致受亏。即请查照办理为荷。手此，即颂　台安。

汉口兴业银行谨启　十一月五日

(同上引书)

---

① 时翁，浙兴沪行总理樊时勋。——编者

【11】1909年12月28日(十一月十六日)

兰兄鉴：初九上第十号函后，连奉初六、初九两次快信均悉。兹复于下。

一、应鋆孙十二晚到沪，图样十五始送来。因近日封关，渠带到后原图存洋行账房，不能开取，故迟三日，当即转交时勋。时勋拟自荐二家，请苏葆笙荐一家，令其看图估价。俟有投标确期，再行电达（拆标拟在兴业，因弟太外行也）。

二、节略已改就，照誊二分。一托时勋呈瑞，一托人寄交张望坨（新派鄂督总文案），不过有备无患而已。

三、前误付之钞票三百元如何出账，已与稻坪接洽。

四、此间有仁育堂存款洋钱一万五千两，请于十二月初一在汉立一周年七厘存单。其款现在沪行，如何拨用，如何折合规银，均候来信办理，并与稻坪接洽矣。余另布。即颂

台安。　　　　　　　　弟　顿首　十一月十六日第十一号

（同上引书）

【12】1909年12月29日(十一月十七日)

兰兄鉴：今日发十一号函，顷晤时翁，知已定于腊月朔日二点半钟在上海兴业开标。兹将原单送上，即乞誊收转告。惟黄根记投标信已来，其余如汉协盛、明锠裕两家之函尚未到。不知因何迟滞？想不致耽误也。又说帖原稿一纸缴还。即颂

台安。　　　　　　　　弟期○顿首　十七日第十二号

（同上引书）

【13】1910年1月2日(己酉十一月廿一日)

兰兄鉴：十七发十二号函，计已可到。昨晚接十六日手书敬悉，分布于后：

一、行用钞票数目，日见发达，固是好气象，但准备一层，发行愈多愈须注重四成之数。无论钞票增至若干，决不可再行减少，尤以多

1297

备现洋为完全办法。至结存银款,每届比期必须酌留二三万金,以备付用存款及购洋之用。外间传闻兴业不时须要借款,钞票一旺,忌者愈众,不可不未雨绸缪。年终一关,尤为吃紧,应留备活存银若干,请与纪翁先行商酌,并望将敝意转告纪翁,随时留意,至要至嘱。

一、本比放款清单收到,惟华胜公司本届转期半月,该公司虽系宋渭翁经手,然外间名誉平常,且有用款过多之说。此次到期必须收转,亦请商之纪翁,届时与华胜婉辞,谢绝为要。

一、兑换钞票,此次不幸偶一疏虞,致贻口舌。汉市来钞复杂,在在均需留意。此后收支科兑收钞票时,宜不问人数之多寡,循序掉(调)换,一手交付。设遇拥挤之时,他科职员协同相助,亦应各归各兑,并将来数逐起由代点人归开,注明数目,签字于上。收支科得暇,仍须逐户复点,务使丝毫无误,以专责成,而免疏忽。

一、银行性质与钱业不同,各友薪俸亦较钱业为异。除庶务处有未经结清之账另纸报告外,其余非经内理认可、暂准挂记之账,余均不得随便挂欠,以清眉目。弟因传闻总行颇有此弊,故谆谆及之。

一、汉协盛、明锠、裕信均已收到行图,不至更改。

一、孙雪堂事另函。渭润、海帆切实催询。海帆已回沪,拟即函托之也。余再布。即问

台安。　　　　　　　　　　弟　顿首　廿一日十三号

再,浙路部款陆续颁到,汉行应要求照本分存,拟致浙路公司及兴业董事正式信各一封,说明可以要求之理由,及汉行现在之关系。请兄主稿,将稿寄下,由弟核定缮发,仍将原稿寄回存案可也。又及。

(同上引书)

【14】1910年1月15日(己酉十二月初五日)

兰兄鉴:前日发不列号信一书,顷接初一、初二所发手书,布复于下:

一、仁育堂存款单二纸收到,款已拨清。

二、浙路股东仍举汤为总理,所添两副,如汤不去,万不能任事,任

亦不久为。诛心之论者皆曰,汤将藉此再起风潮,庶朝廷可以较大之官界之。言虽近刻,然观于近日请邮部辞退工程师,则端倪已可见。照此情形,不特浙路,万无办法,存款亦决不来,明春尚有风潮。此人真可杀也!致公司信及渭润来信,拟暂缓再说,此时投递必无效果。

三、误付钞款,照尊意办理。

四、建筑摊算一节另复。鄙意当以付头批款之日起算。

五、近日沪上发见一新事业,南浔张静江、俞寰澄在巴黎创设一华商通义银行,其目的在吸外债,回华招股,居然集了三十万两(皆杭嘉湖宁四府人),上海分行已开举,弟为董事。弟不以此举为谬,而嫌静江诸君程度太浅,初意决不入股,经抑之、时勋诸君力劝,弟又妄想外债如来,汉行亦有间接之影响,故附股二千一百两。孰知一附之后,即被举为董事。因法行来一查账员,与弟相稔,再辞不允,只好暂任。现有一争,即将三十万股款各处分存,大约一半做押款,一半做三个对期,利息在按月五厘以上。已公举时勋放款,而令翁沅青(申行外理)为代表。弟拟为汉行领存三万两,即照沪行所领之利率、期限办理(大约三个对月,月息五厘)。际此年关,多此三万两亦有好处(即吃亏,亦有限,市面稍周转而已)。兄决不以为谬。如有窒碍之处,请信到与一密电(上海端"叶罢论"),否则弟即照办。大约十二可以定局,办成后即当电告,以便兄处作汇单寄申。此事成否,尚不可知,故先奉闻。沪行拟多领数万,因年底亦有缺乏也。艸艸布复。即颂

台安。　　　　　　　　弟期〇〇顿首　十二月初五日十四号

三合兴合同已定,系仁泰米厂作保。弟意暗中必与汉协盛打夥,因三合兴在汉势力不如汉协盛也。

(同上引书)

【15】1910年4月2日(二月二十三日)

兰生、纪堂两兄惠鉴:兹启者,现在市面危险,人心叵测,本行押款、放款,弟与两兄同担重任,非特定限制,分列等第,酌定数目,不足

以昭慎重。兹就现在情形而拟意见八条①,请酌察照行。如有应行损益之处,并祈赐教。但既行之后,必须公同遵守,不得逾越范围以外。关系之钜,当不责其觍缕也。

　　　　　　弟期○顿首　（宣统）二年二月廿三日第十五号

（同上引书）

【16】1910 年 4 月 22 日（三月十三日）

兰兄惠鉴：顷另由邮寄复丁姓保险单据并详述各节,计日可邀台览。子记龙章股票,已为换来新票。惟老股改一整一零,共元二百七十五两,照原数已打六折。记得前曾登报声明,该公司连年亏耗,恐亦不得已之办法也。取来股息计元廿二两,已交申行,收入汉册。接信后请嘱按期核转可也。股票、息单计四件附上,祈收示复。余再布。即颂

台安。　　　　　　弟○顿首　三月十三日第十六号

（同上引书）

【17】1915 年 8 月 26 日

兰生先生执事：径启者,本行章程业经股会修改,总办事处自应照章成立,葵等谬承众举,董理无方。幸借长才,用资贞画。兹敬屈为书记长,月薪月奉贰百元。伏祈俯就,欣荷曷胜,谨专函奉订。只颂

大绥。

　　　　叶景葵　　胡　焕　　王锡荣　　樊　棻　　周庆云
　　　　蒋汝藻　　蒋鸿林　　张　鉴　　郑在常　　同启②

（信稿,上档 Q268—1—70）

---

① 原信稿注有"八条照抄"字样,显然当时另纸所拟,现已不存。——编者
② 此信系先生等浙兴全体董事会成员署名,拟聘请项兰生为浙兴书记长。《项兰生自订年谱》(二)记云："吾就任即着手一切制度之厘订、章则之建立,并规定全行最高薪水额不得超过二百元,撰初与吾均按此薪支给,此后虽屡议增薪,均为吾根据此项规定拒绝,终身之任末变。而吾家则因陈夫人持家节俭,每月尚能有所积贮,吾亦搭乘三等电车进出,始终未尝乘坐包车,汽车更无论矣。"（《上海档案史料研究》,第 10 辑,第 206 页）——编者

【18】1916 年 2 月

兰兄鉴：函悉。所谓"兴"字已印好之二十万元，并非一元票，乃伸哥笔误，另换暗记，可以照行。全数约阳历三月中旬可以由京寄沪。孟兄函已悉，弟约阴历廿一、二出京。即颂

近佳。　　　　　　　　　　　　　　　　　　弟葵顿首

汉章有仍回沪之说。

（原件，上档 Q268—1—616）

【19】1917 年 7 月 31 日

与交行订立合同领钞，须先与董事会商明是否可行。如可行，请与弟全权代表，弟则要求于抑卮、澹如二人中选一人，来京做参谋（能偕来更好，说定后发电弟，即来），因弟于营业计划不甚精明也。

（原件，上档 Q268—1—612）

【20】1942 年 4 月 29 日

兰生先生惠鉴：夏历三月十五日，为先生七十诞辰，敝行同人念以先生为本行勋旧，匪止私人素仰，谊宜由行领导以寿先生，只以渊怀恬静，未敢轻事铺张，得醵饮以为欢，惧乖高致，爰献金以致敬，用祝稀年。景葵徇同人之请，谨代表本行奉致下开附件，尚祈鉴微忱，惠予哂纳，不胜公感，顺颂健康。

浙江兴业银行董事长叶景葵。

附：项兰生复函。云："贱辰蒙厚赐，前曾面恳收回成命，乃日前棉庭又奉令见掷，盛情深所感谢，惟筹思至再，受之实增惭皇，除仍将款交由棉庭收账外，务恳允予取消，勿再惠下。万一以议定有案，难于作罢，拟请即将此款移作补助同人子弟学费不足之需，化私为公，计亦良得。伏祈俯允，感荷盛情，曷其有极。先此奉陈，容再晤谢不尽。"

（《项兰生自订年谱》（三），《上海档案史料研究》，
第 11 辑，第 280 页）

致谢 霖(二通)

谢霖(1885～1969),字霖甫,江苏常州人,著名会计学者,中国会计师制度创始人。著有《银行簿记学》等。时任交通银行协理。

【1】1917年11月12日

霖甫先生大鉴:前奉贵行公函一件,并附兑换券式样五张,已于昨日肃函奉复。兹读来示,谓尚有研究之处,遵将原函并券样一并奉还,敬希詧收示复。惟查兑换券加印暗记,颇费时日,若延迟过久,于推广流通之策易失时机,应请贵行迅速决定。仍查照敝行八月二十四日及昨日所发专函内叠陈办法,赶加暗记,从早寄沪。是所殷盼。专颂

公绥。　　　　　　　弟叶景葵顿首　六年十一月十二日

振采诸公均此致意。

(副本,上档Q268—1—617)

附:1917年11月14日谢霖致先生与项兰生函。云:

揆初、兰生先生阁下:径启者,顷接十一月十日贵行公鉴,敬悉此次尊处领用敝行兑换券,原拟改发国币新券,以利推行。嗣因此项新券尚有别种问题,一时未能发行,故十一月六日弟曾以私人名义致函揆公,请将敝行正式复函及兑换券样本五种退回。想荷台洽有复在途。兹将尊处公函一件计四纸附还,即祈詧入。所有领用兑换券应行商榷各事,容俟前函及票样收到后,另具公函接洽。专上。顺颂公祉,诸希

鉴照。　　　　　　　　　　　谢霖谨启　是一月十四日

附缴公函一件。

(原件,同上引档)

又,1917年11月19日谢霖复先生与项兰生函。云:

揆初、兰生先生阁下:径复者,本月十四号曾布寸缄,附缴尊处公函一件计四纸谅邀台洽。兹奉十二号揆公手示,祇聆一切。寄还原函及券样一并照收,另有公函寄上,即希督及。所有贵行应领各券,现正赶速加印,一俟印就,即当运沪。再上次揆公及抑之先生在京述及,贵行自备之二成半现金准备,亦拟以营业存款性质存在各地敝行一层,闻之实深感荷。当时敝协理曾以对于此事彼此交换公函以凭,彼此转告各行相恳,业邀概诺。此事似由贵行先行寄函来京,再由敝行答复,较为合宜。如何之处,尚乞示知为盼。顺颂

公祉。　　　　　　　　　　弟谢霖谨启　十一月十九日

(原件,同上引档)

【2】1917年11月23日

霖甫先生大鉴:前奉十四日台鉴,并附还敝总办事处十日公函一件,只收一是,项诵十九日惠书,敬悉前寄还贵行公函并券洋五种,亦蒙督收,应领各券已在赶速加印,至以为慰。敝处总、支行与尊处各分行洋数往来一事,前经面商,杭照往来存款办法。凡尊处各分行所在地,属于银两码头者,其息请长年三厘半计算,三个月一结;属于洋元码头者,其息请长年五厘计算(敝处与中国杭行及南京行往来均按月息四厘计算,加以长年五厘相恳),亦三个月一结。至每处所存总额,约以敝行应行自备之二成半准备金为度。如能不加限止,得以涓流汇归尊处,尤所盼祷。统希接洽,转告各贵分行为幸。专肃奉复。只颂

公绥。　　　　　　　弟叶景葵顿首　六年十一月廿三日

兰生嘱致候。

(副本,同上引档)

附：1917年12月6日谢霖复先生函。云：

揆初先生阁下：昨奉二十三日大函，敬悉一是。承示贵行与敝行洋数往来利率各节，现正从长筹议，应俟发券之时再行商定。至贵行嘱印之票二百万圆，日内即可印齐运沪。惟时局日非，敝行之意总以缓发为宜。因此昨有公函奉达此意，是与两行均有裨益，想公亦必赞同也。专此奉复。敬颂

台祉。
弟谢霖上言　十二月六日

兰生、抑卮先生处均此致候。

(原件，同上引档)

致薛裴铭(一通)

薛裴铭(？～1913)，先生甲午杭州乡试房师。

【1】1908年某日

受业由晋而湘而京师，皆佐赵次帅幕府。乙巳之岁，次帅奉命渡辽，延调人才，百无一应。受业激于义愤，樸被相从。到奉之时，锋镝未已，委办文案，兼理粮饷。

今春，次帅入蜀，本邀受业相助，受业以蜀道险阻，亲老难行据实陈情，得蒙曲宥，已委办在沪运输事宜。现在卜居马霍路，爽垲清幽，远于城市，决计暂作寓公矣。

(引自薛佩苍《敬悼揆公》，《兴业邮乘》，复第54期)

致熊希麟、荣叔章(一通)

熊希龄(1870~1937),字秉三,湖南凤凰人。
清末进士。时任奉天造币厂总办。
荣叔章,奉天造币厂帮办。

【1】1911 年 5 月 29 日(五月初二日)
参见日记札记《罪言之一鳞》稿本。

致徐寄庼(四通)

【1】1933 年 4 月 22 日
寄兄鉴:顷吴荄忱兄通知,第一批五元票二十五万张,计装五箱,已于昨日装胡佛总统号自美运华,请速填发护照。弟已嘱其径以英文电致总行,谅已接洽。该公司在沪系由美国运通银行代表,届时以提单交与我行,即可用护照提货。特再以航快函通知。即颂
日祉。　　　　　　　　　　　　　弟葵顿首　四月廿二日
　　附:徐新六批注。云:"可由罗副经理电话一询。新。"
(原件,上档 Q268—1—608)

【2】1935 年 3 月 30 日
寄兄足下:天台、雁荡、仙都、方岩共游十二日(沿途车路甚佳,惟乐清至永嘉甚劣),前日返杭。惟永嘉车站至城须轮渡,一往返则耽阁一天,故未进城,深劳令弟等延候,未免歉歉!乞为竹报中致意。天台以伟大胜,雁山以奇崛胜,皆不可不游。若游第二次,弟可作向

导,极内行矣！在外十二日,未阅报,到杭始知中行之变局,尚未悉底蕴,晤舍弟①方知其详。公权苦心经营,为群奸所构陷。弟向谓:"杀汝,璧其焉往?"不幸言中。其心绪可知。要知金融前途波澜止大。塞翁失马,焉知不为将来之福? 趁此闲暇,努力读书,一意韬晦,最为正办,晤时乞为致意。此函付丙。弟前日至莫干山,约四月半后可归。即颂日祉。弟葵顿首。卅日。

新六均此。

请告佐周,汽车华界照会仍以照纳为是。现在华界我辈不应取巧。

(手迹,王贵忱、王大文编《可居室藏清代民国名人信札》,第328—329页)

【3】约1940年某日②

王伯群任交通部长时曾编有交通史,百计搜罗,十得其九。得者皆随手抛去香港,所毁甚多,祇阙《路政史》一种。不识兄所识朋友中有藏此者否? 请留之胸中,随时为我搜访一部。如得之,当请兄吃八宝糯米饭。寄兄鉴。

(《揆公遗墨》,《兴业邮乘》,复第54期)

【4】1941年某日

兄之生年,大家都说是辛巳,而自己偏说是壬午。本应遵命至明年再祝,不过一到明年,兄必坚称六十一岁矣。家中无物可送,送上福橘寿糕,祝兄福而且寿,寿而又福而已。敬颂寄兄千秋,并祝合潭万福。弟葵顿首。

(同上引刊)

---

① 指三弟叶景莘。——编者
② 原函刊出时无日期。——编者

致徐士浩(一通)

徐士浩,律师。浙江兴业银行聘请之法律顾问。

【1】1940 年 12 月 18 日

兹送上敝行诉追美光染织厂欠款及迫还拨款单一案,台端代理诉讼公费国币四千元正,谨希恳收。

(函稿,上档 Q268—1—427)

致徐维荣(一通)

徐维荣,时任浙江兴业银行汉口分行经理。

【1】1947 年 1 月下旬

维荣吾兄鉴:奉一月廿六日函,敬悉种切。记得老辈批时文,有"心精力累"四字,此足以当之。李、程来舍见访,弟未与之谈及一厂事,以后邀饭,亦辞而未赴。其与沙逊面谈情形,据叔翔转述,沃君措辞极有分寸,惟程子菊则借此夸耀,以见好于董会。现在沙逊有函电致兄与董事会,当可恍然矣!沃君因急思了结,故内心不免有妥协之意。其实弟何尝不然?如果七十七万镑有支票送来,何尝不见钱眼开?因为彼方决办不到,故以高唱入云为手段。据弟揣测,李与程均不愿复工委员会结束,趁此机会开股东会,董事到手依然可做委员长,可做总经理,宋立峰依然可做经理。所以股东会一过,彼方未必着急,依然是个拖局。然则我方只有抓住复工委员会紧紧不放,与之扭结到底，结果总是捞进。欲求迅速彻底解决，难乎其难！兄谓如何？李与程显然不和，我方以联李为要著。沙逊则时时与之接洽，贡献意见。沃君必不致单独武断，可请放心。

（原函留底，上档 Q268—1—425）

致徐新六（十通）

徐新六（1890～1938），字振飞，浙江余杭人。清末留学美国，专攻经济。民国后任财政部佥事等职。1921年入浙江兴业银行，1925年任总经理。又任工部局华董、复旦大学校董兼校长等。1938年8月由香港去桂林途中，飞机遭日军袭击，因公殉职。

【1】1925年4月6日

新六兄大鉴：邵伯䌹兄有洋式万元，去年秋间要求存汉，月息一分，半年一付息，业已函允。不料渠因款项未齐，迟至今日方行照交。今年重员会议汉行特存息已改九厘，此款汇汉必请示总行，若不予通过，势必大起交涉，已与言明月息一分，一年一付，但须行务会议特别允许方能照办。请俟汉行函到，由行会特别通过，以允许在前为理由可也。手颂日祉。

弟葵顿首　四月六日
（原件，上档 Q268—1—555）

【2】1926年6月17日

业。北京。振兄：荩忱函云印一元钞票二百万，每千美金十七元半。请向商减一元，并询几个月交货。葵。

（电稿，上档 Q268—1—608）

附:1926年6月21日徐新六电。云:"荩忱已电美商减并询日期。护照事,抑、寄在京如何接洽?电示。" （原电,同上引档）

【3】1926年6月21日

护照事,寄与杨孝慈接洽允办,从美电交货期。决定即起呈稿,仲恕与总次长接洽。葵。

（电稿,上档Q268—1—608）

【4】1928年8月14日

诸公同鉴:到汉碌碌,尚未作书。昨发一电,云似易解决等语,乃综合到汉后各方接洽情形而言。马克晤两次,又令汪原润接洽两次。毛、蔡、周已均晤及,对于安利经理及我行第二债权已无异义。惟新旧董事探闻一厂有办法,已纷纷出款,希得位置。故毛、蔡、周尚须与若辈周旋（三人程度均太低）,大约大波折可保其没有,小波折则恐不能免也。

六十万元以花纱余款为第二层担保,乃周星棠想出转圜之法,恐系马克所画策。昨电已转告马克矣。（即一厂对我行第二债权无异议,可照允云云。）

昨电文义略有误解。兹将马克致安利原信译稿寄上,便可接洽矣。顷马克亦将安利复电大意函告我矣。

李宗仁未回。谢敬师赴庐山。甘介侯亦未回。晤翁敬棠,甚明白,对于厂事完全了解。石瑛亦在庐山。陈茨青赴宁,有唐有壬可以介绍。石瑛大约明后日可晤面。石瑛闻为部下各科长所包围,人极好而不能办事云。

天气不甚热。五中会①此间空气不甚佳。即问近好。

葵顿首　十四日

海明饭店已包定一个月,与刘开甫同楼。渠亦包了一个月。

---

① 指当时正在南京召开的国民党二届五中全会。——编者

再，毛、蔡、周三人内容，似有一种困难，即陈青峰之三十万或可加之四十万（据辅卿言，即五十万亦可商量），凭毛、蔡一言，即可付款（陈青峰并不力争第一债权，在上海之种种延误，全由周星棠之浮躁所致。辅卿言之甚详）毫无问题。惟汉口之二三十万，实际上只有川帮十万，刘鹄臣五万已靠得住（刘鹄臣本出一万五，经辅卿至苏力始允五万。有无条件，尚不可知），而川帮必有挟而求。故毛、蔡毫无勇气，万一因牵就金钱之故，为出钱者要求条件所限制，则事又耽阁。故昨日又密告毛、蔡，谓汉口之二三十万，如出钱者有妨碍大局之条件，万勿勉强接受。如果汉方筹款为难，我可熟商安利，只须先缴六十万之半数以上，先行开工，请君等放胆问安利承受各条件。（并云将来如短少，小数我个人亦可设法帮忙。因抑之确有此意而未决，故弟先说大话，再作计较。）并承受六十万之担负，早日解决，早日开工云云。毛、蔡、周均欣然。鄙人此意已嘱汪原润告马克。马克必函致安利，恐安利或不明是何作用，请兄详细解释之。总之，此事非一口咬住毛、蔡、周赶紧解决，必又夜长梦多。而毛、蔡、周均系扶不起的阿斗，故非打吗啡针不可。极而言之，六十万即不足数，于我大局并无妨碍。故极盼安利谅解此意也。即颂新兄文祉。弟葵又顿首。十四日续书。

（手迹，上档 Q268—1—393）

【5】1929 年 4 月 8 日

新兄：安利云不能允八厘，如兄意必须八厘，请我行垫半数。弟坚拒，并劝其通融，而要求银紧酌加。仍不允。弟谓如此则兄可归。渠又不赞成。安利似虑让步之后又有枝节。且因旧阀散，故转硬，欲收回权利若干为交换。乞与马克商应付。鲁介绍函即寄。葵。

（电稿，上档 Q268—1—399）

附：1929 年 4 月 10 日徐新六致先生等函，报告一厂事进展。云："日前得沪电，知抑公与稻村兄同乘隆和来汉，欣慰莫名。一厂交涉,自维持会要求交厂并以胡、陶反对相恫吓以后,毛、周诸人骤然畏缩,势将停顿。幸将收厂风潮安然渡过,集合股权今已有二千六百权,过半数矣!可望得三千权。自黄帮加入(约有千权,刘季五之力)之后,彭君胆气渐壮,重行谈判。爱伯兄持回之稿,即马克与六所商定将以示彭之定稿也。谈判数次,意见尚称接近,仅仓库押款八厘计息一层,在势万难反汗,而安利复电坚索九厘,马克计穷力绌。六因径电安利,持之甚坚。又以安利续来一电,据称曾商得揆公同意。六因又电请揆公游说安利。及奉复电,敬悉种切。安利嗣亦来电二通。初则要求我行担任半数,次则仅要求我行名下之大押款,亦作周息一分计息,即将周息10.793 375中之七毫九三三七五贴让安利是也。以六年摊还计之,约合银三万三千两弱。六以坚持不允,有类不顾大局,惟心实不甘。俟回沪后与安利面谈。马克颇以为然。八厘一节总算告一段落。我行第二债权一笔纷争,本结对于安利之特别退让,六已提出须由一厂贴补矣。合同条件可无问题,而政变之后省政府至今无人。石蘅青高蹈之意颇坚,官厅方面不但目前无法进行,将来尤无把握。刘君文岛随蒋来汉,已任为市长,六已作有节略。今日交彼,并托其与蒋一谈。七号已与刘大略言之。渠允为竭力帮忙。惟其时尚盼石留任,以为如可不上达蒋听,为计之上(俞飞鹏亦在此。懋业奉蒋命查账,暂停营业。即由俞与中央之王逸轩前往。更回想中兴往事,不寒而栗,不得不慎也)。故刘交节略迟迟未上,今不必去,不得不另行设法。因准放,今日以节略交刘也。周星棠仍畏维持会,坚欲与陆德泽(维持会主席)一谈,只得听之。有何要求尚不知。惟陆与刘季五嫌隙甚深。陆谋充委员,而刘则已谓果然,则彼将袖手不问一厂事。然彼自有股与黄帮合订在一千权以上,不能舍刘以就陆也。""适闻李书城有建设厅之说,果确,于我有利。六在沪时曾与之谈过一厂事。乞揆公就近探询汪翊唐君,见示为盼。"

(原件,同上引档)

【6】1929 年 4 月 15 日

业。新六兄：顷俞寿丞致鲁①电，"浙江兴业银行总经理徐新六兄，因维持实业事进谒，乞接见照拂，另函详"云云。乞洽。葵。

（手迹，同上引档）

【7】1933 年 4 月 20 日

电悉。弟意可做。葵。22、4、20。东。

（原电，上档 Q268—1—450）

附：1933 年 4 月 20 日徐新六为三友实业社押款事致先生电。云：

北平转揆公：森生来洽，三友社拟以杭厂押八十一万，原押上、中两行②货物一百廿万，到期亦归我做。监督会计似可做。尊意如何？电复。新。

（电稿，同上引档）

【8】1937 年 12 月 14 日

顷接汝洁信，知行屋仍用商业场，已订定。特将原函寄上。祈詧阅。即颂振兄日祉。弟葵顿首。廿六、十二、十四。

（原件，上档 Q268—1—583）

【9】1937 年 12 月 20 日

告安利，速请英领照会日司令部，声明一厂系英商产业，飞机轰炸时务必注意。今九江机场被炸，利中在邻近未受损，闻前由慎昌请美领照会，已发生效力。望速办。

（原电，上档 Q268—1—420）

【10】1937 年 12 月 24 日

振飞吾兄鉴：一厂复工，由三方会订之合同，前经省政府咨实业部。部批竟谓，合同根本不能成立。省政府行市商会后，黄文植只能

---

① 武汉卫戍司令鲁涤平。——编者
② 指上海商业储蓄银行与中国银行。——编者

暗阁不提,毫无补救办法。此事关系债权,出入甚钜。闻吾兄有函致达诠,不知如何作答?弟到汉值周季梅亦来,乃与剀切说明缘由,恳其为力,即代市商会艸一复呈呈实业部,加函寄长沙。嗣接寄梅复信,谓前呈系由主管司与参事厅会议后批示,现在反汗甚难(闻主持者为刘荫茀,亦湖北人),只能批作"转咨省政府按照现在实情酌量办理",嘱速与省政府接洽。如省政府批准备案,咨复实业部,部中允不再驳。弟以省政府现已改组,建设厅又为石蘅青,万一部咨到省,仍照原案一驳,则错上加错。乃函托季梅暂缓再批。如省政府可以疏通,再请批咨,否则将原呈暂阁不予批示,以免差错。前晚何主任①、石建厅在汉刘少岩宅内茶叙,忽有人提议武汉危险,所有工厂最好向洋商押款,以便挂旗保护。当时黄文植、贺衡夫均在侧,乘机将一厂原案,及实业部对于复工合同不肯备案种种苦情详说一番。何主任即云,可以补呈,由省政府核准。石蘅青亦大告奋勇。昨日弟已起艸呈省政府。得黄、贺同意后,已缮正,交衡夫面递。一面弟已飞函季梅,即将呈部之件批行省政府酌办。据衡夫云,省政府必可核准。此事总算有一结束,特将详情奉闻。俟批示发出,再行续告。即问近祉。

弟葵顿首。

此信请附入一厂卷内。　　　　廿六、十二、廿四。

厂中烟囱本已漆一英旗,并备大旗一面。今日又在厂屋顶上遍漆英旗。于是洋商牌子临风招展,风景全非矣!可笑之至!

(原件,同上引档)

附:1937年12月31日徐新六复先生函。云:

揆公赐鉴:奉十二月廿四日大示。敬悉一厂复工合同已得部省两方谅解,可以备案,慰洽。此事于七月间曾函托达诠先生,迄未得复。原稿于七月底寄稻坪兄接洽,汉行有卷可查。此次部省批文如

---

① 指何应钦。——编者

已收到,乞连同原呈交汉行抄下,以便归档。安利方面,日前已将安利债权数目及我行债权数目,分别函告英使馆,转向日军当局接洽。能否加意保护,尚未得复。曾与廿八日拍电奉告,谅荷译洽。现届年终结账之期,一厂盈余约有三百余万,除已分过一百万外,下余之数希望早日支配。除向沪安利接洽外,乞转告汉行与汉安利及复兴公司商洽为荷。此上即颂

大绥。 　　　　徐○○顿首　十二月卅一日

(函稿,同上引档)

致许福旸、许体萃(十二通)

> 许福旸,字汉卿;许体萃,字仲衡,时任中国银行南京分行副经理。

【1】1918年6月12日

汉卿、仲衡先生大鉴:昨奉本月十日手书,敬悉种切。承示敝行领用苏券事前商第六条条文,贵总管理处所拟修改各节,敝行未能赞同,已蒙鉴谅。兹由执事拟定变通办法改为:"设遇兑券太涌,敝行已将贵行所交之五成现金付出,当即通知贵行随时即拨下二成五现金,以便兑换。如二成五现金又复付出,即再通知贵行,将其余二成五现金悉数交下,随时将二成五公债券取回。"等语。弟细加审度,在执事答以调停,极纫公谊。但欲将最后之二成半悉数交现,取回公债,敝行断办不到。因敝行必须保持民国四年九月十四日所订合同之权利,不能以领用三十万之苏券而破坏之也。弟意贵总管理处所以斤斤顾虑者,无非为兑现风潮,恐贵行因此吃亏。兹弟酌中拟一办法,大半遵依来示办理,而于敝行困难情形亦复顾及,其条文为:"设遇兑券太涌,宁

中行已将兴行所交之五成现金兑出,当即通知兴行,再拨二成五现金,合足七成半备兑。如上项现金又复兑尽,其余二成五应由宁中行垫付。但兴行须按照垫付日期贴补宁中行利息。其息率当以兴行缴存宁中行各种公债票二成半之利息平均计算,由宁中行于每付利息时扣除之。"照此办理,似贵行已毫无危险,如荷执事赞同,请即示复,以便正式函达。至此项办法详细条文,除第六条未经商定外,敝行已于五月二十一日函送贵总管理处誊照。兹特附抄一纸送上。如执事以弟说为可行,则请将上项改定条文加入,作为第六条可也。此复。敬颂

公安。　　　　　　　　　　弟叶景葵顿首　七年六月十二日

(函稿,上档 Q268—1—632)

附:1918 年 6 月 10 日许福晒、许体萃致先生函。云:

揆公先生道鉴:违教许久,渴念正深。顷诵大札,敬审道履胜常,筹祺懋吉,慰颂无量。晒昨由京返宁,行装甫卸,诸冗纷集,鲜可告慰。贵行领券事,前因第六条条文内与中孚、实业所订微有参差,特商请修改者,无非欲事同一律起见,兹敝总处仍嘱敝处径与贵行接洽办理。鄙意以此条条文贵行既未能赞同,或则变通改为:"设遇兑券太涌,敝行已将贵行所交之五成现金付出,当即通知贵行随时即拨下二成五现金,以便兑换。如二成半现金又复付出,即再通知贵行,将其余二成五现金悉数交下,随时将二成五公债券取回。"等语。似此办理,庶双方各得其平,俾敝处对于他方面亦稍免困难。况此事目前仅此一条稍请修改,其余一概照旧。我公热情慷爽,公私之际,凤荷维持。爰特肃函奉商,仍敬俟示复后再正信接洽。即乞核示为荷承荐孙君,自应设法,但敝处人有定额,暂难安插。然重以台嘱,将来遇有机缘,再图报命。知我如公,必邀矜原及之。专此布复,并颂

道安。　　　　　　　　　许福晒、许体萃谨启　六月十日

抑卮先生统此道候,不另。

(原件,上档 Q268—1—614)

【2】1918 年 6 月 20 日

汉卿、仲衡先生道鉴：昨奉本月十七号赐函，敬悉种切。兹特分条答复如下：

一、承询贵行垫付二成半之现金，敝行应于何时及如何归款一节。譬如最后之二成半，由贵行如数垫兑后，斯时领用券三十万元之全额悉存于贵行。以后敝行需用，如缴现金七万五千元，领回存券七万五千元，贴补利息，即行全数停止。如敝行先缴现金三万五千元，祇领回存券三万五千元，其余存券四万元，仍须贴补利息，统按垫兑日期截至领回日期结算利息。

一、承询公债票二成半之利息应如何平均一节。譬如现在各项公债只八厘、六厘两种，则结算利息之标准，应按照所缴公债八厘若干、六厘若干平均摊算之。如将来政府再发行四厘、五厘之公债，亦应与八厘、六厘者平均摊算。

一、承示其他各条件仍请查照本年二月六日贵函所附办法一节。查敝行前请其他各条，照五月二十一日敝行函送办法，其主张与贵行不同者，因原拟苏券三十万元在民国四年九月十四日合同以外，故办法特别规定。嗣经贵总管理处核定，须包括于原订合同五百万元之内，则二月六日贵函所附办法之第五条，与原订合同显生枝节，将来发生困难，双方均感不便，故不得不将此条删去。敝行之宗旨无他，惟在保护民国四年九月十四日所订合同之权利而已。倘贵行以为删去此条，仍有不甚便利之处，弟意可将第四条"积至四千以上"一语，改为"积至二千以上"，以资抵补。如荷赞同，即希示复，以便遵办。无任企祷。专布。只颂

公绥。

弟叶景葵顿首　七年六月二十日

（函稿，上档 Q268—1—632）①

---

① 原信稿未署日期，现据上档 Q268—1—614 同样内容抄件所署日期著录。——编者

附：1918年6月22日许福昞、许体萃致先生函。云：

揆公先生大鉴：二十日大函备聆一一。此次所议办法,只有最后之二成半问题,未能荷允照办。在尊处固自有未便之处,但敝处于此条办法如与尊处通融订定,他处亦必援以为例,敝处之困难实多,并非独与尊处斤斤计较。仍乞曲谅苦衷,屈从前请,是所切祷。月杪抽暇投前,晤聆教益,特先奉复。并颂

道绥。　　　　　　　　　　　许福昞、许体萃　六月廿二日

（原件,上档 Q268—1—614）

【3】1918年6月24日

汉卿、仲衡先生同鉴：顷奉廿二日惠复,诵悉种切。尊拟最后二成半之办法,此条因与敝处原合同有根本抵触之处,故未便照尊议办理,甚为歉仄。台驾何日来沪？务望先期示知,以便欢迎,并可面商一切。专布。只颂

公绥。　　　　　　　　　　　弟叶景葵顿首　七年六月二十四日

（副本,同上引档）

【4】1918年7月11日

汉卿、仲衡我兄足下：日前仲兄枉临,未尽东道之谊,甚歉,甚歉！领券事,已将敝处对于最后二成半万难违背合同各节,与公权兄细谈。渠过南京时当再与两兄研究,尚祈鼎力玉成为幸。将来彼此往来日密,缓急时互相援助,无不可商。但愿订合同之权利必须保全,亦与公权剀切言之矣。敬颂

公安。　　　　　　　　　　　弟景葵顿首　七年七月十一日

（副本,同上引档）

【5】1918年7月22日

汉卿、仲衡我兄台鉴：前上一缄,计已早登荃照。公权兄过宁,勾留一日,刻想安地北京矣。敝行所商领券办法,曾与尊处研究及之否？如何决定？极盼示及草布。敬颂

1317

暑安。　　　　　　　　　弟景葵顿首　七年七月二十二日

（副本，同上引档）

附：1918年7月23日许福昞、许体萃复先生函。云：

揆公先生道鉴：违教许久，企念为劳。顷诵手函，敬聆一一。贵行领券事，日前公权先生过此，对于此事曾一再商酌。苦无良好办法，是以亦未能决定。公翁之意拟请吾公与李馥兄为敝处筹一完善办法，期与彼此均无窒碍。敬乞熟商见示，以期解决。是为至荷。敬颂

公绥。　　　　　　　　许福昞、许体萃启　七月廿三日

（原件，同上引档）

【6】1918年7月26日

汉卿、仲衡我兄台鉴：昨奉环章，敬悉种切。公权兄亦有函来，略谓拟将中孚办法略事折衷作为三行共同办法等语。弟等再三研究，势不能于原订合同以外再有折衷办法。若敝行联合三行与贵行商议，必多费若干笔墨、若干唇舌，实非敝行推诚相与之本意。故敝行万不获已函达贵总管理处，请将领用苏券之议暂行取销，改发上海国币券三十万元，或改为湖北券三十万元。敝行可谓迁就之至。目前当可暂作结束，一俟将来贵行与他行交涉停妥，再行旧事重提，当更易于惬洽。辱承关照，用特缕复。至两兄对于此事，公谊私交，委曲兼尽。在敝行同人固纫佩弥涯也。专复。顺颂

暑安。　　　　　　　　弟叶景葵顿首　七年七月二十六日

（副本，同上引档）

附：1918年7月27日许福昞、许体萃致先生函。云：

揆公先生道鉴：奉廿六日惠复，承示领用苏券事已函达敝总处，暂行取销，改发上海及湖北各券等因聆悉。备承体察，感歉无似。敝总处早晚当有函来知照，容再肃闻。只颂

公绥。　　　　　　　　许福昞、许体萃启　七月廿七日

（原件，同上引档）

【7】1918年8月2日

汉卿、仲衡我兄台鉴：前日奉诵复书谨悉。顷接贵总行七月卅日函开领用苏券三十万元,已函知尊处,如无妨碍,即照前议办理等语。未知尊处已否接洽？即祈示复。鄙意前议实属双方兼顾,不无妨碍。倘荷迅赐解决,实所盼祷。手颂

公安。　　　　　　　　　　弟叶景葵顿首　七年八月二日

（副本,同上引档）

附：1918年8月23日许福晒复先生函。云：

揆公先生道鉴：昨由津旋,展诵二日大札,敬聆一一。贵行领券事,敝处现与敝沪行因手续上问题（即沪行兑入此项暗记券办法）,正值往返函商。一俟商妥,即与尊处洽定也。先此肃复。并颂

道绥。　　　　　　　　　　许福晒谨启　八月廿五日

再,敝处押汇款项,此后拟将提单、栈单等件,寄请贵行代收。惟押汇人于上午九时前及下午四时后,并星期日,如持款向贵行换取提单、栈单,均请贵行通融代收。所收之款,即仍照向来办法,按存三欠五计算。如承允可,即乞见复,以便奉托。并颂

公绥。　　　　　　　　　　　　　　　　晒又。十五。

（先生批注云："函送申行照办。"）

（原件,同上引档）

【8】1918年8月26日

汉卿我兄道鉴：正盼朵云,接奉赐示。慰甚！领券事遵候来教。但祈早日决定。押汇事敝行必可效劳。已嘱申行详复矣。敬问起居。仲衡兄均此。　　弟葵顿首。　七年八月二十六日

（副本,同上引档）

【9】1918年10月7日

汉卿、仲衡我兄台鉴：弟赴京、汴一行,往返匝月。久疏笺候,驰念良深。敝行领用江苏券三十万元,前荷函示,彼此所商办法,业已

1319

允洽，可以照办。惟贵行因宁沪内部交涉，尚有未尽接洽之处，俟商妥再行通知等因。嗣弟到京与贵总行谈及，始知贵沪行因检票手续未肯代劳，以致贵行为难。复经贵总行来函解释，已荷宋、胡二君复允照办。是此事可称完全解决。兹特将历次商定办法另备公函抄达冰案。即祈詧核赐复，并望报告贵总行，请将已印暗记之江苏券三十万元，早日运交贵沪行转交敝行，以便加印暗记。印就后仍寄存贵行，再行陆续领用。统费清神，至纫公谊。敬颂

台安。　　　　　　　　　弟叶景葵顿首　七年十月七日

（副本，同上引档）

【10】1918 年 10 月 14 日

汉卿、仲衡先生道鉴：顷奉复教并致敝行函均拜悉。本年二月六日尊拟办法，敝行原定此项苏券三十万元，在民国四年九月十四日五百万元合同以外，故办法可以特别规定。嗣得贵总管理处核定，仍包括于合同之内。是商订办法必须以原合同为根据。若如贵行所定办法之第五条，与原合同条文抵触极多，将来沪、汉、津、杭各处纷纷援例，均须填具保管证，双方具感不便，度亦非两公所乐闻。且弟于六月二十日曾将上项理由剀切声复，并谓贵行如以为删去此条不甚便利，可将第四条"积至四千以上"一语，改为积至"二千以上"，以资抵补。并奉六月二十三日尊复，业荷接洽。此事敝行全为原合同所限，倘附订办法稍有枝节，即虞发生其他困难。踌躇审慎，别无理由，亦非对于两兄执持成见也。尊示第二条，改为"每批归领五万元"及"本办法自两方签字后即为有效，彼此遇有困难，得提出修改，但须双方同意方为有效"一节，均可遵命，分别增改。至于息率一层，鄙意实以原文内平均计算较为得当。譬如，所缴保证准备纯系八厘公债，则应照八厘计息；如纯系六厘公债，则应照六厘计息；如八厘六厘各半，则应照七厘计息。至于交往既密，设遇急缓，彼此援助，并非绝无商量之机会。沪、汉其先例也。两公明达，尚乞鉴原一切。贵总处何日

可将该券运到？甚盼好音。复颂

公绥。　　　　　　　　　　弟叶景葵顿首　七年十月十四日

（副本，同上引档）

【11】1918年10月22日

汉卿、仲衡先生台鉴：奉十七日复函诵悉。第五条条文尊论极是有理。敝行再四研究，实以沪、汉、津、杭援例为虞，对于合同颇觉困难。现拟将尊拟第五条不缮入正文以内，另由敝申行专致贵行一函，声明"浙江兴业银行在宁未设支行，以先宁中行所属各分号所，如收到此项兑换券，积至一千元以上，可随时付宁中行之账。宁中行可随时与沪兴行所存之准备金项下暂行如数付出。一面填具代兑领券保管证，径寄沪兴行。一俟接到此项保管证，即将现洋如数送交沪中行收宁中行之账。宁中行所属分号所，应将此项兑换券从速设法运寄宁中行，以便沪兴行持保管证派人赴宁中行提回应用。其交通便利之处，沪兴行亦可就近派员持保管证往取，但必须事前函洽，以昭慎重。"似此办法尊处既无困难问题，而敝行原合同条文亦可不生抵触也。务乞赞同示复，以便缮写。专布。只颂

公绥。　　　　　　　　　　弟叶景葵顿首　七年十月二十二日

（副本，同上引档）

【12】1919年9月4日

汉卿、扶霄先生大鉴：弟回沪过宁，因匆匆上车未克走访，至为歉仄。归来适逢董事会议，接到敝申行报告，本期五成准备计息结单未蒙照允结算。敝行董事会意见以为，如果五成现金无息收入，又须自备二成半现金担逐日兑现之责，未免亏损太钜，且影响于全部合同，于是有通知停兑之举。其中实有不得已之苦衷，并非对于贵行有所不慊也。顷奉手示，深荷原鉴，并谓计息一层对于敝行可以通融照办，读之弥歉于怀。但来示恐孚、实两行援例照办，意欲俟孚、实两行解决后再行照办。孚、实两行无论领与不领，决非短时间所能解决。

1321

以弟揣之,孚、实两行对于现金计息一层亦不肯牺牲,以致亏耗。往返磋商,定稽时日。敝行决算关系,势不能悬案以待,其中实有为难。弟既承优容,用敢切恳,务乞俯鉴下情,准照敝申行所请,即赐核办。弟当陈报董事会,仍旧照常兑换,以后遇有陲诿之事,弟总当竭个人之力,与全行同事竭诚效劳,以答厚意。临书无任悚皇。敬颂

日祉。　　　　　　　　　　　　弟景葵拜启　八年九月四日

（副本,同上引档）

致严江（一通）

严江,字鸥客,浙江杭州人,先生姑表弟。时任浙江兴业银行董事会监察人。1936年曾任苏嘉铁路借款银团稽核员。

【1】1933年2月2日

承检查敝行发行库发行钞票及房地产部账目等,定公费洋八百元。廿一年份上半期洋四百元,业经致送。现致送上年下半期洋四百元,尚乞惠收,挈给收条为荷。

（信稿,上档 Q268—1—63）

致杨静祺（三通）

【1】1915年9月22日

介眉先生台鉴：敝行现照本年股东会决议,于上海设本行,并于本行设总办事处,改定统账,实行稽核。而于营业方针亦稍有规划,

非得人而理,将无以策进行。先生硕望鸿才,景行已久,不揣冒昧,拟恳屈就总办事处顾问,专任筹划统账稽核报告,并兼办上海本行对于外国银行商人往来贸易各种事宜。月奉薪金一百五十元,交际各费另行开支。务祈俯如所请,早日惠临任事,不胜企祷之至。专此奉订。敬颂

台安。
　　　　　　　　　　浙江兴业银行董事长叶景葵拜启
　　　　　　　　　　　（四年）九月　日在京拟发
　　　　　　　　　　　（信稿,上档 Q268—1—70）

【2】1921 年 7 月 22 日①

自公去后,痛苦万状,顷奉来电,惶悚莫名,务乞收回成命。另函详。葵。

　　　　　　　　　　　（副本,上档 Q268—1—188）

【3】1921 年 7 月 22 日

前月十八肃复一缄,谅蒙察及。正盼缩短期限,早日归国,乃振飞兄过沪,传述尊意,昨又奉电示,已有上海之约,同人等均极为皇悚。

忆自丁巳申行改革伊始,即承不弃,惠然肯来,共事四年,彼此气谊均称融洽,而不知公之感受痛苦,亦即在此四年之中。此皆由弟德薄能鲜,平日绝无体察之所致。

去岁忽来书辞职,并以赴美求学为言,彼时申行接替无人,弟之本意实难允议,只以词意坚决,以为尚不如暂遂公志,将来终可量移借重,且首途之日,仍拳拳旧谊,允任驻美代表,允征雅爱。此弟所铭感勿谖者。今公忍而遽出于此?况上海人才与我行较,以我行为弱,公亦宜以扶弱为先。虽弟与公订交之日,诚不如光甫兄之深,然区区愚悃素荷鉴谅,是否弟对于公尚有不诚之处,还求见教,谨当负荆以请。万祈俯念我行相需之切,勿萌去志。至于返国后以何地何事为合,悉凭选择,切

---

① 此为电报。——编者

实告我,决不使公再受以前之痛苦也。掬诚布达,幸赐教言,无任企荷。振飞兄去年即经约定接任书记长之职,现已挽其到行,并以附闻。

(副本,同上引档)

附:1921年7月18日 杨介眉致先生电。曰:"揆公大鉴:已就上海银行,伏恳准予辞去驻美代表职务,不克终始,尤任惶悚,下情函陈。"同日,杨又致函先生云:"祺出游之前曾奉尊示,许以返国之后去就自由,临行时复承嘱兼代驻美代表职务,领命之下,感愧莫名。而抵美以来,宿疾时发,三年计划,势难贯彻到底,故前已与上海银行订约早归,返回后必力谋两行共进幸福,想亦先生所赞许者也。现定明春返回,兹先电恳辞去代表职务,尚祈俯如所请,是为至祷。至代表职务,未克始终,不胜惶悚,图报有时,惟乞曲宥临颖,无任歉仄旁皇之至。"

(原件,同上引档)

又,1921年7月21日杨介眉致先生函。云:"祺就上海银行亦有不得已之苦衷,已往情形早在洞鉴之中。人错铸成,无可挽回,言念及此,五内俱焚。祺前次辞职,尽人皆知,不但无颜重来,且不愿即回上海,故求上海银行调派香港分行,业已订约,无从反悔。前承许以自由,尚祈体查下情,俯允所请,至为盼祷。电文过费,故用函复,余情容返国后面陈。"

(原件,同上引档)

致杨石湖(一通)

杨石湖,时任《兴业邮乘》编辑。

【1】1932年12月8日①

奉函备悉,承示《邮乘》投稿日多,询以后详略取舍之方针,诚扼

---

① 《兴业邮乘》第5期(1933年1月9日)以《本刊征稿方针》作题。《叶景葵杂著》(第247页)收入此文时删去收信人名字与落款,并改题为《论兴业邮乘征稿方针》。——编者

要之论。弟以为《邮乘》以切于实用为主。清儒李刚主有言："勿作无用之文,勿求无用之学。"旨哉斯言!即如诗词一门,蔚为文艺大宗,在专家为之,毕生钻研不能尽;而在我业视之,则近于无用。同人对于此道,遣兴则可,求工甚难。故稿件既多,尽可割爱。又《邮乘》宗旨,一在体察全行之所长,二在匡救全行之所短。自足下著《铁槛里面的冷气》一文,引起同人论著,美不胜收。然所注意者,皆"来上我门"之顾客也。弟以为更应注意者,为"我去登门"之顾客。其心理之复杂,习惯之牢固,供求之繁变,竞争之剧烈,非耐心考求,随时对付,不易与我行发生感情。以后当多发问题,引起同人研究。俾晓然于放款比存款难,营业比会计稽核难,战比守难,应变比处常难。至于各地各帮之风俗习惯,各种物产之衰旺与集散,尤有研究之价值。是皆李氏所谓有用之学也。望于此更注意焉。

二十一年十二月八日
(《兴业邮乘》,第 5 期)

致叶恭绰(二通)

> 叶恭绰(1881~1968),字裕甫(玉虎、誉虎),号遐庵,广东番禺人。民国后任北京政府交通部次长、总长兼交通银行经理。1927 年后任南京政府铁道部长、中山文化教育部总干事等职。

【1】1917 年 12 月 15 日

誉虎先生次长阁下:京华承教,欢若饮醇。别后怀思,倏更岁琯。敬维政祺事楙,荣向畅休,明甚幸甚。兹有恳者,浙江兴业银行分设日多,电报往还皆交易之事,与政治无关。近日检查条例,非特准者不能发用密电,商业颇感不便。兹查天津中孚银行已呈奉大部,令准发用密电。敝银行援案呈请,谨具呈文,附请詧夺,伏望俯如所请,并恳饬司迅速批示寄下,不胜感吁之至。专肃。只颂

公绥。 愚弟叶景葵顿首 六年十二月十五日

(副本,上档 Q268—1—67)

【2】1937 年 6 月 2 日

玉甫老兄大鉴:奉示敬悉。上海文献展览会应征物品,已将拟陈列之书籍四种,开单送至筹备处审查。兹承垂询,特再开列,请求指教。候复,即日送奉可也。敬颂日祉。

弟景葵顿首。廿六年六月二日

(《历史文献》,第 5 辑,第 232 页)

致叶 济(一通)

叶济(1857~1929)字作舟,号既行,先生之父亲。1876 年乡试中式。历任河南安阳县知县、郑州直隶州知州。民国后曾任郑州知事、开封道尹。

【1】1909 年 7 月 20 日至 21 日(六月初四至初五日)

父母亲大人:膝下男作此书时,心绪如沸,握管不能下,然又不忍不实陈于父母之前。谨将莱弟在杭病愈后逐日所历情形,至于最后永诀之日详细事实,分日禀陈,乞省览焉。

莱弟起病系四月初七,病系血热冲脑,四肢中风麻木。经朱毅臣诊治,奏效甚速,及男于四月十五到杭,莱弟病势已转,惟体气甚弱。男恐家中记念,故家禀中诡言湿温,其实为脑病无疑也。男探悉起病之原,先将《公报》、学堂未了之事作为了结,前已禀陈(不记何日)。

病则仍请朱毅臣治,无如莱弟坚执不服朱毅臣之药水,乃由男自行开方,无非化痰化热之品,服后甚效。前后约五六剂,仍请朱毅臣看,据云手足已灵,脑筋已活,决无他变,惟体气甚虚,必须补剂,遂留药水数剂,而莱弟仍不服。其时正值初选举开票之际,与莱弟反对之祝凤楼、潘凤洲均占多数,而莱弟独不得,甚为郁郁,口中言之不绝。男乃与来卿①叔等谋,运动莱弟为议员,或可解其郁病。此四月廿二一日也。其时次帅来电,催男赴宁领运炮弹。男本拟挈莱弟同行,恐其体弱,遂于廿四返沪,而留鸿仁侍病,令其节前专雇拖轮护将来沪。其所服药饵(所留药水并未能日日服之,因渠坚持不愿服也),毅臣一手经理。至五月初四莱弟遂回沪,步履已能如常,惟觉吃力,遂专辟静室一间,令其养病。此回沪以前之情形也。

初五系过节。初六午男诊其脉,尚平和,惟甚沈滞,舌苔白腐,胃不开,小便赤,大便不利。乃制利气除湿之香砂枳求丸,服之五六剂后,胃口渐开。食五六顿糜粥,大便日日通,小便亦清利,以为大有转机。其时正值浙路股东议举男为协理,男与莱弟谈,渠力劝不可就,力言汤之狡诈。言之不足,又长言之,日日言之,刻刻言之。男尚不疑其疯也,以为莱弟爱兄之意出于至诚,许其不就,渠始默之。至十四日早,渠忽言《全浙公报》中之景韫伯②日前来沪,恐来暗算。男问其暗算何事?渠言,从前《民呼日报》之于右任曾托我任杭州访事,我允之而未写过一字,今见《民呼报》载杭州之事甚多,恐系景韫伯假名谋害。男言笔迹不对,何足道哉!渠又言,我在病中,恐家人偷我图章,送给景韫伯,作成圈套弄我。男言此何足道!一则可以写信与于,言访事并未担任,请另聘人;二则可以登报声明,我前用之图章何式何字现已遗失,概不为凭,便可杜绝后患矣。渠又言,姑且等等再

---

① 先生原注:"关来卿,名维震,杭州人,为余祖姑母之长子,曾任慈溪训导多年。"——编者
② 先生原注:"景本白,杭州人,《全浙公报》同事,现为久大精盐公司董事长。"——编者

说。男亦不疑其疯也。此五月十四以前事也。

五月十五,男因午帅①催领炮,又须贺北海之喜,遂赴宁。十六连谒两次,说明莱弟病,须急归。十七返沪。临行之时,男以其体气久虚,断非草木之药所能为力,且男远出不甚放心,令媳妇请东医小崎为之诊治。小崎诊后即言,此等病现在虽不甚重,日久恐成疯病,须预防之。此十五之言。所留药水药粉,莱弟又因其难吃不肯服。经媳妇苦劝,仅服药粉,而药水则所存甚多。至十七晚,男归来,莱弟即言,大哥兴业银行之钱都被楼下说四川话的骗走了!(楼下有一杨师即系四川人。)男以其言太突兀,遂告以兴业所存并无自己的钱,皆系公款,公款无总办图章万不能取,断无其事。莱弟又摇手言曰:催眠术术之,不可说!不可说!男始觉其神经昏乱。十八日早,男亲至小崎处取药,并力劝其服药水,早晚两次,均男督率服下。是日颇平静。晚间李仲端②来,将回苏邑,男问其有何事体可以交代仲端带信,渠不答。仲端亦妙,极(给)完莱弟洋廿元,无言而去。十九西仲③来,男即告以莱弟神经受伤,公见面必推崇其在杭之名誉。西仲留谈竟日,莱弟虽未答言,而男与西仲所言,皆旁敲侧击劝他看开之话。傍晚,男邀西仲至九华楼小饮。去后莱弟即问媳妇曰:大哥呢?媳妇答:到九华楼去了。莱即言:该应同去的。媳妇言:因你病后不能劳动,所以不去。渠即自抓胸口自打头。媳妇急言:我送你去!莱连言:来不及了!来不及了!将所坐皮榻力撕粉碎。又言:人与禽兽不分矣!又言统统错了!又言来不及了!男闻信赶回,拉其至床,用好言抚慰,亦即平静。男以为小崎之言大验。廿日早,乃约西仲与莱弟及男同坐马车至小崎处看病。看后,莱弟言此等医院靠不住的。男亦

---

① 指两江总督端方(午桥)。——编者
② 先生原注:"李仲端是仲裕内弟,苏州人,极朴讷。"——编者
③ 先生原注:"梁西仲,名有庚,杭州人,在家君署中专司教育之司,后任河南知县,颇有循声。"——编者

恐靠不住，下午又请德国医生到家诊治。此医看得甚细，据云此系脑病之一种，断无药可以医治，不过在极好空气地方静养三个月，或可痊愈，之后能否不发，则未敢必。男叩其故。渠言，此等人至医院，不过吃不了时给他开胃，眠不着时给他安眠，断无药力可以治脑之理，所以不能包治，予心甚为抱歉云云。男以其言有理，遂访问何处医院最好？渠言，法教会所开广慈医院最为上等，乃托作介绍书。于是廿一日上午入医院矣。

医院为法人所开，其中有一法医与德医最好。据法医言，莱弟脑甚亏，非服药水及补药之牛奶、牛汁等四五天后不能看。自入医院，上午神气较清，下午则攒眉蹙额，作欲哭不哭状，而尤不能离男与媳妇。故媳妇晨趋往医院，饭后则男更替之，少予亦常往之。医生与之服药，不肯服，惟媳妇与之药则饮，与之食则食，甚为听话。男往稍迟，则口呼大哥不绝。男一到，则觉有欢欣之；至移时，则又欲哭矣。其所谈之话则曰：对不住大哥；或曰：可怕！可怕！问其心中想起何事？则曰：头绪太多，如今来不及了！种种情形，每日上午必有三四时如此。男等无法，只得静候医生之消息而已。

廿三，敦弟来沪，至医院往视，渠尚认识，并未说话，至下午哭态复作，又言统统错了、头绪太多等语。劝其勿想从前之事，渠可不理会者。又言要死得啰，连言三四句。男与敦弟遍猜其心事无明，复思以后种种之事，就男所知者逐渐解释，渠不理会。归来后，忽思得起皮包中信件，或有行迹可寻，或有男所未知之事。（渠回沪后衣服丢弃零星，媳妇为逐一整理，将其行李详细点过，惟皮包不愿人开视。）乃令敦弟逐封细阅。内中有张驄五讨债信三封。一、四月初七发，即莱病之日；一、十三发，一、廿二发。信中言，前代经手江西铁路公司之款，共银七百两、洋一千元，去年屡次索讨，君许四月初六以前必有消息，何以至今不复？君之待弟，万不如弟当年之待兄云云。此第

1329

一信所言。又言,陈伯严①舍弟托弟代索,请即示复。此第二封所言。末段写陈伯严近作一首,系《送友人》,诗中有句云"欲灌西江水";又末句云"男儿须自定,然诺在人寰"。② 此三句均加密圈(系张所圈)。男将此信算计时日,正渠病后所接。男在杭州所有邮局之信,均托祖姑父收存。此系安定学堂转送者,其收到在男回沪之后。必系此信作难刺激无疑!当晚书字条一纸,言张蘥五所经手江西铁路之款(此款实于本月初一日付清,并致书陈伯严,言莱弟已与张蘥五绝交),兄已代弟一律了清,收条存在兄处,请弟勿念云云。此条交少畲弟③送至医院,看其神气如何。畲弟交去后,渠阅之不语。畲弟逐一念给莱听,听之后亦不言。此廿三日事也。

廿四早,男先往医院(因下午有事),偕少畲、龙隐同去。男见其神气稍清,问曰:我昨日送来之条弟看清否?答曰:已看清楚。少畲接口曰:此条在抽屉内,请再看之。渠急应曰:已看过的了!少畲亦不敢再取。午间男归,媳妇去,见其似觉稍好,医生亦言仿佛有好点的意思。媳妇即与问问曰:二弟之病好后,想回郑否?答曰:是,想回去的。(端午节媳妇即劝过,郑州此次病后万不可不去一次。莱弟答曰:我是真想去。其语极恳切,极郑重。)又谈问天。媳妇又问曰:此间医院风景好玩,我们接娘娘来如何?答曰:好。媳妇又问曰:接二妹同来好否?渠即曰:我就要回去的,不必!不必!媳妇即不敢再言。渠亦无言,与之言亦不应。是日神气较清。至晚又觅大哥,而医院已关门,男亦不知矣。(向来八钟关门,外人不能住宿。日派鸿仁往住,夜小六往住,交贴住费,其中鸿仁住院之日最多。)

廿五日神气亦稍好,惟不肯服药。男恐其嫌药贵(因小崎初看之

---

① 即陈三立(1852~1937),字伯严,江西修水人,著名诗人。——编者
② 先生原注:"此诗系张某伪托,非散原先生所做。"——编者
③ 先生原注:"徐少畲,原名礽,改名丁经,杭州人,为余母舅徐善伯先生之次子。"——编者

方连医费药,须洋六元余,渠嫌贵不肯服),诡言此院我有捐款,决不费钱,仍不肯服,灌之亦不肯服。(以前神气不清,灌之即服,不知何物,现在则须详细察看,一看则不肯服。)至下午则哭态复作,又吵要回去。鸿仁告以家中不清静,恐抱眠难安。男告以你的床已被敦弟占去。渠言,随便困困好的啰。男不留而去。是夜未眠,"回去回去"之声不绝。

廿六早,鸿仁用电话告知二少爷非回来不可,于是遣马车往接。归来甚好,吃鸡粥三次,牛汤一次,均媳妇所喂,到口即服,神气亦清,说话颇有条理。男等说话渠亦听。见《民呼报》(即《神州》之前身)之总理于右任来访,男不令见,自往见之,并与少余、龙隐谈天。送于行后,渠言,我该应见见他的。下午又蹙额。问其何所苦?渠即曰:头绪太多,说不来的。逾时即愈。男俟五点钟,令仆唤马车。渠问:至何处去?男言:回医院去!渠言:我不去!男告以在家长病好得慢,再回医院去养一礼拜,我们即可回郑州,我亦同去。渠即无言。迨马车到门,男起著衣,渠亦自起著衣,并问曰:大嫂!我的套裤带去否?搀扶下楼,行步甚快。入马车后,男与并坐,握男之手,四处看视,神气甚好。及到医院门口,渠言:又来了么!一上楼即曰:回去回去!男再三劝慰,言养好即回郑州,明早再来接你。渠不答。隔数分钟即曰:回去!男见情形不妙,避至旁室,渠即四处寻觅,连呼大哥,连呼回去!相持至天黑。男实在无法,问医生能否回去。医生言,不可去,如去不必再来。男踟躇再四即下楼而逃。渠即凭三层楼之窗盼望之良久,而疯状又作矣!以手打头,以手自咬,即曰回去!又连呼死、死不绝。鸿仁大惊,是晚连用电话通报消息。男告以明日一早即来接。至三四钟,稍假寐,未黎明,又彷徨绕室连呼回去不绝。此廿六事也。是日晚不肯服药亦不食。医院楼窗极多,甚为危险,医生又不准关窗。故鸿仁亦一晚无眠。

廿七黎明,即接来。是日神气甚佳,男劝其晚间仍回医院,渠不肯。又告再住一礼拜,我们回郑州。渠亦不理。是日,湖南办学堂的胡子靖①来,男令与谈话。子靖见其神气甚清,又无疯话,不信其病。下午又作欲哭状,连呼我要同去的! 男告以是叫你同去,等你病好再行。渠问：要几天? 告以大约一礼拜。渠无言。傍晚又喊马车,渠即坚执不行。男鉴于廿六之往事,深恐三层楼窗万一失足,且听其连呼大哥大哥、回去回去之声,实在不忍,乃允其回家住宿,却将医生之药带来。并自燉牛汤、鸡汁饮之。此廿七事也。是日并令梳辫,垂势令剃头。渠不肯,男即执其手,立而俟薙匠与之剃头,若不觉者,然神气甚清。

廿八黎明即起,日呼出去,为媳妇所劝而止。又问媳妇,何不叫我同去? 答以一定同去。其时男已决定回郑主义。预算初七系快车,必须初一或初二动身方能赶上。乃发电,先托汉友购车票。方男与敦弟商酌之际,渠即问曰：是否到郑州去? 答以是的。渠即连呼：我要同去、回去云云。再三慰藉之,告以必是同你回去。是日神气甚好。旅沪学会之友沈飚民偕金仍珠来。渠下楼往谈。沈、金皆言此系神智短,不算疯,回家养息,可以好的。下午又复旧态,连呼要出去。男问其到何处去? 渠亦无主意。乃令媳妇与渠同坐东洋车(自己有两车夫),男与敦弟步行随之。行之将近张园处,回头盼望,乃令停车,以待移时,男与敦始至。男即令车夫回转,拉至大马路一带,缓步看看,不必下车,男与敦弟坐电车,至愚园乘凉。渠见男等不走,回顾张望,神情甚急。媳妇恐其发急,乃令回家。回家后又发疯状,言该应同去的! 统统都错了! 来不及了! 及男归来,渠又平静如常矣。此廿八事也。

廿九,探得初二系江孚船,机器向有毛病,恐初六不能到汉。初一系立丰船,买办为刘歆生之兄刘长印。乃托定官舱四间,令莱弟占

---

① 先生原注："胡元倓,字子靖,湘潭人,创办明德大学,始终其事。"——编者

两间,男与敦各一间,带仆人三名,一鸿仁,二小六,三郑晋(系男荐于金家者,人极精细)。男即部署各事。恐莱痰热未清,途间作祟,乃开一方与之服。(黄连一钱,枳实一分,爪菱一钱,陈皮一钱,半夏一钱,淡竹叶一钱,百通草一钱。)煎好后,男自持药碗与之,渠一饮而尽,毫无犹豫之态。是日神气甚好,惟下午又呼出去出去。媳妇恐其与昨日一样,谓我同你坐马车去乘凉,何如?莱弟即曰:不要!不出去罢。是日睡得甚早,临睡服安眠药一丸。此廿九事也。

初一日,男甚忙,无暇顾及。莱弟黎明即独自下楼,为媳妇所知,赶呼鸿仁速往。鸿仁掖其上楼,渠言动身罢,何以不上船?告以晚间一二点钟方开,我们十点钟上船即可。渠无言。移时则又曰:何以尚不走?自早至晚只此一句。勉强捱至九点钟,乃送上船。尤奇者,是日神气甚清,时时步之楼梯边掖回,则往媳妇瞪眼相对,自早至晚无片刻离。此初一在家时事也。

上船后布置房间,其图如下:(图略①)

甲、男房间;乙、莱弟卧处;丙、敦弟房间;丁、鸿仁卧处;戊、小六、郑晋轮流卧处;己、藤椅为男坐处;庚、房间之门,有暗锁;辛、后房之门,门上有暗锁。此两门上均有百页窗洞。

是日送行四五人,媳妇亦送上船。莱弟言,是否大嫂亦同去?告以家中有事走不开。此船不是到汉口的?告以是到汉的。人静后即与服安眠药。是晚无事。此初一夜间上船以后事也。

初二日,船开行。天甚热,自煮粥与之食,并与敦弟引莱至藤椅处(如图己)同坐。男与敦左右夹辅之,浏览风景。时时问:何以不到?又问:此是何处?是日神气极清,毫无不豫之色。惟下午自言:我的事不懂不懂,两三转而已。男与间谈,亦能听懂。至晚九点钟,与服荷兰水一瓶。至十点钟,与服安眠药一丸。渠持药再三看,再三

---

① 原函此处画有一船形图,中间位置标有舱位编号,下列甲乙丙……即释文。——编者

问。告以此系安眠,吃了好的。欲待不吃,男持水在手,强纳渠口中,亦即服之。男即坐在藤椅乘凉。此初二晚间事也。

不料伤心之祸作矣!是夜无风,男睡在藤椅,将莱之前门锁住(即图庚字处),令鸿仁、小六在丁、戊处睡。又将辛字之门闩住,但留百页窗通风。因房中有三人,空气太坏,故须通气。且辛字处靠弄堂,莱弟未出过此门(庚字之百页窗不开),可以放心。男睡至夜间三点钟,始归甲字卧房,意中欲将庚字百页窗开之,令其出气,又虑不谨慎,此念一瞥即过(真正鬼摸头,当时如开窗看看,或者可以见其变象。后悔何及!),已朦胧睡矣。鸿仁于三点时起来看莱弟,见其坐起,即劝再睡之,天还早。莱即卧下,鸿仁亦睡之。乃至四点半钟,鸿仁又起视,则人已不见,大惊,觅前后门之闩则未动。至床下大索不得,乃呼小六起,开门大索。四觅无有,遍问人。有人言,四点钟左近,北面画栏干仿佛有人下水,因恐系铳手,故未惊喊。鸿仁乃驰至男处,言二少爷不见了!男闻此信,如青天霹雳一般!书至此,难以下笔矣!此初四晚书,实在疲惫,只能明日再写了。痛极!痛极!

闻此信后惊骇欲绝,鸿仁亦如疯狂,敦弟亦噤不能言。船上人闻男哭声大作,四面筹集,七嘴八舌,拥挤不堪。逾数十分钟,男忽思及此事徒哭无益,即问现在离镇江若干里?据云相距只数十里(时至五钟)。乃约计四钟左近船正至泰兴上游五六里地方。乃派郑晋乘小船至该处,多雇渔船打捞,男与敦弟到镇搭火车折回,连夜托招商局发电至泰兴洋棚子,令其遍发传单。又派鸿仁由江阴上溯至泰兴一带寻觅,并请沈继先[①]同往。至今早九点钟,始接郑晋电,在泰兴下游数里地方将遗骸捞起。昨已托人先至泰兴购好上等棺木,将里子挂好,一面赶装衣衾。现仍电令用船将遗骸载至泰兴地方成殓。男今

---

① 先生原注:"沈继先,绍兴人,曾任开封派报处同事。派报处亦仲裕所发起,在未进震旦之前。"——编者

日尚须赶去,一切后事自当格外加意,皆男之责。此事愈急愈要。如果层层思虑,节之后悔,则男之脑筋亦可流入疯狂一路!以五六年不肯回家之人,忽然如此急法,已属奇极。男兄弟虽素和睦,但平日皆系冷淡一路,欲别即别,从无恋恋。此次莱弟病后与兄嫂之情意真挚,迥非寻常。又皆每走过,均捉手。即少畬、龙隐亦甚亲热,于他人则淡漠之至。当时以为受社会刺激,除亲人外皆不可靠。满想从此回家,必重家族主义,孰知竟是永诀,之非伤哉!又男忽然住在上海,回想亦是奇绝。如果不来,《神州》必不肯离,或者尚不至此。种种想起,令人发痴!且窗棂仅容一人进出,却极高,如何钻出?真正倏忽之间酿成奇祸!此皆男之不德,不能庇护其弟所致!思之尤觉痛心。死者已矣,我父母闻此消息,不知若如惊痛,但祝慈怀能自解自譬。此莱弟如昙花,死生之数前定,则可以少息悲伤。且莱弟自复旦以后所办之事,虽多被挤,而名誉则日隆一日。现在遭此惨变,凡至亲好友及男友人,无论见与不见,皆万分痛悼。即素与莱弟反对、平日骗他欺他之人,见此情景在广座中亦必曰:叶仲裕可怜!叶仲裕是好人!则其至诚恻怛,热心办事,虽死而生不减,亦可慰老亲痛子之怀。男将后事办理妥贴,即行盘回上海(秋凉再回杭州),已租定绍兴会馆之楼屋可以暂厝。学界同人必有举动,在沪须择期念经。署中一时未便宣布,无从供奠。男即于家中辟一静室,供其小照,即以初八头六日成服。此系死者身外之事,自当格外加意。稍为部署,即可回署。次帅处已电禀此数句:内除要事外一切公事只得暂阁,谅可俯允。明日先令敦弟回署带上此禀,请其斟酌禀闻。恐父母亲骤闻此耗异常悲痛,天甚炎热,务求保重福体。男虽不能立刻驰到,亦可稍释孺念。尚有一事可惊奇者。昨日莱弟友人沈飚民言,去年即有旅沪学会之员王清夫密告沈,闻明年须告仲裕小心,其人锋芒亦太露。沈闻之为谰言也。由今思之,实有奇验。如此说来,前定之说亦不可谓必无矣!男虽自四月上旬以来各处奔驰,并无片暇,但身体甚好,

1335

毫无毛病,可纾慈廑。俟各事稍停,即行回郑面禀一切未尽之事。自廿二日以后一切情形,皆所目睹,自能详言之也。但有一事,须候父母之命,棻弟殁后,应以申官①为嗣可无异义,请父母决定后电谕遵行,以便立主。余事一时昏乱,想不起来,容再续禀。总求少抑悲痛,保重福体。至叩!至叩!

  男葵叩禀 六月初五午刻书竣交敦弟带呈
二弟妇即以此函慰之,不另写矣。

(信稿②,上海图书馆藏)

  附:《神州日报》刊登《叶仲裕君投江记》。文曰:

  叶君仲裕为震旦学院高材生,嗣因震旦冲突,学生解散,乃发起复旦公学。叶君奔走劝募,坚毅不挠,辛苦数年,复旦得以成立。又创办《神州日报》,声誉卓然。后为浙民公举国会请愿团入都,乃离《神州》,而就桑梓之事。先与同人组织旅沪学会,又在杭州创办《全浙公报》,又监督安定学堂。后充杭府初选举参议。曾只身周历余杭各属,演说宪政之关系、选举权之紧要。一时杭属人士翕然从之。

  叶君素性激烈,无嗜好。其担任各事,均视为身家性命,一钱不受。在《全浙公报》与冒充法政毕业举人之某君③冲突,又因办事积劳,忽患脑病,学界中人电请乃兄回杭医治。经梅滕更之弟子朱毅臣君用西法医治,稍就愈痊可,乃兄伴之回沪,医入广慈医院。叶君天性甚厚,笃于孝友,自牺牲国事后,乃专意社会,不问家族事。其封翁任郑州牧,夫人亦在郑署,叶君竟七八年不肯回家,公尔忘私,尤可钦敬。此次入医院后,乃兄百计劝解,叶君谈及社会事,愤懑慷慨,意终

---

① 申官,叶维,先生三弟叶景莘长子。后又奉父母命,嗣为先生长子,兼祧二房。——编者
② 1921年3月,先生检出此信稿并附以相关史料,装订成册,题名《鸰痛记》。又先后两次为《鸰痛记》撰写题跋。——编者
③ 原抄件有注云:"某君,谓景韫白。"似为先生笔迹。——编者

不释,忽思出医院回郑州,急不可待。乃兄护送同归,行之泰兴地方,时方黎明四点钟,叶君竟从窗棂逸出,又攀铁栏入水。追家人惊觉,已属无救。闻尸身已在江阴捞获,面色如生云。叶君在船时,谈及旅沪学会及浙江路事,辄攒眉蹙额,作极力筹划态。其心事之纯白,迥非浊世所有矣!

(抄件,同上引书)

又,《神州日报》刊《志士叶仲裕君事略》如下:

本报创始于乙巳,而成立于丁未,出版不及三月,毁于火。同人以《神州》大业,不能随劫灰以去,于是叶君仲裕及某君继续组织,分任经理。叶君对于本报之筹划,竭尽心力而坚忍不拔,置一身一家于度外。叶君之于本社肇造之功,斯亦勤矣。丁未之季年,各省志士纷纷发起请愿开国会,叶君为浙之仁和人,乃慨然倡导以浙之全省上书阙门,冀国会早日成立,以建设吾国民公共之机关。遂离本社,而致力于浙。次年浙人为请愿国会开大会,而叶君被举为代表入都。既返浙,适谘议局筹办处成立,各府皆举参议,叶君则受杭州府属之公推,任参议,并监督安定学堂,总理《全浙公报》,均尽义务,薪金夫马之费,概行谢绝,而任务则日进有功。呜呼!可谓难矣。今年杭府卓太守称其能,以浚湖局会办见属,适叶君以积劳故,遘神经病,忌者复媒孽蜚语以中伤之。叶君愤极,乃屏弃一切,来沪养疴于医院,抑郁特甚,急欲出院,返郑州乃翁任所。知者咸以为异。叶君自郑州来沪就学,其夫人即居于郑,叶君不归郑者八年矣。某君尝询其故,叶君曰:"仆极欲成就一大事业,否则与世无裨补,与录录草木同腐耳,宁死不能返郑州也。"呜呼!由今思之,已成谶语矣。叶君在郑时,夫人产一子,四岁而殇,叶君正在沪任复旦学校办事员,颇著声誉,闻耗心伤之,以热心社会,故薄于家族之观念。由沪而浙,其趋向一也。五月杪,叶君既定议返郑,其兄相与偕行,以赶赴汉口快车,遂附东方公司之立丰轮船,溯江西上,脑病仍未已。是月初三日方晓,舟驶至泰兴之上游,叶君披衣起,攀槛以自沈于江流,家人不觉也。叶君前一日尝对其友人某君道及杭事,怂然曰:"余初意为社会尽义务,故不惜效奔走之劳,自备资斧,不染公家一尘,而对于报务尤为注意,欲求推广,为前途发达之计。无如人情浇薄,阴受种种牵掣,未能达我之目的,而反受其害。欲与之较,徒为外人嘲笑,欲长此隐忍以自委屈,则既损失我名誉,又沮遏我之愿望。如此阴险世界,恶毒人心,生此世间,毫无乐境。"为唏嘘太息者不已。叶君近由积极的而归于消极的,盖亦有不得已者在也。叶君既自沈,其兄及友人惊悉,商请船主暂停轮捞尸,不可得。呜呼!以清流之叶君,有志而未逮,竟投长江之浊流以去,闻者能不悲其志而哀其遇耶?闻耗怆卒,爰志其颠概于此。

(《叶景葵杂著》,第428～430页)

致豫丰纱厂(一通)[①]

豫丰纱厂,上海实业家穆藕初开设于河南郑州的一家著名纺织企业。

【1】1926年8月24日

豫丰纱厂台鉴:顷接敝行驻厂员陈伯琴君函,报此次郑县公署为陈师剿樊勒派敝行借款二万元各节。其中经过情形,谅荷台洽。查敝行派员至郑,专为贵厂押款而来。约计以前所收利息不过十六万余两,而前得垫去军事借款数达四万七千余元,合银三万四千余两,已占所得利息五分之一。此等借款既全有贵厂押款发生,敝行实难担负,应请转归贵厂之账。否则敝行亏耗太钜,不能持久。惟有到

[①] 此函由叶景葵先生亲笔起草,信稿第一页批有"此函取消未发",因记录军阀勒索,颇具史料价值。——编者

期清结为难情形,当希鉴谅。兹附开借款清单一纸,即祈俯赐照转,不胜企盼。专此。只颂

台绥。　　　　　　　　　　　上海浙江兴业银行启

附清单一纸:计开

河南省军事借款　　洋二万五千元;

郑商会代直鲁豫兵站借款　　洋一千五百元;

郑商会代十四师借款　　洋三百元;

郑县公署代绅界房租垫款　　洋五百十元;

郑县公署为陈师剿樊借款　　洋贰万元。

共计四万七千三百十元。

(信稿,上档 Q268—1—431)

致袁世凯等(一通)

袁世凯(1859~1916),字蔚亭,河南项城人。民国后时任首任大总统。

【1】1912年4月27日

北京袁大总统,内阁唐总理,参议院,理财、交通、工商总长,武昌黎副总统,长沙谭都督,南昌李都督均[钧]鉴:汉冶萍公司前因合办草约,开股东大会,全场一律反对,取消合办在案,迭载报章,谅邀电鉴。嗣因总协理函电辞职,上届董事亦已期满,四月十四日重开股东选举大会,以赵凤昌、杨士琦、聂其杰、王存善、沈敦和、何声灏、朱佩珍、袁思亮、陈廷绪等九人票举多数,举任董事。窃维完全商办公司,既经股东公举,不能不勉任其难。一再集议,煤铁实业关系军国、路械、工商、财富至巨,非声誉卓绝、商界信重者不足任主持而孚物望,

敦请张謇先生为总经理,李维格、叶景葵二君为经理,分科治事,筹划进行,尊重国权,保护商产。务求大总统暨国务总理、各总长、都督俯念汉冶萍费本三千万,造端宏大,商力艰危,民国富强,此为基础,通饬所属,凡属本公司厂矿轮路、机料、地产,准予一体护持。一面已由经理委任坐办,分投开工,以速进行。临电无任感祷之至。汉冶萍公司董事会赵凤昌等叩。①

(《汉冶萍公司(三)》,第255~256页)

致袁振生(一通)

袁振生,先生远房亲戚,浙江兴业银行储户。

【1】1916年2月1日

振生舅岳大人:奉示敬悉。前代收债票,请遇便陆续带敝津行交潘履园君收。该行在天津宫北大街路西三五四号。前者已购之五千元,票数若干,尚祈结数开单示下。以后仍恳费神随时收集。尊垫之款及以后续购之数,当由敝津行直接汇奉,票亦请交津为便。专肃奉渎。敬颂
颐福不尽。
景葵顿首 (五年)二月一日
(信稿,上档 Q268—1—70)

---

① 此函系汉冶萍公司董事会上各董事推定先生代拟。——编者

致张嘉璈(六通)

【1】1915年9月30日

公权仁兄大人阁下：敝友黄筱彤君系贵总行行员,现因携眷入都,拟请护照,俾免检查行李,属恳尊处向关请发一纸。行李单附上,以便照填。黄君乘安平船行,后日或许开驶,敬请拨冗即为一办。能于明日掷交敝总办事处,尤所感荷。须费若干？乞示。送交费神,容谢不尽。顺颂

公绥。

弟叶景葵顿首　（四年）九月卅日

（信稿,上档 Q268—1—70）

【2】1918年6月29日

公权先生鉴：复教诵悉。通融短期公债事,执事定之成理,恐无可商之余地,当如尊嘱作罢。至借款抵押事,贵杭行允交七年短期公债七十万元。敝行董会议决,必须请交八十万元。此为最通融之办法。因短期公债皆以京钞购买,照市价不过六折。如交七十万元,折头不敷,故须补足。在敝行,以格于定章,不能不有此手续；而在贵行,则款权仍在,并无何等损失。想执事必鉴而谅之也。交通系属官办银行,不可与商办银行比拟,商业实业为数无多,限期甚短,大不可同时而语。敝行对于本省公益有协助之义务,但股东利益必须保全,勿使弟等为难。庶为公为私,两无窒碍。祈此函到后,计贵杭行报告必已早到,务恳迅将七年短期公债八十万元,拨交敝京行点收,以清手续。感荷曷既。

幼伟先生均此致意,不另启。

（函稿,上档 Q268—1—632）

【3】1918年10月下旬某日

业,北京通密。公权兄鉴：电悉。办法已详蔡函。现绍汇又跌,

物价渐平,趁此进行,必跌至极度,再由官厅明令禁止,即告成功。或虑巨款呆搁,不知现水既然平,钞票流通,金库集中贵行,且无单子危险,焉有不能周转之理?或虑钱业风潮,不知钱业现已各自筹备,预防恐慌,迅速决行,吃亏者少;若迁延不定,投机者起,市面必大骚动,以后浙江金融不堪设想。贵行所难者现款,到现既有着而优柔不决,未免失计。弟为敝省金融计,与汉章、新之、睦芗诸君询谋佥同,故作最后忠告,务乞裁决。至敝行借款实为维持大局,惟行章必须抵品,并非贪图放款,故示赞同,请勿误会。葵。0528 兴。

(电稿,同上引档)①

【4】1918 年 10 月某日

业,北京通密。转公权兄:革现事,谷②与官厅接洽周妥,润亦竭诚进行。风声所树,甬水跌至廿八元,绍水四十四元,与在京面谈情形大异。趁此根本革除,事半功倍,倘失机会,未免可惜。弟等均以谷之主张极为稳健,刻正筹商款项,敝行亦全力助之。抑、葵。兴。

(电稿,同上引档)

【5】1921 年 1 月 10 日

(董事长致张公权先生函)

顷奉七日赐函,敬悉一切。前次覆电,知已接到。购车经募债票,敝行认募一股,本拟电嘱京行代表签字,因公会诸家以上海共认三股,自以均在上海会同签字为妥。敝行已允照办,故电请尊处将合同寄沪。好在上海各家除敝行外尚合认二股,家数非九即十,应推代表两家,尚未推定,均系在上海签字,非将合同寄来不可矣。一切情形新之到京当已面洽。复颂

日祉。

弟景葵顿　一月十日

---

① 此电稿系蒋抑卮手迹。——编者
② 谷,指浙兴杭州分行经理蔡谷青;润,指金润泉。——编者

幼伟先生均此。

(信稿,上档 Q268—1—652)

附:1921年1月7日张公权致先生函。云:

揆初先生大鉴:奉电敬悉。购车借款尊处认募一股,慰甚。日美两国代表屡言希望中国银团成立,沪上各家仍盼鼎力,切实商请加入。顷已电致馥荪,此间情形,具详电内。交部催两三日内签字,务请接洽后迅即电复,至为感幸。合同最后定稿略有改易,兹奉三份,即祈察阅,分转同仁。最后易定之稿,无非为团体筹万全之计,想高明必表同情也。惟合同份数过多,寄沪签字恐多不便,可否委托汪君①代签,尚盼示复为感。专此函复。敬颂

大绥。　　　　　　张嘉璈敬启　一月七日

(原件,同上引档)

又,1921年1月12日张嘉璈致先生、李铭、杨敦甫电。云:

葵公并馥孙、敦甫两兄:新之到,详悉一切。此举完全对外,意在普及。北京各商业银行合上海三股,约可得廿二股,中、交各四股。鄙意拟在中、交名下划出二股,归浙江、上海出面,浙江、上海在两股中担任之数照旧担任,上海二股请推四明、东亚出名。再,上海、浙江、四明、东亚四行,即电委景西代签字最妙。电复。权。

(副本,同上引档)

【6】1921年1月12日下午

业。北京转公权兄:电悉。浙江、上海、四明允照办,东亚须候港电,惟公决在沪签字,请速寄。葵。

(副本,同上引档)

---

① 指浙兴北京分行经理汪卜桑。——编者

致张　颀（三通）

张颀，时任浙江银行监理官。

【1】1915 年 9 月 16 日

　　径启者，据敝杭行函称，奉三十四号饬开以"奉财政部批，库存报告表说明书内载铜元每百枚合银元八角，每元应换铜元一百二十五枚。查纸币兑换市价报告表，兑换铜元数栏内为一百三十枚，较说明书所载相差五枚。一日之间，折合彼此不同，实情如何，转饬声复"等因。饬将所以假定前项数目原由声复以凭转详等因，到行具函前来。查本行向无铜元进出，其库存铜元，百枚合银元八角计算者，系本行假定标准，取便自行记数，与市价无涉。历届库存表报告照此填注，始与本行记账相符。惟未于说明书内声明假定缘由，以致与兑换表不符之处端委莫名。兹准饬知，相应函达，祈希查照，转详是荷。此致

浙江银行监理官　　　　　浙江兴业银行董事长叶景葵谨启

　　　　　　　　　　　　　　　（四年）九月十六日

　　　　　　　　　　　　　（信稿，上档 Q268—1—70）

【2】1915 年 9 月 18 日

　　径启者，据敝杭行函称，迭奉二十七号、二十八号大饬，属造三年下半年损益表，并发表式一纸等因，到行具函前来。兹将民国三年全年份杭州、汉口、上海、北京各行损益之数，汇造总标目式三份，敬希詧核。转送审计院、财政部备案。至敝行账目向在阴历年终结算一次，此项损益表，嗣后当于每年总结后年报一次，合并陈明。此致

浙江银行监理官　　　　　浙江兴业银行董事长叶景葵谨启

计呈三年分损益表三份。

(信稿,同上引档)

【3】1915年12月6日

径启者,准第三十六号饬以财政部批敝行前送三年份财政目录、出入对照表、损益表各节,饬查明具复等因。到行谨查读部批内开:"损益表纯益一项系十万一千七百二十四元八角七分,何以对照表出款栏内仅列为六万六千三百八十六元七角一分?两数相差至三千(万)五千三百三十八元余之钜"一节。查敝行填损益表时所列科目,悉照部颁格式填写。敝行上年损益之数内,有官利三万五千三百三十六元一角六分一项,而部颁表式损益栏内无此科目,乃将此项仍留纯益之内。其对照表内数目已将此项扣除,故其数为六万六千三百八十六元七角一分。此数目不符因迁就科目所致,可以复按者也。又部批对照表入款栏内"票存"一项、出款栏内"银票及各项票据"一项,数目是否即系旬报表内"纸币流通存储"之数一节。查对照表"入款票存"一项,系指本行所收之远期银票、出款银票及各种票据一项,系指本行所发银券及本行所出本票等。其旬报表所列流通存储之数,乃仅指所发银券,且限于杭行一部分者,此科目所指不同,数目当然不能相抵者也,至部批库存一项,核与前款计较,多一百五十一万八千七百五十七元七角五分一节,此项库存之数不知指何表所列?所云前款亦[不]知与何项报告比较?应请指明批示,俾便答复。至前请各项报告于每年总结后年造一次,尊情仰荷,通融照准,容即遵批办理。所有奉批查明各节缘由,谨具函奉复,敬希詧核,转详呈荷。此致

浙江银行监理官　　　　浙江兴业银行董事长叶景葵(印)

(四年)十二月六日

(信稿,上档Q268—1—499)

致张元济(十八通)

张元济(1867~1959),字筱斋,号菊生,浙江海盐人。光绪进士。戊戌维新时在北京经办通艺学堂。后加入商务印书馆,任编译所所长、经理、董事长。藏书家、版本目录学家,抗战中与先生等创办合众图书馆。

【1】1913年10月31日

送上京电一函,计二纸,乞阅后转送云台,如何作答,并请商定示后,以便转达。手颂

菊生先生台安

　　　　　　　　　　　　景葵　二年十月三十一号

附:张元济批注:

弟于商业情形隔膜太甚,且并无自营之实业,不足取信外人,祈代婉辞。

　　　　　　　　　　　　　　　二年十一月一日

附:张謇、熊希龄致张元济等电

二年十月三十一日,端密,请转张菊生、聂云台两先生鉴:民国幼弱,外交困难,日俄尤甚。现在救急之策,非曲意联络,难戢野心。日本实业家涩泽男等前与孙文创立合办中日兴业公司,孙文既败,日人甚为失望。前日日本公使以此相商,拟与政府继续合办。政府允许助款,但须请中国实业家出场担任。熟商资望最隆,经验最富者,厥惟二公。拟请为国担负,并乞来京一商。无任切盼,并乞速复。

謇、龄同叩。　卅

浙江兴业银行樊时勋君,时密,请转张菊生、聂云台、叶揆初先生鉴:昨廿九电请张、聂两公担任中日合办兴业公司事,未蒙赐复,甚为悬盼。查此举关系中国外交最属紧逼,涩泽男职准于十三日回日,到京务望两公慨允,并乞迅速北上,无任感盼。乞电。希龄。鱼叩。

(引自《张元济全集》第1卷,第311页)

【2】1920 年 1 月 24 日

要商议胡君祖同①,盖已接叔通信也,即复一电,余继致胡君一信。② （《张元济日记》,第940页）

【3】1931 年某月 26 日

菊老大鉴:顷闻长者稍有头痛,至以为念。丁斐翁谈拟为公租莫干山小梅之屋。记得小梅所得政府发还之公文,系张静江先生在任时所发。后政府谓其手续不完,未必能承认。故与其向小梅租用,不如直接向管理局租用。管理局长现为何人,不得而知。此事以速托周湘翁为要,因管理局诸人皆知周老太爷,周亦时与周旋也。再侄景葵顿首。 二十六日

百双楼书单已来,并无罕见之书。

（抄件）

【4】1934 年 1 月 2 日

菊丈大鉴:顷接邓孝先兄函,以书库贫乏,意愿亦廉价购《四部丛刊续编》一部,以补未购预约之憾。未知尚可设法否?特将原函奉呈,乞酌示。敬颂

著安。

姻再侄景葵顿首 二十三年一月二日

---

① 胡祖同,英国伯明翰大学硕士毕业,时在杭州任公立法校教授,由先生推荐进商务印书馆。后似未成功。——编者
② 此为先生在北京致张电报。——编者

附：张元济批转商务经理李宣龚云：

拔翁鉴：原信呈览。究不知邓君所欲得者是否为再版之《四部丛刊》，抑为今年出版之《续编》？请并行查明，当覆。张元济。

最好乞覆弟数行，俾弟可持原信转送，省得另覆。尤为感荷。

（抄件）

【5】1935年6月10日

菊丈大鉴：奉示敬悉。王君宗培曾著《中国三合会》一书，敝行因之延揽，现在调处任事。地山叔住愚园路联安坊。内只四家，一问便知。续还两书，奉缴理兄处，遵通知。前闻尊藏有孙颐谷侍卫手校之书，便中乞赐假一读为盼。敬颂

日祉。　　　　　　　　再侄景葵顿首　廿四年六月十日

（抄件）

【6】1935年11月7日

明日回杭扫墓。陈澄中兄之抄本《三国志》，请鉴定后表示意见。送交中央银行稽核处，或交敝行竹森兄转交亦可。大约十日后可以重新领教也。敬上

菊丈。　　　　　　　　再侄景葵顿首　廿四年十一月七日

附：张元济批注：

交来人带去。即写在来信回单簿上。

（抄件）

【7】1937年11月5日

菊丈台鉴：顷接通丈①信，知长者于危险之下为葵理故书，感惶无地。葵初购书，皆普通浏览之书。近来稍得先儒稿本及明刻各书，然亦未成片段。以近来物力之艰，得此已觉匪易。今岁室人物故，私计不再购书，并拟将难得之本，一为整比捐入可以共信之图书馆，而

---

① 指陈叔通。——编者

于普通各书，则留为随时消遣之用，虽未暇为之，而已有就正有道之意，盖自省鉴别不精，恐以珷玞乱玉也，今于危险时期承长者慨然代为检点，私衷何等庆幸。但敝寓正在炮火之下，敝藏无多，尽可将书箱送至尊寓。因稍为罕见之书，皆存入柚木书箱之内（文章千古事。三十箱，法自儒家。有三十箱厥协，六经异传十二箱，其中亦有极寻常者，皆昔存未改装者也。又，三楼有郑振铎押品两橱，书房地下杂厕有新购者，楼下客室橱中皆普通印本），移送不难也，历年虽有草目，但凌乱无伦次，凡无价值而易得者置之可耳。葵到汉尚安，适昔时政府拟以衡州为最后退步，而近日已大肆轰炸，太原危急。河西之险，铁骑可以凭陵，则成都、重庆等处，何尝不可轰炸？故只能相当趋避，而无绝对安全之地也。草草布谢。敬颂

颐福。　　　　　　　　　　再侄景葵谨上　廿六、十一、五。

　　附：张元济批注：26、11、23复　　　　　　　　　（原件）

【8】1937年12月3日

菊生太姻丈鉴：昨由汉馆奉到赐示，敬悉敝藏书籍承公鉴别，刻已全部保存，将来事定后，拟选择可以保存之价值者，请公再为鉴定，编一清目，想亦大雅所乐闻也。汉市不免扰攘，因京都纷纷后撤，但行政无系统诸事，待最高首领解决，而首领刻正在艰危督战中，安得有此余暇？所以对于敌人相形见绌之处，不仅在军器之窳、军士之杂，实各事均无组织之所致。刻下骑上虎背，欲罢不能，只有拼死奋斗而已。葵因汉行近为内地集中处所较繁，一时不拟返沪。敬颂

日祉。　　　　　　　　　　再侄景葵顿首　廿六、十二、三。

　　　　　　　　　　　　　　　　　　　　　　（原件）

【9】1939年7月18日

昨谈甚快。送上郑君①借据乙纸、凭信乙纸，乞即费神转向郑君

---

① 郑君，即郑振铎。——编者

商洽。至借书陈列事,在廿二年九月悉抵押期未满以前之通融办法,业已如数收回。葵当时似有一收条,不甚记忆。即颂

菊丈颐安。　　　　　　　再侄葵顿首　廿八、七、十八。

附:张元济批注:

28年7月24日送还,同时送去复郑君信乞核。

28年7月23日面还。

(抄件)

【10】1939年7月25日

菊丈鉴:奉两示均敬悉。改定稿①已打好,兹奉上。并原稿乙纸,又第一稿正副两纸,均乞詧收。费神感谢。敬颂

日祉。　　　　　　　再侄景葵顿首　廿八年七月廿五日

(抄件)

【11】1939年7月30日

起潜艸一本馆意见书,葵已将鄙见僭书于上,请长者详细斟酌。其不当者教正之。或须与起潜面洽,可以电话召之。一切均仗卓裁定夺,敬上

菊丈。　　　　　　　再侄景葵顿首　二十八年七月卅日

(原件)

附:1939年8月1日张元济复先生函。云:

揆初吾兄有道:前日奉手示,并顾君意见书均谨悉。意见书展诵数过,已就管见所及签出粘呈,敬祈核定。顾君曾晤数面,持论名通,为馆得人,前途可贺。肃复。祇颂台安。

　　　　　　　　　　　　弟张元济顿首　八月一日

(《张元济全集》,第1卷,第313页)

又,1939年8月16日张元济致先生函。云:

---

① 即顾廷龙草拟的《创办合众图书馆意见书》。——编者

揆初吾兄有道：前日顾起潜兄来寓，谈合众图书馆编目事，并携有各家书目，均采四库而略加变通者。其意以四库编次不无可议，拟就后出诸家择善而从。弟意本馆既以国粹为主，各家书目虽各有见地，而资格究在四库之下，且亦未必尽善。何去何从，颇难适当。不如悉从四库，较为持之有故，言之成理。惟起兄提出两条：（一）四库以丛书入杂家，现拟另编；（二）近人著哲学类可附入国粹者，应否增加哲学一门。鄙见丛书日新月盛，与四库成书时不同，自当变通。惟第二题殊难决定，或勉附杂家各门，似亦一道，谨请裁酌。即颂台安。

弟张元济顿首　廿八年八月十六日

（同上引书，第313页）

【12】1939年10月24日

两示均悉。承赐阅《涵芬楼烬余书录》，已交起潜郑重检择。将来借抄时均照定章办理。冯君①事，前闻颂丈②提及，此件目前转运为难，存储处所亦非新屋不能容纳，亦属起潜设法一访冯君。俟熟谂后再行交换意见。缮写生已用妥，通丈③旧人潘士霖，目前一夔已足，严君只可缓图。如楷法可用，将来有钞书机会，尚可代谋。乞转。敬颂菊丈颐安。

再侄景葵顿首　二十八年十月廿四日

（原件）

附：1939年10月19日张元济复先生函。云：

揆初吾兄有道：昨奉还示，谨诵悉。涵芬楼余书未知吾兄拟抄何类？今属将所编书录呈阅。需用何种，均可代为借出。有《明文海》，外间传本甚少，亦系大部书。本数较多者，可分为数次。惟不欲人影写，恐时人不

---

① 冯君，名不详。似为藏书人，有意向合众让书。——编者
② 指汪诒年（颂阁）。——编者
③ 指陈叔通。——编者

善为此,损及原书。再写官居处难免有危险之虞,最好在尊寓或图书馆中抄录,即托起潜兄校阅,保存尤便也。并乞裁酌。手复。敬请台安。

弟张元济顿首　十月十九日

(《张元济全集》,第 1 卷,第 313 页)

【13】1940 年 2 月 20 日

菊丈太姻叔大人尊鉴:兹送上邓孝先兄遗书四种,共十三册,计顾校《华阳国志》四册、陆何校惠跋《华阳国志》四册、龚校《韩诗外传》四册、明钞本《洪武圣政记》(附三种)一册。请鉴定,估一公平价格,拟由合众图书馆缴价收藏。附孝先兄原函一件。敬请著安。

姻再侄叶景葵顿首　二九、二、二十。

张元济批注:

复信附后,交来人带去。

(抄件)

【14】1941 年 4 月 9 日

多日未趋谒,天气甚寒,惟节卫适宜为颂。君九亦已出院,想已闻之。去年傅沅老借去《振绮堂书录》钞本,计已阅毕,可否便中函托寄还,或交敝京行代收亦可。因馆中有需查阅之件,而颂丈之原本不愿外借,未能借阅,故敢以琐事奉渎。敬颂

菊丈颐安。

景葵顿首。　卅、四、九。

(手迹影印件,《合众先贤墨迹选》第 38 页)

附:1941 年 4 月 10 日张元济复先生函。云:"昨奉手教,展诵谨悉。承注感感。振绮堂书录遵即函达。傅沅翁索取一信寄到即行送呈。贱体除步履未复元外,余无他病,敬祈释念。"

(《张元济全集》,第 1 卷,第 314 页)

【15】1941 年 5 月 22 日

奉示敬悉,遵即转致叔诚兄矣。伯希和复函未到。应将预备前致法领事说帖及缘起与简章先行拟妥。兹嘱起潜起草,送请长者裁

定后仍托前译法文之贵友,代为译成法文,俟伯希和函到,一并送去。将来说帖须请长者签名也。

(原件)

【16】1941年7月27日

昨承赐示《笏庵诗稿》残本,卷四《送孙又桥》诗有"上堂如有问,道鹏尚留寄"之句,则为吴清鹏无疑。检《两浙辑轩录》所载各诗,皆残稿所无。原稿二十卷,仅留二卷,意当时必有刻本,但各家均未见著录。清鹏为谷人先生次子,诗学甚深,杭州老辈中可与頫頩者甚罕。惜不得全集一读也。《辑轩录》载《送左文襄下第》诗,则咸丰初当尚存,上刻集约在咸丰时矣。乾若先生翩然戾止,是否卜居上海?从此多一请益之友,无任欢迎,日内当往访。八月一日下午三钟,拟在辣斐德路馆内开一发起人会,届时当遣敝车奉迓。法领复信尚未来。敬上

菊丈。

再侄景葵拜手。　三十年七月廿七日

(原件)

附:1941年7月26日　张元济致先生函。云:

揆初吾兄惠鉴:多日未晤,伏想起居安善。图书馆免捐事已否核准?甚念。前有友人以残本《笏庵诗稿》见贻,知为乡先辈著述,且系手稿。曾以示叔通,叔通认为吴氏清鹏所作。久拟呈阅,置诸箧中,忽忽数年,昨复检得,今呈上,乞核定为幸。鄂友张君乾若来沪与弟结邻,属致意。敬颂台安。

弟张元济顿首　七月二十六日

(《张元济全集》,第1卷,第314页)

【17】1943年8月13日

承赐瑶篇,所以黾勉之者。甚至敢不拜嘉,步公后尘,同尽匹夫之责。谨本斯旨,和长句一首,乞斧正甚幸。手复并谢。敬上

菊公吾丈史席　　姻再侄景葵顿首　卅二年八月十三日

1353

附七律一首,参见本书"诗联存"。

【18】

丈钧鉴：奉示敬悉。敝斋无《明史》,问清先生旧藏《廿四史》全部,以三千元售与陶兰泉丈又由陶以钜价售与徐十(即东海之弟名世章者,曾为津浦督办。闻陶言,书去而价未付),未知与长者有旧否？如托傅藏园①介绍借印,或可概允。敬颂

著安。

再侄景葵顿首　廿日

附：张元济批注：

请拔翁台阅。仍请设法或托伯恒兄访之北平图书馆或上海故宫博物院,或有此种初印殿版也。

致赵凤昌(一通)

赵凤昌(1856～1938),字竹庄,江苏武进人。初入两广、两湖总督张之洞幕。民国后在沪参与东南互保议和,曾任汉冶萍公司董事,并与张謇、章太炎等组织统一党。

【1】1914年4月11日

次帅②此举为公义,兼为东事。葵极钦佩,岂可劝阻？公难离沪,帅亦深知,但能蒲轮往来,口容借箸,于愿亦足。请弗辞。葵。

(《赵凤昌藏札》,第116页)

---

① 即傅增湘。——编者
② 次帅,指赵尔巽,字次珊。——编者

致赵尔巽(四通)

赵尔巽(1844～1927),字次珊,号无补。原籍铁岭,汉军正蓝旗人。官居山西布政使、湖南巡抚、盛京将军、成都将军、东三省总督等要职。辛亥九月发起奉天保安会,任会长。民国元年任东三省都督,不久隐退。次年,出任清史馆馆长。

【1】1911年10月25日(宣统三年九月初四日)

督宪:端、荫帅大败,后路断,往东退五十里。入川兵变,端仅以身免。葵。(下午十点十分北京发 十二点十三分到)

(《清代档案史料丛编》第8辑,第333页)

【2】1911年11月5日(宣统三年九月十五日)

盛京督宪:晶。汉口官军焚杀无辜,甚惨。顺直谘议局乘东南各团体不肯承认君主立宪,痛诋资政院。上海华界兵警倡独立。项城辞职。葵。(下午五点二十四分北京发 十六日上午九点五分到)

(同上,第338页)

【3】1912年1月2日(辛亥十一月十四日)

大帅钧鉴:前托蜕老转呈一缄,计达严照。闻钧座请假十日,当是政躬过劳之故,未知近已如常否?倚畀之隆,必不容遽尔乞退,但默观时局,为吾帅计,非退不可。一则民党主张共和,初犹散漫,今则已具雏形。袁内阁内实赞成,外犹坚执,双方激宕,必有合尖之日。我帅传家忠孝,始终纯白,可以质鬼神而无愧,故宜趁此时机,力请引避。二则奉局之保存已煞费苦筹支柱，事定以后，骄将悍卒，与夫地方民党之潮流，一弛一张，难艰百出，另易生手，不能转圜。我帅乘此恰好时光，退让贤路，项城夹袋必有可以瓜代之人。保全令名，时不可再。综此二者，皆宜早日决定。葵历受栽培，愧无报称，用敢本其诚意，为刍荛之献。我帅两袖清风，家累太重，但诸郎皆明白事理，以后生计好自为之，帅竹杖芒鞋，所需有限，门生故吏，如葵之不肖者，尚足以薄力所得供游山之资。当断即断，务请早决，不可犹豫。

我帅尝谓葵去官太轻，诚然是言。惟乱世去官，非有封金挂印之举，如小说所云云者恐亦未易办到。家严宰郑，亦已力请乞病，当蒙采纳。以后杖履优游，入林偕隐，岂不乐耶？

日来和议情形，蜕老处时有报告，想已转陈。葵足疾已愈，因两军言和，关系太重，不愿遽离。俟和局有成，即可自由行动矣。敬叩崇安。

景葵叩上，十四。

再，日本政府于我邦革命事业，宗旨数变。始则以为此次必蹈庚子后辙，外人干涉，日为盟主，可以乘机脔割。继则革军不扰外人，欧美态度甚静，乃竭力鼓吹承认中立，意欲乱事延长，从中取利。孰意鼓吹太过，国中民党从而生心，将有幸德秋水之祸，故明治及诸元老非常忧虑，乃有劝和之举。又孰知和议将合，项城有总统希望，日政府最忌项城，不得不设法运动，欲其和议中变其民党，亦竭力赞成革军，利其久战，与其政府虽相背而驰，而畏项城外交诡谲之心，则如出一辙。无如列强知之，革军尤知之，其谋或不得逞。未知变态如何，容再布闻。（上海发）

（同上，第111～112页）

【4】1912年2月15日

盛京赵次帅鉴：共和诏下，并美唐虞，千载美谈，中国幸福。乃闻妄人阻挠我帅，力劝拥戴亲贵，借助外人。是动天下之兵，以三省为孤注，生为戎首，殁受恶名，破国亡家，岂徒杀身而已！我帅仁明，

决不出此。惟盼早日退休。万千翘企。葵、巧。勘。(十五日青岛发下午九点到)

(同上,第188页)

附:1912年2月15日赵尔巽覆叶景葵等电稿

青岛安和,大变岂无能救?蜕、羁电张皆蛇足,欢尤过听,无若是昧乎?羁沁电直是撒赖,即十羁来,能强无行乎?一举足而乱作,一坐镇而境安,宜何择焉!退则必退,但有其时耳。诸公勿躁扰,把晤不远也。

基仍在津,游街三日,款竟交孙,致声闻于外,恨极。且多一转,多一亏,青亦能用洋票,何为就远不就近?信疏不信亲?彼违我,属归亦何益?不知全交孙,抑尚带青若干,速告我。奉甚安。羁若来,是促我之死也。俭。(奉天发)

(同上,第189页)

致浙江、江苏省议会、督军、省长等(一通)

【1】1922年4月17日

杭州,省议会、卢督军、沈省长;南京,省议会,齐督军、王省长;各省省议会、巡阅使、总司令、督军、省长;各报馆均鉴:欧战告终,内争不已,川、陕、湘、鄂之民,堕于兵革蹂躏之中极矣。死丧枕藉,室家倾荡,呼号惨痛之声,宁不泣神鬼而惊遐迩!我江浙两省,当江海交通之冲,为中外商业所萃,自辛、壬、癸、甲以来,内厘蛮蚯相依之义,外迫兔狐伤类之悲,休戚安危,相维相顾,犹复人养兵而我协之,人遭兵而我恤之,事非所欲而罔敢不从,力岂能胜而义无坐视。我江浙人惟日恫于杀人之凶残,故胥戒以弄兵为大耻,其良心然也。自顷两省百县大灾之后,人民奔走,救死不暇,而讹言忽起,倏传某方煽两省自斗,倏传浙且袭江,倏传江且被他击而浙掎之。天灾涛水旱矣,犹煎以人稠;商市涸金融矣,犹挤及贫农。户多仰屋之嗟,人有惊弓之色剧矣。我江浙人民,久吴越一家以相安,无周郑交恶之小隙,乱靡有兆,师以何名?抑闻两省当局,平日宣言与其行事,民亦信之,宁忽翻异。意所传某方某方,或不尽无因,然某方某方,独不在共和国家之内乎?共和国家讵非以人民为主体乎?川、陕、湘、鄂残之已如此,岂以彼为异民乎?岂犹以为未足,而必及江浙,使我中国无一片干净土乎?胥中国而残之,胥残者而仇之,岂将以上天下地为其权利寄托所乎?江浙人民百思而不得其故。且夫江浙者,虽江浙人民之江浙,凡往来太平洋诸友邦人民,属耳目焉。比者邻国之警告,外报之论列,咸为中国兵祸之惧。夫此中外具瞻之江浙,我不自爱自卫,万一有人爱我而卫我者,斯岂惟国家主权之忧?更安有诸公佳兵为豪之地?奈何不一计及之也。利诸公而左右之者,亦奈何不一计及之也。远而五代,近而十年,恃武力,逞横暴,拂民意,攫势位,颠覆继踵。往事彰彰可睹矣。江浙人诚不武,诚过好仁。然于兹往事,则无日不心焉数之,亦诚不愿我当局言行相违,以仅仅孑遗之片土,不相宝爱,并不忍诸公之良心久久迷复也,用是合词宣告,我江浙人民,既不愿以一官一职供人之政争,更不愿以一兵一饷助人之暴行。有违是者乎,我江浙人民无甘心承认之理,亦冀我两省民意代表机关与军民行政当局,有所表白,以安人心,息邪说也。

<table>
<tr><td>张　謇</td><td>盛炳纬</td><td>韩国钧</td><td>张元济</td><td>段书云</td></tr>
<tr><td>陈敬第</td><td>王清穆</td><td>陶保廉</td><td>黄以霖</td><td>盛炳纪</td></tr>
<tr><td>袁希涛</td><td>沈钧儒</td><td>丁　锦</td><td>叶景葵</td><td>沈恩孚</td></tr>
<tr><td>蒋汝藻</td><td>黄炎培</td><td>章亮元</td><td>篠</td><td></td></tr>
</table>

(1922年4月18日《申报》)

致浙江兴业银行北京分行(一通)

【1】1926年2月9日

电悉。股东只得五万,除此别无他法。乞转达原谅。葵。

(电稿,上档 Q268—1—564)

附:同日浙兴京行致先生电。云:"揆公:四合事前途坚持原议,并次年内解决。公权无法对付。如何?电复。"

(原件,同上引档)

致浙江兴业银行各分支行通函(四十三通)

【1】1925年10月29日

通字四四号

津、京、杭、哈、奉、汉、郑、石(各分支行)大鉴:本埠镇江帮惠兴钱庄(小同行)内容向系空虚,其经理副理黄、霍二人历年亏负,总数当在叁拾万以上。暗中竭蹶由来已久,全恃北帮银号、银行之存款以为运用。此次因上海边业银行代哈尔滨电车公司解西门子洋行电料款项,为数达七十万元,即将存在该庄之款提用殆尽。兼以时局关系,津奉等帮在沪解款及由沪装运现洋北上,为数甚钜,致该庄浮存款项骤受影响,周转不灵,于昨日午后倒闭。经副理等均于事前避匿,簿据亦检寻无着。就调查所得,对外亏欠约近八十万两之谱。其中钱业大小同行,占银数约拾余万、洋数约二十余万。此外东三省银行约占十三万,边业三万,敦昌、敦义亦近十万。华商银行亦有数家往来,除四明银行闻有五万外,其余数万两至一二千两,将来收回希望至多三折。今日早市银拆开至三钱半,亦系受该庄倒闭之影响。然数目究不甚钜,受累者又亦北帮居多。银拆本系松时,故影响于沪市金融必不钜。一二日后银拆当可照常。希台洽,顺颂

大绥。

（郑不加）四三号通函以无关尊处事项,故未发奉,祈台洽。又及。

(副本,上档 Q268—1—115)

【2】1926 年 4 月 26 日

近来因时局关系,各埠邮件常有阻滞,各分行开出汇票屡有票根未到而汇票先来兑取。在收款人大都急于需用,要求凭票预付。敝处为查验汇票印鉴相符,亦只得量予通融。惟间有凭签字图章支取者,各行大都在票面盖留有印鉴,或凭签章支取,或凭保可付等字样,而持票人三字多未画销,并在旁加盖"凭图章支取"或"凭签字支取"等图章,以昭慎重。希台洽。专此。(下阕)

(副本,上档 Q268—1—113)

【3】1926 年 6 月 10 日

此间东方商业银行因受香港该总行倒闭影响,同时搁浅。闻其出事原因,系营运国外汇兑受耗所致。故金融界中除平时与该行有外汇交易者,稍须牵连外,其他华商银行与钱庄,大都无甚关系。闻零星储蓄存款约有拾万。详情容续告。

(副本,上档 Q268—1—116)

【4】1926 年 11 月 20 日

顷据江西振华银行函称,"赣省军事以来,金融紊乱,收解停顿,一时筹救无法"等语。尊处俟后对于南昌、九江等处汇款请暂时止做,容可通汇当即函告。再者刻下时局多变,金融不静,凡非本支行所在地而系托各代理行转汇之地点,倘有发生军事混乱等情,尊处随

时注意并停止该埠之汇款为荷。

(副本,上档 Q268—1—116)

【5】1927 年 3 月 29 日

此间邮局前因欢迎国民革命军全体停工,始于廿六日开始复工。积压邮件为数既多,且以时值戒严,邮局办公时间又较减缩,固只能分批零星投送。而查其来件,似系迟到先理,致各行所寄号函及报单,中间颇有脱漏。敝处亦只能不分先后,随到随办。对于收解各款,其无补期之必要者,均按印期照理,以省手续。至被搁函件,如日久不到再函告。先请台洽。

(副本,上档 Q268—1—117)

【6】1927 年 4 月 26 日

查股票押款,前经重员会议议决停做在案。时局不靖,公司处境益艰,原有押进股票自应积极收缩,以后尊处股票押款到期,概请预先加紧催还,勿予续转。如果无力清债,亦须订立切实分期取赎办法,俾可逐渐减少。是所至盼。

(副本,上档 Q268—1—117)

【7】1927 年 5 月 31 日

兹因浙江兴业银行十六年五月九日董事会议决行员加薪办法及提议修改盈余分配办法草案,同人等认为此项办法实行以后,关于劳资两方事项,自不发生任何问题,对外亦不加入任何团体,深得劳资合作之义。总办事处应尊重此项提案,要求股东会通过,俾促成劳资合作美满之效果。为此双方郑重声明,立约为据。此订。

附录董事会提议《修改盈余分配草案》(略)。

(副本,上档 Q268—1—71)

【8】1927 年 12 月 24 日

顷接江苏银行来函,要求按照原定通汇契约,"除该行蚌埠、徐州两汇兑处均因时局关系暂行裁撤外,其余各埠分行均拟继续委托代理收解事宜,俾资便利"等语。敝处以尊处对于苏省境内汇款似亦不少,为我行自身便利计,亦愿与该行联络。惟查原约所订手续费,间如京津等处今昔情形不同,自非酌改不可。惟我行对于此项手续费一经更改,恐该行亦必须有相当之增加。敝处之意,拟对于数在弍百元以内之汇款,只酌收相当手续费;如需超过此数则核实计算汇水。请尊处酌量情形,以如何计算为宜即示复,以便与该行重新商定为荷。

（副本,上档 Q268—1—117）

【9】1931 年 4 月 2 日

兹聘请杨君石湖先生为本行特聘员,兼筹备南京分行事宜。杨君业于本日到行。

（副本,同上引档）

【10】1931 年 5 月 19 日

杭、汉、津平、库大鉴：径启者,总行于北苏州路新建货栈,不日落成。现议定附设北苏州路支行。设经理一人,会计主任一人。原设货栈主任、副主任缺,应即裁撤。原任货栈副主任兼会计员林曼卿君升任货栈经理,兼任北苏州路支行经理。又总行现设西区、虹口、霞飞路分理处,应即改为支行,原任分理处主任已分别改任为支行经理。上述各节,除函总行照办外,特此奉洽。即希台恰为荷。顺颂

大绥。　　　　　　浙江兴业银行总办事处启　二十年五月十九日

（副本,上档 Q268—1—62）

【11】1931 年 6 月 23 日

总、杭、汉、平、津、库大鉴：径启者,本行此次增股,除以原存股份准备四十万元升作正式股份外,另设股额一百一十万元。五月底缴款期前已逾定额,而于五月以后陆续请求缴股者,复不一而足,以致溢出原额洋十数万元。股东、非股东缴股踊跃,势难坚拒。而增股

定额系由股东会决议,又未便再增,只可就本行行员保险金项下认股总平均让出,以使请求缴股者无向隅之憾。兹重制行员保险金认股表一份送上,请察收。其与原发之表不同之点,即(一)按照表内合计数四分之一付现款;(二)下余四分之三满百元者填给股票,不满百元之尾数亦付现款,请台洽。该表既已重制,则行员原填之认股数,亦有异动。兹连同原认股书发奉(原编号数请勿改动),请嘱各员照表内应填股票数,分别改填认股数。其因此股票张数、股数亦有异动者,亦请其酌量改填,仍汇齐缴下为荷。顺颂
台祺。　　　　　浙江兴业银行总办事处　二十年六月廿三日
　　　　　　　　　　　(副本,上档 Q268—1—62)

【12】1931 年 7 月 6 日

　　杭、汉、津、平、发行库、京行大鉴:径启者,七月四日董事会议决总行编制图,已另文行知在案。同日董事会议决现任总行营业部副经理曹吉如君升任总行经理;原任会计部长沈棉庭君改任稽核兼业务部部长。所有原来稽核股事宜归稽核直辖。除专函总行并分行外,特此奉布。即希
台恰为荷。顺颂
大绥。　　　　　浙江兴业银行总办事处启　二十年七月六日
　　　　　　　　　　　(副本,上档 Q268—1—62)

【13】1932 年 2 月 9 日

　　杭、汉、津、平、京行大鉴:此间自开市以来,敝处对于各分支行委托收解款项事宜,在可能范围以内,自应勉为代理。惟查托解汇款各收款人,或在战事区域,如闸北、虹口等处;或在戒严区域,如苏州河以北毗连战区及南市等处,敝处收款还解固属非常危险,即发信通知嘱其自取,当此居民流离失所、迁徙无定之际,难免无冒领或误交情事,应付亦甚困难。该项无法投解之款,只得退汇,由敝报单划奉,请洽记,并希据情婉告汇款人为荷。顺颂

大绥。　　　　　浙江兴业银行总办事处启　二十一年二月九日

（副本，上档 Q268—1—122）

【14】1932 年 3 月 2 日

杭、汉、津、平、京行大鉴：现在时局艰难，我总分支各行只有力求撙节开支，如有人手不敷，亦请于原有行员中酌派或兼充。非至万不得已，不另添人。

（副本，上档 Q268—1—62）

【15】1932 年 5 月 10 日

杭、汉、津、平、京行大鉴：径启者，上海银行周报社现出有《银行家及银行员之座右铭》一书，内容甚好，足资借镜。每册价银五角，多购可扣折。总处之意，拟令总分支行合购若干，分赠同人，每人一册。敝处拟即照办。尊处谅必赞同，故已代为购就。查我行全体同事共三百余人，照该书购例，一百部以上五百部以下者，七折计算，计每册实价三角五分。尊处同事　①　人，应购　　册，共计银　　元　　角　　分。兹将该书　　册另包奉上，到请查收分赠各同人，并将该书价照付尊册，另以报单填告。即希

台恰为荷。顺颂

大绥。　　　　　　　　　　廿一年五月十日

先生另亲笔批条云："此函庶务股径寄各行。"粘附于上。

（副本，上档 Q268—1—122）

【16】1932 年 8 月 9 日

杭、汉、津、平、京行大鉴：径启者，现议定添设郑州支行，归总行直辖，派马菊年为经理。即希

台恰为荷。顺颂

大绥。　　　　　浙江兴业银行总办事处启　廿一年八月九日

（副本，上档 Q268—1—62）

---

① 原件此处空白。下同。——编者

【17】1933 年 1 月 1 日

通告（不列号） 现在时事艰虞，正应减少仪文，祈求实践。新年同人团拜，拟不举行，个人间亦概不往来访谒。特此通告。

　　　　叶景葵　徐寄庼　徐新六　廿二年一月一日
　　　　　　　　（副本，上档 Q268—1—534）

【18】1933 年 8 月 23 日

通告　现定于蚌埠添设办事处，归京行管辖。派敝处翁民牖君为办事专员。叶景葵　徐寄庼　徐新六　廿二年八月廿三日
　　　　　　　　（副本，上档 Q268—1—123）

【19】1934 年 3 月 12 日

○○台鉴：（一）查本年董员会议议决，"总行设立债券投资委员会，兹指定叶揆初君、徐寄庼君、徐新六君、沈棉庭君、竹森生君五人为本委员会委员，以徐新六君为召集人"等因，遵于本月十日将该委员会组织成立，除函报总处备案外，特以奉布，祈台洽。（二）本行公积金截止上年年底止，计银元二百六十二万余元。常年广告①内应否登载，请酌量情形办理为荷。即颂

台绥。

　　　　　　　　（副本，上档 Q268—1—62）

【20】1934 年 3 月 13 日

○○台鉴：径启者，查本年董员会议议决，总行设立债券投资委员会业已成立。此后各分支行认定投资额，请在总分行科目内另立专户，划交总行"收往来户付债券投资委员会户"。自调款到总行之日起息，由总行额按实得日数认付。保息周年六厘，每届决算计算一次。盈利按期限长短及认额多寡，以差分法分配。亏则归总行负担。

---

① 在上海市档案馆所藏浙兴老档案中，有一张叶景葵亲笔书写件："公积金二十六万六千元　各告白均须照改"（上档 Q268—1—632）。无年月日期。显然，先生某次发现浙兴广告中公积金数字被错登，少了一个 0，随即写下此条，通知有关人员改正。——编者

惟各分支行如得委员会之同意,随时加入或退出,均以一个月为最短期限。其退出时未届决算期限者,仅得保息,不分盈余。此外,如套利代客买卖及发行准备不在内,但均须委托总行办理,并在号信内说明,或在电文内另定符号。即希台洽照办为荷。顺颂

大绥。

(副本,同上引档)

【21】1934年4月7日

○○大鉴：现为彼此易于明了各地情形起见,以举办《每周通讯》,以通声息。议定《每周通讯》简则一种,附第一次《通讯》寄发。

举办《每周通讯》简则

一、各分支行、分理处、办事处暨货栈,应随时调查：(一)本地金融商况；(二)本地同业情形；(三)本地各业消息；(四)本行经历事实及(五)其他一切直接或间接与金融商业,或我行有关之本地或外埠传闻,可供参考或研究者,编成《每周报告》。于每星期规定日期,用快函直寄总行总经理室。倘有特殊事故,各行处并应随时另发专函报告。

二、各行处每周发寄《每周报告》之日期规定如下：

甲、下列各行处应于每星期三发出：总行所属霞飞支行、西区支行、北支行、虹口支行、锡支行；杭行及湖墅分处、湖州货栈；京行及京北处、关处。

乙、下列各行处应于每星期二发出：蚌处。

丙、下列各行处应于每星期一发出：津行及青岛支行、河坝分处；平行；汉行及汉阳货栈；郑行及新处、驻马处、信处、陕处。

三、各行处倘遇该周并无消息报告,仍须按时发函,说明并无消息报告。

四、总行根据各行处《每周报告》之材料,并加入总行本身调查所得之材料,编成《每周通讯》,分寄各行处。于每星期六发出。

五、《每周通讯》系专供本行各行处传递消息之用。每行处只寄

一份。由分行经副襄理、分处主任或专员亲拆。于拆阅后须妥为保管。无论何时,不得与行外人阅读。

六、《每周报告》所用笺纸及信封,另由总行规定格式,印好后分寄各行处。

(副本,上档Q268—1—62)

【22】1934年7月1日

办事专员一律改为分理处主任;同时办事处亦一律改为分理处。

(引自翁志云《邮乘产生后两年中本行行务纪要》,
《兴业邮乘》,第25期)

【23】1935年12月26日

议决平行经理汪卜桑君迭函辞职,应予照准。议决原任平行副经理竹尧生君升任平行经理,不设副经理。

(副本,上档Q268—1—145)

【24】1936年12月30日

新年同人团拜拟不举行,个人间亦概不往来访谒。特此通告。叶揆〇、徐新〇。 廿五年十二月卅日

(副本,上档Q268—1—146)

【25】1937年2月6日

拟对本行《每周通讯》略加改革,稍事扩充。报告时期系自上星期四至本星期三,每星期四汇编寄来;商品批发价格之报告,应选择当地之标准商品。一经选定以后即请勿再变更。如汉口桐油,以洪江为标准,地方证券请择当地有行市者报告。

(打字件,上档Q268—1—128)

【26】1937年7月21日

径密启者,近来时局不靖,为慎重起见,各种新放款除有特口者外,均应暂行止做。请台洽照办为荷。

(底稿,上档Q268—1—589)

【27】1937年8月3日

通密元号　各行处经理主任密函亲启

径密启者,查去年十月间时局紧张,敝处曾有紧急处置办法通告在案,兹再略为补充,分述如下,至希查照办理为荷。

1. 放款止做,以时局为伸缩。

2. 库存钞票略为准备,以能勉强应急为度。多存亦有危险。

3. 紧急时如不能向中、中、交三行调款,则开上海汇票支付。

4. 财产押品账簿如何安置,以及同人临时避难处所,由各行预为计划,陈报通信地点。

5. 与就地上海银行密洽,随时互通消息,互相援助,并商量临时应变事宜。

6. 各行存款无论活期定期,先抄录额表寄总行,以后逐日逐笔登记于日记账,以防簿据毁灭。

7. 存栈货物为粮食、煤斤等等,遇有征发,应注意办理手续,须有正式印收为凭。

(函稿,上档 Q268—1—589)

【28】1937年10月8日

总办通字六号函

○○大鉴:本年十月八日董事会议,佥以国难时期营业停顿,开支不能减少,难以维持。为同人生计着想,所有减薪及取消年资薪水等政策,本行不拟仿行。惟有数事应行裁减,以节开支。爰议决如下,特以录奉台洽照办。

议决一　廿六年十一月一日起裁减开支如下:一、董事、监察人公费、食费、车费均停支;一、员生伙食津贴、住宿津贴停支。办事人员由行供给午膳;练习生住行者仍由行供给三餐一宿。一、行员车费及贴付汽油费暨人力车费一律停支。行用人坐汽车,总行裁两辆,留两辆。一供总经理之用,一公用。余各分支行备有汽车者,一律裁撤。

议决二　廿六年十一月一日起,照议决一施行停止食宿费后,定临时津贴办法如下,亦自廿六年十一月一日起施行。一、薪水六十元以下者,月给临时津贴六元;一、薪水四十元以下者,月给临时津贴八元;一、薪水二十元以下者,月给临时津贴十元。

以上议决案请查照连同所属一体施行。至杂费、水电各费,并希竭力节减,仍将遵办情形报处查考。除分行外特此布达。即颂

台祺。　　　　　　　　　　　　总办事处启　廿六年十月八日

（油印件,上档 Q268—1—63）

【29】1938 年 2 月 17 日

据报载,上海邮局自本月二十日起收发邮件均须受检查。虽确否当不可知,为妥慎起见,嗣后寄沪公私函件,凡事涉政府机关以及名称词句并事件性质之易启人猜忌者,应一律注意避免。其不可避免者,亦应浑括其辞,以免麻烦。除分行外特此函达。盼希

照办。　　　　　　　　　　　　总办事处　二月十七日

（副本,上档 Q268—1—129）

【30】1939 年 1 月 31 日

总行业务处副经理孙人镜毋庸兼任调查股主任,派业务处副经理王兼士兼任调查股主任。

（副本,上档 Q268—1—149）

【31】1939 年 4 月 27 日

奉总办事处核准。昆明添设分理处,归总行管辖。派汉行襄理翁希古兼任该处主任,调长（沙）支行会计主任孔宝康、办事员骆德身至昆明分理处办事。

（函稿,上档 Q268—1—149）

【32】1939 年 5 月 29 日

总行台鉴：径启者,现在中日战争未了,百物昂贵,本行各地员役生活不无困难。兹议定酌加,给予稍资救济,名为战时生活补助

费,自本年七月份起实行,至中日战争终了时停止。其办法:行员薪水贰拾伍元至伍拾元者,每月支给拾元;伍拾壹元至壹百元者,支给捌元;贰百元以下者,支给柒元;叁百元以下者,陆元;肆百元以下者,伍元;练习生月给肆元,雇员照行员薪水等次支给。至各地栈司警役等,每人每月支给贰元。特以奉洽,希查照并转行所属一体遵照。此颂

大鉴。　　　　　　　总办事处　中华民国廿八年五月廿九日

（副本,上档 Q268—1—336）

【33】1939 年 6 月 13 日

暂调汉行副经理朱益能君为总行稽核处稽核。

（副本,上档 Q268—1—149）

【34】1939 年 7 月 28 日

总行台鉴:径启者,前以战事未了,百物昂贵,各地员役生活不无困难。业经酌定战事生活补助费办法,函请通行照办在案。兹查近日物价飞涨,前项补助费尚虞不敷。为安定员役生活起见,特再于前项办法外,议定临时地方津贴办法。增加给予除天津、重庆、昆明情形特殊已另案办理外,上海、汉口、北平、杭州等处生活程度大略相同。所有尊处及汉行、平行、吴仓、墅仓并各地退沪行员及雇员,均自本年八月份起,每人每月支给地方临时津贴拾元。支半薪者减半支给。练习生月给肆元。栈司警役人等月给贰元。得随时察看情形停止支给。希

台洽。　　　　　　　总办事处　中华民国七月廿八日

（副本,上档 Q268—1—336）

【35】1939 年 9 月 28 日

总行鉴:径启者,廿六年十月八日董事会,以国难严重、营业停顿,难以维持,议决将员生住宿津贴等费用,自是年十一月一日起停支,由敝通六号函通知总分支行一律遵照在案。现各地生活程度日

高,除迳经本处核准支给各员生战时生活费及临时地方津贴外,兹议定自本年十月份起,恢复各行行员住宿津贴。惟住行者特此奉给。希查照并转行所属一体知照。此颂

大绥。　　　　　　　总办事处　中华民国廿八年九月廿八日

(副本,上档 Q268—1—129)

【36】1940 年 5 月 3 日

近因物价继续增高,各员生原有薪津收入,维持生活颇感不敷。为安定员生生活起见,经陈准总办,自本年五月一日起将上海、汉口各行、处、仓行员及雇员,按照附表所列生活指标 160% 栏列各数,分别支给临时生活津贴。天津、北平、昆明、重庆各行、处、仓行员及雇员临时生活津贴,按照表列生活指标 180% 栏列各数分别支给(薪水不满五元作五元计。例如薪水五十一元,作五十五元计数,类推)。练习生一律改支津贴十六元,同时将原给临时地方津贴及战时生活补助费一律取销。

(副本,上档 Q268—1—130)

【37】1940 年 5 月 4 日

查员生临时生活津贴新办法,业由敝通十六号函知照在案。关于行役生活津贴,兹酌定每月十四元,自本年五月一日起支给。同时将前给临时生活补助费及临时地方津贴均一律取销。此次津贴付账办法,敝处以其四分之二仍付储送账,四分之一付米账,四分之一付煤账。尚希合洽照办,以归一公事。

(函稿,同上引档)

【38】1942 年 1 月 26 日

本行本年第三十五届股东定期会,因交通梗阻,召集不易,仍照上年办法,延期办理。所有三十年份股利红利,经董事会议先后议决,计上届自一月至六月,每股结股利三元;下届自七月至十二月,每股结股利三元、红利二元。除两届股利六元内扣所得税千分之五十、

1371

计三角外,净计全年每股股利红利,共计法币七元七角,并经议决上项股利红利先行发给,俟开股东会提请追认。兹定于本年二月九日在上海总行开始发给。

(副本,上档 Q268—1—63)

【39】1942 年 6 月 1 日

通函　南京财政部昨日发表布告,特定中央储蓄银行发行之钞票为统一通货。规定实施办法五条,于六月八日起先在苏、浙、皖三省及南京、上海两市施行。上海各银行、钱庄等在本年五月三十一日已发之一切旧法币(包括现钞及划款)存款、欠款及其他一切以旧法币为计算单位之债权债务,并经部准,均由各行庄在六月一日遵照二对一比率,一律换成中储券为本位。已由上海市银钱业向业会员顺时联合委员会公告各行庄一律照办。特此通函。即希
台詧。

总办事处　卅一年六月一日

(副本,上档 Q268—1—126)

【40】1942 年 12 月 24 日

尚其亮升任总行业务处副经理;缪金于升任总行北苏州路支行经理;潘用和升任总行信托部副经理;程德成升任天津分行襄理。

(副本,上档 Q268—1—63)

【41】1943 年 12 月 21 日

孙人镜君销去代储蓄部经理字样,即以业务处副经理兼储蓄部经理;夏遂初君以业务处襄理兼信托部襄理,仍兼外汇股主任;韩君涛君升任信托部副经理兼储蓄部副经理。

(副本,上档 Q268—1—153)

【42】1943 年 12 月 31 日

通字十四号

径启者,兹将本月廿三日乙种业务会议议决及行务会议通过各案摘要分述如左:

（一）放款分类之成分：

房地产　百分之二十；厂基机器　百分之二十；股票　百分之十五；货物及存单、公债并计　百分之三十五；信用　百分之十。

（二）押品种类及折扣：

房地产　照专家估价至多二折半；

厂基机器　临时酌定；

股票　暂照审定收押股票名称表办理。加列美亚绸厂、达丰染织厂、五和织造厂、华丰搪瓷厂、世界书局、浙江兴业银行六种。收押所有股票折扣，均照市价缩小至二折半以内，其未经增资财产充实市价尚未大涨者，可放至三折。

货物　注重非统制品及已列入主要商品，仍可在三省两市内自由移动者，如丝绸、纸张、烟叶等项，尚有其他种类及收押折扣，俟下次开会再行详细讨论。

存单公债　照面值九折。

（三）处、部、支行放款之限度：

处、部、支行放款，除信用者先行商定外，押款每户未逾二十万并在行章范围内者，可径自决定。各支行放款照存款利息及开支成本，暂定总额如左：

西支行　三百二十万；

霞支行　三百二十万；

虹支行　三百万；

北支行　二百十万。

各支行每星期三、六造具准备表，送总行并计。

（四）证券投资之集中：

各处、部、本外埠分支行及顾客，买卖证券，或顾客信托本行投资者，均归信托部集中办理。旧有证券酌量相当数目，移转于信托部。

（五）业务处与信托、储蓄两部押款之分配：

房地产　尽信托部收押属于业务处者,到期酌定相当数目,移转于信托部。

存单公债　尽储蓄部收押原属于业务处者,到期酌定相当数目,移转于储蓄部。

（六）放款期限及利率：

各种放款期限至多三个月；利率除照市拆者外,其余酌加至照市拆九折。均每月一结。至转期多次不大活动者,酌量加息或催赎。

（七）业务纪要办法：

每日重要业务为便于接洽起见,订定纪要传观。办法如下：

一、每日营业完毕,由各股主任记录重要事项。例如存款每户五十万元以上之收付及何人介绍；放款每户超过二十万元之数目或押品种类；折扣不合规定之原委及何人接洽等项（本埠支行用电话通知内汇股代记）。每股记毕,随即送由经管之副理过目盖章。如认为尚有重要事项,再行加记、盖章。

二、副理盖章送经理、总经理过目盖章。如认为尚有重要事项,均再行加记、盖章。

三、上项手续完毕,再由总经理发交经理总稽核及指定之副理传观、盖章。

四、传观完毕送总经理保存。

以上各项均自卅三年一月五日起实行。特此通函奉告,统希查照为荷。

（副本,上档 Q268—1—126）

【43】1945 年 1 月 17 日

通 1 号　总、汉、津、平、渝行台鉴：径启者,本行卅二年十一月、十二月两次股东会议,议决增资六百万元。决议案因少数股东异议涉讼,于上年十一月奉最高法院判决,上诉人不受该决议拘束,对于增股六百万元,有按会议日原有之旧股比例分配之议(即每一旧股配认新股一股有半)。是照判决案办理,对于起诉及未起诉之股东待遇两歧,颇多窒碍。爰于本月十四日,招集股东临时会重行讨论。是日议决事项如左:

一、重行讨论配认增资股份及分配盈余提议案。业由出席股东全场一致通过。惟因出席股东不足定额,成立假决议如左:

(一)增加资本国币陆百万元,计应添募新股陆万股,每股壹百元,全数由旧股东按原有二股配认新股三股之比例,平均分认;其应缴之股款由认股人以现金一次缴纳之。

(二)拨出历年积存盈余国币陆百万元,照历年分配盈余成案,以叁百万元分配与现任董监及现任职员。

(三)再就三十三年盈余中拨出国币陆百万元,以叁百万元分配与现任董监及现任职员。

二、通过卅二年上下两届决算。

除第一项假决议案须招集第二次股东会讨论,现定于二月四日招集第二次股东临时会外,取其第二次决议案。卅二年份之决算既经成立,卅二年份之股利、红利即可分发。查是项股息红利,上届自卅二年一月至六月,每股结股利三厘;下届自七月至十二月,每股结股利三厘,红利四厘。除两届股利六元内,扣所得税千分之五十计三角外,净计全年每股股利、红利共计中储券九元七角。决定于本年一月廿二日开始发给。附去股利红利单样张一纸、致股东信一纸,请查收照办可也。(总行)

(汉、津、平、渝各行于查收下加)按照十二年二月总行所订股东支取红利细则及十四年一月九日总行通函办理可也。至卅二年两届报告,兹各附上二份,以备股东阅看。如股东索取,可婉告现在印刷邮件不通,未能多寄,请其鉴原。如必须分送,请函示数目,以便作信件邮寄。再付利地点既在总行,各分支行代股东在向总行收取,系属代收款项性质,故货币应按照上海现行货币计算,收条亦可用代收款收条,不必用股利单收条。统请　台洽。

(副本,上档 Q268—1—63)

致浙江兴业银行股东会(一通)

【1】1911 年 4 月 7 日

杭州兴业银行各股东鉴:本届年会不克躬莅,已托新三、兰生两君代表。查上届营业,大有进步,愿各股东同心协力,以后未可限量。鄙怀所欲陈者,一、请五年内不添分行;二、请改沪行为总行,杭为分行;三、请续收第三期股款,扩充营业。均候公决。葵奉职在津,交卸后仍须留京,汉总一席,实难兼顾,务求另选贤能。盼复。蛰老已否到杭?尤念。景葵叩。青。

(1911 年 4 月 12 日《申报》)

附:同日浙兴股东会复先生电。云:"天津造币厂叶鉴:青电经股东会议决。尊见第一条赞成,第二条事实上恐有窒碍,第三条明年再议。一面再请公遥领汉行总理。股东会公叩。真。"　(同上)

致浙江兴业银行汉口分行(代总办)(二十一通)

【1】1918 年 10 月某日

汉 421　汉冶萍公司对于我行透支契约因有人挑拨,颇不满意,其副经理盛君有年底解除契约之意。我行因多年交往,于尊处汇兑生意尤有关系,不得不设法解释。现经杨介眉君与其新会计长凌潜先君商议妥协,趁其发股息须备款项之机会,与之解决。申行允另做日金押款十万,从前透支契约一律照旧,惟担保品内之扬子股票须有我行过户,与汉冶萍仍留我行作原契约之担保。惟透支契约规定欠额,申汉共十二万两,年内必须用足,且年底不能归清。因此等大公司往来频繁,不得不格外迁就。已一一允其照办。查尊处透支已用四万余两,尚未用者三万余两,应请预备。特此奉闻。

(手稿,上档 Q268—1—632)

【2】1918 年 10 月某日

通函各行库存内有误收改易地名之中钞,如以北京中钞,改为上海、南京字样者,请如数寄申行,以便向沪宁各中国行调换。其有改为尊处(汉口、津、杭)地点字样者,请就近向中行商量调换。此事已与张副总裁接洽妥协,已有张副总裁知照各处中行矣。以后收支科对于收纳中钞时,务请格外注意。

(副本,同上引档)

【3】1918 年 10 月某日

汉 424 寄上丁榕所做扬子公司正式合同二分,又译文一件,即此次所定草合同之正合同。请尊处签字盖印并加贴印花,盖骑缝印。再将二分同送扬子公司,请其签字盖印,并在印花上盖章。然后一分留扬子,一分取回归尊处收执。印花税各半分认,律师费应归扬子承认。俟账单开来再行寄送。惟扬子内容因瑞昌矿量甚少,大办恐不合式,已决计不造铁路,仅用人工开挖。往来二十万已嫌其多。日前李一琴君议及有将此合同结清,另定少数透支与旧日一样办法之说,敝处意亦赞成。不审王显臣君意如何?但合同现已做好,律师费万不能省。敝处之意,不如此时先将合同正式成立,俟明年扬子提出另定办法时再行商议,否则正式合同不定,万一扬子不肯出律师费,我行反觉为难。故请尊处先行签印后送至扬子,且看显臣意思如何,再行对付可也。

(手稿,同上引档)

【4】1925年5月5日

急。汉口二支电均悉。大合同未签,安利不加入,垫款是厂机。第一债权仍口安利口,我行临时以厂放款担保甚不确实,手续亦难完备。况安利均坚持须正合同签后付款,不能承认先垫,风险全由我负。明系我行另做放款,不能作为大合同之垫款题目,务须认清。惟尊意势在必放,数目能酌减,愈少愈好。准以厂机全部抵与我行,由张肇元赶办合同。地契交我,惟此项担负极不可靠。故务必毛及他董事之有财产者交出他项押品,并由毛酌拉他董事个人作保,以一比为期。正合同礼拜五可寄到汉,必须即签速办存案。此数条如毛均承认照办,方可允放。现在银根甚松,如开诚与钱帮商量,未必无一部分可以照转。况律师赶办合同因跑马延误,实告亦无损名誉。此电务守秘密。微。

(电稿,上档 Q268—1—379)

附:1925年5月6日史致容复先生电。云:

汉行急电。微电悉。另加押品万难办。再四磋商,除浙钱帮已请人疏通外,其余至少需一百十余万。业由德丰庄经放五十万,再向我押垫五十万。弟意不作垫款论,由毛签字,全体董事担保,出票一比为期,另加全部地契为附属押品。毛已允。非此该厂本比为难,恐另生枝节,务乞核准急复。

先生批注云:"急。歌电照办。鱼。"

(原电抄件,同上引档)

【5】1926年8月28日

一厂花纱保兵险,移洋栈。速商办。

(电稿,上档 Q268—1—380)

附:同日得汉行回电。云:"一厂花纱准移洋栈",但厂方仍不愿意保兵险。

(原件,同上引档)

【6】1926 年 8 月 30 日

一厂货准转洋栈,不保兵险如何是好?急电复。

(电稿,同上引档)

【7】1926 年 8 月 31 日

洋栈仅防抢劫,难免流弹,仍望商保兵险,保价容探告。倘一厂不允,务须另提相当物品,办妥手续备抵。

(电稿,同上引档)

附:同日汉行复电云:"电悉。保险事与毛切商。移存汉栈货坚不肯保,存厂货八十余万,除再移汉栈外余允照保。可否照办?请急电复。"

(电稿,同上引档)

又,同日汉行致总办电。云:"第一厂存棉花规元九十万两,棉纱拾万两,粗布十五万两,搬运不及,均请尊处如数设法代保兵险。保妥急电复。"同日总办复电云:"花纱布兵险共一百十五万元,由安利保定一个月,今日起至九月卅日止。保费净百分之三点五。原保火险单应更换,遵向安利接洽。"

(电稿,同上引档)

【8】1926 年 9 月 13 日

函悉。汉洋栈兵险安利只肯保一月,费一厘半,仍视时局如何请示保额若干。又运申布卖价较尊函少弍万,准赎否?复。

(电稿,同上引档)

【9】1926 年 9 月 16 日

速商毛(树棠),用董事会名登沪、汉报头面,报告股东谓厂栈房屋、花纱布均保足兵险,请安心,以杜群疑。拟妥急复代登。

(电稿,同上引档)

【10】1926 年 9 月 17 日

函复。至多只能保一个月,保价俟接洽后电复。

(电稿,同上引档)

附:汉行致总行急电。云:"存一厂货,兵险到期。已与毛商妥,除焚毁外拟续保兵险:花六拾万两,纱布廿五万两,请询明三个月及六个月两种保费何价?"

(原电,同上引档)

【11】1926 年 9 月 28 日

一厂兵险期两礼拜,价百分之五,限明日下午四时签订,过时无效。急复。

(电稿,同上引档)

【12】1926 年 9 月 29 日

一厂兵险安利尚须电伦敦核夺。先保一星期,价百分之二五,余候伦敦复电再定。乞告毛。

(电稿,同上引档)

【13】1926 年 9 月 30 日

纱布运汉,已商安利一切,允电汉径与尊处洽办。

(电稿,同上引档)

【14】1926 年 10 月 4 日

一厂货除已运续保若干,其细目限明日详告安利,电沪安利转伦敦请示。勿迟误。

(电稿,同上引档)

【15】1926 年 10 月 5 日

豫丰月底用洋四万捌千圆,汉慎昌亦来关照。能否照付?急电复。

(电稿,上档 Q268—1—555)

【16】1926 年 10 月 12 日

兵险可续保两礼拜,价三厘,问保若干。又十月七日租界货安,保数查复。

(电稿,上档 Q268—1—380)

【17】1926 年 10 月 18 日

汉栈兵险,安四日接汉电,即向各家保妥。自七日起一个月,费一厘半。顷接汉电不保,甚为难,只能商各家退保,但今日以前须照认。

(电稿,同上引档)

【18】1926 年 11 月 11 日

安(利)云俟损失报告到后即与分保各家接洽,并电告总行核准即赔,不致延宕。续保兵险两星期,费叁厘,难延长。

(电稿,上档 Q268—1—599)

【19】1926 年 11 月 22 日

安(利)允一月式厘,敝拟照保。复。

(电稿,上档 Q268—1—380)

【20】1926 年 12 月 28 日

豫丰兵险请照保。豫丰一日到期款,因纱销滞欲转期,请与洽商。新做拾万,拟暂止做。

(电稿,上档 Q268—1—555)

【21】1937 年 8 月 21 日

部定限制提存办法,系全国一律。尊处有否实行?急电复。

(电稿,上档 Q268—1—589)

致浙江兴业银行杭州分行(一通)

【1】1937 年 9 月 28 日

杭稽密四号

接稽密六号台函及贵经理廿二日来函均悉。兹分复如左:

(一)同人避难处所,因司马渡巷在市区之内,人烟稠密,空袭之危险较多,以里西湖为佳。

(二)蒋宅地库建筑虽较尊处坚固,但附近之青年会现为难民收容所。且该会屋顶前曾架有高射机枪。为妥慎计,尊处重要物品仍以全存本行地库为宜。

（三）呆页账簿携带不便,似可另抄余额表,请酌办。

（四）江桥押品可留存本行地库,不必带走。

（五）保管品及保管箱,按照原约我行本不负意外危险之责,均不必通函各户移取。

（六）同人眷属应归各人自行处理,不能随同迁避,免生窒碍。

（七）代付存单款项,因与存户约定在先,未便停止,但以不抵触部定办法为主;新嘱托者,可照移转存款手续办理,另由通函奉告。

（八）同人及熟人之外埠本行支票,或通融先付,或俟收到后支付,请随时斟酌情形办理。

（函稿,上档 Q268—1—589）

致浙江兴业银行南京分行（一通）

【1】1937 年 9 月 4 日

战事延长,如飞机轰炸无法营业等情,难免蔓延各地。我行最后布置,似应未雨绸缪。日前曾与贵王代经理①面洽,尊处倘至十万危险,经就地同业一致议决停业迁避时,可将重要簿据、库存、人员等,暂行迁避芜湖。尚希相机办理,并预先通知蚌处接洽,必要时一致行动为要。

（函稿,上档 Q268—1—588）

附：1937 年 9 月 14 日浙兴南京分行代经理王兼士复总办函。云:"敝处业已在芜湖租觅中二街一八三号慎昌保险行李南榆公楼上余屋（电话芜湖四七七）,为必要时迁避之地。同时将来拟分两步办

---

① 指王兼士。——编者

理。第一步,如锡行被逼停业,而敝处同业仍照旧营业时,拟将现有人员减缩至最少。先将缩余之同事遣送赴汉,或暂听其回籍候命,并与南京上海银行接洽现金、账簿寄存该芜湖支行办法,同时将敝处准备情形通知蚌处。第二步,如同业议决一致停业时,敝处人员同现金、账册及重要单据等前往芜湖,暂观形势。不得已时退赴汉口,同时将敝处情形通知蚌处。"　　　　　　　　　　（原件,同上引档）

致浙江兴业银行人事委员会(一通)

【1】1938年9月5日

径启者,查本行人事研究委员会规程第二条,"行员"二字应改为"董员",已交总办事处备案。又查贵会委员徐新六先生出缺,选任常务董事张笃生先生为委员。原委员竹经理、沈总稽核、金总秘书均照旧,并添任兼代储蓄部经理孙经理、兼代信托部经理罗经理委员。指定张委员笃生先生主席。此致
本行人事研究委员会

　　　　　董事长叶揆初　中华民国廿七年九月五日①
　　　　　　　　　（副本,上档 Q268—1—176）

致浙江兴业银行上海行(一通)

【1】1916年11月初

通密。京除现存万余元,再调四万。津可调四万。均一二日内

---

① 此函先生与徐寄顾联名签署。至此,浙兴人事研究委员会组成人员为：张笃生、项叔翔、竹森生、沈棉庭、孙人镜、罗郁铭与金任钧。——编者

汇交。请转告总处。葵。

(引自同年11月25日津行致申行函,上档Q268—1—567)

附:1916年12月10日津行致申行函。云:"前揆公在津,正值沪市银根奇紧,嘱敝处调款协助尊处,以厚势力。此事关系沪市大局,我行名誉,自应力为筹拨,以尽同舟之义。承示现已将此款代为存储正金银行,以备紧急之需。息按西利三厘半计算,另立代存正金银行户。该元肆万两已付敝往来户。谨洽遵记。"

(原函,同上引档)

致浙江兴业银行苏州支行(一通)

【1】1937年9月3日

今接常处来电,以日机轰炸甚烈,各银行议决一致停业迁避。敝处已电告常处,将库存、簿据、人员,均退无锡。将来尊处不能营业,经就地同业一致决议迁避时,请仿照常处办法,退至锡行,一面电告敝处接洽为荷。

(副本,上档Q268—1—588)

致浙江兴业银行天津分行(一通)

【1】1937年8月11日

津业密五号　接稽密二号台函,得悉尊处同业公会已议有限制提存办法,金融当可渐趋稳定。查尊处定期存款八月份到期者,数额尚不甚钜,且未必尽提,现有准备,足资应付。除两电嘱解中国(银行)共四十万元,以代解讫外,以后实际上如不需用,请暂勿再调。万一中、交停汇,可以改开汇票,似不致有何问题。值此时局,敝处支配头寸,必须顾及全体,各行准备成份,以普遍适合为度。前方固不能有所偏重,后方尤须竭力巩固,且沪地较为安全,消息亦较灵通。华北战事未了,尊处如准备过多,亦存危险也。　　（葵）

(函稿,上档Q268—1—588)

致浙江兴业银行总行（总办）（十六通）

【1】1909年12月17日（十一月初五日）

启者,汉行所发钞票,有持赴贵分行兑现者,向皆照付,原为利便客商起见。乃近来上下江洋厘不同,致有纷纷在汉运钞在申兑现之家,意存盘剥,不得不略加限制。嗣后凡持汉行洋券来贵分行兑现者,如果数在壹万元以上,除照龙元市价兑付外,仍照当日汇市照价贴水,庶汉行不致受亏。即请查照办理为荷。手此,即颂　台安。

汉口兴业银行谨启　十一月五日

(《汉行信稿》稿本,上海图书馆藏)

【2】1916年10月中旬

京行查库少现洋一千八百四十五元,多中、交钞票一千八百四十五元。当向收支竺玉成再三盘诘,查出证据,实系竺玉成与竺景贤私向友人通融交换。节经严切责备,责令赔补,曾经掉转洋一千五百元。以竺玉成系帮助开办之人,此次舞弊系受其弟竺景贤愚弄,从宽。先将竺景贤开除,竺玉成暂准留行,以观后效。乃竺玉成不知悔过,口出挟制之言,并向谦盛祥绸庄擅造谣诼,颠倒是非,并欲以死相胁。似此糊涂谬妄,万难姑容,即将竺玉成、竺景贤二人一并开除。至库存现洋尚少三百四十五元,多钞票三百四十五元,仍令原保人责成弥补清楚。

（引自浙兴总办通函副本,上档Q268—1—56）

附：1916年10月20日总办通函申、杭、汉、津各分行,抄示先生

函件,并云:

告诫收支人员,遇有通融交换或暂欠等事,凡非总经理所特许者,一概不得通融。是碍定章,是所切嘱。① （同上引档）

【3】1917 年 8 月 4 日

请抑卮、澹如即来。葵。

（原电,上档 Q268—1—617）

附:同日浙兴总办致先生函。云:

领用交通钞票议订合同一事,昨日董事会议通过。兹将议案另纸录呈鉴览。

（副本,同上引档）

【4】1917 年 8 月上旬

交行合同已开议数次。大约五成现金,年息三厘五,二成半债券,二成半空额。其余关于防害之点,均已订明,较中国（银行）合同尤妥当。附上我处所订之初稿一本。现在争点在第十条,我处已让至照中国（银行）原文矣。兰生兄处请代告,不另。此事乞仍密。

（手稿,同上引档）

【5】1917 年 8 月 23 日

交［行］遂允换新券。葵。是日返沪。

（原电,同上引档）

【6】1918 年 11 月 29 日

总。电悉,请将申九万合元收京册。葵。兴。

（原电,上档 Q268—1—749）

附:1918 年 11 月 30 日总办项兰生复先生电。云:

此款已告申行,暂收尊元册。惟照此办理,洋厘相差必钜。尊处如

---

① 离沪赴京,处理京行现金收支员舞弊事件。期间,致函上海浙兴总办,通报处置情况。——编者

能设法觅做洋元汇票,仍希照冲账办法行之申行,一面亦可随时改转也。

(原电稿,同上引档)

【7】1920 年 1 月 29 日

冯、张已电宋,速发新券。至第一条问题,由弟电宋担保在京解决。请向领新券可也。葵。

(原电。上档 Q268—1—616)

附:同日午后四时,蒋抑卮复先生电。云:

揆公:领新券彼已预备,或可领。所争三条,万勿用函电解决。抑。

(电稿,同上引档)

又,1920 年 1 月 31 日浙兴总办致先生电。云:

新券已领三万,其余亦有望。前信与合同冲突,无收受与答复之价值。请谢绝冯、张。余待公归面商。

(电稿,同上引档)

【8】1923 年 2 月 2 日

水电厂(股票)请电汉行照做。

(《行务会议记录簿》第 1 册,上档 Q268—1—163)

附:1923 年 2 月 1 日浙兴第 14 次行务会议后,拟定致先生与蒋抑卮电:

揆、抑两公:汉电渭臣有水电股四十万,拟向兴业、浙江、上海合押十八万两。三家商经同意,拟过户即做。尊见然否?急复。业。

(同上引档)

【9】1923 年 5 月 24 日

在京安通,乞告舍间。葵。

(京行致总致函,上档 Q268—1—562)

【10】1924 年 9 月 28 日

诸公同鉴:日前马寅初来谈,谓沪行来信,言我行于二成五以外，不肯再兑领券，甚为不平。葵告以此系杭行所商特别办法，除二成五外，请其在五成现金准备内兑冲。至沪地所收领券，业已超出二成半以上。我行因金融情形，沪较杭稍松，故并未一并交涉。且沪券积压原因，由于不给新票，所以此次来京，请求速给新票，否则我行不得不正当防卫云云。寅初以为然。次日又与仍珠、公权言之。仍、权皆言，不给新票实在不对，总行已三令五申，令其速给，不料尚未照办。葵嘱其再函催，并云杭州事尊处可复以已与叶某谈过，据云实因战事骤起，金融变动，不得不特别商量。好在杭已安定，可由杭行仍与笃生熟商办理（此等画策可谓不著一字）。公权大约已照办矣。昨日与寅初遇，渠云一波未平，一波又起，沪行又来函责备兴行不付保管证。葵云，此事我接洽，因贵沪行持绍兴保管证来沪收洋，此系向由杭行照兑之证，敝沪行当然不付。寅初又无以难我。次与详谈沪中行新券情形，乃知沪中行所云未到之券，乃新之券，只有十元票，两面皆复色，成本极重，当然只肯自用，不肯给人。至各钱庄所领之新券，现在未加暗记者，尚有十元票七十余万，五元票二三百万，尽可给我，沪行所云新票未到，乃饰词（即新之券也，即不肯给人之券也）。此项新券，并无印而未交者，亦不续印。现在我只能坚决要他的新券。葵闻中孚所领系新券，所以疑及馥荪或已得到一部分。然则沪中行显系专与我行为难。不必与实行同进止，不能不告之耳！现在寅初已函致史海峰，嘱其速给，请总行速与沪中行一函，云大意如下：

敝行所请换给新票一事，顷与贵总管理处商洽，允即在贵行所存未用之新票内，尽数拨给敝行换领。兹特开具种类细数单，由敝总司库〇〇先生携交，面洽一切。请即协商换领办法，将前项新票如数发下，以便预备暗记。

此事须寄顾出马，须直接与汉章谈判，再与冯、史等接洽。不可但凭口说，须用书札，如彼不肯，请其用书面答复，然后再与总处交涉，非逼他速给不可。否则以停兑对付之。我已向张、马表示大概矣。此事总处毫无推诿,完全是沪行可恶。葵。 九月廿八日。

(原件,《行务会议记录簿》第1册,上档 Q268—1—163)

【11】1924年10月1日

(前阙)润泉将暗记业已印好之新券搁而未发,刻已函诘中行,请其速饬发给。应告笃生正式函催,并要求答复。答后如不复,即函报总行,以便与之积极交涉。换票事,我行太谦和,仅口头请求,以致若辈故意刁难。以后须以书面交涉,非换到不甘休。我已查清,系专与我行为难,且汉章未必是主动,纯系旁边人揣摩汉章意旨而行。

葵。 十月一日

(原件,同上引档)

【12】1928年8月16日

刘告毛、蔡、周云,安利决任尤为厂长,应将营业、采办等人才开单交马克,因安利靠彼斡旋之功,故有权支配。毛等深恐厂务归刘操纵,新旧债权均危险,故不敢进行。葵告毛等,任尤非事实,爱纳用人极慎重,俟正式接收后,必有双方满意之经理。又告马克,俟单到,虚与委蛇,在续订合同未签以前,勿使刘失望。

(引自同日浙兴汉行致总行函,原件,上档 Q268—1—393)

【13】1928年8月25日

晤介侯。商允限期令厂董缴款。一面限期先令安利修机。详今函。

(原电,同上引档)

【14】1928年8月25日

前日上一书,力言六十万靠不住之意。两日来彼方仍奄奄无生气。昨晤甘介侯,甚明白,渠对于债权人在合同内规定之权利,极为尊崇;对于以合作方法和平解决种种条件及安利经理一层,亦甚赞同。第一层不可深信,恐其已知我有和平解决办法,乐得说好听话也。第二层即可信。我与之声明,时机不可再生,请一面限期令厂董

1389

如约缴齐六十万之款,一面限期先令安利暂行管理该厂,实行修机。渠已允许,俟星期二与英领会商后解决。我之所以提出二条件者,其深意在先修机。如果安利先行派人来厂修机,而其原动力出自交涉员,是不啻政府对于债权人代表(安利)经理一层,与以第一步之保障。我的看法六十万决凑不齐,或竟画饼,其结果仍须债权人垫款。倘机先修好,且有一碧眼人管厂,彼时或即开工,或一手拿住厂而后与厂方订合同,伸缩较为自由。否则六十万不齐,彼不肯订合同。彼时如我出钱而欲彼订合同,恐尚不肯死心蹋地,又生出许多臭主意,徒费时日。故出此不甚规则之跨海手段。总以现在而论,政府、社会、股东、工人,对于债权人经理(安利)一节,毫无阻力。厂中机匠二十四人,听见安利来做,若大旱之望雨。此外厂警十二人、茶役八人、司事十人,更不成问题。若待局面变动,吕超伯回来,李鼎安放出,甘、石两君调动以后,便无此机会矣!其余董事如刘季五、郑爕卿等,并无多大力量。渠等专会等候债方与厂方商酌条件之时,做小鞋子与你穿。若我方注重实行,彼辈无所施其伎。况有毛树棠并无交卸之董事长,可以办点交手续乎!(一厂办事处有书记、翻译数人,对于此次办法,极表同情,无反对者。)此时以地纯洁,只求交卸,不求权利,对于安利、兴业心悦诚服者,只一毛树棠,惜乎鸦片大瘾,而性情更加鼻涕也!

以上各节,今日与马克谈过。渠太拘谨,费尽九牛二虎之力,方说明白。渠本日写信与爱纳,请其复示。务望振兄访爱纳,将弟之用意说明,放大胆子,承受此条件。如印度技师不能即来,只须派一略谙修理之外国人,或带几个中国人前来,归马克调度。厂方所留机匠顷汤姓来与我言,水池有污泥,开工后即不能修。(污泥不去,恐将来用水有阻碍。)如此时淘挖,有一个月功夫即可办好。或即以此工程为修理之一种。倘能即来好技师,将全厂机件整理一新,尤为上策也。我等将此事办好,即拟挟毛树棠而东下,彼时蔡、周想必追踪而来。我们自始放款以至今日,皆承认厂方为法团,错了,错了!实则沙团而已!故欲洪武正韵,由双方以正式手续循序而进,恐尚须一二年也。

葵 八月廿五日

闻李锦章之前任马厂长(为本地工人所排)甚得众心。刘季五之本意欲以尤为经理,而以马为厂长。不知确否?如此人果好,安利何妨用为经理。特陈,以备采择。葵。

(手迹,同上引档)

【15】1937年11月27日

急。伯琴由总另委任,可勿来。葵。廿六年十一月廿七日。

附:浙江兴业银行总办事处1937年11月26日致先生电。云:

致叶董事长电。汉行转。

揆公:伯琴已到沪,应否来汉?电复。十一月廿六日。

(原电,上档Q268—1—589)

【16】1937年12月5日

总行鉴:前苏处主任潘君初到时,见其神经似有错乱,故未详细诘问。今日来寓,面陈沿途失散实况,呈有手书一纸。据云,结余账截至十一月十一日止,总行均有底可查,空白单据,渠已存入总行保管箱内,钥匙在其贴身袋内保存。渠个人图章未失。苏处存户渠有十分之九可以认识。现与同业公议,凡苏处存单,此处概不付本息,因簿据未全之故。以上各节,皆其实在口供。渠有老母,并妻及子女六人,皆不知现在何处。渠有一箱,内有世传金珠,皆与董、胡二人同时失散,连铺盖均失落,只有一棉袍在身。言时痛哭流涕,深恐行中因此次贻误公事而遣责停职。弟当时安慰之,谓仓卒之间,不能顾虑周到,尚有可原,现在我行以顾全存户信用为第一义,印鉴虽已失落,好在本人大半认识,不难逐户清理。日内拟选锡行、京行数人,与苏处二人同时遣回上海,听候总行安排。如苏锡路通,即须冒险进行,收拾余烬,以备复兴等语。特将原件寄上,请阅存,酌办可也。即颂日祉。

葵顿首。 廿六年十二月五日

阅后送总处、总经理阅洽。

(原件,上档 Q268—1—588)

致正金银行(二通)

> 正金银行,清末日本在华银行之一。时与汉冶萍公司有借贷联系。

【1】1912 年 12 月 7 日

横滨正金银行鉴:敬启者,顷接贵银行昨日来函,内开"贵公司如照向来办事章程,有营业情形及出入款项之报告,请照送敝行一份"等语。敝公司照章所开营业情形及出入款项之报告,敝公司可照送也。即颂日祉。汉冶萍煤铁厂矿有限公司经理人李维格、叶景葵。中华民国元年十二月七日。①

(《汉冶萍公司(三)》,第 378—379 页)

【2】1912 年 12 月 7 日

横滨正金银行鉴:敬启者,顷接贵银行昨日来函,内开"贵公司如须于本借款规银二百五十万两外,续将公司产业抵押借款,须先向敝银行商办"等语。贵银行所示敝公司续借款项须先向贵银行商办之事,敝公司可以照办。敬复。即颂日祉。

汉冶萍煤铁厂矿有限公司经理人

李维格、叶景葵。中华民国元年十二月七日。

(同上引书,第 379 页)

附:《汉冶萍公司、正金银行上海规银二百五十万两借款契约书》:

汉冶萍煤铁厂矿有限公司(此后称公司)向横滨正金银行(此后

---

① 此函与下一函均由李维格与先生合署。——编者

称银行)借上海规元银二百五十万两订定条款于后。

一、公司向银行借上海规元银二百五十万两,自明年阳历七月起,分三年摊还,每年还三分之一,利息周年八厘(第一年八厘,第二年起照市面情形酌量,最低以六厘为率)。

二、本借款以公司归还外国借款赎还之担保品(附清单)作为本借款之担保品,又以中国政府拨发公司之南京公债五百万元之债票为担保品。

三、由公司呈请中国政府饬知公司声明,此次拨发公司五百元公债票,虽系南京发行之债票,实与中央政府发行者无异。

四、以公司与川粤汉铁路督办订定之该两路轨价抵还借款,由北京政府承认将轨价付与银行至还清为止。其轨价数目另附清单。

五、此借款言明系归公司收用,不得移作别项用款。

六、此合同一式二份,彼此各执一份存照。

汉冶萍煤铁厂矿有限公司经理:李维格、叶景葵
横滨正金银行上海支店支配人:儿玉谦次
中华民国元年十二月七日
大正元年十二月七日,
(同上引书,第379~380页)

致中村雄次(一通)

中村雄次,日本制铁所长官。

【1】1912 年 12 月 25 日

制铁所长官台鉴:

明治四十四年三月三十一日,敝公司与贵所订定生铁合同,本无

上海交货之条,现情形变迁。此后冬令水浅、汉阳不及装船者,改在上海交货。前嘱敝公司驻日代表高木陆郎与阁下面商加价,承允每吨加日金八十钱,至纫交谊。兹缮就合同附件,如尊意别无更改,请即签定寄下一份为荷。

再,敝公司尚有奉商者:该合同第三条开"汉阳每年装船七万吨",现情形既变,拟尽力在汉阳装船可在七万吨之外至十万吨,但须彼此预先商定,以便贵所雇定船只。如蒙许可,即祈示复是幸。专泐。顺颂

台祉。

汉冶萍煤铁厂矿有限公司经理李维格　叶景葵

中华民国元年十二月二十五日

附《日本若松制铁所与汉冶萍公司续订生铁合同》(略)。

(《汉冶萍公司(三)》,第 393~394 页)

致中国银行(二十二通)

【1】1915 年 9 月 16 日

敬启者,敝行与贵行新订合同第十条,内开合同签字盖印后应各详报财政部备案等语。兹敝行已遵公文程式于本月十五日禀报财政部备案,理合抄稿送请查核。至贵行何日详部,即希示知,并望抄稿见复,以凭备案。至纫公谊。此上

中国银行　　　浙江兴业银行董事长叶景葵　四年九月十七日

(信稿,上档 Q268—1—616)

【2】1915 年 9 月 17 日

敬启者,敝行与贵行新订合同第一条,内开兴行领用兑换券,"应由中行会同兴行在两行所在各地方,分批点明,封存中行保管,归兴

行随时陆续领用"等语。兹将敝行拟领兑换券第一批数目共二百万元，分别地方，另单开送。即希贵行照数预备分发杭、沪、津、汉各分行，按照合同办理，以便敝行分头接洽，陆续领用。至纫公谊。此上

中国银行　　　浙江兴业银行董事长叶景葵　四年九月十七日

  计开：

  上海　七十万元

  杭州　五十万元

  汉口　五十万元

  天津　三十万元

   总数二百万元整

(信稿，上档 Q268—1—616)

【3】1915年9月22日

  复启者，顷奉券字一四〇号公函敬悉。敝行现照本年股东会议案，设本行于上海。除原有杭、汉两支行外，拟添设支行于天津。以后北京汇兑处暂归津行统辖。故前函请领第一批兑换券二百万，亦暂以杭、沪、津、汉四处为发行区域。应请仍照原送清单分别筹备，无任纫感。此上

中国银行　　浙江兴业银行董事长叶景葵　四年九月二十二日京发

(信稿，上档 Q268—1—616)

【4】1915年12月14日

  径启者，前订领用贵行兑换券，业承运沪二百万元，由敝行查照合同第四条加印暗记，已经竣事。兹定于本月十六日起，先于上海、杭州、汉口等处按照合同向贵行陆续领用。其天津一处约迟十日发行。惟查合同第六条，第一、二、三项内载，于实行领用前应将原发行钞票流通库存额，开具清单送交贵行查核及盖作废印定期会同销毁各款，兹照条文先行开具流通库存表一纸，送请查核。计

至本月十五日止,沪、杭、汉三处已经收回存库者,共计十六万元,流通者共计八十四万元。其库存之十六万元已先期函嘱敝申、杭、汉各行加盖作废印章,一律送至敝总办事处封存。拟俟收回数目达五十万元,先由敝处函请贵沪行派员定期会同销毁,以符原案。专此奉达。此致

中国银行　　　　浙江兴业银行董事长叶景葵　十二月十四日

(信稿,上档 Q268—1—70)

【5】1916年1月10日

径启者,敝行前于上年十二月十四日,按照领用贵行兑换券合同第六条,函送敝行原发钞票流通库存额清单一纸,计荷照詧。查合同六条,并载兴行钞票收回后,应即盖作废印,随时报告中行会同销毁等语。兹将敝行沪、汉、杭各处收回已盖废印之旧钞二十四万元;又前浙江胡监理官封存杭行钞票六万元,合计三十万元,并铜版六块,先行送请贵沪行查验,封条存储。一俟收足五十万元,即当一并按照合同请贵沪行会同销毁。附呈三十万元细表一纸,敬悉存照。至领用贵行所发之暗记兑换券之流通额,以本年一月为始,按月由敝处列表汇报一次,并以奉达。统希照詧是荷。此致

中国银行　　　　浙江兴业银行董事长叶景葵　(五年)一月十日

(副本,Q268—1—179)

【6】1916年1月28日

径启者,案查领用贵行兑换券合同,第一条载明领用共三百万元。敝行曾于上年九月领第一批二百万元,分发申、杭、汉、津各行,推行在案。兹再请领申用券八十万元,汉用券二十万元,计共一百万元。另开一元、五元、十元分配清单,敬祈查照分别配发。先由尊处印就暗记,仍照前次办法,总运至沪,以便敝行在申加记,再行分领,相应函达。请烦照詧施行。此致

中国银行　　　　浙江兴业银行董事长叶景葵　(五年)一月廿八日

浙江兴业银行计开：

上海用

一元券　十五万张

五元券　十五万张

十元券　一万张　　共计八十万元

汉口用

五元券　四万张　　共计二十万元

总共一百万元　三十万零五千张

（副本，同上引档）

【7】1916年4月7日

　　径启者，敝行第二批领用兑换券一百万元，业承运送到沪，当照前次办法，在沪印记事竣，即行分别领用。查合同第八条，有兴行领用三百万足额后，得再照本合同条款加领二百万元等语。敝行两次所领兑换券，已足三百万元之额，但推行之量迄未充分，需要之处其为殷迫。且此项兑换券，尊处加印地名，敝行加印暗记，南北转运，稽迟时日。动辄兼旬。当市面需用紧要之时，往往有不能供给之病。是以不得不早日筹备。应请查照合同第八条之规定，将加领之二百万元，即为分别配齐，用特函达，并附兑换券种类分配清单，敬祈台誉。即予照单配印，以便接续领用。是所至荷。再，敝汉行领用之券，券面地名请用湖北字样，合并奉陈。此致

中国银行　　　浙江兴业银行董事长叶景葵　五年四月七日

　　计清单一纸。（略）

（副本，上档Q268—1—616）

【8】1916年4月25日

　　径启者，敝行领用兑换券合同第六条，有"敝行旧钞陆续收回，盖作废印，随时报告中行，会同销毁"等语。曾于本年一月，函送是项废

钞三十万元，交贵沪行存储，并陈明俟收足五十万元，一并会同销毁等情在案。兹又收回敝行前发钞票三十二万五千元，送交贵沪行收存。附呈细表，敬希存照。此项废钞送存之数，已过五十万元，自当查照前函，由敝处与贵沪行订期先行会同销毁。余俟全数收回，再行送销，以符原案，相应函达，请烦照詧施行。此致

中国银行　　浙江兴业银行董事长叶景葵　五年四月二十五日
　　计表一纸。（略）

（副本，上档 Q268—1—612）

【9】1916年10月2日

径启者，敝行遵照领用兑换券合同第六条，将旧钞陆续收回，盖作废印，随时报告贵行会同销毁。业于本年一、四两月内，先后检集废钞共计六十二万五千元，送交贵沪行储备会毁，并准台函，以业致函沪行，会同敝处办理等因示复主在案。兹再检送盖印废钞十七万五千元，合前两次共计八十万元。仍交贵沪行收存，并即与订期照约会同销毁。事竣再行函报。附上废钞细表一纸，即请存照。

再敝行自发钞票计共一百万元，除送毁八十万元外，尚有二十万未获收回。盖由贵行兑换券自停兑令下，颇阻流通。而敝行前发钞票因市面需要，来兑甚少，以致不能按限收齐。现拟察看市面情形，倘无意外波动，即行查报，定期截收。合并陈明。此致

中国银行　　浙江兴业银行董事长叶景葵　五年十月二日

（抄件，同上引档）

【10】1918年2月2日

径启者，敝行领用兑换券先后两批，计共三百万元。两载以来，推行尚无阻滞。惟前领之券内一元者，用途殊不甚广，五元、十元者，所领之数，流通尚虞不足。自应照约添领，以资因应。查合同第八条有兴行领用三百万元足额后，得再照本合同条款加领二百万元等语，

兹特照数添领,并开具各地数目种类分配清单,呈请台詧。即希照单加印地名暗记,如数配发,至所盼切。至尊处正面暗记前印 S 字样,此次拟改印 N 字。其敝汉行领用之券,地名请用湖北字样,相应函达,统希查照,迅速施行。此致

中国银行　　　　浙江兴业银行董事长叶景葵　　七年二月二日
（副本,上档 Q268—1—616）

【11】1918 年 3 月 8 日

径启者,本年二月二日敝行按照合同第八条,函请加领兑换券二百万元。旋准二月八日台函,以"刻下时局未定,拟请暂行从缓"等因示复在案。查敝行自领用贵行兑换券以来,时局并未稍定,但敝行按照合同严密准备,并于合同之外,加重现金准备,悉以活存贵行。是以迭次风潮,不特贵行未曾因此稍受危险。其有赖于敝行壤流之助者,亦正匪尠。此非敝行斤斤论功也。账目具在,请复查贵行所辖津、沪、杭、汉各分行之往来科目,即可了然。所以来函所云"时局未定"一语,不足以限制敝行合同应享之权利。且此项领用兑换券,由双方加印暗记,手续繁重,辗转需时。即贵行准照前函,克日印记运沪,而敝处加印暗记亦非两三月不能竣事。彼时如大局仍前扰攘,敝行自当审度缓急,严加制限,以符贵行慎重之意。若必俟河之清始为发行之预备,深恐供求不能相应,必致坐失时机,敝行之损失甚大。用再函达。敬希查照前函,克期印运。总之敝行既经领用,利害与贵行共之。若非审时熟虑,决不轻率发行。致贻纷扰,尚祈勿为过虑,迅准施行,不胜企祷之至。此致

中国银行　　　　浙江兴业银行董事长叶景葵　　七年三月八日
（副本,同上引档）

【12】1918 年 4 月 24 日

径启者,敝行前请遵照领用兑换券合同,续领二百万元。顷与贵总裁面商,承示"时局难以稍定,而推行拟分次第。准先领额一百万

元"等因。查敝行前请续领二百万元，系属先事筹备，仍须分批领发，并于时局无关。惟贵行为格外审慎起见，既于合同无甚出入，敝行亦可勉遵办理。兹将备领一百万元应行分配地点及兑换券种类、张数，另单详细开奉。即祈查照，按数预备。地名暗记仍照前次领用手续，全数寄交上海贵分行转发敝行，以便加印暗记。至贵行所用暗记，以另用西文字母，与前两次所领明示分别，最为贴妥。并请詧照示复。实纫公谊。此上

中国银行　　　　　　浙江兴业银行董事长　七年四月廿四日

（副本，上档 Q268—1—614）

【13】1918 年 5 月 3 日

贵总管理处核示，复以暂缓，是以延搁至今。现在敝行既与贵总管理处直接商准领用，应恳查照原案，函知贵宁行，以便敝行接洽办理。无任企盼，并候函复。此上

中国银行　　　　　　浙江兴业银行董事长　七年五月三日

（副本，上档 Q268—1—616）

附：1918 年 5 月 7 日中国银行复函。云：

径启者，接奉五月三日大函，备悉种切。查贵行领用江苏券三十万元，其从前所订详细手续，是否照原议办理，抑尚有修改之处？业已函询敝宁行，一面即请径与宁行接洽为盼。此复

兴业银行　　　　　　中国银行启　中华民国七年五月七日

（原件，同上引档）

【14】1918 年 5 月 21 日

径启者，本月十九日接准贵宁行函开，"顷奉总行函，开查兴业银行领用苏券一事，前据来函并附到办法八条。经本处以时局未定，于二月内函复请从缓议在案。现据兴行来函，请印苏券三十万元备领，本处业已照准，俟将地名暗记加印完全后，当即运沪，再由兴行加印暗记后方可陆续给领。至查前与兴行所商办法，大致均尚妥协。惟

第六条内,遇有金融恐慌等事,沪兴行应竭力协助宁中行办理"云云。"核与中孚及实业所订稍有不同,应请照中孚等行所定办法办理,以免歧异。请向兴行洽商,仍希见复"等因。查敝行与中孚行关于第六条所定之办法,其条文为"遇有金融风潮及时事不靖等情,宁中行当不得已时,可发通知书嘱中孚行补足十成现金。中孚行接到此项通知书,立即如数送交沪中行收宁中行之账"等语。用特函达。拟请将贵行与敝处所订办法之第六条,亦照中孚行与敝处所订办法办理。即祈见复,以便转报等因。查领用苏券详细手续,前已与贵宁行谈经理一再协议,均以民国四年九月十四日所订合同为根据。今准贵宁行函示,遵照尊处意见,欲将原议第六条改照中孚办法,敝处万难照办。因核阅条文,与民国四年九月十四日所订合同大相违背故也。兹特重拟办法五条,照抄送核。如尊处以为可行,即请示复,并转告贵宁行,与敝处接洽订定。如尊处以为不可行,则敝处为顾全民国四年九月十四日所订合同起见,可将此议作罢。所有订印之江苏字样兑换券三十万元请即改印上海国币券,交由敝行领用可也。此致

中国银行　　浙江兴业银行董事长叶景葵　七年五月二十一日

(函稿,同上引档)

【15】1918 年 8 月 16 日

径启者,敝行领用兑换券合同第六条:"兴行原发钞票应登报公告收回,会同中行销毁毕后会报财政部备案"等语。查敝行原发钞票一百万元,五年十二月曾经商明,贵行在贵沪行会同销毁收回旧钞八十万元。所余二十万元,自六年四月登上海《申报》、杭州《全浙公报》、汉口《国民新报》。公告持券之人迅至各行兑现。截至现在计共收回十四万三千二百七十二元五角(零数五角系碎券半张)。自应仍照前订办法,如数送交贵沪行点明,约期会同销毁。兹附上该废券清单一纸,裁下公告收回报纸一角,敬希察存,并即函知贵沪行,订期会

1401

毁。是所至荷。至剩余之券五万六千七百二十七元五角，容俟陆续收回，再行汇齐，送请会同销毁可也。再五年一月送交贵沪行废券之内，附有印钞铜版六块，此次毁钞时拟即一并眼同毁去。并以奉闻。此致

中国银行　　　浙江兴业银行董事长叶景葵　七年八月十六日

（副本，上档 Q268—1—612）

【16】1919 年 5 月 17 日

径启者，敝行遵照合同续领兑换券二百万元一事，上年领到八十万元，勉从尊旨，未敢固请。日月不居，又忽忽一年矣。敝行业务关于兑换券之供求，早有不能相应之势。体察现状，相需尤殷。除上年商准百万额内短交之上海兑换券二十万元请迅即补交外，其余一百万元，谨照约添领。兹开具各地数目种类分配清单，送请台詧，即祈照章加印地名暗记，如数配发，至所盼切。至尊处正面暗记，仍拟印用 N 字。其敝汉行领用之券，地名请用湖北字样，相应函达，统希查照，迅速施行见复为盼。此致

中国银行　　　浙江兴业银行董事长叶景葵　八年五月十七日

（副本，上档 Q268—1—616）

【17】1919 年 6 月 5 日

径复者，顷准本年五月廿四日复函内开："敝处交存各分行兴字券为数已多，所需续领一节，拟请从缓，俟大局稍定，再行商议。至短交之上海券二十万元，请先向敝沪行商酌办理"等语。寻绎再三，窃所未喻。查敝行原有发行纸币特权，民国四年间，循浙江财政厅长、浙江银行监理官之请，并承贵行前任总副裁表示同意，乃由董事会议决，允照浙江地方实业银行办法，与贵行订立领券合同。在敝行放弃发行特权，仰体统一政策，原冀开诚相与，力践银行正轨。不料财政部批准合同以后，于享有发行权之他行并未一律收回，而于向无发行权之他行，反致陆续给与，更不料贵行与敝行订定合同以后，于向无

发行权之他行援例要求,亦复陆续给与。如果贵行慎重发行,不应漫无区别。如谓贵行办法确有区别,并非违背敝行合同,并非蔑视敝行发行权。则何以贵行于浙江地方实业银行之领券合同业已全数发付,且于向无发行权之他行之领券合同亦以陆续发付?而独与敝行相需孔殷之际,竟至蕲而不与?一则曰为数已多,再则曰大局未定。夫多不多之界说,以合同为断。敝行请领之数并未在合同范围以外,不得谓之多,况贵行发行政策实不以为多,而以为不多。否则何以与向无发行权之他行纷纷订约?此为数已多之说,敝行所不能承认者也。若以大局而论,民国成立忽忽八年,何尝有一日之宁静?不知尊意所谓大局,谓国家大局乎?抑贵行大局乎?查领券合同所以注重准备者,原为防备大局起见。敝行向来领券除现金准备保证准备按照合同办理外,有时更以二成半现金准备活存贵行。当各贵分行据实报告之时,贵总处早应查悉。即如前年停止兑现时代,敝行对于贵沪行拒绝院令极端赞成,不特敝行领用之券未曾失信,又略效壤流之助。故无论国家大局或贵行大局,定与未定,均可勿问,但问敝行准备虚实如何。准备虚,虽太平无事,而危若累棋;准备实,虽恐慌叠起,而安于磐石。此大局未定之说,敝行所不能承认者也。敝行以纯粹商业资格,兢兢自励,从未敢为逾越范围之事。至股东已得之权利办事人不能保守,实觉无以负责。发行兑换券,股东已得之权利也。取消发行权而代以领券合同,其数只限以五百万,在股东已多损失。乃于合同规定之数又屡屡发生问题,非商业银行之所望于国家银行也!敝行程度幼稚,仰赖于国家银行者至钜,如有违背银行原则之处,无论贵行如何监查、如何教正,皆所乐受。至于固有之权利、应守之合同,尚望贵行勿加摧抑,仍请查照五月十七日原函,将续领兑换券一百万元,按单支配,迅速加印暗记,与上次印成之上海券二十万元一并克期运沪,以便敝行领印暗记,陆续发行。至上次规定未交之上海券二十万元,早由贵总处接洽妥协,有七年四月廿九日券字三十二号函及九月四日复函可以为证。且查原合同系敝行与贵总处直接订定，敝行实无先向贵沪行商酌办理之义务，合并声明，即候示复遵行，至纫公谊。此上

中国银行　　　　浙江兴业银行董事长叶景葵　八年六月五日

（副本，同上引档）

【18】1919年6月19日

径复者，接准六月十四日台函，对于敝行遵照合同续领兑换券一事，一则曰自无推诿之理，再则曰安有摧抑可言？郑重声明，词意朒挚。仰见贵行尊重契约，维护商行，逖听之余，曷胜感佩。寻绎大函所示从缓之理由，敝行认为不成问题，不可不辨。准备之足与否，应付之穷与否，两者极端相反，无所用其怀疑。果使发行准备确系充足，无论如何风潮，决无穷于应付之理。此次罢市问题发生以后，敝行关于交换兑换券补足现金之事，未尝稍改常度。此敝行一方面自备之准备当可取信于贵行者也。至于贵行收缩发行之计画，鄙见以为宜慎于契约未定之先，不能行于契约订定之后。敝行订立领券合同，事在民国四年。自是至今，以言时局何日不在杌陧之中？而贵行方于他行陆续增订发行契约，贵行当时自有权衡，固不必俟诸今日始以收缩之说，突然加诸订约在先之敝行也。至谓敝行未领者仅百余万，较诸他行实不为少。查敝行合同，亦无领至若干可以商缓之明文。总之，敝行只知遵守合同，不知其他合同以外不敢稍有逾越；合同以内，更不敢丝毫放弃。既蒙贵行为此不推诿、不摧抑之声明，尚祈贵行力行不推诿、不摧抑之实践。所有敝行照约续领兑换券一百万元，仍请查照五月十七日原函原单，迅赐加印暗记，与上次印成之上海券二十万元，一并克日运沪，以便敝行领用，并乞先行示复，至纫公谊。此致

中国银行　　　　浙江兴业银行董事长叶景葵　八年六月十九日

（副本，同上引档）

【19】1919年9月1日

径启者,敝行与尊处订立领用兑换券合同,自民国四年九月为始。沪、汉、津、杭各贵分行历来对于所交五成之准备现金,均于六月、十二月底按照合同第二条,按月息二厘半如数结算。去年敝行复与贵宁行商议,援照上海、中孚、浙江等行领用苏券之例,订领三十万元。当经尊处允许,但以包括于原订合同五百万元总额之内为条件。敝行遵照办理。惟因在宁尚无机关,兑换手续合同所规定者未能适用,特加订办法数条。双方同意,复由尊处核准订定施行在案。本年六月计息届期,沪、汉、津、杭存息均已按照合同如数核结,独贵宁行迟迟不结。致函查询,乃谓办法内无计息条文,碍难遵办。敝行以与合同权利有损,往返辩论,始谓从缓计议。又谓须有一度之商榷。查敝行与贵宁行所订领用兑换券办法,系根据民国四年九月十四日之合同,故办法第六条,此项准备金平时按照合同办理,此即包含合同第二条现金准备给年息二厘半之条文在内。事实如此,无所用其商榷。且敝行所领苏券数目,系遵照尊处函示包括于原订合同五百万元总额以内。沪、汉、津、杭计息办法,历届均照合同履行,毫无愆误。今贵宁行延不结算,是不啻以三十万元之苏券,违背全部五百万元之合同,实与敝行权利有损,万无磋商之余地。夙荷尊处推诚相与,用特沥陈下情,并寄奉六月底结息单一纸,请烦查核,转交贵宁行,并请告以五百万元总额以内之准备现金,既有合同在前,自应与沪、汉、津、杭一律办理。至敝行对于领用苏券,在贵宁行未将此项息金按期正式转账以前,敝行只有暂不兑付。且在暂停兑付期内,贵宁行如有其他问题发生,无论何种名义,敝行概不负责。合并附闻,即请转达,并祈示复为荷。

浙江兴业银行总办事处叶景葵　八年九月一日

(副本,上档Q268—1—614)

【20】1919 年 9 月 17 日

　　径启者,前敝行以续领兑换券一百万元,并催已印未运之上海券二十万元克日运沪等情,于本年五月十七日、六月五日先后致函尊处。嗣奉六月十四日公函,拟俟罢市风潮平息以后再行洽办。又于六月十九日将敝行遵守合同无可商缓各项情形详悉奉闻,迄今未准示复。现在罢市风潮久已平息,所有敝行照约续领之兑换券一百万元,即请查照五月十七日原函原单,迅速加印暗记,与上次印成未运之上海券二十万元一并克期运沪。幸勿再事稽迟,并先赐复,无任盼切。此致

中国银行　　　浙江兴业银行董事长叶景葵　八年九月十七日

（副本,上档 Q268—1—616）

【21】1919 年 12 月 3 日

　　敬启者,前因沪行换领新券事,专电奉询运沪日期。于九月二十日奉到复电,内开"沪新券尚未全到,已电催赶印,一二月后当可到齐。尊券俟续到即交"等因。现计已逾两月,此项新券必已陆续到齐,即请迅速运沪,如数点交敝行,以便赶印暗记。如尚未到齐,务请一面电催,一面先尽已到之券交付敝行,以应急需,万勿延缓,并祈示复,曷胜感祷。此致

中国银行　　　浙江兴业银行董事长叶〇〇　八年十二月三日

（副本,同上引档）

【22】1925 年 10 月 17 日

　　敬启者,顷奉财政部公函,内开应发敝公司①八厘债券三十五万三千七百八十元,嘱径向贵行领取等因。兹特备具收据,交竹君尧生送上,即请将前项应发八厘债券如数点交竹君查收。至纫公谊。此致

中国银行　　　　　　　　〇〇〇〇谨启　十四年十月十七日

---

① 此函先生代表四合公司交涉。——编者

今收到

财政部发给敝公司八厘债券三十五万三千七百八十元正。

〇〇〇〇收据

中华民国十四年十月十七日[①]

（手稿，上档 Q268—1—348）

致朱启钤（三通）

朱启钤（1872～1964），字桂辛，贵州紫江人。清末历任京师大学堂监督、京师巡警厅厅长、东三省蒙务局督办。民国后时任北京政府交通部次长。后任交通部总长、内务部总长、代理国务总理。

【1】1912 年 11 月 29 日

桂辛次长先生钧鉴：

敬启者，窃敝公司蒙拨发公债票五百万圆，补助公司为开炉冶炼之需，仰见重视铁政，济困扶倾，莫名钦感。

惟是公债票行使市面，信用未孚，售价固亏耗过巨，亦与部订条款相背，至以之押借巨赀，多方求觅，迄无应者。惟日本正金沪行，与之磋商，以公债票五百万圆押借日币三百五十万圆，自明年七月起，期限三年，指前政府与公司所订川粤汉两路轨价归还。该行以日本制铁所岁需生铁矿砂，仰给于公司者不少，有此通工易事之关系，已允照所议电商总行，但须要求二事，如能实行，方允照办。一、敝公

[①] 四合公司借予财政部金融公债押款，至此算是了结，只是最后拿到的不是现款，而是不能马上兑现的"八厘债券"。——编者

司以债票押借,除由公司与该行订立合同外,须由政府致函该行,承认此事;一、川粤汉两路轨价,指为还款之用,嗣后该两路应交轨价,由交通部代收,按期付还该行,以借款还清为止。该行须交通部将此层办法致函该行存执,以坚信用。

伏念敝公司自经挫折一载有余,困苦艰难,屡濒危殆,目下专恃此项借款有成,便可大举开工,力图规复。否则,矢尽援绝,直成坐毙之势,是成败利钝,悉在此举。而呼吸绝续之交,尤属刻不容缓。查该银行要求,承认抵押一层,政府既准抵押,自无不承认之理;至所指轨价,本系交轨后大部应交公司之款,与部毫无出入,并无责任。且公债票到期付息,亦可在轨价内划扣,尤属简易。现正候该总行复电,特将其中情形先行函陈,以便复电一到,即当电请。除具函呈恳大总统核准转饬外,用特函恳大部俯念公司危迫情形,俟公司电到后,准照该行要求之事,赐函存照,俾危局转安,厂矿得以渐次恢复,庶足仰副补助进行之至意。兹将川粤汉两路轨价表录呈察照。肃泐。只颂台绥。

张謇　李维格　叶景葵谨启
民国元年十一月二十九日

(《汉冶萍公司档案史料选编》上册,第 301 页)

【2】1941 年 9 月 2 日

桂辛先生台鉴:自别霁颜,流光如驶,沪上情状当在轸念中。蛰居无聊,又因避居局促,笔、床、茶、灶都无位置,以致笺候久疏,歉罪何似。今岁十月为先生七秩览揆之辰,既不能渡海奉觞,又不愿以世俗藻缋之词上渎清听。而三十年来相契之深与相关之切,区区私忱,有不容自已者。谨赋长句四章,聊志向往之谊,写呈冰鉴,知不以俚俗为嫌也。景葵历年搜集群书,颇多未刊之稿及不经见之刊本,四五年前,颇有捐赠浙江省立图书馆之意,已有同志二三起而和之。战事骤起,浙馆迁徙,非复旧观。景葵年事渐增,所谓同志,亦嗟沦谢。乃于前岁另集同志数人,创办一馆,名曰"合众",冀海内应和有人。筹备两年,今岁自建馆屋数楹,工取简朴,惟以避火避水为主。刻已落成,集有书十万册,碑拓四五千通。一篑之覆,深虞棉薄,仍望先进与后贤百方匡助。先生所收河防各书及黔省先贤著作,极为闳富,内有未刊之稿及不经见之孤刻,拟陆续借钞,俾有副墨,可资流布。尚乞赐示目录,以便选取,无任感幸之至。敬颂
颐安。

辛巳七月十一日　弟叶景葵拜上
(手迹照片)

【3】1944 年 6 月 23 日

桂老大鉴:久未函候为歉!日前寄到《紫江朱氏家乘》一函,敬已拜读一过。体例完密,印刷尤为当今所难能,书库中得此佳本可以神!王序例重第一页,阙第二页,请为预备一单张(序例二),以便补入。近来纸价工价一日千里,海内殆无出版之书矣!一月前有一邻人,持润田介绍书欲谈中兴收回事,弟以病未见,遣人告以华北组织经过,已选王君为董事长,其人不得要领而去。不久王君又托徐君一达来谈,谓将于六月间开股东会,并陈述王君力争股东权利极为出力经过情形,弟唯唯而已。以后即无所闻,不知此风从何处发生也。顺笔奉闻,想已洞鉴一切。手此鸣谢。致颂
著安。

弟叶景葵顿首　卅三年六月廿三日
(原件照片)

附:1944 年 7 月 10 日朱启钤复先生函。云:"月初奉到覆书,敬审起居迪吉,欣慰无既。弟入夏以来,气燥心烦,目病不已,执笔时少,百事俱废。拟辑《黔南碑传集》,积稿在案,昏瞶亦无何成就耳。《家乘》早岁排印,散置未装。劫火频惊,惧不能守,遂促付订工,草草成卷。分寄南中,邮程又阻,聚置一隅,深恐不测。前以一部托之邺架,乃荷矜视,感怍交集。闻序例偶有脱简,疏忽为手民常态。兹检别本废叶一张,惟尺度微弱,先以补奉,俟得便另寄精装全函易置。

如何？（尚拟装箱寄沪，恳分赠各大图书馆也。）危巢无可告语，沟壑菹俎苟免，抑后难过。"

（原件照片，载《二十世纪北京大学著名学者手迹》）

致朱益能（二通）

> 朱益能，浙江兴业银行行员，时任该行天津分行副经理。

【1】1929 年 4 月 26 日

益弟：第一纱厂由债权垫款开工，我行关系甚钜。新合同规定营业归安利，会计全部归我行全权组织，位崇责重，非兼通中西不可。现议定益能兼领，已提交委员会。仍留津副原缺。眷勿移，望速由平汉路赴汉，与振兄接洽。葵。

（手迹，上档 Q268—1—399）

附：1929 年 4 月 27 日朱益能复电。云："一厂事责任重大，纱厂会计尤非所谙，力难胜任。且内子不久生濡。务乞见谅，另派他员为感。"
（原电，同上引档）

【2】1929 年 4 月 27 日

益弟：厂事关系我行甚钜，会计组织兼受安利委托，无他人可派。不得谦辞，即速照行。新六驻汉两月余，苦心经营，方得成功，现留汉专候。务顾大局，万勿迟误。候复。葵。

（手迹，同上引档）

致朱遂翔(九通)[①]

朱遂翔(1894～1967),字慎初,浙江绍兴人。民国时期杭州抱经堂书局老板。

【1】? 年? 月22日

遂翔兄鉴:书目收到,兹选得数种,另单开上,请拣出首册,寄下一看为荷。即颂

日祉。　　　　　　　　　　　　弟景葵顿首。廿二日。

另单乙纸。

绍熙本公羊传注　扬州汪氏刊本

孟子赵注　乾隆刊本

外科正宗　许楗刊本

庄刻淮南子　过批陈奂校本

论衡　崇祯刊本

南□文钞　乾隆刊本

全上古三代文

　　以上各种请将首册寄来。

　　　　(手迹影印件,《杭州抱经堂上款书札选萃》。下同。)

【2】? 年? 月24日

遂翔兄鉴:前日寄上一单,托选寄各书,想已收到。顷敝友蒋抑

[①] 抱经堂书局创办于1917年,信誉卓著,又印行书目,实行函购,首创古旧书籍明码标价之例。先生与其交往约始于20年代,著名的钞稿本《读史方舆纪要》即购自抱经堂。此九通书札原收于朱遂翔藏《抱经堂历年所藏名人信稿》,均系购书事,约撰于30年代初,大多缺年月,日期待考。——编者

之先生阅新书目，嘱寄两种，另单开上，望照寄为荷。手颂
日祉。　　　　　　　　　　　　　弟景葵顿首。廿四。
此书亦寄北京路敝行。

　　闲情偶寄　李渔
　　庾子山集　倪注　特别初印本

【3】？年？月 24 日

遂翔兄鉴：昨今共发三函，皆索书之首册。顷又思阅看《澹园集》（焦竑著），乞将首册一并寄下为盼。即颂
财安。　　　　　　　　　　　　　弟景葵顿首。廿四。

【4】？年 1 月 17 日

复函敬悉。"山西"一册既无可补，鄙人亦只好忍受。兹如数寄上洋十七元八角，即乞查收。又，前寄来之折一件，亦祈检为荷。手颂
遂翔先生财安。　　　　　　　　　弟叶揆初顿首。一月十七日。

【5】？年？月 16 日

前托理卿先生带来之《鹤林玉露》，仍须奉还。日内有便即带去。此致
遂翔兄。　　　　　　　　　　　　弟景葵顿首。十六。

【6】？年？月 30 日

遂翔吾兄鉴：今早交理卿翁带去书两部，谅已台洽。记得尊架有万历刊《孟浩然集》二本（前卷有图一页），如未售出，请便中寄下一观。近日又有新得本否？即颂
日祉。　　　　　　　　　　　　　弟景葵顿首。卅日。

【7】？年 10 月 19 日

遂翔吾兄鉴：久不晤，甚念。承惠书目，兹开列数种，乞将首册交邮寄下一阅。计开：

　　经锄堂杂志　旧抄本

盐铁论　万历两京遗编本

墨子　旧抄本

嘉佑集　嘉靖刊本

晚邨文集　钞本

以上五种，祈检寄。即颂

日祉。　　　　　　　　　　　　弟葵顿首。十月十九日。

【8】? 年? 月 5 日

遂翔吾兄鉴：复示诵悉。《蛾术编》准留下，折扣再画商。兹就新书目另单选出七种，乞拣寄为感。即颂

日祉。　　　　　　　　　　　　弟景葵顿首。五日。

外单乙纸。

清献堂集　赵□泉著　八册全寄　四元①

所知录　钱秉镫著　二册　全寄

剔甫未定稿　寄首册　六本

素问玄珠密语　抄本　寄首册

难经集注　抄本　寄首册

广雁荡山志　寄首册

医经溯洄集　一册　已售②

【9】? 年 12 月 12 日

遂翔兄鉴：寄来各书，留下《清献堂集》一部，计五本，余四种均于今日交邮寄还。即颂

日祉。　　　　　　　　　　　　弟葵顿首。十二月十二日。

---

① "四元"，码子字。似为收信人所注。——编者
② "已售"二字，似为收信人所注。——编者

图书在版编目（CIP）数据

叶景葵文集 / 叶景葵撰；柳和城编. —上海：上海科学技术文献出版社，2016.6
（合众文库）
ISBN 978-7-5439-7032-8

Ⅰ.①叶… Ⅱ.①叶…②柳… Ⅲ.①叶景葵（1874~1949）—文集 Ⅳ.①C53

中国版本图书馆 CIP 数据核字 (2016) 第 095275 号

本书为上海文化发展基金图书出版专项基金资助项目

责任编辑：施 东
装帧设计：一步设计

叶景葵文集（上中下）
叶景葵 撰 柳和城 编
出版发行：上海科学技术文献出版社
地　　址：上海市长乐路746号
邮政编码：200040
经　　销：全国新华书店
印　　刷：常熟市人民印刷有限公司
开　　本：650×900 1/16
印　　张：91.75
字　　数：1 149 000
版　　次：2016年7月第1版 2016年7月第1次印刷
书　　号：ISBN 978-7-5439-7032-8
定　　价：180.00元（上中下三册）
http://www.sstlp.com